전공과목
총정리

사회복지직

사회복지학개론 / 행정법총론

9급공무원 **사회복지직**
전과목 총정리

초판 발행   2023년 01월 13일
개정판 발행   2026년 01월 15일

편 저 자 | 공무원시험연구소
발 행 처 | ㈜서원각
등록번호 | 1999-1A-107호
주   소 | 경기도 고양시 일산서구 덕산로 88-45(가좌동)
교재주문 | 031-923-2051
팩   스 | 031-923-3815
교재문의 | 카카오톡 플러스 친구[서원각]
홈페이지 | goseowon.com

Preface

빠른 속도로 진행되고 있는 고령화와 우리 사회의 복지에 대한 수요가 커짐에 따라 사회복지직 공무원의 필요성이 커지고 있다.

각 지자체 기관에서 저소득층 복지지원, 아동 및 노인복지, 복지시설 관리와 같은 복지업무를 하는 사회복지직 공무원은 국민의 생활수준 향상과 사회 보장 정책에 관한 업무를 담당한다.

이전에는 사회복지학개론, 행정법총론, 사회, 과학, 수학 중 2과목을 택해 시험을 봤었으나, 2022년부터 과목이 개편됨에 따라 공통과목인 국어, 영어, 한국사 외에 전공과목인 사회복지학개론과 행정법총론이 필수가 되었다.

이에 서원각에서는 개론과 총론이라는 방대한 학습량으로 인해 학습의 방향을 잡지 못한 수험생을 위해 본서를 제작하였다.

본서는 9급 공무원 사회복지직 채용에 대비하기 위한 수험서로, 주요 이론을 정리함과 동시에 충분한 양의 문제풀이가 가능하도록 전공과목별, 각 단원별로 핵심이론과 과년도 기출문제, 출제가 예상되는 문제를 수록하였다.

국민의 복지를 위해 사회복지직 공무원을 준비하는 많은 수험생들이 본서와 함께 합격의 달콤한 꿈을 이룰 수 있게 되기를 기원합니다.

Structure

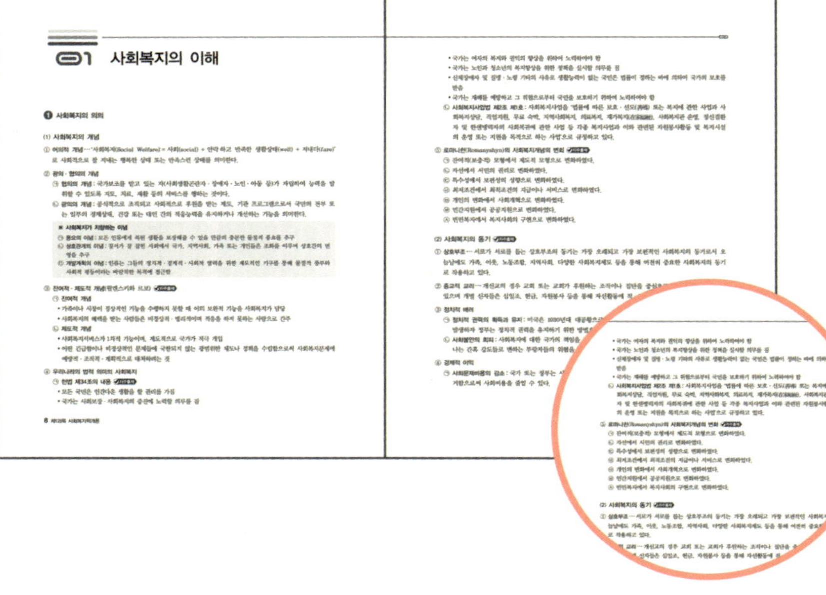

핵심이론정리

- 시험에 자주 출제되는 주요 핵심이론을 단원별로 깔끔하게 담아 이론을 보다 체계적으로 정리할 수 있습니다.

- 사회복지학개론의 경우 빈출이론을 표시하고, 행정법총론의 경우 이론과 함께 여러 판례를 수록하여 효율적으로 학습할 수 있습니다.

과목별 핵심문제

- 2025년를 포함한 전년도 기출문제를 수록하여 출제 유형 및 변화하는 출제 경향을 파악할 수 있습니다.

- 다양한 유형과 난도, 충분한 양의 예상문제를 통해 실전에 확실하게 대비할 수 있습니다.

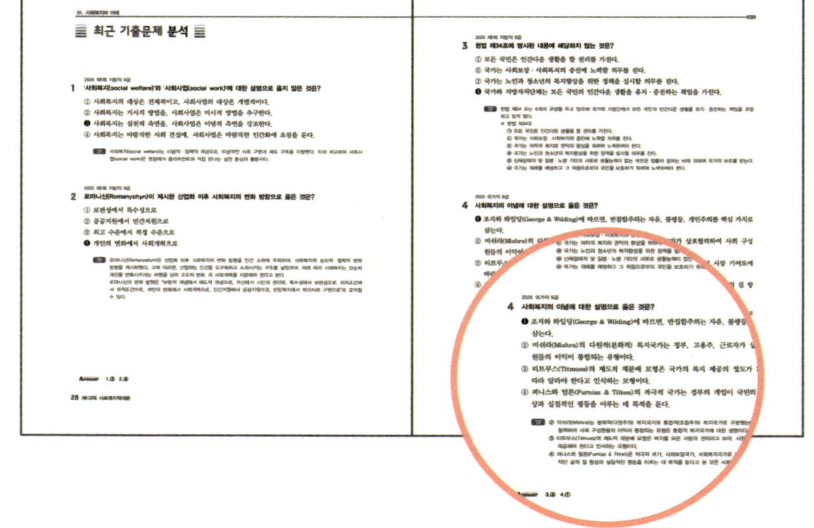

Contents

PART 01 사회복지학개론

01. 사회복지의 이해 ·· 8
  ❖ 최근기출문제 / 28
  ❖ 출제예상문제 / 40

02. 사회복지의 발달사 ·· 50
  ❖ 최근기출문제 / 60
  ❖ 출제예상문제 / 68

03. 사회복지정책론 ·· 78
  ❖ 최근기출문제 / 99
  ❖ 출제예상문제 / 114

04. 사회복지실천론 ·· 134
  ❖ 최근기출문제 / 155
  ❖ 출제예상문제 / 178

05. 사회복지행정론 ·· 202
  ❖ 최근기출문제 / 216
  ❖ 출제예상문제 / 225

06. 사회복지서비스분야론 ·· 232
  ❖ 최근기출문제 / 272
  ❖ 출제예상문제 / 292

PART 02 행정법총론

01. 행정법 서론 ··· 314
  ❖ 최근기출문제 / 353
  ❖ 출제예상문제 / 370

02. 일반행정작용법 ··· 378
  ❖ 최근기출문제 / 461
  ❖ 출제예상문제 / 497

03. 행정의 실효성 확보수단 ······································ 504
  ❖ 최근기출문제 / 535
  ❖ 출제예상문제 / 545

04. 행정구제법 ··· 552
  ❖ 최근기출문제 / 633
  ❖ 출제예상문제 / 665

사회복지학개론

01. 사회복지의 이해

02. 사회복지의 발달사

03. 사회복지정책론

04. 사회복지실천론

05. 사회복지행정론

06. 사회복지서비스분야론

사회복지의 이해

❶ 사회복지의 의의

(1) 사회복지의 개념

① 어의적 개념 ··· '사회복지(Social Welfare) = 사회(social) + 안락 하고 만족한 생활상태(well) + 지내다(fare)'로 사회적으로 잘 지내는 행복한 상태 또는 만족스런 상태를 의미한다.

② 광의 · 협의의 개념
   ㉠ 협의의 개념 : 국가보조를 받고 있는 자(사회생활곤란자 · 장애자 · 노인 · 아동 등)가 자립하여 능력을 발휘할 수 있도록 지도, 치료, 재활 등의 서비스를 행하는 것이다.
   ㉡ 광의의 개념 : 공식적으로 조직되고 사회적으로 후원을 받는 제도, 기관 프로그램으로서 국민의 전부 또는 일부의 경제상태, 건강 또는 대인 간의 적응능력을 유지하거나 개선하는 기능을 의미한다.

> **※ 사회복지가 지향하는 이념**
> ㉠ 풍요의 이념 : 모든 인류에게 복된 생활을 보장해줄 수 있을 만큼의 충분한 물질적 풍요를 추구
> ㉡ 상호관계의 이념 : 질서가 잘 잡힌 사회에서 국가, 지역사회, 가족 또는 개인들은 조화를 이루며 상호간의 번영을 추구
> ㉢ 개발계획의 이념 : 인류는 그들의 정치적 · 경제적 · 사회적 협력을 위한 제도적인 기구를 통해 물질적 풍부와 사회적 평등이라는 바람직한 목적에 접근함

③ 잔여적 · 제도적 개념(윌렌스키와 르보) ✔자주출제
   ㉠ 잔여적 개념
   - 가족이나 시장이 정상적인 기능을 수행하지 못할 때 이의 보완적 기능을 사회복지가 담당
   - 사회복지의 혜택을 받는 사람들은 비정상적 · 병리적이며 적응을 하지 못하는 사람으로 간주
   ㉡ 제도적 개념
   - 사회복지서비스가 1차적 기능이며, 제도적으로 국가가 적극 개입
   - 어떤 긴급함이나 비정상적인 문제들에 국한되지 않는 광범위한 제도나 정책을 수립함으로써 사회복지문제에 예방적 · 조직적 · 계획적으로 대처하려는 것

④ 우리나라의 법적 의미의 사회복지
   ㉠ 헌법 제34조의 내용 ✔자주출제
   - 모든 국민은 인간다운 생활을 할 권리를 가짐
   - 국가는 사회보장 · 사회복지의 증진에 노력할 의무를 짐

- 국가는 여자의 복지와 권익의 향상을 위하여 노력하여야 함
- 국가는 노인과 청소년의 복지향상을 위한 정책을 실시할 의무를 짐
- 신체장애자 및 질병·노령 기타의 사유로 생활능력이 없는 국민은 법률이 정하는 바에 의하여 국가의 보호를 받음
- 국가는 재해를 예방하고 그 위험으로부터 국민을 보호하기 위하여 노력하여야 함
  - ⓛ **사회복지사업법 제2조 제1호** : 사회복지사업을 '법률에 따른 보호·선도(善導) 또는 복지에 관한 사업과 사회복지상담, 직업지원, 무료 숙박, 지역사회복지, 의료복지, 재가복지(在家福祉), 사회복지관 운영, 정신질환자 및 한센병력자의 사회복귀에 관한 사업 등 각종 복지사업과 이와 관련된 자원봉사활동 및 복지시설의 운영 또는 지원을 목적으로 하는 사업'으로 규정하고 있다.

⑤ **로마니쉰(Romanyshyn)의 사회복지개념의 변화** ✔자주출제
  - ㉠ 잔여적(보충적) 모형에서 제도적 모형으로 변화하였다.
  - ㉡ 자선에서 시민의 권리로 변화하였다.
  - ㉢ 특수성에서 보편성의 성향으로 변화하였다.
  - ㉣ 최저조건에서 최적조건의 지급이나 서비스로 변화하였다.
  - ㉤ 개인의 변화에서 사회개혁으로 변화하였다.
  - ㉥ 민간지원에서 공공지원으로 변화하였다.
  - ㉦ 빈민복지에서 복지사회의 구현으로 변화하였다.

(2) 사회복지의 동기 ✔자주출제

① **상호부조** … 서로가 서로를 돕는 상호부조의 동기는 가장 오래되고 가장 보편적인 사회복지의 동기로서 오늘날에도 가족, 이웃, 노동조합, 지역사회, 다양한 사회복지제도 등을 통해 여전히 중요한 사회복지의 동기로 작용하고 있다.

② **종교적 교리** … 개신교의 경우 교회 또는 교회가 후원하는 조직이나 집단을 중심으로 자선활동을 전개하고 있으며 개별 신자들은 십일조, 헌금, 자원봉사 등을 통해 자선활동에 직·간접적으로 관여한다.

③ **정치적 배려**
  - ㉠ **정치적 권력의 획득과 유지** : 미국은 1930년대 대공황으로 대규모 실업과 이로 인한 사회경제적 문제가 발생하자 정부는 정치적 권력을 유지하기 위한 방법으로 사회보장제도를 고안하였다.
  - ㉡ **사회불안의 회피** : 사회복지에 대한 국가의 책임을 처음으로 분명히 한 영국의 구빈법의 주요 동기 중 하나는 간혹 강도들로 변하는 부랑자들의 위협을 줄이기 위한 것이었다.

④ **경제적 이익**
  - ㉠ **사회문제비용의 감소** : 국가 또는 정부는 사회복지프로그램을 통해 사회문제와 그 결과를 경감하거나 제거함으로써 사회비용을 줄일 수 있다.

ⓛ 사회문제가 경제에 미치는 영향
- 생산측면 : 사회문제로 인해 사람들이 노동하지 않거나 노동할 수 없게 되므로, 사람들의 생산적 고용을 증진하기 위한 목적으로 사회복지프로그램을 개발
- 소비측면 : 빈곤문제로 인해 많은 사람들의 구매력이 떨어지면, 사회는 빈곤계층의 구매력을 증진하기 위한 사회복지프로그램을 발전시킴

⑤ 이데올로기 명분
- ㉠ 이타주의 : 외부로부터 어떤 보상도 기대하지 않고 다른 사람을 이롭게 하는 행동을 수행하는 것이다.
- ㉡ 인간중심주의 : 사회적 차원에서 인류의 복지와 행복에 관심을 두고 이를 증진하도록 돕는 것이다.
- ㉢ 복지주의 : 사회복지는 다양한 이데올로기뿐 아니라 그 자체 이데올로기의 영향을 받는다.

※ 시장실패와 정부실패의 원인 ✓자주출제

시장실패의 원인	정부실패의 원인
㉠ 사회복지 재화나 서비스의 공공재적인 성격	㉠ 공공서비스 공급의 독점성 : 경쟁의 결여
㉡ 사회복지 재화나 서비스의 긍정적 외부효과	㉡ 파생적 외부효과 : 비의도적 부작용
㉢ 정보 선택의 중요성	㉢ 정보의 불충분성(대리손실) : 정부 감시 미흡
㉣ 역선택	㉣ 정부조직의 내부성 : 내부목표와 사회목표의 괴리
㉤ 도덕적 해이	㉤ 비용과 수익(혜택)의 분리 : 서비스의 무가격성
㉥ 위험 발생의 비독립성(상호의존성)의 문제	㉥ X의 비효율성
㉦ 규모의 경제	㉦ 권력의 편재로 인한 가치배분의 불공평성

❷ 사회복지의 구성

(1) 사회복지의 주체

① 개념 ⋯ 복지서비스를 제공하는 사람 또는 기관을 말한다.

② 종류
- ㉠ 비공식적 부문 : 가족과 친족 등의 1차적 집단으로, 전통적인 사회에서는 대부분이 이에 의해 충족되었으나 현대에 들어 가족기능이 분화됨에 따라 많은 부분이 사회화되었다.
- ㉡ 공적 부문 : 세금을 재원으로 하여 보편적이고 안정적ㆍ지속적인 서비스를 제공하며, 국민의 최저생활보장을 목표로 한다.
- ㉢ 민간비영리 부문 : 공적 부문이 확대되기 전까지는 비공식 부문과 함께 사회복지서비스의 가장 큰 공급자였으나, 복지국가가 성립되면서 그 역할이 축소되었다.
- ㉣ 민간영리 부문 : 생활수준의 향상으로 질 높은 서비스를 요구하게 되면서 이 부문에 대한 수요가 많아지고 있다.

(2) 사회복지의 대상

① 개념 … 과거에는 사회적 약자나 요보호자가 사회복지의 대상이었으나, 오늘날은 국민 전체를 그 대상으로 한다.

② 종류

　㉠ 사회적 욕구
- 물질적 욕구
  - 1차적 욕구 : 음식, 주택, 의료, 소득, 교육 등
  - 2차적 욕구 : 스포츠, 예술, 여가 등의 문화적 욕구와 사회참여 등
- 정서적 욕구 : 정서장애, 애정결핍 등

> ※ **학자에 따른 욕구의 분류** ✓자주출제
>
> ㉠ 매슬로우(Maslow)의 욕구단계이론 : 생리적 욕구, 안전의 욕구, 사랑의 욕구, 존경의 욕구, 자아실현의 욕구 순으로 나타남
>
> ㉡ 브래드쇼(Bradshow)의 욕구인식의 기준에 따른 분류
> - 규범적 욕구 : 미리 바람직한 욕구충족의 수준을 정해놓고 이 수준과 실제상태와의 차이에 의하여 욕구의 정도를 규정하는 것
> - 감지적 욕구 : 욕구상태에 있는 당사자의 느낌에 의해 인식되는 것
> - 표현적 욕구 : 감지적 욕구가 실제의 욕구충족 추구행위로 나타난 것
> - 비교적 욕구 : 어떤 서비스를 받고 있는 사람들과 비슷한 특성을 갖고 있으면서도 서비스를 받지 않고 있는 사람들을 욕구상태에 있는 것으로 규정하는 것

　㉡ 사회적 문제
- 일탈(탈선) : 규범에서 벗어난 반사회적 행위 또는 상황으로 범죄, 비행, 자살, 알코올중독, 마약중독 등
- 불평등 : 빈곤, 실업, 소외, 계층갈등, 지역격차, 박탈, 분배문제 등
- 사회해체 : 사회의 급속한 변화로 사회조직이 급격히 해체되는 현상이 나타나는 것을 말하며, 결손가정 · 빈곤가정 등 가족해체와 홍등가 · 환락가 · 빈민촌 등 지역사회해체 및 국가해체, 제도적 해체, 이데올로기해체 등의 병리현상이 나타남

> ※ **5대 사회악과 4D**
>
> ㉠ 베버리지의 5대 사회악 : 궁핍(빈곤), 질병, 무지, 불결, 나태
> ㉡ 4D : 빈곤, 범죄, 질병, 의존

(3) 사회복지의 기능

① 사회복지개념을 사회제도로서 파악하는 기능(Warren)

　㉠ 생산 · 분배 · 소비의 기능 : 사회구성원들이 일상생활을 영위하는데 필요한 재화와 서비스를 생산 · 분배 · 소비하는 과정과 관련된 기능을 말하며, 이러한 기능을 주로 수행하는 제도를 경제제도라 한다.

ⓒ **사회화의 기능** : 한 개인이 어떠한 사회화의 과정을 거치느냐 하는 것은 그가 자신의 가정생활, 학교생활, 사회생활에 얼마나 잘 적응할 수 있느냐의 토대가 되기 때문에 특히 유년시절의 가족관계를 통한 사회화가 중요시된다. 이 때문에 사회화의 기능을 수행하는 가장 1차적인 제도를 가족제도라 한다.

ⓒ **사회통제의 기능** : 사회통제라고 하는 것은 사회가 그 구성원들에게 사회의 규범에 순응하게 하는 것을 말한다. 사회구성원들에게 가장 광범위하고 강력하게 규범의 준수를 요구할 수 있는 곳은 정부이기 때문에 사회통제를 담당하는 1차적인 제도를 정치제도라 한다.

ⓒ **사회통합의 기능** : 사회체계를 구성하는 사회단위조직들 간의 관계와 관련된 기능을 말하며, 이러한 기능을 수행하는 가장 대표적인 제도로서 종교제도를 들 수 있다.

ⓒ **상부상조의 기능** : 사회구성원 간에 서로 도와주는 사회적 기능을 말하며, 대표적인 제도로 사회복지를 들 수 있다.

② **관점에 따른 사회복지의 기능**

ⓒ **기능주의적 관점** : 사회통합과 질서유지의 기능을 한다.

ⓒ **갈등주의적 관점** : 사회연대와 사회통합의 기능을 한다.

ⓒ **자본주의적 관점** : 상부상조와 재분배의 기능을 한다.

(4) 사회복지의 재원

① **의의** … 복지서비스 제공에 필요한 조직 · 인재 · 물재 등의 운용에 드는 제반경비를 조달하는 방법을 말한다.

② **종류**

ⓒ **공공재원** : 법률의 근거 또는 예산조치에 기초하여 국가와 지방공공단체에 의해 지출되는 재원이다. 이에는 국세, 지방세에 의한 소득세, 소비세, 사회보험기여금, 이자세와 특별세, 기타의 수취금과 차용금 등이 있다.

ⓒ **민간재원** : 복지서비스의 제공에 필요한 제반경비 중 세금 등에 의한 공적 재원 이외에 민간에서 조달되는 재원을 말한다. 이에는 기관의 회비, 종교단체의 기부금, 기관의 수입금, 각종 모금, 사회심리적 재원, 자원봉사 등이 있다.

❸ 사회복지의 모형과 가치

(1) 사회복지의 모형 ✔자주출제

① **윌렌스키**(H.L. Wilensky)**와 르보**(Lebeaux)**의 복지모형** ✔자주출제

ⓒ **보완적 · 잔여적 모델**(선별주의) : 가족과 시장이 제 기능을 수행하지 못하는 경우 사회복지가 일시적으로 개입하는 것을 말한다.

ⓒ **제도적 모델**(보편주의) : 사회복지서비스가 제도적으로 수행되는 경우로, 국가의 적극적인 개입으로 복지가 구현되는 것을 말한다.

② **티트머스(R.M. Titmuss)의 복지모형**

　㉠ **보완적(잔여적) 복지모델** : 개인복지요구의 자연적 통로인 가정과 시장의 기능이 제대로 발휘되지 못할 때 사회복지가 일시적·잠정적으로 개입하는 것이다.

　㉡ **산업적 업적성취모델** : 사회복지제도는 경제의 부속물로서 경제성장의 수단으로 받아들인다.

　㉢ **제도적 재분배모델** : 욕구의 원리에 입각한 시장경제 메커니즘 밖에서 보편적·선택적 서비스를 제공한다.

③ **마셜(Marshall)의 복지모형**

　㉠ 시민권의 개념을 기반으로 하여 정치적으로는 민주주의를, 사회적으로는 복지사회를, 경제적으로는 혼합경제의 자본주의로서 민주-복지-자본주의의 복지모형을 표방한다.

　㉡ 시민권은 시민적, 정치적, 사회적 3개의 요소가 있으며 이는 자유권, 참정권 그리고 최소한의 경제적 복지와 보장을 통한 그 사회의 문화수준에 알맞는 생활을 할 수 있는 복지권을 내포한 의미이다.

④ **파커(J. Parker)의 복지모형**

　㉠ **자유방임주의형** : 개인주의에 기초하여 경제성장과 부의 극대화에 큰 가치를 부여하며, 국가의 최초 개입화와 능력에 따른 배분을 주장하며, 선별주의적 선택을 강조한다.

　㉡ **사회주의형** : 경제적·정치적 평등과 공동권, 적극적 국가개입을 강조한다.

　㉢ **자유주의형** : 시장의 경제활동을 생활기회와 개인적 자유, 기회구조의 배분자로서 인정하며, 스스로 부양할 수 없는 사람에 대한 최저수준을 보장하는 수준에서 국가의 개입을 허용한다.

　㉣ **사회민주주의형** : 기존의 시장제도는 불평등을 제거하지 못한다는 판단하에 시장제도를 수정한 형태로, 국가는 공동선의 구현자이며, 산업사회의 문제와 욕구에 대한 실용적 반응으로 빈곤을 제거하는 역할을 해야 한다고 본다.

⑤ **조지(George)와 윌딩(Wilding)의 복지모형** ✔**자주출제**

　㉠ **반집합주의(자유주의적 이념)** : 국가는 문제가 되지 않을 정도의 최소의 개입과 보완적인 역할을 수행해야 한다고 보아 복지국가를 반대하는 입장을 취한다.

　㉡ **소극적 집합주의(수정자유주의)** : 시장경제를 인정하고 시장실패를 보충하는 수단으로써 복지국가를 인정하며, 국가가 국민 최저수준을 보장해야 한다고 본다.

　㉢ **페이비안 사회주의(사회민주주의)** : 복지국가를 옹호하며 복지국가를 통해 자원재분배, 사회통합을 이룩해야 한다고 주장한다.

　㉣ **마르크스주의(사회주의)** : 적극적 자유, 즉 평등과 자유를 강조하여 시장경제를 부정하며, 개인 및 가족의 요구와 사회자원의 무료원칙을 주장한다.

⑥ **퍼니스(Furniss)와 틸톤(Tilton)의 복지모형**

　㉠ **적극적 국가(미국)** : 경제적 효율성에 기여 할 수 있는 복지서비스만 시행하고 수평적 재분배와 수익자부담의 원칙에 입각한 사회보험 프로그램에 더 의존한다.

　㉡ **사회보장국가(영국)** : 국민 최저 수준의 복지와 개인의 사유재산을 보장하고 국가와 기업 간의 협동을 유지하되, 사회복지를 통하여 국민들의 최저생활을 보장하는 것을 중시한다.

　㉢ **사회복지국가(스웨덴)** : 국민최저수준 이상의 보장과 정부는 전통적인 사회보험이나 공공부조 프로그램에의 의존에서 벗어나 복지서비스의 제공을 확대하고 연대적 임금정책, 환경계획, 공익사업이 강조된다.

⑦ 미쉬라(Mishra)의 복지모형

　　㉠ **다원적 복지국가**(미국, 영국) : 사회복지는 경제와 구분·대립되어 경제에 나쁜 영향을 주는 사회복지는 제한되며 잔여적인 역할을 한다. 사회복지정책은 이익집단들의 다양한 이익추구 과정에서 이루어지므로 포괄적이거나 통합적이지 않고 단편화되는 경향이 있다.

　　㉡ **조합주의적 복지국가**(오스트리아, 스웨덴) : 통합된 복지국가라고도 한다. 사회복지와 경제는 상호의존적인 관계로 보아 사회복지정책과 경제정책의 밀접한 관계를 인정한다.

⑧ 에스핑 앤더슨(Esping-Andersen)의 복지국가 유형 ✔자주출제

　　㉠ 서구 유럽 국가의 정치·이데올기적 전통에 근거하여 자유주의적 복지국가, 보수주의적(조합주의적) 복지국가, 사회민주주의적 복지국가로 구분하였다.

　　㉡ 기준

　　　•**탈상품화** : 시민들이 자신이 필요하다고 생각할 때 자유롭게, 그리고 직업·수입·일반적 복지를 상실할 위험이 없는 상태에서 노동에서 손을 떼고도 사회적으로 용인될 만한 생활수준을 영위할 수 있는 정도를 말한다.

　　　•**계층화** : 복지혜택 정도가 계층별로 나누어지는 정도를 의미한다.

　　㉢ 복지국가 유형 간 비교

복지체제	자유주의	보수주의	사민주의
탈상품화 수준	낮음	중간	높음
계층화	계층 간 대립 심화	계층 간 차이 유지	계층 간 연대·통합
사회권의 기초	도움이 필요한 욕구	고용지위	시민 됨
주된 프로그램	공공부조	현금급여	현금급여 + 사회서비스
급여	낮고 잔여적	기여에 비례	높고 재분배적
국가의 역할	주변적	보조적	중심적
해당 국가	미국, 캐나다 등	독일, 프랑스 등	스웨덴, 노르웨이 등

(2) 사회복지의 가치 ✔자주출제

① **인간의 존엄성** ··· 사회복지는 인간은 어떠한 상황에 있거나 어떠한 차이를 가지고 있든 존귀한 생명과 인격을 가진 존재라는 사상으로부터 출발한다.

② **평등** ··· 사회적 자원배분의 재분배를 통해 사회구성원의 삶의 질을 골고루 향상시키고자 하는 가치이다.

　　㉠ **비례적 평등** : 개인의 욕구, 능력, 노력, 기여에 따라 사회적 자원을 상이하게 배분하는 것(형평 또는 공평)

　　㉡ **수량적 평등** : 개인의 기여도와 상관없이 사회적 자원을 똑같이 분배하는 것(가장 적극적인 평등, 결과의 평등)

　　㉢ **기회의 평등** : 참여와 시작단계에서의 평등을 강조하지만, 결과의 평등은 보장하지 않음(가장 소극적인 평등)

  ㉣ **조건의 평등** : 사회적 기회를 획득하려는 자유경쟁의 출발조건을 정비하고자 하는 노력(동일한 업적에 동일한 보상)

③ **효율**… 최소한의 자원을 사용하여 최대한의 결과를 산출하는 것을 의미한다.

④ **자유**… 남에게 얽매이거나 구속받지 않고 마음대로 행동하는 것을 뜻한다.

⑤ **연대**… 뒤르켐(Durkheim)이 창안한 사회복지를 대표하는 가치이다.
  ㉠ **기계적 연대** : 가족이나 부족사회에서 흔히 나타나는 연대로, 공통의 대인관계나 가치, 신념이 존재할 때 가능
  ㉡ **유기적 연대** : 현대사회에서 나타나는 연대로, 기능의 상이성에 근거한 연대

⑥ **정의**… 절차상의 정의, 실질적 정의, 능동적 과정으로서의 정의로 구분된다.

(3) 사회복지의 이념

① **자유방임주의**
  ㉠ 개인의 자유, 능력, 노력을 중시한다.
  ㉡ 시장경제에서 발생하는 빈곤문제를 개인의 노력의 부족이나 무능력, 인성의 결함으로 간주한다.
  ㉢ 최소의 국가 개입 하에서의 개인적 교환력에 의존한다.
  ㉣ 빈곤의 상대적 개념보다는 절대적 개념과 관련되며, 빈곤이 심각한 사회 문제가 되거나 타인의 삶에 위협이 될 경우에만 국가가 최소한으로 복지적 서비스를 제공하여야 한다고 주장한다.

② **자유주의**
  ㉠ 기본적인 바탕은 자유방임주의와 비슷하지만, 자신의 욕구를 스스로 충족시킬 수 없는 사람에 대해서는 국가가 최저생계비나 최저생활수준을 보장해 주어야 한다는 입장을 보인다.
  ㉡ 국가의 최소 복지기능을 인정한다.

③ **신자유주의** ✔자주출제
  ㉠ 복지국가의 확대가 자본주의의 불황과 자본축적의 위기를 가지고 왔다고 보고, 국가의 복지서비스를 축소하여 시장 경쟁원리를 다시 회복해야 한다고 본다.
  ㉡ 국가의 개입을 억제하는 전통적인 자유주의의 부활이자, 조지와 윌딩의 신우파 이념이나 신보수주의 이념과 같은 의미이다.
  ㉢ 사회복지를 개인의 노동능력과 경제성장을 저해하는 부정적인 제도로 본다.
  ㉣ 대부분의 복지서비스는 시장의 경쟁논리에 맡겨야 한다고 주장하며, 국가는 시장의 자유경쟁원리를 유지하면서 자신을 스스로 책임질 수 없는 시민들에게만 복지혜택을 주어야 한다고 본다.

④ **사회민주주의**
  ㉠ 사회복지는 시민의 권리라고 본다.
  ㉡ 평등, 개인의 복지, 자유 등을 중요한 가치로 보며 보편적 복지국가의 모형을 강조한다.

© 국가는 과도한 불평등을 억제하고 국민의 복지적 욕구를 충족시키기 위해 최저생활과 기회균등을 보장해야 하며, 보편적인 복지정책을 통해 사회자원의 재분배를 이루어야 한다고 본다.

⑤ 마르크스주의
  ㉠ 복지국가를 자본주의 국가의 한 형태로 본다.
  ㉡ 복지국가를 자본주의 사회의 구조에 기인하는 부산물로 간주한다.
  ㉢ 국가의 최소 복지기능을 인정한다.

⑥ 신마르크스주의
  ㉠ 1970년대 후반 이후 복지국가 위기 논쟁에 있어 복지국가에 대해 비판적인 입장을 가지고 대두된 이념이다.
  ㉡ 신마르크스주의자들은 사회정책의 성장의 주요한 요인으로 계급갈등론, 자본의 필요성, 자본주의 체제의 필요성으로 보는데, 이 때문에 국가가 개입할 수밖에 없다고 본다.
  ㉢ 대표적인 학자로는 오코너, 고프, 오페 등이 있다.

⑦ 페미니즘
  ㉠ 사회복지정책과 복지국가를 성인지적 관점으로 보는 새로운 시각의 이론이다.
  ㉡ 여성의 시각과 입장을 과감하게 도입함으로써 사회보장체계 내에서 발생하고 있는 여성집단에 대한 불공정한 대우, 빈곤 여성, 여성에 대한 과중한 가사부담 등에 대해서도 강력한 비판을 제시한다.

⑧ 녹색주의
  ㉠ 자유주의나 사회주의 모두 산업화를 중시하여 환경을 파괴했다고 보며, 이로 인해 범죄, 질병, 실업, 제3세계의 빈곤, 불평등이 발생한다고 본다.
  ㉡ 환경파괴 예방을 위해 경제성장뿐만 아니라 공공복지의 지출도 감소하여야 한다고 주장한다.

(4) 사회복지의 관점

① 기능주의적 관점
  ㉠ 사회문제의 대상은 사회적 부적응, 사회문제의 원인은 개인, 가족, 일탈적 하위문화, 사회제도의 일부로 본다.
  ㉡ 사회는 성원들 간의 가치와 재화가 협동에 의해 합의되고, 조직적이고 안정적인 통합된 체계로 본다.
  ㉢ 사회의 통합과 안정 및 발전을 위해서는 갈등이나 불만 등의 분열적 요소는 제거되어야 하고 이의 적응이 중요한 사회복지의 기능이다.
  ㉣ 사회복지의 전통적 방법이나 고용정책 및 심리요법을 중시한다.
  ㉤ 이론적 중심에는 체계이론, 구조주의, 행태주의 등이 있다.

② 갈등주의적 관점
  ㉠ 사회문제의 대상은 사회 불평등, 사회문제의 원인은 비합법적인 사회통제와 착취, 희소자원의 불균등한 분배를 가져오는 사회의 권위와 권력 구조로 본다.

ⓛ 갈등주의자는 사회가 이해관계에 의하여 형성되어 있고, 이러한 이익 또는 자원의 차이는 갈등을 일으키며, 이러한 갈등이 사회발전·사회복지를 증진시킨다고 주장한다.

ⓒ 사회복지의 관점에서는 다수의 이익을 보장하려는 방향으로 정책을 수립한다.

ⓔ 이익집단의 대립·갈등이 심하면 집단행동에 의해 자원배분을 재조정한다.

ⓜ 사회집단은 노동가이든 자본가이든 자신의 지위를 개선하고 이익을 추구하기 위해 사회의 법률제도를 이용한다.

③ 통합주의적 관점

ⓖ 사회문제의 대상은 사회해체, 사회문제의 원인은 사회제도와 인간으로 본다.

ⓛ 통합주의자들은 갈등을 사회악으로 보는 기능주의자의 태도와는 달리 갈등은 사회화의 한 형태이고 사회를 분열시키는 것이 아니라 재통합시켜 준다고 주장한다.

ⓒ 통합주의자들은 이익의 대립성만을 주장하는 것이 아니라 이익의 조화성을 주장하며 이해관계도 생산관계에서만 나오는 것이 아니라 분배관계 또는 다양한 자원(재산·권력·권위·기회 등)의 불평등한 배분에서 찾고 있는 것이 특징이다.

ⓔ 사회갈등의 제도화, 즉 입법과 정책수립을 통하여 갈등을 수용하고자 한다.

[이론적 관점에서 본 사회복지의 예]

이론적 관점	사회정책	사회사업
기능주의	고용정책(실업보험, 완전고용)	심리모델(가족치료, 상담사업)
갈등주의	소득정책(최저임금제, 법정 근로시간제)	급진모델(사회행동, 혁명)
통합주의	사회입법(사회보장, 노사 협의)	개혁모델(지역사회조직, 직업복지)

④ 상징적 상호작용주의적 관점

ⓖ 상호작용에서 어떤 현상이나 행동에 대한 의미에 동의할 수 없다는 판단을 하는 것을 말한다.

ⓛ 어떤 현상을 바람직하지 않은 행동으로 낙인찍는 것을 말한다.

ⓒ 어떤 행위에 대하여 다른 의미로 사회화된 것을 사회문제의 원인으로 본다.

(5) 사회복지정책의 발달이론 ✔자주출제

① 산업화이론(수렴이론, 기술결정론)

ⓖ 복지국가 또는 사회복지제도의 생성과 변화를 산업화의 결과로 해석한다. 산업화는 도시화, 제조업 중심으로의 산업구조 변화를 수반하며 이 과정에서 산업재해, 불평등의 심화, 범죄문제, 주택문제, 상·하수도문제 등 각종 도시 문제가 발생한다. 이러한 사회문제에 대한 사회적·국가적 대응의 결과가 사회복지제도 및 복지국가라고 할 수 있다.

ⓛ 인간의 합리적 이성에 대한 믿음을 전제로 하고 있다. 합리이론에 의하면 합리적 이성을 가진 인간은 산업화과정에서 나타나는 각종 사회문제에 대하여 합리적 해결책을 제시하며, 이 해결책 중의 한 영역이 사회복지라고 설명한다.

ⓒ 경제발전을 중요시한다. 즉, 경제발달은 산업발전 및 자본주의 국가의 발전을 의미하여 복지국가는 바로 이러한 기초 위에 성립하는 것이 된다.

② **계급정치이론**(사회민주주의이론)
　　㉠ 노동자계급의 성장과 이들의 정치적 참여시스템에 주목한다. 노동자계급의 성장이 초기 사회복지제도나 복지국가의 출현에 중요한 요인이었음을 보여주고 있다.
　　㉡ 복지국가의 성장·발전을 사회민주주의와 연계시킨다. 즉, 노동자계급의 이해를 대변하는 사회민주주의 및 좌파 정당의 성장과 집권이 복지국가의 팽창에 중요한 역할을 했다고 본다.

③ **국가중심이론**
　　㉠ 국가의 정책결정 및 형성능력, 국가의 제도지향성, 국가행위자의 확대성향에 기초하여 국가 및 관료집단의 자기강화 경향에 주목한다.
　　㉡ 자본, 노동계급, 사회의 이익집단, 산업화 등이 복지국가의 형성과 발전에 일정한 정도 영향을 주고 있음을 인지하고 있으나, 기본적으로 그러한 영향이 독립적·상대적으로 자율적인 국가에 의해 매개되고 있음을 강조한다.
　　㉢ 국가, 특히 관료조직의 정책형성능력을 강조한다.
　　㉣ 국가의 중앙집권적·조합주의적인 형태가 사회복지의 발전에 중요하다고 설명한다.
　　㉤ 관료조직의 독자적 이해관계를 강조한다.

④ **다원주의론**
　　㉠ 민주주의 사회를 전제로 하고 있으며, 다원화된 집단과 이들 간의 경쟁과 제휴정치를 통하여 복지국가가 발전한다고 본다.
　　㉡ 다양한 집단의 정치적 참여를 중시하고, 권력이 국가보다는 시민사회에 분산되어 있으며, 국가가 중립적 위치에서 다양한 집단들의 경쟁과 갈등을 조절하고 협의를 이끌어내는 시스템 관리자로서 기능한다고 본다.

⑤ **엘리트 이론**
　　㉠ 사회복지정책은 소수나 개인의 우수한 능력으로 이루어졌다고 본다.
　　㉡ 권력은 항상 소수에 의해 행사되며, 다수의 일반인들은 권력행사에 참여하지 못한다고 보는 것이다.
　　㉢ 권력이 국민에게 나오는 것이 아닌 정당이나 국가의 엘리트들에 의해 비롯된다고 생각하며, 자신의 이익이나 권력유지를 위해 정부를 통제하고, 국민을 통제하려는 속성을 가지고 있다.

⑥ **사회양심이론**
　　㉠ 베이커에 의해 정립되었다.
　　㉡ 인간 상호 간에 존재하는 사랑이 국가나 사회를 통해 구체화된 것이 사회복지제도이며, 사회적 욕구에 대해 국민들의 인식을 어떻게 제고시킬 것인가와 그것에 대한 사회적 의무감을 어떻게 확대시킬 수 있는가가 사회복지제도의 성립에 중요한 변수가 된다.

ⓒ 사회복지에 대한 발전과정을 단선적이고 진화론적으로 가정하며 낙관적으로 바라보아 사회복지제도가 점진적으로 계속해서 향상되는 것으로 보고 있다.

⑦ 사회정의론

  ㉠ 사회복지의 변천을 사회정의개념의 진화로 설명한다. 이러한 시대별 사회정의 개념의 변화에 따라 정의를 실현하는 주체와 장치들이 필요한데, 이를 담당하면서 변화되어 온 것 중 하나가 사회복지제도라고 할 수 있다.

  ㉡ 원시시대 : 사회가 친밀한 대인관계를 기본으로 하고 있었기 때문에 사회정의의 개념보다 관대함이 복지의 기본요소였다.

  ㉢ 봉건시대 : 엄격한 계급적 구분이 존재하면서 계급간의 인정적 대인관계의 친분범위가 제한되었다. 이때의 사회정의는 1차적으로 기득권의 보호였고, 구빈이나 구호는 2차적 사회정의로 통용되었다.

  ㉣ 자본주의 사회 : 개인의 업적에 대한 보상이 사회정의의 원리가 되었고, 보완적으로 욕구에 따른 분배가 사회정의의 일부를 구성하게 되었다.

⑧ 시민권이론

  ㉠ 사회복지제도는 시민권의 분화현상과 사회권의 확립이라는 진화적 과정에 따라 개선 · 확대된 것이라고 본다.

  ㉡ 마셜(T.H. Marshall)에 의하면 영국의 경우 18세기에서 19세기에 공민권이 확립되었고 19세기에서 20세기 사이에 참정권이, 20세기 중반까지 사회권이 조성되었다고 한다. 특히 20세기 사회권의 발달은 복지권의 확립 및 복지국가의 발전에 중요한 의미를 지닌다고 본다.

  ㉢ 시민권의 구성요소
    • 공민권 : 개인의 자유에 필요한 권리로 신체의 자유, 표현 · 사상 · 신념의 자유, 사유재산권 등을 말한다.
    • 정치권 : 정치권력의 행사에 참여할 수 있는 권리를 말한다.
    • 사회권(복지권) : 최소한의 경제적 복지 및 보장과 사회의 보편적 기준에 맞는 시민적 존재로서 생활을 누릴 권리를 말한다.

  ㉣ 비판
    • 영국의 사례에 국한되었으며, 시민권의 적용이 백인 남성에게 한정된다.
    • 시민권의 발전을 자연적 진화로 규정하여 투쟁을 통한 획득 시민권 획득에 대해 간과하고 있다.

⑨ 음모이론(사회통제이론)

  ㉠ 인도주의나 사회적 인정 혹은 양심에 도전하는 입장을 취하는 견해로, 사회복지정책이 발달하는 이유를 지배계층이 기존의 사회질서가 위협받고 있다고 느끼는 때에 사회변화를 통해 위기를 전환하기 때문이라고 본다.

  ㉡ 사회복지의 확대는 대중을 위한 것이 아닌 지배층의 이해를 대변하는 것이라고 주장한다.

  ㉢ 음모이론은 정책결정자의 의도보다는 정책의 결과에 의존하고 있다.

⑩ 전파이론(확산이론)

    ㉠ 한 나라의 사회복지정책이 다른 나라에 영향을 미친다고 본다.

    ㉡ 국제관계가 긴밀하게 이루어지는 현대사회에서 국가 간 교류로 사회복지정책과 사회보장의 아이디어와 경험이 한 나라에서 다른 나라로 전파, 확산된다는 것이다.

⑪ 독점자본이론

    ㉠ 복지국가 발전을 독점자본주의 속성과 연결시켜 설명하였다.

    ㉡ **도구주의 관점** : 전통적 마르크스주의 국가의 역할에 관한 관점에 가장 근접한 것으로 국가의 역할은 자본가들의 이익을 수행하는 도구에 지나지 않는다고 본다.

    ㉢ **구조주의 관점** : 자본가들이 국가기구에 영향력을 행사하여 국가를 도구화하는 것이 아니라 자본주의 경제의 구조 자체에 문제가 있으므로 국가의 기능은 자본가의 이익과 합치될 수밖에 없다고 본다.

    ㉣ **정치적 계급투쟁의 관점** : 복지국가가 반드시 자본가계급의 이익만을 위해 존재하는 것은 아니고, 자본가계급과 노동자계급의 정치적·계급적 투쟁에 따라 그 성격이 결정된다고 본다.

⑫ 코포라티즘

    ㉠ 복지정책 형성과정에 있어서 국가가 능동적이고 적극적인 주도권을 행사한다는 점을 강조한다.

    ㉡ 국가 전체의 이익 확대와 사회질서의 유지를 위해서, 사회를 일정한 방향으로 유도할 목적을 가지고 국가가 의도적으로 사회집단과 개인의 이익 및 가치를 통제 조정하는 수단을 의미한다.

⑬ 신자유주의론

    ㉠ 과도한 사회복지 지출이 경제성장을 둔화시키고 정부의 재정위기를 불러왔다는 신념체계를 기반으로 한다.

    ㉡ 복지비용의 삭감 및 지출 구성의 변화, 공공서비스를 포함한 공공부문의 민영화 및 기업에 대한 규제의 완화, 지방정부의 역할 축소, 노조를 포함한 사회세력의 약화 등의 정책기조를 견지하였다.

    ㉢ 종전의 공공급여에 의한 복지보다는 복지제공의 전제조건으로 노동할 것을 요구하는 노동연계복지를 선호하게 되었다. 그러나 임금 수준의 하락으로 '노동하는 빈곤자'가 증가하고 소득불평등문제는 심화되었다.

❹ 사회복지와 사회사업

(1) 사회사업의 개념

① 사회적으로 인간관계상의 기능수행에 문제를 겪고 있는 자들이 문제를 해결 또는 예방하도록 돕는 활동을 의미한다.

② 사회복지분야 내의 중요한 전문적 집단으로서 전문화된 과학적 지식과 기술을 통해 바람직한 개인의 사회적 기능향상을 그 목표로 한다.

③ 사회사업은 사회적 서비스의 실질적 전달이나 운영면에 치중하는 개념이다.

(2) 사회사업의 목적

① 사람들의 사회적 기능수행능력(문제해결 및 처리능력)을 향상시킨다.

② 사람들을 자원, 서비스, 기회를 제공하는 체계들과 연결시킨다.

③ 체계들의 효과적이며 인도적인 운영을 증진시킨다.

④ 사회정의의 촉진을 위한 사회정책의 개발과 개선에 공헌한다.

(3) 사회사업의 모형

모형	대상	방법	이념	실제
전통적	빈곤	부조	자유방임	상호부조, 자선사업, 인보사업
심리적	좌절감	치료	자유주의	상담사업, 개별지도, 집단지도
사회적	부적응	개혁	민주주의	가족, 지역복지, 지역사회사업
급진적	갈등	혁명	마르크스주의	사회행동, 사회운동

(4) 사회사업의 기능

① Sipiorin

    ㉠ 사회복지제도가 인간의 기본적인 욕구를 충족시킬 수 있도록 발전·유지·강화시킨다.

    ㉡ 사회질서의 유지와 사회제도의 유지현상에 기여한다.

    ㉢ 모든 사람에게 적절한 수준의 생활·건강·복지를 보장한다.

    ㉣ 모든 사람들이 그들의 사회적 역할과 지위의 범위 내에서 적절하게 기능하도록 노력한다.

② W. Boem

    ㉠ **사회적 기능의 회복** : 사회적 관계의 붕괴나 상호작용과정에서 입은 개인의 손상된 능력을 회복시킨다.

    ㉡ **사회적 기능장애의 예방적 기능** : 개인과 집단 간의 상호작용에서 파생하는 문제의 예방과 사회적 질병을 예방하여, 사회적 기능을 저해하는 조건이나 상황을 발견하여 통제·제거한다.

    ㉢ **개인적·사회적 자원의 제공** : 사회사업에 있어 자원의 제공은 개발적·교육적인 기능으로서, 사회자원을 찾아내어 조정하고 개인의 상호작용 능력을 개발한다.

③ Pincus & Minahan

    ㉠ 자원체계내 사람들 사이에 상호작용을 촉진시키며 관계를 수립·수정한다.

    ㉡ 사람들의 문제해결과 처리능력을 향상시키고 더욱 효과적으로 이용한다.

    ㉢ 사회정책을 개발하고 물질적 자원을 분배한다.

    ㉣ 사회통제의 매개역할을 수행한다.

④ 사회사업가의 3대 기능(미국사회사업교육협회)

　　㉠ 사회적 기능장애를 예방한다.

　　㉡ 개인적 · 사회적 자원을 제공한다.

　　㉢ 손상된 능력을 회복시킨다.

[사회복지와 사회사업의 비교] ✔자주출제

구분	사회복지	사회사업
목적	사회적 시책에 의한 제도적 체계, 예방, 방빈	전문적 사회사업에 의한 기술적 체계, 치료, 구빈
주체	개인, 집단, 국가에 의해 수행	개인, 집단, 기관에 의해 수행
성격	적극적, 생산적, 조직적, 일반적	소극적, 사후적, 소비적, 선별적
어의	이상적인 면 강조	실천적인 면 강조
기능	제도적, 정책적	지식 · 기술의 측면
실천	고정적	역동적
전문성	광범위한 분야	각 분야의 전문성

❺ 사회복지사 윤리강령 ✔자주출제

(1) 전문

사회복지사는 인본주의 · 평등주의 사상에 기초하여, 모든 인간의 존엄성과 가치를 존중하고 천부의 자유권과 생존권의 보장활동에 헌신한다. 특히 사회적 · 경제적 약자들의 편에 서서 사회정의와 평등 · 자유와 민주주의 가치를 실현하는데 앞장선다. 또한 도움을 필요로 하는 사람들의 사회적 지위와 기능을 향상시키기 위해 저들과 함께 일하며, 사회제도 개선과 관련된 제반 활동에 주도적으로 참여한다. 사회복지사는 개인의 주체성과 자기결정권을 보장하는 데 최선을 다하고, 어떠한 여건에서도 개인이 부당하게 희생되는 일이 없도록 한다. 이러한 사명을 실천하기 위하여 전문적 지식과 기술을 개발하고, 사회적 가치를 실현하는 전문가로서의 능력과 품위를 유지하기 위해 노력한다. 이에 우리는 클라이언트 · 동료 · 기관 그리고, 지역사회 및 전체사회와 관련된 사회복지사의 행위와 활동을 판단 · 평가하며 인도하는 윤리기준을 다음과 같이 선언하고 이를 준수할 것을 다짐한다.

(2) 윤리기준

① 기본적 윤리기준 자주출제 ✅자주출제

　㉠ 전문가로서의 자세

　　• 인간 존엄성 존중
　　– 사회복지사는 모든 인간의 존엄, 자유, 평등을 위해 헌신해야 하며, 사회적 약자를 옹호하고 대변하는 일을 주도해야 한다.
　　– 사회복지사는 모든 인간의 고유한 존엄성과 가치를 인정하고 존중하며, 이를 기반으로 사회복지를 실천한다.
　　– 사회복지사는 클라이언트의 성, 연령, 정신·신체적 장애, 경제적 지위, 정치적 신념, 종교, 인종, 국적, 결혼 상태, 임신 또는 출산, 가족 형태 또는 가족 상황, 성적 지향, 젠더 정체성, 기타 개인적 선호·특징·조건·지위 등을 이유로 차별을 하지 않는다.
　　– 사회복지사는 다양한 문화의 강점을 인식하고 존중하며, 문화적 역량을 바탕으로 사회복지를 실천한다.
　　– 사회복지사는 문화적으로 민감한 실천을 제공하기 위해, 사회복지 실천 과정에서 자신의 개인적·사회적·문화적·정치적·종교적 가치, 신념과 편견이 클라이언트와 동료 사회복지사에게 미칠 수 있는 영향을 고려하여 자기 인식을 증진하기 위해 힘쓴다.
　　• 사회정의 실현
　　– 사회복지사는 사회정의 실현과 클라이언트의 복지 증진에 헌신하며, 이를 위한 국가와 사회의 환경 변화를 위해 노력한다.
　　– 사회복지사는 사회, 경제, 환경, 정치적 자원에 대한 평등한 접근과 공평한 분배가 이루어지도록 노력한다.
　　– 사회복지사는 개인적·집단적·사회적·문화적·정치적·종교적 특성에 근거해 개인이나 집단을 차별·억압하는 것을 인식하고, 이를 해결 또는 예방하기 위해 노력해야 한다.

　㉡ 전문성 개발을 위한 노력

　　• 직무 능력 개발
　　– 사회복지사는 클라이언트에게 최상의 서비스를 제공하기 위해, 지식과 기술을 개발하는데 최선을 다하며 이를 활용하고 공유할 책임이 있다.
　　– 사회복지사는 사회적 다양성의 특징(성, 연령, 정신·신체적 장애, 경제적 지위, 정치적 신념, 종교, 인종, 국적, 결혼 상태, 임신 또는 출산, 가족 형태 또는 가족 상황, 성적 지향, 젠더 정체성, 기타 개인적 선호·특징·조건·지위 등), 차별, 억압 등에 대해 교육을 받고 이에 대한 이해를 증진하기 위해 노력한다.
　　– 사회복지사는 변화하는 사회복지 관련 쟁점에 대응할 수 있도록 실천 기술을 향상하고, 새로운 실천 기술이나 접근법을 적용하기 위해 적절한 교육, 훈련, 연수, 자문, 슈퍼비전 등을 받도록 노력한다.
　　– 사회복지사는 사회복지 실천에 필요한 정보통신 관련 지식과 기술을 습득하기 위해 노력하며, 이를 사용하는 과정에서 발생할 수 있는 윤리적 문제를 인식하고 정보통신 관련 지식과 기술을 활용하도록 한다.
　　• 지식기반의 실천 증진
　　– 사회복지사는 사회복지 실천 과정에서 평가와 연구 조사를 함으로써, 사회복지 실천의 지식 기반 형성에 기여하고, 궁극적으로 사회복지 실천의 질적 향상을 위해 노력한다.

- 사회복지사는 평가나 연구 조사를 할 때, 연구 참여자의 권리를 보장하기 위해, 연구 관련 사항을 충분히 안내하고 자발적인 동의를 얻어야 한다.
- 사회복지사는 연구 과정에서 얻은 정보를 비밀 보장의 원칙에서 다루며, 비밀 보장의 한계, 비밀 보장을 위한 조치, 조사 자료 폐기 등을 연구 참여자에게 알려야 한다.
- 사회복지사는 평가나 연구 조사를 할 때, 연구 참여자의 보호와 이익, 존엄성, 자기 결정권, 자발적 동의, 비밀 보장 등을 고려하며, 「생명윤리 및 안전에 관한 법률」 등 관련 법령과 규정에 따라 연구윤리를 준수한다.

ⓒ **전문가로서의 실천**

• 품위와 자질 유지
- 사회복지사는 전문가로서의 품위와 자질을 유지하고, 자신이 맡고 있는 업무에 대해 책임을 진다.
- 사회복지사는 자신의 이익을 위해 사회복지 전문직의 가치와 권위를 훼손해서는 안 된다.
- 사회복지사는 전문가로서 성실하고 공정하게 업무를 수행한다.
- 사회복지사는 부정직한 행위, 범죄행위, 사기, 기만행위, 차별, 학대, 따돌림, 괴롭힘 등 불법적이고 부당한 일을 행하거나 묵인해서는 안 된다.
- 사회복지사는 자신의 소속, 전문 자격이나 역량 등을 클라이언트에게 정직하고 정확하게 알려야 한다.
- 사회복지사는 클라이언트, 학생, 훈련생, 실습생, 슈퍼바이지, 직장 내 위계적 권력 관계에 있는 동료와 성적 관계를 형성해서는 안 되며, 이들에게 성추행과 성희롱을 포함한 성폭력, 성적·인격적 수치심을 주는 행위를 해서는 안 된다.
- 사회복지사는 한국사회복지사협회 등 전문가 단체의 활동에 적극적으로 참여하여, 사회정의 실현과 사회복지사의 권익 옹호를 위해 노력한다.

• 자기 관리
- 사회복지사는 정신적·신체적 건강 문제, 법적 문제 등이 사회복지 실천 과정에서의 전문적 판단이나 실천에 부정적 영향을 주거나 클라이언트의 이익을 저해하지 않도록, 동료, 기관과 함께 적절한 조치를 하도록 노력한다.
- 사회복지사는 클라이언트에게 최상의 사회복지서비스를 제공하기 위해 사회복지사 자신의 정신적·신체적 건강, 안전을 유지·보호·관리하도록 노력한다.

• 이해 충돌에 대한 대처
- 사회복지사는 클라이언트의 이익을 우선으로 고려하고, 이해 충돌이 있을 때는 아동, 소수자 등 취약한 자의 이해와 권리를 우선시한다.
- 사회복지사의 개인적 신념과 사회복지사로서 직업적 의무 사이에 이해 충돌이 발생할 때 동료, 슈퍼바이저와 논의하고, 부득이한 경우 클라이언트가 적절한 지원을 받을 수 있도록 클라이언트를 다른 사회복지사에게 의뢰하거나 다른 사회복지서비스로 연결한다.
- 사회복지사는 전문적 가치와 판단에 따라 업무를 수행하는 과정에서, 기관 내외로부터 부당한 간섭이나 압력을 받아서는 안 된다.

- 경제적 이득에 대한 실천
  - 사회복지사는 클라이언트의 지불 능력에 상관없이 복지 서비스를 제공해야 하며, 이를 이유로 차별해서는 안 된다.
  - 사회복지사는 필요한 경우에 제공된 서비스에 대해 공정하고 합리적으로 이용료를 책정할 수 있다.
  - 사회복지사는 업무와 관련해 정당하지 않은 방법으로 경제적 이득을 취해서는 안 된다.

② **클라이언트에 대한 윤리기준**

　㉠ **클라이언트의 권익옹호** : 사회복지사는 클라이언트의 이익을 최우선의 가치로 삼고 이를 실천하며, 클라이언트의 권리를 존중하고 옹호한다.

　㉡ **클라이언트의 자기 결정권 존중**
- 사회복지사는 사회복지 실천 과정에서 클라이언트의 자기 결정을 존중하고, 클라이언트를 사회복지 실천의 주체로 인식하여 클라이언트가 자기 결정권을 최대한 행사할 수 있도록 돕는다.
- 사회복지사는 의사 결정이 어려운 클라이언트에 대해서는 클라이언트의 이익과 권리를 보장하기 위한 적절한 조치를 취해야 한다.

　㉢ **클라이언트의 사생활 보호 및 비밀 보장** : 사회복지사는 클라이언트의 사생활을 존중하고 보호하며, 전문적 관계에서 얻은 클라이언트 관련 정보에 대해 비밀을 유지한다. 그러나 클라이언트 자신과 타인에게 해를 입히거나 범죄행위와 관련된 경우에는 예외로 할 수 있다.

　㉣ **정보에 입각한 동의** : 사회복지사는 클라이언트의 알 권리를 인정하고 동의를 얻어야 하며, 클라이언트가 받는 서비스의 목적과 내용, 범위, 합리적 대안, 위험, 서비스의 제한, 동의를 거절 또는 철회할 수 있는 클라이언트의 권리 등에 대해 정확하고 충분한 정보를 제공한다.

　㉤ **기록 · 정보 관리**
- 클라이언트에 대한 사회복지 실천 기록은 사회복지사의 윤리적 실천의 근거이자 평가 · 점검의 도구이기 때문에 중립적이고 객관적으로 작성해야 한다.
- 사회복지사는 클라이언트가 자신과 관련된 기록의 공개를 요구하면 정당한 비공개 사유가 없는 한 정보에 접근할 수 있도록 해야 한다.
- 사회복지사는 클라이언트에 대한 문서 정보, 전자 정보, 기타 민감한 개인 정보를 보호해야 한다.
- 사회복지사가 획득한 클라이언트 관련 정보나 기록을 법적 사유 또는 기타 사유로 제3자에게 공개할 때는 클라이언트에게 안내하고 동의를 얻어야 한다.

　㉥ **직업적 경계 유지**
- 사회복지사는 클라이언트와의 전문적 관계를 자신의 개인적 이익을 위해 이용해서는 안된다.
- 사회복지사는 업무 외의 목적으로 정보통신기술을 사용해 클라이언트와 의사소통을 해서는 안 된다.
- 사회복지사는 어떠한 상황에서도 클라이언트와 사적 금전 거래, 성적 관계 등 부적절한 행동을 해서는 안 된다.
- 동료의 클라이언트를 의뢰받을 때는 기관 및 슈퍼바이저와 논의하는 과정을 거쳐야 하며, 클라이언트에게 설명하고 동의를 얻은 후 서비스를 제공한다.
- 사회복지사는 정보처리기술을 이용하는 것이 클라이언트의 권리를 침해할 위험성이 있다는 사실을 인식하고 직업적 범위 안에서 활용한다.

⓼ 서비스의 종결
- 사회복지사는 클라이언트에게 제공되는 서비스가 더 이상 클라이언트의 이해나 욕구에 부합하지 않으면 업무 상 관계와 서비스를 종결한다.
- 사회복지사는 개인적 또는 직업적 이유로 클라이언트와의 전문적 관계를 중단하거나 종결할 때 사전에 클라이언트에게 충분히 설명하고, 다른 기관 또는 다른 전문가에게 의뢰하는 등 필요한 조치를 취한다.
- 사회복지사는 클라이언트의 고의적·악의적·상습적 민원 제기에 대해 소속 기관, 슈퍼바이저, 전문가 자문 등의 논의 과정을 거쳐 서비스를 중단하거나 거부권을 행사할 수 있다.

③ 사회복지사의 동료에 대한 윤리기준
ㄱ 동료
- 사회복지사는 존중과 신뢰를 기반으로 동료를 대하며, 전문가로서의 지위와 인격을 훼손하는 언행을 하지 않는다.
- 사회복지사는 사회복지 전문직의 권익 증진을 위해 동료와 다른 전문직 동료와도 협력하고 협업한다.
- 사회복지사는 동료의 윤리적이고 전문적인 행위를 촉진해야 하며, 동료가 전문적인 판단과 실천이 미흡하여 문제를 발생시켰을 때 윤리강령과 제반 법령에 따라 대처한다.
- 사회복지사는 다른 전문직의 동료가 행한 비윤리적 행위에 대한 윤리강령과 제반 법령에 따라 대처한다.
- 사회복지사는 동료의 직무 가치와 내용을 인정하고 이해하며, 상호 간에 민주적인 직무 관계를 이루도록 노력해야 한다.
- 사회복지사는 동료들에게 정보통신기술을 사용한 비윤리적 행위를 하지 않는다.
- 사회복지사는 동료가 적법하게 업무를 수행하는 과정에서 부당한 조치를 당하면 동료를 변호하고 원조해 주어야 한다.
- 사회복지사는 동료에게 행해지는 어떤 형태의 차별, 학대, 따돌림 또는 괴롭힘과 자신의 전문적 권위를 행사하는 다른 동료와의 부적절한 성적 행동에 가담하거나 이를 용인해서는 안 된다.
- 사회복지사는 슈퍼바이지, 학생, 훈련생, 실습생, 자신의 전문적 권위를 행사하는 다른 동료와의 성적 행위나 성적 접촉과 성적 관계에 관여해서는 안된다.
ㄴ 슈퍼바이저
- 슈퍼바이저는 슈퍼바이지가 전문적 업무 수행을 할 수 있도록 지원하고 슈퍼바이지는 슈퍼바이저의 전문적 지도와 조언을 존중해야 한다.
- 슈퍼바이저는 전문적 기준에 따라 슈퍼비전을 수행하며, 공정하게 평가하고 평가 결과를 슈퍼바이지와 공유한다.
- 슈퍼바이저는 개인적인 이익 추구를 위해 자신의 지위를 이용해서는 안 된다.
- 슈퍼바이저는 사회복지사 수련생과 실습생에게 인격적·성적으로 수치심을 주는 행위를 해서는 안 된다.

④ 기관에 대한 윤리기준
ㄱ 사회복지사는 기관의 사명과 비전을 확인하고, 정책과 사업 목표를 달성하기 위해 노력해야 한다.
ㄴ 사회복지사는 소속 기관의 활동에 적극적으로 참여함으로써 기관의 성장과 발전을 위해 노력해야 한다.

ⓒ 사회복지사는 기관의 부당한 정책이나 요구에 대해 전문직의 가치와 지식을 근거로 대응하고, 제반 법령과 규정에 따라 해결하도록 노력해야 한다.

⑤ 사회에 대한 윤리기준

　ⓐ 사회복지사는 자신이 일하는 지역사회를 이해하고, 클라이언트가 지역사회에서 서로 도우며 함께 살아가도록 지원해야 한다.

　ⓑ 사회복지사는 정치적 영역이 클라이언트의 권익과 사회복지 실천에 미치는 영향을 인식하여 사회정의 실현을 위한 사회정책의 수립과 법령 제·개정을 지원·옹호해야 한다.

　ⓒ 사회복지사는 사회재난과 국가 위급 상황에서 문제를 해결하기 위해 적극적으로 활동해야 한다.

　ⓓ 사회복지사는 지역사회, 국가, 나아가 전 세계와 그 구성원의 복지 증진, 삶의 질 향상을 위해 적극적으로 노력해야 한다.

　ⓔ 사회복지사는 인간과 자연이 서로 떨어져 살 수 없음을 깨닫고, 인간과 자연환경, 생명 등 생태에 미칠 영향을 생각하며 실천해야 한다.

⑥ 사회복지윤리위원회의 구성과 운영

　ⓐ 한국사회복지사협회는 사회복지윤리위원회를 구성하여, 사회복지윤리실천의 질적인 향상을 도모하여야 한다.

　ⓑ 사회복지윤리위원회는 윤리강령을 위배하거나 침해하는 행위를 접수받아, 공식적인 절차를 통해 대처하여야 한다.

　ⓒ 사회복지사는 한국사회복지사협회의 윤리적 권고와 결정을 존중하여야 한다.

≡ 최근 기출문제 분석 ≡

2025 제1회 지방직 9급

1 '사회복지(social welfare)'와 '사회사업(social work)'에 대한 설명으로 옳지 않은 것은?

① 사회복지의 대상은 전체적이고, 사회사업의 대상은 개별적이다.

② 사회복지는 거시적 방법을, 사회사업은 미시적 방법을 추구한다.

③ 사회복지는 실천적 측면을, 사회사업은 이념적 측면을 강조한다.

④ 사회복지는 바람직한 사회 건설에, 사회사업은 바람직한 인간화에 초점을 둔다.

> **TIP** 사회복지(social welfare)는 이념적·정책적 개념으로, 이상적인 사회 구현과 제도 구축을 지향한다. 이와 비교하여 사회사업(social work)은 현장에서 클라이언트와 직접 만나는 실천 중심의 활동이다.

2025 제1회 지방직 9급

2 로마니신(Romanyshyn)이 제시한 산업화 이후 사회복지의 변화 방향으로 옳은 것은?

① 보편성에서 특수성으로

② 공공지원에서 민간지원으로

③ 최고 수준에서 적정 수준으로

④ 개인의 변화에서 사회개혁으로

> **TIP** 로마니신(Romanyshyn)은 산업화 이후 사회복지의 변화 방향을 인간 소외에 주목하며, 사회복지의 심리적·철학적 변화 방향을 제시하였다. 그에 따르면, 산업화는 인간을 도구화하고 소외시키는 구조를 낳았으며, 이에 따라 사회복지는 단순히 개인을 변화시키려는 차원을 넘어 구조적 변화, 즉 사회개혁을 지향해야 한다고 본다.
> 로마니신의 변화 방향은 "보완적 개념에서 제도적 개념으로, 자선에서 시민의 권리로, 특수성에서 보편성으로, 최저조건에서 최적조건으로, 개인의 변화에서 사회개혁으로, 민간지원에서 공공지원으로, 빈민복지에서 복지사회 구현으로"로 요약할 수 있다.

Answer 1.③ 2.④

3 **헌법 제34조에 명시된 내용에 해당하지 않는 것은?**

① 모든 국민은 인간다운 생활을 할 권리를 가진다.

② 국가는 사회보장·사회복지의 증진에 노력할 의무를 진다.

③ 국가는 노인과 청소년의 복지향상을 위한 정책을 실시할 의무를 진다.

④ 국가와 지방자치단체는 모든 국민의 인간다운 생활을 유지·증진하는 책임을 가진다.

> **TIP** 헌법 제34 조는 6개의 규정을 두고 있으며 국가와 지방단체가 모든 국민의 인간다운 생활을 유지·증진하는 책임을 규정하고 있지 않다.
>
> ※ 헌법 제34조
> ㉠ 모든 국민은 인간다운 생활을 할 권리를 가진다.
> ㉡ 국가는 사회보장·사회복지의 증진에 노력할 의무를 진다.
> ㉢ 국가는 여자의 복지와 권익의 향상을 위하여 노력하여야 한다.
> ㉣ 국가는 노인과 청소년의 복지향상을 위한 정책을 실시할 의무를 진다.
> ㉤ 신체장애자 및 질병·노령 기타의 사유로 생활능력이 없는 국민은 법률이 정하는 바에 의하여 국가의 보호를 받는다.
> ㉥ 국가는 재해를 예방하고 그 위험으로부터 국민을 보호하기 위하여 노력하여야 한다.

4 **사회복지의 이념에 대한 설명으로 옳은 것은?**

① 조지와 와일딩(George & Wilding)에 따르면, 반집합주의는 자유, 불평등, 개인주의를 핵심 가치로 삼는다.

② 미쉬라(Mishra)의 다원적(분화적) 복지국가는 정부, 고용주, 근로자가 상호협력하여 사회 구성원들의 이익이 통합되는 유형이다.

③ 티트무스(Titmuss)의 제도적 재분배 모형은 국가의 복지 제공의 정도가 개인의 시장 기여도에 따라 달라야 한다고 인식하는 모형이다.

④ 퍼니스와 틸튼(Furniss & Tilton)의 적극적 국가는 정부의 개입이 국민의 전반적인 삶의 질 향상과 실질적인 평등을 이루는 데 목적을 둔다.

> **TIP** ② 미쉬라(Mishra)는 분화적(다원주의) 복지국가와 통합적(조합주의) 복지국가로 구분했는데, 정부, 고용주, 근로자가 상호협력하여 사회 구성원들의 이익이 통합되는 유형은 통합적 복지국가에 대한 설명이다.
> ③ 티트무스(Titmuss)의 제도적 재분배 모형은 복지를 모든 사람의 권리라고 보아, 시장 기여도와 상관없이 동일한 복지를 제공해야 한다고 인식하는 모형이다.
> ④ 퍼니스와 틸튼(Furniss & Tilton)은 적극적 국가, 사회보장국가, 사회복지국가로 구분하였다. 정부의 개입이 국민의 전반적인 삶의 질 향상과 실질적인 평등을 이루는 데 목적을 둔다고 본 것은 사회복지국가 유형이다.

Answer 3.④ 4.①

5 에스핑 안데르센(Esping-Andersen)의 복지국가 유형에 대한 설명으로 옳지 않은 것은?

① 탈상품화의 정도는 사회민주주의 복지국가에서 가장 높다.

② 자유주의 복지국가에서는 공공부조의 비중이 상대적으로 높게 나타난다.

③ 조합주의(보수주의) 복지국가에서는 사회보험을 강조한다.

④ 계층화의 정도는 조합주의 복지국가보다 사회민주주의 복지국가에서 더 높다.

TIP ④ 계층화의 정도는 조합주의 복지국가보다 사회민주주의 복지국가에서 더 낮다.

※ 에스핑 안데르센(Esping-Andersen)의 복지국가 유형

㉠ 탈상품화와 계층화의 정도로 자유주의, 조합주의(보수주의), 사회민주주의(사민주의)로 유형화했다.

㉡ 탈상품화란 시민들이 자신이 필요하다고 생각할 때 자유롭게, 직업, 수입, 일반적 복지를 상실할 위험이 없는 상태에서 노동에서 손을 떼고도 사회적으로 용인될 만한 생활수준을 영위할 수 있는 정도를 말한다. 노동의 탈상품화 정도가 높을수록 복지수준이 높다는 것을 의미한다. 탈상품화 정도가 큰 순서는 사회민주주의(사민주의)>조합주의(보수주의)>자유주의이다.

㉢ 계층화란 복지혜택 정도가 계층별로 나누어지는 정도를 의미한다. 계층화의 정도가 큰 순서는 자유주의>조합주의(보수주의)>사민주의(사회민주주의)이다.

㉣ 복지국가 유형 간 비교

복지 체계	자유주의	조합주의(보수주의)	사민주의
탈상품화 수준	낮음	보통	높음
계층화	높음(계층간 대립 심화)	보통(계층간 차이 유지)	낮음(계층간 연대·통합)
주 프로그램	공공부조	사회보험, 현금급여	현금급여+사회서비스
급여	낮고 잔여적	기여에 비례	높고 재분배적
국가의 역할	주변적 역할	보조적 역할	중심적 역할

Answer 5.④

6 **사회복지 발달이론에 대한 설명으로 옳지 않은 것은?**

① 산업화 이론은 산업화를 통한 경제성장이 사회문제에 대응할 수 있는 자원확보를 가능하게 하여 사회복지가 발달한다고 주장한다.

② 확산이론은 한 나라의 사회복지정책이 다른 나라에 전파됨으로써 사회복지가 발달한다고 주장한다.

③ 이익집단이론은 공공정책에 영향을 미치려는 이익집단 간의 갈등과 타협을 통해 사회복지가 발달한다고 주장한다.

④ 국가중심이론은 지배계급이 소외계층의 불만을 경감시켜 사회질서를 유지하고 자신들의 기득권을 지키기 위해 사회복지를 발달시킨다고 주장한다.

> **TIP** ④ 중앙집권적이거나 조합주의적인 국가구조의 형태와 정치인의 개혁성 등이 사회복지의 수요를 증대시켜서 복지국가가 발전하게 된다고 본다. 지배계급이 사회 질서 유지와 기득권 유지를 위해 사회복지를 발달시킨다고 주장하는 이론은 음모이론이다.
>
> ※ 복지국가 발달 이론
> ㉠ 산업화이론(수렴이론) : 산업화과정에서 발생한 새로운 욕구를 산업화를 통해 확보한 자원으로 해결하는 과정에서 복지국가가 생성되었다고 주장한다.
> ㉡ 독점자본이론 : 거대자본과 국가가 융합하여 자본주의체제의 영속화를 도모하는 과정에서 국가가 임금문제나 실업문제에 개입하면서 복지국가가 등장하게 되었다고 주장한다.
> ㉢ 사회민주주의이론 : 노동자 계급의 정치세력화로 인하여 복지국가가 등장하게 되었다고 주장하며, 자본과 노동의 계급투쟁에서 노동이 획득한 승리의 결과물이라고 생각한다.
> ㉣ 국가중심이론 : 중앙집권적이거나 조합주의적인 국가구조의 형태와 정치인의 개혁성 등이 사회복지의 수요를 증대시켜서 복지국가가 발전하게 되었다고 주장한다.
> ㉤ 다원주의론(이익집단이론) : 민주주의 사회를 전제로 하고 있으며, 다원화된 집단과 이들 간의 경쟁과 제휴정치를 통하여 복지국가가 발전한다고 주장한다. 사회적 분배를 둘러싼 다양한 이익집단들의 경쟁에서 정치적 힘이 강해진 집단의 요구를 정치인들이 수용하면서 복지국가가 등장하게 되었다고 본다. 다양한 집단의 정치적 참여를 중시하고, 권력이 국가보다는 시민사회에 분산되어 있으며 국가가 중립적 위치에서 다양한 집단들의 경쟁과 갈등을 조절하고 협의를 이끌어 내는 시스템 관리자로서 기능한다고 본다.
> ㉥ 확산이론 : 한 국가의 사회복지정책이 다른 나라에 영향을 미친다는 것에 초점을 두고 사회복지정책의 발달이 국가 간의 의사소통이나 영향력 교류에 의해 이루어진다고 본다.
> ㉦ 음모이론 : 사회복지정책은 지배계급의 권력유지 수단과 사회안정을 위해, 사회통제를 목적으로 한 음모가 서려 있다고 보는 이론이다.
> ㉧ 사회양심론 : 이타심, 집단 양심이 사회복지정책을 발전시킨다고 보는 이론이다.

Answer　6.④

7 **사회복지의 이념에 대한 설명으로 옳지 않은 것은?**

① 페이비언 사회주의(Fabian Socialism)는 국가의 역할을 강조하지만, 복지국가에 반대한다.

② 중도노선(Middle Way)은 시장을 중시하지만, 자본주의의 문제해결을 위한 국가의 제한적인 역할도 인정한다.

③ 마르크스주의(Marxism)는 적극적 자유, 평등, 우애의 가치를 중시하지만, 복지국가를 비판한다.

④ 신우파(New Right)는 개인의 자유를 최우선시하는 이념으로, 복지 증대를 위한 국가의 역할에 대해 비판한다.

TIP ① 페이비언 사회주의는 국가의 개입을 적극 인정하며, 복지국가에 대한 관점도 적극 찬성하는 입장이다. 복지국가는 자본주의를 개혁하고 사회주의를 이룩하는 데 기여한다고 본다.

※ 조지와 윌딩의 복지모형
　㉠ 반집합주의 : 소극적인 자유, 개인주의, 불평등의 가치를 중시하며, 국가는 문제가 되지 않을 정도의 최소의 개입과 보완적인 역할을 수행해야 한다고 보아 복지국가를 반대하는 입장을 취한다.
　㉡ 소극적 집합주의 : 소극적인 자유, 개인주의, 실용주의, 인본주의, 합리주의를 중시하며, 시장경제를 인정하고 시장실패를 보충하는 수단으로써 복지국가를 인정한다. 국가가 국민 최저수준을 보장해야 한다고 주장한다.
　㉢ 마르크스주의(사회주의) : 적극적인 자유, 평등, 우애의 가치를 중시하며 복지국가를 자본주의국가의 한 형태로 보아서 비판한다.
　㉣ 페이비언 사회주의 : 적극적인 자유, 평등, 동포애의 가치를 중시하며, 복지국가를 적극 옹호한다. 복지국가를 통해 자원재분배, 사회통합을 이룩해야 한다고 주장한다.
　• 조지와 윌딩의 복지모형(1994년) 추가
　㉤ 신우파 : 개인의 자유를 최우선 기치로 내세우며 공공복지에 반대하고, 복지 증대를 위한 국가의 역할에 대해 비판한다.
　㉥ 중도노선 : 시장경제를 선호하지만, 자본주의 문제 해결을 위해 국가의 제한적인 역할도 인정하며, 실용적인 자유와 개인주의를 지지한다.
　㉦ 사회민주주의 : 복지국가는 민주주의와 자유시장경제 사이를 조정하는 존재로, 중도노선과 마르크스주의의 중간 형태로 본다.

Answer　7.①

8 **사회복지의 가치에 대한 설명으로 옳은 것은?**

① 사회복지가 추구하는 자유는 적극적 자유가 아니라 소극적 자유이다.

② 수량적 평등은 가장 소극적인 평등 개념으로 공평한 기회의 제공을 강조한다.

③ 비례적 평등은 인간의 노력, 능력, 기여 등에 따라 사회적 자원을 다르게 분배하는 것을 평등으로 인식한다.

④ 기계적 연대는 노동분화의 수준이 높은 사회에서 나타난다.

> **TIP** ③ 비례적 평등은 개인의 노력, 능력, 기여에 따라 자원을 분배하는 개념으로, 과정과 후천적인 차이를 인정한다.
> ① 사회복지가 추구하는 자유는 적극적 자유이다. 복지를 누릴 수 있는 자유, 국가의 개입은 적극적 자유이다.
> ② 수량적 평등은 모든 사람을 차이를 두지 않고 자원을 분배하는 개념으로 결과의 평등이며, 적극적인 평등 개념으로 볼 수 있다. 기회의 평등은 의무교육처럼 결과는 무시하고 과정의 기회만 동등하게 주는 개념으로 소극적 평등이라고 할 수 있다.
> ④ 기계적 연대는 유사성에 의한 연대로 가족처럼 공통의 가치나 신념이 존재할 때 가능한 연대이다. 반면에 유기적 연대는 개성적인 구성원이 사회결합 형태로 맺어진 것으로 분업이나 노동분화를 바탕으로 서로 다른 개인의 기능적 차이가 만들어내는 연대이다. 사회복지는 유기적 연대의 가치가 중요하다.
> ※ 사회복지정책의 가치 : 자유(적극적 자유, 소극적 자유), 평등(결과의 평등, 비례적 평등, 기회의 평등), 정의, 연대(기계적 연대, 유기적 연대), 이타주의

9 **다음에서 설명하는 사회복지의 동기는?**

> • 사회문제를 예방하여 사회적 비용을 절감하고자 함
> • 사회복지 급여나 프로그램을 제공함으로써 저소득층의 구매력을 높여 내수진작

① 종교적 동기   ② 경제적 동기

③ 정치적 동기   ④ 도덕적 동기

> **TIP** ② 경제적 동기 : 사회문제와 그 결과를 경감하거나 제거함으로써 사회비용을 줄일 수 있다. 사회복지프로그램을 통해 생산 측면에서는 사람들의 생산적 고용 증진과, 소비측면에서 빈곤계층의 구매력을 증진하여 내수진작이 될 수 있다.
> ① 종교적 동기 : 종교계는 자선활동 전개로 직·간접적으로 관여한다.
> ③ 정치적 동기 : 미국은 대공황으로 대규모 실업과 이로 인한 사회경제적 문제가 발생하자 미국 정부는 정치적 권력 유지를 위한 방법으로 사회보장제도를 고안했으며, 영국의 구빈법은 부랑자들의 위협이 사회불안으로 이어질 것을 우려해 사회복지에 대한 국가 책임을 분명히 했다.
> ④ 도덕적 동기 : 사회복지의 대표적인 명분으로 이타주의, 인간중심주의, 복지주의 이데올로기가 있다.

Answer   8.③   9.②

10 브래드쇼(Bradshaw)가 제시한 욕구에 대한 설명으로 옳은 것은?

① 규범적 욕구(normative need)는 전문가 등이 정해 둔 바람직한 수준과 실제 상태의 차이를 포함한다.

② 감지적 욕구(felt need)는 규범적 욕구가 실제 상황에서 욕구 충족의 추구 행위로 나타난 것이다.

③ 비교적 욕구(comparative need)는 당사자의 주관적인 느낌에 따라 인식된다.

④ 표현적 욕구(expressed need)는 개인의 인식 정도에 따라 달라지는 상대적 욕구이다.

> **TIP** ① 규범적 욕구 : 미리 바람직한 욕구충족의 수준을 정해놓고 이 수준과 실제상태와의 차이에 의하여 욕구의 정도를 규정하는 것
> ② 감지적 욕구 : 욕구상태에 있는 당사자의 느낌에 의해 인식되는 것
> ③ 비교적 욕구 : 어떤 서비스를 받고 있는 사람들과 비슷한 특성을 갖고 있으면서도 서비스를 받지 않고 있는 사람들을 욕구상태에 있는 것으로 규정하는 것
> ④ 표현적 욕구 : 감지적 욕구가 실제의 욕구충족 추구행위로 나타난 것

11 에스핑 앤더슨(Esping-Andersen)이 분류한 복지국가 유형 중 탈상품화 정도가 가장 큰 유형부터 순서대로 바르게 나열한 것은?

① 자유주의, 조합주의, 사회민주주의

② 자유주의, 사회민주주의, 조합주의

③ 사회민주주의, 조합주의, 자유주의

④ 사회민주주의, 자유주의, 조합주의

> **TIP** ③ 탈상품화 정도가 큰 순서는 사회민주주의(사민주의)＞조합주의(보수주의)＞자유주의이다.
> • 에스핑 앤더슨의 복지국가 유형 : 탈상품화와 계층화의 정도로 자유주의, 조합주의(보수주의), 사회민주주의(사민주의)로 유형화했다.
> • 탈상품화란 시민들이 자신이 필요하다고 생각할 때 자유롭게, 직업, 수입, 일반적 복지를 상실할 위험이 없는 상태에서 노동에서 손을 떼고도 사회적으로 용인될 만한 생활수준을 영위할 수 있는 정도를 말한다.
> • 계층화란 복지혜택 정도가 계층별로 나누어지는 정도를 의미한다.

Answer 10.① 11.③

12 한국사회복지사협회의 사회복지사 윤리강령 내용에 해당하지 않는 것은?

① 사회복지사는 클라이언트에게 제공되는 서비스가 더 이상 클라이언트의 이해나 욕구에 부합하지 않으면 업무상 관계와 서비스를 종결한다.

② 사회복지사는 클라이언트의 지불 능력을 고려하여 그에 합당한 복지 서비스를 제공해야 하며, 이를 이유로 차별해서는 안 된다.

③ 사회복지사는 인간과 자연이 서로 떨어져 살 수 없음을 깨닫고, 인간과 자연환경, 생명 등 생태에 미칠 영향을 생각하며 실천해야 한다.

④ 사회복지사는 클라이언트의 이익을 우선으로 고려하고, 이해 충돌이 있을 때는 아동, 소수자 등 취약한 자의 이해와 권리를 우선시한다.

> **TIP** ② 사회복지사는 클라이언트의 지불 능력에 상관없이 복지 서비스를 제공해야 하며, 이를 이유로 차별해서는 안 된다.

13 매슬로우(Maslow)의 초기 연구에서 제시된 5단계 욕구 위계론에 대한 설명으로 옳은 것은?

① 자아실현의 욕구가 안전의 욕구보다 강도가 더 강하다.

② 존경의 욕구와 자아실현의 욕구는 성장욕구에 해당한다.

③ 소속감과 사랑의 욕구는 충족된 직후에 욕구의 강도가 더 강해진다.

④ 안전의 욕구가 일정 수준 충족되어야 소속감과 사랑의 욕구에 대한 동기가 부여된다.

> **TIP** ① 안전의 욕구가 자아실현의 욕구보다 강도가 더 강하다.
> ② 존경의 욕구는 결핍욕구, 자아실현의 욕구는 성장욕구에 해당한다.
> ③ 하위 욕구가 상위 단계의 욕구에 대한 강도가 더 강해진다.
> ※ 매슬로우 욕구 위계론

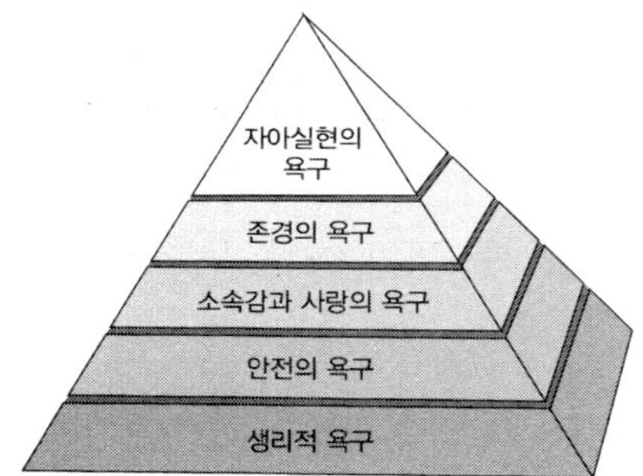

Answer 12.② 13.④

2023 인사혁신처 9급

14 페미니즘의 분파에 대한 설명으로 옳지 않은 것은?

① 급진주의 페미니즘은 가부장제 가정에서의 여성차별과 억압에 초점을 맞추면서, 여성억압이 여성의 생물학적 특성인 출산에 따른 남성에 대한 의존에서 나타난다고 주장한다.

② 마르크스주의 페미니즘은 여성억압이 계급 지배적인 생산양식, 즉 자본주의 체제가 낳은 불평등으로부터 기인한다고 인식하면서, 자본주의의 타파를 통해 여성억압의 문제를 해결할 수 있다고 주장한다.

③ 자유주의 페미니즘은 제도 및 관습상의 차별과 교육의 불평등으로 인해 여성억압이 발생한다고 인식하면서, 사적 영역인 가정에서 발생하는 여성의 종속문제를 해결함으로써 여성억압 문제를 해결할 수 있다고 주장한다.

④ 사회주의 페미니즘은 여성억압의 원인을 자본주의의 본질인 계급억압과 가부장제의 성 억압 간의 결합에서 찾으면서, 남성이 담당하는 유급의 생산노동과 여성이 담당하는 무급의 가사노동의 이분법적 사회구조를 타파할 것을 주장한다.

> **TIP** ③ 자유주의 페미니즘은 제도 및 관습상의 차별과 교육의 불평등으로 인해 여성억압이 발생한다고 인식하였다. 사적 영역인 가정에서 발생하는 여성의 종속문제를 해결함으로써 여성억압 문제를 해결할 수 있다고 주장한 것은 마르크스주의 페미니즘이다.

2023 인사혁신처 9급

15 사회복지와 복지국가에 대한 주요 학자의 견해로 옳은 것은?

① 로마니신(Romanyshyn)은 사회복지가 공공 지원에서 민간과 공공의 혼합 지원으로 발전한다고 주장하였다.

② 기든스(Giddens)는 제3의 길을 제시하면서 교육에 대한 투자보다 현금 지급을 통한 복지지출의 확대를 주장하였다.

③ 윌렌스키와 르보(Wilensky & Lebeaux)는 비공식적 조직에 의한 지원을 사회복지 활동으로 인정할 수 없다고 주장하였다.

④ 에스핑-앤더슨(Esping-Andersen)은 사회민주주의 복지국가에서는 사회정책이 계층화를 강화하는 방향으로 작용한다고 주장하였다.

> **TIP** ① 로마니신은 사회복지가 민간 지원에서 공공 지원으로 발전한다고 주장하였다.
> ② 기든스는 제3의 길을 제시하면서 교육에 대해서 현금 지급을 통한 소비적 지출을 지양하고, 투자적 지출의 확대를 주장하였다.
> ④ 에스핑-앤더슨은 자유주의 복지국가에서는 사회정책이 계층화를 강화하는 방향으로 작용한다고 주장하였다.

Answer 14.③ 15.③

16 우리나라 사회복지사 윤리강령에 대한 설명으로 옳은 것은?

① 보건복지부장관이 고시한다.

② 법률에 준하는 강제적 효력이 있다.

③ 사회복지 서비스에 대한 이용료 부과를 금지한다.

④ 슈퍼바이저는 전문적 기준에 따라 슈퍼비전을 수행하며, 공정하게 평가하고 평가 결과를 슈퍼바이지와 공유한다.

> **TIP** ① 사회복지사 윤리강령은 한국사회복지사협회에서 최종 개정안을 도출하고 이사회, 총회를 거쳐 보건복지부 승인을 받은 후 공포한다.
> ② 사회복지사 윤리강령은 법적 구속력을 가지지는 않는다.
> ③ 사회복지사는 필요한 경우에 제공된 서비스에 대해 공정하고 합리적으로 이용료를 책정할 수 있다.

17 윌렌스키(Wilensky)와 르보(Lebeaux)가 제시한 사회복지의 제도적 개념과 잔여적 개념에 대한 설명으로 옳지 않은 것은?

① 잔여적 개념으로서의 사회복지는 자선, 사후 치료적 서비스를 통해 문제를 해결하려는 경향이 강하다.

② 제도적 개념으로서의 사회복지는 사회제도의 기능을 임시로 보충하는 것을 의미한다.

③ 제도적 개념으로서의 사회복지는 가족과 시장경제가 제 기능을 수행하는 것이 불가능하기 때문에 사회를 유지하기 위해 독톡하고 필수적인 기능을 수행하는 것을 의미한다.

④ 잔여적 개념으로서의 사회복지는 사회복지제도를 사회의 유지 및 발전에 필수적인 사회제도로 간주하지 않는다.

> **TIP** ② 잔여적 모형(개념)으로서의 사회복지는 사회제도의 기능을 임시로 보완(보충)하는 것을 의미한다.
> ※ 윌렌스키(Wilensky)와 르보(Lebeaux)의 사회복지 모형 : 잔여적 모형, 제도적 모형
> - 잔여적 모형(개념) : 문제 원인은 (비정상적 · 병리적으로 부적응)개인 책임. 개입은 사후적 · 치료적 차원으로, 가족이나 시장이 정상적 기능 수행을 하지 못할 때 사회복지가 일시적으로 보완적(보충적) 기능을 담당하며, 단기적 성격이 강하다. 사회복지는 사회 유지 · 발전에 필수적인 사회제도로 간주하지 않는다. 선별주의 가치이다.
> - 제도적 모형(개념) : 문제 원인은 사회구조의 책임. 개입은 사전적 차원으로, 긴급함이나 비정상적인 문제에 국한되지 않는 광범위한 제도나 정책 수립으로 예방적 · 조직적 · 계획적으로 국가의 적극적인 개입과 대처로 복지가 구현되도록 하여 장기적 성격이 강하다. 현대사회는 가족과 시장경제 제도가 평상시에도 제 기능을 수행하기 힘든 관계로 사회 유지 · 발전을 위해 사회복지는 필수적인 기능을 수행할 수밖에 없다고 본다. 보편주의 가치이다.

Answer   16.④   17.②

18 사회복지의 가치에 대한 설명으로 옳은 것만을 모두 고르면?

> ㉠ 에스핑 앤더슨(Esping-Andersen)의 복지국가 유형 분류에서 사회민주주의 복지국가가 추구하는 자유는 소극적 자유보다는 적극적 자유에 더 가깝다.
> ㉡ 롤스(J. Rawls)는 공정한 절차를 보장하기 위한 장치로서 원초적 입장(original position)이라는 개념을 제시하였다.
> ㉢ 에밀 뒤르켐(E. Durkheim)이 주장하는 유기적 연대란 사회구성원의 유사성에 근거한 전통사회에서 지배적인 연대를 의미한다.

① ㉠, ㉡

② ㉠, ㉢

③ ㉡, ㉢

④ ㉠, ㉡, ㉢

TIP ㉠ 에스핑 앤더슨은 복지국가 유형을 자유주의 복지국가, 조합주의 복지국가, 사회민주주의 복지국가로 분류한다. 자유주의 복지국가는 선별적, 잔여적 복지를 강조하므로 소극적 자유인 반면, 사회민주주의 복지국가는 보편적, 포괄적 복지를 강조하여 적극적 자유에 가깝다.
㉡ 롤스의 정의론은 공정성의 전제로 원초적 입장과 무지의 베일이라는 개념을 설명한다. 무지의 베일에 드리워진 원초적 입장은 정의의 원칙을 도출할 수 있는 공정한 상황이며, 원초적 입장에 있는 관련 당사자들은 모두 평등하고 자유롭고 자율적인 인간이라고 본다.
㉢ 에밀 뒤르켐은 기계적 연대와 유기적 연대라는 개념을 설명하였다. 기계적 연대란 마을 성원으로 태어나 자신의 의사와 상관없이 권리와 의무가 부여되는 전통사회의 지배적인 연대를 의미한다. 유기적 연대에서의 현대사회는 규모가 커져서 익명성이 강해지고, 이질적이며, 노동의 분업으로 전문화, 분화된 사회로, 개인이 사회에서 제대로 삶을 영위하기 위해서는 공동체와 자신이 분리되어서는 안된다. 공유된 가치를 통해 사회가 하나로 통합되는 것이 개인의 안정된 삶에 큰 기여를 한다고 본다.

19 로마니신(Romanyshyn)이 제시한 사회복지 변화 방향으로 옳지 않은 것은?

① 보편성(universal)에서 특수성(special)으로

② 자선(charity)에서 시민의 권리(citizen right)로

③ 민간(voluntary) 지원에서 공공(public) 지원으로

④ 잔여적(residual) 복지에서 제도적(institutional) 복지로

TIP 로마니신(Romanyshyn)의 사회복지 관점 : 전 산업사회에서 후기 산업사회로 이행하는 과정에서 사회복지의 관점을 설명했다. 사회복지는 개인과 사회전체의 복지를 증진시키려는 모든 형태의 사회적 노력을 포함하여, 사회문제의 치료와 예방, 인적 자원의 개발, 인간생활의 향상에 직접적 관련을 갖는 일체의 시책과 과정을 포함한다. 잔여적 개념에서 제도적 개념으로, 자선에서 시민의 권리로, 특수성에서 보편성으로, 최저수준에서 적정수준으로, 개인변화에서 사회개혁으로, 민간 자원에서 공공 자원으로, 빈민 복지에서 복지사회로 변화를 설명했다.

Answer 18.① 19.①

20 조지와 윌딩(George & Wilding)이 제시한 사회복지 이념에 대한 설명으로 옳지 않은 것은?

① 반집합주의는 국가의 개입이 시장경제의 효율성을 저해하므로 불평등을 완화하려는 복지국가에 찬성하지 않는다.

② 페이비언 사회주의는 평등과 공동체의 이익을 강조하며, 불평등을 완화하려는 국가의 개입을 지지한다.

③ 소극적 집합주의는 시장을 중시하며, 자본주의 체제의 조절능력을 믿어 복지국가에 반대한다.

④ 마르크스주의는 시장경제를 부정하고, 불평등을 자본주의체제의 붕괴로 해결할 수 있다고 믿으며 복지국가에 반대한다.

> **TIP** ③ 소극적 집합주의는 수정자유주의 이념으로, 자유와 개인주의를 기본적인 가치로 받아들이는 면에서 반집합주의와 같으나, 지나친 불평등은 수정되어야 한다는 주장하며, 시장경제를 인정하고 시장실패를 보충하는 수단으로써 복지국가를 인정하는 입장이다.
> ① 반집합주의는 자유주의 이념으로, 국가 개입은 시장경제의 효율성을 저해하므로, 대표적인 국가 개입인 불평등 완화 정책의 복지국가를 반대하는 입장이다.
> ② 페이비언 사회주의는 사회민주주의 이념으로, 적극적 자유, 평등, 공동체 이익을 중요한 가치로 여겨 불평등 요소가 있는 시장경제(자유주의)를 대폭 수정해야 한다고 보고, 국가 개입을 지지하는 복지국가를 옹호하는 입장이다.
> ④ 마르크스주의는 사회주의 이념으로, 평등과 자유를 강조하여 시장경제를 부정하고, 복지국가는 자본주의를 강화하는 역할을 보고 불평등 해결은 자본주의 체제 붕괴로 해결할 수 있다고 보기에 복지국가를 반대하는 입장이다.
> ※ 조지(George)와 윌딩(Wilding)의 4분법(1976)과 6분법(1994)
> • 4분법 : 반집합주의(자유주의 이념), 소극적 집합주의(수정자유주의 이념), 페이비언 사회주의(사회민주주의 이념), 마르크수주의(사회주의 이념)
> • 6분법 : 신우파, 중도노선, 사회민주주의, 마르크스주의, 페미니즘, 녹색주의(생태주의)

Answer 20.③

출제 예상 문제

1 **광의의 사회복지개념에 해당하지 않는 것은?**

① 사회복지는 사회성원 생활의 최저수준이다.

② 광의의 복지개념은 신체적 · 물질적 · 정신심리적인 복지까지 다룬다.

③ 한정된 약자와 요보호자들에 대한 실천적 자선활동이다.

④ 제반활동에서 나타나는 비복지도 다룬다.

TIP ③ 협의의 사회복지개념이다.

2 **현대적 의미의 사회복지개념으로 옳은 것은?**

① 사회계획, 사회정책   ② 사회사업, 사회부조

③ 사회부조, 사회계획   ④ 인보사업, 사회사업

TIP 전통적인 사회복지개념은 사회부조 · 자선사업 · 인보사업이었으나, 현대적 개념은 사회봉사 · 사회정책 · 사회계획을 의미한다.

3 **잔여적 개념에 따른 사회복지의 특성으로 옳지 않은 것은?**

① 가족이나 시장경제가 제 기능을 원활하게 수행하지 못할 경우 파생되는 문제를 해결하기 위해 필요하다.

② 사회를 유지하는 데 필수적 기능을 수행하지 않는다.

③ 일시적, 임시적, 보충적인 성격을 갖는다.

④ 국민 전 계층을 사회복지의 대상에 포함한다.

TIP ④ 제도적 개념에 따른 사회복지의 특성이다.

Answer   1.③   2.①   3.④

4 사회복지의 모형에 있어서 H.L. Wilensky의 잔여적 모델에 대한 설명이 아닌 것은?

① 시장경제원칙의 극대화를 바탕으로 한다.
② 가족과 시장이 그 기능의 수행에 장애가 있을 때 개입한다.
③ 초기산업사회와 자유주의 국가에서 나타난다.
④ 공공부조보다 사회보험제도를 강조한다.

TIP ④ 제도적 모델에 대한 설명이다.

5 로마니쉰(Romanyshyn)의 사회복지체계 중에서 사회적 서비스에 해당되는 것은?

① 시장분배 지원   ② 공공부조
③ 공공주택 보급   ④ 교육제도 지원

TIP ④ 교육제도 지원은 사회적 서비스에 해당한다.
  ※ 로마니쉰(Romanyshyn)의 사회복지체계로서 기능
    ㉠ 사회적 급여체계 : 소득, 의료, 주택 등의 시장분배를 지원하거나 대체하는 것으로 공공부조와 사회부조, 사회보험, 공공주택의 공급 및 의료의 사회화 등
    ㉡ 사회적 서비스 : 가족과 교육제도를 지원하고 대체하는 것으로서 사회화와 사회통제장치의 일부가 되는 것으로 이는 본질적으로 인간변화에 관심을 두며, 원만하게 사회화 기능을 수행할 수 있도록 능력과 자원을 갖도록 도와주는 것
    ㉢ 사회적 행동 : 그 관심은 체계변화에 있으며 사회행동가는 자원을 늘리고 역할구조와 세력분포를 바꾸어 문제를 예방하고 기회를 확대하는 노력

6 사회복지 동기관련 이데올로기로 볼 수 없는 것은?

① 개인주의   ② 이타주의
③ 인간중심주의   ④ 복지주의

TIP ① 개인주의는 경제발전 동기에 가깝다.
  ※ 사회복지 동기관련 주요 이데올로기
    ㉠ 이타주의 : 외부로부터 어떤 보상도 기대하지 않고 다른 사람을 이롭게 하는 행동을 수행
    ㉡ 인간중심주의 : 사회적 차원에서 인류의 복지와 행복에 관심을 두고 이를 증진하도록 도움
    ㉢ 복지주의 : 사회복지는 다양한 이데올로기뿐 아니라 그 자체 이데올로기의 영향을 받음

Answer   4.④   5.④   6.①

7 브래드쇼(Bradshow)가 주장한 욕구가 아닌 것은?

① 규범적 욕구

② 표현적 욕구

③ 감지적 욕구

④ 생리적 욕구

TIP ④ 생리적 욕구는 매슬로우의 욕구단계이론에서 제시되고 있다.

※ 학자에 따른 욕구의 분류

　㉠ 매슬로우(Maslow)의 욕구단계이론 : 생리적 욕구, 안전의 욕구, 사랑의 욕구, 존경의 욕구, 자아실현의 욕구 순

　㉡ 브래드쇼(Bradshow)의 욕구인식의 기준에 따른 분류

　• 규범적 욕구 : 미리 바람직한 욕구충족의 수준을 정해놓고 이 수준과 실제상태와의 차이에 의하여 욕구의 정도를 규정하는 것

　• 감지적 욕구 : 욕구상태에 있는 당사자의 느낌에 의해 인식되는 것

　• 표현적 욕구 : 감지적 욕구가 실제의 욕구충족 추구행위로 나타난 것

　• 비교적 욕구 : 어떤 서비스를 받고 있는 사람들과 비슷한 특성을 갖고 있으면서도 서비스를 받지 않고 있는 사람들을 욕구 상태에 있는 것으로 규정하는 것

8 사회복지사가 지역사회에서 기존의 사회통계자료를 기준으로 하여 서비스를 제공하였다면 이는 어떤 욕구를 반영하는 것인가?

① 규범적 욕구

② 인지적 욕구

③ 상대적 욕구

④ 표출적 욕구

TIP ① 사회통계자료를 통해 욕구수준을 파악하고 정해서 서비스를 제공한다면 규범적 욕구에 해당한다.

※ 브래드쇼(Bradshow)의 욕구인식의 기준에 따른 분류

　㉠ 규범적 욕구 : 전문가, 행정가, 사회과학자들이 욕구의 상태를 규정하는 것으로, 미리 바람직한 욕구충족의 수준을 정해놓고 이 수준과 실제상태와의 차이에 의하여 욕구의 정도를 규정하든가 최고의 욕구수준을 정해놓고 실제상태와의 차이에 의하여 욕구의 정도를 규정하는 것이다.

　㉡ 감지적 욕구 : 욕구상태에 있는 당사자의 느낌에 의해 인식되는 것인데, 이것은 어떤 욕구상태에 있는지 또는 어떤 서비스를 필요로 하고 있는지 물어서 파악하는 욕구이다.

　㉢ 표현적 욕구 : 감지적 욕구가 실제의 욕구충족 추구행위로 나타난 것이며, 수요라고도 할 수 있다.

　㉣ 비교적 욕구 : 어떤 서비스를 받고 있는 사람들과 비슷한 특성을 갖고 있으면서도 서비스를 받지 않고 있는 사람들을 욕구 상태에 있는 것으로 규정하는 것을 말한다.

Answer　7.④　8.①

9 사회복지의 구체적 대상에 해당하지 않는 것은?

① 빈곤 ② 범죄
③ 질병 ④ 우울

TIP 사회복지의 대상은 정상적인 일반생활의 수준에서 탈락·낙오되었거나 그럴 우려가 있는 불특정한 개인 또는 가족으로 정의할 수 있는데, 이를 디바인(E.T. Devine)은 3D인 빈곤, 질병, 범죄로 보았다.
④ 우울은 디바인의 3D에 해당하지 않는다.

10 사회복지기능에 대한 설명으로 옳지 않은 것은?

① 시장외적기제에 의한 작동 ② 사회통합의 달성
③ 상부상조의 기능 ④ 개인적 선택의 기회를 극대화

TIP 사회복지개념을 사회제도로서 파악하는 기능
㉠ 생산·분배·소비의 기능: 사회구성원들이 일상생활을 영위하는 데 필요한 재화와 서비스를 생산·분배·소비하는 과정과 관련된 기능을 말한다. 이러한 기능을 주로 수행하는 제도를 경제제도라 한다.
㉡ 사회화의 기능: 한 개인이 어떠한 사회화의 과정을 거치느냐 하는 것은 그가 자신의 가정생활, 학교생활, 사회생활에 얼마나 잘 적응할 수 있느냐의 토대가 된다.
㉢ 사회통제의 기능: 사회가 그 구성원들에게 사회의 규범에 순응하게 하는 것을 말한다.
㉣ 사회통합의 기능: 사회체계를 구성하는 사회단위조직들 간의 관계와 관련된 기능을 말하며, 이러한 기능을 수행하는 가장 대표적인 제도로서 종교제도를 들 수 있다.
㉤ 상부상조의 기능: 사회구성원간 서로 도와주는 사회적 기능을 말하며, 대표적인 제도로 사회복지를 들 수 있다.

11 사회복지의 기능 중 사회화 기능에 해당하는 것은?

① 생활에 필요한 재화와 서비스의 분배
② 사회의 공통적 가치관과 행동양태의 전수
③ 일정한 법과 규범을 지키도록 함으로써 사회를 존속·유지
④ 개인이나 가족이 스스로 문제를 해결할 수 없을 때 사회구성원 간에 서로 도와주는 기능

TIP ① 생산·분배·소비의 기능
③ 사회통제의 기능
④ 상부상조의 기능

Answer 9.④ 10.④ 11.②

12 사회복지의 제도적 기능으로 볼 수 없는 것은?

① 사회화의 기능

② 상부상조의 기능

③ 사회문제해결의 기능

④ 사회적 통합의 기능

TIP 사회복지의 제도적 기능
ㄱ 생산·분배·소비의 기능 : 삶에 필요한 재화나 서비스의 생산·분배·소비
ㄴ 사회화의 기능 : 사회의 공통적 가치관과 행동양태 전수
ㄷ 사회적 통합의 기능 : 사회 각 집단·단체·기관들 간에 결속력 유지
ㄹ 상부상조의 기능 : 스스로 문제를 해결할 수 없을 때 사회구성원 간에 서로 도와주는 기능

13 사회복지 대상의 선정기준에 대한 설명으로 옳지 않은 것은?

① 보편주의(universalism)는 복지 수혜 자격과 기준을 균등화하여 낙인감을 감소시킨다.

② 선별주의(selectivism)는 자산조사 등을 통해 사회복지 대상자들을 선정한다.

③ 선별주의는 기여자와 수혜자를 구별하지 않아 사회통합에 더 효과적이다.

④ 보편주의는 사회복지 급여를 국민의 권리로 생각한다.

TIP ③ 보편주의는 기여자와 수혜자를 구별하지 않아 사회통합에 더 효과적이다.

구분	선별주의	보편주의
의미	개인의 복지 문제는 능력에 따라 '개인책임'으로 해결토록 하되, 개인적으로 해결할 수 없는 경우에 한하여 국가가 관여한다.	국가가 평등하게 모든 국민의 욕구를 충족시켜 주어야 한다는 것이다.
장점	• 국가의 책임을 극소화하고 한정된 자원을 효율적으로 이용할 수 있다. • 도움을 가장 필요로 하는 사람에게 집중적으로 사회 복지 서비스를 제공해 줌으로써 자원의 낭비가 적다. • 불필요한 의존심을 키워 주지 않는다. • 목표효율성을 높일 수 있다.	• 낙인감을 심어주지 않으며, 사회통합에 효과적이다. • 인간 존엄성의 보장이라는 사회적 효과성이 있다. • 절차가 간단하고 복지 서비스의 균일성을 보장할 수 있다. • 경제적 안정과 성장에 이바지할 수 있다.
단점	• 자산조사에 많은 시간과 비용이 소모되고, 효율성이 떨어진다. • 서비스 대상자로 하여금 낙인감을 느끼게 할 수 있다. • 대상자에서 제외된 차상위계층에 대한 문제가 있다.	• 꼭 필요한 사람이 서비스를 제대로 받을 수 없는 경우가 생길 수 있다. • 국가에 대한 의존심을 높일 수 있다. • 자원의 낭비가 발생하는 등 목적효율성이 낮아진다. • 국가책임을 가중시킨다.

Answer 12.③ 13.③

14 사회복지개념의 변화로서 옳지 않은 것은?

① 보편적 서비스에서 선별적 서비스로

② 최저조건에서 최적조건으로

③ 자발성에서 공공성으로

④ 보완적에서 제도적으로

TIP 사회복지의 개념 변화
　　㉠ 보완적 개념에서 제도적 개념으로 변화
　　㉡ 자선적인 것에서 시민권으로 변화
　　㉢ 특수한 서비스에서 보편적인 서비스로 변화
　　㉣ 최저조건에서 최적조건의 서비스로 변화
　　㉤ 자발적 차원에서 사회적 차원(공공성)으로 변화

15 티트머스(R.M. Titmuss)의 사회복지모형 중 시장경제의 메커니즘을 강조한 것은?

① 보완적 복지모형

② 산업적 업적성취모형

③ 제도적 재분배모형

④ 자유방임형

TIP 티트머스(Titmuss)의 사회복지모형
　　㉠ 보완적 복지모형 : 사회복지제도는 가족 또는 시장과 같은 정상적인 공급구조가 제 기능을 발휘하지 못할 때 보완적으로 기능
　　㉡ 산업적 업적성취모형 : 사회복지제도는 경제의 종속물로서 개인의 욕구는 자신의 업적, 업무수행 및 생산성의 업적에 기반하여 충족되어야 함
　　㉢ 제도적 재분배모형 : 사회복지제도는 사회의 구조적 불평등을 보상하기 위해 어느 정도 욕구원칙에 기반해야 하므로 시장경제 밖에서 보편적 서비스를 제공해야 함

Answer 14.① 15.②

16 사회복지에 대한 설명으로 옳지 않은 것은?

① 복지 다원주의(welfare pluralism)는 정부뿐만 아니라 민간부문의 조직들도 복지제공의 주체가 된다고 본다.

② 에스핑 엔더슨(Esping-Andersen)은 복지국가의 유형을 분류하는데 있어 탈상품화 정도가 높을수록 복지선진국을 의미한다고 보았다.

③ 윌렌스키와 르보(Wilensky & Lebeaux)는 사회복지의 개념을 '잔여적 개념'과 '제도적 개념'으로 구분하였다.

④ 조지와 윌딩(George & Wilding)이 제시한 '신우파'는 소극적 집합주의 성향을 가지며 자유보다 평등과 우애를 옹호한다.

TIP ④ 조지와 윌딩(George & Wilding)이 제시한 '신우파'는 반집합주의 성향을 가지며 평등과 우애보다 자유를 옹호한다. 신우파의 3대 가치는 자유, 개인주의, 불평등이다.

17 조지(George)와 윌딩(Wilding)의 사회복지모형에 해당하지 않는 것은?

① 집합주의

② 반집합주의

③ 페이비안 사회주의

④ 마르크스주의

TIP ②③④ 조지(V. George)와 윌딩(P. Wilding)은 사회복지모형을 반집합주의, 소극적 집합주의, 페이비안 사회주의, 마르크스주의로 분류하였다.

18 개인주의 이념과 기능주의적 이론에 입각해 사회복지를 규정하는 경우 사회복지의 중요대상이 되는 문제는?

① 빈곤

② 결손가족

③ 박탈

④ 탈선행동

TIP ④ 개인주의 이념과 기능주의적 이론적 관점에서 사회문제는 사회적 기준에서 벗어난 일탈행위로, 일부의 문제들에만 적용할 수 있다. 예를 들면 청소년범죄, 성범죄 등의 문제는 목표에 도달하는 수단이 사회적 또는 문화적으로 비합법적이거나 비도덕적인 것에 해당하므로 개인과 사회제도에서 기능적으로 적응하지 못한 상태에 해당한다.

Answer 16.④ 17.① 18.④

19 조지와 윌딩(George & Wilding)이 제시한 사회복지의 이념에 대한 설명으로 옳지 않은 것은?

① 밝고 약한 녹색주의는 환경을 무질서한 착취로부터 보호하고 방어해야 한다는 자각 아래 환경친화적 경제성장과 소비를 주장한다.
② 중도노선은 국가 차원의 복지정책을 통해 자본주의의 사회적 폐해를 완화할 필요성이 있다고 여긴다.
③ 민주적 사회주의는 평등, 자유, 우애를 중심 사회가치로 여기며, 시장사회주의를 지향한다.
④ 신우파는 반집합주의의 성향을 갖고 있으며, 평등을 최고의 가치로 여긴다.

> **TIP** ④ 신우파는 반집합주의 성향을 가지고 있지만, 신우파의 중심 사회가치는 자유, 개인주의, 불평등이다. 평등을 최고의 가치로 여기는 것은 민주적 사회주의이다.

20 사회복지에 대한 설명 중 옳지 않은 것은?

① 사회봉사는 상해자, 낙오자, 무능력자, 장애자의 재활을 목적으로 한다.
② 사회봉사의 1차적인 목적의 하나는 인간의 사회적 · 경제적 권리의 보호에 있다.
③ 사회보장의 개념은 사회불안을 예방하고 사회적 연대를 결성하기 위한 재분배의 제도적 서비스이다.
④ 사회복지의 목적을 기능주의자들은 사회연대와 협동에 두고, 갈등주의자들은 사회통합과 질서유지에 둔다.

> **TIP** ④ 사회복지의 목적을 기능주의자들은 사회통합과 질서유지에 두고, 갈등주의자들은 사회연대와 사회통합에 둔다.

Answer 19.④ 20.④

21 사회복지발달이론에 대한 설명으로 옳지 않은 것은?

① 권력자원론은 노동자계급의 정치적 세력이 확대되면 그 결과로 사회복지가 발전한다고 본다.

② 시민권이론은 역사적으로 공민권, 정치권에 이어 사회권(복지권)이 확대되었다고 본다.

③ 수렴이론은 산업화에 의해 새로운 욕구가 만들어지고 이를 해결하기 위해 사회복지가 확대된다고 본다.

④ 확산이론은 다양한 이익집단들의 활동으로 인해 사회복지가 발전한다고 본다.

TIP ④ 확산이론: 한 나라의 사회복지 정책이 다른 나라에 영향을 미친다는 데 초점을 맞춘 이론으로 긴밀한 관계에 있는 국가나 인접한 국가 간의 제도가 서로 닮아간다는 이론이다.

22 국가의 최소 개입을 강조하는 모형은?

① 사회주의 국가

② 자유방임주의 국가

③ 자유주의 국가

④ 사회민주주의 국가

TIP 파커(J. Park)의 복지모형(이데올로기의 차이에 따른 구별)

㉠ 자유방임형: 개인주의에 기초하여 경제성장과 부의 극대화에 가치를 둔다. 즉, 능력에 따른 배분 등 시장경제체제에서 계약과 선택을 강조하며 국가는 최소 개입을 해야 한다고 본다.

㉡ 사회주의형: 시장체제를 악으로 규정하고 거부하며 적극적인 국가개입을 허용한다. 경제적·정치적 평등과 공동권을 강조하고 능력보다 요구에 따른 자원배분을 주장한다.

㉢ 자유주의형: 생활기회와 개인적 자유, 기회구조의 배분방법으로서 시장의 필요성을 인정한다. 스스로 부양할 수 없는 사람에 대한 최저수준을 보장하는 수준에서 국가의 개입을 허용한다.

㉣ 사회민주주의형: 평등, 자유, 우애, 인도주의 등의 가치를 강조하며 기존의 시장제도는 불평등을 제거하지 못한다는 판단하에 시장제도를 수정한 형태이다. 국가는 공동선의 구현자이며 산업사회의 문제와 욕구에 대한 실용적 반응으로 빈곤을 제거하는 역할을 해야 한다고 본다.

Answer 21.④ 22.②

23 복지다원주의(welfare pluralism)에 관한 내용으로 옳은 것만을 모두 고른 것은?

ㄱ 복지공급형태의 다양   ㄴ 서비스 이용자의 선택권 축소

ㄷ 제3섹터의 배제   ㄹ 시민참여에 의한 정책결정

① ㄱ, ㄷ   ② ㄱ, ㄹ

③ ㄴ, ㄷ   ④ ㄴ, ㄹ

TIP 복지다원주의의 특징
  ㄱ 복지공급형태의 다양성
  ㄴ 서비스 이용자의 선택권 확대
  ㄷ 제3섹터의 강조
  ㄹ 시민참여에 의한 정책결정

24 복지국가의 발달을 설명하는 이론 중 〈보기〉의 주장과 가장 밀접한 이론은?

보기

노동자계급을 대변하는 정치적 집단의 정치적 세력이 커질수록 복지국가가 발전한다.

① 국가중심적 이론

② 이익집단 정치이론

③ 산업화 이론

④ 사회민주주의 이론

TIP ④ 사회민주주의 이론에 대한 설명이다. 사회민주주의 이론은 사회복지를 자본가계급과 노동자계급의 정치적 투쟁에서 노동자계급을 대변하는 정치적 집단이 승리하여 획득한 것이라고 본다.

Answer   23.②   24.④

사회복지의 발달사

① 서구 사회복지의 역사 ✔자주출제

(1) 영국 사회복지의 역사

① 구빈법

　㉠ 엘리자베스 구빈법(1601) ✔자주출제
- 빈민구제를 정부책임으로 인식 : 중상주의적 발상에 기반을 둔 것이기는 하나, 빈민에 대한 공적 구제를 중앙 정부의 책임으로 인정
- 행정적 기관의 수립 : 각 교구에는 교구 위원회의 임명을 받은 빈민감독관이 구빈세를 징수하고, 음식물이나 돈을 배분하며 교구의 구빈원을 지도·감독하는 일 등을 담당
- 빈곤자에 대한 부조의 재원은 조세를 통해 운영 : 구빈법에 필요한 재원은 교구 주민들에게 능력에 따라 부과하는 구빈세로 충당
- 노동능력의 유무에 따라 빈민을 구분하여 대처
- 노동능력이 있는 빈민은 교정원이나 작업장에 수용하여 노동을 하게 하였고, 이들에 대한 자선을 금지하였으며, 이주도 제한
- 노동능력이 없는 성인빈민은 구빈원에 수용하여 보호함을 원칙으로 하되, 거주할 집이 있으면 원외구제를 병행
- 요부양아동을 보호함과 동시에 도제제도를 도입 : 요보호아동은 시민에게 무료위탁보호를 시키거나, 유료로 위탁할 경우에는 최저입찰자에게 위탁보호시켜 도제로써 활용
- 친족부양의 책임강조 : 가족책임을 우선적 원칙으로 삼았기 때문에, 보호할 가족이 있을 경우에는 구제의 대상에서 제외

　㉡ 구빈법의 변화과정 ✔자주출제
- 정주법(1662) : 빈민의 자유로운 이동을 금지한 법으로서 노동력을 안정적으로 확보하고자 했던 농업자본가들의 이해가 반영된 제도
- 작업장법(1723) : 작업장은 구제를 억제시키는 기능을 하는 곳으로, 작업장의 여러 열악한 조건들을 받아들일 정도로 다급한 사람들만이 구제를 받도록 한 법
- 길버트법(1782) : 노동은 가능하나 자활능력이 없는 빈민을 작업장에 보내는 대신에 자기 가정 내에서 또는 인근의 적당한 직장에서 취업하도록 알선해 주는 법
- 스핀햄랜드법(1795) : 식품의 가격과 자녀의 수에 따라 등급화하여 최저생활기준에 미달하는 임금의 부족분을 보조해준 것으로 오늘날의 가족수당 또는 최저생활보장의 기반이 됨
- 공장법 : 19세기 초 공장에서 비인도적인 처분을 받는 아동의 노동조건과 작업환경을 개선시키기 위한 법

ⓒ 개정 구빈법(1834)의 3원칙

- 열등처우의 원칙 : 구민법으로부터 구제받는 빈민의 상태는 구제받지 않는 최하층 노동자보다 낮은 수준이어야 함
- 작업장제도의 원칙 : 노동능력이 있는 빈민에 대한 재가구호를 폐지하고, 구제를 작업장 내에서의 구제로 제한
- 전국적 통일의 원칙 : 각 교구에 따라 상이하게 시행되고 있는 구빈행정을 전국적으로 통일시킴

② 사회개혁

㉠ 자선조직운동 ✔자주출제

- 자선조직협회의 창설 : 빈민들에 대한 서비스의 효과적인 제공을 위해 1869년 런던 자선조직협회를 창설
- 자선조직협회(COS)의 활동원칙

  - 보호받을 가치가 있는 빈민은 친절과 성의로 대하고, 그 외의 빈민은 공공기관에서 억압적 방법으로 취급할 것
  - 자선기관들 간에 구호 실시 상의 중복을 피할 것
  - 개인의 필요에 대해 신중한 조사를 한 다음 대처할 것
  - 질병과 같이 빈곤을 초래할 수 있는 특정한 문제를 가진 사람에 대해서는 원조를 하지만 태만·음주·낭비를 일삼는 자에게는 원조를 하지 말 것
  - 봉사자는 무보수로 시간과 노력을 제공할 것

㉡ 인보관운동

- 빈민지구를 실제로 조사하여 그 지구에 대한 생활실태를 자세히 파악하고 구제의 필요가 있는 사람들에게 조력함
- 인도주의·박애주의 정신을 바탕으로 하는 상류계층인들이 빈민지구에 이주하여 자선활동을 함
- 런던의 토인비 홀(Toynbee Hall, 1884)과 시카고의 헐 하우스(Hull House, 1889)가 대표적 인보관

③ 사회보험

㉠ 베버리지 보고서(1942) ✔자주출제

- 베버리지 보고서의 사회보장에 대한 정의와 방법

  - 정의 : 실업·질병·재해로 인한 소득의 중단 또는 노령, 은퇴, 부양자의 사망, 출산, 결혼 및 사망 등의 예외적 지출의 경우에 대비할 수 있는 일정소득의 보장을 말함
  - 전제조건 : 사회보장계획의 성공을 위한 3가지 전제조건으로 아동수당, 국민보건서비스, 완전고용을 들고 있음
  - 사회발전을 저해하는 5가지 해악 : 빈곤·질병·무지·불결·나태이며, 빈곤은 소득보장(연금)으로, 질병은 의료보장으로, 무지는 의무교육으로, 불결은 주택정책으로, 나태는 직업·노동정책으로 대처해야 함

- 사회보장의 주요 원칙
  - 균일급여의 원칙 : 보편성의 원칙에 따라 모든 국민에게 평등하게 최저한도의 소득을 보장
  - 균일갹출의 원칙 : 소득의 다과에 상관없이 보험료를 일률적으로 갹출
  - 관리·운영 통합의 원칙 : 사회보장의 모든 부문별 행정·운영을 일원화하여 통합함
  - 급여 적절성의 원칙 : 급여의 종류와 수준이 최소한 인간다운 생활을 영위하는 데 적절해야 함
  - 적용범위 포괄성의 원칙 : 기본적 생활욕구의 충족을 위해 사회보장의 모든 분야에서 급여가 고르게 이루어져야 함
  - 대상 분류화의 원칙 : 노동연령의 여섯 계층을 피용자, 자영업자, 가정주부, 노동연령 미달자, 정년 퇴직자 등으로 나눈 다음 계층별 대책을 수립하여야 함
  - ㉡ **사회보장에 관한 법률 제정** : 가족수당법(1945), 국민보건서비스법(1946), 국민보험법(1946), 산업재해법(1946), 국민부조법(1948), 아동법(1948) 등이며, 1948년에 사회보장법을 전면 실시

④ **대처 정부의 사회보장개혁**

  - ㉠ **파울러 개혁의 주요 내용**
    - 사회복지적 문제에 대해 일관성 있게 대처할 수 있으며, 이해하기 쉽고 운영하기 편한 제도를 만듦
    - 연금재정문제를 해결하고 자원활용의 선택의 폭을 증대시킴
    - 최대의 니드를 필요로 하는 사람에게 효과적인 급여를 실시
    - 사회보장제도와 조세제도와의 협조관계를 강화
    - 사회보장은 국가의 책임만이 아니므로 개인과 국가의 제휴에 의해서 이루어져야 함
  - ㉡ **파울러 개혁의 특징**
    - 복지제공의 국가책임을 축소하고 민영화를 촉진
    - 지방재정을 통제하기 위해 개별적 방식을 포괄적·직접적 통제방식으로 전환하며, 지방자치단체의 지출을 억제
    - 복지축소정책의 일환으로 보편주의보다는 선별주의적 복지를 강화·확대

(2) 미국 사회복지의 역사

① **경제공황과 사회보장**

  - ㉠ **경제대공황의 영향**
    - 경제대공황으로 인해 상품가격이 떨어지고 근로자가 직장을 잃었으며 시민들은 저축한 돈을 잃게 됨
    - 빈곤의 원인은 사회 자체의 결함에 의해 발생한 것이므로, 구제대책은 정부의 책임이라는 생각이 지배적
  - ㉡ **루즈벨트의 뉴딜정책(1933)**
    - 뉴딜정책의 목표
    - 부흥정책 : 은행, 산업, 농업의 부흥을 위한 일련의 정책
    - 구제정책 : 실업구제를 위한 정책
    - 개혁정책 : 실업과 빈곤의 책임이 개인의 책임이라는 자유방임사상의 개혁과 통제경제, 사회보장, 노동문제개혁 등에 관한 정책

- 경제보장위원회와 사회보장법 : 1934년 6월 루즈벨트 대통령은 국민생활보장제도의 연구를 주임무로 하는 위원회를 설치하였고, 1935년 8월 15일 '사회보장법'을 제정·공포
  - 사회보험 프로그램 : 연방 노령보험체계, 연방과 주가 함께 하는 실업보상제도
  - 공공부조 프로그램 : 노령부조, 요보호맹인부조, 요보호아동부조 등을 위해 연방이 지원하는 제도
  - 보건 및 복지서비스 프로그램 : 모자보건서비스, 장애아동을 위한 서비스, 아동복지서비스, 직업재활 및 공중보건 서비스 등

② 신연방주의와 사회복지개혁

　㉠ 레이건(R. Reagan) 정부의 사회복지정책

- 정부투자가 대기업의 경제성장을 촉진시키며 간접적으로 복지가 증대된다는 '공급측의 경제'를 강조
- '공급측의 경제'를 자극하기 위해 연방경제의 소비를 감소시키는 정책을 실시하였는데, 그 하나가 복지 프로그램의 감축이고, 또 다른 하나는 신연방주의의 표방임
- 레이건의 공급측면에 대한 접근은 실패하여 레이건 정부하에서의 빈곤은 급격하게 증가하였고 복지체계에 대한 개혁도 이루어지지 못함

　㉡ 복지국가의 재편

- 복지국가 재편방향
- 수혜대상은 전쟁으로 인해 수혜를 필요로 하는 사람으로 제한
- 복지비리를 근절
- 노동능력이 있는 자에게는 노동의무를 부과
- 부당한 급여를 배제
- 부양의무자에게 부양을 강제
- 복지행정의 능률성과 효율성을 높임
- 지방분권화를 추진
- AFDC(Aid to Families with Dependent Children : 요보호아동을 가진 가정에 대한 부조)를 폐지하고 1997년 '빈곤가구를 위한 한시부조 프로그램'인 TANF(Temporary Assistance for Needy Families)로 대체

> **※ 엘버펠드 제도(1852)**
> ㉠ 함부르크 구빈제도의 미비점을 수정·보완하여 독일의 엘버펠드시가 채택·시행한 제도로, 전적으로 공공의 조세에 의해 운영
> ㉡ 각 지구에 보호위원을 두는데, 빈민구제담당관 또는 빈민의 상담상대역을 하며 방문조사와 생활실태를 파악

③ 신자유주의

　㉠ 과도한 사회복지 지출이 경제성장을 둔화시키고 정부의 재정위기를 불러왔다는 신념체계를 기반으로 한다.

　㉡ 복지비용의 삭감 및 지출 구성의 변화, 공공서비스를 포함한 공공부문의 민영화 및 기업에 대한 규제의 완화, 지방정부의 역할 축소, 노조를 포함한 사회세력의 약화 등의 정책기조를 견지하였다.

　㉢ 종전의 공공급여에 의한 복지보다는 복지제공의 전제조건으로 노동할 것을 요구하는 노동연계복지를 선호하게 되었다. 그러나 임금 수준의 하락으로 '노동하는 빈곤자'가 증가하고 소득불평등문제는 심화되었다.

(3) 독일 사회복지의 역사

① 비베스(Vives)의 구빈책

- ㉠ 노동력이 있은 빈민은 일을 해야 하며 걸식은 금지되고, 노인이나 일할 수 없는 빈민은 병원이나 구빈원에 수용한다.
- ㉡ 빈민에게 직업훈련을 시키고 고용과 재활을 통해 그들을 돕는다.

② 함부르크 구빈제도(1788)

… 비베스의 구빈책을 함부르크시에서 도입한 것으로 무직자 · 구직자의 해소와 부랑자의 감소 등을 위해 중앙국을 설치하고, 시를 각 구로 분할하여 감독관으로 하여금 자조의 도움을 주고자 했다.

③ 사회보험

- ㉠ 독일에서 세계최초로 사회보험제도를 등장하게 한 요소
  - 늦게 시작하였으나 빠르게 진행된 산업화와 이에 따른 노동자 생활조건의 악화
  - 이러한 상황에 대처하기 위한 수단으로써 확산된 노동운동의 정치화와 이에 대한 지배세력의 견제
  - 사회문제에 대한 국가개입의 필요성이 대두
  - 비스마르크의 독특한 통치스타일
- ㉡ 비스마르크의 사회보험정책 3가지
  - 1883년의 질병보험
  - 1884년의 노동재해보험
  - 1889년의 노령폐질보험

> ※ **제3의 길**
>
> 1998년 영국의 앤서니 기든스(Anthony Giddens)의 저서 〈제3의 길 – 사회민주주의 부활(The Third Way : The Renewal of Social Democracy)〉에서 주장한 사회투자론이다. 사회주의 경직성과 자본주의의 불평등을 극복하려는 새로운 이념 모델로 영국의 토니 블레어 총리와 독일의 게르하르트 슈뢰더 총리 등의 정책 이념의 이론적 배경이 된다. 사회투자정책은 인적자본과 사회자본에 대한 투자확대로 시민들의 경제활동 참여 기회를 극대화하고 노동을 통해 스스로 자신을 부양할 것을 강조하며, 빈곤예방과 기회의 평등을 제공하여 경제 발전과 사회 발전을 동시에 추구하는 정책. 경제정책과 사회정책의 통합성을 강조하지만, 경제정책을 우선한다.

❷ 우리나라 사회복지의 역사 ✔자주출제

(1) 제1단계 [사회복지의 전사(前史)]

① 삼국시대

- ㉠ 성격 : 천재지변 등의 각종 재난이 있을 때, 왕이 어진 정치를 베푸는 한 방편으로 국가의 비축양곡을 내어 백성들에 대한 구제사업이 행해졌다.

ⓛ 창제(創製)

- 삼국 공통의 구제제도
- 부락별로 곡창(부경)을 설치하여 병농공용으로 운용
- 발창진급 · 발창진휼을 중심으로 풍수해, 질병, 전란 시에 양곡을 방출

ⓒ 진대법

- 춘궁기(3 ~ 7월)에 관곡을 빈곤한 사람에게 그 가족수의 다소에 따라 필요한 양을 대여하였다가 추수기인 10월에 납입하게 하는 제도
- 최초의 빈민구제기관
- 후세 고려의 의창과 조선의 환곡 · 사창으로 연결

② 고려시대

ⓐ 성격

- 불교에 의한 구빈, 고아보호, 양로사업 등을 추진
- 구빈과 관련된 공적 기관을 설립
- 조세수입과 민간재원으로 그 재원을 충당

ⓛ 상설구제기관

- 흑창 : 평상시에 관곡을 저장하였다가 비상시에 빈궁한 백성에게 대여하고, 수확기에 거두어들이는 것
- 제위보 : 빈민구제사업과 이재민구제사업을 모두 맡음
- 의창 : 흑창이 변화한 것으로 규모가 확대되었으며, 미곡뿐만 아니라 소금이나 기타 생필품을 구휼
- 상평창 : 본래 물가조절기구인데, 흉년이 들어 곡가가 오르면 시가보다 싼 값으로 내다 팔아 가격을 조절함으로써 백성들의 생활을 안정시켰고, 후에 의창과 같이 춘대추납의 빈민구휼을 하기도 함
- 동서대비원 : 환자의 치료나 빈민구제를 위주로 하였으며, 현대의 병원과 복지원(수용시설)을 겸한 기관
- 혜민국 : 빈민을 구조하고 약품을 지급하는 등의 서민만을 위한 국립구료기관

ⓒ 임시구제기관

- 동서제위도감 : 재난시 빈민을 구제하고 병자를 치료
- 구제도감 : 대비원이나 제위보로 감당하기 힘든 재난 시에 그 보충적 역할
- 구급도감 : 기근에 대응하기 위해 설치 · 운영

③ 조선시대

ⓐ 성격

- 빈민의 구제는 왕의 책임
- 신속한 구제를 중시
- 1차적인 구빈행정의 실시책임을 지방관이 짐
- 중앙정부는 구호관계의 교서나 법을 제정
- 중앙정부는 지방의 구호행정을 지도 · 감독

ⓛ 비황제도

- 상평창, 의창(환곡), 사창을 두어 백성의 복지를 도모하였으나 조선 말기에 부정부패의 온상이 됨

> ※ **환과고독(4궁)**
> ㉠ 환(鰥) : 60세 이상의 자로서 처가 없는 자
> ㉡ 과(寡) : 50세 이상의 자로서 부가 없는 자
> ㉢ 고(孤) : 16세 이하의 자로서 부모가 없는 자
> ㉣ 독(獨) : 60세 이상의 자로서 자식이 없는 자

- 숙종부터 영조에 이르는 60∼70년간 중앙직속으로 교제창(북부지방), 제민창(남부지방)을 두어 이재민을 구제

ⓒ **구황제도**

- 4궁에 대한 보호 : 진제장, 자율전칙, 진휼청이 담당
- 노인보호사업
- 기로소 : 정2품 이상의 70세 이상의 문관들이 모여 놀 수 있도록 만든 곳으로, 왕이 춘추에 향응을 제공
- 노부모를 부양해야 하는 사형 또는 유형자에 대해 감형 또는 환영을 함
- 시식사업 : 흉년·재난시에 빈민들에게 음식을 제공
- 진휼 및 진대사업 : 이재민 또는 빈민에게 유무상으로 양곡, 미역, 소금, 채소 등을 빌려주거나 급여
- 관곡의 염가매출과 방곡사업 : 흉년 또는 풍년으로 인해 곡가변동으로 경제가 불안정해지는 것을 막기 위해 곡가를 안정시킴
- 경감제도 : 흉년 또는 재해를 당한 백성에게 지세·호세·부역 등을 감면하거나 대부된 환곡을 면제·경감해 주는 것

ⓔ **구료제도**

- 태조 원년(1392)에 궁내 의료담당의 전의감과 일반백성의 의료기관인 혜민서 및 동서대비원, 의학연구소인 제생원을 설치
- 고종 31년(1894)에는 광제원, 의학교, 대한의원 등을 설치하여 신식 의료사업을 보급
- 융희 3년(1909)에 자혜의원을 개설하여 현대의료를 시작하고, 전염병 예방을 위한 종두예방 규정을 제정

ⓜ **자휼전칙**

- 조선 후기의 가장 대표적인 아동복지 관련법령
- 정조의 전교와 보호전반에 대한 9개의 절목으로 구성

④ 일제시대

㉠ **성격** : 식민지 사회정책은 당시의 사회문제를 근본적으로 해결하려 하지 않고 오히려 식민통치의 필요성 (노동시장)과 질서유지(사회통합)를 위한 구빈정책을 실시하는 데 그침

㉡ **조선구호령(1944)**

- 의의 : 근대적 사회사업의 법적 근거를 마련하여 국가가 국민의 빈곤·불구·폐질 등에 대하여 보상할 책임과 국민생활을 보장할 의무가 있음을 법령으로 규정
- 급여내용 : 생활부조, 의료부조, 조사부조, 생업부조, 장제부조 등

(2) 제2단계(사회복지제도의 도입기)

① 미군정시대 … 정부조직에 보건후생부를 두어 사변재해의 구제, 일반 빈곤한 자의 공공구제, 아동의 후생 및 기타 필요한 보호, 노무자의 후생 및 은급제, 주택문제 등과 같은 업무를 관장하였다.

② 한국정부 수립과 6·25전쟁
- ㉠ 수많은 요보호대상자들이 생활보호나 구호를 요하는 상황하에서 사회복지사업의 성격은 극히 자선적·구호적이며 사후대책적이었다.
- ㉡ 국가적·전문적 차원에서보다는 민간적·자발적인 차원에서 수행되는 가운데 그 내용이 영세적·비전문적인 것이었다.

(3) 제3단계(사회복지제도의 확립기)

① 1960년대
- ㉠ 특징
  - 전재·수재로 인한 긴급구호사업과 시설보호사업 위주였고, 이후 근로자와 영세민을 위한 생활보호·사회보험 시작
  - 사회복지제도가 경제성장과 경제개발정책에 밀려 보완적 기능밖에 수행할 수 없었음
- ㉡ 사회복지 관련법률 : 공무원연금법(1960), 생활보호법(1961), 아동복리법(1961), 윤락행위등방지법(1961), 재해구호법(1961), 사회보장에관한법률(1963), 산업재해보상보험법(1963) 등의 제정으로 사회보험과 공공부조, 사회복지서비스의 제도적 기반을 구축하기 시작하였다.

② 1970년대
- ㉠ 특징 : 공무원·군인·교원 등을 위한 사회보험이 정착하였고, 의료보험이 시작되었다.
- ㉡ 사회복지 관련법률 : 사회복지사업법(1970), 국민복지연금법(1973), 사립학교교원연금법(1973), 의료보험법(1977) 등이 제정되었다.

③ 1980년대
- ㉠ 특징 : 자유방임주의에 입각한 복지정책을 실시하였다.
- ㉡ 사회복지 관련법률 : 아동복지법 확대개정(1981, 1984), 노인복지법(1981), 장애인복지법(1981) 최저임금법(1986), 공중위생법(1986) 등이 제정되었다.

(4) 제4단계(사회복지제도의 확대기)

① 노태우 정부
- ㉠ 성격 : 국민연금과 의료보험이 확대·실시되었고, 사회복지관·보육사업 및 시설이 확충되었으며, 사회복지전문요원을 대거 확충함으로써 사회복지전달체계가 확립되었다.

ⓛ **사회복지 관련법률** : 노인복지법(1989) · 장애인복지법(1989) 등의 개정, 국민연금의 실시(1988), 최저임금제의 도입(1988), 의료보험의 실시(1989), 모자복지법 제정(1989), 탁아제도 확립을 위한 아동복지법시행령 개정(1989), 장애인고용촉진등에관한법률(1990) · 영유아보육법 제정(1991), 사회복지사업법의 개정(1992) 등이 이루어졌다.

② 김영삼 정부

ⓖ **성격** : 기본정책의 원리는 신자유주의에 기초하고 있으며, 공공복지에서는 생산적 복지원칙을 강조하였으며, 지금까지의 '공공부조대상' 위주의 서비스 제공에서 벗어나 보편주의를 지향하였다.

ⓛ **사회복지 관련법률** : 고용보험제 제정(1993) 및 실시(1995), 군단위 이하 지역주민을 대상으로 국민연금 실시(1996), 윤락행위등방지법 개정(1994), 성폭력범죄의처벌및피해자등에관한법률 제정(1994), 사회보장기본법 제정(1995), 여성발전기본법 제정(1995), 국민복지기획단 구성(1995), 노사관계개혁위원회 구성(1996), 국민의료보험법 제정(1997) 등이 이루어졌다.

③ 김대중 정부

ⓖ **성격** : 공정한 시장질서 확립을 통해 분배하고, 국가에 의한 재분배적 복지를 추구하며, 자활을 위한 사회적 투자를 행하였다.

ⓛ **사회복지 관련법률** : 노사정위원회 출범(1998), 고용보험 1인 사업장까지 확대(1998), 실직자복지대책 수립 · 시행(1998), 총리실 산하 4대 사회보험 통합기획단 구성(1998), 국민건강보험법 제정(1999), 전국민연금실시(1999), 국민기초생활보장법 제정(1999), 소비자생활협동조합법 제정(1999), 교원노조 합법화, 민주노총 합법화(1999), 산재보험 1인 사업장까지 확대(2000), 국민기초생활보장제도 시행(2000), 의료보험의 통합운영(2000), 의료보험급여의 365일 연중 실시(2000) 등이 이루어졌다.

④ 노무현 정부

ⓖ **성격** : 전국민을 위한 참여복지실현을 목표로 노인일자리, 연금제도, 요양체계, 평생교육 활성화 등 종합적인 고령사회 대책을 수립하였고 전체 의료체계의 10% 수준인 공공보건의료체계를 2008년까지 30%으로 늘렸다. 또한 보육문제 해결과 여성의 사회참여 확대를 위해 국가지원을 늘렸다.

ⓛ **사회복지 관련법률** : 농어촌주민의복지증진을위한특별법 제정(2004), 건강가정기본법 제정(2004), 청소년복지지원법 제정(2004), 농림어업인삶의질향상및농산어촌지역개발촉진에관한특별법 제정(2004), 국민연금법 개정(2007), 기초노령연금법 제정(2007), 장애수당 확대(2005) 등이 이루어졌다.

⑤ 이명박 정부

ⓖ **성격** : 시장기능에 복지 개념을 도입하여 수혜자들이 기다리지 않도록 적극적으로 찾아가서 서비스를 제공하는 '능동적 복지'를 지향하였다. 또한 모든 복지시스템에 원 스톱 복지전달체계를 구축해서 태아에서 노후까지 맞춤형 복지를 제공하는 것을 목표로 삼았다.

ⓛ **사회복지 관련법률** : 공무원 연금법 개정(2009), 장애인 연금법 제정(2010), 5세아 누리과정, 0~2세아 무상보육(2012), 적극적 노동 시장 정책 확대(ALMP, 2008), 든든한 학자금 대출(ICL, 2010), 맞춤형 국가 장학금(반값 등록금, 2012), 근로장려세제(EITC, 2009) 등이 이루어졌다.

⑥ 박근혜 정부

　　㉠ **성격** : 맞춤형 고용·복지 추진전략을 중심으로 국가발전의 선순환을 지향하였다. 대체로 이명박 정부의 보편적 복지정책을 수용하였으며 기초연금 도입, 고용·복지 연계, 저소득층 맞춤형 급여체계 구축 등에 역점을 두었다.

　　㉡ **사회복지 관련법률** : 장기요양 치매 특별등급 신설(2014), 기초연금법 제정(2014), 기초보장 맞춤형 급여(2014), 무상보육·무상교육 실현과 내실화(2013~), 든든학자금 대출이자 인하, 반값등록금 지원 확대(2013), EITC 확대 등이 이루어졌다.

⑦ 문재인 정부

　　㉠ **성격** : 모두가 누리는 포용적 복지국가를 제시하였다. 아동수당, 기초연금, 장애인연금, 청년구직촉진수당 등 세대별 지원금을 인상하거나 신설하였다.

　　㉡ **사회복지 관련법률** : 치매 국가책임제 시행(2017), 국민기초생활보장 주거급여 부양의무자 기준 폐지(2018), 지역사회 통합돌봄 추진(2018), 아동수당법 제정(2018), 장애인 등급제 폐지(2019), 구직자취업 촉진 및 생활안정지원에 관한 법률 제정(2020) 등이 이루어졌다.

⑧ 윤석열 정부

　　㉠ **성격** : 필요한 국민에게 더 두텁게 지원하는 생산적 맞춤 복지를 제시하였다.

　　㉡ **사회복지 관련법률** : 사회복지사의 교육 의무 및 처벌 완화, 사회복지사업 범위 확대(「치매관리법」과 「노인일자리 및 사회활동 지원에 관한 법률」을 사회복지사업 관련 법률에 추가하여, 치매관리사업과 노인일자리사업을 사회복지사업에 포함) 등이 이루어졌다.

≣ 최근 기출문제 분석 ≣

2025 제1회 지방직 9급

1 서구 사회복지 역사에 대한 설명으로 옳지 않은 것은?

① 베버리지는 국가가 제공하는 사회보장의 목표를 국민최저선 달성에 두었다.

② 인보관운동은 박애정신을 실천하는 빈민계층이 주도하여 빈민의 생활 개선과 교육을 위해 노력
했다.

③ 비스마르크는 19세기 독일에서 사회주의가 확산되는 상황을 막기 위한 회유책으로 사회보험을
도입했다.

④ 자선조직협회는 '자격 있는 빈민(deserving poor)'과 '자격 없는 빈민(undeserving poor)'을 엄격
하게 구분했다.

> **TIP** 인보관운동(Settlement Movement)은 주로 중산층 이상 지식인·전문가 계층이 빈민 지역에 거주하며 빈민들과 함께 생활
> 하고 교육·보건·문화 활동을 통해 생활 개선을 추구한 운동이다. 이는 빈민이 주도한 것이 아니라, 상류·중산 계층의
> 박애적 실천가들이 주도한 것으로 대표적으로 토인비홀(Toynbee Hall), 헐하우스(Hull House) 등이 있다.

2025 제1회 지방직 9급

2 조선시대에 운영된 빈민구제기관에 해당하지 않는 것은?

① 상평창   ② 제위보

③ 혜민서   ④ 활인서

> **TIP** 제위보는 고려시대에 질병 치료와 굶주린 백성들에게 음식을 제공하던 빈민 구제 기관이다.
> ① 상평창 : 조선시대에 곡물 가격을 조절하여 백성의 생활을 안정시키기 위해 설치된 기관이며 빈민 구제 기능도 수행하였다.
> ③ 혜민서 : 조선시대에 백성의 질병 치료를 담당하던 의약 기관이다.
> ④ 활인서 : 조선시대에 전염병 환자를 격리 수용하고 치료하던 의료기관이다.

Answer   1.②   2.②

3 사회복지 역사의 전개 과정을 시간순으로 바르게 나열한 것은?

> (개) 민간 자선기관들의 서비스 중복문제를 해결하기 위하여 자선기관들의 활동을 통합, 조정하는 협회가 영국 런던에서 최초로 설립되었다.
>
> (내) 제인 아담스는 사회문제의 해결을 위해 미국 시카고에 헐 하우스를 설립하였다.
>
> (대) 빈민을 세 유형으로 분류하고 빈민구제에 대한 정부의 책임을 인정한 법이 영국에서 최초로 제정되었다.
>
> (래) 영국 버크셔 카운티의 한 지역에서는 최저생계비에 못미치는 임금에 대해 보조금을 제공하는 제도를 시행하였다.

① (대) → (래) → (내) → (개)

② (대) → (래) → (개) → (내)

③ (래) → (대) → (내) → (개)

④ (래) → (대) → (개) → (내)

> **TIP** (대) 빈민을 세 유형으로 분류하고 빈민구제에 대한 정부의 책임을 인정한 법이 영국에서 최초로 제정되었다. → 영국 엘리자베스 빈민법(1601)
>
> (래) 영국 버크셔 카운티의 한 지역에서는 최저생계비에 못미치는 임금에 대해 보조금을 제공하는 제도를 시행하였다. → 영국 스핀햄랜드법(1795)
>
> (개) 민간 자선기관들의 서비스 중복문제를 해결하기 위하여 자선기관들의 활동을 통합, 조정하는 협회가 영국 런던에서 최초로 설립되었다. → 영국 자선조직협회(1869)
>
> (내) 제인 아담스는 사회문제의 해결을 위해 미국 시카고에 헐 하우스를 설립하였다. → 미국 시카고 헐 하우스(1889)

4 2000년 이후 우리나라 사회복지의 환경변화에 해당하지 않는 것은?

① 「노인장기요양보험법」이 제정되었다.

② 사회복지시설의 설치 요건이 신고제로 전환되었다.

③ 사회복지통합관리망(행복e음)이 구축되어 개통되었다.

④ 지방자치단체의 지역사회복지계획 수립을 의무화하였다.

> **TIP** ② 1997년 「사회복지사업법」 개정으로 사회복지시설의 설치 요건이 허가제에서 신고제로 전환되었다.
>
> ① 「노인장기요양보험법」이 제정되었다. → 2007년
>
> ③ 사회복지통합관리망(행복e음)이 구축되어 개통되었다. → 2010년
>
> ④ 지방자치단체의 지역사회복지계획 수립을 의무화하였다. → 2003년 「사회복지사업법」 개정, 2005년 지역사회복지협의체 설치

Answer　3.②　4.②

5 밑줄 친 '제도' 시행의 결과로 옳은 것은?

> 18세기 후반 영국 버크셔(Berkshire)에서 시행된 이 '<u>제도</u>'는 최저생활 기준에 미달되는 임금부족분을 보조해 주기 위해 제정되었다.

① 빈민의 노동 동기가 강화되었다.

② 빈민의 거주 이전의 자유가 통제되었다.

③ 고용주로부터 받는 임금이 하락하였다.

④ 원외구호가 인정되었다.

> **TIP** ③ 구빈세로 임금 부족분을 지원하게 됨으로써 고용주는 기준 이하의 저임금을 지불하려고 하여, 결국 노동빈민의 임금이 하락하는 결과를 가져왔고, 노동의욕이 저하되었다.
> ① 임금 하락으로 노동 의욕이 저하되었다.
> ② 빈민의 거주 이전의 자유가 이루어졌다.
> ④ 인도주의적인 원외구호가 인정된 법은 길버트법(1782)이다.
> ※ 스핀햄랜드제도(Speenhamland System, 1795)
> • 노동가능빈민을 작업장이 아니라 자택에서 거주하게 하면서 노동 유도하였다.
> • 임금수준이 최저생활 유지에 미치지 못하는 노동자와 그 가족에게 임금을 보충해 주었다.
> • 빵가격과 부양가족수에 따라 구빈세에서 보조하여 최저생계를 보장했다. 구빈세에서 임금 부족분을 지원하게 되자 고용주는 기준 이하의 저임금만을 지불하려는 경향이 발생했다.
> • 오늘날의 가족수당이나 최저생활보장제도의 기원이 되었다.

6 자선조직협회와 인보관 운동에 대한 설명으로 옳지 않은 것은?

① 자선조직협회는 빈곤의 원인을 개인의 결함에서 찾았다.

② 인보관 운동은 대학생 등이 중심이 되어 진행한 활동이었다.

③ 자선조직협회의 기반이 된 이념으로 사회적 다윈주의(Social Darwinism)를 들 수 있다.

④ 인보관 운동은 우애방문원을 활용한 사회조사를 통해 통계자료를 생성하고, 다양한 교육사업을 진행하였다.

> **TIP** ④ 자선조직협회에 대한 설명이다. 인보관 운동은 옥스퍼드, 케임브리지 대학생들이 주축이 되어 빈민지역에 상주하면서 연구 · 조사를 진행하고, 다양한 교육사업을 전개하였다.

Answer 5.③ 6.④

7 **서구 사회복지의 발전과정에서 나타난 제도에 대한 설명으로 옳은 것만을 모두 고르면?**

> ㉠ 최초의 사회보험은 독일이 1889년에 도입한 노령 및 폐질보험이다.
> ㉡ 개정구빈법(1834년)은 빈민의 처우를 균일하게 하려는 계획하에 원외구호를 확대하였다.
> ㉢ 스핀햄랜드 제도는 최저생계비를 정하여 임금의 부족분을 보충해 주는 제도로서 일종의 최저생활보장제도이다.
> ㉣ 나치블법은 구제를 원하는 사람에게 노동을 강제하였으며, 빈민에게 기술을 가르쳐 소득창출의 기회를 제공하였다.

① ㉠, ㉢

② ㉡, ㉣

③ ㉢, ㉣

④ ㉡, ㉢, ㉣

> **TIP** ㉠ 최초의 사회보험은 독일이 1883년에 도입한 질병보험이다.
> ㉡ 개정구빈법(1834년)은 빈민의 처우를 균일하게 하려는 계획하에 원내구호를 확대하였다.

8 **베버리지 보고서에서 제시한 사회보험 운영의 기본 원칙이 아닌 것은?**

① 급여 충분성의 원칙

② 열등처우의 원칙

③ 정액 급여의 원칙

④ 행정책임 통합의 원칙

> **TIP** ② 열등처우의 원칙은 개정빈민법(1834)에서 규정한 기본 원칙이다.
> ※ 베버리지 보고서에서 제시한 6대 기본 원칙
> ㉠ 정액 급여의 원칙
> ㉡ 정액 갹출의 원칙
> ㉢ 행정책임 통합의 원칙
> ㉣ 급여 적절성의 원칙
> ㉤ 포괄성의 원칙
> ㉥ 피보험자 분류의 원칙

Answer 7.③ 8.②

9 길버트법(Gilbert Act)에 대한 설명으로 옳은 것은?

① 비인도적 빈민처우를 강화하였다.

② 노동능력이 있는 빈민에 대해 원외구제를 허용하였다.

③ 요보호빈곤아동에게 강제적으로 도제수습을 받도록 하였다.

④ 빈민 원인 조사를 위해 우애방문원(friendly visitors)의 역할을 강조하였다.

> **TIP** ① 길버트법은 인도적 빈민처우를 강화하였다.
> ③ 엘리자베스 빈민법에 대한 설명이다.
> ④ 자선조직협회에 대한 설명이다.

10 사회복지 역사에 대한 설명으로 옳은 것은?

① 엘리자베스 구빈법은 구호대상자를 노동능력에 따라 구분하였는데 노동능력이 없는 빈민은 구빈원에 수용하였다.

② 인보관운동은 구호의 중복을 피하는 한편 우애방문원을 파견하여 클라이언트에게 적절한 원조를 제공하였다.

③ 비스마르크의 3대 사회보험 중 가장 먼저 제정된 것은 산업재해보험(Unfallversicherung)이다.

④ 1980년대 이후 신자유주의의 영향으로 복지제도가 근로연계복지(workfare)에서 공공급여를 중심으로 하는 복지서비스로 재편되었다.

> **TIP** ① 영국 엘리자베스 구빈법(1601) : 빈민구제를 정부책임으로 인식하고, 빈곤자에 대한 부조의 재원은 조세를 통해 운영하며, 노동능력에 따라 빈민(구호대상자)을 구분하여 대처했다. 노동능력이 있는 빈민은 교정원, 작업장에 수용하여 노동을 하게 하고 자선 금지, 이주 제한을 두었다. 노동능력이 없는 빈민은 구빈원에 수용하여 보호함을 원칙으로 하고, 거주할 집이 있으면 원외구제를 병행했다.
> ② 영국 사회개혁 중 자선조직협회(COS, Charity Organization Society)와 인보관운동(Settlement House Movement) : COS는 19C말 산업혁명 이후 빈민들에 대한 서비스의 효과적인 제공을 위해 1869년 창설되어 우애방문활동을 원칙으로 했다. 가정방문, 면접, 사례연구 등을 통한 인도주의적 사회개혁과 연계된 민간사회복지, 사회복지조사 활동의 뿌리가 되었다. 인보관운동은 중상류층과 대학생들이 주축이 되어 최초의 인보관인 런던의 토인비 홀(1884)을 설립, 빈민지구를 실제로 조사하고 생활실태를 파악하여 구제의 필요가 있는 빈민을 원조하는 활동과 교육을 통한 빈민의 인간적인 성장을 돕는 등 현재의 민간사회복지관 활동의 출발점이라고 할 수 있다.
> ③ 독일 비스마르크의 3대 사회보험 정책 : 질병보험(의료보험법, 1883, 세계 최초의 사회보험), 노동재해보험(산업재해보험법, 1884), 노령폐질보험(노령연금, 1889)
> ④ 신자유주의의 복지제도 : 대표적인 신자유주의 상징인 대처 정부의 사회보장개혁(파울러 개혁)에서 사회보장은 국가의 책임만이 아닌 개인과 국가의 제휴에 의해서 이루어져야 함을 강조하고, 복지제공의 국가책임을 축소하고 민영화를 촉진했다. 우리나라도 신자유주의 복지제도 일환으로 노동력이 있는 경우 노동의무를 부과하고 공공부조를 받으려면 직업훈련을 받도록 하는 근로연계복지를 우선하고 있다.

Answer   9.② 10.①

11 영국 사회복지발달사에 중요한 영향을 준 법률을 제정 – 순서대로 바르게 나열한 것은?

(가) 정주법   (나) 길버트법

(다) 작업장법   (라) 개정구빈법

(마) 스핀햄랜드법

---

① (가) → (다) → (나) → (마) → (라)

② (가) → (다) → (라) → (나) → (마)

③ (다) → (나) → (가) → (마) → (라)

④ (다) → (라) → (가) → (마) → (나)

TIP ① (가) 정주법(1662) – (다) 작업장법(1723) – (나) 길버트법(1782) – (마) 스핀햄랜드법(1795) – (라) 개정구빈법(1834)

※ 영국의 사회복지 발달과정

- 엘리자베스 구빈법(1601) : 빈민 대책을 위한 대상자 선정 기준을 법제화. 구빈세 등 공공부조의 효시
- 정주법(1662) : 거주지 제한 및 이주금지
- 작업장법(1723) : 노동능력 있는 빈민 고용을 법제화하여 노동을 통한 근로의욕 고취
- 길버트법(1782) : 열악한 작업장과 빈민 착취 개선 목적
- 스핀햄랜드법(1795) : 한 가정의 생계에 필요한 음식비에 기초해서 구호의 양을 결정
- 공장법(1833) : 아동노동복지법. 9세 미만 아동의 고용 금지 및 9~13세 아동의 노동시간 제한
- 개정구빈법(1834) : 신빈민법 또는 신구빈법이라고 부름. 빈곤을 사회적 문제가 아닌 개인적 문제로 보고, 열등처우 원칙, 작업장 제도 원칙, 전국 통일 원칙을 표방
- 국민보호법(1911) : 건강보험, 실업보험
- 베버리지 보고서(1942) 관련 법 : 국민최저선 달성을 위한 강제적인 사회보험 강조. 가족수당법(1945), 국민보건서비스법(1946), 국민보험법(1946), 산업재해법(1946), 국민부조법(1948), 아동법(1948)

Answer   11.①

12 베버리지(W. Beveridge)가 강조한 사회보험이 성공하기 위한 전제조건이 아닌 것은?

① 실업수당으로 인한 재정손실을 감안한 완전고용

② 가족의 크기와 소득을 고려하여 결정하는 가족수당

③ 보편주의 원칙하의 비정액기여제와 최저수준의 선별급여제

④ 치료와 예방을 포괄적으로 제공하는 보건서비스

> **TIP**
> - 영국의 사회복지정책에서 빈민법 보고서(빈민법위원회, 1909)에 이은 베버리지 보고서(사회보험 및 관련사업 부처 연락위원회, 1942)를 통해 가족수당법, 산업재해법, 국민보건서비스법 등이 제정되고 국민보험법이 보완됨
> - 베버리지 보고서는 이전의 공공부조와 산발적인 사회보험제도의 한계를 극복하고자 포괄적이고 통합적인 사회보험시스템을 담아냄
> - 문제 진단(5대 악) : 빈곤, 질병, 무지, 불결, 나태를 영국 사회의 5대 악으로 규정
> - 사회보험 성공을 위한 3대 전제 : 완전고용, 포괄적 보건서비스, 가족수당(아동수당)
> - 사회보험 운영 6대 기본 원칙 : 균일급여 원칙, 균일갹출 원칙, 관리 · 운영통합 원칙, 급여 적절성 원칙, 적용범위 포괄성 원칙, 대상 분류화 원칙

13 '제3의 길'이 지향하는 '사회투자국가'의 특징으로 옳은 것만을 모두 고르면?

> ㉠ 기회의 평등보다는 결과의 평등을 중시한다.
> ㉡ 인적자본에 대한 투자와 교육을 강조한다.
> ㉢ 경제정책과 사회정책의 통합성을 강조하지만 사회정책을 경제정책보다 우선한다.
> ㉣ 시민은 노동을 통해 스스로 자신을 부양할 것을 강조한다.

① ㉠, ㉢   ② ㉡, ㉣

③ ㉠, ㉡, ㉣   ④ ㉡, ㉢, ㉣

> **TIP** ㉠ 기회의 평등을 중시한다.
> ㉢ 경제정책을 우선한다.
> ※ 제3의 길 : 1998년 영국의 앤서니 기든스(Anthony Giddens)의 저서 〈제3의 길 - 사회민주주의 부활(The Third Way : The Renewal of Social Democracy)〉에서 주장한 사회투자론이다. 사회주의 경직성과 자본주의의 불평등을 극복하려는 새로운 이념 모델로 영국의 토니 블레어 총리와 독일의 게르하르트 슈뢰더 총리 등의 정책 이념의 이론적 배경이 되었다. 사회투자정책은 인적자본과 사회자본에 대한 투자확대로 시민들의 경제활동 참여 기회를 극대화하고 노동을 통해 스스로 자신을 부양할 것을 강조하며, 빈곤예방과 기회의 평등을 제공하여 경제 발전과 사회 발전을 동시에 추구하는 정책으로 경제정책과 사회정책의 통합성을 강조하지만, 경제정책을 우선한다.

Answer   12.③   13.②

14 고려시대의 구빈제도로 옳지 않은 것은?

① 사창(社倉)

② 제위보(濟危寶)

③ 혜민국(惠民局)

④ 흑창(黑倉)

> **TIP** ① 사창(社倉)은 조선시대 순수하게 사민의 공동저축으로 상부상조, 연대책임 등 자치적으로 운영되었다.
>
> ※ 고려시대 상설구제기관 : 흑창(비상시 관곡을 백성에게 대여하고 수확기에 거둬들임), 제위보(이재민 구제사업), 의창(미곡, 소금, 기타 생필품 구휼), 상평창(물가 조절), 동서대비원(환자 치료와 빈민구제), 혜민국(약품 지급 등 국립구료기관), 유비창(빈민구제와 물가조절 등 의창과 상평창의 복합적 기능)

15 연대별로 제정된 사회복지 관련법이 바르게 짝지어진 것은?

① 1960년대 - 「생활보호법」, 「군인연금법」

② 1970년대 - 「사회보장에 관한 법률」, 「모자복지법」

③ 1980년대 - 「사회복지 사업법」, 「사회복지 공동모금회법」

④ 1990년대 - 「노인복지법」, 「사회보장기본법」

> **TIP** ① 1960년대 : 공무원연금법(1960), 생활보호법(1961), 아동복리법(1961), 재해구호법(1962), 사회보장에 관한 법률(1963), 산업재해보상보험법(1963), 군인연금법(1963)
>
> ② 1970년대 : 사회복지사업법(1970), 국민복지연금법(1973), 사립학교교원연금법(1973), 의료보호법(1977)
>
> ③ 1980년대 : 아동복지법 확대개정(1981, 1984), 노인복지법(1981), 장애인복지법(1981), 최저임금법(1986), 모자복지법(1989), 남녀고용평등법(1987)
>
> ④ 1990년대 : 장애인고용촉진에 관한 법률(1990), 영유아보육법(1991), 사회보장기본법(1995), 정신보건법(1995), 사회복지공동모금회법(1999), 국민건강보험법(1999)
>
> • 2000년대 : 건강가정기본법(2004), 기초노령연금법(2007)
>
> • 2010년대 : 기초연금법(2014)

Answer 14.① 15.①

≡ 출제 예상 문제

1 엘리자베스 구빈법의 특징이 아닌 것은?

① 열등처우의 원칙이 마련되었다.

② 빈곤에 대한 책임은 교구가 아닌 국가의 책임으로 간주하였다.

③ 빈곤에 대한 책임이 친족부양책임과 차별화된 빈민정책을 마련하였다.

④ 전국적인 통일된 구빈행정기구가 마련되었다.

TIP ① 구빈법으로부터 구제받는 빈민의 상태는 구제받지 않는 최하층 노동자의 생활보다 낮은 수준이어야 한다는 열등처우의 원칙은 개정 구빈법에서 실시되었다.

2 엘리자베스 구빈법의 주요 내용에 대한 설명으로 옳지 않은 것은?

① 빈민구호의 수준은 최소적격의 원칙에 입각하였다.

② 구빈세를 교구민에게 의무화하는 등 구빈구제는 정부의 책임으로 간주되었다.

③ 치안판사의 감독하에 빈민감독관이 빈민의 구호신청을 접수하고 생활실태를 조사하며 구호자격을 판정하는 일을 하였다.

④ 구호의 대상자는 생활실태조사에 근거하였고, 거주기간에 관계없이 빈민 모두가 그 대상이었다.

TIP ④ 구호의 대상자는 구호신청을 요건으로 하여 해당 교구에 3년 이상 거주한 자만이 신청자격이 주어졌다.

Answer 1.① 2.④

3 열등처우의 원칙을 가장 잘 설명한 것은?

① 모든 국민이 건강하며, 문화적 최저한도의 생활을 해야 한다.

② 최대 다수의 최대 행복을 말한다.

③ 노동능력이 있는 사람은 작업장으로 보내 강제적으로 노동을 시켜야 한다.

④ 노동능력이 없는 사람은 작업장의 자활노동자보다 낮게 처우해야 한다.

TIP 개정 구빈법의 3원칙
　⑦ 열등처우의 원칙 : 구민법으로부터 구제받는 빈민의 상태는 구제받지 않는 최하층 노동자보다 낮은 수준이어야 한다.
　⑥ 작업장제도의 원칙 : 노동능력이 있는 빈민에 대한 재가구호를 폐지하고 구제를 작업장 내에서의 구제로 제한한다.
　⑥ 전국적 통일의 원칙 : 각 교구에 따라 상이하게 시행되고 있는 구빈행정을 전국적으로 통일시킨다.

4 영국의 빈민정책에 대한 설명으로 옳은 것은?

① 엘리자베스 구빈법(1601년)은 노동능력과 상관 없이 모든 빈민에게 동일한 구호를 제공하였다.

② 정주법(1662년)은 빈민들의 이동을 금지하여 빈곤문제를 교구 단위로 해결하고자 하였다.

③ 스핀햄랜드법(1795년)은 최저생계를 보장하여 결과적으로 근로동기를 강화시켰다.

④ 신구빈법(1834년)은 노동능력이 있는 자에 대해 원외구제를 지속하고, 노동능력이 없는 자에게는 원내구제를 제공하였다.

TIP ② 정주법(1662년)은 노동자의 이동에 관한 조건을 법령으로 규제하였고, 빈민들의 이동을 금지하여 빈곤문제를 교구 단위로 해결하고자 하였다.
　① 엘리자베스의 구빈법(1601년)은 노동능력이 있는 빈민은 작업장에, 노동능력이 없는 빈민은 구빈원에, 빈곤아동은 직업훈련 등으로 노동능력 유무에 따라 범주화하여 차별처우 하였다.
　③ 스핀햄랜드법(1795년)은 최저생계를 보장을 통한 생존권 보장을 목적으로 하였지만, 수급자들의 근로동기 저하 및 도덕적 해이 등의 문제를 발생시켰다.
　④ 신구빈법(1834년)은 노동능력이 있는 자는 작업장에 배치하여 원내구제를 제공하고, 노인 · 유아 · 병약자와 아동을 거느린 과부 등 노동능력이 없는 자에게는 원외구제가 지속되었다.

Answer 3.④ 4.②

5 오늘날의 직업보도 프로그램과 유사한 성격을 가진 법은?

① 거주지법
③ 작업장법

② 개정 구빈법
④ 길버트법

TIP ③ 작업장법(Workhouse Test Act 1722) … 노동 가능한 빈민을 고용하여 국가의 부를 증대하고자 하는 목적에서 제정되었으며, 오늘날 직업보도 프로그램의 시초가 되었다.

6 원외구제를 최초로 법으로 인정한 제도는?

① 정주법
③ 길버트법

② 작업장법
④ 스핀햄랜드법

TIP ③ 길버트법 … 노동능력이 있는 구제빈민들을 가정 근처의 지주, 농업경영자 및 기타 고용주 등에게 고용되게 함으로써 최저생계비 수준의 급료를 지급하였다. 시설외 구제방식을 적극 채용하였음을 알 수 있다.

7 스핀햄랜드법(Speenhamland Act)에 관한 다음의 설명 중 옳은 것을 모두 고른 것은?

> ㉠ 빈민의 독립심과 노동능률을 저하시킨 법이다.
> ㉡ 오늘날의 가족수당 또는 최저생활보장의 기반이 된 법이다.
> ㉢ 스핀햄랜드법 제정에 따라 구빈세 부담이 줄어들고 노동자의 임금이 상승하였다.
> ㉣ 스핀햄랜드법의 핵심 내용이 개정구빈법(Poor Laws Reform of 1834)에 의해 폐지되었다.

① ㉠, ㉣
③ ㉡, ㉢, ㉣

② ㉠, ㉡, ㉣
④ ㉠, ㉡, ㉢, ㉣

TIP ㉢ 스핀햄랜드법은 노동자의 임금 및 생활 개선에는 도움을 주지 못한 채, 고용주들의 임금 인하와 노동자들의 근로의욕 저하 등을 초래하였고 그로 인해 구빈세 지출이 급증했다.

Answer 5.③ 6.③ 7.②

8 19세기 자선조직협회(Charity Organization Society)에 대한 설명으로 옳은 것만을 모두 고른 것은?

> ㉠ 빈곤문제의 책임이 사회구조보다는 개인에게 있다고 보았다.
> ㉡ 빈민보호를 위한 조직화와 입법활동 등을 통하여 사회 개혁에 힘썼다.
> ㉢ 자선의 중복과 낭비를 막기 위해 자선단체들을 등록하여 그들의 활동을 조정하였다.

① ㉠, ㉡

② ㉠, ㉢

③ ㉡, ㉢

④ ㉠, ㉡, ㉢

TIP ㉠ 자선조직협회에서는 빈곤문제의 책임을 개인에게 있다고 보았지만, 인보관운동에서는 사회구조에 있다고 보았다.
㉡ 빈민보호를 위한 조직화는 자선조직협회에 대한 설명이 맞지만, 입법활동 등을 통하여 사회개혁에 힘쓴 것은 인보관 운동에 대한 설명이다.
㉢ 자선조직협회는 자선단체의 난립으로 인한 서비스의 중복, 누락, 소외, 비효율적 운영, 재원의 낭비 등을 막기 위하여 자선단체들을 등록하여 그들의 활동을 조절할 목적으로 결성되었다.

9 자선조직협회의 원칙으로 볼 수 없는 것은?

① 봉사자는 무보수로 일한다.

② 협력과 조화를 원칙으로 한다.

③ 개인의 사례에 대해 충분히 조사를 한 다음 대처한다.

④ 모든 빈민을 원조의 대상으로 한다.

TIP ④ 빈민 중 보호받을 가치가 있는 자만 원조의 대상으로 한정하여 태만·음주·낭비를 일삼는 자에게는 원조를 하지 않도록 하였다.

Answer 8.② 9.④

10 베버리지 보고서의 내용으로 옳지 않은 것은?

① 사회보험이 모든 사람과 욕구를 포괄해야 한다는 포괄성의 원칙을 제시했다.

② 영국 사회가 극복해야 할 5대 사회악으로 빈곤, 질병, 무지, 불결, 나태를 제시하였다.

③ 소득에 따라 보험료와 급여를 달리하는 차등기여, 차등급여 원칙을 제시하였다.

④ 기여금과 급여를 단일한 사회보험기금으로 운영하는 통합적 행정 책임의 원칙을 제시하였다.

TIP ③ 베버리지 보고서에는 정액급여, 정액기여의 원칙을 제시하였다.

11 베버리지보고서와 관련이 없는 것은?

① 1942년에 마련되었다.

② 베버리지는 불결, 무지, 나태, 질병, 빈곤, 기업 등 6대 사회문제를 제시하였다.

③ 노동당 정권을 대변하고 있다.

④ 사회보험제도의 확립을 가져오는 데 크게 기여하였다.

TIP ② 베버리지는 보고서에서 빈곤, 질병, 무지, 불결, 나태는 사회발전을 저해하는 5가지 해악이라 하고 빈곤은 소득보장(연금)으로, 질병은 의료보장으로, 무지는 의무교육으로, 불결은 주택정책으로, 나태는 직업·노동정책으로 대처하여야 한다고 하였다.

12 베버리지의 사회보장 원칙에 속하지 않는 것은?

① 동일급여의 원칙
② 동일갹출의 원칙
③ 행정의 분류원칙
④ 가입대상자의 분류의 원칙

TIP 사회보험의 주요 원칙
㉠ 균일급여의 원칙 : 보편성의 원칙에 따라 모든 국민에게 평등하게 최저한도의 소득을 보장한다는 원칙이다.
㉡ 균일갹출의 원칙 : 소득의 다과(多寡)에 상관없이 보험료를 일률적으로 갹출한다는 원칙이다.
㉢ 관리·운영통합의 원칙 : 사회보장의 모든 부문별 행정·운영을 일원화하여 통합한다는 원칙이다.
㉣ 급여의 적절성 보장의 원칙 : 급여의 종류와 수준이 최소한의 인간다운 생활을 영위하는 데 적절해야 한다는 원칙이다.
㉤ 적용범위 포괄성의 원칙 : 기본적 생활욕구의 충족을 위해 사회보장의 모든 분야에서 급여가 고르게 이루어져야 한다는 원칙이다.
㉥ 대상의 분류화의 원칙 : 노동연령의 여섯 계층을 피용자, 자영업자, 가정주부, 노동연령 미달자, 정년 퇴직자 등으로 나눈 다음 계층별 대책을 수립하여야 한다는 원칙이다.

Answer 10.③ 11.② 12.③

13 사회보험제도의 등장배경과 관련이 없는 것은?

① 산업화 이후의 자본주의 발전과 병행한 각종 사회문제의 심화

② 제1차 세계대전과 경제대공황

③ 노동운동의 정치세력화를 통한 정치적 압력

④ 가족 및 시장기능의 한계 및 그것에 대한 인식

TIP ② 미국의 사회보장법 제정배경에 해당한다.
　　※ 사회보험제도의 등장배경
　　　㉠ 산업화 이후의 자본주의 발전과 함께 각종 사회문제가 대두
　　　㉡ 사회문제의 해결에 대한 가족 및 시장기능의 한계
　　　㉢ 노동운동의 정치세력화를 통한 정치적 압력이 가중
　　　㉣ 근대국가의 성장과 개입적 기능이 확대

14 독일은 산업화가 비교적 늦게 시작되었음에도 불구하고 세계 최초로 사회보험제도를 도입하였다. 다음 중 독일에서 가장 빠르게 사회보험제도를 등장하게 한 요소에 해당하지 않는 것은?

① 빠르게 진행된 산업화

② 베버리지 보고서

③ 비스마르크의 독특한 통치스타일

④ 사회문제에 대한 국가개입의 필요성에 관한 관념의 대두

TIP ② 베버리지 보고서는 영국의 사회보장제도 확립에 기초를 이루는 문서이다.
　　※ 독일에서 세계 최초로 사회보험제도를 등장하게 한 요소
　　　㉠ 늦게 시작하였으나 빠르게 진행된 산업화와 이에 따른 노동자 생활조건의 악화
　　　㉡ 이러한 상황에 대처하기 위한 수단으로써 확산된 노동운동의 정치화와 이에 대한 지배세력의 견제
　　　㉢ 사회문제에 대한 국가개입의 필요성에 관한 관념의 대두
　　　㉣ 비스마르크의 독특한 통치스타일

Answer　13.②　14.②

15 사회복지의 성격이 다른 하나는?

① 대처리즘　　　　　　　　　　　② 베버리지 사회보장

③ 레이건의 민영화　　　　　　　　④ 신보수주의

TIP 1970년의 경제불황을 배경으로 선진국의 재정사정이 악화되었고 다른 한편에서는 신보수주의에 의한 사조에 의해 복지국가체계
에 대한 재검토가 이루어지면서 미국, 일본, 영국, 독일 등에서는 복지국가정책이 경제발전을 저해하는 요인으로 간주되었다. 이
에 따라 1980년대부터 복지정책에 대한 재정억제와 공영기업의 민간으로의 이행 등이 이루어졌다.
② 사회복지의 국가책임과 확대를 추구했다.

16 미국의 뉴딜정책에 관한 설명으로 옳지 않은 것은?

① 목표는 경제공황의 악순환을 방지하는 것이다.

② 부흥·구제·개혁을 정책목표로 하고 있다.

③ 실업자 구제를 위해 민간기업을 적극적으로 보조하는 정책을 취했다.

④ 빈곤문제에 대해 정부가 소극적인 자세에서 적극적인 자세를 취하는 계기가 되었다.

TIP ③ 대규모의 노동력을 투입할 수 있는 공공사업을 정부 차원에서 단행하였다. 그 대표적인 예로는 자원보존청년단, 테네시강 유
역개발공사 등이 있다.

17 미국 레이건 행정부의 신연방주의 복지정책에 대한 설명으로 옳지 않은 것은?

① 연방경제의 소비를 감소시키는 정책을 실시하여 복지프로그램이 감축되었다.

② 신연방주의는 경제성장을 촉진시켜 빈곤을 감소시켰다.

③ 연방의 사회복지 권한을 축소하고 주정부의 권한을 강화시켰다.

④ 복지국가는 반대하지 않지만 온정주의적 국가는 반대하였다.

TIP 레이건의 신연방주의 … 레이건 대통령이 취임 1년째 되는 1982년 1월의 연두 교서에서 제시한 정책으로, 연방정부가 관장하고
있는 복지나 공공사업을 주정부에 이관한다는 구상에 기초하여 연방정부는 주정부나 지방자치단체에의 교부금을 삭감하고 아울
러 복지와 공공사업 등에 관한 사무권한을 대폭 이양하였다.
② 경제성장을 촉진시키면 간접적으로 복지가 증대된다는 공급측의 경제를 강조했던 레이건 행정부의 정책은 경제성장뿐 아니
라 빈곤의 감축도 달성하지 못하였다.

Answer　15.②　16.③　17.②

18 비베스(Vives)의 빈민구제 프로그램의 내용으로 옳지 않은 것은?

① 구걸은 금지되어야 한다.

② 각 지구에 보호위원을 두어 빈민의 상담을 담당하게 하였다.

③ 빈민에게는 직업을 주고 정신질환자를 위해서 정신병원을 설립하여 치료해야 한다.

④ 교구별로 빈민가정의 생활상을 조사하여, 자선금을 분배하지 말고 직업훈련·고용·재활의 방법을 원조해야 한다.

TIP ② 엘버펠드(Elberfeld)의 특징에 대한 설명이다. 비베스의 제안은 1788년 함부르크 구빈제도에 영향을 주었고, 함부르크 제도의 미비점을 수용·보완한 것이 엘버펠드 제도이다.

19 우리나라 최초로 빈민구제기관의 취지를 갖춘 것은?

① 의창   ② 상평창

③ 흑창   ④ 진대법

TIP ④ 진대법 … 194년 고구려 을파소의 건의로 시행된 구제제도로서, 춘궁기에 관곡을 빈곤한 사람에게 대여하였다가 추수기에 거두어들이는 것이다.

20 오늘날의 병원과 수용시설을 겸한 고려시대의 요양기관은?

① 동서대비원   ② 상평창

③ 제위보   ④ 구제도감

TIP ① 동서대비원 … 고려시대의 환자의 치료나 빈민구제를 위주로 한 상설구제기관으로, 현대의 병원과 수용시설을 겸한 기관이었다.
② 성종 12년(993)에 곡식의 매매를 통한 물가조절기능과 구빈사업 등을 함께 하기 위하여 만든 기관이다.
③ 고려 광종 14년(953)에 만든 공적 구제기관이다.
④ 고려 예종 4년에 구휼행정을 총괄·관장하는 기관이다.

Answer   18.②   19.④   20.①

21 고려시대 상설구제기관에 대한 설명 중 옳지 않은 것은?

① 흑창은 고려 태조 때에 설치된 상설구빈기관으로서 고구려의 진대법에서 영향을 받은 바 크다.

② 제위보는 광종 14년(953)에 설치된 것으로 빈민, 행려자의 구호와 질병의 치료를 맡아보던 기관이다.

③ 상평창은 고려 성종 12년(993)에 양경 12목에 설치된 기관으로서 조직을 통한 물가조절기능과 빈민의 구빈이라는 양대 기능을 하였다.

④ 혜민국은 세종 때 서울 2개소에 설치하여 성내 환자를 구휼하는 것을 관장하였다.

TIP ④ 혜민국은 태조 때 처음 설치되었으며, 서민과 가난한 백성에게 질병을 치료해 주고 건강을 보살펴 주는 기능을 수행하였다.

22 우리나라 사회복지의 역사적 사실을 먼저 일어난 순서대로 바르게 나열한 것은?

> ㉠ 사회복지법인에 대한 법적 근거가 만들어졌다.
> ㉡ 정신보건전문요원으로서 정신보건사회복지사 자격제도를 도입하였다.
> ㉢ 사회복지전문요원제도가 시행되었다.
> ㉣ 「생활보호법」이 제정되었다.

① ㉠→㉣→㉡→㉢

② ㉣→㉠→㉢→㉡

③ ㉠→㉡→㉣→㉢

④ ㉣→㉢→㉠→㉡

TIP ㉣ 「생활보호법」의 제정(1961) → ㉠ 사회복지법인에 대한 법적 근거 마련(1970) → ㉢ 사회복지전문요원제도 시행(1987) → ㉡ 정신보건전문요원으로서 정신보건사회복지사 자격제도의 도입(1995)

Answer 21.④ 22.②

23 우리나라가 국가적인 경제위기를 경험한 1997년 이후 제정한 법률에 해당하지 않는 것은?

① 「국민기초생활 보장법」

② 「최저임금법」

③ 「장애인차별금지 및 권리구제 등에 관한 법률」

④ 「국민건강보험법」

> **TIP** ② 「최저임금법」: 1986년
> ① 「국민기초생활 보장법」: 1999년
> ③ 「장애인차별금지 및 권리구제 등에 관한 법률」: 2007년
> ④ 「국민건강보험법」: 1999년

24 우리나라 사회복지법제의 연혁에 대한 설명으로 옳은 것은?

① 1960년대 초 인간다운 생활을 할 권리 보장 조항을 헌법에 포함함으로써, 향후 사회복지입법의 토대를 마련하였다.

② 1980년대 초에 제정된 「국민복지연금법」으로 국민연금제도가 본격적으로 실행되었다.

③ 1990년대 후반부터 분권교부세에 근거한 사회복지사업의 지방이양이 이루어졌다.

④ 2000년대 초에 제정된 「영유아보육법」을 근간으로 보육서비스 지원확대가 이루어지고 있다.

> **TIP** ② 「국민복지연금법」은 1973년에 제정되었다.
> ③ 분권교부세에 근거한 사회복지사업의 지방이양은 2000년대부터 이루어졌다.
> ④ 「영유아보육법」은 1991년에 제정되었다.

25 우리나라 사회복지체계의 특성이 아닌 것은?

① 경제개발위주의 정책에 따라 사회복지제도는 미약하다.

② 상의하달식의 중앙정부적인 수직적인 전달이 이루어지고 있다.

③ 전문인력의 부족으로 사회적 서비스의 질이 저하되고 있다.

④ 사회복지체계가 시민들의 요구에 부응하면서 발달하였다.

> **TIP** ④ 우리나라의 사회복지체계는 전시적·구호적·관주도적으로 이루어져 왔기 때문에 시민들의 요구에 부응하지 못하였다.

Answer 23.② 24.① 25.④

03 사회복지정책론

❶ 사회보장

(1) 사회보장의 개념

① 협의의 개념…사회보험, 공공부조(공적부조), 사회복지서비스를 포함하는 것이다.

② 광의의 개념…사회보험, 공공부조, 가족수당, 공중위생, 사회복지서비스, 주택, 교육, 환경, 보건, 지역개발, 인구, 노동정책 등을 포함하는 것이다.

③ 우리나라의 법적 개념…출산, 양육, 실업, 노령, 장애, 질병, 빈곤 및 사망 등의 사회적 위험으로부터 모든 국민을 보호하고 국민 삶의 질을 향상시키는 데 필요한 소득·서비스를 보장하는 사회보험, 공공부조, 사회서비스를 말한다〈사회보장기본법 제3조 제1호〉.

> **TIP** 사회보장에 관한 현행 법령〈헌법 제34조〉
> ㉠ 모든 국민은 인간다운 생활을 할 권리를 가진다.
> ㉡ 국가는 사회보장·사회복지 증진에 노력할 의무를 진다.
> ㉢ 국가는 여자의 복지와 권익의 향상을 위하여 노력하여야 한다.
> ㉣ 국가는 노인과 청소년의 복지향상을 위한 정책을 실시할 의무가 있다.
> ㉤ 신체장애자 및 질병·노령 기타의 사유로 생활능력이 없는 국민은 법률이 정하는 바에 의하여 국가의 보호를 받는다.
> ㉥ 국가는 재해를 예방하고 그 위험으로부터 국민을 보호하기 위하여 노력하여야 한다.

(2) 사회보장의 목적

① 국민의 최저생활을 보장하고(공공부조), 생활불안을 해소하려는 데(사회보험) 주된 목적을 둔다.

② 국민의 생존권을 위하여 빈곤으로부터 해방시켜 경제적 불안을 해소하려는 데 목적이 있다.

③ 국민생활의 위험을 예방하고 개선한다.

④ 소득의 재분배와 사회통합을 목적으로 한다.

(3) 국제노동기구(ILO)의 사회보장 개념

① 사회보장의 구성요소
   ㉠ 모든 국민을 대상으로 한다.
   ㉡ 모든 국민의 최저생활을 보장한다.

© 모든 위험과 사고에서 보호받아야 한다.

② 공공기관을 통한 보호와 보장이 이루어져야 한다.

② 사회보장 계획

　㉠ 고용촉진 및 고용수준의 유지

　㉡ 국민소득의 증대 및 균등한 배분

　㉢ 영양과 주택의 개선

　㉣ 의료시설의 완비

　㉤ 일반교육 및 취업교육 기회 확대

③ 국제노동기구(ILO) 제정 「사회보장의 최저 기준에 관한 조약」의 사회보장급여(1952)

　㉠ 의료급여

　㉡ 질병(상병)급여

　㉢ 실업급여

　㉣ 노령급여

　㉤ 산재급여(업무상 재해급여, 고용재해급여)

　㉥ 가족급여

　㉦ 모성급여(출산급여)

　㉧ 폐질급여(장애급여)

　㉨ 유족급여

(4) 베버리지(Beveridge) 보고서에 나타난 사회보장의 개념

① 사회보장의 의미 … 질병이나 실업 또는 재해 등에 의하여 소득이 중단되었을 때 그에 대처하고 퇴직이나 사망으로 인한 부양상실에 대비하며 더 나아가 출생, 사망 및 결혼 등에 관련된 특수한 지출을 보충하기 위한 소득보장을 의미한다.

② 사회보장 실시의 전제조건 … 아동부양의 수당지급, 전면적 건강 및 요양급여, 대량실업방지를 위한 고용증대

(5) 사회보장의 분류

① 사회보험 … 사회보장제도의 핵심적 제도로서, 국민에게 발생하는 사회적 위험을 보험방식에 의해 대처함으로써 국민건강과 소득을 보장하는 제도이다.

> **※ 4대 사회보험제도**
> 현대사회의 대표적인 사회적 위험인 노령이나 질병에 의한 노후보장을 위한 제도가 연금보험(우리나라는 국민연금제도)이며, 의료나 질병의 치료나 재활을 위한 제도가 의료보험(건강보험제도)이다. 연금보험과 의료보험제도가 전 국민을 대상으로 하는 사회보험제도라고 한다면, 노동자들을 대상으로 하는 사회보험제도로서 산업재해보상보험제도와 실업보험(고용보험)제도가 있으며, 이상 4가지 보험으로 일반적으로 4대 보험제도라고 한다.

② 공공부조

㉠ 사회보험은 보험대상자들의 기여금에 기초한 사회적 보호장치인 반면에, 공공부조는 이러한 기여금을 부담하지 못하는 사람들에 대한 보호장치이다. 사회보장기본법 제3조 제3호는 공공부조를 "국가와 지방자치단체의 책임 하에 생활유지능력이 없거나 생활이 어려운 국민의 최저생활을 보장하고 자립을 지원하는 제도"라고 정의하고 있다. 공공부조는 사회부조 또는 국민부조라고 불리며, 우리나라의 대표적인 공공부조제도로는 국민기초생활보장제도를 들 수 있다.

㉡ 공공부조의 주요 대상은 생활능력이 없거나 일반적인 국민생활수준에 미달하는 저소득층으로, 이들에게 기본적인 생계급여, 의료급여, 교육급여, 주택급여 등의 급여를 제공하는 것이다. 공공부조제도의 재원은 국가의 일반조세이며, 공공부조대상자들은 그들이 법에서 정한 적절한 부조대상자에 해당하는 것인지 여부를 판단받기 위하여 자산조사와 같은 일정한 심사를 받아야 한다.

③ 사회복지서비스

㉠ 사회복지서비스는 사회보험 및 공공부조가 물질적 보장을 주된 내용으로 하는 데 비해, 물질적 보장에 더하여 비물질적 보장을 내용으로 하는 개별 차원의 사회적 서비스를 의미한다. 사회복지서비스는 사회적 약자들의 사회문제를 해결하는 데 필요한 전문지식과 기술을 가진 전문인력(사회복지전문가)에 의해 제공되어야 하며, 서비스 제공의 목적은 궁극적으로 사회적 약자들을 정상적 사회성원으로 복귀시키는 데 있다.

㉡ 사회보장기본법 제3조 제4호는 사회서비스를 "국가 · 지방자치단체 및 민간부문의 도움이 필요한 모든 국민에게 복지, 보건의료, 교육, 고용, 주거, 문화, 환경 등의 분야에서 인간다운 생활을 보장하고 상담, 재활, 돌봄, 정보의 제공, 관련 시설의 이용, 역량 개발, 사회참여 지원 등을 통하여 국민의 삶의 질이 향상되도록 지원하는 제도를 말한다."고 정의하고 있다.

> **※ 사회보장급여의 이용 · 제공 및 수급권자 발굴에 관한 법률**
>
> • 지역사회보장에 관한 계획의 수립
> - 특별시장 · 광역시장 · 특별자치시장 · 도지사 · 특별자치도지사(시 · 도지사) 및 시장 · 군수 · 구청장은 지역사회보장에 관한 계획은 4년마다 수립한다. 이 경우 사회보장기본법(제16조)의 사회보장에 관한 기본계획과 연계되도록 해야 한다(법 제35조 제1항).
> - 시장 · 군수 · 구청장은 해당 시 · 군 · 구의 지역사회보장계획을 지역주민 등 이해관계인의 의견을 들은 후 수립하고, 지역사회보장협의체의 심의와 해당 시 · 군 · 구 의회의 보고를 거쳐 시 · 도지사에게 제출하여야 한다(법 제35조 제2항).
> • (시 · 군 · 구)지역사회보장협의체의 심의 · 자문에 관한 업무
> - 시장 · 군수 · 구청장은 지역의 사회보장을 증진하고, 사회보장과 관련된 서비스를 제공하는 관계 기관 · 법인 · 단체 · 시설과 연계 · 협력을 강화하기 위하여 해당 시 · 군 · 구에 지역사회보장협의체를 둔다(법 제41조 제1항).
> - 지역사회보장협의체의 심의 · 자문 업무(법 제41조 제2항) : 시 · 군 · 구의 지역사회보장계획 수립 · 시행 및 평가에 관한 사항, 시 · 군 · 구의 지역사회보장조사 및 지역사회보장지표에 관한 사항, 시 · 군 · 구의 사회보장급여 제공에 관한 사항, 시 · 군 · 구의 사회보장 추진에 관한 사항, 읍 · 면 · 동 단위 지역사회보장협의체의 구성 및 운영에 관한 사항, 그 밖에 위원장이 필요하다고 인정하는 사항

(6) 사회복지서비스 전달체계의 원리

① **전문성의 원칙** … 사회복지서비스 제공의 핵심 업무는 반드시 전문가가 담당해야 하는데, 여기서 전문가란 객관적으로 그 자격이 인정된 사람으로 자신의 전문적 업무에 대한 권위와 자율적 결정권 및 책임성을 지닌 사람을 말한다.

② **적절성의 원칙** … 사회복지서비스는 그 양이나 질(質), 제공하는 기간 등이 적절하게 제공되어야 대상자의 욕구충족과 서비스의 목표달성이 가능하다.

③ **포괄성의 원칙** … 대상자의 다양한 욕구나 문제를 동시에 또는 순차적으로 해결하기 위해서 다양한 서비스가 제공되어야 한다.

④ **지속성의 원칙** … 한 개인이 필요로 하는 여러가지 다른 종류의 서비스를 지역사회 내에서 계속적으로 제공받을 수 있도록 서비스들이 상호연계가 필요하다.

⑤ **통합성의 원칙** … 기본적으로 성별·연령·소득·지역·종교·지위 등에 관계없이 모든 국민에게 사회복지서비스를 제공하여야 한다.

⑥ **평등성의 원칙** … 기본적으로 성별·연령·지역·종교·지위 등에 관계없이 모든 국민에게 사회복지서비스를 제공하여야 한다.

⑦ **책임성의 원칙** … 사회복지조직은 국가가 사회복지서비스를 전달하도록 위임한 조직이므로 사회복지서비스의 전달에 대해 책임을 져야 한다.

⑧ **접근용이성의 원칙** … 사회복지서비스는 필요로 하는 사람이면 누구나 손쉽게 이용할 수 있어야 하므로 대상자가 접근하기 용이하여야 한다.

❷ 사회보험 ✔자주출제

(1) 사회보험의 개요

① **개념** … 전국민을 대상으로 질병, 노령, 실업, 사망 등 신체장애로 인한 활동능력의 상실과 소득의 감소가 발생하였을 때 보험방식에 의해 그것을 보장하는 제도이다.

② 특성
- ㉠ **사회성** : 사회평등, 사회조화, 사회평화 등에 기여한다.
- ㉡ **보험성** : 공통된 위험에 대해 공동부담을 진다.
- ㉢ **강제성** : 불균형한 생활격차의 완화를 위해 국가가 개입하여 공정한 재분배를 실시한다.
- ㉣ **부양성** : 자금부담능력에 따른 차별부담을 통해 저소득층의 자금부담경감을 도모한다.

> **※ 우리나라 사회보험의 종류** ✓자주출제
> - ㉠ 산업재해보상보험법 : 1963년 제정, 1964년 시행
> - ㉡ 의료보험(국민건강보험법) : 의료보험법 1963년 제정, 1977년 시행 / 국민건강보험법 1999년 제정, 1999년 시행
> - ㉢ 국민연금법 : 1973년 제정, 1988년 시행
> - ㉣ 고용보험법 : 1993년 제정, 1995년 시행
> - ㉤ 노인장기요양보험법 : 2007년 제정, 2007년 시행
> - ※ 우리나라 사회보험은 가입자의 보험료로 재원을 조달한다.

(2) 연금보험제도

① **연금제도의 개념** … 일반적으로 가계를 책임지는 자가 노령, 폐질, 사망 등에 의하여 소득을 상실했을 때에 그 자신과 유족의 보호를 위하여 미리 설정한 기준에 따라 장기간에 걸쳐 정기적으로 급여를 제공받는 소득보장제도이다.

> **※ 공적연금의 종류**
> - ㉠ 국민연금 : 1988년 도입
> - ㉡ 공무원연금 : 1960년 도입
> - ㉢ 군인연금 : 1963년 도입
> - ㉣ 사립학교교직원연금 : 1975년 도입

② **연금보험의 특징**
- ㉠ 급여는 욕구조사가 없는 권리로서 지급된다.
- ㉡ 급여가 개인적 공평성보다도 사회적 적합성에 기초해 있다.
- ㉢ 적용범위가 강제적 사업이다.
- ㉣ 급여는 법령에 의해 규정되어 있고, 예견된 욕구에 기초해 있으며 소득과 관련되어 있다.

③ **우리나라의 연금제도**
- ㉠ **공무원연금제도**
  - 적용대상
    - 국가공무원법, 지방공무원법, 그 밖의 법률에 따른 공무원(군인과 선거에 의하여 취임하는 공무원은 제외)
    - 그 밖에 국가기관이나 지방자치단체에 근무하는 직원 중 대통령령으로 정하는 사람

- 급여의 종류
- 퇴직 · 사망 및 비공무상 장해 : 퇴직급여, 퇴직유족급여, 비공무상 장해급여, 퇴직수당
- 직무로 인한 부상 · 질병 · 장해 · 사망 : 요양급여, 재활급여, 장해급여, 간병급여, 재해유족급여, 부조급여

ⓛ **사립학교교직원 연금제도**
- 적용대상 : 사립학교의 교원과 사무직원
- 급여의 종류
- 퇴직 · 사망 · 장해(직무로 인한 경우 제외) : 퇴직급여, 퇴직유족급여, 비공무상 장해급여, 퇴직수당
- 직무로 인한 부상 · 질병 · 장해 · 사망 : 요양급여, 재활급여, 장해급여, 간병급여, 재해유족급여, 부조급여

ⓒ **군인연금제도**
- 적용대상 : 부사관 이상의 현역 군인
- 급여의 종류
- 퇴직급여 : 퇴역연금, 퇴역연금일시금, 퇴역연금공제일시금, 퇴직일시금
- 퇴직유족급여 : 퇴역유족연금, 퇴역유족연금부가금, 퇴역유족연금특별부가금, 퇴역유족연금일시금, 퇴직유족 일시금
- 퇴직수당

ⓔ **국민연금제도**
- 가입대상 : 국내에 거주하는 18세 이상 60세 미만의 국민이 대상
- 급여지급
- 급여는 수급권자의 청구에 따라 공단이 지급
- 연금액은 지급사유에 따라 기본연금액과 부양가족연금액을 기초로 산정
- 적용제외
- 타 법률에 의해 이미 연금제도에 가입되어 있는 자(공무원, 군인, 교직원 및 별정우체국 직원)는 제외
- 노령연금의 수급권을 취득한 자 중 60세 미만의 특수 직종 근로자
- 조기노령연금의 수급권을 취득한 자(조기노령연금의 지급이 정지 중인 자 제외)
- 급여의 종류 : 노령연금 · 조기노령연금, 장애연금, 유족연금, 반환일시금
- 노령연금 : 가입기간이 10년 이상인 가입자 또는 가입자였던 자에 대하여는 60세(특수직종근로자는 55세)가 된 때부터 그가 생존하는 동안 노령연금을 지급
- 조기노령연금 : 가입기간이 10년 이상인 가입자 또는 가입자였던 자로서 55세 이상인 자가 대통령령으로 정하는 소득이 있는 업무에 종사하지 아니하는 경우 본인이 희망하면 60세가 되기 전이라도 본인이 청구한 때부터 그가 생존하는 동안 일정한 금액의 연금을 받을 수 있음
- 장애연금 : 가입자 또는 가입자였던 자가 질병이나 부상으로 신체상 또는 정신상의 장애가 있고 법이 정한 일정 요건을 모두 충족하는 경우에는 장애 정도를 결정하는 기준이 되는 날(장애결정 기준일)부터 그 장애가 계속되는 기간 동안 장애 정도에 따라 장애연금 지급
- 유족연금 : 유족연금 : 노령연금 수급권자, 가입기간이 10년 이상인 가입자 또는 가입자였던 자, 연금보험료를 낸 기간이 가입대상기간의 3분의 1 이상인 가입자 또는 가입자였던 자, 사망일 5년 전부터 사망일까지의 기간 중 연금보험료를 낸 기간이 3년 이상인 가입자 또는 가입자였던 자(다만, 가입대상기간 중 체납기간이 3년 이상인 사람은 제외), 장애등급이 2급 이상인 장애연금 수급권자 등에게 지급

－반환일시금 : 가입기간이 10년 미만인 자가 60세가 된 때, 가입자 또는 가입자였던 자가 사망한 때(다만, 유족연금이 지급되는 경우에는 그러하지 아니함), 국적을 상실하거나 국외로 이주한 때에 지급

> ※ **국민연금법의 기능과 성격**
> ㉠ 기능
> - 노후의 생활계획 수립기능
> - 임금소득의 상실시에 고령자의 권리로서 최저한의 소득보장 기능
> - 소득의 재분배기능
> ㉡ 성격
> - 공헌도에 따른 수급권획득 제도
> - 연금보험 사고에 대한 보험제도
> - 노후생활설계의 실질적인 기초제도
> - 국가책임의 강제가입제도
> - 공헌도에 따른 급여로 수급자의 긍지를 고취시키는 제도

> ※ **기초연금** ✔자주출제
> ① 도입목적 … 노인에게 기초연금을 지급하여 안정적인 소득기반을 제공함으로써 노인의 생활안정을 지원하고 복지를 증진함을 목적으로 한다.
> ② 수급대상
>   ㉠ 기초연금은 65세 이상인 사람으로서 소득인정액이 보건복지부장관이 정하여 고시하는 금액(선정기준액) 이하인 사람에게 지급한다.
>   ㉡ 공무원연금, 공무원 재해보상법, 사립학교교직원연금, 군인연금, 별정우체국연금 수급권자 및 그 배우자는 원칙적으로 기초연금 수급대상에서 제외된다.
> ③ 기초연금액의 산정 … 기초연금 수급권자에 대한 기초연금의 금액은 기준연금액과 국민연금 급여액 등을 고려하여 산정한다.
> ④ 지급신청
>   ㉠ 기초연금을 지급받으려는 사람(기초연금 수급희망자)
>   ㉡ 보건복지부령으로 정하는 대리인은 특별자치시장·특별자치도지사·시장·군수·구청장에게 기초연금의 지급을 신청할 수 있음

(3) 국민건강보험제도

① 국민건강보험제도의 개념 … 피보험자가 질병이나 부상 등의 사고를 당했을 때 치료비나 요양비의 급여를 실시함으로써 국민보건의 회복 및 유지 또는 증진을 도모할 수 있는 사회보험방식의 제도이다.

② 국민건강보험제도의 기능과 특징
  ㉠ 국민건강보험은 정부주도에 의한 강제적 가입이고 사회보장적 기능을 수행한다.
  ㉡ 국민건강보험은 소득에 비례한 기여금(보험료)을 책정하여 부의 재분배 기능을 갖는다.
  ㉢ 국민건강보험은 경제적 부담을 보험원리에 의하여 완화하여 줌으로써 위험분산의 기능을 갖는다.

③ 국민건강보험의 적용대상

　㉠ 적용대상 및 제외

　　• 적용대상 : 국내에 거주하는 국민으로 가입자 또는 피부양자

　　• 적용제외

　　－의료급여법에 따라 의료급여를 받는 사람(수급권자)

　　－유공자 등 의료보호대상자

　㉡ 가입자의 종류

구분	직장가입자	지역가입자
가입자	• 모든 사업장의 근로자 및 사용자 • 공무원 및 교직원으로 임용 또는 채용된 자	직장가입자와 그 피부양자를 제외한 자
피부양자	• 직장가입자의 배우자 • 직장가입자의 직계존속(배우자의 직계존속 포함) • 직장가입자의 직계비속(배우자의 직계비속 포함)과 그 배우자 • 직장가입자의 형제·자매	

④ 국민건강보험의 급여

　㉠ 급여의 형태

　　• 현물급여 : 피보험자가 의료기관에서 제공받는 직접적 의료서비스로, 우리나라에서 원칙으로 하고 있는 형태

　　• 현금급여 : 피보험자에게 현금이 지급되는 급여

　㉡ 급여의 종류

　　• 요양급여 : 가입자 및 피부양자의 질병, 부상, 출산 등에 대하여 진찰·검사, 약제·치료재료의 지급, 처치·수술 및 그 밖의 치료, 예방·재활, 입원, 간호, 이송 등에 대한 직접적인 의료서비스를 말함

　　• 건강검진

　　－실시 : 가입자와 피부양자에 대하여 질병의 조기 발견과 그에 따른 요양급여를 하기 위하여 2년마다 1회 이상 실시하되, 사무직에 종사하지 아니하는 직장가입자에 대해서는 1년에 1회 실시

　　－건강검진의 종류 : 일반건강검진(직장가입자, 세대주인 지역가입자, 20세 이상인 지역가입자 및 20세 이상인 피부양자), 암검진(암의 종류별 검진주기와 연령 기준 등에 해당하는 사람), 영유아건강검진(6세 미만의 가입자 및 피부양자)

　　• 요양비 : 가입자나 피부양자가 보건복지부령으로 정하는 긴급하거나 그 밖의 부득이한 사유로 요양기관과 비슷한 기능을 하는 기관으로서 보건복지부령으로 정하는 기관에서 질병·부상·출산 등에 대하여 요양을 받거나 요양기관이 아닌 장소에서 출산한 경우에는 그 요양급여에 상당하는 금액을 보건복지부령으로 정하는 바에 따라 가입자나 피부양자에게 요양비로 지급

　　• 부가급여 : 국민건강보험법에서 정한 요양급여 외에 대통령령으로 정하는 바에 따라 임신·출산 진료비, 장제비, 상병수당, 그 밖의 급여를 실시할 수 있음

　　• 장애인에 대한 특례 : 장애인복지법에 따라 등록한 장애인인 가입자 및 피부양자에게는 보조기기에 대하여 보험급여를 할 수 있다.

⑤ 포괄수가제

　　㉠ **행위별 수가제** : 투약, 처치 및 수술, 검사 등 의료행위항목에 따라 진료비를 합산하여 진료비를 결정하는 제도로, 가장 시장지향적이며 진료비 지불방식 중 진료비용의 절감효과가 가장 낮을 뿐 아니라 청구된 진료비를 일일이 심사해야 하기 때문에 관리가 어렵고 관리비용도 많은 방법

　　㉡ **질병군별(DRG) 포괄수가제** : 환자가 분만 등으로 병원에 입원할 경우 퇴원할 때까지의 진료를 받은 진찰, 검사, 수술, 주사, 투약 등 진료의 종류나 양에 관계없이 요양기관별(종합병원, 병원, 의원) 및 입원 일수별로 미리 정해진 일정액의 진료비만을 부담하는 제도

> **※ DRG 지불제도의 장·단점**
> ㉠ 장점
> - 적정량의 의료서비스 제공
> - 행정비용의 절감
> - 요양기관과 보험자 간의 마찰 감소
> - 요양기관의 경영효율화·의료비용의 절감
> ㉡ 단점
> - 요양기관과 환자와의 마찰 예상
> - 요양기관의 허위·부당청구의 우려
> - 진료서비스의 규격화·기술개발 임상연구발전에 장애

(4) 고용보험제도

① **고용보험제도의 개념**…실업예방, 고용촉진 및 근로자의 직업능력의 개발·향상을 도모하고 국가의 직업지도·직업소개 기능을 강화하며, 근로자가 실업한 경우 생활에 필요한 급여를 실시함으로써 근로자의 생활안정과 구직활동을 촉진하려는 사회보장제도이다.

② **기능**

　　㉠ **사회보장적 측면** : 실직자가족에 대한 경제적 지원을 통해 빈곤의 완화기능을 담당

　　㉡ **사회적 측면** : 경제적 보상과 재취업촉진지원 등을 통해 실업보험제도는 사회적 불평등 구조가 심화되는 것을 완화하고, 사회연대를 성취하는 기능을 담당

　　㉢ **경제적 측면** : 실직기간 동안의 경제적 지원을 통해 실직자의 노동력을 보존함으로써, 국민경제의 주요한 생산요소를 유지·보존하는 기능을 담당하고 또한 불황기에는 고용보험제도에 재정지출이 늘어남으로써 유효수요를 발생시키고, 호황기에는 고용보험제도에 사회구성원의 기여가 늘어나게 되어 경기과열을 예방하는 등 고용보험제도는 경기조절의 기제로서 기능

　　㉣ **정치적 측면** : 계층간 갈등, 특히 노사간 긴장과 갈등을 완화할 뿐 아니라 사회통합력을 제고시킴으로써 정치적 안정과 사회적 연대의 증진에 기여하는 기능을 담당

③ 특징
  ㉠ 임금근로자의 실업중의 생활안정
  ㉡ 급부기간은 통상 1년 이내의 단기
  ㉢ 노사의 보험료를 주된 재원으로 운영
  ㉣ 수급자에 대한 직업소개소의 운영과 불가분의 관계
  ㉤ 강제적용방식의 채용
  ㉥ 일정기간의 거출이 수급의 최저요건

④ **고용보험의 적용대상**
  ㉠ **적용대상**
    • 근로자를 사용하는 모든 사업 또는 사업장
    • 예술인 또는 노무제공자의 노무를 제공받는 사업
  ㉡ **적용대상 제외 근로자〈고용보험법 제10조〉**
    • 1개월간 소정근로시간이 60시간 미만인 자(1주간의 소정근로시간이 15시간 미만인 사람 포함)
    • 국가공무원법과 지방공무원법에 따른 공무원
    • 사립학교교직원 연금법의 적용을 받는 사람
    • 별정우체국 직원
    • 농업·임업 및 어업 중 법인이 아닌 자가 상시 4명 이하의 근로자를 사용하는 사업에 종사하는 근로자
    • 65세 이후에 고용(65세 전부터 피보험 자격을 유지하던 사람이 65세 이후에 계속하여 고용된 경우 제외)되거나 자영업을 개시한 사람은 실업급여 및 육아휴직 급여 등을 적용하지 않음

⑤ **고용보험제도의 사업**
  ㉠ **고용안정사업** : 고용노동부장관은 고용창출의 지원, 고용조정의 지원, 지역고용의 촉진, 고령자 등 고용촉진의 지원, 건설근로자 등의 고용안정 지원, 고용안정 및 취업의 촉진, 고용촉진 시설에 대한 지원 등을 할 수 있다.
  ㉡ **직업능력개발사업** : 사업주에 대한 직업능력개발훈련의 지원, 피보험자 등에 대한 직업능력개발의 지원, 직업능력개발의 촉진 등을 위한 비용을 지원할 수 있다.
  ㉢ **실업급여**
    • 구직급여 : 피보험자가 이직한 근로자인 다음의 경우에 지급
    - 이직일 이전 18개월간 법에 따른 피보험 단위기간이 합산하여 180일 이상일 것
    - 근로의 의사와 능력이 있음에도 불구하고 취업(영리를 목적으로 사업을 영위하는 경우를 포함한다)하지 못한 상태에 있을 것
    - 이직사유가 법에 따른 수급자격의 제한 사유에 해당하지 아니할 것
    - 재취업을 위한 노력을 적극적으로 할 것
    - 법에 따른 수급자격 인정신청일 이전 1개월 동안의 근로일수가 10일 미만이거나 건설일용근로자로서 수급자격 인정신청일 이전 14일간 연속하여 근로내역이 없을 것

−최종 이직 당시의 기준기간 동안의 피보험 단위기간 중 다른 사업에서 법에 따른 수급자격의 제한 사유에 해당하는 사유로 이직한 사실이 있는 경우에는 그 피보험 단위기간 중 90일 이상을 일용근로자로 근로하였을 것
- 취업촉진 수당 : 조기재취업 수당, 직업능력개발 수당, 광역 구직활동비, 이주비

※ **구직급여 지급 대기기간과 소정급여일수**

① 대기기간 : 실업급여의 수급자격이 인정되더라도 즉시 실업급여를 받는 것은 아니다. 실업의 신고일부터 계산하기 시작하여 7일간은 대기기간으로 보아 구직급여를 지급되지 않는데, 이를 대기기간이라고 한다. 다만, 최종 이직 당시 건설일용근로자였던 사람에 대해서는 실업의 신고일부터 계산하여 구직급여를 지급한다.

② 소정급여일수 : 하나의 수급자격에 따라 구직급여를 받을 수 있는 날은 대기기간이 끝난 다음날부터 계산하기 시작하여 피보험기간과 연령에 따라 다음에서 정한 일수가 되는 날까지로 한다.

구분		피보험기간				
		1년 미만	1년 이상 3년 미만	3년 이상 5년 미만	5년 이상 10년 미만	10년 이상
이직일 현재 연령	50세 미만	120일	150일	180일	210일	240일
	50세 이상 및 장애인	120일	180일	210일	240일	270일

※ 「장애인고용촉진 및 직업재활법」 제2조제1호에 따른 장애인은 50세 이상인 것으로 보아 위 표를 적용한다.

② 육아휴직 급여 등
- 육아휴직 급여 : 고용노동부장관은 남녀고용평등과 일·가정 양립 지원에 관한 법률에 따른 육아휴직을 30일(근로기준법에 따른 출산전후휴가기간 90일과 중복되는 기간은 제외한다) 이상 부여받은 피보험자 중 육아휴직을 시작한 날 이전에 법에 따른 피보험 단위기간이 합산하여 180일 이상인 피보험자에게 육아휴직 급여를 지급
- 출산전후휴가 급여 등 : 고용노동부장관은 남녀고용평등과 일·가정 양립 지원에 관한 법률에 따라 피보험자가 근로기준법에 따른 출산전후휴가 또는 유산·사산휴가를 받은 경우와 남녀고용평등과 일·가정 양립 지원에 관한 법률에 따른 배우자 출산휴가를 받은 경우로 법이 정한 기준을 갖춘 경우에 출산전후휴가 급여 등을 지급

⑩ 예술인인 및 노무제공자인 피보험자에 대한 적용
- 예술인인 피보험자에 대한 적용 적용 : 근로자가 아니면서 예술인 등 대통령령으로 정하는 사람 중 문화예술용역 관련 계약을 체결하고 다른 사람을 사용하지 아니하고 자신이 직접 노무를 제공하는 사람(예술인)과 이들을 상대방으로 하여 문화예술용역 관련 계약을 체결한 사업에 대해서 적용
- 노무제공자인 피보험자에 대한 적용 : 근로자가 아니면서 자신이 아닌 다른 사람의 사업을 위하여 자신이 직접 노무를 제공하고 해당 사업주 또는 노무수령자로부터 일정한 대가를 지급받기로 하는 계약(노무제공계약)을 체결한 사람 중 대통령령으로 정하는 직종에 종사하는 사람(노무제공자)과 이들을 상대방으로 하여 노무제공계약을 체결한 사업에 대해서 적용

(5) 산업재해보상보험제도

① **산재보험의 개념**… 근로자가 업무상 사고, 질병, 사망 등을 당했을 때 그것을 치료하고 본인과 부양가족의 생계를 보장하기 위하여 현금급여, 의료보호 및 재활서비스를 제공하는 제도를 말한다.

② **산재보험의 특징**
   - ㉠ 보험관계는 정부는 보험자, 사업주는 보험가입자, 근로자는 보험계약자로서 근로자는 피보험자의 개념이 성립되지 않으며, 사용자의 무과실책임 원칙이 적용된다.
   - ㉡ 사용자의 무과실책임 원칙하에 근로자를 보호하므로 비용은 전액 사업주가 부담하며, 사용주의 고의 및 과실의 경우가 발생하면 별도의 손해배상청구를 할 수 있도록 제도화하였다.
   - ㉢ 자진신고·자진납부의 원칙이 적용되며, 개별노동자 단위가 아닌 사업장 단위로 산재보험관리가 운영된다.

③ **산재보험의 수급요건과 종류**
   - ㉠ **수급요건(산재보험의 적용범위와 산재인정)** : 근로자가 재해를 당하여 산재보험급여를 받기 위해서는 근로자를 고용한 사용주가 산재보험 가입자이거나 산재보험 가입대상자이어야 하며, 재해가 업무상 재해로 인정받아야 한다.
   - ㉡ **보험급여의 종류**
     - 요양급여 : 업무상 부상 또는 질병에 걸렸을 때 의료기관에서 상병의 치료에 소요되는 비용을 치유 시까지 지급하는 현물급여가 원칙
     - 휴업급여 : 요양으로 인하여 4일 이상 취업하지 못한 기간에 대하여 평균임금의 70%에 상당한 금액을 지급하는 단기적 급여
     - 장해급여 : 업무상 부상 또는 질병에 의해 잔존하는 신체장해가 장해등급 1 ~ 14급에 해당하는 사람에게 지급
     - 간병급여 : 요양급여를 받은 사람이 치유 후에 의학적으로 상시 또는 수시로 간병이 필요하여 실제로 간병을 받은 사람에게 지급
     - 유족급여 : 근로자가 업무상의 사유로 사망한 경우에 유족에게 유족보상연금 또는 유족보상일시금으로 지급
     - 상병보상연금 : 요양급여를 받는 근로자가 요양을 시작한 지 2년이 지난 날 이후에 그 부상이나 질병이 치유되지 아니하고 그 부상이나 질병에 따른 폐질의 정도가 1~3급 폐질등급 기준에 해당하며 요양으로 인하여 취업하지 못한 상태가 계속되면 휴업급여 대신 상병보상연금을 근로자에게 지급
     - 장례비 : 근로자가 업무상의 사유로 사망한 경우에 지급하되 평균임금의 120일분에 상당하는 금액을 유족에게 지급
     - 직업재활급여 : 장해급여 또는 진폐보상연금을 받은 사람이나 장해급여를 받을 것이 명백한 사람으로서 대통령령으로 정하는 사람(장해급여자) 중 취업을 위하여 직업훈련이 필요한 사람(훈련대상자)에 대하여 직업훈련에 드는 비용 및 직업훈련수당을 지급, 업무상의 재해가 발생할 당시의 사업에 복귀한 장해급여자에 대하여 사업주가 고용을 유지하거나 직장적응훈련 또는 재활운동을 실시하는 경우에 직장복귀지원금, 직장적응훈련비 및 재활운동비를 각각 지급

(6) 노인장기요양보험제도 ✔자주출제

① 노인장기요양보험의 개념

　　㉠ 목적 … 고령이나 노인성 질병 등의 사유로 일상생활을 혼자서 수행하기 어려운 노인 등에게 제공하는 신체활동 또는 가사활동 지원 등의 장기요양급여에 관한 사항을 규정하여 노후의 건강증진 및 생활안정을 도모하고 그 가족의 부담을 덜어줌으로써 국민의 삶의 질을 향상하도록 함을 목적으로 한다.

　　㉡ 정의
　　　• 노인 등 : 65세 이상의 노인 또는 65세 미만의 자로서 치매 · 뇌혈관성질환 등 대통령령으로 정하는 노인성 질병을 가진 자를 말한다.
　　　• 장기요양급여 : 6개월 이상 동안 혼자서 일상생활을 수행하기 어렵다고 인정되는 자에게 신체활동 · 가사활동의 지원 또는 간병 등의 서비스나 이에 갈음하여 지급하는 현금 등을 말한다.
　　　• 장기요양사업 : 장기요양보험료, 국가 및 지방자치단체의 부담금 등을 재원으로 하여 노인 등에게 장기요양급여를 제공하는 사업을 말한다.
　　　• 장기요양기관 : 지정을 받은 기관으로서 장기요양급여를 제공하는 기관을 말한다.
　　　• 장기요양요원 : 장기요양기관에 소속되어 노인 등의 신체활동 또는 가사활동 지원 등의 업무를 수행하는 자를 말한다.

> ※ 노인성 질병의 종류 〈「노인장기요양보험법 시행령」 별표1〉
> 알츠하이머병에서의 치매, 혈관성 치매, 달리 분류된 기타 질환에서의 치매, 상세불명의 치매, 알츠하이머병, 지주막하출혈, 뇌내출혈, 기타 비외상성 두개내출혈, 뇌경색증, 출혈 또는 경색증으로 명시되지 않은 뇌졸중, 뇌경색증을 유발하지 않은 뇌전동맥의 폐쇄 및 협착, 뇌경색증을 유발하지 않은 대뇌동맥의 폐쇄 및 협착, 기타 뇌혈관질환, 달리 분류된 질환에서의 뇌혈관장애, 뇌혈관질환의 후유증, 파킨슨병, 이차성 파킨슨증, 달리 분류된 질환에서의 파킨슨증, 기저핵의 기타 퇴행성 질환, 중풍후유증, 진전(震顫), 척수성 근위축 및 관련 증후군, 달리 분류된 질환에서의 일차적으로 중추신경계통에 영향을 주는 계통성 위축, 다발경화증

　　㉢ 장기요양급여 제공의 원칙
　　　• 장기요양급여는 노인 등이 자신의 의사와 능력에 따라 최대한 자립적으로 일상생활을 수행할 수 있도록 제공하여야 한다.
　　　• 장기요양급여는 노인 등의 심신상태 · 생활환경과 노인 등 및 그 가족의 욕구 · 선택을 종합적으로 고려하여 필요한 범위 안에서 이를 적정하게 제공하여야 한다.
　　　• 장기요양급여는 노인 등이 가족과 함께 생활하면서 가정에서 장기요양을 받는 재가급여를 우선적으로 제공하여야 한다.
　　　• 장기요양급여는 노인 등의 심신상태나 건강 등이 악화되지 아니하도록 의료서비스와 연계하여 이를 제공하여야 한다.

② 장기요양보험

　　㉠ 장기요양보험
　　　• 장기요양보험사업은 보건복지부장관이 관장한다.

- 장기요양보험사업의 보험자는 공단으로 한다.
- 장기요양보험의 가입자는 국민건강보험법에 따른 가입자로 한다.
- 공단은 외국인근로자의 고용 등에 관한 법률에 따른 외국인근로자 등 대통령령으로 정하는 외국인이 신청하는 경우 보건복지부령으로 정하는 바에 따라 장기요양보험가입자에서 제외할 수 있다.
- 노인등에 대한 장기요양급여를 원활하게 제공하기 위하여 5년 단위로 장기요양기본계획을 수립·시행하여야 한다.

  ㉡ 장기요양보험료의 징수
- 공단은 장기요양사업에 사용되는 비용에 충당하기 위하여 장기요양보험료를 징수한다.
- 장기요양보험료는 국민건강보험법에 따른 보험료와 통합하여 징수한다. 이 경우 공단은 장기요양보험료와 건강보험료를 구분하여 고지하여야 한다.
- 공단은 통합 징수한 장기요양보험료와 건강보험료를 각각의 독립회계로 관리하여야 한다.

③ 장기요양급여

  ㉠ 장기요양급여의 종류
- 재가급여 : 방문요양, 방문목욕, 방문간호, 주·야간보호, 단기보호, 기타재가급여
- 시설급여 : 장기요양기관이 운영하는 노인복지법에 따른 노인의료복지시설 등에 장기간 동안 입소하여 신체활동 지원 및 심신기능의 유지·향상을 위한 교육·훈련 등을 제공하는 장기요양급여
- 특별현금급여
  −가족요양비 : 가족장기요양급여
  −특례요양비 : 특례장기요양급여
  −요양병원간병비 : 요양병원장기요양급여

  ㉡ 장기요양급여의 제공
- 시기 : 수급자는 장기요양인정서와 같은 표준장기요양 이용계약서가 도달한 날부터 장기요양급여를 받을 수 있다. 수급자는 돌볼 가족이 없는 경우 등 대통령령으로 정하는 사유가 있는 경우 신청서를 제출한 날부터 장기요양인정서가 도달되는 날까지의 기간 중에도 장기요양급여를 받을 수 있다.
- 월 한도액 : 장기요양급여는 월 한도액 범위 안에서 제공한다. 이 경우 월 한도액은 장기요양등급 및 장기요양급여의 종류 등을 고려하여 산정한다.

❸ 공공부조

(1) 공공부조의 개요

① 공공부조(공적부조)의 의의

  ㉠ 개념 : 생활이 곤궁하여 스스로 자립할 수 없는 사람들에게 국가의 자산으로 부조를 제공함으로써 생활 곤궁자들을 빈곤에서 해방시키려는 국가의 사회보장정책의 하나이다.

ⓛ 목적
- 최저생활보장 : 공공부조제도는 생활이 곤란한 자의 최후의 안전망으로서 최저생활을 보장하는 데 1차적인 목적이 있음
- 자활조성(자립조장) : 공공부조제도는 단지 최저생활을 보장하는 것만이 아니라 궁극적으로 생활이 어려운 자의 자립을 조장하는 것을 목적으로 함

[사회보험과 공공부조의 차이]

구분	사회보험	공공부조
적용조건	강제가입	신청
대상	주로 근로자와 그 가족	국민일반(생활곤란자)
비용	유상(본인 기여를 전제)	무상(공적비용)
급여수준	임금비례, 균일액	최저생활비
급여기간	대체로 유한	대체로 무한
급여개시	사고의 발생(자동적)	사실확인(자산조사)
수급자격	피보험자 본인 및 그 가족	자산조사를 받은 자
기능	예방적, 방빈적	구빈적, 사후치료적

② **공공부조의 기본원리** ✅자주출제

ㄱ **생존권보장의 원리** : 모든 국민은 건강하고 문화적인 최저한도의 생활을 영위할 권리와 인간으로서의 생존권을 가진다.

ㄴ **국가책임의 원리** : 공공부조의 재원은 국민의 세금에 의해서 충당되는 것이므로 궁극적인 책임은 국가에게 있다.

ㄷ **최저생활보장의 원리** : 인간으로서의 문화적인 생활 및 의미있는 생활을 영위할 수 있는 상태를 보장해 주어야 한다.

ㄹ **자립조성의 원리** : 피보호자의 잠재능력을 개발·육성하여 피보호자 스스로의 힘으로 사회생활에 적응할 수 있게 해야 한다.

ㅁ **무차별평등의 원리** : 모든 국민은 법률이 정하는 요건을 만족하는 한 누구나 차별 없이 평등하게 법률의 보호를 받을 수 있다.

ㅂ **보충성의 원리** : 요보호대상자의 자산과 능력의 활용의무 및 사적부양 우선과 타법상의 부조우선, 긴급보호 등을 규정하고 있다.

③ **공공부조 실시상의 원칙**

ㄱ **신청 및 직권급여의 원칙** : 급여의 개시를 신청권자의 신청에 의거하는 것을 신청급여주의라고 하며, 실시기관의 직권에 근거하는 것을 직권급여주의라고 하는데, 현행 국민기초생활보장법은 양자를 모두 채택하고 있다〈국민기초생활보장법 제21조〉.

ⓛ 기준 및 정도의 원칙
  • 기준의 원칙 : 수요측정의 원칙이라고도 하며, 기초생활보장제도에 의하여 보장되는 최저한도의 생활은 보건복지부장관이 정한 기준에 의하여 각 급여대상자에 대하여 구체적으로 확정되어야 한다는 것
  • 정도의 원칙 : 급여의 정도를 급여기준에 의하여 측정된 급여대상자의 수요와 그 재력을 대비하고 급여대상자의 자력으로 충족할 수 없는 부족분을 보충하는 정도로 행하는 것을 말하며, 정도의 원칙을 적용하기 위해서는 급여대상자의 자산·수입에 대하여 조사할 필요가 있는 바, 이를 자산조사라고 함

> ※ **자산조사의 장·단점**
> ㉠ 장점
> • 공금 절약 가능
> • 개인의 욕구 자세히 파악 가능
> • 특수한 결핍자원의 파악·충족 등 공공부조의 보완적 성격을 충족
> ㉡ 단점
> • 클라이언트의 욕구를 결정하기가 곤란
> • 행정비용(시간·비용·전문가의 채용)이 소모
> • 개인의 권리나 존엄성이 침해
> • 대상자에게 낙인감을 주어 조사를 기피할 우려

ⓒ 필요즉응의 원칙 : 생활급여대상자의 연령, 세대구성, 거주지역, 기타 생활여건 등을 고려하여 실제의 필요에 상응하도록 유효 적절하게 행하여야 한다는 원칙이다.
ⓔ 세대단위의 원칙 : 급여청구권의 권리주체는 생활빈곤자 개인이고 세대가 아니지만, 급여의 여부와 정도를 결정할 경우에는 세대를 단위로 하여 정한다는 원칙이다.
ⓜ 현금부조의 원칙 : 현금급부는 요보호대상자의 선택자유권이 보장되며, 명예가 보장되고 관리상의 간소화를 가져올 수 있기 때문에 가장 많이 이용되는 공공부조 급부방법이다.
ⓗ 거택보호의 원칙 : 요보호자의 보호는 거주하는 거택에서 행하는 것을 원칙으로 하지만 주거가 없거나 거택보호가 불가능하다거나 보호의 목적달성에 부적당한 경우에는 구호시설이나 갱생시설 등의 보호시설에 수용·보호하거나 개인의 가정에 위탁하여 보호할 수 있다.

(2) 공공부조의 내용

① 급부수준의 결정요인
  ㉠ 수혜자 본인의 개별적 수요
  ㉡ 일반인의 평균적 수요
  ㉢ 수혜자의 갹출료
  ㉣ 수혜자의 과거소득
  ㉤ 국가의 사회·경제적 사정

② 급부대상과 급부형태

   ⊙ 급부대상

- 소득이 기준 생활비 이하인 저소득세대
- 질병 · 노령 · 신체 및 정신장애 등 생활보호가 필요한 자

   ⓒ 급부형태

- 기회 : 목적 성취를 위해 이용되는 것을 유발시키거나 후원해 주는 일련의 상황을 말하는 것으로, 시민권이나 우선권을 내포함
- 서비스 : 대상자에게 교육 · 상담 · 계획 · 치료 · 훈련 등과 같은 기능을 이행하는 것
- 현물 : 음식 · 의복 · 주택 등과 같이 구체적인 것을 말하며, 현물의 급부는 제한된 이전가치를 가짐
- 크레디트(credit) : 상품의 서비스를 위한 세금증서 및 유가증권 형태의 급부로, 현물이나 서비스보다 선택의 자유가 더 많이 주어짐
- 현금 : 공공부조, 아동수당, 사회보험 및 기타 프로그램에서 사용되는 것으로, 보편적 교환가치와 소비자 선택의 자유를 가장 많이 보장하는 급부형태
- 권한 : 유동적 교환가치를 상품이나 자원통제에 대한 영향력의 재분배라 할 수 있다.

(3) 국민기초생활보장제도 ✔자주출제

① 성립배경

   ⊙ 정부의 생산적 복지이념을 바탕으로 생활보호법을 대체하는 국민기초생활보장법이 1999년 9월 7일 제정되어 2000년 10월 1일부터 시행되었다.

   ⓒ 시혜적 단순보호차원의 생활보호제도로부터 저소득층에 대한 국가책임을 강화하는 종합적 빈곤대책으로의 전환을 의미한다.

   ⓒ 수급권자의 권리성이 부각되었고 빈곤에 대한 사회적 책임을 강조했다.

   ⓔ 보호를 필요로 하는 절대 빈곤층의 기초생활을 국가가 보장하고 종합적 자립 · 자활 서비스 제공으로 생산적 복지구현을 목표로 하고 있다.

② 제도의 수급자 … 기존에는 가구의 소득이 최저생계비 이하의 경우에만 모든 급여를 지원해 왔지만 맞춤형 급여체계로 개편하여 급여별로 선정기준을 다르게 하였다. 즉, 부양의무자가 없거나 부양의무자가 있어도 부양능력이 없거나 또는 부양을 받을 수 없는 자로서, 소득인정액이 급여종류별 선정기준 이하인 자가 수급대상이다.

   ⊙ **부양의무자** : 수급권자를 부양할 책임이 있는 사람으로서 수급권자의 1촌의 직계혈족 및 그 배우자를 말한다. 다만, 사망한 1촌의 직계혈족의 배우자는 제외한다.

   ⓒ **소득인정액** : 보장기관이 급여의 결정 및 실시 등에 사용하기 위하여 산출한 개별가구의 소득평가액과 재산의 소득환산액을 합산한 금액을 말한다.

③ **급여의 기준** … 수급자의 연령, 가구 규모, 거주 지역, 그 밖의 생활여건 등을 고려하여 급여의 종류별로 보건복지부장관이 정하거나 급여를 지급하는 중앙행정기관의 장이 보건복지부장관과 협의하여 정한다.

④ 급여의 종류
  ㉠ 생계급여 : 수급자에게 의복, 음식물 및 연료비와 그 밖에 일상생활에 기본적으로 필요한 금품을 지급하여 그 생계를 유지하게 하는 것으로 한다.
  ㉡ 주거급여 : 수급자에게 주거안정에 필요한 임차료, 수선유지비 및 기타 수급품을 지급하는 것이다.
  ㉢ 의료급여 : 수급자에게 건강한 생활을 유지하는 데 필요한 각종 검사 및 치료 등을 지급한다.
  ㉣ 교육급여 : 수급자에게 입학금, 수업료, 학용품비 그 밖의 수급품을 지급하는 것이다.
  ㉤ 해산급여 : 수급자에게 조산과 분만 전과 분만 후에 필요한 조치와 보호를 행하는 것이다.
  ㉥ 장제급여 : 수급자가 사망한 경우 사체의 검안, 운반, 화장 또는 매장 및 그 밖의 장제조치를 행하는 것으로, 장제급여는 실제로 장제를 행하는 자에게 장제에 필요한 비용을 지급함으로써 행한다.
  ㉦ 자활급여 : 자활급여는 수급자의 자활을 돕기 위하여 자활에 필요한 금품의 지급 또는 대여, 자활에 필요한 근로능력의 향상 및 기능습득의 지원, 취업알선 등 정보의 제공, 자활을 위한 근로기회의 제공, 자활에 필요한 시설 및 장비의 대여, 창업교육, 기능훈련 및 기술·경영 지도 등 창업지원, 자활에 필요한 자산형성 지원, 그 밖에 대통령령으로 정하는 자활을 위한 각종 지원을 한다.

(4) 의료급여제도 ✔자주출제

① 의료급여제도의 개념 … 국민기초생활보장 대상자와 저소득층 세대를 대상으로 하며, 그들이 자력으로 의료문제를 해결하지 못할 경우에 국가재정으로 의료혜택을 제공하는 공공부조방식의 사회보장제도이다.

② 의료급여의 수급권자〈의료급여법 제3조 제1항〉
  ㉠ 국민기초생활 보장법에 따른 의료급여 수급자
  ㉡ 재해구호법에 따른 이재민으로서 보건복지부장관이 의료급여가 필요하다고 인정한 사람
  ㉢ 의사상자 등 예우 및 지원에 관한 법률에 따라 의료급여를 받는 사람
  ㉣ 국내입양에 관한 특별법에 따라 국내에 입양된 18세 미만의 아동
  ㉤ 독립유공자예우에 관한 법률, 국가유공자 등 예우 및 지원에 관한 법률 및 보훈보상대상자 지원에 관한 법률의 적용을 받고 있는 사람과 그 가족으로서 국가보훈부장관이 의료급여가 필요하다고 추천한 사람 중에서 보건복지부장관이 의료급여가 필요하다고 인정한 사람
  ㉥ 무형유산의 보전 및 진흥에 관한 법률에 따라 지정된 국가무형유산의 보유자(명예보유자를 포함한다)와 그 가족으로서 국가유산청장이 의료급여가 필요하다고 추천한 사람 중에서 보건복지부장관이 의료급여가 필요하다고 인정한 사람
  ㉦ 북한이탈주민의 보호 및 정착지원에 관한 법률의 적용을 받고 있는 사람과 그 가족으로서 보건복지부장관이 의료급여가 필요하다고 인정한 사람
  ㉧ 5·18민주화운동 관련자 보상 등에 관한 법률에 따라 보상금 등을 받은 사람과 그 가족으로서 보건복지부장관이 의료급여가 필요하다고 인정한 사람
  ㉨ 노숙인 등의 복지 및 자립지원에 관한 법률에 따른 노숙인 등으로서 보건복지부장관이 의료급여가 필요하다고 인정한 사람
  ㉩ 그 밖에 생활유지 능력이 없거나 생활이 어려운 사람으로서 대통령령으로 정하는 사람

③ 의료급여의 내용〈의료급여법 제7조 제1항〉

　　㉠ 진찰 · 검사

　　㉡ 약제 · 치료재료의 지급

　　㉢ 처치 · 수술과 그 밖의 치료

　　㉣ 예방 · 재활

　　㉤ 입원

　　㉥ 간호

　　㉦ 이송과 그 밖의 의료목적 달성을 위한 조치

> **※ 의료급여기관의 구분〈의료급여법 제9조 제2항〉**
>
> ㉠ 제1차 의료급여기관
> - 의료법에 따라 시장 · 군수 · 구청장에게 개설신고를 한 의료기관
> - 지역보건법에 따라 설치된 보건소 · 보건의료원 및 보건지소
> - 농어촌 등 보건의료를 위한 특별조치법에 따라 설치된 보건진료소
> - 약사법에 따라 개설 등록된 약국 및 한국희귀 · 필수의약품센터
>
> ㉡ 제2차 의료급여기관 : 의료법에 따라 시 · 도지사가 개설허가를 한 의료기관
>
> ㉢ 제3차 의료급여기관 : 제2차 의료 급여기관 중에서 보건복지부장관이 지정하는 의료기관

④ 기타 사회복지정책

(1) 빈곤정책

① 빈곤의 개념

　　㉠ 절대적 빈곤 : 인간의 기본적인 생존욕구충족(최저생활유지)에 필요한 자원 및 소득이 부족한 상태나 조건을 말한다.

　　㉡ 상대적 빈곤 : 한 사회의 소득수준으로 볼 때 소득이 상대적으로 낮은 것을 말하며, 이러한 계층을 빈곤층이라 한다.

② 빈곤의 원인(이론)

　　㉠ 낙인이론 : 심리주의적(상호작용주의) 관점을 바탕으로 빈곤의 원인을 개인적 책임으로 간주한다.

　　㉡ 기능이론 : 빈곤의 원인은 주로 기능적 부적응에서 기인하며, 개인적 책임도 빈곤의 원인으로 간주한다.

　　㉢ 갈등이론 : 빈곤의 원인을 사회구조적 차원에서 파악하여 사회적 책임으로 간주한다.

　　㉣ 안정이론 : 빈곤의 원인을 인간존재 자체의 불평등에 기인하는 것으로 파악하고, 빈민이 된 사람들은 빈곤한 생활을 참고 견뎌야 하며 자신보다 힘이 센 세력과 협동하는 것이 이롭다는 주의이다.

　　㉤ 기회이론 : 빈곤은 직업의 기회가 공평하게 제공되지 않기 때문에 발생한다는 주의이다.

    ⓗ **인적자본이론** … 빈곤은 낮은 생산성에 기인한다는 주의이다.

    ⓢ **하위문화이론** … 빈곤상태에 처하는 원인을 인간적인 상호교류의 결여, 미래지향성의 부족, 주위환경에 대한 몰이해, 적절한 가정환경의 손상 등으로 파악한다.

③ **빈곤의 측정**

    ㉠ **빈곤율** : 빈곤선을 기준으로 빈곤가구와 비빈곤가구를 구분하고 빈곤가구에 사는 개인의 수를 구하여 전체 인구에서 차지하는 비율을 통해 측정하는 방법이다. 빈곤율은 빈곤층의 규모를 보여줄 수 있지만, 빈곤층의 소득이 빈곤선에 비해 부족한 정도를 보여주지는 않는다.

    ㉡ **빈곤갭** : 빈곤층의 소득을 모두 빈곤선 수준까지 끌어올리기 위해서 어느 정도의 소득이 필요한가를 보여주는 방법이다. 보통 이 빈곤갭을 GNP(혹은 GDP) 대비 비율로 나타내는 것이 일반적이다. 빈곤갭은 빈곤율처럼 빈곤층의 규모를 보여주지는 못한다. 또한 빈곤율과 빈곤갭 모두 빈곤층 내부에서의 소득의 이전이나 분배 상태를 보여주진 못한다.

    ㉢ **센의 빈곤지표** : 빈곤율, 빈곤갭, 상대적 불평등 세 가지 측면을 모두 고려한 지표이다.

④ **빈곤의 대책**

    ㉠ **자원의 평등배분** : 빈곤의 원인을 불평등으로 보는 경우 소득 · 권력 · 기회 등의 평등한 배분에 관심을 기울인다.

    ㉡ **사회적 원조** : 완전고용정책이나 기술훈련 및 취업알선 등을 한다.

    ㉢ **심리적 원조** : 빈민의 의식변화를 위한 동기조성이나 사회적응을 위한 원조 및 상담사업을 한다.

(2) 주택정책

① **우리나라의 주택정책 프로그램**

    ㉠ 신규주택 공급과 주택임대차보호법에 의한 임대료 상승률 규제 및 임차가구의 주거안정성 보장조치 등이다.

    ㉡ 주택공급이 부족하다는 인식하에 주택건설을 촉진하는 정책이 주류를 이루고 있다.

    ㉢ 현행 주택임대차보호법은 임차인의 권리를 보호하면서 국민 주거 생활의 안정을 보장하기 위해 제정되었다. 계약갱신청구권, 전월세상한제, 전월세신고제가 주요 내용이다.

② **우리나라 주택정책의 문제점**

    ㉠ 주택단지의 슬럼화가 예상되며, 주거환경개선이 어렵다.

    ㉡ 임대료와 관리비의 부담능력이 없어서 전대 또는 매매할 가능성이 있다.

    ㉢ 주택가격과 임대료가 높다.

    ㉣ 입주 후 주택관리와 유지비가 책정되어 있지 않다.

    ㉤ 주택이 양적으로 부족하며, 엄청난 재정부담이 든다.

    ⓗ 소수 극빈층만이 수혜대상이기 때문에 매우 제한적이다.

(3) 소득분배정책

① **소득분배정책의 개념** … 소득분배상의 불평등도를 축소시키기 위한 정부 정책상의 개입을 말한다.

② **소득재분배의 종류** ✔자주출제
  ㉠ **시간적 재분배**
    • 단기적 재분배 : 사회적 욕구의 충족을 위해 현재의 자원을 사용한 소득재분배이다(공공부조).
    • 장기적 재분배 : 생애에 걸쳐, 세대에 걸쳐 이루어지는 소득재분배이다(국민연금, 적립방식의 연금).
  ㉡ **계층구조 재분배**
    • 수직적 재분배 : 소득이 높은 사람에서 소득이 낮은 사람으로의 재분배이다(누진적 소득세, 공공부조).
    • 수평적 재분배
    – 특정한 조건을 가진 사람들에게 급여하는 경우의 재분배이다.
    – 동일 소득 계층 내의 재분배이다(가족수당, 건강보험, 아동수당).
  ㉢ **세대 간 재분배**
    • 세대 내 재분배 : 동일한 세대 내에서의 재분배이다(개인연금).
    • 세대 간 재분배 : 앞 세대와 먼 후손 세대 간의 재분배이다(국민연금, 장기요양보험).

③ **소득분배정책의 내용**
  ㉠ **생산요소 시장에의 개입** : 최저임금제를 도입하고 노동조합 기능을 활성화하였다.
  ㉡ **자산의 재분배**
    • 물적 자산의 재분배 : 농촌개발사업으로서 토지개량, 관개 · 배수시설, 농토건설
    • 인적 자산의 재분배 : 교육기회를 균등하게 제공
  ㉢ **조세정책**
    • 총조세수입 중 직접세(재산세 및 소득세 포함)의 비중이 증가되고, 간접세(부가가치세, 기타소비세)의 비중이
      축소될수록 전체 조세제도의 소득재분배 기능이 개선
    • 총조세수입 중 직접세의 비중이 작아지고 간접세의 기능이 커질수록 전체 조세제도의 소득재분배 기능은 악화
  ㉣ **재정지출** : 정부의 재정지출을 위한 중요한 정책도구가 된다.
    • 소비재의 제공
    • 소득의 직접적인 이전
  ㉤ **상품시장에의 개입** : 정부는 상품시장에 개입하여 상품의 상대가격을 하락시킴으로써 소득분배개선에 영
      향을 미치게 된다.

최근 기출문제 분석

2025 제1회 지방직 9급

1 다음 설명에 해당하는 공공부조의 원칙은?

> 공공부조 급여를 받고자 하는 사람은 그 전제조건으로 가능한 모든 자원을 동원하여 생활 유지에 최대한 노력해야 한다. 그러한 노력에도 불구하고 생활을 유지하기 어려울 경우, 제도를 통해 부족한 부분을 지원한다.

① 보충성의 원칙
② 국가책임의 원칙
③ 최저생활의 원칙
④ 타 급여 우선의 원칙

> **TIP** ② 국가책임의 원칙은 빈곤 문제는 개인의 책임이 아니라 사회구조적 문제이며, 따라서 국가가 책임지고 해결해야 한다는 원칙이다.
> ③ 최저생활의 원칙은 공공부조는 국민이 건강하고 문화적인 최저생활을 유지할 수 있도록 지원해야 한다는 원칙이다.
> ④ 타 급여 우선의 원칙은 공공부조보다 사회보험, 기타 민간 자원 등의 급여가 우선 적용되어야 한다는 원칙이다.

2025 국가직 9급

2 우리나라의 사회보장제도에 대한 설명으로 옳은 것은?

① 사회보험의 재원은 일반 조세를 기반으로 한다.
② 산업재해보상보험에서 적용 대상 근로자는 보험료 납부 의무가 없다.
③ 국민기초생활보장제도에서는 최저생계비를 기준으로 수급권자를 선정한다.
④ 「사회보장기본법」에서 사회보장이란 사회보험, 공공부조, 사회복지서비스를 말한다.

> **TIP** ① 사회보험의 재원은 보험료를 기반으로 한다.
> ③ 국민기초생활보장제도에서는 소득인정액(기준 중위소득)과 부양의무자 기준으로 수급권자를 선정한다.
> ④ "사회보장"이란 출산, 양육, 실업, 노령, 장애, 질병, 빈곤 및 사망 등의 사회적 위험으로부터 모든 국민을 보호하고 국민 삶의 질을 향상시키는 데 필요한 소득·서비스를 보장하는 사회보험, 공공부조, 사회서비스를 말한다〈「사회보장기본법」 제3조(정의) 제1호〉.

Answer   1.①   2.②

3 사회복지조직의 특성이 아닌 것은?

① 사회복지조직의 행정은 몰가치성의 원리에 기초하여 수행된다.

② 사회복지조직의 목표는 일반적으로 명확하지 않으며 추상적이다.

③ 사회복지조직에서 클라이언트에게 활용하는 기술은 획일적이지 않다.

④ 사회복지조직은 사회복지사와 클라이언트 간의 상호작용을 강조한다.

> **TIP** ① 사회복지조직의 행정은 실천적이며 윤리적인 가치를 기초하여 수행된다. 몰가치성은 실천적, 윤리적 가치를 배제한다는 뜻이다.
> ※ 사회복지조직의 특성
> ㉠ 사회복지조직의 목표는 일반적으로 명확하지 않으며 추상적이다.
> ㉡ 사회복지조직의 행정은 서비스를 제공하는 측면에서 평등성, 재활 및 자활, 적절성, 포괄성, 지속성의 원칙과, 실천적이며 윤리적인 가치를 기초하여 수행된다.
> ㉢ 사회복지조직은 클라이언트에게 직접 서비스를 제공하며, 사회복지사와 클라이언트 간의 상호작용을 강조한다.
> ㉣ 사회복지조직은 다양한 진단과 프로그램으로 클라이언트를 돕는다. 욕구가 다양한 클라이언트에게 활용하는 기술은 획일적이지 않다.
> ㉤ 사회복지조직은 공적 재원과 비영리를 기반으로 한다. 정부조직으로 공공사회복지서비스 조직과 비영리 조직으로 민간사회복지서비스 조직이 있다.

4 「기초연금법」상 기초연금제도에 대한 설명으로 옳지 않은 것은?

① 국가와 지방자치단체는 기초연금의 지급에 필요한 비용을 부담할 수 있도록 재원을 조성하여야 한다.

② 보건복지부장관은 선정기준액을 정하는 경우, 65세 이상인 사람 중 기초연금 수급자가 100분의 30 수준이 되도록 한다.

③ 기초연금으로 지급받은 금품은 압류할 수 없다.

④ 부부 모두 기초연금 수급권자인 경우에는 각각의 기초연금액에서 기초연금액의 20 %를 감액하여 지급한다.

> **TIP** ② 보건복지부장관은 선정기준액을 정하는 경우 65세 이상인 사람 중 기초연금 수급자가 100분의 70 수즌이 되도록 한다. [「기초연금법」 제3조(기초연금 수급권자의 범위 등) 제2항]
> ① 「기초연금법」 제4조(국가와 지방자치단체의 책무) 제2항
> ③ 「기초연금법」 제21조(기초연금 수급권의 보호) 제2항
> ④ 「기초연금법」 제8조(기초연금액의 감액) 제1항 : 본인과 그 배우자가 모두 기초연금수급권자인 경우에는 각각의 기초연금액에서 기초연금액의 100분의 20에 해당하는 금액을 감액한다.

Answer   3.①   4.②

5 **소득재분배에 대한 설명으로 옳은 것은?**

① 가족수당은 수평적 재분배가 아닌 수직적 재분배가 발생하는 제도이다.

② 건강보험은 수평적 재분배와 수직적 재분배가 동시에 발생하는 제도이다.

③ 적립방식연금은 세대 내 재분배가 아닌 세대 간 재분배가 발생하는 제도이다.

④ 적립방식연금은 장기적 재분배가 아닌 단기적 재분배가 발생하는 제도이다.

> **TIP** ② 건강보험은 수평적 재분배, 수직적 재분배가 동시에 발생한다.
> ① 가족수당은 수평적 재분배가 발생하는 제도이다.
> ③ 적립방식의 연금은 세대내 소득재분배 제도이다.
> ④ 적립방식의 연금은 장기적 재분배이다.
> ※ 소득재분배의 종류
> ㉠ 수직적 소득재분배 : 고소득층에서 저소득층으로 소득이 이전되는 것을 의미한다. 공공부조, 건강보험, 연금이 사례이다.
> ㉡ 수평적 소득재분배 : 동일 계층 내에서 소득이 이전되는 것을 의미한다. 소득과 관계없이 욕구가 큰 사람들에게 자원
> 이 이전되는 것으로, 위험발생 집단이나 낮은 소득계층으로 지원되는 재분배를 말할 수 있다. 고용보험(실업급여),
> 산업재해보상보험, 건강보험, 가족수당 등이 사례이다.
> ㉢ 세대간 소득재분배 : 서로 다른 세대 간에 소득이 이전되는 것을 의미한다. 기초노령연금이 대표적인 예이다.
> 세대내 소득재분배 : 젊은 시절 소득을 적립해 놓았다가 노년기에 되찾는 적립방식 연금처럼 한 세대 내에서 이루어
> 지는 재분배를 의미한다.
> ㉣ 시간적 소득재분배 : 한 개인이 일생의 소득을 전 생애기간으로 재분배하는 것으로, 소득이 높았던 시기의 소득을 노
> 후 등 소득이 낮은 시기로 이전함으로써 전 생애동안 안정적인 소비활동을 위한 것이다.
> ㉤ 단기적 재분배 : 사회적 욕구의 충족을 위해 현재의 자원을 사용하여 소득을 재분배하는 것으로 공공부조가 해당한다.
> ㉥ 장기적 재분배 : 생애에 걸쳐, 세대에 걸쳐 이루어지는 소득을 재분배하는 것으로, 국민연금, 적립방식의 연금이 해당
> 한다.

6 **사회복지 관련 법률 중 제정 연도가 가장 이른 것은?**

① 고용보험법

② 국민연금법

③ 기초연금법

④ 노인장기요양보험법

> **TIP** ② 국민연금법(1973) > ① 고용보험법(1993) > ④ 노인장기요양보험법(2007) > ③ 기초연금법(2014)
> ② 1973년 제정된 국민복지연금법은 1986년 국민연금법으로 전면개정하여 1988년부터 실시되고 있다.

Answer 5.② 6.②

7 「국민기초생활 보장법」에 대한 설명으로 옳은 것만을 모두 고르면?

> ㉠ 보장기관은 「국민기초생활 보장법」에 따른 급여를 실시하는 사회복지시설을 말한다.
> ㉡ 급여는 개별가구 단위로 실시하는 것을 원칙으로 한다.
> ㉢ 「국민기초생활 보장법」에 따른 급여는 다른 법령에 따른 보호에 우선하여 행한다.
> ㉣ 수급권자의 1촌의 직계혈족 및 그 배우자는 수급권자를 부양할 책임이 있는 부양의무자이나, 사망한 1촌의 직계혈족의 배우자는 제외된다.

① ㉠, ㉢   ② ㉡, ㉣

③ ㉠, ㉡, ㉢   ④ ㉠, ㉡, ㉣

> **TIP** ㉡ 제4조(급여의 기준 등) 제3항 : 보장기관은 「국민기초생활 보장법」에 따른 급여를 개별가구 단위로 실시한다.
> ㉣ 제2조(정의) 제5호 : 부양의무자란 수급권자를 부양할 책임이 있는 사람으로서 수급권자의1촌의 직계혈족 및 그 배우자를 말한다. 다만, 사망한 1촌의 직계혈족의 배우자는 제외한다.
> ㉠ 제2조(정의) 제4호 : 보장기관이란 「국민기초생활 보장법」에 따른 급여를 실시하는 국가 또는 지방자치단체를 말한다.
> ㉢ 제4조(급여의 기준 등) 제1항 : 「국민기초생활 보장법」에 따른 급여는 건강하고 문화적인 최저생활을 유지할 수 있는 것이어야 한다.

8 사회보험과 민간보험에 대한 설명으로 옳지 않은 것은?

① 사회보험은 민간보험보다 가입의 강제성이 크다.

② 사회보험은 법령으로 보험료가 결정되고, 민간보험은 개인의 계약에 의해 보험료가 결정된다.

③ 사회보험은 재정의 완전적립이 필요하나, 민간보험은 완전적립이 필요하지 않다.

④ 사회보험은 물가상승에 따른 실질 가치 변동에 대한 보장성이 민간보험보다 높다.

> **TIP** ③ 사회보험은 재정의 완전적립이 필요하지 않고, 민간보험은 완전적립이 필요하다. 사회보험은 개인적인 재정 적립 외에 국가가 지원해 주기 때문에 완전적립이 필요하지 않다. 민간보험은 개인이 적립한 금액에 따라 보장을 받을 수 있기에 완전적립이 필요하다.
> ※ 사회보험과 민간보험 비교
> ㉠ 사회보험 : 최저생계 및 의료보장을 위한 목적으로 만들어진 보험으로 법률에 근거를 둔 강제 가입 방식이며, 복지적 요소가 많은 보험이다. 정부 및 공공기관의 독점으로 가입이 이루어지고, 공동부담의 원칙이 적용된다. 정부가 개입한 재정운영방식이다.
> ㉡ 민간보험 : 개인의 필요에 따른 보장보험이다. 자유경쟁에 의한 가입이 이루어지고, 개별보험의 성격을 지니며, 개인부담 위주로 이루어진다.

Answer   7.②   8.③

9 의료급여제도에 대한 설명으로 옳은 것만을 모두 고르면?

> ㉠ 「입양특례법」에 따라 국내에 입양된 18세 미만의 아동은 수급권자에 해당한다.
> ㉡ 소득 재분배기능과 위험 분산효과를 통하여 사회통합을 도모하는 사회보험제도이다.
> ㉢ 법률에 의한 강제 가입과 보험료 납부의 강제성을 가지고 있다.

① ㉠

② ㉠, ㉡

③ ㉡, ㉢

④ ㉠, ㉡, ㉢

> **TIP** 의료급여제도는 공공부조에 해당한다.
> ㉡㉢ 사회보험에 대한 설명이다.

10 소득보장프로그램에 대한 설명으로 옳은 것은?

① 아동수당은 기여−자산조사 프로그램에 해당한다.

② 기초연금은 기여−비자산조사 프로그램에 해당한다.

③ 공공부조제도는 사회보험에 비해 재분배기능이 높다.

④ 장애인연금제도는 비기여방식으로 운영되는 사회보험이다.

> **TIP** ① 아동수당은 비기여−비자산조사 프로그램에 해당한다.
> ② 기초연금은 비기여−자산조사 프로그램에 해당한다.
> ④ 장애인연금제도는 비기여방식으로 운영되는 공공부조이다.

Answer 9.① 10.③

11 「사회보장기본법」상 비용부담에 관한 규정으로 (가)~(다)에 들어갈 내용을 순서대로 바르게 연결한 것은?

- 사회보험에 드는 비용은 사용자, 피용자(被傭者) 및 자영업자가 부담하는 것을 원칙으로 하되, 관계 법령에서 정하는 바에 따라 ⃞ (가) ⃞ 가 그 비용의 일부를 부담할 수 있다.
- 공공부조 및 관계 법령에서 정하는 일정 소득 수준 이하의 국민에 대한 사회서비스에 드는 비용의 전부 또는 일부는 ⃞ (나) ⃞ 가 부담한다.
- 부담 능력이 있는 국민에 대한 사회서비스에 드는 비용은 그 수익자가 부담함을 원칙으로 하되, 관계 법령에서 정하는 바에 따라 ⃞ (다) ⃞ 가 그 비용의 일부를 부담할 수 있다.

	(가)	(나)	(다)
①	국가	국가와 지방자치단체	국가
②	국가	국가와 지방자치단체	국가와 지방자치단체
③	국가와 지방자치단체	국가	국가
④	국가와 지방자치단체	국가	국가와 지방자치단체

TIP 비용의 부담〈사회보장기본법 제28조〉

① 사회보장 비용의 부담은 각각의 사회보장제도의 목적에 따라 국가, 지방자치단체 및 민간부문 간에 합리적으로 조정되어야 한다.

② 사회보험에 드는 비용은 사용자, 피용자(被傭者) 및 자영업자가 부담하는 것을 원칙으로 하되, 관계 법령에서 정하는 바에 따라 국가가 그 비용의 일부를 부담할 수 있다.

③ 공공부조 및 관계 법령에서 정하는 일정 소득 수준 이하의 국민에 대한 사회서비스에 드는 비용의 전부 또는 일부는 국가와 지방자치단체가 부담한다.

④ 부담 능력이 있는 국민에 대한 사회서비스에 드는 비용은 그 수익자가 부담함을 원칙으로 하되, 관계 법령에서 정하는 바에 따라 국가와 지방자치단체가 그 비용의 일부를 부담할 수 있다.

Answer 11.②

12 「노인장기요양보험법」의 내용으로 옳지 않은 것은?

① 장기요양보험 가입자는 「국민건강보험법」에 따른 가입자로 한다.

② 장기요양급여에는 재가급여와 시설급여 및 의료급여가 있다.

③ 장기요양보험사업은 보건복지부장관이 관장하며, 장기요양보험사업의 보험자는 국민건강보험공단이다.

④ 장기요양보험료, 국가 및 지방자치단체의 부담금 등을 재원으로 하여 노인등에게 장기요양급여를 제공한다.

> **TIP** 장기요양급여의 종류〈노인장기요양보험법 제23조 제1항〉… 이 법에 따른 장기요양급여의 종류는 다음 각 호와 같다.
> 1. 재가급여
>   가. 방문요양 : 장기요양요원이 수급자의 가정 등을 방문하여 신체활동 및 가사활동 등을 지원하는 장기요양급여
>   나. 방문목욕 : 장기요양요원이 목욕설비를 갖춘 장비를 이용하여 수급자의 가정 등을 방문하여 목욕을 제공하는 장기요양급여
>   다. 방문간호 : 장기요양요원인 간호사 등이 의사, 한의사 또는 치과의사의 지시서(이하 "방문간호지시서"라 한다)에 따라 수급자의 가정 등을 방문하여 간호, 진료의 보조, 요양에 관한 상담 또는 구강위생 등을 제공하는 장기요양급여
>   라. 주·야간보호 : 수급자를 하루 중 일정한 시간 동안 장기요양기관에 보호하여 신체활동 지원 및 심신기능의 유지·향상을 위한 교육·훈련 등을 제공하는 장기요양급여
>   마. 단기보호 : 수급자를 보건복지부령으로 정하는 범위 안에서 일정 기간 동안 장기요양기관에 보호하여 신체활동 지원 및 심신기능의 유지·향상을 위한 교육·훈련 등을 제공하는 장기요양급여
>   바. 기타재가급여 : 수급자의 일상생활·신체활동 지원 및 인지기능의 유지·향상에 필요한 용구(소프트웨어를 포함)를 제공하거나 가정을 방문하여 재활에 관한 지원 등을 제공하는 장기요양급여로서 대통령령으로 정하는 것
> 2. 시설급여 : 장기요양기관에 장기간 입소한 수급자에게 신체활동 지원 및 심신기능의 유지·향상을 위한 교육·훈련 등을 제공하는 장기요양급여
> 3. 특별현금급여
>   가. 가족요양비 : 제24조에 따라 지급하는 가족장기요양급여
>   나. 특례요양비 : 제25조에 따라 지급하는 특례장기요양급여
>   다. 요양병원간병비 : 제26조에 따라 지급하는 요양병원장기요양급여

Answer 12.②

13 「사회보장급여의 이용제공 및 수급권자 발굴에 관한 법률」상 시·군·구 지역사회보장에 관한 계획에 대한 설명으로 옳은 것만을 모두 고르면?

> ㉠ 시·군·구 생활보장위원회가 심의한다.
> ㉡ 지역사회보장에 관한 계획은 4년마다 수립한다.
> ㉢ 시·군·구 의회 보고를 거쳐 보건복지부장관에게 제출하여야 한다.

① ㉠

② ㉡

③ ㉡, ㉢

④ ㉠, ㉡, ㉢

> **TIP** ㉠ 지역사회보장협의체가 심의한다.
> ㉡ 지역사회보장에 관한 계획은 4년마다 수립한다.
> ㉢ 시·도지사에게 제출하여야 한다.

14 「사회보장급여의 이용·제공 및 수급권자 발급에 관한 법률」상 시·군·구 지역사회보장협의체가 심의·자문하는 업무로 명시되지 않은 것은?

① 시·군·구 사회보장급여 제공에 관한 사항

② 시·군·구 지역사회보장지표에 관한 사항

③ 시·군·구 사회복지시설 평가 기준 제정에 관한 사항

④ 읍·면·동 단위 지역사회보장협의체 구성 및 운영에 관한 사항

> **TIP** 지역사회보장협의체는 다음의 업무를 심의·자문한다〈법 제41조 제2항〉.
> ㉠ 시·군·구의 지역사회보장계획 수립·시행 및 평가에 관한 사항
> ㉡ 시·군·구의 지역사회보장조사 및 지역사회보장지표에 관한 사항
> ㉢ 시·군·구의 사회보장급여 제공에 관한 사항
> ㉣ 시·군·구의 사회보장 추진에 관한 사항
> ㉤ 읍·면·동 단위 지역사회보장협의체의 구성 및 운영에 관한 사항
> ㉥ 그 밖에 위원장이 필요하다고 인정하는 사항

Answer 13.② 14.③

15 「기초연금법」상 기초연금에 대한 설명으로 옳지 않은 것은?

① 노인에게 안정적인 소득 기반을 제공함으로써 노인의 생활 안정을 지원하고 복지를 증진함을 목적으로 한다.

② 노령으로 인한 소득감소를 보전하기 위한 국민연금의 급여 유형 중 하나이다.

③ 「공무원연금법」에 따른 퇴직연금을 받는 사람에게는 지급하지 않는다.

④ 기준연금액은 그 전년도의 기준연금액에 대통령령으로 정하는 바에 따라 전국소비자물가변동률을 반영하여 매년 고시한다.

> **TIP** ② 국민연금제도의 연금에는 노령연금, 장애연금, 유족연금, 반환일시금 등이 있다. 기초연금은 국민연금과 별개이다.
> - 국민연금 기능과 성격 : 노후 생활계획 수립, 임금소득의 상실시에 고령자의 권리로서 최저한의 소득보장, 소득의 재분배 등의 기능이 있다. 공헌도에 따른 수급권획득과 급여 수급자의 긍지를 고취시키는 제도, 연금보험 사고에 대한 보험제도, 노후생활설계의 실질적인 기초제도, 국가책임의 강제가입제도 성격이 있다.
> - 기초연금 목적과 수급대상 : 노인에게 안정적인 소득기반을 제공함으로써 노인의 생활안정을 지원하고 복지 증진을 목적으로 한다. 수급대상은 65세 이상인 사람으로서 소득인정액이 보건복지부장관이 정하여 고시하는 금액(선정기준액) 이하인 사람에게 지급하며, 공무원연금, 사립학교교직원연금, 군인연금, 별정우체국연금 수급권자 및 그 배우자는 원칙적으로 기초연금 수급대상에서 제외된다.
> - 기초연금의 산정 : 기초연금 수급권자에 대한 기초연금액은 기준연금액과 국민연금 급여액 등을 고려하여 산정한다.

16 「국민기초생활 보장법」상 보장기관이 급여의 결정 및 실시 등에 사용하기 위하여 산출한 개별가구의 소득평가액과 재산의 소득환산액을 합산한 금액에 해당하는 용어는?

① 소득인정액 ② 최저생계비

③ 최저보장수준 ④ 기준 중위소득

> **TIP** ① 소득인정액 : 보장기관이 급여의 결정 및 실시 등에 사용하기 위하여 산출한 개별가구의 소득평가액과 재산의 소득환산액을 합산한 금액을 말한다. 보장기관은 국민기초생활보장법에 따른 급여를 실시하는 국가 또는 지방자치단체를 말한다.
> ② 최저생계비 : 국민이 건강하고 문화적인 생활을 유지하기 위하여 필요한 최소한의 비용으로서 보건복지부장관이 계측하는 금액을 말한다. 보건복지부장관은 최저생계비 계측을 위하여 3년마다 실태조사를 실시·공표(국민기초생활보장법 제20조의2 제4항)하여야 하고, 보건복지부장관 또는 소관 중앙행정기관의 장은 매년 8월 1일까지 중앙생활보장위원회의 심의·의결(법 제20조 제2항)을 거쳐 다음 연도 급여의 종류별 수급자 선정기준 및 최저보장수준을 공표(법 제6조)하여야 한다.
> ③ 최저보장수준 : 국민의 소득·지출 수준과 수급권자의 가구 유형 등 생활실태, 물가상승률 등을 고려하여 급여의 종류별로 공표하는 금액이나 보장수준을 말한다.
> ④ 기준 중위소득 : 보건복지부장관이 급여의 기준 등에 활용하기 위하여 중앙생활보장위원회의 심의·의결을 거쳐 고시하는 국민 가구소득의 중위값을 말한다.

Answer 15.② 16.①

17 지역사회보장협의체에 대한 설명으로 옳지 않은 것은?

① 「사회보장급여의 이용·제공 및 수급권자 발굴에 관한 법률」에 근거하고 있다.

② 사회보장에 관한 업무를 담당하는 공무원은 지역사회보장협의체의 위원이 될 수 있다.

③ 지역사회보장협의체는 전국 시·도, 시·군·구, 읍·면·동 단위에 설치한다.

④ 지역의 사회보장 증진, 사회보장과 관련된 서비스를 제공하는 관계 기관·법인·단체·시설과 연계·협력을 강화하기 위한 목적을 가지고 있다.

> **TIP** ③ 시장·군수·구청장은 지역의 사회보장을 증진하고, 사회보장과 관련된 서비스를 제공하는 관계 기관·법인·단체·시설과 연계·협력을 강화하기 위하여 해당 시·군·구에 지역사회보장협의체를 둔다〈「사회보장급여의 이용·제공 및 수급권자 발굴에 관한 법률」 제41조(지역사회보장협의체) 제1항〉.

18 다음 법률 중 2000년 이후 제정된 것만을 모두 고르면?

㉠ 「노인장기요양보험법」
㉡ 「사회서비스 이용 및 이용권 관리에 관한 법률」
㉢ 「저출산·고령사회기본법」
㉣ 「사회보장기본법」

① ㉠, ㉡, ㉢　　　　　　　② ㉠, ㉡, ㉣

③ ㉠, ㉢, ㉣　　　　　　　④ ㉡, ㉢, ㉣

> **TIP** ㉠ 「노인장기요양보험법」: 2007년 제정
> ㉡ 「사회서비스 이용 및 이용권 관리에 관한 법률」: 2011년 제정
> ㉢ 「저출산·고령사회기본법」: 2005년 제정
> ㉣ 「사회보장기본법」: 1995년 제정

Answer 17.③ 18.①

19 공적연금 재정의 운영방식에 대한 설명으로 옳지 <u>않은</u> 것은?

① 부과방식은 현재의 근로세대가 현재의 퇴직세대의 연금급여 지출에 필요한 재원을 부담하는 방식이다.

② 부과방식은 적립방식에 비해 세대 간 소득재분배 효과가 낮다.

③ 적립방식은 가입자로부터 징수한 보험료를 기금으로 적립하였다가 추후 지급하는 방식이다.

④ 적립방식은 적립된 기금의 운용이 가능하며, 기금 투자로 인한 원금 손실의 위험이 존재한다.

> **TIP** ② 부과방식은 현재의 근로세대가 납부하는 보험료로 현재의 은퇴세대에게 급여를 주는 방식으로, 적립방식에 비해 세대 간 소득재분배 효과가 높다.

20 사회복지제도에서 현금급여를 현물급여보다 선호하는 이유로 옳지 <u>않은</u> 것은?

① 수급자의 선택권 강화

② 행정 비용의 감소

③ 정책 목표의 특정화에 용이

④ 수급자 효용의 극대화

> **TIP** ③ 정책 목표의 특정화에 용이한 것은 현물급여이다.
>
> ※ 현금급여와 현물급여
> ㉠ 현금(cash)급여 : 급여수급자가 자신에게 필요한 재화와 서비스를 시장에서 직접 구매할 수 있도록 화폐의 형태로 지급하는 급여(예 현금이나 수표)
> ㉡ 현물(goods)급여 : 수급자에게 필요한 물품과 서비스를 직접 급여로 제공하는 형태(예 생활필수품 지급)

21 우리나라의 사회보험 중 급여 수급자나 가족이 재원을 부담하지 <u>않는</u> 것은?

① 국민연금

② 고용보험

③ 국민건강보험

④ 산업재해보상보험

> **TIP** ④ 산업재해보상보험의 재원은 사업주의 보험료와 정부의 재정지원으로 이루어진다.
>
> ※ 국가의 부담 및 지원〈산업재해보상보험법 제3조〉
> ㉠ 국가는 회계연도마다 예산의 범위에서 보험사업의 사무 집행에 드는 비용을 일반회계에서 부담하여야 한다.
> ㉡ 국가는 회계연도마다 예산의 범위에서 보험사업에 드는 비용의 일부를 지원할 수 있다.

Answer 19.② 20.③ 21.④

2020 서울시·지방직 9급

22 우리나라 사회보장제도 가운데 주요 재원조달방식이 다른 것은?

① 국민기초생활보장제도

② 국민연금제도

③ 건강보험제도

④ 고용보험제도

> **TIP** ① 국민기초생활보장제도는 공공부조로서 공적 재원인 조세로 조달된다.
> ②③④ 사회보험으로서 가입자의 보험료로 조달됨이 원칙이다.

2020 지방직·서울특별시 9급

23 「국민기초생활 보장법」상 사회복지시설에 해당하는 것은?

① 사회복지관

② 지역자활센터

③ 노숙인종합지원센터

④ 아동일시보호시설

> **TIP** ② 지역자활센터 : 보장기관은 수급자 및 차상위자의 자활 촉진에 필요한 다음 의 사업을 수행하게 하기 위하여 사회복지법
> 인, 사회적협동조합 등 비영리법인과 단체를 법인 등의 신청을 받아 지역자활센터로 지정할 수 있다. 이 경우 보장기관
> 은 법인 등의 지역사회복지사업 및 자활지원사업 수행능력·경험 등을 고려하여야 한다. 〈국민기초생활 보장법, 제16조〉
> ① 사회복지관 : 사회복지사업법에 근거를 두고 있다.
> ③ 노숙인종합지원센터 : 노숙인 등의 복지 및 자립지원에 관한 법률에 근거를 두고 있다.
> ④ 아동일시보호시설 : 아동복지법에 근거를 두고 있다.

2020 지방직·서울특별시 9급

24 빈곤과 관련된 개념에 대한 설명으로 옳지 않은 것은?

① 주관적 빈곤선은 적절한 생활수준을 유지하는 데 필요한 소득수준에 대한 개인들의 평가에 근거
하여 결정된다.

② 빈곤율(poverty rate)은 빈곤개인이 전체인구에서 차지하는 비율로 정의된다.

③ 빈곤갭(poverty gap)은 모든 빈곤층의 소득을 빈곤선 수준으로 끌어올리는 데 필요한 총소득이다.

④ 상대빈곤은 최저생계비를 기준으로 결정된다.

> **TIP** ④ 최저생계비를 기준으로 하는 것은 절대적 빈곤의 개념이다. 상대적 빈곤은 평균 또는 중위소득의 비율, 소득 분배상의
> 일정 비율, 타운젠드 방식 등을 기준으로 한다.

Answer 22.① 23.② 24.④

25 소득재분배에 대한 설명으로 옳지 않은 것은?

① 수직적 소득재분배는 고소득층에서 저소득층으로 소득이 이전되는 것을 의미한다.

② 수평적 소득재분배는 동일 계층 내에서 소득이 이전되는 것을 의미한다.

③ 세대 간의 소득재분배는 서로 다른 세대 간에 소득이 이전되는 것을 의미한다.

④ 시간적 소득재분배는 자녀세대의 소비를 위해서 자신의 미래 소비를 포기하고 소득을 이전하는 것을 의미한다.

> **TIP** ④ 시간적 소득재분배…한 개인이 일생의 소득을 전 생애기간으로 재분배하는 것으로, 소득이 높았던 시기의 소득을 노후 등 소득이 낮은 시기로 이전함으로써 전 생애동안 안정적인 소비활동을 위한 것이다.

26 사회보험에 대한 설명으로 옳은 것만을 모두 고르면?

> ㉠ 기여에 근거해 급여가 제공되기 때문에 권리성이 강하다.
> ㉡ 자산조사를 통해 급여를 제공한다.
> ㉢ 미래에 닥칠 위험에 대응하기 위한 예방적 성격을 갖는다.
> ㉣ 누구나 일정한 인구학적 요건만 갖추면 급여를 지급한다.

① ㉠, ㉡ ② ㉠, ㉢

③ ㉡, ㉣ ④ ㉡, ㉢, ㉣

> **TIP** ㉡ 공공부조에 대한 설명이다.
> ㉣ 65세 혹은 70세 이상의 노인이면 누구나 급여자격을 주는 보편적 연금과 아동을 키우는 가구에게는 누구나 자격을 주는 아동수당 등이 해당된다.

Answer 25.④ 26.②

2020 인사혁신처 9급

27 가족복지정책에 대한 설명으로 옳지 않은 것은?

① 육아휴직제도는 만 8세 이하 또는 초등학교 2학년 이하의 자녀를 가진 근로자에게 1년 이내의 휴직을 허용하는 것이다.

② 출산전후휴가란 산모와 태아의 건강보호를 위해 임신 중인 근로자가 출산전후에 유급출산휴가를 사용하는 것을 말한다.

③ 양육수당은 어린이집을 이용할 경우 소득을 고려하여 '아이행복카드'를 통해 보육료를 차등 지원하는 제도이다.

④ 아이돌봄 서비스는 맞벌이 가정, 다문화가족 등 양육 부담 가정에 아이돌보미가 돌봄을 제공하는 서비스이다.

> **TIP** ③ 양육수당은 어린이집이나 유치원을 다니지 않는 아동에게 지급하는 복지 수당으로〈영유아보육법 제34조의2 양육수당〉, 아동에 대한 부모의 양육비용 부담 경감을 위해 시행되었다.
> ① 남녀고용평등과 일·가정 양립 지원에 관한 법률 제19조 육아휴직에 근거를 두고 있다.
> ② 출산전후휴가 규정은 근로기준법 제74조 임산부의 보호에 근거를 두고, 지급하는 급여는 고용보험법 제75조 출산전후휴가 급여 등에 두고 있다.
> ④ 아이돌봄 서비스 : 양육공백이 발생하는 만 12세 이하 자녀가 있는 가정을 정부에서 지원하고, 양육공백이 발생하지 않는 가정은 전액 본인부담으로 이용할 수 있다〈아이돌봄 지원법 제2조 정의, 제20조 비용의 지원 등〉.

2020 인사혁신처 9급

28 노인장기요양보험제도에 대한 설명으로 옳은 것만을 모두 고르면?

> ㉠ 장기요양급여 운영, 장기요양제도의 특성을 살릴 수 있도록 「국민건강보험법」과는 별도로 「노인장기요양보험법」을 제정하였다.
> ㉡ 관리운영기관은 「국민건강보험법」에 의하여 설립된 국민건강보험공단이다.
> ㉢ 수급대상자는 65세 이상의 노인 또는 65세 미만 자로 노인성질병이 없는 장애인이다.
> ㉣ 「노인장기요양보험법」상 서비스는 소득에 비례해서 차등되게 제공된다.
> ㉤ 장기요양기관을 통해 신체활동 또는 가사지원 등의 서비스를 제공한다.

① ㉠, ㉡, ㉤　　　　　　　　　　② ㉠, ㉢, ㉣

③ ㉡, ㉢, ㉣　　　　　　　　　　④ ㉡, ㉣, ㉤

> **TIP** ㉢ 노인요양장기보험제도에서 노인은 65세 이상의 노인 또는 65세 미만의 자로서 치매·뇌혈관성질환 등 대통령령으로 정하는 노인성 질병을 가진 자를 말한다.
> ㉣ 장기요양급여는 노인 등의 심신상태·생활환경과 노인 등 및 그 가족의 욕구·선택을 종합적으로 고려하여 필요한 범위 안에서 이를 적정하게 제공하여야 한다.

Answer　27.③　28.①

29 다음에서 설명하는 사회복지제도는?

> 일정 수준 이하의 소득계층에 대해 신청주의원칙에 입각하여 자산조사를 실시한 후 조세를 재원으로 하여 최저생활 이상의 삶을 보장하는 제도이다.

① 공공부조
② 공적연금
③ 사회서비스
④ 사회보험

TIP ② 공적연금 : 국가가 운영주체가 되는 연금으로, 한국에서는 국민연금, 공무원연금, 군인연금, 사립학교교직원연금이 이에 해당한다.
③ 사회서비스 : 사회서비스란 '삶의 질' 향상을 위해 사회적으로는 꼭 필요하지만 민간기업들이 저(低)수익성 때문에 참여하지 않는 복지서비스를 뜻한다.
④ 사회보험 : 사회보장제도의 핵심적 제도로서, 국민에게 발생하는 사회적 위험을 보험방식에 의해 대처함으로써 국민건강과 소득을 보장하는 제도이다.

30 국민기초생활보장제도에 대한 설명으로 옳지 않은 것은?

① 소득인정액은 개별가구의 소득평가액과 재산의 소득환산액을 합한 금액이다.
② 부양의무자는 수급권자를 부양할 책임이 있는 사람으로서 수급권자의 1촌 직계혈족 및 그 배우자가 된다.
③ 기준 중위소득은 보건복지부장관이 고시하는 국민 가구소득의 중위값을 말한다.
④ 의료급여와 생계급여는 부양의무자 기준을 적용하지 않는다.

TIP ④ 의료급여와 생계급여는 부양의무자 기준을 적용하여 그와 함께 소득인정액 기준은 다르게 적용된다.
• 생계급여 : 생계급여 수급권자는 부양의무자가 없거나, 부양의무자가 있어도 부양능력이 없거나 부양을 받을 수 없는 사람으로서 그 소득인정액이 중앙생활보장위원회의 심의·의결을 거쳐 결정하는 금액 이하인 사람으로 한다. 이 경우 생계급여 선정기준은 기준 중위소득의 100분의 30 이상으로 한다〈국민기초생활보장법 제8조 제2호〉.
• 의료급여 : 의료급여 수급권자는 부양의무자가 없거나, 부양의무자가 있어도 부양능력이 없거나 부양을 받을 수 없는 사람으로서 그 소득인정액이 중앙생활보장위원회의 심의·의결을 거쳐 결정하는 금액 이하인 사람으로 한다. 이 경우 의료급여 선정기준은 기준 중위소득의 100분의 40 이상으로 한다〈국민기초생활보장법 제12조의3 제2호〉.

Answer 29.① 30.④

출제 예상 문제

1 사회보장의 개념을 설명한 것으로 옳지 않은 것은?

① 사회보장에 대한 기준은 국제노동기구에서 제시하는 것이 일반적이다.

② 사회보장의 용어가 전세계적으로 사용되기 시작한 것은 제2차 세계대전 이후이다.

③ 사회보장법이 법상으로 가장 먼저 나타난 것은 뉴질랜드의 사회보장법이다.

④ 사회보장이라는 용어의 사용에 관계없이 근대적 의미의 사회보장제도는 독일에서 가장 먼저 실시되었다.

TIP ③ 사회보장이 법률명으로 처음 채택된 것은 1935년 미국의 사회보장법이며, 그 후 1938년에 의료보장부문에 재활훈련과 의료예방을 도입하여 유명해진 뉴질랜드의 사회보장법이 제정되었다.

2 「사회보장기본법」상 사회보장에 관한 국민의 권리로 옳지 않은 것은?

① 모든 국민은 사회보장 관계 법령에서 정하는 바에 따라 사회보장급여를 받을 권리를 가진다.

② 국가는 관계 법령에서 정하는 바에 따라 최저보장수준과 최저임금을 매년 공표하여야 하고, 이를 고려하여 사회보장급여의 수준을 결정하여야 한다.

③ 사회보장수급권은 정당한 권한이 있는 기관에 서면으로 통지하여 포기할 수 있으며, 사회보장수급권의 포기는 취소할 수 없다.

④ 사회보장수급권은 관계 법령에서 정하는 바에 따라 다른 사람에게 양도하거나 담보로 제공할 수 없으며, 이를 압류할 수 없다.

TIP ③ 사회보장수급권은 정당한 권한이 있는 기관에 서면으로 통지하여 포기할 수 있으며 사회보장수급권의 포기는 취소할 수 있다〈사회보장기본법 제14조 제1항, 제2항〉.
① 사회보장기본법 제9조
② 사회보장기본법 제10조 제2항, 제3항
④ 사회보장기본법 제12조

Answer 1.③ 2.③

3 사회보장의 기능에 대한 설명으로 옳지 않은 것은?

① 기본적인 기능은 국민의 생존권보장에 있다.

② 노령, 질병, 실업 등에 대한 생활수준의 저하를 완화하고 생활안정을 도모한다.

③ 소득이 많은 사람으로부터 적은 사람으로, 일하고 있는 사람으로부터 일하지 못하는 사람으로 소득재분배를 행한다.

④ 사회보장의 존재는 개인의 노후나 불의의 사고를 완전히 보장한다.

> **TIP** ④ 사회보장은 국민의 최저생활을 보장하는 것이다.

4 사회보장제도의 필요성으로 옳지 않은 것은?

① 소득이 감소하고 있다.

② 소득과 임금격차가 심화되고 있다.

③ 가족부양기능이 쇠퇴하고 있다.

④ 연령구조의 노령화현상이 심화되고 있다.

> **TIP** 사회보장의 필요성(사회구조적 측면)
> ㉠ 연령구조의 노령화 : 연령구조가 점차 노령화되면서 노령인구에 대한 생활보장과 중년층의 고용문제 및 노후의 생활안정을 위한 사회보장제도의 필요성이 증대됨
> ㉡ 취업구조의 변화 : 실업과 산업재해발생률이 증가함에 따라 사회보장제도의 필요성이 증대됨
> ㉢ 소득과 임금격차의 심화로 사회보장제도의 필요성이 증대됨
> ㉣ 핵가족화, 가족규모의 축소로 친족부양기능이 감퇴되어 사회보장제도의 필요성이 증대됨

5 1952년 국제노동기구(ILO)가 제정한 「사회보장의 최저기준에 관한 조약」의 사회보장 급여에 포함되지 않는 것은?

① 실업급여   ② 교육급여

③ 유족급여   ④ 노령급여

> **TIP** ② 1952년 국제노동기구(ILO)가 제정한 「사회보장의 최저기준에 관한 조약」의 사회보장 급여는 의료급여, 질병(상병)급여, 실업급여, 노령급여, 산재급여(업무상재해급여, 고용재해급여), 가족급여, 모성급여(출산급여), 폐질급여(장애급여), 유족급여가 있다.

Answer 3.④ 4.① 5.②

6 세계 최초로 사회보장이란 용어를 사용한 것은?

① ILO
② 영국의 베버리지 보고서
③ 미국의 사회보장법
④ 일본의 사회보장법

7 사회복지서비스 전달체계의 원리에 대한 내용 중 옳지 않은 것은?

① 적절성의 원리 – 사회복지서비스의 양과 질 및 제공기관이 클라이언트의 문제해결과 서비스 목표달성에 충분하여야 한다.
② 포괄성의 원리 – 사회복지서비스는 여러 대상을 모두 포함하여야 한다.
③ 책임성의 원리 – 사회복지조직은 사회복지서비스를 제공토록 인가받았기 때문에 서비스에 효율성, 효과성이 있어야 한다.
④ 접근용이성의 원리 – 사회복지서비스는 수급자격이 있는 사람들이 지리적 · 사회적 · 심리적 장애물이 없이 접근할 수 있어야 한다.

Answer　6.①　7.③

8 사회복지서비스 전달체계의 원칙이 아닌 것은?

① 선별성 ② 포괄성

③ 전문성 ④ 연계성

TIP 사회복지서비스 전달체계의 원칙

㉠ 행정적 측면
- 체계적 기능분담의 원칙 : 상하부로의 연결되는 기능적 분담이 체계적이고 일관성을 유지해야 한다.
- 전문성에 따른 업무분담의 원칙 : 전문성의 수준에 따라 업무분담과 전문가로서의 업무를 담당하여야 한다.
- 책임성의 원칙 : 사회와 대상자에 대한 전문적인 책임을 가져야 한다.
- 통합·조정의 원칙 : 업무수행시 관계기관과 관계자들 간의 협조조정이 원활하게 이루어져야 한다.

㉡ 서비스 제공의 측면
- 평등성의 원칙 : 성별, 연령, 직업에 무관하게 서비스를 부과하여야 한다.
- 자활·재활의 목표의 원칙 : 자립과 사회복귀를 조장하는 서비스이어야 한다.
- 적절성의 원칙 : 서비스 수준이 적절해야 한다.

9 사회복지서비스의 전달체계상의 행정적 측면을 고려한 원칙이 아닌 것은?

① 평등성의 원칙

② 책임성의 원칙

③ 기능분담의 원칙

④ 통합·조정의 원칙

TIP ① 평등성의 원칙은 서비스 제공의 측면을 고려한 원칙이다.

※ 사회복지서비스 전달체계의 행정적 측면
㉠ 체계적 기능분담의 원칙
㉡ 전문성에 따른 업무분담의 원칙
㉢ 책임성의 원칙
㉣ 접근용이성의 원칙
㉤ 통합·조정의 원칙
㉥ 지역사회의 참여의 원칙
㉦ 조사와 연구의 원칙

Answer 8.① 9.①

10 공공부문 사회복지서비스 전달체계의 문제점이 아닌 것은?

① 사회복지전문인력이 부족하여 개별화된 전문적인 서비스 제공에 한계가 있다.

② 사회복지관련 위원회의 활동이 미약하다.

③ 복지서비스의 자율성과 능동성이 결여되었다.

④ 일반주민의 이해부족과 참여의식의 저조로 인해 주민욕구에 부응하는 서비스 개발의 한계가 있다.

TIP ④ 민간부문 사회복지서비스 전달체계의 문제점에 해당한다.

　※ 공공부문 사회복지서비스 전달체계의 문제점

　　㉠ 사회복지와 관련된 정부부서의 난립

　　　• 실무파악, 대상자의 파악, 복지정책 및 계획 수립의 구심점이 미약

　　　• 부처간의 업무조정 및 협조가능성이 미온적

　　㉡ 사회복지서비스의 이용률이 저조하고, 서비스 통합력이 결여

　　㉢ 사회복지전문인력이 부족하여 개별화된 전문적인 서비스 제공에 한계

　　㉣ 복지서비스의 자율성과 능동성이 결여

　　㉤ 사회문제의 임기응변적인 대처와 문제에 대한 예방적 · 근원적 치료가 미흡

　　㉥ 사회복지행정에 대한 전문성이 결여되어 있고, 사회복지행정의 최일선 기관은 행정자치부의 지방행정에 편입되어 있어 일관성 있는 정책구심점이 미약하여 사회복지정책 추진 및 신속성에 한계가 노정

　　㉦ 사회복지관련 위원회의 활동이 미약

11 민영보험과 사회보험의 차이에 대한 설명으로 가장 적절하지 않은 것은?

① 민영보험은 자발적 가입을, 사회보험은 강제 가입을 원칙으로 한다.

② 민영보험은 계약에 의해 급여수준이 결정되며, 사회보험은 법률에 의해 급여수준이 정해진다.

③ 민영보험은 최저수준의 소득 보장을, 사회보험은 지불능력에 따른 급여 보장을 목적으로 한다.

④ 민영보험에서 보험급여액은 개별적 공평성이, 사회보험의 보험급여액은 사회적 적정성이 강조된다.

TIP ③ 사회보험은 최저수준의 소득 보장을, 민영보험은 지불능력에 따른 급여 보장을 목적으로 한다.

Answer 10.④ 11.③

12 사회보험의 특징에 관한 설명으로 옳지 않은 것은?

① 사회적 위험으로부터 사람들을 보호하기 위해 강제적 가입방식으로 운용된다.

② 모든 가입자에게 최저한의 소득을 보장해 주는 제도이다.

③ 수급권은 권리로서 보장받는다.

④ 기여정도와 비례하여 급여를 받는다.

TIP ④ 사보험의 특징이다. 사회보험은 필요에 따른 균등한 급여를 받는다.

구분	사회보험	사보험(민간보험)
가입방법	강제적 가입	임의적 가입
보험료 부과방식	소득수준에 따른 차등부과	위험정도, 급여수준에 따른 부과
보험급여	필요에 따른 균등급여	보험료 수준에 따른 차등급여
보험료 징수방식	법률에 따른 강제징수	사적 계약에 따른 징수
원리	사회적 적절성(복지)	개인적 적절성(형평)

13 사회보험의 원칙이 아닌 것은?

① 강제적용의 원칙

② 기여를 전제로 한 급여

③ 사회적 적절성에 대한 강조

④ 자산조사를 반영한 급여

TIP ④ 자산조사를 실시하여 급여의 내용을 결정하는 것은 공공부조이다. 사회보험은 자산조사에 따라 급부가 변하지 않는 법적으로 보장된 급여이다.

Answer 12.④ 13.④

14 사회보험과 공공부조의 차이점을 나타낸 것으로 옳지 않은 것은?

① 사회보험은 급여의 양을 예상할 수 있으나 공공부조는 예상하기 어렵다.

② 사회보험은 욕구조사와 자산조사가 불필요하나 공공부조는 필요하다.

③ 사회보험은 근로능력이 있는 사람을 위한 제도이나, 공공부조는 근로능력이 없는 사람을 원조하기 위한 제도이다.

④ 사회보험은 정부의 일반조세에서 재원을 부담하나 공공부조는 수급자와 사용자 양자 또는 국가의 제3자가 재원을 부담한다.

TIP ④ 사회보험은 수급자와 사용자 양자 또는 국가의 제3자가 재원을 부담하나, 공공부조는 정부의 일반조세에서 재원을 부담한다.

15 우리나라의 사회보험에 해당하지 않는 것은?

① 산업재해보상보험

② 국민기초생활보장

③ 고용보험

④ 노인장기요양보험

TIP ② 우리나라는 의료보험, 국민연금, 산업재해보상보험, 고용보험, 노인장기요양보험 등 5대 사회보험제도를 실시하고 있다. 국민기초생활보장은 공공부조제도이다.

16 우리나라의 사회보험 발달순서로 옳은 것은?

① 산재보험 – 의료보험 – 국민연금 – 고용보험

② 산재보험 – 국민연금 – 의료보험 – 고용보험

③ 의료보험 – 국민연금 – 산재보험 – 고용보험

④ 의료보험 – 산재보험 – 고용보험 – 국민연금

TIP 산재보험(1963년 제정, 1964년 시행) → 의료보험(1963년 제정, 1977년 시행) → 국민연금(1973년 제정, 1988년 시행) → 고용보험(1993년 제정, 1995년 시행)

Answer 14.④ 15.② 16.①

17 먼저 제정된 순서대로 바르게 나열한 것은?

> ㉠ 「사회보장기본법」　　㉡ 「영유아보육법」
> ㉢ 「국민건강보험법」　　㉣ 「노인장기요양보험법」

① ㉠→㉡→㉢→㉣　　② ㉠→㉢→㉣→㉡

③ ㉡→㉠→㉣→㉢　　④ ㉡→㉠→㉢→㉣

> **TIP**　「영유아보육법」(1991)→「사회보장기본법」(1995)→「국민건강보험법」(1999)→「노인장기요양보험법」(2007)

18 우리나라에서 사회보장과 관련된 법 중 먼저 제정된 연도순으로 바르게 나열된 것은?

① 산재보험 – 의료보호 – 생활보호 – 국민연금

② 생활보호 – 의료보호 – 산재보험 – 국민연금

③ 생활보호 – 산재보험 – 의료보호 – 국민연금

④ 산재보험 – 생활보호 – 의료보호 – 국민연금

> **TIP**　생활보호법(1961년 제정) → 산업재해보상보험법(1963년 제정) → 의료보호법(1977년 제정) → 국민연금법(1973년 제정)

19 4대 사회보험제도에 포함되지 않는 것은?

① 연금보험

② 장기요양보험

③ 의료보험

④ 산업재해보상보험

> **TIP**　4대 사회보험제도 … 연금보험, 의료보험, 산업재해보상보험, 실업보험
> ② 장기요양보험(개호보험)은 제5의 사회보험이다.

Answer　17.④　18.③　19.②

20 국민연금 가입대상자로 알맞은 것은?

① 국내에 거주하는 18세 이상, 60세 미만인 가입자
② 국내에 거주하는 18세 이상, 65세 미만인 가입자
③ 국내에 거주하는 21세 이상, 60세 미만인 가입자
④ 국내에 거주하는 21세 이상, 65세 미만인 가입자

TIP 국민연금 가입대상자 … 국내에 거주하는 18세 이상 60세 미만의 국민이 대상이다. 다만, 기존의 여타 법률에 의해 이미 연금제도에 가입되어 있는 자(공무원·군인·사립학교교직원 등 연금의 해당자)를 제외한다〈국민연급법 제6조〉.

21 연금보험제도는 경제적 비보장에 대응하는 대책 중 하나라고 볼 수 있다. 다음 중 연금보험제도의 필요성에 해당하지 않는 것은?

① 경제성장의 재원 마련
② 근로자의 근시안적 사고 또는 미래통찰력의 결여
③ 소득재분배
④ 불확실성에 대한 보험

TIP ① 연금보험제도의 직접적인 필요성에 해당하지는 않는다. 다만, 적립방식의 연금보험제도의 경우 부수적인 효과로 발생하게 된다.

22 국민연금제도에 대한 설명으로 옳은 것은?

① 1973년에 국민연금법이 제정되어 1974년부터 실시되었다.
② 정책기획은 보건복지부에서, 집행은 국민연금공단에서 한다.
③ 국내 거주의 20세 이상 60세 미만의 모든 국민이 그 적용대상이다.
④ 국고부담으로 운영된다.

TIP ① 1973년에 국민복지연금법이 제정되었으나 계속적으로 미루어져 오다가 1986년 국민연금법으로 제정되어 1988년부터 시행되었다.
③ 국민연금의 대상은 기존의 여타 법률에 의해 이미 연금제도에 가입되어 있는 자를 제외한 18세 이상 60세 미만의 모든 국민이 해당된다.
④ 재원은 각출금과 국고에서 내는 2자 방식을 택한다.

Answer 20.① 21.① 22.②

23 국민연금의 가입자 종류와 관련하여 연결이 옳지 않은 것은?

① 사업장가입자 – 1인 이상의 사업장근로자

② 지역가입자 – 18 ~ 59세의 자영자

③ 임의가입자 – 가입자의 배우자로서 소득활동자

④ 임의계속가입자 – 60세 이상의 가입자

TIP ③ 가입자의 배우자로서 소득이 없는 경우 임의가입자에 해당된다. 소득활동자는 사업장가입자 또는 지역가입자로 편입된다.

24 국민연금법의 국민연금기금에 대한 설명으로 옳지 않은 것은?

① 기금은 기획재정부장관이 관리 · 운용한다.

② 기금은 연금보험료, 기금 운용 수익금, 적립금, 공단의 수입지출 결산상의 잉여금으로 조성한다.

③ 기금의 운용에 관한 사항을 심의 · 의결하기 위하여 국민연금기금운용위원회를 설치한다.

④ 정부는 기금운용계획을 전년도 10월 말까지 국회에 보고하여야 한다.

TIP ① 기금은 보건복지부장관이 관리 · 운용한다〈국민연금법 제102조 제1항〉.

25 공적연금제도의 개념이 아닌 것은?

① 국가에서 강제적으로 이루어진다.

② 1층적 소득보장체계에 속한다.

③ 자산조사를 거쳐 이루어진다.

④ 노동능력이 있는 자에게 일정한 보험료를 부담시킨다.

TIP 공적연금제도 … 노령 · 폐질 · 사망 등을 포함한 사회적 사고로 인한 소득 중단 · 상실의 경우에 일정수준의 생활을 보장해 주기 위해 미리 보험료를 갹출하여 재정을 마련하였다가 사고 발생시 지급하는 소득보장제도이다.
③ 공공부조제도에 대한 내용이다.

Answer　23.③　24.①　25.③

26 공적연금에 대한 설명으로 옳지 않은 것은?

① 대표적인 4대 공적연금 중 가장 먼저 시행된 것은 군인연금이다.
② 공적연금에는 국민연금과 특수지역연금이 있다.
③ 사립학교교직원연금은 공적연금이다.
④ 노령연금은 국민연금의 급여 종류에 해당한다.

TIP ① 대표적인 4대 공적연금 중 가장 먼저 시행된 것은 1960년에 제정·시행된 공무원연금이다. 군인연금은 1963년에 제정·시행되었다.

27 우리나라 국민의 급여액 산정에 영향을 미치는 요소와 거리가 먼 것은?

① 가입기간 ② 전체 가입자 평균소득
③ 본인의 최종소득 ④ 전국소비자물가변동률

TIP 급여액의 산정은 연금액＝기본연금액×지급률＋부양가족연금액으로, 가입기간과 연금보험료 납부액에 따라 차이가 생긴다. 기본연금액＝소득대체율 비례상수(A＋B)×(1＋0.05n/12)인데, A는 연금수급 전 3년간 전체 가입자의 평균소득월액의 평균액을 의미하고, B값은 가입자 개인의 가입기간 중 기준소득월액의 평균액을 의미하며, n은 20년 초과 가입월수를 의미한다.
③ 본인의 최종소득은 국민연금의 급여액 산정에 영향을 미치지 않는다.

28 국민건강보험법의 내용으로 옳지 않은 것은?

① 요양급여를 받는 자는 비용의 일부를 본인이 부담한다.
② 가입자와 피부양자에 대하여 질병의 조기 발견과 그에 따른 요양급여를 하기 위하여 건강검진을 실시한다.
③ 직장가입자의 경우 근로자가 100분의 30, 사업주가 100분의 70을 부담한다.
④ 공단은 요양급여 외에 임신·출산 진료비, 장제비, 상병수당, 그 밖의 급여를 실시할 수 있다.

TIP ③ 직장가입자의 경우 근로자가 100분의 50, 사업주가 100분의 50을 부담한다〈국민건강보험법 제76조 제1항〉.

Answer　26.①　27.③　28.③

29 고용보험의 주요 목적이 아닌 것은?

① 노동자의 생활수준 유지　　　　　　② 재고용의 시간제공

③ 비정규직의 증가　　　　　　　　　④ 직업능력의 개발

TIP ③ 고용보험의 도입배경 중 하나이다.

30 고용보험과 관련된 내용으로 옳지 않은 것은?

① 1개월간 소정근로시간이 60시간 미만인 자에 대해서는 고용보험법을 적용하지 아니한다.

② 국가는 매년 보험사업에 드는 비용의 일부를 특별회계에서 부담하여야 한다.

③ 고용보험법은 근로자를 사용하는 모든 사업 또는 사업장에 적용한다.

④ 65세 이후에 고용된 사람은 고용안정 · 직업능력개발 사업에 관하여 고용보험법의 적용을 받는다.

TIP ② 국가는 매년 보험사업에 드는 비용의 일부를 일반회계에서 부담하여야 한다〈고용보험법 제5조〉.

31 고용보험에서 시행되고 있는 주요 사업의 갈래는?

① 고용안정사업, 구인구직자 알선사업, 직업능력 개발사업

② 실업급여, 구직자 취업알선, 직업능력 개발지원

③ 사업주 지원사업, 지역사회 개발사업, 구직급여사업

④ 고용안정사업, 직업능력 개발사업, 실업급여

TIP 고용보험제도의 사업내용
　㉠ 고용안정 · 직업능력개발 사업 : 고용노동부장관은 피보험자 및 피보험자였던 자, 그 밖에 취업할 의사를 가진 자에 대한 실업의 예방, 취업의 촉진, 고용기회의 확대, 직업능력개발 · 향상의 기회 제공 및 지원, 그 밖에 고용안정과 사업주에 대한 인력확보를 지원하기 위하여 고용안정 · 직업능력개발 사업을 실시한다〈고용보험법 제19조〉.
　　• 고용안정 사업 : 고용창출의 지원, 고용조정의 지원, 지역 고용의 촉진, 고령자 등 고용촉진의 지원, 건설근로자 등의 고용안정 지원, 고용안정 및 취업 촉진, 고용촉진 시설에 대한 지원 등
　　• 직업능력개발 사업 : 사업주에 대한 직업능력개발 훈련의 지원, 피보험자 등에 대한 직업능력개발 지원, 직업능력개발 훈련 시설에 대한 지원 등
　㉡ 실업급여 사업 : 근로자가 실직하였을 경우 일정기간 동안 실직자 및 그 가족의 생계를 도모하고 실직자에 대한 구인 · 구직정보를 체계적으로 제공하여 재취업을 촉진시키는 사업이며, 구직급여와 취직촉진 수당으로 나뉜다.

Answer　29.③　30.②　31.④

32 다음 특징을 포함하고 있지 않은 사회복지 급여는?

> 일정한 범위 내에서 재화나 서비스를 선택할 수 있으며, 지정된 용도 이외의 목적으로 사용할 수 없다.

① 영유아보육제도의 보육서비스
② 장애인활동지원제도의 활동지원급여
③ 고용보험제도의 구직급여
④ 장애아동복지지원제도의 발달재활서비스

TIP ③ 위에 제시된 특징은 바우처 제도에 대한 내용으로 현재 고용보험제도의 구직급여와 관련하여 우리나라에서는 바우처 제도를 시행하고 있지 않다.

33 사회보험 중 수혜자가 보험료를 부담하지 않는 것은?

① 고용보험　　　　　　　　　② 건강보험
③ 산재보험　　　　　　　　　④ 국민연금

TIP ③ 우리나라 산재보험제도의 재원조달방식은 전액 보험가입자(사용주)에 의해서만 보험료가 납부된다.

34 산재보험에 대한 설명으로 옳지 않은 것은?

① 사회보험 중에서 가장 먼저 발달한 제도이다.
② 보험료는 사업주와 근로자가 각각 반씩 부담한다.
③ 사용자에게 무과실 책임원칙을 부과한다.
④ 국가는 사업주가 의무적으로 보험에 가입하도록 하고 있다.

TIP ② 비용은 원칙으로 사업주가 전액 부담하고 국가는 보험사업의 사무집행에 소요되는 비용을 부담한다.

Answer　32.③　33.③　34.②

35 산재보험에서 업무상 재해에 해당하지 않는 것은?

① 취업중의 재해

② 작업대기중의 재해

③ 자가용 출근중의 교통사고

④ 사업장시설 내의 휴식중 재해

TIP 업무상의 재해
- ㉠ 취업중의 재해
- ㉡ 출장 도중의 재해
- ㉢ 작업에 따르는 부수적 행위중의 재해
- ㉣ 작업의 준비, 뒷처리 대기중의 재해
- ㉤ 천재 · 화재시의 긴급행위중의 재해
- ㉥ 사업내 시설에서의 휴식중의 재해
- ㉦ 통근중인 사용자의 전용버스이용중의 교통사고

36 산업재해보상보험상 '장해급여'에 대한 설명으로 옳지 않은 것은?

① 업무상 재해의 완치 후 당해 재해와 상당인과관계가 있는 장해가 남게 되는 경우 그 장해의 정도에 따라 지급하게 되는 급여이다.

② 장해등급의 재판정은 장해보상연금의 지급결정을 한 날을 기준으로 2년이 지난 날부터 1년 이내에 한다.

③ 장해등급에 따른 장해보상연금 또는 장해보상일시금은 수급권자의 선택에 따라 지급한다.

④ 장해등급은 신체장해등급을 그 장해의 정도에 따라 14등급으로 나누고 있고, 두 개 이상의 장해가 있을 경우에는 좀 더 심각한 장해등급만으로 결정한다.

TIP ④ 두 개 이상의 장해가 있을 경우에는 장해등급을 조정한다.
- ※ 장해등급의 조정〈산업재해보상보험법 시행령 제53조 제2항〉
  - ㉠ 5급 이상 장해가 2 이상인 경우 : 3개 등급 상향 조정
  - ㉡ 8급 이상 장해가 2 이상인 경우 : 2개 등급 상향 조정
  - ㉢ 13급 이상 장해가 2 이상인 경우 : 1개 등급 상향 조정

Answer 35.③ 36.④

37 산재보험급여에 해당하지 않은 것은?

① 요양급여
② 실업급여
③ 상병보상연금
④ 간병급여

> **TIP** 산재보험의 급여종류〈산업재해보상보험법 제36조〉… 요양급여, 간병급여, 휴업급여, 장해급여, 유족급여, 장의비, 상병보상연금, 직업재활급여

38 「노인장기요양보험법」상 장기요양급여에 포함되지 않는 것은?

① 방문요양
② 주·야간보호
③ 도시락배달
④ 방문목욕

> **TIP** 「노인장기요양보험법」상 장기요양급여의 종류(제23조 참조)로는 재가급여(방문요양, 방문목욕, 방문간호, 주·야간 보호, 단기보호, 기타재가급여), 시설급여, 특별현금급여(가족요양비, 특례요양비, 요양병원간병비)가 있다.

39 공공부조의 재원은?

① 헌금
② 재정보조금
③ 조세
④ 갹출금

> **TIP** ①② 사회복지서비스의 재원이다.
> ④ 사회보험의 재원이다.

Answer 37.② 38.③ 39.③

40 공공부조 실시상의 원칙이 아닌 것은?

① 신청 및 직권급여의 원칙

② 개인단위의 원칙

③ 현금부조의 원칙

④ 거택보호의 원칙

TIP ② 세대단위의 원칙 … 급여청구권의 권리주체는 생활빈곤자 개인이고 세대가 아니지만, 급여의 여부와 정도를 결정할 경우에는 세대를 단위로 하여 정한다는 원칙이다.

41 자산조사에 대한 설명으로 옳지 않은 것은?

① 보충성 급여에서 중요성이 부각된다.

② 급여자에게 낙인감을 줄 수 있어 신청을 기피할 우려가 있다.

③ 급여자의 자원평가에 있어서 개인의 욕구를 규명할 수 있다.

④ 행정비용은 절약할 수 있으나 욕구파악의 객관성 확보는 어렵다.

TIP ④ 전문가에 의해 이루어져야 욕구파악의 객관성 확보에 유리하다. 즉, 개인의 욕구(need)를 파악할 수 있다. 그러나 전문가의 채용이 필수불가결하므로 행정비용 중 인건비의 증가를 가져온다.

42 자산조사의 장점에 해당하지 않는 것은?

① 개인의 욕구를 규명할 수 있다.

② 행정비용의 절감을 가져올 수 있다.

③ 공금을 절약할 수 있다.

④ 신청에 대한 자격요건을 명확히 할 수 있다.

TIP ② 자산조사는 많은 행정비용을 소모한다. 또한 개인의 권리나 존엄성의 침해를 초래할 수 있고 클라이언트의 욕구를 결정하기 힘들며, 자산조사를 위한 전문조사직원의 채용이나 수속절차과정이 복잡하다는 단점이 있다.

Answer 40.② 41.④ 42.②

43 국민기초생활 보장법상의 기본원리 중 복지대상자가 국가의 보호를 받기 전에 자신의 능력을 최대한 활용하고 부양의무자 중에 보호를 우선적으로 받은 후에 그래도 생활상에 곤란에 처한 경우 생활보장을 받는다는 원리를 의미하는 것은?

① 최저생활보장의 원리

② 국가책임의 원리

③ 무차별평등의 원리

④ 보충성의 원리

TIP ④ 보충성의 원리 … 요보호대상자의 자산과 능력의 활용의무 및 사적부양 우선과 타법상의 부조우선, 긴급보호 등을 규정하고 있다.

44 「국민기초생활 보장법」상 국민기초생활보장에 대한 설명으로 옳은 것만을 모두 고른 것은?

> ㉠ 수급자 및 차상위자는 상호 협력하여 자활기업을 설립·운영할 수 있다.
> ㉡ 국가 또는 시·도가 직접 수행하는 보장업무에 드는 비용은 국가 또는 해당 시·도가 부담한다.
> ㉢ 부양의무자란 수급권자를 부양할 책임이 있는 사람으로서 수급권자의 1촌의 직계혈족 및 그 형제자매를 말한다.
> ㉣ 급여의 종류에는 생계급여, 주거급여, 의료급여, 교육급여, 해산급여, 장제급여, 자활급여가 있다.

① ㉠, ㉣

② ㉠, ㉡, ㉢

③ ㉠, ㉡, ㉣

④ ㉡, ㉢, ㉣

TIP ㉢ '부양의무자'란 수급권자를 부양할 책임이 있는 사람으로서 수급권자의 1촌의 직계혈족 및 그 배우자를 말한다. 다만, 사망한 1촌의 직계혈족의 배우자는 제외한다〈법 제2조〉.
㉠ 수급자 및 차상위자는 상호 협력하여 자활기업을 설립·운영할 수 있다〈법 제18조 제1항〉.
㉡ 국가 또는 시·도가 직접 수행하는 보장업무에 드는 비용은 국가 또는 해당 시·도가 부담한다〈법 제43조 제1항〉.
㉣ 이 법에 따른 급여의 종류는 생계급여, 주거급여, 의료급여, 교육급여, 해산급여(解産給與), 장제급여(葬祭給與), 자활급여이다〈법 제7조 제1항〉.

Answer 43.④ 44.③

45 국민기초생활 보장법상의 급여기준에 관한 설명으로 옳지 않은 것은?

① 급여는 건강하고 문화적인 최저생활을 유지할 수 있는 것이어야 한다.

② 급여의 기준을 정할 때는 수급자의 연령, 가구 규모, 거주지역, 그 밖의 생활여건 등을 고려한다.

③ 급여는 개인 단위로 실시하되, 장애의 정도가 심한 장애인으로서 특히 필요하다고 인정하는 경우에는 개별가구 단위로 실시 할 수 있다.

④ 지방자치단체인 보장기관은 조례로 법에 따른 범위를 초과하여 급여를 실시할 수 있다.

TIP ③ 급여는 개별가구 단위로 실시하되, 「장애인복지법」에 따라 등록한 장애인 중 장애의 정도가 심한 장애인으로서 보건복지부장관이 정하는 사람에 대한 급여 등 특히 필요하다고 인정하는 경우에는 개인 단위로 실시할 수 있다〈국민기초생활 보장법 제4조 제3항〉.

46 국민기초생활 보장법상의 급여에 관한 설명으로 옳지 않은 것은?

① 주거급여는 수급자에게 주거 안정에 필요한 임차료, 수선유지비, 그 밖의 수급품을 지급하는 것이다.

② 교육급여는 수급자에게 장학금을 지급하는 것이다.

③ 의료급여는 수급자에게 건강한 생활을 유지하는 데 필요한 각종 검사 및 치료 등을 지급하는 것이다.

④ 생계급여는 수급자의 주거에서 실시한다.

TIP ② 교육급여는 수급자에게 입학금, 수업료, 학용품비, 그 밖의 수급품을 지급하는 것으로 한다〈국민기초생활 보장법 제12조 제1항〉.

47 우리나라 국민기초생활 보장법상 급여의 기본원칙에 해당하는 것은?

① 국가책임의 원칙   ② 긍정적 차별의 원칙

③ 보충성의 원칙   ④ 생존권 보장의 원칙

TIP ③ 국민기초생활 보장법 제3조 제1항에 의하면 급여의 기본원칙은 수급자가 자신의 생활유지·향상을 위하여 그 자산·근로능력 등을 활용하여 최대한 노력하는 것을 전제로 이를 보충·발전시키는 것으로 하고 있다.

Answer   45.③ 46.② 47.③

48 국민기초생활 보장법에 의한 급여에 해당하지 않는 것은?

① 생계급여   ② 의료급여

③ 교육급여   ④ 장애급여

> **TIP** 급여의 종류〈국민기초생활 보장법 제7조 제1항〉… 생계급여, 주거급여, 의료급여, 교육급여, 해산급여, 장제급여, 자활급여

49 빈곤의 원인을 사회구조적인 관점에서 찾는 이론은?

① 기회이론

② 낙인이론

③ 갈등이론

④ 기능이론

> **TIP** ③ 빈곤의 원인을 사회구조적 차원에서 파악하여 사회적 책임으로 간주한다.
> ① 빈곤은 직업의 기회가 공평하게 제공되지 않기 때문에 발생한다는 주의이다.
> ② 심리주의적(상호작용주의) 관점을 바탕으로 빈곤의 원인을 개인적 책임으로 간주한다.
> ④ 빈곤의 원인은 주로 기능적 부적응에서 기인하며 개인적 책임도 빈곤의 원인으로 간주한다.

Answer 48.④ 49.③

50 우리나라 주택정책의 문제점이 아닌 것은?

① 임대료와 관리비 부담능력이 있어 전대 또는 매매할 가능성이 없다.

② 주택가격과 임대료가 높다.

③ 주택이 양적으로 부족하며, 엄청난 재정부담이 든다.

④ 주택단지의 슬럼화가 예상되며, 주거환경개선이 어렵다.

TIP ① 임대료와 관리비의 부담능력이 없어서 전대 또는 매매할 가능성이 있다.

Answer 50.①

❶ 개별사회사업

(1) 개별사회사업(Social Casework)의 의의

① 개별사회사업의 개념
  ㉠ 리치몬드(A. Richmond)
    • 개인과 그 사회환경 간의 개별적이고 의식적인 조정을 통해 그 사람의 인격발달을 도모하는 제반과정
    • 특징 : 전문적 대인관계와 인간발달에 관한 지식과 기능을 강조
  ㉡ 보어(S. Bower)
    • 클라이언트와 그 환경 전체 또는 일부간에 보다 나은 적응을 해 가도록 개인이 가진 능력과 지역사회의 자원을 적절히 동원하는 데 필요한 인간관계학의 지식과 대인관계의 기술을 활용하는 기술(art)이다.
    • 개별사회사업의 요소
    - 클라이언트의 능력과 지역사회의 자원을 활용하여 클라이언트를 돕는다.
    - 궁극적 목표는 클라이언트와 그 환경과의 조정을 도모하는 것이다.
    - 개별사회사업가(케이스워커)와 클라이언트 사이에 성립하는 신뢰관계를 의식적으로 활용한다.
    - 워커와 클라이언트와의 관계는 인간관계에 대한 과학적 지식과 훈련에 의해 터득한 기술을 필요로 한다.
  ㉢ 펄만(H. Perlman)
    • 개인이 사회인으로서의 기능을 수행함에 있어 수반되는 여러가지 문제를 보다 효과적으로 해결하기 위해 복지기관에서 활용하는 과정
    • 개별사회사업의 구성요소(4P) : 사람(Person), 문제(Problem), 장소(Place), 과정(Process)
    • 특징
    - 개별사회사업은 치료과정이 아닌 문제해결과정
    - 클라이언트를 사회적으로 기능할 수 있는 주체적 인간으로 취급

> **※ 개별사회사업의 일반적 특징**
> ㉠ 문제를 가진 개인이나 가족을 대상
> ㉡ 문제에 대한 과학적 지식과 전문적 기술을 가진 전문가에 의해 실시
> ㉢ 대상에 따라 개별적으로 이루어짐
> ㉣ 환경에의 적응과 인격의 성장·발달을 돕기 위한 의식적·계속적인 노력
> ㉤ 케이스워커와 클라이언트 간의 인간 관계를 중요시하는 협동적인 활동
> ㉥ 예방보다는 문제해결 및 재조정 중요시
> ㉦ 개인과 그의 사회환경과의 상호작용 중요시

② 케이스워커

　㉠ 워커의 역할

- 조력자 : 클라이언트가 상황에 대처하고 자원을 발견하도록 도와주는 역할
- 교육자(지도자) : 정보와 자원 제공, 행동과 기술 지도 등을 통해 클라이언트의 능력을 강화시킴
- 중재자 : 갈등을 해결하기 위해, 설득과 화해의 절차를 통해 공동의 기반을 발견하도록 함
- 대변자 : 클라이언트 편에서 주장하고 변론·옹호하는 역할
- 중개자 : 사회복지사는 도움을 필요로 하는 개인이나 집단을 지역사회의 자원 및 서비스와 연결하는 역할

　㉡ 워커의 방어기제

- 합리화 : 인간의 행동이 합리적이고 정당하다는 것을 입증하려고 시도하는 것
- 반동형성 : 상반되는 태도와 행동을 보임으로써 위험한 욕망의 표현을 예방하려는 것
- 투사 : 물체에 대한 책임을 타인에게 돌리거나 전가하는 것
- 동일시 : 자기자신을 유명한 사람이나 상황과 동일시함으로써 자신의 가치에 대한 감정을 증대시키는 것
- 부정 : 위험하거나 고통스러운 생각을 인식하지 않으려는 것
- 보상 : 어떤 바람직한 특성을 강조하여 약점을 극복하거나 어떤 영역에서의 욕구불만을 다른 영역에서의 만족으로 대신하려는 것
- 퇴행 : 심한 좌절 또는 스트레스를 받았을 때 유치한 수준(주로 고착 시기)으로 후퇴하는 현상
- 취소 : 자신의 욕구와 행동으로 인하여 타인에게 피해를 주었다고 느낄 때, 원상복구하려는 일종의 속죄 행위임
- 전환 : 심리적 갈등이 신체 감각이나 수의근육계의 증상으로 표출되는 것
- 투입 : 애증과 같은 강한 감정을 직접적으로 표현하는 것을 피하기 위해 다른 사람을 자기로 간주하여 합일화하는 것
- 억압 : 가장 많이 사용되는 방어기제로서, 의식에서 용납하기 힘든 생각, 욕망, 충동들을 무의식 속으로 눌러 넣어 버리는 것

③ 개별사회사업의 기본이론

　㉠ 프로이드(S. Freud)

- 구강기(0 ~ 1세)
  - 즐거움의 근원은 빨기, 물기, 삼키기 등의 충동에 대한 즉각적인 만족을 말함
  - 수유방법, 이유시기 등이 인격발달에 영향을 미침
- 항문기(2 ~ 3세) : 배변훈련과정을 통해 본능을 규제하는 법을 배우며, 초자아가 형성됨
- 남근기(3 ~ 5세)
  - 남녀의 신체차이, 부모의 성역할 등에 관심을 가짐
  - 매우 복잡하고 자극적인 감정이 교차되는 특징을 보이며, 성격형성에 매우 중요한 단계
- 잠복기(6 ~ 11세) : 성적인 욕구가 철저히 억압되고 심리적으로 평온한 시기로 성적 활동은 침체되지만 지적 호기심이 강해지고 동성의 또래관계가 긴밀하게 됨
- 생식기(11세 이후) : 사춘기에 접어들면서 신체적·성적으로 발달

ⓒ 에릭슨(E. Erikson) ✔자주출제

- 신뢰감 대 불신감(출생 ~ 1세) : 유아에게 일관성 · 계속성 · 통일성 있는 경험이 주어지면 신뢰감이 형성되고, 일관성이 없고 부정적인 보살핌은 불신감을 불러일으킴
- 자율성 대 수치심 · 회의감(1 ~ 3세) : 자발적 행동에 칭찬을 하거나 신뢰를 표현하고 용기를 주며, 자기자신의 방법과 속도에 따르는 기능이 발휘될 수 있도록 할 때 자율성이 발달됨
- 주도성 대 죄책감(3 ~ 6세) : 부모들의 일에 주도적으로 참여하려고 할 때 일에 참여시키고 인정을 해주면 주도성이 형성되지만, 비난하거나 질책을 하면 아이들은 위축되고 자기주도적 활동에 대해 죄책감을 느낌
- 근면성 대 열등감(6 ~ 12세) : 자아개념형성의 결정적 시기로, 학교에서의 성공과 성취가 아동의 근면성을 발달시키게 되나, 이 시기에 실패로 끝나는 경험이 많아지면 아동은 열등감이나 자기부적당감에 빠짐
- 정체감 대 역할혼미(12 ~ 18세) : 육체적 · 지적 · 감성적 변화를 경험하는 시기로, 자신의 성격의 동일성과 계속성을 주위로부터 인정받으면 정체감이 형성되고, 성역할과 직업선택에서 안정성을 확립할 수 없다면 혼미감을 느끼고 정체감에 빠지게 됨
- 친밀감 대 고립감(19 ~ 24세) : 사회에 참여하고 자유와 책임을 가지고 스스로의 삶을 영위하는 시기로, 친밀한 인간관계를 형성하지 못하면 개인과 사회에 건강하지 못한 사회 · 심리적 고립감을 경험하게 됨
- 생산성 대 침체성(25 ~ 54세) : 생산적 성인은 지금보다 더 나은 사회를 만드는 데 기여하려 하며, 생산성이 결여될 때에는 성격이 침체되고 불모화됨
- 자아통정성 대 절망감(54세 이상) : 자신의 삶에 후회가 없으며 가치있었다고 생각하는 통정성이 생기는 시기로, 통정성을 지니지 못한 사람은 책임감도 없고 죽음도 받아들이지 못해 절망감에 빠짐

(2) 개별사회사업의 발달

① 개별사회사업의 태동기(1610 ~ 1870년대)

ⓐ 폴(Vincent de Paul)의 조직활동

- 자선부인회(1617)와 자선부인단(1634) 조직 : 빈민가정을 방문하여 위로와 격려 등의 정신적 구제를 행함
- 사례연구법(case study method)을 채택
- 교육훈련의 실시 : 봉사활동을 하는 부인들을 대상으로 독자적인 교육훈련을 실시
- 의의 : 자선조직협회의 선구적 활동으로서 개별사회사업이 성립되는 기초가 됨

ⓑ 함부르크(Hamburg)의 빈민구제제도

- 지역내 빈곤상태에 대해 시를 여러 지구로 나누어 위원을 두고, 조사하여 적절한 대책을 세우게 함
- 노동능력이 있는 사람에게는 노동을 시키고 거주지에 정착시켜서 독립 · 자조의 정신을 기르게 함

ⓒ 엘버펠드(Elberfeld) 제도

- 거택보호를 통해 요구호자의 생활정도나 가족상태 파악을 용이하게 함
- 의료, 상담, 직업알선을 시행

② 개별사회사업의 확립기(1870 ~ 1920년대)

  ㉠ 런던 자선조직협회

    • 우애방문원의 업무 : 시를 소지구로 구분하여 각 지구에 지구위원인 우애방문원(friendly visitor)을 배치하여, 지구 내의 요보호자를 조사하였고, 조사결과를 카드에 기록하여 협회에 보고하였으며, 각 자선단체 상호간의 구제활동을 조정함

    • 우애방문원 업무의 목적 : 도덕적으로 개선이 가능한 자와 개선의 여지가 없는 자, 즉 가치있는 빈민과 가치 없는 빈민을 구별하는 것이 목적

  ㉡ 미국 자선조직협회 : 금품의 시여보다는 빈민의 인격적 감화에 주력하였고, 빈민가정을 개별 방문하여 조언 · 훈계 · 경제적 원조 등을 수행하였다.

③ 개별사회사업의 발전기(1920 ~ 1950년대)

  ㉠ 발전기의 특징 : 이 시기의 개별사회사업은 환경결정론적 사고방식에서 심리학적 · 정신의학적 사고방식으로 바뀌게 되어 진단주의 개별사회사업과 기능주의 개별사회사업이 양립되었다.

  ㉡ 진단주의 개별사회사업

    • 이론적 근거 : 프로이드의 정신분석이론을 근거로 함

    • 기본 가설 : 클라이언트의 자아(ego)의 힘이 개별사회사업가의 도움을 받아 강화될 수 있음

    • 내용

    －개별사회사업의 과정은 사회진단에서 사회치료까지이며, 개별사회사업가는 클라이언트에 대한 진단과 치료를 함

    －문제의 사회적 측면을 등한시하고 정신세계 또는 클라이언트를 둘러싼 인간관계를 중요시하였으며, 사회환경에 대한 클라이언트의 태도나 성격의 적응에 중점적인 관심을 둠

  ㉢ 기능주의 개별사회사업

    • 이론적 근거 : 펜실베니아 대학을 중심으로 형성되었고, 랭크(Rank)의 성격론에 근거

    • 기본가설 : 자아는 타인(개별사회사업가 또는 치료자)들의 작용에 의해 변화되는 성질의 것이 아니며, 개인은 내 · 외적 경험을 스스로 발달시킬 수 있는 창조적 힘을 가진 존재

    • 내용

    －문제해결능력은 개별사회사업가가 아닌 클라이언트에게 있기 때문에 개별사회사업가는 서비스를 클라이언트에게 제시하는 것으로 충분하며, 클라이언트는 그 중 가장 적절한 것을 선택

    －인간을 기계적 · 결정론적 관점보다는 창의적 · 의지적 존재로 보았으며, 인간을 스스로 결정할 수 있는 존재로 보고 치료개념보다는 원조개념을 중시

④ 개별사회사업의 통합기(1950년대 ~ 현재)

  ㉠ 인간행동에 있어 사회적 요인의 중요성을 재인식하게 되면서 심리적 요인과 사회적 요인을 동일한 비중으로 인식하게 되었다.

  ㉡ 진단주의 개별사회사업과 기능주의 개별사회사업을 통합하려는 시도가 나타났다.

(3) 실천가치와 이론

① 실천가치

- ㉠ **인간의 존엄성** : 모든 인간은 행동, 신념, 생활스타일, 사회적 지위에 상관없이 인간으로서의 존엄성을 가지며, 사회복지사는 이러한 인간의 가치와 존엄성을 존중하여야 한다.
- ㉡ **개인의 독특성** : 모든 인간은 유전적 특성, 인생경험, 행동, 관심, 외모 등에서 다른 누구와도 같지 않은 독특한 존재이며, 사회복지사는 이런 개인의 독특성을 존중하여야 한다.
- ㉢ **자원과 기회** : 모든 인간은 삶의 문제를 해결하고 자신의 잠재능력을 개발하기 위한 자원과 기회에 접근할 수 있는 자격을 가지며, 사회복지사는 모든 클라이언트에게 이런 자원과 기회를 보장하기 위해 노력하여야 한다.
- ㉣ **클라이언트의 자기결정권** : 클라이언트는 전문 원조를 요청하더라도 원조과정에서 자신의 선택과 결정을 내릴 권리가 있으며, 사회복지사는 이런 권리와 욕구를 인정하고 격려하여야 한다.

> **※ F. Reamer의 윤리적 결정 지침**
> - 개인을 폭력적인 해악으로부터 보호하는 것과 사생활 보호 중 한 가지를 선택해야 한다면 개인을 폭력적인 해학으로부터 보호하는 것을 우선시해야 한다.
> - 인간의 기본권을 위협하지만 않는다면 개인은 자기결정권과 자신이 원하는 대로 행동할 권리가 있다.
> - 개인이 해당 환경에 대한 지식을 가지고 자발적으로 결정을 했으며, 그 결과가 타인의 복지를 위협하지 않는다면 그렇게 하도록 허용해야 한다.
> - 민주적 절차를 거쳐서 입법화된 법을 고의적으로 위반하거나 사회복지사가 속한 기관의 정책을 고의적으로 위반하는 것은 비윤리적이다.
> - 법률이나 규칙, 규정을 준수해야 하는 의무는 절대적인 것이 아니며 한계가 있다. 클라이언트의 기본적 복지를 위협하는 등의 경우에 법률이나 규칙을 위반하는 행위는 정당화된다.
> - 빈곤한 사람들에게 원조를 제공하고 기본적인 해악을 예방하는 데 필요한 조세 및 강제조치들을 정당화한다.

- ㉤ **비밀보장** : 전문 원조과정에서 노출된 클라이언트에 관한 비밀정보를 보호하는 것을 의미하는데, 비밀보장은 클라이언트의 권리이며, 효과적 전문관계를 위해 필수적이지만, 클라이언트의 권리가 절대적인 것은 아니다.

> **※ 윤리적 원칙 심사표(EPS)** ✔자주출제
> - 윤리적 원칙 1 생명보호의 원칙
> - 윤리적 원칙 2 평등과 불평등의 원칙
> - 윤리적 원칙 3 자율성과 자유의 원칙
> - 윤리적 원칙 4 최소 손실의 원칙
> - 윤리적 원칙 5 삶의 질의 원칙
> - 윤리적 원칙 6 사생활 보호와 비밀 보장의 원칙
> - 윤리적 원칙 7 진실성과 정보 개방의 원칙

② 실천이론과 모델 ✔자주출제

㉠ 생태체계론

• 인간과 환경은 지속적인 상호작용을 통해 서로에게 영향을 미침
• 생태체계론적 시각은 사회복지사가 클라이언트와 권한부여적 관계를 형성하고, 클라이언트 체계의 자원을 발견하며, 클라이언트 체계의 역량을 강화하는 도구로 활용

※ 체계론 ✔자주출제

① 1947년 생물학자 베르탈란피(Bertalanffy)가 일반체계이론(general system theory: GST)을 제창하면서 알려진 개념이다. 체계란 정리되고 서로 연결된, 기능적 전체를 형성하는 일련의 요소들을 의미하며, 개인·가족·집단·조직·지역사회 등이 해당한다. 체계들 간에는 끊임없는 투입과 산출의 흐름이 있는데, 투입은 에너지·정보·의사소통을 다른 체계로부터 받을 때, 산출은 다른 체계로 방출될 때를 말한다. 체계는 투입과 산출과정에서 상대적으로 안정된 균형상태인 항상성(homeostasis)을 유지하려는 경향이 있다.

② 체계론의 주요 개념

㉠ 홀론(holon) : 유기체가 그 자체로 전체를 형성하면서도 더 큰 전체의 일부를 이루는 경향을 말한다. 즉, 부분임과 동시에 전체라는 체계 속성을 말하며, 부분적 전체라고도 한다.

㉡ 경계(baundary) : 외부환경으로부터 체계를 구분하는 것으로, 외부체계로부터 에너지를 받아들이고 체계의 생산물을 외부체계로 산출하는 기능을 담당하는 특성을 말한다.

㉢ 개방체계(open system)와 폐쇄체계(closed system) : 체계 내외에서 정보와 자원을 자유롭게 교환하고 에너지를 통과하도록 허용하는 상호작용이 활발한 체계를 개방체계라고 하며, 상호작용을 하지 않는 것을 폐쇄체계라고 말한다.

㉣ 엔트로피(entropy) : 체계 외부가 아니라, 체계의 부분들 간의 상호작용이 결여되어 체계가 발전하는 데 필요한 에너지가 감소하는 것을 말한다. 폐쇄체계에서 무질서의 척도로 나타난다.

㉤ 위계(hierarchy) : 체계의 각 부분은 다양한 방식으로 연결되어 있는데, 하위체계, 상위체계 등 체계 간의 관계를 말한다.

㉥ 안정상태(steady state) : 체계의 부분 간의 관계를 유지시키고, 체계가 붕괴되지 않도록 에너지가 계속 사용되는 상태를 말하는데, 개방체계의 속성을 나타낸다.

㉦ 상호성(reciprocity) : 체계 내 한 부분의 변화는 다른 부분에 영향을 미치고 전체체계에도 파급 효과가 있는 것을 말한다.

㉧ 항상성(homeostasis) : 체계의 내외부에서 발생한 변화로 균형이 깨졌을 때 안정적이며 지속적인 균형상태를 유지하기 위해 회복자고자 하는 유지하고 회복하고자 하는 경향을 말한다.

ⓛ 심리사회모델
- 인간의 문제를 심리적·사회적인 문제로 이해하고, '상황 속의 인간'에 초점을 둠
- 클라이언트의 과거경험이 현재의 심리내적 또는 사회적 기능에 미치는 영향을 강조하고, 클라이언트가 과거 또는 현재의 경험과 관련한 내적 갈등을 이해하고 통찰함으로써 성장하도록 원조함

ⓒ 행동주의모델
- 클라이언트의 문제를 해결하기 위해 클라이언트의 관찰 가능한 행동과 환경을 분석하고 수정하는데, 개입과정에서는 특히 문제와 변화목표를 구체적이고 정확하게 설정하고, 과정과 결과에 대해 객관적으로 모니터하는 것을 강조함
- 사회복지사는 클라이언트가 바람직한 행동을 학습하도록 격려하고 바람직한 행동을 적절히 보상하는데, 특히 클라이언트를 도와줄 수 있는 가족이나 친구들, 이웃들을 찾아내어 클라이언트의 환경에서 강화가 이루어진 후에 종결하는 것이 바람직함

ⓡ 인지행동주의모델 : 대부분의 인지행동주의 접근은 클라이언트가 자신의 사고와 행동을 통제하기 위한 대처기제를 학습하는 교육적 접근을 강조한다. ✔자주출제

ⓜ 과제중심모델 : 과제중심모델은 사회복지사가 효율적으로 학습할 수 있을 뿐 아니라 실천의 효과성과 효율성을 증진하기 위한 요소로서 단기개입(2 ~ 3개월), 구조화된 접근, 클라이언트의 자기결정권에 대한 존중, 클라이언트의 환경에 대한 개입, 개입의 책무성 등을 강조한다.

ⓗ 위기개입모델 ✔자주출제
- 클라이언트가 직면하고 있는 위기를 심리적으로 해소시켜 위기 이전의 기능수행의 수준까지 회복시키는 것
- 위기개입을 할 때에는 가장 적절한 치료전략을 수립해야 하며, 단순한 차선책으로 접근해서는 안됨
- 사회복지사는 보다 적극적·직접적인 역할을 수행해야 함

ⓢ 여성주의모델
- 클라이언트의 문제를 개인적 차원이 아닌 사회·정치적인 구조 안에서 해석하는 것
- 클라이언트와 실천가 사이에 힘의 불균형을 인식하고, 클라이언트가 자기 자신을 위한 결정 기회를 극대화할 수 있도록 클라이언트와 실천가 사이의 평등관계를 강조하는 것
- 치료에 있어 병리적 측면 보다는 클라이언트가 환경과의 상호작용 속에서 역량강화를 경험할 수 있도록 지원하는 것을 궁극적인 목적으로 함

ⓞ 사회구성주의모델
- 사회구성주의는 객관적인 사실보다는 그 사실에 주어진 의미에 강조점을 두고 있으며, 사실이란 사회화 과정을 통해 사회적으로 구성된 것으로 본다. 사람들은 어떤 사물이나 세계를 경험할 때 자신들이 해석한 것, 자신들이 의미를 부여한 것을 사실이라고 생각한다. 그러므로 상담자는 개인과 문제에 대한 사회적 구성을 강조하여 내담자와 상담자 간에 존재하는 언어체계를 중시한다. 개인이 언어를 통해 자신의 세계를 알아가는 동시에 세계를 구성하는 수단이라고 이해하므로, 사회구성주의는 이야기치료라고도 한다.
- 사회구성주의가 강조하는 것은 현실은 그들이 하는 이야기에 구성되고 그들의 행동을 결정하므로, 사회적으로 구성된다고 본다. 상담에서 언어적 활동이 중요하다. 사람들은 언어로써 현실을 구성하고 이야기를 통해 내담자의 관점이 만들어진다고 보며, 내담자의 관점에 의해 현실이 구성된다고 본다. 상담자와 클라이언트는

동등한 입장에 서 있으며, 서로의 관점을 인정하고 수용하는 자세, 협동적인 관계가 필요하다. 상담 목표는 내담자의 행동변화가 아니라 관점 변화에 초점을 두므로 단기상담이 가능하다.
- 사회구성주의 전후 치료기법과 관련된 이론을 보면 정신역동(프로이트, 융, 아들러), 행동주의, 인본주의, 실존주의, 체계론, 페미니즘, 포스트모더니즘, 사회구성주의(이야기치료), 구조주의로 이어진다. 이야기치료는 1980년대 화이트(White)와 엡스톤(Epston)이 개발하였고, 포스트모던 가족치료 모델의 일종이다. 화이트(White)는 아동의 증상이 아닌 아동 자체에 대해 관심을 가지고, 포스트모더니즘을 아동치료에 접목하였고, 엡스톤(Epston)은 클라이언트만을 위한 독특한 지지 원천을 만들고 문학, 인류학 등을 이야기치료 기법에 접목했다. 이야기치료는 인간이란 자신의 삶에 대해 끊임없이 의미를 부여하고 해석하여 이야기하는 존재로, 사회적으로 구성된 인생을 살아가는 존재라고 규정한다. 내재된 병적인 문제를 추구할 때 내적인 가능성과 대안을 찾고자 하는 것이 이야기치료 기법이다.

③ 통합적 방법론

　㉠ 통합적 방법론의 등장배경
- 전통적 방법은 주로 제한된 특정문제 중심의 개입을 하고 있어 최근의 복잡한 문제상황에 대해 적절히 개입하기 어려운 상황이 발생
- 전통적 방법은 지나친 분화와 전문화로 서비스의 파편화 현상을 초래함으로써 다양한 문제와 욕구를 가지고 있는 클라이언트가 여러 기관이나 사회복지사를 찾아다녀야 하는 부담감을 야기

　㉡ 통합적 방법모델 ✔자주출제
- 핀커스(Pincus)와 미나한(Minahan)의 4체계 모델
- 사회복지실천에 공통적인 개념·기술·과업이 있다고 가정하고, 이들의 공통된 핵심적 요인을 서로 연관지음으로써 사회복지실천의 전문적 정체성의 기초를 제공하는 데 그 목적이 있음
- 4체계 : 변화매개체계, 클라이언트체계, 표적체계, 행동체계로 구성
- 펄만(H. Perlman)의 문제해결모델
- 통합적 방법 모델로서 가장 많이 논의되는 문제해결모델은 인간의 삶 자체가 끊임없는 문제해결과정이라는 가정하에 최초로 '문제'를 사회복지실천의 변화표적으로 제시
- 문제해결과정을 4P로 표현하였는데, 즉 '문제(Problem)'를 가지고 있는 '사람(Person)'이 어떤 '장소(Place)'에 자신의 문제를 가지고 도움을 얻기 위해 찾아오게 되며, 사회복지사는 이때 클라이언트와 문제해결기능에 관여하게 되고, 나아가 문제해결에 필요한 자원을 보완해 주는 '과정(Process)'을 활용한다는 것

⑷ 실천관점

① 강점관점 ✔자주출제

　㉠ 개념 … 클라이언트의 문제점만을 두고 관심을 가지기 보다는 문제에 대한 해결점을 발견하고 클라이언트만의 강점을 강화시키는 것에 집중되어 있다.

　㉡ 특징
- 클라이언트를 다른 사람과는 차별된 독특한 인간으로서 대우, 클라이언트만의 다양성과 감정을 존중하여 클라이언트가 목표를 달성하고 역량을 실현해 나갈 수 있도록 도와준다.

- 치료의 초점이 치료 가능성에 있다.
- 클라이언트의 진술은 그 사람을 알아가고 평가하는 중요한 방법 중 하나이다.
- 사회복지사는 클라이언트의 진술을 인정한다.
- 어린 시절의 상처는 개인을 약하게 할 수도 있고 강하게 할 수도 있다고 본다.
- 치료의 핵심은 개인 · 가족 · 지역사회의 참여이다.
- 개인적 발전은 항상 개방되어 있다.
- 변화를 위한 자원은 개인 · 가족 · 지역사회의 장점 · 능력 · 적응기술이다.
- 돕는 목적은 그 사람의 삶에 함께하며 가치를 확고히 하는 것이다.

② 병리관점

㉠ **개념** … 병의 진단적 증상을 주 맥락으로 받아들이고, 진단적 증상과 그 사람의 문제를 동일시한다. 즉, 판단자의 지식과 경험에 근거하여 문제를 규정하며 문제에 맞는 치료과정을 제공한다.

㉡ **특징**
- 치료의 초점이 클라이언트가 겪고 있는 문제에 있다.
- 클라이언트의 진술은 전문가에 의해 재해석되어 진단에 활용된다.
- 사회복지사는 클라이언트의 진술에 회의적이다.
- 어린 시절의 상처는 성인기의 병리를 예측할 수 있는 전조라고 본다.
- 치료의 핵심은 실무자에 의해 고안된 치료 계획이다.
- 사회복지사는 클라이언트 삶의 전문가이다.
- 개인적 발전은 병리에 의해 제한된다.
- 변화를 위한 자원은 전문가의 지식과 기술이다.
- 돕는 목적은 행동, 감정, 사고, 관계의 부정적인 개인적 · 사회적 결과와 증상의 영향을 감소하는 것이다.

③ 성인지 관점

㉠ **개념** … 남성과 여성이 처한 현실에 따라 그 효과가 다를 수 있다는 문제의식에서 출발해 여성과 남성의 삶을 비교하고, 여성 특유의 경험을 반영하며, 특정 개념이 특정한 성에게 유리하거나 불리하지 않은지, 성 역할 고정관념이 개입되어 있는지 아닌지에 대하여 각종 제도나 정책을 검토하는 관점을 말한다.

㉡ **배경** … 클라이언트의 삶과 사회복지실천의 현장 및 개입에서 성이 어떤 역할을 하고 있는지에 대한 영향을 인식하고 그 영향을 고려할 수 있는 관점을 제공해주는 것으로 남녀 성차별의 개선이라는 문제의식에 기반하여 등장한 개념이다.

㉢ 성인지 관점의 중요한 기여는 인간과 사회문제에 대한 접근에서 가부장주의와 남녀불평등 같은 사회구조적 요소들을 고려하지 않는 개념과 시각을 비판하는 것이다. 전통적 사회복지실천에서 활용되는 관점이나 이론 및 접근 모델 등이 성(gender)을 고려하지 않기 때문에 성인지적 관점의 비판의 대상이 되고 있다.

(5) 실천과정 ✔자주출제

① 초기(탐색 · 사정 · 계획)

　㉠ 관계형성 … 실천과정의 초기 국면에서 무엇보다 중요한 것은 관계 또는 라포(rapport)를 형성하는 것이다. 관계가 형성되어야 클라이언트는 사회복지사의 선의와 원조의사를 신뢰하고, 개인적 또는 고통스러운 감정과 정보를 노출할 수 있게 되며, 원조의 효과에 중대한 영향을 미친다.

　㉡ 탐색 · 사정 · 계획 : 사정(assessment)은 클라이언트와 클라이언트의 문제, 환경요인들에 대해 다차원적으로 이루어지며, 특히 클라이언트의 강점과 강화하거나 활성화할 환경체계를 규명하는 것이 중요하다.

> ※ 탐색 도구 ✔자주출제
> - 이고그램(egogram) : 복잡한 사람의 성격을 5가지 성향으로 구분하고 이를 수치화하여 그래프로 나타낸 것이다.
> - 제노그램(genogram) : 가계도라고도 하며, 2~3세대에 걸친 가족성원에 대한 정보와 그들 간의 관계를 도표로 작성하는 것이다.
> - 소시오그램(socio-gram) : 집단내 성원들 간의 상호작용을 상징을 사용하여 그림으로 나타냄으로써 집단 내 소외자, 하위집단, 연합 등을 파악할 수 있게 해주는 도구이다.
> - 생태도(ecomap) : 가족과 그 가족의 생활공간 내에 있는 사람 및 환경 또는 자원과의 연계 등을 하나의 그림으로 그려 나타낸 것이다.

　㉢ 초기에는 다차원적 사정에 기초하여 문제를 해결하거나 경감하기 위한 목표에 대해 클라이언트와 협의하고, 구두 또는 서면으로 계약을 맺는다.

② 중기(실행과 목적달성)

　㉠ 목적을 세부목적과 과제로 부분화한다.

　㉡ 과제실행에 대한 계획을 세운다.

　㉢ 회기간 연속성을 유지한다.

　㉣ 진행과정과 결과를 정기적으로 모니터한다.

　㉤ 진보에 방해가 되는 장애를 해소한다.

③ 종결기(종결과 평가)

　㉠ 상호계획된 종결을 하는 것이 중요하다.

　㉡ 클라이언트는 종결에 대해 억압된 감정의 행동화, 문제의 재발 또는 새로운 문제의 제기, 부인, 회피, 배신감 등 다양한 반응을 보일 수 있다.

　㉢ 사회복지사는 종결과정에서 관계의 종결과 관련된 클라이언트의 감정을 다룰 필요가 있다.

　㉣ 실천과정에서 변화와 성장을 유지하기 위한 전략을 계획하고, 결과에 대해 평가하며, 필요한 경우 사후관리 회기를 갖는다.

(6) 실천기술 ✔자주출제

① **의사소통 기술**…클라이언트와 관계를 형성하고 클라이언트를 면접하기 위한 필수적인 기술이다. 효과적인 원조관계는 사회복지사가 클라이언트의 상황에 대해 공감하고, 클라이언트를 긍정적으로 배려하며, 온화함과 진실성을 드러낼 때 비로소 형성될 수 있다.

② **관계형성과 유지 기술[비에스텍(Biestek)의 관계형성 원칙]** ✔자주출제
  ㉠ **개별화** : 클라이언트의 개인적 특성을 이해하고 개별 특성에 따른 차별적 원조 원칙과 방법을 사용한다.
  ㉡ **의도적 감정표현** : 클라이언트에게서 감정표현을 이끌어내는 것은 클라이언트가 긴장이나 압박으로부터 벗어나 자신의 문제를 좀더 객관적이고 명확하게 볼 수 있게 도와준다.
  ㉢ **통제된 정서적 관여** : 사회복지사는 클라이언트에게 민감하게 반응함으로써 정서적으로 관여한다. 그러나 이때 사회복지사의 반응은 목적의식과 자기인식에 의해 반드시 통제되고 조절되어야 한다. 왜냐하면 클라이언트는 자신의 감정이 그대로 공유되기보다는 자신과는 다른 입장에서 다른 반응을 보이는 사회복지사를 필요로 할 수도 있기 때문이다.
  ㉣ **수용** : 클라이언트의 강점과 약점, 긍정적·부정적 감정, 건설·파괴적 태도와 행동 등을 있는 그대로 받아들인다.
  ㉤ **비심판적 태도** : 클라이언트를 심판하지 않고 인간으로 존중할 때, 클라이언트는 자존감을 회복하고 욕구와 문제를 해결해 나갈 수 있게 된다.
  ㉥ **클라이언트의 자기결정권** : 클라이언트가 자기 결정을 하기 위해서는 직면한 문제를 해결하기 위한 다양한 대안들을 알고 있어야 한다. 따라서 사회복지사는 클라이언트와 함께 가능한 대안들을 탐색해야 하며, 클라이언트가 선택권을 가지고 다른 사람에게 의존하지 않고 스스로 결정을 내릴 수 있게 도와야 한다.
  ㉦ **비밀보장** : 원조관계에서 노출된 클라이언트에 관한 개인정보를 보호한다.

③ **면접기술** ✔자주출제
  ㉠ **관찰** : 선입관을 버리고 실제상황을 있는 그대로 보는 것으로 비언어적 의사소통을 중시한다.
  ㉡ **경청** : 수동적 방법이 아닌 능동적 방법으로, 클라이언트의 이야기에 적절한 의견을 내고 질문을 하거나 이해의 말을 덧붙인다.
  ㉢ **질문** : 클라이언트가 이야기를 하도록 적절한 질문을 한다.
  ㉣ **대화** : 클라이언트와 이야기할 때 그들이 사용하는 용어를 적절히 넣어서 대화내용이 이해되도록 한다.
  ㉤ **통솔** : 면접자가 클라이언트로 하여금 자기감정을 표현하도록 하는 데 사용하며, 면접시 면접자를 지도하며 통솔해 나가야 한다.
  ㉥ **응답** : 공적·사적 질문에 대한 대답이다.
  ㉦ **해석** : 클라이언트가 잘 알지 못하는 것을 이해시킨다.
  ㉧ **환기** : 클라이언트의 문제나 상황과 관련된 감정을 클라이언트로 하여금 표출하도록 하는 기법이다.
  ㉩ **직면** : 클라이언트의 부정적인 감정, 생각, 행동 등을 클라이언트로 하여금 인식하도록 돕는 직접적인 방법이다.

ⓩ **재보증** : 상담자가 클라이언트에 대한 신뢰를 표혐함으로써 클라이언트의 자신감을 향상시키는 방법이다.

ⓚ **일반화** : 클라이언트가 겪는 일이 자신만이 가지고 있는 문제가 아니라는 것을 인식하게 하는 기법이다.

ⓣ **명료화** : 클라이언트가 분명하게 표현하지 못하는 애매하고 함축적인 의미나 내용을 상담자가 파악하고 클라이언트의 실제 감정을 인식할 수 있도록 도와주는 방법이다.

④ **사례관리** ✔자주출제

   ㉠ **의의** : 특정대상을 위한 직접적 서비스 및 지역사회실천에서의 서비스를 합한 것으로, 클라이언트에게 좀 더 포괄적이고 지속적인 서비스를 제공한다.

   ㉡ **사례관리의 개입원칙**
- **서비스의 개별화** : 클라이언트의 독특한 신체적 · 정서적 · 사회적 상황에 따라 각 클라이언트의 욕구에 맞게 서비스를 제공
- **서비스 제공의 포괄성** : 지역사회에서 클라이언트의 다양한 욕구를 충족시키기 위해 필요한 광범위한 지지를 연결하고 조정 · 점검하는 것
- **클라이언트의 자율성 극대화** : 클라이언트의 선택에 대한 자유를 최대화하고 지나친 보호를 하지 않는 것을 의미하는데, 이는 클라이언트의 자기결정권을 가능한 보장하고자 하는 것
- **서비스의 지속성** : 1회의 단편적인 서비스 제공으로 그치는 것이 아니라 클라이언트가 자신의 생활현장에 잘 적응할 수 있도록 지속적으로 원조해야 한다는 것
- **서비스의 연계성** : 복잡하고 분리되어 있는 서비스 전달체계를 연결하는 것

⑤ **기록**

   ㉠ **목적** : 기관의 서비스 수급자격의 입증근거를 구비하기 위한 것으로 연구 · 조사 · 지도 · 감독의 자료가 된다.

   ㉡ **기록의 종류**
- **항목기록** : 시간적으로 기술하지 않고 항목적으로 기술하는 방식으로, 주로 객관적인 자료를 얻기 위해 쓰임
- **요약기록** : 시간의 흐름에 따라 변화된 상황, 개입활동, 정보 등을 요약하여 정리한 방식으로 압축기술이라고 함
- **과정기록** : 케이스워커와 클라이언트가 면담하는 동안 일어난 것들을 시간의 흐름에 따라 구체적으로 기술하는 방식

❷ 집단사회사업

(1) 집단사회사업의 개념

① **집단사회사업의 정의** … 의도적인 집단경험을 통해 인간의 사회적 기능을 증진시키고, 개인 · 집단 · 지역사회의 당면문제들에 대하여 더욱 효과적으로 대처하기 위한 사회복지의 한 방법이다.

② 집단사회사업의 구성요소 및 특성

　　㉠ 집단사회사업의 구성요소

　　　• 4대 구성요소 : 개인, 집단, 프로그램, 집단사회사업가

　　　• 6대 구성요소 : 4대 구성요소에 장소, 목적이 추가

　　㉡ 집단사회사업의 특성

　　　• 집단경험과 집단역할을 중시

　　　• 개인들의 문제를 집단을 매개로 해서 민주시민으로의 성장·발달을 도모하는 것이 목표

　　　• 의도적·계획적인 과정

> ※ 집단사회사업가의 역할
> ㉠ 조력자(enabler) : 집단구성원이 다루고자 하는 과업을 도와 그것을 가능하게 하는 역할을 담당하며 사회적 목표모델에서 주로 이루어짐
> ㉡ 변화촉진자(change agent) : 집단구성원들에게 요구된 변화를 가져오게 하는 역할로서 개인이나 집단은 물론 환경이나 제도의 변화까지도 요구되며 치료모델에서 주로 이루어짐
> ㉢ 매개자, 자료제공자(mediator or resource person) : 집단구성원 간의 상호작용, 상호부조를 중시, 필요에 따라 집단구성원과 사회자원과의 매개 및 자료제공을 하며, 상호작용모델에서 주로 이루어짐

(2) 집단사회사업의 발달과정

① 출현기(1861 ~ 1927)

　　㉠ 인보관운동

　　　• 기독교 사상에 입각, 빈민가에 사는 사람들의 생활개선을 목표로 함

　　　• 1884년 영국에서 Toynbee Hall이 설립, 미국 최초의 인보관은 Coit가 뉴욕에 설립한 근린조합

　　　• 인보관의 주요 프로그램

　　　－취학전 아동을 위한 회합

　　　－사회행동집단과 오락과 문화생활을 위한 회합

　　㉡ 청소년단체

　　　• YMCA(기독교청년회), YWCA(여자기독교청년회), 소녀우애협회, 소년클럽 등

　　　• 특징 : 노동자의 자녀교육 또는 자녀를 위한 환경조성에 대한 욕구에 반응하여 설립된 기관

　　　• 활동 : 초기에는 청년들의 정신적 조건을 개선하는 데 강조점을 두었으나 점차 건전한 도덕성을 갖춘 모든 청년들의 정신적·사회적·심리적 조건을 향상시키는 것으로 확대

② 정착기(1928 ~ 1946)

　　㉠ 경제공황과 제2차 세계대전이라는 2가지의 큰 중요한 사건의 영향으로 인해 발전의 전기를 마련하였다.

　　㉡ 1946년에는 미국 집단사회사업가협회(AAGW)가 구성, 집단사회사업가의 기능에 대한 성명서 채택, 집단사회사업 활동영역 확대 등이 이루어졌다.

③ 성장기(1947 ~ 1963)

　　㉠ **사회적 기능향상을 위한 집단활동** : 정신건강센터, 병원, 가족복지기관 등이 있었다.

　　㉡ **오락 및 교육적 목적의 집단활동** : 유태인 지역사회센터, YMCA 등이 있었다.

④ 통합단계(1964년 이후)

　　㉠ **특징** : 사회사업분야의 통합적 접근방법에 대한 요구가 증가하여 집단사회사업의 전문성이 약화되고, 집단사회사업 교과목 개설학교가 축소되었다.

　　㉡ **집단사회사업의 추세** : 사회목표모형, 치료모형, 상호작용모형 등 다양한 집단사회사업이 이루어지고 있다.

(3) 집단의 분류(R. Toseland & R. Rivas) ✔자주출제

① **치료집단**

　　㉠ **지지집단** : 익명금주동맹(AA ; Alcoholics Anonymous)으로 시작한 자조집단은 과거에 유사한 관심과 문제를 가지고 있었거나 현재 가지고 있는 사람들이 집단을 활용하여 그들의 경험을 나누고 서로 정보와 지지를 제공하여 문제에 대한 대처능력을 향상시키고자 하는 것에 목적을 두고 있다.

　　㉡ **교육집단** : 교육집단의 1차적 목적은 집단성원에게 기술과 정보를 제공하는 것으로, 주로 전문가의 강의와 교육이 중심이고 교육의 효과를 강화하기 위해 집단토론의 기회를 제공한다.

　　㉢ **성장집단** : 주로 성원들의 자기개발, 잠재력개발, 인간관계 개선 등을 목적으로 하므로 다른 집단에 비해 자기노출이 많은 편이며, 감수성 훈련 등이 활용된다.

　　㉣ **치료집단** : 정신질환, 약물복용 등 역기능적 문제를 보이거나 병든 사람을 건강하게 하는 목적을 가지고 있어 의료적 모델에서 기인되었다고 할 수 있다.

　　㉤ **사회화집단** : 소년원의 학생, 정신병원의 정신장애인, 미혼모 등이 앞으로 지역사회에 적응하고 미래에 대한 계획을 세울 수 있도록 돕는 것이다.

② **과업집단**

　　㉠ 의무사항의 이행, 조직 또는 집단의 과업성취를 위해 구성된 집단이다.

　　㉡ 조직적 욕구를 해결하려는 집단에는 위원회, 행정집단, 협의회가 있다.

　　㉢ 성원의 욕구를 충족시키는 집단에는 팀, 치료회의, 사회행동집단이 있다.

> ※ **집단역동의 4가지 영역(R. Toseland & R. Rivas)**
> • 의사소통과 상호작용, 집단의 결속력, 사회통제역학, 집단문화

(4) 집단개입의 방법(Papell & Rothman)

① **사회적 목표 모델**… 사회의식과 사회책임을 강조하여 주로 사적인 문제를 공적인 영역으로 해석하여 사회적 쟁점에 대한 토론과 대안을 모색함으로써 집단성원을 바람직한 시민으로 성장시키고 민주적 과정을 습득하는 것을 지향한다. 사회복지관의 지역환경 지킴이나 공공주거단지의 주민들이 범죄에 대항하기 위해 조직한 집단이 해당된다.

② **치료 모델** … 개인 치료를 위한 도구로 집단을 활용하는 모델로, 집단은 개인의 목적을 달성하는 하나의 방법이나 관계상황으로 보고, 집단과정을 통한 변화는 개인의 치료와 재활을 위한 수단이 된다. 사회적 기능 수행상 문제가 있는 개인의 회복을 위해 임상에서 사용되며, 알코올 중독자들의 회복집단, 정신치료집단 등이 대표적인 예이다.

③ **상호작용 모델** … 집단성원과 사회 간의 공생적·상호적인 관계를 통해 집단성원들의 요구와 문제를 해결하는 데 초점을 두고, 가정폭력피해자집단, 에이즈환자집단 등이 대표적인 예이다.

❸ 지역사회조직사업

(1) 지역사회조직사업의 의의

① **지역사회조직사업의 개념** … 지역사회를 단위로 하여 발생하는 문제(지역사회주민이 당면하고 있는 공통적인 요구나 곤란)를 지역 스스로가 조직적으로 해결할 수 있도록 하는 측면에서 도움을 주는 일종의 기술적인 과정이다.

> ※ **지역사회조직사업의 과정**
> ㉠ **사실의 파악** : 지역사회에서 발생하는 다양한 사회복지문제, 그것에 대한 요구 및 주민의 의식정도, 그 문제의 성격에 대한 지역실태조사, 앙케이트, 주민 토론회 및 좌담회를 통해 파악·검토한다.
> ㉡ **계획수립** : 문제해결이나 욕구충족을 위한 장·단기 목표설정, 목표의 실현방법, 우선순위의 결정, 조직이나 기구의 설치, 필요경비의 책정이나 조달방법 등에 대한 계획을 수립해야 한다.
> ㉢ **계획실시의 촉진** : 지역사회를 위한 사회사업계획의 필요성을 인식시키고 활동의 동기를 유발할 수 있는 홍보, 조직내부의 상호협력관계를 유지·강화할 수 있는 조정활동 등이 이루어져야 한다.
> ㉣ **자원의 활용 및 동원** : 계획의 수행을 위해 인적·물적·사회적 기타 각종 자원의 활용 및 동원이 이루어져야 한다.
> ㉤ **활동의 평가** : 활동사업을 평가하고 그 효과를 측정한다.

② **지역사회조직사업의 특성**
  ㉠ 지역사회주민의 생활욕구 및 생활문제를 해결한다.
  ㉡ 지역사회주민의 욕구를 조직적으로 해결한다.
  ㉢ 연락조정활동을 전개한다.
  ㉣ 지역사회주민을 조직화한다.
  ㉤ 지역사회의 자원을 활용한다.
  ㉥ 홍보·교육활동을 전개한다.

(2) 지역사회조직사업의 내용

① 지역사회조직사업의 원칙

    ㉠ 자주성 중시의 원칙 : 지역사회의 목적설정이나 활동에 대해 지역주민의 자주적인 참가와 협동을 도모해야 한다.

    ㉡ 과정지향의 원칙 : 과정을 통해 지역사회의 단결과 협력이 이룩될 수 있는 계기가 주어지기 때문에 과업성취에 이르는 모든 과정이 중요하다.

    ㉢ 조정의 원칙 : 지역사회주민 간의 마찰이나 대립으로 인한 갈등 및 문제는 상호작용 방법에 따라 조정이 가능하다.

    ㉣ 합의의 원칙 : 지역사회의 문제해결이나 목표달성을 위해 전주민의 의견일치를 목적으로 삼는 방법상의 원칙이다.

    ㉤ 능력부여자로서의 역할의 원칙 : 능력부여자로서의 역할을 중시하는 사회사업가의 역할상의 원칙이다.

② 지역사회조직사업의 사회적 기구

    ㉠ 사회복지협의회 : 지역사회 내의 각종 사회복지시설, 사회복지에 관심을 가지는 민간단체나 개인의 연합체 또는 협회로, 지역사회가 요구하는 사회복지가 가능한 한 적절하고 효과적으로 달성될 수 있도록 상호협동 계획 및 활동을 조정한다.

    ㉡ 공동모금회 : 시민과 사회복지기관과의 협동조직체로, 지역사회 전체를 대상으로 자료를 모집하고 조직적인 예산편성에 따라 가입기관에 배분한다.

(3) 지역사회조직사업의 모델(J. Rothman) ✔자주출제

① **지역사회개발** … 광범위한 주민들을 변화목표의 설정과 실천행동에 참여시켜야 지역사회가 가장 효과적으로 변화할 수 있다는 전제에서 개발된 모델이다. 따라서 지역주민들이 적극 참여하여 최대한의 주도권을 가지고 지역사회의 경제적·사회적 조건을 향상시키기 위한 과정을 강조한다. 사회복지사의 역할은 안내자, 조력자, 격려자, 조정자, 전문가, 사회치료자이다.

② **사회계획** … 사회계획은 비행, 주택, 정신건강 등의 사회문제를 해결하기 위한 기술적 과정을 강조하며, 특히 문제해결을 위한 합리적 계획의 수립, 통제된 변화, 전문가의 역할 등을 강조한다. 사회복지사의 역할은 계획가, 자료수집자, 분석가, 조직가, 행정가, 촉진자, 프로그램 실행자, 교육가이다.

③ **사회행동**

    ㉠ 지역사회내 불이익을 받는 주민들이 사회정의와 민주주의 차원에서 보다 많은 자원과 향상된 처우를 요구하는 행동을 말하며, 이를 위해 기존 제도와 공공기관의 기본정책 등의 근본적 변화를 추구한다.

    ㉡ 사회행동모델을 적용한 예로는 학생운동, 여권신장운동, 노동조합운동, 환경보호운동 등이 포함된다.

    ㉢ 사회복지사의 역할은 조력자 ,중개자, 옹호자, 대변자, 행동가이다.

(4) 지역사회 전문사회사업가의 역할

① **안내자의 역할**… 지역사회주민들이 자신들의 목표를 설정하고 성취하는 방법을 스스로 발견할 수 있도록 자극·협조한다.

② **조정자의 역할**… 지역사회주민들에게 공통의 목표를 인식시켜 그 목표를 성취하는 방향으로 나아가게 하는 역할을 수행한다.

③ **전문기술자의 역할**… 지역사회를 분석·진단하고, 전문적 지식에 관한 정보를 제공한다.

④ **사회치료가의 역할**… 협력활동의 장애를 제거하고, 인간의 정신을 쇄신시킨다.

❹ 사회복지조사

(1) 사회복지조사의 의의

① **사회복지조사의 개념**… 사회복지의 한 방법으로서 사회복지 프로그램을 계획하고 수행하는 데 활용할 수 있는 지식을 산출하는 것이다.

② **사회복지조사방법**
  ㉠ **통계조사** : 사회복지조사의 대상이 비교적 큰 경우에 실시하며, 전수조사와 표본조사로 나눌 수 있다.
  ㉡ **사례조사**
   • 통계적인 방법에 의한 양적 측정을 적용하기 힘든 개인이나 가족제도, 문화집단 및 지역사회의 생활을 조사·분석하는 연구방법
   • 조사대상이 작거나 개별적인 특성 및 역사적 과정을 중시하는 경우에 많이 사용되며, 개별사회사업이나 집단사회사업 연구는 사례조사가 더 우세하다.
  ㉢ **욕구조사** : 주민의 욕구수준을 계량적으로 측정하는 방법으로 지역사회 공개토론회, 주요 정보제공자 조사, 현지조사 등을 통해 이루어진다.
  ㉣ **평가조사** : 사회복지기관에서 실시한 서비스의 효과를 측정하는 방법이다.
  ㉤ **횡단조사**
   • 특정시점(정태적 조사)에서 조사를 실시하는 것으로 여러 조사 대상들의 변수값을 비교 분석하는 것이다.
   • 서로 다른 연령, 인종, 종교, 성별, 소득수준, 교육수준 등 광범위한 사람들의 표집으로 일정 시점에서 특정 표본이 가지고 있는 특성을 파악하거나, 특성에 따라 집단을 분류하는 것이다.
  ㉥ **종단조사** : 하나의 분석대상을 장기간에 걸쳐 일정한 시간 간격을 두고 여러 차례 반복적으로 측정 하여 자료를 수집하는 방법이다. 여기에는 패널조사, 경향조사, 동년배조사 등이 있다.
   • 패널조사(panel study) : 장기간에 걸쳐 동일한 주제를 가지고 동일한 응답자에게 반복해서 면접이나 관찰을 행하는 조사 방법이다.

- 추세조사(trend study) : 장기간에 걸쳐 동일한 주제에 대해 반복해서 면접이나 관찰을 행하지만 패널조사와는 달리 응답자가 매 조사 때마다 바뀌어 이루어지는 조사 방법이다.
- 동년배조사(cohort study) : 동류집단 조사, 동시경험집단 조사라고도 한다. 5년이나 10년 이내의 좀 더 좁고 구체적인 범위 안에 속한 인구집단의 변화를 조사하기 위한 조사 방법이다.

※ 횡단조사와 종단조사의 비교

횡단조사	종단조사
- 표본조사	- 현장조사
- 모집단을 대표할 수 있는 자료를 제공	- 조사마다 새롭게 표집 된 표본에 관한 자료를 제공
- 측정이 단 한 번에 이루어짐	- 반복적으로 측정이 이루어짐
- 정태적 조사	- 동태적 조사
- 일정 시점의 특정 표본이 가지고 있는 특성을 파악	- 일정 기간 변화하는 상황을 조사함
- 조사대상의 특성에 따라 집단을 분류하여 비교·분석하므로 표본의 크기가 클수록 좋음	- 유형에 따라 서로 다른 시점에서 동일 대상자를 추적해 조사해야 하므로 표본의 크기가 작을수록 좋음

※ 초점집단 인터뷰 : 보통 6~10명 정도의 사람들이 어떤 제품이나 서비스 또는 조직에 대해 훈련된 면접자와 1~2시간 동안 이야기하게 하는 정성조사방법의 하나이다. 연구자의 역할이 중요하며 밀폐된 공간에서 자유토론방식으로 진행되며, 참가자들은 해당 분야의 전문성을 갖추고 있어야 한다.

---

(2) 사회복지의 조사단계 ✔자주출제

① 연구문제의 설정

　㉠ **연구문제의 적절성** : 연구범위의 적절성, 조사의 현실적 여건, 검증가능성, 효율성 등을 고려해야 한다.

　㉡ **가설과 가설검증** : 둘 이상의 변수들 간의 관계에 대한 일종의 추측으로, 가설은 이론으로부터 도출될 수 있고, 가설들에 대한 검증들이 쌓여서 이론을 변화시켜 나간다.

※ 개념적 정의와 조작적 정의

㉠ **개념적 정의** : 연구에서 사용되는 주요 용어들을 개념적으로 정의하는 것이다. 연구의 관심과 초점에 맞추어서 그에 합당한 측면의 개념을 규정하는 것이 개념적 정의의 목적이다.

㉡ **조작적 정의** : 개념들에 대한 경험적인 지표로 활용될 특정한 조작작업을 구체화하는 것이다.

---

② 연구설계

　㉠ **연구설계의 개념** : 연구문제에서 나타난 이론이나 가설들 또는 순수한 의문 자체들을 경험적으로 검증하기 위해 어떤 자료들이 필요한지, 그런 자료들을 어떻게 수집할 것인지 등을 계획하는 것이다.

　• 연구설계의 타당도

　- 내적 타당도 : 종속변수(결과)에서 나타나는 변이가 독립변수(원인)의 변이에 의한 것임을 확신할 수 있는 정도를 말한다. 즉, 인과성에 대한 추론가능성이 얼마나 높은지를 나타내는 타당도이다.

　- 외적 타당도 : 표본에서 얻어진 연구결과를 두고 연구조건을 넘어선 환경이나 다른 집단들에까지 확대해석 또는 일반화할 수 있는 정도를 말한다.

ⓛ 측정 ✔자주출제
- 측정의 개념 : 추상적인 개념을 경험화하는 작업으로, 경험적인 특질들에 대해 규칙에 의거해서 숫자나 기호 등을 배정하는 절차
- 측정의 척도
- 명목측정(명목척도) : 단순히 분류하기 위하여 측정대상의 속성에 부호나 수치를 부여하는 것으로 성, 인종, 결혼 여부 등을 측정함
- 서열측정(서열척도) : 측정대상에 서열이나 순위를 매길 수 있도록 수치를 부여하는 것이지만, 서열 간의 동일한 간격이나 절대량을 지적하지는 않으며, 사회계층, 선호도, 서비스 평가 등을 측정함
- 등간측정(등간척도) : 측정대상의 서열 간의 간격이 동일하도록 수치를 부여하는 것으로 시험점수, 온도 등을 측정함
- 비율측정(비율척도) : 측정대상의 속성에 절대적인 영을 가진 척도로 수치를 부여하는 것으로 연령, 무게, 출생률, 사망률 등을 측정함
- 측정의 타당도와 신뢰도 : 실제로 측정을 수행하는 과정에서는 이 두 가지 측면이 종종 갈등적인 성격을 띠기도 하는데, 타당도를 강조하다 보면 신뢰도가 약해질 수 있고, 신뢰도를 강화하기 위한 노력들은 타당도를 저해하는 결과를 초래할 수도 있음
- 타당도의 종류
- 내용타당도 : 측정도구에 포함된 설문문항들이나 관찰항목들에 대해서, 주관적 또는 상호주관적 판단에 기초하여 그것들의 적합성 여부를 결정하는 것이다.
- 기준타당도 : 경험적인 근거를 통해 타당도를 확인하는 방법이다. 현재 개발된 측정도구에 의해 산출된 측정 결과들이 비교 기준이 되는 다른 측정결과들과 높은 연관성을 갖게 될 때, 기준타당도는 높아진다.
- 구성타당도 : 측정되는 개념이 관련을 맺고 있는 개념들이나 가정들을 토대로 해서 전반적인 이론적 틀 속에서 측정도구의 타당성을 경험적으로 검증하는 방법이다.
- 신뢰도 측정기법
- 상호관찰자 기법 : 두 명 이상의 관찰자들이 관찰의 내용을 서로 숙지한 다음에 관찰을 하여, 개별 관찰자들 간에 얼마나 일관성이 나타나는지 또는 얼마나 높은 상관관계가 있는지를 알아본다.
- 검사·재검사 기법 : 동일한 집단의 측정 대상자들에게 같은 측정도구를 사용하여 측정을 두 번 실시하고, 그에 따른 두 번의 점수들에 대한 상관관계가 계산된다.
- 유사·양식 기법 : 두 가지 유사한 양식의 설문지를 사용하여 신뢰도를 측정하는 방법이다.
- 이분절 기법 : 이분절 기법은 종종 내적 일관성 신뢰도라고도 불리는 방법이다. 이 기법은 전체 측정도구를 몇 부분으로 나누어 그것들을 각기 독립된 측정도구들로 간주하여 신뢰도를 추정한다.

ⓒ 표집 ✔자주출제
- 확률표집
- 단순무작위표집 : 모집단의 명부가 작성되어야 하고, 도구로는 제비와 난수표가 있어야 하는데, 모집단의 대표성이 있는 표본을 추출할 수 있지만, 시간이 많이 소요
- 계통적 표집 : 전집의 모든 사례수를 어떤 순서로 나열하였을 때 표집수를 일정한 k번째의 사례만을 표집하여 얻는 방법

- 층화표집 : 연구하고자 하는 변인에 영향을 줄 수 있는 요인에 대해 사전에 고려하여 하위전집으로 구분한 후 각 하위전집 또는 하위유층에서 표집함으로써 표집오차를 줄일 수 있는 방법
- 집락표집 : 최종의 표집단위를 1차적으로 표집하는 것이 아니라, 이러한 단위를 포함하는 자연적 및 인위적 구성의 상위집단을 먼저 표집하는 방법
- 비확률표집
- 편의표집 : 연구자가 쉽게 이용 가능한 대상을 표본으로 선택하는 방법으로, 비용을 적게 들이고 시간을 절약할 수 있지만, 표본의 대표성과 결론의 일반화에 한계가 있음
- 판단표집 : 연구자의 주관적 판단에 따라 연구목적에 도움이 될 수 있는 대상들을 표본으로 선택하는 방법으로, 연구자가 풍부한 사전지식을 가지고 있을 때 유용하며, 일반적으로 예비조사 등에 사용
- 할당표집 : 추출된 표본이 모집단의 특성을 잘 대표할 수 있도록 모집단의 특성을 나타내는 하위집단별로 표본수를 배정한 다음 표본을 추출하는 방법
- 누적표집 : 첫 단계에서 연구자가 임의로 선정한 제한된 표본에 해당하는 사람들로부터 추천을 받아 다른 표본을 선정하는 과정을 되풀이하여 마치 눈덩이를 굴리듯이 표본을 누적해 가는 방법으로, 연구자가 특수한 모집단의 구성원을 전부 파악하고 있지 못할 때 적합한 방법

> **※ 관찰의 종류**
> ㉠ **비참여관찰** : 관찰자가 제3자의 입장에서 관찰하는 것이다.
> ㉡ **참여관찰** : 관찰자가 임시적으로 관찰대상집단의 내부사람이 되어 관찰 하는 것이다.
> ㉢ **집단관찰** : 관찰자가 미리 결정된 기준을 갖지 않고 관찰하는 것이다.
> ㉣ **체계적인 관찰** : 관찰내용이 표준화 되어 있고, 관찰자와 피험자가 공히 통제된 상태에서 관찰하는 것이다.
> ㉤ **대량관찰** : 단순관찰과 체계적인 관찰 의 2가지 방법을 병행하는 것이다.

③ 자료수집
  ㉠ 개념 : 연구설계에서 채택된 자료수집방법에 따라 자료들을 직접적으로 수집하는 것이다.
  ㉡ 자료수집방법
    - 관찰법 : 연구자의 지각 · 청각을 이용하여 자료를 수집하는 방법
    - 질문법 : 구두 또는 문서에 의한 질문으로서, 조사대상자로부터 회답을 구하는 방법
    - 문헌조사법 : 기존의 문헌을 이용하여 필요한 자료를 수집하는 방법

④ 자료의 처리 및 분석단계
  ㉠ 수집된 자료들은 분류화 · 부호화되어 입력된다.
  ㉡ 통계적 기법을 이용한 자료분석을 중시하며, 각종 통계치들에 대한 해석능력을 필요로 한다.

⑤ 해석단계

　ⓐ 연구문제에 대한 조사연구의 결론을 내리는 것이다.

　ⓑ 분석결과를 통해 연구문제에서 도출된 명제가 참인지 거짓인지, 결과에 대한 일반화는 가능한지, 결론에 대한 한계설정 등을 고려하는 단계이다.

　　• 해석단계에서의 오류

　　−생태학적 오류 : 집단을 대상으로 한 조사에 근거한 내용을 개인에 대해서도 동일할 것으로 가정하고 설명할 때 발생한다.

　　−환원주의적 오류 : 어떤 현상이나 개념을 지나치게 제한하거나 단순화할 때 발생한다.

　　−개별주의적 오류 : 소수의 표본에서 얻은 결과를 전체에게 과도하게 확대 적용할 때 발생한다.

⑥ **보고서 작성**…문제설정의 과정부터 해석의 단계까지를 포함하는 조사연구보고서를 작성하는 것으로 조사연구의 방법과 과정, 수집된 자료들의 성격, 분석결과 등이 기록된다.

최근 기출문제 분석

2025 제1회 지방직 9급

1 사회복지실천모델에 대한 설명으로 옳은 것은?

① 생태체계모델은 클라이언트의 비합리적 신념의 수정을 강조한다.

② 인지행동모델은 기적질문을 통해 클라이언트가 원하는 바를 파악한다.

③ 심리사회모델은 사회복지사의 신속한 개입과 초점적 문제해결을 강조한다.

④ 과제중심모델은 시간제한적 단기개입과 클라이언트의 자기결정권을 강조한다.

> **TIP** ① 생태체계모델은 클라이언트와 환경 간의 상호작용을 중시하며, 클라이언트가 처한 다양한 체계(개인, 가족, 지역사회 등)를 분석하고 조화롭게 기능할 수 있도록 지원한다. 비합리적 신념의 수정은 인지행동모델에서 강조한다.
> ② 인지행동모델은 클라이언트의 사고(인지)와 행동 간의 관계를 분석하고, 비합리적인 사고를 수정하여 행동 변화를 유도한다. 기적질문은 해결중심모델에서 사용되는 기법이다.
> ③ 심리사회모델은 클라이언트의 심리적 요인과 사회적 환경을 종합적으로 고려하는 모델이며, 비교적 장기적·심층적인 접근을 지향한다. 신속한 개입과 초점적 문제해결은 과제중심모델의 특징이다.

2025 제1회 지방직 9급

2 로스만(Rothman)의 지역사회개발모델에 대한 설명으로 옳은 것만을 모두 고르면?

> ⊙ 옹호자로서 사회복지사의 역할을 강조한다.
> ⓒ 지역사회의 자발성과 지도력 강화를 강조한다.
> ⓒ 과정보다는 과업성취 중심의 목표를 추구한다.
> ⓔ 지역주민의 자조와 광범위한 참여를 장려한다.

① ⊙, ⓒ   ② ⊙, ⓒ

③ ⓒ, ⓔ   ④ ⓒ, ⓔ

> **TIP** 로스만(Rothman)의 지역사회개발모델은 지역사회의 역량과 자원을 활용하여 자발적인 참여와 협력을 통해 문제를 해결하고, 지역사회의 질적 향상을 목표로 한다.
> ⓒ 주민 스스로가 문제를 해결할 수 있도록 자발적 참여와 리더십을 강화하는 데 중점을 둔다.
> ⓔ 주민 스스로 문제 해결에 참여하도록 장려하며, 지역사회 구성원의 자조(self-help)와 참여를 강조한다.
> ⊙ 옹호(advocacy) 역할은 지역사회조직모델에서 강조되는 것으로 지역사회개발모델에서는 주민의 자발성과 참여를 중시하며, 사회복지사는 촉진자 역할에 더 가깝다.
> ⓒ 지역사회개발모델은 과정적 참여와 협력, 민주적 의사결정을 중요시하며, 과업 성취뿐 아니라 과정도 중요하게 여긴다.

Answer   1.④   2.③

3 측정의 신뢰도에 대한 설명으로 옳지 않은 것은?

① 신뢰도는 측정값들의 일관성을 의미한다.

② 측정의 무작위적 오류가 적을수록 신뢰도가 높아진다.

③ 질문 문항을 분명하게 작성하여 모호성을 줄이면 신뢰도가 높아진다.

④ 검사-재검사법에서는 크론바흐 알파(Cronbach's α) 값을 통해 신뢰도를 확인할 수 있다.

> **TIP** 검사-재검사법은 시간을 두고 동일 검사를 반복해 결과 일치도를 확인하는 방법이고 크론바흐 알파(Cronbach's α)는 내적 일관성을 측정하는 지표로, 동일 시점에서 문항 간 일관성을 평가한다. 즉, 검사-재검사법과 크론바흐 알파는 측정하는 신뢰도 유형이 다르다.

4 생태도(ecomap)에 대한 설명으로 옳은 것만을 모두 고르면?

> ㉠ 여러 세대에 걸친 가족관계 양상을 분석할 때 활용된다.
> ㉡ 클라이언트의 가족 및 환경체계 간의 관계를 그림으로 나타낸다.
> ㉢ 가족과 외부 환경 간 자원교환을 파악하고 개입계획을 세우는 데 유용하다.
> ㉣ 생애사건이 클라이언트의 현재 문제에 미친 영향력을 파악할 수 있다.

① ㉠, ㉡
② ㉠, ㉢
③ ㉡, ㉢
④ ㉡, ㉣

> **TIP** 생태도는 클라이언트 가족과 그를 둘러싼 외부 환경(사회체계)과의 관계를 시각적으로 표현한 도구다. 가족과 외부 체계 간의 상호작용, 자원 교환, 스트레스 요인 등을 파악하여 개입 계획 수립에 활용한다.
> ㉠ 여러 세대에 걸친 가족관계 양상을 분석할 때 활용되는 것은 가계도. 생태도는 가족과 외부 환경 간 관계를 다루는 반면, 가계도는 가족 내 세대 간 관계를 분석하는 차이점이 있다.
> ㉣ 생애사건이 클라이언트의 현재 문제에 미친 영향력을 파악할 수 있다는 설명은 생애사연표(life history timeline) 또는 생애사 인터뷰와 관련된다. 생태도는 가족과 환경 간 관계를 중심으로 다루므로 차이가 있다.

Answer 3.④ 4.③

5 확률표집(probability sampling)에 해당하는 표집 방법은?

① 층화표집(stratified sampling)

② 유의표집(purposive sampling)

③ 눈덩이표집(snowball sampling)

④ 편의표집(convenience sampling)

> **TIP** 확률표집(Probability Sampling) … 모집단의 모든 구성원이 표본으로 선택될 '확률'을 가지고 있는 표집 방법이다. 표본이 모집단을 대표할 가능성이 높아 통계적 추론이 가능하고 무작위(랜덤)로 표본을 선정하여 표본 편향(bias)을 최소화한다. 확률표집 방법으로는 단순무작위표집(Simple Random Sampling), 층화표집(Stratified Sampling), 집락표집(Cluster Sampling), 체계적 표집(Systematic Sampling)이 있다. 비확률표집(Non-Probability Sampling)은 표본이 선정될 확률이 불분명하거나 임의적인 표집 방법으로 모집단 전체를 대표하지 못할 가능성이 크고, 통계적 추론이 어렵다. 연구자의 판단, 편의, 접근성 등에 의해 표본을 선정하는 것으로 편의표집(Convenience Sampling), 유의표집(Purposive Sampling), 눈덩이표집(Snowball Sampling), 할당표집(Quota Sampling)이 있다.

6 핀커스와 미나한(Pincus & Minahan)이 제시한 사회복지실천의 구성요소에 대한 설명으로 옳지 않은 것은?

① 사회복지사가 소속된 기관은 변화매개체계에 해당한다.

② 클라이언트체계는 잠재적으로 복지 지원이 필요한 모든 지역 주민이다.

③ 목표달성을 위해 변화시킬 필요가 있는 사람은 표적체계에 해당한다.

④ 행동체계는 사회복지사의 활동 목적을 달성하기 위해 공동으로 노력하는 사람과 기관이다.

> **TIP** 핀커스와 미나한(Pincus & Minahan)이 제시한 사회복지실천의 구성요소로 변화매개체계, 클라이언트체계, 표적체계, 행동체계를 제시하였다. 이 중 클라이언트체계는 복지 지원이 필요한 모든 지역 주민이 아니라 사회복지사가 개입하여 변화를 시도하는 대상이며, 특정 개인, 가족, 집단 또는 지역사회가 될 수 있다.

Answer 5.① 6.②

7 사회복지실천과정에서 사정에 해당하지 않는 것은?

① 사회복지실천과정에서 지속적으로 이루어진다.

② 클라이언트에 대한 이해와 개입계획의 기초를 제공한다.

③ 문제해결을 위한 구체적인 행동을 이행하는 단계이다.

④ 사회복지사와 클라이언트 사이의 상호작용을 매개로 이루어진다.

> **TIP** ③ 문제해결을 위한 구체적인 행동을 이행하는 단계는 실행단계이다.
> ※ 사정 및 계획단계
> ㉠ 사실적 자료를 분석하여 전문적인 개입의 목적과 목표를 결정하는 과정
> ㉡ 전체적인 상황을 이해하는 사고의 전개과정
> ㉢ 클라이언트의 능력, 감정, 강점, 자원을 함께 평가하는 과정
> ㉣ 클라이언트의 문제를 다각적인 측면에서 파악하는 과정

8 사회복지조사과정을 순서대로 바르게 나열한 것은?

㈎ 자료분석	㈏ 문제제기
㈐ 조사설계	㈑ 보고서 작성
㈒ 자료수집	

① ㈎ → ㈏ → ㈐ → ㈑ → ㈒

② ㈏ → ㈐ → ㈎ → ㈒ → ㈑

③ ㈏ → ㈐ → ㈒ → ㈎ → ㈑

④ ㈏ → ㈒ → ㈎ → ㈐ → ㈑

> **TIP** 사회복지조사과정
> 문제제기 → 조사설계 → 자료수집 → 자료분석 → 보고서 작성

Answer 7.③ 8.③

9 임파워먼트(empowerment)에 대한 설명으로 옳지 않은 것은?

① 클라이언트의 비판적 사고능력 함양을 강조한다.

② 클라이언트와 사회복지사 간의 협력적인 관계를 강조한다.

③ 클라이언트의 문제와 취약성을 파악하는 것을 강조한다.

④ 클라이언트 스스로 자신의 삶을 통제하고 역량을 증진하는 것을 강조한다.

> **TIP** ③ 임파워먼트란 '어떤 일을 할 수 있도록 주어진 권한이나 힘'을 뜻한다. 따라서 클라이언트의 문제와 취약성을 파악하는 것보다는 강점에 초점을 둔다.

10 사회복지 조사설계에 대한 설명으로 옳지 않은 것은?

① 통제집단사후조사(posttest-only control group design)는 사전검사의 영향을 배제하고자 할 때 유용한 조사설계이다.

② 솔로몬4집단조사(Solomon four group design)는 내적타당도와 외적타당도를 높일 수 있지만 실용적이지 않은 조사설계이다.

③ 시계열조사(time-series design)는 통제집단 없이 한 집단을 선택해서 여러 번의 사전·사후검사를 실시하는 조사설계이다.

④ 단일집단사전사후조사(one group pretest posttest design)는 무작위 배정을 통해 조사대상자를 선정하고 통제집단 없이 사전·사후검사를 실시하는 조사설계이다.

> **TIP** ④ 단일집단사전사후조사(one group pretest posttest design)는 조사대상자에 대해서 사전검사를 실시하고, 독립변수를 도입한 후 사후검사를 실시하여 인과관계를 추정하는 조사설계이다. 단일집단사전사후조사는 전실험설계 유형에 속한다.
> ※ 전실험설계(pre-experimental design) … 실험설계에서 무작위 배분은 물론 비교나 통제 중 한 가지 이상 제외된 형태로 이루어진 다소 원시적인 단계의 실험설계

Answer　9.③　10.④

11 인지행동모델에 대한 설명으로 옳지 <u>않은</u> 것은?

① 클라이언트의 적극적이고 능동적인 참여가 중요하다.

② 위기상황과 같은 즉각적인 개입이 필요한 클라이언트에게 유용하다.

③ 일정한 교육수준 혹은 지적 능력을 가진 클라이언트에게 효과적이다.

④ 클라이언트의 비합리적 사고를 수정하고 새로운 행동 기술을 습득할 수 있도록 원조한다.

> **TIP** 인지행동모델은 클라이언트가 자신의 생활 경험을 보다 현실적이고 긍정적으로 인식하고, 사고ㆍ해석하는 방법을 학습하도록 지지함으로써 사회 기능을 향상시킨다.
> ② 클라이언트는 필요한 지적 능력과 자신의 사고방식을 분석하고 모니터하는 데 필요한 시간을 투자해야 하며, 장기간 습관화된 사고방식을 바꾸고자 하는 노력이 필요하다. 따라서 위기상황과 같은 즉각적이고 단기적인 개입이 필요한 클라이언트에게 적합하지 않다.

12 사회복지실천의 종결단계에서 사회복지사가 수행하는 역할에 대한 설명으로 옳지 <u>않은</u> 것은?

① 이별에 대한 정서적 반응 다루기

② 개입을 통해 획득한 성과를 유지할 수 있는 전략 개발하기

③ 적절한 종결시기 결정하기

④ 클라이언트와의 관계 형성하기

> **TIP** ④ 클라이언트와의 관계 형성하기는 초기단계에서 사회복지사가 수행하는 역할이다.
> ※ 종결단계에서 사회복지사의 역할
> ㉠ 종결 시기 결정하기 : 개입 목표 달성 정도, 문제의 해결 정도와 클라이언트의 정서적인 애착과 의존성을 고려하여 종결 시기를 결정한다.
> ㉡ 정서적 반응 다루기 : 종결 시 이별에 따른 클라이언트의 부정적 감정이 나타내기 쉬운데, 부정적 감정을 수용하고 부정적 감정을 표현하도록 해준다.
> ㉢ 획득한 목표와 성과 유지 및 강화하기 : 성취한 목표를 유지, 강화하여 클라이언트가 계속해서 성장할 수 있도록 계획을 세운다.
> ㉣ 의뢰하기 : 해결되지 못한 문제가 있거나 새로운 서비스가 필요할 때 다른 기관에 의뢰한다.
> ㉤ 서비스 평가하기 : 사회복지 개입의 과정에 대해 사정하고, 목표 성취 정도를 평가한다.

Answer　11.②　12.④

13 다음에서 설명하고 있는 로스만(Rothman)의 지역사회복지실천 모델은?

> • 지역사회복지의 목표를 과업 중심에 둔다.
> • 문제해결을 위해 전문가가 합리적이고 과학적인 대안을 제시하는 데 초점을 둔다.
> • 사회복지사는 분석가, 사실 수집가, 프로그램 실행자 등의 역할을 수행한다.

① 지역사회개발모델　　　　　　② 사회계획모델

③ 사회행동모델　　　　　　　　④ 사회운동모델

TIP ② 사회계획모델은 지역사회복지 목표를 과업 중심에 두고, 사회계획 및 정책의 효과성과 효율성을 강조한다.

　※ 로스만(J. Rothman)의 지역사회조직사업의 모델

　　㉠ 지역사회개발모델 : 지역사회의 문제를 해결하고 사회를 통합하는 데 있어 주민들의 자조정신을 강조하며, 자조 기반을 통해 지역사회를 새롭게 만드는 데 초점을 두는 형태이다.

　　㉡ 사회계획모델 : 지역사회 문제를 해결하는 데 있어 지역사회복지의 목표를 과업 중심에 두고, 공식적인 계획과 정책을 핵심적인 요인으로 설정하여 사회계획이나 정책의 효과성과 효율성을 강조한다. 사회복지사의 분석가, 프로그램 실행자로서의 역할이 강조된다.

　　㉢ 사회행동모델 : 지역사회의 소외된 주민들이 사회정의와 정치적 공평성의 입장에서 정치·경제적으로 더 나은 처우를 받을 수 있도록 해주는 데 초점을 두는 형태로, 사회복지사의 중개자, 옹호자로서의 역할이 강조된다.

Answer　13.②

14 사회복지실천에서 활용하는 집단의 유형에 대한 설명으로 옳지 않은 것은?

① 교육집단(educational group)은 기술과 정보를 제공하는 데 목적을 둔다.

② 사회화집단(socialization group)은 사회적으로 수용가능한 행동을 습득하도록 돕는 데 목적을 둔다.

③ 성장집단(growth group)은 개인적인 문제를 치료하는 데 목적을 둔다.

④ 지지집단(support group)은 스트레스를 주는 생활 사건에 효과적으로 대처하도록 원조하는 데 목적을 둔다.

TIP ③ 성장집단은 성원들의 자기개발, 잠재력 개발, 인간관계 개선 등을 목적으로 하는 집단으로 감수성 훈련 등이 활용된다. 정신질환, 약물복용 등 역기능적 문제를 보이거나 병든 사람을 건강하게 치료하는 데 목적을 둔 집단은 치료집단이다.

※ 토스랜드와 리바스의 집단 분류: 치료집단과 과업집단
   ⊙ 치료집단: 지지집단, 교육집단, 성장집단, 치료집단, 사회화집단
   ⓒ 지지집단: 유사한 관심과 문제를 가진 사람들이 경험을 나누고 서로 정보와 지지를 제공하여 문제에 대한 대처능력을 향상시키고, 스트레스를 주는 생활사건에 효과적으로 대처하도록 원조하는 데 목적을 둔 집단이다.
   ⓒ 교육집단: 성원에게 기술과 정보를 제공하는 목적을 둔 집단이다.
   ⓔ 성장집단: 성원들의 자기개발, 잠재력 개발, 인간관계 개선 등을 목적으로 하는 집단이다.
   ⓜ 치료집단: 역기능적 문제를 보이거나 병든 사람을 건강하게 치료하는 목적을 둔 집단이다.
   ⓗ 사회화집단: 소년원의 학생, 미혼모 등이 앞으로 지역사회에 적응하고 사회적으로 수용가능한 행동을 습득하며, 미래에 대한 계획을 세우도록 돕는 데 목적을 둔 집단이다.

Answer 14.③

15 사회복지사가 활용하는 사정도구에 대한 설명으로 옳은 것만을 모두 고르면?

> ㉠ 생태도(ecomap)는 클라이언트와 주변 체계 간의 관계를 도식화한 것이다.
>
> ㉡ 사회도(sociogram)는 집단 구성원 간 상호작용의 질적인 관계를 도식화한 것이다.
>
> ㉢ 생활력 도표(life history grid)는 클라이언트의 사회적 기능을 파악하는 데 필요한 요소를 사정하는 도표이다.
>
> ㉣ 가계도(genogram)는 클라이언트가 속한 가족구성원과 가족관계를 도식화한 것이다.

① ㉠, ㉢

② ㉡, ㉣

③ ㉠, ㉡, ㉣

④ ㉠, ㉢, ㉣

TIP ㉢ 생활력 도표는 클라이언트의 삶에서 중요한 사건이나 문제를 시기별로 나타낸 도표이다.

※ 가족체계 사정도구

- 생태도(ecomap) : 클라이언트와 가족을 포함하는 주변체계를 환경과의 관계 속에서 도식화한 것이다. 생태도의 기능은 클라이언트 가족이 집단과 단체, 조직, 다른 가족, 개인들과 맺는 관계의 본질에 대해 전체적 시각을 갖도록 한다. 가족의 건강한 성장, 발전 및 적응에 기여하는 외부환경과의 상호교류와 가족기능을 약화시키는 외부환경과의 상호교류에 대한 이해를 돕는다.
- 사회도(sociogram) : 간접적인 질문 및 관찰을 통해 집단 내의 친소 관계 및 전체적인 인간관계를 나타낸 그림이다. 집단 구성원 간 상호작용의 질적인 관계와 집단의 구성원이 서로 가지고 있는 감정이나 태도를 바탕으로 하여 구성원 상호 간의 선택, 거부, 무관심 따위의 관계를 나타낸다.
- 생활력 도표(life history grid) : 클라이언트의 삶에서 중요한 사건이나 문제를 시기별로 나타낸 도표이다.
- 가계도(genogram) : 2~3세대에 걸친 복잡한 가족관계를 한눈에 볼 수 있게 도식화한 것으로, 가족 성원의 세대 간 맥락에 기반한 정서적, 행동상의 문제를 검토하는 데 유용하게 활용된다.
- 이고그램(egogram) : 복잡한 사람의 성격을 5가지 성향으로 구분하고 이를 수치화하여 그래프로 나타낸 것이다.

Answer 15.③

16 **일반체계이론의 주요 개념에 대한 설명으로 옳지 않은 것은?**

① 시너지(synergy) : 체계 내부 또는 외부와의 상호작용이 증가함으로써 체계 내에 유용한 에너지가 증가하는 현상

② 안정상태(steady state) : 외부환경으로부터 에너지의 투입 없이 체계 내의 평형상태를 유지하려는 속성

③ 홀론(holon) : 특정 체계가 그 체계를 구성하는 작은 체계의 상위체계임과 동시에, 그 체계를 둘러싼 큰 체계의 하위체계가 되는 현상

④ 경계(boundary) : 외부환경과 대상체계를 구분하는 일종의 테두리

> **TIP** ② 안정상태(steady state)는 체계의 부분 간의 관계를 유지시키고, 체계가 붕괴되지 않도록 에너지가 계속 사용되는 상태를 말한다. 외부환경과의 교류를 하지 않고 에너지의 투입 없이 체계 내의 평형상태를 유지하려는 속성은 평형상태(equilibrium)이다.
>
> ※ 베르탈란피(Bertalanffy)의 일반체계이론(general system theory : GST) … 체계란 정리되고 서로 연결된, 기능적 전체를 형성하는 일련의 요소들을 의미하며, 개인·가족·집단·조직·지역사회 등이 해당한다. 체계들 간에는 끊임없는 투입과 산출의 흐름이 있는데, 투입은 에너지·정보·의사소통을 다른 체계로부터 받을 때, 산출은 다른 체계로 방출될 때를 말한다.
>
> ※ 체계론의 주요 개념
> ㉠ 개방체계(open system)와 폐쇄체계(closed system) : 체계 내외에서 정보와 자원을 자유롭게 교환하고 에너지를 통과하도록 허용하는 상호작용이 활발한 체계를 개방체계라고 하며, 상호작용을 하지 않는 것을 폐쇄체계라고 말한다.
> ㉡ 위계(hierarchy) : 체계의 각 부분은 다양한 방식으로 연결되어 있는데, 하위체계, 상위체계 등 체계 간의 관계를 말한다.
> ㉢ 홀론(holon) 또는 부분적 전체 : 유기체가 그 자체로 전체를 형성하면서도 더 큰 전체의 일부를 이루는 경향을 말한다. 즉, 부분임과 동시에 전체라는 체계 속성을 말하며, 부분적 전체라고도 한다.
> ㉣ 경계(baundary) : 외부환경으로부터 체계를 구분하는 것으로, 외부체계로부터 에너지를 받아들이고 체계의 생산물을 외부체계로 산출하는 기능을 담당하는 특성을 말한다.
> ㉤ 엔트로피(entropy) : 체계 외부가 아니라, 체계의 부분들 간의 상호작용이 결여되어 체계가 발전하는 데 필요한 에너지가 감소하는 현상을 말한다. 폐쇄체계에서 무질서의 척도로 나타난다.
> ㉥ 넥엔트로피(negentropy) : 체계 외부로부터 에너지가 유입됨으로써 체계 내부에 유용하지 않은 에너지가 감소하는 현상을 말한다.
> ㉦ 시너지(synergy) : 체계 내부 또는 외부와의 상호작용이 증가함으로써 체계 내에 유용한 에너지가 증가하는 현상을 말한다.
> ㉧ 균형, 평형상태(equilibrium) : 폐쇄체계에서 고정화되어 외부환경과의 교류를 하지 않는 상태를 말한다.
> ㉨ 안정상태(steady state) : 체계의 부분 간의 관계를 유지시키고, 체계가 붕괴되지 않도록 에너지가 계속 사용되는 상태를 말하는데, 개방체계의 속성을 나타낸다.
> ㉩ 상호성(reciprocity) : 체계 내 한 부분의 변화는 다른 부분에 영향을 미치고 전체체계에도 파급 효과가 있는 것을 말한다.
> ㉪ 항상성(homeostasis) : 체계의 내외부에서 발생한 변화로 균형이 깨졌을 때 안정적이며 지속적인 균형 상태를 유지하기 위해 회복자고자 하는 유지하고 회복하고자 하는 경향을 말한다.

Answer 16.②

17 사회복지실천이 전통적 접근법에서 통합적 접근법(generalist approach/integrated approach)으로 변화하게 된 배경으로 옳지 않은 것은?

① 서비스의 파편화 현상 방지

② 전문직으로서의 정체성 확립 신장

③ 사회복지사의 직장 선택과 이동의 용이성 제고

④ 사회복지 분야별 분업화 촉진

> **TIP** ④ 통합적 접근법에서는 분야별 분업화와 전문화보다는 사회복지는 상호교류와 상호작용하는 하나의 체계로 이해되고 클라이언트의 원조에 있어 통합하는 데 초점이 있다.
>
> ※ 통합적 접근법
> ㉠ 등장 배경 : 제한된 특정문제에 대한 개입만을 중요시하는 전통적 사회복지접근의 한계가 나타났다. 복잡한 문제상황에 대해 적절히 개입하기 어려운 상황이 발생했다. 지나친 분화와 전문화로 서비스의 파편화 현상을 초래하여 다양한 문제와 욕구를 가진 클라이언트가 여러 기관이나 사회복지사를 찾아다녀야 하는 부담감을 야기했다. 인간과 환경은 서로 분리되어 있는 것이 아니라 지속적 상호교류를 하는 하나의 체계로 이해되었다. 체계이론적 관점과 생태학적 관점을 활용하면서 이론적 기반이 형성되었다.
> ㉡ 통합적 접근법 모델로는 핀커스와 미나한의 4체계 모델(변화매개체계, 클라이언트체계, 표적체계, 행동체계)과 펄만의 문제해결모델이 있다.

18 표본추출에 대한 설명으로 옳지 않은 것은?

① 체계적 표집(systematic sampling)은 전체 목록에서 매 k번째의 요소를 표본으로 추출하는 방법이다.

② 할당 표집(quota sampling)은 모집단을 일정한 하위집단으로 나눈 후, 무작위로 표본을 추출하는 방법이다.

③ 눈덩이 표집(snowball sampling)은 특정 모집단의 구성원을 찾기 어려울 때 활용하는 표집방법이다.

④ 군집 표집(cluster sampling)은 대규모 조사에서 활용하는 표집방법이다.

> **TIP** ② 할당표집은 모집단을 일정한 카테고리로 나눈 다음 이들 카테고리에서 표본을 작위적으로 추출하는 방법이다. 모집단 내에서 하위집단으로 나눈 후, 각각의 층에서 무작위로 표집하여 표집오차를 줄이는 확률표집 방법은 층화표집이다.
>
> ※ 표본추출 방법
> ㉠ 확률표집방법 : 단순무작위표집, 체계적 표집, 집락표집, 층화표집
> ㉡ 비확률표집방법 : 할당표집, 편의표집, 유의표집, 눈덩이표집

Answer 17.④ 18.②

2024 인사혁신처 9급

19 사회복지사가 클라이언트의 입장에 서서 클라이언트가 경험한 감정, 행동, 동기 등을 민감하고 주의 깊게 이해하는 실천 기술은?

① 공감

② 동정

③ 수용

④ 해석

> **TIP** ① 공감: 클라이언트의 입장이 되어 클라이언트의 생각이나 경험한 감정, 행동, 동기 등을 내 것처럼 느끼고 이해하는 기술
> ② 동정: 클라이언트의 감정에 깊이 빠져서 고통을 동참해서 몰입하는 기술
> ③ 수용: 클라이언트의 강점과 약점, 긍정적이거나 부정적인 감정, 건설적이거나 파괴적인 태도와 행동 등을 있는 그대로 받아들이는 기술
> ④ 해석: 클라이언트가 잘 알지 못하는 것을 이해시키는 기술

2024 인사혁신처 9급

20 사례관리가 등장한 배경으로 옳지 않은 것은?

① 복합적인 욕구를 가진 클라이언트 증가

② 지방분권화에 따른 서비스 공급의 탈중앙화

③ 탈시설화에 따른 지역사회 중심의 서비스 필요

④ 서비스 전문화에 따른 서비스 연계 필요성 감소

> **TIP** ④ 서비스 망이 복잡해지고 분산되며 전문화됨으로써 서비스 간 연계성 부족의 문제점이 나타남으로써, 서비스 연계 필요성 증가
> ※ 사례관리의 등장배경
>   ㉠ 클라이언트의 양적 증가
>   ㉡ 다양한 문제와 복합적인 욕구를 가진 클라이언트의 증가
>   ㉢ 탈시설화로 인한 지역사회 서비스의 증가
>   ㉣ 서비스 공급주체의 다원화와 서비스 공급의 지방분권화(탈중앙화)
>   ㉤ 복잡하고 분산된 서비스 체계
>   ㉥ 클라이언트와 그 가족, 이웃에게 부과되는 과도한 책임 분산의 필요성
>   ㉦ 사회적(비공식적) 지지체계와 지원망의 중요성에 대한 인식
>   ㉧ 대인복지 서비스의 비용효과로서 서비스들 간의 중복을 피하여 서비스 전달 비용을 억제할 필요성
>   ㉨ 복지국가의 재정적 위기

Answer 19.① 20.④

21 자살 위험이 있는 클라이언트에 대한 개입 방법으로 옳지 않은 것은?

① 자살 유발 요인을 개인 및 사회환경적 차원에서 다각도로 파악한다.

② 절망 척도, 자살 가능성 척도 등을 활용해 자살 위험 정도를 평가한다.

③ 클라이언트가 자살에 대해 말하면 신속하게 위로하고 다른 주제로 전환한다.

④ 클라이언트가 느끼는 정서적 고통, 절망감, 무력감 등에 대해 경청한다.

> **TIP** ③ 클라이언트가 자살에 대해 말하면 자살하려는 이유, 현재 상황을 구체적으로 말하도록 하여 자살과 관련된 클라이언트 자신의 사고를 탐색하도록 돕는다.
>
> ※ 자살 위험이 있는 클라이언트를 위한 개입
>   ㉠ 자살 생각이 있는지를 탐색하고, 자살 유발 요인을 개인 및 사회환경적 차원에서 다각도로 파악한다.
>   ㉡ 자살 생각의 가능성이 보이면 절망 척도, 자살 가능성 척도 등을 활용해 자살 위험도를 평가한다.
>   ㉢ 자살에 대해 말하면, 자살하려는 이유, 현재 상황을 구체적으로 말하도록 하여 자살과 관련된 클라이언트 자신의 사고를 탐색하도록 돕는다.
>   ㉣ 클라이언트의 감정표현을 격려하고, 정서적 고통, 절망감, 무력감 등에 대해 경청하여 그 원인에 대한 통찰을 하도록 돕는다.
>   ㉤ 클라이언트의 강점과 자원을 탐색하여 자신의 긍정적인 면을 찾도록 돕는다.

22 다음에서 설명하는 사례관리 기술은?

> • 서비스 제공 기관들이 원활하고 조화롭게 서비스를 제공할 수 있도록 한다.
> • 서비스의 중복, 누락, 단절이 일어나지 않게 하는 효과가 있다.
> • 서비스 제공 기관들이 공동의 목적을 이루기 위해 함께 협력하는 활동이다.

① 의뢰   ② 조정

③ 중개   ④ 사정

> **TIP** ② 조정: 서비스 제공 기관들이 조화롭게 서비스를 제공하여 서비스 지원망의 효율성을 높이고, 서비스의 중복, 누락, 단절이 일어나지 않게 한다.
>
> ※ 사례관리의 기능
>   ㉠ 클라이언트와 필요한 서비스의 연결
>   ㉡ 공식적 체계와 비공식적 체계의 동시 활용
>   ㉢ 비공식자원 체계와 클라이언트의 상호작용 촉진
>   ㉣ 사례관리기관 상호간의 조정
>   ㉤ 상담
>   ㉥ 문제해결
>   ㉦ 옹호

Answer   21.③   22.②

23 사회복지실천의 간접적 개입 예시로 옳은 것만을 모두 고르면?

㉠ 문제 해결에 필요한 정보를 클라이언트에게 제공

㉡ 불이익을 받고 있는 클라이언트 옹호

㉢ 클라이언트 동기 부여를 위한 상담

㉣ 클라이언트 권한 강화를 위한 프로그램 개발

---

① ㉠, ㉢

② ㉡, ㉣

③ ㉠, ㉡, ㉢

④ ㉠, ㉡, ㉣

TIP ㉠, ㉢은 직접적 개입이다.

※ 사례관리의 개입(사례관리자의 역할)
- 직접적인 개입 : 상담 및 치료, 문제해결 역량 강화, 교육 및 훈련, 정보제공(상담자, 교육자 역할)
- 간접적인 개입 : 프로그램 개발, 중개, 조정, 옹호(개발자, 중개자, 조정자, 옹호자 역할)
- 중개 : 클라이언트와 지원 및 서비스를 연결하고, 법률적 도움이나 필요한 자원을 얻도록 돕는다.
- 조정 : 서비스 제공 기관들이 조화롭게 서비스를 제공하여 서비스 지원망의 효율성을 높이고, 서비스의 중복, 누락, 단절이 일어나지 않게 한다.
- 옹호 : 클라이언트를 위한 서비스 전달에 필요한 자원이 없거나 제공되지 않을 경우, 적절한 서비스를 받을 수 있는 권리를 확보 유지하도록 정책을 변화시키고 자원을 제공하도록 한다.

24 사회복지실천의 가치와 윤리에 대한 설명으로 옳지 않은 것은?

① 가치는 개인의 윤리 기준이 모여 사회적으로 형성된 행동 지침이다.

② 가치는 좋은 것, 바람직한 것에 대한 가정이자 신념이다.

③ 윤리는 도덕적으로 옳고 그른 것을 판단하는 규범이다.

④ 윤리는 인간의 행동을 규제하는 기준이나 원칙을 포함한다.

TIP ① 윤리는 개인의 가치 기준이 모여 사회적으로 형성된 행동 지침이다.

※ 사회복지실천의 가치와 윤리
- ㉠ 가치 : 무엇이 좋고 바람직한 것인지에 대한 가정이자 신념으로, 추구해야 할 이상적인 것이며 행동의 기준이다.
- ㉡ 윤리 : 어떤 행동의 옳고 그름에 대한 판단 기준(규범)으로, 집단사회의 행동 지침이며, 인간의 행동을 규제하는 기준이나 원칙을 포함한다.

Answer 23.② 24.①

2024 인사혁신처 9급

25 다음 예시에서 공통적으로 사용된 사회복지실천 개입 기술은?

> • "아이를 심하게 야단쳤다고 하셨는데, 어떻게 야단쳤다는 말씀이신지요?"
> • "모든 것이 다 끝났다고 하셨는데, 구체적으로 설명해 주시겠습니까?"
> • "부모님과 이야기하면 기분이 안 좋아져서 없어져 버렸으면 좋겠다고 했는데, 없어져 버렸으면 좋겠다는 말은 무슨 뜻인가요?"

① 직면
② 요약
③ 명료화
④ 재보증

> **TIP** 사회복지실천 개입 기술
> ㉠ 명료화 : 클라이언트의 생각이나 감정, 경험을 명확히 이해하기 위해 클라이언트의 진술이 추상적이거나 혼란스러운 경우에 보다 구체적으로 표현하도록 클라이언트에게 요청하는 기술이다.
> ㉡ 직면 : 클라이언트가 가지고 있는 그릇된 감정이 기만적인 형태임을 인정하게 하는 기술이다. 클라이언트의 생각과 행동의 불일치나 모순점을 이야기해주거나, 클라이언트가 자신의 문제의 존재와 문제 내용에 대해 회피, 부정, 왜곡 등을 하거나 자신의 행동의 결과에 대해 인식하기를 거부하는 경우에 자신에 대한 인식력을 향상시키기 위한 기술이다
> ㉢ 요약 : 클라이언트가 한 말의 내용과 그 속에 담긴 감정, 의미들을 전체적으로 정리하는 기술이다.
> ㉣ 재보증 : 사회복지사가 신뢰를 표현함으로써 클라이언트의 자신감을 향상시키는 기술이다. 자신의 능력이나 자질에 대해 회의적인 클라이언트를 대상으로 이들의 자신감을 향상시키기 위해 활용하는 기술이다.

2024 인사혁신처 9급

26 위기개입모델을 적용하여 학교폭력에 개입하는 방법으로 옳지 않은 것은?

① 피해 아동이 불안, 분노, 죄책감 등을 완화하도록 지지한다.
② 가해자와 피해 아동을 분리하고 피해 아동을 안전한 장소에서 보호한다.
③ 피해 아동이 폭력에 대한 왜곡된 인지를 재구조화 하도록 질문과 논박을 한다.
④ 폭력을 목격한 학생들이 억압된 감정을 분출할 수 있도록 함께 이야기하고 토론한다.

> **TIP** ③ 인지 재구조화로 인지행동치료 기법이다. 부정적인 생각이나 믿음, 그릇된 가정을 다시 재구성해서 이를 더 현실적이고 긍정적인 생각으로 변경하는 것이다.
> ※ 위기개입모델
> 클라이언트가 직면하고 있는 위기를 심리적으로 해소시켜 위기 이전의 기능수행의 수준까지 회복시키는 것에 있으며, 위기개입을 할 때에는 가장 적절한 치료전략을 수립해야 하고 단순한 차선책으로 접근해서는 안 된다. 사회복지사는 보다 적극적으로 직업적인 역할을 수행해야 한다.

Answer 25.③ 26.③

2024 인사혁신처 9급

27 사회복지 조사에서 측정 오류를 줄이기 위한 방법으로 옳지 않은 것은?

① 신뢰도와 타당도가 확보된 측정 도구를 활용한다.

② 조사대상자가 이해할 수 있는 수준의 어휘를 사용한다.

③ 조사대상자가 조사에 참여하고 있음을 의식하도록 유도한다.

④ 편견이 개입될 수 있는 용어를 배제하여 설문지를 구성한다.

> **TIP** ③ 조사대상에 의한 오차가 발생할 수 있다. 조사대상자가 조사에 참여하고 있음을 의식하도록 유도하면, 조사대상자의 피로, 긴장 등으로 인해 측정결과에 영향을 미칠 수 있기 때문이다.
>
> ※ 측정 오류를 줄이기 위한 방법
> ㉠ 신뢰도와 타당도가 확보된 측정 도구 사용
> ㉡ 전문용어를 피하고 조사대상자가 이해할 수 있는 수준의 어휘 사용
> ㉢ 편견이 개입될 수 있는 용어 배제
> ㉣ 측정항목 수를 늘림
> ㉤ 유사한 질문을 적절히 배치하여 일관성 있는 응답 유도
> ㉥ 조사대상자를 배려한 환경, 분위기 조성
> ㉦ 측정방식의 일관성 유지

2023 인사혁신처 9급

28 강점 관점(strength perspective)에 대한 설명으로 옳은 것만을 모두 고르면?

> ㉠ 개입의 초점을 희망과 가능성에 둔다.
> ㉡ 외상이나 질병이 개인을 강하게 할 수도 있다고 본다.
> ㉢ 클라이언트의 문제나 병리에 초점을 두는 의료모델에 이론적 기반을 둔다.
> ㉣ 해결해야 할 과제에 대한 전문가를 클라이언트가 아니라 사회복지사로 인식한다.

① ㉠   ② ㉠, ㉡

③ ㉠, ㉡, ㉣   ④ ㉡, ㉢, ㉣

> **TIP** ㉢㉣ 병리적 관점에 대한 설명이다.

Answer 27.③ 28.②

29 (가)~(라)에 해당하는 비스텍(Biestek)의 사회복지실천 관계의 원칙을 바르게 나열한 것은?

> (가) 고유한 존재로 대우받고 싶은 클라이언트의 욕구에 기반을 둔 관계의 원칙이다. 이 원칙에 따르면 사회복지사는 클라이언트의 특성을 인정하고 이해해야 한다.
>
> (나) 존엄한 존재로 인정받고 싶은 클라이언트의 욕구에 기반을 둔 관계의 원칙이다. 이 원칙에 따르면 사회복지사는 클라이언트를 있는 그대로 받아들이고 대해야 한다.
>
> (다) 자신의 감정을 자유롭게 표현하고 싶은 클라이언트의 욕구에 기반을 둔 관계의 원칙이다. 이 원칙에 따르면 사회복지사는 클라이언트가 부정적 감정도 표현하도록 도와야 한다.
>
> (라) 자신이 표현한 감정에 대해 반응과 공감적 이해를 받고 싶은 클라이언트의 욕구에 기반을 둔 관계의 원칙이다. 이 원칙에 따르면 사회복지사는 클라이언트의 감정에 대해 의도적이며 적절한 반응을 보여야 한다.

	(가)	(나)	(다)	(라)
①	개별화	수용	의도적 감정표현	통제된 정서적 관여
②	개별화	수용	통제된 정서적 관여	의도적 감정표현
③	수용	개별화	통제된 정서적 관여	의도적 감정표현
④	수용	개별화	의도적 감정표현	통제된 정서적 관여

TIP 비스텍(Biestek)의 사회복지실천 관계의 7원칙

㉠ 개별화 : 고유한 존재로 대우받고 싶은 클라이언트의 욕구에 기반을 둔 관계의 원칙

㉡ 의도적 감정표현 : 자신의 감정을 자유롭게 표현하고 싶은 클라이언트의 욕구에 기반을 둔 관계의 원칙

㉢ 통제된 정서적 관여 : 자신이 표현한 감정에 대해 반응과 공감적 이해를 받고 싶은 클라이언트의 욕구에 기반을 둔 관계의 원칙

㉣ 수용 : 존엄한 존재로 인정받고 싶은 클라이언트의 욕구에 기반을 둔 관계의 원칙

㉤ 비심판적 태도 : 문제 책임에 대해 심판받고 싶지 않은 클라이언트의 욕구에 기반을 둔 관계의 원칙

㉥ 내담자의 자기결정 : 자신의 문제에 대해서 스스로 결정하고자 하는 클라이언트의 욕구에 기반을 둔 관계의 원칙

㉦ 비밀보호 : 비밀보장을 원하는 클라이언트의 욕구에 기반을 둔 관계의 원칙

Answer 29.①

2023 인사혁신처 9급

30 면접에서 활용하는 상담기술에 대한 설명으로 옳은 것은?

① '바꾸어 말하기'는 한 주제를 마무리하고 다른 주제로 이동하는 것을 용이하게 하는 기술이다.

② '직면'은 클라이언트가 지닌 생각이나 행동의 모순을 이해하도록 돕는 기술이다.

③ '격려'는 클라이언트가 한 말의 내용, 감정, 의미 등을 정리하는 기술이다.

④ '해석'은 클라이언트가 자신의 감정표현을 촉진하도록 돕는 기술이다.

> **TIP** ① '바꾸어 말하기'는 클라이언트가 말한 용어와 같은 뜻을 가진 다른 말로 바꾸어 말함으로써 내담자의 말을 확인하는 기술이다.
> ③ '격려'는 클라이언트가 더 많은 자기노출을 하도록 돕고, 문제해결능력을 최대화시키는 데 효과적인 기술이다.
> ④ '해석'은 클라이언트가 한 말의 내용, 감정, 의미 등에 대해 새로운 가설을 제시하는 것으로 클라이언트가 받아들일 준비가 되어 있다고 판단될 때 시도해야 한다.

2023 인사혁신처 9급

31 측정에 대한 설명으로 옳은 것은?

① 측정의 신뢰도가 높으면 타당도도 높아진다.

② 서열척도는 속성 간의 거리나 간격을 동일한 것으로 보는 척도이다.

③ 신뢰도 검사는 측정도구가 일관성 있는 결과를 도출하는지를 확인하는 것이다.

④ 측정 시 발생하는 비체계적 오류에는 문화적 차이에 의한 편향, 사회적 적절성 편향 등이 있다.

> **TIP** ① 측정의 신뢰도가 높다고 타당도도 높은 것은 아니다. 높은 신뢰도를 보이는 측정에서도 낮은 타당도, 보통 타당도, 높은 타당도가 나타날 수 있다.
> ② 속성 간의 거리나 간격을 동일한 것으로 보는 척도는 등간척도이다.
> ④ 문화적 차이에 의한 편향, 사회적 적절성 편향은 측정 시 발생하는 체계적 오류에 해당한다. 비체계적 오류는 측정 과정에서 조사 체계와는 관계없이 발생하는 오류이다.

Answer 30.② 31.③

32 다음에서 설명하고 있는 연구방법은?

> • 무작위 할당을 통한 실험집단과 통제집단을 둔다.
> • 두 집단 모두에게 사전검사와 사후검사를 실시한다.
> • 실험집단에는 개입을 제공하지만, 통제집단에는 개입을 제공하지 않는다.

① 실험설계(experimental design)
② 단일사례설계(single subject design)
③ 유사실험설계(quasi-experimental design)
④ 일회사례연구설계(one-shot case study design)

TIP 제시된 내용은 실험설계에 대한 설명이다.
② 단일사례설계 : 통제집단 혹은 비교집단 없이 실험집단만 두는 단일대상연구설계. 개별 대상자의 행동변화를 증명하기 위해서 계획된 연구방법
③ 유사실험설계 : 무작위 할당 대신 다른 방법을 통하여 실험집단과 유사한 비교집단을 구성하는 설계방법
④ 일회사례연구설계 : 실험변수에 노출된 단일집단에 처치를 한 후 사후적으로 종속변수를 측정하는 방법. 처치효과를 평가할 수 있는 기준점이 없고 통제집단이 없어 집단 간 비교가 불가능한 설계방법

33 6~12세에 해당하는 아동 시기에 대한 설명으로 옳은 것은?

① 제1차 신체적 성장 급등기에 해당하는 시기이다.
② 피아제(Piaget)가 제시한 형식적 조작기 단계의 사고가 주로 나타나는 시기이다.
③ 이 시기의 아동은 단체놀이를 통하여 개인의 목표가 집단의 목표보다 우선시됨을 학습하게 된다.
④ 에릭슨(Erikson)은 이 시기의 아동이 성공적인 발달을 하게 되면 능력(competence)이라는 미덕을 획득한다고 보았다.

TIP ① 제1차 신체적 성장 급등기에 해당하는 시기는 영아기이다.
② 피아제가 제시한 형식적 조작기 단계의 사고가 주로 나타나는 시기는 12~16세이다.
③ 이 시기의 아동은 단체놀이를 통하여 집단의 목표가 개인의 목표보다 우선시됨을 학습하게 된다.

Answer 32.① 33.④

2023 인사혁신처 9급

34 로웬버그와 돌고프(Loewenberg & Dolgoff)가 제시한 윤리원칙심사표상의 원칙을 우선순위에 따라 바르게 나열한 것은?

> ㉠ 삶의 질의 원칙
> ㉡ 최소 해악의 원칙
> ㉢ 자율성과 자유의 원칙
> ㉣ 사생활 보호와 비밀보장의 원칙

① ㉠ - ㉢ - ㉡ - ㉣
② ㉠ - ㉢ - ㉣ - ㉡
③ ㉢ - ㉠ - ㉡ - ㉣
④ ㉢ - ㉡ - ㉠ - ㉣

> **TIP** 로웬버그와 돌고프가 제시한 윤리원칙심사표상의 원칙
> • 1단계 : 생명 보호의 원칙
> • 2단계 : 평등과 불평등의 원칙
> • 3단계 : 자율과 자유의 원칙
> • 4단계 : 최소 해악의 원칙
> • 5단계 : 삶의 질의 원칙
> • 6단계 : 사생활 보호와 비밀보장의 원칙
> • 7단계 : 진실성과 완전 공개의 원칙

2023 제1회 지방직 9급

35 사회복지실천에서 사정(assessment)에 대한 설명으로 옳지 않은 것은?

① 환경 속의 인간이라는 맥락에 기초한다.
② 사회복지 개입의 성과를 확인할 수 있다.
③ 사회복지사와 클라이언트의 상호협력적 활동이다.
④ 클라이언트의 욕구와 문제를 이해하는 과정이다.

> **TIP** 사회복지실천과정은 접수→ 자료수집과 사정→ 계획 수립→ 개입→ 평가와 종결의 과정을 거친다.
> ② 사회복지 개입의 성과를 확인할 수 있는 과정은 평가와 종결이다.

Answer 34.④ 35.②

2023 제1회 지방직 9급

36 양적조사방법과 비교할 때 질적조사방법의 특징으로 옳지 않은 것은?

① 주관성

② 귀납적 방법

③ 일반화의 한계

④ 연구절차의 경직성

> **TIP** ④ 질적조사방법은 연구절차의 유연성을 강조한다.

2023 제1회 지방직 9급

37 사회복지실천기술에 대한 설명으로 옳지 않은 것은?

① 요약 : 사회복지사가 클라이언트의 모호한 말을 더 이해하기 쉬운 말과 생각으로 정리하는 것

② 재명명 : 클라이언트가 부여하는 의미를 수정해 줌으로써 클라이언트의 시각을 긍정적인 방향으로 변화시키는 것

③ 재보증 : 클라이언트의 능력에 대해 사회복지사가 신뢰를 표현함으로써 클라이언트의 불안과 불확실성을 제거하고 위안을 주는 것

④ 해석 : 클라이언트가 제공한 정보를 바탕으로 사회복지사가 다양한 이론에 근거하여 클라이언트에게 자신의 상황을 보는 대안적 준거 틀을 제공하는 것

> **TIP** ① 명료화에 대한 설명이다. 요약은 클라이언트가 한 말의 내용과 그 속에 담긴 감정, 의미들을 전체적으로 정리하는 기술이다.

Answer   36.④   37.①

2023 제1회 지방직 9급

38 사례관리의 초기과정(intake) 이후 단계를 순서대로 바르게 나열한 것은?

① 계획 — 사정 — 평가 — 실행 — 점검
② 계획 — 사정 — 실행 — 평가 — 점검
③ 사정 — 계획 — 실행 — 점검 — 평가
④ 사정 — 계획 — 평가 — 실행 — 점검

> **TIP** 사례관리의 과정
> 접수 → 사정 → 계획 → 실행(개입) → 점검 및 재사정 → 평가 및 종결

2023 제1회 지방직 9급

39 강점 관점에 대한 설명으로 옳지 않은 것은?

① 모든 개인과 집단, 가족 및 지역사회는 강점을 지니고 있다.
② 클라이언트의 주변 환경에는 활용가능한 자원이 매우 부족하다.
③ 사회복지사와 클라이언트가 협력할 때 클라이언트에게 가장 좋은 서비스를 제공할 수 있다.
④ 외상과 학대, 질병 및 고통은 클라이언트의 인생에 상처가 되기도 하지만 도전과 기회의 원천이 되기도 한다.

> **TIP** ② 강점 관점은 클라이언트의 잠재역량과 자원을 인정하고, 그 자원의 활용을 중시하는 관점이다.

Answer 38.③ 39.②

40 사례관리에 대한 설명으로 옳지 않은 것은?

① 사정의 영역에는 욕구, 자원, 장애물 등이 포함된다.

② 예기치 않은 과정에서 다양한 이유로 종결될 수 있다.

③ 사례관리 적격 여부를 확인하여 기관의 클라이언트로 확정하는 과정은 사정단계이다.

④ 클라이언트에 대한 상담, 치료 등의 직접적 활동뿐만 아니라 가족과 지역사회를 대상으로 하는 간접적 활동도 제공한다.

TIP ③ 사례관리 적격 여부를 확인하여 기관의 클라이언트로 확정하는 과정은 접수단계이다.

Answer 40.③

출제 예상 문제

1 사회사업가가 클라이언트의 감정을 이해하고 적절히 반응하는 행동의 원리는?

① 의도적 감정표현

② 수용

③ 통제된 정서의 관여

④ 비심판적 태도

TIP 통제된 정서의 관여 … 사회사업가가 클라이언트의 감정에 대하여 민감해야 하며 감정의 의미를 이해하고 적절히 반응하는 것을 말한다.

2 개별사회사업가의 역할로 옳지 않은 것은?

① 케이스에 있어 관계되는 필요한 자원을 중개해 주는 역할을 한다.

② 필요한 서비스의 상호 매개체역할을 한다.

③ 권리를 옹호하며 변호와 대변인의 역할을 한다.

④ 문제해결 상황에 있어 감독·지시의 역할을 한다.

TIP 개별사회사업가의 역할
　㉠ 조력자의 역할 : 클라이언트가 상황에 대처하고 자원을 발견하도록 도와주는 역할
　㉡ 지도자의 역할 : 정보와 자원 제공, 행동과 기술 지도 등을 통하여 클라이언트의 능력을 강화시킬 수 있도록 가르치는 역할
　㉢ 중재자의 역할 : 갈등을 해결하기 위해 설득과 화해의 절차를 통해 공동의 기반을 발견하도록 하는 역할
　㉣ 대변자의 역할 : 클라이언트를 대신하여 계약된 목적을 달성하기 위해 적극적으로 주장하고 변론·옹호하는 역할

Answer　1.③　2.④

3 케이스워크의 설명으로 옳지 않은 것은?

① 조정적이면서 방적 사업이다.

② 전문가의 의도적 · 계획적 노력이 필요하다.

③ 과학적 지식과 예술적 노력이 요구된다.

④ 케이스마다 성격이 달라 개별적인 원리와 방법이 필요하다.

TIP ① 개별사회사업은 예방보다는 치료적 입장에서의 문제해결과 재조정을 중요시한다.

4 아동학대 피해아동의 가족에게 아동보호전문기관을 소개해 주는 사회복지사의 역할은?

① 교육자(educator)

② 중재자(mediator)

③ 중개자(broker)

④ 옹호자(advocate)

TIP 사회복지사의 역할
　ⓐ 교육자 : 사회복지사는 정보를 제공하고 행동과 기술을 지도하는 등 클라이언트가 자신의 능력을 강화시킬 수 있도록 가르치는 역할을 한다.
　ⓑ 조력자 : 사회복지사는 클라이언트의 대처능력을 강화시키고, 자원을 발견하여 활용할 수 있도록 도와주는 역할을 한다.
　ⓒ 중개자 : 사회복지사는 도움을 필요로 하는 개인이나 집단을 지역사회의 자원 및 서비스와 연결하는 역할을 한다.
　ⓓ 중재자 : 사회복지사는 클라이언트와 상대방 등이 서로 간에 갈등을 해결하도록 설득 및 화해의 절차들을 통해 공동의 기반을 발견하도록 조력한다.
　ⓔ 옹호자 : 사회복지사는 클라이언트를 대신해서 계약된 목적을 달성하기 위해 클라이언트 개인이나 가족의 권리를 주장하고 옹호하며 정책적 변화를 모색하기 위한 활동을 한다.

Answer　3.①　4.③

5 케이스워크의 관계론 중 클라이언트에 대한 워커의 태도로 옳지 않은 것은?

① 클라이언트가 자신의 감정을 표현할 수 있도록 자유로운 분위기를 만들어야 한다.

② 클라이언트가 표현한 감정을 적절하게 정서적으로 관여하며 이러한 관여는 통제된다.

③ 클라이언트가 선택의 폭을 확대시킬 수 있는 지역사회의 자원을 제공한다.

④ 클라이언트가 표현하는 것을 긍정으로 받아들이고 모두 그대로 선한 것으로 간주한다.

TIP ④ 모두 그대로 선한 것으로 간주한다기보다는 클라이언트의 강점과 약점, 긍정적·부정적 감정, 건설적·파괴적 태도와 행동 등을 있는 그대로 받아들인다.

6 프로이드 심리성욕 발달단계의 순서로 옳은 것은?

① 구강기 – 항문기 – 잠복기 – 성기기 – 남근기

② 구강기 – 항문기 – 성기기 – 잠복기 – 남근기

③ 구강기 – 항문기 – 잠복기 – 남근기 – 성기기

④ 구강기 – 항문기 – 남근기 – 잠복기 – 성기기

TIP 프로이드(S. Freud)의 심리성욕 발달단계

㉠ 구강기(0～1세) : 즐거움의 근원은 빨기, 물기, 삼키기 등의 충동에 대한 즉각적인 만족이다.

㉡ 항문기(2～3세) : 배변훈련과정을 통해 본능을 규제하는 법을 배우며, 초자아가 형성된다.

㉢ 남근기(3～5세)

• 남녀의 신체차이, 부모의 성역할 등에 관심을 갖는다.

• 매우 복잡하고 자극적인 감정이 교차되는 특징을 보이며, 성격형성에 매우 중요한 단계이다.

㉣ 잠복기(6～11세) : 성적인 욕구가 철저히 억압되고 심리적으로 평온한 시기로, 성적 활동은 침체되지만 지적 호기심이 강해지고 동성의 또래관계가 긴밀하게 된다.

㉤ 성기기(11세 이후) : 사춘기에 접어들면서 신체적·성적으로 발달하며, 이성이 중요 관심대상이다.

Answer 5.④ 6.④

7 방어기제에 대한 설명 중 옳은 것을 모두 고른 것은?

> ㉠ 스스로를 보호하기 위해 의식적으로 작동되는 심리기제이다.
> ㉡ 주로 사용하는 방어기제를 통해 그 사람의 성격적 특성을 알 수 있다.
> ㉢ 한 사람은 한 번에 하나의 방어기제만을 사용한다.
> ㉣ 일부 방어기제는 불안 감소뿐만 아니라 긍정적 결과도 가져온다.

① ㉠, ㉡
② ㉠, ㉣
③ ㉡, ㉢
④ ㉡, ㉣

TIP ㉠ 방어기제는 무의식적으로 작동되는 심리기제이다.
㉢ 한 사람은 한 번에 한 가지 이상의 방어기제를 사용하기도 한다.

8 "교통사고로 한쪽 다리를 절단한 사람이 누군가 문병을 왔을 때 절단한 사실을 모른 채 반가워서 침대에서 내려오다 그만 넘어졌다." 이러한 경우는 어떤 방어기제인가?

① 합리화
② 부정
③ 투사
④ 승화

TIP 워커의 방어기제
> ㉠ 합리화 : 인간의 행동이 합리적이고 정당하다는 것을 입증하려고 시도하는 것이다.
> ㉡ 반동형성 : 상반되는 태도와 행동을 보임으로써 위험한 욕망의 표현을 예방하려는 것이다.
> ㉢ 투사 : 물체에 대한 책임을 타인에게 돌리거나 전가하는 것이다.
> ㉣ 동일시 : 자기자신을 유명한 사람이나 상황과 동일시함으로써 자신의 가치에 대한 감정을 증대시키는 것이다.
> ㉤ 부정 : 위험하거나 고통스러운 생각을 인식하지 않으려는 것이다.
> ㉥ 보상 : 어떤 바람직한 특성을 강조하여 약점을 극복하거나 어떤 영역에서의 욕구불만을 다른 영역에서의 만족으로 대신하려는 것이다.

Answer 7.④ 8.②

9 다음의 표현이 의미하는 것은?

> 문제에 대한 책임을 타인에게 돌리거나 자기자신의 비윤리적 욕망을 타인에게 귀속시키려는 것이다.

① 투사
② 부정
③ 억압
④ 반동형성

TIP ① 투사(Projection)에 대한 설명이다.

10 개별사회사업에서 기능주의이론으로 옳지 않은 것은?

① 원조개념보다 치료개념을 중요시한다.
② 1930년대 펜실베니아 사회사업대학에서 개발하였다.
③ O. Rank이론에 근거하였다.
④ 기능주의는 개인의지(will)를 중요시한다.

TIP ① 인간을 기계적·결정론적 관점보다는 창의적·의지적 존재로 보았으며, 인간을 스스로 결정할 수 있는 존재로 보고 치료란 용어보다 원조란 용어를 사용하였다.

11 케이스워커의 윤리적 의무이자 클라이언트의 기본적 권리에 기초를 두고 있는 것은?

① 개별화의 원리
② 자기결정의 원리
③ 비밀보장의 원리
④ 비심판적 태도의 원리

TIP ③ 비밀보장은 전문적 관계에서 노출되는 클라이언트에 관한 비밀정보를 지켜주는 것이다. 그러나 이 원리는 클라이언트의 절대적 권리는 될 수 없다. 왜냐하면 비밀보장은 클라이언트의 비밀을 보존하는 데 목적이 있는 것이 아니라 클라이언트의 다른 권리를 보호하기 위한 수단이기 때문이다.

Answer 9.① 10.① 11.③

12 사회사업의 생태체계론적 시각을 설명한 것으로 옳지 않은 것은?

① 인간체계 상호작용의 중요성을 강조한다.

② 인간의 현재 행동을 인간과 상황의 상호이익을 유지하는 최적성으로 설명한다.

③ 클라이언트의 과거 경험이 현재의 심리내적 또는 사회적 기능에 미치는 영향을 강조한다.

④ 개인 또는 집단, 환경의 변화를 위한 다양한 가능성과 다양한 체계를 변화표적으로 설정·개입
하기 위한 시각을 제공한다.

TIP ③ 심리사회모델에 관한 설명이다.

13 심리사회적 모델에 대한 설명 중 옳지 않은 것은?

① 클라이언트를 사회적 기능의 관점에서 진단적 접근을 위한 '상황중의 인간'으로 보고 있다.

② 이 모델은 1930년대에 발달되어 오늘날까지 사용되고 있다.

③ 인간의 본질은 특정한 문제를 해결할 수 있는 잠재가능성을 가지고 있다는 낙관주의를 취한다.

④ 문제의 성격과 기원에는 관계없이 문제는 인간에 의해 경험되는 것이므로, 문제 자체의 이해와
함께 인간과 문제에 대한 인간의 반응을 이해하려는 시도가 요구된다.

TIP ③ 1950년대 후반 펄만(Perlman)에 의해 발전된 문제해결모델이다.

14 사회복지 실천모델에 대한 설명 중 옳지 않은 것은?

① 심리사회모델 : 인간의 문제를 심리적(정서적)인 동시에 사회적(환경적)인 문제로 이해하고, 클라이언트의 문제를 상황 속에서 파악하고 심리사회적으로 개입해야 함을 강조한다.

② 해결중심모델 : 클라이언트 문제의 개입 초반부터 문제의 해결을 모색할 수 있도록 클라이언트를 지원하고 격려하는 것을 강조한다.

③ 행동주의모델 : 단기개입, 구조화된 접근, 클라이언트의 자기결정권에 대한 존중, 클라이언트의 환경에 대한 개입, 개입의 책임성 등을 강조한다.

④ 인지행동주의모델 : 클라이언트가 자신의 사고와 행동을 통제하기 위한 대체기제를 학습하는 교육적 접근을 강조한다.

TIP ③ 단기개입, 구조화된 접근, 클라이언트의 자기결정권에 대한 존중, 클라이언트의 환경에 대한 개입, 개입의 책임성 등을 강조하는 것은 과제중심모델의 특징이다. 행동주의 모델은 관찰가능한 행동과 환경에 초점을 두고 이를 분석하고 변화시킴으로써 클라이언트의 욕구를 충족시키고자 한다.

15 과제중심형 모형에 대한 설명으로 옳은 것은?

① 경험중심에서 이론중심적 접근에 근거하여 치료접근의 기초를 제공한다.

② 시간제한적인 단기적 치료관점보다는 장기적 치료관점으로서 전통적인 관점을 중시한다.

③ 클라이언트의 현재의 활동보다는 심리내적인 과정을 강조한다.

④ 클라이언트로 표현되는 문제를 대상으로 하여 워커와 클라이언트가 문제해결을 위해 계약관계로 이어짐에 따라 중도개입의 실패를 방지할 수 있다.

TIP ① 이론보다는 경험적 자료에서 치료접근의 기초를 제공한다.
② 장기적 개입치료보다는 시간제한적인 단기치료에 대한 관심이 높다.
③ 클라이언트의 심리내적인 과정보다는 현재의 활동을 강조한다.

Answer 14.③ 15.④

16 사회복지실천의 통합적 접근방법이 등장한 배경으로 가장 적절하지 않은 것은?

① 체계이론적 관점과 생태학적 관점을 활용하면서 이론적 기반이 형성되었다.

② 클라이언트의 문제와 욕구들이 점차 표준화되었다.

③ 제한된 특정문제에 대한 개입만을 중요시하는 전통적 사회복지접근의 한계가 나타났다.

④ 인간과 환경은 서로 분리되어 있는 것이 아니라 지속적 상호교류를 하는 하나의 체계로 이해되었다.

TIP ② 클라이언트의 문제와 욕구들이 점차 복잡하고 다양해지면서 사회복지실천의 통합적 접근방법이 등장하였다.

17 핀커스(Pincus)와 미나한(Minahan)이 제시한 사회복지사의 활동체계에 대한 설명으로 옳지 않은 것은?

① 변화매개체계는 사회복지사와 사회복지사를 고용하고 있는 기관 및 조직을 의미한다.

② 클라이언트체계는 변화노력을 달성하기 위해 상호작용하는 모든 체계들을 의미한다.

③ 행동체계는 변화목표를 설정하거나 표적에 영향을 미치기 위해 활용될 수 있다.

④ 표적체계는 목표달성을 위하여 직접적으로 영향을 주거나 변화가 필요한 사람들이다.

TIP ② 변화노력을 달성하기 위해 상호작용하는 모든 체계들을 의미하는 것은 행동체계이다. 클라이언트체계는 클라이언트와 그 문제 해결에 잠재적 영향을 주는 환경에 있는 사람들을 의미한다.

18 Pincus & Minahan이 클라이언트를 원조하기 위해 행동하는 체계가 아닌 것은?

① 변화매개체계(Change Agent System)

② 행동체계(Action System)

③ 표적체계(Target System)

④ 전문가체계(Professional System)

TIP 핀커스(Pincus)와 미나한(Minahan)의 4체계 모델
　㉠ 사회복지실천에 공통적인 개념·기술·과업이 있다고 가정하고, 이들 공통된 핵심적 요인을 서로 연관지음으로써 사회복지실천의 전문적 정체성의 기초를 제공하는 데 그 목적이 있었다.
　㉡ 4체계: 변화매개체계, 클라이언트체계, 표적체계, 행동체계로 구성된다.

Answer 16.② 17.② 18.④

19 사회복지통합론의 내용이 아닌 것은?

① 역동적인 순환론적 사고체계가 요청된다.

② 직선적 인과관계를 중요시한다.

③ 환경 속의 개인을 중요시한다.

④ 생태적 접근 또는 체계론적 접근이 요청된다.

TIP ② 직선적 인과관계가 아닌 순환론적 인과관계를 중요시한다.

20 사회복지의 통합적 방법론에 대한 설명으로 옳지 않은 것은?

① 워커의 과학적 지식과 기술을 중심으로 클라이언트의 문제에 접근한다.

② 클라이언트의 문제발생을 개인과 집단 및 지역사회와의 상호영향력이라는 전체적인 관점에서 접근한다.

③ 생태학이론과 체계이론의 발달은 사회복지통합론에 큰 영향력을 끼쳤다.

④ 1970년을 기점으로 사회사업의 실질적인 통합적 접근이 시도되었다.

TIP ① 통합적 방법론은 사회사업가의 과학적 지식과 기술에 맞추어 클라이언트를 파악하는 것이 아니라, 클라이언트의 요구에 따라 생활상의 문제를 인간과 상황하의 전체관련성하에서 사회사업의 제방법을 복합적으로 접근한다

21 권한부여(empowerment) 모델의 특징으로 옳지 않은 것은?

① 사회적, 조직적 환경에 대한 클라이언트의 통제력을 증가시키기 위한 개입모델이다.

② 전문적 지식과 기술을 활용한 치료계획을 통해 클라이언트의 증상을 치료하는 구조적인 접근방법이다.

③ 클라이언트와 사회복지사는 협력적인 파트너십을 토대로 문제 해결 과정에 함께 참여한다.

④ 클라이언트의 강점과 자원에 초점을 두어 역량을 강화시키는 것을 목적으로 한다.

Answer　19.②　20.①　21.②

22 진단과정에 대한 설명으로 옳은 것은?

① 정보의 수집과 관찰된 사실의 분류를 위한 일련의 과정이다.

② 문제의 성격과 원인 등에 대한 종합적·전문적 해석을 내리고 계획을 수반하는 전반적 과정이다.

③ 목표달성을 위하여 계획된 절차를 밟는 단계이다.

④ 기관에서의 충족 가능성 여부를 결정하고 도움의 내용과 절차 등을 알려준다.

23 집단 내 성원들 간의 상호작용을 상징을 사용하여 그림으로 나타냄으로써 집단 내 소외자, 하위집단, 연합 등을 파악할 수 있게 해주는 사회복지실천의 도구는?

① 이고그램(egogram)

② 소시오그램(socio-gram)

③ 생태도(ecomap)

④ 가계도(genogram)

Answer　22.②　23.②

24 개별화에 대한 설명으로 옳은 것은?

① 클라이언트가 표현하는 감정에 대한 워커의 의식적이고도 적절한 정서상의 반응이다.
② 클라이언트의 선택과 결정에 있어서 그 자유와 권리를 최대한 사용하도록 해야 한다.
③ 각 클라이언트의 독특한 자질을 인정하고 이해하는 것이며, 보다 나은 적응을 하도록 상이한 원리와 방법을 적용하고 조력한다.
④ 문제 또는 욕구발생의 원인에 대해서 클라이언트의 유·무죄나 책임정도를 개별적으로 심판하게 되는 것을 배제한다.

> **TIP** ① 통제된 정서적 관여에 대한 설명이다.
> ② 자기 결정에 대한 설명이다.
> ④ 비심판적 태도에 대한 설명이다.

25 의도적 감정표현의 목적에 해당하지 않는 것은?

① 클라이언트의 부정적인 감정표현을 배제시킴으로써 대인관계를 향상한다.
② 심리적 지지를 해주는 것이다.
③ 클라이언트 자신의 문제를 더욱 명백하고 객관적으로 볼 수 있도록 돕는다.
④ 클라이언트와 그의 문제를 더욱 적절히 이해할 수 있다.

> **TIP** ① 클라이언트의 부정적인 감정을 표현하게 한다.

26 사회사업가가 클라이언트의 감정을 이해하고 적절히 반응하는 행동의 원리는?

① 의도적 감정표현　　　　　　　　② 수용
③ 통제된 정서의 관여　　　　　　　④ 비심판적 태도

> **TIP** ③ 통제된 정서의 관여 … 사회사업가가 클라이언트의 감정에 대하여 민감해야 하며 감정의 의미를 이해하고 적절히 반응하는 것을 말한다.

Answer　24.③　25.①　26.③

27 수용에 관한 설명으로 옳지 않은 것은?

① 수용의 대상은 선한 것만이 아니라 있는 그대로의 현실이다.

② 워커가 클라이언트의 있는 그대로를 이해하고 다루어 나가는 행동상의 원칙이다.

③ 워커의 고착효과는 반응적 수용의 장애가 된다.

④ 클라이언트가 표시한 감정이나 의사가 워커에 의해 시인되고 지지되는 과정에 대한 설명이다.

TIP ④ 수용은 클라이언트가 표현한 감정이나 의사를 받아들이는 것이지 시인 또는 인정을 뜻하는 것은 아니다.

28 케이스워크의 관계론에 관한 설명으로 옳지 않은 것은?

① 비심판적 태도 – 클라이언트의 문제 또는 욕구의 원인에 대하여 객관적으로 심판한다.

② 수용 – 가치있는 개인으로 인정받으려는 욕구에 대한 원리이다.

③ 통제된 정서적 관여 – 문제에 대한 공감적 반응을 얻으려는 욕구에 대한 원리이다.

④ 의도적인 감정표현 – 자기감정 특히 부정적인 감정을 자유로이 표현하려는 클라이언트의 욕구에
대한 태도이다.

TIP ① 케이스워크의 잘못의 유무를 판단하거나, 문제나 욕구에 대한 인간관계에서 클라이언트의 책임의 정도를 정하는 것을 배제하고 클라이언트의 태도, 기준, 행동에 대해 평가적인 판단을 한다.

29 비밀보장의 원리에 대한 설명으로 옳지 않은 것은?

① 비밀보장은 클라이언트의 기본권리에 의거하는 것이다.

② 비밀보장의 의무는 기관 내의 모든 직원이 함께 하여야 한다.

③ 비밀보장은 클라이언트의 효과적인 관계형성을 위하여 필요한 것이다.

④ 비밀보장에 대한 클라이언트의 권리는 절대적인 것이다.

TIP ④ 비밀보장에 대한 클라이언트의 권리는 자신의 보다 높은 의무, 타인의 권리, 워커의 권리, 사회복지기관의 권리, 지역사회의 권리에 의하여 제한될 수 있다.

Answer　27.④　28.①　29.④

30 자기결정의 원리를 구사하기 위하여 워커가 해야 할 행동원칙과 관계가 없는 것은?

① 클라이언트가 요구하는 서비스와는 별도로 그의 사소한 사회적 · 정서적 생활까지 조력하여야 한다.

② 클라이언트가 성장할 수 있고 그 자신의 문제를 해결하는 데 관련되는 환경을 조성한다.

③ 클라이언트가 명백한 전망을 가지고 그의 문제나 욕구를 이해하도록 도와야 한다.

④ 클라이언트가 지역사회 내의 적절한 자원을 인지할 수 있도록 하여야 한다.

TIP ① 케이스워커의 부정적 역할이다.

　※ 케이스워크에서 자기결정의 원리

　　㉠ 클라이언트의 결정에 있어 자유와 권리를 존중하고 인정

　　㉡ 클라이언트의 현재에 있는 그대로의 자신을 수용하며 이를 바탕으로 함

　　㉢ 가능한 여러 대안을 제시해주고 비교하게 하며 타인에게 해가 되지 않도록 함

　　㉣ 클라이언트의 능력과 사회도덕적 규범 안에서, 기관의 기능과 범위 내에서 자기결정을 가능하게 함

31 효과적인 면접을 위해 사회복지사가 갖추어야 할 면접기술로 옳지 않은 것은?

① 클라이언트의 애매모호한 메시지를 명확하게 한다.

② 메시지 내용을 바꾸어 말하고 재진술한다.

③ 개방형 질문보다 폐쇄형 질문을 함으로써 이유를 묻는다.

④ 시선접촉과 표정, 몸짓, 외모 등에 세심한 주의를 기울인다.

TIP ③ 클라이언트의 반응을 제한하는 폐쇄형 질문보다 개방형 질문을 통해 클라이언트가 대화 주제를 선택하도록 하며, 반응을 유도하는 질문이나 동시에 여러 내용을 묻는 질문, 이유를 물음으로써 행동을 정당화해야 하는 질문보다는 클라이언트가 행동과 상황을 기술할 수 있는 질문양식을 선택한다.

Answer　30.①　31.③

32 원활한 면접을 하기 위한 방법으로 옳지 않은 것은?

① 요약　　　　　　　　　　　② 해석

③ 비판　　　　　　　　　　　④ 질문

TIP 면접의 방법
　㉠ 관찰 : 사회사업가가 알고자 하는 것을 선택하여 대상으로 하는 의도적이고 계획적인 활동
　㉡ 경청 : 클라이언트가 이야기하는 것을 적극적으로 들어주는 것으로서 매우 능동적인 활동
　㉢ 질문 : 면접의 가장 중심이 되는 기술로서 적절한 소재를 이야기하도록 클라이언트를 격려하는 데 자주 쓰임
　㉣ 명료화 : 클라이언트가 말한 것을 더욱 명백하게 이해할 수 있도록 그것을 더욱 친밀한 용어로 바꾸어 이야기하는 것으로, 클라이언트가 지각영역을 재구성할 수 있도록 돕는 것
　㉤ 해석 : 클라이언트가 잘 알지 못하는 상황에서 전달한 것을 명확히 하는 것
　㉥ 요약 : 부분적인 요약이나 상세한 요약은 클라이언트와의 의사소통의 범위를 확대시키는 데 도움을 줌

33 다음 내용에 해당하는 사회복지 면담기술은?

> 클라이언트의 억압된 감정, 특히 부정적 감정인 분노, 슬픔, 죄의식 등이 문제 해결을 방해하거나 그러한 감정 자체가 문제가 되는 경우, 이를 표출하도록 함으로써 감정의 강도를 약화시키거나 해소시킨다.

① 환기(ventilation)

② 직면(confrontation)

③ 재보증(reassurance)

④ 일반화(universalization)

TIP　① 환기는 클라이언트의 문제나 상황과 관련된 감정을 클라이언트로 하여금 표출하도록 하는 기법이다.
　② 직면은 클라이언트의 부정적인 감정, 생각, 행동들을 클라이언트로 하여금 인식하도록 돕는 매우 직접적인 방법이다.
　③ 재보증은 사회복지사가 클라이언트에 대한 신뢰를 표현함으로써 클라이언트의 자신감을 향상시키는 기법이다.
　④ 일반화는 클라이언트가 겪는 일이 자신만이 가지고 있는 문제가 아니라는 것을 인식하게 하는 기법이다.

Answer　32.③　33.①

34 다음의 사례관리(case management)에 대한 설명으로 옳은 것만을 모두 고른 것은?

> ㉠ 사례관리는 장기적인 보호를 필요로 하는 클라이언트를 시설에서 비용 – 효율적으로 관리하기 위해 고안된 실천방법이다.
> ㉡ 사례관리는 클라이언트의 욕구를 개별화하고, 그들의 참여와 자기결정을 중요시한다.
> ㉢ 사례관리의 목표는 클라이언트의 무의식을 분석하여 자신의 문제를 깨닫도록 돕는 것이다.
> ㉣ 사례관리는 포괄적인 서비스를 제공하고, 서비스의 조정과 점검을 실시한다.

① ㉠, ㉢

② ㉠, ㉣

③ ㉡, ㉢

④ ㉡, ㉣

TIP ㉠ 사례관리는 장기적인 보호를 필요로 하는 클라이언트를 대상으로 '지역사회에서' 비용 – 효율적으로 관리하기 위해 고안된 실천방법이다.
㉢ 클라이언트의 무의식을 분석하여 자신의 문제를 깨닫도록 돕는 것을 목표로 하는 것은 프로이드의 정신분석이론(정신역동모델)이다.

35 집단사회사업의 일반적 성격으로 옳지 않은 것은?

① 프로그램은 집단 특성을 고려하여 의도적 · 계획적으로 준비 · 실행된다.
② 집단지도는 전문가의 도움으로 실행된다.
③ 집단 그 자체가 목적이며 개인보다 집단이 중요시된다.
④ 집단을 중시하는 전문사회사업의 한 체계이며 방법론이다.

TIP ③ 개인의 사회적 기능을 향상시키는 것이 목적이며, 이를 위해 집단을 그 수단으로 삼는다.

Answer 34.④ 35.③

36 집단사회사업의 4대 기본요건에 해당하지 않는 것은?

① 집단　　　　　　　　　　　② 사회사업가

③ 개인　　　　　　　　　　　④ 장소

TIP 집단사회사업의 요건
　　ⓐ 4대 기본요건 : 개인(그룹 멤버), 그룹(집단), 프로그램, 사회사업가(워커)
　　ⓑ 6대 기본요건 : 개인, 그룹, 프로그램, 사회사업가, 장소, 목적

37 집단사회복지실천의 주요 개념에 대한 설명으로 옳지 않은 것은?

① 집단규범은 집단 성원 모두가 집단에서 적절한 행동방식이라고 믿고 있는 신념이나 기대를 의미한다.
② 집단응집력은 '우리'라는 강한 일체감 또는 소속감을 의미한다.
③ 집단문화는 특정 성원이 집단 내에서 수행해야 할 구체적인 과업이나 기능과 관련된 행동을 의미한다.
④ 집단역동성은 집단 내에서 작용하는 사회적인 힘과 상호작용을 의미한다.

TIP ③ 집단문화는 집단 구성원 사이에 존재하는 공통적인 가치나 신념, 전통 등을 의미한다.

38 교육집단의 목적에 해당하는 것은?

① 집단성원의 잠재력 개발
② 집단성에 대한 교육
③ 의사소통 및 사회기술의 증진
④ 행동의 변화

TIP ① 성장집단의 목적　③ 사회화집단의 목적　④ 치료집단의 목적

Answer　36.④　37.③　38.②

39 알코올 중독자의 집단구성에서 가장 고려되어야 할 사항은?

① 집단의 구조화
② 동질성
③ 인구학적 특성
④ 집단의 형태

 ② 자조집단(self-help group)을 형성하기 위해서는 구성원들이 유사한 목적을 가지고 있으며 공통적이어야 한다.

40 집단활용의 접근방법 중에서 각 집단성원이 자신의 동기와 감정을 자각하고 자신의 대인관계의 형성을 파악함으로써 필요한 측면을 변화하도록 하는 것은?

① 공동가족요법
② 감수성훈련
③ 활동집단치료
④ 집단심리훈련

 집단활용의 접근방법
　㉠ 공동가족요법 : 하나의 공동체인 가족에게 집단적으로 접근하여 문제를 가지고 개인을 치료하고자 하는 방법
　㉡ 집단심리요법 : 클라이언트의 통찰력 개발과 환경에의 적응을 위한 방법
　㉢ 활동심리요법 : 아동들에게 긴장을 완화시켜서 자유롭게 감정을 표현할 수 있는 분위기를 제공함으로써, 동료들과의 관계를
　　　개선하고 향상할 수 있는 기회를 제

41 다음 중 지역사회조직사업에 대한 설명으로 옳은 것은?

① 지역사회조직사업의 목표는 지역사회 개인들의 문제를 집단을 매개로 하여 민주시민으로의 성장·발달을 도모하는 것이다.
② 지역사회조직사업은 문제를 해결하려는 자를 돕는 데 적용하는 지식과 이해 및 숙련된 기술의 활용에 기초를 둔 사회사업이다.
③ 계획적인 집단경험을 통해서 개인의 사회적 기능의 능력을 향상시키는 데 목적이 있다.
④ 지역사회구성원의 공통된 욕구를 발견하여 그것을 해결하기 위해 지역사회 내외의 인적·물적 자원을 총동원하여 욕구를 해결하는 과정이다.

 ①③ 집단사회사업의 일반적 특성이다.
　② 케이스워크에 관한 설명이다.

Answer　39.② 40.② 41.④

42 다음 중 지역사회조직의 대상에 속하는 것은?

① 지역사회주민

② 국가

③ 지방자치단체

④ 요구호대상자

> **TIP** 지역사회조직의 대상에는 욕구를 가진 지역사회주민과 바람직하지 않은 환경 및 제도 등이 있다.

43 지역사회조직의 원칙이 아닌 것은?

① 조정의 원칙

② 연대성의 원칙

③ 과정 중심의 원칙

④ 합의의 원칙

> **TIP** 지역사회조직사업의 원칙
> ㉠ 자주성 중시의 원칙: 지역사회의 목적설정이나 활동에 대해 지역주민의 자주적인 참가와 협동을 도모해야 한다.
> ㉡ 과정지향의 원칙: 과정을 통해 지역사회의 단결과 협력이 이룩될 수 있는 계기가 주어지기 때문에 과업성취에 이르는 모든 과정이 중요하다.
> ㉢ 조정의 원칙: 지역사회주민 간의 마찰이나 대립으로 인한 갈등 및 제문제는 상호작용방법에 따라 조정이 가능하다.
> ㉣ 합의의 원칙: 지역사회의 문제해결이나 목표달성을 위해 전주민의 의견일치를 목적으로 삼는 방법상의 원칙이다.
> ㉤ 능력부여자로서의 역할의 원칙: 능력부여자로서의 역할을 중시하는 사회사업가의 역학상의 원칙이다.

44 사회복지협의회의 기능에 대한 설명으로 옳은 것은?

① 개별기관 시설단체에 대한 상담과 원조를 제공한다.

② 시민과 복지기관의 협동적 · 자발적 조직화를 도모한다.

③ 사회의 연대의식, 민주주의 가치관의 발로이다.

④ 조직적인 예산의 확립, 모금활동의 전략수립과 민주적 배분을 기한다.

> **TIP** ②③④ 공동모금회(Community Chest)에 대한 설명이다.

Answer 42.① 43.② 44.①

45 로스만(Rothman)의 지역사회복지 실천모델에 대한 설명으로 옳은 것은?

① 지역사회개발모델은 자조에 기반하며, 과업목표 지향적이다.

② 사회계획모델에서는 변화전략으로 주로 클라이언트의 임파워먼트(empowerment)가 사용된다.

③ 사회행동모델은 세 모델 중 전문가의 역할이 가장 중요하며, 이의제기, 데모 등 대항전략을 많이 사용한다.

④ 사회계획모델은 클라이언트의 역할이 가장 최소화된 모델이다.

TIP ① 지역사회개발모델은 자조에 기반하며, 과정목표 지향적이다.

② 사회계획모델에서는 변화전략으로 주로 문제에 대한 자료수집과 가장 합리적인 행동조치의 결정이 사용된다.

③ 세 모델 중 전문가의 역할이 가장 중요한 것은 사회계획모델이다.

46 지역사회복지실천에서 활용될 수 있는 기술로서 옹호에 대한 설명으로 옳지 않은 것은?

① 옹호란 클라이언트나 시민의 이익 또는 권리를 위해 싸우거나, 대변하거나, 방어하는 활동이다.

② 거시적 실천기술로서 옹호는 개별적 문제를 공공의 쟁점으로 또는 개인적 문제를 사회적 쟁점으로 전환시킨다.

③ 시민권 확보를 위한 입법운동, 장애인 등을 포함한 위험에 처한 인구집단의 권리를 위한 투쟁 등은 대의옹호(cause advocacy)의 대표적 예이다.

④ 옹호활동은 개별 사례나 클라이언트 개인의 문제를 다루는 미시적 실천에서는 활용되기 어려우며 주로 지역사회 옹호나 정책옹호를 통해 이루어진다.

TIP ④ 자기옹호, 개인옹호 등 옹호활동은 개별 사례나 클라이언트 개인의 문제를 다루는 미시적 실천에서도 활용될 수 있다.

47 지역사회사업가의 역할 중에서 지역사회의 분석과 진단, 조사기술의 숙련 등의 능력이 요구되는 역할은?

① 중개자 역할 ② 사회치료가 역할
③ 조정자의 역할 ④ 전문기술가의 역할

TIP 지역사회사업가의 역할
ⓐ 사회치료가의 역할 : 협력활동의 장애 제거, 인간정신의 쇄신, 지역사회의 전체적 조화를 기함
ⓑ 안내자의 역할 : 지역사회의 주민들이 자신의 목표를 선정하고 그것을 성취하는 방법을 스스로 발견하도록 자극하고 협조하는 기본적인 역할
ⓒ 조정자의 역할 : 주민들이 원하는 욕구가 무엇인가를 알고 그 불만의 초점을 명확히 하는 일
ⓓ 전문기술가의 역할 : 지역사회를 진단 · 분석하고, 전문적 지식에 대한 정보를 입수하는 등의 역할

48 사회복지사가 사회복지조사 중에 반드시 해야 할 내용이 아닌 것은?

① 조사에 알맞은 표본을 구하기 어려운 경우에는 대상자의 사전승낙이 없어도 실시한다.
② 조사가 끝난 후에 반드시 소각시키거나 찢어버린다.
③ 조사에 있어서 자료를 얻는 데 활용되는 자료원에 대하여 익명성을 제공하려 한다.
④ 클라이언트로부터 얻은 자료원은 비밀보장을 해준다.

TIP ① 사전승낙 없이는 실시할 수 없다.

49 다음 설명에 해당하는 조사방법은?

> 일정 기간 동안 동일한 응답자에게 동일한 주제에 대해 시차를 두고 반복하여 행하는 조사

① 패널(panel) 조사 ② 설문(survey) 조사
③ 횡단(cross sectional) 조사 ④ 추이(trend) 조사

TIP ② 설문조사 : 어떤 분야에 대하여 고객들의 만족도, 신뢰도, 개선할 사항 등을 조사하는 것으로 이를 통해 기업체 또는 회사 발전에 큰 도움을 줄 수 있다.
③ 횡단조사 : 특정한 시점을 기준으로 하여 한 번의 측정을 통해 집단 간의 차이를 연구하는 조사방법이다.
④ 추이조사 : 시간의 흐름에 따른 집단의 변화를 관찰하기 위한 조사로 미래 예측을 위해 사용된다.

Answer 47.④ 48.① 49.①

50 사회복지조사방법에서 초점집단 인터뷰(Focus Group Interview)에 대한 설명으로 옳은 것만을 모두 고른 것은?

> ㉠ 집단구성원 간의 활발한 토의와 상호작용을 의도적으로 강조한다.
> ㉡ 조사결과의 외적 타당성이 높다.
> ㉢ 응답자들을 통제한 상태에서 질문에 대한 명확한 답변을 도출할 수 있다.
> ㉣ 참여자들이 직접적 대면관계 없이 반복적 의견개진 방식으로 합의적 견해를 도출하는 데 유용하다.

① ㉠
② ㉠, ㉣
③ ㉡, ㉢
④ ㉡, ㉢, ㉣

TIP ㉡ 초점집단 인터뷰는 외적 타당성이 낮다.
㉢㉣ 델파이기법에 대한 설명이다.
※ 초점집단 인터뷰 … 보통 6~10명 정도의 사람들이 어떤 제품이나 서비스 또는 조직에 대해 훈련된 면접자와 1~2시간 동안 이야기하게 하는 정성조사방법의 하나로 여기서는 연구자의 역할이 중요하며 밀폐된 공간에서 자유토론방식으로 진행된다. 또한 참가자들은 해당 분야의 전문성을 갖추고 있어야 한다.

51 사회적 단위로서 개인, 가족, 문화집단, 전체지역사회에 대해 상세히 조사·연구하고 케이스워크, 그룹워크에 많이 사용되는 조사법은?

① 사례연구법
② 개별적 단체조사법
③ 집단의 일시조사법
④ 통계적 실태

TIP ① 사례연구법 … 통계적인 방법에 의한 양적 측정을 적용하기 힘든 개인이나 가족제도, 문화집단 및 지역사회의 생활을 조사하고 분석하는 연구방법이다.

Answer 50.① 51.①

52 측정대상의 속성에 절대적인 영을 가진 척도로 수치를 부여하는 척도는 무엇인가?

① 명목측정 　　　　　　　　　　② 등간측정

③ 서열측정 　　　　　　　　　　④ 비율측정

TIP ④ 비율측정 … 측정대상의 속성에 절대적인 영을 가진 척도로 수치를 부여하는 것으로 연령, 무게, 출생률, 사망률 등을 측정한다.

53 사회복지조사에서 조사도구가 측정하고자 의도하였던 개념을 정확히 측정하는지를 나타내는 것은?

① 신뢰도 　　　　　　　　　　　② 타당도

③ 자유도 　　　　　　　　　　　④ 산포도

TIP ② 타당도 : 측정하고자 하는 것을 얼마나 정확하게 측정하였는지를 나타내는 정도
　　　 ① 신뢰도 : 측정하고자 하는 것을 얼마나 일관성 있게 측정하였는지를 나타내는 정도
　　　 ③ 자유도 : 어떤 물체의 운동을 설명하기 위해 필요한 변수의 개수
　　　 ④ 산포도 : 대표값을 중심으로 자료들이 흩어져 있는 정도

54 타당도의 종류 중에서 측정되는 개념이 관련을 맺고 있는 개념들이나 가정들을 토대로 해서 전반적인 이론적 틀 속에서 측정도구의 타당성을 경험적으로 검증하는 방법에 해당하는 것은?

① 내용타당도 　　　　　　　　　② 기준타당도

③ 구성타당도 　　　　　　　　　④ 신뢰도

TIP 타당도의 종류
　　　 ㉠ 내용타당도 : 측정도구에 포함된 설문문항들이나 관찰항목들에 대해서, 주관적 또는 상호주관적 판단에 기초하여 그것들의 적합성 여부를 결정하는 것
　　　 ㉡ 기준타당도 : 경험적인 근거를 통해 타당도를 확인하는 방법으로 현재 개발된 측정도구에 의해 산출된 측정결과들이 비교기준이 되는 다른 측정 결과들과 높은 연관성을 갖게 될 때, 기준타당도는 높아짐
　　　 ㉢ 구성타당도 : 측정되는 개념이 관련을 맺고 있는 개념들이나 가정들을 토대로 해서 전반적인 이론적 틀 속에서 측정도구의 타당성을 경험적으로 검증하는 방법

Answer　52.④　53.②　54.③

55 확률적 표집방법이 아닌 것은?

① 집락표집

② 단순무작위표집

③ 층화표집

④ 유의표집

TIP 확률표집

　㉠ 단순무작위표집 : 모집단의 명부가 작성되어야 하고, 도구로는 제비와 난수표가 있어야 한다. 모집단의 대표성이 있는 표본을 추출할 수 있으나, 시간이 많이 소요된다.

　㉡ 계통표집 : 전집의 모든 사례수를 어떤 순서로 나열하였을 때 표집수를 일정한 k번째의 사례만을 표집하여 얻는 방법이다.

　㉢ 층화표집 : 연구하고자 하는 변인에 영향을 줄 수 있는 요인에 대해 사전에 고려하여 하위전집으로 구분한 후 각 하위전집 또는 하위유층에서 표집함으로써 표집오차를 줄일 수 있는 방법이다.

　㉣ 집락표집 : 최종의 표집단위를 1차적으로 표집하는 것이 아니라, 이러한 단위를 포함하는 자연적 및 인위적 구성의 상위집단을 먼저 표집하는 방법이다.

56 확률표집방법에 해당하는 것만을 모두 고른 것은?

㉠ 단순무작위표집	㉡ 체계적표집
㉢ 집락표집	㉣ 할당표집
㉤ 층화표집	

① ㉠, ㉡, ㉢

② ㉡, ㉣, ㉤

③ ㉠, ㉡, ㉢, ㉤

④ ㉠, ㉢, ㉣, ㉤

TIP ㉣ 할당표집은 비확률표집방법이다.

　※ 확률표집방법과 비확률표집방법의 예

　　㉠ 확률표집방법 : 단순무작위표집, 체계적 표집, 집락표집, 층화표집 등

　　㉡ 비확률표집방법 : 할당표집, 편의표집, 유의표집, 눈덩이표집 등

Answer 55.④ 56.③

57 일련번호를 붙인 목록이나 표집틀에 입각하여 표본의 크기에 따라 표집간격을 산출하는 무작위로 하나를 추출한 후 표집간격에 따라 표본 수만큼 표본을 추출하는 방법은?

① 층화표집방법

② 계통적 표집방법

③ 단순무작위 표집방법

④ 편의표집방법

TIP 표집의 방법

㉠ 계층(계통)적 표집 : 전집의 모든 사례수를 어떤 순서로 나열했을 때 필요한 표집수를 일정한 k번째의 사례만을 표집하여 얻는 방법이다.

㉡ 무작위표집 : 전집을 구성하고 있는 모든 요소가 한 표집에 포함될 가능성이 동일한 조건하에서의 표집이다.

㉢ 집락표집(군집표집) : 최종의 표집단위를 일차적으로 표집하는 것이 아니라 이러한 단위를 포함하는 자연적 또는 인위적 구성의 상위집단을 먼저 표집하는 방법이다(다단계집락표집).

㉣ 층화표집(유층표집) : 연구하고자 하는 변인에 영향을 줄 수 있는 요인을 사전에 고려하여 하위전집으로 구분하여 각 하위전집 또는 하위유층에서 표집함으로써 표집오차를 줄이기 위한 표집방법이다.

㉤ 실험조사연구 : 변수 간의 인과관계를 밝히려는 과학적인 방법이다.

㉥ 사례연구법 : 의학이나 심리학적인 연구에 많이 쓰이는 방법으로 단일사례에 대한 집중적인 탐색이다.

---

58 〈보기〉가 설명하는 사회복지조사방법으로 가장 옳은 것은?

┌─────────────── 보기 ───────────────┐

• 대상자의 행동을 현장에서 직접 포착할 수 있다.

• 대상자가 면접을 거부하거나 비협조적인 경우에 가능하다.

• 대상자에게 질문을 통해 자료를 얻을 수 없을 때 가능하다.

└──────────────────────────────────┘

① 질문지 조사법　　　　　　② 관찰 조사법

③ 면접 조사법　　　　　　　④ 전자 조사법

TIP 제시된 내용은 관찰 조사법에 대한 설명이다. 관찰 조사법은 관찰대상에 의도적인 조작을 하지 않고 단지 행동 관찰을 통해 자료를 수집하는 방법이다.

Answer 57.② 58.②

사회복지행정론

❶ 사회복지행정

(1) 사회복지행정의 의의

① 사회복지행정의 정의

 ㉠ 협의의 사회복지행정 : 일명 사회사업행정으로 불리는데 이는 전통적 개별사회사업, 집단사회사업, 지역사회조직사업과 같은 하나의 실천방법으로 보는 것이다.

 ㉡ 광의의 사회복지행정 : 조직의 모든 활동과정에서 다양하게 기여하는 조직구성원들의 협동적·조직적 노력으로 볼 때, 사회복지행정은 사회복지정책을 사회복지서비스로 전환시키는 데 필요한 사회복지조직에서의 총체적 활동이라 할 수 있다.

② 사회복지행정의 특징과 범주

 ㉠ 사회복지행정의 특징

 • 사회복지행정은 국가이념, 개발방향, 정책 등의 내용에 따라 결정

 • 이윤추구 및 가격관리를 목적으로 하지 않으며, 다양한 복합적 욕구충족의 우선순위 및 그 선택과 관련됨

 • 사회복지행정은 복지정책으로 설정된 목표를 달성하기 위한 이행수단 및 방법의 선택과 사회복지서비스를 준비하고 운영하는 특정조직 및 기구에 관심을 가짐

> **※ 사리(Sarri)의 사회복지행정의 특징**
> ㉠ 사회복지행정의 대상자는 투입인 동시에 산출
> ㉡ 사회복지행정은 카운슬링, 집단사회사업, 개별사회사업 등 인간관계기술에 크게 의존하며 이에 따라 전문가의 개입이 요청됨
> ㉢ 사회복지행정은 높은 비율의 비일상적인 사건에 직면하는데 긴장상태에 처한 대상자의 행동은 돌발적이고 예측할 수 없을 때가 많음

 ㉡ 사회복지행정의 범주

사회복지행정	주체	대상
사회사업기관행정(협의의 사회복지행정)	민간복지기관	요보호자
공공복지기관행정	국가 및 지방자치단체	전국민

 ㉢ 사회복지행정의 유형

 • 주체에 따른 유형 : 공공 사회복지행정(중앙정부의 사회복지행정, 지방정부의 사회복지행정), 민간 사회복지행

정(사회복지시설행정, 사회복지기관행정, 사회복지관행정), 공공 및 민간의 혼합사회복지행정
- 객체에 따른 유형 : 아동복지행정, 노인복지행정, 장애인복지행정, 여성복지행정 등
- 제도에 따른 유형 : 사회보장행정(사회보험행정, 공공부조행정, 사회복지사업행정), 사회복지 관련행정(보건행정, 교육행정, 주택행정, 교정행정)
- 급여형태에 따른 유형 : 소득(연금보험행정, 산재보험행정, 고용보험행정, 기초생활보장사업), 의료(국민건강보험행정, 의료보호행정), 사회복지(아동복지행정, 노인복지행정, 장애인복지행정)
- 정부의 주무부서에 따른 유형 : 중앙정부(보건복지행정, 법무행정, 노동행정), 지방정부(사회복지국, 여성복지국)
- 과정에 따른 유형 : 복지목적의 설정, 복지정책의 수립, 복지실현을 위한 구체적 방법 결정 및 그의 시행으로 구분

③ 사회복지행정의 이념

　㉠ 행정이념
- 효과성 : 욕구충족을 위한 선택적 서비스가 어느 정도 적합한가의 관점에서 판단되는 것으로, 사회복지조직체는 대상자의 욕구충족을 위한 프로그램이 그 목표를 달성하는 정도를 말하는 이념
- 효율성 : 투입에 대한 산출의 비율로서 최소한의 자원으로 최대의 효과를 어떻게 거둘 것인가 하는 것으로, 자원의 제한성이 있는 사회복지서비스의 공급에 있어서 중요시되는 이념
- 공평성 : 동일한 욕구를 가진 대상자는 동일한 혜택을 받아야 한다는 관점으로, 서비스를 받는 기회, 내용, 사회적 지위뿐만 아니라 그 비용을 포함
- 편익성 · 접근성 : 사회복지욕구 중 비화폐적 욕구와 밀접한 현물(시설, 물품, 인적 노동서비스 등) 또는 상담서비스에 대상자가 쉽게 접근하고 이용할 수 있어야 한다는 이념

　㉡ 서비스 제공 측면의 이념
- 평등성의 원칙 : 모든 국민은 인종이나 성별, 연령, 소득, 지위에 관계없이 사회복지서비스를 이용하거나 제공받을 수 있는 권리를 가짐
- 재활 및 자활의 원칙 : 서비스 제공의 목적은 대상자의 자립 또는 정상적인 사회복귀에 있음
- 적절성의 원칙 : 대상자는 충분한 양과 질의 서비스를 적절하게 제공받아야 함
- 포괄성의 원칙 : 사회복지서비스 체계는 복지대상자의 욕구를 포괄적으로 수용하여 처리할 수 있도록 구성되어야 함
- 지속성의 원칙 : 복지대상자의 자활을 위해 모든 서비스는 자활이라는 목적을 중심으로 통합되고 지속되어야 함
- 가족 중심의 원칙 : 문제해결단위가 개인이라도 서비스 제공의 기본단위는 가족 또는 가정 중심이어야 함

　㉢ 운영방법적 이념 ✔자주출제
- 보편주의적 운영방법 : 서비스를 제공할 때 대상자에게 특정의 자격이나 조건을 부여하지 않는 운영방법으로, 공평성 · 편익성의 측면에서는 적합하지만 효과성 · 효율성의 측면에서는 문제가 있음
- 선별주의적 운영방법
－대상자의 수급자격이나 조건 등을 고려하는 방법
－유한의 자원을 효율적으로 분배하기 위해 바람직한 방법
－이 방법은 자산조사를 실시하여 대상자를 결정한다는 것으로, 공공부조에서 볼 수 있음

㉣ 펄만(Perlman)의 사회복지기관의 이상적 기능
- 초입기능 : 복지대상자에게 이용 가능한 기구의 홍보와 교육활동을 함
- 책임기능 : 복지대상자의 문제에 이용 가능한 자원을 물색하여 복지대상자가 활용할 수 있도록 조직
- 서비스 제공기능 : 개별지도사업, 재활서비스, 법률구조사업, 재정부조 등의 기능
- 계획 및 통제기능 : 복지대상자의 욕구를 파악하여 욕구충족을 위해 지역사회의 타기관과 협력

※ **보편주의와 선별주의** ✔자주출제

① 정의
  ㉠ 보편주의란 어떤 급여·서비스의 운영원칙이 "모든 사람은 평등하게 급여를 받을 자격을 가진다."는 조건을 충족하는 것을 말하며, 그렇지 못했을 때에는 선별주의라고 한다.
  ㉡ 급여·서비스를 수급할 때 개인적인 자산조사를 받아야 하는 경우가 선별주의이며 그렇지 않을 때에는 보편주의이다.
② 특징
  ㉠ 보편주의(Universalism)
  - 비용이 많이 든다.
  - 니드(need)를 가지지 않는 중·고소득층에까지 수급이 주어진다.
  - 사회정책에 의한 소득재분배의 효과가 줄어든다.
  ㉡ 선별주의(Selectivism)
  - 자산조사가 스티그마(stigma)를 필연적으로 수반하며, 수급률을 낮추게 될 가능성이 높다.
  - 공적 제도와 민간시장과의 이중구조가 생성되어 공적 제도 부분의 서비스 질이 낮아질 가능성이 높다.
  - 사회정책이 사회통합을 소외시킬 위험성이 있다.
  - '빈곤의 덫' 문제가 발생하기 쉽다.
③ 스티그마(stigma) … 사람의 신뢰를 상실시키는 속성이라는 뜻으로 신체장애나 정신장애, 인종·민족·종교, 빈곤·의존, 사회규범에 어긋나는 행위 등의 요인에 의해 발생된다. 사회복지제도에서의 스티그마는 사회복지제도에 대한 시민의 접근을 방해하고, 사회복지제도 이용 시에 억제의 도구로써 이용자와 제도 및 실시기관에 부여되어 왔다.

※ **제도적 사회복지와 잔여적 사회복지** ✔자주출제

㉠ 제도적 사회복지 : 제도적 사회복지는 사회를 유지하는 데 필수적인 기능을 수행하는데, 현대사회에서 가족과 시장은 제 기능을 적절히 수행할 수 없는 한계가 있기 때문에 사회문제 발생은 당연하다고 본다. 빈곤, 실업 등 사회문제가 발생하는 주된 원인은 사회구조적 모순에 있다고 보고, 이런 모순을 극복하고 사회 유지를 위해 제도적 사회복지가 필요하다고 본다.
㉠ 잔여적 사회복지 : 잔여적 사회복지는 공적 부조나 사회적 서비스가 가정이나 정상적인 사회구조 내의 자원과 시장을 통해 제공받을 수 없는 사람에게만 제공되어야 한다는 관점에서의 사회복지 정책적 개념을 말한다. 주변사회에 욕구 충족에 필요한 자원이 유한하여 부족하기 때문에 어려움을 겪는 계층에게만 도움을 주어야 한다고 주장한다. 그러므로 잔여적 복지는 이러한 문제를 가진 사람들 또는 주변 지인과 지역사회가 최대한 필요를 충족하기 위한 노력을 기울여야 하고, 자원이 부족할 경우에만 별도의 복지 서비스가 실시되어야 한다고 보는 보충적 관점의 복지이다.

④ 사회복지행정의 유형

  ㉠ **주체에 따른 유형** : 공공 사회복지행정(중앙정부의 사회복지행정, 지방정부의 사회복지행정), 민간 사회복지행정(사회복지시설행정, 사회복지기관행정, 사회복지관행정), 공공 및 민간의 혼합사회복지행정

  ㉡ **객체에 따른 유형** : 아동복지행정, 노인복지행정, 장애인복지행정, 여성복지행정 등

  ㉢ **제도에 따른 유형** : 사회보장행정(사회보험행정, 공공부조행정, 사회복지사업행정), 사회복지 관련행정(보건행정, 교육행정, 주택행정, 교정행정)

  ㉣ **급여형태에 따른 유형** : 소득(연금보험행정, 산재보험행정, 고용보험행정, 기초생활보장사업), 의료(국민건강보험행정, 의료보호행정), 사회복지(아동복지행정, 노인복지행정, 장애인복지행정)

  ㉤ **정부의 주무부서에 따른 유형** : 중앙정부(보건복지행정, 법무행정, 노동행정), 지방정부(사회복지국, 여성복지국)

  ㉥ **과정에 따른 유형** : 복지목적의 설정, 복지정책의 수립, 복지실현을 위한 구체적 방법 결정 및 그의 시행으로 구분

(2) 사회복지행정의 기초이론 ✔자주출제

① 고전적 이론

  ㉠ **과학적 관리이론** : 조직에서 생산성을 높이기 위해 일을 분업화하고 개개인의 기본동작의 형태와 소요시간을 표준화하여 수행과업과 보상을 연결시키는 과학적 관리를 하게 되면 일의 효율성과 효과성을 높일 수 있다는 것이다.

  ㉡ **공공행정학이론** : 분업, 권위와 책임, 훈련원칙, 지휘의 일원화, 지시의 일원화, 개인이익의 일반이익에 대한 양보, 보상, 중앙집권화, 명령체계의 연계성, 공평성, 질서유지, 고용안정, 주도권, 단체정신 등이 있다. 이러한 경영원칙은 가르쳐질 수 있으며, 이 원칙을 지키면 업무를 보다 효과적으로 수행할 수 있다는 것이다.

  ㉢ **관료제이론**

    • 인간은 합리적으로 행동한다고 보고 인간의 조직을 합리적으로 관리할 수 있는 원칙을 이념적 특성으로 제시함

    • 관리적 원칙은 고도의 전문화와 분업화, 계층적 권한의 구조, 조직구성 간의 비정의적 관계, 실적과 기술적 지식에 따른 임명과 승진, 고용의 보장, 공식적 엄격한 의사소통체계, 문서화 원칙 등을 말함

② 인간관계론

  ㉠ 인간의 조직에서의 생산성은 물리적 환경보다는 노동자의 사회적 · 심리적 요소에 의해 크게 영향을 받는다는 것이다.

  ㉡ 인간관계모형이 사회복지조직의 관리자들에게 크게 환영을 받은 이유는 대인관계기술이나 대상자의 노력 및 동기부여의 중요성에 부합될 뿐 아니라, 직원들 간의 상호작용의 질이 직원과 대상자의 역할에 영향을 미친다는 가정에도 부합되기 때문이다.

③ 구조주의이론

　ㄱ 고전이론과 인간관계론을 종합한 것이라 할 수 있다.

　ㄴ 조직의 공식적 요인과 비공식적 요인 및 그 관련, 비공식집단의 범위와 조직의 내외에서의 비공식집단들 간의 관계, 하위자와 상위자, 사회적 보수와 물질적 보수 및 그 상호간의 영향, 조직과 환경 간의 상호작용, 업무조직과 비업무조직 등을 특징으로 한다.

> ※ **조직의 5가지 하위체계**
> ㄱ 생산하위체계
> ㄴ 유지하위체계
> ㄷ 경계하위체계
> ㄹ 적응하위체계
> ㅁ 관리하위체계

④ 체계이론

　ㄱ 고전적 이론, 인간관계론 및 구조주의 이론을 통합한 것이라 할 수 있다.

　ㄴ 조직의 하위체계는 생존과 발전을 위한 경쟁이 역동성 때문에 부단히 상호작용하고 그 과정에서 체계 간의 갈등과 모순은 불가피하게 생겨난다는 것이다.

(3) 사회복지행정의 내용

① 사회복지행정의 개요

　ㄱ 사회복지행정의 과정

- 기획 : 행정가가 수행하여야 할 첫 번째 과정으로, 목표의 설정, 목표의 달성을 위한 과업 및 활동, 과업수행 방법의 결정이 이루어진다.
- 조직 : 작업의 할당이 규정되고 조정되는 공식적 구조를 설정하며, 기관의 구조는 정관의 규정이나 운영지침서에 기술된다.
- 인사 : 사회복지조직의 목적을 달성하기 위하여 인적자원을 최대한 활용하는 관리활동으로 충원, 선발, 임용, 오리엔테이션, 승진, 평가 및 해임의 7가지 과정으로 나눌 수 있다.
- 지시 : 행정책임자는 기관을 효과적으로 지시하는 지도자로서의 능력을 갖추어야 한다.
- 조정 : 기관들이 수행하는 다양한 부분들을 상호관련시키는 기능으로, 행정가가 그의 조정기능을 유지하기 위해 실시하는 광범위한 방법은 위원회의 창설 및 활용이다.
- 보고 : 대상자의 개별사례기록, 인사기록, 위원회 활동기록 등을 포함하는 기관활동의 보고과정이다.
- 재정 : 기관의 운영에 필요한 재원을 합리적이고 계획적으로 동원·배분하고, 이를 효율적으로 사용하고 관리하는 과정으로 예산편성 – 예산집행 – 회계 – 재정평가의 절차로 이루어진다.
- 평가 : 기관에서 설정한 목표에 비추어 전반적인 활동결과를 사정하는 과정이다.

※ 사회복지행정과정(POSDCoRBE)

㉠ 기획(Planning)

㉡ 조직(Organization)

㉢ 인사(Staffing)

㉣ 지시(Directing)

㉤ 조정(Co-ordinating)

㉥ 보고(Reporting)

㉦ 재정(Budgeting)

㉧ 평가(Evaluating)

※ 사회복지프로그램 평가 유형

㉠ **비용효과분석평가** : 효과성 평가로서 프로그램에 소요된 비용을 분석하는 평가로, 비용성평가라고도 함. 성과를 화폐적 가치로 환산하거나 계량화하지 않는다.

㉡ **총괄평가** : 프로그램이 달성하고자 한 목표 달성 여부를 평가하는 것으로, 프로그램의 결과나 효과 평가에 초점이 있다.

㉢ **형성평가** : 프로그램의 실행 과정 중에 실시되는 평가로, 프로그램의 문제점을 관찰하여 수정하거나 개선하는 데 도움이 되는 정보 제공이 목적이다.

㉣ **목표달성평가** : 프로그램의 목표 달성 정도를 알아보는 평가방식이다.

※ 사회복지기관 평가제도

㉠ **사회서비스원** : 사회복지시설평가 기관이다. 법적 근거는 사회복지사업법 제43조의2(시설의 평가). 사회서비스 지원 및 사회서비스원 설립·운영에 관한 법률 제32조(중앙사회서비스원의 업무)에 사회서비스 품질향상을 위한 지원·관리 및 평가 등에 관한 사무이다.

㉡ 사회복지시설의 평가 목적은 투명성과 서비스의 질 향상을 통한 국민의 복지 수준 향상에 기여하는 것이다.

㉢ 사회복지기관 운영의 책임성, 효과성, 효율성을 높일 수 있다는 관점에서 사회복지행정의 중요성을 증대시켰다.

㉣ 사회복지기관의 조직관리, 인사관리, 프로그램관리, 재정관리 등 사회복지 전반의 실천적 노력을 증대시켰다.

㉡ 사회복지행정의 기본원칙(Trecker)

- 사회사업가치의 원칙 : 사회복지행정의 전문적 가치는 모든 서비스가 개발되어 그것을 필요로 하는 모든 사람들에게 유용하게 제공되는 것이다.
- 지역사회와 대상자 요구의 원칙 : 지역사회와 지역사회 내의 개인의 요구는 항상 사회기관의 존립 및 프로그램 제공의 기반이 된다.
- 기관목적의 원칙 : 기관의 사회적 제목적이 명확하게 공식화되어 진술되고 이해되며 활용될 수 있어야 한다.
- 문화적 장의 원칙 : 지역사회의 문화가 충분히 이해되고 반영되어야 한다.
- 의도적 관계의 원칙 : 효과적·의도적인 활동관계가 행정가와 직원 및 회원들 사이에 수립되어야 한다.
- 기관의 총체성의 원칙 : 사회사업기관이나 시설은 총체성과 전체성의 측면에서 이해되어야 하므로, 기관이나 시설은 상호관련된 부서들로 구성되는 기구로 파악되어야 한다.

- 전문적 책임의 원칙 : 사회복지행정가는 전문적 실제에 기준을 둔 고도의 전문적 서비스를 제공할 책임이 있다.
- 참가의 원칙 : 지속적이고 역동적인 참여과정이 활용되어야 한다.
- 커뮤니케이션의 원칙 : 커뮤니케이션 경로의 개방은 인간의 완전한 기능에 필수적인 것이므로, 행정가는 커뮤니케이션 경로조성 및 개방·활용에 힘써야 한다.
- 지도력의 원칙 : 행정가는 목적달성 및 전문적 서비스의 제공면에서 기관의 지도력에 대한 중요한 책임을 수행해야 한다.
- 계획의 원칙 : 계속적인 계획의 과정은 의미있는 서비스 개발에 필수적인 것이기 때문에 행정가는 계획과정에서 지도력을 발휘해야 하고 모든 직원들의 활동을 계획하여야 한다.
- 조직의 원칙 : 많은 사람들의 활동은 조직된 형식으로 조성되어야 하며, 그 책임과 관계가 명확히 규정될 수 있게끔 구조화되어야 한다.
- 권한위임의 원칙 : 여러 직원들에게 책임과 권한을 분산시키는 것은 필수적이다.
- 조정의 원칙 : 위임된 업무는 기관의 중요한 일에 모든 행정력이 집중될 수 있도록 적절히 조정되어야 한다.
- 자원활용의 원칙 : 기관은 자원을 주의깊게 조성하고 보존하며 활용하여야 하고, 자원의 관리자인 행정가는 자원을 적절히 통제하고 처리할 책임을 가진다.
- 변화의 원칙 : 변화의 과정은 지속적인 것인데, 행정가는 이러한 변화과정을 잘 유도하여야 한다.
- 평가의 원칙 : 과정이나 프로그램에 대한 지속적인 평가는 기관의 목적달성에 필수적인 것이다.
- 성장의 원칙 : 모든 참여자의 성장 및 발전은 행정가가 적극적인 작업할당과 지도감독, 개인이나 집단에 대한 학습기회 등을 제공함으로써 촉진된다.

② 사회복지행정의 접근방법

　㉠ 관료적 접근방법(공식적 접근방법)
- 관료적 조직의 특성(M. Weber)
- 작업활동과 관련된 모든 일을 다루는 절차 및 규칙의 체계를 사전에 설정
- 전문화에 기초해 노동을 분업화
- 인간관계에서 비인격성을 가짐
- 기본원리
- 전문화의 원리 : 행정적 효과는 사업의 세부적 분류로 증진될 수 있음
- 계층의 원리 : 각자 맡은 책임의 정도에 따라 의무를 결정
- 동질성의 원리 : 동일 성질의 업무는 동일인이나 동일 하부조직에 맡겨야 함
- 관할범위의 원리 : 지도자의 관리영역을 5~6인 정도로 제한함으로써 행정적 효과를 증진시킬 수 있음

　㉡ 민주적 접근방법(비공식적 접근방법)
- 목표나 계획·절차에 관한 결정은 그것에 관련된 모든 사람들이나 그들이 선정한 대표자에 의해 이루어짐
- 원활하고 부드러운 직업관계를 위해 직원·이사회 및 위원회의 협력을 조성
- 사회사업가의 다양한 능력과 경험에 기초한 승진 및 선정이 이루어짐
- 집단 또는 팀정신에 입각한 온화하고 우호적이며 협력적인 관계가 이루어짐

　㉢ 혼합적 접근방법 : 관료적 접근방법과 민주적 접근방법을 혼합한 것으로 민주적인 요소에 강조점을 둔다.

❷ 사회복지정책과 계획

(1) 사회복지정책

① 사회복지정책의 개념

ㄱ 길버트(N. Gillbert)와 스펙트(H. Specht) : 정책내용의 범위에 따라 가장 넓은 개념이 공공정책이고, 그 다음이 사회정책, 가장 좁은 개념이 사회복지정책이라 하였다.

> **※ 길버트와 스펙트의 지역사회의 기능** ✔자주출제
>
> ㉠ 생산, 분배, 소비의 기능 : 일상생활을 하는데 있어서 필요로 하는 서비스 및 재화를 생산하고 분배하며 소비하는 과정과 관련된 기능 → 경제제도
> ㉡ 사회화의 기능 : 일반적인 지식, 사회적 가치 및 행동 유형들을 사회구성원들에게 전달시키는 기능 → 가족제도
> ㉢ 사회통제의 기능 : 사회구성원들에게 사회적인 규범(법, 도덕, 규칙)에 순응하게 하는 기능 → 정치제도
> ㉣ 사회통합의 기능 : 사회체계의 정상적 기능을 위한 관계 간 결속력과 사기를 증진하는 기능 → 종교제도
> ㉤ 상부상조의 기능 : 갑작스러운 질병, 실업, 사고, 사망 등 개인적인 이유와 경제적 제도의 부적절한 운용으로 인하여 위의 기능들의 욕구를 충족할 수 없는 경우 필요한 기능 → 사회복지제도

ㄴ 마셜(T.H. Marshall) : 시민들에게 그들의 복지에 직접적인 영향을 줄 뿐 아니라 서비스 또는 소득을 제공함으로써 사람들의 복지에 직접적인 영향을 미치는 정부의 정책이다.

ㄷ 티트머스(R. Titmuss) : 일정의 물질적·사회적 욕구에 관하여 시장이 충족하지 못하거나 충족시킬 수 없는 특정의 사람(사회적 약자)에게 부여하는 정부의 행위이다.

ㄹ 일반적 개념 : 사회복지 프로그램이나 제반문제에 대한 의사결정을 위하여 정부 또는 공공기관에 의하여 작성된 지침으로서, 구체적인 프로그램·법제·우선순위를 제시하는 암시적 또는 명시적 원칙이다.

② 사회복지정책의 내용 및 정책형성과정 ✔자주출제

ㄱ 내용 : 사회복지의 요구와 수요가 충족된 상황을 구체적으로 달성하기 위한 각종 기회, 정보, 재원의 확보, 조달 및 제공 등 사회복지의 실천을 위한 효율적인 운영방법이 중요한 내용이다.

ㄴ 정책형성과정 : '정책문제의 형성 – 정책의 결정 – 정책의 집행 – 정책평가'의 네 과정을 거친다.

③ 사회복지정책의 분석틀(길버트와 테렐)

ㄱ 대상체계(보험대상 및 수급대상) : 급여 수급자격 요건으로는 거주 여부, 거주기간, 인구학적 조건, 기여의 여부, 근로조건, 소득수준 등이 있다.

ㄴ 급여체계(보험자가 받는 급부의 형태 및 수준)

- 현금으로 제공되는 경우 : 국민연금, 질병보험의 질병수당, 산업재해보상의 장애수당, 실업급여, 공공부조, 아동수당, 주택수당 등
- 증서(바우처)로 제공되는 경우 : 일정한 용도 내에서 수급자로 하여금 원하는 재화나 서비스를 자유롭게 선택할 수 있게 하는 방법으로, 상품권·식품권, 의료보험증 등이 있음

- 기회로 제공되는 경우 : 기회는 무형의 급여이며, 어떤 개인이나 집단에 대해 이전에는 부정되었던 급여에 대해서 접근을 가능하게 만드는 것으로, 장애인에 대한 운전면허 교부조항을 변경하는 것과 같은 것임

[현금급여와 현물급여] ✔자주출제

구분	현금급여	현물급여
주요내용	• 복지서비스가 현금의 형태로 전달되는 것 • 개인의 자유와 소비자의 선택 중시	• 복지서비스가 현물의 형태로 전달되는 것 • 사회통제와 집합적 선을 중시
장점	선택의 자유를 극대화하고 관리비용을 절감할 수 있다.	• 대량생산과 분배를 통해 낭비를 줄일 수 있다. • 용도 외 사용을 막을 수 있다.
단점	용도 외 사용이 가능하다.	• 선택의 자유가 제한된다. • 관리비용이 많이 든다.

ⓒ 전달체계(급부의 전달경로)

- 지역사회적 맥락에서 사회복지급여를 공급하는 자들 간의 조직적인 연계 및 공급자와 소비자들 간의 조직적 연결
- 조직과 조직 또는 조직과 클라이언트들이 상호연관되어 서비스가 창출·공급되는 체계

> **※ 운영주체별 구분**
> - 공공전달체계 : 정부(중앙 및 지방)나 공공기관이 직접 관리, 운영하는 것을 말한다. 보건복지부를 중심으로 한 정부조직의 위계망으로 구성된다.
> - 민간전달체계 : 민간단체나 개인이 직접 관리, 운영하는 것을 말한다. 사회복지시설, 자원봉사단체, 사회복지 협의회 등이 해당되고, 공공전달체계에 비해 안정성이 낮지만 융통성 발휘가 쉽다.
>
> **※ 길버트와 테렐의 사회복지정책틀 4가지 질문**
> - 누가 급여를 받는가?
> - 무엇을 받는가(급여 형태는 무엇인가)?
> - 어떻게 급여를 받는가(어떠한 전달체계를 통해 급여를 전달할 것인가)?
> - 누가 급여를 지불하는가?

ⓔ 재원체계(기여금의 충당 및 배분방법)

- 공공부문의 재원 : 조세로 구성되는 정부의 일반예산, 목적세 형태의 사회보장성 조세, 조세비용
- 민간부문의 재원 : 사용자가 부담하는 경우의 재원, 자발적 기여에 해당하는 기여금, 기업이 출연한 재원 등

④ 사회복지정책결정 모형 ✔자주출제

ⓐ 합리모형

- 인간이 이성과 합리성에 입각하여 정책을 결정한다는 이론이다.
- 고도의 합리성을 전제로 비용편익 분석 등을 통해 가장 합리적인 최선의 정책 대안을 선택한다.
- 정책결정자가 높은 합리성을 가지고 주어진 상황에서 최선의 정책 대안을 찾아낼 수 있다고 본다.

ⓑ 만족모형 : 제한된 합리성을 전제로 여러 대안 중에서 현실적으로 가장 만족스러운 대안을 선택한다.

   ⓒ **점증모형**
  - 정치적 합리성을 전제로 다원주의 사회에서 다수가 선호하는 정치적 실현가능성이 높은 대안을 선택한다.
  - 과거의 정책결정을 기초로 하여 약간의 변화를 추구하면서 새로운 정책대안을 검토하고 점증적으로 수정하는 과정을 거친다고 본다.

   ⓒ **혼합모형**
  - 합리모형과 점증모형의 절충적인 형태이다.
  - 종합적인 합리성을 전제로 하며 근본적인 내용은 합리적으로 선택하고, 세부적인 내용은 점증적으로 선택한다.

   ⓔ **최적모형**
  - 경제적 합리성과 초합리성(직관, 판단, 통찰력)의 조화를 강조한다.
  - 양적이 아니라 질적이고 상위 정책결정과 환류작용을 중요시한다.

   ⓜ **쓰레기통모형**
  - 정책결정은 일정한 규칙 속에서 이루어지는 것이 아니라 조직화된 무정부 상태 속에서 나타나는 몇 가지 흐름에 의해 우연히 이루어진다.
  - 문제, 해결방안, 선택기회, 정책결정 참여자 등의 요소가 우연히 모이면 정책결정이 이루어진다.

(2) 사회복지계획

① **사회복지계획의 개념**… 예측, 체계적 사고, 조사 및 가치선호의 행사를 통해 문제를 해결하며, 장래의 진로를 통제하고자 하는 의도적 시도를 말한다.

② **사회복지계획의 모델**
   ㉠ **기술방법론적 과정** : 분석적 과제를 내포한다.
   ㉡ **사회정치적 과정** : 상호작용적 과제를 내포한다.

③ **사회복지계획에서 사회사업가의 역할**
   ㉠ 적절한 통계적 자료를 제공한다.
   ㉡ 사회조사에 적극 참여한다.
   ㉢ 계획의 모든 단계에 적극적으로 참여한다.
   ㉣ 효과적인 시수단을 조언해야 한다.
   ㉤ 목적설정을 돕는다.
   ㉥ 실제적 경험에서 얻은 적정량의 정보를 제공해야 한다.

(3) 지도감독(supervision)

① **지도감독의 개념** … 사회복지조직의 하위직원이 그들의 지식과 기술을 발휘하여 서비스를 효율적 · 효과적으로 전달할 수 있도록 상위직원이 하위직원에게 도움을 주는 활동이다.

② **지도감독의 기능**

ㄱ **교육적 기능**
- 직원의 지식과 이해력을 증진시킴으로써 전문적 자세를 구비할 수 있도록 돕는다.
- 사회복지사의 사회사업기술을 향상시키고 조직의 정책이나 서비스의 우선순위 등을 결정하는 데 기여한다.

ㄴ **행정적 기능** : 수퍼바이저가 의사소통, 평가, 일의 분배, 정신적 지지와 지시, 위원회 임명 등과 같은 관리업무에 도움을 준다.

ㄷ **지지적 기능** : 워커의 사기진작과 업무수행에 스트레스를 감소시켜 효과적인 서비스를 제공하도록 유도한다.

ㄹ **조력적 기능** : 직원이 서비스 전달과정에서 담당한 일을 할 수 있도록 독려하는 데 목적이 있다.

ㅁ **자문적 기능** : 서비스에 대한 자문을 한다.

③ **지도감독의 기본원칙**

ㄱ 그들의 조직과 서비스에 대한 정확한 지식 · 원칙 · 기술을 가르쳐야 한다.

ㄴ 직원이 수퍼바이저가 제시한 원칙과 지식에 일치하는 목표를 설정하여 자율적으로 관리하도록 해야 한다.

> **※ 수퍼바이저의 책임**
> ㄱ 사정과 평가
> ㄴ 능력
> ㄷ 효과적 지식의 전달
> ㄹ 다양한 지도, 감독에 대한 지식

ㄷ 기술은 수렴할 만하고 타당하며, 쓸모가 있어야 한다.

ㄹ 기술을 다른 사람에게 충분히 전달할 수 있어야 하며, 적당히 훈련을 받은 자는 그 기술을 습득하여 허용한계 내에서 쓸모있게 활용할 수 있어야 한다.

④ **수퍼바이저의 자격**

ㄱ **지식** : 전문적 지식과 실제 일하고 있는 기관에 대한 지식을 포함한다.

ㄴ **실천기술** : 사회사업을 수행하는 데 있어서 기본적 능력과 특별한 사회사업방법이나 방법들에 있어서의 전문적 능력을 의미한다.

ㄷ **개방적인 접근태도** : 응급시에 수퍼바이저를 찾아갈 수 있고 그의 사무실에 직원이 쉽게 들어갈 수 있게 열려 있으며, 필요하면 지도를 받을 수 있는 것을 의미한다.

ㄹ **사명감** : 유능한 수퍼바이저는 기관이나 자기자신, 자기가 담당한 수퍼비지에 지대한 관심을 갖는다.

ⓜ **솔직한 태도** : 수퍼바이저는 수퍼비지가 제기한 질문에 응답하고 적절하게 제안도 하며, 회답을 모르는 경우에는 솔직하게 인정을 한다.

ⓗ **감사와 칭찬** : 신임직원은 특히 인정받고 칭찬받기를 원한다. 그러한 감사와 칭찬 같은 적극적인 강화는 동기를 유발하고 전문성 발전에 기여한다.

(4) 사회복지 전담공무원

① **개요** … 사회복지 전담공무원은 사회복지사업에 관한 업무를 담당하게 하기 위하여 시·도, 시·군·구 및 읍·면·동 또는 복지사무 전담기구에 배치되어 활동하고 있다.

② **자격** … 사회복지 전담공무원의 법적 근거는 사회복지사업법이며, 사회복지사 자격을 가진 사람으로 한다.

③ **직무** … 사회복지 전담공무원은 그 관할지역에서 사회복지를 필요로 하는 사람 등에 대하여 항상 그 생활 실태 및 가정환경 등을 파악하고, 사회복지에 관하여 필요한 상담과 지도를 한다.

④ 관계 행정기관과 사회복지시설을 설치·운영하는 자는 사회복지 전담공무원의 업무수행에 협조하여야 하며, 국가는 보수 등에 드는 비용의 전부 또는 일부를 보조할 수 있다.

(5) 욕구조사와 평가조사

① **욕구조사** … 욕구조사는 일정한 지역 내에서 생활하는 주민 또는 직장인들의 욕구수준을 측정하기 위해 실시하는 조사를 말한다.

　㉠ 서베이조사

　　• 정의 : 서베이(survey)는 전체를 대표할 수 있는 표본을 선정하여 이들로부터 면접이나 설문지를 통하여 자료를 수집하는 방법이다. 개인들로부터 느껴진 욕구를 중심으로 한 직접적인 자료를 얻으며, 조사방법론에 대한 전문적 지식을 갖고 있는 전문 인력의 확보가 중요하다.

　　• 장점

　　－표본을 통하여 대상자 전체의 욕구를 파악할 수 있다.

　　－실제적 서비스 대상자와 잠재적 클라이언트를 정보원천으로 활용하여 서비스를 받고 있는 사람들이나 받게 될 사람들의 의견을 직접 끌어낼 수 있다.

　　• 단점

　　－시간과 인력, 수집된 자료 분석에 드는 비용이 많이 든다.

　　－우편설문조사방법 시 회수율이 떨어진다.

　　－서베이조사실시 시 프로그램에 대한 지역사회의 기대감을 상승시키는 부정적 효과를 초래한다.

ⓛ 델파이기법 ✔자주출제
- 정의 : 어떤 문제에 대하여 전문가들의 합의점을 찾는 방법이다. 무기명 응답이고, 대면적인 회의에서와 같은 즉각적인 환류를 통제하며, 개인의 의견을 집단적 통계분석으로 처리한다.
- 장점
  - 여러 전문가들의 의견을 비교·검토·재검토 할 수 있다.
  - 집단의 의견에 개인을 순종시키려는 집단의 압력을 줄일 수 있다.
  - 응답자의 시간을 효율적으로 이용할 수 있다.
  - 익명성으로 특정인의 영향을 줄일 수 있다.
- 단점
  - 극단적인 의견은 판단의 합의를 얻기 위해 제외된다.
  - 반복적인 과정을 거쳐 전체적으로 시간이 많이 걸린다.
  - 전문가의 고집에 따라 비합리적으로 정부수집이 이뤄질 가능성이 있다.

ⓒ 사회지표조사
- 정의 : 지역사회의 욕구를 추정할 수 있다는 전제를 두고 사회지표를 분석하는 방법이다.
- 장점 : 기존의 자료를 확인하므로 시간과 비용이 적게 든다.
- 단점 : 특수한 주제에 접근할 경우 일치하는 지표를 찾아내기 어려울 수 있다.

ⓔ 지역사회공개토론회
- 정의 : 지역사회 성원들이 참여할 수 있는 공개적인 모임을 주선하여 논의되는 지역사회의 욕구나 문제를 파악하는 방법이다.
- 장점 : 서베이조사를 위한 사전준비의 기회가 될 수 있고, 적은 비용으로 광범위한 지역·집단·계층의 의견을 들을 수 있다.
- 단점 : 참석자의 소수 의견을 발표할 경우 전체적인 욕구를 파악하기 어렵고, 관심 있는 사람들만 참석하여 표본의 편의현상이 나타날 수 있다.

ⓜ 주요 정보 제공자 조사
- 정의 : 기관의 서비스제공자 등 지역사회 전반의 문제에 대해 잘 알고 있는 것으로 인정된 사람들을 통해 욕구조사를 하는 방법이다.
- 장점 : 적은 비용으로 표본을 쉽게 선정할 수 있고, 지역의 전반적인 문제를 쉽게 파악할 수 있다.
- 단점 : 의도적 표집으로 표본의 편의현상이 나타날 수 있고, 주민들의 실질적 관심 문제들이 소외될 가능성이 있다.

ⓑ 이차적 자료 분석
- 정의 : 지역사회 내의 사회복지기관의 서비스 수혜자에 관련된 기록을 검토하여 욕구를 파악하는 방법이다.
- 장점 : 비용이 적게 들며, 조사에 신축성을 기할 수 있다.
- 단점 : 서비스 이용자를 중심으로 분석하여 인구 전체에 적용하기 어렵고, 비밀보장으로 기관 외부에서의 접근이 어렵다.

ⓢ 초점집단조사
- 정의 : 어떤 문제에 관련된 소수 사람들을 모아 토론하여 깊이 있게 의견을 듣는 방법이다.
- 장점 : 적은 비용으로 자료를 쉽게 수집할 수 있고, 문제를 보다 깊이있게 파악할 수 있다.
- 단점 : 구성원이 잘못 선정된 경우 대표성의 문제가 발생하며, 이야기하는 내용이 주관적일 수 있다.

② 평가조사

ㄱ 평가조사는 프로그램의 평가결과를 환류 시켜 바람직한 목표를 수립, 프로그램의 운영개선 및 효과성·효율성 제시, 타당성 있는 검증된 가설들을 이론으로 발전시키기 위해 실시하는 조사이다.

ㄴ 프로그램평가는 사회복지의 책임성에 대한 사회적 요구가 심각히 제기되는 시기에 중요시 되며, 기타 사회복지기관들의 정체성 확립, 기관운영 등에서도 평가가 중요시된다.

≣ 최근 기출문제 분석 ≣

1 현물급여와 비교할 때 현금급여의 장점으로 옳지 않은 것은?

① 급여 전달 과정에서 행정비용을 절감할 수 있다.

② 수급자의 자기결정권을 보장할 수 있다.

③ 수급자의 급여 오남용을 예방할 수 있다.

④ 수급자가 급여를 소비할 때 낙인감이 적다.

> **TIP** 현금급여는 수급자가 급여를 부정적인 지출(술, 담배, 도박) 등으로 사용할 위험이 있어 오남용 가능성이 있다.
> ① 현금급여는 수급자의 계좌로 직접 지급되므로, 창고 운영, 물품 조달, 유통 등의 행정절차가 필요 없어 비용이 절감된다.
> ② 현금급여는 수급자가 필요에 따라 자유롭게 사용할 수 있으므로, 자기결정권이 강화된다.
> ④ 현금급여는 일반적인 금융거래처럼 이루어지므로, 다른 사람들에게 노출되지 않아 낙인감이 줄어둔다.

2 사회복지 정책과정을 순서대로 바르게 나열한 것은?

> (개) 정책결정
> (내) 정책평가
> (대) 정책집행
> (래) 정책의제 형성

① (개)→(내)→(래)→(대)

② (내)→(개)→(대)→(래)

③ (래)→(개)→(내)→(대)

④ (래)→(개)→(대)→(내)

> **TIP** 사회복지 정책과정
> ㉠ 정책의제 형성 : 사회문제가 공공의 문제로 인식되고, 정책으로 다뤄질 필요성이 제기되는 단계다.
> ㉡ 정책결정 : 형성된 의제를 바탕으로 정책 목표와 수단이 결정된다.
> ㉢ 정책집행 : 결정된 정책을 실제로 실행하는 단계로 공공기관, 지방정부, 사회복지기관 등이 주체가 된다.
> ㉣ 정책평가 : 정책이 얼마나 효과적으로 집행되었는지, 목표를 달성했는지 평가하는 단계다.

Answer 1.③ 2.④

3 길버트와 스펙트(Gilbert & Specht)가 제시한 사회의 필수 기능과 이를 수행하는 사회제도를 옳게 짝 지은 것은?

① 사회화 기능 – 사회복지제도

② 상부상조 기능 – 경제제도

③ 사회통합 기능 – 가족제도

④ 사회통제 기능 – 정치제도

> **TIP** 지역사회의 기능 5가지(길버트 & 스펙트)
> ㉠ 생산·분배·소비의 기능 : 지역사회 내에서 일상생활에 필요한 재화 및 서비스 등이 생산, 소비, 분배되는 과정에 관한 기능 → 경제제도
> ㉡ 사회화의 기능 : 지역사회를 구성하는 작은 단위인 가족, 이웃집단, 조직 등을 통해 지역사회의 문화, 가치 등이 전달되는 기능 → 가족제도
> ㉢ 사회통제의 기능 : 구성원들에게 지역사회의 도덕, 규칙, 법률 등의 규율을 따르게 하는 기능 → 정치제도
> ㉣ 사회통합의 기능 : 구성원들 사이의 상호작용 과정을 통해 협력, 결속력 등을 다지는 기능 → 종교제도
> ㉤ 상부상조의 기능 : 공식적인 사회제도를 통해 충족할 수 없는 삶의 질을 충족하기 위해 서로 도움을 주고받는 기능 → 사회복지제도

4 선별주의와 보편주의에 대한 설명으로 옳지 않은 것은?

① 우리나라의 현행 기초연금은 선별주의 제도에 해당한다.

② 우리나라의 현행 아동수당은 보편주의 제도에 해당한다.

③ 선별주의자들은 보편주의자들보다 사회통합을 더 강조한다.

④ 일반적으로 보편주의 프로그램이 선별주의 프로그램보다 급여를 받기 위한 행정절차가 더 용이하다.

> **TIP** ③ 보편주의자들이 선별주의자들보다 사회통합과 사회적 연대를 더 강조한다.

Answer 3.④ 4.③

5 다음에서 설명하고 있는 기획관리기법은?

> 이 기법은 PDCA 사이클, 즉 계획(Plan) − 실행(Do) − 확인(Check) − 조정(Act)의 순서에 따른 일련의 절차를 하나의 프로그램 기획관리 과정으로 본다.

① 시간별 활동계획도표(Gantt Chart)
② 월별활동계획카드(Shed−U Graph)
③ 방침관리기획(breakthrough planning)
④ 프로그램 평가검토 기법(PERT)

TIP 제시문은 방침관리기획(breakthrough planning)에 대한 설명이다.
① 시간별 활동계획도표(Gantt Chart) : 각 활동별 소요기간을 막대로 표시하여 도표화한다.
② 월별활동계획카드(Shed−U Graph) : 수행되어야 할 활동을 월별로 정리하여 표시한다.
④ 프로그램 평가검토 기법(PERT) : 활동별 소요기간 및 활동 간 연결성에 따라 도식화하여 임계경로를 산정한다.

6 사회복지급여에 대한 설명으로 옳은 것은?

① 현물급여는 현금급여에 비해 목표효율성이 더 높다.
② 현금급여는 현물급여에 비해 수급자의 효용이 더 낮다.
③ 현금급여는 현물급여에 비해 관리운영 비용이 더 소요된다.
④ 현물급여는 현금급여에 비해 수급자의 선택의 자유를 통한 자기결정권을 더 제고할 수 있다.

TIP ① 목표효율성은 급여가 정책 목표에 맞게 사용되는가에 관한 것이다. 현물급여는 필요한 물건을 직접 지급하는 것으로, 현금급여에 비해 목표효율성이 더 높다.
② 현금급여는 현물급여에 비해 수급자의 효용이 더 높다.
③ 현금급여는 현물급여에 비해 관리운영 비용이 덜 소요된다.
④ 수급자의 선택의 자유를 통한 자기결정권을 더 제고할 수 있는 것은 현금급여이다.

Answer 5.③ 6.①

2025 국가직 9급

7 **조직이론에 대한 설명으로 옳지 않은 것은?**

① 인간관계론은 비공식 집단의 영향력을 간과하는 한계가 있다.

② 과학적 관리론은 조직구성원을 목표달성의 수단으로 간주하는 경향이 있다.

③ 관료제론은 업무처리에 있어 사적 감정을 배제하고 원칙과 절차를 중요시한다.

④ 제도이론은 조직을 개방체계로 보고 조직이 속해 있는 제도적 환경의 영향력을 강조한다.

TIP ① 인간관계론은 비공식 집단이 생산성 향상에 미치는 영향력을 간과한 과학적 관리론의 한계를 인식하면서 제시된 이론이다.

2025 국가직 9급

8 **정책결정모형에 대한 설명으로 옳지 않은 것은?**

① 혼합모형(mixed-scanning model)은 합리모형과 만족모형을 절충한 정책결정모형이다.

② 점증모형(incremental model)은 기득권층의 이익을 반영한다는 비판을 받는다.

③ 인간의 이성과 합리성을 전제로 한 합리모형(rational model)은 비현실적인 정책결정모형이라는 비판을 받는다.

④ 쓰레기통모형(garbage can model)은 '조직화된 무질서(organized anarchy)' 속에서 정책에 필요한 몇 가지 흐름이 우연히 통 안에 들어와서 정책결정이 이루어진다고 본다.

TIP ① 혼합모형은 합리모형과 점증모형을 절충한 정책결정모형이다.
※ 정책결정모형

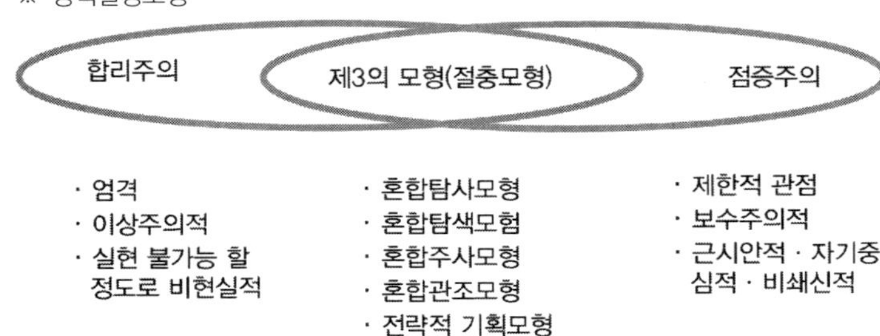

9 「사회서비스 지원 및 사회서비스원 설립·운영에 관한 법률」상 시·도 사회서비스원에 대한 설명으로 옳지 않은 것은?

① 시·도 사회서비스원은 정관을 변경하려는 경우에는 보건복지부장관의 허가를 받아야 한다.

② 시·도 사회서비스원은 지역 내 사회서비스의 질 제고를 위한 연구, 개발 및 교육사업을 지원할 수 있다.

③ 시·도 사회서비스원은 국가 또는 지방자치단체로부터 위탁받은 국공립 사회서비스 제공기관을 운영할 수 있다.

④ 시·도 사회서비스원은 자연재난 및 사회재난 등의 발생으로 아동, 노인, 장애인 등에게 돌봄 공백이 발생한 경우 긴급돌봄서비스를 제공할 수 있다.

> **TIP** ① 시·도 서비스원은 정관을 변경하려는 경우에는 시·도지사의 허가를 받아야 한다〈「사회서비스 지원 및 사회서비스원 설립·운영에 관한 법률」 제13조(정관) 제2항〉.
>
> ※ 시·도 서비스원의 사업〈「사회서비스 지원 및 사회서비스원 설립·운영에 관한 법률」 제10조〉
>
> ⓐ 시·도 서비스원은 다음 각 호의 사업을 할 수 있다.
>   1. 「재난 및 안전관리 기본법」 제3조 제1호에 따른 재난 등의 발생으로 아동·노인·장애인 등에게 돌봄 공백이 발생한 경우 긴급돌봄서비스의 제공
>   2. 국가 또는 지방자치단체로부터 위탁받은 국공립 사회서비스 제공기관 운영
>   3. 국가 또는 지방자치단체로부터 위탁받은 사회서비스 제공 또는 지원에 관한 사업
>   4. 사회서비스 수급자의 욕구에 따른 종합적인 재가서비스 제공을 위한 사업
>   5. 사회서비스 제공 및 운영 기관에 대한 재무·회계·법무·노무 등에 관한 각종 상담·자문
>   6. 사회서비스 종사자의 처우 개선 및 고용 안정성 제고를 위한 사업의 지원
>   7. 지역 내 사회서비스의 질 제고를 위한 연구·개발 및 교육사업의 지원
>   8. 지역 내 사회서비스 수급계획 수립의 지원
>   9. 새로운 사회서비스 도입을 위한 시범사업의 실시
>   10. 그 밖에 시·도지사가 사회서비스 공공성등의 제고를 위하여 필요하다고 인정하는 사업
> ⓑ 그 밖에 시·도 서비스원의 사업 내용·방법 및 절차 등에 필요한 사항은 대통령령으로 정한다.

Answer 9.①

10 **사회복지의 잔여적 관점과 제도적 관점에 대한 설명으로 옳지 않은 것은?**

① 잔여적 관점에서는 사회복지 대상자를 병리적인 존재로 간주한다.

② 제도적 관점에서는 사회복지대상을 요보호 대상자에 국한하지 않고, 모든 국민으로 간주한다.

③ 잔여적 관점에서는 사회복지의 제공을 국민의 권리가 아닌 시혜로 간주한다.

④ 제도적 관점에서는 사회복지제도를 위기 발생 시에 그 기능을 수행하는 일시적, 보충적인 제도로 간주한다.

> **TIP** ④ 사회복지제도를 위기 발생 시에 그 기능을 수행하는 일시적, 보충적인 제도로 간주하는 것은 잔여적(보충적·보완적) 관점이다.
>
> ※ 윌렌스키와 르보의 잔여적 관점, 제도적 관점
>
> ㉠ 잔여적 관점(보충적·보완적 관점)
> - 가족이나 시장이 정상적인 기능을 수행하지 못할 때 이의 보완적 기능을 사회복지가 담당한다.
> - 사회복지의 혜택을 받는 사람들은 비정상적·병리적인 사람이고 적응을 하지 못하는 사람으로 간주한다.
> - 사회복지는 그 기능을 임시로 보충할 뿐이며, 사회복지활동이 사회를 유지하고 발전시키는 데 필수적이라고 생각되지는 않는다.
>
> ㉡ 제도적 관점
> - 현대의 산업사회에 있어서 가족과 시장경제 제도는 제 기능을 발휘할 수 없기 때문에 사회복지가 사회유지에 필수적 기능을 해야 한다는 것이다.
> - 사회복지서비스가 1차적 기능이며, 제도적으로 국가가 적극 개입함으로써 개인이나 집단이 만족할 만한 수준의 복지가 구현될 수 있다고 본다.
> - 어떤 긴급함이나 비정상적인 문제들에 국한되지 않는 광범위한 제도나 정책을 수립함으로써 사회복지문제에 예방적·조직적·계획적으로 대처하려는 것이다.
> - 사회복지는 현대의 산업사회에서 각 개인의 자아완성을 돕기 위해 타당하고 정당한 기능을 수행하는 것으로 받아들여진다.

Answer 10.④

11 **사회복지 대상자 선정원칙에 대한 설명으로 옳은 것은?**

① 선별주의는 모든 사람을 급여 대상자로 선정하는 방식이다.

② 보편주의는 복지 수혜자에게 낙인(stigma)을 남긴다.

③ 선별주의는 보편주의에 비해 행정비용이 더 소요된다.

④ 보편주의 복지는 선별주의 복지에 비해 제도적 안정성과 지속성이 취약하다.

TIP ① 모든 사람을 급여 대상자로 선정하는 방식은 보편주의이다.
　　 ② 선별주의는 복지 수혜자에게 수치심, 낙인을 남긴다.
　　 ④ 보편주의는 선별주의에 비해 제도적 안정성과 지속성이 있다.
　　 ※ 선별주의와 보편주의 비교

구분	선별주의	보편주의
대상	복지기본선 이하 국민 모든 국민	모든 국민
장점	−비용효과(낮은 수준의 자원 낭비) −낮은 수준의 의존성 −높은 수준의 소득재분배 −높은 수준의 민간부문의 복지 참여	−수혜자의 수치심 부재 −단순한 행정절차 −급여의 공정성 −사회통합(사회효과성) −정책 지지자에 따른 제도적 안정성, 지속성
단점	−수혜자의 수치심(낙인) −복잡한 행정절차, 높은 수준의 행정비용 −급여의 불공정성 −사회분열 −정책 반대자에 따른 제도적 불안정성	−높은 수준의 자원 낭비 −높은 수준의 의존성 −낮은 수준의 소득재분배 −낮은 수준의 민간부문의 복지참여
제도	국민기초생활보장제도, 공공부조	국민연금제도, 장애연금, 가족수당제도, 노인수당제도

Answer 11.③

12 다음에서 설명하고 있는 의사결정 기법은?

> • 여러 전문가로부터 익명으로 의견을 구해 결과를 도출하는 의사결정 방법이다.
> • 동일한 전문가를 대상으로 설문을 여러 단계에 걸쳐 실시한다.
> • 시간이 오래 걸려 신속한 의사결정이 필요한 경우에는 활용하기 어렵다.

① 델파이 기법(delphi technique)
② 초점집단 인터뷰(focus group interview)
③ 명목집단 기법(nominal group technique)
④ 브레인스토밍(brainstorming)

TIP ① 집단의사결정기법으로서 델파이기법은 익명성, 반복, 피드백, 응답의 통계처리, 전문가 합의, 의사결정에 많은 시간이 소요되는 것이 특징이다.

※ 의사결정기법 : 개인의사결정기법, 집단의사결정기법
　㉠ 개인의사결정기법 = 의사결정나무분석기법, 대안선택 흐름도표
　　• 의사결정나무분석기법 : 의사결정 규칙을 나무구조로 표현한 것으로, 대안을 선택했을 경우와 선택하지 않을 경우의 사건을 나뭇가지처럼 그려서 분석하는데, 예측과 분류에 많이 쓰이는 기법이다.
　　• 대안선택 흐름도표 : 연속적으로 제안에 대한 질문의 답을 예 또는 아니오로만 하도록 하여 선택하는 방식이다.
　㉡ 집단의사결정기법 = 델파이기법, 브레인스토밍, 명목집단기법, 초점집단기법, 지명반론자기법, 프로모텀기법
　　• 델파이기법 : 전문가들에게 우편으로 의견이나 정보를 수집한 후, 분석한 결과를 다시 응답자들에게 보내 의견을 묻는 방식으로, 어떤 주제에 대해 전문가들의 합의를 얻으려고 할 때 적용될 수 있다. 일반적인 원칙은 익명성, 반복, 피드백, 응답의 통계처리, 전문가 합의이다. 전문가가 자유로운 시간에 의견을 제시할 수 있고, 피드백을 통해 주제에 대한 지속적인 관심과 사고를 촉진할 수 있는 장점이 있지만, 시간이 많이 걸리고 반복하는 동안 응답자의 수가 줄어드는 문제와 전문가를 선택하는 것이 어렵다는 문제가 있다.
　　• 브레인스토밍 : 자유분방한 상태에서 창의적이고 비구조화된 방법으로 다양한 아이디어를 제안하는 기법으로 자유연상법, 난상토론 등으로도 불린다. 특정 과제 해결책과 아이디어 도출에 있어서 비전문가들도 쉽게 활용할 수 있다.
　　• 명목집단기법 : 참석자들이 개별 아이디어를 무기명 서면으로 제출한 후, 제한적 토의를 거쳐 투표로 의사를 결정하는 기법이다. 의견이 교환되지 않고 토론이 이루어지지 않으므로, 이름만 집단이라는 뜻으로 명목집단이라 한다.
　　• 초점집단면접기법 : 과제에 적합한 대표를 선출(추출)하여 초점집단을 형성한 후 한 공간에서 활발한 토의와 상호작용을 의도적으로 강조하는 기법이다.
　　• 지명반론자기법 : 집단을 제안과 반론으로 둘로 나누어 반론 집단의 반론을 듣고 토론을 벌여 제안자의 안을 수정 보완하는 과정을 거친 후 대안을 도출하는 의사결정기법이다.
　　• 프로모텀기법 : 특정 프로젝트를 실패했다고 가정하여 그 원인과 이유를 찾아내는 기법이다.

Answer　12.①

2023 인사혁신처 9급

13 선별주의와 보편주의에 대한 설명으로 옳은 것은?

① 보편주의는 수혜자에게 스티그마(stigma)를 남긴다.

② 보편주의 복지는 선별주의 복지보다 제도적 지속성이 떨어진다.

③ 우리나라의 장애수당과 장애인연금은 모두 선별주의에 해당하는 제도이다.

④ 보편주의는 선별주의에 비해 사회적 효과성보다 비용효과성을 더 강조한다.

> **TIP** 보편주의자들은 빈곤, 장애, 곤경을 겪고 있는 사람들뿐만 아니라 전 국민을 사회복지 정책의 대상자로 삼는다. 선별주의자들은 사회복지 정책의 범위를 제한적으로 본다.
> ③ 우리나라의 장애수당과 장애인연금은 장애인복지법과 장애인연금법상 정해진 장애인에게 지급하고 있다. 따라서 모두 선별주의에 해당하는 제도이다.

2023 제1회 지방직 9급

14 사회복지의 잔여적 관점과 제도적 관점에 대한 설명으로 옳은 것은?

① 제도적 관점에서는 자산조사를 통해 선별적 급여를 제공한다.

② 잔여적 관점에서 사회복지급여 제공은 국가의 시혜가 아니라 수급자의 권리이다.

③ 제도적 관점에서는 사회복지를 일시적이고 보충적인 기능을 수행하는 제도로 인식한다.

④ 잔여적 관점에서는 가족이나 시장경제가 개인의 욕구를 적절하게 충족시키지 못하는 경우에만 사회복지서비스를 제공한다.

> **TIP** ① 잔여적 관점에 대한 설명이다.
> ② 제도적 관점에 대한 설명이다.
> ③ 잔여적 관점에 대한 설명이다.

2023 제1회 지방직 9급

15 사회서비스 바우처에 대한 설명으로 옳지 않은 것은?

① 공급자 재정지원방식이다.

② 공급자 간 경쟁을 촉진시켜 서비스 향상을 도모한다.

③ 특정한 재화나 서비스의 수요자에게 일정 금액의 구매권을 제공한다.

④ 일정한 용도 내에서는 현금 급여 방식처럼 소비자의 선택이 가능하다.

> **TIP** ① 바우처는 특정한 재화나 서비스의 수요자(소비자)에게 일정 금액의 구매권을 제공하는 방식이다.

Answer   13.③   14.④   15.①

≡ 출제 예상 문제

1 **사회복지행정에 대한 설명으로 옳지 않은 것은?**

① 사회복지행정의 주체는 국가와 지방자치단체이며 대상은 요보호자이다.

② 사회복지행정의 중요한 요소는 프로그램과 서비스의 전달에 있다.

③ 사회복지행정의 전문적 가치는 모든 서비스가 개발되어 그것을 필요로 하는 모든 사람들에게 유용하게 제공되는 것에 있다.

④ 동일한 욕구를 가진 대상자는 공평한 대우를 받아야 한다.

TIP ① 사회복지행정의 주체는 국가와 지방자치단체의 공공기관과 민간복지단체이며, 그 대상은 요보호자를 포함하는 일반국민 전체이다.

2 **사리(Sarri)의 사회복지행정의 특징으로 옳지 않은 것은?**

① 사회복지행정은 이윤추구 및 가격관리를 목적으로 한다.

② 사회복지행정은 높은 비율의 비일상적인 사건에 직면한다.

③ 긴장에 처한 클라이언트의 행동은 가끔 돌발적이고 예측할 수 없다.

④ 사회복지행정은 인간관계기술에 크게 의존하므로 전문가의 역할이 중시된다.

TIP 사리(Sarri)의 사회복지행정의 특징
㉠ 사회복지행정의 대상자는 투입인 동시에 산출
㉡ 사회복지행정은 카운슬링, 집단사회사업, 개별사회사업 등 인간관계기술에 크게 의존하며, 이에 따라 전문가의 개입이 요청
㉢ 사회복지행정은 높은 비율의 비일상적인 사건에 직면하고 긴장상태에 처한 대상자의 행동은 돌발적이고 예측할 수 없을 때가 많음

Answer 1.① 2.①

3 국가에서 시행하는 사회복지를 사회복지행정이라고 한다면 어떤 측면에서 말하는 것인가?

① 과정면에 따라 나눈 것이다.
② 내용면에 따라 나눈 것이다.
③ 인적대상에 따라 나눈 것이다.
④ 실시주체에 따라 나눈 것이다.

> **TIP** 사회복지행정의 유형
> ㉠ 주체에 따른 유형:공공 사회복지행정(중앙정부의 사회복지행정, 지방정부의 사회복지행정), 민간 사회복지행정(사회복지시설 행정, 사회복지기관행정, 사회복지관행정), 공공 및 민간의 혼합사회복지행정
> ㉡ 객체에 따른 유형:아동복지행정, 노인복지행정, 장애인복지행정, 여성복지행정 등
> ㉢ 제도에 따른 유형:사회보장행정(사회보험행정, 공공부조행정, 사회복지사업행정), 사회복지 관련행정(보건행정, 교육행정, 주 택행정, 교정행정)
> ㉣ 급여형태에 따른 유형:소득(연금보험행정, 산재보험행정, 고용보험행정, 기초생활보장사업), 의료(국민건강보험행정, 의료보호 행정), 사회복지(아동복지행정, 노인복지행정, 장애인복지행정)
> ㉤ 정부의 주무부서에 따른 유형:중앙정부(보건복지행정, 법무행정, 노동행정), 지방정부(사회복지국, 여성복지국)
> ㉥ 과정에 따른 유형:복지목적의 설정, 복지정책의 수립, 복지실현을 위한 구체적 방법 결정 및 그의 시행으로 구분

4 사회복지사업법상 사회복지사업을 연구·조사하고 사회복지사업을 조성할 목적으로 전국 시·도를 단위로 설치한 것은?

① 사회복지사
② 사회복지전문요원
③ 사회복지위원회
④ 사회복지협의회

> **TIP** ④ 사회복지에 관한 조사·연구와 각종 복지사업을 조성하기 위하여 전국 단위의 한국사회복지협의회(중앙협의회)와 시·도 단 위의 시·도 복지협의회(시·도 협의회)를 둔다〈사회복지사업법 제33조〉.

5 사회복지 행정이념이 아닌 것은?

① 민주성
② 효율성
③ 효과성
④ 편익성

> **TIP** 사회복지 행정이념
> ㉠ 효과성:욕구충족 또는 문제해결에 있어서 어느 정도 유효를 거둘 수 있는가를 의미
> ㉡ 효율성:최소의 자원과 비용으로 최대의 효과를 얻는 것을 의미
> ㉢ 공평성:동일한 욕구를 가진 대상자는 공평한 대우를 받아야 함을 의미
> ㉣ 편익성·접근성:서비스 대상자는 손쉽게 서비스를 이용할 수 있어야 함을 의미

Answer 3.④ 4.④ 5.①

6 서비스 제공의 측면에서 적합한 행정이념에 속하지 않는 것은?

① 포괄성의 원칙

② 평등성의 원칙

③ 개인 중심의 원칙

④ 재활 및 자활목표의 원칙

TIP ③ 문제해결을 호소하는 단위가 개인이어도 서비스 제공의 기본단위는 가족 또는 가정이므로 가족 중심의 원칙이 적용되고 있다.

7 사회복지의 대상자를 결정할 때 기준이 되는 선별주의와 보편주의에 대한 설명으로 옳은 것은?

① 선별주의는 자산이나 욕구에 관계없이 특정 범주에 속한 모든 사람이 급여나 서비스를 받을 수 있음을 의미한다.

② 보편주의를 적용한 제도에는 빈곤층을 위한 공동주택, 공공부조 등이 있다.

③ 선별주의는 서비스가 필요한 대상을 선정하여 급여를 제공하기 때문에 비용의 효율성이 있다.

④ 보편주의는 개인의 소득을 조사하는 데서 기인하는 비인간화 과정을 수반한다.

TIP ① 보편주의는 자산이나 욕구에 관계없이 특정 범주에 속한 모든 사람이 급여나 서비스를 받을 수 있음을 의미한다.
② 선별주의를 적용한 제도에는 빈곤층을 위한 공동주택, 공공부조 등이 있다.
④ 선별주의는 개인의 소득을 조사하는 데서 기인하는 비인간화 과정을 수반한다.

8 사회복지행정의 과정이 아닌 것은?

① 조정

② 기획

③ 인사

④ 조작

TIP 사회복지행정의 과정
㉠ 기획: 행정가가 수행하여야 할 첫 번째 과정으로 목표의 설정, 목표의 달성을 위한 과업 및 활동, 과업수행방법의 결정이 이루어진다.
㉡ 조직: 작업의 할당이 규정되고 조정되는 공식적 구조를 설정하며, 기관의 구조는 정관의 규정이나 운영지침서에 기술된다.
㉢ 인사: 사회복지조직의 목적을 달성하기 위하여 인적자원을 최대한 활용하는 관리활동으로 충원, 선발, 임용, 오리엔테이션, 승진, 평가 및 해임의 7가지 과정으로 나눌 수 있다.
㉣ 지시: 행정책임자는 기관을 효과적으로 지시하는 지도자로서의 능력을 갖추어야 한다.
㉤ 조정: 기관들이 수행하는 다양한 부분들을 상호관련시키는 기능으로, 행정가가 그의 조정기능을 유지하기 위해 실시하는 광범위한 방법은 위원회의 창설 및 활용이다.
㉥ 보고: 대상자의 개별사례기록, 인사기록, 위원회 활동기록 등을 포함하는 기관활동의 보고과정이다.
㉦ 재정: 기관의 운영에 필요한 재원을 합리적이고 계획적으로 동원·배분하고, 이를 효율적으로 사용하고 관리하는 과정으로 예산편성 – 예산집행 – 회계 – 재정평가의 절차로 이루어진다.
㉧ 평가: 기관에서 설정한 목표에 비추어 전반적인 활동결과를 사정하는 과정이다.

Answer 6.③ 7.③ 8.④

9 사회복지행정에서 목표를 설정하는 과정은?

① 기획   ② 조직

③ 지시   ④ 보고

TIP 사회복지행정의 과정 … 기획 → 조직 → 인사 → 지시 → 조정 → 보고 → 재정 → 평가
① 목표를 설정하는 과정은 기획이다.

10 다음 중 Trecker의 사회복지행정의 원칙에 속하지 않는 것은?

① 참여의 원칙, 문화적 장의 원칙

② 전문적 책임의 원칙, 권한위임의 원칙

③ 의도적 관계의 원칙, 기관의 단일성 원칙

④ 평가의 원칙, 기관의 목적 원칙

TIP ①②④ 트랙커(Trecker)의 사회복지행정의 기본원칙 … 사회사업가치의 원칙, 지역사회와 대상자 요구의 원칙, 문화적 장의 원칙,
기관목적의 원칙, 의도적 관계의 원칙, 기관총체성의 원칙, 전문적 책임의 원칙, 참가의 원칙, 커뮤니케이션의 원칙, 지도력의 원
칙, 계획의 원칙, 조직의 원칙, 권한위양의 원칙, 조정의 원칙, 자료활용의 원칙, 변화의 원칙, 평가의 원칙, 성장의 원칙

11 사회복지행정의 원칙에 대한 설명으로 옳지 않은 것은?

① 성장의 원칙 – 모든 참여자의 성장과 발전은 행정가가 적극적인 작업할당, 사려깊은 지도 · 감독
및 개인과 집단학습의 기회를 제공함으로써 촉진된다.

② 조직의 원칙 – 많은 사람들의 활동은 조직된 형태로 조정되어야 하고 책임과 관계가 명백히 정
의되도록 구성되어야 한다.

③ 전문적 책임의 원칙 – 사회복지행정가는 전문적 실제에 기준을 둔 고도의 전문적 서비스를 제공
할 책임이 있다.

④ 지도력의 원칙 – 행정가는 직원들의 능력에 비추어 그들에게 업무를 할당하거나 책임을 이양해
야 하며, 그들로 하여금 어떤 한정된 범위 내에서 결정을 내릴 권한을 갖게 하여야 한다.

TIP ④ 권한위임의 원칙에 대한 설명이다. 지도력의 원칙이란 행정가가 목적달성 및 전문적 서비스의 제공면에서 기관의 지도력에
대한 중요한 책임을 수행한다는 것이다.

Answer   9.①   10.③   11.④

12 사회복지행정에서 공식적 조직의 기본원리가 아닌 것은?

① 관할범위의 원리   ② 수평의 원리

③ 전문화의 원리   ④ 계층의 원리

TIP ② 비공식적 조직의 특징에 해당한다.

※ 공식 관료적 조직의 특성
  ㉠ 관할범위의 원리 : 행정적 효과는 리더의 관할영역을 5 ~ 6인 정도로 제한함으로써 증진시킬 수 있음
  ㉡ 동질성의 원리 : 동일 성질의 업무는 동일인이나 동일 하부조직에 맡겨야 함
  ㉢ 계층의 원리 : 각자의 맡은 책임의 정도에 따라 의무가 결정
  ㉣ 전문화의 원리 : 행정적인 효과는 사업의 세부적 분류로 증진될 수 있음

13 길버트와 스펙트(Gilbert & Specht)가 주장하는 내용과 관련이 없는 것은?

① 공급을 위한 재원형태로 충분한지 정한다.

② 어떠한 경로의 전달체계로 실시한다.

③ 누구에게 할당체계를 갖추는지 정한다.

④ 대상자 주변의 장애를 극복해 주는 것이다.

TIP 사회복지정책의 분석틀
  ㉠ 할당(대상)체계 : 보험대상 및 수급대상(누구에게 급여할 것인가?)
  ㉡ 급여체계 : 보험자가 받는 급부의 형태 및 수준(무엇을 급여할 것인가?)
  ㉢ 전달체계 : 급부의 전달경로(어떻게 급여할 것인가?)
  ㉣ 재원체계 : 기여금의 충당 및 배분방법(어떻게 재원조달을 할 것인가?)

14 가장 거시적인 입장을 취하는 것은?

① 사회정책   ② 사회계획

③ 사회사업   ④ 사회개발

TIP 사회정책은 거시적(매크로) 입장을 취하며, 사회사업은 미시적(마이크로) 입장을 취한다

Answer   12.②   13.④   14.①

15 길버트와 테렐이 제시한 사회복지정책 분석틀에 해당하지 않는 것은?

① 누구에게 급여를 지급할 것인가? (the bases of social allocation)

② 급여의 형태는 무엇인가? (the types of social provisions)

③ 어떠한 전달체계를 통하여 급여를 전달할 것인가? (the strategies for the delivery)

④ 어느 시점에 급여를 전달할 것인가? (the timing of interventions)

> **TIP** 길버트와 테렐의 사회복지정책 분석틀 ⋯ 크게 4가지 질문(누가 급여를 받는가?, 무엇을 받는가?, 어떻게 급여를 받는가?, 누가 급여를 지불하는가?)을 통해 사회복지정책 분석의 기본 틀을 제시하고 있다.

16 사회복지계획에서 사회사업가의 역할로 옳지 않은 것은?

① 계획의 모든 단계에 적극적으로 참여한다.

② 적절할 통계적 자료를 제공한다.

③ 단기적인 평가를 실시한다.

④ 사회조사에 적극적으로 참여한다.

> **TIP** 사회복지계획에서 사회사업가의 역할
> ㉠ 계획의 모든 단계에 적극적 참여
> ㉡ 목적설정을 도움
> ㉢ 적절한 통계적 자료를 제공
> ㉣ 사회조사에 적극 참여
> ㉤ 효과적인 시민참가의 수단을 조언
> ㉥ 사람들이 다루던 실제적 경험에서 얻은 적당량의 정보를 제공

Answer　15.④　16.③

17 수퍼비전(supervision)의 기능에 속하지 않는 것은?

① 업무지원 기능

② 행정적 기능

③ 자문적 기능

④ 회의결과를 모아 보고하는 보고기능

> **TIP** 수퍼비전(supervision) … 사회복지조직에 소속된 직원들이 지식과 기술을 잘 발휘할 수 있도록 상급직원이 하급직원에게 도움을 주는 활동을 말한다. 수퍼비전의 주요 기능으로 Kadushin은 교육적기능, 지지적 기능, 행정적 기능, 자문적 기능, 조력적 기능을 제시하였다.

18 지도감독의 기본원칙과 거리가 먼 것은?

① 필요할 때 요청하라.

② 활동에 대한 정리를 하라.

③ 원칙과 선택을 위한 지식을 전달하라.

④ 이용 가능하게 하고 불규칙적으로 지도하라.

> **TIP** 지도감독의 기본원칙
> ㉠ 활동에 대한 정리를 하라.
> ㉡ 옳게 지도하라.
> ㉢ 원칙과 선택을 위한 지식을 전달하라.
> ㉣ 이용 가능하게 하고 규칙적으로 지도하라.
> ㉤ 필요한 때 요청하라.

19 수퍼바이저의 자격과 관계없는 것은?

① 전문지식과 조직에 대한 지식이 풍부해야 한다.

② 실천기술은 경험으로부터 전문능력을 지녀야 한다.

③ 폐쇄적인 접근태도를 유지한다.

④ 헌신적인 사명감을 가져야 한다.

> **TIP** ③ 개방적인 접근태도를 가져야 하며 감사와 칭찬의 태도를 가져야 한다.

Answer 17.④ 18.④ 19.③

06 사회복지서비스분야론

❶ 사회복지서비스

(1) 사회복지서비스의 개념

① **사회복지서비스의 정의** … 사회적으로 불우하고 열세에 있는 아동, 노인, 부인 및 심신장애자들을 대상으로 전문적인 지식과 방법 등을 활용하여 그들이 가지고 있는 제반문제를 해결하고 정상적인 사회인으로 복귀시키는 것이라 할 수 있다.

② **사회복지서비스의 기본원칙**
  - ㉠ **통합의 원칙**: 인간의 복지와 관계되는 프로그램들과 서비스를 통합적으로 상호보완하는 것을 뜻한다. 바람직한 서비스의 통합화는 시설보호 중심에서 거택보호 중심으로 더 나아가서는 시설의 사회화 및 지역사회보호로 되어야 한다.
  - ㉡ **제도화의 원칙**: 모든 국민을 대상으로 하는 보편적인 서비스의 항구적인 조치화를 말한다.
  - ㉢ **전문화의 원칙**: 전문교육이나 훈련을 통한 전문인력의 활용 및 시설의 현대화와 조직의 근대화가 병행되어야만 해결될 수 있다.
  - ㉣ **선별화의 원칙**: 사회복지서비스의 우선순위는 대상, 재원, 프로그램과 서비스 및 방법의 영역에서 고려된다.
    - 대상면: 일반적으로 아동과 부녀복지에 우선순위를 두고 점차 노인 및 장애인에게까지 확대하는 것이 바람직하다.
    - 프로그램면: 예방적·개발적 프로그램이 재원면에서 경제적이기 때문에 우선순위를 둔다.
    - 방법면: 예비 계획수립에 우선순위를 둔다.

(2) 사회복지서비스의 전달체계

① **사회복지서비스 전달체계의 의의** ✔자주출제
  - ㉠ **개념**: 사회복지 공급자 간을 연결하거나 공급자와 소비자 간을 연결하는 조직적 체계를 말한다.
  - ㉡ **구축원칙**
    - 행정적 측면
    - ─체계적 기능분담의 원칙: 상하부로 연결되는 기능적 분담이 체계적이고 일관성을 유지해야 함
    - ─전문성에 따른 업무분담의 원칙: 전문성의 수준에 따라 업무분담과 전문가로서의 업무를 담당해야 함
    - ─책임성의 원칙: 사회와 대상자에 대한 전문적인 책임을 가져야 함

- 접근용이성의 원칙 : 대상자의 기관에 대한 접근이 용이해야 함
- 통합 · 조정의 원칙 : 업무수행시 관계기관과 관계자들 간의 협조조정이 원활하게 이루어져야 함
- 지역사회의 참여의 원칙 : 지역사회의 참여는 자원의 동원과 활용 및 국민전체의 복지의식 증대에 기여함
- 조사와 연구의 원칙 : 서비스의 효과와 효율성을 평가하거나 프로그램의 개발 등을 위한 조사 및 연구기능을 극대화하여야 함
- 서비스제공의 측면
- 평등성의 원칙 : 성별, 연령, 직업에 무관하게 서비스를 제공하여야 함
- 자활 · 재활의 목표의 원칙 : 자립과 사회복귀를 조장하는 서비스이어야 함
- 적절성의 원칙 : 서비스 수준이 적절해야 함

② **사회복지서비스 전달체계의 모형** ✔자주출제

　㉠ **공적 전달체계** : 법률에 규정된 사회보험, 공공부조 및 사회서비스를 전달하는 조직체계이다.
- 국민연금과 의료급여 업무 : 중앙부서인 보건복지부에서 행정자치부의 지방행정기구를 통하지 않고 직접 국민연금공단, 국민건강보험공단으로 전달된 뒤 다시 각 지부로 전달되고 마지막으로 대상자에게 전달되는 체계로 시행되고 있음
- 공공부조 업무 : 보건복지부에서 사업계획과 지침을 수립하여 행정자치부의 지방조직인 시도의 보건복지국과 가정복지국에 시달하면 시 · 군 · 구의 사회(복지)과와 가정복지과에서는 업무지침을 시달받아 사업을 시행하고 필요한 업무는 다시 읍 · 면 · 동의 사회복지 전담공무원이나 사회담당이 직접 대상자를 선정하거나 서비스를 제공함
- 사회복지서비스 전달체계의 단계마다 주요 사항에 대해 자문을 하거나 심의하기 위한 각종 위원회와 읍 · 면 · 동의 사회복지 전담공무원이나 사회담당이 직접 대상자를 선정하거나 서비스를 제공함

　㉡ **사적 전달체계** : 민간기관에 의하여 전달되는 서비스 조직체계이다. 민간전달체계는 지방자치단체의 감독 하에(특히 국가로부터 재정지원을 받는 경우) 각각의 중앙 또는 지방조직을 통해 전달되거나 단독기관에서 전달하고 있다.
- 민간 사회복지서비스 전달체계의 필요성 : 동일 종류의 서비스에 대한 선택의 기회 제공, 정부가 제공하지 못하는 질 높은 서비스의 제공, 정부서비스 비해당자에게 서비스 제공, 국가의 사회복지비용 절약 등
- 민간 사회복지기관의 분류
- 서비스 대상자에 따라 : 금품지급서비스조직, 개별사회사업조직, 집단사회사업조직, 종합복지조직
- 서비스의 직 · 간접성에 따라 : 직접서비스조직, 간접서비스조직
- 서비스 제공장소에서의 대상자 거주 여부에 따라 : 수용시설, 이용시설
- 설립주체의 성격에 따라 : 사회복지법인, 재단법인, 사단법인, 사회단체, 개인
- 문제 · 욕구를 가진 대상인구집단에 따라 : 소득유지조직, 보건의료조직, 가정복지조직, 아동복지조직, 장애인복지조직, 정신건강서비스조직, 성인범죄문제조직, 집단활동서비스조직, 대중오락 및 비공식 교육조직, 사회계획 및 발전조직, 노인복지조직, 부녀복지조직, 청소년복지조직, 산업사회복지조직, 갱생보호조직, 자원봉사자 양성조직

- (후원금의 범위 등) 법인의 대표이사와 시설의 장은 후원금의 수입·지출 내용과 관리에 명확성이 확보되도록 하여야 한다. 시설거주자가 받은 개인결연후원금을 당해인이 정신질환 기타 이에 준하는 사유로 관리능력이 없어 시설의 장이 이를 관리하게 되는 경우에도 또한 같다(규칙 제41조의2).
- (후원금의 영수증 발급 등) 법인의 대표이사와 시설의 장은 후원금을 받은 때에는 소득세법시행규칙 또는 법인세법시행규칙에 따른 기부금영수증 서식에 따라 후원금 영수증을 발급하여야 하며, 영수증 발급목록을 별도의 장부로 작성·비치하여야 한다(규칙 제41조의4 제1항) 금융기관 또는 체신관서의 계좌입금을 통하여 후원금을 받은 때에는 법인명의의 후원금전용계좌나 시설의 명칭이 부기된 시설장 명의의 계좌(후원금전용계좌등)를 사용하여야 한다(제2항). 후원금을 받을 때에는 각각의 법인 및 시설별로 후원금전용계좌등을 구분하여 사용하여야 하며, 미리 후원자에게 후원금전용계좌등의 구분에 관한 사항을 안내하여야 한다(제3항). 모든 후원금의 수입 및 지출은 후원금전용계좌등을 통하여 처리하여야 한다. 다만, 물품 형태의 후원금은 그러하지 아니하다(제4항).
- (후원금의 수입 및 사용내용통보) 법인의 대표이사와 시설의 장은 연 1회 이상 해당 후원금의 수입 및 사용내용을 후원금을 낸 법인·단체 또는 개인에게 통보하여야 한다. 이 경우 법인이 발행하는 정기간행물 또는 홍보지 등을 이용하여 일괄 통보할 수 있다(규칙 제41조의5).
- (후원금의 수입·사용결과 보고 및 공개) 법인의 대표이사와 시설의 장은 결산보고서를 제출할 때에 후원금수입 및 사용결과보고서(전산파일을 포함)를 관할 시장·군수·구청장에게 제출하여야 한다(법 제41조의6 제1항). 시장·군수·구청장은 제출받은 후원금수입 및 사용결과보고서를 제출받은 날부터 20일 이내에 인터넷 등을 통하여 3개월 동안 공개하여야 하며, 법인의 대표이사 및 시설의 장은 해당 법인 및 시설의 게시판과 인터넷 홈페이지에 같은 기간 동안 공개하여야 한다. 다만, 후원자의 성명(법인 등의 경우는 그 명칭)은 공개하지 아니한다(제2항)
- (후원금의 용도외 사용금지) 법인의 대표이사와 시설의 장은 후원금을 후원자가 지정한 사용용도외의 용도로 사용하지 못한다(규칙 제41조의7 제1항). 보건복지부장관은 후원자가 사용용도를 지정하지 아니한 후원금에 대하여 그 사용기준을 정할 수 있다(제2항). 후원금의 수입 및 지출은 예산의 편성 및 확정절차에 따라 세입·세출예산에 편성하여 사용하여야 한다(제3항).

❷ 아동 및 청소년복지

(1) 아동복지의 개념과 원칙

① 아동복지의 정의

- ㉠ 협의의 아동복지 : 요보호아동을 대상으로 아동복지전문가들이 실제적으로 행하는 조직활동을 말한다.
- ㉡ 광의의 아동복지 : 아동 전체의 복지증진을 위해 개인이나 민간단체 및 공공기관에서 실시하는 보건위생, 교육, 레크레이션 등의 일련의 조직활동을 말한다.

※ **아동복지의 기본적 요소**
㉠ 안정된 가정생활
㉡ 경제적 안정
㉢ 보건 및 의료보호
㉣ 교육기회의 부여
㉤ 종교
㉥ 노동으로부터의 보호
㉦ 오락활동
㉧ 특수보호

② 아동복지의 원칙

㉠ 권리와 책임의 원칙
- 아동의 권리와 책임 : 아동은 보호와 지도를 받아야 할 권리가 있으며, 자신의 발전에 도움이 되는 기회를 적극적으로 활용할 책임이 있음
- 부모의 권리와 책임 : 아동에 대한 1차적인 책임을 가진 부모는 후견인으로서의 권리, 아동의 생활방식과 행동기준을 결정할 권리를 가지는 동시에 아동에 대한 재정적 지원, 신체적 보호, 정서적 보호, 지도와 감독 등을 제공할 의무가 있음
- 사회의 권리와 책임 : 사회는 아동복지를 증진시키고 사회생활에 필요한 질서유지를 위한 권리와 책임을 가지고 있음

㉡ 보편성과 선별성의 원칙 : 전체 아동을 중심으로 하는 보편적 시여제도와 특별히 도움을 필요로 하는 아동에게 주어지는 선별적 대책이 형평성 있게 수립되어야 한다.

㉢ 개발적 기능의 원칙 : 아동을 사회적으로 소속이 없는 집단이나 소외의 대상으로 보지 않고 국가발전에 능동적으로 참여시켜 활동할 수 있는 대상으로 인식한다.

㉣ 포괄성의 원칙 : 아동복지의 기본전제가 되는 안정된 가정생활, 경제적 안정, 교육, 보건, 오락 및 특수보호 등에 대한 프로그램이나 서비스가 포괄적으로 상호보완되어야 한다.

㉤ 전문성의 원칙 : 아동의 건전한 성장과 발달을 위해서는 전문적인 조직과 기구, 인력의 전문성이 함께 이루어져야 한다.

③ 아동권리에 관한 협약(1989) ✔자주출제

㉠ 아동의 권리에 관한 협약(United Nations Convention on the Rights of the Child, UNCRC)은 전 세계의 아동의 경제, 사회, 문화에 대한 권리를 규정하는 국제협약이다. 1989년 11월 20일 국제 연합 총회에서 채택되었으며, 1990년 9월 2일 발효되었고 한국은 1990년 12월 20일 비준하였다.

㉡ 아동권리 협약의 특징
- 아동권리의 3P
-제공(Provision)에 관한 권리 : 생존과 발달에 필요한 모든 인적, 물적 자원을 제공받고 사용할 권리
-보호(Protection)에 관한 권리 : 아동이 유해한 행위로부터 보호받을 권리

−참여(Participation)에 관한 권리 : 자신이 인생에 영향을 미치는 중대한 결정에 대해 알 권리
- 아동의 기본적인 4대 권리
−생존권(Right to Survival) : 적절한 생활수준을 누릴 권리, 안전한 주거지에서 살아갈 권리, 충분한 영양을 섭취하고 기본적인 보건서비스를 받을 권리 등, 기본적인 삶을 누리는 데 필요한 권리
−보호권(Right to Protection) : 모든 형태의 학대와 방임, 차별, 폭력, 고문, 징집, 부당한 형사처벌, 과도한 노동, 약물과 성폭력 등 어린이에게 유해한 것으로부터 보호받을 권리
−발달권(Right to Development) : 잠재능력을 최대한 발휘하는 데 필요한 권리. 교육받을 권리, 여가를 즐길 권리, 문화생활을 하고 정보를 얻을 권리, 생각과 양심과 종교의 자유를 누릴 수 있는 권리 등
−참여권(Right to Participation) : 자신의 생활에 영향을 주는 일에 대해 의견을 말하고 존중받을 권리. 표현의 자유, 양심과 종교의 자유, 평화로운 방법으로 모임을 자유롭게 열 수 있는 권리, 사생활을 보호받을 권리, 유익한 정보를 얻을 권리 등
ⓒ 아동권리 협약의 의의
- 아동 최선의 이익 추구를 최우선적으로 고려
- 아동을 권리행사의 주체로 인정
- 아동을 양육할 부모의 책임과 국가의 책임 규정
- 부모를 대신하여 아동을 보호해야 할 국가의 책임 규정
- 외국인 자녀, 특히 개발도상국의 아이들에 대한 배려

※ 드림스타트

① 사업소개 … 취약계층 아동에게 맞춤형 통합서비스를 제공하여 아동의 건강한 성장과 발달을 도모하고 공평한 출발기회를 보장함으로써 건강하고 행복한 사회구성원으로 성장할 수 있도록 지원하는 사업
② 추진배경
　㉠ 가족해체, 사회양극화 등에 따라 아동빈곤 문제의 심각성 대두
　㉡ 빈곤 아동에 대한 사회투자 가치의 중요성 강조
　㉢ 아동과 가족에 초점을 둔 통합사례관리를 통해 모든 아동에게 공평한 출발기회 보장
③ 사업운영
　㉠ 사업지역 : 시·군·구
　㉡ 사업대상 : 0세(임산부)~만12세(초등학생 이하)로 아동 및 가족(국민기초수급 및 차상위계층 가정, 법정한부모가정(조손가정 포함). 학대 및 성폭력피해아동 등에 대한 우선 지원 원칙)
　㉢ 지원내용
　　• 가정방문을 통해 인적조사, 욕구조사, 양육환경 및 아동발달 사정 실시
　　• 사례관리 대상 아동과 그 가족에게 지역자원과 연계한 맞춤형 서비스 지원, 주기적 재사정 및 지속적인 모니터링 등 통합사례관리 실시
　㉣ 인력구성 : 전담공무원 및 아동통합사례관리사로 구성

(2) 아동복지서비스의 유형(Kadushin의 3S) ✔자주출제

① 지지적 서비스

　㉠ **개념** : 부모 또는 자녀의 책임을 효과적으로 수행할 수 있는 능력을 지지·강화하기 위한 서비스로서 아동상담, 학대아동에 대해 보호가족의 기능을 증진하기 위한 의료, 정신보건, 주거서비스 등을 포함한다.

　㉡ **지지적 서비스를 필요로 하는 경우**
- 부모가 자녀를 양육하는 데 어려움이 있는 경우
- 부모가 자신의 역할에 대하여 아무런 만족을 느끼지 못하는 경우
- 부모가 자녀의 친구관계와 학교생활에 문제가 있다고 여기고 관심을 가질 때
- 형제간 갈등으로 가정불화가 있는 경우
- 부부관계의 갈등으로 자녀에게 문제가 발생하는 경우

　㉢ **지지적 서비스의 내용**
- 케이스워크서비스(case work service) : 개별적인 면접이나 접촉을 통하여 서비스를 제공하는 것으로, 가족들이 처한 상황이나 문제에 맞춰 사회적·정서적인 압력을 해소시켜 주고 만족스런 사회적 기능을 수행할 수 있도록 도와주는 역할
- 집단서비스
- 가정교육 프로그램 : 치료적 기능과 교육적 기능을 가짐
- 집단상담 프로그램 : 가족상담을 통해 부모와 자녀 간의 병리적 관계를 해결
- 가족치료 : 가족 모두에게 역동적 면접을 실시함으로써 가족 전체를 치료하여 아동의 심적·행동적 태도를 변화시키고자 함
- 지역사회 프로그램 : 지역사회를 대상으로 한 전문적인 사회복지사업의 모든 활동

② **보조적(보완적) 서비스**

　㉠ **개념** : 지지적 서비스가 가정 외부에서의 서비스인 반면에 보조적 서비스는 가정 내부에서 부모의 역할의 일부를 보조하거나 대신 수행하는 것이다.

　㉡ **보조적 서비스의 내용**
- 탁아보호서비스(day care service) : 아이를 낮 동안 부모 아닌 다른 사람들이 보호해 주는 것
- 프로텍티브서비스(protective service) : 학대받거나 적절한 보호감독을 받을 수 없는 아동에게 도움을 제공하는 특수한 아동복지서비스
- 홈메이커서비스(home maker service) : 도움이 필요한 가정에 조력서비스를 제공하는 것으로, 공사 복지기관에서 훈련받은 여성을 가정에 지원해 주는 지역사회서비스

③ 대리적 서비스

　㉠ **개념** : 가족관계가 일시적 또는 영구적으로 해체될 상황이 발생될 경우 아동보호차원에서 아동이 타부모나 타가족에 의해 양육·보호되는 서비스

　㉡ **대리적 서비스의 내용**
- 아동보호 : 아동이 방임되거나 신체적·정서적·성적으로 학대받는 것을 예방하고, 학대받거나 방임된 아동을 보호

• 위탁보호 : 가족이 보호할 수 없는 아동을 위탁가정, 친족가정, 그룹홈, 복지시설 등에서 보호
• 시설보호 : 가정에서 충분하게 욕구충족을 할 수 없는 아동들에게 집단보호 프로그램과 각기 아동들의 욕구에 따르는 특수서비스를 제공
• 입양 : 부모가 사망하거나 권리와 책임을 포기한 아동의 경우에는 시설보호보다 입양이 바람직

④ **아동복지법의 주요내용**
  ㉠ **목적**〈아동복지법 제1조〉 ··· 아동이 건강하게 출생하여 행복하고 안전하게 자랄 수 있도록 아동의 복지를 보장하는 것을 목적으로 한다.
  ㉡ **용어 정의**〈아동복지법 제3조〉
   • 아동 : 18세 미만인 사람을 말한다.
   • 아동복지 : 아동이 행복한 삶을 누릴 수 있는 기본적인 여건을 조성하고 조화롭게 성장·발달할 수 있도록 하기 위한 경제적·사회적·정서적 지원을 말한다.
   • 보호자 : 친권자, 후견인, 아동을 보호·양육·교육하거나 그러한 의무가 있는 자 또는 업무·고용 등의 관계로 사실상 아동을 보호·감독하는 자를 말한다.
   • 보호대상아동 : 보호자가 없거나 보호자로부터 이탈된 아동 또는 보호자가 아동을 학대하는 경우 등 그 보호자가 아동을 양육하기에 적당하지 아니하거나 양육할 능력이 없는 경우의 아동을 말한다.
   • 지원대상아동 : 아동이 조화롭고 건강하게 성장하는 데에 필요한 기초적인 조건이 갖추어지지 아니하여 사회적·경제적·정서적 지원이 필요한 아동을 말한다.
   • 가정위탁 : 보호대상아동의 보호를 위하여 성범죄, 가정폭력, 아동학대, 정신질환 등의 전력이 없는 보건복지부령으로 정하는 기준에 적합한 가정에 보호대상아동을 일정 기간 위탁하는 것을 말한다.
   • 아동학대 : 보호자를 포함한 성인이 아동의 건강 또는 복지를 해치거나 정상적 발달을 저해할 수 있는 신체적·정신적·성적 폭력이나 가혹행위를 하는 것과 아동의 보호자가 아동을 유기하거나 방임하는 것을 말한다.
   • 피해아동 : 아동학대로 인하여 피해를 입은 아동을 말한다.
   • 아동복지시설 : 법 제50조에 따라 설치된 시설을 말한다.

> **※ 아동복지시설의 종류**〈아동복지법 제52조 제1항〉 ✅**자주출제**
>
> 아동양육시설, 아동일시보호시설, 아동보호치료시설, 공동생활가정, 자립지원시설, 아동상담소, 아동전용시설, 지역아동센터, 협동돌봄센터, 아동보호전문기관, 가정위탁지원센터, 보장원, 자립지원전담기관, 학대피해아동쉼터

   • 아동복지전담공무원〈아동복지법 제13조〉
   −아동복지에 관한 업무를 담당하기 위하여 특별시·광역시·도·특별자치도(이하 "시·도"라 한다) 및 시·군·구(자치구를 말함)에 각각 아동복지전담공무원을 둘 수 있다.
   −전담공무원은 사회복지사업법에 따른 사회복지사의 자격을 가진 사람으로 하고 그 임용 등에 필요한 사항은 해당 시·도 및 시·군·구의 조례로 정한다.
   −전담공무원은 아동에 대한 상담 및 보호조치, 가정환경에 대한 조사, 아동복지시설에 대한 지도·감독, 아동범죄 예방을 위한 현장확인 및 지도·감독 등 지역 단위에서 아동의 복지증진을 위한 업무를 수행한다.
   −관계 행정기관, 아동복지시설 및 아동복지단체를 설치·운영하는 자는 전담공무원이 협조를 요청하는 경우 정당한 사유가 없는 한 이에 따라야 한다.

ⓒ 금지행위〈아동복지법 제17조〉

- 아동을 매매하는 행위
- 아동에게 음란한 행위를 시키거나 이를 매개하는 행위 또는 아동을 대상으로 하는 성희롱 등의 성적 학대행위
- 아동의 신체에 손상을 주거나 신체의 건강 및 발달을 해치는 신체적 학대행위
- 아동의 정신건강 및 발달에 해를 끼치는 정서적 학대행위(가정폭력에 아동을 노출시키는 행위로 인한 경우를 포함)
- 자신의 보호 · 감독을 받는 아동을 유기하거나 의식주를 포함한 기본적 보호 · 양육 · 치료 및 교육을 소홀히 하는 방임행위
- 장애를 가진 아동을 공중에 관람시키는 행위
- 아동에게 구걸을 시키거나 아동을 이용하여 구걸하는 행위
- 공중의 오락 또는 흥행을 목적으로 아동의 건강 또는 안전에 유해한 곡예를 시키는 행위 또는 이를 위하여 아동을 제3자에게 인도하는 행위
- 정당한 권한을 가진 알선기관 외의 자가 아동의 양육을 알선하고 금품을 취득하거나 금품을 요구 또는 약속하는 행위
- 아동을 위하여 증여 또는 급여된 금품을 그 목적 외의 용도로 사용하는 행위

ⓔ 아동보호전문기관의 업무〈아동복지법 제46조〉

- 피해아동, 피해아동의 가족 및 아동학대행위자를 위한 상담 · 치료 교육
- 아동학대예방 교육 및 홍보
- 피해아동 가정의 사후관리
- 그 밖에 대통령령으로 정하는 아동학대예방사업과 관련된 업무

ⓜ 가정위탁지원센터의 업무〈아동복지법 제49조〉

- 가정위탁사업의 홍보 및 가정위탁을 하고자 하는 가정의 발굴
- 가정위탁을 하고자 하는 가정에 대한 조사 및 가정위탁 대상 아동에 대한 상담
- 가정위탁을 하고자 하는 사람과 위탁가정 부모에 대한 교육
- 위탁가정의 사례관리
- 친부모 가정으로의 복귀 지원
- 가정위탁 아동의 자립계획 및 사례 관리
- 관할 구역 내 가정위탁 관련 정보 제공
- 그 밖에 대통령령으로 정하는 가정위탁과 관련된 업무

ⓑ 아동복지시설의 종류〈아동복지법 제52조〉

- 아동양육시설 : 보호대상아동을 입소시켜 보호, 양육 및 취업훈련, 자립지원 서비스 등을 제공하는 것을 목적으로 하는 시설
- 아동일시보호시설 : 보호대상아동을 일시보호하고 아동에 대한 향후의 양육대책수립 및 보호조치를 행하는 것을 목적으로 하는 시설
- 아동보호치료시설 : 아동에게 보호 및 치료 서비스를 제공하는 다음 각 목의 시설
- 불량행위를 하거나 불량행위를 할 우려가 있는 아동으로서 보호자가 없거나 친권자나 후견인이 입소를 신청한 아동 또는 가정법원, 지방법원소년부지원에서 보호위탁된 19세 미만인 사람을 입소시켜 치료와 선도를 통하여 건전한 사회인으로 육성하는 것을 목적으로 하는 시설
- 정서적 · 행동적 장애로 인하여 어려움을 겪고 있는 아동 또는 학대로 인하여 부모로부터 일시 격리되어 치료받을 필요가 있는 아동을 보호 · 치료하는 시설
- 공동생활가정 : 보호대상아동에게 가정과 같은 주거여건과 보호, 양육, 자립지원 서비스를 제공하는 것을 목적으로 하는 시설
- 자립지원시설 : 아동복지시설에서 퇴소한 사람에게 취업준비기간 또는 취업 후 일정 기간 동안 보호함으로써 자립을 지원하는 것을 목적으로 하는 시설
- 아동상담소 : 아동과 그 가족의 문제에 관한 상담, 치료, 예방 및 연구 등을 목적으로 하는 시설
- 아동전용시설 : 어린이공원, 어린이놀이터, 아동회관, 체육 · 연극 · 영화 · 과학실험전시 시설, 아동휴게숙박시설, 야영장 등 아동에게 건전한 놀이 · 오락, 그 밖의 각종 편의를 제공하여 심신의 건강유지와 복지증진에 필요한 서비스를 제공하는 것을 목적으로 하는 시설
- 지역아동센터 : 지역사회 아동의 보호 · 교육, 건전한 놀이와 오락의 제공, 보호자와 지역사회의 연계 등 아동의 건전육성을 위하여 종합적인 아동복지서비스를 제공하는 시설
- 협동돌봄센터 : 보호자 또는 보호자와 돌봄종사자가 조합(영리를 목적으로 하지 아니하는 조합에 한정한다)을 결성하여 초등학교의 정규교육 이외의 시간 동안 방과 후 돌봄서비스를 제공하는 시설
- 아동보호전문기관
- 가정위탁지원센터
- 보장원
- 자립지원전담기관
- 학대피해아동쉼터

⑤ 영유아보육법의 주요내용

㉠ 목적〈영유아보육법 제1조〉 ··· 영유아의 심신을 보호하고 건전하게 교육하여 건강한 사회 구성원으로 육성함과 아울러 보호자의 경제적 · 사회적 활동이 원활하게 이루어지도록 함으로써 영유아 및 가정의 복지 증진에 이바지함을 목적으로 한다.

ⓛ **정의**〈영유아보육법 제2조〉

- 영유아 : 7세 이하의 취학 전 아동을 말한다.
- 보육 : 영유아를 건강하고 안전하게 보호·양육하고 영유아의 발달 특성에 맞는 교육을 제공하는 어린이집 및 가정양육 지원에 관한 사회복지서비스를 말한다.
- 어린이집 : 영유아의 보육을 위하여 이 법에 따라 설립·운영되는 기관을 말한다.
- 보호자 : 친권자·후견인, 그 밖의 자로서 영유아를 사실상 보호하고 있는 자를 말한다.
- 보육교직원 : 어린이집 영유아의 보육, 건강관리 및 보호자와의 상담, 그 밖에 어린이집의 관리·운영 등의 업무를 담당하는 자로서 어린이집의 원장 및 보육교사와 그 밖의 직원을 말한다.

ⓒ **보육 실태 조사**〈영유아보육법 제9조〉 … 보건복지부장관은 이 법의 적절한 시행을 위하여 보육 실태 조사를 3년마다 실시하고 그 결과를 공표하여야 한다.

ⓔ **어린이집의 종류**〈영유아보육법 제10조〉

- 국공립어린이집 : 국가나 지방자치단체가 설치·운영하는 어린이집
- 사회복지법인어린이집 : 사회복지사업법에 따른 사회복지법인이 설치·운영하는 어린이집
- 법인·단체 등 어린이집 : 각종 법인(사회복지법인을 제외한 비영리법인)이나 단체 등이 설치·운영하는 어린이집으로서 대통령령으로 정하는 어린이집
- 직장어린이집 : 사업주가 사업장의 근로자를 위하여 설치·운영하는 어린이집(국가나 지방자치단체의 장이 소속 공무원 및 국가나 지방자치단체의 장과 근로계약을 체결한 자로서 공무원이 아닌 자를 위하여 설치·운영하는 어린이집을 포함한다)
- 가정어린이집 : 개인이 가정이나 그에 준하는 곳에 설치·운영하는 어린이집
- 협동어린이집 : 보호자 또는 보호자와 보육교직원이 조합(영리를 목적으로 하지 아니하는 조합에 한정함)을 결성하여 설치·운영하는 어린이집
- 민간어린이집 : 위에 해당하지 않는 어린이집

⑥ **아동학대범죄 신고의무와 절차**〈아동학대범죄의 처벌 등에 관한 특례법 제10조〉

ⓐ **신고기관** : 시·도, 자치구 또는 수사기관

ⓑ **신고의무자**

- 아동권리보장원 및 가정위탁지원센터의 장과 그 종사자
- 아동복지시설의 장과 그 종사자(아동보호전문기관의 장과 그 종사자는 제외)
- 아동복지전담공무원
- 가정폭력 관련 상담소 및 가정폭력피해자 보호시설의 장과 그 종사자
- 건강가정지원센터 및 가족센터의 장과 그 종사자
- 다문화가족지원센터의 장과 그 종사자
- 사회복지전담공무원 및 사회복지시설의 장과 그 종사자
- 성매매방지 및 피해자보호 지원시설 및 성매매피해상담소의 장과 그 종사자
- 성폭력피해상담소, 성폭력피해자보호시설의 장과 그 종사자 및 성폭력피해자통합지원센터의 장과 그 종사자

- 119구급대의 대원
- 응급의료기관등에 종사하는 응급구조사
- 육아종합지원센터의 장과 그 종사자 및 어린이집의 원장 등 보육교직원
- 유치원의 장과 그 종사자
- 아동보호전문기관의 장과 그 종사자
- 의료기관의 장과 그 의료기관에 종사하는 의료인 및 의료기사
- 장애인복지시설의 장과 그 종사자로서 시설에서 장애아동에 대한 상담 · 치료 · 훈련 또는 요양 업무를 수행하는 사람
- 정신건강복지센터, 정신의료기관, 정신요양시설 및 정신재활시설의 장과 그 종사자
- 청소년시설 및 청소년단체의 장과 그 종사자
- 청소년 보호 · 재활센터의 장과 그 종사자
- 학교의 장과 그 종사자
- 한부모가족복지시설의 장과 그 종사자
- 학원의 운영자 · 강사 · 직원 및 교습소의 교습자 · 직원
- 아이돌보미
- 취약계층 아동에 대한 통합서비스지원 수행인력
- 「국내입양에 관한 특별법」 및 「국제입양에 관한 법률」에 따라 업무를 위탁받은 사회복지법인 및 단체의 장과 그 종사자
- 한국보육진흥원의 장과 그 종사자로서 어린이집 평가 업무를 수행하는 사람
- 대안교육기관과 학교의 장으로부터 학업에 어려움을 겪는 학생들에 대한 교육을 위탁받은 교육기관 등의 장과 그 종사자

⑦ **피해아동보호명령사건의 관할**〈아동학대범죄의 처벌 등에 관한 특례법 제46조〉
  ㉠ 피해아동보호명령사건의 관할은 아동학대행위자의 행위지, 거주지 또는 현재지 및 피해아동의 거주지 또는 현재지를 관할하는 가정법원으로 한다. 다만, 가정법원이 설치되지 아니하는 지역에 있어서는 해당 지역의 지방법원으로 한다.
  ㉡ 피해아동보호명령사건의 심리와 결정은 판사가 한다.

⑧ **아동수당**〈아동수당법 제4조〉
  ㉠ 아동수당은 8세 미만의 아동에게 매월 10만 원을 지급한다.
  ㉡ 2세 미만의 아동에게는 매월 50만 원 이상으로서 대통령령으로 정하는 금액을 추가로 지급한다.
    - 1세 미만의 아동 : 매월 100만 원
    - 1세 이상 2세 미만의 아동 : 매월 50만 원

(3) 청소년복지

① 청소년복지의 개념

- ㉠ 청소년기는 12 ~ 13세에서 22 ~ 23세까지의 아동기에서 성인기로 성장되어 가는 과도기세대라 할 수 있다. 청소년 기본법에서의 청소년은 9세 이상 24세 이하인 사람을 말한다. 이 시기에는 신체적·성적 발달에 비해 심리적·정신적·**사회적 발달은** 미숙한 특성을 가진다. 또한 이 시기는 자아정체감을 **형성하**는 시기로서 다양한 새로운 **활동과 역할을** 시도하려 하고, 가정과 학교, 사회에 대한 **불만이** 크며, 동년배에 대한 강한 소속감을 나타낸다.
- ㉡ 청소년복지는 일반청소년뿐 아니라 비행, 무직, 임신 등 다양한 문제를 가진 청소년을 포함한 모든 청소년들이 가족과 사회의 일원으로서 행복하게 살면서 건전하게 성장·발달하도록 지원하는 공적·사적 차원에서의 조직적 활동을 의미한다.

② 청소년 문제

- ㉠ 신체발육과 정신건강의 문제 : 도시공간의 협소로 인한 체력단련시설의 부족은 신체적 저해요인이 되며, 입시 위주의 학교교육은 성적불량학생의 소외와 정서적 불안 및 압박감, 인성의 나약화를 초래하게 되었다.
- ㉡ 가정양육기능의 문제 : 핵가족화의 심화로 가정에서의 자녀양육기능이 약화되면서 청소년의 올바른 습관이나 성격형성 지도에 어려움을 겪게 되었다.
- ㉢ 여가활동기회의 축소 : 청소년의 여가활동에 대한 가정과 사회의 부정적 인식은 청소년의 독자적 여가활동 기회를 축소시키며 자활능력을 약화시키게 되었다.
- ㉣ 소비성향의 심화 : 청소년들에게 침투한 서구문화의 영향은 전통적인 윤리관과 가치관을 퇴색시켰으며 쾌락추구성향과 소비성향을 심화시켰다.

③ 청소년복지서비스의 유형

- ㉠ 청소년 계발 : 청소년의 자아정체감과 가치관 확립, 자기수양, 진로지도, 자원봉사 등을 지원하기 위한 프로그램과 서비스를 제공한다.
- ㉡ 청소년 비행관련 서비스 : 청소년 범죄, 가출, 약물남용, 학교폭력 등에 대해 상담·치료 서비스를 제공한다. 또한 가족과 학교, 지역사회를 연계하고 주변 유해환경을 정화하며, 매스미디어를 통한 홍보와 교육활동 등을 전개한다. 청소년 비행 또는 범죄를 재사회화시키는 분야는 교정복지이다.
- ㉢ 청소년 근로관련 서비스 : 근로청소년의 근로환경을 개선하고, 교육의 기회를 제공하며, 자기성장 또는 여가와 문화생활을 위한 프로그램과 서비스를 제공한다. 학업을 수행하거나 수입이 있는 일에 종사하지 못하는 무직청소년에게는 진로지도, 직업훈련, 취업알선, 결연사업 등을 제공한다.
- ㉣ 청소년의 임신과 부모역할관련 서비스 : 10대 미혼부모를 대상으로 상담, 보건의료, 입양, 시설보호, 교육과 취업의 기회 등을 제공하고, 교육과 홍보활동을 전개한다.

④ **청소년복지시설의 종류**〈청소년복지 지원법 제31조〉…「청소년기본법」제17조에 따른 청소년복지시설의 종류

✔자주출제

    ㉠ **청소년쉼터** : 가정 밖 청소년에 대하여 가정·학교·사회로 복귀하여 생활할 수 있도록 일정 기간 보호하면서 상담·주거·학업·자립 등을 지원하는 시설

    ㉡ **청소년자립지원관** : 일정 기간 청소년쉼터 또는 청소년회복지원시설의 지원을 받았는데도 가정·학교·사회로 복귀하여 생활할 수 없는 청소년에게 자립하여 생활할 수 있는 능력과 여건을 갖추도록 지원하는 시설

    ㉢ **청소년치료재활센터** : 학습·정서·행동상의 장애를 가진 청소년을 대상으로 정상적인 성장과 생활을 할 수 있도록 해당 청소년에게 적합한 치료·교육 및 재활을 종합적으로 지원하는 거주형 시설

    ㉠ **청소년회복지원시설** :「소년법」제32조 제1항 제1호에 따른 감호 위탁 처분을 받은 청소년에 대하여 보호자를 대신하여 그 청소년을 보호할 수 있는 자가 상담·주거·학업·자립 등 서비스를 제공하는 시설

(4) 학교사회복지

① **학교사회복지의 개념**

    ㉠ 학교라는 교육기관에서 전문적 능력과 자격을 갖춘 사회복지사가 제공하는 사회적 서비스를 의미한다.

    ㉡ 학생들이 건전한 사회기능을 수행할 수 있도록 준비시키고, 학생 개인의 문제뿐만 아니라 사회 환경이나 교육 환경의 변화에 즉각 개입하여 학교가 자신의 역할과 기능을 극대화할 수 있도록 도와주는 것을 의미한다.

    ㉢ 학교교육과 관련된 서비스 욕구를 가진 사회의 구성원들에게 교육의 기회를 공평하게 제공하여 개인의 욕구를 충족하고 보장받을 수 있도록 도와주고 지지해 주는 사회복지실천의 전문분야이다.

② **학교사회복지의 목적**

    ㉠ 취약한 학생이나 학교부적응 학생은 물론 모든 학생들이 자신의 교육적 욕구에 적합한 교육을 받을 수 있도록 공평한 기회를 제공해야 한다.

    ㉡ 공평한 교육기회를 보장받은 모든 학생들이 학교생활에 잘 적응하며 자신의 심리 사회적 기능을 향상시킬 수 있도록 전문적인 심리치료와 사회복지서비스를 제공해야 한다.

    ㉢ 학생들의 총체적인 사람의 질을 향상시켜 궁극적으로는 학생복지를 실현하며 이를 통하여 학교가 전인교육의 교육목적을 달성할 수 있도록 도와야 한다.

③ **학교사회복지의 대상**

    ㉠ **보편주의에 근거한 대상체계** : 모든 학생과 그 가족

    ㉡ **선별주의에 근거한 대상체계** : 요보호아동과 그 가족

    ㉢ **욕구의 미충족과 문제의 미해결 차원에서 본 대상체계**

      • 욕구결핍에 따른 대상 분류

      – 소득욕구 결핍 : 빈곤아동, 실직 가정아동

      – 교육욕구 결핍 : 미취학아동, 학교중도탈락아동

      – 주거욕구 결핍 : 시설아동, 가출아동

－문화욕구 결핍 : 문화여가 부족아동

－건강욕구 결핍 : 장애아동, 질환을 앓고 있는 아동

• 문제형태에 따른 대상 분류

－구조적 문제 : 빈곤아동

－해체적 문제 : 이혼가정아동, 한부모가정아동, 피학대아동

－탈선적 문제 : 비행아동, 약물남용아동, 범죄소년

④ 학교사회복지의 구성요소와 원칙

　㉠ 학교사회복지의 구성요소

• 문제(Problem) : 학생 개인이 가지고 있는 심리·사회적 문제, 가족·학교·지역사회와의 역기능적 상호작용 및 유발조건

• 장소(Place) : 물리적 공간만이 아닌 사회적 체계로서의 학교체계

• 사람(Person) : 학생, 학부모, 교사

• 과정(Process) : 접수면접, 사정, 개인 계획수립, 개입, 평가

• 실천활동(Program) : 학교사회복지사의 전문성이 발현되는 프로그램 및 활동

• 전문가(Professional) : 전문적 교육과 훈련을 받은 학교사회복지사

　㉡ 학교사회복지의 원칙

• 접근성과 서비스의 적시성 : 학생들을 위한 원조체계는 학교와 지리적, 심리적으로 최대한 근접하여 위기사건이 발생했을 경우 즉각적이고 적극적으로 대처해야 한다.

• 전문성 : 전문상담교사, 보건교사 등 유사 전문직과의 차별된 전문성을 가지고 대상자에 대해 책임을 다해야 한다.

• 포괄성 : 학생의 다양한 문제에 대해 포괄적 서비스로 접근하고, 외부 전문가 및 기관과 유기적 협력관계를 구축한다.

• 복지성 : 학교복지의 일차적 대상은 환경적으로 열악하여 잠재능력을 발휘하지 못하는 학생이다.

　㉢ 학교사회복지의 관점

• 학생은 다양한 환경체계(또래, 가족, 학교, 지역사회 등) 안에서 상호작용하며 생활하는 존재이다.

• 학생이 가지는 문제는 개인에게서 비롯되는 경우도 있지만 대개는 학생이 상호작용하는 생태체계와의 부정적인 상호작용을 통해 발생한다.

❸ 노인복지

(1) 노인의 개념

① 노인의 정의 : 노인은 인생의 최종단계에 접어든 사람으로서 신체적·정신적·사회적 능력이나 적응력이 쇠퇴되어 사회적 역할수행에 장애를 보이는 65세 이상의 사람이다.

[노인인구 비율에 따른 사회의 명칭]

전체인구 중 65세 노인인구 비율	사회의 명칭
4% 미만	청년기 사회(young society)
4% 이상 ~ 7% 미만	장년기 사회(matured society)
7% 이상 ~ 14% 미만	고령화 사회(aging society)
14% 이상 ~ 21% 미만	고령 사회(aged society)
21% 이상	초고령사회(ultra-aged society)

② 노년기의 규정

　㉠ 노년기의 연령에 대한 규정은 조금씩 다르게 정의되는데 스티그리츠(Stieglitz)는 노년기를 70 ± 10세로 보았고, 브린(Breen)은 노년기를 생리적·개별적·기능적 연령의 실질연령으로 규정하였다.

　㉡ 노년기는 전반적으로 삶의 다양한 영역에서 상실을 경험하는 시기이다. 개별 노인에 따라 큰 차이가 있을 수 있지만, 노인은 대체적으로 신체기능의 저하, 만성질환으로 인한 건강문제, 은퇴와 관련한 경제적, 사회적 지위의 변화, 배우자의 사망, 고립, 정신건강의 문제, 자율성의 상실 등을 경험한다.

③ 노화에 관련된 사회학적 이론

　㉠ **연령계층화이론**(Riley, Foner) : 사회는 기본적으로 연령등급에 의해서 구분되는 연령층으로 구성되어 있고 서열화되어 있다는 것이다. 한 연령 계층에 속하는 사람들은 서로 비슷한 역사적인 경험을 하면서 성장해 왔기 때문에 비슷한 태도, 가치 또는 전망을 가지게 되며, 다른 역사적 경험을 하며 성장해 온 다른 연령집단과는 구별된다. 따라서 노인 연령집단은 어떤 주어진 시기에 있어서 다른 연령집단과 구분되며, 또한 노인은 개인적으로도 다른 젊은이와 구별된다. 그러므로 노인은 다른 젊은 연령층과의 관계에서 그들의 지위와 역할을 찾아야 하고 그 속에서 노인에게 활용가능한 여러 지위와 역할, 기회 등을 선택하여 이용해야 한다는 것이다.

　㉡ **하위문화이론** : 하위문화이론은 노인들 간의 빈번한 상호작용으로 인하여 노인에게 특유한 하위문화가 생겨난다는 이론이다. 한 부류에 속해 있는 사람들은 다른 부류에 속해 있는 사람들보다 자주 상호작용을 하게 되며, 상호작용이 빈번한 같은 부류의 사람들 사이에는 그들 나름대로의 특이한 문화를 형성하게 된다. 노년기에 속해 있다는 공통적인 특성과 사회로부터의 소외와 노인에 대한 사회의 부정적인 반응으로 인하여 노인들끼리만의 상호작용을 하기에 용이한 조건이 형성되며, 이러한 노인들끼리만의 상호작용은 노인에게만의 특유한 하위 노인문화를 발전시키게 된다는 것이다.

　㉢ **현대화이론**(Cowgill, Homes) : 현대화 이론은 현대화라는 사회적 변화가 노인의 지위를 하락시키고 있다는 것이다. 따라서 현대화의 정도가 높을수록 노인의 지위는 더욱 약해진다. 특히 현대화에 핵심적인 요인인 건강기술의 발전, 경제적 생산기술의 발전, 도시화의 촉진, 교육의 대중화가 인과적으로 영향을 미쳐 노인을 노동의 현장에서 퇴직시키고, 사회적·지적 및 도덕적으로 고립화시킴으로써 결국은 노인의 지위를 약화시키고 있다.

② 분리이론(Cumming, Henry) : 노인은 젊은이에 비하여 건강이 약화되고 죽음에 임하게 되는 확률이 높으므로 개인의 입장에서 최적의 만족과 사회체계의 입장에서의 중단없는 계속을 위하여 노인과 사회는 상호 간에 분리되기를 원하며, 이러한 분리는 정상적이고 피할 수 없는 것이다. 이러한 분리의 결정은 개인에 의해서 먼저 취해질 수도 있고, 또한 사회에 의해서 먼저 시작될 수도 있다. 전자를 개인적 분리라 하며, 후자를 사회적 분리라 한다(=은퇴이론, 소원이론, 이탈이론).
  ⑩ 활동이론(Havighurst) : 노인의 사회적 활동의 참여정도가 높을수록 노인의 심리적 만족감 또는 생활만족도는 높다는 것이다. 이와 같은 주장은 "생물학적 측면과 건강의 불가피한 변화를 제외하고는 노인은 근본적으로 중년기와 다름없는 심리적 및 사회적 욕구를 지니고 있다."는 가정에서 나온 것이다. 따라서 노인이 다른 사람들과 어울리기를 원하고 집단활동과 지역사회의 일에 참여하는 것은 자연스러운 일이다.
  ⑭ 교환이론(Homans)
    • 교환이론에서는 사회적 행동을 '적어도 두 사람 사이의 활동으로 교환'으로 보고 대인관계는 '사람들 사이에 보상을 반복적으로 교환하는 것'으로 본다. 이러한 교환관계가 동등한 조건에서 이루어지지 못할 때 교환자원이 풍부한 쪽이 부족한 쪽을 지배하게 된다.
    • 노인의 교환자원의 부족, 가치성의 저하 또는 고갈 등은 노인이 집단으로서 또는 개인으로서 사회적 교환관계를 형성하는 데 있어서 열세를 면치 못하는 지위로 하락시키고 있다. 즉 교환자원의 가치저하는 의존성을 증가시키고, 이는 권력의 약화를 초래하며, 권력의 상대적 약화는 교환관계에서 교환조건의 열세를 초래하여 노인이 결국은 개인 및 사회와의 관계에서 어려움을 당하게 되는 노인문제가 발생하게 된다.
  ⑭ 동일화위기이론(Miller) : 노년기에 와서 본의 아니게 사회적 지위의 변화가 오고 이를 인정하지 못할 때 위기상황에 접하게 된다.
  ⑥ 계속성의 이론 : 미국의 사회심리학자인 뉴가튼(B. Neugarten)과 애츨리(R. Atchley)가 발달심리학적 입장에서 이론을 전개한 이론으로, 인간의 생활주기의 제단계에는 변화와 함께 계속성이 보여진다는 것으로 인간은 성장과 함께 습관, 기호 등을 그대로 유지하고자 한다(=연속이론).

③ 현대사회 노인문제의 배경
  ㉠ 노인인구의 증가
    • 노인인구 증가요인 : 국민소득과 생활수준의 향상 및 사망률의 저하에 따른 평균수명의 연장, 보건위생의 개선 등으로 인해 노인인구비율이 계속 증가되면서 고령화 경향이 가속화됨
    • 노인인구증가의 영향
    − 경제적 측면 : 비생산인구가 증가하게 되면서 젊은 세대들의 부양책임이 가중됨과 동시에 노동력의 부족을 초래하게 됨
    − 정치적 측면 : 노인들의 완고한 심리적 특성으로 인해 보수적 경향이 확산될 소지가 있음
    − 사회심리적 측면 : 젊은 세대와의 의견대립으로 인해 사회진보를 저해할 소지가 있음
  ㉡ 도시화의 영향
    • 단절의 심화 : 인구의 도시집중화 현상이 가속화되면서 이웃 간의 단절이 심화되고, 가족 간에도 소원해져 고독과 소외감이 팽배해짐
    • 노인경시풍조의 확산 : 젊은 세대들이 부모 세대와 별거함으로써 노인 존경과 같은 윤리관을 이어받지 못하여 노인을 경시하거나 배제하는 풍조가 확산됨

ⓒ **산업화의 영향**
- 기술 및 경험의 배척 : 급격한 산업화로 인해 새로운 산업구조의 요구가 증대되면서 노인들이 과거에 터득한 기술이나 경험은 비능률적이라는 이유로 배척
- 경제적 · 사회적 지위와 역할의 저하 : 노인의 취업이 어려워지면서 노인의 경제적 지위가 저하되었고, 급변하는 현대문화에 쉽게 적응하지 못하는 노인집단이 다수집단으로부터 소외당하게 되면서 노인의 사회적 역할과 지위가 저하

ⓔ **핵가족화 경향의 심화**
- 노인보호 부담의 증가 : 현대사회로 접어들면서 핵가족화 경향이 심화되자 부모에 대한 부양의식이 약화되어 젊은 세대들이 노인을 부양하는 데 있어서 더욱 부담을 가지게 됨
- 노인단독세대의 증가 : 노인부양가족이 줄어들게 되면서 노인단독세대가 증가

> ※ **노인의 4고(四苦)**
> ⓐ 무위(역할상실) : 산업구조의 변화, 핵가족화, 낮은 교육수준 등 노인문제 및 그 원인
> ⓑ 질병(건강상실) : 뇌졸증, 암, 심장마비, 당뇨병, 치매 등
> ⓒ 고독(인간관계 단절) : 가치관 변화, 경로 · 효친사상의 약화, 노인복지시설의 부족 등
> ⓓ 빈곤(경제적 의존) : 전통적 가족제도의 붕괴, 실직 등으로 인한 경제적 곤란 등이 해당

(2) 노인복지의 개념 및 내용

① **노인복지의 개념** … 노인이 인간다운 생활을 영위하면서 자기가 속한 가족과 사회에 적응하고 통합될 수 있도록 하는 데 필요한 자원과 서비스를 제공하는 공적 및 사적 차원의 조직적 제반활동을 뜻한다.

② **노인복지정책**
ⓐ **소득보장**
- 은퇴노인에 대한 소득보장은 노인복지제도의 최우선과제
- 노후의 소득보장은 주로 연금제도와 공공부조제도를 통해 시행

ⓑ **의료보장** : 노인병의 조기발견을 위한 사전 · 사후 및 재활서비스 등 의 다양한 의료서비스가 제공되어야 한다.

ⓒ **시설복지**
- 양로시설 : 일신상의 사정이나 경제적 사정으로 인해 자택생활이 곤란한 노인을 무료로 수용 · 보호하는 시설
- 노인요양시설 : 일상생활을 하는 데 있어 타인의 도움이 필요한 노인을 위한 시설
- 경비노인 홈 : 저렴한 이용료로 편의를 도모해 주는 시설로 중간계층의 노인이 주이용자
- 유료노인 홈

ⓓ **거택복지** : 시설이 아닌 가정에서 행하는 복지서비스로, 허약한 노인이나 장애노인 등 일상생활을 하는 데 지장이 있는 노인을 대상으로 실시한다.

ⓔ **일반복지** : 심신이 건강한 노인들에게 사회의 일원으로서 활동할 기회와 건강증진의 기회, 취미나 오락활동의 기회 등을 제공하는 제반 복지사업을 말한다.

ⓗ **노인복지센터** : 노인들의 개인적인 만족과 보람있는 삶을 위한 효과적인 여가시간의 활용을 목적으로 하는 서비스이다.

③ **노인복지법의 주요내용**

㉠ **목적**〈노인복지법 제1조〉 : 이 법은 노인의 질환을 사전예방 또는 조기발견하고 질환상태에 따른 적절한 치료·요양으로 심신의 건강을 유지하고, 노후의 생활안정을 위하여 필요한 조치를 강구함으로써 노인의 보건복지증진에 기여함을 목적으로 한다.

㉡ **정의**〈노인복지법 제1조의2〉
- 부양의무자 : 배우자(사실상의 혼인관계에 있는 자를 포함한다)와 직계비속 및 그 배우자(사실상의 혼인관계에 있는 자를 포함한다)를 말한다.
- 보호자 : 부양의무자 또는 업무·고용 등의 관계로 사실상 노인을 보호하는 자를 말한다.
- 치매 : 퇴행성 뇌질환 또는 뇌혈관계 질환 등으로 인하여 기억력, 언어능력, 지남력, 판단력 및 수행능력 등의 기능이 저하됨으로써 일상생활에서 지장을 초래하는 후천적인 다발성 장애를 말한다.
- 노인학대 : 노인에 대하여 신체적·정신적·정서적·성적 폭력 및 경제적 착취 또는 가혹행위를 하거나 유기 또는 방임을 하는 것을 말한다.
- 노인학대관련범죄 : 보호자에 의한 65세 이상 노인에 대한 노인학대로 형법 등에서 정한 범죄를 말한다.

㉢ **기본이념**〈노인복지법 제2조〉
- 노인은 후손의 양육과 국가 및 사회의 발전에 기여하여 온 자로서 존경받으며 건전하고 안정된 생활을 보장받는다.
- 노인은 그 능력에 따라 적당한 일에 종사하고 사회적 활동에 참여할 기회를 보장 받는다.
- 노인은 노령에 따르는 심신의 변화를 자각하여 항상 심신의 건강을 유지하고 그 지식과 경험을 활용하여 사회의 발전에 기여하도록 노력하여야 한다.

㉣ **보건복지증진의 책임**〈노인복지법 제4조〉
- 국가와 지방자치단체는 노인의 보건 및 복지증진의 책임이 있으며, 이를 위한 시책을 강구하여 추진하여야 한다.
- 국가와 지방자치단체는 위의 규정에 의한 시책을 강구함에 있어 제2조에 규정된 기본이념이 구현되도록 노력하여야 한다.
- 노인의 일상생활에 관련되는 사업을 경영하는 자는 그 사업을 경영함에 있어 노인의 보건복지가 증진되도록 노력하여야 한다.

㉤ **노인실태조사**〈노인복지법 제5조〉 : 보건복지부장관은 노인의 보건 및 복지에 관한 실태조사를 3년마다 실시하고 그 결과를 공표하여야 한다.

㉥ **노인사회참여 지원**〈노인복지법 제23조〉
- 국가 또는 지방자치단체는 노인의 사회참여 확대를 위하여 노인의 지역봉사 활동기회를 넓히고 노인에게 적합한 직종의 개발과 그 보급을 위한 시책을 강구하며 근로능력 있는 노인에게 일할 기회를 우선적으로 제공하도록 노력하여야 한다.
  * 매년 10월 2일은 노인의 날로, 매년 10월을 경로의 달로 한다(노인복지법 제6조).

- 국가 또는 지방차치단체는 노인의 지역봉사 활동 및 취업의 활성화를 기하기 위하여 노인지역봉사기관, 노인 취업알선기관 등 노인복지관계기관에 대하여 필요한 지원을 할 수 있다.

④ 노인복지시설의 종류 ✔자주출제
　㉠ 노인주거복지시설〈노인복지법 제32조 제1항〉
- 양로시설 : 노인을 입소시켜 급식과 그 밖에 일상생활에 필요한 편의를 제공함을 목적으로 하는 시설
- 노인공동생활가정 : 노인들에게 가정과 같은 주거여건과 급식, 그 밖에 일상생활에 필요한 편의를 제공함을 목적으로 하는 시설
- 노인복지주택 : 노인에게 주거시설을 임대하여 주거의 편의·생활지도·상담 및 안전관리 등 일상생활에 필요한 편의를 제공함을 목적으로 하는 시설

　㉡ 노인의료복지시설〈노인복지법 제34조 제1항〉
- 노인요양시설 : 치매·중풍 등 노인성질환 등으로 심신에 상당한 장애가 발생하여 도움을 필요로 하는 노인을 입소시켜 급식·요양과 그 밖에 일상생활에 필요한 편의를 제공함을 목적으로 하는 시설
- 노인요양공동생활가정 : 치매·중풍 등 노인성질환 등으로 심신에 상당한 장애가 발생하여 도움을 필요로 하는 노인에게 가정과 같은 주거여건과 급식·요양, 그 밖에 일상생활에 필요한 편의를 제공함을 목적으로 하는 시설

　㉢ 노인여가복지시설〈노인복지법 제36조 제1항〉
- 노인복지관 : 노인의 교양·취미생활 및 사회참여활동 등에 대한 각종 정보와 서비스를 제공하고, 건강증진 및 질병예방과 소득보장·재가복지, 그 밖에 노인의 복지증진에 필요한 서비스를 제공함을 목적으로 하는 시설
- 경로당 : 지역노인들이 자율적으로 친목도모·취미활동·공동작업장 운영 및 각종 정보교환과 기타 여가활동을 할 수 있도록 하는 장소를 제공함을 목적으로 하는 시설
- 노인교실 : 노인들에 대하여 사회활동 참여욕구를 충족시키기 위하여 건전한 취미생활·노인건강유지·소득보장 기타 일상생활과 관련한 학습프로그램을 제공함을 목적으로 하는 시설

　㉣ 재가노인복지시설〈노인복지법 제38조〉
- 방문요양서비스 : 가정에서 일상생활을 영위하고 있는 노인으로서 신체적·정신적 장애로 어려움을 겪고 있는 노인에게 필요한 각종 편의를 제공하여 지역사회 안에서 건전하고 안정된 노후를 영위하도록 하는 서비스
- 주·야간보호서비스 : 부득이한 사유로 가족의 보호를 받을 수 없는 심신이 허약한 노인과 장애노인을 주간 또는 야간 동안 보호시설에 입소시켜 필요한 각종 편의를 제공하여 이들의 생활안정과 심신기능의 유지·향상을 도모하고, 그 가족의 신체적·정신적 부담을 덜어주기 위한 서비스
- 단기보호서비스 : 부득이한 사유로 가족의 보호를 받을 수 없어 일시적으로 보호가 필요한 심신이 허약한 노인과 장애노인을 보호시설에 단기간 입소시켜 보호함으로써 노인 및 노인가정의 복지증진을 도모하기 위한 서비스
- 방문 목욕서비스 : 목욕장비를 갖추고 재가노인을 방문하여 목욕을 제공하는 서비스
- 그 밖의 서비스 : 그 밖에 재가노인에게 제공하는 서비스로서 보건복지부령으로 정하는 서비스

　㉤ 노인보호전문기관

ⓗ 노인일자리지원기관 : 지역사회 등에서 노인일자리의 개발·지원, 창업·육성 및 노인에 의한 재화의 생산·판매 등을 직접 담당하는 기관

ⓢ 학대피해노인 전용쉼터

⑤ **노인학대 신고의무와 절차**〈노인복지법 제39조의6〉 ✔자주출제

  ㉠ **신고기관** : 노인보호전문기관 또는 수사기관

  ㉡ **신고의무자** : 다음에 해당하는 자는 그 직무상 65세 이상의 사람에 대한 노인학대를 알게 된 때에는 즉시 노인보호전문기관 또는 수사기관에 신고하여야 한다.

- 의료법의 의료기관에서 의료업을 행하는 의료인 및 의료기관의 장
- 의료기관에 종사하는 자 중 환자의 간호 및 진료를 보조하거나 환자와 직접 접촉하는 간호조무사 및 사회복지사
- 방문요양과 돌봄이나 안전확인 등의 서비스 종사자, 노인복지시설의 장과 그 종사자 및 노인복지상담원
- 장애인복지법의 규정에 의한 장애인복지시설에서 장애노인에 대한 상담·치료·훈련 또는 요양업무를 수행하는 사람
- 가정폭력방지 및 피해자보호 등에 관한 법률에 따른 가정폭력 관련 상담소 및 가정폭력피해자 보호시설의 장과 그 종사자
- 사회복지전담공무원 및 사회복지시설의 장과 그 종사자
- 노인장기요양보험법에 따른 장기요양기관의 장과 그 종사자
- 119구조·구급에 관한 법률에 따른 119구급대의 구급대원
- 건강가정기본법에 따른 건강가정지원센터 및 가족센터의 장과 그 종사자
- 다문화가족지원법에 따른 다문화가족지원센터의 장과 그 종사자
- 성폭력방지 및 피해자보호 등에 관한 법률에 따른 성폭력피해상담소 및 성폭력피해자보호시설의 장과 그 종사자
- 응급의료에 관한 법률에 따른 응급구조사
- 의료기사 등에 관한 법률에 따른 의료기사
- 국민건강보험공단 소속 요양직 직원
- 지역보건의료기관의 장과 종사자
- 노인복지시설 설치 및 관리 업무 담당 공무원
- 「병역법」에 따른 사회복지시설에서 복무하는 사회복무요원(노인을 직접 대면하는 업무에 복무하는 사람으로 한정한다)

⑥ **금지행위**〈노인복지법 제39조의9〉

  ㉠ 노인의 신체에 폭행을 가하거나 상해를 입히는 행위

  ㉡ 노인에게 성적 수치심을 주는 성폭행·성희롱 등의 행위

  ㉢ 자신의 보호·감독을 받는 노인을 유기하거나 의식주를 포함한 기본적 보호 및 치료를 소홀히 하는 방임행위

㉠ 노인에게 구걸을 하게 하거나 노인을 이용하여 구걸하는 행위

㉢ 노인을 위하여 증여 또는 급여된 금품을 그 목적 외의 용도에 사용하는 행위

㉣ 폭언, 협박, 위협 등으로 노인의 정신건강에 해를 끼치는 정서적 학대행위

※ 요양보호사의 결격사유〈노인복지법 제39조의13〉

㉠ 정신건강증진 및 정신질환자 복지서비스 지원에 관한 법률 제3조 제1호에 따른 정신질환자. 다만, 전문의가 요양보호사로서 적합하다고 인정하는 사람은 그러하지 아니하다.

㉡ 마약·대마 또는 향정신성의약품 중독자

㉢ 피성년후견인

㉣ 금고 이상의 실형을 선고받고 그 집행이 끝나거나(집행이 끝난 것으로 보는 경우를 포함한다) 집행이 면제되지 아니한 사람

㉤ 금고 이상의 형의 집행유예를 선고받고 그 유예기간 중에 있는 사람

㉥ 법원의 판결에 따라 자격이 정지 또는 상실된 사람

㉦ 요양보호사의 자격이 취소된 날부터 1년이 경과되지 아니한 사람

※ 노인장기요양보험법 목적

고령이나 노인성 질병 등의 사유로 일상생활을 혼자서 수행하기 어려운 노인 등에게 제공하는 신체활동 또는 가사활동 지원 등의 장기요양급여에 관한 사항을 규정하여 노후의 건강증진 및 생활안정을 도모하고 그 가족의 부담을 덜어줌으로써 국민의 삶의 질을 향상하도록 함을 목적으로 한다.

---

(4) 사회복지사의 활동과 역할

① **사례관리** … 노인의 사례관리는 사례 발굴, 사정, 서비스 계획의 개발, 서비스 알선, 조정, 모니터, 재사정, 평가, 종결, 관계 유지를 포함한다.

② **옹호** … 노인과 가족을 대신하여 기존의 공공 또는 민간 조직과 기관에 도전함으로써 서비스 전달체계를 향상하고, 필요한 프로그램을 개발하는 등 노인과 가족의 생활조건을 향상시키기 위해 변화하도록 노력한다.

③ **개별상담과 가족상담** … 비애 상담은 배우자나 자녀, 형제의 사망, 역할 손실, 만성질환이나 정신건강의 문제로 인한 상실에 대한 상담으로서 노인상담에서 중요한 비중을 차지한다. 개별 또는 가족상담에서 사회복지사는 노인 클라이언트의 환경으로서 가족, 이웃, 보건체계와 지지망에 대해 평가하고 지지하는 것이 중요하다. 즉, 주요 보호제공자가 있는지, 주요 보호제공자의 보호부담은 어느 정도인지를 파악하며, 보호제공자의 보호능력을 방해하는 문제를 해결함으로써 보호부담을 경감시키도록 원조한다.

④ **지지집단과 치료집단** … 노인과 가족을 위한 지지집단과 치료집단은 은퇴, 치매, 약물남용, 불치병, 우울증에 대한 지지, 치료, 교육, 옹호 등을 목표로 한다. 또한 사회복지사는 노인이 고립에서 벗어날 수 있도록 치료적·사교적인 프로그램을 적극 활용한다.

⑤ **시설보호서비스** … 병원, 양로원 등의 시설에서 사회복지사는 노인의 사회욕구에 대한 사정, 노인과 가족을 위한 건강교육, 상담, 옹호, 퇴원계획, 지역사회와의 연결, 프로그램 개발, 시설 내 치료적 환경개발을 위한 자문, 노인의 독립 잠재성을 최대화하는 보호계획의 개발 등에 관여한다.

❹ 장애인복지

(1) 장애인복지의 개념 및 이념

① **장애인복지의 개념**…장애로 인한 장애인의 가족생활과 사회생활의 곤란을 해결해 주기 위해 공사차원에서 장애발생의 예방 및 치료, 교육, 보호, 자립 조장 등의 여러 활동들을 조직적으로 실행하는 것을 말한다.

> **※ 장애인의 종류〈장애인복지법 시행령 별표1〉**
> 지체장애인, 뇌병변장애인, 시각장애인, 청각장애인, 언어장애인, 지적장애인, 자폐성장애인, 정신장애인, 신장장애인, 심장장애인, 호흡기장애인, 간장애인, 안면장애인, 장루 · 요루장애인, 뇌전증장애인

② **장애인복지의 기본이념** ✔자주출제
- ㉠ **존엄성과 가치의 보장** : 장애인은 인간으로서의 존엄성과 가치를 보장받을 권리가 있다.
- ㉡ **차별적 대우의 철폐** : 장애인이 정상인에 비해 정신적 · 신체적 능력이 떨어진다 하여 사회적 제분야에서 차별을 받아야 하는 것은 아니다.
- ㉢ **사회적 참여활동의 보장** : 장애인이 사회의 모든 분야의 활동에 참여할 수 있는 기회를 제공해야 한다.
- ㉣ **자립 · 자활의 조장** : 장애인 스스로가 경제적 자립뿐만 아니라 잠재적 능력을 개발하고 주체적인 삶을 살아갈 수 있도록 한다.
- ㉤ **공동책임의 의무** : 장애인복지는 장애인 본인 · 가족 · 사회 · 국가 등이 협력하여 연대책임을 져야 한다.

③ **자립생활 모델과 재활 모델**
- ㉠ **장애인의 자립생활 모델** : 장애인이 자신의 삶에 대한 결정을 내리고 자신의 결정에 대하여 타인의 개입 또는 보호를 최소화하여 스스로의 삶을 선택하고 결정하는 모든 과정에 장애인 당사자가 참여하는 것을 말한다.
- ㉡ **장애인의 재활 모델** : 전문가의 개입을 통한 문제해결과 치료적 접근을 더 추구하는 것을 말한다.

④ **장애인복지에서의 정상화**
- ㉠ 기본적으로 장애인을 정상인과 같은 보통사람으로 생각하고 장애인의 생활형태와 조건을 사회의 규범과 형태에 맞추는 것이다.
- ㉡ 장애인을 한 사람의 인간으로서 인식하고 정상인과 같은 생활환경을 조성하는 것을 말한다.

> **※ 그룹홈(Group Home)**
> 지역사회 내에 있는 보통사람들이 살고 있는 동네주택에서 소수의 정신지체인들이 고용된 직원들의 보호와 권리를 받으며 공동생활하는 곳을 말한다.

(2) 장애의 유형 및 기준

① 세계보건기구(WHO)에서 정의한 장애의 유형

 ㉠ **기능장애** : 신체 일부의 상실, 기능의 감소를 가져온 영구적 또는 일시적인 병리적 상태를 말한다.

 ㉡ **능력장애** : 기능상실로 인한 일상생활 또는 취업행위의 장애로서 이것은 정신적·신체적 손상의 결과일 뿐만 아니라 그 상태에 대한 개인의 적응 결과이기도 하다.

 ㉢ **사회적 장애** : 기능상실이나 기능장애로 인한 사회적 반응, 선입관, 편견의식, 사회적 낙인 등 사회생활 상의 장애를 말한다.

② **장애의 기준**

 ㉠ **지체장애** : 지체장애인은 지체부자유라는 말로도 쓰이는데, 이는 신체구조의 일부 또는 전체가 어떤 질병이나 외상 등으로 인해 영구적인 장애가 생겨 자유스런 활동이나 운동을 하지 못하는 것을 말한다. 우리나라 장애인복지법시행령과 그 시행규칙에는 지체장애인에 대한 기준을 6등급으로 나누어 규정하고 있는데 주로 팔, 손가락, 다리, 발에 장애가 있는 경우이다.

 ㉡ **시각장애** : 물체의 존재나 형태를 인식하는 기관인 눈의 기능장애를 말한다.

 ㉢ **정신지체** : 지능이 평균 이하로 현저히 낮아서 일상생활과 사회생활에 적응하지 못하는 것을 말한다.

 ㉣ **언어장애** : 선천적·후천적 원인으로 언어습득 및 발달에 장애를 초래하여 타인과의 의사소통이나 자신의 의사전달기능에 곤란이나 지장이 있는 상태를 말한다.

 ㉤ **정신장애** : 정서적으로 감정의 기복이 심하고 유동적이며 여러가지 문제행동을 일으키는 상태를 말하는데, 그 대상은 주로 아동이 된다.

(3) 장애인 복지의 실제 ✔자주출제

① **장애인복지제도**

 ㉠ **사회보험제도**

  • 1962년 '공무원연금법', 1963년 '군인연금법', 1973년 '사립학교교원연금법' 등이 제정되어 공무기간 중 장애인이 되었을 경우 이를 보장하는 장해연금 또는 장해보상금과 상이연금제도를 실시

  • 1963년 '산업재해보상보험법'을 제정하여 장해급여 실시

  • 1973년 '국민연금법'의 제정으로 장애연금을 실시

 ㉡ **공공부조제도**

  • 1961년 '생활보호법' 제정 : 저소득층 장애인 중 생활무능력자를 대상으로 국가에서 생활비의 일부를 현물 또는 현금급여의 형태로 지원→2000년 국민기초생활보장법 제정

  • 1977년 '의료보험법' 제정 : 생활보호대상 장애인의 의료보험사업을 시행

  • 구호사업의 실시 : 1961년 국가유공자예우등에 관한 법률 등에 의거하여 보상급여, 의료보험, 자영사업 자금대여, 자녀교육비 보조, 직업보도 등의 공공부조사업을 실시

  • 장애인연금 : 18세 이상의 중증장애인으로서 소득인정액이 그 중증장애인의 소득·재산·생활수준과 물가상승률 등을 고려하여 선정기준액 이하인 사람에게 지급

ⓒ 장애인고용 촉진 및 직업재활법 : 장애인복지서비스 가운데 특히 직업재활은 장애인의 사회통합을 위해 필수적이며, 재활과정의 최종목표이기도 하다. 정부는 장애인고용 촉진 및 직업재활법을 통해 의무고용제를 실시하고 있으나, 현재 정부뿐 아니라 일반 사업체들의 장애인 고용률은 의무고용률에 크게 미치지 못하는 실정이다.

> ※ **장애인 의무고용제〈장애인 고용촉진 및 직업재활법 제27조, 제28조〉**
> ㉠ **국가와 지방자치단체의 장**
> • 2021년 1월 1일부터 2021년 12월 31일까지: 1천분의 34
> • 2022년 1월 1일부터 2023년 12월 31일까지: 1천분의 36
> • 2024년 이후: 1천분의 38
> ㉡ **사업주의 장애인 고용 의무** : 상시 50명 이상의 근로자를 고용하는 사업주는 그 근로자의 총의 100분의 5의 범위에서 의무고용률 이상에 해당하는 장애인을 고용

② 장애인복지법의 주요내용

ㄱ 목적〈장애인복지법 제1조〉… 이 법은 장애인의 인간다운 삶과 권리보장을 위한 국가와 지방자치단체 등의 책임을 명백히 하고, 장애발생 예방과 장애인의 의료 · 교육 · 직업재활 · 생활환경개선 등에 관한 사업을 정하여 장애인복지대책을 종합적으로 추진하며, 장애인의 자립생활 · 보호 및 수당지급 등에 관하여 필요한 사항을 정하여 장애인의 생활안정에 기여하는 등 장애인의 복지와 사회활동 참여증진을 통하여 사회통합에 이바지함을 목적으로 한다.

ㄴ 주요 용어의 정의〈장애인복지법 제2조〉

• 장애인 : 신체적 · 정신적 장애로 오랫동안 일상생활이나 사회생활에서 상당한 제약을 받는 자를 말한다.

• 신체적 장애 : 주요 외부 신체 기능의 장애, 내부기관의 장애 등을 말한다.

• 정신적 장애 : 발달장애 또는 정신 질환으로 발생하는 장애를 말한다.

• 장애인학대 : 장애인에 대하여 신체적 · 정신적 · 정서적 · 언어적 · 성적 폭력이나 가혹행위, 경제적 착취, 유기 또는 방임을 하는 것을 말한다.

• 장애인학대 관련범죄 : 장애인학대로서 형법 등에서 정하는 죄를 말한다.

ㄷ 기본이념 및 장애인의 권리

• 기본이념〈장애인복지법 제3조〉… 장애인복지의 기본이념은 장애인의 완전한 사회 참여와 평등을 통하여 사회통합을 이루는 데에 있다.

• 장애인의 권리〈장애인복지법 제4조〉

－장애인은 인간으로서 존엄과 가치를 존중받으며, 그에 걸맞은 대우를 받는다.

－장애인은 국가 · 사회의 구성원으로서 정치 · 경제 · 사회 · 문화, 그 밖의 모든 분야의 활동에 참여할 권리를 가진다.

－장애인은 장애인 관련 정책결정과정에 우선적으로 참여할 권리가 있다.

ⓐ 책임

- 국가와 지방자치단체의 책임〈장애인복지법 제9조〉: 국가와 지방자치단체는 장애 발생을 예방하고, 장애의 조기 발견에 대한 국민의 관심을 높이며, 장애인의 자립을 지원하고, 보호가 필요한 장애인을 보호하여 장애인의 복지를 향상시킬 책임을 진다.
- 국민의 책임〈장애인복지법 제10조〉: 모든 국민은 장애 발생의 예방과 장애의 조기 발견을 위하여 노력하여야 하며, 장애인의 인격을 존중하고 사회통합의 이념에 기초하여 장애인의 복지향상에 협력하여야 한다.

ⓜ 장애인복지시설의 종류〈장애인복지법 제58조〉

- 장애인 거주시설 : 거주공간을 활용하여 일반가정에서 생활하기 어려운 장애인에게 일정 기간 동안 거주·요양·지원 등의 서비스를 제공하는 동시에 지역사회생활을 지원하는 시설
- 장애인 지역사회재활시설 : 장애인을 전문적으로 상담·치료·훈련하거나 장애인의 일상생활, 여가활동 및 사회참여활동 등을 지원하는 시설
- 장애인 자립생활지원시설 : 장애인의 자립생활 역량을 강화하기 위하여 동료상담, 지역사회의 물리적·사회적 환경개선 사업, 장애인의 권익 옹호·증진, 장애인 적합 서비스 등을 제공하는 시설
- 장애인 직업재활시설 : 일반 작업환경에서는 일하기 어려운 장애인이 특별히 준비된 작업환경에서 직업훈련을 받거나 직업 생활을 할 수 있도록 하는 시설
- 장애인 의료재활시설 : 장애인을 입원 또는 통원하게 하여 상담, 진단·판정, 치료 등 의료재활서비스를 제공하는 시설
- 그 밖에 대통령령으로 정하는 시설

③ 장애인고용촉진 및 직업재활법의 주요내용

ⓐ 목적〈장애인고용촉진 및 직업재활법 제1조〉 ··· 이 법은 장애인이 그 능력에 맞는 직업생활을 통하여 인간다운 생활을 할 수 있도록 장애인의 고용촉진 및 직업재활을 꾀하는 것을 목적으로 한다.

ⓑ 정의〈장애인고용촉진 및 직업재활법 제2조〉

- 장애인 : 신체 또는 정신상의 장애로 장기간에 걸쳐 직업생활에 상당한 제약을 받는 사람으로서 대통령령으로 정하는 기준에 해당하는 사람을 말한다.
- 중증장애인 : 장애인 중 근로 능력이 현저하게 상실된 사람으로서 대통령령으로 정하는 기준에 해당하는 사람을 말한다.
- 고용촉진 및 직업재활 : 장애인의 직업지도, 직업적응훈련, 직업능력개발훈련, 취업알선, 취업, 취업 후 적응지도 등에 대하여 이 법에서 정하는 조치를 강구하여 장애인이 직업생활을 통하여 자립할 수 있도록 하는 것을 말한다.
- 장애인 표준사업장 : 장애인 고용 인원·고용비율 및 시설·임금에 관하여 고용노동부령으로 정하는 기준에 해당하는 사업장(장애인복지법 제58조 제1항 제3호에 따른 장애인 직업재활시설은 제외한다)을 말한다.

ⓒ 책임

- 국가와 지방자치단체의 책임〈장애인고용촉진 및 직업재활법 제3조〉
  - 국가와 지방자치단체는 장애인의 고용촉진 및 직업재활에 관하여 사업주 및 국민 일반의 이해를 높이기 위하여 교육·홍보 및 장애인 고용촉진 운동을 지속적으로 추진하여야 한다.

-국가와 지방자치단체는 사업주·장애인, 그 밖의 관계자에 대한 지원과 장애인의 특성을 고려한 직업재활 조치를 강구하여야 하고, 장애인의 고용촉진을 꾀하기 위하여 필요한 시책을 종합적이고 효과적으로 추진하여야 한다. 이 경우 중증장애인과 여성장애인에 대한 고용촉진 및 직업재활을 중요시하여야 한다. 장애인정책종합계획은 5년마다 수립·시행하여야 한다.
- 사업주의 책임〈장애인고용촉진 및 직업재활법 제5조〉
-사업주는 장애인의 고용에 관한 정부의 시책에 협조하여야 하고, 장애인이 가진 능력을 정당하게 평가하여 고용의 기회를 제공함과 동시에 적정한 고용관리를 할 의무를 가진다.
-사업주는 근로자가 장애인이라는 이유로 채용·승진·전보 및 교육훈련 등 인사관리상의 차별대우를 하여서는 아니 된다.

㉣ **장애인의 자립 노력 등**〈장애인고용촉진 및 직업재활법 제6조〉
- 장애인은 직업인으로서의 자각을 가지고 스스로 능력 개발·향상을 도모하여 유능한 직업인으로 자립하도록 노력하여야 한다.
- 장애인의 가족 또는 장애인을 보호하고 있는 자는 장애인에 관한 정부의 시책에 협조하여야 하고, 장애인의 자립을 촉진하기 위하여 적극적으로 노력하여야 한다.

㉤ **한국장애인고용공단의 업무**〈장애인고용촉진 및 직업재활법 제43조 제2항〉
- 장애인의 고용촉진 및 직업재활에 관한 정보의 수집·분석·제공 및 조사·연구
- 장애인에 대한 직업상담, 직업적성 검사, 직업능력 평가 등 직업지도
- 장애인에 대한 직업적응훈련, 직업능력개발훈련, 취업알선, 취업 후 적응지도
- 장애인 직업생활 상담원 등 전문요원의 양성·연수
- 사업주의 장애인 고용환경 개선 및 고용 의무 이행 지원
- 사업주와 관계 기관에 대한 직업재활 및 고용관리에 관한 기술적 사항의 지도·지원
- 장애인의 직업적응훈련 시설, 직업능력개발훈련시설 및 장애인 표준사업장 운영
- 장애인의 고용촉진을 위한 취업알선 기관 사이의 취업알선전산망 구축·관리, 홍보·교육 및 장애인 기능경기 대회 등 관련 사업
- 장애인 고용촉진 및 직업재활과 관련된 공공기관 및 민간 기관 사이의 업무 연계 및 지원
- 장애인 고용에 관한 국제 협력
- 그 밖에 장애인의 고용촉진 및 직업재활을 위하여 필요한 사업 및 고용노동부장관 또는 중앙행정기관의 장이 위탁하는 사업

㉥ **장애인 직업재활의 과정**
- 직업재활상담
- 직능평가 : 장애인의 신체적·정신적·직업적 능력이나 가능성에 대해 적성검사, 작업검사 등을 통해 종합적 직능평가를 내림
- 직업전 훈련 : 특정의 직업을 위한 직업훈련과는 달리 직업인으로서의 기본적인 훈련이나 작업습관의 향상을 위한 훈련을 실시
- 직업훈련 : 직종을 선정하여 정규의 직업훈련을 실시

- 직업소개 : 적당한 직장을 소개하여 취직을 알선
- 추후지도 : 취직이 된 후에도 일정기간 적응에 도움을 줄 수 있는 원조를 제공

④ 그 밖의 관계 법령
  ㉠ 장애인차별금지 및 권리구제 등에 관한 법률
  ㉡ 장애인·노인·임산부 등의 편의증진 보장에 관한 법률
  ㉢ 장애인 등에 대한 특수교육법
  ㉣ 장애인활동 지원에 관한 법률
  ㉤ 장애아동복지지원법
  ㉥ 장애인연금법

> **※ 장애인 차별 금지〈장애인차별금지 및 권리구제 등에 관한 법률 제4조 제1항〉**
> ㉠ 장애인을 장애를 사유로 정당한 사유 없이 제한·배제·분리·거부 등에 의하여 불리하게 대하는 경우
> ㉡ 장애인에 대하여 형식상으로는 제한·배제·분리·거부 등에 의하여 불리하게 대하지 아니하지만 정당한 사유 없이 장애를 고려하지 아니하는 기준을 적용함으로써 장애인에게 불리한 결과를 초래하는 경우
> ㉢ 정당한 사유 없이 장애인에 대하여 정당한 편의 제공을 거부하는 경우
> ㉣ 정당한 사유 없이 장애인에 대한 제한·배제·분리·거부 등 불리한 대우를 표시·조장하는 광고를 직접 행하거나 그러한 광고를 허용·조장하는 경우. 이 경우 광고는 통상적으로 불리한 대우를 조장하는 광고효과가 있는 것으로 인정되는 행위를 포함한다.
> ㉤ 장애인을 돕기 위한 목적에서 장애인을 대리·동행하는 자(장애아동의 보호자 또는 후견인 그 밖에 장애인을 돕기 위한 자임이 통상적으로 인정되는 자를 포함)에 대하여 ㉠부터 ㉣까지의 행위를 하는 경우. 이 경우 장애인 관련자의 장애인에 대한 행위 또한 이 법에서 금지하는 차별행위 여부의 판단대상이 된다.
> ㉥ 보조견 또는 장애인보조기구 등의 정당한 사용을 방해하거나 보조견 및 장애인보조기구 등을 대상으로 ㉣에 따라 금지된 행위를 하는 경우
> ㉦ 장애인 또는 장애인 관련자에게 괴롭힘 등의 행위를 하는 경우

> **※ 장애인연금**
> ① 장애인연금의 종류는 기초급여와 부가급여가 있다.
> ② 수급권자는 18세 이상의 중증장애인으로서 소득인정액이 그 중증장애인의 소득, 재산, 생활수준과 물가상승률 등을 고려하여 보건복지부장관이 정하여 고시하는 금액 이하인 사람으로 한다.
> ③ 기초급여는 연령에 따라 차등 지급되지 않지만, 부가급여는 연령에 따라 차등적으로 지급한다.
> ④ 보건복지부장관은 선정기준액을 정할 때에는 18세 이상의 중증장애인 중 수급자가 100분의 70 수준이 되도록 결정한다.

❺ 가족복지

(1) 가족복지의 개요

① 가족의 개념

　㉠ 가족 외부와의 경계 성격에 따른 구분

　　• 개방형 가족(open family systems) : 가족의 경계는 유동적이며, 가족성원들의 행위를 제한하는 규칙은 가족 성원 간의 합의과정에서 도출되고, 다른 가족성원에게 나쁜 영향을 끼치지 않는 범위에서 외부와의 왕래나 외부문화를 가족의 공간으로 유입되는 데 개방적이고 스스로 통제할 수 있다.

　　• 폐쇄형 가족(closed family systems) : 가족성원 중에서 권위가 있는 사람이 외부와의 왕래나 외부공간과 떨어진 가족공간을 만들어내고, 외부와의 상호작용을 엄격하게 제한한다.

　　• 방임형 가족(random family systems) : 가족성원 각자가 자신의 영역과 가족의 영역을 확보하면서 개별적인 행동양식을 보이며, 외부와의 왕래가 제한이 없고 가족경계의 방어를 중요하지 않게 여긴다.

　㉡ 가족구성원 간의 경계 성격에 따른 구분

　　• 밀착된 가족(enmeshed family) : 가족성원 간 독립심과 자율성이 결여된 혼돈된 경계와 불분명한 경계를 가진 가족 구조이다. 가족성원 간의 상호작용에서 지나치게 밀착되어 서로에게 간섭이 많고, 통제하려고 하며, 가족성원의 요구를 거절하지 못한다. 지나친 간섭으로 인해 감정표현을 자제하거나 감추게 되며, 마마보이처럼 자율성 보장과 독립적인 행동이 힘들어 의존적인 성향을 보이게 한다.

　　• 유리된 가족(disengaged family) : 가족성원 간 너무 경직되어 상호작용이 이루어지지 않는다. 가족성원 간 응집력이 낮아 다른 가족성원에 대한 관심 부족과 가족성원 간 충성심이 부족하다. 고립감, 소외감을 느끼게 되며, 가족문제에 있어서 가족성원으로부터 정서적 지지를 받지 못하여 가족으로서의 보호 기능을 수행하기 어렵다.

② **가족복지의 개념** … 가족이 처한 생활상의 곤란으로 인한 가족구성원들의 존엄성 상실 등 가족생활의 중대한 위기를 해결하여 가족생활을 보호 · 강화시키기 위한 사회적 조직활동을 말한다.

③ 가족복지의 기능

　㉠ **의뢰적(송치적) 기능** : 가족문제에 대해 가장 효과적인 서비스를 줄 수 있는 지역사회의 자원을 발견하여 사례를 소개 · 활용

　㉡ **조정적 기능** : 가족복지기관이 가족 전체에게 가족으로서의 원만한 기능을 회복할 수 있도록 직접 서비스를 제공

　㉢ **개발적 기능** : 지역사회활동이나 소집단활동 등 제반활동을 통해서 대상가족의 모든 가족성원이 그 지위에 알맞은 역할을 실행하는 기회, 능력, 태도를 발전 · 촉진시키는 기능

　㉣ **회복적 기능** : 빈곤 · 실업 · 약물중독 · 부부불화 등의 장애요인을 가진 가족을 직접 원조하여 정상적인 가족기능을 회복시키는 것을 목적으로 하는데 이러한 목적을 달성하기 위한 방법으로는 공공부조에 의한 원조나 아동상담소, 직업지도, 주택알선, 가정지도, 가족계획지도, 가족치료 등이 있음

④ 가족연구이론
　　㉠ **구조기능주의이론** : 가족이 개인과 사회에 대해 어떤 기능을 하며, 사회와 어떤 관련이 있는지를 설명해
　　　　주는 이론이다. 가족은 사회에서 생존하기 위해 특정 기능을 수행해야한다고 전제하고 가족의 역동성과
　　　　상호작용을 분석하는 데 유용한 개념 틀을 제공한다. 구조기능주의이론가인 파슨스(Parsons)는 가족의
　　　　기능을 성(Gender)과 연령에 따라 구분하여 각각의 역할을 강조하여, 남성은 공적 영역인 일터에서
　　　　임금노동(생계)을 책임지고, 여성은 사적 영역인 가정에서 출산과 양육, 가사를 수행하는 분업이 이
　　　　루어진다고 본다. 이러한 분업화된 역할 수행은 전통적 핵가족만이 정상적인 가족으로 인식하고,
　　　　여성의 노동시장 참여를 역기능적이라고 여긴다.
　　㉡ **갈등이론** : 인간의 속성과 자원의 제한성(불평등)으로 인해 갈등은 피할 수 없는 것으로 보고, 가족 내
　　　　권력(이해관계)과 제한된 자원의 불평등으로 인한 갈등을 생산적으로 관리하고 대처할 때 가족통합이
　　　　된다고 본다.
　　㉢ **상징적 상호작용이론** : 가족구성원 간 상호작용하면서 자아개념, 정체성, 역할, 의사소통 등 가족현상의
　　　　내적 과정에 초점을 둔다. 가족구성원 간 동일한 언어적·비언어적 행동이나 사건, 역할 등은 상황에
　　　　대한 해석이나 상호작용에 따라 달라진다고 보고, 가족 내 상호작용 방식에 대해 설명한다.
　　㉣ **사회구성주의이론** : 누구도 객관적 실체를 알 수 없다는 구성주의에서 출발한다. 개인이 경험하는 실재는
　　　　사회적, 언어적으로 구성된다고 보고, 가족문제 해결 과정에서 개인이 가족과 관계를 어떻게 경험하는
　　　　지를 파악하는 것을 중시한다. 가족치료의 하나인 이야기 치료의 기반이 되는 이론으로 언어적 측면,
　　　　내담자와 치료자와의 협력관계, 문제가 아닌 해결 중점, 내담자 강점을 중시한다.

⑤ **가족복지서비스의 유형과 사회복지사의 역할**
　　㉠ **소득지원** : 외국의 경우 가족에 대한 소득보장은 부모의 소득에 상관없이 자녀를 양육하는 비용의 일부
　　　　를 정부가 지급하는 가족수당 또는 아동수당을 통해 이루어지고 있다. 현재 우리나라에는 피부양자에
　　　　대한 세금공제와 저소득층 가족에 대한 소득지원 프로그램이 있으나, 지원액이 매우 미흡한 실정이다.
　　㉡ **가족보호** : 아동, 노인, 장애성원 등을 보호하는 가족의 보호부담을 줄이고 보호역할의 수행을 향상하기
　　　　위한 서비스로서 재가서비스, 주간보호, 일시보호 등을 포함한다.
　　㉢ **가정생활교육** : 집단경험을 통해 가족성원의 인간관계와 사회기능을 향상시키기 위한 교육적 프로그램과
　　　　서비스로서, 부모역할훈련 프로그램이 대표적이다.
　　㉣ **학대가족에 대한 지원** : 아동, 배우자, 노인에 대한 신체적·정서적·성적 학대 또는 방임의 문제가 있는
　　　　가족을 지원하기 위한 사회서비스를 제공한다.
　　㉤ **가족상담과 가족치료** : 가족내 인간관계의 문제(부부갈등, 부모역할의 문제, 청소년 자녀의 문제 등)가 있
　　　　는 가족을 위해 가족상담과 가족치료서비스를 제공한다. 현재 사회복지관, 가정상담소, 아동상담소, 병
　　　　원 등에서 가족상담 또는 가족치료를 실시하고 있지만, 전문인력이 부족한 실정이다.
　　㉥ **가족옹호** : 사회복지사는 특히 차별, 빈곤, 불의, 기회불평등으로 인해 고통받는 가족의 생활조건을 향상
　　　　시키기 위해 기존의 지역사회 조직과 기관, 법, 정책의 변화를 위해 활동한다.

㉐ **홈메이커서비스**(Home-maker service) : 가정이 위기에 처했을 때 그 가사 전반을 돌보게 하여 건전한 가족생활을 유지하는 데 도움을 주는 것을 말한다. 즉, 어머니가 부재하거나 가정에 도움이 필요한 상황에서 어머니의 역할을 맡을 수 있도록 하고, 기관에서 훈련받은 자를 고용하여 가정에 위탁하는 서비스를 의미한다.

(2) 가족복지의 실제

① 가족치료 실천모델

㉠ **심리역동적 가족치료모델**(Ackerman) : 정신분석이론은 개인의 내면적 역동에 관한 이론이므로 체계론적 관점을 강조하는 가족치료이론과 모순되는 점이 있다. 정신분석 가족치료사들은 가족 전체의 변화보다는 가족 내의 개인들이 성장하도록 도우며, 주로 과거가 현재에 미치는 영향에 초점을 맞춘다.

㉡ **다세대 가족치료모델**(M. Bowen) : 가족의 생활과 상황을 형성하는 가족관계를 보다 넓게 보고 이해하려고 하였다. 다른 가족치료에 비해 포괄적인 관점과 이론을 강조하였다. 보웬의 이론은 자기분화, 삼각관계, 핵가족의 정서형성과정, 가족투사과정, 다세대 전수과정, 출생순위, 정서적 단절, 사회적 정서전달과정이라는 여덟 가지 개념을 제시하였다.

㉢ **구조적 가족치료모델**(S. Minuchin) : 구조적 모델에서는 가족구조의 중요성을 강조한다. 치료의 목적은 역기능적인 가족구조를 재구조화하는 것으로, 가족문제의 해결은 구조의 변화에 따른 부산물로 이해된다. 구조적 모델은 특히 청소년비행, 거식증, 약물남용 가족원이 있는 가족이나 사회경제수준이 낮은 가족에 성공적으로 적용되어 왔다.

㉣ **행동주의 모델**(R. Liberman) : 학습이론을 가족의 문제에 적용하는 행동주의 가족치료는 성원들간의 보상교환의 비율을 높이고 혐오교환을 줄이며, 의사소통과 문제해결기술을 교육하는 데에 초점을 맞춘다. 다른 어떤 모델보다도 주의 깊게 사정하고 평가하는 모델의 특성은 치료 전의 행동과정에 대한 사정, 진행중인 치료에 대한 분석, 치료결과에 대한 평가에서 명확하게 나타난다.

㉤ **경험적 가족치료모델**(Satir & Whitaker) : 경험적 가족치료의 목적은 의사소통증진을 통한 개인의 성장이다. 사티어는 의사소통 유형은 회유형, 비난형, 초이성형, 산만형, 일치형으로 나누고 일치형을 제외한 나머지 유형을 역기능적 의사소통유형으로 보았다(= 의사소통 성장모델).

㉥ **전략적 가족치료모델**(J. Heley) : 이론보다 가족 문제해결을 중시하며, 문제에 대한 이해보다 가족문제의 해결방법에 초점을 맞춘다. 문제행동을 변화시키기 위한 방법으로 역설적 개입(지시), 시련, 순환적 질문, 재정의, 전략, 가정기법 등을 제시하였다.

② 가족치료의 형태

㉠ **합동치료** : 1인의 워커가 전가족성원을 동시에 면접하여 치료하는 방식이다. 이 방식은 가족상호작용이나 기능, 역할, 균형상태 등을 빨리 이해할 수 있다.

㉡ **협동치료** : 먼저 1인의 워커가 가족 전원을 합동으로 면접하여 진단을 내린 후에 가족 각자에게 워커를 할당하여 개별적으로 면접을 진행하는 방식이다.

ⓒ **병행치료** : 1인의 워커가 가족집단을 합동으로 면접하고 가족구성원 중의 어떤 개인에 대하여도 병행하여 면접을 실시하는 방식이다.

ⓔ **혼합치료** : 여러가지 면접방식을 활용하여 가족문제의 해결을 위해 사례의 진전상태에 따라 가장 적절한 치료방법을 선택하는 방식이다.

❻ 여성 및 한부모가족 복지

(1) 여성복지

① **여성복지의 개념** … 미혼모, 윤락여성, 가출여성, 근로여성, 저소득여성 및 학대받는 여성 등과 같은 요보호 여성뿐만 아니라 모든 여성들이 인간다운 생활을 영위할 수 있도록 정부 및 민간이 행하는 모든 조직적인 활동을 말한다.

> ※ **여성복지의 필요성**
> ㉠ 가족형태의 변화
> ㉡ 취업여성의 증가 및 처우의 열악성
> ㉢ 성차별의 현실
> ㉣ 이중적 성윤리 및 성개방 풍조의 만연
> ㉤ 여성의 의식 및 욕구의 변화

② **여성문제**

ㄱ **성폭력 피해여성과 윤락여성의 문제**

ㄴ **여성세대주 또는 모자가정의 문제** : 여성세대주 또는 모자가정은 남편(아버지)과의 사별이나 이별로 인하여 가족 본래의 기능인 성적 기능, 경제적 기능, 교육의 기능 등에서 많은 장애를 안게 된다.

ㄷ **학대받는 여성의 문제** : 가정 내에서 발생하는 아내에 대한 폭력은 신체적 폭력뿐만 아니라 정서적·사회적 폭력까지 다양하며 최근 사회문제로 크게 대두되고 있다.

ㄹ **미혼모의 문제** : 결혼관의 변화와 더불어 사회적으로 남녀의 이성교제가 자유로워지면서 혼전성관계에 따른 임신이나 출산이 증가하고 있다. 미혼모를 보호하고 아이 양육을 위한 재정적, 제도적 대책이 강화되어야 한다.

ㅁ **취업여성의 문제** : 여성의 사회진출이 활발해지고 출산율이 감소하면서 경제활동에 참여하는 여성비율이 크게 증가되었다. 여성취업이 늘면서 그에 따른 모성보호 및 자녀양육을 위한 사회복지욕구가 증가되고 있다.

③ 성매매피해자에 대한 복지
  ㉠ 성매매의 개념 : 불특정인을 상대로 하여 금품이나 그 밖의 재산상의 이익을 수수하거나 수수하기로 약속
    하고 성교행위, 구강·항문 등 신체의 일부 또는 도구를 이용한 유사 성교행위를 하거나 그 상대방이
    되는 것을 말한다.
  ㉡ 성매매피해자를 위한 지원시설
    • 일반지원시설 : 성매매피해자 등을 대상으로 1년의 범위에서 숙식을 제공하고 자립을 지원하는 시설
    • 청소년지원시설 : 19세 미만의 성매매피해자 등을 대상으로 19세가 될 때까지 숙식을 제공하고, 취학·교육
      등을 통하여 자립을 지원하는 시설
    • 외국인여성지원시설 : 외국인 성매매피해자 등을 대상으로 3개월 이내의 범위에서 숙식을 제공하고, 귀국을
      지원하는 시설
    • 자립지원 공동생활시설 : 성매매피해자 등을 대상으로 2년의 범위에서 숙박 등의 편의를 제공하고 자립을 지
      원하는 시설
  ㉢ 성매매의 대책
    • 예방적 차원 : 건전한 성도덕관과 윤리관의 확립
    • 사후치료적 대책 : 자활 격려 또는 부녀상담원의 전문인력화가 되어야 함

(2) 한부모가족복지

① 한부모가족
  ㉠ 한부모가족의 개념 : 배우자가 결원된 상태에서 18세 미만의 아동과 그들의 모 또는 부로 구성된 가족이다.
  ㉡ 한부모가족지원의 대상〈한부모가족지원법 제5조〉 : 배우자와 사별 또는 이혼하거나 배우자로부터 유기된
    자, 정신이나 신체의 장애로 장기간 노동능력을 상실한 배우자를 가진 자, 교정시설·치료감호시설에
    입소한 배우자 또는 병역복무 중인 배우자를 가진 사람, 미혼자(사실혼 관계에 있는 자는 제외)로서 아
    동인 자녀를 양육하는 자와 청소년 한부모, 한부모가족, 모자가족, 부자가족, 18세 미만의 아동에 해당
    하는 자로서 성평등가족부령으로 정하는 자를 대상으로 한다.
  ㉢ 한부모가족의 문제
    • 기능적 측면
    − 정서적 안정상실 : 결손가정의 경우에는 가족성원 내부의 역할재분배가 불가피하게 되므로 갈등을 초래
    − 자녀양육 및 교육문제의 대두 : 결손가정아동들의 비행화 현상이 두드러지게 발생
    − 동일화 대상의 상실 : 동성이나 이성에 대해 정신적·육체적으로 바르게 이해할 수 있는 기회를 상실
    • 심리적 측면 : 가족구조의 결함에서 오는 좌절감, 실패감, 죄책감 등의 심리적 문제가 발생
    • 사회경제적 측면 : 대다수의 모·부자가족은 경제적 능력이 취약하기 때문에 빈곤의 상태에서 벗어나기가 어려움
② 한부모가족지원의 개념 … 한부모가족이 건강하고 문화적인 생활을 영위하는 데 필요한 조치를 마련해주는
  것으로 한부모가족의 생활안정과 복지증진을 위한 공사차원의 조직적 활동이다.

④ 한부모가족지원법의 주요내용

　　㉠ **목적**〈한부모가족지원법 제1조〉 … 이 법은 한부모가족이 안정적인 가족 기능을 유지하고 자립할 수 있도록 지원함으로써 한부모가족의 생활 안정과 복지 증진에 이바지함을 목적으로 한다.

　　㉡ **정의**〈한부모가족지원법 제4조〉

　　　• 모(母) 또는 부(父) : 다음의 어느 하나에 해당하는 자로서 아동인 자녀를 양육하는 자를 말한다.
　　　　－배우자와 사별 또는 이혼하거나 배우자로부터 유기(遺棄)된 자
　　　　－정신이나 신체의 장애로 장기간 노동능력을 상실한 배우자를 가진 자
　　　　－교정시설·치료감호시설에 입소한 배우자 또는 병역복무 중인 배우자를 가진 사람
　　　　－미혼자[사실혼(事實婚) 관계에 있는 자는 제외]
　　　　－배우자의 생사가 분명하지 아니한 자
　　　　－배우자 또는 배우자 가족과의 불화등으로 인하여 가출한 자
　　　※ 청소년 한부모란 24세 이하의 모 또는 부를 말한다.
　　　• 한부모가족 : 모자가족 또는 부자가족을 말한다.
　　　• 모자가족 : 모가 세대주(세대주가 아니더라도 세대원을 사실상 부양하는 자를 포함한다)인 가족을 말한다.
　　　• 부자가족 : 부가 세대주(세대주가 아니더라도 세대원을 사실상 부양하는 자를 포함한다)인 가족을 말한다.
　　　• 아동 : 18세 미만(취학 중인 경우에는 22세 미만을 말하되, 병역법에 따른 병역의무를 이행하고 취학 중인 경우에는 병역의무를 이행한 기간을 가산한 연령 미만을 말한다)의 자를 말한다.
　　　• 지원기관 : 이 법에 따른 지원을 행하는 국가나 지방자치단체를 말한다.
　　　• 한부모가족복지단체 : 한부모가족의 복지 증진을 목적으로 설립된 기관이나 단체를 말한다.

　　㉢ **가족지원서비스**〈한부모가족지원법 제17조〉

　　　• 아동의 양육 및 교육 서비스
　　　• 장애인, 노인, 만성질환자 등의 부양 서비스
　　　• 취사, 청소, 세탁 등 가사 서비스
　　　• 교육·상담 등 가족 관계 증진 서비스
　　　• 인지청구 및 자녀양육비 청구, 출생확인신청 등을 위한 법률상담, 소송대리 등 법률구조서비스
　　　• 출생확인신청을 위한 유전자검사비용 지원
　　　• 그 밖에 대통령령으로 정하는 한부모가족에 대한 가족지원서비스

　　㉣ **한부모가족복지시설**〈한부모가족지원법 제19조〉

　　　• 출산지원시설 : 다음의 어느 하나에 해당하는 자의 임신·출산 및 그 출산 아동(3세 미만에 한정한다)의 양육을 위하여 주거 등을 지원하는 시설
　　　　－모
　　　　－혼인 관계에 있지 아니한 자로서 출산 전 임신부
　　　　－혼인 관계에 있지 아니한 자로서 출산 후 해당 아동을 양육하지 아니하는 모
　　　• 양육지원시설 : 6세 미만 자녀를 동반한 한부모가족에게 자녀를 양육할 수 있도록 주거 등을 지원하는 시설

- 생활지원시설 : 18세 미만(취학 중인 경우에는 22세 미만을 말하되, 「병역법」에 따른 병역의무를 이행하고 취학 중인 경우에는 병역의무를 이행한 기간을 가산한 연령 미만을 말한다) 자녀를 동반한 한부모가족에게 자립을 준비할 수 있도록 주거 등을 지원하는 시설
- 일시지원시설 : 배우자(사실혼 관계에 있는 사람을 포함한다)가 있으나 배우자의 물리적·정신적 학대로 아동의 건전한 양육이나 모 또는 부의 건강에 지장을 초래할 우려가 있을 경우 일시적 또는 일정 기간 동안 모와 아동, 부와 아동, 모 또는 부에게 주거 등을 지원하는 시설
- 한부모가족복지상담소 : 한부모가족에 대한 위기·자립 상담 또는 문제해결 지원 등을 목적으로 하는 시설

❼ 의료 및 정신보건사회복지

(1) 의료사회사업

① 의료사회사업의 개념 … 생태체계론적 시각에서 환자와 가족체계, 병원체계, 사회환경체계와의 상호작용을 증진함으로써 환자와 가족의 질병, 장애, 상해로 인한 스트레스를 경감하고, 이들의 가능한 사회기능을 증진, 유지, 회복하기 위한 활동이다.

② 의료사회사업의 기술 및 실천분야
　㉠ 의료사회사업기술의 내용
- 개인과 집단에 적용하는 기술
- 관계직종 및 지역집단과의 연락에 관련된 기술
- 사회조사기술(면접기술)
- 지역사회에 적용하는 기술

　㉡ 의료사회사업의 실천분야
- 일반의료사회사업 : 환자치료상의 전인적인 문제, 환자의 질환 및 치료과정에 영향을 미치는 심리사회적인 문제, 빈곤환자의 치료비문제, 퇴원 후의 경제적 생활문제 등에 중점을 두어 전문적인 서비스와 자원조정 활동을 실시
- 재활의료사회사업 : 장애인들에게 신체적 기능회복을 위한 치료 및 신체기능훈련의 신체적 재활, 사회에 적응하게 하는 정신적 재활, 경제적인 자립을 위한 직업적 재활 등을 수행
- 지역사회 의료사회사업 : 주로 모자보건사업, 감염병관리, 환경위생, 보건교육, 순회의료봉사 등의 지역사회라는 지리적·사회적 기능영역으로 구분된 범위에서 실시되는 의료복지사업
- 군의료사회사업 : 그 활동원칙과 역할, 특성 등에 있어서는 일반의료사회사업과 동일하지만 전투력 강화를 저해하는 심리사회적·정신적 요인들을 조사·분석·평가하여 군조직성원의 질병치료에 기여하는 활동이 다름

(2) 정신보건사회복지

① **정신보건사회복지의 개념**…정신의료사회사업가가 정신적·정서적 장애를 가진 환자나 가족을 대상으로 정신병원이나 정신의료기관 등에서 정신과 의사, 심리학자, 정신과 간호사, 작업치료사로 구성된 치료팀의 일원으로 참여하여 정신적·정서적 장애인의 정신건강 회복과 정신위생의 증진을 목적으로 실시하는 것이다.

② **정신보건사회복지의 실천분야**

　㉠ **정신병원**

　　• 환자나 환자의 가족에게 환자의 치료에 유용한 기관임을 인식시키고 모든 치료활동을 소개하여 협력하도록 함

　　• 환자와의 개별적·소집단적 방법 및 활동을 통해 병원생활의 적응과 병적 행동, 사고·감정을 변화시키도록 돕는 동시에 가족에게도 치료적인 행동을 하게 함

　　• 퇴원 후에 지속적인 치료활동이 이루어질 수 있도록 퇴원계획을 세움

　　• 모든 재활활동에 적극적으로 참여하여 환자의 사회복지와 기능향상을 도움

　㉡ **정신의료진료소**

　　• 환자의 욕구에 맞는 진료서비스를 제공

　　• 자신의 문제를 인식하게 함

　　• 치료과정에서 환자나 그 가족에게 직접적인 서비스를 제공

　　• 환자 자신의 적응노력을 강화시키며 유용한 자원의 활용을 촉진시킴

　㉢ **아동상담소** : 아동의 정서적 부적응과 비행 등을 조사·진단·치료하는 활동을 주로 한다.

　㉣ **지역사회 정신건강센터**

　　• 지역사회 정신건강의학의 내용 : 지역사회로의 귀환 조치, 다양한 지역사회 보건서비스의 통합, 비정신의학기관에서의 정신의학적 상담과 서비스, 지역사회 정신병원에 대한 보조서비스 수립

　　• 지역사회 정신건강센터의 주요 기능 : 입·퇴원환자 보호, 응급환자 보호, 개방병원환자 보호, 지역사회 자문회의, 교육 프로그램 운용

③ **정신건강증진 및 정신질환자 복지서비스 지원에 관한 법률의 주요내용** ✔자주출제

　㉠ **목적**〈정신건강증진 및 정신질환자 복지서비스 지원에 관한 법률 제1조〉…이 법은 정신질환의 예방·치료, 정신질환자의 재활·복지·권리보장과 정신건강 친화적인 환경 조성에 필요한 사항을 규정함으로써 국민의 정신건강증진 및 정신질환자의 인간다운 삶을 영위하는 데 이바지함을 목적으로 한다.

　㉡ **정의**〈정신건강증진 및 정신질환자 복지서비스 지원에 관한 법률 제3조〉

　　• 정신질환자 : 망상, 환각, 사고(思考)나 기분의 장애 등으로 인하여 독립적으로 일상생활을 영위하는 데 중대한 제약이 있는 사람을 말한다.

　　• 정신건강증진사업 : 정신건강 관련 교육·상담, 정신질환의 예방·치료, 정신질환자의 재활, 정신건강에 영향을 미치는 사회복지·교육·주거·근로 환경의 개선 등을 통하여 국민의 정신건강을 증진시키는 사업을 말한다.

　　• 정신건강복지센터 : 정신건강증진시설, 사회복지시설, 학교 및 사업장과 연계체계를 구축하여 지역사회에서의 정신건강증진사업 및 정신질환자 복지서비스 지원사업을 하는 다음의 기관 또는 단체를 말한다.

　　　－국가 또는 지방자치단체가 설치·운영하는 기관

－국가 또는 지방자치단체로부터 위탁받아 정신건강증진사업 등을 수행하는 기관 또는 단체
- 정신건강증진시설 : 정신의료기관, 정신요양시설 및 정신재활시설을 말한다.
- 정신의료기관 : 정신병원, 의원, 병원급 의료기관에 설치된 정신건강의학과
- 정신요양시설 : 정신질환자를 입소시켜 요양 서비스를 제공하는 시설을 말한다.
- 정신재활시설 : 정신질환자 또는 정신건강상 문제가 있는 사람 중 대통령령으로 정하는 사람의 사회적응을 위한 각종 훈련과 생활지도를 하는 시설을 말한다.
- 동료지원인 : 정신질환자등에 대한 상담 및 교육 등의 역할을 수행할 수 있도록 정신질환자이거나 정신질환자이었던 사람 중 보건복지부령으로 정하는 동료지원인 양성과정을 수료한 사람을 말한다.

ⓒ **정신건강전문요원의 업무 범위**〈정신건강증진 및 정신질환자 복지서비스 지원에 관한 법률 시행령 별표2〉

✔ 자주출제

구분	업무의 범위
공통 업무	• 정신재활시설의 운영 • 정신질환자등의 재활훈련, 생활훈련 및 작업훈련의 실시 및 지도 • 정신질환자등과 그 가족의 권익보장을 위한 활동 지원 • 법 제44조 제1항에 따른 진단 및 보호의 신청 • 정신질환자등에 대한 개인별 지원계획의 수립 및 지원 • 정신질환 예방 및 정신건강복지에 관한 조사 · 연구 • 정신질환자등의 사회적응 및 재활을 위한 활동 • 정신건강증진사업 등의 사업 수행 및 교육 • 위의 규정에 준하는 사항으로 보건복지부장관이 정하는 정신건강증진 활동
정신건강임상심리사	• 정신질환자 등에 대한 심리 평가 및 심리 교육 • 정신질환자등과 그 가족에 대한 심리 상담 및 심리 안정을 위한 서비스 지원
정신건강간호사	• 정신질환자등의 간호 필요성에 대한 관찰, 자료수집, 간호 활동 • 정신질환자등과 그 가족에 대한 건강증진을 위한 활동의 기획과 수행
정신건강사회복지사	• 정신질환자등에 대한 사회서비스 지원 등에 대한 조사 • 정신질환자등과 그 가족에 대한 사회복지서비스 지원에 대한 상담 · 안내
정신건강작업치료사	• 정신질환자등에 대한 작업 수행 평가, 정신질환자등의 신체적 · 정신적 기능 향상을 위한 작업치료 • 정신질환자등과 그 가족에 대한 작업치료 교육과 작업치료 서비스 기획 · 수행

ⓔ **정신재활시설의 종류**〈정신건강증진 및 정신질환자 복지서비스 지원에 관한 법률 제27조〉
- 생활시설 : 정신질환자 등이 생활할 수 있도록 주로 의식주 서비스를 제공하는 시설
- 재활훈련시설 : 정신질환자 등이 지역사회에서 직업활동과 사회생활을 할 수 있도록 주로 상담 · 교육 · 취업 · 여가 · 문화 · 사회참여 등 각종 재활활동을 지원하는 시설
- 그 밖에 대통령령으로 정하는 시설 : 생산품판매시설, 중독자재활시설, 종합시설

❽ 기타 복지제도

(1) 자원봉사활동

① 자원봉사활동의 개념과 특성

　　㉠ **자원봉사활동의 개념** : 복지향상을 위해 휴머니즘과 사회연대의식에 기초하여 자발적으로 비공식적 또는 공식적 자원봉사기관에서 계획되고 의도된 실천노력을 말한다.

　　㉡ **자원봉사활동의 특성(원칙)** ✅자주출제
- **자아실현성** : 각 개인이 사회적으로 자신의 존재를 자각하고 타인에게 또는 타인과 함께 봉사활동을 경험함으로써 인격적 성장을 가져옴과 동시에 자신의 잠재능력을 실현한다.
- **자발성 및 자주성** : 자원봉사활동은 개인의 자유의지에 따라 자발적으로 이루어지는 활동이어야 하며, 이웃이라는 연대감 속에서 도움을 주고받아야 한다.
- **무보수성** : 자원봉사활동은 금전적 · 물질적 대가를 바라고 행하는 것이 아니며, 순수한 의미에서의 봉사활동이다.
- **이타성** : 자원봉사활동은 타인의 생명을 존중하며 이웃과 더불어 사는 가치관에 바탕을 두고 있다.
- **사회성** : 사회성이란 각 개인이 다른 사람들과 공통성을 가졌다고 의식하고 소속감을 느낄 때 발생하므로, 자원봉사활동은 자기발전과 성숙에 기반이 되는 사회성을 강화시킬 수 있다.
- **공동체성** : 공동체성은 사회에 대한 소속감, 주인의식, 적극적인 참여 없이는 불가능하며, 자원봉사활동은 이러한 특성을 기초로 하고 있다.
- **공공성** : 자발성에 바탕을 둔 행위가 자신만의 이익이 아니고 지역사회의 구성원이나 욕구를 지닌 사람들의 복지향상과 관련된 것이어야 하는데, 즉 자원봉사활동이 자신의 이익이나 어느 특정종교의 확장, 특정집단의 이익이나 특권을 지지하는 활동이어서는 안된다는 것을 의미한다.
- **민주성** : 자원봉사활동은 영리적 보상을 받지 않고 인간존중의 정신과 민주주의 원칙에 입각하여 필요한 서비스를 제공함으로써 사회의 공동선을 실현시켜야 한다.
- **개척성 및 지속성** : 자원봉사활동에서는 모두가 공동체 건설에 헌신한다는 개척자적 사명의식이 필요하고, 또한 일회적이고 우연한 활동이 아니라 의도되고 계획된 일정기간 지속되는 프로그램을 가지고 있어야 하며, 활동 자체가 임의로 변경되거나 단절되어서는 안된다.

② 자원봉사활동의 기능

　　㉠ **시설 및 기관의 서비스 기능** : 자원봉사자는 시설과 지역 간의 보이지 않는 심리적 장벽 · 거리감을 제거하며, 시설수용자의 고독감을 덜어줌과 동시에 생의 희망을 갖게 해준다.

　　㉡ **가정서비스 기능** : 이웃 가정을 대상으로 하며 인간성 회복과 건전한 성장, 가정이 당면한 특수문제에 필요한 것을 지원하여 도움을 준다.

　　㉢ **지역형성 기능** : 주민들의 협동과 노력으로 지역사회의 필요와 문제를 해결하고 예방함으로써 참여능력과 처리능력을 향상시킨다.

　　㉣ **사회제도의 개발과 수정의 기능** : 자원봉사활동은 불합리적인 사회제도에 대한 인식의 첫 단계로, 여론을 형성하여 제도의 개선 또는 수정을 가져온다.

(2) 재가복지사업

① 재가복지사업의 의의

　㉠ **재가복지사업의 개념** : 여러가지 도움을 필요로 하는 노인·장애인·아동들을 시설에 수용하지 않고 지역사회 내에서 재가복지요원이 가정방문을 하거나 재가복지센터를 통원하게 하여 일상생활을 위한 서비스와 자립할 수 있는 프로그램을 제공하는 것을 의미한다.

　㉡ **재가복지사업의 특성**

- 방문 또는 통원방식의 서비스 : 종래의 시설서비스와는 달리 서비스 제공자가 대상자의 가정을 방문하거나 대상자를 이용시설에 통원하게끔 하는 서비스가 이루어짐
- 비집중적 보호대상자 : 집중적인 보호를 필요로 하는 심각한 장애를 가진 노인이나 장애인은 전문병원이나 수용시설에 수용·보호하여야 하지만 이들을 제외한 생활상의 장애를 가진 노인이나 장애인이 재가복지사업의 주요 대상자가 됨
- 부분적 보호의 제공 : 집중적인 보호를 제공하기보다는 서비스 시간 및 내용에 있어서 부분적인 보호를 제공
- 사적 보호의 원칙 : 방문이나 통원치료를 받는 것을 제외하고는 가족원이나 가까운 이웃 등 사적이고 비공식적인 보호를 받는 것을 전제로 하고 있음
- 서비스 제공의 지역적 위치의 중요성 : 대상자의 가정과 가까운 지역에 서비스를 제공하는 인력 및 시설이 배치되어야 함

② 재가복지사업의 내용

　㉠ **재가서비스**

- 방문간호서비스 : 재가복지사업의 필수적인 서비스 프로그램으로 구체적인 서비스로는 안마, 병수발, 잠자리정리, 병원안내 및 동행, 개인행위(손톱이나 발톱손질 등), 차량지원, 병원수속 대행, 보건소 안내, 약품구입, 산책 및 신체운동 등이 있음
- 가사지원 서비스 : 노인, 장애인, 소년소녀가장 세대의 가사를 도와주는 서비스 프로그램이다. 구체적인 서비스로는 집안청소, 식사준비 및 취사, 시장보기, 다림질, 세탁 등의 집안일을 돌보는 것이 있음
- 식사서비스 : 거동이 불편한 노인을 주요 대상으로 하여 매일 또는 주 1회 정도 식사서비스를 제공하는 서비스 프로그램으로, 자택으로 방문하여 식사를 만들어주는 방법과 자동차를 이용하여 음식을 배달하는 방법이 있음

- 목욕서비스 : 대상자 가정에 욕실이 있는 경우 주 1~2회 방문하여 목욕 서비스를 제공하는데, 욕실이 없는 경우에는 목욕차를 가지고 가거나, 자동차를 이용하여 재가복지센터로 데리고 와 목욕을 시키는 프로그램
- 기타 서비스 : 이불건조서비스, 주택개량 및 개선 서비스, 재활과 보호기구의 제공 및 대여 서비스, 전화서비스, 심부름서비스, 교통안내 및 외출 서비스, 보행보조서비스 등
  - ⓛ 이용시설서비스
    - 이용시설을 통한 서비스가 필요한 경우
    - 가정에서만 생활하고 있는 노인 또는 장애인이 사회적 고립에서 벗어나 자립생활을 하도록 하고 심신의 기능저하를 방지하기 위한 것
    - 노인이나 장애인을 부양하는 보호자들의 수고와 노력을 덜어주기 위한 것
    - 여성취업이 증가하면서 낮 동안 보호의 필요성이 증대되었기 때문
    - 이용시설을 통한 서비스의 예
    - 단기보호서비스 : 집에서 보호받는 노인이나 장애인을 단기간 동안 수용·보호하는 프로그램으로, 보호자가 여러 사정(병, 여행 등)으로 인하여 대상자를 보호할 수 없을 때 이용하는 서비스
    - 주간보호서비스 : 대상자의 보호 및 감독 서비스 이외에 상담서비스, 질병 및 의료재활 서비스, 안정과 휴양의 장소 등을 제공

(3) 교정복지

① **교정복지의 개념** … 사회적응에 실패한 범죄자 및 비행청소년들의 갱생을 도와주는 것으로, 범죄자 및 비행청소년들의 사회적 적응능력을 배양시켜 재범을 방지하고 원만한 사회복귀를 돕는 정책적 처우 및 조직적 서비스 지원활동이다.

> ※ **교정복지의 기본원리**
> ㉠ **인도주의** : 절대적 응보사상에 기초한 행형에 대한 반성을 촉구하고 고통증대의 금지, 구금기간의 활용, 개선수단의 개별화, 사형폐지, 고문의 금지 등의 인간성의 존중과 인권의 보장을 중요시한다.
> ㉡ **과학주의** : 범죄의 원인, 범죄자에 대한 과학적 분석 및 분류, 인격조사, 교정처우, 사회복귀 등의 처우에 대한 과학화·개별화를 중요시한다.
> ㉢ **교정의 사회화** : 범죄자가 사회에 복귀하여 잘 적응하게 하기 위해서는 고립된 환경 속에 있게 하기보다는 일반사회와 상호작용을 할 수 있게 하여야 한다.

② **비행소년**
  - ㉠ **비행소년의 개념** : 19세 미만의 자로 범죄행위를 하거나 그 성격상 또는 환경적 요인에 의해 범죄행위를 할 우려가 있는 소년을 말한다.
  - ㉡ **보호의 대상**〈소년법 제4조〉
    - 범죄소년 : 죄를 범한 소년→형사책임 있음
    - 촉법소년 : 형벌 법령에 저촉되는 행위를 한 10세 이상 14세 미만인 소년→형사책임 없음

- 우범소년 : 다음에 해당하는 사유가 있고 그의 성격이나 환경에 비추어 앞으로 형벌 법령에 저촉되는 행위를 할 우려가 있는 10세 이상인 소년
  - 집단적으로 몰려다니며 주위 사람들에게 불안감을 조성하는 성벽이 있는 것
  - 정당한 이유 없이 가출하는 것
  - 술을 마시고 소란을 피우거나 유해환경에 접하는 성벽이 있는 것

③ 교정복지의 주요 제도

  ㉠ **보호관찰제도** : 범죄자를 만기 전에 가석방 또는 가퇴원시킬 때나 범죄자가 집행유예나 선고유예의 판결을 받았을 때, 유예기간동안 보호관찰관의 관찰 아래 사회생활을 하게 하여 사회의 준수사항을 지키게 되면 형의 집행을 종료시키는 제도를 말한다.

  ㉡ **사회봉사 및 수강명령**
  - 사회봉사명령제도 : 법원이 주로 단기자 유형을 선고해야 할 범죄자에 대하여 자유형 대신 일정기간 무보수로 봉사작업을 하도록 명하는 것
  - 수강명령제도 : 비교적 비행성이 약한 범죄자들에 대하여 일정기간 수강센터에 참석하여 강의·훈련 또는 상담을 받도록 하는 것으로, 이는 벌금을 납부하지 않는 경우, 감독명령이나 보호관찰명령에 따른 준수사항을 위반했을 경우 등 다른 명령을 이행하지 아니한 때에도 부과될 수 있음

  ㉢ **갱생보호제도** : 범죄인으로 처벌되었던 자 또는 처벌이 유예되거나 형벌법령에 저촉될 위험이 있는 자를 사회 내에서 보호·지도하는 교정사업을 말한다.

④ 교정사회복지사의 역할

  ㉠ 교정대상자의 인적관계 또는 사회관계를 조사하여 그들의 생활을 지도·교육한다.
  ㉡ 법적 규제를 받고 있는 대상자를 대신하여 일부의 특수한 행위를 대행한다.
  ㉢ 대상자의 조속한 정상화에 필요한 개인, 단체, 기관과 접촉하고 가능한 자원을 동원·활용한다.

최근 기출문제 분석

2025 제1회 지방직 9급

1 아동 및 청소년 관련 법률상 대상자의 연령 기준이 바르게 짝지어지지 않은 것은?

① 「소년법」상 소년 − 19세 미만

② 「아동복지법」상 아동 − 18세 미만

③ 「청소년 기본법」상 청소년 − 9세 이상 24세 이하

④ 「청소년 보호법」상 청소년 − 12세 이상 24세 이하

> **TIP** 청소년보호법 제2조에 따르면, 청소년이란 만 19세 미만인 자를 의미한다.

2025 제1회 지방직 9급

2 장애인복지 법령상 신체적 장애 중 외부 신체기능 장애에 해당하는 것만을 모두 고르면?

㉠ 지체장애	㉡ 뇌병변장애
㉢ 뇌전증장애	㉣ 호흡기장애

① ㉠, ㉡　　　　　　　　　　② ㉠, ㉢

③ ㉡, ㉣　　　　　　　　　　④ ㉢, ㉣

> **TIP** 외부 신체기능 장애는 주로 근골격계, 운동 기능과 관련된 장애이다.
> ㉠ 지체장애는 팔다리, 손가락 등 신체의 운동기능 저하 또는 결손 장애로, 외부 신체기능 장애에 해당한다.
> ㉡ 뇌병변장애는 뇌손상으로 인해 운동 및 감각기능 등에 장애가 발생하는 경우로, 신체기능에 직접적 영향을 주므로 외부 신체기능 장애에 해당한다.
> ㉢ 뇌전증장애는 간질로 인한 신경계 질환으로, 주로 신경계 기능 장애에 해당하며 외부 신체기능 장애로 분류하지 않는다.
> ㉣ 호흡기장애는 폐, 기관지 등 호흡 기능 장애로, 내부 장기 기능 장애에 해당한다.

Answer　1.④　2.①

3 「청소년복지 지원법」상 청소년복지시설에 해당하지 않는 것은?

① 청소년쉼터

② 청소년수련관

③ 청소년자립지원관

④ 청소년치료재활센터

> **TIP** 청소년복지시설의 종류〈청소년복지 지원법 제31조〉
> ㉠ 청소년쉼터 : 가정 밖 청소년에 대하여 가정·학교·사회로 복귀하여 생활할 수 있도록 일정 기간 보호하면서 상담·주거·학업·자립 등을 지원하는 시설
> ㉡ 청소년자립지원관 : 일정 기간 청소년쉼터 또는 청소년회복지원시설의 지원을 받았는데도 가정·학교·사회로 복귀하여 생활할 수 없는 청소년에게 자립하여 생활할 수 있는 능력과 여건을 갖추도록 지원하는 시설
> ㉢ 청소년치료재활센터 : 학습·정서·행동상의 장애를 가진 청소년을 대상으로 정상적인 성장과 생활을 할 수 있도록 해당 청소년에게 적합한 치료·교육 및 재활을 종합적으로 지원하는 거주형 시설
> ㉣ 청소년회복지원시설 : 「소년법」에 따른 감호 위탁 처분을 받은 청소년에 대하여 보호자를 대신하여 그 청소년을 보호할 수 있는 자가 상담·주거·학업·자립 등 서비스를 제공하는 시설

4 사회복지 관련 기념일과 그 근거 법률이 바르게 짝지어진 것만을 모두 고르면?

> ㉠ 입양의 날 – 「입양특례법」
> ㉡ 가정의 날 – 「건강가정기본법」
> ㉢ 청소년의 날 – 「청소년활동 진흥법」

① ㉠, ㉡   ② ㉠, ㉢

③ ㉡, ㉢   ④ ㉠, ㉡, ㉢

> **TIP** 국제연합(UN)은 1999년 제54차 총회에서 매년 8월 12일을 국제 청소년의 날로 정해 기념하고 있다. 청소년기본법 제16조에서는 청소년의 능동적이고 자주적인 주인의식을 드높이고 모든 국민이 청소년육성에 참여하는 분위기를 조성하기 위하여 매년 5월을 청소년의 달로 규정하고 있다.

Answer 3.② 4.①

5 민간이 운영하는 청소년 보호 관련 기관(시설)에 해당하는 것은?

① 소년원

② 보호관찰소

③ 소년분류심사원

④ 한국소년보호협회

> **TIP** 소년원, 보호관찰소, 소년분류심사원은 법무부 소속이다.
> ④ 한국소년보호협회(KJPA)는 불우위기 청소년들의 사회적응교육과 정착지원을 해주는 소년보호전문재단이다.

6 카두신(Kadushin)이 제시한 아동복지서비스 유형 중 같은 유형의 서비스로만 옳게 묶은 것은?

㉠ 아동상담서비스	㉡ 보육서비스
㉢ 입양	㉣ 가족치료
㉤ 가정위탁	

① ㉠, ㉢ 　　　　② ㉡, ㉢

③ ㉡, ㉣ 　　　　④ ㉢, ㉤

> **TIP** ㉠ 아동상담서비스 → 보조적 서비스
> ㉡ 보육서비스 → 보조적 서비스
> ㉢ 입양 → 대리적 서비스
> ㉣ 가족치료 → 지지적 서비스
> ㉤ 가정위탁 → 대리적 서비스
> ※ 카두신의 아동복지서비스 유형
> 　㉠ 보조적 서비스 : 아동이 원가족에서 정상적으로 성장할 수 있도록 보조하고 지원하는 서비스
> 　㉡ 지지적 서비스 : 가족이 문제를 해결하고 기능을 회복·강화할 수 있도록 지지하고 치료하는 서비스
> 　㉢ 대리적 서비스 : 아동이 원가정에서 보호받을 수 없을 때 대체 가정을 제공하는 서비스

Answer 5.④ 6.④

7 「노인복지법」상 노인학대 신고의무자만을 모두 고르면?

> ㉠ 다문화가족지원센터의 장과 그 종사자
> ㉡ 119구급대의 구급대원
> ㉢ 지역보건의료기관의 장과 종사자

① ㉠, ㉡　　　　　　　　　　② ㉠, ㉢

③ ㉡, ㉢　　　　　　　　　　④ ㉠, ㉡, ㉢

TIP 다음 각 호의 어느 하나에 해당하는 자는 그 직무상 65세 이상의 사람에 대한 노인학대를 알게 된 때에는 즉시 노인보호전문기관 또는 수사기관에 신고하여야 한다〈「노인복지법」 제39조의6(노인학대 신고의무와 절차 등) 제2항〉.

1. 의료법 제3조 제1항의 의료기관에서 의료업을 행하는 의료인 및 의료기관의 장
2. 제27조의2에 따른 방문요양과 돌봄이나 안전확인 등의 서비스 종사자, 제31조에 따른 노인복지시설의 장과 그 종사자 및 제7조에 따른 노인복지상담원
3. 「장애인복지법」 제58조의 규정에 의한 장애인복지시설에서 장애노인에 대한 상담·치료·훈련 또는 요양업무를 수행하는 사람
4. 「가정폭력방지 및 피해자보호 등에 관한 법률」 제5조 및 제7조에 따른 가정폭력 관련 상담소 및 가정폭력피해자 보호시설의 장과 그 종사자
5. 「사회보장급여의 이용·제공 및 수급권자 발굴에 관한 법률」 제43조에 따른 사회복지전담공무원 및 「사회복지사업법」 제34조에 따른 사회복지시설의 장과 그 종사자
6. 「노인장기요양보험법」 제31조에 따른 장기요양기관의 장과 그 종사자
7. 「119구조·구급에 관한 법률」 제10조에 따른 119구급대의 구급대원
8. 「건강가정기본법」 제35조에 따른 건강가정지원센터의 장과 그 종사자
9. 「다문화가족지원법」 제12조에 따른 다문화가족지원센터의 장과 그 종사자
10. 「성폭력방지 및 피해자보호 등에 관한 법률」 제10조에 따른 성폭력피해상담소 및 같은 법 제12조에 따른 성폭력피해자 보호시설의 장과 그 종사자
11. 「응급의료에 관한 법률」 제36조에 따른 응급구조사
12. 「의료기사 등에 관한 법률」 제1조의2 제1호에 따른 의료기사
13. 「국민건강보험법」에 따른 국민건강보험공단 소속 요양직 직원
14. 「지역보건법」 제2조에 따른 지역보건의료기관의 장과 종사자
15. 제31조에 따른 노인복지시설 설치 및 관리 업무 담당 공무원
16. 「병역법」 제2조 제1항 제10호 라목에 따른 사회복지시설에서 복무하는 사회복무요원(노인을 직접 대면하는 업무에 복무하는 사람으로 한정한다)

Answer 7.④

2025 국가직 9급

8 세계보건기구(WHO)가 제시한 장애분류체계에 대한 설명으로 옳지 않은 것은?

① ICIDH, ICIDH-2, ICF 순으로 발표되었다.

② ICF는 개인적인 장애나 질병과 상황적 맥락과의 상호작용에 의해 기능과 장애를 설명한다.

③ ICIDH는 장애를 손상(impairments), 기능 장애(disabilities), 사회적 불리(handicaps)로 분류하였다.

④ ICIDH-2는 모든 사람의 건강에 관련된 요소들을 설명해 줄 수 있는 보편적 적용이 가능한 분류체계이다.

> **TIP** ④ ICF에 대한 설명이다. ICF는 신체적·사회적·환경적 측면이 종합적으로 고려된 건강 상태의 표현을 위해 통일된 표준 언어와 분류체계를 제공하고자 만들어졌다. '0. 이상없음', '9. 해당없음'과 같은 평가값을 사용해 모든 사람의 건강에 관련된 요소들을 설명해 줄 수 있는 보편적 적용이 가능한 분류체계이다.

2024 제1회 지방직 9급

9 자원봉사의 특성에 해당하는 것만을 모두 고르면?

㉠ 자발성 ㉡ 이타성 ㉢ 공익성 ㉣ 보상성

① ㉠, ㉡

② ㉢, ㉣

③ ㉠, ㉡, ㉢

④ ㉠, ㉢, ㉣

> **TIP** ㉣ 보상성이 아닌 무보수성이 자원봉사의 특성이다.
> ※ 자원봉사의 특성
> ㉠ 자발성·자주성 : 봉사자의 자유의지에 따라 자발적으로 이루어지는 활동
> ㉡ 이타성 : 타인의 생명을 존중하며 이웃과 더불어 사는 가치관에 바탕을 둔 활동
> ㉢ 공익성·공공성 : 자신만의 이익이 아닌 지역사회 구성원이나 욕구를 지닌 사람들의 복지향상과 관련한 활동
> ㉣ 무보수성 : 금전적·물질적 대가를 바라고 행하는 것보다는 보람, 정신적인 만족 등 비경제적 가치를 추구하는 활동
> ㉤ 지속성 : 일회적이고 우연한 활동이 아니라 의도되고 계획된 일정기간 지속되는 활동
> ㉥ 민주성 : 영리적 보상을 받지 않고 인간존중의 정신과 민주주의 원칙에 입각하여 사회의 공동선을 실현하는 활동
> ㉦ 조직성 : 봉사에 필요한 인력 계획, 교육, 배치, 관리 등 체계적이고 효과적인 절차를 따라 지속적으로 이루어지는 활동

Answer 8.④ 9.③

10 「정신건강증진 및 정신질환자 복지서비스 지원에 관한 법률」상 정신건강사회복지사의 업무가 아닌 것은?

① 정신과 약물의 처방

② 정신재활시설의 운영

③ 정신건강복지에 관한 조사 및 연구

④ 정신건강증진사업 수행 및 교육

TIP ① 정신과 약물의 처방은 정신건강사회복지사를 비롯한 정신건강전문요원의 업무가 아니다.
※ 「정신건강증진 및 정신질환자 복지서비스 지원에 관한 법률」상 정신건강전문요원
　　㉠ 정신건강전문요원은 1급과 2급으로 구분하고, 그 전문분야에 따라 정신건강임상심리사, 정신건강간호사, 정신건강사
회복지사 및 정신건강작업치료사로 구분한다〈법 제17조(정신건강전문요원의 자격 등) 제2항〉.
　　㉡ 업무범위〈동법 시행령 제12조 제2항 별표2〉
　　　• 공통 업무
　　　–정신재활시설의 운영
　　　–정신질환자등의 재활훈련, 생활훈련 및 직업훈련의 실시 및 지도
　　　–정신질환자 등과 그 가족의 권익보장을 위한 활동 지원
　　　–「정신건강증진 및 정신질환자 복지서비스 지원에 관한 법률」 제44조(특별자치시장 · 특별자치도지사 · 시장 · 군수 ·
　　　　구청장에 의한 입원) 제1항에 따른 진단 및 보호의 신청
　　　–정신질환자 등에 대한 개인별 지원계획의 수립 및 지원
　　　–정신질환 예방 및 정신건강복지에 관한 조사 및 연구
　　　–정신질환자 등의 사회적응 및 재활을 위한 활동
　　　–정신건강증진사업 등의 사업 수행 및 교육
　　　–그 밖에 보건복지부장관이 정하는 정신건강증진 활동
　　　• 개별 업무
　　　–정신건강임상심리사 : 심리 평가 및 심리 교육. 심리 상담 및 심리 안정을 위한 서비스 지원
　　　–정신건강사회복지사 : 사회서비스 지원 등에 대한 조사. 사회복지서비스 지원에 대한 상담 · 안내
　　　–정신건강간호사 : 간호 필요성에 대한 관찰, 자료수집, 간호 활동. 건강증진을 위한 활동의 기획과 수행
　　　–정신건강작업치료사 : 작업 수행 평가. 신체적 · 정신적 기능 향상을 위한 작업치료. 작업치료 교육과 작업치료 서비
　　　　스 기획 · 수행

11 「아동복지법」상 아동복지시설에 해당하지 않는 것은?

① 입양기관

② 자립지원시설

③ 지역아동센터

④ 가정위탁지원센터

TIP 「아동복지법」상 아동복지시설 종류(제52조 제1항) 아동양육시설, 아동일시보호시설, 아동보호치료시설, 공동생활가정, 자립
지원시설, 아동상담소, 아동전용시설, 지역아동센터, 협동돌봄센터, 아동보호전문기관, 가정위탁지원센터, 보장원, 자립지원
전담기관, 학대피해아동쉼터
① 입양기관은 「입양특례법」에 의한 시설이다.

Answer　10.①　11.①

12 우리나라 장애인복지에 대한 설명으로 옳지 않은 것은?

① 상시 50인 이상의 근로자를 고용하는 사업주는 장애인을 일정 비율 이상 고용하여야 한다.

② 활동지원급여는 장애인이 지역 사회 안에서 사회구성원으로 살아갈 수 있도록 제공하여야 한다.

③ 장애인 지역사회재활시설은 장애인을 전문적으로 상담·치료·훈련하거나 장애인의 일상생활, 여가활동 및 사회참여활동 등을 지원한다.

④ 장애인 소득보장을 위해 모든 장애아동에게 장애아동수당을 지급한다.

> **TIP** ④ 「장애인복지법」 제50조(장애아동수당과 보호수당) 제1항 : 국가와 지방자치단체는 장애아동에게 보호자의 경제적 생활수준 및 장애아동의 장애 정도를 고려하여 장애로 인한 추가적 비용을 보전하게 하기 위하여 장애아동수당을 지급할 수 있다.
> *「장애인복지법 시행령」제30조(장애수당 등의 지급대상자) 제2항 : 장애아동수당을 지급받을 수 있는 사람
> 1. 18세 미만일 것
> 2. 장애인으로 등록하였을 것
> 3. 「국민기초생활 보장법」에 따른 수급자 또는 차상위계층으로서 장애로 인한 추가적 비용 보전이 필요할 것
> ① 「장애인 고용촉진 및 직업재활법」 제28조(사업주의 장애인 고용 의무) 제1항 : 상시 50명 이상의 근로자를 고용하는 사업주는 그 근로자의 총수의 100분의 5의 범위에서 「장애인 고용촉진 및 직업재활법 시행령(제25조 사업주의 의무고용률)」으로 정하는 비율(의무고용률 1000분의 31) 이상에 해당하는 장애인을 고용하여야 한다.
> ② 「장애인활동 지원에 관한 법률」 제2조의2(기본원칙) 제2항 : 활동지원급여는 장애인이 지역 사회 안에서 사회구성원으로 살아갈 수 있도록 제공하여야 한다.
> ③ 「장애인복지법」 제58조(장애인복지시설) 제1항 제2호 : 장애인 지역사회재활시설 – 장애인을 전문적으로 상담·치료·훈련하거나 장애인의 일상생활, 여가활동 및 사회참여활동 등을 지원하는 시설

13 「정신건강증진 및 정신질환자 복지서비스 지원에 관한 법률」상 정신질환자의 입원유형에 해당하지 않는 것은?

① 자의입원

② 동의입원

③ 보호의무자에 의한 입원

④ 정신건강전문요원에 의한 입원

> **TIP** 「정신건강증진 및 정신질환자 복지서비스 지원에 관한 법률」상 입원 유형
> ㉠ 자의입원
> ㉡ 동의입원
> ㉢ 보호의무자에 의한 입원
> ㉣ 특별자치시장·특별자치도지사·시장·군수·구청장에 의한 입원

Answer 12.④ 13.④

14 국제연합(UN) 아동권리협약에 규정된 아동의 권리에 대한 설명으로 옳지 않은 것은?

① 생존권은 적절한 생활수준과 주거, 영양, 보건 등을 통해 아동의 생존을 보장받을 권리이다.

② 보호권은 모든 아동이 위험에서 보호받고 안전하게 살아갈 권리이다.

③ 발달권은 아동이 자신의 잠재 능력을 최대한 발휘하고 성장할 권리이다.

④ 참여권은 권리의 객체인 아동에게 영향을 미치는 일에 보호자가 참여할 권리이다.

> **TIP** UN 아동권리협약에 규정된 아동의 기본권리 4가지
> ㉠ 생존권 : 아동이 건강하게 태어나고 성장하며, 생명을 유지할 수 있는 권리이다. 적절한 생활 수준과 주거, 생명을 유지하기 위한 영양, 최상의 건강을 지키기 위한 의료 혜택과 보건 등을 통해 아동의 생존을 보장받을 권리이다.
> ㉡ 보호권 : 아동이 폭력, 학대, 착취, 방임으로부터 보호받을 권리이다. 경제적 착취, 신체적 · 정서적 학대, 전쟁이나 재난 등 위험에서 아동이 보호받고 안전하게 살아갈 권리이다.
> ㉢ 발달권 : 아동이 신체적 · 정신적 · 도덕적 · 사회적 발달을 이룰 수 있는 권리이다. 성장에 필요한 교육을 받고 자신의 잠재 능력을 최대한 발휘하고, 여가와 놀이를 즐기며 문화 예술 활동에 참여할 권리이다.
> ㉣ 참여권 : 아동이 자신의 의사를 표현할 자유와 자신의 능력에 맞게 사회활동에 참여할 기회를 가질 권리이다.

15 「노인복지법」상 노인복지시설에 대한 설명으로 옳은 것은?

① 경로당과 노인교실은 재가노인복지시설이다.

② 양로시설과 노인복지주택은 노인주거복지시설이다.

③ 노인복지관과 노인요양시설은 노인여가복지시설이다.

④ 노인공동생활가정과 노인요양공동생활가정은 노인의료복지시설이다.

> **TIP** ① 경로당과 노인교실은 노인여가복지시설이다.
> ③ 노인복지관은 노인여가복지시설, 노인요양시설은 노인의료복지시설이다.
> ④ 노인공동생활가정은 노인주거복지시설, 노인요양공동생활가정은 노인의료복지시설이다.
> ※ **노인복지시설의 종류**〈노인복지법 제31조〉… 노인복지시설의 종류는 다음 각 호와 같다.
> 1. 노인주거복지시설
> 2. 노인의료복지시설
> 3. 노인여가복지시설
> 4. 재가노인복지시설
> 5. 노인보호전문기관
> 6. 노인일자리지원기관
> 7. 학대피해노인 전용쉼터

Answer 14.④ 15.②

16 장애인복지와 관련된 설명으로 옳은 것만을 모두 고르면?

> ㉠ 자립생활모델은 삶의 선택에 있어서 장애인 당사자의 참여와 선택을 강조한다.
> ㉡ 「장애인복지법」에서는 장애 유형을 신체적 장애와 정신적 장애로 구분한다.
> ㉢ 사회적 모델은 개인의 기능적 제한이 아니라 심리적 상실에서 장애가 발생한다고 본다.
> ㉣ 정상화(normalization) 이론은 장애인의 시설보호를 반대하고 지역사회 중심의 서비스 제공을 강조한다.

① ㉠, ㉢
② ㉡, ㉣
③ ㉠, ㉡, ㉢
④ ㉠, ㉡, ㉣

TIP ㉢ 개인의 기능적 제한이 아니라 심리적 상실에서 장애가 발생한다고 보는 것은 개별적 모델이다.

17 고령화와 관련된 설명으로 옳은 것만을 모두 고르면?

> ㉠ 2022년 12월 현재, 우리나라는 고령사회로 분류된다.
> ㉡ 노령화지수는 생산가능인구수를 몰라도 구할 수 있다.
> ㉢ 우리나라의 고령화 속도는 서구보다 빠르지만 일본보다는 느리다.
> ㉣ OECD 회원국 가운데 우리나라 노인빈곤율이 높은 이유 중 하나는 노인의 경제활동참가율이 다른 회원국에 비해 낮기 때문이다.

① ㉠, ㉡
② ㉠, ㉢
③ ㉠, ㉡, ㉣
④ ㉡, ㉢, ㉣

TIP ㉢ 우리나라의 고령화 속도는 세계 최초로 인구 감소국 반열에 들어선 일본과 비교해도 상황이 심각하다. 일본이 고령화 사회에 들어선 것은 1970년이고, 고령사회로 들어선 것은 1994년으로 24년이 걸린 반면, 우리나라는 불과 17년이 걸렸다. 독일(40년), 미국(73년), 프랑스(115년) 등의 서구 나라와 비교할 때도 매우 빠른 속도이다.
㉣ 우리나라는 OECD 회원국 중 노인빈곤율 1위를 차지했다. 우리나라의 경우 노인의 경제활동참가율은 높지만 대부분 비정규직이며, 다른 회원국에 비해 공적이전소득이 적어 상대적으로 노인빈곤율이 높게 나타난다.

Answer 16.④ 17.①

18 「정신건강증진 및 정신질환자 복지서비스 지원에 관한 법률」상 정신건강사회복지에 대한 설명으로 옳지 않은 것은?

① 정신요양시설은 정신건강증진시설에 해당한다.

② 정신의료기관에는 정신재활시설, 정신건강의학과 의원 등이 있다.

③ 정신건강사회복지사와 정신건강작업치료사는 정신건강전문요원이다.

④ 정신질환자란 망상, 환각, 사고나 기분의 장애 등으로 인하여 독립적으로 일상생활을 영위하는 데 중대한 제약이 있는 사람을 말한다.

> **TIP** 정신건강증진 및 정신질환자 복지서비스 지원에 관한 법률 제3조(정의) … 이 법에서 사용하는 용어의 뜻은 다음과 같다.
>
> 1. "정신질환자"란 망상, 환각, 사고(思考)나 기분의 장애 등으로 인하여 독립적으로 일상생활을 영위하는 데 중대한 제약이 있는 사람을 말한다.
> 2. "정신건강증진사업"이란 정신건강 관련 교육·상담, 정신질환의 예방·치료, 정신질환자의 재활, 정신건강에 영향을 미치는 사회복지·교육·주거·근로 환경의 개선 등을 통하여 국민의 정신건강을 증진시키는 사업을 말한다.
> 3. "정신건강복지센터"란 정신건강증진시설, 사회복지사업법에 따른 사회복지시설(이하 "사회복지시설"이라 한다), 학교 및 사업장과 연계체계를 구축하여 지역사회에서의 정신건강증진사업 및 제33조부터 제38조까지의 규정에 따른 정신질환자 복지서비스 지원사업(이하 "정신건강증진사업등"이라 한다)을 하는 다음 각 목의 기관 또는 단체를 말한다.
>   가. 제15조 제1항부터 제3항까지의 규정에 따라 국가 또는 지방자치단체가 설치·운영하는 기관
>   나. 제15조 제6항에 따라 국가 또는 지방자치단체로부터 위탁받아 정신건강증진사업등을 수행하는 기관 또는 단체
> 4. "정신건강증진시설"이란 정신의료기관, 정신요양시설 및 정신재활시설을 말한다.
> 5. "정신의료기관"이란 다음 각 목의 어느 하나에 해당하는 기관을 말한다.
>   가. 의료법에 따른 정신병원
>   나. 의료법에 따른 의료기관 중 제19조 제1항 후단에 따른 기준에 적합하게 설치된 의원
>   다. 의료법에 따른 병원급 의료기관에 설치된 정신건강의학과로서 제19조 제1항 후단에 따른 기준에 적합한 기관
> 6. "정신요양시설"이란 제22조에 따라 설치된 시설로서 정신질환자를 입소시켜 요양 서비스를 제공하는 시설을 말한다.
> 7. "정신재활시설"이란 제26조에 따라 설치된 시설로서 정신질환자 또는 정신건강상 문제가 있는 사람 중 대통령령으로 정하는 사람(이하 "정신질환자등"이라 한다)의 사회적응을 위한 각종 훈련과 생활지도를 하는 시설을 말한다.
> 8. "동료지원인"이란 정신질환자등에 대한 상담 및 교육 등의 역할을 수행할 수 있도록 정신질환자이거나 정신질환자이었던 사람 중 보건복지부령으로 정하는 동료지원인 양성과정을 수료한 사람을 말한다.

Answer 18.②

2023 인사혁신처 9급

19 가족단위의 개입에서 활용하는 주요 기법에 대한 설명으로 옳지 않은 것은?

① '재구성'은 문제를 다른 시각에서 바라볼 수 있도록 돕는 기법이다.

② '가족 조각'은 밀착된 가족성원들을 분리시켜 적절한 경계를 만들도록 돕는 기법이다.

③ '역설적 지시'는 문제가 된다고 판단되는 행동을 유지하거나 강화하도록 지시하는 기법이다.

④ '역할 연습'은 한 가족성원에게 다른 가족성원의 역할을 수행하도록 하여 다른 가족성원의 시각을 경험하도록 돕는 기법이다.

> **TIP** ② '가족 조각'은 공간 속에서 가족성원의 몸을 이용해 가족 상호작용의 양상을 표현함으로써 이해를 돕는 기법으로 사티어의 경험적 가족치료에서 쓰이는 기법이다. 밀착된 가족성원들을 분리시켜 적절한 경계를 만들도록 돕는 기법은 미누친의 구조적 가족치료 중 '경계 만들기'에 해당한다.

2023 제1회 지방직 9급

20 「노인복지법」상 노인복지시설에 대한 설명으로 옳지 않은 것은?

① 노인여가복지시설은 방문요양, 주·야간보호서비스 등을 제공한다.

② 노인의료복지시설에는 노인요양시설, 노인요양공동생활가정이 있다.

③ 노인주거복지시설에는 양로시설, 노인공동생활가정, 노인복지주택이 있다.

④ 지역노인보호전문기관은 노인학대 예방을 위하여 일반인을 대상으로 한 노인학대 예방교육을 담당한다.

> **TIP** ① 방문요양, 주·야간보호서비스 등을 제공하는 것은 재가노인복지시설이다.
> ※ 재가노인복지시설〈노인복지법 제38조 제1항〉 … 재가노인복지시설은 다음 각 호의 어느 하나 이상의 서비스를 제공함을 목적으로 하는 시설을 말한다.
> 1. 방문요양서비스 : 가정에서 일상생활을 영위하고 있는 노인(이하 "재가노인"이라 한다)으로서 신체적·정신적 장애로 어려움을 겪고 있는 노인에게 필요한 각종 편의를 제공하여 지역사회안에서 건전하고 안정된 노후를 영위하도록 하는 서비스
> 2. 주·야간보호서비스 : 부득이한 사유로 가족의 보호를 받을 수 없는 심신이 허약한 노인과 장애노인을 주간 또는 야간 동안 보호시설에 입소시켜 필요한 각종 편의를 제공하여 이들의 생활안정과 심신기능의 유지·향상을 도모하고, 그 가족의 신체적·정신적 부담을 덜어주기 위한 서비스
> 3. 단기보호서비스 : 부득이한 사유로 가족의 보호를 받을 수 없어 일시적으로 보호가 필요한 심신이 허약한 노인과 장애노인을 보호시설에 단기간 입소시켜 보호함으로써 노인 및 노인가정의 복지증진을 도모하기 위한 서비스
> 4. 방문 목욕서비스 : 목욕 장비를 갖추고 재가노인을 방문하여 목욕을 제공하는 서비스
> 5. 그 밖의 서비스 : 그 밖에 재가노인에게 제공하는 서비스로서 보건복지부령이 정하는 서비스

Answer 19.② 20.①

21 「청소년복지 지원법」상 청소년복지시설에 대한 설명으로 옳은 것만을 모두 고르면?

> ㉠ 청소년쉼터 : 가정 밖 청소년에 대하여 가정·학교·사회로 복귀하여 생활할 수 있도록 일정 기간 보호하면서 상담·주거·학업·자립 등을 지원하는 시설
> ㉡ 청소년자립지원관 : 일정 기간 청소년쉼터 또는 청소년회복지원시설의 지원을 받았는데도 가정·학교·사회로 복귀하여 생활할 수 없는 청소년에게 자립하여 생활할 수 있는 능력과 여건을 갖추도록 지원하는 시설
> ㉢ 청소년치료재활센터 : 학습·정서·행동상의 장애를 가진 청소년을 대상으로 정상적인 성장과 생활을 할 수 있도록 해당 청소년에게 적합한 치료·교육 및 재활을 종합적으로 지원하는 거주형 시설

① ㉠, ㉡

② ㉠, ㉢

③ ㉡, ㉢

④ ㉠, ㉡, ㉢

TIP 청소년복지시설의 종류〈청소년복지 지원법 제31조〉… 청소년기본법 제17조에 따른 청소년복지시설(이하 "청소년복지시설"이라 한다)의 종류는 다음 각 호와 같다.
1. 청소년쉼터 : 가정 밖 청소년에 대하여 가정·학교·사회로 복귀하여 생활할 수 있도록 일정 기간 보호하면서 상담·주거·학업·자립 등을 지원하는 시설
2. 청소년자립지원관 : 일정 기간 청소년쉼터 또는 청소년회복지원시설의 지원을 받았는데도 가정·학교·사회로 복귀하여 생활할 수 없는 청소년에게 자립하여 생활할 수 있는 능력과 여건을 갖추도록 지원하는 시설
3. 청소년치료재활센터 : 학습·정서·행동상의 장애를 가진 청소년을 대상으로 정상적인 성장과 생활을 할 수 있도록 해당 청소년에게 적합한 치료·교육 및 재활을 종합적으로 지원하는 거주형 시설
4. 청소년회복지원시설 : 소년법 제32조 제1항 제1호에 따른 감호 위탁 처분을 받은 청소년에 대하여 보호자를 대신하여 그 청소년을 보호할 수 있는 자가 상담·주거·학업·자립 등 서비스를 제공하는 시설

Answer 21.④

22 「정신건강증진 및 정신질환자 복지서비스 지원에 관한 법률」상 정신건강사회복지에 대한 설명으로 옳지 않은 것은?

① 정신요양시설은 정신질환자의 사회적응을 위한 각종 훈련과 생활지도를 하는 시설이다.

② 국가계획 또는 지역계획에는 영·유아, 아동, 청소년, 중·장년, 노인 등 생애주기 및 성별에 따른 정신건강증진사업이 포함되어야 한다.

③ 정신건강증진시설이란 정신의료기관, 정신요양시설 및 정신재활시설을 말한다.

④ 보건복지부장관 또는 지방자치단체의 장은 알코올, 마약, 도박, 인터넷 등의 중독 문제와 관련한 종합적인 지원사업을 수행하기 위하여 중독관리통합지원센터를 설치·운영할 수 있다.

> **TIP** 정신건강증진 및 정신질환자 복지서비스 지원에 관한 법률 제3조(정의) … 이 법에서 사용하는 용어의 뜻은 다음과 같다.
> 1. "정신질환자"란 망상, 환각, 사고(思考)나 기분의 장애 등으로 인하여 독립적으로 일상생활을 영위하는 데 중대한 제약이 있는 사람을 말한다.
> 2. "정신건강증진사업"이란 정신건강 관련 교육·상담, 정신질환의 예방·치료, 정신질환자의 재활, 정신건강에 영향을 미치는 사회복지·교육·주거·근로 환경의 개선 등을 통하여 국민의 정신건강을 증진시키는 사업을 말한다.
> 3. "정신건강복지센터"란 정신건강증진시설, 사회복지사업법에 따른 사회복지시설(이하 "사회복지시설"이라 한다), 학교 및 사업장과 연계체계를 구축하여 지역사회에서의 정신건강증진사업 및 제33조부터 제38조까지의 규정에 따른 정신질환자 복지서비스 지원사업(이하 "정신건강증진사업등"이라 한다)을 하는 다음 각 목의 기관 또는 단체를 말한다.
>   가. 제15조 제1항부터 제3항까지의 규정에 따라 국가 또는 지방자치단체가 설치·운영하는 기관
>   나. 제15조 제6항에 따라 국가 또는 지방자치단체로부터 위탁받아 정신건강증진사업 등을 수행하는 기관 또는 단체
> 4. "정신건강증진시설"이란 정신의료기관, 정신요양시설 및 정신재활시설을 말한다.
> 5. "정신의료기관"이란 다음 각 목의 어느 하나에 해당하는 기관을 말한다.
>   가. 의료법에 따른 정신병원
>   나. 의료법에 따른 의료기관 중 제19조 제1항 후단에 따른 기준에 적합하게 설치된 의원
>   다. 의료법에 따른 병원급 의료기관에 설치된 정신건강의학과로서 제19조 제1항 후단에 따른 기준에 적합한 기관
> 6. "정신요양시설"이란 제22조에 따라 설치된 시설로서 정신질환자를 입소시켜 요양 서비스를 제공하는 시설을 말한다.
> 7. "정신재활시설"이란 제26조에 따라 설치된 시설로서 정신질환자 또는 정신건강상 문제가 있는 사람 중 대통령령으로 정하는 사람(이하 "정신질환자등"이라 한다)의 사회적응을 위한 각종 훈련과 생활지도를 하는 시설을 말한다.
> 8. "동료지원인"이란 정신질환자등에 대한 상담 및 교육 등의 역할을 수행할 수 있도록 정신질환자이거나 정신질환자이었던 사람 중 보건복지부령으로 정하는 동료지원인 양성과정을 수료한 사람을 말한다.

Answer　22.①

23 「장애인활동 지원에 관한 법률」상 활동지원급여에 대한 설명으로 옳은 것만을 모두 고르면?

> ㉠ 활동지원급여의 종류에는 활동보조, 방문목욕, 주간보호, 편의시설 설치가 있다.
> ㉡ 활동지원급여 중 활동보조는 신체활동과 가사활동 및 이동보조 등을 포함한다.
> ㉢ 활동지원급여는 장애인이 지역사회 안에서 사회구성원으로 살아갈 수 있도록 제공하여야 한다.

① ㉠   ② ㉡

③ ㉠, ㉢   ④ ㉡, ㉢

> **TIP** ㉠ 활동지원급여란 수급자에게 제공되는 제16조 제1항에 따른 활동보조, 방문목욕, 방문간호 등의 서비스를 말한다〈장애인 활동 지원에 관한 법률 제2조(정의) 제2호〉. 편의시설 설치에 관한 사항은 장애인복지법과 장애인·노인·임산부 등의 편의증진 보장에 관한 법률 등에서 규정하고 있다.
> ㉡ 활동보조 : 활동지원인력인 활동지원사가 수급자의 가정 등을 방문하여 신체활동, 가사활동 및 이동보조 등을 지원하는 활동지원급여〈동법 제16조(활동지원급여의 종류 등) 제1항 제1호〉
> ㉢ 동법 제2조의2(기본원칙) 제2항

24 정신건강사회복지에 대한 설명으로 옳지 않은 것은?

① 정신건강사회복지란 정신건강증진을 통해 삶의 질을 향상할 뿐만 아니라 정신적으로 건강한 지역사회를 위한 제반 서비스를 제공하는 것이다.

② 정신건강사회복지의 1차적 대상은 정신적·정서적 장애를 가지고 있는 클라이언트들을 말하며, 가족은 1차적인 대상에 포함되지 않는다.

③ 정신건강사회복지에서의 클라이언트는 서비스를 받는 대상임과 동시에 서비스를 행하는 주체로 볼 수 있다.

④ 정신건강사회복지의 개입방법은 개별 수준의 사회복지실천 방법뿐 아니라 집단, 가족, 지역사회 개입 등 통합적인 사회복지실천 방법을 적용하여 개입한다.

> **TIP** ② 정신건강사회복지의 1차적인 대상은 정서적, 정신적 장애를 가진 클라이언트와 그 가족이다.

Answer 23.④ 24.②

25 「아동복지법」상 국가와 지방자치단체의 책무로 옳지 않은 것은?

① 아동의 안전·건강 및 복지 증진을 위하여 아동과 그 보호자 및 가정을 지원하기 위한 정책을 수립·시행하여야 한다.

② 「아동의 권리에 관한 협약」에서 규정한 아동의 권리 및 복지 증진 등을 위하여 필요한 시책을 수립·시행하고, 이에 필요한 교육과 홍보를 하여야 한다.

③ 아동을 가정에서 분리하여 보호할 경우에는 신속히 사회로 복귀할 수 있도록 지원하여야 한다.

④ 아동의 보호자가 아동을 행복하고 안전하게 양육하기 위하여 필요한 교육을 지원하여야 한다.

TIP ③ 아동을 가정에서 분리하여 보호할 경우에는 신속히 가정으로 복귀할 수 있도록 지원하여야 함. 사회 복귀가 아니라 가정으로 복귀할 수 있도록 지원하여야 함(법 제4조 제3항)

※ 국가와 지방자치단체의 책무(아동복지법 제4조)
- 아동의 안전·건강 및 복지 증진을 위하여 아동과 그 보호자 및 가정을 지원하기 위한 정책 수립·시행(제1항)
- 보호대상아동 및 지원대상아동의 권익을 증진하기 위한 정책 수립·시행(제2항)
- 아동이 태어난 가정에서 성장할 수 있도록 지원하고, 아동이 태어난 가정에서 성장할 수 없을 때에는 가정과 유사한 환경에서 성장할 수 있도록 조치하며, 아동을 가정에서 분리하여 보호할 경우에는 신속히 가정으로 복귀할 수 있도록 지원(제3항)
- 장애아동의 권익을 보호하기 위하여 필요한 시책 강구(제4항)
- 아동이 자신 또는 부모의 성별, 연령, 종교, 사회적 신분, 재산, 장애유무, 출생지역 또는 인종 등에 따른 어떠한 종류의 차별도 받지 아니하도록 필요한 시책 강구(제5항)
- 「아동의 권리에 관한 협약」에서 규정한 아동의 권리 및 복지 증진 등을 위하여 필요한 시책을 수립·시행하고, 이에 필요한 교육과 홍보(제6항)
- 아동의 보호자가 아동을 행복하고 안전하게 양육하기 위하여 필요한 교육 지원(제7항)

Answer   25.③

26 가족문제를 바라보는 이론에 대한 설명으로 옳지 않은 것은?

① 구조기능주의이론은 가족을 개인과 사회를 중재하는 적응력 있는 단위로 본다.

② 갈등이론은 가족 내 이해관계, 자원의 불평등에 초점을 둔다.

③ 상호작용이론은 가족에 대한 해석 혹은 가치판단을 가족문제의 원인으로 본다.

④ 사회구성주의이론은 남편이 생계를 책임지고 부인을 가사를 책임지는 역할분담을 벗어나는 가족의 상태를 병리적인 가족해체라고 본다.

> **TIP** ④ 사회구성주의이론은 누구도 객관적 실체를 알 수 없다는 구성주의에서 출발함. 개인이 경험하는 실재는 사회적, 언어적으로 구성된다고 보고, 가족문제 해결 과정에서 개인이 가족과 관계를 어떻게 경험하는지를 파악하는 것을 중시한다. 가족치료의 하나인 이야기 치료의 기반이 되는 이론으로 언어적 측면, 내담자와 치료자와의 협력관계, 문제가 아닌 해결 중점, 내담자 강점을 중시한다.
> ① 구조기능주의이론 : 가족이 개인과 사회에 대해 어떤 기능을 하며, 사회와 어떤 관련이 있는지를 설명해주는 이론이다. 가족은 사회에서 생존하기 위해 특정 기능을 수행해야한다고 전제하고 가족의 역동성과 상호작용을 분석하는 데 유용한 개념 틀을 제공한다. 구조기능주의이론가인 파슨스(Parsons)는 가족의 기능을 성(Gender)과 연령에 따라 구분하여 각각의 역할을 강조하여, 남성은 공적 영역인 일터에서 임금노동(생계)을 책임지고, 여성은 사적 영역인 가정에서 출산과 양육, 가사를 수행하는 분업이 이루어진다고 본다. 이러한 분업화된 역할 수행은 전통적 핵가족만이 정상적인 가족으로 인식하고, 여성의 노동시장 참여를 역기능적이라고 여긴다.
> ② 갈등이론 : 인간의 속성과 자원의 제한성(불평등)으로 인해 갈등은 피할 수 없는 것으로 보고, 가족 내 권력(이해관계)과 제한된 자원의 불평등으로 인한 갈등을 생산적으로 관리하고 대처할 때 가족통합이 된다고 본다.
> ③ 상징적 상호작용이론 : 가족구성원 간 상호작용하면서 자아개념, 정체성, 역할, 의사소통 등 가족현상의 내적 과정에 초점을 둠. 가족구성원 간 동일한 언어적·비언어적 행동이나 사건, 역할 등은 상황에 대한 해석이나 상호작용에 따라 달라진다고 보고, 가족 내 상호작용 방식에 대해 설명한다.

Answer 26.④

27 가족 대상 사회복지실천에 대한 설명으로 옳은 것만을 모두 고르면?

> ㉠ 개인의 문제를 해결하기 위해서 가족 단위의 개입이 시행될 수 있다.
> ㉡ 사회복지사는 전문적 권위를 가지면서도 가족과의 파트너십과 협력을 중요하게 고려한다.
> ㉢ 가족조각은 공간 속에서 가족구성원들의 몸을 이용해 가족의 상호작용 양상을 시각적으로 표현하는 것이다.
> ㉣ 탈삼각화기법은 아내가 자신에게서 멀어지는 남편을 대신하여 딸이 자신을 편들도록 할 때, 딸을 끌어들이지 않고 당사자끼리 갈등을 해결할 수 있도록 함으로써 딸이 부모의 갈등에서 자유로울 수 있게 하는 기법이다.

① ㉠, ㉢
② ㉠, ㉡, ㉣
③ ㉡, ㉢, ㉣
④ ㉠, ㉡, ㉢, ㉣

TIP ㉠ 개인 문제 해결을 위해서 가족 단위의 개입이 시행될 수 있다.

㉡ 사회복지사는 전문적 권위를 가지면서도 가족과의 파트너십과 협력을 중요하게 고려하고, 초기단계 관계형성기법이나 중간과정의 개입기법으로 사회복지사는 가족이 있는 곳에 합류할 필요가 있다.

㉢ 가족사정 도구로 가계도, 생태도, 가족조각기법 등이 있다. 가족조각은 공간 속에서 가족구성원들의 몸을 이용해 가족의 상호작용 양상을 시각적으로 표현하는 것이다.

㉣ 중간과정의 개입기법에서 보웬의 다세대 가족상담 치료기법 중 하나인 탈삼각화기법은 융합된 두 사람의 관계는 거리를 두게 하고, 거리가 먼 두 사람의 관계는 다가가도록 하여 균형감 있는 분화관계로 바꾸는 기법이다.

Answer 27.④

28 밀착가족(enmeshed family)과 유리가족(disengaged family)에 대한 설명으로 옳지 않은 것은?

① 밀착가족은 가족성원 간 상호작용이 부족하다.

② 밀착가족은 가족성원의 자율성이 보장되지 않는다.

③ 유리가족은 가족성원 간 충성심이 부족하다.

④ 유리가족은 가족으로서의 보호 기능을 수행하기 어렵다.

TIP ① 가족성원 간 상호작용이 부족한 것은 유리된 가족의 특성이다.
※ 가족 외부와의 경계 성격에 따른 구분 : 개방형 가족, 폐쇄형 가족, 방임형 가족
※ 가족구성원 간의 경계 성격에 따른 구분
　　㉠ 밀착된 가족(enmeshed family) : 가족성원 간 독립심과 자율성이 결여된 혼돈된 경계와 불분명한 경계를 가진 가족 구조이다. 가족성원 간의 상호작용에서 지나치게 밀착되어 서로에게 간섭이 많고, 통제하려고 하며, 가족성원의 요구를 거절하지 못한다. 지나친 간섭으로 인해 감정표현을 자제하거나 감추게 되며, 마마보이처럼 자율성 보장과 독립적인 행동이 힘들어 의존적인 성향을 보이게 한다.
　　㉡ 유리된 가족(disengaged family) : 가족성원 간 너무 경직되어 상호작용이 이루어지지 않는다. 가족성원 간 응집력이 낮아 다른 가족성원에 대한 관심 부족과 가족성원 간 충성심이 부족하다. 고립감, 소외감을 느끼게 되며, 가족문제에 있어서 가족성원으로부터 정서적 지지를 받지 못하여 가족으로서의 보호 기능을 수행하기 어렵다.

29 다음의 설명은 카두신(Kadushin)이 분류한 아동복지서비스 중 어디에 해당하는가?

> • 사회가 부모의 역할을 일부분 대행함으로써 부모 역할이 충족되도록 돕는 서비스
> • 부모의 실업, 질병, 장애 등의 문제에 대처하기 위한 서비스
> • 보육서비스, 가정봉사원 파견 서비스

① 지지적 서비스(supportive service)　　② 보충적 서비스(supplementary service)
③ 대리적 서비스(substitute service)　　④ 기능적 서비스(functional service)

TIP 카두신(Kadushin)의 3S(사회복지서비스 3유형)
　　㉠ 보조적(보충적·보완적) 서비스 : 가정 내부에서 부모의 역할 일부를 보조하거나 대신 수행하는 서비스로, 부모의 실업, 질병, 장애 등의 문제에 대처하기 위한 서비스이다. 탁아보호서비스(가정탁아보호, 가정 내 집단탁아보호, 센터 내 탁아보호), 보육서비스, 프로텍티브서비스(학대받거나 보호감독을 받을 수 없는 아동에게 제공하는 특수한 아동복지서비스), 홈메이커서비스(가정봉사원 파견 서비스) 등이 해당된다.
　　㉡ 지지적 서비스 : 부모 또는 자녀의 책임을 효과적으로 수행할 수 있는 능력을 지지·강화하기 위한 서비스로서, 아동상담, 학대아동에 대해 보호가족의 기능을 증진하기 위한 의료, 정신보건, 주거서비스 등을 포함한다. 케이스워크서비스(개별 면접이나 접촉을 통해 서비스 제공), 집단서비스로 가정교육 프로그램, 집단상담 프로그램, 가족치료와, 지역사회 프로그램 등이 해당된다.
　　㉢ 대리적 서비스 : 가족관계가 일시적·영구적으로 해체된 상황이 발생할 경우 아동보호차원에서 아동이 타부모나 타가족에 의해 양육·보호되는 서비스이다. 아동보호, 위탁보호, 시설보호 등이 해당된다.

Answer　28.①　29.②

30 우리나라 아동복지 제도에 대한 설명으로 옳지 않은 것은?

① 보호아동 자립지원―아동복지시설 등에서 퇴소하는 아동의 자립 준비 및 안정적인 자립 기반 조성

② 디딤씨앗통장―아동과 국가의 매칭펀드를 통해 저소득층 아동의 사회진출 시 필요한 자립자금 마련 지원

③ 드림스타트 – 취약계층의 아동에게 건강, 기초학습, 사회성 함양, 부모 양육 지도 등 맞춤형 통합서비스 제공

④ 아동수당―아동 양육에 따른 경제적 부담을 경감하기 위해 만 18세 미만의 아동에게 정기적으로 현금 지급

> **TIP** ④ 아동수당 : 국가와 지방자치단체는 아동수당이 아동 양육에 따른 경제적 부담을 경감하고 아동의 건강한 성장 환경을 조성하는 데 필요한 수준이 되도록 최대한 노력하여야 한다(아동수당법 제3조-국가 등의 책무). 아동수당은 8세 미만의 아동에게 매월 10만원을 지급한다. 2세 미만의 아동에게는 매월 50만원을 추가로 지급한다.(법 제4조)
> ① 보호아동 자립지원 : 자립지원시설은 아동복지시설에서 퇴소한 사람에게 취업준비기간 또는 취업 후 일정 기간 동안 보호함으로써 자립을 지원하는 것을 목적으로 하는 시설(아동복지법 제52조 제1항 5호)이다.
> ② 디딤씨앗통장 : 국가와 지방자치단체는 아동이 건전한 사회인으로 성장·발전할 수 있도록 자산형성지원사업을 실시할 수 있다(아동복지법 제42조). 그 일환으로 디딤씨앗통장은 저소득층 아동(보호자, 후원자)이 매월 일정 금액을 저축하면 국가(지자체)에서 1:1 정부매칭지원금으로 월5만원까지 같은 금액을 적립해 줌으로써 아동이 준비된 사회인으로 성장할 수 있도록 도와주는 자산형성지원사업이다. 대상아동은 시설보호아동, 가정위탁보호아동, 소년소녀가정아동, 공동생활가정(그룹홈)아동, 장애인시설보호아동, 가정복귀아동, 기초생활수급자가구 아동 등이다.
> ③ 드림스타트 : 국가와 지방자치단체는 아동의 건강한 성장과 발달을 도모하기 위해 아동의 성장 및 복지 여건이 취약한 가정을 선정하여 그 가정의 지원대상아동과 가족을 대상으로 보건, 복지, 보호, 교육, 치료 등을 종합적으로 지원하는 통합서비스를 실시한다(아동복지법 제37조 취약계층 아동에 대한 통합서비스지원). 그 일환으로 취약계층 아동에게 맞춤형 통합서비스를 제공하여 아동의 건강한 성장과 발달을 도모하고 공평한 출발기회를 보장함으로써 건강하고 행복한 사회구성원으로 성장할 수 있도록 지원하는 사업이다. 지원대상은 국민기초생활보장법에 따른 수급자 또는 차상위계층 가정, 그 밖에 보건복지부장관이 정하는 아동의 성장 및 복지 여건이 취약한 가정이다.

Answer　30.④

31 「청소년복지 지원법」상 청소년복지시설 중 학습·정서·행동상의 장애가 있는 청소년을 대상으로 정상적인 성장과 생활을 할 수 있도록 해당 청소년에게 적합한 치료·교육 및 재활을 종합적으로 지원하는 거주형 시설은?

① 청소년쉼터

② 청소년자립지원관

③ 청소년치료재활센터

④ 청소년회복지원시설

> **TIP** ③ 청소년치료재활센터 : 학습·정서·행동상의 장애를 가진 청소년을 대상으로 정상적인 성장과 생활을 할 수 있도록 해당 청소년에게 적합한 치료·교육 및 재활을 종합적으로 지원하는 거주형 시설
> ① 청소년쉼터 : 가정 밖 청소년에 대하여 가정·학교·사회로 복귀하여 생활할 수 있도록 일정 기간 보호하면서 상담·주거·학업·자립 등을 지원하는 시설
> ② 청소년자립지원관 : 일정 기간 청소년쉼터 또는 청소년회복지원시설의 지원을 받았는데도 가정·학교·사회로 복귀하여 생활할 수 없는 청소년에게 자립하여 생활할 수 있는 능력과 여건을 갖추도록 지원하는 시설
> ④ 청소년회복지원시설 : 소년법에 따른 감호 위탁 처분을 받은 청소년에 대하여 보호자를 대신하여 그 청소년을 보호할 수 있는 자가 상담·주거·학업·자립 등 서비스를 제공하는 시설

32 「노인복지법」상 노인주거복지시설로 옳지 않은 것은?

① 양로시설

② 노인복지주택

③ 노인공동생활가정

④ 노인요양공동생활가정

> **TIP** ④ 노인요양공동생활가정은 노인의료복지시설에 해당한다.
> • 노인주거복지시설(법 제32조 제1항) : 양로시설, 노인공동생활가정, 노인복지주택
> • 노인의료복지시설(법 제34조 제1항) : 노인요양시설, 노인요양공동생활가정
> • 노인여가복지시설(법 제36조 제1항) : 노인복지관, 경로당, 노인교실
> • 재가노인복지시설(법 제38조) : 방문요양서비스, 주·야간보호서비스, 단기보호서비스, 방문목욕서비스 등

Answer　31.③　32.④

출제 예상 문제

1 다음에서 설명하는 사회복지서비스의 기본 원칙은 무엇인가?

> 전문교육이나 훈련을 통한 전문 인력의 활용 및 시설의 현대화와 조직의 근대화가 병행되어야만 해결될 수 있는 것이다.

① 통합의 원칙
② 제도화의 원칙
③ 전문화의 원칙
④ 선별화의 원칙

TIP ① 통합의 원칙 : 인간이 복지와 관계되는 프로그램들과 서비스를 통합적으로 상호보완하는 것을 뜻한다.
② 제도화의 원칙 : 모든 국민을 대상으로 하는 보편적인 서비스의 항구적인 조치화를 말한다.
④ 선별화의 원칙 : 사회복지서비스의 우선순위 대상, 재원, 프로그램과 서비스 및 방법의 영역에서 고려된다.

2 사회복지 전달체계에서 지방자치단체에 비해 중앙정부가 기능적으로 우위인 이유로 제시되는 것 중 가장 적절하지 않은 것은?

① 지역별 다양한 사회복지 서비스 욕구에 탄력적으로 대응하기 쉽다.
② 사회복지가 추구하는 평등과 소득재분배의 목적을 달성하는 데 유리하다.
③ 서비스의 안정성과 규모의 경제성을 제고하는 데 효과적이다.
④ 공공재의 성격이 강하여 모든 국민을 대상으로 하는 서비스의 제공에 적합하다.

TIP ① 지역별 다양한 사회복지 서비스 욕구에 탄력적으로 대응하기 쉬운 것은 지방자치단체이다.

Answer 1.③ 2.①

3 드림스타트(Dream Start)에 대한 설명으로 옳은 것만을 모두 고른 것은?

> ㉠ 아동과 가족을 대상으로 맞춤형 통합서비스 제공
> ㉡ 시·군·구가 아동통합서비스지원기관 설치·운영
> ㉢ 아동에 대한 사회투자의 중요성 강조
> ㉣ 아동의 사회진출 시 필요한 자립자금 마련

① ㉠, ㉡　　　　　　　　　　② ㉠, ㉢

③ ㉠, ㉡, ㉢　　　　　　　　④ ㉡, ㉢, ㉣

TIP 드림스타트는 취약계층 아동에게 맞춤형 통합서비스를 제공하여 아동의 건강한 성장과 발달을 도모하고 공평한 출발기회를 보장함으로써 건강하고 행복한 사회구성원으로 성장할 수 있도록 지원하는 사업이다.
㉣ 아동의 사회진출 시 필요한 자립자금을 마련해 주는 것은 아니다.

4 카두신(KaduShin) 제시한 아동복지서비스의 유형 중 지지적 서비스(supportive service)에 해당하지 않는 것은?

① 아동상담　　　　　　　　　② 가정위탁

③ 부모교육　　　　　　　　　④ 가족치료

TIP ② 가정위탁은 대리적 서비스에 해당한다.
※ 카두신의 아동복지서비스 유형
㉠ 지지적 서비스 : 부모와 아동의 능력을 지원하고 강화시켜 주는 서비스
㉡ 보충적 서비스 : 가정 내 부모 역할의 일부를 보조·보충해 주는 서비스
㉢ 대리적 서비스 : 정상적 가정을 유지하기 어려울 때, 부모 양육을 일시적 혹은 영구적으로 대리해 주는 서비스

Answer　3.③　4.②

5 아동복지법에서 아동의 연령은?

① 14세 이하　　　　　　　　　② 12세 이하
③ 20세 미만　　　　　　　　　④ 18세 미만

TIP '아동'이라 함은 18세 미만의 자를 말한다〈아동복지법 제3조 제1항〉.

6 아동복지법상 보호대상아동이 아닌 것은?

① 보호자로부터 이탈된 아동　　　　② 보호자가 아동을 학대하는 경우
③ 학습능력이 떨어지는 아동　　　　④ 보호자가 아동을 양육할 능력이 없는 경우

TIP 보호대상아동이란 보호자가 없거나 보호자로부터 이탈된 아동 또는 보호자가 아동을 학대하는 경우 등 그 보호자가 아동을 양육하기에 적당하지 아니하거나 양육할 능력이 없는 경우의 아동을 말한다〈아동복지법 제3조 제4호〉.

7 아동복지법에서 정하는 아동복지시설이 아닌 것은?

① 아동양육시설　　　　　　　　② 공동생활가정
③ 아동미아센터　　　　　　　　④ 아동상담소

TIP 아동복지시설의 종류〈아동복지법 제52조 제1항〉
　　㉠ 아동양육시설
　　㉡ 아동일시보호시설
　　㉢ 아동보호치료시설
　　㉣ 공동생활가정
　　㉤ 자립지원시설
　　㉥ 아동상담소
　　㉦ 아동전용시설
　　㉧ 지역아동센터
　　㉨ 협동돌봄센터
　　㉩ 아동보호전문기관
　　㉪ 가정위탁지원센터
　　㉫ 보장원
　　㉬ 자립지원전담기관
　　㉭ 학대피해아동쉼터

Answer　5.④　6.③　7.③

8 **우리나라 아동복지시설의 내용과 다른 것은?**

① 아동양육시설은 보호대상 아동을 입소시켜 보호·양육하는 것을 목적으로 한다.

② 아동상담소는 아동과 그 가족의 문제에 관한 상담·치료·예방 및 연구 등을 목적으로 하는 시설이다.

③ 자립지원시설은 아동복지시설에서 입소되어 있는 만 15세 이상의 아동과 생활이 어려운 가정의 아동에 대하여 자활에 필요한 지식과 기능을 습득시키는 것을 목적으로 하는 시설이다.

④ 지역아동센터는 지역사회 아동의 보호·교육, 건전한 놀이와 오락의 제공, 보호자와 지역사회의 연계 등 아동의 건전육성을 목적으로 한다.

TIP ③ 자립지원시설은 아동복지시설에서 퇴소한 사람에게 취업준비기간 또는 취업 후 일정 기간 동안 보호함으로써 자립을 지원하는 것을 목적으로 하는 시설이다〈아동복지법 제52조 제1항 제5호〉.

9 **현행 영유아보육법과 모자보건법의 내용으로 옳지 않은 것은?**

① 영유아는 6세 미만의 취학전 아동을 말한다.

② 직장어린이집의 설치는 상시 여성근로자 400인 이상을 고용한 사업장이다.

③ 임산부는 임신중에 있거나 출산 후 6개월 내의 여자를 말한다.

④ 직장어린이집을 설치한 사업주는 영유아 보육에 필요한 비용의 100분의 50 이상을 부담하여야 한다.

TIP ② 직장어린이집은 사업자가 상시 여성근로자 300명 이상 또는 상시근로자 500명 이상을 고용하는 사업장의 근로자를 위해서 설치하는 시설이다〈영유아보육법 시행령 제20조 제1항〉.

Answer 8.③ 9.②

10 「영유아보육법」에 규정된 내용으로 옳지 않은 것은?

① "영유아"란 7세 미만의 취학 전 아동을 말한다.

② "보육"이란 영유아를 건강하고 안전하게 보호·양육하고 영유아의 발달 특성에 맞는 교육을 제공하는 어린이집 및 가정양육 지원에 관한 사회복지서비스를 말한다.

③ 보건복지부장관은 이 법의 적절한 시행을 위해 보육실태조사를 3년마다 하여야 한다.

④ 보건복지부장관은 어린이집 원장과 보육교사의 자질 향상을 위한 보수교육을 실시하여야 한다.

TIP ① 영유아란 7세 이하의 취학 전 아동을 말한다〈영유아보육법 제2조 제1호〉.

11 어린이집의 기준에 대한 설명이 옳지 않은 것은?

① 국공립어린이집 – 상시 영유아 11인 이상

② 직장어린이집 – 상시 영유아 5인 이상

③ 민간어린이집 – 상시 영유아 21인 이상

④ 가정어린이집 – 상시 영유아 5인 이상 10인

TIP ④ 가정어린이집은 상시 영유아 5명 이상 20명 이하를 보육해야 한다〈영유아보육법 시행규칙 별표1〉.

Answer 10.① 11.④

12 「아동학대범죄의 처벌 등에 관한 특례법」상 아동학대의 신고의무자만을 모두 고른 것은?

> ㉠ 「성매매방지 및 피해자보호 등에 관한 법률」에 따른 성매매피해상담소의 장
> ㉡ 가정위탁지원센터의 장
> ㉢ 「학원의 설립·운영 및 과외교습에 관한 법률」에 따른 학원 강사
> ㉣ 「아이돌봄 지원법」에 따른 아이돌보미

① ㉠, ㉢

② ㉠, ㉣

③ ㉡, ㉢, ㉣

④ ㉠, ㉡, ㉢, ㉣

TIP 아동학대범죄의 처벌 등에 관한 특례법 제10조 제2항(아동학대범죄 신고의무와 절차)

다음의 어느 하나에 해당하는 사람이 직무를 수행하면서 아동학대범죄를 알게 된 경우나 그 의심이 있는 경우에는 아동보호전문기관 또는 수사기관에 신고하여야 한다.

- 아동권리보장원 및 가정위탁지원센터의 장과 그 종사자
- 아동복지시설의 장과 그 종사자(아동보호전문기관의 장과 그 종사자는 제외한다)
- 아동복지전담공무원
- 가정폭력 관련 상담소 및 가정폭력피해자 보호시설의 장과 그 종사자
- 건강가정지원센터 및 제35조의2에 따른 가족센터의 장과 그 종사자
- 다문화가족지원센터의 장과 그 종사자
- 사회복지전담공무원 및 사회복지시설의 장과 그 종사자
- 「성매매방지 및 피해자보호 등에 관한 법률」에 따른 지원시설 및 성매매피해상담소의 장과 그 종사자
- 성폭력피해상담소, 성폭력피해자보호시설의 장과 그 종사자 및 성폭력피해자통합지원센터의 장과 그 종사자
- 119구급대의 대원
- 응급의료기관등에 종사하는 응급구조사
- 육아종합지원센터의 장과 그 종사자 및 어린이집의 원장 등 보육교직원
- 유치원의 장과 그 종사자
- 아동보호전문기관의 장과 그 종사자
- 의료기관의 장과 그 의료기관에 종사하는 의료인 및 의료기사
- 장애인복지시설의 장과 그 종사자로서 시설에서 장애아동에 대한 상담·치료·훈련 또는 요양 업무를 수행하는 사람
- 정신건강복지센터, 정신의료기관, 정신요양시설 및 정신재활시설의 장과 그 종사자
- 청소년시설 및 청소년단체의 장과 그 종사자
- 청소년 보호·재활센터의 장과 그 종사자
- 학교의 장과 그 종사자
- 한부모가족복지시설의 장과 그 종사자
- 학원의 운영자·강사·직원 및 교습소의 교습자·직원
- 아이돌보미
- 취약계층 아동에 대한 통합서비스지원 수행인력
- 「국내입양에 관한 특별법」 및 「국제입양에 관한 법률」에 따라 업무를 위탁받은 사회복지법인 및 단체의 장과 그 종사자
- 한국보육진흥원의 장과 그 종사자로서 어린이집 평가 업무를 수행하는 사람
- 대안교육기관과 학교의 장으로부터 학업에 어려움을 겪는 학생들에 대한 교육을 위탁받은 교육기관 등의 장과 그 종사자

Answer 12.④

13 「청소년기본법」에 의한 청소년의 연령은?

① 18세 미만

② 만 19세 미만

③ 9세 이상 24세 이하

④ 15세 이상 25세 이하

TIP 청소년이란 9세 이상 24세 이하인 사람을 말한다. 다만, 다른 법률에서 청소년에 대한 적용을 다르게 할 필요가 있는 경우에는 따로 정할 수 있다〈청소년 기본법 제3조 제1호〉.

14 노인문제의 등장배경이 아닌 것은?

① 노인에 대한 가치관의 변화이다.

② 핵가족과 같은 가족제도의 변화에 기인한다.

③ 노인들의 정치발언의 영향력이 커졌다.

④ 산업화에 따른 기술이나 지식에 대한 적응력 저하 때문이다.

TIP ③ 노인문제에 대한 인식이 증가하는 요인으로, 노인의 발언권 증가로 인한 압력집단으로서 역할이 점점 강해지고 있다.

15 노인문제의 발생원인으로 볼 수 없는 것은?

① 인구구성의 변화 　　　　② 산업화

③ 가족제도의 변화 　　　　④ 양로사상

TIP 노인문제의 배경
　㉠ 노령인구의 증가 : 사망률의 저하, 보건위생의 개선, 의학의 발달로 노령인구가 증가
　㉡ 빈곤 : 은퇴 등으로 인해 경제적 능력이 감소
　㉢ 가족제도의 변화 : 전통적인 사회에서는 가족 안에서 노인을 부양하는 것을 당연시하였으나 현대사회에서는 핵가족화됨으로써 노인의 부양에 부담을 느끼게 되었음
　㉣ 생활양식과 가치의 변화 : 현대사회는 급격히 변화됨으로써 노인이 그 속도에 적응하는 데에는 무리가 따름
　㉤ 사회적 책임의식의 대두 : 노인이 가족과 사회에 공헌한 바에 대한 반대급부적 보상으로 사회가 노인에게 적절한 복지 프로그램과 서비스를 제공해야 한다는 의식이 대두

Answer　13.③　14.③　15.④

16 노인의 4가지 곤란(4고)에 해당하지 않는 것은?

① 고독

② 빈곤

③ 노동

④ 병고

17 우리나라의 현행 노인복지제도에 대한 설명으로 옳은 것은?

① 노인복지주택에 입소할 수 있는 자는 65세 이상으로 소득인정액이 보건복지부장관이 정하여 고시하는 금액 이하인 사람으로 한다.

② 기초연금은 65세 이상의 모든 노인에게 제공되는 보편적 현금 급여이다.

③ 「노인복지법」에 의한 노인여가복지시설에는 노인복지관, 경로당, 노인교실이 포함된다.

④ 장기요양보험제도는 요양시설에 거주하는 중증질환 노인들만을 대상으로 실시하고 있다.

18 「노인복지법」상 노인복지시설의 종류에 해당하는 것만을 모두 고른 것은?

> ㉠ 노인주거복지시설   ㉡ 노인의료복지시설
> ㉢ 재가노인복지시설   ㉣ 노인보호전문기관
> ㉤ 노인여가복지시설

① ㉠, ㉣, ㉤   ② ㉡, ㉢, ㉤

③ ㉠, ㉡, ㉢, ㉣   ④ ㉠, ㉡, ㉢, ㉣, ㉤

TIP 노인복지시설의 종류〈노인복지법 제31조〉
㉠ 노인주거복지시설
㉡ 노인의료복지시설
㉢ 노인여가복지시설
㉣ 재가노인복지시설
㉤ 노인보호전문기관
㉥ 노인일자리지원기관
㉦ 학대피해노인 전용쉼터

19 노인에게 주거시설을 임대하여 주거의 편의 · 생활지도 · 상담 및 안전관리 등 일상생활에 필요한 편의를 제공함을 목적으로 하는 시설은?

① 노인복지관
② 노인요양공동생활가정
③ 노인복지주택
④ 양로시설

TIP ① 노인의 교양 · 취미생활 및 사회참여활동 등에 대한 각종 정보와 서비스를 제공하고, 건강증진 및 질병예방과 소득보장 · 재가복지, 그 밖에 노인의 복지증진에 필요한 서비스를 제공함을 목적으로 하는 시설
② 치매 · 중풍 등 노인성질환 등으로 심신에 상당한 장애가 발생하여 도움을 필요로 하는 노인에게 가정과 같은 주거여건과 급식 · 요양, 그 밖에 일상생활에 필요한 편의를 제공함을 목적으로 하는 시설
④ 노인을 입소시켜 급식과 그 밖에 일상생활에 필요한 편의를 제공함을 목적으로 하는 시설

Answer   18.④   19.③

20 「노인복지법」에서의 노인주거복지시설은?

① 노인복지관

② 양로시설

③ 경로당

④ 노인교실

TIP ①③④ 노인여가복지시설에 해당한다〈노인복지법 제36조〉.

21 거택보호서비스에 해당하는 것은?

① 가사보조원 파견

② 양로원

③ 노인휴양관 설치

④ 노인건강진단

TIP 거택보호서비스는 시설이 아닌 가정에서 생활하는 허약노인, 장애노인 등 일상생활에 지장이 있는 노인에 대한 원조대책을 말한다. 이에는 가사보조원 파견, 생활필수품의 급부 및 대여, 안부전화의 설치, 공공간호원 파견, 음식이나 영양식 배달서비스 등이 있다.

Answer　20.②　21.①

22 우리나라 노인장기요양보험법령에 대한 내용으로 옳은 것은?

① 장기요양급여는 의료서비스와 연계하여 제공하기가 용이한 시설급여를 재가급여보다 우선적으로 제공하여야 한다.

② 장기요양등급은 장기요양등급판정위원회에서 판정하고, 세밀한 판정을 위해 7개 등급의 체계로 운용한다.

③ 「노인장기요양보험법」은 고령이나 노인성 질병 등의 사유로 일상생활을 혼자서 수행하기 어려운 노인등에게 제공하는 신체활동 또는 가사활동 지원 등의 장기요양급여에 관한 사항을 규정하고 있다.

④ 노인장기요양보험의 관리운영기관은 노후생활과 밀접히 연관이 되어 있는 국민연금공단이다.

> **TIP** ③ 이 법은 고령이나 노인성 질병 등의 사유로 일상생활을 혼자서 수행하기 어려운 노인 등에게 제공하는 신체활동 또는 가사
> 활동 지원 등의 장기요양급여에 관한 사항을 규정하여 노후의 건강증진 및 생활안정을 도모하고 그 가족의 부담을 덜어줌으
> 로써 국민의 삶의 질을 향상하도록 함을 목적으로 한다〈법 제1조〉.
> ① 장기요양급여는 노인 등이 가족과 함께 생활하면서 가정에서 장기요양을 받는 재가급여를 우선적으로 제공하여야 한다〈법
> 제3조 제2항〉.
> ② 장기요양인정 및 장기요양등급 판정 등을 심의하기 위하여 공단에 장기요양등급판정위원회를 둔다〈제52조 제1항〉. 등급판정
> 기준은 장기요양 1~5등급으로 나뉜다〈시행령 제7조〉.
> ④ 장기요양사업의 관리운영기관은 국민건강보험공단으로 한다〈법 제48조 제1항〉.

23 장애인복지의 이념으로 옳지 않은 것은?

① 장애인복지의 이념으로 정상화와 사회통합이 있다.

② 정상화란 장애인이 지역사회 내에서 정상적인 사회생활의 주류에 동참할 수 있도록 하는 것을 의미한다.

③ 사회통합은 정상화의 개념에 기반을 두고 장애인들이 지역사회 내에서 하나의 인격체로서 일반인과 같은 대우를 받으면서 함께 생활하게 함으로써 그러한 상호작용의 결과로 이루어지는 사회적 효과를 의미한다.

④ 재활이란 사회적 책임을 강조하는 인도주의를 기본철학으로 하여 모든 장애를 제거함으로써 시설에 복귀시키는 데에 그 목표를 둔다.

> **TIP** ④ 장애인의 재활이란 장애인에게 신체적 · 정신적 · 사회적 · 직업적 · 경제적 가용능력을 최대한으로 회복시켜 주는 것이다.

Answer 22.③　23.④

24 장애인 재활에 있어 가장 궁극적으로 추구해야 하는 것은?

① 장애인에 대한 의료적 치료　　　　　　② 장애인에 대한 경제적 지원

③ 장애인의 사회적응을 위한 교육　　　　④ 장애인에 대한 심리적 지원

TIP 재활이란 심신장애인에게 의료적·사회적·교육적·직업적인 재훈련을 통합적·협동적으로 실시함으로써 장애인 스스로가 가능한 한 최대한의 기능회복과 잠재능력을 개발시켜 자활의 삶을 살아갈 수 있도록 도와주는 것으로 사회에 복귀시키는 데에 그 목표를 두고 있다.

25 장애인복지에서 정상화(normalization)의 개념을 가장 옳게 설명한 것은?

① 장애인은 교육을 통해 잔존기능을 계발해야 한다.

② 장애인도 한 사람의 인간으로서 보통의 생활환경 속에서 생활해야 한다.

③ 장애는 결손이나 잔재기능이 아니고 장애를 포함한 전인격이다.

④ 장애인들도 일반인과 같은 평등한 기회가 주어져야 한다.

TIP 정상화 … 기본적으로 장애인을 정상인과 같은 보통사람으로 생각하고 장애인의 생활형태와 조건을 사회의 규범과 형태에 맞추는 것으로, 장애인을 한 사람의 인간으로서 인식하고 정상인과 같은 생활환경을 조성하는 것을 말한다.

26 그룹홈에 대한 설명으로 옳지 않은 것은?

① 입거자의 생활은 기본적으로 개인생활이다.

② 직접 경험을 통하여 정신지체인에게 일상생활기술과 지역사회의 적응력을 기르기 위한 훈련을 제공한다.

③ 지역사회에서 선택적으로 살아가는 정신지체인들의 생활거점이다.

④ 소수의 정신지체인들이 지역사회 내에서 공동으로 생활하는 곳으로 장애인들에 의해 자치적으로 운영된다.

TIP 그룹홈(group home)이란 지역사회 내에 있는 보통사람들이 살고 있는 동네주택에서 소수의 정신지체인들이 고용된 직원들의 보호와 권리를 받으며 공동생활하는 곳을 말한다.

Answer　24.③　25.②　26.④

27 세계보건기구의 장애인의 분류 중 해당사항이 아닌 것은?

① 기능손상   ② 신체적 혼란

③ 사회적 불리   ④ 기능저하

TIP 장애의 유형

　㉠ 기능상실(impairment) : 신체 일부의 상실, 기능의 감손을 가져온 영구적 또는 일시적인 병리적 상태를 말한다.

　㉡ 기능장애(disability) : 기능상실로 인한 일상생활 또는 취업행위의 장애로서 이것은 정신적·신체적 손상의 결과일 뿐만 아니라 그 상태에 대한 개인의 적응 결과이기도 하다. 개체로서 수행 가능한 능력의 차이를 중시한다.

　㉢ 사회적 장애(handicap) : 기능상실이나 기능장애로 인한 사회적 반응, 선입관, 편견의식, 사회적 낙인 등 사회생활상의 장애를 말한다.

28 장애인의 분류유형이 아닌 것은?

① 시각장애   ② 청각장애

③ 지체장애   ④ 정서장애

TIP 장애인의 종류〈장애인복지법 시행령 별표1〉

　㉠ 지체장애인

　㉡ 뇌병변장애인 : 뇌성마비, 외상성 뇌손상, 뇌졸중 등 뇌의 기질적 병변으로 인하여 발생한 신체적 장애로 보행이나 일상생활의 동작 등에 상당한 제약을 받는 사람

　㉢ 시각장애인

　㉣ 청각장애인

　㉤ 언어장애인 : 음성 기능이나 언어 기능에 영속적으로 상당한 장애가 있는 사람

　㉥ 지적장애인 : 정신 발육이 항구적으로 지체되어 지적 능력의 발달이 불충분하거나 불완전하고 자신의 일을 처리하는 것과 사회생활에 적응하는 것이 상당히 곤란한 사람

　㉦ 자폐성장애인 : 소아기 자폐증, 비전형적 자폐증에 따른 언어·신체표현·자기조절·사회적응 기능 및 능력의 장애로 인하여 일상생활이나 사회생활에 상당한 제약을 받아 다른 사람의 도움이 필요한 사람

　㉧ 정신장애인 : 지속적인 정신분열병, 분열형 정동장애, 양극성 정동장애 및 반복성 우울장애에 따른 감정조절·행동·사고 기능 및 능력의 장애로 인하여 일상생활이나 사회생활에 상당한 제약을 받아 다른 사람의 도움이 필요한 사람

　㉨ 신장장애인 : 신장의 기능부전으로 인하여 혈액투석이나 복막투석을 지속적으로 받아야 하거나 신장기능의 영속적인 장애로 인하여 일상생활에 상당한 제약을 받는 사람

　㉩ 심장장애인 : 심장의 기능부전으로 인한 호흡곤란 등의 장애로 일상생활에 상당한 제약을 받는 사람

　㉪ 호흡기장애인 : 폐나 기관지 등 호흡기관의 만성적 기능부전으로 인한 호흡기능의 장애로 일상생활에 상당한 제약을 받는 사람

　㉫ 간장애인 : 간의 만성적 기능부전과 그에 따른 합병증 등으로 인한 간기능의 장애로 일상생활에 제약을 받는 사람

　㉬ 안면장애인 : 안면 부위의 변형이나 기형으로 사회생활에 상당한 제약을 받는 사람

　㉭ 장루·요루 장애인 : 배변기능이나 배뇨기능의 장애로 인하여 장루 또는 요루를 시술하여 일상생활에 상당한 제약을 받는 사람

　㉮ 뇌전증장애인 : 뇌전증에 의한 뇌신경세포의 장애로 인하여 일상생활이나 사회생활에 상당한 제약을 받아 다른 사람의 도움이 필요한 사람

Answer   27.②   28.④

29 우리나라 장애인복지법령의 내용으로 옳은 것은?

① 발달 장애는 신체적 장애에 포함된다.

② 장애인 거주시설이란 장애인을 입원 또는 통원하게 하여 상담, 진단 · 판정, 치료 등 의료재활서비스를 제공하는 시설을 말한다.

③ 국가와 지방자치단체는 학생, 공무원, 근로자, 그 밖의 일반국민 등을 대상으로 장애인에 대한 인식개선을 위한 교육 및 공익광고 등 홍보사업을 실시하여야 한다.

④ 보건복지부장관은 장애인 복지정책의 수립에 필요한 기초 자료로 활용하기 위하여 5년마다 장애실태조사를 실시하여야 한다.

> **TIP** ③ 국가와 지방자치단체는 학생, 공무원, 근로자, 그 밖의 일반국민 등을 대상으로 장애인에 대한 인식개선을 위한 교육 및 공익광고 등 홍보사업을 실시하여야 한다〈법 제25조〉.
> ① 발달장애 또는 정신 질환으로 발생하는 장애는 정신적 장애에 포함된다〈법 제2조〉.
> ② 장애인 거주시설이란 거주공간을 활용하여 일반가정에서 생활하기 어려운 장애인에게 일정 기간 동안 거주 · 요양지원 등의 서비스를 제공하는 동시에 지역사회생활을 지원하는 시설이다〈법 제58조〉.
> ④ 보건복지부장관은 장애인 복지정책의 수립에 필요한 기초 자료로 활용하기 위하여 3년마다 장애실태조사를 실시하여야 한다〈법 제31조〉.

30 한국장애인고용공단의 업무가 아닌 것은?

① 장애인의 고용촉진에 관한 정보수집

② 장애인 표준사업장 운영

③ 장애인의 재활치료

④ 장애인 직업생활 상담원 양성

> **TIP** 한국장애인고용공단의 업무〈장애인고용촉진 및 직업재활법 제43조 제2항〉
> ㉠ 장애인의 고용촉진 및 직업재활에 관한 정보의 수집 · 분석 · 제공 및 조사 · 연구
> ㉡ 장애인에 대한 직업상담, 직업적성 검사, 직업능력 평가 등 직업지도
> ㉢ 장애인에 대한 직업적응훈련, 직업능력개발훈련, 취업알선, 취업 후 적응지도
> ㉣ 장애인 직업생활 상담원 등 전문요원의 양성 · 연수
> ㉤ 사업주의 장애인 고용환경 개선 및 고용 의무 이행 지원
> ㉥ 사업주와 관계 기관에 대한 직업재활 및 고용관리에 관한 기술적 사항의 지도 · 지원
> ㉦ 장애인의 직업적응훈련 시설, 직업능력개발훈련시설 및 장애인 표준사업장 운영
> ㉧ 장애인의 고용촉진을 위한 취업알선 기관 사이의 취업알선전산망 구축 · 관리, 홍보 · 교육 및 장애인 기능경기 대회 등 관련 사업
> ㉨ 장애인 고용촉진 및 직업재활과 관련된 공공기관 및 민간 기관 사이의 업무 연계 및 지원
> ㉩ 장애인 고용에 관한 국제 협력
> ㉪ 그 밖에 장애인의 고용촉진 및 직업재활을 위하여 필요한 사업 및 고용노동부장관 또는 중앙행정기관의 장이 위탁하는 사업
> ㉫ ㉠~㉪까지의 사업에 딸린 사업

Answer 29.③ 30.③

31 직업재활의 과정을 순서대로 나열한 것은?

ㄱ 직업소개   ㄴ 직업훈련

ㄷ 직업재활상담   ㄹ 직능평가

ㅁ 직업전 훈련   ㅂ 추후지도

① ㄱ→ㄴ→ㄷ→ㅁ→ㅂ→ㄹ

② ㄱ→ㅁ→ㄹ→ㄴ→ㄷ→ㅂ

③ ㄷ→ㄹ→ㅁ→ㄴ→ㄱ→ㅂ

④ ㄹ→ㄴ→ㅁ→ㄱ→ㄷ→ㅂ

TIP 장애인 직업재활의 과정

ㄱ 직업재활상담

ㄴ 직능평가 : 장애인의 신체적 · 정신적 · 직업적 능력이나 가능성에 대해 적성검사, 작업검사 등을 통해 종합적 직능평가를 내림

ㄷ 직업전 훈련 : 특정의 직업을 위한 직업훈련과는 달리 직업인으로서의 기본적인 훈련이나 작업습관의 향상을 위한 훈련을 실시

ㄹ 직업훈련 : 직종을 선정하여 정규의 직업훈련을 실시

ㅁ 직업소개 : 적당한 직장을 소개하여 취직을 알선

ㅂ 추후지도 : 취직이 된 후에도 일정기간 적응에 도움을 줄 수 있는 원조를 제공

32 「장애인차별금지 및 권리구제 등에 관한 법률」상 금지하는 차별에 해당될 수 있는 경우를 모두 고른 것은?

ㄱ 정당한 사유 없이 장애인에 대하여 정당한 편의 제공을 거부한 경우

ㄴ 정당한 사유 없이 장애인에 대한 제한 · 배제 · 분리 · 거부 등 불리한 대우를 표시 · 조장하는 광고를 직접 행하는 경우

ㄷ 장애인보조기구의 정당한 사용을 방해하는 경우

ㄹ 보조견의 정당한 사용을 방해하는 경우

① ㄱ, ㄴ, ㄷ

② ㄱ, ㄷ, ㄹ

③ ㄴ, ㄹ

④ ㄱ, ㄴ, ㄷ, ㄹ

TIP 모두 차별에 해당된다.

Answer 31.③ 32.④

33 장애인연금에 대한 설명으로 옳은 것은?

① 모든 장애인의 노후생활을 보장하기 위해 연금을 제공한다.

② 급여 선정기준으로 연령기준은 활용되지만 소득기준은 활용되지 않는다.

③ 보건복지부장관은 수급자에 대한 장애인연금 지급의 적정성을 확인하기 위하여 매년 연간조사계획을 수립하고, 필요한 사항을 조사하여야 한다.

④ 연령에 따라 기초급여와 부가급여가 차등적으로 지급된다.

> **TIP** ①② 수급권자는 18세 이상의 중증장애인으로서 소득인정액이 그 중증장애인의 소득·재산·생활수준과 물가상승률 등을 고려하여 보건복지부장관이 정하여 고시하는 금액 이하인 사람으로 한다〈장애인연금법 제4조 제1항〉.
> ④ 부가급여는 연령에 따라 차등적으로 지급되지만(장애인연금법 시행령 제6조 별표1 참고) 기초급여는 연령에 따라 차등 지급되지 않는다. 다만 기초급여는 수급권자와 그 배우자가 모두 기초급여를 받는 경우(장애인연금법 제6조 제3항 참고)와 소득인정액과 기초급여액을 합한 금액이 선정기준액 이상이 되는 경우(장애인연금법 제6조 제4항 참고)에 일부 감액하여 지급할 수 있다.

34 가족복지에 대한 설명으로 옳지 않은 것은?

① 가족복지는 가족의 행복을 유지시키고 가족생활을 보장하는 사회적 제노력을 말한다.

② 가족복지의 기능에는 의뢰적·조정적·개발적·회복적 기능이 있다.

③ 현대의 가족복지는 가족 내의 문제를 개개인의 문제로 독립하여 접근한다.

④ 가족문제의 분석법으로서 가장 총체적인 것은 역동적 분석접근방법이다.

> **TIP** ③ 가족은 하나의 유기체로서 가족구성원의 문제는 가족 전체의 문제로 파악하여 진단과 치료를 하게 되는데, 이는 한 가족구성원의 지위나 역할, 태도 등이 필연적으로 다른 가족구성원과 가족 전체에 관련되기 때문이다.

35 자원봉사활동의 기본적 원칙에 해당하지 않는 것은?

① 비조직성   ② 무보수성

③ 자아실현성   ④ 공공성

> **TIP** 자원봉사활동의 원칙 … 자아실현성, 자발성 및 자주성, 무보수성, 이타성, 사회성, 공동체성, 공공성, 민주성, 개척성 및 지속성

Answer   33.③   34.④   35.①

36 가족복지기관이 공공부조나 가족치료 등의 직접 원조를 통해 가족기능을 발휘하도록 원조하는 가족복지기능은?

① 의뢰적 기능 ② 조정적 기능

③ 개발적 기능 ④ 회복적 기능

TIP 가족복지의 기능
- ㉠ 의뢰적(송치적) 기능 : 가족문제에 대해 가장 효과적인 서비스를 줄 수 있는 지역사회의 자원을 발견하여 사례를 소개·활용
- ㉡ 조정적 기능 : 가족복지기관이 가족 전체에게 가족으로서의 원만한 기능을 회복할 수 있도록 직접 서비스를 제공
- ㉢ 개발적 기능 : 지역사회활동이나 소집단활동 등 제반활동을 통해서 대상가족의 모든 가족성원이 그 지위에 알맞은 역할을 실행하는 기회, 능력, 태도를 발전·촉진시키는 기능
- ㉣ 회복적 기능 : 빈곤·실업·약물중독·부부불화 등의 장애요인을 가진 가족을 직접 원조하여 정상적인 가족기능을 회복시키는 것을 목적으로 하는데 이러한 목적을 달성하기 위한 방법으로는 공공부조에 의한 원조나 아동상담소, 직업지도, 주택알선, 가정지도, 가족계획지도, 가족치료 등이 있음

37 home−maker service에 대한 설명 중 옳은 것은?

① 유기나 학대받는 아동을 위하여 도움을 제공하는 특수한 아동복지서비스이다.

② 가정이 위기에 처했을 때 그 가사 전반을 돌보게 하여 건전한 가족생활을 유지하고자 하는 서비스이다.

③ 아동이 자신의 가정을 완전히 떠나서 다른 가족에 의해서 아동을 보호하는 서비스이다.

④ 낮 동안에 그들의 부모가 아닌 타인에 의해서 보호를 받아야 하는 아동들에게 주어지는 서비스이다.

TIP 홈메이커서비스(home−maker service) … 가정이 위기에 처했을 때 그 가사 전반을 돌보게 하여 건전한 가족생활을 유지하는 데에 도움을 주는 것을 말한다. 즉, 어머니가 부재하거나 가정에 도움이 필요한 상황에서 어머니의 역할을 맡을 수 있도록 하고 기관에서 훈련받은 자를 고용하여 가정에 위탁하는 서비스를 의미한다.

Answer 36.④ 37.②

38 가족치료의 개념으로 옳은 것은?

① 개인의 행동변화를 촉진시키는 데 그 목적을 두고 있다.

② 직무상의 관계로 인해 획득한 클라이언트에 대한 비밀상황은 누설해서는 안된다.

③ 가족을 한 단위로 보고 가족 내에 존재하는 역기능적인 요소들을 수정 또는 변화시킴으로서 가족의 원기능을 회복시켜 주는 것이다.

④ 사회사업의 한 방법으로서 집단에 속하는 개인이 프로그램 활동을 통해 상호작용을 지도하는 전문가의 도움으로 그들의 필요와 능력에 따라 타인과의 관계나 성장의 기회를 경험하게 한다.

> **TIP** 가족치료의 개념 … 치료자가 전가족체계를 치료의 대상으로 여기고 실시하는 모든 형태의 치료를 말하는데, 가족구성원들이 병리적 방어기제를 사용하는 대신에 건전한 적응방법의 발달을 통하여 적응능력을 기르고 가족구성원 사이와 대인관계에 병리적 요소를 약화시켜 건전한 가족의 원기능을 회복시켜 주는 것이다.

39 여성복지의 개념이 아닌 것은?

① 양성의 평등에 준거를 두고 있다.

② 여성에 관한 사회반전을 포함한다.

③ 선별적 개념에서 보편주의 성격을 가진다.

④ 불우하거나 학대받는 여성만을 대상으로 한다.

> **TIP** 여성복지 … 현존하는 여성 억압 및 성차별문제를 해결하여 모든 여성의 복리를 증진시키려는 사회복지의 한 전문분야이다.

40 청소년 비행 또는 범죄를 재사회화시키는 분야는?

① 아동복지　　　　　　　② 교정복지
③ 산업복지　　　　　　　④ 의료복지

> **TIP** 교정복지 … 사회적응에 실패한 범죄자 및 비행청소년들의 갱생을 도와주는 것으로 범죄자 및 비행청소년들의 사회적 적응능력을 배양시켜 재범을 방지하고 원만한 사회복귀를 돕는 정책적 처우 및 조직적 서비스지원활동이다.

Answer　38.③　39.④　40.②

41 「한부모가족지원법」에 의한 국가와 지방자치단체의 한부모가족에 대한 복지 조치에 해당하지 않는 것은?

① 영양·건강에 대한 교육, 건강검진 등의 의료서비스를 지원할 수 있다.

② 아동교육비, 의료비, 주택자금 등의 복지자금을 대여할 수 있다.

③ 청소년 한부모가 학업을 할 수 있도록 교육비 등을 지원할 수 있다.

④ 공공시설에 매점을 허가할 경우 한부모가족에게 우선적으로 허가할 수 있다.

TIP 「한부모가족지원법」 제2장 복지의 내용과 실시에는 국가와 지방자치단체의 한부모가족에 대한 복지 조치로 지원대상자조사, 복지급여의 신청, 복지급여수급계좌, 복지 자금의 대여, 고용의 촉진, 고용지원 연계, 공공시설에 매점 및 시설 설치, 시설 우선이용, 가족지원서비스, 청소년 한부모에 대한 교육 지원, 자녀양육비 이행지원, 청소년 한부모의 자립지원 및 건강진단, 미혼모 등의 건강관리 등 지원, 아동·청소년 보육·교육, 국민주택의 분양 및 임대, 한부모가족 상담전화의 설치 등이 규정되어 있다.

42 다음 중 의료사회사업의 내용이 아닌 것은?

① 의사나 의료팀에 대한 원조서비스를 제공한다.

② 지역사회의 제자원을 활용한다.

③ 심리사회적 치료자로서의 역할을 수행한다.

④ 의료팀의 일원으로 활동하는 종합병원 중심의 사회사업이다.

TIP 의료사회사업 … 의료팀(medical team)의 일원으로 사회복지의 전문적인 입장에서 질병의 원인이 될 수도 있고 치료에 장애가 되는 심리사회적인 문제들을 해결하도록 도와주는 의료서비스이며, 환자가 퇴원 후에도 정상적인 사회기능을 하도록 환자뿐만 아니라 가족들에게도 전문적인 서비스를 제공하는 영역이다.

43 재가복지서비스에 포함되지 않는 것은?

① 방문간호서비스

② 가사지원서비스

③ 시설보호서비스

④ 식사서비스

TIP 재가복지서비스에는 방문간호서비스, 가사지원서비스, 식사서비스, 목욕서비스 등이 있다.

Answer 41.① 42.④ 43.③

44 정신보건사회복지사의 역할이 아닌 것은?

① 이용 가능한 제자원과 지역사회자원의 매개역할을 한다.

② 정신의료사회사업가의 1차적인 역할은 의학적 치료를 수행하는 데 있다.

③ 치료팀의 활동에 참여해 조사 · 진단 · 계획 · 치료 및 사후보조에 있어 수평적 입장에서 활동한다.

④ 가족들로 하여금 환자에게 고용, 주택, 재정적 자원 및 보호를 제공할 수 있도록 개별적으로 노력한다.

TIP 정신보건사회복지사의 역할은 환자가 사회에 적응할 수 있도록 영향력을 행사하여 환자로 하여금 그가 가지고 있는 개인적 · 가족적 또는 사회적 문제들을 해결하도록 도와주는 데 있다.
② 정신보건사회복지사의 역할은 의학적 치료나 심리적 검사를 행하는 데 있지 않다.

45 자원봉사활동에 관한 내용으로 옳지 않은 것은?

① 기본적 인권에 기반을 둔다.

② 사회제도와 사회개혁에 역점을 둔다.

③ 시민적 성격을 견지한다.

④ 공공성과 사회성을 가져야 한다.

TIP 자원봉사활동은 사회 여러 문제의 예방과 그 해결을 위해 개인이 자신의 자유의지에 따라 조직체와 관계하여 무보수로 일하는 자발적 활동이다. 따라서 사회제도와 사회개혁과는 거리가 멀다.

46 자원봉사활동의 특성에 해당하지 않는 것은?

① 무보수성   ② 자아실현성

③ 접근편의성   ④ 사회성

TIP 자원봉사활동
㉠ 개념 : 사회 제문제의 예방과 해결을 위해 자발적으로 자원봉사기관에서 비공식 · 공식적으로 계획되고 의도된 실천노력
㉡ 특성 : 자아실현성, 자발성, 무보수성, 이타성, 사회성, 공동체성, 공공성, 개척성, 지속성 등

Answer   44.②   45.②   46.③

행정법총론

01. 행정법 서론

02. 일반행정작용법

03. 행정의 실효성 확보수단

04. 행정구제법

01 행정법 서론

❶ 행정의 의의

행정이란 공익을 증진시키고 공공문제를 해결하기 위해 공공정책을 형성하고 집행하는 공공부분의 활동을 말한다. 행정의 개념에는 법치주의과 권력분립의 원칙이 전제되어 있다.

(1) 형식적 의미의 행정

① 권한을 행사하는 국가기관을 기준으로 하여 정립한 개념으로 실정법상 행정부에서 행하는 모든 작용이 여기에 해당한다.

② 행정부에서 행해지는 국가작용은 그것이 성질상 입법·사법에 해당하더라도 모두 형식적 의미의 행정이 된다.

(2) 실질적 의미의 행정

국가작용의 성질상의 차이를 전제로 그 성질에 따라 입법, 사법과 구별되는 의미에서의 행정개념을 말한다(입법-법 정립작용, 사법-법 선언작용, 행정-법 집행작용).

(3) 형식적·실질적 의미의 입법·행정·사법(형식적-담당기관 중심, 실질적-행정작용 중심)

> - 국회의 성문법규 정립작용(형식적-입법, 실질적-입법)
> - 국회사무총장의 직원임명(형식적-입법, 실질적-행정)
> - 국회의원에 대한 징계(형식적-입법, 실질적-사법)
> - 대통령령 및 부령의 제정(형식적-행정, 실질적-입법)
> - 법집행작용(행정대집행, 집회의 금지통고)(형식적-행정, 실질적-행정)
> - 행정심판재결, 경찰서장의 통고처분(범직금 부과) (형식적-행정, 실질적-사법)
> - 대법원 규칙제정(형식적-사법, 실질적-입법)
> - 일반 법관의 임명, 등기업무(형식적-사법, 실질적-행정)
> - 재판작용(형식적-사법, 실질적-사법)
> - 대통령의 사면(형식적-행정, 실질적-사법)
> - 소청심사위원회의 결정, 토지수용위원회의 수용재결(형식적-행정, 실질적-사법)

❷ 통치행위

(1) 의의

① 통치행위는 법률적 판단이 가능함에도 불구하고 고도의 정치성으로 인하여 사법 심사의 대상에서 제외되는 국가작용을 말한다. 입법·사법·행정과는 다른 제4의 국가작용이라고도 한다.

② 통치행위 개념의 인정여부와 관련하여 긍정설(재량행위설, 권력분립설, 사법부자제설)과 부정설의 견해 대립이 있다.

  cf▸ 프랑스의 경우 최고행정재판소인 꽁세유데따(국참사원)의 판례를 통해 인정되어 왔다.

(2) 우리나라의 통치행위

① **근거규정** : 현행 헌법은 국회의원의 자격심사와 징계에 대해 사법심사를 배제하고 있다(헌법 제64조 제4항).

  cf▸ 지방의원의 징계는 국회의원과 달리 법원에 지방의회를 피고로 하여 제소가 가능하다.

② **헌법재판소 판례**

  ㉠ 대통령의 긴급재정경제명령은 국가긴급권의 일종으로서 고도의 정치적 결단에 의하여 발동되는 행위이고 그 결단을 존중하여야 할 필요성이 있는 행위라는 의미에서 이른바 통치행위에 속한다고 할 수 있으나, 통치행위를 포함하여 모든 국가작용은 국민의 기본권적 가치를 실현하기 위한 수단이라는 한계를 반드시 지켜야 하는 것이고, 헌법재판소는 헌법의 수호와 국민의 기본권보장을 사명으로 하는 국가기관이므로 비록 고도의 정치적 결단에 의하여 행해지는 국가작용이라고 할지라도 그것이 국민의 기본권 침해와 직접 관련되는 경우에는 당연히 헌법재판소의 심판대상이 된다(헌재 1996. 2.29. 93헌마186).

  ㉡ 외국에의 국군의 파견결정은 고도의 정치적 결단이 요구되는 사안이다. 우리 헌법은 그 권한을 국민으로부터 직접 선출되고 국민에게 직접 책임을 지는 대통령에게 부여하고 그 권한행사에 신중을 기하도록 하기 위해 국회로 하여금 파병에 대한 동의여부를 결정할 수 있도록 하고 있는바, 현행 헌법이 채택하고 있는 대의민주제 통치구조 하에서 대의기관인 대통령과 국회의 그와 같은 고도의 정치적 결단은 가급적 존중되어야 한다. 이 사건 파견결정은 그 성격상 국방 및 외교에 관련된 고도의 정치적 결단을 요하는 문제로서, 헌법과 법률이 정한 절차를 지켜 이루어진 것임이 명백하므로, 대통령과 국회의 판단은 존중되어야 하고 헌법재판소가 사법적 기준만으로 이를 심판하는 것은 자제되어야 한다(헌재 2004.4.29. 2003헌마814).

  ㉢ 신행정수도건설이나 수도이전의 문제를 국민투표에 붙일지 여부에 관한 대통령의 의사결정이 사법심사의 대상이 될 경우 위 의사결정은 고도의 정치적 결단을 요하는 문제여서 사법심사를 자제함이 바람직하다. 그러나 대통령의 위 의사결정이 국민의 기본권침해와 직접 관련되는 경우에는 헌법재판소의 심판대상이 될 수 있고, 이에 따라 위 의사결정과 관련된 법률도 헌법재판소의 심판대상이 될 수 있다(헌재 2004.10.21. 2004헌마554).

ㄹ 한미연합 군사훈련은 1978. 한미연합사령부의 창설 및 1979. 2. 15. 한미연합연습 양해각서의 체결 이후 연례적으로 실시되어 왔고, 특히 이 사건 연습(전시증원연습)은 대표적인 한미연합 군사훈련으로서, 피청구인이 2007. 3.경에 한 이 사건 연습결정이 새삼 국방에 관련되는 고도의 정치적 결단에 해당하여 사법심사를 자제하여야 하는 통치행위에 해당된다고 보기 어렵다(헌재 2009.5.28. 2007헌마369).

③ 대법원 판례

ㄱ 군사시설보호법에 의한 군사시설보호구역의 설정, 변경 또는 해제와 같은 행위는 행정청에 의한 공법행위라는 점에서는 넓은 의미의 행정행위라고 할 것이나 이는 행정입법행위 또는 통치행위라는 점에서 협의의 행정행위와 구별된다(대판 1983.6.14. 83누43).

ㄴ 대통령의 비상계엄의 선포나 확대 행위는 고도의 정치적·군사적 성격을 지니고 있는 행위라 할 것이므로, 그것이 누구에게도 일견하여 헌법이나 법률에 위반되는 것으로서 명백하게 인정될 수 있는 등 특별한 사정이 있는 경우라면 몰라도, 그러하지 아니한 이상 그 계엄선포의 요건 구비 여부나 선포의 당·부당을 판단할 권한이 사법부에는 없다고 할 것이나, 비상계엄의 선포나 확대가 국헌문란의 목적을 달성하기 위하여 행하여진 경우에는 법원은 그 자체가 범죄행위에 해당하는지의 여부에 관하여 심사할 수 있다(대판 1997.4.17. 96도3376).

ㄷ 남북정상회담의 개최는 고도의 정치적 성격을 지니고 있는 행위라 할 것이므로 특별한 사정이 없는 한 그 당부를 심판하는 것은 사법권의 내재적·본질적 한계를 넘어서는 것이 되어 적절하지 못하지만, 남북정상회담의 개최과정에서 재정경제부장관에게 신고하지 아니하거나 통일부장관의 협력사업 승인을 얻지 아니한 채 북한 측에 사업권의 대가 명목으로 송금한 행위 자체는 헌법상 법치국가의 원리와 법 앞에 평등원칙 등에 비추어 볼 때 사법심사의 대상이 된다(대판 2004.3.26. 2003도7878).

ㄹ 서훈취소는 서훈수여의 경우와는 달리 이미 발생된 서훈대상자 등의 권리 등에 영향을 미치는 행위로서 관련 당사자에게 미치는 불이익의 내용과 정도 등을 고려하면 사법심사의 필요성이 크다. 따라서 기본권의 보장 및 법치주의의 이념에 비추어 보면, 비록 서훈취소가 대통령이 국가원수로서 행하는 행위라고 하더라도 법원이 사법심사를 자제하여야 할 고도의 정치성을 띤 행위라고 볼 수는 없다(대판 2015.4.23. 2012두26920).

(3) 관련문제

① **통치행위의 행위주체**: 대통령과 국회(헌재 2004.4.29. 2003헌마814)이다.

② **판단의 주체**: 통치행위 여부에 대한 판단은 오로지 사법부만에 의하여 이루어져야 하는 것이다(대판 2004. 3.26. 2003도7878).

③ **한계**

ㄱ 통치행위는 헌법상의 국민주권주의, 비례의 원칙 등에 위배되지 않게 행사되어야 한다.
ㄴ 행정에 대한 사법적 통제와 국민의 재판청구권 보장을 위해 매우 제한적으로 인정되어야 한다.

④ 통제
　　㉠ 대법원은 통치행위가 사법심사의 대상이 아니라고 판시하고 있으나(통치행위에 대한 소송은 각하), 헌법
　　　재판소는 통치행위가 국민의 기본권 침해와 직접 관련되는 경우에는 당연히 심판대상이 되는 것으로 보
　　　고 있다.
　　㉡ 정치적 책임은 면할 수 없다.

❸ 행정의 분류

(1) 주체에 의한 분류 : 국가행정, 자치행정, 위임행정

(2) 목적(내용)에 의한 분류 : 질서행정, 계획행정, 급부행정, 유도행정, 공과행정, 조달행정

(3) 수단에 의한 분류

① **권력행정**(본래적 행정) : 행정주체가 우월적 지위에서 국민에 대해 일방적으로 명령·강제하는 행정

② **관리행정** : 행정주체가 공기업·공물 등의 관리주체로서 행하는 작용

③ **국고행정** : 행정주체와 국민이 대등한 관계를 전제로 사법형식으로 행하는 행정

(4) 법적 효과에 의한 분류

① **침해행정** : 자유와 권리를 침해·제한하거나 새로운 의무를 부담하게 하는 행정

② **급부행정** : 제한되어 있던 자유를 회복시키거나 새로운 권리·이익을 부여하는 행정

③ **복효적 행정**(이중효과적 행정, 제3자효 행정) : ㉠ 하나의 행정행위가 한 사람에게는 수익적이나 다른 사람
　에게는 침익적인 경우 또는 ㉡ 한 사람에게 수익적 효과와 침익적 효과가 동시에 발생하는 행정

❹ 행정법의 의의

① 행정법은 행정의 조직·작용 및 구제에 관한 국내 공법을 말한다.

② 법치주의 사상의 확립으로 인하여 행정도 법률에 근거하여서만 행해져야 하고, 이를 위해 행정을 규율하는
　법인 행정법이 성립하게 되었다.

③ 프랑스는 최고행정재판소인 꽁세유데따(국참사원)의 판례를 통해 행정법이 성립하게 되었다. 블랑꼬 판결을
　통해 최초로 공역무 관념을 중심으로 행정법의 범위가 결정되었다.

④ 우리나라는 ㉠ 행정법의 특수성을 인정하고 있고, ㉡ 대륙법계 국가로서 공법과 사법을 구별하고 있으며, ㉢ 행정사건도 일반법원에서 재판하고 있다.

ᴄᖴ 대륙법계국가(독일,프랑스) : 행정법의 특수성 인정, 공 · 사법구별 긍정, 행정사건을 행정재판소에서 재판 / 영미법계국가 (영국,미국) : 행정법의 특수성 인정, 공 · 사법구별 부정, 행정사건도 일반법원에서 재판

❺ 법치행정의 원리

(1) 의의

행정작용은 법률에 위반되어서는 아니 되며, 국민의 권리를 제한하거나 의무를 부과하는 경우와 그 밖에 국민생활에 중요한 영향을 미치는 경우에는 법률에 근거하여야 한다는 원칙을 의미한다(행정기본법 제8조). 헌법상 법치주의가 행정 분야에 적용된 것이 법치행정의 원리이다.

(2) 내용

① **법률의 법규창조력 :** 국민의 권리 · 의무관계에 구속력을 가지는 법규를 창조하는 힘은 국민의 대표기관인 의회에서 제정한 법률만이 가진다는 원칙을 말한다. 오늘날 행정 국가화 경향으로 적용영역이 축소되고 있다.

② **법률우위의 원칙 :** 행정은 법률에 위반해서는 안 된다는 원칙으로 법률우위의 원칙에 위반한 행정작용은 그 효력이 부인된다. 행정의 모든 영역에서 예외 없이 인정되는 원칙이다.

> **판례**
>
> 하위법령의 규정이 상위법령의 규정에 저촉되는지 여부가 명백하지 아니한 경우에, 관련 법령의 내용과 입법 취지 및 연혁 등을 종합적으로 살펴 하위법령의 의미를 상위법령에 합치되는 것으로 해석하는 것도 가능한 경우라면, 하위법령이 상위법령에 위반된다는 이유로 쉽게 무효를 선언할 것은 아니다(대판 2019.5.16. 2017두45698).
>
> **동지판례** 대판 2019.7.10. 2016두61051

③ **법률유보의 원칙**

　㉠ 의의

　　• 국민의 권리를 제한하거나 의무를 부과하는 경우와 국민생활에 중요한 영향을 미치는 경우에는 법률에 근거하여야 한다는 원칙이다. 여기에서의 법률은 국회에서 제정한 형식적 의미의 법률을 말한다.

- **법률우위의 원칙**은 모든 행정작용이 법률에 위반해서는 안 된다는 법치주의의 <u>소극적 측면</u>에 관한 것이고, <u>법률유보의 원칙</u>은 행정기관이 적극적으로 행위를 할 수 있게 하는 법적근거에 관한 것으로 법치주의의 <u>적극적 측면</u>에 관한 것이다.
- 헌법 제37조 제2항은 "국민의 모든 자유와 권리는 … 법률로써 제한할 수 있으며"라고 하여 법률유보원칙을 규정하고 있다. 여기서 '법률'이란 국회가 제정한 형식적 의미의 법률을 말한다. 입법자는 행정부로 하여금 규율하도록 입법권을 위임할 수 있으므로, 법률에 근거한 행정입법에 의해서도 기본권 제한이 가능하다. 즉 <u>기본권 제한에 관한 법률유보원칙은 '법률에 의한 규율'을 요청하는 것이 아니라 '법률에 근거한 규율'을 요청하는 것이므로</u>, 기본권 제한에는 법률의 근거가 필요할 뿐이고 기본권 제한의 형식이 반드시 법률의 형식일 필요는 <u>없으므로</u>(헌재 2005. 5.26. 99헌마513), <u>법규명령, 규칙, 조례 등 실질적 의미의 법률을 통해서도 기본권 제한이 가능하다</u>(헌재 2013. 7.25. 2012헌마167).
- <u>오늘날의 법률유보원칙은 단순히 행정작용이 법률에 근거를 두기만 하면 충분한 것이 아니라, 국가공동체와 그 구성원에게 기본적이고도 중요한 의미를 갖는 영역, 특히 국민의 기본권 실현에 관련된 영역에 있어서는 행정에 맡길 것이 아니고 국민의 대표자인 입법자 스스로 그 본질적 사항에 대하여 결정하여야 한다는 요구, 즉 의회유보원칙까지 내포하는 것으로 이해되고 있다.</u> 여기서 어떠한 사안이 국회가 형식적 법률로 스스로 규정하여야 하는 본질적 사항에 해당되는지는, 구체적 사례에서 관련된 이익 내지 가치의 중요성, 규제 또는 침해의 정도와 방법 등을 고려하여 개별적으로 결정하여야 하지만, <u>규율대상이 국민의 기본권과 관련한 중요성을 가질수록 그리고 그에 관한 공개적 토론의 필요성 또는 상충하는 이익 사이의 조정 필요성이 클수록, 그것이 국회의 법률에 의하여 직접 규율될 필요성은 더 증대된다.</u> 따라서 국민의 권리·의무에 관한 기본적이고 본질적인 사항은 국회가 정하여야 하고, 헌법상 보장된 국민의 자유나 권리를 제한할 때에는 적어도 그 제한의 본질적인 사항에 관하여 국회가 법률로써 스스로 규율하여야 한다. <u>법률의 시행령은 모법인 법률에 의하여 위임받은 사항이나 법률이 규정한 범위 내에서 법률을 현실적으로 집행하는 데 필요한 세부적인 사항만을 규정할 수 있을 뿐, 법률에 의한 위임이 없는 한 법률이 규정한 개인의 권리·의무에 관한 내용을 변경·보충하거나 법률에 규정되지 아니한 새로운 내용을 규정할 수는 없다.</u> 법외노조 통보는 적법하게 설립된 노동조합의 법적 지위를 박탈하는 중대한 침익적 처분으로서 원칙적으로 국민의 대표자인 입법자가 스스로 형식적 법률로써 규정하여야 할 사항이고, 행정입법으로 이를 규정하기 위하여는 반드시 법률의 명시적이고 구체적인 위임이 있어야 한다. 그런데 <u>노동조합 및 노동관계조정법 시행령 제9조 제2항은 법률의 위임 없이 법률이 정하지 아니한 법외노조 통보에 관하여 규정함으로써 헌법상 노동3권을 본질적으로 제한하고 있으므로 그 자체로 무효이다</u>(대판 2020. 9. 3. 2016두32992(전합)).

ⓛ **적용범위**

- 종래에는 법률 유보의 범위를 침해적 행정에 한정하여 왔으나 오늘날에는 그 범위를 확대해가고 있다.
- 학설은 침해적 행정 이외의 행위와 특별권력관계 내부에서는 법률유보원칙이 적용되지 않는다는 침해유보설, 모든 행정작용에는 법률의 근거가 필요하다는 전부유보설, 국민의 기본권 실현과 공익에 있어 가장 중요하고 본질적인 사항은 법률에 근거가 있어야 한다는 중요사항유보설(본질성설, 의회유보설)이 있다.
- 판례는 중요사항유보설(본질성설, 의회유보설)을 취하고 있다.

- 오늘날 법률유보원칙은 단순히 행정작용이 법률에 근거를 두기만 하면 충분한 것이 아니라, 국가공동체와 그 구성원에게 기본적이고도 중요한 의미를 갖는 영역, 특히 국민의 기본권실현과 관련된 영역에 있어서는 국민의 대표자인 입법자가 그 본질적 사항에 대해서 스스로 결정하여야 한다는 요구까지 내포하고 있다(의회유보원칙). 그런데 텔레비전방송수신료는 대다수 국민의 재산권 보장의 측면이나 한국방송공사에게 보장된 방송자유의 측면에서 국민의 기본권실현에 관련된 영역에 속하고, 수신료금액의 결정은 납부의무자의 범위 등과 함께 수신료에 관한 본질적인 중요한 사항이므로 국회가 스스로 행하여야 하는 사항에 속하는 것임에도 불구하고 한국방송공사법 제36조 제1항에서 국회의 결정이나 관여를 배제한 채 한국방송공사로 하여금 수신료금액을 결정해서 문화관광부장관의 승인을 얻도록 한 것은 법률유보원칙에 위반된다(헌재 1999. 5.27. 98헌바70).

> **비교판례**
>
> 수신료 징수업무를 한국방송공사가 직접 수행할 것인지 제3자에게 위탁할 것인지, 위탁한다면 누구에게 위탁하도록 할 것인지, 위탁받은 자가 자신의 고유업무와 결합하여 징수업무를 할 수 있는지는 징수업무 처리의 효율성 등을 감안하여 결정할 수 있는 사항으로서 국민의 기본권제한에 관한 본질적인 사항이 아니라 할 것이다. 따라서 방송법 제64조 및 제67조 제2항은 법률유보의 원칙에 위반되지 아니한다(헌재 2008. 2.28. 2006헌바70).

- 고급주택, 고급오락장이 무엇인지 하는 것은 취득세 중과세요건의 핵심적 내용을 이루는 본질적이고도 중요한 사항이다. 그러므로 심판대상조항들이 고급주택, 고급오락장의 기준과 범위를 대통령령에 위임함에 있어서는 위임의 요건과 범위를 보다 구체적이고 명확히 하지 않으면 헌법상의 조세법률주의와 포괄위임입법금지원칙의 요청에 부응할 수 없다 할 것이다(헌재 1998. 7.16. 96헌바52).
- 병의 복무기간은 국방의무의 본질적 내용에 관한 것이어서 이는 반드시 법률로 정하여야 할 입법사항에 속한다고 풀이할 것인바 육군본부 방위병소집복무해제규정 제23조가 질병휴가, 청원휴가, 각종사고(군무이탈, 구속, 영창, 징역, 유계결근), 1일 24시간 이상 지각, 조퇴한 날, 전속 및 보직변경에 따른 출발일자부터 일보변경 전일까지의 기간 등을 복무에서 제외한다고 규정하여 병역법 제25조 제3항이 규정하지 아니한 구속 등의 사유를 복무기간에 산입하지 않도록 규정한 것은 병역법에 위반하여 무효라고 할 것이다(대판 1985. 2.28. 85초13).
- 자산의 취득 및 양도 시기는 양도소득세 납세의무의 존부 및 성립시기 등을 결정하는데 있어 중요한 사항 내지 본질적 내용이므로, 조세법률주의를 규정한 헌법 제38조 및 제59조의 요청에 따라 그 내용이 법률로써 가능한 한 구체적이고 명확하게 규정되어야 한다(헌재 2015. 7.30. 2013헌바204).
- 토초세법상의 기준시가는 토초세의 과세대상 및 과세표준이 되는 토지초과이득의 존부와 범위를 결정하는 지표가 된다는 점에서, 국민의 납세의무의 성부 및 범위와 직접적인 관계를 가지고 있는 중요한 사항이므로, 기준시가의 산정기준이나 방법 등을 하위법규에 백지위임하지 아니하고 그 대강이라도 토초세법 자체에서 직접 규정해 두는 것이, 국민생활의 법적 안정성과 예측가능성을 도모한다는 측면에서 보아 보다 더 합리적이고도 신중한 입법태도일 것이다. 뿐만 아니라 앞서 본 조세법률주의, 위임입법의 한계 등을 규정하고 있는 헌법에도 합치하는 것이라 할 것이다(헌재 1994. 7.29. 92헌바49).

- 甲 광역시의회가 '상임(특별)위원회 행정업무보조 기간제근로자 42명에 대한 보수 예산안'을 포함한 2012년도 광역시 예산안을 재의결하여 확정한 사안에서, 위 근로자의 담당 업무, 채용규모 등을 종합해 보면, 지방의회에서 위 근로자를 두어 의정활동을 지원하는 것은 실질적으로 유급보좌인력을 두는 것과 마찬가지여서 개별 지방의회에서 정할 사항이 아니라 국회의 법률로 규정하여야 할 입법사항에 해당하는데, 지방자치법이나 다른 법령에 위 근로자를 지방의회에 둘 수 있는 법적 근거가 없으므로, 위 예산안 중 '상임(특별)위원회 운영 기간제근로자 등 보수' 부분은 법령 및 조례로 정하는 범위에서 지방자치단체의 경비를 산정하여 예산에 계상하도록 한 지방재정법 제36조 제1항의 규정에 반하고, 이에 관하여 한 재의결은 효력이 없다(대판 2013. 1.16. 2012추84).

- 법인세, 종합소득세와 같이 납세의무자에게 조세의 납부의무뿐만 아니라 스스로 과세표준과 세액을 계산하여 신고하여야 하는 의무까지 부과하는 경우에는 신고의무 이행에 필요한 기본적인 사항과 신고의무불이행시 납세의무자가 입게 될 불이익 등은 납세의무를 구성하는 기본적, 본질적 내용으로서 법률로 정하여야 한다(대판 2015. 8.20. 2012두23808(전합)).

- 법률이 자치적인 사항을 정관에 위임할 경우 원칙적으로 헌법상의 포괄위임입법금지원칙이 적용되지 않는다 하더라도, 그 사항이 국민의 권리·의무에 관련되는 것일 경우에는, 적어도 국민의 권리와 의무의 형성에 관한 사항을 비롯하여 국가의 통치조직과 작용에 관한 기본적이고 본질적인 사항은 반드시 국회가 정하여야 할 것인바, 각 국가유공자 단체의 대의원의 선출에 관한 사항은 각 단체의 구성과 운영에 관한 것으로서, 국민의 권리와 의무의 형성에 관한 사항이나 국가의 통치조직과 작용에 관한 기본적이고 본질적인 사항이라고 볼 수 없으므로, 법률유보 내지 의회유보의 원칙이 지켜져야 할 영역이라고 할 수 없다. 따라서 각 단체의 대의원의 정수 및 선임방법 등은 정관으로 정하도록 규정하고 있는 국가유공자등단체설립에관한법률 제11조가 법률유보 혹은 의회유보의 원칙에 위배되어 청구인의 기본권을 침해한다고 할 수 없다(헌재 2006. 3.30. 2005헌바31).

- 도시정비법상 사업시행자에게 사업시행계획의 작성권이 있고 행정청은 단지 이에 대한 인가권만을 가지고 있으므로 사업시행자인 조합의 사업시행계획 작성은 자치법적 요소를 가지고 있는 사항이라 할 것이고, 이와 같이 사업시행계획의 작성이 자치법적 요소를 가지고 있는 이상, 조합의 사업시행인가 신청시의 토지 등 소유자의 동의요건 역시 자치법적 사항이라 할 것이며, 따라서 개정 도시정비법 제28조 제4항 본문이 사업시행인가 신청시의 동의요건을 조합의 정관에 포괄적으로 위임하고 있다고 하더라도 헌법 제75조가 정하는 포괄위임입법금지의 원칙이 적용되지 아니하므로 이에 위배된다고 할 수 없다(대판 2007.10.12. 2006두14476).

토지등소유자가 도시환경정비사업을 시행하는 경우 사업시행인가 신청시 필요한 토지등소유자의 동의는, 개발사업의 주체 및 정비구역 내 토지등소유자를 상대로 수용권을 행사하고 각종 행정처분을 발할 수 있는 행정주체로서의 지위를 가지는 사업시행자를 지정하는 문제로서, 그 동의요건을 정하는 것은 국민의 권리와 의무의 형성에 관한 기본적이고 본질적인 사항이므로 국회가 스스로 행하여야 하는 사항에 속하는 것임에도 불구하고, 사업시행인가 신청에 필요한 동의정족수를 토지등소유자가 자치적으로 정하여 운영하는 규약에 정하도록 한 것은 법률유보원칙에 위반된다(헌재 2012. 4. 24. 2010헌바1).

[형식적 법치주의와 실질적 법치주의 비교]

형식적 법치주의	실질적 법치주의
• 절차와 형식 중시	• 절차와 형식 및 내용 중시
• 행정에 대한 법률 우위	• 법률에 대한 헌법 우위
• 포괄적 위임입법의 인정	• 개별·구체적 범위에서 위임입법 인정
• 광범위한 자유재량의 존재	• 재량의 일탈·남용시 사법통제
• 국가의 손해배상책임의 부정	• 국가의 손해배상책임 긍정
• 행정소송의 열기주의	• 행정소송의 개괄주의
• 특별권력관계 내의 법치주의 적용 부정	• 특별권력관계 내의 법치주의 적용 긍정
• 침해유보설	• 법률유보의 원칙 확대(중요사항유보설)
• 자유권적 기본권 중시	• 사회권적 기본권 중시

cf> 행정유보 : 행정권이 입법권에 의한 제한을 받지 않고 스스로 규율할 수 있는 행정의 고유한 영역을 말한다. 침해유보설을 취하면 행정유보영역은 넓어지고, 전부유보설을 취하면 행정유보의 여지는 없어지게 된다.

❻ 행정법의 법원

(1) 의의

① 행정법의 존재형식을 말하며, 성문법원, 불문법원, 행정법의 일반원칙(조리)이 있다.

② 학설은 일반적으로 법규는 물론 행정사무의 기준이 되는 행정규칙도 법원으로 본다(광의설-행정기준설).

③ 행정절차법에 몇 개의 통칙적인 규정을 두고 있다가 최근 행정법의 일반법에 해당하는 행정기본법이 제정되어 시행되고 있다.

(2) 성문법원

① **헌법** : 국가의 기본조직과 작용에 관한 기본법이며 행정법의 최고법원이 된다.

② **법률** : 국회가 입법절차에 따라 제정한 형식적 의미의 법률을 말한다.

③ **명령**
   ㉠ **법규명령**
      • 국민의 권리와 의무를 규율하는 법규의 성질을 가지는 명령을 말한다.
      • 원칙적으로 명령은 법률 하위의 효력을 가지나, 긴급명령과 긴급재정·경제명령은 법률과 동일한 효력을 가진다.

- 위임여부에 따라 위임명령·집행명령, 주체에 따라 대통령령·총리령·부령으로 나뉜다.
- 중앙선거관리위원회 규칙, 대법원 규칙, 헌법재판소 규칙 등이 법규명령에 속한다(헌법이 아닌 감사원법에 규정된 감사원규칙도 법규명령으로 보는 것이 다수설)
  - ⓛ **행정규칙** : 행정기관 내부에서만 효력을 가질 뿐 국민에 대해 구속력을 갖지 않는다. 학설은 행정사무의 기준이 되는 행정규칙도 법원으로 본다(광의설–행정기준설).
④ **자치법규** : 지방자치단체가 자치입법권에 의하여 법령의 범위 내에서 제정하는 것으로, 지방의회가 제정하는 조례와 지방자치단체 장이 제정하는 규칙이 있다.

⑤ **조약과 국제법규**
  - ㉠ 헌법에 의하여 체결·공포된 조약과 일반적으로 승인된 국제법규는 국내법과 같은 효력을 갖는다(헌법 제6조 제1항). 일반적으로 승인된 국제법규를 국내에 적용하기 위해 별도의 입법절차는 필요하지 않다고 본다(일원설).

> **판례**
>
> '1994년 관세 및 무역에 관한 일반협정'(General Agreement on Tariffs and Trade 1994, 이하 'GATT'라 한다)은 1994. 12. 16. 국회의 동의를 얻어 같은 달 23. 대통령의 비준을 거쳐 같은 달 30. 공포되고 1995. 1. 1. 시행된 조약인 '세계무역기구(WTO) 설립을 위한 마라케쉬협정'(Agreement Establishing the WTO)(조약 1265호)의 부속 협정(다자간 무역협정)이고, '정부조달에 관한 협정'(Agreement on Government Procurement, 이하 'AGP'라 한다)은 1994. 12. 16. 국회의 동의를 얻어 1997. 1. 3. 공포시행된 조약(조약 1363호, 복수국가간 무역협정)으로서 각 헌법 제6조 제1항에 의하여 국내법령과 동일한 효력을 가지므로 지방자치단체가 제정한 조례가 GATT나 AGP에 위반되는 경우에는 그 효력이 없다(대판 2005. 9. 9. 2004추10).

  - ㉡ 회원국 정부의 반덤핑부과처분이 WTO 협정 위반이라는 이유만으로 사인(私人)이 직접 국내 법원에 회원국 정부를 상대로 그 처분의 취소를 구하는 소를 제기하거나 협정 위반을 처분의 독립된 취소사유로 주장할 수는 없다(대판 2009. 1.30. 2008두17936).

(3) 불문법원

① **관습법**
  - ㉠ **의의** : 거듭된 관행으로 형성된 사회생활 규범이 사회의 법적 확신과 인식에 의하여 법적 규범으로 승인·강행되기에 이른 것을 말한다. 관행은 있지만 법적 확신은 얻지 못한 사회규범인 사실인 관습과는 구별된다.
  - ㉡ **요건** : 객관적 요소인 관행, 주관적 요소인 법적 확신만 갖추면 관습법이 성립한다(법적확신설, 통설·판례).

관습헌법이 성립하기 위하여서는 관습법의 성립에서 요구되는 일반적 성립 요건이 충족되어야 한다. 첫째, 기본적 헌법사항에 관하여 어떠한 관행 내지 관례가 존재하고, 둘째, 그 관행은 국민이 그 존재를 인식하고 사라지지 않을 관행이라고 인정할 만큼 충분한 기간 동안 반복 내지 계속되어야 하며(반복·계속성), 셋째, 관행은 지속성을 가져야 하는 것으로서 그 중간에 반대되는 관행이 이루어져서는 아니 되고(항상성), 넷째, 관행은 여러 가지 해석이 가능할 정도로 모호한 것이 아닌 명확한 내용을 가진 것이어야 한다(명료성). 또한 다섯째, 이러한 관행이 헌법관습으로서 국민들의 승인 내지 확신 또는 폭넓은 컨센서스를 얻어 국민이 강제력을 가진다고 믿고 있어야 한다(국민적 합의). 서울이 우리나라의 수도인 것은 조선시대 이래 600여 년 간 우리나라의 국가생활에 관한 당연한 규범적 사실이 되어 왔으므로 우리나라의 국가생활에 있어서 전통적으로 형성되어있는 계속적 관행이라고 평가할 수 있고(계속성), 이러한 관행은 변함없이 오랜 기간 실효적으로 지속되어 중간에 깨어진 일이 없으며(항상성), 서울이 수도라는 사실은 우리나라의 국민이라면 개인적 견해 차이를 보일 수 없는 명확한 내용을 가진 것이며(명료성), 나아가 이러한 관행은 오랜 세월간 굳어져 와서 국민들의 승인과 폭넓은 컨센서스를 이미 얻어(국민적 합의) 국민이 실효성과 강제력을 가진다고 믿고 있는 국가생활의 기본사항이라고 할 것이다. 따라서 서울이 수도라는 점은 우리의 제정헌법이 있기 전부터 전통적으로 존재하여온 헌법적 관습이며 우리 헌법조항에서 명문으로 밝힌 것은 아니지만 자명하고 헌법에 전제된 규범으로서, 관습헌법으로 성립된 불문헌법에 해당한다(헌재 2004.10.21. 2004헌마554).

ⓒ **효력** : 성문법의 흠결시 이를 보충하는 보충적 효력만이 인정된다.

가족의례준칙 제13조의 규정과 배치되는 관습법의 효력을 인정하는 것은 관습법의 제정법에 대한 열후적, 보충적 성격에 비추어 민법 제1조의 취지에 어긋나는 것이다(대판 1983.6.14. 80다3231).

ⓓ **종류**

- **행정선례법** : 행정청의 선례가 반복·계속되어 형성된 관습법이다. 국세기본법 제18조 제3항은 비과세관행이 성립한 후에는 소급하여 과세할 수 없다고 규정하고 있다.
- **민중관습법** : 입어권, 관습법상 유수사용권, 온천사용권 등 민중 사이에서 공법관계에 대한 일정한 사항이 오랜시간 걸쳐 관행으로 성립되는 것을 말한다.

구 수산업법 제40조 소정의 입어의 관행이라 함은 어떤 어업장에 대한 공동어업권 설정 이전부터 어업의 면허 없이 당해 어업장에서 오랫동안 계속 수산동식물을 채포 또는 채취함으로써 그것이 대다수 사람들에게 일반적으로 시인될 정도에 이른 것을 말한다(대판 1994.3.25. 93다45701).

cf 입어의 관행 – 관습법상의 권리, 어업권 – 형성적 행정행위인 특허에 의해 취득하는 권리

② 판례법

　　㉠ **영미법계** : 선례구속의 원칙 인정 → 법원성 긍정

　　㉡ **대륙법계** : 선례구속의 원칙 부정 → 법적인 구속력이 부정

　　대륙법계 국가인 우리나라의 경우 원칙적으로 선례구속의 원칙이 인정되지 않지만, 법원조직법 제8조에서 상급법원 재판에서의 판단은 해당 사건에 관하여 하급심을 기속한다고 규정하여 해당 사건에 대한 상급심 재판의 법적 구속력을 인정하고 있다. 또한 헌법재판소법 제47조 제1항에서는 법률의 위헌결정은 법원과 그 밖의 국가기관 및 지방자치단체를 기속한다고 규정하여 위헌결정의 법적 구속력을 인정하고 있다.

> **판례** 〈위헌결정의 소급효〉
>
> • 헌법재판소의 위헌결정의 효력은, 위헌제청을 한 <u>당해 사건</u>, 위헌결정이 있기 전에 이와 동종의 위헌여부에 관하여 헌법재판소에 위헌여부심판제청을 하였거나 법원에 위헌여부심판제청신청을 한 경우의 <u>당해 사건</u>과 따로 <u>위헌제청신청은</u> 아니하였지만 당해 법률 또는 법률의 조항이 재판의 전제가 되어 법원에 계속 중인 사건뿐만 아니라 위헌결정 이후에 위와 같은 이유로 제소된 <u>일반사건에도 미친다</u>(대판 1994.10.25. 93다42740).
>
> • 위헌결정의 소급효가 인정된다고 해서 위헌인 법률에 근거한 행정처분이 당연무효가 된다고는 할 수 없고, <u>이미 취소소송의 제기기간을 경과하여 불가쟁력이 발생한 행정처분에는 위헌결정의 소급효가 미치지 않는다</u>(대판 1994.10.28. 93다41860).
>
> • 조세 부과의 근거가 되었던 법률규정이 위헌으로 선언된 경우, 비록 그에 기한 과세처분이 위헌결정 전에 이루어졌고, 과세처분에 대한 제소기간이 이미 경과하여 조세채권이 확정되었으며, 조세채권의 집행을 위한 체납처분의 근거규정 자체에 대하여는 따로 위헌결정이 내려진 바 없다고 하더라도, 위와 같은 <u>위헌결정 이후에 조세채권의 집행을 위한 새로운 체납처분에 착수하거나 이를 속행하는 것은 더 이상 허용되지 않고, 나아가 이러한 위헌결정의 효력에 위배하여 이루어진 체납처분은 그 사유만으로 하자가 중대하고 객관적으로 명백하여 당연무효라고 보아야 한다</u>(대판 2012.2.16. 2010두10907).

③ **행정법의 일반원칙(조리) (❼ 행정법의 일반원칙에서 서술)**

❼ 행정법의 일반원칙(조리) ✔자주출제

(1) 의의

① 사물의 본질적 법칙 또는 일반 사회의 정의 관념에 비추어 반드시 그러하여야 할 것으로 인정되는 것을 말한다.

② 관습법과 판례법에 속하지 않는 모든 불문법 원리로 인정되어 왔으나, 최근 행정기본법이 제정되어 불문법원으로 인정되어 오던 대부분의 원리가 성문법원화 되었다.

(2) 종류

① 비례의 원칙(과잉금지의 원칙)

　㉠ 의의

　　• 행정주체가 구체적인 행정목적을 실현함에 있어서 그 목적과 수단 간에는 합리적인 비례관계가 유지되어야 한다는 것을 말한다.

　　• 헌법 제37조 제2항, 행정기본법 제10조와 행정대집행법 제2조 등에 규정되어 있다.

　㉡ 내용 : 행정작용은 행정목적을 달성하는 데 유효하고 적절할 것(적합성), 행정목적을 달성하는 데 필요한 최소한도에 그칠 것(필요성-최소침해), 행정작용으로 인한 국민의 이익 침해가 그 행정작용이 의도하는 공익보다 크지 아니할 것(상당성-협의의 비례)이라는 요건을 충족해야 한다(행정기본법 제10조).

　㉢ 적용영역 및 효력

　　• 모든 행정작용에 적용된다.

　　• 비례의 원칙에 위반한 행정작용은 위헌·위법한 것이어서 항고소송의 대상이 되며, 비례의 원칙에 위반한 행정작용으로 손해를 입은 자는 국가배상청구도 가능하다.

> **판례** 〈비례원칙 위반으로 본 판례〉
> • 서울광장에의 출입을 완전히 통제하는 경우 일반시민들의 통행이나 여가·문화 활동 등의 이용까지 제한되므로 서울광장의 몇 군데라도 통로를 개설하여 통제 하에 출입하게 하거나 대규모의 불법·폭력 집회가 행해질 가능성이 적은 시간대라든지 서울광장 인근 건물에의 출근이나 왕래가 많은 오전 시간대에는 일부 통제를 푸는 등 시민들의 통행이나 여가·문화활동에 과도한 제한을 초래하지 않으면서도 목적을 상당 부분 달성할 수 있는 수단이나 방법을 고려하였어야 함에도 불구하고 <u>모든 시민의 통행을 전면적으로 제지한 것은 침해의 최소성을 충족한다고 할 수 없다</u>(헌재 2011. 6.30. 2009헌마406).
> • <u>단지 1회 훈령에 위반하여 요정 출입을 하다가 적발된 것만으로는</u> 공무원의 신분을 보유케 할 수 없을 정도로 공무원의 품위를 손상케 한 것이라 단정키 어려운 한편, 원고를 면직에 처함으로서만 위와 같은 훈령의 목적을 달할 수 있다고 볼 사유를 인정할 자료가 없고, 오히려 원고의 비행정도라면 이보다 가벼운 징계처분으로서도 능히 위 훈령의 목적을 달할 수 있다고 볼 수 있는 점, 징계처분중 면직 처분은 타 징계처분과 달라 공무원의 신분을 박탈하는 것이므로 그 징계사유는 적어도 공무원의 신분을 그대로 보유케 하는 것이 심히 부당하다고 볼 정도의 비행이 있는 경우에 한하는 점 등에 비추어 생각하면 이 사건 <u>파면처분은 이른바 비례의 원칙에 어긋난 것으로서 심히 그 재량권의 범위를 넘어서 한 위법한 처분이라고 아니할 수 없다</u>(대판 1967. 5. 2. 67누24).
> • <u>청소년유해매체물로 결정·고시된 만화인 사실을 모르고 있던 도서대여업자가 그 고시일로부터 8일 후에 청소년에게 그 만화를 대여한 것을 사유로 그 도서대여업자에게 금 700만 원의 과징금이 부과된 경우,</u> 그 도서대여업자에게 청소년유해매체물인 만화를 청소년에게 대여하여서는 아니된다는 금지의무의 해태를 탓하기는 가혹하다는 이유로 그 과징금부과처분은 재량권을 일탈·남용한 것으로서 위법하다(대판 2001. 7.27. 99두9490).

- 가스총을 사용하는 경찰관으로서는 인체에 대한 위해를 방지하기 위하여 상대방과 근접한 거리에서 상대방의 얼굴을 향하여 이를 발사하지 않는 등 <u>가스총 사용시 요구되는 최소한의 안전수칙을 준수함으로써 장비 사용으로 인한 사고 발생을 미리 막아야 할 주의의무가 있다.</u> 경찰관이 난동을 부리던 범인을 검거하면서 가스총을 근접 발사하여 가스와 함께 발사된 고무마개가 범인의 눈에 맞아 실명한 경우 국가배상책임이 인정된다(대판 2003. 3.14. 2002다57218).
- 공정한 업무처리에 대한 <u>사의로 두고 간 돈 30만원이 든 봉투를 소지함으로써 피동적으로 금품을 수수하였다가 돌려 준 20여년 근속의 경찰공무원에 대한 해임처분</u>이 사회통념상 현저하게 타당성을 잃어 재량권의 남용에 해당한다(대판 1991. 7.23. 90누8954).

〈비례원칙 위반이 아니라고 본 판례〉

- 지방식품의약품안전청장이 <u>수입 녹용 중 전지 3대를 절단부위로부터 5cm까지의 부분을 절단하여 측정한 회분함량이 기준치를 0.5% 초과하였다는 이유로 수입 녹용 전부에 대하여 전량 폐기 또는 반송처리를 지시한 경우,</u> 녹용 수입업자가 입게 될 불이익이 의약품의 안전성과 유효성을 확보함으로써 국민보건의 향상을 기하고 고가의 한약재인 녹용에 대하여 부적합한 수입품의 무분별한 유통을 방지하려는 공익상 필요보다 크다고는 할 수 없으므로 위 폐기 등 지시처분이 재량권을 일탈·남용한 경우에 해당하지 않는다(대판 2006. 4.14. 2004두3854).
- 공무원으로 재직하면서 다른 징계를 받은 바 없고, 2회에 걸쳐 장관급 표창을 받은 것과 가정형편을 감안하더라도, <u>직무와 관련한 부탁을 받거나 때로는 스스로 사례를 요구하여 5차례에 걸쳐 합계 금 3,100,000원을 수수하였다면</u> 이에 대하여 행하여진 해임처분이 징계권의 범위를 일탈한 것이 아니다(대판 1996. 5.10. 96누2903).
- 교도소 수용자에게 반입이 금지된 일용품 등을 전달하여 주고 그 가족 등으로부터 금품 및 향응을 제공받은 교도관에 대한 해임처분이 적법하다(대판 1998.11.10. 98두12017).
- 사법시험 2차 과락제도는 비례의 원칙에 위반하지 않는다(대판 2007. 1.11. 2004두10432).
- <u>승용차를 주차목적으로 자신의 집 앞 약 6미터를 운행했다</u> 해도 이는 도로교통법상의 음주운전에 해당하고 이미 음주운전으로 면허정지처분을 받은 적이 있는데도 <u>혈중알콜농도 0.182%의 만취상태에서 운전한 것이라면</u> 교통사고가 발생하지 않았어도 운전면허취소처분은 적법하다(대판 1996. 9. 6. 96누5995).
- <u>'도로교통법 제44조 제1항을 2회 이상 위반한' 것에 개정된 도로교통법이 시행된 2011. 12. 9. 이전에 구 도로교통법 제44조 제1항을 위반한 음주운전 전과까지 포함되는 것으로 해석하는 것이</u> 형벌불소급의 원칙이나 일사부재리의 원칙 또는 비례의 원칙에 위배된다고 할 수 없다(대판 2012.11.29. 2012도10269).
- 경찰공무원의 음주측정요구에 불응하였음을 이유로 한 자동차운전면허 취소처분을 재량권 일탈이 아니다(대판 1995. 9.26. 95누6069).
- 경찰공무원이 그 단속의 대상이 되는 신호위반자에게 먼저 적극적으로 돈을 요구하고 다른 사람이 볼 수 없도록 돈을 접어 건네주도록 전달방법을 구체적으로 알려주었으며 동승자에게 신고시 범칙금 처분을 받게 된다는 등 비위신고를 막기 위한 말까지 하고 금품을 수수한 경우, <u>비록 그 받은 돈이 1만 원에 불과하더라도 위 금품수수행위를 징계사유로 하여 당해 경찰공무원을 해임처분한 것은 징계재량권의 일탈·남용이 아니다</u>(대판 2006.12.21. 2006두16274).

② 신뢰보호의 원칙 ✓자주출제

　㉠ 의의

- 행정청은 공익 또는 제3자의 이익을 현저히 해칠 우려가 있는 경우를 제외하고는 행정에 대한 국민의 정당하고 합리적인 신뢰를 보호하여야 한다는 원칙을 말한다(행정기본법 제12조 제1항). 영미법상의 '금반언의 원칙'과 같은 의미이다.
- 학설은 일반적으로 헌법상 법치주의의 내용인 법적안정성을 그 근거로 보며, 실정법에서는 행정기본법 제12조 제1항, 국세기본법 제18조 제3항, 행정절차법 제4조 제2항 등에서 이를 규정하고 있다.

> **판례**
>
> 법령의 개정에서 신뢰보호원칙이 적용되어야 하는 이유는, 어떤 법령이 장래에도 그대로 존속할 것이라는 합리적이고 정당한 신뢰를 바탕으로 국민이 그 법령에 상응하는 구체적 행위로 나아가 일정한 법적 지위나 생활관계를 형성하여 왔음에도 국가가 이를 전혀 보호하지 않는다면 법질서에 대한 국민의 신뢰는 무너지고 현재의 행위에 대한 장래의 법적 효과를 예견할 수 없게 되어 법적 안정성이 크게 저해되기 때문이다(대판 2007.10.29. 2005두4649(전합)).

　㉡ 요건

　　ⓐ 선행조치

- 행정청의 선행조치가 존재하여야 한다. 선행조치에는 법령, 행정규칙, 행정처분, 확약, 행정지도 등 국가의 모든 작용이 포함되며, 명시적·묵시적·적극적·소극적 언동을 모두 포함한다.
- 행정청의 위법한 행정행위도 선행조치가 될 수 있지만, 무효인 선행조치에 대한 신뢰는 부정된다.
- 판례는 이를 '공적 견해표명'이라고 판시하고 있다.

> **판례** 〈공적 견해표명으로 본 경우〉
>
> - 일반적으로 행정상의 법률관계에 있어서 행정청의 행위에 대하여 신뢰보호의 원칙이 적용되기 위하여는, 첫째 행정청이 개인에 대하여 신뢰의 대상이 되는 공적인 견해표명을 하여야 하고, 둘째 행정청의 견해표명이 정당하다고 신뢰한 데에 대하여 그 개인에게 귀책사유가 없어야 하며, 셋째 그 개인이 그 견해표명을 신뢰하고 이에 어떠한 행위를 하였어야 하고, 넷째 행정청이 위 견해표명에 반하는 처분을 함으로써 그 견해표명을 신뢰한 개인의 이익이 침해되는 결과가 초래되어야 하며, 이러한 요건을 충족할 때에는 행정청의 처분은 신뢰보호의 원칙에 반하는 행위로서 위법하게 된다고 할 것이고, 또한 위 요건의 하나인 행정청의 공적 견해표명이 있었는지의 여부를 판단하는 데 있어 반드시 행정조직상의 형식적인 권한분장에 구애될 것은 아니고 담당자의 조직상의 지위와 임무, 당해 언동을 하게 된 구체적인 경위 및 그에 대한 상대방의 신뢰가능성에 비추어 실질에 의하여 판단하여야 한다. 종교법인이 도시계획구역 내 생산녹지로 답인 토지에 대하여 종교회관 건립을 이용목적으로 하는 토지거래계약의 허가를 받으면서 담당공무원이 관련 법규상 허용된다 하여 이를 신뢰하고 건축준비를 하였으나 그 후 당해 지방자치단체장이 다른 사유를 들어 토지형질변경허가신청을 불허가 한 것이 신뢰보호원칙에 반한다(대판 1997. 9.12. 96누18380).

- 폐기물처리업에 대하여 사전에 관할 관청으로부터 적정통보를 받고 막대한 비용을 들여 허가요건을 갖춘 다음 허가신청을 하였음에도 다수 청소업자의 난립으로 안정적이고 효율적인 청소업무의 수행에 지장이 있다는 이유로 한 불허가처분이 신뢰보호의 원칙 및 비례의 원칙에 반하는 것으로서 재량권을 남용한 위법한 처분이다(대판 1998. 5. 8. 98두4061).
- 과세관청의 공적인 견해표명은 원칙적으로 일정한 책임 있는 지위에 있는 세무공무원에 의하여 명시적 또는 묵시적으로 이루어짐을 요하나, 신의성실의 원칙 내지 금반언의 원칙은 합법성을 희생하여서라도 납세자의 신뢰를 보호함이 정의, 형평에 부합하는 것으로 인정되는 특별한 사정이 있는 경우에 적용되는 것으로서 납세자의 신뢰보호라는 점에 그 법리의 핵심적 요소가 있는 것이므로, <u>과세관청의 공적 견해표명이 있었는지 여부를 판단하는 데 있어 반드시 행정조직상의 형식적인 권한분장에 구애될 것은 아니고 담당자의 조직상 지위와 임무, 당해 언동을 하게 된 구체적인 경위 및 그에 대한 납세자의 신뢰가능성에 비추어 실질에 의하여 판단하여야 한다.</u> 외교부 소속 전·현직 공무원을 회원으로 하는 비영리 사단법인인 甲 법인이 재외공무원 자녀들을 위한 기숙사 건물을 신축하면서, 甲 법인과 외무부장관이 과세관청과 내무부장관에게 취득세 등 지방세 면제 의견을 제출하자, 내무부장관이 '甲 법인이 학술연구단체와 장학단체이고 甲 법인이 직접 사용하기 위하여 취득하는 부동산이라면 취득세가 면제된다'고 회신하였고, 이에 과세관청은 약 19년 동안 甲 법인에 대하여 기숙사 건물 등 부동산과 관련한 취득세·재산세 등을 전혀 부과하지 않았는데, 그 후 과세관청이 위 부동산이 학술연구단체가 고유업무에 직접 사용하는 부동산에 해당하지 않는다는 등의 이유로 재산세 등의 부과처분을 한 사안에서, <u>甲 법인이 위 견해표명을 신뢰한 데에 어떠한 귀책사유가 있다고 볼 수 없으므로, 위 처분은 신의성실의 원칙에 반하는 것으로서 위법하다</u>(대판 2019. 1.17. 2018두42559).

 〈공적 견해표명이 아니라고 본 경우〉

- <u>일반적으로 폐기물처리업 사업계획에 대한 적정통보에 당해 토지에 대한 형질변경허가신청을 허가하는 취지의 공적 견해표명이 있는 것으로는 볼 수 없다</u>고 할 것이고, 더구나 토지의 지목변경 등을 조건으로 그 토지상의 폐기물처리업 사업계획에 대한 적정통보를 한 경우에는 위 조건부적정통보에 토지에 대한 형질변경허가의 공적 견해표명이 포함되어 있었다고 볼 수 없다(대판 1998. 9.25. 98두6494).
- 폐기물관리법령에 의한 폐기물처리업 사업계획에 대한 적정통보와 국토이용관리법령에 의한 국토이용계획변경은 각기 그 제도적 취지와 결정단계에서 고려해야 할 사항들이 다르다는 이유로, <u>폐기물처리업 사업계획에 대하여 적정통보를 한 것만으로 그 사업부지 토지에 대한 국토이용계획변경신청을 승인하여 주겠다는 취지의 공적인 견해표명을 한 것으로 볼 수 없다</u>(대판 2005. 4.28. 2004두8828).
- 일반적으로 조세 법률관계에서 과세관청의 행위에 대하여 신의성실의 원칙이 적용되기 위하여는 과세관청이 납세자에게 신뢰의 대상이 되는 공적인 견해표명을 하여야 하고, 또한 <u>국세기본법 제18조 제3항에서 말하는 비과세관행이 성립하려면 상당한 기간에 걸쳐 과세를 하지 아니한 객관적 사실이 존재할 뿐만 아니라 과세관청 자신이 그 사항에 관하여 과세할 수 있음을 알면서도 어떤 특별한 사정 때문에 과세하지 않는다는 의사가 있어야 하며 위와 같은 공적 견해나 의사는 명시적 또는 묵시적으로 표시되어야 하지만, 묵시적 표시가 있다고 하기 위하여는 단순한 과세 누락과는 달리 과세관청이 상당 기간 불과세 상태에 대하여 과세하지 않겠다는 의사표시를 한 것으로 볼 수 있는 사정이 있어야 하고, 이 경우 특히 과세관청의 의사표시가 일반론적인 견해표명에 불과한 경우에는 위 원칙의 적용을 부정하여야 한다</u>(대판 2001. 4.24. 2000두5203).

- 헌법재판소의 위헌결정은 행정청이 개인에 대하여 신뢰의 대상이 되는 공적인 견해를 표명한 것이라고 할 수 없으므로 그 결정에 관련한 개인의 행위에 대하여는 신뢰보호의 원칙이 적용되지 아니한다(대판 2003. 6.27. 2002두6965).
- 개발이익환수에 관한 법률에 정한 개발사업을 시행하기 전에, 행정청이 토지 지상에 예식장 등을 건축하는 것이 관계 법령상 가능한지 여부를 질의하는 민원예비심사에 대하여 관련부서 의견으로 개발이익환수에 관한 법률에 '저촉사항 없음'이라고 기재하였다고 하더라도, 이후의 개발부담금부과처분에 관하여 신뢰보호의 원칙을 적용하기 위한 요건인, 개인에 대하여 신뢰의 대상이 되는 공적인 견해표명을 한 것이라고는 보기 어렵다(대판 2006. 6. 9. 2004두46).

ⓑ 보호가치 있는 상대방의 신뢰 : 선행조치에 대한 상대방의 신뢰가 보호가치 있는 것이어야 한다. 즉, 상대방의 귀책사유가 없어야 한다.

> **판례**
>
> 그 개인의 귀책사유라 함은 행정청의 견해표명의 하자가 상대방 등 관계자의 사실은폐나 기타 사위의 방법에 의한 신청행위 등 부정행위에 기인한 것이거나 그러한 부정행위가 없더라도 하자가 있음을 알았거나 중대한 과실로 알지 못한 경우 등을 의미한다고 해석함이 상당하고, 귀책사유의 유무는 상대방과 그로부터 신청행위를 위임받은 수임인 등 관계자 모두를 기준으로 판단하여야 한다(대판 2008. 1.17. 2006두10931).

ⓒ 상대방의 조치 : 행정청의 선행조치를 신뢰하여 상대방이 일정한 행위를 했어야 한다.
ⓓ 인과관계 : 행정청의 선행조치와 상대방의 행위사이에는 인과관계가 있어야 한다.
ⓔ 선행조치에 반하는 후행처분 : 행정청이 선행조치에 반하는 후행처분을 했어야 한다.

> **판례**
>
> 신뢰보호의 원칙은 행정청이 공적인 견해를 표명할 당시의 사정이 그대로 유지됨을 전제로 적용되는 것이 원칙이므로, 사후에 그와 같은 사정이 변경된 경우에는 그 공적 견해가 더 이상 개인에게 신뢰의 대상이 된다고 보기 어려운 만큼, 특별한 사정이 없는 한 행정청이 그 견해표명에 반하는 처분을 하더라도 신뢰보호의 원칙에 위반된다고 할 수 없다(대판 2020. 6.25. 2018두34732).

ⓒ **효력** : 신뢰보호의 원칙에 반하는 행정작용은 위헌·위법한 것이어서 항고소송의 대상이 되며, 이 원칙에 위반한 행정작용으로 손해를 입은 자는 국가배상을 청구할 수 있다.

ⓔ **한계** : 법률적합성과 법적 안정성은 서로 상충하는 관계에 있다. 어느 쪽에 우위를 두는가에 따라 신뢰보호의 한계가 정해진다. 양자가 동등한 가치를 가진다는 전제하에 추구하고자 하는 공익과 보호해야 할 사익을 비교·형량하여 우위를 결정해야 한다는 이익교량설이 일반적 견해이다.

ⓜ **실권의 법리** : 행정청은 권한 행사의 기회가 있음에도 불구하고 장기간 권한을 행사하지 아니하여 국민이 그 권한이 행사되지 아니할 것으로 믿을 만한 정당한 사유가 있는 경우에는 그 권한을 행사해서는 아니 된다. 다만, 공익 또는 제3자의 이익을 현저히 해칠 우려가 있는 경우는 예외로 한다(행정기본법 제12조 제2항).

택시운전사가 1983.4.5 운전면허정지기간중의 운전행위를 하다가 적발되어 형사처벌을 받았으나 행정청으로부터 아무런 행정조치가 없어 안심하고 계속 운전업무에 종사하고 있던중 행정청이 위 위반행위가 있은 이후에 장기간에 걸쳐 아무런 행정조치를 취하지 않은채 방치하고 있다가 3년여가 지난 1986.7.7에 와서 이를 이유로 행정제재를 하면서 가장 무거운 운전면허를 취소하는 행정처분을 하였다면 이는 행정청이 그간 별다른 행정조치가 없을 것이라고 믿은 신뢰의 이익과 그 법적안정성을 빼앗는 것이 되어 매우 가혹할 뿐만 아니라 비록 그 위반행위가 운전면허취소사유에 해당한다 할지라도 그와 같은 공익상의 목적만으로는 위 운전사가 입게 될 불이익에 견줄바 못된다 할 것이다(대판 1987.9.8.87누373).

교통사고가 일어난지 1년 10개월이 지난 뒤 그 교통사고를 일으킨 택시에 대하여 운송사업면허를 취소하였더라도 처분관할관청이 위반행위를 적발한 날로부터 10일 이내에 처분을 하여야 한다는 교통부령인 자동차운수사업법 제31조 등의 규정에 의한 사업면허의 취소등의 처분에 관한 규칙 제4조 제2항 본문을 강행규정으로 볼 수 없을 뿐만 아니라 택시운송사업자로서는 자동차운수사업법의 내용을 잘 알고 있어 교통사고를 낸 택시에 대하여 운송사업면허가 취소될 가능성을 예상할 수도 있었을 터이니, 자신이 별다른 행정조치가 없을 것으로 믿고 있었다 하여 바로 신뢰의 이익을 주장할 수는 없으므로 그 교통사고가 자동차운수사업법 제31조 제1항 제5호 소정의 "중대한 교통사고로 인하여 많은 사상자를 발생하게 한 때"에 해당한다면 그 운송사업면허의 취소가 행정에 대한 국민의 신뢰를 저버리고 국민의 법생활의 안정을 해치는 것이어서 재량권의 범위를 일탈한 것이라고 보기는 어렵다(대판 1989.6.27.88누6283).

③ **자기구속의 원칙**

　㉠ **의의**

　　• 행정청이 동일한 사실관계, 즉 동종의 사안에 대하여 제3자에게 한 것과 동일한 기준의 결정을 상대방에게도 하여야 한다는 원칙을 말한다.

　　• 주로 재량권 행사의 통제법리와 관련된다.

　㉡ **근거** : 헌법재판소는 평등의 원칙, 신뢰보호의 원칙을 근거로 행정의 자기구속의 원칙을 인정하고 있다.

이른바 행정규칙은 일반적으로 행정조직 내부에서만 효력을 가지는 것이고 대외적인 구속력을 갖는 것이 아니다. 다만, 행정규칙이 법령의 규정에 의하여 행정관청에 법령의 구체적 내용을 보충할 권한을 부여한 경우, 또는 재량권 행사의 준칙인 규칙이 그 정한 바에 따라 되풀이 시행되어 행정관행이 이룩되게 되면 평등의 원칙이나 신뢰보호의 원칙에 따라 행정기관은 그 상대방에 대한 관계에서 그 규칙에 따라야 할 자기구속을 당하게 되는 경우에는 대외적인 구속력을 가지게 된다(헌재 1990. 9. 3. 90헌마13).

　㉢ **요건** : 자기구속의 원칙이 적용되기 위해서는 ⓐ 재량행위의 영역에서의 문제일 것, ⓑ 동일한 행정청에서 발생한 동일한 사실관계에 관한 것일 것, ⓒ 관련문제에 관하여 행정관행이 성립한 경우일 것(필요설–통설, 판례)이라는 제 요건이 필요하다.

㉣ **효력** : 자기구속의 원칙에 반하는 행정작용은 위헌·위법한 것이어서 항고소송의 대상이 되며, 이 원칙에 위반한 행정작용으로 손해를 입은 자는 국가배상을 청구할 수 있다.

㉤ **한계** : 자기구속의 원칙은 적법한 행정행위에만 인정되며 위법한 행정행위에는 인정되지 않는다.

④ **평등의 원칙**

㉠ **의의** : 합리적인 이유가 존재하지 않는 이상, 행정작용을 함에 있어서 행정청은 상대방인 국민을 공평하게 대우해야 한다는 원칙을 말한다.

㉡ **근거** : 헌법 제11조 제1항에서 모든 국민은 법 앞에 평등하다. 누구든지 성별·종교 또는 사회적 신분에 의하여 정치적·경제적·사회적·문화적 생활의 모든 영역에 있어서 차별을 받지 아니한다고 규정하고 있다. 또한 행정기본법 제9조에서 행정청은 합리적 이유 없이 국민을 차별하여서는 아니 된다고 규정하고 있다.

㉢ **효력** : 헌법에서 도출되는 원칙으로서 헌법적 효력을 가지므로 이 원칙에 위반하면 위헌·위법한 것이어서 항고소송의 대상이 되며, 이 원칙에 위반한 행정작용으로 손해를 입은 자는 국가배상을 청구할 수 있다.

㉣ **한계** : 평등의 원칙은 불법의 영역에서는 인정되지 않으므로 위법한 행정작용에는 적용되지 않는다.

판례 〈평등원칙 위반으로 본 판례〉

• 당직근무 대기중 심심풀이로 화투놀이를 한 경우에 있어 3명은 견책에 처하고 한 명은 징계처분으로 파면을 택한 것은 당직근무 대기자의 실정이나 공평의 원칙상 그 재량의 범위를 벗어난 위법한 것이다(대판 1972.12.26. 72누194).

• 대학 입학 전형 중 해외근로자 자녀대상 특별전형에서 외교관과 공무원 자녀에 대해서만 가산점을 부여하는 것은 평등의 원칙에 반한다(대판 1990. 8.28. 89누8255).

• 청원경찰법 제5조 제1항, 제3항, 제11조, 구 청원경찰법시행령 제16조 제1항 등의 규정을 종합하면, 청원주는 청원경찰이 인원의 감축으로 과원이 되었을 때에는 직권으로 면직시킬 수 있는바, 지방자치단체의 장이 청원주인 경우 그 면직처분은 재량행위라 할 것이므로, 지방자치단체의 장이 합리적이고 공정한 기준에 의하여 면직대상자를 선정하고 그에 따라 면직처분을 하였다면 일응 적법한 재량행사라 할 것이나, 그 기준이 평등의 원칙에 위배되는 등 비합리적이고 불공정하다면 그에 따른 면직처분은 재량권의 일탈·남용으로서 위법하다(대판 2002. 2. 8. 2000두4057).

• 조례안이 지방의회의 감사 또는 조사를 위하여 출석요구를 받은 증인이 5급 이상 공무원인지 여부, 기관(법인)의 대표나 임원인지 여부 등 증인의 사회적 신분에 따라 미리부터 과태료의 액수에 차등을 두고 있는 경우, 그와 같은 차별은 증인의 불출석이나 증언거부에 대하여 과태료를 부과하는 목적에 비추어 볼 때 그 합리성을 인정할 수 없고 지위의 높고 낮음만을 기준으로 한 부당한 차별대우라고 할 것이어서 헌법에 규정된 평등의 원칙에 위배되어 무효이다(대판 1997. 2.25. 96추213).

• 집단에너지공급시설에 대한 훼손부담금의 부과율을 전기공급시설 등에 대한 훼손부담금의 부과율인 100분의 20의 다섯 배에 이르는 100분의 100으로 정한 것은, 집단에너지공급시설과 전기공급시설 등의 사이에 그 공급받는 수요자가 다소 다를 수 있음을 감안하더라도, 부과율에 과도한 차등을 둔 것으로서 합리적 근거 없는 차별에 해당하므로 헌법상 평등원칙에 위배되어 무효이다(대판 2007.10.29. 2005두14417(전합)).

- 사회단체등록신청에 형식상의 요건불비가 없는데 등록청이 이미 설립목적 및 사업내용을 같이 하는 선등록 단체가 있다 하여 그 단체와 제휴하거나 또는 등록없이 자체적으로 설립목적을 달성하는 것이 바람직하다는 이유로 원고의 등록신청을 반려하였다면 그 반려처분은 평등의 원칙에 위반된다(대판 1989.12.26. 87누308(전합)).
- 국·공립사범대학 출신자를 교육공무원인 국·공립학교 교사로 우선하여 채용하도록 하는 규정은 일반대학의 교직과정이수자를 합리적인 이유없이 차별하고 있으므로 헌법상 평등의 원칙에 반한다(헌재 1990.10. 8. 89헌마89).
- 제대군인 가산점제도는 제대군인에 비하여 여성 및 제대군인이 아닌 남성을 부당한 방법으로 차별하는 것으로서 평등원칙에 반한다(헌재 1999.12.23. 98헌마363).

판례 〈평등원칙 위반이 아니라고 본 판례〉

- '원주 혁신도시 및 기업도시 편입지역 주민지원 조례안'이 원주시 내에 건설되는 혁신도시, 기업도시의 주민 등에게만 일정한 지원을 하도록 하고 있더라도 그것만으로 위 조례안이 평등원칙을 위반하고 있다고 보기는 어렵다(대판 2009.10.15. 2008추32).
- 일반직 직원의 정년을 58세로 규정하면서 전화교환직렬 직원만은 정년을 53세로 규정하여 5년간의 정년 차등을 둔 것이 사회통념상 합리성이 있다(대판 1996. 8.23. 94누13589).
- 같은 정도의 비위를 저지른 자들 사이에 있어서도 그 직무의 특성 등에 비추어, 개전의 정이 있는지 여부에 따라 징계의 종류의 선택과 양정에 있어서 차별적으로 취급하는 것은, 사안의 성질에 따른 합리적 차별로서 이를 자의적 취급이라고 할 수 없는 것이어서 평등원칙 내지 형평에 반하지 아니한다(대판 1999. 8.20. 99두2611).
- 이 사건 법률조항인 법 제51조 제1항이 대부계약 등을 맺지 아니하고 국유 잡종재산을 무단 점유한 자에 대하여 통상의 대부료에 20%를 할증한 변상금을 부과·징수하도록 하고 있는 데에는 국유재산의 효율적인 보존·관리라는 합리적인 이유가 있다고 할 것이므로 헌법 제11조 제1항의 평등원칙에 반한다고 볼 수 없다(대판 2008. 5.15. 2005두11463).
- LPG는 석유에 비하여 화재 및 폭발의 위험성이 훨씬 커서 주택 및 근린생활시설이 들어설 지역에 LPG충전소의 설치금지는 불가피하다할 것이고 석유와 LPG의 위와 같은 차이를 고려하여 연구단지내 녹지구역에 LPG충전소의 설치를 금지한 것은 위와 같은 합리적 이유에 근거한 것이므로 이 사건 시행령 규정이 평등원칙에 위배된다고 볼 수 없다(헌재 2004. 7.15. 2001헌마646).
- 청원경찰은 기본적으로 공무원이 아니고 청원주가 임명하는 일반 근로자이므로 공무원과 청원경찰을 동일한 비교집단이라고 보기 어려워 동일한 비교집단임을 전제로 공무원과 비교하여 합리적 이유 없는 차별이 있다고 볼 수 없고, 설령 청원경찰 복무의 공공성만을 취하여 일반 공무원이나 경찰 공무원과 비교하더라도 청원경찰의 징계사유나 종류, 효력, 절차 등이 사업장의 특성에 따라 다르고 경영자가 소요경비를 부담하고 임용 역시 청원주가 결정한다는 점을 고려하면 징계에 관한 규정형식이 일반 공무원과 다르다고 하여 합리적인 이유 없는 차별에 해당한다고 보기 어렵다(헌재 2010. 2.25. 2008헌바160).

⑤ 부당결부금지의 원칙

   ⊙ 의의 : 행정청은 행정작용을 할 때 상대방에게 해당 행정작용과 실질적인 관련이 없는 의무를 부과해서는 아니 된다는 원칙을 말한다.

   ⓒ 근거 : 일반적으로 헌법상 법치국가원리에서 도출된다고 보고 있다. 실정법으로는 행정기본법 제13조에서 명문으로 규정하고 있다.

> **판례**
> - 주택사업계획승인을 하면서 이 사업과 아무 관련이 없는 토지를 기부채납하도록 하는 부관을 붙인 경우 이 부관은 위법하다(대판 1997. 3.11. 96다49650).
> - 오토바이 음주운전을 이유로 제1종 대형면허를 취소한 처분은 부당결부금지의 원칙에 위배되어 위법하다(대판 1992. 9.22. 91누8289).
> - 65세대의 공동주택을 건설하려는 사업주체(지역주택조합)에게 주택건설촉진법 제33조에 의한 주택건설사업계획의 승인처분을 함에 있어 그 주택단지의 진입도로 부지의 소유권을 확보하여 진입도로 등 간선시설을 설치하고 그 부지 소유권 등을 기부채납하며 그 주택건설사업 시행에 따라 폐쇄되는 인근 주민들의 기존 통행로를 대체하는 통행로를 설치하고 그 부지 일부를 기부채납하도록 조건을 붙인 경우, 주택건설촉진법과 같은법시행령 및 주택건설기준등에관한규정 등 관련 법령의 관계 규정에 의하면 그와 같은 조건을 붙였다 하여도 다른 특별한 사정이 없는 한 필요한 범위를 넘어 과중한 부담을 지우는 것으로서 형평의 원칙 등에 위배되는 위법한 부관이라 할 수 없다(대판 1997. 3.14. 96누16698).

❽ 행정법의 효력

(1) 시간적 효력

① 효력발생시기

   ⊙ 법률, 대통령령, 총리령 및 부령은 특별한 규정이 없으면 공포한 날부터 20일이 경과함으로써 효력을 발생한다. 다만, 국민의 권리 제한 또는 의무 부과와 직접 관련되는 법률, 대통령령, 총리령 및 부령은 긴급히 시행하여야 할 특별한 사유가 있는 경우를 제외하고는 공포일부터 적어도 30일이 경과한 날부터 시행되도록 하여야 한다(헌법 제53조 제7항, 법령공포법 제13조, 제13조의2).

   ⓒ 법령 등의 공포일 또는 공고일은 해당 법령 등을 게재한 관보 또는 신문이 발행된 날로 한다(법령공포법 제12조). 발행일을 언제로 볼 것인가에 대해서는 관보가 서울의 중앙보급소에 도달하여 국민이 구독 가능한 상태에 놓인 최초의 시점(최초구독가능시설)이라고 본다.

   ⓒ 헌법개정·법률·조약·대통령령·총리령 및 부령의 공포와 헌법개정안·예산 및 예산 외 국고부담계약의 공고는 관보에 게재함으로써 한다. 국회의장이 법률을 공포하는 경우(국회법 제98조 제3항)에는 서울특별시에서 발행되는 둘 이상의 일간신문에 게재함으로써 한다(법령공포법 제11조).

㉣ 조례와 규칙의 공포는 해당 지방자치단체의 <u>공보</u>에 게재하는 방법으로 한다. 다만, 지방의회의 의장이 조례를 공포하는 경우(지방자치법 제32조 제6항 후단)에는 공보나 <u>일간신문</u>에 게재하거나 <u>게시판</u>에 게시한다(지방자치법 제33조 제1항).

② **효력의 소멸** : ㉠ 유효기간이 규정되어 있는 한시법의 경우 그 기한이 도래하면 법령의 효력이 상실되며, ㉡ 비한시법일 경우 당해 법령 또는 **동위·상위** 법령의 명시적 개폐가 있거나 기존 법령과 저촉되는 법령의 사후 제정에 의해 법령의 효력이 **상실된다.**

③ **소급입법금지의 원칙** : 새로운 법령등은 그 법령등의 효력 발생 전에 완성되거나 종결된 사실관계 또는 법률관계에 대해서는 적용되지 아니한다는 원칙을 말한다. 그러나 소급적용이 국민에게 유리한 경우와 계속 진행 중인 사실에 대한 것일 경우에는 예외적으로 소급적용이 가능하다.

판례

- 소급입법은, 새로운 입법을 이미 종료된 사실관계 또는 법률관계에 적용하도록 하는 <u>진정소급입법</u>과, 현재 진행 중인 사실관계 또는 법률관계에 적용하게 하는 <u>부진정소급입법</u>으로 나눌 수 있다. 이 중에서 기존의 법에 의하여 이미 형성된 개인의 법적 지위를 사후입법을 통하여 박탈함을 내용으로 하는 <u>진정소급입법은 개인의 신뢰보호와 법적 안정성을 내용으로 하는 법치국가원리에 의하여 허용되지 않음이 원칙이다.</u> 반면 <u>부진정소급 입법은 원칙적으로 허용되지만, 소급효를 요구하는 공익상의 사유와 신뢰보호를 요구하는 개인보호의 사유 사이의 교량과정에서 그 범위에 제한이 가하여질 수 있다.</u> 또한 법률불소급의 원칙은 그 법률의 효력발생 전에 완성된 요건사실에 대하여 그 법률을 적용할 수 없다는 의미일 뿐, 계속 중인 사실이나 그 이후에 발생한 요건사실에 대한 법률적용까지를 제한하는 것은 아니다(대판 2001. 11. 13. 2001두5705).
- 친일재산은 취득·증여 등 원인행위 시에 국가의 소유로 한다고 규정하고 있는 '친일반민족행위자 재산의 국가귀속에 관한 특별법' 제3조 제1항 본문은 진정소급입법에 해당하지만, <u>진정소급입법이라 하더라도 예외적으로 국민이 소급입법을 예상할 수 있었거나 신뢰보호 요청에 우선하는 심히 중대한 공익상 사유가 소급입법을 정당화하는 경우</u> 등에는 허용될 수 있는데, 친일재산의 소급적 박탈은 일반적으로 소급입법을 예상할 수 있었던 예외적인 사안이고, 진정소급입법을 통해 침해되는 법적 신뢰는 심각하다고 볼 수 없는 데 반해 이를 통해 달성되는 공익적 중대성은 압도적이라고 할 수 있으므로 진정소급입법이 허용되는 경우에 해당한다(대판 2011. 5.13. 2009다26831,26848,26855,26862).
- 과세단위가 시간적으로 정해지는 조세에 있어 과세표준기간인 <u>과세연도 진행 중</u>에 세율인상 등 납세의무를 가중하는 세법의 제정이 있는 경우에는 이미 충족되지 아니한 과세요건을 대상으로 하는 강학상 <u>이른바 부진정 소급효의 경우이므로 그 과세년도개시시에 소급적용이 허용된다</u>(대판1983. 4.26. 81누423).

(2) 지역적 효력

일반적으로 행정법규는 그것을 제정한 기관의 권한이 미치는 모든 지역에 대하여 효력을 가진다. 따라서 국회나 중앙행정관청이 제정한 법령은 전국에 효력을 미치고, 조례와 규칙은 당해 지방자치단체의 구역에 효력을 미친다.

(3) 대인적 효력

① 행정법규는 속지주의의 원칙에 따라 내국인·외국인·자연인·법인을 불문하고 그 영토 또는 구역 내에 있는 모든 자에게 적용된다. 또한 동시에 속인주의가 보충적으로 적용되어 국외의 내국인에게도 적용된다.

② 외국인에 대해서도 행정법규가 원칙적으로 적용되지만, 상호주의의 제한을 받거나(국가배상법) 외국인에 대한 특칙을 두는 경우(출입국관리법)가 있다.

9 공법관계와 사법관계 ✔자주출제

(1) 의의

① 공법관계와 사법관계 중 공법관계만이 행정법관계(행정상 법률관계)에 해당한다.

② 실체법적으로는 구체적 법률관계에 적용할 법규나 법원칙의 결정을 위해, 절차법적으로는 쟁송수단과 재판관할의 문제를 결정하기 위해 양자의 구별은 필요하다.

(2) 구별기준

① **주체설** : ㉠ 일방당사자가 국가 기타 행정주체인 경우 공법관계이고 당사자가 모두 사인인 경우 사법관계라고 보는 구주체설과, ㉡ 국가 등 공권력을 담당하는 행정주체에 대해서만 권리·의무를 부여하면 공법관계이고 모든 권리주체에 권리·의무를 부여하면 사법관계라는 신주체설로 나뉜다.

② **성질설** : 당해 법률관계가 지배·복종관계이면 공법관계, 대등관계이면 사법관계라는 견해이다.

③ **이익설** : 공익목적에 봉사하는 법률관계를 공법관계, 사익추구에 봉사하는 법률관계를 사법관계로 보는 견해이다.

④ **복수기준설**(통설) : 구체적인 법률관계의 결정에 있어 상기의 학설을 모두 종합적으로 감안하여 판단하는 것이 바람직하다는 견해이다.

(3) 구체적인 예

① **공법관계**
  - ㉠ 기부채납 행정재산에 대한 사용수익 허가
  - ㉡ 국유재산 무단점유자에 대한 변상금 부과
  - ㉢ 행정재산 사용수익자에 대한 사용료 부과, 국유재산 관리청의 사용료 부과
  - ㉣ 농지개량조합 직원의 근무관계
  - ㉤ 국가나 지방자치단체에 근무하는 청원경찰의 근무관계

ⓗ 서울시립무용단원의 위촉 · 해촉, 공중보건의사의 채용계약

ⓢ 전화요금 강제징수, 텔레비전 수신료 부과, 수도요금 부과징수

ⓞ 부가가치세 환급세액 지급청구(판례변경)(대판 2013. 3.21. 2011다95564(전합))

② **사법관계**

ⓐ 국유일반재산(잡종재산)의 매각, 임대, 대부료 납입고지

ⓑ 기부채납 공유재산에 대한 무상사용 수익허가

ⓒ 토지수용시의 협의취득, 폐천부지의 양여행위

ⓓ 서울지하철공사, 한국방송공사, 교직원의료보험공단 직원의 근무관계(단, 공단의 보험료 부과는 공법)

ⓔ 창덕궁 비원안내원 채용, 마사회소속 조교사 기수의 면허취소

ⓕ 철도, 지하철, 시영버스 이용

ⓖ 전기, 전화 가입 및 해지

ⓗ 국가를 당사자로 하는 계약에 관한 법률에 따른 입찰보증금 국고귀속조치(다만, 동법에 따른 입찰참가자격 제한은 공법)

> **판례**
>
> - 국유재산의 무단점유자에 대한 변상금 부과는 공권력을 가진 우월적 지위에서 행하는 행정처분이고, 그 부과처분에 의한 변상금 징수권은 공법상의 권리인 반면, 민사상 부당이득반환청구권은 국유재산의 소유자로서 가지는 사법상의 채권이다. 변상금 부과 · 징수의 요건과 민사상 부당이득반환청구권의 성립 요건이 일치하는 것도 아니다. 이처럼 구 국유재산법상의 변상금 부과 · 징수권은 민사상 부당이득반환청구권과 법적 성질을 달리하므로, 국가는 무단점유자를 상대로 변상금 부과 · 징수권의 행사와 별도로 국유재산의 소유자로서 민사상 부당이득반환청구의 소를 제기할 수 있다. 그리고 이러한 법리는 국유재산 중 잡종재산(현행 국유재산법상의 일반재산)의 관리 · 처분에 관한 사무를 위탁받은 한국자산관리공사의 경우에도 마찬가지로 적용된다(대판 2014. 7.16. 2011다76402(전합)).
> - 구 국유재산법 제51조 제1항, 제4항, 제5항(현행 국유재산법 제72조 제1항, 제73조에 해당한다)에 의한 변상금 부과 · 징수권과 민사상 부당이득반환청구권은 동일한 금액 범위 내에서 경합하여 병존하게 되고, 민사상 부당이득반환청구권이 만족을 얻어 소멸하면 그 범위 내에서 변상금 부과 · 징수권도 소멸하는 관계에 있다(대판 2014. 9. 4. 2012두5688).

❿ 행정법관계의 종류

(1) 일반론

① 행정법관계는 행정주체가 당사자가 되는 모든 법률관계를 말한다.

② 광의의 행정법관계는 행정조직법적 관계(대내관계)와 행정작용법적 관계(대외관계, 협의의 행정법관계)로 나뉜다. 이 중에서 행정작용법적 관계는 공법관계(권력관계, 관리관계)와 사법관계(국고관계)로 구분된다.

(2) 행정조직법적 관계

행정조직의 내부관계와 행정주체 상호간의 관계(국가와 지방장치단체의 관계 등)를 말한다.

(3) 행정작용법적 관계

① **공법관계**
  - ㉠ 권력관계는 행정주체가 공권력의 주체로서 우월적인 지위에서 국민에 대해 일방적으로 명령·강제하는 관계를 말한다. 관리관계는 행정주체가 공물·공기업 등을 관리·경영하는 경우 그 관리주체로서 국민을 대하는 관계를 말한다.
  - ㉡ 권력관계는 항고소송, 관리관계는 당사자소송을 통해서 권리구제가 이루어진다.

② **사법관계**(국고관계)
  - ㉠ 행정주체가 국고의 주체(사법상 재산권의 주체)로서 국민과 대등한 지위를 가지는 관계를 말한다. 국유 일반재산의 매각, 물품공급계약, 각종 공사의 도급계약 등이 그 예이다.
  - ㉡ 원칙적으로 사법규정이 적용되며, 민사소송을 통해서 권리구제가 이루어진다.

⓫ 행정법관계의 당사자

(1) 일반론

행정법상의 권리·의무의 주체를 말하며, 행정주체(국가, 공공단체)와 행정객체(사인)로 나뉜다.

(2) 행정주체

행정법관계에서 행정권을 행사하고 그 법적 효과가 궁극적으로 귀속되는 당사자를 말한다.

① **국가** : 시원적으로 행정권을 가지고 있는 행정주체이다.

② **공공단체** : 국가로부터 존립 목적을 부여 받아 행정목적을 수행하는 공법인으로서 지방자치단체와 협의의 공공단체(공법상 사단법인, 공법상 재단법인. 영조물법인)로 구분된다.

- ㉠ **지방자치단체** : 일부 지역을 구성단위로 하여 그 지역 안의 주민을 통치하는 포괄적 자치권을 가진 공공단체를 말한다. 지방자치단체에는 보통지방자치단체(광역자치단체, 기초자치단체)와 특별지방자치단체(지방자치단체조합)가 있다.
- ㉡ **공법상 사단법인**(공공조합) : 특정한 행정목적을 위해 일정한 자격을 가진 사람으로 구성된 사단법인을 말한다. 상공회의소, 변호사회, 의사회 등이 이에 해당한다.
- ㉢ **공법상 재단법인**(공공재단) : 국가나 지방자치단체가 출연한 재산을 관리하기 위해 설립된 재단법인을 말한다. 한국학중앙연구원, 한국학술진흥재단 등이 이에 해당한다.
- ㉣ **영조물 법인** : 일정한 행정목적 달성을 위해 설립된 인적·물적 결합체에 공법상 법인격을 부여한 경우를 말한다. 한국은행, 한국방송공사 등이 그 예이다.

③ **공무수탁사인**(공권이 부여된 사인) : 예외적으로 국가 등 행정주체로부터 공적인 업무를 처리할 권한을 부여받은 사인을 말한다. 토지보상법에 따라 개인의 토지를 수용하는 사업시행자(기업자), 일정한 경찰사무·호적사무를 수행하는 선장, 학위를 수여하는 사립대학장, 조세를 원천징수하는 사기업(견해대립) 등이 이에 해당한다.

> **판례**
>
> 원천징수하는 소득세에 있어서는 납세의무자의 신고나 과세관청의 부과결정이 없이 법령이 정하는 바에 따라 그 세액이 자동적으로 확정되고, 원천징수의무자는 소득세법 제142조 및 제143조의 규정에 의하여 이와 같이 자동적으로 확정되는 세액을 수급자로부터 징수하여 과세관청에 납부하여야 할 의무를 부담하고 있으므로, 원천징수의무자가 비록 과세관청과 같은 행정청이더라도 그의 원천징수행위는 법령에서 규정된 징수 및 납부의무를 이행하기 위한 것에 불과한 것이지, 공권력의 행사로서의 행정처분을 한 경우에 해당되지 아니한다(대판 1990. 3.23. 89누4789).

(3) 행정객체

행정주체의 상대방으로서 행정권 발동의 대상이 되는 자를 말한다. 공공단체와 사인은 모두 행정객체가 될 수 있으나, 국가는 시원적 권리주체로서 행정객체가 될 수 없다.

⑫ 행정법관계의 내용 및 사인의 공권 ✔자주출제

(1) 일반론

① 행정법관계의 내용은 공권과 공의무로 이루어진다.

② 공권이란 공법관계에 있어서 직접 자기를 위하여 일정한 이익을 주장할 수 있는 법적인 힘을 말하며 공의무는 공권에 대응하는 개념으로서 공법상의 구속을 말한다. 이는 다시 행정주체의 공권과 사인의 공권, 행정주체의 공의무와 사인의 공의무로 나눌 수 있다.

> **판례**
>
> 법무사의 사무원 채용승인 신청에 대하여 <u>소속 지방법무사회가 '채용승인을 거부'하는 조치 또는 일단 채용승인을 하였으나 법무사규칙 제37조 제6항을 근거로 '채용승인을 취소'하는 조치는 공법인인 지방법무사회가 행하는 구체적 사실에 관한 법집행으로서 공권력의 행사 또는 그 거부에 해당하므로 항고소송의 대상인 '처분'이라고 보아야 한다.</u> 법무사 사무원 채용승인은 본래 법무사에 대한 감독권한을 가지는 소관 지방법원장에 의한 국가사무였다가 지방법무사회로 이관되었으나, 이후에도 소관 지방법원장은 지방법무사회로부터 채용승인 사실의 보고를 받고 이의신청을 직접 처리하는 등 지방법무사회의 업무수행 적정성에 대한 감독을 하고 있다. 또한 법무사가 사무원 채용에 관하여 법무사법이나 법무사규칙을 위반하는 경우에는 소관 지방법원장으로부터 징계를 받을 수 있으므로, <u>법무사에 대하여 지방법무사회로부터 채용승인을 얻어 사무원을 채용할 의무는 법무사법에 의하여 강제되는 공법적 의무</u>이다(대판 2020. 4. 9. 2015다34444).

(2) 사인의 공권

① 의의

   ㉠ 사인이 행정주체에 대하여 가지는 공권을 말한다.

   ㉡ 공권은 공법상 계약이나 관습법 또는 법률·명령·행정행위에 의하여 발생할 수 있다. 한편 헌법상의 기본권 규정으로부터 공권이 도출될 수 있는지에 대해서 헌법재판소는 정보공개법 제정 이전에도 헌법상 언론의 자유를 근거로 알권리 특히 정보공개청구권을 구체적 권리로 인정해왔다(헌재 1991. 5.13. 90헌마133).

② 성립요건

   ㉠ **강행법규의 존재** : 국가 등 행정주체에게 일정한 행위의무를 부과하는 강행법규가 존재하여야 한다. 이러한 행위의무에 대응하여 사인에게는 공권이 발생한다.

   ㉡ **강행법규의 사익보호성** : 행정주체에게 일정한 행위의무를 부과하고 있는 강행법규가 사인의 이익을 보호하고자 하는 목적과 취지를 가지고 있어야 한다. 강행법규가 공익추구만을 목적으로 하는 경우 개인에게 발생한 이익은 권리가 아닌 반사적 이익에 불과하다.

㉢ **이익관철의사력**(소구가능성) : 법적으로 인정된 이익은 궁극적으로 소송을 통해서 관철될 수 있어야 한다는 것을 말한다. 우리 헌법은 재판을 받을 권리를 일반적으로 인정하고 있으므로 이 요건은 독자적 의의를 상실했다고 본다(통설).

cf▶ 반사적 이익의 예 : (경찰)허가를 통하여 누리는 사실상의 독점적 이익, 제3자에 대한 법적 규제로부터 얻는 이익, 공물의 보통사용(일반사용)을 통해 누리는 이익(최근에는 공권으로 보는 것이 다수설)

> **판례**
>
> 일반적으로 도로는 국가나 지방자치단체가 직접 공중의 통행에 제공하는 것으로서 일반국민은 이를 자유로이 이용할 수 있는 것이기는 하나, 그렇다고 하여 그 이용관계로부터 당연히 그 도로에 관하여 특정한 권리나 법령에 의하여 보호되는 이익이 개인에게 부여되는 것이라고까지는 말할 수 없으므로, 일반적인 시민생활에 있어 도로를 이용만 하는 사람은 그 용도폐지를 다툴 법률상의 이익이 있다고 말할 수 없지만, 공공용재산이라고 하여도 당해 공공용재산의 성질상 특정개인의 생활에 개별성이 강한 직접적이고 구체적인 이익을 부여하고 있어서 그에게 그로 인한 이익을 가지게 하는 것이 법률적인 관점으로도 이유가 있다고 인정되는 특별한 사정이 있는 경우에는 그와 같은 이익은 법률상 보호되어야 할 것이다(대판 1992. 9. 22. 91누13212).

③ **공권의 확대경향** : 개인이 가지는 이익이 공권인지 여부에 대한 판단은 당해 법규의 강행법규성과 사익보호성을 기준으로 한다. 최근에는 이 중 사익보호성을 넓게 인정하여 공권을 확대하고자 하는 경향이 나타나고 있다.

> **판례**
>
> 〈인근주민의 원고적격을 인정한 경우〉
> - 연탄공장건축허가 취소소송(대판 1975. 5. 13. 73누96)
> - LPG충전소설치허가 취소소송(대판 1983. 7. 12. 83누59)
> - 도시계획결정처분 취소소송(대판 1995. 9. 26. 94누14544)
> - 전원개발사업실시계획승인 취소소송(대판 1998. 9. 22. 97누19571)
>
> 〈경업자의 원고적격을 인정한 경우〉
> - 선박운항사업면허 취소소송(대판 1969. 12. 30. 69누106)
> - 자동차운송사업의 노선연장허가 취소소송(대판 1975. 7. 22. 73누173)
> - 시외버스정류장설치허가 취소소송(대판 1975. 7. 22. 75누12)
> - 화물자동차증차인가 취소소송(대판 1992. 7. 10. 91누9107)
> - 하천부지점용허가 취소소송(대판 1993. 10. 8. 93누5017)

cf▶ 원고적격을 부정한 경우
- 공물의 일반사용(도로의 통행, 공원의 산책 등)은 반사적 이익에 해당
- 공중목욕탕영업허가는 특허가 아니라 허가이고, 신규영업허가에 대한 기존업자의 이익은 반사적 이익
- 의사의 진료의무를 규정한 의료법으로 인해 환자가 받은 이익은 반사적 이익
- 약사의 한약조제권 인정에 대한 기존 한의사의 이익은 반사적 이익

④ 사인의 공권의 특수성

　㉠ 이전성 금지 · 제한

　　• 사인의 공권은 일신전속적인 권리로 원칙상 양도 · 상속 · 압류 등이 금지 또는 제한된다(국가배상법 제4조, 국민기초생활보장법 제36조 등).

> **국가배상법 제4조(양도 등 금지)** <u>생명 · 신체의 침해</u>로 인한 국가배상을 받을 권리는 양도하거나 압류하지 못한다.
>
> **기초생활보장법 제35조(압류금지)**
> ① 수급자에게 지급된 수급품(제4조제4항에 따라 지방자치단체가 실시하는 급여를 포함한다)과 이를 받을 권리는 압류할 수 없다.
> ② 제27조의2제1항에 따라 지정된 급여수급계좌의 예금에 관한 채권은 압류할 수 없다.
>
> **기초생활보장법 제36조(양도금지)** 수급자는 <u>급여를 받을 권리</u>를 타인에게 양도할 수 없다.

　　• 선거권은 이전이 허용되지 않으며, 재산적 가치를 지닌 공권은 이전이 가능하다.

> **판례** 〈승계규정이 있는 경우〉
> 석유 및 석유대체연료 사업법 제10조 제5항에 의하여 석유판매업자의 지위 승계 및 처분 효과의 승계에 관하여 준용되는 법 제8조는 "제7조에 따라 석유정제업자의 지위가 승계되면 <u>종전의 석유정제업자에 대한 제13조 제1항에 따른 사업정지처분(사업정지를 갈음하여 부과하는 과징금부과처분을 포함)의 효과는 새로운 석유정제업자에게 승계되며, 처분의 절차가 진행 중일 때에는 새로운 석유정제업자에 대하여 그 절차를 계속 진행할 수 있다. 다만, 새로운 석유정제업자(상속으로 승계받은 자는 제외)가 석유정제업을 승계할 때에 그 처분이나 위반의 사실을 알지 못하였음을 증명하는 경우에는 그러하지 아니하다.</u>"라고 규정하고 있다(대판 2017. 9. 7. 2017두41085).

> **관련판례** 〈승계규정이 없는 경우〉
> 농어촌정비법상 관광농원 개발사업의 사업시행자 명의가 변경되는 경우 새로운 사업시행자가 종전 사업시행자의 지위를 승계하는지 여부 등에 관하여는 명시적 규정을 두고 있지 않다. 이러한 지위 승계 관련 규정이 없는 이상 사업계획 변경승인의 의미를 사업권 양도 · 양수에 대한 '인가'로서의 성격을 가진다고 볼 수 없는 것이 원칙이다. 종전 사업시행자가 농업인 등에 해당하지 않음에도 부정한 방법으로 사업계획승인을 받음으로써 그 승인에 대한 취소 사유가 있더라도, <u>행정청이 사업시행자 변경으로 인한 사업계획 변경승인 과정에서 변경되는 사업시행자가 농업인 등에 해당하는지 여부에 관하여 새로운 심사를 거쳤다면, 지위 승계 등에 관한 별도의 명문 규정이 없는 이상, 종전 사업시행자가 농업인 등이 아님에도 부정한 방법으로 사업계획승인을 취득하였다는 이유만을 들어 변경된 사업시행자에 대한 사업계획 변경승인을 취소할 수는 없다</u>(대판 2018. 4.24. 2017두73310).

　㉡ **포기성 금지 · 제한** : 사인의 공권은 권리인 동시에 의무의 성질을 가지므로 임의로 포기할 수 없는 것이 원칙이다. 다만 경제적 가치를 지닌 공권은 포기할 수 있다.

- 주택재개발사업 정비구역 안에 있는 주거용 건축물에 거주하던 세입자 甲이 주거이전비를 받을 수 있는 권리를 포기한다는 취지의 '이주단지 입주에 따른 주거이전비 포기각서'를 제출한 후 사업시행자가 제공한 임대아파트에 입주한 다음 별도로 주거이전비를 청구한 사안에서, 사업시행자는 주택재개발 사업으로 철거되는 주택에 거주하던 甲에게 임시수용시설 제공 또는 주택자금 융자알선 등 임시수용에 상응하는 조치를 취할 의무를 부담하는 한편, 甲이 공익사업을 위한 토지 등의 취득 및 보상에 관한 법률 시행규칙(이하 '공익사업법 시행규칙') 제54조 제2항에 규정된 주거이전비 지급요건에 해당하는 세입자인 경우, 임시수용시설인 임대아파트에 거주하게 하는 것과 별도로 주거이전비를 지급할 의무가 있고, 甲이 임대아파트에 입주하면서 주거이전비를 포기하는 취지의 포기각서를 제출하였다 하더라도, 포기각서의 내용은 강행규정인 공익사업법 시행규칙 제54조 제2항에 위배되어 무효이다(대판 2011. 7.14. 2011두3685).
- 행정소송에 있어서 소권은 개인의 국가에 대한 공권이므로 당사자의 합의로써 이를 포기할 수 없다(대판 1995. 9.15. 94누4455).

ⓒ 대행(대리) 금지·제한 : 사인의 공권은 일신전속적 성질로 인해 대행 또는 대리가 금지된다.

⑤ 무하자재량행사청구권

㉠ 의의
- 개인이 행정청에 대하여 하자 없는 재량권 행사를 요구할 수 있는 공권을 말한다.
- 재량행위에만 인정되며, 특정 처분을 행할 것을 요구하는 실체적 공권이 아니라 절차적(형식적)공권일 뿐이다.
- 무하자재량행사청구권이 인정되어 재량행위에도 원고적격이 인정될 수 있게 되었다.

㉡ 요건 : 행정청에 재량권의 한계를 준수할 법적 의무가 있어야 하고, 관련법규의 목적과 취지가 공익 외에 개인의 이익도 보호하고 있어야 한다.

㉢ 내용 : 하자 없이 재량권을 행사한 경우에는 어떤 결정을 내리더라도 이 권리를 침해하는 것이 아니다. 다만, 예외적으로 재량권이 영(0)으로 수축되어 오직 하나의 처분만이 적법한 재량권 행사로 인정되는 경우에는 이 권리는 행정개입청구권으로 전환될 수 있다.

㉣ 쟁송수단 : 무하자재량행사청구가 거부될 경우 이 거부처분에 대해 의무이행심판·취소심판·취소소송을 제기할 수 있다.

검사의 임용에 있어서 임용권자가 임용여부에 관하여 어떠한 내용의 응답을 할 것인지는 임용권자의 자유재량에 속하므로 일단 임용거부라는 응답을 한 이상 설사 그 응답내용이 부당하다고 하여도 사법심사의 대상으로 삼을 수 없는 것이 원칙이나, 적어도 재량권의 한계 일탈이나 남용이 없는 위법하지 않은 응답을 할 의무가 임용권자에게 있고 이에 대응하여 임용신청자로서도 재량권의 한계 일탈이나 남용이 없는 적법한 응답을 요구할 권리가 있다고 할 것이며, 이러한 응답신청권에 기하여 재량권 남용의 위법한 거부처분에 대하여는 항고소송으로서 그 취소를 구할 수 있다고 보아야 하므로 임용신청자가 임용거부처분이 재량권을 남용한 위법한 처분이라고 주장하면서 그 취소를 구하는 경우에는 법원은 재량권남용 여부를 심리하여 본안에 관한 판단으로서 청구의 인용 여부를 가려야 한다(대판 1991. 2.12. 90누5825).

⑥ 행정개입청구권

    ㉠ **의의** : 기속행위와 재량권이 영(0)으로 수축되는 재량행위의 경우 사인이 행정청에 대해 자기 또는 타인에게 행정권을 발동해 줄 것을 청구할 수 있는 공권을 말한다(실체적 공권).

    ㉡ **요건** : 법규에 의해 구체적인 행정권 발동의무가 부과되어 있어야 하고, 당해 법규가 개인의 이익도 보호하고 있어야 한다.

    ㉢ **내용** : 기속행위에 대해서는 당연히 이 청구권이 인정된다. 재량행위의 경우에는 재량권이 영(0)으로 수축되는 예외적인 경우에 인정된다. 다만, 이 경우에도 결정재량만이 영(0)으로 수축될 뿐 행정청의 선택재량은 여전히 존재한다.

    ㉣ **쟁송수단** : 의무이행소송이 가장 실효적이나 우리 법제에서는 인정되지 않으므로, 의무이행심판과 부작위위법확인소송에 의하여야 한다. 또한, 행정청의 개입의무 위반으로 손해가 발생한 경우 국가배상을 청구할 수 있다. 아직 행정개입청구권을 직접적으로 인정한 판례는 없다.

> **참고판례**
>
> 국민의 신청에 대한 행정청의 거부행위가 항고소송의 대상이 되는 행정처분에 해당하기 위하여는 국민이 행정청에 대하여 그 신청에 따른 행정행위를 하여 줄 것을 요구할 수 있는 법규상 또는 조리상의 권리가 있어야 한다. 부작위위법확인의 소에 있어 당사자가 행정청에 대하여 어떠한 행정행위를 하여 줄 것을 요구할 수 있는 법규상 또는 조리상 권리를 갖고 있지 아니한 경우에는 원고적격이 없거나 항고소송의 대상인 위법한 부작위가 있다고 볼 수 없어 그 부작위위법확인의 소는 부적법하다(대판 1999.12. 7. 97누17568).

⑬ 행정법의 흠결 보충

(1) 일반론

① 행정법관계에서 구체적 사건에 적용할 법규나 법원칙에 흠결이 발생한 경우에 사법규정을 적용할 수 있는가가 문제된다.

② 행정법관계의 일반법으로 행정기본법이 제정되었지만, 성문화되지 않은 여러 규정에 대해서는 여전히 사법규정의 적용필요성이 남아있다.

(2) 사법규정의 준용

① 행정법관계에 법의 흠결이 있는 경우에 법 스스로 사법규정의 적용을 인정하는 경우에는 사법규정이 당연히 적용된다.

② 명문의 규정이 없는 경우에는 직접적용설, 유추적용설, 적용부정설 등의 견해 대립이 있으나, 행정법관계의 특수성을 고려하여 법률관계의 내용 및 사법규정의 성질에 따라 사법규정이 유추적용 된다고 보는 유추적용설이 통설과 판례의 견해이다.

(3) 적용의 범위

① 민법의 재산법 규정은 성질에 반하지 않는 한 적용된다. 그러나, 행위무능력 · 의사표시(비진의표시, 허위표시, 사기 · 강박 · 착오), 소멸시효 기간, 주소의 복수주의는 적용이 제한된다.

② 행정법 관계 중 권력관계는 행정주체의 의사의 우월성으로 인하여 사법관계와는 본질적으로 다르므로 사법 규정이 적용되지 않는다(다만, 법의 일반원칙규정은 권력관계에도 적용). 반면에, 관리관계에는 사법규정이 폭넓게 적용된다.

⑭ 특별행정법관계(특별권력관계, 특수신분관계)

(1) 의의

① 특별한 공법상 원인에 기하여 성립되며 일정한 행정목적에 필요한 한도 내에서 그 주체에게 포괄적 지배권이 인정되는 법률관계를 말한다.

② 19세기 말 독일의 입헌군주제하에서 군주와 의회의 타협의 산물로서 성립되었다.

    c⤸ 울레의 기본관계, 경영수행관계의 구별 : 기본관계란 특별권력관계 자체의 성립 · 변경 · 소멸 또는 관계구성원의 법적 지위에 본질적으로 중요한 법률관계를 말하고, 경영수행관계란 관계구성원이 특별권력관계 내부에서 가지는 직무관계 또는 영조물 이용에 관한 경영수행적 관계를 말한다. 기본관계와 경영수행관계 중 기본관계만 사법심사의 대상이 된다.

(2) 성립과 소멸

① **성립**
    ㉠ **법률규정으로 직접성립** : 징집대상자의 입대, 전염병환자의 국 · 공립병원에의 강제입원 등
    ㉡ **본인의 의무적 동의로 성립** : 학령아동의 초등학교 취학 등
    ㉢ **본인의 임의적 동의로 성립** : 공무원 임명, 국 · 공립대학 입학 등

② **소멸** : 행정목적의 달성(병역의무의 완수 등), 임의탈퇴(공무원의 사임 등), 권력주체의 일방적 배제(파면, 퇴학 등)

(3) 종류

공법상의 근무관계(공무원의 근무관계, 군복무 관계 등), 공법상 영조물 이용관계(교도소 재소관계, 국 · 공립대학 재학관계, 국 · 공립병원 입원관계 등), 공법상 특별감독관계(행정목적을 위해 설립된 공공조합), 공법상 사단관계 등

(4) 내용

특별권력주체는 목적달성에 필요한 범위 내에서 그 구성원에게 명령을 내릴 수 있고(명령권), 질서위반자에 대하여 징계벌을 과할 수 있다(징계권, 강제권).

(5) 한계

① 특별권력의 발동은 그 설립 목적을 달성하기 위해 필요한 범위 내에서 행사되어야 한다.

② 특별행정법관계 내에서의 기본권 제한은 법률에 근거 없이는 불가능하다(법률유보원칙이 전면적으로 적용).

> **판례**
>
> 행정소송의 대상이 되는 행정처분이란 행정청이 행하는 구체적 사실에 관한 법집행으로서의 공권력의 행사 또는 그 거부와 그 밖에 이에 준하는 행정작용을 말하는 것인바, 국립 교육대학 학생에 대한 퇴학처분은, 국가가 설립·경영하는 교육기관인 동 대학의 교무를 통할하고 학생을 지도하는 지위에 있는 학장이 교육목적실현과 학교의 내부질서유지를 위해 학칙 위반자인 재학생에 대한 구체적 법집행으로서 국가공권력의 하나인 징계권을 발동하여 학생으로서의 신분을 일방적으로 박탈하는 국가의 교육행정에 관한 의사를 외부에 표시한 것이므로, 행정처분임이 명백하다(대판 1991.11.22. 91누2144).

⑮ 행정법상의 법률요건과 법률사실

(1) 의의 및 종류

① **의의**
   ㉠ 행정법상의 법률요건이란 행정법관계의 발생, 변경, 소멸이라는 법률효과를 발생시키는 원인행위의 총체를 말한다. 1개의 법률사실로 이루어지는 경우(시효의 완성 등)도 있고, 여러 개의 법률사실로 이루어지는 경우(건축허가에서의 신청과 허가 등)도 있다.
   ㉡ 행정법상의 법률사실이란 법률요건을 이루는 개개의 사실을 말한다.

② **법률사실의 종류** : 민법에서와 같이 사람의 정신작용을 요소로 하는가에 따라 용태와 사건으로 나뉜다.
   ㉠ **용태** : 사람의 정신작용을 요소로 하는 법률사실이다.
   • 외부적 용태 : 사람의 정신작용이 외부에 행동으로 나타나는 것을 말한다. 외부적 용태는 공법행위(행정주체의 공법행위, 사인의 공법행위)와 사법행위로 나뉜다.
   • 내부적 용태(내심) : 외부에 표시되지 아니한 정신상태로서 행정법상 효과를 발생시키는 것을 말한다. 선의·악의, 고의·과실 등이 이에 해당한다.
   ㉡ **사건** : 사람이 정신작용을 요소로 하지 아니하는 법률사실로서 자연적 사실(사람의 생사, 시간의 경과 등)과 사실행위(권력적 사실행위, 물건의 소유·점유 등)로 나뉜다.

⓰ 행정법상의 공법행위

(1) 의의

① 공법행위란 공법관계에서의 행위로서 공법적 효과를 발생, 변경, 소멸시키는 행위를 말한다. 공법행위 중에서 행정법관계에서 발생하는 공법행위를 행정법상의 공법행위라 한다.

② 행정주체의 공법행위와 사인의 공법행위가 있다.

(2) 사인의 공법행위 ✔자주출제

① **의의** : 행정법관계에서의 사인의 행위로서 공법적 효과를 발생시키는 일체의 행위를 말한다. 공권력의 행사가 아니라는 점에서 행정주체의 공법행위와 구별되고 공정력이나 확정력은 인정되지 않는다.

② **종류**
　　㉠ 성질에 따라 단독행위(허가신청 등)와 쌍방행위(공법상 계약 등)로 나뉜다.
　　㉡ 효과에 따라 자기완성적 공법행위와 행위요건적 공법행위로 나뉜다. 전자는 당해 행위 그 자체만으로 법적 효과가 발생하는 공법행위이며, 후자는 행정주체의 행위와 결합함으로써 비로소 법적 효과가 발생하는 공법행위이다.

③ **적용법규**
　　㉠ **제한능력** : 특별한 규정이 없는 한 민법의 규정이 유추적용된다. 다만, 우편법에는 제한능력자의 행위도 유효하다는 특칙을 두고 있다(우편법 제10조).
　　㉡ **대리** : 특별한 규정이 없는 한 민법의 규정이 유추적용된다. 예외적으로 일신전속적인 행위에 있어서는 대리가 금지된다.
　　㉢ **효력발생시기** : 특별한 규정이 없는 한 도달주의가 적용된다.
　　㉣ **의사표시** : 민법의 의사표시에 관한 규정이 유추적용된다. 다만, 비진의 의사표시(민법 제107조)는 사인의 공법행위에는 적용되지 않으며, 투표행위는 착오(민법 제108조)를 이유로 취소할 수 없다.
　　㉤ **부관** : 행정행위와 달리 부관을 붙일 수 없다.
　　㉥ **철회 · 보정** : 법령상 · 성질상 제한이 없는 한 법적 효과가 완성되기까지는 철회나 보정이 가능하다.

④ **효과** : 행정청은 법령의 규정에 따라 수리, 심사, 처리, 통지 의무를 진다.

⑤ **사인의 공법행위 하자의 효과**
　　㉠ **하자있는 사인의 공법행위가 행정행위의 중요 요건인 경우** : 하자가 단순한 위법이면 행정행위는 유효하고, 하자가 중대 · 명백한 위법이면 행정행위는 무효가 된다.
　　㉡ **하자있는 사인의 공법행위가 행정행위의 중요 요건이 아닌 경우** : 흠결은 행정행위의 효과에 영향을 주지 않는다.

(3) 자기완결적 신고와 행위요건적 신고

① **자기완결적 신고**(자체완성적 신고, 행정청의 수리를 요하지 않는 신고)
- ㉠ 요건을 갖춘 적법한 신고가 행정청에 도달하면 신고 자체만으로 효력이 발생하는 신고를 말한다. 행정청의 별도의 수리행위가 필요하지 않으며 신고자체로 법적 효과가 발생하기 때문에 수리거부는 처분성이 인정되지 않는다.
- ㉡ 자기완결적 신고가 본래적 의미의 신고이며, 건축법상의 건축신고, 행정절차법상의 신고, 가족관계등록법상 출생신고, 체육시설의 설치이용에 관한 법률상 변경신고 등이 그 예이다.

② **행위요건적 신고**(행정청의 수리를 요하는 신고)
- ㉠ 사인이 행정청에 구체적 사안에 대해 통지하고 행정청이 이를 수리하여야 법적효과가 발생하는 신고를 말한다. 행정청의 수리나 수리거부는 처분성이 인정된다.
- ㉡ 국토의 계획 및 이용에 관한 법률상의 개발행위 허가로 의제되는 건축신고, 건축주 명의변경신고, 영업양도에 따른 지위 승계신고, 주민등록 전입신고, 납골당 설치신고 등이 그 예이다.

판례

- 주민들의 거주지 이동에 따른 주민등록전입신고에 대하여 행정청이 이를 심사하여 그 수리를 거부할 수는 있다고 하더라도, 그러한 행위는 자칫 헌법상 보장된 국민의 거주·이전의 자유를 침해하는 결과를 가져올 수도 있으므로, 시장·군수 또는 구청장의 주민등록전입신고 수리 여부에 대한 심사는 주민등록법의 입법 목적의 범위 내에서 제한적으로 이루어져야 한다. 한편, 주민등록법의 입법 목적에 관한 제1조 및 주민등록 대상자에 관한 제6조의 규정을 고려해 보면, <u>전입신고를 받은 시장·군수 또는 구청장의 심사 대상은 전입신고자가 30일 이상 생활의 근거로 거주할 목적으로 거주지를 옮기는지 여부만으로 제한된다고 보아야 한다.</u> 따라서 전입신고자가 거주의 목적 이외에 다른 이해관계에 관한 의도를 가지고 있는지 여부, 무허가 건축물의 관리, 전입신고를 수리함으로써 당해 지방자치단체에 미치는 영향 등과 같은 사유는 주민등록법이 아닌 다른 법률에 의하여 규율되어야 하고, 주민등록전입신고의 수리 여부를 심사하는 단계에서는 고려 대상이 될 수 없다(대판 2009.6.18. 2008두10997(전합)).
- <u>장기요양기관의 폐업신고와 노인의료복지시설의 폐지신고는,</u> 행정청이 관계 법령이 규정한 요건에 맞는지를 심사한 후 수리하는 이른바 '<u>수리를 필요로 하는 신고</u>'에 해당한다. 그러나 <u>행정청이 그 신고를 수리하였다고 하더라도, 신고서 위조 등의 사유가 있어 신고행위 자체가 효력이 없다면, 그 수리행위는 유효한 대상이 없는 것으로서, 수리행위 자체에 중대·명백한 하자가 있는지를 따질 것도 없이 당연히 무효이다</u>(대판 2018. 6.12. 2018두33593).
- 노동조합 및 노동관계조정법이 행정관청으로 하여금 설립신고를 한 단체에 대하여 같은 법 제2조 제4호 각 목에 해당하는지를 심사하도록 한 취지가 노동조합으로서의 실질적 요건을 갖추지 못한 노동조합의 난립을 방지함으로써 근로자의 자주적이고 민주적인 단결권 행사를 보장하려는 데 있는 점을 고려하면, <u>행정관청은 일단 제출된 설립신고서와 규약의 내용을 기준으로 노동조합법 제2조 제4호 각 목의 해당 여부를 심사하되, 설립신고서를 접수할 당시 그 해당 여부가 문제된다고 볼 만한 객관적인 사정이 있는 경우에 한하여 설립신고서와 규약 내용 외의 사항에 대하여 실질적인 심사를 거쳐 반려 여부를 결정할 수 있다</u>(대판 2014. 4.10. 2011두6998).

 건축신고는 자기완결적 신고에 해당하지만, 이에 대한 반려(수리거부)가 항고소송의 대상이 된다고 인정한 경우

구 건축법 관련 규정의 내용 및 취지에 의하면, 행정청은 건축신고로써 건축허가가 의제되는 건축물의 경우에도 그 신고 없이 건축이 개시될 경우 건축주 등에 대하여 공사 중지·철거·사용금지 등의 시정명령을 할 수 있고(제69조 제1항), 그 시정명령을 받고 이행하지 않은 건축물에 대하여는 당해 건축물을 사용하여 행할 다른 법령에 의한 영업 기타 행위의 허가를 하지 않도록 요청할 수 있으며(제69조 제2항), 그 요청을 받은 자는 특별한 이유가 없는 한 이에 응하여야 하고(제69조 제3항), 나아가 행정청은 그 시정명령의 이행을 하지 아니한 건축주 등에 대하여는 이행강제금을 부과할 수 있으며(제69조의2 제1항 제1호), 또한 건축신고를 하지 않은 자는 200만 원 이하의 벌금에 처해질 수 있다(제80조 제1호, 제9조). 이와 같이 건축주 등은 신고제하에서도 건축신고가 반려될 경우 당해 건축물의 건축을 개시하면 시정명령, 이행강제금, 벌금의 대상이 되거나 당해 건축물을 사용하여 행할 행위의 허가가 거부될 우려가 있어 불안정한 지위에 놓이게 된다. 따라서 건축신고 반려행위가 이루어진 단계에서 당사자로 하여금 반려행위의 적법성을 다투어 그 법적 불안을 해소한 다음 건축행위에 나아가도록 함으로써 장차 있을지도 모르는 위험에서 미리 벗어날 수 있도록 길을 열어 주고, 위법한 건축물의 양산과 그 철거를 둘러싼 분쟁을 조기에 근본적으로 해결할 수 있게 하는 것이 법치행정의 원리에 부합한다. 그러므로 건축신고 반려행위는 항고소송의 대상이 된다고 보는 것이 옳다(대판2010.11.18. 2008두167전합).

⑰ 공법상의 사무관리, 부당이득, 임치, 행정법상의 사건

(1) 공법상의 사무관리

① **의의** : 법률상 의무 없이 타인을 위하여 그 사무를 관리하는 것을 말한다. 민법상의 제도이나 사무관리가 공법 분야에서 이루어지면 공법상의 사무관리가 된다.

② **종류** : 공법상 사무관리에는 강제관리(도시재개발법상의 강제관리 등)와 보호관리(행려병자에 대한 보호 등), 역무제공이 있다.

③ **적용법규** : 특별한 규정이 없으면 민법상의 사무관리에 관한 규정이 적용된다.

사무관리가 성립하기 위하여는 우선 사무가 타인의 사무이고 타인을 위하여 사무를 처리하는 의사, 즉 관리의 사실상 이익을 타인에게 귀속시키려는 의사가 있어야 하며, 나아가 사무의 처리가 본인에게 불리하거나 본인의 의사에 반한다는 것이 명백하지 아니할 것을 요한다. 다만 타인의 사무가 국가의 사무인 경우, 원칙적으로 사인이 법령상 근거 없이 국가의 사무를 수행할 수 없다는 점을 고려하면, 사인이 처리한 국가의 사무가 사인이 국가를 대신하여 처리할 수 있는 성질의 것으로서, 사무 처리의 긴급성 등 국가의 사무에 대한 사인의 개입이 정당화되는 경우에 한하여 사무관리가 성립하고, 사인은 그 범위 내에서 국가에 대하여 국가의 사무를 처리하면서 지출된 필요비 내지 유익비의 상환을 청구할 수 있다(대판 2014.12.11. 2012다15602).

(2) 공법상의 부당이득 ✔자주출제

① **의의** : 공법분야에서 법률상 원인 없이 타인의 재산 또는 노무로 인하여 이익을 얻고 이로 인하여 타인에게 손해를 끼친 경우 그 이득을 반환하도록 하는 제도를 말한다. 공법상의 부당이득을 통설은 공법상의 권리로 파악하지만, 판례는 일반적으로 사법상의 권리라고 판시하고 있다(부가가치세 환급세액 지급청구는 당사자소송으로 판시).

> **판례**
>
> 납세의무자에 대한 국가의 부가가치세 환급세액 지급의무는 그 납세의무자로부터 어느 과세기간에 과다하게 거래징수된 세액 상당을 국가가 실제로 납부받았는지와 관계없이 부가가치세법령의 규정에 의하여 직접 발생하는 것으로서, 그 법적 성질은 정의와 공평의 관념에서 수익자와 손실자 사이의 재산상태 조정을 위해 인정되는 부당이득 반환의무가 아니라 부가가치세법령에 의하여 그 존부나 범위가 구체적으로 확정되고 조세 정책적 관점에서 특별히 인정되는 공법상 의무라고 봄이 타당하다. 그렇다면 납세의무자에 대한 국가의 부가가치세 환급세액 지급의무에 대응하는 국가에 대한 납세의무자의 부가가치세 환급세액 지급청구는 민사소송이 아니라 행정소송법 제3조 제2호에 규정된 당사자소송의 절차에 따라야 한다(대판 2013. 3. 21. 2011다95564(전합)).

② **종류** : 공법상 부당이득에는 행정주체의 부당이득(조세의 과오납 등)과 사인의 부당이득(무자격자의 연금수령 등)이 있다.

③ **적용법규** : 특별한 규정이 없으면 민법상의 부당이득에 관한 규정이 적용된다.

④ **효과** : 부당이득의 반환의무가 발생한다.

⑤ **시효** : 공법상의 금전채권이므로 **소멸시효기간은** 국가재정법에 따라 5년이다(관세법상 과오납금 환급청구권도 5년).

(3) 공법상의 임치

① 행정주체 또는 그 소속기관이 어떤 물건을 공법에 의해 보관하는 것을 말한다.

② 행정행위와 그에 따른 사실행위로 성립하고 예외적으로 공법상 계약을 통해서도 성립한다.

③ 무상을 원칙으로 한다.

(4) 행정법상의 사건

① **기간** : 한 시점에서 다른 시점까지의 시간적 간격을 말한다. 기간은 사건에 해당하나 기한은 행정행위의 부관으로서 용태에 해당한다. 행정기본법에는 행정에 관한 기간의 계산에 관하여는 이 법 또는 다른 법령 등에 특별한 규정이 있는 경우를 제외하고는 「민법」을 준용하도록 규정하고 있다(행정기본법 제6조 제1항). ✔자주출제
   ㉠ **행정에 관한 기간의 계산** : 법령등 또는 처분에서 국민의 권익을 제한하거나 의무를 부과하는 경우 권익이 제한되거나 의무가 지속되는 기간의 계산은 국민에게 불리한 경우가 아닌 한 ⓐ 기간을 일, 주, 월 또는 연으로 정한 경우에는 기간의 첫날을 산입하고, ⓑ 기간의 말일이 토요일 또는 공휴일인 경우에도 기간은 그 날로 만료한다(행정기본법 제6조 제2항).

ⓛ **법령등 시행일의 기간의 계산** : 법령등(훈령 · 예규 · 고시 · 지침 등을 포함)의 시행일을 정하거나 계산할 때에는 ⓐ 법령등을 공포한 날부터 시행하는 경우에는 공포한 날을 시행일로 하고, ⓑ 법령등을 공포한 날부터 일정 기간이 경과한 날부터 시행하는 경우 법령등을 공포한 날을 첫날에 산입하지 아니하며, ⓒ 법령등을 공포한 날부터 일정 기간이 경과한 날부터 시행하는 경우 그 기간의 말일이 토요일 또는 공휴일인 때에는 그 말일로 기간이 만료한다(행정기본법 제7조).

ⓒ **역산** : 국민의 권익을 제한하거나 의무를 부과하는 법령등과 처분의 경우 기간의 역산에도 행정기본법 제6조 제2항이 적용되며, 그 외의 경우에는 민법의 규정이 준용된다.

② **시효** : 일정한 사실상태가 일정기간 계속된 경우 그 사실 상태를 그대로 인정하여 법적으로 보호함으로써 법률생활의 안정을 기하려는 제도이다. 특별한 규정이 없는 한 민법의 규정이 적용된다.

ⓐ **공물의 취득시효**
- 공물은 공적 목적에 제공된 물건이므로 공용폐지가 없는 한 취득시효의 대상이 될 수 없다는 것이 학설과 판례의 견해이다.
- 헌법재판소는 국유재산 중 일반재산(잡종재산)을 시효취득의 대상에서 제외한 것에 대해 위헌 결정을 하였다(헌재 1991. 5.13. 89헌가97). 따라서 국유재산 중 일반재산(잡종재산)은 시효취득이 가능하다.

ⓒ **금전채권의 소멸시효**
- 소멸시효란 일정한 기간 동안 권리를 행사하지 않을 경우 그 권리를 소멸시키는 제도를 말한다.
- 국가나 지방자치단체가 국민에 대하여 갖는 채권이나 국민이 국가나 지방자치단체에 대하여 갖는 채권은 다른 법률에 특별한 규정이 없는 한 5년간 행사하지 않으면 소멸한다(국가재정법 제96조, 지방재정법 제82조).
- 시효의 중단 · 정지에 관하여는 법령에 특별한 규정이 없으면 민법이 적용된다.
- 국가 또는 지방자치단체에 의한 납입의 고지는 시효중단의 효력이 있다.

판례

- 예산회계법 제98조에서 법령의 규정에 의한 납입고지를 시효중단 사유로 규정하고 있는바, 이러한 <u>납입고지에 의한 시효중단의 효력은 그 납입고지에 의한 부과처분이 취소되더라도 상실되지 않는다</u>(대판 2000. 9. 8. 98두19933).
- 국세기본법 제28조 제1항은 국세징수권의 소멸시효의 중단사유로서 납세고지, 독촉 또는 납부최고, 교부청구 외에 '압류'를 규정하고 있는바, 여기서의 '압류'란 세무공무원이 국세징수법 제24조 이하의 규정에 따라 납세자의 재산에 대한 압류 절차에 착수하는 것을 가리키는 것이므로, 세무공무원이 국세징수법 제26조에 의하여 <u>체납자의 가옥 · 선박 · 창고 기타의 장소를 수색하였으나 압류할 목적물을 찾아내지 못하여 압류를 실행하지 못하고 수색조서를 작성하는 데 그친 경우에도 소멸시효 중단의 효력이 있다</u>(대판 2001.8.21. 2000다12419).

• 시효의 중단은 직권심리사항이다.

> **판례**
>
> 시효중단의 사유가 기록상 현출되어 있다면 피고의 시효중단에 관한 명시적인 항변이 없더라도 행정소송법 제26조에 따라 직권으로 심리·판단할 수 있다(대판 1987. 1.20. 86누346).

• 소멸시효기간이 경과하면 권리는 절대적으로 소멸한다는 절대적 소멸설과 권리자가 그 권리를 주장하는 경우 이에 대한 항변권을 발생시키는데 그친다는 상대적 소멸설이 대립하고 있다. 다수설과 판례는 절대적 소멸설을 취하고 있다.

③ **제척기간** : 법률관계의 신속한 확정을 위해 일정한 권리에 대하여 법률이 정한 존속기간을 말한다. 법률관계의 신속한 확정을 목적으로 하기 때문에 그 기간이 짧고 중단·정지제도가 없다는 점에서 시효와 구별된다.

④ **주소와 거소**

　㉠ 민법상 주소는 생활의 근거가 되는 곳을 말한다. 반면에, 공법관계에서의 주소는 다른 법률에 특별한 규정이 없으면 주민등록법상의 주민등록지를 주소로 한다. 민법상 주소는 복수주의를 취하지만, 행정법상의 주소는 1개소에 한정된다.

　㉡ 거소는 사람이 다소의 기간 동안 거주하는 장소지만 밀접도가 주소에 미치지 못하는 곳을 말한다. 공법관계에서 거소를 기준으로 법률관계를 규율하는 경우도 있다(국세징수법).

최근 기출문제 분석

2025 제1회 지방직 9급

1 **법치행정에 대한 설명으로 옳지 않은 것은?**

① 자치조례에 대한 법률의 위임은 법규명령에 대한 법률의 위임과 같이 반드시 구체적으로 범위를 정하여야 할 필요가 없으며 포괄적인 것으로 족하다.

② 구 「여객자동차 운수사업법」 및 동법 시행령상 개인택시운송사업자의 운전면허가 취소된 때에는 그의 개인택시운송사업면허를 취소할 수 있도록 규정되어 있으므로, 개인택시운송사업자 甲이 운전면허 취소사유인 음주운전 교통사고로 사망하였다면 그 운전면허 취소처분이 없더라도 관할 관청은 甲에 대한 개인택시운송사업면허를 취소할 수 있다.

③ 고도의 정치성을 띤 국가행위에 대하여는 이른바 통치행위라 하여 법원 스스로 사법심사권의 행사를 억제하여 그 심사대상에서 제외하는 영역이 있을 수 있으나, 이와 같이 통치행위의 개념을 인정하더라도 과도한 사법심사의 자제가 기본권을 보장하고 법치주의 이념을 구현하여야 할 법원의 책무를 태만히 하거나 포기하는 것이 되지 않도록 그 인정을 지극히 신중하게 하여야 한다.

④ 법률의 시행령은 모법인 법률에 의하여 위임받은 사항이나 법률이 규정한 범위 내에서 법률을 현실적으로 집행하는 데 필요한 세부적인 사항만을 규정할 수 있을 뿐, 법률에 의한 위임이 없는 한 법률이 규정한 개인의 권리·의무에 관한 내용을 변경·보충하거나 법률에 규정되지 아니한 새로운 내용을 규정할 수는 없다.

> **TIP** ② 구 여객자동차운수사업법 제76조 제1항 제15호, 같은 법 시행령 제29조에는 관할관청은 개인택시운송사업자의 운전면허가 취소된 때에 그의 개인택시운송사업면허를 취소할 수 있도록 규정되어 있을 뿐 <u>그에게 운전면허 취소사유가 있다는 사유만으로 개인택시운송사업면허를 취소할 수 있도록 하는 규정은 없으므로, 관할관청으로서는 비록 개인택시운송사업자에게 운전면허 취소사유가 있다 하더라도 그로 인하여 운전면허 취소처분이 이루어지지 않은 이상 개인택시운송사업면허를 취소할 수는 없다</u>(대판 2008. 5. 15. 2007두26001).

Answer 1.②

2 행정법의 법원(法源)에 대한 설명으로 옳지 않은 것은?

① 재량권 행사의 준칙인 행정규칙이 그 정한 바에 따라 되풀이 시행되어 행정관행이 이루어지게 되면 평등의 원칙이나 신뢰보호의 원칙에 따라 행정기관은 그 상대방에 대한 관계에서 그 규칙에 따라야 할 자기구속을 받게 된다.

② 위법한 행정처분이 수차례에 걸쳐 반복적으로 행하여졌다 하더라도 그러한 처분이 위법한 것인 때에는 행정청에 대하여 자기구속력을 갖게 된다고 할 수 없다.

③ 구 농림수산식품부에 의하여 공표된 「2008년도 농림사업시행지침서」가 되풀이 시행되어 행정관행이 이루어졌다거나 그 공표만으로 신청인이 보호가치 있는 신뢰를 갖게 되었다고 볼 수 없다면, 이 지침에 명시되지 않은 기준을 충족하지 못하였다는 이유를 들어 신청인의 사업자 인정신청을 반려한 처분은 행정의 자기구속의 원칙에 위배되지 않는다.

④ 세무조사가 과세자료의 수집 또는 신고내용의 정확성 검증이라는 본연의 목적이 아니라 부정한 목적을 위하여 행하여졌다고 하더라도, 이러한 세무조사에 의하여 수집된 과세자료를 기초로 한 과세처분은 위법하지 않다.

> **TIP** ④ 국세기본법은 제81조의4 제1항에서 "세무공무원은 적정하고 공평한 과세를 실현하기 위하여 필요한 최소한의 범위에서 세무조사를 하여야 하며, 다른 목적 등을 위하여 조사권을 남용해서는 아니 된다."라고 규정하고 있다. 이 조항은 세무조사의 적법 요건으로 객관적 필요성, 최소성, 권한 남용의 금지 등을 규정하고 있는데, 이는 법치국가원리를 조세절차법의 영역에서도 관철하기 위한 것으로서 그 자체로서 구체적인 법규적 효력을 가진다. 따라서 <u>세무조사가 과세자료의 수집 또는 신고내용의 정확성 검증이라는 본연의 목적이 아니라 부정한 목적을 위하여 행하여진 것이라면 이는 세무조사에 중대한 위법 사유가 있는 경우에 해당하고 이러한 세무조사에 의하여 수집된 과세자료를 기초로 한 과세처분 역시 위법하다.</u> 세무조사가 국가의 과세권을 실현하기 위한 행정조사의 일종으로서 과세자료의 수집 또는 신고내용의 정확성 검증 등을 위하여 필요불가결하며, 종국적으로는 조세의 탈루를 막고 납세자의 성실한 신고를 담보하는 중요한 기능을 수행하더라도 만약 남용이나 오용을 막지 못한다면 납세자의 영업활동 및 사생활의 평온이나 재산권을 침해하고 나아가 과세권의 중립성과 공공성 및 윤리성을 의심받는 결과가 발생할 것이기 때문이다(대판 2016. 12. 15. 2016두47659).

Answer 2.④

3 **행정법의 일반원칙에 대한 설명으로 옳지 않은 것은?**

① 폐기물처리업에 대하여 사전에 관할 관청으로부터 사업계획 적합통보를 받고 막대한 비용을 들여 허가요건을 갖춘 다음 허가신청을 하였음에도 다수 청소업자의 난립으로 안정적이고 효율적인 청소업무의 수행에 지장이 있다는 이유로 한 불허가처분은 신뢰보호의 원칙 및 비례의 원칙에 반하는 것으로서 재량권을 남용한 위법한 처분이다.

② 지방자치단체장이 사업자에게 주택사업계획승인을 하면서 그 주택사업과는 아무런 관련이 없는 토지를 기부채납하도록 하는 부관을 주택사업계획승인에 붙인 경우, 그 부관은 부당결부금지의 원칙에 위반되어 위법하다.

③ 지방의회의 조사·감사를 위해 채택된 증인의 불출석 등에 대한 과태료를 그 사회적 신분에 따라 차등 부과할 것을 규정한 조례안은 과태료를 부과하는 목적에 비추어 볼 때 그 합리성을 인정할 수 있어서 헌법에 규정된 평등의 원칙에 위배되지 않는다.

④ 과세관청이 납세의무자에게 부가가치세 면세사업자용 사업자등록증을 교부한 행위는 그가 영위하는 사업에 관하여 부가가치세를 과세하지 아니함을 시사하는 언동이나 공적인 견해를 표명한 것으로 볼 수 없다.

> **TIP** ③ 조례안이 지방의회의 감사 또는 조사를 위하여 출석요구를 받은 증인이 5급 이상 공무원인지 여부, 기관(법인)의 대표나 임원인지 여부 등 증인의 사회적 신분에 따라 미리부터 과태료의 액수에 차등을 두고 있는 경우, 그와 같은 차별은 증인의 불출석이나 증언거부에 대하여 과태료를 부과하는 목적에 비추어 볼 때 그 합리성을 인정할 수 없고 지위의 높고 낮음만을 기준으로 한 부당한 차별대우라고 할 것이어서 헌법에 규정된 평등의 원칙에 위배되어 무효이다(대판 1997. 2. 25. 96추213).

Answer 3.③

2025 국가직 9급

4 사인의 공법행위에 대한 설명으로 옳지 않은 것은?

① 「체육시설의 설치·이용에 관한 법률」상의 신고체육시설업에 있어서 적법한 요건을 갖춘 신고의 경우에는 행정청의 수리처분 등 별단의 조처를 기다릴 필요 없이 그 접수시에 신고로서의 효력이 발생하는 것이므로 그 수리가 거부되었다고 하여 무신고 영업이 되는 것은 아니다.

② 허가대상 건축물의 양수인이 구「건축법 시행규칙」에 규정되어 있는 형식적 요건을 갖추어 시장·군수 등 행정관청에 적법하게 건축주의 명의변경을 신고한 때에는 행정관청은 그 신고를 수리하여야지 실체적인 이유를 내세워 신고의 수리를 거부할 수는 없다.

③ 인허가의제 효과를 수반하는 건축신고는 일반적인 건축신고와는 달리 특별한 사정이 없는 한 행정청이 그 실체적 요건에 관한 심사를 한 후 수리하여야 하는 이른바 '수리를 요하는 신고'에 해당한다.

④ 구「장사 등에 관한 법률」상 납골당설치 신고는 수리를 요하지 않는 자기완결적 신고에 해당하므로, 형식적 요건을 갖춘 신고서가 접수기관에 도달한 때 곧바로 효력이 발생한다.

> **TIP** ④ 납골당설치 신고는 이른바 '수리를 요하는 신고'라 할 것이므로, 납골당설치 신고가 구 장사법 관련 규정의 모든 요건에 맞는 신고라 하더라도 신고인은 곧바로 납골당을 설치할 수는 없고, 이에 대한 행정청의 수리처분이 있어야만 신고한 대로 납골당을 설치할 수 있다. 한편 수리란 신고를 유효한 것으로 판단하고 법령에 의하여 처리할 의사로 이를 수령하는 수동적 행위이므로 수리행위에 신고필증 교부 등 행위가 꼭 필요한 것은 아니다(대판 2011. 9. 8. 2009두6766).

2025 국가직 9급

5 공법상 부당이득에 대한 설명으로 옳지 않은 것은?

① 개발부담금 부과처분이 취소된 이상 그 후의 부당이득으로서의 과오납금 반환에 관한 법률관계는 단순한 민사 관계에 불과한 것이고, 행정소송 절차에 따라야 하는 관계로 볼 수 없다.

② 조세환급금은 조세채무가 처음부터 존재하지 않거나 그 후 소멸하였음에도 불구하고 국가가 법률상 원인 없이 수령하거나 보유하고 있는 부당이득에 해당하고, 환급가산금은 그 부당이득에 대한 법정이자로서의 성질을 가진다.

③ 당연무효인 변상금부과처분에 의하여 납부한 오납금에 대한 납부자의 부당이득반환청구권은 처음부터 법률상 원인이 없이 납부된 것이므로 납부시에 발생하여 확정된다.

④ 국가는 국유재산의 무단점유자를 상대로 구 「국유재산법」에 따른 변상금 부과·징수권을 행사해야 하고, 이와 별도로 국유재산의 소유자로서 민사상 부당이득반환청구의 소를 제기할 수는 없다.

Answer 4.④ 5.④

TIP ④ 국유재산의 무단점유자에 대한 변상금 부과는 공권력을 가진 우월적 지위에서 행하는 행정처분이고, 그 부과처분에 의한 변상금 징수권은 공법상의 권리인 반면, 민사상 부당이득반환청구권은 국유재산의 소유자로서 가지는 사법상의 채권이다. 또한 변상금은 부당이득 산정의 기초가 되는 대부료나 사용료의 120%에 상당하는 금액으로서 부당이득금과 액수가 다르고, 이와 같이 할증된 금액의 변상금을 부과·징수하는 목적은 국유재산의 사용·수익으로 인한 이익의 환수를 넘어 국유재산의 효율적인 보존·관리라는 공익을 실현하는 데 있다. 그리고 대부 또는 사용·수익허가 없이 국유재산을 점유하거나 사용·수익하였지만 변상금 부과처분은 할 수 없는 때에도 민사상 부당이득반환청구권은 성립하는 경우가 있으므로, 변상금 부과·징수의 요건과 민사상 부당이득반환청구권의 성립 요건이 일치하는 것도 아니다. 이처럼 구 국유재산법 제51조 제1항, 제4항, 제5항에 의한 변상금 부과·징수권은 민사상 부당이득반환청구권과 법적 성질을 달리하므로, 국가는 무단점유자를 상대로 변상금 부과·징수권의 행사와 별도로 국유재산의 소유자로서 민사상 부당이득반환청구의 소를 제기할 수 있다(대판(전합) 2014. 7. 16. 2011다76402).

6 신뢰보호의 원칙에 대한 설명으로 옳지 않은 것은?

① 행정청의 공적 견해의 표명 후 그 견해표명 당시의 사정이 변경된 경우에도 행정청이 공적 견해 표명에 반하는 처분을 하는 경우에는 특별한 사정이 없는 한 신뢰보호의 원칙에 위반된다.

② 신뢰보호의 원칙에서 개인의 귀책사유라 함은 행정청의 견해표명의 하자가 상대방 등 관계자의 사실은폐나 기타 사위의 방법에 의한 신청행위 등 부정행위에 기인한 것이거나 그러한 부정행위가 없더라도 하자가 있음을 알았거나 중대한 과실로 알지 못한 경우 등을 의미한다.

③ 행정청의 공적 견해표명이 있었는지 여부를 판단함에 있어서는, 반드시 행정조직상의 형식적인 권한분장에 구애될 것은 아니고, 담당자의 조직상의 지위와 임무, 당해 언동을 하게 된 구체적인 경위 및 그에 대한 상대방의 신뢰가능성에 비추어 실질에 의하여 판단하여야 한다.

④ 행정청은 권한 행사의 기회가 있음에도 불구하고 장기간 권한을 행사하지 아니하여 국민이 그 권한이 행사되지 아니할 것으로 믿을 만한 정당한 사유가 있는 경우에는 그 권한을 행사해서는 아니 되지만, 공익 또는 제3자의 이익을 현저히 해칠 우려가 있는 경우는 예외이다.

TIP ① 신뢰보호의 원칙은 행정청이 공적인 견해를 표명할 당시의 사정이 그대로 유지됨을 전제로 적용되는 것이 원칙이므로, 사후에 그와 같은 사정이 변경된 경우에는 그 공적 견해가 더 이상 개인에게 신뢰의 대상이 된다고 보기 어려운 만큼, 특별한 사정이 없는 한 행정청이 그 견해표명에 반하는 처분을 하더라도 신뢰보호의 원칙에 위반된다고 할 수 없다. 한편 재건축조합에서 일단 내부 규범이 정립되면 조합원들은 특별한 사정이 없는 한 그것이 존속하리라는 신뢰를 가지게 되므로, 내부 규범 변경을 통해 달성하려는 이익이 종전 내부 규범의 존속을 신뢰한 조합원들의 이익보다 우월해야 한다. 조합 내부 규범을 변경하는 총회결의가 신뢰보호의 원칙에 위반되는지를 판단하기 위해서는, 종전 내부 규범의 내용을 변경하여야 할 객관적 사정과 필요가 존재하는지, 그로써 조합이 달성하려는 이익은 어떠한 것인지, 내부 규범의 변경에 따라 조합원들이 침해받은 이익은 어느 정도의 보호가치가 있으며 침해 정도는 어떠한지, 조합이 종전 내부 규범의 존속에 대한 조합원들의 신뢰 침해를 최소화하기 위하여 어떤 노력을 기울였는지 등과 같은 여러 사정을 종합적으로 비교·형량해야 한다(대판 2020. 6. 25. 2018두34732).

Answer　6.①

7 개인적 공권에 대한 설명으로 옳지 않은 것은?

① 환경영향평가 대상지역 밖의 주민이라 할지라도 공유수면매립면허처분 등으로 인하여 그 처분 전과 비교하여 수인한도를 넘는 환경피해를 받거나 받을 우려가 있는 경우에는, 공유수면매립면 허처분 등으로 인하여 환경상 이익에 대한 침해 또는 침해우려가 있다는 것을 입증함으로써 그 처분 등의 무효확인을 구할 원고적격을 인정받을 수 있다.

② 공무원연금 수급권과 같은 사회보장수급권은 헌법규정만으로는 이를 실현할 수 없어 법률에 의한 형성이 필요하고, 그 구체적인 내용 즉 수급요건 등은 법률에 의하여 비로소 확정된다.

③ 행정처분에 있어서 수익처분의 상대방은 그의 권리나 법률상 보호되는 이익이 침해되었다고 볼 수 없으므로 달리 특별한 사정이 없는 한 그 수익처분의 취소를 구할 이익이 없다.

④ 행정계획은 행정기관 내부의 행동 지침에 불과하므로, 도시계획구역 내 토지 등을 소유하고 있는 주민은 입안권자에게 도시계획입안을 요구할 수 있는 법규상 또는 조리상의 신청권이 없다.

> **TIP** ④ 국토의 계획 및 이용에 관한 법률은 국토의 이용·개발과 보전을 위한 계획의 수립 및 집행 등에 필요한 사항을 규정함으로써 공공복리를 증진시키고 국민의 삶의 질을 향상시키는 것을 목적으로 하면서도 도시계획시설결정으로 인한 개인의 재산권행사의 제한을 줄이기 위하여, 도시·군계획시설부지의 매수청구권(제47조), 도시·군계획시설결정의 실효(제48조)에 관한 규정과 아울러 도시·군관리계획의 입안권자인 특별시장·광역시장·특별자치시장·특별자치도지사·시장 또는 군수(이하 '입안권자'라 한다)는 5년마다 관할 구역의 도시·군관리계획에 대하여 타당성 여부를 전반적으로 재검토하여 정비하여야 할 의무를 지우고(제34조), 주민(이해관계자 포함)에게는 도시·군관리계획의 입안권자에게 기반시설의 설치·정비 또는 개량에 관한 사항, 지구단위계획구역의 지정 및 변경과 지구단위계획의 수립 및 변경에 관한 사항에 대하여 도시·군관리계획도서와 계획설명서를 첨부하여 도시·군관리계획의 입안을 제안할 권리를 부여하고 있고, 입안제안을 받은 입안권자는 그 처리 결과를 제안자에게 통보하도록 규정하고 있다. 이들 규정에 헌법상 개인의 재산권 보장의 취지를 더하여 보면, 도시계획구역 내 토지 등을 소유하고 있는 사람과 같이 당해 도시계획시설결정에 이해관계가 있는 주민으로서는 도시시설계획의 입안권자 내지 결정권자에게 도시시설계획의 입안 내지 변경을 요구할 수 있는 법규상 또는 조리상의 신청권이 있고, 이러한 신청에 대한 거부행위는 항고소송의 대상이 되는 행정처분에 해당한다(대판 2015. 3. 26 2014두42742).

Answer 7.④

8 「행정기본법」상 기간의 계산에 대한 설명으로 옳지 않은 것은?

① 행정에 관한 기간의 계산에 관하여는 「행정기본법」 또는 다른 법령등에 특별한 규정이 있는 경우를 제외하고는 「민법」을 준용한다.

② 법령등을 공포한 날부터 일정 기간이 경과한 날부터 시행하는 경우 그 기간의 말일이 토요일 또는 공휴일인 때에는 그 말일로 기간이 만료한다.

③ 법령등을 공포한 날부터 일정 기간이 경과한 날부터 시행하는 경우 법령등을 공포한 날을 첫날에 산입한다.

④ 법령등 또는 처분에서 국민의 권익을 제한하거나 의무를 부과하는 경우 권익이 제한되거나 의무가 지속되는 기간을 계산할 때에 기간을 일, 주, 월 또는 연으로 정한 경우에는 기간의 첫날을 산입한다. 다만, 그러한 기준을 따르는 것이 국민에게 불리한 경우에는 그러하지 아니하다.

TIP ③ 법령등을 공포한 날부터 일정 기간이 경과한 날부터 시행하는 경우 법령등을 공포한 날을 첫날에 산입하지 아니한다(행정기본법 제7조 제2호).

행정기본법 제6조(행정에 관한 기간의 계산)
① 행정에 관한 기간의 계산에 관하여는 이 법 또는 다른 법령등에 특별한 규정이 있는 경우를 제외하고는 「민법」을 준용한다.
② 법령등 또는 처분에서 국민의 권익을 제한하거나 의무를 부과하는 경우 권익이 제한되거나 의무가 지속되는 기간의 계산은 다음 각 호의 기준에 따른다. 다만, 다음 각 호의 기준에 따르는 것이 국민에게 불리한 경우에는 그러하지 아니하다.
  1. 기간을 일, 주, 월 또는 연으로 정한 경우에는 기간의 첫날을 산입한다.
  2. 기간의 말일이 토요일 또는 공휴일인 경우에도 기간은 그 날로 만료한다.
제7조(법령등 시행일의 기간 계산) 법령등(훈령 · 예규 · 고시 · 지침 등을 포함한다. 이하 이 조에서 같다)의 시행일을 정하거나 계산할 때에는 다음 각 호의 기준에 따른다.
  1. 법령등을 공포한 날부터 시행하는 경우에는 공포한 날을 시행일로 한다.
  2. 법령등을 공포한 날부터 일정 기간이 경과한 날부터 시행하는 경우 법령등을 공포한 날을 첫날에 산입하지 아니한다.
  3. 법령등을 공포한 날부터 일정 기간이 경과한 날부터 시행하는 경우 그 기간의 말일이 토요일 또는 공휴일인 때에는 그 말일로 기간이 만료한다.
제7조의2(행정에 관한 나이의 계산 및 표시) 행정에 관한 나이는 다른 법령등에 특별한 규정이 있는 경우를 제외하고는 출생일을 산입하여 만(滿) 나이로 계산하고, 연수(年數)로 표시한다. 다만, 1세에 이르지 아니한 경우에는 월수(月數)로 표시할 수 있다.

Answer 8.③

9 **신뢰보호의 원칙에 대한 설명으로 옳지 않은 것은?**

① 개발사업을 시행하기 전에 사건 토지 지상에 예식장 등을 건축하는 것이 관계 법령상 가능한지 여부를 질의하여 민원 부서로부터 '저촉사항 없음'이라고 기재된 민원예비심사 결과를 통보받았다면, 이는 이후의 개발부담금부과처분에 관하여 신뢰보호의 원칙을 적용하기 위한 공적인 견해표명을 한 것에 해당한다.

② 시의 도시계획과장과 도시계획국장이 도시계획사업의 준공과 동시에 사업부지에 편입한 토지에 대한 완충녹지 지정을 해제함과 아울러 당초의 토지소유자들에게 환매하겠다는 약속을 했음에도 이를 믿고 토지를 협의매매한 토지소유자의 완충녹지지정해제신청을 거부한 것은 신뢰보호의 원칙을 위반하거나 재량권을 일탈·남용한 위법한 처분이다.

③ 국회에서 일정한 법률안을 심의하거나 의결한 적이 있다고 하더라도 그것이 법률로 확정되지 아니한 이상 국가가 이해관계자들에게 위 법률안에 관련된 사항을 약속하였다고 볼 수 없으며, 이러한 사정만으로 어떠한 신뢰를 부여하였다고 볼 수도 없다.

④ 헌법재판소의 위헌결정은 행정청이 개인에 대하여 신뢰의 대상이 되는 공적인 견해를 표명한 것이라고 할 수 없으므로 그 결정에 관련한 개인의 행위에 대하여는 신뢰보호의 원칙이 적용되지 아니한다.

> **TIP** ① 개발이익환수에 관한 법률에 정한 개발사업을 시행하기 전에, 행정청이 토지 지상에 예식장 등을 건축하는 것이 관계 법령상 가능한지 여부를 질의하는 민원예비심사에 대하여 관련부서 의견으로 개발이익환수에 관한 법률에 '저촉사항 없음'이라고 기재하였다고 하더라도, 이후의 개발부담금부과처분에 관하여 신뢰보호의 원칙을 적용하기 위한 요건인, 개인에 대하여 신뢰의 대상이 되는 공적인 견해표명을 한 것이라고는 보기 어렵다(대판 2006. 6. 9. 2004두46).

Answer 9.①

10 법치행정의 원칙에 대한 설명으로 옳지 않은 것은?

① 규율대상이 국민의 기본권 및 기본적 의무와 관련한 중요성을 가질수록 그리고 그에 관한 공개적 토론의 필요성 또는 상충하는 이익 사이의 조정 필요성이 클수록, 그것이 국회의 법률에 의해 직접 규율될 필요성은 더 증대된다고 보아야 한다.

② 법률의 시행령은 법률에 의한 위임 없이도 법률이 규정한 개인의 권리·의무에 관한 내용을 변경·보충하거나 법률에 규정되지 아니한 새로운 내용을 규정할 수 있다.

③ 법률유보의 원칙은 '법률에 의한 규율'만을 요청하는 것이 아니라 '법률에 근거한 규율'을 요청하는 것이기 때문에 기본권의 제한에는 법률의 근거가 필요할 뿐이고 기본권제한의 형식이 반드시 법률의 형식일 필요는 없다.

④ 행정작용은 법률에 위반되어서는 아니 되며, 국민의 권리를 제한하거나 의무를 부과하는 경우와 그 밖에 국민생활에 중요한 영향을 미치는 경우에는 법률에 근거해야 한다.

TIP ② 헌법 제75조에 의하면 대통령은 법률에서 구체적으로 범위를 정하여 위임받은 사항과 법률을 집행하기 위하여 필요한 사항에 관하여만 대통령령을 발할 수 있으므로, 법률의 시행령은 모법인 법률에 의하여 위임받은 사항이나 법률이 규정한 범위 내에서 법률을 현실적으로 집행하는 데 필요한 세부적인 사항만을 규정할 수 있을 뿐, 법률에 의한 위임이 없는 한 법률이 규정한 개인의 권리·의무에 관한 내용을 변경·보충하거나 법률에 규정되지 아니한 새로운 내용을 규정할 수는 없다(대판 1995. 1. 24. 93다37342).

① 어떠한 사안이 국회가 형식적 법률로 스스로 규정하여야 하는 본질적 사항에 해당되는지는, 구체적 사례에서 관련된 이익 내지 가치의 중요성, 규제 또는 침해의 정도와 방법 등을 고려하여 개별적으로 결정하여야 하지만, 규율대상이 국민의 기본권과 관련한 중요성을 가질수록 그리고 그에 관한 공개적 토론의 필요성 또는 상충하는 이익 사이의 조정 필요성이 클수록, 그것이 국회의 법률에 의하여 직접 규율될 필요성은 더 증대된다. 따라서 국민의 권리·의무에 관한 기본적이고 본질적인 사항은 국회가 정하여야 하고, 헌법상 보장된 국민의 자유나 권리를 제한할 때에는 적어도 그 제한의 본질적인 사항에 관하여 국회가 법률로써 스스로 규율하여야 한다(대판 2007. 10. 12. 2006두14476).

③ 기본권은 헌법 제37조 제2항에 의하여 국가안전보장·질서유지 또는 공공복리를 위하여 필요한 경우에 한하여 이를 제한할 수 있으나, 그 제한의 방법은 원칙적으로 법률로써만 가능하고 제한의 정도도 기본권의 본질적 내용을 침해할 수 없고 필요한 최소한도에 그쳐야 한다. 그런데 위 조항에서 규정하고 있는 기본권제한에 관한 법률유보의 원칙은 '법률에 의한 규율'을 요청하는 것이 아니라 '법률에 근거한 규율'을 요청하는 것이므로, 기본권의 제한에는 법률의 근거가 필요할 뿐이고 기본권 제한의 형식이 반드시 법률의 형식일 필요는 없다(헌재결 2005. 5. 26. 99헌마513).

④ 헌법 제37조 제2항은 "국민의 모든 자유와 권리는 국가안전보장·질서유지 또는 공공복리를 위하여 필요한 경우에 한하여 법률로써 제한할 수 있으며, 제한하는 경우에도 자유와 권리의 본질적인 내용을 침해할 수 없다."라고 규정하고 있다. 헌법상 법치주의는 법률유보원칙, 즉 행정작용에는 국회가 제정한 형식적 법률의 근거가 요청된다는 원칙을 핵심적 내용으로 한다. 나아가 오늘날의 법률유보원칙은 단순히 행정작용이 법률에 근거를 두기만 하면 충분한 것이 아니라, 국가공동체와 그 구성원에게 기본적이고도 중요한 의미를 갖는 영역, 특히 국민의 기본권 실현에 관련된 영역에 있어서는 행정에 맡길 것이 아니고 국민의 대표자인 입법자 스스로 그 본질적 사항에 대하여 결정하여야 한다는 요구, 즉 의회유보원칙까지 내포하는 것으로 이해되고 있다(대판 2020. 9. 3. 2016두32992(전합)).

Answer 10.②

11 사인의 공법행위에 대한 설명으로 옳은 것은?

① 공무원에 의해 제출된 사직원은 그에 터잡은 의원면직처분이 있을 때까지 철회될 수 있고, 일단 면직처분이 있고 난 이후에도 자유로이 취소 및 철회될 수 있다.

② 시장 등의 주민등록전입신고 수리 여부에 대한 심사는 「주민등록법」의 입법 목적의 범위 내에서 제한적으로 이루어져야 하는바, 전입신고자가 30일 이상 생활의 근거로서 거주할 목적으로 거주지를 옮기는지 여부가 심사 대상으로 되어야 한다.

③ 행정청은 신청에 구비서류의 미비 등 흠이 있는 경우 원칙상 형식적·절차적인 요건만을 보완요구하여야 하므로 실질적인 요건에 관한 흠이 민원인의 단순한 착오나 일시적인 사정 등에 기인한 경우에도 보완을 요구할 수 없다.

④ 사인의 공법행위는 원칙적으로 발신주의에 따라 그 효력이 발생한다.

TIP ② 주민들의 거주지 이동에 따른 주민등록전입신고에 대하여 행정청이 이를 심사하여 그 수리를 거부할 수 있으나 그러한 행위는 자칫 헌법상 보장된 국민의 거주·이전의 자유를 침해하는 결과를 초래할 수도 있으므로, 시장 등의 주민등록전입신고 수리 여부에 대한 심사는 주민등록법의 입법 목적의 범위 내에서 제한적으로 이루어져야 하는바, 그 전입신고자가 30일 이상 생활의 근거로서 거주할 목적으로 거주지를 옮기는지 여부가 심사 대상으로 되어야 한다(대판 2009. 7. 9. 2008두19048).

① 공무원이 한 사직 의사표시의 철회나 취소는 그에 터잡은 의원면직처분이 있을 때까지 할 수 있는 것이고, 일단 면직처분이 있고 난 이후에는 철회나 취소할 여지가 없다(대판 2001. 8. 24. 99두9971).

③ 행정기관은 민원사항의 신청이 있는 때에는 다른 법령에 특별한 규정이 있는 경우를 제외하고는 그 접수를 보류하거나 거부할 수 없으며, 민원서류에 흠이 있는 경우에는 보완에 필요한 상당한 기간을 정하여 지체 없이 민원인에게 보완을 요구하고 그 기간 내에 민원서류를 보완하지 아니할 때에는 7일의 기간 내에 다시 보완을 요구할 수 있으며, 위 기간 내에 민원서류를 보완하지 아니한 때에 비로소 접수된 민원서류를 되돌려 보낼 수 있도록 규정되어 있는바, 위 규정 소정의 보완의 대상이 되는 흠은 보완이 가능한 경우이어야 함은 물론이고, 그 내용 또한 형식적·절차적인 요건이거나, 실질적인 요건에 관한 흠이 있는 경우라도 그것이 민원인의 단순한 착오나 일시적인 사정 등에 기한 경우 등이라야 할 것이다(대판 1991. 6. 11. 90누8862).

④ 사인의 공법행위는 특별한 규정이 없는 한 도달주의에 따라 효력이 발생한다.

Answer   11.②

12 공법관계와 사법관계의 구별에 대한 설명으로 옳지 않은 것은?

① 국유재산 중 행정재산의 사용허가는 공법관계이나, 한국공항공단이 무상사용허가를 받은 행정재산에 대하여 하는 전대행위는 사법관계이다.

② 조달청장이 「예산회계법」에 따라 계약을 체결하거나 입찰보증금 국고귀속조치를 취하는 것은 사법관계에 해당한다.

③ 국유재산의 무단점유에 대한 변상금부과는 공법관계에 해당하나, 국유 일반재산의 대부행위는 사법관계에 해당한다.

④ 조달청장이 법령에 근거하여 입찰참가자격을 제한하는 것은 사법관계에 해당한다.

> **TIP** ④② 국가를 당사자로 하는 계약에 관한 법률에 따른 입찰보증금 국고귀속조치는 사법관계, 동법에 따른 입찰참가자격 제한은 공법관계에 해당한다.
>
> 예산회계법에 따라 체결되는 계약은 사법상의 계약이라고 할 것이고 동법 제70조의5의 입찰보증금은 낙찰자의 계약체결의무이행의 확보를 목적으로 하여 그 불이행시에 이를 국고에 귀속시켜 국가의 손해를 전보하는 사법상의 손해배상 예정으로서의 성질을 갖는 것이라고 할 것이므로 입찰보증금의 국고귀속조치는 국가가 사법상의 재산권의 주체로서 행위하는 것이지 공권력을 행사하는 것이거나 공권력작용과 일체성을 가진 것이 아니라 할 것이므로 이에 관한 분쟁은 행정소송이 아닌 민사소송의 대상이 될 수밖에 없다고 할 것이다(대판 1983. 12. 27. 81누366).
>
> ① 한국공항공단이 정부로부터 무상사용허가를 받은 행정재산을 구 한국공항공단법 제17조에서 정한 바에 따라 전대하는 경우에 미리 그 계획을 작성하여 건설교통부장관에게 제출하고 승인을 얻어야 하는 등 일부 공법적 규율을 받고 있다고 하더라도, 한국공항공단이 그 행정재산의 관리청으로부터 국유재산관리사무의 위임을 받거나 국유재산관리의 위탁을 받지 않은 이상, 한국공항공단이 무상사용허가를 받은 행정재산에 대하여 하는 전대행위는 통상의 사인간의 임대차와 다를 바가 없고, 그 임대차계약이 임차인의 사용승인신청과 임대인의 사용승인의 형식으로 이루어졌다고 하여 달리 볼 것은 아니다(대판 2003. 10. 24. 2001다82514, 82521).
>
> ③ 국유재산법 제51조 제1항은 국유재산의 무단점유자에 대하여는 대부 또는 사용, 수익허가 등을 받은 경우에 납부하여야 할 대부료 또는 사용료 상당액 외에도 그 징벌적 의미에서 국가측이 일방적으로 그 2할 상당액을 추가하여 변상금을 징수토록 하고 있으며 동조 제2항은 변상금의 체납시 국세징수법에 의하여 강제징수토록 하고 있는 점 등에 비추어 보면 국유재산의 관리청이 그 무단점유자에 대하여 하는 변상금부과처분은 순전히 사경제 주체로서 행하는 사법상의 법률행위라 할 수 없고 이는 관리청이 공권력을 가진 우월적 지위에서 행한 것으로서 행정소송의 대상이 되는 행정처분이라고 보아야 한다(대판 1988. 2. 23. 87누1046).

Answer　12.④

13 신뢰보호의 원칙에 대한 설명으로 옳지 않은 것은?(다툼이 있는 경우 판례에 의함)

① 건축주와 그로부터 건축설계를 위임받은 건축사가 관계 법령에서 정하고 있는 건축한계선의 제한이 있다는 사실을 간과한 채 건축설계를 하고 이를 토대로 건축물의 신축 및 증축허가를 받은 경우, 그 신축 및 증축허가가 정당하다고 신뢰한 데에는 귀책사유가 있다.

② 행정청이 상대방에게 장차 어떤 처분을 하겠다고 공적 견해표명을 하였더라도 그 후에 그 전제로 된 사실적 · 법률적 상태가 변경되었다면, 그와 같은 공적 견해표명은 효력을 잃게 된다.

③ 수강신청 후에 징계요건을 완화하는 학칙개정이 이루어지고 이어 시험이 실시되어 그 개정학칙에 따라 대학이 성적 불량을 이유로 학생에 대하여 징계처분을 한 경우라면 이는 이른바 부진정 소급효에 관한 것으로서 특별한 사정이 없는 한 위법이라고 할 수 없다.

④ 병무청 담당부서의 담당공무원에게 공적 견해의 표명을 구하지 아니한 채 민원봉사 담당공무원이 상담에 응하여 안내한 것을 신뢰한 경우에도 신뢰보호의 원칙이 적용된다.

TIP ④ 병무청 담당부서의 담당공무원에게 공적 견해의 표명을 구하는 정식의 서면질의 등을 하지 아니한 채 총무과 민원팀장에 불과한 공무원이 민원봉사차원에서 상담에 응하여 안내한 것을 신뢰한 경우, 신뢰보호 원칙이 적용되지 아니한다(대판 2003.12.26. 2003두1875).

① 일반적으로 행정상의 법률관계에 있어서 행정청의 행위에 대하여 신뢰보호의 원칙이 적용되기 위하여는, 첫째 행정청이 개인에 대하여 신뢰의 대상이 되는 공적인 견해표명을 하여야 하고, 둘째 행정청의 견해표명이 정당하다고 신뢰한 데에 대하여 그 개인에게 귀책사유가 없어야 하며, 셋째 그 개인이 그 견해표명을 신뢰하고 이에 상응하는 어떠한 행위를 하였어야 하고, 넷째 행정청이 그 견해표명에 반하는 처분을 함으로써 그 견해표명을 신뢰한 개인의 이익이 침해되는 결과가 초래되어야 하며, 마지막으로 위 견해표명에 따른 행정처분을 할 경우 이로 인하여 공익 또는 제3자의 정당한 이익을 현저히 해할 우려가 있는 경우가 아니어야 하는바, 둘째 요건에서 말하는 귀책사유라 함은 행정청의 견해표명의 하자가 상대방 등 관계자의 사실은폐나 기타 사위의 방법에 의한 신청행위 등 부정행위에 기인한 것이거나 그러한 부정행위가 없다고 하더라도 하자가 있음을 알았거나 중대한 과실로 알지 못한 경우 등을 의미한다고 해석함이 상당하고, 귀책사유의 유무는 상대방과 그로부터 신청행위를 위임받은 수임인 등 관계자 모두를 기준으로 판단하여야 한다. 건축주와 그로부터 건축설계를 위임받은 건축사가 상세계획지침에 의한 건축한계선의 제한이 있다는 사실을 간과한 채 건축설계를 하고 이를 토대로 건축물의 신축 및 증축허가를 받은 경우, 그 신축 및 증축허가가 정당하다고 신뢰한 데에 귀책사유가 있다(대판 2002.11. 8. 2001두1512).

② 행정청이 상대방에게 장차 어떤 처분을 하겠다고 확약 또는 공적인 의사표명을 하였다고 하더라도, 그 자체에서 상대방으로 하여금 언제까지 처분의 발령을 신청을 하도록 유효기간을 두었는데도 그 기간 내에 상대방의 신청이 없었다거나 확약 또는 공적인 의사표명이 있은 후에 사실적 · 법률적 상태가 변경되었다면, 그와 같은 확약 또는 공적인 의사표명은 행정청의 별다른 의사표시를 기다리지 않고 실효된다(대판 1996. 8.20. 95누10877).

③ 소급효는 이미 과거에 완성된 사실관계를 규율의 대상으로 하는 이른바 진정소급효와 과거에 시작하였으나 아직 완성되지 아니하고 진행과정에 있는 사실관계를 규율대상으로 하는 이른바 부진정소급효를 상정할 수 있는 바, 대학이 성적 불량을 이유로 학생에 대하여 징계처분을 하는 경우에 있어서 수강신청이 있은 후 징계요건을 완화하는 학칙개정이 이루어지고 이어 당해 시험이 실시되어 그 개정학칙에 따라 징계처분을 한 경우라면 이는 이른바 부진정소급효에 관한 것으로서 구 학칙의 존속에 관한 학생의 신뢰보호가 대학당국의 학칙개정의 목적달성보다 더 중요하다고 인정되는 특별한 사정이 없는 한 위법이라고 할 수 없다(대판 1989. 7.11. 87누1123).

Answer 13.④

14 행정법관계에 대한 설명으로 옳지 않은 것은?(다툼이 있는 경우 판례에 의함)

① 군인연금법령상 급여를 받으려고 하는 사람이 국방부장관에게 급여지급을 청구하였으나 거부된 경우, 곧바로 국가를 상대로 한 당사자소송으로 급여의 지급을 청구할 수 있다.

② 법무사가 사무원을 채용할 때 소속 지방법무사회로부터 승인을 받아야 할 의무는 공법상 의무이다.

③ 사무처리의 긴급성으로 인하여 해양경찰의 직접적인 지휘를 받아 보조로 방제작업을 한 경우, 사인은 그 사무를 처리하며 지출한 필요비 내지 유익비의 상환을 국가에 대하여 민사소송으로 청구할 수 있다.

④ 「공익사업을 위한 토지 등의 취득 및 보상에 관한 법률」상 환매권의 존부에 관한 확인을 구하는 소송 및 환매금액의 증감을 구하는 소송은 민사소송이다.

> **TIP**
> ① 국방부장관 등이 하는 급여지급결정은 단순히 급여수급 대상자를 확인·결정하는 것에 그치는 것이 아니라 구체적인 급여수급액을 확인·결정하는 것까지 포함한다. 구 군인연금법령상 급여를 받으려고 하는 사람은 <u>우선 관계 법령에 따라 국방부장관 등에게 급여지급을 청구하여 국방부장관 등이 이를 거부하거나 일부 금액만 인정하는 급여지급결정을 하는 경우 그 결정을 대상으로 항고소송을 제기하는 등으로 구체적 권리를 인정받은 다음 비로소 당사자소송으로 그 급여의 지급을 구해야 한다.</u> 이러한 <u>구체적인 권리가 발생하지 않은 상태에서 곧바로 국가를 상대로 한 당사자소송으로 급여의 지급을 소구하는 것은 허용되지 않는다</u>(대판 2021.12.16. 2019두45944).
> ② 법무사의 사무원 채용승인 신청에 대하여 <u>소속 지방법무사회가 '채용승인을 거부'하는 조치 또는 일단 채용승인을 하였으나 법무사규칙 제37조 제6항을 근거로 '채용승인을 취소'하는 조치는</u> 공법인인 지방법무사회가 행하는 구체적 사실에 관한 법집행으로서 <u>공권력의 행사 또는 그 거부에 해당하므로 항고소송의 대상인 '처분'이라고 보아야 한다.</u> 법무사 사무원 채용승인은 본래 법무사에 대한 감독권한을 가지는 소관 지방법원장에 의한 국가사무였다가 지방법무사회로 이관되었으나, 이후에도 소관 지방법원장은 지방법무사회로부터 채용승인 사실의 보고를 받고 이의신청을 직접 처리하는 등 지방법무사회의 업무수행 적정성에 대한 감독을 하고 있다. 또한 법무사가 사무원 채용에 관하여 법무사법이나 법무사규칙을 위반하는 경우에는 소관 지방법원장으로부터 징계를 받을 수 있으므로, <u>법무사에 대하여 지방법무사회로부터 채용승인을 얻어 사무원을 채용할 의무는 법무사법에 의하여 강제되는 공법적 의무이다</u>(대판 2020. 4. 9. 2015다34444).
> ③ 사무관리가 성립하기 위하여는 우선 사무가 타인의 사무이고 타인을 위하여 사무를 처리하는 의사, 즉 관리의 사실상 이익을 타인에게 귀속시키려는 의사가 있어야 하며, 나아가 사무의 처리가 본인에게 불리하거나 본인의 의사에 반한다는 것이 명백하지 아니할 것을 요한다. 다만 타인의 사무가 국가의 사무인 경우, 원칙적으로 사인이 법령상 근거 없이 국가의 사무를 수행할 수 없다는 점을 고려하면, <u>사인이 처리한 국가의 사무가 사인이 국가를 대신하여 처리할 수 있는 성질의 것으로서, 사무 처리의 긴급성 등 국가의 사무에 대한 사인의 개입이 정당화되는 경우에 한하여 사무관리가 성립하고, 사인은 그 범위 내에서 국가에 대하여 국가의 사무를 처리하면서 지출된 필요비 내지 유익비의 상환을 청구할 수 있다</u>(대판 2014.12.11. 2012다15602).
> ④ 구 공익사업을 위한 토지 등의 취득 및 보상에 관한 법률(이하 '구 공익사업법') 제91조에 규정된 환매권은 상대방에 대한 의사표시를 요하는 형성권의 일종으로서 재판상이든 재판 외이든 위 규정에 따른 기간 내에 행사하면 매매의 효력이 생기는 바, 이러한 <u>환매권의 존부에 관한 확인을 구하는 소송 및 구 공익사업법 제91조 제4항에 따라 환매금액의 증감을 구하는 소송 역시 민사소송에 해당한다</u>(대판 2013. 2.28. 2010두22368).

15 신고에 대한 설명으로 옳은 것은?(다툼이 있는 경우 판례에 의함)

① 구 「관광진흥법」에 의한 지위승계신고를 수리하는 허가관청의 행위는 사실적인 행위에 불과하여 항고소송의 대상이 되지 않는다.

② 정보통신매체를 이용하여 학습비를 받고 불특정 다수인에게 원격 평생교육을 실시하기 위해 구 「평생교육법」에서 정한 형식적 요건을 모두 갖추어 신고한 경우, 행정청은 신고대상이 된 교육이나 학습이 공익적 기준에 적합하지 않는다는 등의 실체적 사유를 들어 신고 수리를 거부할 수 없다.

③ 「건축법」에 의한 인·허가의제 효과를 수반하는 건축신고는 건축을 하고자 하는 자가 적법한 요건을 갖춘 신고만 하면 건축을 할 수 있고, 행정청의 수리 등 별단의 조처를 기다릴 필요가 없다.

④ 주민등록의 신고는 행정청에 도달하기만 하면 신고로서의 효력이 발생한다.

> **TIP** ② 불특정 다수인을 대상으로 학습비를 받고 정보통신매체를 이용하여 원격평생교육을 실시하고자 하는 경우에는 누구든지 구 평생교육법 제22조 제2항에 따라 이를 신고하여야 하나, 신고서의 기재사항에 흠결이 없고 소정의 서류가 구비된 때에는 이를 수리하여야 하고, 이러한 형식적 요건을 모두 갖추었음에도 그 신고대상이 된 교육이나 학습이 공익적 기준에 적합하지 않다는 등의 실체적 사유를 들어 신고의 수리를 거부할 수는 없다(대판 2016. 7.22. 2014두42179).
>
> ① 구 관광진흥법 제8조 제4항에 의한 지위승계신고를 수리하는 허가관청의 행위는 단순히 양도·양수인 사이에 이미 발생한 사법상 사업양도의 법률효과에 의하여 양수인이 그 영업을 승계하였다는 사실의 신고를 접수하는 행위에 그치는 것이 아니라, 영업허가자의 변경이라는 법률효과를 발생시키는 행위이다(대판 2012.12.13. 2011두29144).
>
> ③ 건축법에서 인·허가의제 제도를 둔 취지는, 인·허가의제사항과 관련하여 건축허가 또는 건축신고의 관할 행정청으로 그 창구를 단일화하고 절차를 간소화하며 비용과 시간을 절감함으로써 국민의 권익을 보호하려는 것이지, 인·허가의제사항 관련 법률에 따른 각각의 인·허가 요건에 관한 일체의 심사를 배제하려는 것으로 보기는 어렵다. 왜냐하면, 건축법과 인·허가의제사항 관련 법률은 각기 고유한 목적이 있고, 건축신고와 인·허가의제사항도 각각 별개의 제도적 취지가 있으며 그 요건 또한 달리하기 때문이다. 나아가 인·허가의제사항 관련 법률에 규정된 요건 중 상당수는 공익에 관한 것으로서 행정청의 전문적이고 종합적인 심사가 요구되는데, 만약 건축신고만으로 인·허가의제사항에 관한 일체의 요건 심사가 배제된다고 한다면, 중대한 공익상의 침해나 이해관계인의 피해를 야기하고 관련 법률에서 인·허가 제도를 통하여 사인의 행위를 사전에 감독하고자 하는 규율체계 전반을 무너뜨릴 우려가 있다. 또한 무엇보다도 건축신고를 하려는 자는 인·허가의제사항 관련 법령에서 제출하도록 의무화하고 있는 신청서와 구비서류를 제출하여야 하는데, 이는 건축신고를 수리하는 행정청으로 하여금 인·허가의제사항 관련 법률에 규정된 요건에 관하여도 심사를 하도록 하기 위한 것으로 볼 수밖에 없다. 따라서 인·허가의제 효과를 수반하는 건축신고는 일반적인 건축신고와는 달리, 특별한 사정이 없는 한 행정청이 그 실체적 요건에 관한 심사를 한 후 수리하여야 하는 이른바 '수리를 요하는 신고'로 보는 것이 옳다(대판 2011. 1.20. 2010두14954(전합)).
>
> ④ 주민들의 거주지 이동에 따른 주민등록전입신고에 대하여 행정청이 이를 심사하여 그 수리를 거부할 수 있으나 그러한 행위는 자칫 헌법상 보장된 국민의 거주·이전의 자유를 침해하는 결과를 초래할 수도 있으므로, 시장 등의 주민등록전입신고 수리 여부에 대한 심사는 주민등록법의 입법 목적의 범위 내에서 제한적으로 이루어져야 하는바, 그 전입신고자가 30일 이상 생활의 근거로서 거주할 목적으로 거주지를 옮기는지 여부가 심사 대상으로 되어야 한다(대판 2009. 7. 9. 2008두19048).

Answer 15.②

16 행정법의 법원(法源)에 대한 설명으로 옳지 않은 것은?(다툼이 있는 경우 판례에 의함)

① 지방자치단체가 제정한 조례가 헌법에 의하여 체결·공포된 조약에 위반되는 경우 그 조례는 효력이 없다.

② 행정소송에 관하여 「행정소송법」에 특별한 규정이 없는 사항에 대하여는 「법원조직법」과 「민사소송법」 및 「민사집행법」의 규정을 준용한다.

③ 평등원칙은 일체의 차별적 대우를 부정하는 절대적 평등을 의미하는 것이 아니라 입법과 법의 적용에 있어서 합리적인 근거가 없는 차별을 배제하는 상대적 평등을 뜻한다.

④ 개정 법령이 기존의 사실 또는 법률관계를 적용대상으로 하면서 국민의 재산권과 관련하여 종전보다 불리한 법률효과를 규정하고 있는 경우, 그러한 사실 또는 법률관계가 개정 법률이 시행되기 이전에 이미 완성 또는 종결된 것이 아니라면 소급입법금지원칙에 위반된다.

TIP ④ 소급입법은, 신법이 이미 종료된 사실관계에 작용하는지(과거에 완성된 사실 또는 법률관계를 규율대상으로 하는지), 아니면 과거에 시작되었으나 아직 완성되지 아니하고 현재 진행 중에 있는 사실관계에 작용하는지에 따라 이른바 '진정소급입법'과 '부진정소급입법'으로 구분되는바, 전자는 헌법적으로 허용되지 않는 것이 원칙인 반면, 후자는 원칙적으로 허용되지만 소급효를 요구하는 공익상의 사유와 신뢰보호의 요청 사이의 교량과정에서 신뢰보호의 관점이 입법자의 형성권에 제한을 가하게 된다(헌재 2003. 4.24. 2002헌바9).

① ㈎1994년 관세 및 무역에 관한 일반협정'(이하 'GATT')은 1994. 12. 16. 국회의 동의를 얻어 같은 달 23. 대통령의 비준을 거쳐 같은 달 30. 공포되고 1995. 1. 1. 시행된 조약인 '세계무역기구(WTO) 설립을 위한 마라케쉬협정'의 부속 협정(다자간 무역협정)이고, '정부조달에 관한 협정'(이하 'AGP'라 한다)은 1994. 12. 16. 국회의 동의를 얻어 1997. 1. 3. 공포 시행된 조약(복수국가간 무역협정)으로서 각 헌법 제6조 제1항에 의하여 국내법령과 동일한 효력을 가지므로 <u>지방자치단체가 제정한 조례가 GATT나 AGP에 위반되는 경우에는 그 효력이 없다.</u> ㈏특정 지방자치단체의 초·중·고등학교에서 실시하는 학교급식을 위해 위 지방자치단체에서 생산되는 우수 농수축산물과 이를 재료로 사용하는 가공식품을 우선적으로 사용하도록 하고 그러한 우수농산물을 사용하는 자를 선별하여 식재료나 식재료 구입비의 일부를 지원하며 지원을 받은 학교는 지원금을 반드시 우수농산물을 구입하는 데 사용하도록 하는 것을 내용으로 하는 위 <u>지방자치단체의 조례안이 내국민대우원칙을 규정한 '1994년 관세 및 무역에 관한 일반협정'에 위반되어 그 효력이 없다</u>(대판 2005. 9. 9. 2004추10).

② 행정소송법 제8조 제2항

③ 헌법 제11조 제1항에서 말하는 평등의 원칙은 일체의 차별적 대우를 부정하는 절대적 평등을 의미하는 것이 아니라, <u>입법과 법의 적용에 있어서 합리적인 근거가 없는 차별을 하여서는 아니된다는 상대적 평등을 뜻하고</u>, 따라서 합리적인 근거가 있는 차별 또는 불평등은 평등의 원칙에 반하는 것이 아니다(대판 2010. 5.27. 2009추190).

17 행정법의 일반원칙에 관련된 다음의 설명 중 옳은 것은?(다툼이 있는 경우 판례에 의함)

① 국가가 국민의 생명·신체의 안전에 대한 보호의무를 다하지 않았는지 여부를 헌법재판소가 심사할 때에는 국가가 이를 보호하기 위하여 적어도 적절하고 효율적인 최소한의 보호조치를 취하였는가 하는 '과소보호 금지원칙'의 위반 여부를 기준으로 삼는다.

② 행정청이 조합설립추진위원회의 설립승인 심사에서 위법한 행정처분을 한 선례가 있는 경우에는, 행정청에 대해 자기구속력을 갖게 되어 이후에도 그러한 기준에 따라야 한다.

③ 공무원 임용신청 당시 잘못 기재된 호적상 출생연월일을 생년월일로 기재하고, 임용 후 36년 동안 이의를 제기하지 않다가, 정년을 1년 3개월 앞두고 정정된 출생연월일을 기준으로 정년연장을 요구하는 것은 신의성실의 원칙에 반한다.

④ 일반적으로 행정청이 폐기물처리업 사업계획에 대한 적정통보를 한 경우 이는 토지에 대한 형질변경신청을 허가하는 취지의 공적 견해표명까지도 포함한다.

TIP ① 헌법재판소는 권력분립의 관점에서 소위 "과소보호금지원칙"을, 즉 국가가 국민의 법익보호를 위하여 적어도 적절하고 효율적인 최소한의 보호조치를 취했는가를 기준으로 심사하게 된다. 따라서 입법부작위나 불완전한 입법에 의한 기본권의 침해는 입법자의 보호의무에 대한 명백한 위반이 있는 경우에만 인정될 수 있다. 다시 말하면 국가가 국민의 법익을 보호하기 위하여 전혀 아무런 보호조치를 취하지 않았든지 아니면 취한 조치가 법익을 보호하기에 명백하게 전적으로 부적합하거나 불충분한 경우에 한하여 헌법재판소는 국가의 보호의무의 위반을 확인할 수 있을 뿐이다(헌재 1997. 1.16. 90헌마110).

② 평등의 원칙은 본질적으로 같은 것을 자의적으로 다르게 취급함을 금지하는 것이고, 위법한 행정처분이 수차례에 걸쳐 반복적으로 행하여졌다 하더라도 그러한 처분이 위법한 것인 때에는 행정청에 대하여 자기구속력을 갖게 된다고 할 수 없다(대판 2009. 6.25. 2008두13132).

③ 지방공무원 임용신청 당시 잘못 기재된 호적상 출생연월일을 생년월일로 기재하고, 이에 근거한 공무원인사기록카드의 생년월일 기재에 대하여 처음 임용된 때부터 약 36년 동안 전혀 이의를 제기하지 않다가, 정년을 1년 3개월 앞두고 호적상 출생연월일을 정정한 후 그 출생연월일을 기준으로 정년의 연장을 요구하는 것이 신의성실의 원칙에 반하지 않는다(대판 2009. 3.26. 2008두21300).

④ 일반적으로 폐기물처리업 사업계획에 대한 적정통보에 당해 토지에 대한 형질변경허가신청을 허가하는 취지의 공적 견해표명이 있는 것으로는 볼 수 없다고 할 것이고, 더구나 토지의 지목변경 등을 조건으로 그 토지상의 폐기물처리업 사업계획에 대한 적정통보를 한 경우에는 위 조건부적정통보에 토지에 대한 형질변경허가의 공적 견해표명이 포함되어 있었다고 볼 수 없다(대판 1998. 9.25. 98두6494).

Answer 17.①

18 행정법의 법원(法源)의 효력에 대한 설명으로 옳지 않은 것은?

① 헌법개정·법률·조약·대통령령·총리령 및 부령의 공포는 관보에 게재함으로써 한다.

② 「국회법」에 따라 하는 국회의장의 법률 공포는 서울특별시에서 발행되는 둘 이상의 일간신문에 게재함으로써 한다.

③ 법령의 공포일은 해당 법령을 게재한 관보 또는 신문이 발행된 날로 한다.

④ 관보의 내용 해석 및 적용 시기 등에 대하여 종이관보가 전자관보보다 우선적 효력을 가진다.

TIP ④ 관보의 내용 해석 및 적용 시기 등에 대하여 종이관보와 전자관보는 동일한 효력을 가진다(법령공포법 제11조 제4항).

① 헌법개정·법률·조약·대통령령·총리령 및 부령의 공포와 헌법개정안·예산 및 예산 외 국고부담계약의 공고는 관보(官報)에 게재함으로써 한다(법령공포법 제11조 제1항).

②「국회법」 제98조제3항 전단에 따라 하는 국회의장의 법률 공포는 서울특별시에서 발행되는 둘 이상의 일간신문에 게재함으로써 한다(법령공포법 제11조 제2항).

③ 법령 등의 공포일 또는 공고일은 해당 법령 등을 게재한 관보 또는 신문이 발행된 날로 한다(법령공포법 제12조).

cf. 조례와 규칙의 공포는 해당 지방자치단체의 공보에 게재하는 방법으로 한다. 다만, 지방의회의 의장이 공포하는 경우에는 공보나 일간신문에 게재하거나 게시판에 게시한다(지방자치법시행령 제30조).

Answer　18.④

출제 예상 문제

1 행정주체가 될 수 없는 것은?(다툼이 있는 경우 판례에 의함)

① 대한민국
② 「도시 및 주거환경정비법」에 따른 주택재건축정비사업조합
③ 서울특별시
④ 행정안전부장관

> **TIP** 행정주체는 국가와 공공단체 등 공권력의 담당자로, 국가나 공공단체가 행정활동을 하기 위해 그 의사를 결정하고 집행하는 행정기관과 구분된다.
> ④ 행정안전부장관은 행정기관으로 행정주체가 아니다.

2 법률유보원칙에 대한 설명으로 옳지 않은 것은?

① 전부유보설은 모든 행정작용이 법률에 근거해야 한다는 입장으로, 행정의 자유영역을 부정하는 견해이다.
② 헌법재판소는 예산도 일종의 법규범이고, 법률과 마찬가지로 국회의 의결을 거쳐 제정되며, 국가기관뿐만 아니라 일반국민도 구속한다고 본다. 따라서 법률유보원칙에서 말하는 법률에는 예산도 포함된다.
③ 중요사항유보설은 행정작용에 법률의 근거가 필요한지 여부에 그치지 않고 법률의 규율정도에 대해서도 설명하는 이론이다.
④ 헌법재판소는 텔레비전방송수신료의 금액결정은 납부의무자의 범위 등과 함께 수신료에 관한 본질적인 중요한 사항이므로 국회가 스스로 행하여야 하는 사항에 속한다는 입장이다.

> **TIP** ② 예산은 일종의 법규범이고 법률과 마찬가지로 국회의 의결을 거쳐 제정되지만 법률과 달리 국가기관만을 구속할 뿐 일반국민을 구속하지 않는다. 국회가 의결한 예산 또는 국회의 예산안 의결은 헌법재판소법 제68조 제1항 소정의 '공권력의 행사'에 해당하지 않고 따라서 헌법소원의 대상이 되지 아니한다(헌재 2006. 4. 25, 2006헌마409).

Answer　1.④　2.②

3 다음의 연결이 옳은 것은?

① 행정심판의 재결 – 실질적 의미의 행정
② 토지수용위원회의 수용재결 – 실질적 의미의 행정
③ 긴급명령의 제정 – 실질적 의미의 행정
④ 일반 법관의 임명 – 실질적 의미의 행정

> **TIP** ① 실질적 의미의 사법, 형식적 의미의 행정
> ② 실질적 의미의 사법, 형식적 의미의 행정
> ③ 실질적 의미의 입법, 형식적 의미의 행정

4 통치행위에 대한 판례의 태도로 옳지 않은 것은?

① 대통령의 긴급재정경제명령은 국가긴급권의 일종으로서 고도의 정치적 결단에 의하여 발동되는 행위이고 그 결단을 존중하여야 할 필요성이 있는 행위라는 의미에서 이른바 통치행위에 속한다.
② 남북정상회담의 개최과정에서 재정경제부장관에게 신고하지 아니하거나 통일부장관의 협력사업 승인을 얻지 아니한 채 북한 측에 사업권의 대가 명목으로 송금한 행위는 고도의 정치적 성격을 지니고 있는 행위라 할 것이므로 특별한 사정이 없는 한 그 당부를 심판하는 것은 사법권의 내재적·본질적 한계를 넘어서는 것이 되어 적절하지 못하다.
③ 통치행위의 개념을 인정한다고 하더라도 과도한 사법심사의 자제가 기본권을 보장하고 법치주의 이념을 구현하여야 할 법원의 책무를 태만히 하거나 포기하는 것이 되지 않도록 그 인정을 지극히 신중하게 하여야 하며, 그 판단은 오로지 사법부만에 의하여 이루어져야 한다.
④ 외국에의 국군의 파견결정은 파견군인의 생명과 신체의 안전뿐만 아니라 국제사회에서의 우리나라의 지위와 역할, 동맹국과의 관계, 국가안보문제 등 궁극적으로 국민 내지 국익에 영향을 미치는 복잡하고도 중요한 문제로서 국내 및 국제정치관계 등 제반상황을 고려하여 미래를 예측하고 목표를 설정하는 등 고도의 정치적 결단이 요구되는 사안이다.

> **TIP** ② 남북정상회담의 개최는 고도의 정치적 성격을 지니고 있는 행위라 할 것이므로 특별한 사정이 없는 한 그 당부를 심판하는 것은 사법권의 내재적·본질적 한계를 넘어서는 것이 되어 적절하지 못하지만, 남북정상회담의 개최과정에서 재정경제부장관에게 신고하지 아니하거나 통일부장관의 협력사업 승인을 얻지 아니한 채 북한 측에 사업권의 대가 명목으로 송금한 행위 자체는 헌법상 법치국가의 원리와 법 앞에 평등원칙 등에 비추어 볼 때 사법심사의 대상이 된다고 판단한 원심판결을 수긍(대판 2004.3.26, 2003도7878).

Answer 3.④ 4.②

5 신뢰보호의 원칙에 대한 대법원 판례의 내용으로 옳지 않은 것은?

① 「개발이익환수에 관한 법률」에 정한 개발사업을 시행하기 전에, 행정청이 민원예비심사로서 관련부서 의견으로 '저촉사항 없음'이라고 기재한 것은 공적인 견해표명에 해당한다.

② 도시계획구역 내 생산녹지로 답(畓)인 토지에 대하여 종교회관 건립을 이용목적으로 하는 토지거래계약의 허가를 받으면서 담당공무원이 관련법규상 허용된다고 하여 이를 신뢰하고 건축준비를 하였으나 그 후 토지형질변경허가신청을 불허가한 것은 신뢰보호의 원칙에 위반된다.

③ 병무청 담당부서의 담당공무원에게 공적 견해의 표명을 구하는 정식의 서면질의 등을 하지 아니한 채 총무과 민원팀장에 불과한 공무원이 민원봉사차원에서 상담에 응하여 안내한 것을 신뢰한 경우, 신뢰보호의 원칙이 적용되지 않는다.

④ 교통사고가 일어난 지 1년 10개월이 지난 뒤 그 교통사고를 일으킨 택시에 대하여 운송사업면허를 취소한 경우, 택시운송사업자로서는 「자동차운수사업법」의 내용을 잘 알고 있어 교통사고를 낸 택시에 대하여 운송사업면허가 취소될 가능성을 예상할 수 있었으므로 별다른 행정조치가 없을 것으로 자신이 믿고 있었다 하여도 신뢰의 이익을 주장할 수는 없다.

TIP ① 「개발이익환수에 관한 법률」에 정한 개발사업을 시행하기 전에, 행정청이 토지 지상에 예식장 등을 건축하는 것이 관계 법령상 가능한지 여부를 질의하는 민원예비심사에 대하여 관련부서 의견으로 개발이익환수에 관한 법률에 '저촉사항 없음'이라고 기재하였다고 하더라도, 이후의 개발부담금부과처분에 관하여 신뢰보호의 원칙을 적용하기 위한 요건인, 개인에 대하여 신뢰의 대상이 되는 공적인 견해표명을 한 것이라고는 보기 어렵다(대판 2006. 6. 9, 2004두46)

6 다음 중 평등의 원칙에 관한 설명 중 옳지 않은 것은?

① 정당한 사유가 없는 한 다른 자에게 행한 처분보다 불리한 처분을 하여서는 안된다.

② 평등의 원칙은 헌법 제11조에서 도출되는 원칙이며 이를 위반하면 위헌이 된다.

③ 따라서 이 원칙에 위반하면 손해배상청구와 행정쟁송이 가능하다.

④ 대법원은 당직근무대기중 심심풀이로 화투놀이를 한 경우 3명은 견책에 처하고 한 명은 파면을 택한 경우 이를 합법한 것이라 한 바 있다.

TIP ④ 대법원은 당직근무 대기중 심심풀이로 화투놀이를 한 경우 3명은 견책에 처하고 한 명은 파면을 택한 경우 이를 위법한 것이라 한 바 있다(대판 1972. 12. 26, 72누194).

Answer 5.① 6.④

7 다음 중 비례의 원칙에 관한 설명 중 옳지 않은 것은?

① 행정작용에 있어 목적과 수단 사이에는 합리적인 비례관계가 있어야 한다는 원리이다.

② 적합성의 원칙, 필요성의 원칙, 상당성의 원칙을 그 내용으로 한다.

③ 판례는 구 「변호사법」 제10조 제2항의 개업지 제한규정에 대하여 직업선택의 자유를 제한하고 있으나 상당성의 원칙에 부합하여 합헌이라고 하였다.

④ 비례의 원칙은 헌법에 근거하는 원리로서 이에 위반하면 위헌·위법이나 취소사유가 됨이 원칙이다.

TIP ③ 판례는 구 변호사법 제10조 제2항의 개업지 제한규정에 대하여 직업선택의 자유를 제한하는 것으로 비례의 원칙에 위반하여 위헌이라고 하였다(헌재 1989. 11. 20. 89헌가102).

8 행정법의 효력에 대한 설명으로 옳지 않은 것은?(다툼이 있는 경우 판례에 의함)

① 신뢰보호의 요청에 우선하는 심히 중대한 공익상의 사유가 소급입법을 정당화하는 경우 등에는 예외적으로 진정소급 입법이 허용된다.

② 부진정소급입법은 원칙적으로 허용되지만 소급효를 요구하는 공익상의 사유와 신뢰보호의 요청 사이의 교량과정에서 신뢰보호의 관점이 입법자의 형성권에 제한을 가하게 된다.

③ 경과규정 등의 특별규정 없이 법령이 변경된 경우, 그 변경 전에 발생한 사항에 대하여 적용할 법령은 개정 후의 신법령이다.

④ 대통령령, 총리령 및 부령은 특별한 규정이 없으면 공포한 날부터 20일이 경과함으로써 효력을 발생한다.

TIP ③ 법령이 변경된 경우 신 법령이 피 적용자에게 유리하여 이를 적용하도록 하는 경과규정을 두는 등의 특별한 규정이 없는 한 헌법 제13조 등의 규정에 비추어 볼 때 그 변경 전에 발생한 사항에 대하여는 변경 후의 신 법령이 아니라 변경 전의 구 법령이 적용되어야 한다(대판 2002. 12. 10. 2001두3280).
① 헌재 1999. 7. 22. 97헌바76
② 헌재 1999. 7 .22. 97헌바76
④ 법령 등 공포에 관한 법률 제13조

Answer 7.③ 8.③

9 다음 중 부당결부금지원칙의 관계에 관한 설명 중 옳지 않은 것은?

① 이륜자동차로서 제2종 소형면허를 가진 사람만이 운전할 수 있는 오토바이는 제1종 대형면허나 보통면허를 가지고서도 이를 운전할 수 없는 것이어서 이와 같은 이륜자동차의 운전은 제1종 대형면허나 보통면허와는 아무런 관련이 없는 것이므로 이륜자동차를 음주운전한 사유만 가지고서는 제1종 대형면허나 보통면허의 취소나 정지를 할 수 없다.

② 택시의 운전은 제1종 보통면허 및 특수면허 모두로 운전할 수 있으므로 택시의 음주운전을 이유로 위 두 가지 운전면허 모두를 취소할 수 있다.

③ 제1종 보통·대형·특수면허를 가진 자가 제1종 보통·대형면허만으로 운전할 수 있는 12인승 승합자동차를 운전하다 운전면허취소 사유가 발생한 경우, 제1종 특수면허도 취소할 수 있다.

④ 건축물에 인접한 도로의 개설을 위한 도시계획사업시행허가처분은 건축물에 대한 건축허가처분과는 별개의 행정처분이므로 사업시행허가를 함에 있어 조건으로 내세운 기부채납의무를 이행하지 않았음을 이유로 한 건축물에 대한 준공거부처분은 건축법에 근거 없이 이루어진 것으로서 위법하다

TIP ③ 제1종 보통·대형·특수면허를 가진 자가 제1종 보통·대형면허만으로 운전할 수 있는 12인승 승합자동차를 운전하다 운전면허취소 사유가 발생한 경우, 제1종 특수면허는 취소할 수 없다(대판 1998. 3. 24, 98두1031).

10 다음 중 행정법 관계에 관한 설명 중 옳지 않은 것은?

① 하자 있는 행정행위라 할지라도 그에 대한 불복기간이 도과하거나 쟁송절차가 모두 경료된 경우에는 더 이상 그 효력을 다툴 수 없는 것을 불가쟁력이라고 한다.

② 불가쟁력이 발생하더라도 처분청은 당해 행위를 직권으로 취소할 수 있고 상대방은 행정행위의 효력을 다툴 수는 없으나 행정상 손해배상을 청구할 수 있다.

③ 불가쟁력은 행정행위에 인정되는 절차법적 구속력이며, 국민에 대한 구속력이다.

④ 일정한 행정행위는 그 성질상 행정청도 이를 취소·철회하지 못하는 것을 불가변력이라고 하며, 불가변력이 발생하면 상대방 또는 제3자는 행정쟁송절차에 의해 당해 행위의 효력을 다툴 수 없다.

TIP ④ 불가변력이 발생하면 행정청은 직권으로 취소할 수 없으나 상대방 또는 제3자는 쟁송기간이 경과하지 않은 경우 행정쟁송절차에 의해 당해 행위의 효력을 다툴 수 있다.

Answer 9.③ 10.④

11 행정행위의 성립요건과 효력요건에 대한 설명으로 옳지 않은 것은?(다툼이 있는 경우 판례에 의함)

① 행정청의 권한은 지역적 한계가 있으므로 행정청이 자신의 권한이 미치는 지역적 한계를 벗어나 발하는 행정행위는 위법하게 된다.

② 행정청이 처분을 할 때에는 다른 법령 등에 특별한 규정이 있는 경우를 제외하고는 문서로 하여야 하며, 전자문서로 하는 경우에는 당사자 등의 동의가 있어야 한다. 다만, 신속히 처리할 필요가 있거나 사안이 경미한 경우에는 말 또는 그 밖의 방법으로 할 수 있다.

③ 면허관청이 운전면허정지처분을 하면서 통지서에 의하여 면허정지사실을 통지하지 아니하거나 처분집행예정일 7일 전까지 이를 발송하지 아니한 경우에는 절차와 형식을 갖추지 아니한 조치로서 효력이 없으나, 면허관청이 임의로 출석한 상대방의 편의를 위하여 구두로 면허정지사실을 알렸다면 운전면허정지처분의 효력이 인정된다.

④ 납세고지서의 교부송달 및 우편송달에 있어서 반드시 납세의무자 또는 그와 일정한 관계에 있는 사람의 현실적인 수령행위를 전제로 하고 있다고 보아야 하며, 납세자가 과세처분의 내용을 이미 알고 있는 경우에도 납세고지서의 송달이 불필요하다고 할 수 없다.

TIP ③ 면허관청이 운전면허정지처분을 하면서 별지 52호 서식의 통지서에 의하여 면허정지사실을 통지하지 아니하거나 처분집행예정일 7일 전까지 이를 발송하지 아니한 경우에는 특별한 사정이 없는 한 위 관계 법령이 요구하는 절차·형식을 갖추지 아니한 조치로서 그 효력이 없고, 이와 같은 법리는 면허관청이 임의로 출석한 상대방의 편의를 위하여 구두로 면허정지사실을 알렸다고 하더라도 마찬가지이다(대판 1996. 6. 14, 95누17823).

12 다음 설명 중 옳은 것을 모두 고르면?

> ㉠ 국유재산의 매각관계는 국고관계이므로 공정력이 인정되지 않는다.
> ㉡ 관리관계는 권력관계, 사법관계는 비권력관계에 해당한다.
> ㉢ 행정법관계는 행정상의 법률관계 중 공법의 규율을 받는 관계를 말한다.
> ㉣ 권력관계에는 공정력, 확정력, 자력집행력 등 법률상 우월한 효력이 인정된다.

① ㉠㉢   　　　　　　　② ㉠㉡㉢

③ ㉠㉢㉣   　　　　　　④ ㉠㉡㉢㉣

TIP ㉡ 관리관계와 사법관계는 모두 비권력관계에 해당한다.

Answer 　11.③　12.③

13 공법상의 사무관리와 부당이득에 관한 설명 중 옳지 않은 것은?

① 사무관리는 원래 사법상의 관념이나 그에 해당하는 행위는 공법분야에도 존재하므로 이 법리는 공법에서도 인정된다는 것이 일반적인 견해이다.

② 공법상의 부당이득에 관하여 특별한 규정이 없는 경우에는 「민법」이 준용 또는 유추적용된다.

③ 공법상의 사무관리의 예로는 보호기업의 강제관리, 압수물에 대한 국가기관의 환가처분 등이 있다.

④ 공법상의 부당이득반환청구권의 성질에 대해 판례는 공권으로 보고 있다.

TIP ④ 공법상의 부당이득반환청구권에 대해 통설은 공권설을 취하고 있으나 판례는 일관하여 사권설을 취하고 있다.

14 사인의 공법행위에 대한 설명으로 옳지 않은 것은? (다툼이 있는 경우 판례에 의함)

① 신청권은 행정청의 응답을 구하는 권리이며, 신청된 대로의 처분을 구하는 권리는 아니다.

② 신청에 따른 행정청의 처분이 기속행위인 때에는 행정청은 신청에 대한 응답의무를 지지만, 재량행위인 때에는 응답의무가 없다.

③ 법규상 또는 조리상 신청권이 없는 경우에는 거부행위의 처분성이 인정되지 아니한다.

④ 사인의 공법상 행위는 명문으로 금지되거나 성질상 불가능한 경우가 아닌 한, 그에 의거한 행정행위가 행하여질 때까지는 자유로이 철회나 보정이 가능하다.

TIP ② 검사임용거부처분취소소송에서 임용여부는 임용권자의 재량사항이지만 적어도 재량권의 한계 일탈이나 남용이 없는 적법한 응답을 할 의무가 있고, 그에 대응하여 임용신청자도 응답신청권이 있다고 판시하고 있다(대판 1991. 2. 12, 90누5825).

Answer 13.④ 14.②

15 공법상의 시효에 대한 다음 설명 중 가장 옳지 않은 것은?

① 다른 법률의 규정에도 불구하고 공법상의 채권의 소멸시효는 6년이다.

② 시효의 중단과 정지에 대해서는 다른 법률에서 특별한 규정이 없는 한 「민법」의 규정이 준용된다.

③ 지방자치단체의 납입의 고지는 시효중단의 효력이 있다.

④ 국유의 일반재산은 사인에 의한 시효취득이 인정된다.

TIP ① 국가나 지방자치단체를 당사자로 하는 금전채권은 다른 법률에 특별한 규정이 없는 한 5년간 이를 행사하지 않을 때에는 시효로 인하여 소멸한다〈국가재정법 제96조, 지방재정법 제82조〉.

Answer   15.①

01 행정입법 ✔자주출제

❶ 행정입법

(1) 의의

행정입법은 행정기관이 법조 형식에 의해 일반·추상적인 규범을 정립하는 작용 또는 그에 따라 정립된 규범을 의미한다.

(2) 종류

① **국가 행정권에 의한 입법**(법규성 유무) : 법규명령과 행정규칙

② **지방자치단체에 의한 입법**(제정주체에 따라) : 조례와 규칙

(3) 필요성

① 현대 행정의 전문화·기술화로 인해 전문성을 갖춘 행정기관의 입법이 보다 능률적이다.

② 행정 대상의 급속한 변화에 신속하게 대응하기 용이하다.

③ 지방의 특수한 사정에 적절하게 대응하기가 용이하다.

❷ 법규명령

(1) 의의

법규명령은 행정권이 정립하는 일반·추상적인 규범 중에서 법규의 성질을 지닌 성문의 법규범을 의미한다(법규성이 없는 행정규칙과는 달리, 법규명령에 위반한 행정작용은 위법).

(2) 종류

① 수권의 범위·근거에 따라 비상명령(헌법적 효력의 독자적 명령), 법률대위명령(헌법에 근거한 법률적 효력의 명령), 법률종속명령(위임명령과 집행명령)이 있다.
  - ㉠ 위임명령(법률보충명령)은 법률 또는 상위명령에 의해 위임된 사항을 규율, 위임받은 범위 안에서 국민의 권리·의무에 관한 사항을 새로이 정할 수 있다.
  - ㉡ 집행명령은 법률의 집행을 위하여 필요한 구체적·기술적 사항을 규율, 법률의 명시적인 위임이 없이도 발할 수 있으나 국민의 권리·의무에 관한 사항을 새로이 정할 수는 없다.

② 우리나라의 법형식에 따라 대통령의 긴급명령과 긴급재정·경제명령, 대통령령·총리령·부령, 중앙선거관리위원회 규칙, 감사원 규칙(헌법에는 규정 없으나 법규성 인정), 대법원규칙, 헌법재판소 규칙, 국회의 의사규칙, 국제 조약 등으로 나뉜다.
  - **cf▶** 국무총리 직속기관인 법제처장, 국민안전처장, 인사혁신처장은 행정각부가 아니다.
    → 부령제정권x

(3) 한계 ✔자주출제

① **위임명령의 한계**
  - ㉠ 법치행정의 원리에 의해 일반적·포괄적 위임은 인정되지 않고 반드시 구체적 범위를 정하여 위임하여야 한다(포괄위임금지의 원칙). 수권규정에서 행정입법의 목적, 규율대상, 범위 등을 명확하게 규정해야 한다.
  - ㉡ 조례의 경우에는 법령에 반하지 않으면 포괄적 위임도 가능하다. 다만, 주민의 권리제한 또는 의무부과에 관한 사항이나 벌칙을 정할 때에는 법률의 위임이 필요하다.
    - **cf▶** 지방자치단체는 조례로 1천만 원 이하의 과태료 규정 가능
  - ㉢ 헌법에서 법률로 규율할 것을 규정한 사항(국적취득요건(헌법 제2조), 죄형법정주의(헌법 제12조) 등)은 원칙적으로 위임할 수 없다. 다만, 기본적인 사항을 법률에 규정하고 일정한 경우 구체적인 범위를 정하여 위임하는 것은 가능하다.
  - ㉣ 위임받은 사항을 전혀 규정하지 않고 하위명령에 전부 위임하는 것은 허용되지 않는다(일반적인 사항을 규정한 후 세부적인 사항을 다시 하위명령에 재위임하는 것은 가능).

ⓜ 사회현상의 복잡다기화와 국회의 전문적·기술적 능력의 한계 및 시간적 적응능력의 한계로 인하여 형사처벌에 관련된 모든 법규를 예외 없이 형식적 의미의 법률에 의하여 규정한다는 것은 사실상 불가능할 뿐만 아니라 실제에 적합하지도 아니하기 때문에, 특히 긴급한 필요가 있거나 미리 법률로써 자세히 정할 수 없는 부득이한 사정이 있는 경우에 한하여 수권법률(위임법률)이 구성요건의 점에서는 처벌대상인 행위가 어떠한 것인지 이를 예측할 수 있을 정도로 구체적으로 정하고, 형벌의 점에서는 형벌의 종류 및 그 상한과 폭을 명확히 규정하는 것을 전제로 위임입법이 허용된다(대판 2000.10.27. 2000도1007).

ⓑ 법률의 시행령이나 시행규칙의 규정이 모법의 위임범위를 벗어났는지를 판단할 때에는, 당해 특정 조항뿐 아니라 모법의 입법 취지와 관련 조항 전체를 유기적·체계적으로 살펴서 판단하여야 하고, 법률의 시행령이나 시행규칙의 내용이 모법의 해석상 가능한 것을 명시하거나 모법 조항의 취지를 구체화하기 위한 것이라면 모법의 규율 범위를 벗어난 것으로 볼 수 없으므로, 모법이 이에 관하여 직접 위임하는 규정을 두지 않았다고 하더라도 무효라고 할 수 없다(대판 2016. 2.18. 2014두6135).

ⓢ 하위법령의 규정이 상위법령의 규정에 저촉되는지 여부가 명백하지 아니한 경우에, 관련 법령의 내용과 입법 취지 및 연혁 등을 종합적으로 살펴 하위법령의 의미를 상위법령에 합치되는 것으로 해석하는 것도 가능한 경우라면, 하위법령이 상위법령에 위반된다는 이유로 쉽게 무효를 선언할 것은 아니다(대판 2019. 5.16. 2017두45698).

ⓞ 법률 하위의 법규명령은 법률에 의한 위임이 없으면 개인의 권리·의무에 관한 내용을 변경·보충하거나 법률이 규정하지 아니한 새로운 내용을 정할 수는 없지만, 법률의 시행령이나 시행규칙의 내용이 모법의 입법 취지와 관련 조항 전체를 유기적·체계적으로 살펴보아 모법의 해석상 가능한 것을 명시한 것에 지나지 아니하거나 모법 조항의 취지에 근거하여 이를 구체화하기 위한 것인 때에는 모법의 규율 범위를 벗어난 것으로 볼 수 없으므로, 모법에 이에 관하여 직접 위임하는 규정을 두지 아니하였다고 하더라도 이를 무효라고 볼 수는 없다(대판 2020. 4. 9. 2015다34444).

② **집행명령의 한계** : 법률 또는 상위명령을 집행하기 위하여 필요한 사항만을 규정한다.

(4) 효력발생 및 소멸

① 대통령령, 총리령 및 부령은 특별한 규정이 없으면 공포한 날부터 20일이 경과함으로써 효력이 발생한다(법령공포법 제13조). 국민의 권리 제한 또는 의무 부과와 직접 관련되는 법률, 대통령령, 총리령 및 부령은 긴급히 시행하여야 할 특별한 사유가 있는 경우를 제외하고는 공포일부터 적어도 30일이 경과한 날부터 시행되도록 하여야 한다(법령공포법 제13조의2).

② 폐지, 해제조건의 성취·종기의 도래, 충돌되는 동위 또는 상위 법령의 제정, 근거법령의 효력상실에 의해 소멸된다(상위법령이 개정된 경우 모순되지 않는 범위내에서 유효).

(5) 통제

① 의회의 통제

　㉠ 대통령의 긴급명령과 긴급재정·경제명령에 대한 국회의 사후승인권에 의한 통제를 말한다.

　㉡ 법규명령의 국회제출제도(국회법 제98조의2)

　• 중앙행정기관의 장은 법률에서 위임한 사항이나 법률을 집행하기 위하여 필요한 사항을 규정한 대통령령·총리령·부령·훈령·예규·고시 등이 제정·개정 또는 폐지되었을 때에는 <u>10일 이내</u>에 이를 국회 소관 상임위원회에 제출하여야 한다. 다만, 대통령령의 경우에는 입법예고를 할 때(입법예고를 생략하는 경우에는 법제처장에게 심사를 요청할 때를 말한다)에도 그 입법예고안을 10일 이내에 제출하여야 한다(동조 제1항).

　• 중앙행정기관의 장은 제1항의 기간 이내에 제출하지 못한 경우에는 <u>그 이유를 소관 상임위원회에 통지하여야</u> 한다(동조 제2항).

　• 상임위원회는 위원회 또는 상설소위원회를 정기적으로 개회하여 그 소관 중앙행정기관이 제출한 대통령령·총리령 및 부령의 법률 위반 여부 등을 검토하여야 한다(동조 제3항).

　• 상임위원회는 제3항에 따른 검토 결과 대통령령 또는 총리령이 법률의 취지 또는 내용에 합치되지 아니한다고 판단되는 경우에는 검토의 경과와 처리 의견 등을 기재한 <u>검토결과보고서를 의장에게 제출하여야</u> 한다(동조 제4항).

　• 의장은 제4항에 따라 제출된 검토결과보고서를 본회의에 보고하고, <u>국회는 본회의 의결로 이를 처리하고 정부에 송부한다</u>(동조 제5항).

　• 정부는 제5항에 따라 송부받은 검토결과에 대한 처리 여부를 검토하고 그 처리결과(송부받은 검토결과에 따르지 못하는 경우 그 사유를 포함한다)를 국회에 제출하여야 한다(동조 제6항).

　• 상임위원회는 제3항에 따른 검토 결과 부령이 법률의 취지 또는 내용에 합치되지 아니한다고 판단되는 경우에는 소관 중앙행정기관의 장에게 그 내용을 통보할 수 있다(동조 제7항).

　• 제7항에 따라 검토내용을 통보받은 중앙행정기관의 장은 통보받은 내용에 대한 처리 계획과 그 결과를 지체 없이 소관 상임위원회에 보고하여야 한다(동조 제8항).

② 행정적 통제

　㉠ 상급행정기관의 감독권 또는 국가의 지방자치단체감독권에 의한 통제이다.

　㉡ 상급행정청은 행정심판·재결을 통해 하급행정청을 통제한다.

③ 사법적 통제 ✅자주출제

　㉠ 우리는 구체적 규범통제를 취하므로 법규명령의 위헌·위법 여부가 재판의 전제가 된 경우에만 각급법원이 심사할 수 있다(대법원은 최종심사권을 가짐). 이 경우 당해 사건에만 그 적용이 거부된다.

　㉡ 예외적으로 법규명령이 직접 국민의 법적지위에 영향을 미치는 것일 때에는 당해 법규명령에 처분성이 인정되어 취소소송의 대상이 된다.

④ 국민에 의한 통제

  ㉠ 행정상 입법예고, 공청회 · 청문절차를 통해 국민의 의사를 반영한다.

  ㉡ 법령등을 제정 · 개정 또는 폐지(이하 "입법")하려는 경우에는 해당 입법안을 마련한 행정청은 이를 예고하여야 한다. 다만, 신속한 국민의 권리 보호 또는 예측 곤란한 특별한 사정의 발생 등으로 입법이 긴급을 요하는 경우, 상위 법령등의 단순한 집행을 위한 경우, 입법내용이 국민의 권리 · 의무 또는 일상생활과 관련이 없는 경우, 단순한 표현 · 자구를 변경하는 경우 등 입법내용의 성질상 예고의 필요가 없거나 곤란하다고 판단되는 경우, 예고함이 공공의 안전 또는 복리를 현저히 해칠 우려가 있는 경우에는 예고를 하지 아니할 수 있다.

  ㉢ 입법예고기간은 예고할 때 정하되, 특별한 사정이 없으면 <u>40일(자치법규는 20일) 이상</u>으로 한다(행정절차법 제43조).

❸ 행정규칙

(1) 의의

행정기관이 독자적 권한으로 정립하는 일반 · 추상적인 규범으로 법규의 성질을 가지지 않는 것을 의미한다.

(2) 종류

① 조직규칙, 영조물 규칙(영조물의 조직 · 관리 · 이용관계 등), 훈령 · 지시 · 예규 · 일일명령 등

② 근무규칙(규범해석규칙, 간소화지침, 법률대위규칙, 규범구체화규칙, 재량준칙 등)

③ 규범구체화 규칙

  ㉠ <u>원자력 · 환경 등 고도의 전문적 · 기술적 영역에서 행정기관에 당해 내용을 구체화 권한을 위임한 경우</u>에 당해 행정기관이 발하는 행정규칙이다.

  ㉡ 형식은 행정규칙이지만 직접 외부적인 효력이 있다.

④ 재량준칙

  ㉠ 하급행정기관의 재량권 행사에 일반적 방향을 제시해 주는 행정규칙이다.

ⓛ 상급행정기관이 하급행정기관에 대하여 업무처리지침이나 법령의 해석적용에 관한 기준을 정하여 발하는 이른바 '행정규칙이나 내부지침'은 일반적으로 행정조직 내부에서만 효력을 가질 뿐 대외적인 구속력을 갖는 것은 아니므로 행정처분이 그에 위반하였다고 하여 그러한 사정만으로 곧바로 위법하게 되는 것은 아니다. 다만, 재량권 행사의 준칙인 행정규칙이 그 정한 바에 따라 되풀이 시행되어 행정관행이 이루어지게 되면 평등의 원칙이나 신뢰보호의 원칙에 따라 행정기관은 그 상대방에 대한 관계에서 그 규칙에 따라야 할 자기구속을 받게 되므로, 이러한 경우에는 특별한 사정이 없는 한 그를 위반하는 처분은 평등의 원칙이나 신뢰보호의 원칙에 위배되어 재량권을 일탈·남용한 위법한 처분이 된다(대판 2009.12.24. 2009두7967).

ⓒ 공정거래위원회는 독점규제 및 공정거래에 관한 법령상 과징금 상한의 범위에서 과징금 부과 여부와 과징금 액수를 정할 재량을 가지고 있다. 위 고시조항은 과징금 산정에 관한 재량권 행사의 기준으로 마련된 행정청 내부의 사무처리준칙, 즉 재량준칙이다. 이러한 재량준칙은 그 기준이 헌법이나 법률에 합치되지 않거나 객관적으로 합리적이라고 볼 수 없어 재량권을 남용한 것이라고 인정되지 않는 이상 가급적 존중되어야 한다(대판 2020.11.12. 2017두36212).

(3) 법적 성질

① 행정규칙은 원칙적으로 법규성이 부정되지만, 일정한 경우(재량준칙 등) 법규성이 긍정된다.

② 법규성을 부정한 판례

ⓐ 한국전력공사의 전기공급규정에 신수용가가 구수용가의 체납전기요금을 승계하도록 규정되어 있다 하더라도 이는 공사 내부의 업무처리지침을 정한 데 불과할 뿐 국민에 대하여 일반적 구속력을 갖는 법규로서의 효력은 없고, 수용가가 위 규정에 동의하여 계약의 내용으로 된 경우에만 효력이 생긴다(대판 1992.12.24. 92다16669).

ⓑ 검찰보존사무규칙이 검찰청법 제11조에 기하여 제정된 법무부령이기는 하지만, 그 사실만으로 같은 규칙 내의 모든 규정이 법규적 효력을 가지는 것은 아니다. 기록의 열람·등사의 제한을 정하고 있는 같은 규칙 제22조는 법률상의 위임근거가 없어 행정기관 내부의 사무처리준칙으로서 행정규칙에 불과하므로, 위 규칙상의 열람·등사의 제한을 공공기관의 정보공개에 관한 법률 제9조 제1항 제1호의 '다른 법률 또는 법률에 의한 명령에 의하여 비공개사항으로 규정된 경우'에 해당한다고 볼 수 없다(대판 2006. 5.25. 2006두3049).

ⓒ 공공기관의 운영에 관한 법률(이하 '공공기관운영법')이나 그 하위법령은 공기업이 거래상대방 업체에 대하여 공공기관운영법 제39조 제2항 및 공기업·준정부기관 계약사무규칙 제15조에서 정한 범위를 뛰어넘어 추가적인 제재조치를 취할 수 있도록 위임한 바 없다. 따라서 한국수력원자력 주식회사가 조달하는 기자재, 용역 및 정비공사, 기기수리의 공급자에 대한 관리업무 절차를 규정함을 목적으로 제정·운용하고 있는 '공급자관리지침' 중 등록취소 및 그에 따른 일정 기간의 거래제한조치에 관한 규정들은 공공기관으로서 행정청에 해당하는 한국수력원자력 주식회사가 상위법령의 구체적 위임 없이 정한 것이어서 대외적 구속력이 없는 행정규칙이다(대판 2020. 5.28. 2017두66541).

③ 법규성을 긍정한 판례

    ㉠ 개별토지가격합동조사지침(국무총리훈령 제248호로 개정된 것) 제6조는 개별토지가격결정 절차를 규정하고 있으면서 그중 제3호에서 산정된 지가의 공개 열람 및 토지소유자 또는 이해관계인의 의견접수를 절차의 하나로 규정하고 있는바, 위 지침은 지가공시및토지등의평가에관한법률 제10조의 시행을 위한 집행명령으로서 법률보충적인 구실을 하는 법규적 성질을 가지고 있는 것으로 보아야 할 것이다(대판 1994. 2. 8. 93누111).

        cf 시장·군수 또는 구청장의 개별토지가격결정은 항고소송의 대상이 되는 행정처분에 해당

    ㉡ 소득세법시행령 제170조 제4항 제2호에 의하여 투기거래를 규정한 재산제세조사사무처리규정(국세청훈령 제980호)은 그 형식은 행정규칙으로 되어 있으나 위 시행령의 규정을 보충하는 기능을 가지면서 그와 결합하여 법규명령과 같은 효력(대외적인 구속력)을 가진다(대판 1989.11.14. 89누5676).

    ㉢ 건축사사무소의 등록취소 및 폐쇄처분에 관한 규정(관계행정청이 건축사사무소의 등록취소처분을 함에 있어 당해 건축사들을 사전에 청문하도록 한 건설부훈령)(대판 1984. 9.11. 82누166)

(4) 형식과 실질의 불일치

① **법규형식의 행정규칙** : 형식은 법규명령이나 내용은 행정규칙인 경우, 판례는 행정규칙이 대통령령(시행령)의 형식으로 제정된 경우에는 법규명령으로(대판 1997.12.26. 97누15418), 부령(시행규칙)의 형식으로 제정된 경우에는 행정규칙으로 보고 있다(대판 1984. 2.28. 83우551, 대판 1990. 6.12. 90누1588).

② **법규의 내용을 가진 행정규칙**(법령보충적 행정규칙) : 판례에 의하면 형식은 행정규칙이나 내용은 법률의 내용을 보충하는 것일 경우 그 실질에 따라 법규명령으로 보아야 한다. **✔자주출제**

    ㉠ 보건복지부장관이 고시의 형식으로 정한 '의료보험진료수가기준' 중 (부록 1) '수탁검사실시기관인정등기준'은 요양급여 및 분만급여의 방법·절차·범위·상한기준 및 그 비용 등 법령의 내용이 되는 구체적인 사항을 보건복지부장관으로 하여금 정하도록 한 의료보험법의 위임에 따라 이를 정한 규정으로서 법령의 위임한계를 벗어나지 아니하는 한 법령의 내용을 보충하는 기능을 하면서 그와 결합하여 대외적으로 구속력이 있는 법규명령으로서의 효력을 가진다고 볼 것이므로, 요양기관의 진료비청구가 위 규정에 적합하지 아니하여 진료비심사지급기관이 그 지급을 거절하였다면 특별한 사정이 없는 한 그 처분은 적법하다고 보아야 한다(대판 1999. 6.22. 98두17807).

    ㉡ 상급행정기관이 하급행정기관에 대하여 업무처리지침이나 법령의 해석적용에 관한 기준을 정하여 발하는 이른바 행정규칙은 일반적으로 행정조직 내부에서만 효력을 가질 뿐 대외적인 구속력을 갖는 것은 아니다. 하지만 법령의 규정이 특정 행정기관에 그 법령 내용의 구체적 사항을 정할 수 있는 권한을 부여하면서 그 권한 행사의 절차나 방법을 특정하고 있지 아니한 관계로 수임행정기관이 행정규칙의 형식으로 그 법령의 내용이 될 사항을 구체적으로 정하고 있다면 그와 같은 행정규칙은 위에서 본 행정규칙이 갖는 일반적 효력으로서가 아니라, 행정기관에 법령의 구체적 내용을 보충할 권한을 부여한 법령 규정의 효력에 의하여 그 내용을 보충하는 기능을 갖게 된다. 따라서 이와 같은 행정규칙은 해당 법령의 위임한계를 벗어나지 않는 한 그것들과 결합하여 대외적인 구속력이 있는 법규명령으로서의 효력을 가진다. 그리고 이러한 경우 특정 행정규칙이 위임의 한계를 준수하고 있는지는 해당 법령 규정의 목적과

규정 내용, 규정의 체계, 다른 규정과의 관계 등을 종합적으로 살펴 판단하여야 하는데, 해당 법령의 해석상 가능한 것을 명시한 것에 지나지 아니하거나 해당 법령 조항의 취지에 근거하여 이를 구체화하기 위한 것인 때에는 위임 범위를 벗어난 것으로 볼 수 없다(대판 2019. 10. 17. 2014두3020, 3037).

ⓒ '요양기관의 시설·인력 및 장비 등의 공동이용 시 요양급여비용 청구에 관한 사항' 부분(이하 '고시 규정')은 상위법령의 위임에 따라 제정된 '요양급여의 세부적인 적용기준'의 일부로 상위법령과 결합하여 대외적으로 구속력 있는 '법령보충적 행정규칙'에 해당하므로, 요양기관이 위 고시 규정에서 정한 절차와 요건을 준수하여 요양급여를 실시한 경우에 한하여 요양급여비용을 지급받을 수 있다(대판 2021. 1.14. 2020두38171).

(5) 성립·효력요건, 근거 등

① 정당한 권한을 가진 행정기관이 적법한 절차에 따라 제정해야 하며, 성문의 형식으로 발하는 것이 일반적이나, 구술로도 가능

② 법규명령과 달리 공포를 요하지는 않지만 수범자에게 도달한 때부터 구속력이 발생

③ 행정규칙은 개인의 권리·의무와 직접 관련이 없으므로 법률의 수권을 요하지 않지만(법률유보원칙 적용×), 상위법령을 위반해서는 안됨(법률우위원칙 적용○)

④ 행정규칙의 법규성이 인정되는 경우(재량준칙, 법령보충적 행정규칙)에는 예외적으로 소송의 대상이 될 수 있음

02 행정행위 ✔자주출제

❶ 의의

(1) 의의

행정행위는 학문상의 개념이며, 실정법상 인가·허가·면허·특허 등 여러 명칭으로 사용되나 그 실질에 따라 판단해야 한다.

(2) 행정행위의 개념요소

① 행정청의 공법행위

    ㉠ 행정청이란 행정에 관한 의사를 결정하여 표시하는 국가 또는 지방자치단체의 기관, 그 밖에 법령등에 따라 행정에 관한 의사를 결정하여 표시하는 권한을 가지고 있거나 그 권한을 위임 또는 위탁받은 공공단체 또는 그 기관이나 사인(私人)을 의미한다(행정기본법 제2조 제2호).

    ㉡ 행정조직법상의 행정기관에 국한되는 것이 아니라 수권 받은 범위내에서 공사 기타 공법인, 공무수탁사인도 행정청에 포함한다.

② 구체적 사실에 관한 규율행위 : 구체적인 사실을 규율하는 한 불특정 다수인을 대상으로 하는 일반처분도 행정행위에 해당한다(도로 통행금지 등).

    cf▶ 일반처분은 불특정 다수인을 대상으로 하여 구체적인 사실에 대해 발해지는 행정청의 단독적·권력적 행위이며, 대인적 일반처분(특정 장소에서의 집회금지 등)과 대물적 일반처분(일방통행표시판 등)이 있다.

③ 법집행 행위로서 외부적 행위 : 행정조직 내부의 영역을 넘어서 개인에 대해 직접적으로 권리·의무의 발생·변경·소멸 등의 법적 효과를 가져오는 행위이다.

④ 권력적 단독행위 : 공권력의 행사로서 행정청이 일방적으로 국민에게 권리를 부여하거나 의무를 명하는 등 권리·의무관계를 규율·확정하는 행위이다.

(3) 실정법상 '처분' 개념과의 관계

① 처분이란 행정청이 구체적 사실에 관하여 행하는 법 집행으로서 공권력의 행사 또는 그 거부와 그 밖에 이에 준하는 행정작용을 말한다(행정기본법 제2조 제4호). 학문상의 행정행위 개념과 실정법상의 처분의 개념을 동일한 것으로 볼 것인가에 대해 견해가 대립한다.

② 행정행위와 처분의 개념을 동일한 것으로 보는 일원설(실체법상 개념설)과 <u>행정행위보다 처분의 개념을 넓은 것으로 인식하여 항고소송의 대상을 넓히고자 하는 이원설(절차법상 개념설)</u>이 대립한다.

❷ 행정행위의 종류

(1) 법률행위적 행정행위와 준법률행위적 행정행위

① 의사표시를 구성요소로 하는가, 의사표시 이외의 정신작용(인식, 판단)의 표현을 요소로 하는가에 따른 구분이다.

② 행정행위

    ㉠ **법률행위적 행정행위** : 법률효과가 행정청의 효과의사의 내용에 따라 발생하는 행위이다(하명·허가·면제·특허·인가·대리).

ⓒ **준법률행위적 행정행위** : 의사표시 이외의 정신작용의 표현에 의해 행해지고 효과는 법령의 규정에 따라 부여되는 행위이다(확인 · 공증 · 통지 · 수리).

(2) 기속행위와 재량행위 ✓자주출제

① **기속행위** : 법이 정한 일정한 요건이 충족되면 법이 정한 효과로서 일정한 행정행위를 반드시 하도록 되어 있는 경우의 행정행위이다.

② **재량행위** : 일정한 행위를 할 것인지의 여부(결정재량), 복수의 행위 중에서 선택의 자유가 인정되어 있는 경우(선택재량)의 행정행위이다.

③ 공증사무는 국가 사무로서 공증인 인가 · 임명행위는 국가가 사인에게 특별한 권한을 수여하는 행위이다. 그런데 위와 같이 공증인법령은 공증인 선정에 관한 구체적인 심사기준이나 절차를 자세하게 규율하지 않은 채 법무부장관에게 맡겨두고 있다. 위와 같은 공증인법령의 내용과 체계, 입법 취지, 공증사무의 성격 등을 종합하면, 법무부장관에게는 각 지방검찰청 관할 구역의 면적, 인구, 공증업무의 수요, 주민들의 접근 가능성 등을 고려하여 공증인의 정원을 정하고 임명공증인을 임명하거나 인가공증인을 인가할 수 있는 광범위한 재량이 주어져 있다고 보아야 한다(대판 2019.12.13. 2018두41907).

④ 폐기물관리법 제1조, 제25조 제1항, 제2항 제4호, 환경정책기본법 제12조 제1항, 제13조, 제3조 제1호의 내용과 체계, 입법 취지에 비추어 보면, 행정청은 사람의 건강이나 주변 환경에 영향을 미치는지 여부 등 생활환경과 자연환경에 미치는 영향을 두루 검토하여 폐기물처리사업계획서의 적합 여부를 판단할 수 있으며, 이에 관해서는 행정청에 광범위한 재량권이 인정된다. 따라서 법원이 적합 여부 결정과 관련한 행정청의 재량권 일탈 · 남용 여부를 심사할 때에는 해당 지역의 자연환경, 주민들의 생활환경 등 구체적 지역 상황, 상반되는 이익을 가진 이해관계자들 사이의 권익 균형과 환경권의 보호에 관한 각종 규정의 입법 취지 등을 종합하여 신중하게 판단하여야 한다 '자연환경 · 생활환경에 미치는 영향과 같이 장래에 발생할 불확실한 상황과 파급효과에 대한 예측이 필요한 요건에 관한 행정청의 재량적 판단은 그 내용이 현저히 합리적이지 않다거나 상반되는 이익이나 가치를 대비해 볼 때 형평이나 비례의 원칙에 뚜렷하게 배치되는 등의 사정이 없는 한 폭넓게 존중될 필요가 있다(대판 2019.12.24. 2019두45579).

(3) 수익적 · 침익적 · 복효적 행정행위

① **수익적 행정행위** : 상대방에게 권리 · 이익을 부여하는 행정행위이다(대개의 경우 상대방의 신청을 요함).

② **침익적 행정행위** : 상대방에게 의무를 부과하거나 부여된 권리 · 이익을 침해하거나 제한하는 불이익 처분을 의미한다(반드시 법률의 근거가 필요).

③ **복효적 행정행위**
　ⓒ 한 사람에게는 수익적이나 다른 사람에게는 침익적인 경우(제3자효 행정행위)와 행정행위의 상대방에게 수익적 효과와 침익적 효과가 동시에 나타나는 경우(혼합효 행정행위)를 의미한다.

ⓛ 제3자의 침해되는 이익이 법적으로 보호되는 법률상 이익인 경우에는 제3자의 원고적격을 긍정한다(LPG 충전소인근주민에게 원고적격 인정(대판 1983. 7.12. 83누59)).

ⓒ 행정청의 공장설립허가 등으로 인해 인근 주민이 생명·신체에 중대한 위협을 받게 된 때에는 인근주민은 행정청에 대해 이를 규제해 달라는 청구가 가능하다(행정개입청구권).

(4) 대인적·대물적·혼합적 행정행위

① **대인적 행정행위** : 학식·기술·경험과 같은 사람의 주관적인 사정에 의해 행해지는 행정행위이다(의사면허, 자동차운전면허 등).

② **대물적 행정행위** : 오직 물건의 객관적 사정에 착안하여 행해지는 행정행위이다(건물준공검사, 자연공원지정 등).

> **판례**
>
> 요양기관이 속임수나 그 밖의 부당한 방법으로 보험자에게 요양급여비용을 부담하게 한 때에 구 국민건강보험법 제85조 제1항 제1호에 의해 받게 되는 요양기관 업무정지처분은 의료인 개인의 자격에 대한 제재가 아니라 요양기관의 업무 자체에 대한 것으로서 대물적 처분의 성격을 갖는다. 따라서 속임수나 그 밖의 부당한 방법으로 보험자에게 요양급여비용을 부담하게 한 요양기관이 폐업한 때에는 그 요양기관은 업무를 할 수 없는 상태일 뿐만 아니라 그 처분대상도 없어졌으므로 그 요양기관 및 폐업 후 그 요양기관의 개설자가 새로 개설한 요양기관에 대하여 업무정지처분을 할 수는 없다. 이러한 해석은 침익적 행정행위의 근거가 되는 행정법규는 엄격하게 해석·적용하여야 하고, 입법 취지와 목적 등을 고려한 목적론적 해석이 전적으로 배제되는 것이 아니라고 하더라도 그 해석이 문언의 통상적인 의미를 벗어나서는 아니 된다는 법리에도 부합한다(대판 2022. 1.27. 2020두39365).

③ **혼합적 행정행위** : 인적·주관적 사정과 물적·객관적 사정을 모두 고려하여 행해지는 행정행위이다(석유사업허가, 전당포영업허가 등).

④ 대인적 행정행위는 원칙적으로 일신전속적이기 때문에 이전 될 수 없고, 대물적 행정행위는 이전·상속이 가능하다. 혼합적 행정행위의 경우 이를 이전하려면 다시 양수인의 주관적·객관적 사정에 대한 행정청의 승인·허가를 받도록 관련 법규에서 규정하고 있는 것이 일반적이다.

❸ 기속행위와 재량행위

(1) 의의와 종류

① **의의** : 행정청의 전문적·기술적 판단의 존중, 법이 가능한 모든 경우를 예상하여 규정한다는 것은 입법기술상 불가능하다는 현실적인 이유에서 재량행위가 인정된다.

② 종류

　　㉠ **결정재량** : 행정청이 당해 행위를 할 것인가의 여부에 관해 결정하는 재량이다.

　　㉡ **선택재량** : 법적으로 허용되는 다수의 처분 중에서 어떠한 처분을 할 것인가에 관한 재량이다.

　　㉢ 학설은 기속행위와 재량행위로 구분하는 데 반하여 판례는 기속행위 · 기속적 재량행위와 자유재량행위로 구분한다(자유재량행위만 재량행위로 파악).

(2) 구별필요성

① 기속행위의 경우 실체적 공권이 성립하나, 재량행위인 경우 무하자재량행사청구권 등 형식적 · 절차적 공권만 성립한다.

② 기속행위의 경우 위반시 곧바로 위법이 되어 행정쟁송의 대상이 되나, 재량행위의 경우 재량을 그르치면 부당에 그치므로 행정심판의 대상은 되지만 행정소송의 대상이 되지는 않는다. 다만, 재량의 일탈 · 남용이 인정되는 경우에는 위법이 되어 행정쟁송의 대상이 된다.

③ 행정행위를 기속행위와 재량행위로 구분하는 경우 양자에 대한 사법심사는, 전자의 경우 그 법규에 대한 원칙적인 기속성으로 인하여 법원이 사실인정과 관련 법규의 해석 · 적용을 통하여 일정한 결론을 도출한 후 그 결론에 비추어 행정청이 한 판단의 적법 여부를 독자의 입장에서 판정하는 방식에 의하게 되나, 후자의 경우 <u>행정청의 재량에 기한 공익판단의 여지를 감안하여 법원은 독자의 결론을 도출함이 없이 당해 행위에 재량권의 일탈 · 남용이 있는지 여부만을 심사하게 되고</u>, 이러한 재량권의 일탈 · 남용 여부에 대한 심사는 사실오인, 비례 · 평등의 원칙 위배 등을 그 판단 대상으로 한다(대판 2005. 7.14. 2004두6181).

　　cf▶ 토지의 형질변경행위를 수반하는 건축허가의 법적 성질(=재량행위)

④ 원칙적으로 기속행위에는 부관을 붙일 수 없고, 재량행위에는 부관을 붙일 수 있다.

⑤ 일반적으로 기속행위나 기속적 재량행위에는 부관을 붙을 수 없고 가사 부관을 붙였다 하더라도 이는 무효의 것이다(대판 1988. 4.27. 87누1106).

(3) 구별기준

① ㉠ 당해 법률이 요건규정에 공백을 두거나 종국 · 중간 목적만을 규정하고 있으면 행정청에 재량을 준 것으로 보는 요건재량설, ㉡ 행정행위가 침익적 행위이면 기속행위이고 수익적 행위이면 재량행위라고 보는 효과재량설, ㉢ 해당 근거법규의 규정형식과 작용의 성질, 헌법상의 기본권 관련성을 종합적으로 검토하여 재량행위 여부를 판단하는 개별판단설이 있다.

② **판단여지와 불확정개념**

　　㉠ **의의** : 요건규정에 불확정개념(중대한 사유, 공공의 안녕과 질서 등)이 사용된 경우 행정청이 이러한 불확정개념을 해석 · 적용함에 있어 판단의 여지가 있는가가 문제된다.

ⓛ **인정여부** : 판단여지는 어떠한 사실이 법률요건에 해당하는가를 행정청이 인식하는 문제인데 반하여, 재량은 어떠한 사실이 법률요건에 해당한다는 전제 아래 어떠한 법률효과를 선택할 것인지를 결정하는 문제로 양자를 구별하는 것이 학설의 일반적 견해이다. 다만, 판례는 판단여지와 재량을 구별하지 않는다.

> **판례**
>
> <u>국토의 계획 및 이용에 관한 법률상 개발행위허가는 허가기준 및 금지요건이 불확정개념으로 규정된 부분이 많아 그 요건에 해당하는지 여부는 행정청의 재량판단의 영역에 속한다.</u> 그러므로 그에 대한 사법심사는 행정청의 공익판단에 관한 재량의 여지를 감안하여 원칙적으로 재량권의 일탈·남용이 있는지 여부만을 대상으로 하고, 사실오인과 비례·평등원칙 위반 여부 등이 판단 기준이 된다. 특히 환경의 훼손이나 오염을 발생시킬 우려가 있는 개발행위에 대한 행정청의 허가와 관련하여 재량권의 일탈·남용 여부를 심사할 때에는 해당 지역 주민들의 토지이용실태와 생활환경 등 구체적 지역 상황과 상반되는 이익을 가진 이해관계자들 사이의 권익 균형 및 환경권의 보호에 관한 각종 규정의 입법 취지 등을 종합하여 신중하게 판단하여야 한다. <u>'환경오염 발생 우려'와 같이 장래에 발생할 불확실한 상황과 파급효과에 대한 예측이 필요한 요건에 관한 행정청의 재량적 판단은 그 내용이 현저히 합리성을 결여하였다거나 상반되는 이익이나 가치를 대비해 볼 때 형평이나 비례의 원칙에 뚜렷하게 배치되는 등의 사정이 없는 한 폭넓게 존중하여야 한다.</u> 그리고 처분이 재량권을 일탈·남용하였다는 사정은 그 처분의 효력을 다투는 자가 주장·증명하여야 한다(대판 2021. 3.25. 2020두51280).

ⓒ **인정영역** : 비대체적 결정(시험채점 등), 구속적 가치평가(예술작품의 평가 등), 장래예측 및 결정(환경법 등 미래예측적 성질을 가진 행정결정 등), 형성결정(각종 행정정책 결정)

ⓔ **한계** : 행정권에 판단여지를 주더라도 조직법상·절차상 규정이나 행정법의 일반원칙은 준수해야 한다.

(4) 재량행위의 위법사유

① 재량권의 일탈·남용

㉠ 일탈이란 재량권의 외적 한계(법에 의해 허용된 재량권의 범위)를 넘어서는 것을 말하고, 남용이란 재량권의 내적 한계(법의 목적, 헌법 원칙, 조리상의 원칙 등에 의한 제한)를 넘어서는 것을 말한다. 판례는 양자를 명확하게 구별하지는 않는다.

㉡ <u>지방공무원법에서 정한 공무원의 집단행위금지의무 등에 위반하여 전국공무원노동조합의 불법 총파업에 참가한 지방자치단체 소속 공무원들의 행위는 임용권자의 징계의결요구 의무가 인정될 정도의 징계사유에 해당함이 명백하므로</u>, 임용권자인 하급 지방자치단체장으로서는 위 공무원들에 대하여 지체 없이 관할 인사위원회에 징계의결의 요구를 하여야 함에도 불구하고 <u>상급 지방자치단체장의 여러 차례에 걸친 징계의결요구 지시를 이행하지 않고 오히려 그들을 승진임용시키기에 이른 경우, 하급 지방자치단체장의 위 승진처분은 법률이 임용권자에게 부여한 승진임용에 관한 재량권의 범위를 현저하게 일탈한 것으로서 위법한 처분이라 할 것이다.</u> 따라서 상급 지방자치단체장이 하급 지방자치단체장에게 기간을 정하여 그 시정을 명하였음에도 이를 이행하지 아니하자 지방자치법 제157조 제1항에 따라 위 승진처분을 취소한 것은 적법하고, 그 취소권 행사에 재량권 일탈·남용의 위법이 있다고 할 수 없다(대판 2007. 3.22. 2005추62).

ⓒ 공정한 업무처리에 대한 사의로 두고 간 돈 30만원이 든 봉투를 소지함으로써 피동적으로 금품을 수수하였다가 돌려 준 20여년 근속의 경찰공무원에 대한 해임처분이 사회통념상 현저하게 타당성을 잃어 재량권의 남용에 해당한다(대판 1991. 7.23. 90누8954).

ⓔ 경찰공무원이 그 단속의 대상이 되는 신호위반자에게 먼저 적극적으로 돈을 요구하고 다른 사람이 볼 수 없도록 돈을 접어 건네주도록 전달방법을 구체적으로 알려주었으며 동승자에게 신고시 범칙금 처분을 받게 된다는 등 비위신고를 막기 위한 말까지 하고 금품을 수수한 경우, 비록 그 받은 돈이 1만 원에 불과하더라도 위 금품수수행위를 징계사유로 하여 당해 경찰공무원을 해임처분한 것은 징계재량권의 일탈·남용이 아니다(대판 2006.12.21. 2006두16274).

ⓜ 지방공무원 복무조례개정안에 대한 의견을 표명하기 위하여 전국공무원노동조합 간부 10여 명과 함께 시장의 사택을 방문한 위 노동조합 시지부 사무국장에게 지방공무원법 제58조에 정한 집단행위 금지의무를 위반하였다는 등의 이유로 징계권자가 파면처분을 한 사안에서, 그 징계처분이 사회통념상 현저하게 타당성을 잃거나 객관적으로 명백하게 부당하여 징계권의 한계를 일탈하거나 재량권을 남용하였다고 볼 수 없다(대판 2009. 6.23. 2006두16786).

ⓗ [1] 의료기관을 개설할 수 없는 자가 개설한 의료기관은 국민건강보험법상 요양기관이 될 수 없지만, 이러한 의료기관이라 하더라도 요양기관으로서 요양급여를 실시하고 그 급여비용을 청구한 이상 구 국민건강보험법 제52조 제1항에서 정한 부당이득징수 처분의 상대방인 요양기관에 해당하고, 이러한 의료기관이 요양급여비용을 청구하는 것은 '사위 기타 부당한 방법'에 해당한다. [2] 구 국민건강보험법 제52조 제1항이 정한 부당이득징수는 재량행위라고 보는 것이 옳다. 그리고 요양기관이 실시한 요양급여 내용과 요양급여비용의 액수, 의료기관 개설·운영 과정에서의 개설명의인의 역할과 불법성의 정도, 의료기관 운영성과의 귀속 여부와 개설명의인이 얻은 이익의 정도, 그 밖에 조사에 대한 협조 여부 등의 사정을 고려하지 않고 의료기관의 개설명의인을 상대로 요양급여비용 전액을 징수하는 것은 다른 특별한 사정이 없는 한 비례의 원칙에 위배된 것으로 재량권을 일탈·남용한 때에 해당한다고 볼 수 있다(대판 2020. 6. 4. 2015두39996).

ⓢ 행정청이 제재처분 양정을 하면서 공익과 사익의 형량을 전혀 하지 않았거나 이익형량의 고려대상에 마땅히 포함하여야 할 사항을 누락한 경우 또는 이익형량을 하였으나 정당성·객관성이 결여된 경우에는 제재처분은 재량권을 일탈·남용한 것이라고 보아야 한다. 처분상대방에게 법령에서 정한 임의적 감경사유가 있는 경우에, 행정청이 감경사유까지 고려하고도 감경하지 않은 채 개별처분기준에서 정한 상한으로 처분을 한 경우에는 재량권을 일탈·남용하였다고 단정할 수는 없으나, 행정청이 감경사유를 전혀 고려하지 않았거나 감경사유에 해당하지 않는다고 오인하여 개별처분기준에서 정한 상한으로 처분을 한 경우에는 마땅히 고려대상에 포함하여야 할 사항을 누락하였거나 고려대상에 관한 사실을 오인한 경우에 해당하여 재량권을 일탈·남용한 것이라고 보아야 한다(대판 2020. 6.25. 2019두52980).

② **재량권의 불행사**

ⓐ 행정청이 구체적 사정을 고려하지 않거나 제이익을 형량하지 않고 결정하면 그것은 재량권의 불행사로서 위법한 것이 된다.

ㄴ 재외동포에 대한 사증발급은 행정청의 재량행위에 속하는 것으로서, 재외동포가 사증발급을 신청한 경우에 출입국관리법 시행령에서 정한 재외동포체류자격의 요건을 갖추었다고 해서 무조건 사증을 발급해야 하는 것은 아니다. 재외동포에게 출입국관리법 제11조 제1항 각호에서 정한 입국금지사유 또는 재외동포법 제5조 제2항에서 정한 재외동포체류자격 부여 제외사유(예컨대 '대한민국 남자가 병역을 기피할 목적으로 외국국적을 취득하고 대한민국 국적을 상실하여 외국인이 된 경우')가 있어 그의 국내 체류를 허용하지 않음으로써 달성하고자 하는 공익이 그로 말미암아 발생하는 불이익보다 큰 경우에는 행정청이 재외동포체류자격의 사증을 발급하지 않을 재량을 가진다. 처분의 근거 법령이 행정청에 처분의 요건과 효과 판단에 일정한 재량을 부여하였는데도, 행정청이 자신에게 재량권이 없다고 오인한 나머지 처분으로 달성하려는 공익과 그로써 처분상대방이 입게 되는 불이익의 내용과 정도를 전혀 비교형량 하지 않은 채 처분을 하였다면, 이는 재량권 불행사로서 그 자체로 재량권 일탈·남용으로 해당 처분을 취소하여야 할 위법사유가 된다(대판 2019. 7. 11. 2017두38874).

③ 공익목적위반, 사실오인

④ 비례원칙의 위반
  ㄱ 행정목적 달성을 위해 선택한 수단이 목적에 비해 과도하게 국민의 권익을 침해하는 경우 당해 재량처분은 위법하다.
  ㄴ 대중음식점 영업을 하는 자가 성년에 이르기 5개월 전인 여자에게 연령을 확인하지 아니하고 생맥주를 판매하였음을 이유로 한 영업정지처분이 위반사항의 경미함에 비추어 위 처분으로 업주가 입게될 불이익이 막대하므로 재량권을 일탈하여 위법하다(대판 1991. 4. 26. 91누1660).

⑤ 평등원칙의 위반
  ㄱ 동일한 사안에 대해서는 특별한 사유가 없는 한 동일한 처분을 해야 한다.
  ㄴ 판례는 당직근무 대기중 심심풀이로 화투놀이를 한 사실로 3명은 견책에 처하고 1명은 파면에 처한 것은 당직근무 대기자의 실정이나 공평의 원칙상 그 재량의 범위를 벗어나 위법하다고 하였다(대판 1972. 12. 26. 72누194).

⑥ **재량권의 영(0)으로의 수축** : 오직 하나의 결정처분만이 의무에 합당한 재량 행사로 인정되는 예외적인 경우를 의미하며, 이 경우 재량행위는 내용적으로 기속행위로 전환된다고 볼 수 있다.

(5) 재량행위의 통제

① 입법적·행정적·사법적(사법심사) 통제가 가능하다.

② 재량처분이 위법·부당한 경우에는 행정심판을 통해 하급행정청을 통제할 수 있다.

③ 재량처분에 재량권의 일탈·남용이 있어 위법한 경우 사법심사의 대상이 된다.

④ 행정행위의 내용 ✔자주출제

> • **법률행위적 행정행위**
>   - 명령적 행정행위 : 하명, 허가, 면제
>   - 형성적 행정행위 : 특허, 인가, 대리
> • **준법률행위적 행정행위** : 확인, 공증, 통지, 수리

(1) 법률행위적 행정행위

행정청의 의사표시를 요소로 하며 효과의사의 내용에 따라 법률효과가 발생하는 행정행위를 말한다.

① **명령적 행정행위** : 상대방에게 일정한 의무를 부과하거나 해제함을 내용으로 하는 행정행위이다.

  ㉠ **하명**

- 의의 : 일정한 작위 · 부작위 · 수인 · 급부를 명하는 행정행위이다.
- 성질 : 부담적 행정행위이며 원칙적으로 기속행위이다.
- 형식 : 법률 · 명령 등에 의해 직접 하명의 효과가 발생하는 경우인 법규하명과 근거법규에 의해 구체적인 행정처분의 형식으로 행해지는 하명처분이 있다.
- 종류 : 의무의 내용에 따라 작위하명(위법건축물의 철거 등) · 부작위하명(통행 금지 등) · 수인하명(대집행실행의 수인의무 등) · 급부하명(조세부과 등)으로 나뉘고, 기초가 되는 행정분야에 따라 조직하명 · 경찰하명 · 재정하명 · 군정하명으로 나뉜다.
- 대상 및 효과 : 법률행위는 물론 사실행위도 그 대상이 되며, 수명자에게는 하명의 내용에 따라 공법상의 작위 · 부작위 · 수인 · 급부 의무가 발생한다.
- 위반의 효과 : 하명에 따른 의무를 이행하지 않을 때에는 행정상 강제집행으로 그 이행을 강제당하거나 행정벌 기타 제재를 받는다. 그러나, 하명에 위반한 행위의 사법적 효력은 법률이 명문 규정으로 행위자체를 무효로 하지 않는 한 유효한 것으로 인정된다.

  ㉡ **허가** ✔자주출제

- 의의 : 법령에 의한 일반적 · 상대적 금지, 즉 부작위의무를 특정한 경우에 해제하여 자연적 자유를 회복시켜 주는 명령적 행정행위를 의미한다. 실정법상 허가 · 면허 · 인가 등 다양한 용어로 사용되지만 그 실질에 따라 판단해야 한다.
- 성질 : 명령적 행정행위이며, 원칙적으로 기속행위이다.
- 출원(신청) : 상대방의 출원에 따라 행해지는 것이 보통이나 출원에 의하지 않고 행해지는 경우도 있다(통행금지의 해제 등).
- 종류 : 심사 대상에 따라 대인적 허가(운전면허 등) · 대물적 허가(건축허가 등) · 혼합적 허가(가스사업허가 등)로 나뉜다. 대인적 허가는 이전이 불가능 하고 대물적 허가는 이전이 가능하고 혼합적 허가는 이전이 가능하나 제한된다. 허가 목적에 따라 조직허가 · 경찰허가 · 재정허가 · 군정허가로 나뉜다.
- 효과 : 허가는 상대적으로 금지되었던 자연적 자유를 회복하여 주는 것일 뿐 새로운 권리를 설정하는 것은 아니므로 이를 통해 얻은 이익은 반사적 이익에 불과하다. 다만, 관계법규의 취지가 적어도 개인의

이익도 보호하고자 하는 것일 때에는 당해 이익은 법적으로 보호되는 법률상 이익(공권)이 된다.

• 구내소매인과 일반소매인 사이에서는 구내소매인의 영업소와 일반소매인의 영업소 간에 거리제한을 두지 아니할 뿐 아니라 건축물 또는 시설물의 구조·상주인원 및 이용인원 등을 고려하여 동일 시설물 내 2개소 이상의 장소에 구내소매인을 지정할 수 있으며, 이 경우 일반소매인이 지정된 장소가 구내소매인 지정대상이 된 때에는 동일 건축물 또는 시설물 안에 지정된 일반소매인은 구내소매인으로 보고, 구내소매인이 지정된 건축물 등에는 일반소매인을 지정할 수 없으며, 구내소매인은 담배진열장 및 담배소매점 표시판을 건물 또는 시설물의 외부에 설치하여서는 아니 된다고 규정하는 등 <u>일반소매인의 입장에서 구내소매인과의 과당경쟁으로 인한 경영의 불합리를 방지하는 것을 그 목적으로 할 수 있다고 보기 어려우므로, 일반소매인으로 지정되어 영업을 하고 있는 기존업자의 신규 구내소매인에 대한 이익은 법률상 보호되는 이익이 아니라 단순한 사실상의 반사적 이익이라고 해석함이 상당하므로, 기존 일반소매인은 신규 구내소매인 지정처분의 취소를 구할 원고적격이 없다</u>(대판 2008. 4.10. 2008두402).

비교판례

담배 일반소매인의 지정기준으로서 일반소매인의 영업소 간에 일정한 거리제한을 두고 있는 것은 담배유통구조의 확립을 통하여 국민의 건강과 관련되고 국가 등의 주요 세원이 되는 담배산업 전반의 건전한 발전 도모 및 국민경제에의 이바지라는 공익목적을 달성하고자 함과 동시에 <u>일반소매인 간의 과당경쟁으로 인한 불합리한 경영을 방지함으로써 일반소매인의 경영상 이익을 보호하는 데에도 그 목적이 있다고 보이므로, 일반소매인으로 지정되어 영업을 하고 있는 기존업자의 신규 일반소매인에 대한 이익은 단순한 사실상의 반사적 이익이 아니라 법률상 보호되는 이익이라고 해석함이 상당하다</u>(대판 2008. 3.27. 2007두23811).

• <u>일반적으로 면허나 인·허가 등의 수익적 행정처분의 근거가 되는 법률이 해당 업자들 사이의 과당경쟁으로 인한 경영의 불합리를 방지하는 것도 그 목적으로 하고 있는 경우</u>, 다른 업자에 대한 면허나 인·허가 등의 수익적 행정처분에 대하여 이미 같은 종류의 면허나 인·허가 등의 수익적 행정처분을 받아 영업을 하고 있는 기존의 업자는 경업자에 대하여 이루어진 면허나 인·허가 등 행정처분의 상대방이 아니라 하더라도 당해 행정처분의 취소를 구할 원고적격이 있다(대판 2006. 7.28. 2004두6716).

• 무허가 행위의 효과 : 허가없이 행한 경우 행정상 강제집행이나 처벌의 대상은 될 수 있지만, 특별한 규정이 없는 한 행위 자체의 사법적 효력은 인정된다.

• 다른 법령과의 관계 : 특별한 규정이 없는 한 다른 법령상 금지까지 해제해 주는 효력은 없다. 단, 하나의 법령에 대한 허가를 받은 경우 다른 법령에 대한 허가까지 받은 것으로 간주하는 제도가 있다(인·허가 의제제도).

• 건축법에서 인허가의제 제도를 둔 취지는, 인허가의제사항과 관련하여 건축허가의 관할 행정청으로 창구를 단일화하고 절차를 간소화하며 비용과 시간을 절감함으로써 국민의 권익을 보호하려는 것이지, <u>인허가의제사항 관련 법률에 따른 각각의 인허가 요건에 관한 일체의 심사를 배제하려는 것으로 보기는 어려우므로</u>, 도시계획시설인 주차장에 대한 건축허가신청을 받은 행정청으로서는 건축법상 허가 요건뿐 아니라 국토의 계획 및 이용에 관한 법령이 정한 도시계획시설사업에 관한 실시계획인가 요건도 충족하는 경우에 한하여 이를 허가해야 한다(대판 2015. 7. 9. 2015두39590).

- 주택건설사업계획 승인권자가 관계 행정청의 장과 미리 협의한 사항에 한하여 승인처분을 할 때에 인허가 등이 의제될 뿐이고, 각호에 열거된 모든 인허가 등에 관하여 일괄하여 사전협의를 거칠 것을 주택건설사업계획 승인처분의 요건으로 규정하고 있지 않다. 따라서 인허가 의제 대상이 되는 처분에 어떤 하자가 있더라도, 그로써 해당 인허가 의제의 효과가 발생하지 않을 여지가 있게 될 뿐이고, 그러한 사정이 주택건설사업계획 승인처분 자체의 위법사유가 될 수는 없다. 또한 의제된 인허가는 통상적인 인허가와 동일한 효력을 가지므로, 적어도 '부분 인허가 의제'가 허용되는 경우에는 그 효력을 제거하기 위한 법적 수단으로 의제된 인허가의 취소나 철회가 허용될 수 있고, 이러한 직권 취소·철회가 가능한 이상 그 의제된 인허가에 대한 쟁송취소 역시 허용된다. 따라서 주택건설사업계획 승인처분에 따라 의제된 인허가가 위법함을 다투고자 하는 이해관계인은, 주택건설사업계획 승인처분의 취소를 구할 것이 아니라 의제된 인허가의 취소를 구하여야 하며, 의제된 인허가는 주택건설사업계획 승인처분과 별도로 항고소송의 대상이 되는 처분에 해당한다. 주택건설사업을 시행하는 데 필요한 각종 인허가 사항과 관련하여 주택건설사업계획 승인권자로 그 창구를 단일화하고 절차를 간소화함으로써 각종 인허가에 드는 비용과 시간을 절감하여 주택의 건설·공급을 활성화하려는 데에 있다. 이러한 인허가 의제 규정의 입법 취지를 고려하면, 주택건설사업계획 승인권자가 구 주택법 제17조 제3항에 따라 도시·군관리계획 결정권자와 협의를 거쳐 관계 주택건설사업계획을 승인하면 같은 조 제1항 제5호에 따라 도시·군관리계획결정이 이루어진 것으로 의제되고, 이러한 협의 절차와 별도로 국토의 계획 및 이용에 관한 법률 제28조 등에서 정한 도시·군관리계획 입안을 위한 주민 의견청취 절차를 거칠 필요는 없다(대판 2018.11.29. 2016두38792).
- [1] 어떤 인허가의 근거 법령에서 절차간소화를 위하여 관련 인허가를 의제 처리할 수 있는 근거 규정을 둔 경우에는, 사업시행자가 인허가를 신청하면서 하나의 절차 내에서 관련 인허가를 의제 처리해줄 것을 신청할 수 있다. 관련 인허가 의제 제도는 사업시행자의 이익을 위하여 만들어진 것이므로, 사업시행자가 반드시 관련 인허가 의제 처리를 신청할 의무가 있는 것은 아니다. [2] 건축주가 건축물을 건축하기 위해서는 건축법상 건축허가와 국토계획법상 개발행위(건축물의 건축) 허가를 각각 별도로 신청하여야 하는 것이 아니라, 건축법상 건축허가절차에서 관련 인허가 의제 제도를 통해 두 허가의 발급 여부가 동시에 심사·결정되도록 하여야 한다. 즉, 건축주는 건축행정청에 건축법상 건축허가를 신청하면서 국토계획법상 개발행위(건축물의 건축) 허가 심사에도 필요한 자료를 첨부하여 제출하여야 하고, 건축행정청은 개발행위허가권자와 사전 협의절차를 거침으로써 건축법상 건축허가를 발급할 때 국토계획법상 개발행위(건축물의 건축) 허가가 의제되도록 하여야 한다(대판 2020. 7.23. 2019두31839).

cf▶ 행정기본법은 제24조에서 제26조까지 인·허가 의제에 대한 규정은 두고 있지만, 그 시행일을 2023. 3.24로 하고 있다.

④ 관련 인허가 행정청은 제3항에 따른 협의를 요청받으면 그 요청을 받은 날부터 20일 이내(제5항 단서에 따른 절차에 걸리는 기간은 제외한다)에 의견을 제출하여야 한다. 이 경우 전단에서 정한 기간(민원 처리 관련 법령에 따라 의견을 제출하여야 하는 기간을 연장한 경우에는 그 연장한 기간을 말한다) 내에 협의 여부에 관하여 의견을 제출하지 아니하면 협의가 된 것으로 본다.

⑤ 제3항에 따라 협의를 요청받은 관련 인허가 행정청은 해당 법령을 위반하여 협의에 응해서는 아니 된다. 다만, 관련 인허가에 필요한 심의, 의견 청취 등 절차에 관하여는 법률에 인허가의제 시에도 해당 절차를 거친다는 명시적인 규정이 있는 경우에만 이를 거친다.

제25조(인허가의제의 효과)

① 제24조 제3항·제4항에 따라 협의가 된 사항에 대해서는 주된 인허가를 받았을 때 관련 인허가를 받은 것으로 본다.

② 인허가의제의 효과는 주된 인허가의 해당 법률에 규정된 관련 인허가에 한정된다.

제26조(인허가의제의 사후관리 등)

① 인허가의제의 경우 관련 인허가 행정청은 관련 인허가를 직접 한 것으로 보아 관계 법령에 따른 관리·감독 등 필요한 조치를 하여야 한다.

② 주된 인허가가 있은 후 이를 변경하는 경우에는 제24조·제25조 및 이 조 제1항을 준용한다.

③ 이 절에서 규정한 사항 외에 인허가의제의 방법, 그 밖에 필요한 세부 사항은 대통령령으로 정한다.

[시행일: 2023. 3. 24.]

- 허가 자체의 존속기간과 허가 조건의 존속기간 : 일반적으로 행정처분에 효력기간이 정하여져 있는 경우에는 그 기간의 경과로 그 행정처분의 효력은 상실되고, 다만 허가에 붙은 기한이 그 허가된 사업의 성질상 부당하게 짧은 경우에는 이를 그 허가 자체의 존속기간이 아니라 그 허가조건의 존속기간으로 보아 그 기한이 도래함으로써 그 조건의 개정을 고려한다는 뜻으로 해석할 수는 있지만, 그와 같은 경우라 하더라도 그 허가기간이 연장되기 위하여는 특별한 사정이 없는 한, 그 종기(終期)가 도래하기 전에 그 허가기간의 연장에 관한 신청이 있어야 하며, 만일 그러한 연장신청이 없는 상태에서 허가기간이 만료하였다면 그 허가의 효력은 상실된다고 보아야 한다(대판 2007.10.11. 2005두12404).
- 예외적 허가(예외적 승인) : 허가가 일반적·상대적·예방적 금지를 해제해 주는 것인 데 반하여 예외적 허가는 억제적 금지를 예외적으로 허가해 주는 것을 말한다(카지노 허가·그린벨트 내 건축허가·치료목적 마약류사용허가 등). 사회적으로 유해한 것을 예외적으로 허가해 주는 것이므로 그 본질이 허가임에도 재량행위이다.
ⓒ **면제** : 작위·수인·급부 의무를 특정한 경우에 해제하는 행정행위를 말한다(예방접종 면제·조세면제 등).

② **형성적 행정행위** : 새로운 권리·능력 기타 법적 지위를 발생·변경·소멸시키는 행정행위

㉠ **특허**

- 의의 : 특정 상대방을 위하여 새로이 권리를 설정(공기업 특허, 공물사용권의 특허, 광업허가, 어업면허 등), 능력을 설정(공법인의 설립행위 등), 포괄적인 법적 지위를 설정(공무원 임명, 귀화허가 등)하는 행위를 의미한다.
- 성질 : 재량행위에 해당한다.

- 대상 : 특정인에게 행해지며, 일반처분의 형식으로는 행해지지 않는다.
- 출원(신청) 및 수정특허 : 출원을 필요요건으로 하며, 수정특허는 인정되지 않는다.
- 특허를 통해 취득한 권리는 공권인 것이 보통이나 사권(광업권, 어업권 등)인 경우도 있다.
- 구체적인 예 : 귀화허가, 어업면허, 광업허가, 공기업특허, 자동차운수사업면허, 공물사용특허, 도로점용허가, 공용수용권 설정, 공유수면매립면허, 하천도강료징수권 설정, 도시가스사업허가 등
- <u>여객자동차운송사업의 한정면허는 특정인에게 권리나 이익을 부여하는 수익적 행정행위</u>로서, 교통수요, 운송업체의 수송 및 공급능력 등에 관한 기술적·전문적 판단이 필요하고, 원활한 운송체계의 확보, 일반 공중의 교통 편의성 제고 등 운수행정을 통한 공익적 측면과 함께 관련 운송사업자들 사이의 이해관계 조정 등 사익적 측면을 고려하는 등 합목적성과 구체적 타당성을 확보하기 위한 적합한 기준에 따라야 하므로, 그 범위 내에서는 법령이 특별히 규정한 바가 없으면 행정청이 재량을 보유하고 이는 한정면허가 기간만료로 실효되어 갱신되는 경우에도 마찬가지이다. 따라서 <u>한정면허가 신규로 발급되는 때는 물론이고 한정면허의 갱신 여부를 결정하는 때에도 관계 법규 내에서 한정면허의 기준이 충족되었는지를 판단하는 것은 관할 행정청의 재량에 속한다</u>(대판 2020. 6.11. 2020두34384).

(ㄴ) 인가 ✔자주출제

- 의의 : 제3자의 법률행위를 보충하여 그 법률적 효력을 완성시키는 법률행위를 말한다.
- 성질 : 효력요건이므로 무인가행위는 무효가 될 뿐 행정강제나 처벌의 대상이 되지는 않는다.
- 대상 : 당해 행위의 유효요건이므로 그 대상은 법률행위에 한정된다. 단 공법적 행위(공공조합의 정관변경 등)와 사법적 행위(비영리법인의 설립, 지방채기채 등)가 모두 포함된다.
- 신청 및 수정인가 : 항상 신청에 의해 행해지며, 수정인가는 인정되지 않는다.
- 구체적인 예 : 사업양도의 인가, 비영리법인 설립인가, 공공조합 설립인가, 사립대 설립인가, 지방채기채 승인, 토지거래계약허가, 하천사용권양도인가, 특허기업요금인가, 재단법인 정관변경허가, 감독청의 학교법인 임원취임승인 등
- <u>자동차관리법상 자동차관리사업자로 구성하는 사업자단체인 조합 또는 협회의 설립인가처분은 국토해양부장관 또는 시·도지사가 자동차관리사업자들의 단체결성행위를 보충하여 효력을 완성시키는 처분</u>에 해당한다. 인가권자인 국토해양부장관 또는 시·도지사는 조합 등의 설립인가 신청에 대하여 자동차관리법 제67조 제3항에 정한 설립요건의 충족 여부는 물론, 나아가 조합 등의 사업내용이나 운영계획 등이 자동차관리사업의 건전한 발전과 질서 확립이라는 사업자단체 설립의 공익적 목적에 부합하는지 등을 함께 검토하여 <u>설립인가 여부를 결정할 재량을 가진다</u>. 다만 이러한 재량을 행사할 때 기초가 되는 사실을 오인하였거나 비례·평등의 원칙을 위반하는 등의 사유가 있다면 이는 재량권의 일탈·남용으로서 위법하다(대판 2015. 5.29. 2013두635).

- 도시 및 주거환경정비법(이하 '도시정비법')에 기초하여 주택재개발정비사업조합이 수립한 사업시행계획 및 관리처분계획에 대하여 관할 행정청의 인가·고시가 있게 되면, 사업시행계획 및 관리처분계획은 행정처분으로서 효력이 발생한다. 이 경우에 사업시행계획 및 관리처분계획이라는 행정처분에 이르는 절차적 요건 중 하나로서 해당 총회 결의에 하자가 있다 하더라도, 행정처분인 사업시행계획 및 관리처분계획에 대하여 항고소송의 방법으로 취소 또는 무효확인을 구하여야 하고, 그와 별도로 해당 총회 결의 부분만을 따로 떼어내어 효력 유무를 다투는 확인의 소를 제기하는 것은 특별한 사정이 없는 한 허용되지 아니한다(대판 2016.10.13. 2012두24481).
- 기본적 법률행위와의 관계 : 기본적 법률행위가 불성립 또는 무효인 경우에는 인가가 있어도 그 법률행위는 무효이고 따라서 그 인가도 무효가 된다. 또한 기본적 법률행위는 유효하고 인가만 무효인 경우에는 무인가 행위로서 무효가 된다.
- 기본행위인 사업시행계획이 무효인 경우 그에 대한 인가처분이 있다고 하더라도 그 기본행위인 사업시행계획이 유효한 것으로 될 수 없으며, 기본행위가 적법·유효하고 보충행위인 인가처분 자체에만 하자가 있다면 그 인가처분의 무효나 취소를 주장할 수 있다고 할 것이지만, 인가처분에 하자가 없다면 기본행위에 하자가 있다고 하더라도 따로 그 기본행위의 하자를 다투는 것은 별론으로 하고 기본행위의 무효를 내세워 바로 그에 대한 인가처분의 취소 또는 무효확인을 구할 수 없다(대판 2014. 2.27. 2011두25173).
- 주택재개발정비사업조합이 수립한 사업시행계획은 관할 행정청의 인가·고시가 이루어지면 이해관계인들에게 구속력이 발생하는 독립된 행정처분에 해당하고, 관할 행정청의 사업시행계획 인가처분은 사업시행계획의 법률상 효력을 완성시키는 보충행위에 해당한다. 따라서 기본행위인 사업시행계획에는 하자가 없는데 보충행위인 인가처분에 고유한 하자가 있다면 그 인가처분의 무효확인이나 취소를 구하여야 할 것이지만, 인가처분에는 고유한 하자가 없는데 사업시행계획에 하자가 있다면 사업시행계획의 무효확인이나 취소를 구하여야 할 것이지 사업시행계획의 무효를 주장하면서 곧바로 그에 대한 인가처분의 무효확인이나 취소를 구하여서는 아니 된다(대판 2021. 2.10. 2020두48031).

ⓒ **공법상 대리**

- 의의 : 타인이 하여야 할 행위를 행정주체가 대신하여 행하고 본인이 행한 것과 같은 법적 효과를 발생하게 하는 행정행위를 말한다. 법령에 규정에 의해서 이루어지므로 법정대리이다.
- 종류 : 감독상의 대리(감독청에 의한 공법인의 정관작성 및 임원임명 등), 협의 불성립의 경우의 조정(토지수용위원회의 재결 등), 사무관리(압류재산의 공매처분, 행려병자의 유류품처분 등) 등이 있다.

(2) 준법률행위적 행정행위

의사표시 이외의 정신작용(인식·관념의 표시)을 구성요소로 하며 법적 효과는 전적으로 법이 규정하는 바에 따라 발생하는 행정행위를 말한다.

① 확인

ㄱ. **의의** : 특정한 사실 또는 법률관계에 관하여 의문이 있거나 다툼이 있는 경우 공권적으로 그 존부 또는 정부를 판단하는 행정행위를 말한다.

ㄴ. **성질** : 사실 또는 법률관계를 유권적으로 확정하는 행위로서 준사법적 행위이다. 일정한 사실 또는 법률관계의 존재가 객관적으로 확정되는 경우에는 행정청이 확인을 해야 하는 기속행위이다. 확인에는 부관을 붙일 수 없다. 대법원은 교과서 검정의 경우 재량을 인정하고 있으며(대판 1992. 5.12. 91누1813), 헌법재판소는 교과서 검·인정을 특허로 보아 재량을 인정하고 있다(헌재 1992.11.13. 89헌마88).

ㄷ. **구체적인 예** : 당선인결정, 국가시험 합격자결정, 소득금액결정, 발명특허(cf.특허출원의 공고는 통지), 교과서의 검정, 행정심판의 재결, 도로·하천구역의 설정 등

ㄹ. **형식 및 효과** : 일반적으로 요식행위이며, 구체적 처분의 형식으로 행해진다. 확인에는 불가변력(행정청이 임의로 변경하지 못함)이 발생한다.

② 공증

ㄱ. **의의** : 특정 사실 또는 법률관계의 존부를 공적으로 증명하여 공적 증거력을 부여하는 행정행위를 말한다. 의문 또는 다툼이 없는 사항을 대상으로 한다.

ㄴ. **성질** : 요식행위이며, 특정한 사실 또는 법률관계가 객관적으로 존재하는 한 공증을 하여야 하는 기속행위이다.

ㄷ. **구체적인 예** : 등기·등록(부동산 등기, 외국인 등록 등), 등재(토지대장 등재 등), 기재(의사록 기재 등), 합격증 발급, 영수증 교부, 여권발급, 검인의 날인 등

ㄹ. **효과** : 공증된 사실 또는 법률관계에 대해 공적 증거력을 발생시키나, 반증이 있는 때에는 행정청의 취소를 기다리지 않고 번복 할 수 있다.

ㅁ. **공증의 처분성 인정여부**

- 부정

  - 멸실된 지적공부를 복구하거나 지적공부에 기재된 일정한 사항을 변경하는 행위는 행정사무집행의 편의와 사실증명의 자료로 삼기 위한 것으로 이로 인하여 당해 토지에 대한 실체상의 권리관계에 어떤 변동을 가져오는 것이 아니고, 특단의 사정이 없는 한 토지의 소재, 지번, 지목 및 경계가 지적공부의 기재에 의하여 확정된다 하여 토지 소유권의 범위가 지적공부의 기재만에 의하여 증명되는 것도 아니므로, 소관청이 지적공부의 복구신청을 거부하거나 그 등재사항에 대한 변경신청을 거부한 것을 가리켜 항고소송의 대상이 되는 행정처분이라고 할 수 없다(대판 1991.12.24. 91누8357).

  - 토지대장에 기재된 일정한 사항을 변경하는 행위는, 그것이 지목의 변경이나 정정 등과 같이 토지소유권 행사의 전제요건으로서 토지소유자의 실체적 권리관계에 영향을 미치는 사항에 관한 것이 아닌 한 행정사무집행의 편의와 사실증명의 자료로 삼기 위한 것일 뿐이어서, 그 소유자 명의가 변경된다고 하

여도 이로 인하여 당해 토지에 대한 실체상의 권리관계에 변동을 가져올 수 없고 토지 소유권이 지적공부의 기재만에 의하여 증명되는 것도 아니다. 따라서 <u>소관청이 토지대장상의 소유자명의변경신청을 거부한 행위는 이를 항고소송의 대상이 되는 행정처분이라고 할 수 없다</u>(대판 2012. 1.12. 2010두12354).
- 무허가건물관리대장은, 행정관청이 지방자치단체의 조례 등에 근거하여 무허가건물 정비에 관한 행정상 사무처리의 편의와 사실증명의 자료로 삼기 위하여 작성, 비치하는 대장으로서 <u>무허가건물을 무허가건물관리대장에 등재하거나 등재된 내용을 변경 또는 삭제하는 행위로 인하여 당해 무허가 건물에 대한 실체상의 권리관계에 변동을 가져오는 것이 아니고, 무허가건물의 건축시기, 용도, 면적 등이 무허가건물관리대장의 기재에 의해서만 증명되는 것도 아니므로, 관할관청이 무허가건물의 무허가건물관리대장 등재 요건에 관한 오류를 바로잡으면서 당해 무허가건물을 무허가건물관리대장에서 삭제하는 행위는 다른 특별한 사정이 없는 한 항고소송의 대상이 되는 행정처분이 아니다</u>(대판 2009. 3.12. 2008두11525).

• 긍정
- 지목은 토지에 대한 공법상의 규제, 개발부담금의 부과대상, 지방세의 과세대상, 공시지가의 산정, 손실보상가액의 산정 등 토지행정의 기초로서 공법상의 법률관계에 영향을 미치고, 토지소유자는 지목을 토대로 토지의 사용·수익·처분에 일정한 제한을 받게 되는 점 등을 고려하면, <u>지목은 토지소유권을 제대로 행사하기 위한 전제요건으로서 토지소유자의 실체적 권리관계에 밀접하게 관련되어 있으므로 지적공부 소관청의 지목변경신청 반려행위는 국민의 권리관계에 영향을 미치는 것으로서 항고소송의 대상이 되는 행정처분에 해당한다</u>(대판 2004. 4.22. 2003두9015).
- 건축물의 용도는 토지의 지목에 대응하는 것으로서 건물의 이용에 대한 공법상의 규제, 건축법상의 시정명령, 지방세 등의 과세대상 등 공법상 법률관계에 영향을 미치고, 건물소유자는 용도를 토대로 건물의 사용·수익·처분에 일정한 영향을 받게 된다. 이러한 점 등을 고려해 보면, <u>건축물대장의 용도는 건축물의 소유권을 제대로 행사하기 위한 전제요건으로서 건축물 소유자의 실체적 권리관계에 밀접하게 관련되어 있으므로, 건축물대장 소관청의 용도변경신청 거부행위는 국민의 권리관계에 영향을 미치는 것으로서 항고소송의 대상이 되는 행정처분에 해당한다</u>(대판 2009. 1.30. 2007두7277).
- 건축물대장은 건축물에 대한 공법상의 규제, 지방세의 과세대상, 손실보상가액의 산정 등 건축행정의 기초자료로서 공법상의 법률관계에 영향을 미칠 뿐만 아니라, 건축물에 관한 소유권보존등기 또는 소유권이전등기를 신청하려면 이를 등기소에 제출하여야 하는 점 등을 종합해 보면, <u>건축물대장은 건축물의 소유권을 제대로 행사하기 위한 전제요건으로서 건축물 소유자의 실체적 권리관계에 밀접하게 관련되어 있으므로, 이러한 건축물대장을 직권말소한 행위는 국민의 권리관계에 영향을 미치는 것으로서 항고소송의 대상이 되는 행정처분에 해당한다</u>(대판 2010. 5.27. 2008두22655).
- 토지대장은 토지에 대한 공법상의 규제, 개발부담금의 부과대상, 지방세의 과세대상, 공시지가의 산정, 손실보상가액의 산정 등 토지행정의 기초자료로서 공법상의 법률관계에 영향을 미칠 뿐만 아니라, 토지에 관한 소유권보존등기 또는 소유권이전등기를 신청하려면 이를 등기소에 제출해야 하는 점 등을 종합해 보면, <u>토지대장은 토지의 소유권을 제대로 행사하기 위한 전제요건으로서 토지 소유자의 실체적 권리관계에 밀접하게 관련되어 있으므로, 이러한 토지대장을 직권으로 말소한 행위는 국민의 권리관계에 영향을 미치는 것으로서 항고소송의 대상이 되는 행정처분에 해당한다</u>(대판 2013.10.24. 2011두13286).

③ 통지

　　㉠ **의의** : 특정인 또는 불특정 다수인에게 특정 사실을 알리는 행정행위를 말한다.

　　㉡ **성질** : 자체가 독립된 행정행위이며, 이미 성립한 행정행위의 효력발생 요건으로서의 공포·교부·송달과는 구별된다.

　　㉢ **종류** : 일정한 사실을 알리는 관념의 통지(토지세목의 공고, 특허출원의 공고 등)와 행정청의 내심을 알리는 의사의 통지(납세독촉, 대집행 계고 등)가 있다.

　　㉣ **효과** : 구체적인 내용은 법령의 규정에 따라 다르다.

　　㉤ **통지의 처분성 인정여부** : 발생한 법률관계를 단순히 알려주는 행위는 항고소송의 대상인 처분에 해당하지 않으며, 통지가 일정한 법률관계에 영향을 미치는 경우에는 처분성이 인정되어 항고소송의 대상이 된다.

　　㉥ 국가공무원법상 당연퇴직은 결격사유가 있을 때 법률상 당연히 퇴직하는 것이지 공무원관계를 소멸시키기 위한 별도의 행정처분을 요하는 것이 아니며, 당연퇴직의 인사발령은 법률상 당연히 발생하는 퇴직사유를 공적으로 확인하여 알려주는 이른바 관념의 통지에 불과하고 공무원의 신분을 상실시키는 새로운 형성적 행위가 아니므로 행정소송의 대상이 되는 독립한 행정처분이라고 할 수 없다(대판 1995.11.14. 95누2036).

　　㉦ 기간제로 임용되어 임용기간이 만료된 국·공립대학의 조교수는 교원으로서의 능력과 자질에 관하여 합리적인 기준에 의한 공정한 심사를 받아 위 기준에 부합되면 특별한 사정이 없는 한 재임용되리라는 기대를 가지고 재임용 여부에 관하여 합리적인 기준에 의한 공정한 심사를 요구할 법규상 또는 조리상 신청권을 가진다고 할 것이니, 임용권자가 임용기간이 만료된 조교수에 대하여 재임용을 거부하는 취지로 한 임용기간만료의 통지는 위와 같은 대학교원의 법률관계에 영향을 주는 것으로서 행정소송의 대상이 되는 처분에 해당한다(대판 2004. 4.22. 2000두7735).

④ 수리

　　㉠ **의의** : 타인의 행위를 유효한 행위로 받아들이는 행정행위를 말한다(수동적 행정행위).

　　㉡ **구체적인 예** : 각종 신청서·신고서의 수리(혼인신고의 수리 등), 이의신청서의 수리, 행정심판 청구서의 수리 등

　　㉢ **처분성 인정 여부** : 수리를 요하는 신고의 경우에 수리거부는 행정쟁송의 대상이 되는 처분에 해당되지만, 수리를 요하지 않는 신고의 경우 수리거부는 처분에 해당하지 않는다.

　　㉣ 사업양도·양수에 따른 허가관청의 지위승계신고의 수리는 적법한 사업의 양도·양수가 있었음을 전제로 하는 것이므로 그 수리대상인 사업양도·양수가 존재하지 아니하거나 무효인 때에는 수리를 하였다 하더라도 그 수리는 유효한 대상이 없는 것으로서 당연히 무효라 할 것이고, 사업의 양도행위가 무효라고 주장하는 양도자는 민사쟁송으로 양도·양수행위의 무효를 구함이 없이 막바로 허가관청을 상대로 하여 행정소송으로 위 신고수리처분의 무효확인을 구할 법률상 이익이 있다(대판 2005.12.23. 2005두3554).

❺ 행정행위의 부관 ✔자주출제

(1) 의의

행정행위의 효과를 제한하기 위하여 행정행위의 주된 내용에 부가되는 종된 규율을 말한다. 행정청은 처분에 재량이 있는 경우에는 부관(조건, 기한, 부담, 철회권의 유보 등)을 붙일 수 있다. 처분에 재량이 없는 경우에는 법률에 근거가 있는 경우에 부관을 붙일 수 있다. 행정청은 부관을 붙일 수 있는 처분이 ㉠ 법률에 근거가 있는 경우, ㉡ 당사자의 동의가 있는 경우, ㉢ 사정이 변경되어 부관을 새로 붙이거나 종전의 부관을 변경하지 아니하면 해당 처분의 목적을 달성할 수 없다고 인정되는 경우 등 어느 하나에 해당하는 경우 그 처분을 한 후에도 부관을 새로 붙이거나 종전의 부관을 변경할 수 있다. 그리고 부관은 ㉠ 해당 처분의 목적에 위배되지 아니할 것, ㉡ 해당 처분과 실질적인 관련이 있을 것, ㉢ 해당 처분의 목적을 달성하기 위하여 필요한 최소한의 범위일 것이라는 제 요건에 적합하여야 한다(행정기본법 제17조).

(2) 부관의 종류

① 조건
  - ㉠ **의의** : 행정행위 효력의 발생 또는 소멸을 장래의 불확실한 사실의 성부에 의존케 하는 부관을 의미한다.
  - ㉡ **종류** : 조건의 성취에 의하여 행정행위의 효력이 발생하는 정지조건(도로확장조건의 여객자동차운수사업면허 등)과 조건의 성취에 의하여 그 효력이 소멸하는 해제조건(6월내 공사착수 조건의 공유수면매립면허 등)이 있다.

② 기한
  - ㉠ **의의** : 행정행위의 효력의 발생 또는 소멸을 발생이 확실한 장래의 사실에 의존케 하는 부관을 의미한다.
  - ㉡ **종류** : 도래시기의 확실성에 따라 확정기한과 불확정기한, 효력의 발생·소멸 여부에 따라 시기와 종기로 나뉜다.
  - ㉢ 일반적으로 행정처분에 효력기간이 정하여져 있는 경우에는 그 기간의 경과로 그 행정처분의 효력은 상실되고, 다만 <u>허가에 붙은 기한이 그 허가된 사업의 성질상 부당하게 짧은 경우에는 이를 그 허가 자체의 존속기간이 아니라 그 허가조건의 존속기간으로 보아 그 기한이 도래함으로써 그 조건의 개정을 고려한다는 뜻으로 해석할 수는 있지만, 그와 같은 경우라 하더라도 그 허가기간이 연장되기 위하여는 그 종기가 도래하기 전에 그 허가기간의 연장에 관한 신청이 있어야</u> 하며, 만일 그러한 연장신청이 없는 상태에서 허가기간이 만료하였다면 그 허가의 효력은 상실된다(대판 2007.10.11. 2005두12404).

③ 부담
  - ㉠ **의의** : 행정행위의 주된 내용에 부가하여 상대방에게 작위·부작위·수인·급부 등 의무를 부과하는 부관을 의미한다(영업허가시 각종 준수의무부과, 도로점용허가시 점용료부과 등).
  - ㉡ **성질** : 다른 부관과는 달리 부담은 독립한 행정행위이며, 강제집행이나 행정쟁송의 대상이 될 수 있다.

ⓒ 조건 · 기한과의 구별
- 정지조건부 · 시기부 행정행위는 조건이 성취 · 기한이 도래 전에는 효력이 발생하지 않으나, 부담부 행정행위는 처음부터 효력을 발생하고 다만, 그와 관련하여 상대방에게 일정한 의무가 부과된다.
- 해제조건부 · 종기부 행정행위는 조건의 성취 · 기한의 도래로 당연히 효력이 소멸되나, 부담부 행정행위는 상대방이 의무를 불이행한 경우에도 당연히 효력이 소멸되지는 않으며 행정청이 이를 이유로 행정행위를 철회하거나 강제집행 또는 제재를 과할 수 있을 뿐이다.

ⓔ <u>수익적 행정처분에 있어서는 법령에 특별한 근거규정이 없다고 하더라도 그 부관으로서 부담을 붙일 수 있고, 그와 같은 부담은 행정청이 행정처분을 하면서 일방적으로 부가할 수도 있지만 부담을 부가하기 이전에 상대방과 협의하여 부담의 내용을 협약의 형식으로 미리 정한 다음 행정처분을 하면서 이를 부가할 수도 있다.</u> 행정청이 수익적 행정처분을 하면서 부가한 부담의 위법 여부는 처분 당시 법령을 기준으로 판단하여야 하고, 부담이 처분 당시 법령을 기준으로 적법하다면 처분 후 부담의 전제가 된 주된 행정처분의 근거 법령이 개정됨으로써 행정청이 더 이상 부관을 붙일 수 없게 되었다 하더라도 곧바로 위법하게 되거나 그 효력이 소멸하게 되는 것은 아니다. 따라서 <u>행정처분의 상대방이 수익적 행정처분을 얻기 위하여 행정청과 사이에 행정처분에 부가할 부담에 관한 협약을 체결하고 행정청이 수익적 행정처분을 하면서 협약상의 의무를 부담으로 부가하였으나 부담의 전제가 된 주된 행정처분의 근거 법령이 개정됨으로써 행정청이 더 이상 부관을 붙일 수 없게 된 경우에도 곧바로 협약의 효력이 소멸하는 것은 아니다</u>(대판 2009. 2.12. 2005다65500).

④ **철회권의 유보** : 행정청이 일정한 경우에 당해 행위를 철회할 수 있는 권한을 부여한 부관을 의미한다. 철회권이 유보된 경우에도 철회에 관한 일반적 요건은 충족되어야 철회가 허용된다.

⑤ **법률효과의 일부 배제**
   ㉠ **의의** : 행정행위의 주된 내용에 부가하여 그 법적 효과 발생의 일부를 배제하는 부관을 의미한다(야간만 사용하기로 한 도로점용허가 등). 관계 법령에 명시적 근거가 있는 경우에만 허용된다.
   ㉡ 행정행위의 부관은 부담의 경우를 제외하고는 독립하여 행정소송의 대상이 될 수 없는 것인바, <u>지방국토관리청장이 일부 공유수면매립지에 대하여 한 국가 또는 직할시 귀속처분은 매립준공인가를 함에 있어서 매립의 면허를 받은 자의 매립지에 대한 소유권취득을 규정한 공유수면매립법 제14조의 효과 일부를 배제하는 부관을 붙인 것이고, 이러한 행정행위의 부관은 위 법리와 같이 독립하여 행정소송 대상이 될 수 없다</u>(대판 1993.10. 8. 93누2032).

⑥ **수정부담** : 행정행위의 주된 내용에 부가하는 것이 아니라 행정행위의 내용 자체를 수정 · 변경하는 것을 의미한다. 실질적으로는 신청한 내용과는 다른 독립된 새로운 행정행위이다.

(3) 부관의 한계

① **부관을 붙일 수 있는 행정행위**
   ㉠ 법률행위적 행정행위에는 부관을 붙일 수 있고, 법적 효과가 법률의 규정에 의해 발생하는 준법률행위적 행정행위에는 수권규정이 없는 한 부관을 붙일 수 없다.

ⓒ 법률행위적 행정행위 중에서 재량행위에는 법에 근거가 없는 경우에도 부관을 붙일 수 있고, 기속행위인 경우에는 법률요건 충족을 위한 부관, 법령에 규정이 있는 경우에는 부관을 붙일 수 있다.

ⓒ 기속행위에 대하여는 법령상 특별한 근거가 없는 한 부관을 붙일 수 없고 가사 부관을 붙였다 하더라도 이는 무효이다(대판 1993. 7.27. 92누13998).

ⓔ 기속행위 내지 기속적 재량행위 행정처분에 부담인 부관을 붙인 경우 일반적으로 그 부관은 무효라 할 것이고 그 부관의 무효화에 의하여 본체인 행정처분 자체의 효력에도 영향이 있게 될 수는 있지만, 그러한 사유는 그 처분을 받은 사람이 그 부담의 이행으로서의 증여의 의사표시를 하게 된 동기 내지 연유로 작용하였을 뿐이므로 취소사유가 될 수 있음은 별론으로 하여도 그 의사표시 자체를 당연히 무효화하는 것은 아니다(대판 1998.12.22. 98다51305).

② **사후부관의 인정여부**(시간적 한계)

ⓒ 행정기본법 제17조 제3항은 ⅰ)법률에 근거가 있는 경우, ⅱ)당사자의 동의가 있는 경우, ⅲ)사정이 변경되어 부관을 새로 붙이거나 종전의 부관을 변경하지 아니하면 해당 처분의 목적을 달성할 수 없다고 인정되는 경우 등 어느 하나에 해당하는 경우 그 처분을 한 후에도 부관을 새로 붙이거나 종전의 부관을 변경할 수 있다고 규정하고 있다.

ⓒ 행정처분에 이미 부담이 부가되어 있는 상태에서 그 의무의 범위 또는 내용 등을 변경하는 부관의 사후변경은, 법률에 명문의 규정이 있거나 그 변경이 미리 유보되어 있는 경우 또는 상대방의 동의가 있는 경우에 한하여 허용되는 것이 원칙이지만, 사정변경으로 인하여 당초에 부담을 부가한 목적을 달성할 수 없게 된 경우에도 그 목적달성에 필요한 범위 내에서 예외적으로 허용된다(대판 1997. 5.30. 97누2627).

③ **법령 및 일반 원칙상의 한계** : 부관은 법령은 물론이고 행정법의 일반 원칙에 반할 수 없다.

(4) 부관의 하자와 행정행위의 효력

① 부관의 무효와 법률행위의 효력

ⓒ 부관이 무효인 경우 원칙적으로 부관만 무효로 되고 본체인 행정행위에는 영향이 없다. 그러나 부관이 행정행위의 본질적인 요소를 이루고 있는 경우에는 부관의 무효는 행정행위 자체를 무효로 만든다.

ⓒ 원고가 신축한 상가등 시설물을 부산직할시에 기부채납함에 있어 그 무상사용을 위한 도로점용기간은 원고의 총공사비와 시 징수조례에 의한 점용료가 같아지는 때까지로 정하여 줄 것을 전제조건으로 하고 원고의 위 조건에 대하여 시는 아무런 이의없이 수락하고 위 상가등 건물을 기부채납받아 그 소유권을 취득하였다면 시가 원고에 대하여 위 상가 등의 사용을 위한 도로점용허가를 함에 있어서는 그 점용기간을 수락한 조건대로 해야 할 것임에도 합리적인 근거없이 단축한 것은 위법한 처분이라 할 것이며 가사 원고가 위 상가를 타에 임대하여 보증금 및 임료수입을 얻는다하여 위 무상점용기간을 단축할 사유가 될 수 없다(대판 1985. 7. 9. 84누604).

② 부관의 취소와 행정행위의 효력 : 부관을 취소할 수 있는 경우에도 취소되기 전까지는 유효한 부관부 행정행위로서 효력을 가지며, 부관이 취소된 경우에는 무효와 동일하게 다루어진다.

(5) 위법한 부관에 대한 쟁송

① **소송의 형태** : ㉠ 행정행위의 일부분인 부관을 직접 취소소송의 대상으로 하는 소송인 진정일부취소소송, ㉡ 형식적으로는 행정행위 전체를 소송의 대상으로 하지만, 내용적으로는 부관만의 취소를 구하는 소송인 부진정일부취소소송, ㉢ 부관부 행정행위 전체의 취소를 구하거나 행정청에 부관의 소멸 또는 변경을 청구하고 이를 거부하는 경우 행하는 거부처분취소소송

② **독립쟁송가능성**

㉠ 부담은 그 자체가 행정행위이므로 행정행위와 분리하여 부담만을 취소소송의 대상으로 할 수 있다(진정일부취소소송). 부담 외의 부관의 경우에는 부관부 행정행위 전체를 취소소송의 대상으로 하거나, 행정청이 부관의 소멸·변경 청구를 거부한 경우 거부처분취소소송을 제기해야 한다(판례는 부진정일부취소소송을 인정하지 않음).

㉡ 행정행위의 부관은 행정행위의 일반적인 효력이나 효과를 제한하기 위하여 의사표시의 주된 내용에 부가되는 종된 의사표시이지 그 자체로서 직접 법적 효과를 발생하는 독립된 처분이 아니므로 현행 행정쟁송제도 아래서는 부관 그 자체만을 독립된 쟁송의 대상으로 할 수 없는 것이 원칙이나 행정행위의 부관 중에서도 행정행위에 부수하여 그 행정행위의 상대방에게 일정한 의무를 부과하는 행정청의 의사표시인 부담의 경우에는 다른 부관과는 달리 행정행위의 불가분적인 요소가 아니고 그 존속이 본체인 행정행위의 존재를 전제로 하는 것일 뿐이므로 부담 그 자체로서 행정쟁송의 대상이 될 수 있다(대판 1992. 1. 21. 91누1264).

③ **독립취소가능성**

㉠ **부담이 위법한 경우** : 독립하여 부담만의 취소가 가능하다.

㉡ **그 외의 부관이 위법한 경우** : 독립하여 소송의 대상이 되지 않으므로 취소도 불가능하다. 이러한 경우에는 부관이 주된 행정행위의 중요 부분인 경우 부관부 행정행위 전체를 취소하거나 그렇지 않은 경우 기각해야 한다.

(6) 위법한 부관의 이행으로 발생한 사법상 법률행위의 효력

행정처분에 부담인 부관을 붙인 경우 부관의 무효화에 의하여 본체인 행정처분 자체의 효력에도 영향이 있게 될 수는 있지만, 그 처분을 받은 사람이 부담의 이행으로 사법상 매매 등의 법률행위를 한 경우에는 그 부관은 특별한 사정이 없는 한 법률행위를 하게 된 동기 내지 연유로 작용하였을 뿐이므로 이는 법률행위의 취소사유가 될 수 있음은 별론으로 하고 그 법률행위 자체를 당연히 무효화하는 것은 아니다. 또한, 행정처분에 붙은 부담인 부관이 제소기간의 도과로 확정되어 이미 불가쟁력이 생겼다면 그 하자가 중대하고 명백하여 당연 무효로 보아야 할 경우 외에는 누구나 그 효력을 부인할 수 없을 것이지만, 부담의 이행으로서 하게 된 사법상 매매 등의 법률행위는 부담을 붙인 행정처분과는 어디까지나 별개의 법률행위이므로 그 부담의 불가쟁력의 문제와는 별도로 법률행위가 사회질서 위반이나 강행규정에 위반되는지 여부 등을 따져보아 그 법률행위의 유효 여부를 판단하여야 한다(대판 2009. 6. 25. 2006다18174).

⑥ 행정행위의 성립과 효력

(1) 행정행위의 성립

① 성립요건

  ㉠ 내부적 성립요건

- 주체 : 행정행위는 권한을 가진 행정기관이 권한의 범위내에서 행해야 한다.
- 내용 : 실현가능하고 명확하며 법과 공익에 적합한 내용이어야 한다.
- 형식 : 특별한 규정이 없는 한 문서로 하여야 한다(신속히 처리할 사정 존재-구두 기타 형식 가능).
- 절차 : 관계법령의 규정된 절차를 거쳐야 한다.

  ㉡ **외부적 성립요건** : 내부적 성립요건을 갖춘 행정행위를 외부에 표시하여야 한다.

② **효력발생요건**

  ㉠ 행정행위는 상대방에게 통지되어야 효력을 발생한다. 통지의 방법은 송달(특정한 상대방에 대한)과 고시·공고(상대방이 불특정·다수인인 경우)가 있다.

  ㉡ 송달은 다른 법령등에 특별한 규정이 있는 경우를 제외하고는 해당 문서가 <u>송달받을 자에게 도달됨으로</u>써 그 효력이 발생한다(행정절차법 제14조 제1항). 정보통신망을 이용하여 전자문서로 송달하는 경우에는 <u>송달받을 자가 지정한 컴퓨터 등에 입력된 때에 도달된 것으로 본다</u>(동조 제2항). 송달받을 자의 주소등을 통상적인 방법으로 확인할 수 없는 경우와 송달이 불가능한 경우에는 다른 법령등에 특별한 규정이 있는 경우를 제외하고는 <u>공고일부터 14일이 지난 때</u>에 그 효력이 발생한다. 다만, 긴급히 시행하여야 할 특별한 사유가 있어 효력 발생 시기를 달리 정하여 공고한 경우에는 그에 따른다(동조 제3항).

  ㉢ 고시·공고의 경우에는 효력발생일에 관한 규정이 있으면 그에 따라 효력이 발생하고, <u>규정이 없다면 고시·공고가 있은 날로부터 5일이 경과한 때에 효력이 발생한다</u>(행정효율과 협업촉진에 관한 규정 제6조 제3항).

③ **요건불비의 효과**

  ㉠ 성립요건이 결여되면 하자 있는 행정행위가 되며, 하자의 정도에 따라 무효·취소 또는 부존재가 된다.

  ㉡ 효력발생요건이 결여되면 행정행위는 무효가 된다.

(2) 행정행위의 효력

① **구속력** : 행정행위가 각각의 규율내용에 따라 당사자 등(관계행정청, 상대방, 이해관계인)을 구속하는 실체법적 효과를 의미한다. 무효인 행정행위에는 발생하지 않는다.

② **공정력(예선적 효력)**

  ㉠ 행정행위에 하자가 있는 경우에도 당연무효가 아닌 한 권한 있는 기관에 의해 취소될 때까지는 일응 유효한 것으로 보아 누구든지 그 효력을 부인하지 못하는 힘을 말한다.

  ㉡ 취소할 수 있는 행정행위에만 인정되며 무효인 행정행위에는 인정되지 않는다.

ⓒ 공정력은 취소소송에서의 입증책임과는 무관하다.

ⓔ **공정력과 선결문제** : 선결문제인 행정행위의 위법성·효력여부를 민·형사소송의 수소법원이 심판할 수 있는가의 문제이다.

- 민사사건의 경우 : 행정행위가 당연무효 또는 부존재인 경우 수소법원이 그 행정행위에 대한 위법성 및 효력유무의 판단을 할 수 있다. 행정행위가 단순위법으로 취소할 수 있는 경우에는 공정력으로 인해 효력유무는 판단 할 수 없지만, 위법성은 판단할 수 있다.
- 형사사건의 경우 : 행정행위가 당연무효인 경우에는 위법성 및 효력유무를 판단할 수 있지만, 단순 위법인 경우에는 위법성만 판단할 수 있다.

－연령미달의 결격자인 피고인이 소외인의 이름으로 운전면허시험에 응시, 합격하여 교부받은 운전면허는 당연무효가 아니고 도로교통법 제65조 제3호의 사유에 해당함에 불과하여 취소되지 않는 한 유효하므로 피고인의 운전행위는 무면허운전에 해당하지 아니한다(대판 1982. 6. 8. 80도2646).

③ **구성요건적 효력**

ⓐ 행정행위가 당연무효가 아닌 한 처분청 이외의 국가기관은 이를 존중하여 권한 행사의 기초 내지는 구성요건으로 삼아야 한다는 것을 말한다. 처분청·상대방·이해관계인을 제외한 제3의 국가기관에 대한 구속력이다.

ⓑ 일반적인 견해는 공정력과 구성요건적 효력을 구별할 논리적 필연성이나 실익이 없다고 한다.

④ **확정력**(존속력)

ⓐ **불가쟁력**(형식적 확정력)

- 제소기간의 경과 또는 심급의 종료로 인하여 행정행위의 상대방 기타 이해관계인이 더 이상 효력을 다툴 수 없는 경우의 효력을 의미한다. 무효인 행정행위는 불가쟁력이 발생하지 않는다.
- 소송으로 더 이상 다툴 수 없는 경우에도 위법성이 확인된 경우 손해배상청구가 가능하며, 행정청에 의한 직권취소도 가능하다.

ⓑ **불가변력**(실질적 확정력) : 일정한 행정행위의 경우 행정청도 이를 직권으로 취소·철회할 수 없는 경우의 효력을 의미한다.

ⓒ **불가쟁력과 불가변력의 관계**

- 양자는 서로 아무런 관련이 없다(불가쟁력이 발생해도 처분청은 직권취소 가능, 불가변력이 발생해도 제소기간이 도과되지 않은 경우 상대방은 제소 가능).
- 불가쟁력은 상대방 및 이해관계인에, 불가변력은 처분청 등 행정기관에 대한 구속력이다.
- 불가쟁력은 절차적 효력, 불가변력은 실체적 효력이다.

⑤ **강제력**

ⓐ **집행력** : 행정상 의무를 상대방이 불이행한 경우 행정청이 스스로의 강제력으로 의무를 실현시키는 힘을 말한다.

ⓑ **제재력** : 의무 위반에 대해 행정벌을 과하는 경우는 말한다.

ⓒ 강제력을 행사하기 위해서는 법령의 근거가 필요하다.

(1) 의의

① 행정행위가 성립·효력요건을 결하여 적법·유효하게 성립하지 못한 경우를 의미한다. 위법한 행정행위(무효인 행정행위와 취소할 수 있는 행정행위)와 부당한 행정행위로 나뉜다.

② 외관상 행정행위라 할 수 있는 행위 자체가 존재하지 않는 경우(행정기관이 아닌 사인의 행위, 행정기관 내부의사결정 등)인 부존재와 구별된다.

(2) 무효인 행정행위와 취소할 수 있는 행정행위

① 의의

ㄱ. **무효인 행정행위** : 외관상으로는 행정행위가 존재하나 처음부터 전혀 법적 효과가 발생하지 않는 행정행위를 말한다. 누구나 무효를 주장할 수 있다.

ㄴ. **취소할 수 있는 행정행위** : 성립에 흠이 있음에도 일단 유효한 행위로서 효력을 가지며, 행정쟁송 또는 직권에 의해 취소됨으로써 효력을 상실하는 행정행위를 말한다.

> **판례** 〈위헌법률에 근거한 행정처분의 효력〉
>
> 일반적으로 법률이 헌법에 위반된다는 사정은 헌법재판소의 위헌결정이 있기 전에는 객관적으로 명백한 것이라고 할 수 없으므로 특별한 사정이 없는 한 이러한 하자는 행정처분의 취소사유에 해당할 뿐 당연무효 사유는 아니다. 위헌결정의 소급효가 인정된다고 해서 위헌인 법률에 근거한 행정처분이 당연무효가 된다고는 할 수 없고, 이미 취소소송의 제기기간을 경과하여 불가쟁력이 발생한 행정처분에는 위헌결정의 소급효가 미치지 않는다(대판 2021.12.30. 2018다241458).

② 구별기준

ㄱ. 중대설, 중대·명백설, 명백성보충요건설 등의 견해 대립이 있으나, 행정행위의 하자가 중대한 법규 위반이고 또한 외관상 명백할 경우에는 무효가 되고, 단순위법인 경우에는 취소할 수 있는 행정행위라는 중대·명백설이 통설·판례이다.

ㄴ. 하자 있는 행정처분이 당연무효가 되기 위하여는 그 하자가 법규의 중요한 부분을 위반한 중대한 것으로서 객관적으로 명백한 것이어야 하며, 하자가 중대하고 명백한지 여부를 판별함에 있어서는 그 법규의 목적, 의미, 기능 등을 목적론적으로 고찰함과 동시에 구체적 사안 자체의 특수성에 관하여도 합리적으로 고찰함을 요하는바, 행정청이 어느 법률관계나 사실관계에 대하여 어느 법률의 규정을 적용하여 행정처분을 한 경우에 그 법률관계나 사실관계에 대하여는 그 법률의 규정을 적용할 수 없다는 법리가 명백히 밝혀져 그 해석에 다툼의 여지가 없음에도 불구하고 행정청이 위 규정을 적용하여 처분을 한 때에는 그 하자가 중대하고도 명백하다고 할 것이나, 그 법률관계나 사실관계에 대하여 그 법률의 규정을 적용할 수 없다는 법리가 명백히 밝혀지지 아니하여 그 해석에 다툼의 여지가 있는 때에는 행정관청이 이를 잘못 해석하여 행정처분을 하였더라도 이는 그 처분 요건사실을 오인한 것에 불과하여 그 하자가 명백하다고 할

수 없는 것이고, 또한 행정처분의 대상이 되는 법률관계나 사실관계가 전혀 없는 사람에게 행정처분을 한 때에는 그 하자가 중대하고도 명백하다 할 것이나, 행정처분의 대상이 되지 아니하는 어떤 법률관계나 사실관계에 대하여 이를 처분의 대상이 되는 것으로 오인할 만한 객관적인 사정이 있는 경우로서 그것이 처분대상이 되는지의 여부가 그 사실관계를 정확히 조사하여야 비로소 밝혀질 수 있는 때에는 비록 이를 오인한 하자가 중대하다고 할지라도 외관상 명백하다고 할 수는 없다(대판 2004.10.15. 2002다68485).

③ 구별 실익 ✓자주출제

구분	무효인 행정행위	취소할 수 있는 행정행위
효력	처음부터 효력이 발생하지 않음	취소될 때까지는 효력발생
공정력	없음	있음
불가쟁력	없음	있음
하자의 승계	승계됨	선행행위와 후행행위가 결합하여 하나의 효과를 완성하는 경우에만 긍정
하자의 치유와 전환	전환만 가능	치유만 가능
쟁송형태	무효확인심판, 무효확인소송	취소심판, 취소소송
제소기간	제한없음	쟁송제기기간의 제한 있음
사정판결	부정	긍정
선결문제	위법성 및 효력판단 가능	위법성만 판단가능(효력판단×)

(3) 하자의 승계 ✓자주출제

① 의의

ㄱ) 둘 이상의 행정행위가 연속하여 행해지는 경우 선행행위의 하자를 후행행위의 위법사유로 주장할 수 있는가의 문제를 의미한다.

ㄴ) 하자의 승계가 문제되기 위해서는 ⓐ 선행행위는 무효가 아니어야 하고, ⓑ 선행행위에 불가쟁력이 발생하여야 하며, ⓐ 선행행위에만 하자가 존재하고 후행행위에는 하자가 존재하지 않아야 한다.

ㄷ) 선행행위와 후행행위가 서로 결합하여 하나의 효과를 완성하는 경우에는 하자승계가 인정되고, 두 행위가 서로 독립한 별개의 목적을 추구하는 경우에는 하자승계가 부정된다.

② 구체적인 예

ㄱ) 하자의 승계 인정
- 개별공시지가결정과 과세(개발부담금 부과)처분
- 표준지공시지가결정과 수용재결(수용보상금)
- 강제징수(독촉, 압류, 매각, 청산), 대집행(계고, 통지, 실행, 비용납부명령) 각 절차 사이
- 암매장분묘개장명령과 계고처분
- 귀속재산의 임대처분과 매각처분

- 한지의사시험자격인정과 한지의사면허처분
- 안경사시험 합격취소처분과 안경사면허취소처분
- 친일반민족행위자 결정과 「독립유공자예우에 관한법률」의 법적용 대상에서의 배제결정

ⓛ **하자의 승계 부정**
- 과세처분과 체납처분
- 철거명령과 대집행절차
- 표준지공시지가결정과 개별공시지가결정
- 표준지공시지가결정과 조세부과처분
- 공무원의 직위해제처분과 면직처분
- 도시계획결정과 수용재결
- 재개발사업시행인가처분과 토지수용재결
- 변상판정과 변상명령
- 액화석유가스판매사업허가 처분과 사업개시신고 반려처분

ⓒ [1] <u>2개 이상의 행정처분이 연속적 또는 단계적으로 이루어지는 경우 선행처분과 후행처분이 서로 합하여 1개의 법률효과를 완성하는 때에는 선행처분에 하자가 있으면 그 하자는 후행처분에 승계된다.</u> 이러한 경우에는 선행처분에 불가쟁력이 생겨 그 효력을 다툴 수 없게 되더라도 선행처분의 하자를 이유로 후행처분의 효력을 다툴 수 있다. 그러나 선행처분과 후행처분이 서로 독립하여 별개의 법률효과를 발생시키는 경우에는 선행처분에 불가쟁력이 생겨 그 효력을 다툴 수 없게 되면 선행처분의 하자가 당연무효인 경우를 제외하고는 특별한 사정이 없는 한 선행처분의 하자를 이유로 후행처분의 효력을 다툴 수 없는 것이 원칙이다. [2] <u>도시·군계획시설결정과 실시계획인가</u>는 도시·군계획시설사업을 위하여 이루어지는 단계적 행정절차에서 별도의 요건과 절차에 따라 별개의 법률효과를 발생시키는 <u>독립적인 행정처분이다.</u> 그러므로 <u>선행처분인 도시·군계획시설결정에 하자가 있더라도 그것이 당연무효가 아닌 한 원칙적으로 후행처분인 실시계획인가에 승계되지 않는다</u>(대판 2017. 7.18. 2016두49938).

(4) 하자의 치유와 전환

① **하자의 치유** ✔자주출제
ⓐ 행위 당시에는 위법한 행정행위였으나 사후에 요건이 충족된 경우 또는 위법성이 지극히 경미하여 취소할 필요성이 없는 경우에 이를 적법한 행위로 인정하는 것을 의미한다.
ⓑ 취소할 수 있는 행정행위에만 인정되고 무효인 행정행위에는 인정되지 않는다.
ⓒ 절차상·형식상 하자는 치유가 가능하지만, 내용상 하자는 치유가 불가능하다.
ⓓ 하자의 치유는 행정쟁송제기 이전에만 가능하며, 치유가 인정되면 처음부터 하자 없는 행위로 인정된다.
ⓔ <u>세액산출근거가 기재되지 아니한 납세고지서에 의한 부과처분은 강행법규에 위반하여 취소대상이 된다 할 것이므로</u> 이와 같은 하자는 납세의무자가 전심절차에서 이를 주장하지 아니하였거나, 그 후 부과된 세금을 자진납부하였다거나, 또는 조세채권의 소멸시효기간이 만료되었다 하여 <u>치유되는 것이라고는 할 수 없다</u>(대판 1985. 4. 9. 84누431).

ⓗ 행정청이 식품위생법상의 청문절차를 이행함에 있어 소정의 청문서 도달기간을 지키지 아니하였다면 이는 청문의 절차적 요건을 준수하지 아니한 것이므로 이를 바탕으로 한 행정처분은 일단 위법하다고 보아야 할 것이지만 이러한 청문제도의 취지는 처분으로 말미암아 받게 될 영업자에게 미리 변명과 유리한 자료를 제출할 기회를 부여함으로써 부당한 권리침해를 예방하려는 데에 있는 것임을 고려하여 볼 때, 가령 행정청이 청문서 도달기간을 다소 어겼다하더라도 영업자가 이에 대하여 이의하지 아니한 채 스스로 청문일에 출석하여 그 의견을 진술하고 변명하는 등 방어의 기회를 충분히 가졌다면 청문서 도달기간을 준수하지 아니한 하자는 치유되었다고 봄이 상당하다(대판 1992.10.23. 92누2844).

ⓢ 증여세의 납세고지서에 과세표준과 세액의 계산명세가 기재되어 있지 아니하거나 그 계산명세서를 첨부하지 아니하였다면 그 납세고지는 위법하다고 할 것이나, 한편 과세관청이 과세처분에 앞서 납세의무자에게 보낸 과세예고통지서 등에 납세고지서의 필요적 기재사항이 제대로 기재되어 있어 납세의무자가 그 처분에 대한 불복 여부의 결정 및 불복신청에 전혀 지장을 받지 않았음이 명백하다면, 이로써 납세고지서의 하자가 보완되거나 치유될 수 있다(대판 2001. 3. 27. 99두8039).

② 하자의 전환

㉠ 원래의 행정행위로서는 무효이나 다른 행정행위의 요건을 갖춘 경우에 그 행위로서의 효력을 인정하는 것을 말한다.

㉡ 전환의 요건

- 두 행정행위 사이에 처분청, 요건, 효과상의 실질적 공통성이 있어야 한다.
- 전환되는 행정행위로서의 성립·효력요건을 갖추어야 한다.
- 원처분 행정청의 의도에 반하지 않아야 한다.
- 당사자에게 원처분보다 불리하지 않아야 하며, 제3자의 이익을 침해하지 않아야 한다.

㉢ 무효인 행정행위에 대해서만 인정되며, 기속행위를 재량행위로 전환할 수 없다.

㉣ 새로운 행정행위는 종전의 행정행위의 발령 당시로 소급하여 효력을 발생한다.

❽ 행정행위의 무효와 취소

(1) 행정행위의 무효

① 의의 : 행정행위로서의 외형은 있으나 중대하고 명백한 흠이 있어 처음부터 행정행위로서의 효력이 없는 것을 의미한다.

② 무효원인

㉠ 주체에 관한 하자

- 공무원이 아닌 자의 행위는 무효(예외적으로 사실상 공무원이론이 적용될 때는 유효)
- 의사능력이 없는 자의 행위는 무효(18세 이상의 미성년자도 공무원이 될 수 있으므로 미성년자인 공무원의 행위는 유효)

- 정당하게 권한을 위임받지 못한 자의 행위는 무효

ⓛ 운전면허에 대한 정지처분권한은 경찰청장으로부터 경찰서장에게 권한위임된 것이므로 음주운전자를 적발한 단속 경찰관으로서는 관할 경찰서장의 명의로 운전면허정지처분을 대행처리할 수 있을지는 몰라도 자신의 명의로 이를 할 수는 없다 할 것이므로, 단속 경찰관이 자신의 명의로 운전면허행정처분통지서를 작성·교부하여 행한 운전면허정지처분은 비록 그 처분의 내용·사유·근거등이 기재된 서면을 교부하는 방식으로 행하여졌다고 하더라도 권한 없는 자에 의하여 행하여진 점에서 무효의 처분에 해당한다(대판 1997. 5.16.97누2313).

ⓒ 구 폐기물처리시설 설치촉진 및 주변지역 지원 등에 관한 법률에 정한 입지선정위원회가 그 구성방법 및 절차에 관한 같은 법 시행령의 규정에 위배하여 군수와 주민대표가 선정·추천한 전문가를 포함시키지 않은 채 임의로 구성되어 의결을 한 경우, 그에 터잡아 이루어진 폐기물처리시설 입지결정처분의 하자는 중대한 것이고 객관적으로도 명백하므로 무효사유에 해당한다(대판 2007. 4.12. 2006두20150).

비교〉 주체에 관한 하자임에도 무효가 아니라는 판례

- 행정처분이 당연무효라고 하기 위하여는 처분에 위법사유가 있다는 것만으로는 부족하고 하자가 법규의 중요한 부분을 위반한 중대한 것으로서 객관적으로 명백한 것이어야 하며, 하자의 중대·명백 여부를 판별함에 있어서는 법규의 목적, 의미, 기능 등을 목적론적으로 고찰함과 동시에 구체적 사안 자체의 특수성에 관하여도 합리적으로 고찰함을 요한다. 적법한 권한 위임 없이 세관출장소장에 의하여 행하여진 관세부과처분이 그 하자가 중대하기는 하지만 객관적으로 명백하다고 할 수 없어 당연무효는 아니다(대판 2004.11.26. 2003두2403).

- 5급 이상의 국가정보원직원에 대한 의원면직처분이 임면권자인 대통령이 아닌 국가정보원장에 의해 행해진 것으로 위법하고, 나아가 국가정보원직원의 명예퇴직원 내지 사직서 제출이 직위해제 후 1년여에 걸친 국가정보원장 측의 종용에 의한 것이었다는 사정을 감안한다 하더라도 그러한 하자가 중대한 것이라고 볼 수는 없으므로, 대통령의 내부결재가 있었는지에 관계없이 당연무효는 아니다(대판 2007. 7.26. 2005두15748).

ⓡ **내용에 관한 하자** : 사실상·법률상 실현 불가능하거나 내용이 불명확한 경우에는 무효이다. 다만, 공익에 반하는 행정행위는 취소사유에 해당하는 것으로 본다.

ⓜ **절차에 관한 하자** : 법률상 필요한 상대방의 신청·동의·의결을 결한 행정행위는 무효이고, 심의·협의·청문(개별법에서 무효로 하는 경우 있음)을 결한 행정행위는 취소사유에 해당한다.

- 도시관리계획결정·고시와 그 도면에 특정 토지가 도시관리계획에 포함되지 않았음이 명백한데도 도시관리계획을 집행하기 위한 후속 계획이나 처분에서 그 토지가 도시관리계획에 포함된 것처럼 표시되어 있는 경우가 있다. 이것은 실질적으로 도시관리계획결정을 변경하는 것에 해당하여 구 국토의 계획 및 이용에 관한 법률 제30조 제5항에서 정한 도시관리계획 변경절차를 거치지 않는 한 당연무효이다(대판 2019. 7. 11. 2018두47783).

ⓗ **형식에 관한 하자** : 법령에서 문서로 하도록 규정되어 있는 행위를 위반한 행위, 서명·날인의 결여한 행위는 무효이다.

- 행정절차법 제24조는, 행정청이 처분을 하는 때에는 다른 법령 등에 특별한 규정이 있는 경우를 제외하

고는 문서로 하여야 하고 전자문서로 하는 경우에는 당사자 등의 동의가 있어야 하며, 다만 신속을 요하거나 사안이 경미한 경우에는 구술 기타 방법으로 할 수 있다고 규정하고 있는데, 이는 행정의 공정성·투명성 및 신뢰성을 확보하고 국민의 권익을 보호하기 위한 것이므로 위 규정을 위반하여 행하여진 행정청의 처분은 하자가 중대하고 명백하여 원칙적으로 무효이다(대판 2011.11.10. 2011도11109).

③ 주장방법 및 효과
  ㉠ 무효확인심판과 무효확인소송을 통해 다툴 수 있다.
  ㉡ 다른 행정행위의 요건을 구비하고 무효행위를 알았다면 다른 법률행위를 하는 것을 의욕하였으리라고 인정되는 경우에는 무효행위의 전환이 인정된다(민법 제138조).

(2) 행정행위의 취소 ✔자주출제

① 의의 : 성립에 흠이 있음에도 일단 유효하게 성립한 행정행위를 권한있는 기관이 그 효력의 전부 또는 일부를 소급하여 상실시키는 독립한 행정행위를 의미한다. 행정청이 직권으로 행하는 직권취소와 행정행위의 위법성을 이유로 소송에서 법원이 행하는 취소인 쟁송취소로 나뉜다.

② 취소사유
  ㉠ 무효에 이르지 않은 경우에는 일반적으로 취소사유가 된다.
  ㉡ 권한 초과, 행위능력 결여, 사기·강박에 의한 행위, 공익에 반하는 행위, 경미한 절차나 형식의 결여 등은 취소사유가 된다.

③ 직권취소와 쟁송취소의 비교

	직권 취소	쟁송 취소
취소권자	처분청, 감독청	처분청(이의신청), 행정심판위원회(행정심판), 법원(행정소송)
목적	법치행정의 원칙, 행정목적실현	법치행정의 원칙, 국민의 권리구제
취소사유	행정행위의 위법, 부당	행정심판(행정행위의 위법, 부당) 행정소송(행정행위의 위법)
대상	주로 수익적 행정행위가 문제됨	주로 침익적 행정행위가 문제됨
내용	적극적 변경 가능	행정심판은 적극적 변경 가능, 행정소송은 소극적인 변경(일부취소)만 가능
제기기간	기간제한 없음	쟁송제기 기간 내에 제기해야 함
효과	원칙적 소급효	원칙적 소급효
취소권의 제한	-침익적 행정행위는 제한 없음 -수익적 행정행위, 포괄적 신분설정행위, 불가변력이 발생한 행위 등에는 제한됨	-원칙적으로 자유롭게 취소가능 -취소하는 것이 현저히 공공복리에 적합하지 아니하다고 인정되는 때에는 제한됨(사정재결과 사정판결)
법적근거	특별한 법적 근거 요하지 않음	행정심판법, 행정소송법에 근거 있음

㉠ 권한없는 행정기관이 한 당연무효인 행정처분을 취소할 수 있는 권한은 당해 행정처분을 한 처분청에게 속하고, 당해 행정처분을 할 수 있는 적법한 권한을 가지는 행정청에게 그 취소권이 귀속되는 것이 아니다(대판 1984.10.10. 84누463).

㉡ 행정행위를 한 처분청은 그 행위에 하자가 있는 경우에는 별도의 법적 근거가 없더라도 스스로 이를 취소할 수 있고, 다만 수익적 행정처분을 취소할 때에는 이를 취소하여야 할 공익상의 필요와 그 취소로 인하여 당사자가 입게 될 기득권과 신뢰보호 및 법률생활 안정의 침해 등 불이익을 비교·교량한 후 공익상의 필요가 당사자가 입을 불이익을 정당화할 만큼 강한 경우에 한하여 취소할 수 있으며, 나아가 수익적 행정처분의 하자가 당사자의 사실은폐나 기타 사위의 방법에 의한 신청행위에 기인한 것이라면 당사자는 처분에 의한 이익이 위법하게 취득되었음을 알아 취소가능성도 예상하고 있었다 할 것이므로, 그 자신이 처분에 관한 신뢰이익을 원용할 수 없음은 물론 행정청이 이를 고려하지 아니하였다고 하여도 재량권의 남용이 되지 않는다(대판 2006. 5.25. 2003두4669).

④ **취소의 취소**

㉠ **직권취소의 경우** : 원처분이 침익적인 경우 그 취소의 취소(상대방에게 불리)는 허용되지 않고, 원처분이 수익적인 경우 그 취소의 취소(상대방에게 유리)는 새로운 이해관계인인 없는 한 허용된다.

㉡ **쟁송취소의 경우** : 쟁송절차를 거친 경우에는 확정력이 발생하므로 취소의 취소가 문제되지 않는다.

㉢ 국세기본법 제26조 제1호는 부과의 취소를 국세납부의무 소멸사유의 하나로 들고 있으나, 그 부과의 취소에 하자가 있는 경우의 부과의 취소의 취소에 대하여는 법률이 명문으로 그 취소요건이나 그에 대한 불복절차에 대하여 따로 규정을 둔 바도 없으므로, 설사 부과의 취소에 위법사유가 있다고 하더라도 당연무효가 아닌 한 일단 유효하게 성립하여 부과처분을 확정적으로 상실시키는 것이므로, 과세관청은 부과의 취소를 다시 취소함으로써 원부과처분을 소생시킬 수는 없고 납세의무자에게 종전의 과세대상에 대한 납부의무를 지우려면 다시 법률에서 정한 부과절차에 좇아 동일한 내용의 새로운 처분을 하는 수밖에 없다(대판 1995. 3.10. 94누7027).

㉣ 지방병무청장이 재신체검사 등을 거쳐 현역병입영대상편입처분을 보충역편입처분이나 제2국민역편입처분으로 변경하거나 보충역편입처분을 제2국민역편입처분으로 변경하는 경우 비록 새로운 병역처분의 성립에 하자가 있다고 하더라도 그것이 당연무효가 아닌 한 일단 유효하게 성립하고 제소기간의 경과 등 형식적 존속력이 생김과 동시에 종전의 병역처분의 효력은 취소 또는 철회되어 확정적으로 상실된다고 보아야 할 것이므로 그 후 새로운 병역처분의 성립에 하자가 있었음을 이유로 하여 이를 취소한다고 하더라도 종전의 병역처분의 효력이 되살아난다고 할 수 없다(대판 2002. 5.28. 2001두9653).

❾ 행정행위의 철회와 실효

(1) 철회 ✔자주출제

① **의의** : 하자 없이 적법하게 성립한 행정행위를 행정청이 새로운 사정의 발생을 이유로 장래를 향하여 효력을 상실시키는 독립된 행정행위를 의미한다.

② **철회권자** : 처분청만이 할 수 있다. 감독청은 처분청에 철회를 명할 수는 있으나, 명문 규정이 없는 한 직접 철회할 수는 없다.

> **판례**
>
> 건축허가는 대물적 성질을 갖는 것이어서 행정청으로서는 허가를 할 때에 건축주 또는 토지소유자가 누구인지 등 인적 요소에 관하여는 형식적 심사만 한다. 건축주가 토지 소유자로부터 토지사용승낙서를 받아 그 토지 위에 건축물을 건축하는 대물적(對物的) 성질의 건축허가를 받았다가 착공에 앞서 건축주의 귀책사유로 해당 토지를 사용할 권리를 상실한 경우, 건축허가의 존재로 말미암아 토지에 대한 소유권 행사에 지장을 받을 수 있는 토지 소유자로서는 건축허가의 철회를 신청할 수 있다고 보아야 한다. 따라서 토지 소유자의 위와 같은 신청을 거부한 행위는 항고소송의 대상이 된다. 행정행위를 한 처분청은 비록 처분 당시에 별다른 하자가 없었고, 처분 후에 이를 철회할 별도의 법적 근거가 없더라도 원래의 처분을 존속시킬 필요가 없게 된 사정변경이 생겼거나 중대한 공익상 필요가 발생한 경우에는 그 효력을 상실케 하는 별개의 행정행위로 이를 철회할 수 있다. 다만 수익적 행정행위를 취소 또는 철회하거나 중지시키는 경우에는 이미 부여된 국민의 기득권을 침해하는 것이 되므로, 비록 취소 등의 사유가 있다고 하더라도 그 취소권 등의 행사는 기득권의 침해를 정당화할 만한 중대한 공익상의 필요 또는 제3자의 이익을 보호할 필요가 있고, 이를 상대방이 받는 불이익과 비교·교량하여 볼 때 공익상의 필요 등이 상대방이 입을 불이익을 정당화할 만큼 강한 경우에 한하여 허용될 수 있다(대판 2017. 3.15. 2014두41190).

③ **근거 및 원인**

   ㉠ 일반적으로 법적 근거가 없는 경우에도 허용된다고 본다.

   ㉡ 행정행위를 한 처분청은 비록 그 처분 당시에 별다른 하자가 없었고, 또 그 처분 후에 이를 취소할 별도의 법적 근거가 없다 하더라도 원래의 처분을 존속시킬 필요가 없게 된 사정변경이 생겼거나 또는 중대한 공익상의 필요가 발생한 경우에는 그 효력을 상실케 하는 별개의 행정행위로 이를 취소(철회)할수 있다(대판 1995. 6. 9. 95누1194).

   ㉢ 근거법령이 개폐된 경우, 사정변경 및 중대한 공익상의 필요가 발생한 경우, 철회권이 유보된 경우 등에는 철회가 가능하다.

(2) 실효

   ㉠ 하자 없이 성립하고 효력을 발생한 행정행위가 이후 일정한 사실의 발생(행정행위 목적물의 소멸, 행정행위의 목적 달성 등)으로 인해 당연히 그 효력이 소멸하는 것을 의미한다.

   ㉡ 실효사유가 있으면 행정행위는 그때부터 장래를 향해 당연히 효력을 상실한다.

03 그 밖의 행정의 주요 행위형식

❶ 행정계획 ✔자주출제

(1) 의의

행정주체가 장래에 도달하고자 하는 목표를 설정하고 그와 관련되는 행정수단을 선택·조정·통합하여 그 결과로 설정한 활동기준을 의미한다.

(2) 종류

① 법적 효력의 유무에 따른 분류

　㉠ **구속적 계획** : 법규 또는 행정행위의 성격이 있어 구속력을 갖는 계획을 말한다.
　　• 도시관리계획, 도시개발계획, 도시주거환경 정비계획 등 국민에 대해서 구속력을 갖는 계획
　　• 국토종합계획, 예산운용계획, 도시기본계획 등 행정기관에 대해서 구속력을 갖는 계획
　㉡ **비구속적 계획** : 교육진흥계획, 인구 계획 등 행정기관의 구상이나 행정의 지침에 불과하여 대외적 구속력을 갖지 않는 계획을 말한다.

② **기타의 분류** : 계획 범위에 따라 종합 계획·부분별 계획, 타 계획의 기준 여부에 따라 상위계획·하위계획, 기간의 장단에 따라 장기계획·중기계획·연도별 계획

(3) 법적 성질

① 견해의 대립이 있으나 학설의 일반적 견해와 판례는 각 계획별로 그 성질을 판단해야 한다고 본다(복수성질설, 개별검토설).

② 도시계획법 제12조 소정의 고시된 도시계획결정은 특정 개인의 권리 내지 법률상의 이익을 개별적이고 구체적으로 규제하는 효과를 가져오게 하는 행정청의 처분이라 할 것이고, 이는 행정소송의 대상이 된다(대판 1982. 3. 9. 80누105).

③ 개발제한구역지정처분은 건설부장관이 법령의 범위 내에서 도시의 무질서한 확산 방지 등을 목적으로 도시정책상의 전문적·기술적 판단에 기초하여 행하는 일종의 행정계획으로서 그 입안·결정에 관하여 광범위한 형성의 자유를 가지는 계획재량처분이므로, 그 지정에 관련된 공익과 사익을 전혀 비교교량하지 아니하였거나 비교교량을 하였더라도 그 정당성과 객관성이 결여되어 비례의 원칙에 위반되었다고 볼 만한 사정이 없는 이상, 그 개발제한구역지정처분은 재량권을 일탈·남용한 위법한 것이라고 할 수 없다(대판 1997. 6.24. 96누1313).

④ <u>도시 및 주거환경정비법에 따른 주택재건축정비사업조합은</u> 관할 행정청의 감독 아래 도시정비법상의 주택재건축사업을 시행하는 공법인(도시정비법 제18조)으로서, 그 목적 범위 내에서 법령이 정하는 바에 따라 일정한 행정작용을 행하는 <u>행정주체의 지위</u>를 갖는다. 그리고 재건축조합이 행정주체의 지위에서 도시정비법 제48조에 따라 수립하는 <u>관리처분계획은</u> 정비사업의 시행 결과 조성되는 대지 또는 건축물의 권리귀속에 관한 사항과 조합원의 비용 분담에 관한 사항 등을 정함으로써 <u>조합원의 재산상 권리ㆍ의무 등에 구체적이고 직접적인 영향을 미치게 되므로, 이는 구속적 행정계획으로서 재건축조합이 행하는 독립된 행정처분에 해당한다</u>(대판 2009. 9.17. 2007다2428(전합)).

⑤ <u>국토해양부, 환경부, 문화체육관광부, 농림수산부, 식품부가 합동으로 2009. 6. 8. 발표한 '4대강 살리기 마스터플랜'</u> 등은 4대강 정비사업과 주변 지역의 관련 사업을 체계적으로 추진하기 위하여 수립한 종합계획이자 '4대강 살리기 사업'의 기본방향을 <u>제시하는 계획으로서</u>, 행정기관 내부에서 사업의 기본방향을 제시하는 것일 뿐, 국민의 권리ㆍ의무에 직접 영향을 미치는 것이 아니어서 행정처분에 해당하지 않는다(대판 2011. 4.21. 2010무111(전합)).

⑥ 구 도시계획법 제19조 제1항 및 도시계획시설결정 당시의 지방자치단체의 도시계획조례에서는, 도시계획이 도시기본계획에 부합되어야 한다고 규정하고 있으나, <u>도시기본계획은</u> 도시의 장기적 개발방향과 미래상을 제시하는 도시계획 입안의 지침이 되는 장기적ㆍ종합적인 개발계획으로서 <u>행정청에 대한 직접적인 구속력은 없다</u>(대판 2007. 4.12. 2005두1893).

⑦ <u>환지예정지 지정이나 환지처분은</u> 그에 의하여 직접 토지소유자 등의 권리의무가 변동되므로 이를 <u>항고소송의 대상이 되는</u> 처분이라고 볼 수 있으나, <u>환지계획은</u> 위와 같은 환지예정지 지정이나 환지처분의 근거가 될 뿐 그 자체가 직접 토지소유자 등의 법률상의 지위를 변동시키거나 또는 환지예정지 지정이나 환지처분과는 다른 고유한 법률효과를 수반하는 것이 아니어서 이를 <u>항고소송의 대상이 되는 처분에 해당한다고 할 수가 없다</u>(대판 1999. 8.20. 97누6889).

(4) 절차

일반적인 절차는 없고 보통 심의회의 조사ㆍ심의, 관계기관간의 조정, 이해관계인의 참여, 지방자치단체의 참가, 공고의 순서를 거친다.

cf 행정절차법에는 행정계획에 대한 규정이 없었으나, 법개정으로 규정이 신설

> **제40조의4(행정계획)** 행정청은 행정청이 수립하는 계획 중 국민의 권리ㆍ의무에 직접 영향을 미치는 계획을 수립하거나 변경ㆍ폐지할 때에는 관련된 여러 이익을 정당하게 형량하여야 한다.
> [본조신설 2022. 1. 11.]
> [시행일: 2022. 7. 12.]

(5) 계획재량

① **의의** : 행정주체가 행정계획을 입안하고 결정하는데 있어 광범위한 판단여지 내지는 형성의 지유를 갖는 것을 의미한다.

② **사법심사** : 다른 행정작용에 비해 이해관계인의 참여 등 절차적 규제가 중요한 의미를 가진다. 다만, 형량의 원리에 반하여 형량의 하자가 존재하는 경우 사법심사의 대상이 될 수 있다.

③ **형량명령의 원칙**

　　㉠ 계획을 수립하는 행정주체가 계획재량을 행사함에 있어 공익과 사익 상호간 정당한 형량을 하여야 한다는 원리를 의미한다. 학설과 판례에 의해 계획재량의 통제원리로 기능하고 있다.

　　㉡ 행정주체가 구체적인 행정계획을 입안·결정할 때에 가지는 비교적 광범위한 형성의 자유는 무제한적인 것이 아니라 행정계획에 관련되는 자들의 이익을 공익과 사익 사이에서는 물론이고 공익 상호 간과 사익 상호 간에도 정당하게 비교교량하여야 한다는 제한이 있는 것이므로, 행정주체가 행정계획을 입안·결정하면서 이익형량을 전혀 행하지 않거나(형량의 해태) 이익형량의 고려 대상에 마땅히 포함시켜야 할 사항을 빠뜨린 경우(형량의 흠결) 또는 이익형량을 하였으나 정당성과 객관성이 결여된 경우(오형량)에는 행정계획결정은 형량에 하자가 있어 위법하게 된다. 이러한 법리는 행정주체가 구 국토의 계획 및 이용에 관한 법률 제26조에 의한 주민의 도시관리계획 입안 제안을 받아들여 도시관리계획결정을 할 것인지를 결정할 때에도 마찬가지이고, 나아가 도시계획시설구역 내 토지 등을 소유하고 있는 주민이 장기간 집행되지 아니한 도시계획시설의 결정권자에게 도시계획시설의 변경을 신청하고, 결정권자가 이러한 신청을 받아들여 도시계획시설을 변경할 것인지를 결정하는 경우에도 동일하게 적용된다고 보아야 한다(대판 2012. 1.12. 2010두5806).

　　㉢ 행정주체가 노외주차장의 필요성과 그 구체적인 내용을 결정하는 것에 관한 형성의 재량은 무제한적인 것이 아니라, 관련되는 제반 공익과 사익을 비교·형량하여 노외주차장을 설치하여 달성하려는 공익이 그로써 제한받는 다른 공익이나 침해받는 사익보다 우월한 경우에 한하여 그 주차장 설치계획이 정당하다고 볼 수 있다. 행정주체가 주차장 설치계획을 입안·결정할 때 이러한 이익형량을 전혀 하지 아니하거나 이익형량의 고려 대상에 마땅히 포함시켜야 할 사항을 누락한 경우, 또는 이익형량을 하였으나 정당성·객관성이 결여된 경우에는 그 주차장 설치계획 결정은 재량권을 일탈·남용한 것으로 위법하다고 보아야 한다(대판 2018. 6.28. 2018두35490, 35506).

(6) 행정계획에 대한 구제

① **처분에 대한 소송** : 국민에 대해 구속력을 갖는 행정계획은 처분성을 가지므로 재판에 의한 통제가 가능하다.

② **손실보상** : 행정계획으로 인하여 특별한 희생을 당한 자는 손실보상을 청구할 수 있다. 그러나 개별법에서 보상규정을 두어야 함에도 그렇지 않은 경우가 있는데 이러한 경우에 대해서는 수용유사침해·수용적침해에 의한 보상론과 국가배상법에 의한 배상론 등이 논의되고 있다.

③ 계획보장청구권

    ㉠ 행정계획의 폐지·변경 등이 있는 경우에 당사자가 신뢰보호를 위해 예외적으로 주장하는 청구권으로서 계획존속청구권, 계획이행청구권, 계획변경청구권, 경과조치청구권 등을 그 내용으로 한다.

    ㉡ 구 국토이용관리법상 주민이 국토이용계획의 변경에 대하여 신청을 할 수 있다는 규정이 없을 뿐만 아니라, 국토건설종합계획의 효율적인 추진과 국토이용질서를 확립하기 위한 국토이용계획은 장기성, 종합성이 요구되는 행정계획이어서 원칙적으로는 그 계획이 일단 확정된 후에 어떤 사정의 변동이 있다고 하여 그러한 사유만으로는 지역주민이나 일반 이해관계인에게 일일이 그 계획의 변경을 신청할 권리를 인정하여 줄 수는 없을 것이지만, <u>장래 일정한 기간 내에 관계 법령이 규정하는 시설 등을 갖추어 일정한 행정처분을 구하는 신청을 할 수 있는 법률상 지위에 있는 자의 국토이용계획변경신청을 거부하는 것이 실질적으로 당해 행정처분 자체를 거부하는 결과가 되는 경우에는 예외적으로 그 신청인에게 국토이용계획변경을 신청할 권리가 인정된다고 봄이 상당하므로, 이러한 신청에 대한 거부행위는 항고소송의 대상이 되는 행정처분에 해당한다</u>(대판 2003. 9.23. 2001두10936).

    ㉢ <u>문화재보호구역 내에 있는 토지소유자 등으로서는 위 보호구역의 지정해제를 요구할 수 있는 법규상 또는 조리상의 신청권이 있다고 할 것이고, 이러한 신청에 대한 거부행위는 항고소송의 대상이 되는 행정처분에 해당한다</u>(대판 2004. 4.27. 2003두8821).

④ **형량하자로 인한 위법성** : 정당한 형량의 원리에 위반된 경우 위법성이 인정되어 사법심사의 대상이 된다.

⑤ **사전적 권리구제수단** : 행정계획안에 대한 공람이나 의견제출권 인정, 공청회의 개최, 청문의 인정 등을 들 수 있다.

(7) 장기미집행 도시계획의 실효

도시군계획결정 고시일부터 20년이 지날때까지 사업이 시행되지 않은 경우 고시일로부터 20년이 되는 날의 다음날에 효력을 잃는다(국토계획법 제48조 제1항).

❷ 행정상의 사실행위 ✔자주출제

(1) 의의

일정한 법률효과의 발생을 목적으로 하는 것이 아니라 직접적으로 사실상의 결과만을 가져오는 행정주체의 행위형식 전체를 의미한다(불법건축물의 철거 등).

(2) 종류

① 권력적 사실행위

    ㉠ 당해 행위가 공권력의 행사로서 행하여지는 것을 말한다(감염병 환자의 강제격리, 대집행의 실행, 강제출국조치 등).

    ㉡ 「행정기본법」·「행정심판법」·「행정소송법」상의 처분에 해당하며 행정심판과 행정소송의 대상이 된다.

② 비권력적 사실행위 : 공권력 행사와 관련 없는 사실행위를 말한다(행정지도, 보고, 경고 등)

(3) 법적근거와 한계

① 행정상의 사실행위도 조직법상의 근거가 필요하나, 작용법상의 근거가 필요한지에 대해서는 견해가 대립한다. 최소한 권력적 사실행위는 작용법상의 근거가 필요하다고 보아야 한다.

② 관련법상의 요건과 행정법의 일반원칙(평등원칙, 비례원칙, 신뢰보호원칙 등)을 준수하여야 한다.

(4) 사실행위에 대한 구제

① 사실행위가 위법한 경우 국가배상법상 손해배상을 통한 구제가 가능하다.

② 권력적 사실행위는 공권력 행사로서 '처분'에 해당한다. 그러나 사실행위는 단기간에 집행이 종료되므로 소의 이익이 부정되어 각하되는 경우가 발생한다. 비권력적 사실행위는 처분성이 인정되지 않는다.

③ 단수처분은 항고소송의 대상이 되는 행정처분에 해당한다(대판 1979.12.28. 79누218).

④ 구청장이 사회복지법인에 특별감사 결과 지적사항에 대한 시정지시와 그 결과를 관계서류와 함께 보고하도록 지시한 경우, 그 시정지시는 비권력적 사실행위가 아니라 항고소송의 대상이 되는 행정처분에 해당한다(대판 2008. 4.24. 2008두3500).

⑤ 수도사업자가 급수공사 신청자에 대하여 급수공사비 내역과 이를 지정기일 내에 선납하라는 취지로 한 납부통지는 수도사업자가 급수공사를 승인하면서 급수공사비를 계산하여 급수공사 신청자에게 이를 알려 주고 위 신청자가 이에 따라 공사비를 납부하면 급수공사를 하여 주겠다는 취지의 강제성이 없는 의사 또는 사실상의 통지행위라고 풀이함이 상당하고, 이를 가리켜 항고소송의 대상이 되는 행정처분이라고 볼 수 없다(대판 1993.10.26. 93누6331).

❸ 행정지도

(1) 의의

행정기관이 그 소관 사무의 범위에서 일정한 행정목적을 실현하기 위하여 특정인에게 일정한 행위를 하거나 하지 아니하도록 지도, 권고, 조언 등을 하는 행정작용을 말한다.

(2) 법령의 근거

행정기관의 직무범위 내에서 행해져야 하므로 조직법상의 근거는 필요하지만, 작용법상 근거는 요하지 않는다.

(3) 종류

① 국민에 대해 지식 · 기술 · 정보 등을 제공하는 조성적 행정지도(중소기업 기술지도 등)

② 경제적 이해대립이나 과당경쟁 등의 조정을 위하여 행하는 조정적 행정지도(노사분쟁조정 등)

③ 공공복리나 질서유지에 반하는 행위를 제거 또는 억제하기 위해 행하는 규제적 행정지도(물가억제를 위한 지도 등)

(4) 원칙 및 방식

행정절차법에서 명문화 하고 있다(행정절차법 제48조~제51조).

① **행정지도의 원칙** : ㉠ 목적달성에 필요한 최소한도에 그쳐야 하며(과잉금지의 원칙), ㉡ 상대방의 의사에 반하여 부당하게 강요하여서는 안되며(임의성의 원칙), ㉢ 상대방이 행정지도에 따르지 않았다는 것을 이유로 불이익 조치를 하여서는 안된다(불이익조치금지의 원칙).

② **행정지도의 방식** : ㉠ 행정지도를 하는 자는 상대방에게 행정지도의 취지, 내용 및 신분을 밝혀야 하고(행정지도실명제), ㉡ 행정지도의 형식은 서면과 말로 할 수 있고, 행정지도가 말로 이루어지는 경우에 상대방이 서면의 교부를 요구하면 그 행정지도를 하는 자는 직무 수행에 특별한 지장이 없으면 이를 교부하여야 하며, ㉢ 상대방은 행정지도의 방식 · 내용 등에 관하여 행정기관에 의견을 제출 할 수 있고, ㉣ 다수인에게 행정지도를 하는 경우 공통적인 내용이 되는 사항은 공표하여야 한다.

(5) 법적 한계

법률우위의 원칙은 적용되며, 비례의 원칙 · 평등 원칙 · 신의성실의 원칙 · 신뢰보호 원칙 등은 지켜야 한다.

(6) 구제수단

① 행정쟁송

　　㉠ 행정지도는 비권력적 사실행위이고 처분에 해당하지 않으므로 원칙적으로 행정쟁송을 제기할 수 없다. 다만, 행정지도가 예외적으로 상대방의 권리·의무에 영향을 미치는 경우에는 처분성이 인정되어 이를 대상으로 행정쟁송을 제기할 수 있게 된다.

　　㉡ <u>행정규칙에 의한 '불문경고조치'</u>가 비록 법률상의 징계처분은 아니지만 위 처분을 받지 아니하였다면 차후 다른 징계처분이나 경고를 받게 될 경우 징계감경사유로 사용될 수 있었던 표창공적의 사용가능성을 소멸시키는 효과와 1년 동안 인사기록카드에 등재됨으로써 그 동안은 장관표창이나 도지사표창 대상자에서 제외시키는 효과 등이 있다는 이유로 <u>항고소송의 대상이 되는 행정처분에 해당</u>한다(대판 2002. 7.26. 2001두3532).

　　㉢ <u>금융기관의 임원에 대한 금융감독원장의 문책경고</u>는 그 상대방에 대한 직업선택의 자유를 직접 제한하는 효과를 발생하게 하는 등 상대방의 권리의무에 직접 영향을 미치는 행위로서 <u>항고소송의 대상이 되는 행정처분에 해당</u>한다(대판 2005. 2.17. 2003두14765).

② 손해전보

　　㉠ 행정지도를 따를지 여부에 대해서는 상대방에게 완전한 자유가 보장되므로 행정지도와 손해사이에는 인과관계가 부정되어 배상청구권이 인정되지 않는다.

　　㉡ 행정지도가 강제성을 띠지 않은 비권력적 작용으로서 행정지도의 한계를 일탈하지 아니하였다면, 그로 인하여 상대방에게 어떤 손해가 발생하였다 하더라도 행정기관은 그에 대한 손해배상책임이 없다(대판 2008. 9.25. 2006다18228).

③ 헌법소원 : <u>교육인적자원부장관의 대학총장들에 대한 이 사건 학칙시정요구</u>는 고등교육법 제6조 제2항, 동법시행령 제4조 제3항에 따른 것으로서 그 법적 성격은 대학총장의 임의적인 협력을 통하여 사실상의 효과를 발생시키는 행정지도의 일종이지만, 그에 따르지 않을 경우 일정한 불이익조치를 예정하고 있어 사실상 상대방에게 그에 따를 의무를 부과하는 것과 다를 바 없으므로 <u>단순한 행정지도로서의 한계를 넘어 규제적·구속적 성격을 상당히 강하게 갖는 것으로서 헌법소원의 대상이 되는 공권력의 행사</u>라고 볼 수 있다(헌재 2003. 6.26. 2002헌마337).

❹ 공법상 계약 ✔자주출제

(1) 의의

① 공법적 효과의 발생을 목적으로 복수의 당사자 사이에 반대방향의 의사표시의 합치로 성립하는 공법행위를 의미한다.

행정기본법 제27조(공법상 계약의 체결)

① 행정청은 법령등을 위반하지 아니하는 범위에서 행정목적을 달성하기 위하여 필요한 경우에는 공법상 법률관계에 관한 계약(이하 "공법상 계약")을 체결할 수 있다. 이 경우 계약의 목적 및 내용을 명확하게 적은 계약서를 작성하여야 한다.

② 행정청은 공법상 계약의 상대방을 선정하고 계약 내용을 정할 때 공법상 계약의 공공성과 제3자의 이해관계를 고려하여야 한다.

② 공법상 계약은 쌍방 당사자의 의사가 대등한 가치를 갖지는 않으며 공법적 효과를 발생시킨다는 점에서 사법상 계약과 구별된다.

③ 행정청의 일방적 의사에 의해서가 아니라 복수당사자 간의 의사의 합치에 의해서 법률 효과가 발생한다는 점에서 행정행위와 구별된다.

④ 복수 당사자 사이의 반대방향의 의사의 합치로 성립한다는 점에서 같은 방향의 의사표시의 합치에 의해서 성립하는 공법상 합동행위와 구별된다.

(2) 법적근거

① 공법상 계약도 법률우위의 원칙은 준수해야 한다.

② 공법상 계약은 당사자의 자유로운 의사의 합치에 의해 성립하므로 원칙적으로 법률유보원칙이 적용되지 않는다고 보는 것이 학설의 일반적인 견해이다.

③ 행정기본법 제27조는 공법상 계약의 체결에 관하여 규정하고 있다.

(3) 종류

① ㉠ 행정주체 상호간의 공법상 계약(대등관계－공공단체 상호간의 사무위탁 등), ㉡ 행정주체와 사인 간의 공법상 계약(불대등관계－계약직 공무원의 임용·채용 등), ㉢ 사인 상호간의 공법상 계약(토지수용시 사업시행자와 토지소유자 간의 합의 등)

② 서울특별시립무용단원의 공연 등 활동은 지방문화 및 예술을 진흥시키고자 하는 서울특별시의 공공적 업무수행의 일환으로 이루어진다고 해석될 뿐 아니라, 단원으로 위촉되기 위하여는 일정한 능력요건과 자격요건을 요하고, 계속적인 재위촉이 사실상 보장되며, 공무원연금법에 따른 연금을 지급받고, 단원의 복무규율이 정해져 있으며, 정년제가 인정되고, 일정한 해촉사유가 있는 경우에만 해촉되는 등 서울특별시립무용단원이 가지는 지위가 공무원과 유사한 것이라면, 서울특별시립무용단 단원의 위촉은 공법상의 계약이라고 할 것이고, 따라서 그 단원의 해촉에 대하여는 공법상의 당사자소송으로 그 무효확인을 청구할 수 있다(대판 1995.12.22. 95누4636).

(4) 권리의 구제

① 공법상 계약과 관련된 법률관계에 관한 소송은 공법상 당사자 소송에 의한다(행정소송법 제3조 제2호)

② 현행 실정법이 전문직공무원인 <u>공중보건의사의 채용계약 해지의 의사표시</u>는 일반공무원에 대한 징계처분과는 달라서 항고소송의 대상이 되는 처분 등의 성격을 가진 것으로 인정되지 아니하고, 일정한 사유가 있을 때에 관할 도지사가 채용계약 관계의 한쪽 당사자로서 대등한 지위에서 행하는 의사표시로 취급하고 있는 것으로 이해되므로, <u>공중보건의사 채용계약 해지의 의사표시에 대하여는 대등한 당사자간의 소송형식인 공법상의 당사자소송으로 그 의사표시의 무효확인을 청구할 수 있는 것</u>이지, 이를 항고소송의 대상이 되는 행정처분이라는 전제하에서 그 취소를 구하는 항고소송을 제기할 수는 없다(대판 1996. 5. 31. 95누10617).

③ 중소기업기술정보진흥원장이 甲 주식회사와 중소기업 정보화지원사업 지원대상인 사업의 지원에 관한 협약을 체결하였는데, 협약이 甲 회사에 책임이 있는 사업실패로 해지되었다는 이유로 협약에서 정한 대로 지급받은 정부지원금을 반환할 것을 통보한 사안에서, <u>중소기업 정보화지원사업에 따른 지원금 출연을 위하여 중소기업청장이 체결하는 협약은 공법상 대등한 당사자 사이의 의사표시의 합치로 성립하는 공법상 계약에 해당하는 점</u>, 구 중소기업 기술혁신 촉진법 제32조 제1항은 제10조가 정한 기술혁신사업과 제11조가 정한 산학협력 지원사업에 관하여 출연한 사업비의 환수에 적용될 수 있을 뿐 이와 근거 규정을 달리하는 중소기업 정보화지원사업에 관하여 출연한 지원금에 대하여는 적용될 수 없고 달리 지원금 환수에 관한 구체적인 법령상 근거가 없는 점 등을 종합하면, <u>협약의 해지 및 그에 따른 환수통보는 공법상 계약에 따라 행정청이 대등한 당사자의 지위에서 하는 의사표시로 보아야 하고, 이를 행정청이 우월한 지위에서 행하는 공권력의 행사로서 행정처분에 해당한다고 볼 수는 없다</u>(대판 2015. 8. 27. 2015두41449).

④ <u>도시계획사업의 시행자가 그 사업에 필요한 토지를 협의취득하는 행위는 사경제주체로서 행하는 사법상의 법률행위에 지나지 않으며 공권력의 주체로서 우월한 지위에서 행하는 공법상의 행정처분이 아니므로 행정소송의 대상이 되지 않는다</u>(대판 1992. 10. 27. 91누3871).

❺ 확약

(1) 의의

일정한 행정행위를 하거나 하지 않을 것을 약속하는 행정청의 구속력 있는 의사표시를 의미한다(각종 인·허가 발급약속, 어업면허에 선행하는 우선순위결정 등).

(2) 구별개념

① **예비결정**(사전결정) : 여러 요건 중 일부요건에 대해 사전에 심사하여 내린 결정을 말한다.

② **공법상 계약** : 행정청과의 쌍방적 행위인 점에서 일방적 조치인 확약과 구별된다.

③ **가행정행위** : 일정한 사실의 확정 이전에 행하는 잠정적인 규율의 성격을 가지는 행정행위를 말한다.

(3) 법적성격

① 학설은 일반적으로 확약의 행정행위성을 긍정하지만, 판례는 이를 부정하고 있다.

② 어업권면허에 선행하는 우선순위결정은 행정청이 우선권자로 결정된 자의 신청이 있으면 어업권면허처분을 하겠다는 것을 약속하는 행위로서 강학상 확약에 불과하고 행정처분은 아니므로, 우선순위결정에 공정력이나 불가쟁력과 같은 효력은 인정되지 아니하며, 따라서 우선순위결정이 잘못되었다는 이유로 종전의 어업권면허처분이 취소되면 행정청은 종전의 우선순위결정을 무시하고 다시 우선순위를 결정한 다음 새로운 우선순위결정에 기하여 새로운 어업권면허를 할 수 있다(대판 1995. 1.20. 94누6529).

(4) 허용성

① 학설의 일반적 견해는 법령이 본행정행위에 대한 권한을 부여한 경우 그 안에는 확약의 권한도 당연히 부여한 것으로 보아 별도의 법적 근거 없이도 인정된다고 본다.

② 행정절차법에는 확약에 관한 규정이 신설되었다.

> **행정절차법 제40조의2(확약)**
> ① 법령등에서 당사자가 신청할 수 있는 처분을 규정하고 있는 경우 행정청은 당사자의 신청에 따라 장래에 어떤 처분을 하거나 하지 아니할 것을 내용으로 하는 의사표시(이하 "확약"이라 한다)를 할 수 있다.
> ② 확약은 문서로 하여야 한다.
> ③ 행정청은 다른 행정청과의 협의 등의 절차를 거쳐야 하는 처분에 대하여 확약을 하려는 경우에는 확약을 하기 전에 그 절차를 거쳐야 한다.
> ④ 행정청은 다음 각 호의 어느 하나에 해당하는 경우에는 확약에 기속되지 아니한다.
>   1. 확약을 한 후에 확약의 내용을 이행할 수 없을 정도로 법령등이나 사정이 변경된 경우
>   2. 확약이 위법한 경우
> ⑤ 행정청은 확약이 제4항 각 호의 어느 하나에 해당하여 확약을 이행할 수 없는 경우에는 지체 없이 당사자에게 그 사실을 통지하여야 한다.
> [본조신설 2022. 1. 11.]
> [시행일: 2022. 7. 12.]

(5) 한계와 형식

① 확약은 원칙적으로 재량행위에 대해서만 가능하나, 예외적으로 상대방에게 대비할 수 있는 기회를 주는 경우에는 기속행위에도 가능하다.

② 행정절차법에 신설된 규정에 의하면 확약은 문서에 의하여야 한다(행정절차법 제40조의2 제2항).

(7) 효과

① 행정청은 확약된 행위를 하여야 할 의무를 부담하고 그 의무를 이행하지 않을 때에는 상대방은 의무이행심판과 부작위위법확인소송을 제기할 수 있다.

② 확약의 취소·철회·실효 등의 경우 행정절차법에 규정된 내용 외에는 행정행위에 관한 규정을 준용한다.

③ 확약에도 사정변경의 원리가 적용된다. 행정절차법 제40조의2 제4항에 이를 규정하고 있다.

④ 행정청이 상대방에게 장차 어떤 처분을 하겠다고 확약 또는 공적인 의사표명을 하였다고 하더라도, 그 자체에서 상대방으로 하여금 언제까지 처분의 발령을 신청을 하도록 유효기간을 두었는데도 그 기간 내에 상대방의 신청이 없었다거나 <u>확약 또는 공적인 의사표명이 있은 후에 사실적·법률적 상태가 변경되었다면, 그와 같은 확약 또는 공적인 의사표명은 행정청의 별다른 의사표시를 기다리지 않고 실효</u>된다(대판 1996. 8.20. 95누10877).

❻ 기타

① **비공식적 행정작용** : 행정행위 등 전통적인 공식적 행정작용에 속하지 않는 행위유형으로서 공식적 행정작용에 앞서 그 준비행위로서 또는 그 대체적 행위로서 행해지는 행정청과 국민간의 법적 구속력 없는 합의·협의 등을 의미한다.

② **행정의 자동결정** ✅자주출제
　㉠ 행정작용에 있어 최종산물이 컴퓨터에 의해 자동적으로 결정되는 것을 말한다(교통신호등, 컴퓨터에 의한 학교배정 등).
　㉡ 행정의 자동결정의 기준이 되는 프로그램의 법적성질은 행정규칙에 해당하고, 종국결정은 처분에 해당한다.
　㉢ 기속행위에 가능하다(단, 재량준칙에 의한 자동화는 가능).
　㉣ 행정작용의 하나이므로 행정의 법률적합성과 행정법의 일반원칙에 의한 법적 한계를 준수하여야 한다.

04 행정절차법 ✓자주출제

(1) 행정절차의 의의

행정청이 행정작용을 하면서 거치는 일련의 사전절차를 의미한다. 손해배상, 행정쟁송 등의 사후 구제수단과는 달리, 이해관계인의 절차적 참여권을 보장하여 개인의 권리침해를 사전에 방지하려는 사전 구체절차를 말한다.

(2) 행정절차법의 주요내용

① **구성**: 행정절차에 관한 일반법으로서 총칙, 처분, 신고·확약 및 위반사실 등 공표, 행정상 입법예고, 행정예고, 행정지도, 국민참여의 확대, 보칙으로 구성되어 있다.

② **총칙**

　㉠ **적용범위와 적용제외사항**

> **제3조(적용 범위)**
>
> ① 처분, 신고, 확약, 위반사실 등의 공표, 행정계획, 행정상 입법예고, 행정예고 및 행정지도의 절차(이하 "행정절차")에 관하여 다른 법률에 특별한 규정이 있는 경우를 제외하고는 이 법에서 정하는 바에 따른다. 〈개정 2022. 1.11.〉 [시행일: 2022. 7. 12.]
>
> ② 이 법은 다음 각 호의 어느 하나에 해당하는 사항에 대하여는 적용하지 아니한다.
> 1. 국회 또는 지방의회의 의결을 거치거나 동의 또는 승인을 받아 행하는 사항
> 2. 법원 또는 군사법원의 재판에 의하거나 그 집행으로 행하는 사항
> 3. 헌법재판소의 심판을 거쳐 행하는 사항
> 4. 각급 선거관리위원회의 의결을 거쳐 행하는 사항
> 5. 감사원이 감사위원회의의 결정을 거쳐 행하는 사항
> 6. 형사(刑事), 행형(行刑) 및 보안처분 관계 법령에 따라 행하는 사항
> 7. 국가안전보장·국방·외교 또는 통일에 관한 사항 중 행정절차를 거칠 경우 국가의 중대한 이익을 현저히 해칠 우려가 있는 사항
> 8. 심사청구, 해양안전심판, 조세심판, 특허심판, 행정심판, 그 밖의 불복절차에 따른 사항
> 9. 「병역법」에 따른 징집·소집, 외국인의 출입국·난민인정·귀화, 공무원 인사 관계 법령에 따른 징계와 그 밖의 처분, 이해 조정을 목적으로 하는 법령에 따른 알선·조정·중재(仲裁)·재정(裁定) 또는 그 밖의 처분 등 해당 행정작용의 성질상 행정절차를 거치기 곤란하거나 거칠 필요가 없다고 인정되는 사항과 행정절차에 준하는 절차를 거친 사항으로서 대통령령으로 정하는 사항

　㉡ **행정절차의 원칙**

> **제4조(신의성실 및 신뢰보호)**
>
> ① 행정청은 직무를 수행할 때 신의(信義)에 따라 성실히 하여야 한다.

② 행정청은 법령등의 해석 또는 행정청의 관행이 일반적으로 국민들에게 받아들여졌을 때에는 공익 또는 제3
자의 정당한 이익을 현저히 해칠 우려가 있는 경우를 제외하고는 새로운 해석 또는 관행에 따라 소급하여
불리하게 처리하여서는 아니 된다.

제5조(투명성)

① 행정청이 행하는 행정작용은 그 내용이 구체적이고 명확하여야 한다.

② 행정작용의 근거가 되는 법령등의 내용이 명확하지 아니한 경우 상대방은 해당 행정청에 그 해석을 요청할
수 있으며, 해당 행정청은 특별한 사유가 없으면 그 요청에 따라야 한다.

③ 행정청은 상대방에게 행정작용과 관련된 정보를 충분히 제공하여야 한다.

제5조의2(행정업무 혁신)

① 행정청은 모든 국민이 균등하고 질 높은 행정서비스를 누릴 수 있도록 노력하여야 한다.

② 행정청은 정보통신기술을 활용하여 행정절차를 적극적으로 혁신하도록 노력하여야 한다. 이 경우 행정청은
국민이 경제적·사회적·지역적 여건 등으로 인하여 불이익을 받지 아니하도록 하여야 한다.

③ 행정청은 행정청이 생성하거나 취득하여 관리하고 있는 데이터(정보처리능력을 갖춘 장치를 통하여 생성 또
는 처리되어 기계에 의한 판독이 가능한 형태로 존재하는 정형 또는 비정형의 정보를 말한다)를 행정과정에
활용하도록 노력하여야 한다.

④ 행정청은 행정업무 혁신 추진에 필요한 행정적·재정적·기술적 지원방안을 마련하여야 한다.

[본조신설 2022. 1. 11.]

[시행일: 2022. 7. 12.]

ⓒ 행정청간의 협조 및 행정응원

제7조(행정청 간의 협조 등)

① 행정청은 행정의 원활한 수행을 위하여 서로 협조하여야 한다.

② 행정청은 업무의 효율성을 높이고 행정서비스에 대한 국민의 만족도를 높이기 위하여 필요한 경우 행정협업
(다른 행정청과 공동의 목표를 설정하고 행정청 상호 간의 기능을 연계하거나 시설·장비 및 정보 등을 공
동으로 활용하는 것을 말한다. 이하 같다)의 방식으로 적극적으로 협조하여야 한다.

③ 행정청은 행정협업을 활성화하기 위한 시책을 마련하고 그 추진에 필요한 행정적·재정적 지원방안을 마련
하여야 한다.

④ 행정협업의 촉진 등에 필요한 사항은 대통령령으로 정한다.

[전문개정 2022. 1. 11.] [시행일: 2022. 7. 12.]

제8조(행정응원)

① 행정청은 다음 각 호의 어느 하나에 해당하는 경우에는 다른 행정청에 행정응원(行政應援)을 요청할 수 있다.

  1. 법령등의 이유로 독자적인 직무 수행이 어려운 경우

  2. 인원·장비의 부족 등 사실상의 이유로 독자적인 직무 수행이 어려운 경우

  3. 다른 행정청에 소속되어 있는 전문기관의 협조가 필요한 경우

  4. 다른 행정청이 관리하고 있는 문서(전자문서를 포함한다. 이하 같다)·통계 등 행정자료가 직무 수행을
    위하여 필요한 경우

  5. 다른 행정청의 응원을 받아 처리하는 것이 보다 능률적이고 경제적인 경우

② 제1항에 따라 행정응원을 요청받은 행정청은 다음 각 호의 어느 하나에 해당하는 경우에는 응원을 거부할 수 있다.

   1. 다른 행정청이 보다 능률적이거나 경제적으로 응원할 수 있는 명백한 이유가 있는 경우

   2. 행정응원으로 인하여 고유의 직무 수행이 현저히 지장받을 것으로 인정되는 명백한 이유가 있는 경우

③ 행정응원은 해당 직무를 직접 응원할 수 있는 행정청에 요청하여야 한다.

④ 행정응원을 요청받은 행정청은 응원을 거부하는 경우 그 사유를 응원을 요청한 행정청에 통지하여야 한다.

⑤ 행정응원을 위하여 파견된 직원은 응원을 요청한 행정청의 지휘·감독을 받는다. 다만, 해당 직원의 복무에 관하여 다른 법령등에 특별한 규정이 있는 경우에는 그에 따른다.

⑥ 행정응원에 드는 비용은 응원을 요청한 행정청이 부담하며, 그 부담금액 및 부담방법은 응원을 요청한 행정청과 응원을 하는 행정청이 협의하여 결정한다.

ㄹ 송달 및 효력발생 ✓자주출제

제14조(송달)

① 송달은 우편, 교부 또는 정보통신망 이용 등의 방법으로 하되, 송달받을 자(대표자 또는 대리인을 포함)의 주소·거소(居所)·영업소·사무소 또는 전자우편주소(이하 "주소등")로 한다. 다만, 송달받을 자가 동의하는 경우에는 그를 만나는 장소에서 송달할 수 있다.

② 교부에 의한 송달은 수령확인서를 받고 문서를 교부함으로써 하며, 송달하는 장소에서 송달받을 자를 만나지 못한 경우에는 그 사무원·피용자(被傭者) 또는 동거인으로서 사리를 분별할 지능이 있는 사람(이하 이 조에서 "사무원등")에게 문서를 교부할 수 있다. 다만, 문서를 송달받을 자 또는 그 사무원등이 정당한 사유 없이 송달받기를 거부하는 때에는 그 사실을 수령확인서에 적고, 문서를 송달할 장소에 놓아둘 수 있다. 〈개정 2014. 1. 28.〉

③ 정보통신망을 이용한 송달은 송달받을 자가 동의하는 경우에만 한다. 이 경우 송달받을 자는 송달받을 전자우편주소 등을 지정하여야 한다.

④ 다음 각 호의 어느 하나에 해당하는 경우에는 송달받을 자가 알기 쉽도록 관보, 공보, 게시판, 일간신문 중 하나 이상에 공고하고 인터넷에도 공고하여야 한다.

   1. 송달받을 자의 주소등을 통상적인 방법으로 확인할 수 없는 경우

   2. 송달이 불가능한 경우

⑤ 제4항에 따른 공고를 할 때에는 민감정보 및 고유식별정보 등 송달받을 자의 개인정보를 「개인정보 보호법」에 따라 보호하여야 한다. 〈신설 2022. 1.11.〉

⑥ 행정청은 송달하는 문서의 명칭, 송달받는 자의 성명 또는 명칭, 발송방법 및 발송 연월일을 확인할 수 있는 기록을 보존하여야 한다. 〈개정 2022. 1.11.〉 [시행일: 2022. 7. 12.]

제15조(송달의 효력 발생)

① 송달은 다른 법령등에 특별한 규정이 있는 경우를 제외하고는 해당 문서가 송달받을 자에게 도달됨으로써 그 효력이 발생한다.

② 제14조제3항에 따라 정보통신망을 이용하여 전자문서로 송달하는 경우에는 송달받을 자가 지정한 컴퓨터 등에 입력된 때에 도달된 것으로 본다.

③ 제14조제4항의 경우에는 다른 법령등에 특별한 규정이 있는 경우를 제외하고는 공고일부터 14일이 지난 때에 그 효력이 발생한다. 다만, 긴급히 시행하여야 할 특별한 사유가 있어 효력 발생 시기를 달리 정하여 공고한 경우에는 그에 따른다.

③ 처분 ✔자주출제
　　㉠ 처분기준의 설정 및 공표

제20조(처분기준의 설정·공표)
① 행정청은 필요한 처분기준을 해당 처분의 성질에 비추어 되도록 구체적으로 정하여 공표하여야 한다. 처분
　기준을 변경하는 경우에도 또한 같다.
② 제1항에 따른 처분기준을 공표하는 것이 해당 처분의 성질상 현저히 곤란하거나 공공의 안전 또는 복리를
　현저히 해치는 것으로 인정될 만한 상당한 이유가 있는 경우에는 처분기준을 공표하지 아니할 수 있다.
③ 당사자등은 공표된 처분기준이 명확하지 아니한 경우 해당 행정청에 그 해석 또는 설명을 요청할 수 있다.
　이 경우 해당 행정청은 특별한 사정이 없으면 그 요청에 따라야 한다.

제20조(처분기준의 설정·공표)
① 행정청은 필요한 처분기준을 해당 처분의 성질에 비추어 되도록 구체적으로 정하여 공표하여야 한다. 처분
　기준을 변경하는 경우에도 또한 같다.
②「행정기본법」제24조에 따른 인허가의제의 경우 관련 인허가 행정청은 관련 인허가의 처분기준을 주된 인허
　가 행정청에 제출하여야 하고, 주된 인허가 행정청은 제출받은 관련 인허가의 처분기준을 통합하여 공표하
　여야 한다. 처분기준을 변경하는 경우에도 또한 같다. 〈신설 2022. 1. 11.〉
③ 제1항에 따른 처분기준을 공표하는 것이 해당 처분의 성질상 현저히 곤란하거나 공공의 안전 또는 복리를
　현저히 해치는 것으로 인정될 만한 상당한 이유가 있는 경우에는 처분기준을 공표하지 아니할 수 있다. 〈개
　정 2022. 1. 11.〉
④ 당사자등은 공표된 처분기준이 명확하지 아니한 경우 해당 행정청에 그 해석 또는 설명을 요청할 수 있다.
　이 경우 해당 행정청은 특별한 사정이 없으면 그 요청에 따라야 한다. 〈개정 2022. 1. 11.〉[시행일: 2023.
　3. 24.] 제20조제2항, 제20조제3항, 제20조제4항

　　㉡ 처분의 사전통지

제21조(처분의 사전 통지)
① 행정청은 당사자에게 의무를 부과하거나 권익을 제한하는 처분을 하는 경우에는 미리 다음 각 호의 사항을
　당사자등에게 통지하여야 한다.
　　1. 처분의 제목
　　2. 당사자의 성명 또는 명칭과 주소
　　3. 처분하려는 원인이 되는 사실과 처분의 내용 및 법적 근거
　　4. 제3호에 대하여 의견을 제출할 수 있다는 뜻과 의견을 제출하지 아니하는 경우의 처리방법
　　5. 의견제출기관의 명칭과 주소
　　6. 의견제출기한
　　7. 그 밖에 필요한 사항
② 행정청은 청문을 하려면 청문이 시작되는 날부터 10일 전까지 제1항 각 호의 사항을 당사자등에게 통지하
　여야 한다. 이 경우 제1항제4호부터 제6호까지의 사항은 청문 주재자의 소속·직위 및 성명, 청문의 일시
　및 장소, 청문에 응하지 아니하는 경우의 처리방법 등 청문에 필요한 사항으로 갈음한다.
③ 제1항 제6호에 따른 기한은 의견제출에 필요한 기간을 10일 이상으로 고려하여 정하여야 한다.

④ 다음 각 호의 어느 하나에 해당하는 경우에는 제1항에 따른 통지를 하지 아니할 수 있다.

  1. 공공의 안전 또는 복리를 위하여 긴급히 처분을 할 필요가 있는 경우

  2. 법령 등에서 요구된 자격이 없거나 없어지게 되면 반드시 일정한 처분을 하여야 하는 경우에 그 자격이 없거나 없어지게 된 사실이 법원의 재판 등에 의하여 객관적으로 증명된 경우

  3. 해당 처분의 성질상 의견청취가 현저히 곤란하거나 명백히 불필요하다고 인정될 만한 상당한 이유가 있는 경우

⑤ 처분의 전제가 되는 사실이 법원의 재판 등에 의하여 객관적으로 증명된 경우 등 제4항에 따른 사전 통지를 하지 아니할 수 있는 구체적인 사항은 대통령령으로 정한다.

⑥ 제4항에 따라 사전 통지를 하지 아니하는 경우 행정청은 처분을 할 때 당사자등에게 통지를 하지 아니한 사유를 알려야 한다. 다만, 신속한 처분이 필요한 경우에는 처분 후 그 사유를 알릴 수 있다.

⑦ 제6항에 따라 당사자등에게 알리는 경우에는 제24조를 준용한다.

- 행정청이 당사자에게 의무를 부과하거나 권익을 제한하는 처분을 하는 경우에는 원칙적으로 행정절차법 제21조 제1항에 따른 사전통지를 하고, 제22조 제3항에 따른 의견제출 기회를 주는 것으로 족하며, 다른 법령 등에서 반드시 청문을 실시하도록 규정한 경우이거나 행정청이 필요하다고 인정하는 경우 등에 한하여 청문을 실시할 의무가 있다. 처분청은 비록 처분 당시에 별다른 하자가 없었고, 또 처분 후에 이를 철회할 별도의 법적 근거가 없더라도 원래의 처분을 존속시킬 필요가 없게 된 사정변경이 생겼거나 또는 중대한 공익상의 필요가 발생한 경우에는 그 효력을 상실케 하는 별개의 처분으로 이를 철회할 수 있다. 다만 수익적 처분을 취소 또는 철회하는 경우에는 이미 부여된 국민의 기득권을 침해하는 것이 되므로, 비록 취소 등의 사유가 있더라도 취소권 등의 행사는 기득권의 침해를 정당화할 만한 중대한 공익상의 필요 또는 제3자의 이익보호의 필요가 있는 때에 한하여 상대방이 받는 불이익과 비교·형량하여 결정하여야 하고, 그 처분으로 인하여 공익상의 필요보다 상대방이 받게 되는 불이익 등이 막대한 경우에는 재량권의 한계를 일탈한 것으로서 허용되지 않는다(대판 2020. 4.29. 2017두31064).

ⓒ **의견청취**(청문, 공청회, 의견제출)

제22조(의견청취)

① 행정청이 처분을 할 때 다음 각 호의 어느 하나에 해당하는 경우에는 청문을 한다.

  1. 다른 법령등에서 청문을 하도록 규정하고 있는 경우

  2. 행정청이 필요하다고 인정하는 경우

  3. 다음 각 목의 처분을 하는 경우 〈개정 2022. 1. 11.〉 [시행일: 2022. 7. 12.]

     가. 인허가 등의 취소

     나. 신분·자격의 박탈

     다. 법인이나 조합 등의 설립허가의 취소

② 행정청이 처분을 할 때 다음 각 호의 어느 하나에 해당하는 경우에는 공청회를 개최한다.

  1. 다른 법령등에서 공청회를 개최하도록 규정하고 있는 경우

  2. 해당 처분의 영향이 광범위하여 널리 의견을 수렴할 필요가 있다고 행정청이 인정하는 경우

  3. 국민생활에 큰 영향을 미치는 처분으로서 대통령령으로 정하는 처분에 대하여 대통령령으로 정하는 수 이상의 당사자등이 공청회 개최를 요구하는 경우

③ 행정청이 당사자에게 의무를 부과하거나 권익을 제한하는 처분을 할 때 제1항 또는 제2항의 경우 외에는 당사자등에게 의견제출의 기회를 주어야 한다.

④ 제1항부터 제3항까지의 규정에도 불구하고 제21조제4항 각 호의 어느 하나에 해당하는 경우와 당사자가 의견진술의 기회를 포기한다는 뜻을 명백히 표시한 경우에는 의견청취를 하지 아니할 수 있다.

⑤ 행정청은 청문·공청회 또는 의견제출을 거쳤을 때에는 신속히 처분하여 해당 처분이 지연되지 아니하도록 하여야 한다.

⑥ 행정청은 처분 후 1년 이내에 당사자등이 요청하는 경우에는 청문·공청회 또는 의견제출을 위하여 제출받은 서류나 그 밖의 물건을 반환하여야 한다.

ㄹ 처분의 이유제시 ✔자주출제

제23조(처분의 이유 제시)

① 행정청은 처분을 할 때에는 다음 각 호의 어느 하나에 해당하는 경우를 제외하고는 당사자에게 그 근거와 이유를 제시하여야 한다.
  1. 신청 내용을 모두 그대로 인정하는 처분인 경우
  2. 단순·반복적인 처분 또는 경미한 처분으로서 당사자가 그 이유를 명백히 알 수 있는 경우
  3. 긴급히 처분을 할 필요가 있는 경우

② 행정청은 제1항제2호 및 제3호의 경우에 처분 후 당사자가 요청하는 경우에는 그 근거와 이유를 제시하여야 한다.

- 행정절차법 제23조 제1항은 행정청은 처분을 하는 때에는 당사자에게 그 근거와 이유를 제시하여야 한다고 규정하고 있는바, 일반적으로 당사자가 근거규정 등을 명시하여 신청하는 인·허가 등을 거부하는 처분을 함에 있어 당사자가 그 근거를 알 수 있을 정도로 상당한 이유를 제시한 경우에는 당해 처분의 근거 및 이유를 구체적 조항 및 내용까지 명시하지 않았더라도 그로 말미암아 그 처분이 위법한 것이 된다고 할 수 없다. 행정청이 토지형질변경허가신청을 불허하는 근거규정으로 '도시계획법시행령 제20조'를 명시하지 아니하고 '도시계획법'이라고만 기재하였으나, 신청인이 자신의 신청이 개발제한구역의 지정목적에 현저히 지장을 초래하는 것이라는 이유로 구 도시계획법시행령 제20조 제1항 제2호에 따라 불허된 것임을 알 수 있었던 경우, 그 불허처분이 위법하지 아니하다(대판 2002. 5.17. 2000두8912).

- 행정청은 처분을 하는 때에는 원칙적으로 당사자에게 근거와 이유를 제시하여야 한다(행정절차법 제23조 제1항). 당사자가 신청하는 허가 등을 거부하는 처분을 하면서 당사자가 그 근거를 알 수 있을 정도로 이유를 제시한 경우에는 처분의 근거와 이유를 구체적으로 명시하지 않았더라도 그로 말미암아 그 처분이 위법하다고 볼 수는 없다. 이때 '이유를 제시한 경우'는 처분서에 기재된 내용과 관계 법령 및 당해 처분에 이르기까지의 전체적인 과정 등을 종합적으로 고려하여, 처분 당시 당사자가 어떠한 근거와 이유로 처분이 이루어진 것인지를 충분히 알 수 있어서 그에 불복하여 행정구제절차로 나아가는 데 별다른 지장이 없었다고 인정되는 경우를 뜻한다(대판 2017. 8.29. 2016두44186).

ⓜ 처분의 방식

제24조(처분의 방식)

① 행정청이 처분을 할 때에는 다른 법령등에 특별한 규정이 있는 경우를 제외하고는 문서로 하여야 하며, 다음 각 호의 어느 하나에 해당하는 경우에는 전자문서로 할 수 있다. 〈개정 2022. 1. 11.〉
  1. 당사자등의 동의가 있는 경우
  2. 당사자가 전자문서로 처분을 신청한 경우
② 제1항에도 불구하고 공공의 안전 또는 복리를 위하여 긴급히 처분을 할 필요가 있거나 사안이 경미한 경우에는 말, 전화, 휴대전화를 이용한 문자 전송, 팩스 또는 전자우편 등 문서가 아닌 방법으로 처분을 할 수 있다. 이 경우 당사자가 요청하면 지체 없이 처분에 관한 문서를 주어야 한다. 〈신설 2022. 1. 11.〉
③ 처분을 하는 문서에는 그 처분 행정청과 담당자의 소속·성명 및 연락처(전화번호, 팩스번호, 전자우편주소 등을 말한다)를 적어야 한다. 〈개정 2022. 1. 11.〉
[시행일: 2022. 7. 12.]

- 행정절차에 관한 일반법인 행정절차법은 제24조 제1항에서 "행정청이 처분을 할 때에는 다른 법령 등에 특별한 규정이 있는 경우를 제외하고는 문서로 하여야 하며, 전자문서로 하는 경우에는 당사자 등의 동의가 있어야 한다. 다만 신속히 처리할 필요가 있거나 사안이 경미한 경우에는 말 또는 그 밖의 방법으로 할 수 있다."라고 정하고 있다. 이 규정은 처분내용의 명확성을 확보하고 처분의 존부에 관한 다툼을 방지하여 처분상대방의 권익을 보호하기 위한 것이므로, 이를 위반한 처분은 하자가 중대·명백하여 무효이다. 외국인의 사증발급 신청에 대한 거부처분은 당사자에게 의무를 부과하거나 적극적으로 권익을 제한하는 처분이 아니므로, 행정절차법 제21조 제1항에서 정한 '처분의 사전통지'와 제22조 제3항에서 정한 '의견제출 기회 부여'의 대상은 아니다. 그러나 사증발급 신청에 대한 거부처분이 성질상 행정절차법 제24조에서 정한 '처분서 작성·교부'를 할 필요가 없거나 곤란하다고 일률적으로 단정하기 어렵다. 또한 출입국관리법령에 사증발급 거부처분서 작성에 관한 규정을 따로 두고 있지 않으므로, 외국인의 사증발급 신청에 대한 거부처분을 하면서 행정절차법 제24조에 정한 절차를 따르지 않고 '행정절차에 준하는 절차로 대체할 수도 없다(대판 2019. 7.11. 2017두38874).
- 행정청이 행정절차법 제20조 제1항 의 처분기준 사전공표 의무를 위반하여 미리 공표하지 아니한 기준을 적용하여 처분을 하였다고 하더라도, 그러한 사정만으로 곧바로 해당 처분에 취소사유에 이를 정도의 흠이 존재한다고 볼 수는 없다. 다만 해당 처분에 적용한 기준이 상위법령의 규정이나 신뢰보호의 원칙 등과 같은 법의 일반원칙을 위반하였거나 객관적으로 합리성이 없다고 볼 수 있는 구체적인 사정이 있다면 해당 처분은 위법하다고 평가할 수 있다(대판 2020.12.24. 2018두45633).

ⓑ 의견제출과 청문

제27조(의견제출)

① 당사자등은 처분 전에 그 처분의 관할 행정청에 서면이나 말로 또는 정보통신망을 이용하여 의견제출을 할 수 있다.
② 당사자등은 제1항에 따라 의견제출을 하는 경우 그 주장을 입증하기 위한 증거자료 등을 첨부할 수 있다.
③ 행정청은 당사자등이 말로 의견제출을 하였을 때에는 서면으로 그 진술의 요지와 진술자를 기록하여야 한다.

④ 당사자등이 정당한 이유 없이 의견제출기한까지 의견제출을 하지 아니한 경우에는 의견이 없는 것으로 본다.

제27조의2(제출 의견의 반영 등)

① 행정청은 처분을 할 때에 당사자등이 제출한 의견이 상당한 이유가 있다고 인정하는 경우에는 이를 반영하여야 한다. 〈개정 2019. 12. 10.〉

② 행정청은 당사자등이 제출한 의견을 반영하지 아니하고 처분을 한 경우 당사자등이 처분이 있음을 안 날부터 90일 이내에 그 이유의 설명을 요청하면 서면으로 그 이유를 알려야 한다. 다만, 당사자등이 동의하면 말, 정보통신망 또는 그 밖의 방법으로 알릴 수 있다. 〈신설 2019. 12. 10.〉

제28조(청문 주재자)

① 행정청은 소속 직원 또는 대통령령으로 정하는 자격을 가진 사람 중에서 청문 주재자를 공정하게 선정하여야 한다. 〈개정 2019. 12. 10.〉

② 행정청은 다음 각 호의 어느 하나에 해당하는 처분을 하려는 경우에는 청문 주재자를 2명 이상으로 선정할 수 있다. 이 경우 선정된 청문 주재자 중 1명이 청문 주재자를 대표한다. 〈신설 2022. 1. 11.〉

1. 다수 국민의 이해가 상충되는 처분
2. 다수 국민에게 불편이나 부담을 주는 처분
3. 그 밖에 전문적이고 공정한 청문을 위하여 행정청이 청문 주재자를 2명 이상으로 선정할 필요가 있다고 인정하는 처분

③ 행정청은 청문이 시작되는 날부터 7일 전까지 청문 주재자에게 청문과 관련한 필요한 자료를 미리 통지하여야 한다. 〈신설 2014. 1. 28., 2022. 1. 11.〉

④ 청문 주재자는 독립하여 공정하게 직무를 수행하며, 그 직무 수행을 이유로 본인의 의사에 반하여 신분상 어떠한 불이익도 받지 아니한다. 〈개정 2014. 1. 28., 2022. 1. 11.〉

⑤ 제1항 또는 제2항에 따라 선정된 청문 주재자는 「형법」이나 그 밖의 다른 법률에 따른 벌칙을 적용할 때에는 공무원으로 본다. 〈개정 2014. 1. 28., 2022. 1. 11.〉

⑥ 제1항부터 제5항까지에서 규정한 사항 외에 청문 주재자의 선정 등에 필요한 사항은 대통령령으로 정한다. 〈신설 2022. 1. 11.〉

[시행일: 2022. 7. 12.]

제37조(문서의 열람 및 비밀유지)

① 당사자등은 의견제출의 경우에는 처분의 사전 통지가 있는 날부터 의견제출기한까지, 청문의 경우에는 청문의 통지가 있는 날부터 청문이 끝날 때까지 행정청에 해당 사안의 조사결과에 관한 문서와 그 밖에 해당 처분과 관련되는 문서의 열람 또는 복사를 요청할 수 있다. 이 경우 행정청은 다른 법령에 따라 공개가 제한되는 경우를 제외하고는 그 요청을 거부할 수 없다. 〈개정 2022. 1. 11.〉

② 행정청은 제1항의 열람 또는 복사의 요청에 따르는 경우 그 일시 및 장소를 지정할 수 있다.

③ 행정청은 제1항 후단에 따라 열람 또는 복사의 요청을 거부하는 경우에는 그 이유를 소명(疏明)하여야 한다.

④ 제1항에 따라 열람 또는 복사를 요청할 수 있는 문서의 범위는 대통령령으로 정한다.

⑤ 행정청은 제1항에 따른 복사에 드는 비용을 복사를 요청한 자에게 부담시킬 수 있다.

⑥ 누구든지 의견제출 또는 청문을 통하여 알게 된 사생활이나 경영상 또는 거래상의 비밀을 정당한 이유 없이 누설하거나 다른 목적으로 사용하여서는 아니 된다. 〈개정 2022. 1. 11.〉

[시행일: 2022. 7. 12.]

- 구 행정절차법 제22조 제3항에 따라 행정청이 의무를 부과하거나 권익을 제한하는 처분을 할 때 의견제출의 기회를 주어야 하는 '당사자'는 '행정청의 처분에 대하여 직접 그 상대가 되는 당사자'(구 행정절차법 제2조 제4호)를 의미한다. 그런데 <u>고시</u>의 방법으로 불특정 다수인을 상대로 의무를 부과하거나 권익을 제한하는 처분은 성질상 의견제출의 기회를 주어야 하는 상대방을 특정할 수 없으므로, 이와 같은 처분에 있어서까지 구 행정절차법 제22조 제3항에 의하여 그 상대방에게 의견제출의 기회를 주어야 한다고 해석할 것은 아니다(대판 2014.10.27. 2012두7745).

- 행정절차법 제22조 제1항 제1호는, 행정청이 처분을 할 때에는 다른 법령 등에서 청문을 실시하도록 규정하고 있는 경우 청문을 실시한다고 규정하고 있다. 이러한 청문제도는 행정처분의 사유에 대하여 당사자에게 변명과 유리한 자료를 제출할 기회를 부여함으로써 위법사유의 시정가능성을 고려하고, 처분의 신중과 적정을 기하려는 데 그 취지가 있다. 그러므로 <u>행정청이 특히 침해적 행정처분을 할 때 그 처분의 근거 법령 등에서 청문을 실시하도록 규정하고 있다면, 행정절차법 등 관련 법령상 청문을 실시하지 않아도 되는 예외적인 경우에 해당하지 않는 한, 반드시 청문을 실시하여야 하며, 그러한 절차를 결여한 처분은 위법한 처분으로서 취소사유에 해당한다</u>(대판 2017. 4. 7. 2016두63224).

- 행정청이 식품위생법상의 청문절차를 이행함에 있어 소정의 청문서 도달기간을 지키지 아니하였다면 이는 청문의 절차적 요건을 준수하지 아니한 것이므로 이를 바탕으로 한 행정처분은 일단 위법하다고 보아야 할 것이지만 이러한 청문제도의 취지는 처분으로 말미암아 받게 될 영업자에게 미리 변명과 유리한 자료를 제출할 기회를 부여함으로써 부당한 권리침해를 예방하려는 데에 있는 것임을 고려하여 볼 때, 가령 <u>행정청이 청문서 도달기간을 다소 어겼다하더라도 영업자가 이에 대하여 이의하지 아니한 채 스스로 청문일에 출석하여 그 의견을 진술하고 변명하는 등 방어의 기회를 충분히 가졌다면 청문서 도달기간을 준수하지 아니한 하자는 치유되었다고 봄이 상당하다</u>(대판 1992.10.23. 92누2844).

⊗ 공청회

제38조의2(온라인공청회)

① 행정청은 제38조에 따른 공청회와 병행하여서만 정보통신망을 이용한 공청회(이하 "온라인공청회")를 실시할 수 있다. 〈개정 2022. 1. 11.〉

② 제1항에도 불구하고 다음 각 호의 어느 하나에 해당하는 경우에는 온라인공청회를 <u>단독으로 개최할 수 있다.</u> 〈신설 2022. 1. 11.〉

  1. <u>국민의 생명·신체·재산의 보호 등 국민의 안전 또는 권익보호 등의 이유로 제38조에 따른 공청회를 개최하기 어려운 경우</u>

  2. <u>제38조에 따른 공청회가 행정청이 책임질 수 없는 사유로 개최되지 못하거나 개최는 되었으나 정상적으로 진행되지 못하고 무산된 횟수가 3회 이상인 경우</u>

  3. <u>행정청이 널리 의견을 수렴하기 위하여 온라인공청회를 단독으로 개최할 필요가 있다고 인정하는 경우.</u> 다만, 제22조제2항제1호 또는 제3호에 따라 공청회를 실시하는 경우는 제외한다.

③ 행정청은 온라인공청회를 실시하는 경우 의견제출 및 토론 참여가 가능하도록 적절한 전자적 처리능력을 갖춘 정보통신망을 구축·운영하여야 한다.〈개정2022. 1. 11.〉

④ 온라인공청회를 실시하는 경우에는 누구든지 정보통신망을 이용하여 의견을 제출하거나 제출된 의견 등에 대한 토론에 참여할 수 있다. 〈개정 2022. 1. 11.〉

⑤ 제1항부터 제4항까지에서 규정한 사항 외에 온라인공청회의 실시 방법 및 절차에 관하여 필요한 사항은 대통령령으로 정한다. 〈개정 2022. 1. 11.〉
[제목개정 2022. 1. 11.]

39조의2(공청회 및 온라인공청회 결과의 반영) 행정청은 처분을 할 때에 공청회, 온라인공청회 및 정보통신망 등을 통하여 제시된 사실 및 의견이 상당한 이유가 있다고 인정하는 경우에는 이를 반영하여야 한다. 〈개정 2022. 1. 11.〉
[시행일: 2022. 7. 12.]

④ 신고, 확약 및 위반사실 등의 공표 등

제40조(신고)
① 법령등에서 행정청에 일정한 사항을 통지함으로써 의무가 끝나는 신고를 규정하고 있는 경우 신고를 관장하는 행정청은 신고에 필요한 구비서류, 접수기관, 그 밖에 법령등에 따른 신고에 필요한 사항을 게시(인터넷 등을 통한 게시를 포함한다)하거나 이에 대한 편람을 갖추어 두고 누구나 열람할 수 있도록 하여야 한다.
② 제1항에 따른 신고가 다음 각 호의 요건을 갖춘 경우에는 신고서가 접수기관에 도달된 때에 신고 의무가 이행된 것으로 본다.
   1. 신고서의 기재사항에 흠이 없을 것
   2. 필요한 구비서류가 첨부되어 있을 것
   3. 그 밖에 법령등에 규정된 형식상의 요건에 적합할 것
③ 행정청은 제2항 각 호의 요건을 갖추지 못한 신고서가 제출된 경우에는 지체 없이 상당한 기간을 정하여 신고인에게 보완을 요구하여야 한다.
④ 행정청은 신고인이 제3항에 따른 기간 내에 보완을 하지 아니하였을 때에는 그 이유를 구체적으로 밝혀 해당 신고서를 되돌려 보내야 한다.

제40조의2(확약)
① 법령등에서 당사자가 신청할 수 있는 처분을 규정하고 있는 경우 행정청은 당사자의 신청에 따라 장래에 어떤 처분을 하거나 하지 아니할 것을 내용으로 하는 의사표시(이하 "확약")를 할 수 있다.
② 확약은 문서로 하여야 한다.
③ 행정청은 다른 행정청과의 협의 등의 절차를 거쳐야 하는 처분에 대하여 확약을 하려는 경우에는 확약을 하기 전에 그 절차를 거쳐야 한다.
④ 행정청은 다음 각 호의 어느 하나에 해당하는 경우에는 확약에 기속되지 아니한다.
   1. 확약을 한 후에 확약의 내용을 이행할 수 없을 정도로 법령등이나 사정이 변경된 경우
   2. 확약이 위법한 경우
⑤ 행정청은 확약이 제4항 각 호의 어느 하나에 해당하여 확약을 이행할 수 없는 경우에는 지체 없이 당사자에게 그 사실을 통지하여야 한다.
[본조신설 2022. 1. 11.]

제40조의3(위반사실 등의 공표)
① 행정청은 법령에 따른 의무를 위반한 자의 성명·법인명, 위반사실, 의무 위반을 이유로 한 처분사실 등(이하 "위반사실등")을 법률로 정하는 바에 따라 일반에게 공표할 수 있다.

② 행정청은 위반사실등의 공표를 하기 전에 사실과 다른 공표로 인하여 당사자의 명예ㆍ신용 등이 훼손되지 아니하도록 객관적이고 타당한 증거와 근거가 있는지를 확인하여야 한다.

③ 행정청은 위반사실등의 공표를 할 때에는 미리 당사자에게 그 사실을 통지하고 의견제출의 기회를 주어야 한다. 다만, 다음 각 호의 어느 하나에 해당하는 경우에는 그러하지 아니하다.

  1. 공공의 안전 또는 복리를 위하여 긴급히 공표를 할 필요가 있는 경우

  2. 해당 공표의 성질상 의견청취가 현저히 곤란하거나 명백히 불필요하다고 인정될 만한 타당한 이유가 있는 경우

  3. 당사자가 의견진술의 기회를 포기한다는 뜻을 명백히 밝힌 경우

④ 제3항에 따라 의견제출의 기회를 받은 당사자는 공표 전에 관할 행정청에 서면이나 말 또는 정보통신망을 이용하여 의견을 제출할 수 있다.

⑤ 제4항에 따른 의견제출의 방법과 제출 의견의 반영 등에 관하여는 제27조 및 제27조의2를 준용한다. 이 경우 "처분"은 "위반사실등의 공표"로 본다.

⑥ 위반사실등의 공표는 관보, 공보 또는 인터넷 홈페이지 등을 통하여 한다.

⑦ 행정청은 위반사실등의 공표를 하기 전에 당사자가 공표와 관련된 의무의 이행, 원상회복, 손해배상 등의 조치를 마친 경우에는 위반사실등의 공표를 하지 아니할 수 있다.

⑧ 행정청은 공표된 내용이 사실과 다른 것으로 밝혀지거나 공표에 포함된 처분이 취소된 경우에는 그 내용을 정정하여, 정정한 내용을 지체 없이 해당 공표와 같은 방법으로 공표된 기간 이상 공표하여야 한다. 다만, 당사자가 원하지 아니하면 공표하지 아니할 수 있다.

[본조신설 2022. 1. 11.]

제40조의4(행정계획) 행정청은 행정청이 수립하는 계획 중 국민의 권리ㆍ의무에 직접 영향을 미치는 계획을 수립하거나 변경ㆍ폐지할 때에는 관련된 여러 이익을 정당하게 형량하여야 한다.

[본조신설 2022. 1. 11.]

[시행일: 2022. 7. 12.]

⑤ 행정상 입법예고

제41조(행정상 입법예고)

① 법령등을 제정ㆍ개정 또는 폐지(이하 "입법")하려는 경우에는 해당 입법안을 마련한 행정청은 이를 예고하여야 한다. 다만, 다음 각 호의 어느 하나에 해당하는 경우에는 예고를 하지 아니할 수 있다.

  1. 신속한 국민의 권리 보호 또는 예측 곤란한 특별한 사정의 발생 등으로 입법이 긴급을 요하는 경우

  2. 상위 법령등의 단순한 집행을 위한 경우

  3. 입법내용이 국민의 권리ㆍ의무 또는 일상생활과 관련이 없는 경우

  4. 단순한 표현ㆍ자구를 변경하는 경우 등 입법내용의 성질상 예고의 필요가 없거나 곤란하다고 판단되는 경우

  5. 예고함이 공공의 안전 또는 복리를 현저히 해칠 우려가 있는 경우

③ 법제처장은 입법예고를 하지 아니한 법령안의 심사 요청을 받은 경우에 입법예고를 하는 것이 적당하다고 판단할 때에는 해당 행정청에 입법예고를 권고하거나 직접 예고할 수 있다.

④ 입법안을 마련한 행정청은 입법예고 후 예고내용에 국민생활과 직접 관련된 내용이 추가되는 등 대통령령으로 정하는 중요한 변경이 발생하는 경우에는 해당 부분에 대한 입법예고를 다시 하여야 한다. 다만, 제1항 각 호의 어느 하나에 해당하는 경우에는 예고를 하지 아니할 수 있다.

제42조(예고방법)
① 행정청은 입법안의 취지, 주요 내용 또는 전문(全文)을 다음 각 호의 구분에 따른 방법으로 공고하여야 하며, 추가로 인터넷, 신문 또는 방송 등을 통하여 공고할 수 있다.
  1. 법령의 입법안을 입법예고하는 경우: 관보 및 법제처장이 구축·제공하는 정보시스템을 통한 공고
  2. 자치법규의 입법안을 입법예고하는 경우: 공보를 통한 공고
② 행정청은 대통령령을 입법예고하는 경우 국회 소관 상임위원회에 이를 제출하여야 한다.
③ 행정청은 입법예고를 할 때에 입법안과 관련이 있다고 인정되는 중앙행정기관, 지방자치단체, 그 밖의 단체 등이 예고사항을 알 수 있도록 예고사항을 통지하거나 그 밖의 방법으로 알려야 한다.
④ 행정청은 제1항에 따라 예고된 입법안에 대하여 온라인공청회 등을 통하여 널리 의견을 수렴할 수 있다. 이 경우 제38조의2제3항부터 제5항까지의 규정을 준용한다. 〈개정 2022. 1. 11.〉
⑤ 행정청은 예고된 입법안의 전문에 대한 열람 또는 복사를 요청받았을 때에는 특별한 사유가 없으면 그 요청에 따라야 한다.
⑥ 행정청은 제5항에 따른 복사에 드는 비용을 복사를 요청한 자에게 부담시킬 수 있다.
[시행일: 2022. 7. 12.]

제43조(예고기간) 입법예고기간은 예고할 때 정하되, 특별한 사정이 없으면 40일(자치법규는 20일) 이상으로 한다.

제45조(공청회)
① 행정청은 입법안에 관하여 공청회를 개최할 수 있다.

⑥ 행정예고

제46조(행정예고)
① 행정청은 정책, 제도 및 계획(이하 "정책등")을 수립·시행하거나 변경하려는 경우에는 이를 예고하여야 한다. 다만, 다음 각 호의 어느 하나에 해당하는 경우에는 예고를 하지 아니할 수 있다.
  1. 신속하게 국민의 권리를 보호하여야 하거나 예측이 어려운 특별한 사정이 발생하는 등 긴급한 사유로 예고가 현저히 곤란한 경우
  2. 법령등의 단순한 집행을 위한 경우
  3. 정책등의 내용이 국민의 권리·의무 또는 일상생활과 관련이 없는 경우
  4. 정책등의 예고가 공공의 안전 또는 복리를 현저히 해칠 우려가 상당한 경우
② 제1항에도 불구하고 법령등의 입법을 포함하는 행정예고는 입법예고로 갈음할 수 있다.
③ 행정예고기간은 예고 내용의 성격 등을 고려하여 정하되, 20일 이상으로 한다. 〈개정 2022. 1. 11.〉
④ 제3항에도 불구하고 행정목적을 달성하기 위하여 긴급한 필요가 있는 경우에는 행정예고기간을 단축할 수 있다. 이 경우 단축된 행정예고기간은 10일 이상으로 한다. 〈신설 2022. 1. 11.〉 [시행일: 2022. 7. 12.]

제47조(예고방법 등)

① 행정청은 정책등안(案)의 취지, 주요 내용 등을 관보·공보나 인터넷·신문·방송 등을 통하여 공고하여야 한다.

⑦ 행정지도 ✔자주출제

제48조(행정지도의 원칙)

① 행정지도는 <u>그 목적 달성에 필요한 최소한도</u>에 그쳐야 하며, 행정지도의 상대방의 의사에 반하여 부당하게 강요하여서는 아니 된다.

② 행정기관은 행정지도의 상대방이 행정지도에 따르지 아니하였다는 것을 이유로 불이익한 조치를 하여서는 아니 된다.

제49조(행정지도의 방식)

① 행정지도를 하는 자는 그 상대방에게 그 행정지도의 취지 및 내용과 신분을 밝혀야 한다.

② 행정지도가 말로 이루어지는 경우에 상대방이 제1항의 사항을 적은 서면의 교부를 요구하면 그 행정지도를 하는 자는 직무 수행에 특별한 지장이 없으면 이를 교부하여야 한다.

제50조(의견제출) 행정지도의 상대방은 해당 행정지도의 방식·내용 등에 관하여 행정기관에 의견제출을 할 수 있다.

제51조(다수인을 대상으로 하는 행정지도) 행정기관이 같은 행정목적을 실현하기 위하여 많은 상대방에게 행정지도를 하려는 경우에는 특별한 사정이 없으면 <u>행정지도에 공통적인 내용이 되는 사항을 공표</u>하여야 한다.

⑧ 국민참여의 확대

제52조(국민참여 활성화)

① 행정청은 행정과정에서 국민의 의견을 적극적으로 청취하고 이를 반영하도록 노력하여야 한다.

② 행정청은 국민에게 다양한 참여방법과 협력의 기회를 제공하도록 노력하여야 하며, 구체적인 참여방법을 공표하여야 한다.

③ 행정청은 국민참여 수준을 향상시키기 위하여 노력하여야 하며 필요한 경우 국민참여 수준에 대한 자체진단을 실시하고, 그 결과를 행정안전부장관에게 제출하여야 한다.

④ 행정청은 제3항에 따라 자체진단을 실시한 경우 그 결과를 공개할 수 있다.

⑤ 행정청은 국민참여를 활성화하기 위하여 교육·홍보, 예산·인력 확보 등 필요한 조치를 할 수 있다.

⑥ 행정안전부장관은 국민참여 확대를 위하여 행정청에 교육·홍보, 포상, 예산·인력 확보 등을 지원할 수 있다.

[전문개정 2022. 1. 11.] [시행일: 2022. 7. 12.]

제52조의2(국민제안의 처리)

① 행정청(국회사무총장·법원행정처장·헌법재판소사무처장 및 중앙선거관리위원회사무총장은 제외한다)은 정부시책이나 행정제도 및 그 운영의 개선에 관한 국민의 창의적인 의견이나 고안(이하 "국민제안")을 접수·처리하여야 한다.

② 제1항에 따른 국민제안의 운영 및 절차 등에 필요한 사항은 대통령령으로 정한다.
[본조신설 2022. 1. 11.] [시행일: 2022. 7. 12.]

제52조의3(국민참여 창구) 행정청은 주요 정책 등에 관한 국민과 전문가의 의견을 듣거나 국민이 참여할 수 있는 온라인 또는 오프라인 창구를 설치·운영할 수 있다.
[본조신설 2022. 1. 11.] [시행일: 2022. 7. 12.]

제53조(온라인 정책토론)

① 행정청은 국민에게 영향을 미치는 주요 정책 등에 대하여 국민의 다양하고 창의적인 의견을 널리 수렴하기 위하여 정보통신망을 이용한 정책토론(이하 이 조에서 "온라인 정책토론"이라 한다)을 실시할 수 있다. 〈개정 2022. 1. 11.〉

② 행정청은 효율적인 온라인 정책토론을 위하여 과제별로 한시적인 토론 패널을 구성하여 해당 토론에 참여시킬 수 있다. 이 경우 패널의 구성에 있어서는 공정성 및 객관성이 확보될 수 있도록 노력하여야 한다. 〈개정 2022. 1. 11.〉

③ 행정청은 온라인 정책토론이 공정하고 중립적으로 운영되도록 하기 위하여 필요한 조치를 할 수 있다. 〈개정 2022. 1. 11.〉

④ 토론 패널의 구성, 운영방법, 그 밖에 온라인 정책토론의 운영을 위하여 필요한 사항은 대통령령으로 정한다. 〈개정 2022. 1. 11.〉
[제목개정 2022. 1. 11.] [시행일: 2022. 7. 12.]

⑨ 절차상 하자 있는 행정행위의 효력

　㉠ 명문의 규정이 있는 경우 : 규정에 따라 효력이 결정된다.

　㉡ 명문의 규정이 없는 경우 : 재량행위 뿐만 아니라 기속행위의 경우에도 절차상 하자는 독자적인 취소사유가 될 수 있는가에 대해 학설의 대립이 있다. 다수설과 판례는 절차상 하자를 독자적인 취소사유로 보고 있다.

　㉢ 식품위생법 제64조, 같은법시행령 제37조 제1항 소정의 <u>청문절차를 전혀 거치지 아니하거나 거쳤다고 하여도 그 절차적 요건을 제대로 준수하지 아니한 경우</u>에는 가사 영업정지사유 등 위 법 제58조 등 소정 사유가 인정된다고 하더라도 <u>그 처분은 위법하여 취소를 면할 수 없다</u>(대판 1991. 7. 9. 91누971).

05 행정정보의 공개와 개인정보의 보호 ✓자주출제

❶ 행정정보공개제도

(1) 의의

행정권이 보유하고 있는 다양한 정보를 국민에게 공개하여 국민의 알 권리를 보장하고 행정의 공정화·민주화를 실현하는 제도를 의미한다.

(2) 행정정보공개청구권의 의의 및 법적 근거

① 의의 : 행정정보공개청구권은 국민의 알 권리에 포함되어 있는 권리이다. 알 권리는 정보에 대한 접근·수집·처리에 있어 방해를 받지 않을 권리 및 정보의 공개를 청구할 수 있는 권리를 의미한다.

② 법적 근거 : 알 권리의 헌법적 근거는 인간의 존엄과 가치 및 행복추구권을 규정한 헌법 제10조와 표현의 자유를 규정한 헌법 제21조이다. 또한 정보공개제도에 관한 일반법으로서 「공공기관의 정보공개에 관한 법률」(정보공개법)이 있다.

③ 국민의 '알권리', 즉 정보에의 접근·수집·처리의 자유는 자유권적 성질과 청구권적 성질을 공유하는 것으로서 헌법 제21조에 의하여 직접 보장되는 권리이다(대판 2009.12.10. 2009두12785).

❷ 「공공기관의 정보공개에 관한 법률」의 내용 ✓자주출제

① 목적과 정의

제1조(목적) 이 법은 공공기관이 보유·관리하는 정보에 대한 국민의 공개 청구 및 공공기관의 공개 의무에 관하여 필요한 사항을 정함으로써 국민의 알권리를 보장하고 국정(國政)에 대한 국민의 참여와 국정 운영의 투명성을 확보함을 목적으로 한다.

제2조(정의) 이 법에서 사용하는 용어의 뜻은 다음과 같다.
1. "정보"란 공공기관이 직무상 작성 또는 취득하여 관리하고 있는 문서(전자문서를 포함한다. 이하 같다) 및 전자매체를 비롯한 모든 형태의 매체 등에 기록된 사항을 말한다.
2. "공개"란 공공기관이 이 법에 따라 정보를 열람하게 하거나 그 사본·복제물을 제공하는 것 또는 「전자정부법」 제2조제10호에 따른 정보통신망(이하 "정보통신망"이라 한다)을 통하여 정보를 제공하는 것 등을 말한다.
3. "공공기관"이란 다음 각 목의 기관을 말한다.
   가. 국가기관

1) 국회, 법원, 헌법재판소, 중앙선거관리위원회
2) 중앙행정기관(대통령 소속 기관과 국무총리 소속 기관을 포함한다) 및 그 소속 기관
3) 「행정기관 소속 위원회의 설치·운영에 관한 법률」에 따른 위원회
나. 지방자치단체
다. 「공공기관의 운영에 관한 법률」 제2조에 따른 공공기관
라. 「지방공기업법」에 따른 지방공사 및 지방공단
마. 그 밖에 대통령령으로 정하는 기관

㉠ 정보공개 의무기관을 정하는 것은 입법자의 입법형성권에 속하고, 이에 따라 입법자는 구 공공기관의 정보공개에 관한 법률 제2조 제3호에서 정보공개 의무기관을 공공기관으로 정하였는바, 공공기관은 국가기관에 한정되는 것이 아니라 지방자치단체, 정부투자기관, 그 밖에 공동체 전체의 이익에 중요한 역할이나 기능을 수행하는 기관도 포함되는 것으로 해석되고, 여기에 정보공개의 목적, 교육의 공공성 및 공·사립학교의 동질성, 사립대학교에 대한 국가의 재정지원 및 보조 등 여러 사정을 고려해 보면, 사립대학교에 대한 국비 지원이 한정적·일시적·국부적이라는 점을 고려하더라도, 같은 법 시행령 제2조 제1호가 정보공개의무를 지는 공공기관의 하나로 사립대학교를 들고 있는 것이 모법인 구 공공기관의 정보공개에 관한 법률의 위임 범위를 벗어났다거나 사립대학교가 국비의 지원을 받는 범위 내에서만 공공기관의 성격을 가진다고 볼 수 없다(대판 2006. 8.24. 2004두2783).

㉡ 구 공공기관의 정보공개에 관한 법률은 정보의 공개를 청구하는 이(이하 '청구인')가 정보공개방법도 아울러 지정하여 정보공개를 청구할 수 있도록 하고 있고, 전자적 형태의 정보를 전자적으로 공개하여 줄 것을 요청한 경우에는 공공기관은 원칙적으로 요청에 응할 의무가 있고, 나아가 비전자적 형태의 정보에 관해서도 전자적 형태로 공개하여 줄 것을 요청하면 재량판단에 따라 전자적 형태로 변환하여 공개할 수 있도록 하고 있다. 이는 정보의 효율적 활용을 도모하고 청구인의 편의를 제고함으로써 구 정보공개법의 목적인 국민의 알 권리를 충실하게 보장하려는 것이므로, 청구인에게는 특정한 공개방법을 지정하여 정보공개를 청구할 수 있는 법령상 신청권이 있다. 따라서 공공기관이 공개청구의 대상이 된 정보를 공개는 하되, 청구인이 신청한 공개방법 이외의 방법으로 공개하기로 하는 결정을 하였다면, 이는 정보공개청구 중 정보공개방법에 관한 부분에 대하여 일부 거부처분을 한 것이고, 청구인은 그에 대하여 항고소송으로 다툴 수 있다(대판 2016.11.10. 2016두44674).

② 정보공개청구권자

제5조(정보공개 청구권자)
① 모든 국민은 정보의 공개를 청구할 권리를 가진다.
② 외국인의 정보공개 청구에 관하여는 대통령령으로 정한다.

동법 시행령 제3조(외국인의 정보공개 청구) 법 제5조제2항에 따라 정보공개를 청구할 수 있는 외국인은 다음 각 호의 어느 하나에 해당하는 자로 한다.
  1. 국내에 일정한 주소를 두고 거주하거나 학술·연구를 위하여 일시적으로 체류하는 사람
  2. 국내에 사무소를 두고 있는 법인 또는 단체

- 공공기관의정보공개에관한법률 제6조 제1항(현, 제5조 제1항)은 "모든 국민은 정보의 공개를 청구할 권리를 가진다."고 규정하고 있는데, 여기에서 말하는 국민에는 자연인은 물론 법인, 권리능력 없는 사단·재단도 포함되고, 법인, 권리능력 없는 사단·재단 등의 경우에는 설립목적을 불문하며, 한편 정보공개청구권은 법률상 보호되는 구체적인 권리이므로 청구인이 공공기관에 대하여 정보공개를 청구하였다가 거부처분을 받은 것 자체가 법률상 이익의 침해에 해당한다(대판 2003.12.12. 2003두8050).

③ 정보의 사전적 공개 등 및 비공개 대상 정보

제7조(정보의 사전적 공개 등)

① 공공기관은 다음 각 호의 어느 하나에 해당하는 정보에 대해서는 공개의 구체적 범위, 주기, 시기 및 방법 등을 미리 정하여 정보통신망 등을 통하여 알리고, 이에 따라 정기적으로 공개하여야 한다. 다만, 제9조제1항 각 호의 어느 하나에 해당하는 정보에 대해서는 그러하지 아니하다.

1. 국민생활에 매우 큰 영향을 미치는 정책에 관한 정보
2. 국가의 시책으로 시행하는 공사(工事) 등 대규모 예산이 투입되는 사업에 관한 정보
3. 예산집행의 내용과 사업평가 결과 등 행정감시를 위하여 필요한 정보
4. 그 밖에 공공기관의 장이 정하는 정보

② 공공기관은 제1항에 규정된 사항 외에도 국민이 알아야 할 필요가 있는 정보를 국민에게 공개하도록 적극적으로 노력하여야 한다.

제9조(비공개 대상 정보)

① 공공기관이 보유·관리하는 정보는 공개 대상이 된다. 다만, 다음 각 호의 어느 하나에 해당하는 정보는 공개하지 아니할 수 있다.

1. 다른 법률 또는 법률에서 위임한 명령(국회규칙·대법원규칙·헌법재판소규칙·중앙선거관리위원회규칙·대통령령 및 조례로 한정한다)에 따라 비밀이나 비공개 사항으로 규정된 정보
2. 국가안전보장·국방·통일·외교관계 등에 관한 사항으로서 공개될 경우 국가의 중대한 이익을 현저히 해칠 우려가 있다고 인정되는 정보
3. 공개될 경우 국민의 생명·신체 및 재산의 보호에 현저한 지장을 초래할 우려가 있다고 인정되는 정보
4. 진행 중인 재판에 관련된 정보와 범죄의 예방, 수사, 공소의 제기 및 유지, 형의 집행, 교정(矯正), 보안처분에 관한 사항으로서 공개될 경우 그 직무수행을 현저히 곤란하게 하거나 형사피고인의 공정한 재판을 받을 권리를 침해한다고 인정할 만한 상당한 이유가 있는 정보
5. 감사·감독·검사·시험·규제·입찰계약·기술개발·인사관리에 관한 사항이나 의사결정 과정 또는 내부검토 과정에 있는 사항 등으로서 공개될 경우 업무의 공정한 수행이나 연구·개발에 현저한 지장을 초래한다고 인정할 만한 상당한 이유가 있는 정보. 다만, 의사결정 과정 또는 내부검토 과정을 이유로 비공개할 경우에는 제13조제5항에 따라 통지를 할 때 의사결정 과정 또는 내부검토 과정의 단계 및 종료 예정일을 함께 안내하여야 하며, 의사결정 과정 및 내부검토 과정이 종료되면 제10조에 따른 청구인에게 이를 통지하여야 한다.
6. 해당 정보에 포함되어 있는 성명·주민등록번호 등 「개인정보 보호법」 제2조제1호에 따른 개인정보로서 공개될 경우 사생활의 비밀 또는 자유를 침해할 우려가 있다고 인정되는 정보. 다만, 다음 각 목에 열거한 사항은 제외한다.
   가. 법령에서 정하는 바에 따라 열람할 수 있는 정보

　　나. 공공기관이 공표를 목적으로 작성하거나 취득한 정보로서 사생활의 비밀 또는 자유를 부당하게 침해
　　　　하지 아니하는 정보
　　다. 공공기관이 작성하거나 취득한 정보로서 공개하는 것이 공익이나 개인의 권리 구제를 위하여 필요하
　　　　다고 인정되는 정보
　　라. 직무를 수행한 공무원의 성명·직위
　　마. 공개하는 것이 공익을 위하여 필요한 경우로서 법령에 따라 국가 또는 지방자치단체가 업무의 일부
　　　　를 위탁 또는 위촉한 개인의 성명·직업
7. 법인·단체 또는 개인(이하 "법인등")의 경영상·영업상 비밀에 관한 사항으로서 공개될 경우 법인등의
　　정당한 이익을 현저히 해칠 우려가 있다고 인정되는 정보. 다만, 다음 각 목에 열거한 정보는 제외한다.
　　가. 사업활동에 의하여 발생하는 위해(危害)로부터 사람의 생명·신체 또는 건강을 보호하기 위하여 공개
　　　　할 필요가 있는 정보
　　나. 위법·부당한 사업활동으로부터 국민의 재산 또는 생활을 보호하기 위하여 공개할 필요가 있는 정보
8. 공개될 경우 부동산 투기, 매점매석 등으로 특정인에게 이익 또는 불이익을 줄 우려가 있다고 인정되는
　　정보
② 공공기관은 제1항 각 호의 어느 하나에 해당하는 정보가 기간의 경과 등으로 인하여 비공개의 필요성이 없
　　어진 경우에는 그 정보를 공개 대상으로 하여야 한다.
③ 공공기관은 제1항 각 호의 범위에서 해당 공공기관의 업무 성격을 고려하여 비공개 대상 정보의 범위에 관
　　한 세부 기준(이하 "비공개 세부 기준")을 수립하고 이를 정보통신망을 활용한 정보공개시스템 등을 통하여
　　공개하여야 한다.
④ 공공기관(국회·법원·헌법재판소 및 중앙선거관리위원회는 제외한다)은 제3항에 따라 수립된 비공개 세부
　　기준이 제1항 각 호의 비공개 요건에 부합하는지 3년마다 점검하고 필요한 경우 비공개 세부 기준을 개선
　　하여 그 점검 및 개선 결과를 행정안전부장관에게 제출하여야 한다.

㉠ 국민으로부터 보유·관리하는 정보에 대한 공개를 요구받은 공공기관으로서는 같은 법 제7조 제1항 각
　　호에서 정하고 있는 비공개사유에 해당하지 않는 한 이를 공개하여야 할 것이고, 만일 이를 거부하는 경
　　우라 할지라도 대상이 된 정보의 내용을 구체적으로 확인·검토하여 어느 부분이 어떠한 법익 또는 기본권
　　과 충돌되어 같은 법 제7조 제1항 몇 호에서 정하고 있는 비공개사유에 해당하는지를 주장·입증하여야만
　　할 것이며, 그에 이르지 아니한 채 개괄적인 사유만을 들어 공개를 거부하는 것은 허용되지 아니한다(대판
　　2003.12.11. 2001두8827).
㉡ 검찰보존사무규칙이 검찰청법 제11조에 기하여 제정된 법무부령이기는 하지만, 그 사실만으로 같은 규칙
　　내의 모든 규정이 법규적 효력을 가지는 것은 아니다. 기록의 열람·등사의 제한을 정하고 있는 같은 규
　　칙 제22조는 법률상의 위임근거가 없어 행정기관 내부의 사무처리준칙으로서 행정규칙에 불과하므로, 위
　　규칙상의 열람·등사의 제한을 공공기관의 정보공개에 관한 법률 제9조 제1항 제1호의 '다른 법률 또는
　　법률에 의한 명령에 의하여 비공개사항으로 규정된 경우'에 해당한다고 볼 수 없다(대판 2006. 5.25.
　　2006두3049).

ⓒ 학교폭력예방 및 대책에 관한 법률 제21조 제1항, 제2항, 제3항 및 같은 법 시행령 제17조 규정들의 내용, 학교폭력예방 및 대책에 관한 법률의 목적, 입법 취지, 특히 학교폭력예방 및 대책에 관한 법률 제21조 제3항이 학교폭력대책자치위원회의 회의를 공개하지 못하도록 규정하고 있는 점 등에 비추어, 학교폭력대책자치위원회의 회의록은 공공기관의 정보공개에 관한 법률 제9조 제1항 제1호의 '다른 법률 또는 법률이 위임한 명령에 의하여 비밀 또는 비공개 사항으로 규정된 정보'에 해당한다(대판 2010. 6.10. 2010두2913).

ⓔ 국가정보원이 그 직원에게 지급하는 현금급여 및 월초수당에 관한 정보는 국가정보원 예산집행내역의 일부를 구성하는 것이므로, 위 현금급여 및 월초수당에 관한 정보는 국가정보원법 제12조에 의하여 비공개 사항으로 규정된 정보로서 공공기관의 정보공개에 관한 법률 제9조 제1항 제1호의 비공개대상정보인 '다른 법률에 의하여 비공개 사항으로 규정된 정보'에 해당한다고 보아야 하고, 위 현금급여 및 월초수당이 근로의 대가로서의 성격을 가진다거나 정보공개청구인이 해당 직원의 배우자라고 하여 달리 볼 것은 아니다(대판 2010.12.23. 2010두14800).

ⓜ 지방자치단체의 업무추진비 세부항목별 집행내역 및 그에 관한 증빙서류에 포함된 개인에 관한 정보는 '공개하는 것이 공익을 위하여 필요하다고 인정되는 정보'에 해당하지 않는다(대판 2003. 3.11. 2001두6425).

ⓗ 국민의 정보공개청구는 정보공개법 제9조에 정한 비공개 대상 정보에 해당하지 아니하는 한 원칙적으로 폭넓게 허용되어야 하지만, 실제로는 해당 정보를 취득 또는 활용할 의사가 전혀 없이 정보공개 제도를 이용하여 사회통념상 용인될 수 없는 부당한 이득을 얻으려 하거나, 오로지 공공기관의 담당공무원을 괴롭힐 목적으로 정보공개청구를 하는 경우처럼 권리의 남용에 해당하는 것이 명백한 경우에는 정보공개청구권의 행사를 허용하지 아니하는 것이 옳다(대판 2014.12.24. 2014두9349).

④ 정보공개의 청구방법 및 정보공개 여부의 결정

제10조(정보공개의 청구방법)
① 정보의 공개를 청구하는 자(이하 "청구인")는 해당 정보를 보유하거나 관리하고 있는 공공기관에 다음 각 호의 사항을 적은 정보공개 청구서를 제출하거나 말로써 정보의 공개를 청구할 수 있다.
  1. 청구인의 성명·생년월일·주소 및 연락처(전화번호·전자우편주소 등을 말한다). 다만, 청구인이 법인 또는 단체인 경우에는 그 명칭, 대표자의 성명, 사업자등록번호 또는 이에 준하는 번호, 주된 사무소의 소재지 및 연락처를 말한다.
  2. 청구인의 주민등록번호(본인임을 확인하고 공개 여부를 결정할 필요가 있는 정보를 청구하는 경우로 한정)
  3. 공개를 청구하는 정보의 내용 및 공개방법
② 제1항에 따라 청구인이 말로써 정보의 공개를 청구할 때에는 담당 공무원 또는 담당 임직원(이하 "담당공무원등")의 앞에서 진술하여야 하고, 담당공무원등은 정보공개 청구조서를 작성하여 이에 청구인과 함께 기명날인하거나 서명하여야 한다.
③ 제1항과 제2항에서 규정한 사항 외에 정보공개의 청구방법 등에 관하여 필요한 사항은 국회규칙·대법원규칙·헌법재판소규칙·중앙선거관리위원회규칙 및 대통령령으로 정한다.

제11조(정보공개 여부의 결정)

① 공공기관은 제10조에 따라 정보공개의 청구를 받으면 그 청구를 받은 날부터 10일 이내에 공개 여부를 결정하여야 한다.

② 공공기관은 부득이한 사유로 제1항에 따른 기간 이내에 공개 여부를 결정할 수 없을 때에는 그 기간이 끝나는 날의 다음 날부터 기산(起算)하여 10일의 범위에서 공개 여부 결정기간을 연장할 수 있다. 이 경우 공공기관은 연장된 사실과 연장 사유를 청구인에게 지체 없이 문서로 통지하여야 한다.

③ 공공기관은 공개 청구된 공개 대상 정보의 전부 또는 일부가 제3자와 관련이 있다고 인정할 때에는 그 사실을 제3자에게 지체 없이 통지하여야 하며, 필요한 경우에는 그의 의견을 들을 수 있다.

④ 공공기관은 다른 공공기관이 보유·관리하는 정보의 공개 청구를 받았을 때에는 지체 없이 이를 소관 기관으로 이송하여야 하며, 이송한 후에는 지체 없이 소관 기관 및 이송 사유 등을 분명히 밝혀 청구인에게 문서로 통지하여야 한다.

⑤ 공공기관은 정보공개 청구가 다음 각 호의 어느 하나에 해당하는 경우로서 「민원 처리에 관한 법률」에 따른 민원으로 처리할 수 있는 경우에는 민원으로 처리할 수 있다.

1. 공개 청구된 정보가 공공기관이 보유·관리하지 아니하는 정보인 경우
2. 공개 청구의 내용이 진정·질의 등으로 이 법에 따른 정보공개 청구로 보기 어려운 경우

제12조(정보공개심의회)

① 국가기관, 지방자치단체, 「공공기관의 운영에 관한 법률」 제5조에 따른 공기업 및 준정부기관, 「지방공기업법」에 따른 지방공사 및 지방공단(이하 "국가기관등")은 제11조에 따른 정보공개 여부 등을 심의하기 위하여 정보공개심의회(이하 "심의회")를 설치·운영한다. 이 경우 국가기관등의 규모와 업무성격, 지리적 여건, 청구인의 편의 등을 고려하여 소속 상급기관(지방공사·지방공단의 경우에는 해당 지방공사·지방공단을 설립한 지방자치단체를 말한다)에서 협의를 거쳐 심의회를 통합하여 설치·운영할 수 있다.

② 심의회는 위원장 1명을 포함하여 5명 이상 7명 이하의 위원으로 구성한다.

③ 심의회의 위원은 소속 공무원, 임직원 또는 외부 전문가로 지명하거나 위촉하되, 그 중 3분의 2는 해당 국가기관등의 업무 또는 정보공개의 업무에 관한 지식을 가진 외부 전문가로 위촉하여야 한다. 다만, 제9조제1항제2호 및 제4호에 해당하는 업무를 주로 하는 국가기관은 그 국가기관의 장이 외부 전문가의 위촉 비율을 따로 정하되, 최소한 3분의 1 이상은 외부 전문가로 위촉하여야 한다.

④ 심의회의 위원장은 위원 중에서 국가기관등의 장이 지명하거나 위촉한다.

⑤ 정보공개 여부 결정의 통지 등

제13조(정보공개 여부 결정의 통지)

① 공공기관은 제11조에 따라 정보의 공개를 결정한 경우에는 공개의 일시 및 장소 등을 분명히 밝혀 청구인에게 통지하여야 한다.

② 공공기관은 청구인이 사본 또는 복제물의 교부를 원하는 경우에는 이를 교부하여야 한다.

③ 공공기관은 공개 대상 정보의 양이 너무 많아 정상적인 업무수행에 현저한 지장을 초래할 우려가 있는 경우에는 해당 정보를 일정 기간별로 나누어 제공하거나 사본·복제물의 교부 또는 열람과 병행하여 제공할 수 있다.

④ 공공기관은 제1항에 따라 정보를 공개하는 경우에 그 정보의 원본이 더럽혀지거나 파손될 우려가 있거나 그 밖에 상당한 이유가 있다고 인정할 때에는 그 정보의 사본·복제물을 공개할 수 있다.

⑤ 공공기관은 제11조에 따라 정보의 비공개 결정을 한 경우에는 그 사실을 청구인에게 지체 없이 문서로 통지하여야 한다. 이 경우 제9조제1항 각 호 중 어느 규정에 해당하는 비공개 대상 정보인지를 포함한 비공개 이유와 불복(不服)의 방법 및 절차를 구체적으로 밝혀야 한다.

제14조(부분 공개) 공개 청구한 정보가 제9조제1항 각 호의 어느 하나에 해당하는 부분과 공개 가능한 부분이 혼합되어 있는 경우로서 공개 청구의 취지에 어긋나지 아니하는 범위에서 두 부분을 분리할 수 있는 경우에는 제9조제1항 각 호의 어느 하나에 해당하는 부분을 제외하고 공개하여야 한다.

제15조(정보의 전자적 공개)
① 공공기관은 전자적 형태로 보유·관리하는 정보에 대하여 청구인이 전자적 형태로 공개하여 줄 것을 요청하는 경우에는 그 정보의 성질상 현저히 곤란한 경우를 제외하고는 청구인의 요청에 따라야 한다.
② 공공기관은 전자적 형태로 보유·관리하지 아니하는 정보에 대하여 청구인이 전자적 형태로 공개하여 줄 것을 요청한 경우에는 정상적인 업무수행에 현저한 지장을 초래하거나 그 정보의 성질이 훼손될 우려가 없으면 그 정보를 전자적 형태로 변환하여 공개할 수 있다.
③ 정보의 전자적 형태의 공개 등에 필요한 사항은 국회규칙·대법원규칙·헌법재판소규칙·중앙선거관리위원회규칙 및 대통령령으로 정한다.

제16조(즉시 처리가 가능한 정보의 공개) 다음 각 호의 어느 하나에 해당하는 정보로서 즉시 또는 말로 처리가 가능한 정보에 대해서는 제11조에 따른 절차를 거치지 아니하고 공개하여야 한다.
1. 법령 등에 따라 공개를 목적으로 작성된 정보
2. 일반국민에게 알리기 위하여 작성된 각종 홍보자료
3. 공개하기로 결정된 정보로서 공개에 오랜 시간이 걸리지 아니하는 정보
4. 그 밖에 공공기관의 장이 정하는 정보

제17조(비용 부담)
① 정보의 공개 및 우송 등에 드는 비용은 실비(實費)의 범위에서 청구인이 부담한다.
② 공개를 청구하는 정보의 사용 목적이 공공복리의 유지·증진을 위하여 필요하다고 인정되는 경우에는 제1항에 따른 비용을 감면할 수 있다.
③ 제1항에 따른 비용 및 그 징수 등에 필요한 사항은 국회규칙·대법원규칙·헌법재판소규칙·중앙선거관리위원회규칙 및 대통령령으로 정한다.

• 구 공공기관의 정보공개에 관한 법률(이하 '정보공개법') 제13조 제4항(현, 동법 제5항)은 공공기관이 정보를 비공개하는 결정을 한 때에는 비공개이유를 구체적으로 명시하여 청구인에게 그 사실을 통지하여야 한다고 규정하고 있다. 국민으로부터 보유·관리하는 정보에 대한 공개를 요구받은 공공기관으로서는, 정보공개법 제9조 제1항 각호에서 정하고 있는 비공개사유에 해당하지 않는 한 이를 공개하여야 한다. 이를 거부하는 경우라 할지라도, 대상이 된 정보의 내용을 구체적으로 확인·검토하여, 어느 부분이 어떠한 법익 또는 기본권과 충돌되어 정보공개법 제9조 제1항 몇 호에서 정하고 있는 비공개사유에 해당하는지를 주장·증명하여야만 하고, 그에 이르지 아니한 채 개괄적인 사유만을 들어 공개를 거부하는 것은 허용되지 아니한다(대판 2018. 4.12. 2014두5477).

⑥ 불복 · 구제 절차

제18조(이의신청)

① 청구인이 정보공개와 관련한 공공기관의 비공개 결정 또는 부분 공개 결정에 대하여 <u>불복이 있거나 정보공개 청구 후 20일이 경과하도록 정보공개 결정이 없는 때</u>에는 공공기관으로부터 <u>정보공개 여부의 결정 통지를 받은 날 또는 정보공개 청구 후 20일이 경과한 날부터 30일 이내</u>에 해당 공공기관에 <u>문서로 이의신청</u>을 할 수 있다.

② 국가기관등은 제1항에 따른 이의신청이 있는 경우에는 심의회를 개최하여야 한다. 다만, 다음 각 호의 어느 하나에 해당하는 경우에는 심의회를 개최하지 아니할 수 있으며 개최하지 아니하는 사유를 청구인에게 문서로 통지하여야 한다.

　1. 심의회의 심의를 이미 거친 사항

　2. 단순 · 반복적인 청구

　3. 법령에 따라 비밀로 규정된 정보에 대한 청구

③ 공공기관은 <u>이의신청을 받은 날부터 7일 이내</u>에 그 이의신청에 대하여 결정하고 그 결과를 청구인에게 지체 없이 문서로 통지하여야 한다. 다만, 부득이한 사유로 정하여진 기간 이내에 결정할 수 없을 때에는 그 기간이 끝나는 날의 다음 날부터 기산하여 7일의 범위에서 연장할 수 있으며, 연장 사유를 청구인에게 통지하여야 한다.

④ 공공기관은 이의신청을 각하(却下) 또는 기각(棄却)하는 결정을 한 경우에는 청구인에게 행정심판 또는 행정소송을 제기할 수 있다는 사실을 제3항에 따른 결과 통지와 함께 알려야 한다.

제19조(행정심판)

① 청구인이 정보공개와 관련한 <u>공공기관의 결정에 대하여 불복이 있거나 정보공개 청구 후 20일이 경과하도록 정보공개 결정이 없는 때</u>에는 「행정심판법」에서 정하는 바에 따라 행정심판을 청구할 수 있다. 이 경우 국가기관 및 지방자치단체 외의 공공기관의 결정에 대한 감독행정기관은 관계 중앙행정기관의 장 또는 지방자치단체의 장으로 한다.

② 청구인은 제18조에 따른 <u>이의신청 절차를 거치지 아니하고 행정심판을 청구할 수 있다.</u>

③ 행정심판위원회의 위원 중 정보공개 여부의 결정에 관한 행정심판에 관여하는 위원은 재직 중은 물론 퇴직 후에도 그 직무상 알게 된 비밀을 누설하여서는 아니 된다.

④ 제3항의 위원은 「형법」이나 그 밖의 법률에 따른 벌칙을 적용할 때에는 공무원으로 본다.

제20조(행정소송)

① 청구인이 정보공개와 관련한 <u>공공기관의 결정에 대하여 불복이 있거나 정보공개 청구 후 20일이 경과하도록 정보공개 결정이 없는</u> 때에는 「행정소송법」에서 정하는 바에 따라 행정소송을 제기할 수 있다.

② 재판장은 필요하다고 인정하면 당사자를 참여시키지 아니하고 제출된 공개 청구 정보를 비공개로 열람 · 심사할 수 있다.

③ 재판장은 행정소송의 대상이 제9조제1항제2호에 따른 정보 중 국가안전보장 · 국방 또는 외교관계에 관한 정보의 비공개 또는 부분 공개 결정처분인 경우에 공공기관이 그 정보에 대한 비밀 지정의 절차, 비밀의 등급 · 종류 및 성질과 이를 비밀로 취급하게 된 실질적인 이유 및 공개를 하지 아니하는 사유 등을 입증하면 해당 정보를 제출하지 아니하게 할 수 있다.

제21조(제3자의 비공개 요청 등)

① 제11조제3항에 따라 공개 청구된 사실을 통지받은 제3자는 그 통지를 받은 날부터 3일 이내에 해당 공공기관에 대하여 자신과 관련된 정보를 공개하지 아니할 것을 요청할 수 있다.

② 제1항에 따른 비공개 요청에도 불구하고 공공기관이 공개 결정을 할 때에는 공개 결정 이유와 공개 실시일을 분명히 밝혀 지체 없이 문서로 통지하여야 하며, 제3자는 해당 공공기관에 문서로 이의신청을 하거나 행정심판 또는 행정소송을 제기할 수 있다. 이 경우 이의신청은 통지를 받은 날부터 7일 이내에 하여야 한다.

③ 공공기관은 제2항에 따른 공개 결정일과 공개 실시일 사이에 최소한 30일의 간격을 두어야 한다.

⑦ 정보공개위원회 등

제22조(정보공개위원회의 설치) 다음 각 호의 사항을 심의·조정하기 위하여 국무총리 소속으로 정보공개위원회(이하 "위원회")를 둔다.

1. 정보공개에 관한 정책 수립 및 제도 개선에 관한 사항
2. 정보공개에 관한 기준 수립에 관한 사항
3. 제12조에 따른 심의회 심의결과의 조사·분석 및 심의기준 개선 관련 의견제시에 관한 사항
4. 제24조제2항 및 제3항에 따른 공공기관의 정보공개 운영실태 평가 및 그 결과 처리에 관한 사항
5. 정보공개와 관련된 불합리한 제도·법령 및 그 운영에 대한 조사 및 개선권고에 관한 사항
6. 그 밖에 정보공개에 관하여 대통령령으로 정하는 사항

제23조(위원회의 구성 등)

① 위원회는 성별을 고려하여 위원장과 부위원장 각 1명을 포함한 11명의 위원으로 구성한다.

② 위원회의 위원은 다음 각 호의 사람이 된다. 이 경우 위원장을 포함한 7명은 공무원이 아닌 사람으로 위촉하여야 한다.

1. 대통령령으로 정하는 관계 중앙행정기관의 차관급 공무원이나 고위공무원단에 속하는 일반직공무원
2. 정보공개에 관하여 학식과 경험이 풍부한 사람으로서 국무총리가 위촉하는 사람
3. 시민단체(「비영리민간단체 지원법」 제2조에 따른 비영리민간단체)에서 추천한 사람으로서 국무총리가 위촉하는 사람

③ 위원장·부위원장 및 위원(제2항제1호의 위원은 제외)의 임기는 2년으로 하며, 연임할 수 있다.

④ 위원장·부위원장 및 위원은 정보공개 업무와 관련하여 알게 된 정보를 누설하거나 그 정보를 이용하여 본인 또는 타인에게 이익 또는 불이익을 주는 행위를 하여서는 아니 된다.

⑤ 위원장·부위원장 및 위원 중 공무원이 아닌 사람은 「형법」이나 그 밖의 법률에 따른 벌칙을 적용할 때에는 공무원으로 본다.

⑥ 위원회의 구성과 의결 절차 등 위원회 운영에 필요한 사항은 대통령령으로 정한다.

제24조(제도 총괄 등)

① 행정안전부장관은 이 법에 따른 정보공개제도의 정책 수립 및 제도 개선 사항 등에 관한 기획·총괄 업무를 관장한다.

제25조(자료의 제출 요구) 국회사무총장·법원행정처장·헌법재판소사무처장·중앙선거관리위원회사무총장 및 행정안전부장관은 필요하다고 인정하면 관계 공공기관에 정보공개에 관한 자료 제출 등의 협조를 요청할 수 있다.

❸ 개인정보의 보호

(1) 의의

개인의 사생활과 비밀의 보호는 오늘날과 같은 정보화 사회에서 더욱 강조되고 있다. 개인은 누구나 자신에
대한 정보를 관리 · 공개하는 것을 독자적으로 결정할 수 있는데, 이를 개인정보자기결정권이라고 한다.

(2) 법적 근거

헌법상 근거로는 인간의 존엄과 가치를 규정한 헌법 제10조, 사생활의 비밀과 자유를 규정한 헌법 제17조,
통신의 비밀을 규정한 헌법 제18조가 있으며, 법률상 근거로는 개인정보 보호제도에 관한 일반법으로 「개인
정보 보호법」이 있다.

(3) 「개인정보 보호법」의 내용

① 목적 및 정의

제2조(정의) 이 법에서 사용하는 용어의 뜻은 다음과 같다.

1. "개인정보"란 살아 있는 개인에 관한 정보로서 다음 각 목의 어느 하나에 해당하는 정보를 말한다.

    가. 성명, 주민등록번호 및 영상 등을 통하여 개인을 알아볼 수 있는 정보

    나. 해당 정보만으로는 특정 개인을 알아볼 수 없더라도 다른 정보와 쉽게 결합하여 알아볼 수 있는 정보. 이 경우 쉽게 결합할 수 있는지 여부는 다른 정보의 입수 가능성 등 개인을 알아보는 데 소요되는 시간, 비용, 기술 등을 합리적으로 고려하여야 한다.

    다. 가목 또는 나목을 제1호의2에 따라 가명처리함으로써 원래의 상태로 복원하기 위한 추가 정보의 사용·결합 없이는 특정 개인을 알아볼 수 없는 정보(이하 "가명정보")

1의2. "가명처리"란 개인정보의 일부를 삭제하거나 일부 또는 전부를 대체하는 등의 방법으로 추가 정보가 없이는 특정 개인을 알아볼 수 없도록 처리하는 것을 말한다.

2. "처리"란 개인정보의 수집, 생성, 연계, 연동, 기록, 저장, 보유, 가공, 편집, 검색, 출력, 정정(訂正), 복구, 이용, 제공, 공개, 파기(破棄), 그 밖에 이와 유사한 행위를 말한다.

3. "정보주체"란 처리되는 정보에 의하여 알아볼 수 있는 사람으로서 그 정보의 주체가 되는 사람을 말한다.

4. "개인정보파일"이란 개인정보를 쉽게 검색할 수 있도록 일정한 규칙에 따라 체계적으로 배열하거나 구성한 개인정보의 집합물(集合物)을 말한다.

5. "개인정보처리자"란 업무를 목적으로 개인정보파일을 운용하기 위하여 스스로 또는 다른 사람을 통하여 개인정보를 처리하는 공공기관, 법인, 단체 및 개인 등을 말한다.

6. "공공기관"이란 다음 각 목의 기관을 말한다.

    가. 국회, 법원, 헌법재판소, 중앙선거관리위원회의 행정사무를 처리하는 기관, 중앙행정기관(대통령 소속 기관과 국무총리 소속 기관을 포함) 및 그 소속 기관, 지방자치단체

    나. 그 밖의 국가기관 및 공공단체 중 대통령령으로 정하는 기관

7. "영상정보처리기기"란 일정한 공간에 지속적으로 설치되어 사람 또는 사물의 영상 등을 촬영하거나 이를 유·무선망을 통하여 전송하는 장치로서 대통령령으로 정하는 장치를 말한다.

8. "과학적 연구"란 기술의 개발과 실증, 기초연구, 응용연구 및 민간 투자 연구 등 과학적 방법을 적용하는 연구를 말한다.

• 인간의 존엄과 가치, 행복추구권을 규정한 헌법 제10조 제1문에서 도출되는 일반적 인격권 및 헌법 제17조의 사생활의 비밀과 자유에 의하여 보장되는 개인정보자기결정권은 자신에 관한 정보가 언제 누구에게 어느 범위까지 알려지고 또 이용되도록 할 것인지를 정보주체가 스스로 결정할 수 있는 권리이다. 개인정보자기결정권의 보호대상이 되는 개인정보는 개인의 신체, 신념, 사회적 지위, 신분 등과 같이 개인의 인격주체성을 특징짓는 사항으로서 개인의 동일성을 식별할 수 있게 하는 일체의 정보이고, 반드시 개인의 내밀한 영역에 속하는 정보에 국한되지 아니하며 공적 생활에서 형성되었거나 이미 공개된 개인정보까지 포함한다. 또한 개인정보를 대상으로 한 조사·수집·보관·처리·이용 등의 행위는 모두 원칙적으로 개인정보자기결정권에 대한 제한에 해당한다(대판 2016. 8.17. 2014다235080).

② 개인정보 보호 원칙 등

제3조(개인정보 보호 원칙)
① 개인정보처리자는 개인정보의 처리 목적을 명확하게 하여야 하고 <u>그 목적에 필요한 범위에서 최소한의 개인정보만을 적법하고 정당하게 수집하여야</u> 한다.
② 개인정보처리자는 개인정보의 처리 목적에 필요한 범위에서 적합하게 개인정보를 처리하여야 하며, 그 목적 외의 용도로 활용하여서는 아니 된다.
③ 개인정보처리자는 개인정보의 처리 목적에 필요한 범위에서 개인정보의 정확성, 완전성 및 최신성이 보장되도록 하여야 한다.
④ 개인정보처리자는 개인정보의 처리 방법 및 종류 등에 따라 정보주체의 권리가 침해받을 가능성과 그 위험 정도를 고려하여 개인정보를 안전하게 관리하여야 한다.
⑤ 개인정보처리자는 개인정보 처리방침 등 개인정보의 처리에 관한 사항을 공개하여야 하며, 열람청구권 등 정보주체의 권리를 보장하여야 한다.
⑥ 개인정보처리자는 정보주체의 사생활 침해를 최소화하는 방법으로 개인정보를 처리하여야 한다.
⑦ 개인정보처리자는 개인정보를 익명 또는 가명으로 처리하여도 개인정보 수집목적을 달성할 수 있는 경우 <u>익명처리가 가능한 경우에는 익명에 의하여, 익명처리로 목적을 달성할 수 없는 경우에는 가명에 의하여 처리될 수 있도록 하여야</u> 한다.
⑧ 개인정보처리자는 이 법 및 관계 법령에서 규정하고 있는 책임과 의무를 준수하고 실천함으로써 정보주체의 신뢰를 얻기 위하여 노력하여야 한다.

제4조(정보주체의 권리) 정보주체는 자신의 개인정보 처리와 관련하여 다음 각 호의 권리를 가진다.
1. 개인정보의 처리에 관한 정보를 제공받을 권리
2. 개인정보의 처리에 관한 동의 여부, 동의 범위 등을 선택하고 결정할 권리
3. 개인정보의 처리 여부를 확인하고 개인정보에 대하여 열람(사본의 발급을 포함)을 요구할 권리
4. 개인정보의 처리 정지, 정정·삭제 및 파기를 요구할 권리
5. 개인정보의 처리로 인하여 발생한 피해를 신속하고 공정한 절차에 따라 구제받을 권리

제5조(국가 등의 책무)
① 국가와 지방자치단체는 개인정보의 목적 외 수집, 오용·남용 및 무분별한 감시·추적 등에 따른 폐해를 방지하여 인간의 존엄과 개인의 사생활 보호를 도모하기 위한 시책을 강구하여야 한다.

② 국가와 지방자치단체는 제4조에 따른 정보주체의 권리를 보호하기 위하여 법령의 개선 등 필요한 시책을 마련하여야 한다.

③ 국가와 지방자치단체는 개인정보의 처리에 관한 불합리한 사회적 관행을 개선하기 위하여 개인정보처리자의 자율적인 개인정보 보호활동을 존중하고 촉진·지원하여야 한다.

④ 국가와 지방자치단체는 개인정보의 처리에 관한 법령 또는 조례를 제정하거나 개정하는 경우에는 이 법의 목적에 부합되도록 하여야 한다.

제6조(다른 법률과의 관계) 개인정보 보호에 관하여는 다른 법률에 특별한 규정이 있는 경우를 제외하고는 이 법에서 정하는 바에 따른다.

③ 개인정보 보호위원회

제7조(개인정보 보호위원회)

① 개인정보 보호에 관한 사무를 독립적으로 수행하기 위하여 <u>국무총리 소속으로 개인정보 보호위원회(이하 "보호위원회")를 둔다</u>.

제7조의2(보호위원회의 구성 등)

① 보호위원회는 <u>상임위원 2명(위원장 1명, 부위원장 1명)을 포함한 9명의 위원</u>으로 구성한다.

② 보호위원회의 위원은 개인정보 보호에 관한 경력과 전문지식이 풍부한 다음 각 호의 사람 중에서 위원장과 부위원장은 국무총리의 제청으로, 그 외 위원 중 2명은 위원장의 제청으로, 2명은 대통령이 소속되거나 소속되었던 정당의 교섭단체 추천으로, 3명은 그 외의 교섭단체 추천으로 대통령이 임명 또는 위촉한다.

  1. 개인정보 보호 업무를 담당하는 3급 이상 공무원(고위공무원단에 속하는 공무원을 포함한다)의 직에 있거나 있었던 사람

  2. 판사·검사·변호사의 직에 10년 이상 있거나 있었던 사람

  3. 공공기관 또는 단체(개인정보처리자로 구성된 단체를 포함한다)에 3년 이상 임원으로 재직하였거나 이들 기관 또는 단체로부터 추천받은 사람으로서 개인정보 보호 업무를 3년 이상 담당하였던 사람

  4. 개인정보 관련 분야에 전문지식이 있고 「고등교육법」 제2조제1호에 따른 학교에서 부교수 이상으로 5년 이상 재직하고 있거나 재직하였던 사람

③ 위원장과 부위원장은 정무직 공무원으로 임명한다.

④ 위원장, 부위원장, 제7조의13에 따른 사무처의 장은 「정부조직법」 제10조에도 불구하고 정부위원이 된다.

제7조의3(위원장)

① 위원장은 보호위원회를 대표하고, 보호위원회의 회의를 주재하며, 소관 사무를 총괄한다.

② 위원장이 부득이한 사유로 직무를 수행할 수 없을 때에는 <u>부위원장</u>이 그 직무를 대행하고, 위원장·부위원장이 모두 부득이한 사유로 직무를 수행할 수 없을 때에는 <u>위원회가 미리 정하는 위원이 위원장의 직무를 대행한다</u>.

③ 위원장은 국회에 출석하여 보호위원회의 소관 사무에 관하여 의견을 진술할 수 있으며, 국회에서 요구하면 출석하여 보고하거나 답변하여야 한다.

④ 위원장은 국무회의에 출석하여 발언할 수 있으며, 그 소관 사무에 관하여 국무총리에게 의안 제출을 건의할 수 있다.

④ 개인정보의 수집 · 이용 · 수집 제한

제15조(개인정보의 수집 · 이용)

① 개인정보처리자는 다음 각 호의 어느 하나에 해당하는 경우에는 개인정보를 <u>수집</u>할 수 있으며 그 <u>수집 목적의 범위에서</u> 이용할 수 있다.

1. 정보주체의 동의를 받은 경우
2. 법률에 특별한 규정이 있거나 법령상 의무를 준수하기 위하여 불가피한 경우
3. 공공기관이 법령 등에서 정하는 소관 업무의 수행을 위하여 불가피한 경우
4. 정보주체와의 계약의 체결 및 이행을 위하여 불가피하게 필요한 경우
5. 정보주체 또는 그 법정대리인이 의사표시를 할 수 없는 상태에 있거나 주소불명 등으로 사전 동의를 받을 수 없는 경우로서 명백히 정보주체 또는 제3자의 급박한 생명, 신체, 재산의 이익을 위하여 필요하다고 인정되는 경우
6. 개인정보처리자의 정당한 이익을 달성하기 위하여 필요한 경우로서 명백하게 정보주체의 권리보다 우선하는 경우. 이 경우 개인정보처리자의 정당한 이익과 상당한 관련이 있고 합리적인 범위를 초과하지 아니하는 경우에 한한다.

② 개인정보처리자는 제1항제1호에 따른 동의를 받을 때에는 다음 각 호의 사항을 정보주체에게 알려야 한다. 다음 각 호의 어느 하나의 사항을 변경하는 경우에도 이를 알리고 동의를 받아야 한다.

1. 개인정보의 수집 · 이용 목적
2. 수집하려는 개인정보의 항목
3. 개인정보의 보유 및 이용 기간
4. 동의를 거부할 권리가 있다는 사실 및 동의 거부에 따른 불이익이 있는 경우에는 그 불이익의 내용

③ 개인정보처리자는 당초 수집 목적과 합리적으로 관련된 범위에서 정보주체에게 불이익이 발생하는지 여부, 암호화 등 안전성 확보에 필요한 조치를 하였는지 여부 등을 고려하여 대통령령으로 정하는 바에 따라 정보주체의 동의 없이 개인정보를 이용할 수 있다.

제16조(개인정보의 수집 제한)

① 개인정보처리자는 제15조제1항 각 호의 어느 하나에 해당하여 개인정보를 수집하는 경우에는 그 목적에 필요한 최소한의 개인정보를 수집하여야 한다. 이 경우 최소한의 개인정보 수집이라는 입증책임은 개인정보처리자가 부담한다.

② 개인정보처리자는 정보주체의 동의를 받아 개인정보를 수집하는 경우 필요한 최소한의 정보 외의 개인정보 수집에는 동의하지 아니할 수 있다는 사실을 구체적으로 알리고 개인정보를 수집하여야 한다.

③ 개인정보처리자는 정보주체가 필요한 최소한의 정보 외의 개인정보 수집에 동의하지 아니한다는 이유로 정보주체에게 재화 또는 서비스의 제공을 거부하여서는 아니 된다.

- 정보주체가 직접 또는 제3자를 통하여 이미 공개한 개인정보는 공개 당시 정보주체가 자신의 개인정보에 대한 수집이나 제3자 제공 등의 처리에 대하여 일정한 범위 내에서 동의를 하였다고 할 것이다. 이와 같이 공개된 개인정보를 객관적으로 보아 정보주체가 동의한 범위 내에서 처리하는 것으로 평가할 수 있는 경우에도 동의의 범위가 외부에 표시되지 아니하였다는 이유만으로 또다시 정보주체의 별도의 동의를 받을 것을 요구한다면 이는 정보주체의 공개의사에도 부합하지 아니하거니와 정보주체나 개인정보처리자에게 무의미한 동의절차를 밟기 위한 비용만을 부담시키는 결과가 된다. 다른 한편 개인정보 보호법 제20조는 공개된 개인정보 등을 수집·처리하는 때에는 정보주체의 요구가 있으면 즉시 개인정보의 수집 출처, 개인정보의 처리 목적, 제37조에 따른 개인정보 처리의 정지를 요구할 권리가 있다는 사실을 정보주체에게 알리도록 규정하고 있으므로, 공개된 개인정보에 대한 정보주체의 개인정보자기결정권은 이러한 사후통제에 의하여 보호받게 된다. 따라서 <u>이미 공개된 개인정보를 정보주체의 동의가 있었다고 객관적으로 인정되는 범위 내에서 수집·이용·제공 등 처리를 할 때는 정보주체의 별도의 동의는 불필요하다고 보아야 하고, 별도의 동의를 받지 아니하였다고 하여 개인정보 보호법 제15조나 제17조를 위반한 것으로 볼 수 없다</u>(대판 2016. 8.17. 2014다235080).

⑤ 개인정보의 제공 등

제17조(개인정보의 제공)
① 개인정보처리자는 다음 각 호의 어느 하나에 해당되는 경우에는 <u>정보주체의 개인정보를 제3자에게 제공(공유를 포함)할 수 있다.</u>
  1. 정보주체의 동의를 받은 경우
  2. 제15조제1항제2호·제3호·제5호 및 제39조의3제2항제2호·제3호에 따라 개인정보를 수집한 목적 범위에서 개인정보를 제공하는 경우
② 개인정보처리자는 제1항제1호에 따른 동의를 받을 때에는 다음 각 호의 사항을 정보주체에게 알려야 한다. 다음 각 호의 어느 하나의 사항을 변경하는 경우에도 이를 알리고 동의를 받아야 한다.
  1. 개인정보를 제공받는 자
  2. 개인정보를 제공받는 자의 개인정보 이용 목적
  3. 제공하는 개인정보의 항목
  4. 개인정보를 제공받는 자의 개인정보 보유 및 이용 기간
  5. 동의를 거부할 권리가 있다는 사실 및 동의 거부에 따른 불이익이 있는 경우에는 그 불이익의 내용
③ 개인정보처리자가 개인정보를 국외의 제3자에게 제공할 때에는 제2항 각 호에 따른 사항을 정보주체에게 알리고 동의를 받아야 하며, 이 법을 위반하는 내용으로 개인정보의 국외 이전에 관한 계약을 체결하여서는 아니 된다.
④ 개인정보처리자는 당초 수집 목적과 합리적으로 관련된 범위에서 정보주체에게 불이익이 발생하는지 여부, 암호화 등 안전성 확보에 필요한 조치를 하였는지 여부 등을 고려하여 대통령령으로 정하는 바에 따라 정보주체의 동의 없이 개인정보를 제공할 수 있다.

제20조(정보주체 이외로부터 수집한 개인정보의 수집 출처 등 고지)
① 개인정보처리자가 정보주체 이외로부터 수집한 개인정보를 처리하는 때에는 정보주체의 요구가 있으면 즉시 다음 각 호의 모든 사항을 정보주체에게 알려야 한다.

1. 개인정보의 수집 출처
2. 개인정보의 처리 목적
3. 제37조에 따른 개인정보 처리의 정지를 요구할 권리가 있다는 사실

- 개인정보 보호법 제17조와 정보통신망법 제24조의2에서 말하는 개인정보의 '제3자 제공'은 본래의 개인정보 수집·이용 목적의 범위를 넘어 정보를 제공받는 자의 업무처리와 이익을 위하여 개인정보가 이전되는 경우인 반면, 개인정보 보호법 제26조와 정보통신망법 제25조에서 말하는 개인정보의 '처리위탁'은 본래의 개인정보 수집·이용 목적과 관련된 위탁자 본인의 업무 처리와 이익을 위하여 개인정보가 이전되는 경우를 의미한다. 개인정보 처리위탁에 있어 수탁자는 위탁자로부터 위탁사무 처리에 따른 대가를 지급받는 것 외에는 개인정보 처리에 관하여 독자적인 이익을 가지지 않고, 정보제공자의 관리·감독 아래 위탁받은 범위 내에서만 개인정보를 처리하게 되므로, 개인정보 보호법 제17조와 정보통신망법 제24조의2에 정한 '제3자'에 해당하지 않는다(대판 2017. 4. 7. 2016도13263).

⑥ 개인정보의 파기 및 동의를 받는 방법

제21조(개인정보의 파기)
① 개인정보처리자는 보유기간의 경과, 개인정보의 처리 목적 달성 등 그 개인정보가 불필요하게 되었을 때에는 지체 없이 그 개인정보를 파기하여야 한다. 다만, 다른 법령에 따라 보존하여야 하는 경우에는 그러하지 아니하다.
② 개인정보처리자가 제1항에 따라 개인정보를 파기할 때에는 복구 또는 재생되지 아니하도록 조치하여야 한다.
③ 개인정보처리자가 제1항 단서에 따라 개인정보를 파기하지 아니하고 보존하여야 하는 경우에는 해당 개인정보 또는 개인정보파일을 다른 개인정보와 분리하여서 저장·관리하여야 한다.
④ 개인정보의 파기방법 및 절차 등에 필요한 사항은 대통령령으로 정한다.

제22조(동의를 받는 방법)
① 개인정보처리자는 이 법에 따른 개인정보의 처리에 대하여 정보주체(제6항에 따른 법정대리인을 포함)의 동의를 받을 때에는 각각의 동의 사항을 구분하여 정보주체가 이를 명확하게 인지할 수 있도록 알리고 각각 동의를 받아야 한다.
② 개인정보처리자는 제1항의 동의를 서면(「전자문서 및 전자거래 기본법」 제2조제1호에 따른 전자문서를 포함)으로 받을 때에는 개인정보의 수집·이용 목적, 수집·이용하려는 개인정보의 항목 등 대통령령으로 정하는 중요한 내용을 보호위원회가 고시로 정하는 방법에 따라 명확히 표시하여 알아보기 쉽게 하여야 한다.
③ 개인정보처리자는 제15조제1항제1호, 제17조제1항제1호, 제23조제1항제1호 및 제24조제1항제1호에 따라 개인정보의 처리에 대하여 정보주체의 동의를 받을 때에는 정보주체와의 계약 체결 등을 위하여 정보주체의 동의 없이 처리할 수 있는 개인정보와 정보주체의 동의가 필요한 개인정보를 구분하여야 한다. 이 경우 동의 없이 처리할 수 있는 개인정보라는 입증책임은 개인정보처리자가 부담한다.
④ 개인정보처리자는 정보주체에게 재화나 서비스를 홍보하거나 판매를 권유하기 위하여 개인정보의 처리에 대한 동의를 받으려는 때에는 정보주체가 이를 명확하게 인지할 수 있도록 알리고 동의를 받아야 한다.
⑤ 개인정보처리자는 정보주체가 제3항에 따라 선택적으로 동의할 수 있는 사항을 동의하지 아니하거나 제4항 및 제18조제2항제1호에 따른 동의를 하지 아니한다는 이유로 정보주체에게 재화 또는 서비스의 제공을 거부하여서는 아니 된다.

⑦ 개인정보의 유출 통지 등

제34조(개인정보 유출 통지 등)

① 개인정보처리자는 개인정보가 유출되었음을 알게 되었을 때에는 지체 없이 해당 정보주체에게 다음 각 호의 사실을 알려야 한다.
　1. 유출된 개인정보의 항목
　2. 유출된 시점과 그 경위
　3. 유출로 인하여 발생할 수 있는 피해를 최소화하기 위하여 정보주체가 할 수 있는 방법 등에 관한 정보
　4. 개인정보처리자의 대응조치 및 피해 구제절차
　5. 정보주체에게 피해가 발생한 경우 신고 등을 접수할 수 있는 담당부서 및 연락처
② 개인정보처리자는 개인정보가 유출된 경우 그 피해를 최소화하기 위한 대책을 마련하고 필요한 조치를 하여야 한다.
③ 개인정보처리자는 대통령령으로 정한 규모 이상의 개인정보가 유출된 경우에는 제1항에 따른 통지 및 제2항에 따른 조치 결과를 지체 없이 보호위원회 또는 대통령령으로 정하는 전문기관에 신고하여야 한다. 이 경우 보호위원회 또는 대통령령으로 정하는 전문기관은 피해 확산방지, 피해 복구 등을 위한 기술을 지원할 수 있다.
④ 제1항에 따른 통지의 시기, 방법 및 절차 등에 관하여 필요한 사항은 대통령령으로 정한다.

- 甲 등이 인터넷 포털사이트 등의 개인정보 유출사고로 자신들의 주민등록번호 등 개인정보가 불법 유출되자 이를 이유로 관할 구청장에게 주민등록번호를 변경해 줄 것을 신청하였으나 구청장이 '주민등록번호가 불법 유출된 경우 주민등록법상 변경이 허용되지 않는다'는 이유로 주민등록번호 변경을 거부하는 취지의 통지를 한 사안에서, <u>피해자의 의사와 무관하게 주민등록번호가 유출된 경우에는 조리상 주민등록번호의 변경을 요구할 신청권을 인정함이 타당하고, 구청장의 주민등록번호 변경신청 거부행위는 항고소송의 대상이 되는 행정처분에 해당한다</u>(대판 2017. 6.15. 2013두2945).

⑧ 개인정보의 열람 등

제35조(개인정보의 열람)

① <u>정보주체는 개인정보처리자가 처리하는 자신의 개인정보에 대한 열람을 해당 개인정보처리자에게 요구할 수 있다.</u>
② 제1항에도 불구하고 정보주체가 자신의 개인정보에 대한 열람을 공공기관에 요구하고자 할 때에는 공공기관에 직접 열람을 요구하거나 대통령령으로 정하는 바에 따라 보호위원회를 통하여 열람을 요구할 수 있다.

③ 개인정보처리자는 제1항 및 제2항에 따른 열람을 요구받았을 때에는 대통령령으로 정하는 기간 내에 정보주체가 해당 개인정보를 열람할 수 있도록 하여야 한다. 이 경우 해당 기간 내에 열람할 수 없는 정당한 사유가 있을 때에는 정보주체에게 그 사유를 알리고 열람을 연기할 수 있으며, 그 사유가 소멸하면 지체 없이 열람하게 하여야 한다.

④ 개인정보처리자는 다음 각 호의 어느 하나에 해당하는 경우에는 정보주체에게 그 사유를 알리고 열람을 제한하거나 거절할 수 있다.

1. 법률에 따라 열람이 금지되거나 제한되는 경우
2. 다른 사람의 생명 · 신체를 해할 우려가 있거나 다른 사람의 재산과 그 밖의 이익을 부당하게 침해할 우려가 있는 경우
3. 공공기관이 다음 각 목의 어느 하나에 해당하는 업무를 수행할 때 중대한 지장을 초래하는 경우
   가. 조세의 부과 · 징수 또는 환급에 관한 업무
   나. 「초 · 중등교육법」 및 「고등교육법」에 따른 각급 학교, 「평생교육법」에 따른 평생교육시설, 그 밖의 다른 법률에 따라 설치된 고등교육기관에서의 성적 평가 또는 입학자 선발에 관한 업무
   다. 학력 · 기능 및 채용에 관한 시험, 자격 심사에 관한 업무
   라. 보상금 · 급부금 산정 등에 대하여 진행 중인 평가 또는 판단에 관한 업무
   마. 다른 법률에 따라 진행 중인 감사 및 조사에 관한 업무

⑤ 제1항부터 제4항까지의 규정에 따른 열람 요구, 열람 제한, 통지 등의 방법 및 절차에 관하여 필요한 사항은 대통령령으로 정한다.

제36조(개인정보의 정정 · 삭제)

① 제35조에 따라 자신의 개인정보를 열람한 정보주체는 개인정보처리자에게 그 개인정보의 정정 또는 삭제를 요구할 수 있다. 다만, 다른 법령에서 그 개인정보가 수집 대상으로 명시되어 있는 경우에는 그 삭제를 요구할 수 없다.

② 개인정보처리자는 제1항에 따른 정보주체의 요구를 받았을 때에는 개인정보의 정정 또는 삭제에 관하여 다른 법령에 특별한 절차가 규정되어 있는 경우를 제외하고는 지체 없이 그 개인정보를 조사하여 정보주체의 요구에 따라 정정 · 삭제 등 필요한 조치를 한 후 그 결과를 정보주체에게 알려야 한다.

③ 개인정보처리자가 제2항에 따라 개인정보를 삭제할 때에는 복구 또는 재생되지 아니하도록 조치하여야 한다.

④ 개인정보처리자는 정보주체의 요구가 제1항 단서에 해당될 때에는 지체 없이 그 내용을 정보주체에게 알려야 한다.

⑤ 개인정보처리자는 제2항에 따른 조사를 할 때 필요하면 해당 정보주체에게 정정 · 삭제 요구사항의 확인에 필요한 증거자료를 제출하게 할 수 있다.

⑥ 제1항 · 제2항 및 제4항에 따른 정정 또는 삭제 요구, 통지 방법 및 절차 등에 필요한 사항은 대통령령으로 정한다.

제37조(개인정보의 처리정지 등)

① 정보주체는 개인정보처리자에 대하여 자신의 개인정보 처리의 정지를 요구할 수 있다. 이 경우 공공기관에 대하여는 제32조에 따라 등록 대상이 되는 개인정보파일 중 자신의 개인정보에 대한 처리의 정지를 요구할 수 있다.

② 개인정보처리자는 제1항에 따른 요구를 받았을 때에는 지체 없이 정보주체의 요구에 따라 개인정보 처리의 전부를 정지하거나 일부를 정지하여야 한다. 다만, 다음 각 호의 어느 하나에 해당하는 경우에는 정보주체의 처리정지 요구를 거절할 수 있다.
1. 법률에 특별한 규정이 있거나 법령상 의무를 준수하기 위하여 불가피한 경우
2. 다른 사람의 생명·신체를 해할 우려가 있거나 다른 사람의 재산과 그 밖의 이익을 부당하게 침해할 우려가 있는 경우
3. 공공기관이 개인정보를 처리하지 아니하면 다른 법률에서 정하는 소관 업무를 수행할 수 없는 경우
4. 개인정보를 처리하지 아니하면 정보주체와 약정한 서비스를 제공하지 못하는 등 계약의 이행이 곤란한 경우로서 정보주체가 그 계약의 해지 의사를 명확하게 밝히지 아니한 경우
③ 개인정보처리자는 제2항 단서에 따라 처리정지 요구를 거절하였을 때에는 정보주체에게 지체 없이 그 사유를 알려야 한다.
④ 개인정보처리자는 정보주체의 요구에 따라 처리가 정지된 개인정보에 대하여 지체 없이 해당 개인정보의 파기 등 필요한 조치를 하여야 한다.
⑤ 제1항부터 제3항까지의 규정에 따른 처리정지의 요구, 처리정지의 거절, 통지 등의 방법 및 절차에 필요한 사항은 대통령령으로 정한다.

⑨ 손해배상책임 및 단체소송의 대상

제39조(손해배상책임)
① 정보주체는 개인정보처리자가 이 법을 위반한 행위로 손해를 입으면 개인정보처리자에게 손해배상을 청구할 수 있다. 이 경우 <u>그 개인정보처리자는 고의 또는 과실이 없음을 입증하지 아니하면 책임을 면할 수 없다.</u>
③ <u>개인정보처리자의 고의 또는 중대한 과실로 인하여 개인정보가 분실·도난·유출·위조·변조 또는 훼손된 경우로서 정보주체에게 손해가 발생한 때에는 법원은 그 손해액의 3배를 넘지 아니하는 범위에서 손해배상액을 정할 수 있다.</u> 다만, 개인정보처리자가 고의 또는 중대한 과실이 없음을 증명한 경우에는 그러하지 아니하다.
④ 법원은 제3항의 배상액을 정할 때에는 다음 각 호의 사항을 고려하여야 한다.
1. 고의 또는 손해 발생의 우려를 인식한 정도
2. 위반행위로 인하여 입은 피해 규모
3. 위법행위로 인하여 개인정보처리자가 취득한 경제적 이익
4. 위반행위에 따른 벌금 및 과징금
5. 위반행위의 기간·횟수 등
6. 개인정보처리자의 재산상태
7. 개인정보처리자가 정보주체의 개인정보 분실·도난·유출 후 해당 개인정보를 회수하기 위하여 노력한 정도
8. 개인정보처리자가 정보주체의 피해구제를 위하여 노력한 정도

제51조(단체소송의 대상 등) 다음 각 호의 어느 하나에 해당하는 단체는 <u>개인정보처리자가 제49조에 따른 집단분쟁조정을 거부하거나 집단분쟁조정의 결과를 수락하지 아니한 경우에는</u> 법원에 권리침해 행위의 금지·중지를 구하는 소송(이하 "단체소송")을 제기할 수 있다.

1. 「소비자기본법」 제29조에 따라 공정거래위원회에 등록한 소비자단체로서 다음 각 목의 요건을 모두 갖춘 단체

   가. 정관에 따라 상시적으로 정보주체의 권익증진을 주된 목적으로 하는 단체일 것

   나. 단체의 정회원수가 1천명 이상일 것

   다. 「소비자기본법」 제29조에 따른 등록 후 3년이 경과하였을 것

2. 「비영리민간단체 지원법」 제2조에 따른 비영리민간단체로서 다음 각 목의 요건을 모두 갖춘 단체

   가. 법률상 또는 사실상 동일한 침해를 입은 100명 이상의 정보주체로부터 단체소송의 제기를 요청받을 것

   나. 정관에 개인정보 보호를 단체의 목적으로 명시한 후 최근 3년 이상 이를 위한 활동실적이 있을 것

   다. 단체의 상시 구성원수가 5천명 이상일 것

   라. 중앙행정기관에 등록되어 있을 것

⑩ 개인정보 분쟁조정위원회

제40조(설치 및 구성)

① 개인정보에 관한 분쟁의 조정(調停)을 위하여 <u>개인정보 분쟁조정위원회(이하 "분쟁조정위원회")를 둔다.</u>

② 분쟁조정위원회는 <u>위원장 1명을 포함한 20명 이내의 위원</u>으로 구성하며, 위원은 당연직위원과 위촉위원으로 구성한다.

③ 위촉위원은 다음 각 호의 어느 하나에 해당하는 사람 중에서 보호위원회 위원장이 위촉하고, 대통령령으로 정하는 국가기관 소속 공무원은 당연직위원이 된다.

   1. 개인정보 보호업무를 관장하는 중앙행정기관의 고위공무원단에 속하는 공무원으로 재직하였던 사람 또는 이에 상당하는 공공부문 및 관련 단체의 직에 재직하고 있거나 재직하였던 사람으로서 개인정보 보호업무의 경험이 있는 사람

   2. 대학이나 공인된 연구기관에서 부교수 이상 또는 이에 상당하는 직에 재직하고 있거나 재직하였던 사람

   3. 판사·검사 또는 변호사로 재직하고 있거나 재직하였던 사람

   4. 개인정보 보호와 관련된 시민사회단체 또는 소비자단체로부터 추천을 받은 사람

   5. 개인정보처리자로 구성된 사업자단체의 임원으로 재직하고 있거나 재직하였던 사람

④ 위원장은 위원 중에서 공무원이 아닌 사람으로 보호위원회 위원장이 위촉한다.

⑤ <u>위원장과 위촉위원의 임기는 2년</u>으로 하되, <u>1차에 한하여 연임</u>할 수 있다.

⑥ 분쟁조정위원회는 분쟁조정 업무를 효율적으로 수행하기 위하여 필요하면 대통령령으로 정하는 바에 따라 조정사건의 분야별로 5명 이내의 위원으로 구성되는 조정부를 둘 수 있다. 이 경우 조정부가 분쟁조정위원회에서 위임받아 의결한 사항은 분쟁조정위원회에서 의결한 것으로 본다.

⑦ 분쟁조정위원회 또는 조정부는 <u>재적위원 과반수의 출석으로 개의하며 출석위원 과반수의 찬성으로 의결</u>한다.

⑧ 보호위원회는 분쟁조정 접수, 사실 확인 등 분쟁조정에 필요한 사무를 처리할 수 있다.

⑨ 이 법에서 정한 사항 외에 분쟁조정위원회 운영에 필요한 사항은 대통령령으로 정한다.

최근 기출문제 분석

2025 제1회 지방직 9급

1 「행정절차법」상 처분의 이유제시에 대한 설명으로 옳은 것은?

① 신청 내용을 모두 그대로 인정하는 처분인 경우, 처분 후 당사자가 요청하더라도 행정청은 그 근거와 이유를 제시하지 않아도 된다.

② 단순·반복적인 처분 또는 경미한 처분으로서 당사자가 그 이유를 명백히 알 수 있는 경우, 처분 후 당사자가 요청하더라도 행정청은 그 근거와 이유를 제시하지 않아도 된다.

③ 긴급히 처분을 할 필요가 있는 경우, 처분 후 당사자가 요청하더라도 행정청은 그 근거와 이유를 제시하지 않아도 된다.

④ 처분 당시 당사자가 어떠한 근거와 이유로 처분이 이루어진 것인지를 충분히 알 수 있어 그에 불복하여 행정구제절차로 나아가는 데 별다른 지장이 없었던 것으로 인정되는 경우에도 처분서에 처분의 근거와 이유가 구체적으로 명시되지 않았다면 그 처분은 위법하다.

TIP ① 행정절차법 제23조

> 제23조(처분의 이유 제시)
> ① 행정청은 처분을 할 때에는 다음 각 호의 어느 하나에 해당하는 경우를 제외하고는 당사자에게 그 근거와 이유를 제시하여야 한다.
>   1. 신청 내용을 모두 그대로 인정하는 처분인 경우
>   2. 단순·반복적인 처분 또는 경미한 처분으로서 당사자가 그 이유를 명백히 알 수 있는 경우
>   3. 긴급히 처분을 할 필요가 있는 경우
> ② 행정청은 제1항 제2호 및 제3호의 경우에 처분 후 당사자가 요청하는 경우에는 그 근거와 이유를 제시하여야 한다.

Answer 1.①

2 **선결문제에 대한 설명으로 옳지 않은 것은?**

① 위법한 행정대집행이 완료되면 대집행계고처분의 무효확인 또는 취소를 구할 소의 이익은 없다 하더라도, 미리 그 행정처분의 취소판결이 있어야만, 그 행정처분이 위법임을 이유로 한 손해배상 청구를 할 수 있는 것은 아니다.

② 행정행위의 하자가 취소사유에 불과한 때에는 그 처분이 취소되지 않는 한 처분의 효력을 부정하여 그로 인한 이득을 법률상 원인 없는 이득이라고 말할 수 없다.

③ 과세대상과 납세의무자 확정이 잘못되어 당연무효한 과세에 대하여는 체납이 문제될 여지가 없으므로 체납범이 성립하지 않는다.

④ 연령미달의 결격자인 피고인이 소외인의 이름으로 운전면허시험에 응시, 합격하여 교부받은 운전면허는 당연무효이므로, 그 경우 피고인의 운전행위는 무면허운전에 해당한다.

> **TIP** ④ 연령미달의 결격자인 피고인이 소외인의 이름으로 운전면허시험에 응시, 합격하여 교부받은 운전면허는 당연무효가 아니고 도로교통법 제65조 제3호의 사유에 해당함에 불과하여 취소되지 않는 한 유효하므로 피고인의 운전행위는 무면허운전에 해당하지 아니한다(대판 1982. 6. 8. 80도2646).

3 **법령보충적 행정규칙에 대한 설명으로 옳지 않은 것은?**

① 헌법 제40조와 헌법 제75조, 제95조의 의미를 살펴보면, 의회가 구체적으로 범위를 정하여 위임한 사항에 관하여는 당해 행정기관이 법정립의 권한을 갖게 되고, 입법자가 규율의 형식도 선택할 수도 있다 할 것이다.

② 법령에서 전문적·기술적 사항이나 경미한 사항으로서 업무의 성질상 위임이 불가피한 사항에 관하여 구체적으로 범위를 정하여 위임한 경우에는 고시 등으로 정할 수 있다.

③ 구「지방공무원보수업무 등 처리지침」 [별표 1] '직종별 경력환산율표 해설'이 정한 민간근무경력의 호봉 산정에 관한 부분은 「지방공무원법」과 구「지방공무원 보수규정」 [별표 3]의 단계적 위임에 따라 행정규칙의 형식으로 법령의 내용이 될 사항을 구체적으로 정한 것이고, 법령의 내용 및 취지에 저촉된다거나 위임 한계를 벗어났다고 보기 어렵다면, 대외적 구속력이 있는 법규명령으로서의 효력을 갖는다.

④ 법령보충적 행정규칙은 법규명령 또는 행정규칙에 해당하므로 처분성을 갖는 경우라도 항고소송의 대상이 될 수 없다.

Answer　2.④　3.④

2025 제1회 지방직 9급

4 행정행위 하자의 치유에 대한 설명으로 옳지 않은 것은?

① 주택재건축정비사업조합설립인가처분 당시 토지소유자 등의 동의율을 충족하지 못한 하자는 소제기 이후에 추가동의서가 제출되어 동의율을 충족한다면 치유된다.

② 흠이 있는 행정행위의 치유는 행정행위의 성질이나 법치주의 관점에서 볼 때 원칙적으로 허용될 수 없는 것이고, 예외적으로 이를 허용하는 때에도 국민의 권리나 이익을 침해하지 않는 범위에서 구체적 사정에 따라 합목적적으로 인정하여야 할 것이다.

③ 행정청이 청문서 도달기간을 다소 어겼다 하더라도 처분 상대방이 방어의 기회를 충분히 가졌다면 청문서 도달기간을 준수하지 아니한 하자는 치유되었다고 봄이 상당하다.

④ 징계처분이 중대하고 명백한 흠 때문에 당연무효의 것이라면 징계처분을 받은 자가 이를 용인하였다 하여 그 흠이 치유되는 것은 아니다.

Answer　4.①

5 **행정계획에 대한 설명으로 옳지 않은 것은?**

① 이미 고시된 실시계획에 포함된 상세계획으로 관리되는 토지 위의 건물의 용도를 상세계획 승인권자의 변경승인 없이 임의로 판매시설에서 상세계획에 반하는 일반목욕장으로 변경한 경우, 행정청이 그 영업신고를 수리하지 않고 영업소를 폐쇄한 처분은 적법하다.

② 구 건설교통부장관이 구역지정의 실효성이 적은 7개 중소도시권은 개발제한구역을 해제하고 구역지정이 필요한 7개 대도시권은 개발제한구역을 부분조정 하는 등의 내용을 담은 '개발제한구역제도개선방안'을 발표한 것은 헌법소원의 대상이 되는 공권력의 행사에 해당되지 아니한다.

③ 구「도시계획법」상 도시계획은 도시기본계획에 부합되어야 한다고 규정되어 있으므로, 서울특별시 도시기본계획에 포함되어 있지 않은 원지동 추모공원의 설치를 내용으로 하는 서울특별시장의 도시계획시설결정은 위법하다.

④ 자연환경 보호 등을 목적으로 하는 도시관리계획결정은 식생이 양호한 수림의 훼손 등과 같이 장래 발생할 불확실한 상황과 파급효과에 대한 예측 등을 반영한 행정청의 재량적 판단으로서, 그 내용이 현저히 합리성을 결여하거나 형평이나 비례의 원칙에 뚜렷하게 반하는 등의 사정이 없는 한 폭넓게 존중하여야 한다.

> **TIP** ③ 개발제한구역은 도시의 무질서한 확산을 방지하고 도시 주변의 자연환경을 보전하여 도시민의 건전한 생활환경을 확보하기 위하여 도시의 개발을 제한할 필요에 의하여 지정되는 것이어서 원칙적으로 개발제한구역에서의 개발행위는 제한되는 것이기는 하지만 위와 같은 개발제한구역의 지정목적에 위배되지 않는다면 허용될 수 있는 것인바, <u>도시계획시설인 묘지공원과 화장장 시설의 설치가 위와 같은 개발제한구역의 지정목적에 위배된다고 보이지 않으므로, 시장이 이미 개발제한구역으로 지정되어 있는 부지에 묘지공원과 화장장 시설들을 설치하기로 하는 내용의 도시계획시설결정을 하였다 하더라도 이를 두고 위법하다고 할 수 없다.</u> 구 도시계획법 제19조 제1항 및 도시계획시설결정 당시의 지방자치단체의 도시계획조례에서는, <u>도시계획이 도시기본계획에 부합되어야 한다고 규정하고 있으나, 도시기본계획은 도시의 장기적 개발방향과 미래상을 제시하는 도시계획 입안의 지침이 되는 장기적·종합적인 개발계획으로서 행정청에 대한 직접적인 구속력은 없다</u>(대판 2007. 4. 12. 2005두1893).

Answer 5.③

6 **영업허가의 양도와 제재처분의 효과 및 제재사유의 승계에 대한 설명으로 옳지 않은 것은?**

① 「식품위생법」에 따른 영업장 면적 변경에 관한 신고의무가 이행되지 않은 영업을 양수한 자가 그 신고의무를 이행하지 않은 채 영업을 계속하는 경우, 시정명령 또는 영업정지 등 제재처분의 대상이 된다.

② 불법증차를 실행하고 유가보조금을 받은 운송사업자로부터 운송사업 영업을 양수하고 구「화물자동차 운수사업법」에 따라 신고를 하여 운송사업자의 지위를 승계한 양수인에게, 행정청은 불법증차 차량에 관하여 지급된 유가보조금의 반환을 명할 수 있다. 다만, 그에 따른 양수인의 책임범위는 지위승계 후 유가보조금 부정수급액에 한정된다.

③ 행정청은 개인택시운송사업의 양도·양수에 대한인가를 한 후, 그 양도·양수 이전에 있었던 양도인에 대한 운송사업면허 취소사유를 들어 양수인의 사업면허를 취소할 수 있다.

④ 분할하는 회사의 분할 전 「하도급거래 공정화에 관한 법률」 위반행위를 이유로 신설회사에 대하여 동법에 따른 시정조치를 명하는 것이 허용된다.

> **TIP** ④ 회사 분할 시 특별한 규정이 없는 한 신설회사에 대하여 분할하는 회사의 분할 전 하도급거래 공정화에 관한 법률(이하 '하도급법'이라 한다) 위반행위를 이유로 하도급법 제25조 제1항에 따른 시정조치를 명하는 것은 허용되지 않는다. 구체적인 이유는 아래와 같다.
>
> ① 대법원은 2007. 11. 29. 선고 2006두18928 판결에서 법률 규정이 없는 이상 분할하는 회사의 분할 전 독점규제 및 공정거래에 관한 법률(이하 '공정거래법'이라 한다) 위반행위를 이유로 신설회사에 대하여 과징금을 부과하는 것은 허용되지 않는다고 판시하였다. 공정거래법에 따른 과징금 부과처분과 하도급법 제25조 제1항에 따른 시정조치명령 모두 해당 법규정을 위반한 사업자를 처분 상대방으로 하는 점, 회사분할 전에 공정거래법 위반이나 하도급법 위반이 있는 경우 시정조치의 제재사유는 이미 발생하였고 신설회사로서는 제재사유를 제거할 수 있는 지위에 있지 않는 점(예를 들어 분할하는 회사가 목적물 등의 수령일부터 60일 이내에 하도급대금을 지급하지 않았다면 그 사실만으로 하도급법상 시정조치의 제재사유가 발생하고, 이후 신설회사가 이를 지급하였다고 하여 위 제재사유가 소멸하지는 않는다. 신설회사가 하도급대금 지급채무를 승계하였음에도 그로부터 일정 기한 내에 이를 지급하지 아니하는 경우 이것이 별도의 위반사실이 될 여지가 있을 뿐이다), 공정거래위원회는 사업자에게 하도급법 위반 제재사유가 있는 경우 시정조치 또는 과징금을 선택적으로 부과할 수 있고, 과징금 부과처분의 성격이 공정거래법상의 그것과 다르지 않은바, 제재사유 승계에 관한 특별한 규정이 없음에도 법 위반사유에 대한 처분의 선택에 따라 제재사유의 승계 여부가 달라지는 결과를 초래하는 것은 형평에 맞지 않은 점 등에 비추어 볼 때, 공정거래법상 과징금 부과처분에 관한 위 법리는 아래에서 보는 바와 같이 제재사유의 승계에 관하여 법률 규정을 두고 있지 않은 하도급법상 시정조치명령의 경우에도 그대로 적용되어야 한다.
>
> ② 현행 공정거래법은 분할하는 회사의 분할 전 공정거래법 위반행위를 이유로 신설회사에 과징금 부과 또는 시정조치를 할 수 있도록 규정을 신설하였다. 현행 하도급법은 과징금 부과처분에 관하여는 신설회사에 제재사유를 승계시키는 공정거래법 규정을 준용하고 있으나 시정조치에 관하여는 이러한 규정을 두고 있지 않다. 이와 같이 공정거래법과 하도급법이 회사분할 전 법 위반행위에 관하여 신설회사에 과징금 부과 또는 시정조치의 제재사유를 승계시킬 수 있는 경우를 따로 규정하고 있는 이상, 그와 같은 규정을 두고 있지 아니하는 사안, 즉 회사분할 전 법 위반행위에 관하여 신설회사에 시정조치의 제재사유가 승계되는지가 쟁점이 되는 사안에서는 이를 소극적으로 보는 것이 자연스럽다(대판 2023. 6. 15. 2021두55159).

Answer 6.④

7 **판례의 입장으로 옳지 않은 것은?**

① 증액경정처분이 있는 경우 당초처분은 증액경정처분에 흡수되어 소멸하고, 소멸한 당초처분의 절차적 하자는 존속하는 증액경정처분에 승계되지 아니한다.

②「공무원연금법」상 퇴직연금의 환수결정은 당사자에게 의무를 과하는 처분이므로 퇴직연금의 환수결정에 앞서 당사자에게 의견진술의 기회를 주지 아니하면「행정절차법」상 의견제출에 관한 규정이나 신의칙에 어긋난다.

③ 거부처분이 있은 후 당사자가 다시 신청을 한 경우에는 그 내용이 새로운 신청을 하는 취지라면 관할 행정청이 이를 다시 거절하는 것은 새로운 거부처분이라고 보아야 한다.

④ 처분청이「행정절차법」상 고지절차에 관한 규정에 따른 고지의무를 이행하지 아니하였다고 하더라도 경우에 따라 행정심판의 제기기간이 연장될 수 있음에 그칠 뿐, 그 때문에 심판의 대상이 되는 행정처분이 위법하다고 할 수는 없다.

> **TIP** ② 공무원으로 재직하다가 퇴직하여 공무원연금법에 따라 퇴직연금을 지급받고 있던 사람이 구 사립학교교원연금법 제3조가 정한 교직원으로 임용되어 그 기관으로부터 급여를 받게 되는 경우에는 재직기간 합산신청 여부와는 관련 없이 그 법의 적용을 받게 되고, 그 재직기간 중에는 공무원연금법 제47조, 같은 법시행령 제40조 제1항에 의하여 공무원연금관리공단의 지급정지처분 여부에 관계없이 그 사유가 발생한 때로부터 당연히 퇴직연금의 지급이 정지되는 것이므로, 그 지급정지 사유기간 중 퇴직연금 수급자에게 지급된 퇴직연금은 공무원연금법 제31조 제1항 제3호에 정하여진 '기타 급여가 과오급된 경우'에 해당한다. 퇴직연금의 환수결정은 당사자에게 의무를 과하는 처분이기는 하나, 관련 법령에 따라 당연히 환수금액이 정하여지는 것이므로, 퇴직연금의 환수결정에 앞서 당사자에게 의견진술의 기회를 주지 아니하여도 행정절차법 제22조 제3항이나 신의칙에 어긋나지 아니한다(대판 2000. 11. 28. 99두5443).

Answer　7.②

8 **행정입법에 대한 설명으로 옳지 않은 것은?**

① 행정규칙의 내용이 상위법령에 반하는 것이라면 법치국가원리에서 파생되는 법질서의 통일성과 모순금지 원칙에 따라 그것은 법질서상 당연무효이고, 행정내부적 효력도 인정될 수 없다.

② 행정처분이 법규성이 없는 내부지침 등의 규정에 위배된다고 하더라도 그 이유만으로 처분이 위법하게 되는 것은 아니고, 또 내부지침 등에서 정한 요건에 부합한다고 하여 반드시 그 처분이 적법한 것이라고 할 수도 없다.

③ 행정관청 내부의 사무처리규정에 불과한 전결규정에 위반하여 원래의 전결권자 아닌 보조기관 등이 처분권자인 행정관청의 이름으로 행정처분을 하였다면 그 처분은 권한 없는 자에 의하여 행하여진 무효의 처분이다.

④ 행정소송에 대한 대법원판결에 의하여 명령·규칙이 헌법 또는 법률에 위반된다는 것이 확정된 경우에는 대법원은 지체없이 그 사유를 행정안전부장관에게 통보하여야 한다.

> **TIP** ③ 전결과 같은 행정권한의 내부위임은 법령상 처분권자인 행정관청이 내부적인 사무처리의 편의를 도모하기 위하여 그의 보조기관 또는 하급 행정관청으로 하여금 그의 권한을 사실상 행사하게 하는 것으로서 법률이 위임을 허용하지 않는 경우에도 인정되는 것이므로, 설사 행정관청 내부의 사무처리규정에 불과한 전결규정에 위반하여 원래의 전결권자 아닌 보조기관 등이 처분권자인 행정관청의 이름으로 행정처분을 하였다고 하더라도 그 처분이 권한 없는 자에 의하여 행하여진 무효의 처분이라고는 할 수 없다(대판 1998. 2. 27. 97누1105).

Answer　8.③

9 **인허가의제에 대한 설명으로 옳지 않은 것은?**

① 인허가의제의 효과는 주된 인허가의 해당 법률에 규정된 관련 인허가에 한정된다.

② 「국토의 계획 및 이용에 관한 법률」상 건축물의 건축에 관한 개발행위허가가 의제되는 건축허가 신청이 국토의 계획 및 이용에 관한 법령이 정한 개발행위허가기준에 부합하지 아니하면 허가권자로서는 이를 거부할 수 있다.

③ 주택건설사업계획 승인처분에 따라 의제된 인허가가 위법함을 다투고자 하는 이해관계인은 의제된 인허가의 취소를 구할 것이 아니라 주택건설사업계획 승인처분의 취소를 구하여야 한다.

④ 어떤 개발사업의 시행과 관련하여 인허가의 근거 법령에서 절차간소화를 위하여 관련 인허가를 의제 처리할 수 있는 근거 규정을 둔 경우, 사업시행자는 인허가를 신청하면서 반드시 관련 인허가의제 처리를 신청할 의무가 있는 것은 아니다.

> **TIP** ③ 주택건설사업계획 승인권자가 관계 행정청의 장과 미리 협의한 사항에 한하여 승인처분을 할 때에 인허가 등이 의제될 뿐이고, 각호에 열거된 모든 인허가 등에 관하여 일괄하여 사전협의를 거칠 것을 주택건설사업계획 승인처분의 요건으로 규정하고 있지 않다. 따라서 인허가 의제 대상이 되는 처분에 어떤 하자가 있더라도, 그로써 해당 인허가 의제의 효과가 발생하지 않을 여지가 있게 될 뿐이고, 그러한 사정이 주택건설사업계획 승인처분 자체의 위법사유가 될 수는 없다. 또한 의제된 인허가는 통상적인 인허가와 동일한 효력을 가지므로, 적어도 '부분 인허가 의제'가 허용되는 경우에는 그 효력을 제거하기 위한 법적 수단으로 의제된 인허가의 취소나 철회가 허용될 수 있고, 이러한 직권 취소·철회가 가능한 이상 그 의제된 인허가에 대한 쟁송취소 역시 허용된다. 따라서 주택건설사업계획 승인처분에 따라 의제된 인허가가 위법함을 다투고자 하는 이해관계인은, 주택건설사업계획 승인처분의 취소를 구할 것이 아니라 의제된 인허가의 취소를 구하여야 하며, 의제된 인허가는 주택건설사업계획 승인처분과 별도로 항고소송의 대상이 되는 처분에 해당한다(대판 2018. 11. 29. 2016두38792).

Answer　　9.③

10 행정행위의 취소에 대한 설명으로 옳지 않은 것은?

① 도로관리청이 도로점용허가 중 특별사용의 필요가 없는 부분을 소급적으로 직권취소하였더라도, 도로관리청은 이미 징수한 점용료 중 취소된 부분의 점용면적에 해당하는 점용료를 반환하여야 하는 것은 아니다.

② 과세관청이 조세부과처분을 취소하면 그 부과처분으로 인한 법률효과는 일단 소멸하는 것이므로, 그 후 다시 동일한 과세대상에 대하여 조세부과처분을 하여도 이미 소멸한 법률효과가 다시 회복되는 것은 아니다.

③ 수익적 행정처분에 대한 취소권의 행사는 기득권의 침해를 정당화할 만한 중대한 공익상의 필요 또는 제3자의 이익보호의 필요가 있는 때에 한하여 허용될 수 있다는 법리는 쟁송취소의 경우에는 적용되지 않는다.

④ 행정청이 의료법인의 이사에 대한 이사취임승인취소처분(제1처분)을 직권으로 취소(제2처분)한 경우, 제1처분과 제2처분 사이에 법원에 의하여 선임결정된 임시이사들의 지위는 법원의 해임결정이 없더라도 당연히 소멸된다.

TIP ① 도로점용허가는 도로의 일부에 대한 특정사용을 허가하는 것으로서 도로의 일반사용을 저해할 가능성이 있으므로 그 범위는 점용목적 달성에 필요한 한도로 제한되어야 한다. <u>도로관리청이 도로점용허가를 하면서 특별사용의 필요가 없는 부분을 점용장소 및 점용면적에 포함하는 것은 그 재량권 행사의 기초가 되는 사실인정에 잘못이 있는 경우에 해당하므로 그 도로점용허가 중 특별사용의 필요가 없는 부분은 위법</u>하다. 이러한 경우 도로점용허가를 한 도로관리청은 위와 같은 흠이 있다는 이유로 유효하게 성립한 도로점용허가 중 특별사용의 필요가 없는 부분을 직권취소할 수 있음이 원칙이다. 다만 이 경우 행정청이 소급적 직권취소를 하려면 이를 취소하여야 할 공익상 필요와 그 취소로 당사자가 입을 기득권 및 신뢰보호와 법률생활 안정의 침해 등 불이익을 비교 교량한 후 공익상 필요가 당사자의 기득권 침해 등 불이익을 정당화할 수 있을 만큼 강한 경우여야 한다. 이에 따라 <u>도로관리청이 도로점용허가 중 특별사용의 필요가 없는 부분을 소급적으로 직권취소하였다면, 도로관리청은 이미 징수한 점용료 중 취소된 부분의 점용면적에 해당하는 점용료를 반환하여야 한다</u>(대판 2019. 1. 17. 2016두56721, 56738).

Answer　10.①

11 행정계획에 대한 설명으로 옳은 것만을 모두 고르면?

> ㉠ 구「도시 및 주거환경정비법」에 따른 주택재건축정비사업조합이 수립한 사업시행계획은 인가 · 고시를 통해 확정되면 구속적 행정계획으로서 행정처분에 해당한다.
>
> ㉡ 환지계획은 환지예정지 지정이나 환지처분의 근거가 되고 그 자체가 직접 토지소유자 등의 법률상의 지위를 변동시키거나 다른 고유한 법률효과를 수반하는 것이어서 항고소송의 대상이 되는 처분에 해당한다.
>
> ㉢ 비구속적 행정계획안이나 행정지침이라도 국민의 기본권에 직접적으로 영향을 끼치고, 앞으로 법령의 뒷받침에 의하여 그대로 실시될 것이 틀림없을 것으로 예상될 수 있을 때에는, 공권력행위로서 예외적으로 헌법소원의 대상이 될 수 있다.

① ㉠, ㉡
② ㉠, ㉢
③ ㉡, ㉢
④ ㉠, ㉡, ㉢

TIP ㉠ (○) 구 「도시 및 주거환경정비법」에 기초하여 <u>도시환경정비사업조합이 수립한 사업시행계획은 그것이 인가 · 고시를 통해 확정되면 이해관계인에 대한 구속적 행정계획으로서 독립된 행정처분에 해당</u>하므로, 사업시행계획을 인가하는 행정청의 행위는 도시환경정비사업조합의 사업시행계획에 대한 법률상의 효력을 완성시키는 보충행위에 해당한다(대판 2010. 12. 9. 2010두1248 2010).

㉡ (×) 토지구획정리사업법 제57조, 제62조 등의 규정상 환지예정지 지정이나 환지처분은 그에 의하여 직접 토지소유자 등의 권리의무가 변동되므로 이를 항고소송의 대상이 되는 처분이라고 볼 수 있으나, <u>환지계획은 위와 같은 환지예정지 지정이나 환지처분의 근거가 될 뿐 그 자체가 직접 토지소유자 등의 법률상의 지위를 변동시키거나 또는 환지예정지 지정이나 환지처분과는 다른 고유한 법률효과를 수반하는 것이 아니어서 이를 항고소송의 대상이 되는 처분에 해당한다고 할 수가 없다</u>(대판 1999. 8. 20. 97누6889).

㉢ (○) 행정계획이 헌법소원의 대상이 되는 공권력의 행사에 해당하는지 여부는 일률적으로 말할 수 없고, 그 행정계획의 구체적인 성격을 고려하여 개별적으로 판단하여야 한다. 국민적 구속력을 갖는 행정계획은 공권력의 행사로 볼 수 있지만, 구속력을 갖지 않고 사실상의 준비행위나 사전안내 또는 행정기관 내부의 지침에 지나지 않는 행정계획은 원칙적으로 헌법소원의 대상이 되는 공권력의 행사라 할 수 없다. 하지만, <u>비구속적 행정계획안이나 행정지침이라도 국민의 기본권에 직접적으로 영향을 끼치고, 앞으로 법령의 뒷받침에 의하여 그대로 실시될 것이 틀림없을 것으로 예상될 수 있을 때에는, 공권력의 행사로서 예외적으로 헌법소원의 대상이 된다</u>(헌재결 2000. 6. 1. 99헌마538).

Answer 11.②

12 행정행위의 부관에 대한 설명으로 옳지 않은 것은?

① 어업면허처분에서 면허의 유효기간을 1년으로 정하는 경우, 면허의 유효기간은 어업면허처분의 효력을 제한하기 위한 행정행위의 부관이라 할 것이고 이러한 행정행위의 부관은 독립하여 행정소송의 대상이 될 수 없다.

② 도로점용허가의 점용기간은 행정행위의 본질적인 요소에 해당한다고 볼 것이어서 부관인 점용기간을 정함에 있어서 위법사유가 있다면 이로써 도로점용허가 처분 전부가 위법하게 된다.

③ 행정처분과 실제적 관련성이 없어 부관으로 붙일 수 없는 부담은 사법상 계약의 형식으로도 행정처분의 상대방에게 부과할 수 없다.

④ 사도개설허가에서 정해진 공사기간은 사도개설허가 자체의 존속기간을 정한 것이라 보아야 하므로, 공사기간 내에 사도로 준공검사를 받지 못하였다면 사도개설허가는 당연히 실효된다.

> **TIP** ④ 이 사건 제1 처분에 명시된 공사기간은 변경된 허가권자인 보조참가인에 대하여 공사기간을 준수하여 공사를 마치도록 하는 의무를 부과하는 일종의 부담에 불과한 것이지, 사도개설허가 자체의 존속기간(즉, 유효기간)을 정한 것이라 볼 수 없고, 따라서 <u>보조참가인이 이 사건 제1 처분의 사도개설허가에서 정해진 공사기간 내에 사도로 준공검사를 받지 못하였다 하더라도, 이를 이유로 행정관청이 새로운 행정처분을 하는 것은 별론으로 하고, 사도개설허가가 당연히 실효되는 것은 아니다</u>(대판 2004. 11. 25. 2004두7023).

Answer　12.④

13 행정행위에 대한 설명으로 옳은 것은?

① 사실상 영업이 양도·양수되었지만 승계신고 및 그 수리처분이 있기 이전에 양도인이 양수인으로 하여금 영업을 하도록 허락하였다면 양수인의 영업 중 발생한 위반행위에 대한 행정적인 책임은 양도인에게 귀속된다.

② 산림청장이 「산림법」등이 정하는 바에 따라 국유임야를 대부하는 행위는 사경제적 주체로서 하는 사법상 계약이지만, 이 대부계약에 의한 대부료부과 조치는 행정청이 공권력의 주체로서 일방적으로 행하는 행정처분이다.

③ 인가처분에 하자가 없더라도 기본행위에 하자가 있다면, 기본행위의 하자를 내세워 바로 그에 대한 행정청의 인가처분의 취소를 구할 수 있다.

④ 행정청이 행정처분을 하면서 논리적으로 당연히 수반되어야 하는 의사표시를 명시적으로 하지 않았으면, 그것이 행정청의 추단적 의사에 부합하고 상대방이 이를 알 수 있는 경우에도, 행정처분에 이와 같은 의사표시가 묵시적으로 포함되어 있다고 볼 수 없다.

TIP ② 산림청장이나 그로부터 권한을 위임받은 행정청이 산림법 등이 정하는 바에 따라 국유임야를 대부하거나 매각하는 행위는 사경제적 주체로서 상대방과 대등한 입장에서 하는 사법상 계약이지 행정청이 공권력의 주체로서 상대방의 의사 여하에 불구하고 일방적으로 행하는 행정처분이라고 볼 수 없으며 <u>이 대부계약에 의한 대부료부과 조치 역시 사법상 채무이행을 구하는 것으로 보아야지 이를 행정처분이라고 할 수 없다</u>(대판 1993. 12. 7. 91누11612).

③ 도시재개발법 제34조에 의한 행정청의 인가는 주택개량재개발조합의 관리처분계획에 대한 법률상의 효력을 완성시키는 보충행위로서 그 기본되는 관리처분계획에 하자가 있을 때에는 그에 대한인가가 있었다 하여도 기본행위인 관리처분계획이 유효한 것으로 될 수 없으며, 다만 <u>그 기본행위가 적법·유효하고 보충행위인 인가처분 자체에만 하자가 있다면 그 인가처분의 무효나 취소를 주장할 수 있다고 할 것이지만, 인가처분에 하자가 없다면 기본행위에 하자가 있다 하더라도 따로 그 기본행위의 하자를 다투는 것은 별론으로 하고 기본행위의 무효를 내세워 바로 그에 대한 행정청의 인가처분의 취소 또는 무효확인을 소구할 법률상의 이익이 있다고 할 수 없다</u>(대판 2001. 12. 11. 2001두7541).

④ 행정절차법 제24조 제1항은 행정청이 처분을 할 때에는 다른 법령 등에 특별한 규정이 있는 경우, 신속히 처리할 필요가 있거나 사안이 경미한 경우를 제외하고는 원칙적으로 문서로 하여야 한다고 정하고 있다. 이는 처분 내용의 명확성을 확보하고 처분의 존부에 관한 다툼을 방지하여 처분상대방의 권익을 보호하기 위한 것이므로, 행정청이 문서로 처분을 한 경우 원칙적으로 처분서의 문언에 따라 어떤 처분을 하였는지 확정하여야 한다. 그러나 처분서의 문언만으로는 행정청이 어떤 처분을 하였는지 불분명한 경우에는 처분 경위와 목적, 처분 이후 상대방의 태도 등 여러 사정을 고려하여 처분서의 문언과 달리 처분의 내용을 해석할 수 있다. 특히 <u>행정청이 행정처분을 하면서 논리적으로 당연히 수반되어야 하는 의사표시를 명시적으로 하지 않았다고 하더라도, 그것이 행정청의 추단적 의사에도 부합하고 상대방도 이를 알 수 있는 경우에는 행정처분에 위와 같은 의사표시가 묵시적으로 포함되어 있다고 볼 수 있다</u>(대판 2021. 2. 4. 2017다207932).

Answer 13.①

14 공법상 계약에 대한 설명으로 옳은 것은?

① 甲 주식회사가 국책사업인 '한국형헬기 개발사업'에 개발주관사업자 중 하나로 참여하여 국가 산하 중앙행정기관인 방위사업청과 체결한 '한국형헬기 민군겸용 핵심구성품 개발협약'의 법률관계는 공법관계에 해당한다.

② 구「예산회계법」상 입찰보증금의 국고귀속조치는 국가가 공권력을 행사하는 것이므로 이에 관한 분쟁은 행정소송의 대상이 된다.

③ 과학기술기본법령상 국가연구개발사업 협약의 해지 통보는 단순히 대등 당사자의 지위에서 형성된 공법상 계약을 계약당사자의 지위에서 종료시키는 의사표시에 불과하다.

④ 국립의료원 부설주차장에 관한 위탁관리용역운영계약은 관리청인 국립의료원이 순전히 사경제주체로서 행한 사법상 계약이다.

TIP

② 예산회계법에 따라 체결되는 계약은 사법상의 계약이라고 할 것이고 동법 제70조의5의 입찰보증금은 낙찰자의 계약체결의무이행의 확보를 목적으로 하여 그 불이행시에 이를 국고에 귀속시켜 국가의 손해를 전보하는 사법상의 손해배상예정으로서의 성질을 갖는 것이라고 할 것이므로 <u>입찰보증금의 국고귀속조치는 국가가 사법상의 재산권의 주체로서 행위하는 것이지 공권력을 행사하는 것이거나 공권력작용과 일체성을 가진 것이 아니라 할 것이므로 이에 관한 분쟁은 행정소송이 아닌 민사소송의 대상이 될 수밖에 없다</u>고 할 것이다(대판 1983. 12. 27. 81누366).

③ <u>과학기술기본법령상 사업 협약의 해지 통보는</u> 단순히 대등 당사자의 지위에서 형성된 공법상계약을 계약당사자의 지위에서 종료시키는 의사표시에 불과한 것이 아니라 <u>행정청이 우월적 지위에서 연구개발비의 회수 및 관련자에 대한 국가연구개발사업 참여제한 등의 법률상 효과를 발생시키는 행정처분에 해당하므로</u>(대판 2011. 6. 30. 2010두23859).

④ <u>국유재산 등의 관리청이 하는 행정재산의 사용 · 수익에 대한 허가는</u> 순전히 사경제주체로서 행하는 사법상의 행위가 아니라 <u>관리청이 공권력을 가진 우월적 지위에서 행하는 행정처분으로서</u> 특정인에게 행정재산을 사용할 수 있는 권리를 설정하여 주는 강학상 특허에 해당한다(대판 2006. 3. 9. 2004다31074).

Answer 14.①

15 「행정절차법」상 행정절차에 대한 설명으로 옳은 것은?

① 행정청은 행정입법안에 관하여 공청회를 마친 후 입법할 때까지 새로운 사정이 발견되어 공청회를 다시 개최할 필요가 있다고 인정할 때에는 공청회를 다시 개최하여야 한다.

② 구「국적법」에 따른 귀화는 성질상 행정절차를 거치기 곤란하거나 거칠 필요가 없다고 인정되는 사항이 아니므로, 처분의 이유제시를 규정한 「행정절차법」이 적용된다.

③ 국가에 대해 행정처분을 할 때에도 사전 통지, 의견청취, 이유 제시와 관련한 「행정절차법」이 그대로 적용된다고 보아야 한다.

④ 다수의 당사자등에 의해 선정된 대표자가 있는 경우에는 당사자등은 직접 또는 그 대표자를 통하여 행정절차에 관한 행위를 할 수 있다.

TIP ③ 행정절차법 제2조 제4호에 의하면, '당사자 등'이란 행정청의 처분에 대하여 직접 그 상대가 되는 당사자와 행정청이 직권 또는 신청에 의하여 행정절차에 참여하게 한 이해관계인을 의미하는데, 같은 법 제9조에서는 자연인, 법인, 법인 아닌 사단 또는 재단 외에 '다른 법령 등에 따라 권리·의무의 주체가 될 수 있는 자' 역시 '당사자 등'이 될 수 있다고 규정하고 있을 뿐, 국가를 '당사자 등'에서 제외하지 않고 있다. 또한 행정절차법 제3조 제2항에서 행정절차법이 적용되지 않는 사항을 열거하고 있는데, '국가를 상대로 하는 행정행위'는 그 예외사유에 해당하지 않는다. 위와 같은 행정절차법의 규정과 행정의 공정성·투명성 및 신뢰성 확보라는 행정절차법의 입법 취지 등을 고려해 보면, 행정기관의 처분에 의하여 불이익을 입게 되는 국가를 일반 국민과 달리 취급할 이유가 없다. 따라서 국가에 대해 행정처분을 할 때에도 사전 통지, 의견청취, 이유 제시와 관련한 행정절차법이 그대로 적용된다고 보아야 한다(대판 2023. 9. 21. 2023두39724).

① 행정청은 공청회를 마친 후 처분을 할 때까지 새로운 사정이 발견되어 공청회를 다시 개최할 필요가 있다고 인정할 때에는 공청회를 다시 개최할 수 있다(행정절차법 제39조의3).

② 행정절차법 제3조 제2항 9호

제3조(적용 범위)
② 이 법은 다음 각 호의 어느 하나에 해당하는 사항에 대하여는 적용하지 아니한다.
  9. 「병역법」에 따른 징집·소집, 외국인의 출입국·난민인정·귀화, 공무원 인사 관계 법령에 따른 징계와 그 밖의 처분, 이해 조정을 목적으로 하는 법령에 따른 알선·조정·중재(仲裁)·재정(裁定) 또는 그 밖의 처분 등 해당 행정작용의 성질상 행정절차를 거치기 곤란하거나 거칠 필요가 없다고 인정되는 사항과 행정절차에 준하는 절차를 거친 사항으로서 대통령령으로 정하는 사항

---

④ 대표자가 있는 경우에는 당사자등은 그 대표자를 통하여서만 행정절차에 관한 행위를 할 수 있다(행정절차법 제11조 제5항).

Answer 15.③

16 기속행위와 재량행위에 대한 설명으로 옳지 않은 것은?

① 구 여객자동차 운수사업법령상 마을버스 한정면허시 확정되는 마을버스 노선을 정함에 있어서 기존 일반노선버스의 노선과의 중복 허용 정도에 대한 판단은 행정청의 재량에 속한다.

② 구「수도권 대기환경개선에 관한 특별법」에서 정한 대기오염물질 총량관리사업장 설치의 허가는 부작위의무를 해제해 주는 행위로서 그 처분의 여부 및 내용의 결정은 기속행위에 해당한다.

③ 국유재산의 무단점유 등에 대한 변상금 징수의 요건은 구「국유재산법」에 명백히 규정되어 있으므로 변상금을 징수할 것인가는 처분청의 기속행위이다.

④ 「국토의 계획 및 이용에 관한 법률」상 개발행위허가는 허가기준 및 금지요건이 불확정개념으로 규정된 부분이 많아 그 요건에 해당하는지 여부는 행정청의 재량판단의 영역에 속한다.

> **TIP** ② 구 수도권대기환경특별법 제14조 제1항에서 정한 대기오염물질 총량관리사업장 설치의 허가 또는 변경허가는 특정인에게 인구가 밀집되고 대기오염이 심각하다고 인정되는 수도권 대기관리권역에서 총량관리대상 오염물질을 일정량을 초과하여 배출할 수 있는 특정한 권리를 설정하여 주는 행위로서 그 처분의 여부 및 내용의 결정은 행정청의 재량에 속한다(대판 2013. 5. 9. 2012두22799).

17 제재처분에 대한 설명으로 옳지 않은 것은?

① 자동차운수사업면허조건 등을 위반한 사업자에 대한 과징금부과처분이 법이 정한 한도액을 초과하여 위법할 경우 법원으로서는 그 전부를 취소할 수밖에 없다.

② 「행정기본법」상 제재처분 제척기간의 적용 대상인 제재처분은 '인허가의 정지·취소·철회, 등록 말소, 영업소 폐쇄와 정지를 갈음하는 과징금 부과'에 한정된다.

③ 여러 처분사유에 관하여 하나의 제재처분을 하였을 때 그중 일부가 인정되지 않고 나머지 처분사유들만으로 처분의 정당성이 인정된다고 하더라도 그 처분은 위법하다고 보아 취소할 수 있다.

④ 효력기간이 정해져 있는 제재적 행정처분의 효력이 발생한 이후에도 행정청은 특별한 사정이 없는 한 상대방에 대한 별도의 처분으로써 효력기간의 시기와 종기를 다시 정할 수 있다.

> **TIP** ③ 여러 처분사유에 관하여 하나의 제재처분을 하였을 때 그중 일부가 인정되지 않는다고 하더라도 나머지 처분사유들만으로도 처분의 정당성이 인정되는 경우에는 그 처분을 위법하다고 보아 취소하여서는 아니 된다. 행정청이 여러 개의 위반행위에 대하여 하나의 제재처분을 하였으나, 위반행위별로 제재처분의 내용을 구분하는 것이 가능하고 여러 개의 위반행위 중 일부의 위반행위에 대한 제재처분 부분만이 위법하다면, 법원은 제재처분 중 위법성이 인정되는 부분만 취소하여야 하고 제재처분 전부를 취소하여서는 아니 된다(대판 2020. 5. 14. 2019두63515).

Answer 16.② 17.③

18 「공공기관의 정보공개에 관한 법률」상 정보공개에 대한 설명으로 옳은 것만을 모두 고르면?

> ㉠ 정보비공개결정에 대하여 이의신청이 있는 경우 국가기관등은 정보공개심의회를 개최해야 하는데, 법령에 따라 비밀로 규정된 정보에 대한 청구에 해당하는 경우에는 정보공개심의회를 개최하지 아니할 수 있다.
>
> ㉡ 공공기관이 보유·관리하고 있는 정보가 제3자와 관련이 있는 경우, 제3자의 비공개요청이 있다는 사유만으로도 「공공기관의 정보공개에 관한 법률」상 정보의 비공개사유에 해당한다.
>
> ㉢ 재소자가 교도관의 가혹행위를 이유로 형사고소 및 민사소송을 제기하면서 그 증명자료 확보를 위해 '징벌위원회 회의록' 등의 정보공개를 요청한 경우, 징벌위원회 회의록 중 징벌절차 진행 부분은 비공개사유에 해당한다.

① ㉠

② ㉠, ㉢

③ ㉡, ㉢

④ ㉠, ㉡, ㉢

TIP ㉠ (O) 정보공개법 제18조 제2항 3호

㉡ (X) 정보공개법 제21조 제2항

> **정보공개법 제21조(제3자의 비공개 요청 등)**
> ① 제11조제3항에 따라 공개 청구된 사실을 통지받은 제3자는 그 통지를 받은 날부터 3일 이내에 해당 공공기관에 대하여 자신과 관련된 정보를 공개하지 아니할 것을 요청할 수 있다.
> ② 제1항에 따른 비공개 요청에도 불구하고 공공기관이 공개 결정을 할 때에는 공개 결정 이유와 공개 실시일을 분명히 밝혀 지체 없이 문서로 통지하여야 하며, 제3자는 해당 공공기관에 문서로 이의신청을 하거나 행정심판 또는 행정소송을 제기할 수 있다. 이 경우 이의신청은 통지를 받은 날부터 7일 이내에 하여야 한다.

㉢ (X) 교도소에 수용 중이던 재소자가 담당 교도관들을 상대로 가혹행위를 이유로 형사고소 및 민사소송을 제기하면서 그 증명자료 확보를 위해 '근무보고서'와 '징벌위원회 회의록' 등의 정보공개를 요청하였으나 교도소장이 이를 거부한 사안에서, 근무보고서는 공공기관의 정보공개에 관한 법률 제9조 제1항 제4호에 정한 비공개대상정보에 해당한다고 볼 수 없고, 징벌위원회 회의록 중 비공개 심사·의결 부분은 위 법 제9조 제1항 제5호의 비공개사유에 해당하지만 재소자의 진술, 위원장 및 위원들과 재소자 사이의 문답 등 징벌절차 진행 부분은 비공개사유에 해당하지 않는다고 보아 분리 공개가 허용된다(대판 2009. 12. 10. 2009두12785).

Answer 18.①

19 행정행위에 대한 설명으로 옳은 것만을 모두 고르면?

> ⊙ 변상금 부과처분에 대한 취소소송이 진행 중인 경우 부과권자는 위법한 처분을 스스로 취소하고 그 하자를 보완하여 다시 적법한 부과처분을 할 수 없다.
> ⓒ 행정청이 「도시 및 주거환경정비법」 등 관련 법령에 근거하여 행하는 조합설립인가처분은 사인들의 조합설립행위에 대한 보충행위로서의 성질을 갖는 것에 그친다.
> ⓒ 「여객자동차 운수사업법」에 따른 개인택시운송사업면허는 특정인에게 권리나 이익을 부여하는 재량행위이다.
> ⓔ 귀화허가는 외국인에게 대한민국 국적을 부여함으로써 국민으로서의 법적 지위를 포괄적으로 설정하는 행위에 해당한다.

① ⊙, ⓒ

② ⓒ, ⓒ

③ ⓒ, ⓔ

④ ⊙, ⓒ, ⓔ

> **TIP** ⊙ (×) 소멸시효는 객관적으로 권리가 발생하여 그 권리를 행사할 수 있는 때로부터 진행하고 그 권리를 행사할 수 없는 동안만은 진행하지 아니하는데, 여기서 권리를 행사할 수 없는 경우라 함은 그 권리행사에 법률상의 장애사유가 있는 경우를 말하는데, 변상금 부과처분에 대한 취소소송이 진행중이라도 그 부과권자로서는 위법한 처분을 스스로 취소하고 그 하자를 보완하여 다시 적법한 부과처분을 할 수도 있는 것이어서 그 권리행사에 법률상의 장애사유가 있는 경우에 해당한다고 할 수 없으므로, 그 처분에 대한 취소소송이 진행되는 동안에도 그 부과권의 소멸시효가 진행된다(대판 2006. 2. 10. 2003두5686).
> ⓒ (×) 재개발조합설립인가신청에 대한 행정청의 조합설립인가처분은 단순히 사인의 조합설립행위에 대한 보충행위로서의 성질을 가지는 것이 아니라 법령상 일정한 요건을 갖추는 경우 행정주체로서 공법인의 지위를 부여하는 일종의 설권적 처분의 성질을 가진다(대판 2023. 8. 18. 2022두51901).

Answer 19.③

20 「공공기관의 정보공개에 관한 법률」상 정보공개청구에 대한 설명으로 옳지 않은 것은?

① 정보의 공개를 청구하는 자는 정보공개청구서에 청구대상 정보를 기재함에 있어서 사회일반인의 관점에서 청구대상정보의 내용과 범위를 확정할 수 있을 정도로 특정함을 요한다.

② 공공기관이 공개청구의 대상이 된 정보를 공개는 하되, 청구인이 신청한 공개방법 이외의 방법으로 공개하기로 하는 결정을 하였다면, 이는 정보공개청구 중 정보공개방법에 관한 부분에 대하여 일부 거부처분을 한 것이고, 청구인은 그에 대하여 항고소송으로 다툴 수 있다.

③ 「유아교육법」에 따른 사립유치원은 공공기관의 정보공개에 관한 법령상 공공기관에 해당하지 않는다.

④ 행정청이 정보를 공개하는 경우에 그 정보의 원본이 더럽혀지거나 파손될 우려가 있거나 그 밖에 상당한 이유가 있다고 인정할 때에는 그 정보의 사본·복제물을 공개할 수 있다.

TIP ③ 정보공개법 제2조 3호 마목, 정보공개법 시행령 제2조 1호

> 정보공개법 제2조(정의)
> 이 법에서 사용하는 용어의 뜻은 다음과 같다.
> 3. "공공기관"이란 다음 각 목의 기관을 말한다.
> 마. 그 밖에 대통령령으로 정하는 기관
> 정보공개법 시행령 제2조(공공기관의 범위)
> 「공공기관의 정보공개에 관한 법률」(이하 "법"이라 한다) 제2조제3호마목에서 "대통령령으로 정하는 기관"이란 다음 각 호의 기관 또는 단체를 말한다.
> 1. 「유아교육법」, 「초·중등교육법」, 「고등교육법」에 따른 각급 학교 또는 그 밖의 다른 법률에 따라 설치된 학교

Answer 20.③

21 행정절차에 대한 설명으로 옳지 않은 것은?

① 「행정절차법」상 행정청은 처분을 할 때에 단순·반복적인 처분 또는 경미한 처분으로서 당사자가 그 이유를 명백히 알 수 있는 경우에는 처분 후 당사자가 요청하더라도 당사자에게 그 근거와 이유를 제시하지 않아도 된다.

② 육군3사관학교의 사관생도에 대한 징계절차에서 징계심의대상자가 대리인으로 선임한 변호사가 징계위원회 심의에 출석하여 진술하려고 하였음에도, 징계권자나 그 소속 직원이 변호사가 징계위원회의 심의에 출석하는 것을 막은 후 내린 징계위원회의 징계의결에 따른 징계처분은 특별한 사정이 없는 한 위법하여 원칙적으로 취소되어야 한다.

③ 공무원 인사관계 법령에 의한 처분에 관한 사항 전부에 대하여 「행정절차법」의 적용이 배제되는 것이 아니라 성질상 행정절차를 거치기 곤란하거나 불필요하다고 인정되는 처분이나 행정절차에 준하는 절차를 거치도록 하고 있는 처분의 경우에만 「행정절차법」의 적용이 배제된다.

④ 군인사법령에 의하여 진급예정자명단에 포함된 자에 대하여 「행정절차법」상 의견제출의 기회를 부여하지 아니한 채 진급선발을 취소한 처분은 위법하다.

TIP ① 행정절차법 제23조 제1항, 제2항

> 제23조(처분의 이유 제시)
> ① 행정청은 처분을 할 때에는 다음 각 호의 어느 하나에 해당하는 경우를 제외하고는 당사자에게 그 근거와 이유를 제시하여야 한다.
> 1. 신청 내용을 모두 그대로 인정하는 처분인 경우
> 2. 단순·반복적인 처분 또는 경미한 처분으로서 당사자가 그 이유를 명백히 알 수 있는 경우
> 3. 긴급히 처분을 할 필요가 있는 경우
> ② 행정청은 제1항제2호 및 제3호의 경우에 처분 후 당사자가 요청하는 경우에는 그 근거와 이유를 제시하여야 한다.

② 육군3사관학교의 사관생도에 대한 징계절차에서 징계심의대상자가 대리인으로 선임한 변호사가 징계위원회 심의에 출석하여 진술하려고 하였음에도, 징계권자나 그 소속 직원이 변호사가 징계위원회의 심의에 출석하는 것을 막았다면 징계위원회 심의·의결의 절차적 정당성이 상실되어 그 징계의결에 따른 징계처분은 위법하여 원칙적으로 취소되어야 한다. 다만 징계심의대상자의 대리인이 관련된 행정절차나 소송절차에서 이미 실질적인 증거조사를 하고 의견을 진술하는 절차를 거쳐서 징계심의대상자의 방어권 행사에 실질적으로 지장이 초래되었다고 볼 수 없는 특별한 사정이 있는 경우에는, 징계권자가 징계심의대상자의 대리인에게 징계위원회에 출석하여 의견을 진술할 기회를 주지 아니하였더라도 그로 인하여 징계위원회 심의에 절차적 정당성이 상실되었다고 볼 수 없으므로 징계처분을 취소할 것은 아니다(대판 2018. 3. 13. 2016두33339).

Answer 21.①

22 행정입법에 대한 설명으로 옳지 않은 것은?

① 위임명령이 위임 내용을 구체화하는 단계를 벗어나 새로운 입법을 한 것으로 평가할 수 있다면 이는 위임의 한계를 일탈한 것으로서 허용되지 않는다.

② 교육부장관이 대학입시기본계획에서 내신성적 산정기준에 관한 시행지침을 마련하여 시·도교육감에게 통보한 경우, 각 고등학교에서 위 지침에 일률적으로 기속되어 내신성적을 산정할 수밖에 없고 대학에서도 이를 그대로 내신성적으로 인정하여 입학생을 선발할 수밖에 없으므로 내신성적 산정지침은 항고소송의 대상이 되는 행정처분에 해당한다.

③ 법규명령이 법률상 위임의 근거가 없어 무효였더라도 사후에 법 개정으로 위임의 근거가 부여되면 그때부터는 유효한 법규명령이 된다.

④ 행정청이 개인택시운송사업면허발급 여부를 심사함에 있어서 이미 설정된 면허기준의 해석상 당해 신청이 면허발급의 우선순위에 해당함이 명백함에도 면허거부처분을 하였다면 특별한 사정이 없는 한 그 거부처분은 위법한 처분이 된다.

> **TIP** ② <u>교육부장관이 내신성적 산정기준의 통일을 기하기 위해 대학입시기본계획의 내용에서 내신성적 산정기준에 관한 시행지침을 마련하여 시·도 교육감에서 통보한 것은 행정조직 내부에서 내신성적 평가에 관한 내부적 심사기준을 시달한 것에 불과</u>하며, 각 고등학교에서 위 지침에 일률적으로 기속되어 내신성적을 산정할 수밖에 없고 또 대학에서도 이를 그대로 내신성적으로 인정하여 입학생을 선발할 수밖에 없는 관계로 장차 일부 수험생들이 위 지침으로 인해 어떤 불이익을 입을 개연성이 없지는 아니하나, 그러한 사정만으로서 위 지침에 의하여 곧바로 개별적이고 구체적인 권리의 침해를 받은 것으로는 도저히 인정할 수 없으므로, 그것만으로는 현실적으로 특정인의 구체적인 권리의무에 직접적으로 변동을 초래케 하는 것은 아니라 할 것이어서 <u>내신성적 산정지침을 항고소송의 대상이 되는 행정처분으로 볼 수 없다</u>(대판 1994. 9. 10. 94두33).

23 행정행위의 부관에 대한 설명으로 옳지 않은 것은?

① 행정처분에 붙은 부담인 부관이 제소기간 도과로 확정되어 이미 불가쟁력이 생긴 경우에도 그 부담의 이행으로서 하게 된 사법상 매매 등의 법률행위의 효력을 다툴 수 있다.

② 부담부 행정처분에 있어서 처분의 상대방이 부담을 이행하지 아니한 경우에 처분청이 이를 들어 당해 처분을 철회할 수 없다.

③ 지방국토관리청장이 일부 공유수면매립지에 대하여 한 국가 귀속처분은 매립준공인가를 함에 있어서 매립의 면허를 받은 자의 매립지에 대한 소유권취득을 규정한 구「공유수면매립법」의 법률효과를 일부 배제하는 부관을 붙인 것이다.

④ 부담이 처분 당시 법령을 기준으로 적법하다면 처분 후 부담의 전제가 된 주된 행정처분의 근거 법령이 개정됨으로써 행정청이 더 이상 부관을 붙일 수 없게 되었다 하더라도 곧바로 위법하게 되거나 그 효력이 소멸하게 되는 것은 아니다.

Answer   22.②   23.②

2024 제1회 지방직 9급

24 행정행위의 하자에 대한 설명으로 옳지 않은 것은?

① 수익적 행정처분의 취소 제한에 관한 법리는 처분청이 수익적 행정처분을 직권으로 취소하는 경우에 적용되는 법리일 뿐 쟁송취소의 경우에는 적용되지 않는다.

② 구「학교보건법」상 학교환경위생정화구역에서의 금지행위 및 시설의 해제 여부에 관한 행정처분을 함에 있어 학교환경위생정화위원회 심의절차를 누락하였다면, 특별한 사정이 없는 한 이는 행정처분을 위법하게 하는 취소사유가 된다.

③ 행정청이 청문서 도달기간을 어겼다면 당사자가 이에 대하여 이의 하지 아니한 채 스스로 청문일에 출석하여 방어의 기회를 충분히 가졌더라도 청문서 도달기간을 준수하지 아니한 하자가 치유되는 것은 아니다.

④ 토지등급결정내용의 개별통지가 있었다고 볼 수 없어 토지등급결정이 무효라면, 토지소유자가 그 결정 이전이나 이후에 토지등급결정내용을 알았다 하더라도 개별통지의 하자가 치유되는 것은 아니다.

Answer 24.③

25 행정계획에 대한 설명으로 옳지 않은 것은?

① 후행 도시계획결정을 하는 행정청이 선행 도시계획의 결정·변경 등에 관한 권한을 가지고 있지 아니한 경우 선행 도시계획과 양립할 수 없는 내용이 포함된 후행 도시계획결정은 다른 특별한 사정이 없는 한 무효이다.

② 「도시 및 주거환경정비법」에 따라 인가·고시된 관리처분계획은 구속적 행정계획으로서 처분성이 인정된다.

③ 도시계획시설의 지정으로 말미암아 당해 토지의 이용가능성이 배제되거나 또는 토지소유자가 토지를 종래 허용된 용도대로도 사용할 수 없기 때문에 이로 인하여 현저한 재산적 손실이 발생하는 경우에는, 원칙적으로 국가나 지방자치단체는 이에 대한 보상을 해야 한다.

④ 도시계획시설결정의 장기미집행으로 인해 재산권이 침해된 경우, 도시계획시설결정의 실효를 주장할 수 있고, 이는 헌법상 재산권으로부터 당연히 직접 도출되는 권리이다.

> **TIP** ④ 장기미집행 도시계획시설결정의 실효제도는 도시계획시설부지로 하여금 도시계획시설결정으로 인한 사회적 제약으로부터 벗어나게 하는 것으로서 결과적으로 개인의 재산권이 보다 보호되는 측면이 있는 것은 사실이나, 이와 같은 보호는 입법자가 새로운 제도를 마련함에 따라 얻게 되는 법률에 기한 권리일 뿐 헌법상 재산권으로부터 당연히 도출되는 권리는 아니다(헌재결 2005. 9. 29. 2002헌바84).

26 행정절차에 대한 설명으로 옳지 않은 것은?

① 청문은 당사자가 공개를 신청하거나 청문 주재자가 필요하다고 인정하는 경우 공개할 수 있다. 다만, 공익 또는 제3자의 정당한 이익을 현저히 해칠 우려가 있는 경우에는 공개하여서는 아니 된다.

② 일반적으로 당사자가 근거규정 등을 명시하여 신청하는 인·허가 등을 거부하는 처분을 함에 있어 당사자가 그 근거를 알 수 있을 정도로 상당한 이유를 제시한 경우에는 당해 처분의 근거 및 이유를 구체적 조항 및 내용까지 명시하지 않았더라도 그로 말미암아 그 처분이 위법한 것이 된다고 할 수 없다.

③ 공무원 인사관계 법령에 따른 처분에 관하여는 「행정절차법」 적용을 배제하고 있으므로, 군인사법령에 의하여 진급예정자명단에 포함된 자에 대하여 의견제출의 기회를 부여하지 아니하고 진급선발취소처분을 한 것이 절차상 하자가 있어 위법하다고 할 수 없다.

④ 과세의 절차 내지 형식에 위법이 있어 과세처분을 취소하는 판결이 확정되었을 때는 그 확정판결의 기판력은 거기에 적시된 절차 내지 형식의 위법사유에 한하여 미치는 것이므로 과세관청은 그 위법사유를 보완하여 다시 새로운 과세처분을 할 수 있다.

Answer 25.④ 26.③

27 정보공개에 대한 설명으로 옳지 않은 것은?

① 구「학교폭력예방 및 대책에 관한 법률」에 따른 학교폭력대책자치위원회의 회의록은 「공공기관의 정보공개에 관한 법률」 소정의 '공개될 경우 업무의 공정한 수행에 현저한 지장을 초래한다고 인정할 만한 상당한 이유가 있는 정보'에 해당한다.

② 정보공개를 청구하는 자가 공공기관에 대해 정보의 사본 또는 출력물의 교부 방법으로 공개방법을 선택하여 정보공개청구를 한 경우, 공개청구를 받은 공공기관은 「공공기관의 정보공개에 관한 법률」에서 규정한 정보의 사본 또는 복제물의 교부를 제한할 수 있는 사유에 해당하지 않는 한 그 공개방법을 선택할 재량권이 없다.

③ '2002학년도부터 2005학년도까지의 대학수학능력시험 원데이터'는 연구목적으로 그 정보의 공개를 청구하는 경우 「공공기관의 정보공개에 관한 법률」 소정의 비공개대상정보에 해당한다.

④ 「공공기관의 정보공개에 관한 법률」상 '공개하는 것이 공익 또는 개인의 권리구제를 위하여 필요하다고 인정되는 정보'에 해당하는지 여부는 비공개에 의하여 보호되는 개인의 사생활의 비밀 등 이익과 공개에 의하여 보호되는 국정운영의 투명성 확보 등의 공익 또는 개인의 권리구제 등 이익을 비교·교량하여 구체적 사안에 따라 신중히 판단하여야 한다.

Answer　27.③

28 공법상 계약에 대한 설명으로 옳은 것만을 모두 고르면?

> ㉠ 행정청은 법령등을 위반하지 아니하는 범위에서 행정목적을 달성하기 위하여 필요한 경우에는 공법상 법률관계에 관한 계약을 체결할 수 있고, 이 경우 계약의 목적 및 내용을 명확하게 적은 계약서를 작성하여야 한다.
>
> ㉡ 계약직공무원 채용계약해지의 의사표시를 하는 경우 징계해고 등에서와 같이 그 징계사유에 한하여 효력 유무를 판단하여야 하거나, 행정처분과 같이 「행정절차법」에 의하여 근거와 이유를 제시하여야 한다.
>
> ㉢ 공익사업을 위한 토지 등의 취득 및 보상에 관한 법령에 의한 협의취득은 사법상의 법률행위이지만 당사자 사이의 자유로운 의사에 따라 채무불이행책임이나 매매대금 과부족금에 대한 지급의무를 약정할 수 있는 것은 아니다.
>
> ㉣ 「지방자치단체를 당사자로 하는 계약에 관한 법률」에 따라 지방자치단체가 일방 당사자가 되는 이른바 공공계약이 사경제의 주체로서 상대방과 대등한 위치에서 체결하는 사법상의 계약에 해당하는 경우 그에 관한 법령에 특별한 정함이 있는 경우를 제외하고는 사적 자치와 계약자유의 원칙 등 사법의 원리가 그대로 적용된다.

① ㉠, ㉡
② ㉠, ㉣
③ ㉠, ㉢, ㉣
④ ㉡, ㉢, ㉣

TIP ㉡ (x) 계약직공무원에 관한 현행 법령의 규정에 비추어 볼 때, 계약직공무원 채용계약해지의 의사표시는 일반공무원에 대한 징계처분과는 달라서 항고소송의 대상이 되는 처분 등의 성격을 가진 것으로 인정되지 아니하고, 일정한 사유가 있을 때에 국가 또는 지방자치단체가 채용계약 관계의 한쪽 당사자로서 대등한 지위에서 행하는 의사표시로 취급되는 것으로 이해되므로, 이를 징계해고 등에서와 같이 그 징계사유에 한하여 효력 유무를 판단하여야 하거나, 행정처분과 같이 행정절차법에 의하여 근거와 이유를 제시하여야 하는 것은 아니다(대판 2002. 11. 26. 2002두5948).

㉢ (x) 공익사업을 위한 토지 등의 취득 및 보상에 관한 법령에 의한 협의취득은 사법상의 법률행위이므로 당사자 사이의 자유로운 의사에 따라 채무불이행책임이나 매매대금 과부족금에 대한 지급의무를 약정할 수 있다. 그리고 협의취득을 위한 매매계약을 해석함에 있어서도 처분문서 해석의 일반원칙으로 돌아와 매매계약서에 기재되어 있는 문언대로의 의사표시의 존재와 내용을 인정하여야 하고, 당사자 사이에 계약의 해석을 둘러싸고 이견이 있어 처분문서에 나타난 당사자의 의사해석이 문제되는 경우에는 그 문언의 내용, 그러한 약정이 이루어진 동기와 경위, 그 약정에 의하여 달성하려는 목적, 당사자의 진정한 의사 등을 종합적으로 고찰하여 논리와 경험칙에 따라 합리적으로 해석하여야 한다. 다만 공익사업법은 공익사업의 효율적인 수행을 통하여 공공복리의 증진과 재산권의 적정한 보호를 도모하는 것을 목적으로 하고 협의취득의 배후에는 수용에 의한 강제취득 방법이 남아 있어 토지 등의 소유자로서는 협의에 불응하면 바로 수용을 당하게 된다는 심리적 강박감이 자리 잡을 수밖에 없으며 협의취득 과정에는 여러 가지 공법적 규제가 있는 등 공익적 특성을 고려하여야 한다(대판 2012. 2. 23. 2010다91206).

Answer 28.②

29 행정행위의 직권취소 및 철회에 대한 설명으로 옳지 않은 것은?

① 처분에 대하여 행정심판이나 행정소송이 제기되어 쟁송이 진행되고 있는 도중에는 행정청은 스스로 대상 처분을 취소할 수 없다.

② 행정청은 사정변경으로 적법한 처분을 더 이상 존속시킬 필요가 없게 된 경우 그 처분의 전부 또는 일부를 장래를 향하여 철회할 수 있다.

③ 제소기간의 경과 등으로 처분에 불가쟁력이 발생하였다 하여도 행정청은 실권의 법리에 해당하지 않는다면 직권으로 처분을 취소할 수 있다.

④ 행정청은 위법 또는 부당한 처분의 전부나 일부를 소급하여 취소할 수 있다. 다만, 당사자의 신뢰를 보호할 가치가 있는 등 정당한 사유가 있는 경우에는 장래를 향하여 취소할 수 있다.

TIP ① 처분청은 기간의 제한 없이 당해 처분을 직권으로 취소할 수 있다. 특별한 법적 근거를 요하지 않고 직권 취소할 수 있다.

30 행정계획에 대한 설명으로 옳지 않은 것은?

① 행정청은 구체적인 행정계획을 입안·결정할 때 비교적 광범위한 형성의 재량을 가진다.

② 행정청이 행정계획을 입안·결정할 때 이익형량을 하였으나 정당성과 객관성이 결여된 경우에는 그 행정계획 결정은 위법하게 될 수 있다.

③ 도시계획의 결정·변경 등에 관한 권한을 가진 행정청은 이미 도시계획이 결정·고시된 지역에 대하여도 다른 내용의 도시계획을 결정·고시할 수 있고, 이때에 후행 도시계획에 선행 도시계획과 서로 양립할 수 없는 내용이 포함되어 있다면, 특별한 사정이 없는 한 선행 도시계획은 후행 도시계획과 같은 내용으로 변경된다.

④ 도시기본계획은 도시의 장기적 개발 방향과 미래상을 제시하는 도시계획 입안의 지침이 되는 장기적·종합적인 개발계획으로서 직접적인 구속력이 있으므로, 도시계획시설결정 대상면적이 도시기본계획에서 예정했던 것보다 증가할 경우 도시기본계획의 범위를 벗어나 위법하다.

TIP ④ 도시계획법 제11조 제1항에는, 시장 또는 군수는 그 관할 도시계획구역 안에서 시행할 도시계획을 도시기본계획의 내용에 적합하도록 입안하여야 한다고 규정하고 있으나, <u>도시기본계획이라는 것은 도시의 장기적 개발방향과 미래상을 제시하는 도시계획 입안의 지침이 되는 장기적·종합적인 개발계획으로서 직접적인 구속력은 없는 것이므로, 도시계획시설결정 대상면적이 도시기본계획에서 예정했던 것보다 증가하였다 하여 그것이 도시기본계획의 범위를 벗어나 위법한 것은 아니다</u>(대판 1998. 11. 27. 96누13927).

Answer　29.①　30.④

31 행정행위의 부관에 대한 설명으로 옳지 않은 것은?

① 기부채납받은 행정재산에 대한 사용·수익허가에서 공유재산의 관리청이 정한 사용·수익허가의 기간은 그 허가의 효력을 제한하기 위한 행정행위의 부관으로서 이러한 사용·수익허가의 기간에 대해서는 독립하여 행정소송을 제기할 수 없다.

② 토지소유자가 토지형질변경행위허가에 붙은 기부채납의 부관에 따라 토지를 국가나 지방자치단체에 기부채납(증여)한 경우, 기부채납의 부관이 당연무효이거나 취소되지 아니한 이상 토지소유자는 위 부관으로 인하여 증여계약의 중요부분에 착오가 있음을 이유로 증여계약을 취소할 수 없다.

③ 행정행위의 부관인 부담에 정해진 바에 따라 당해 행정청이 아닌 다른 행정청이 그 부담상의 의무이행을 요구하는 의사표시를 하였을 경우, 이러한 행위가 당연히 항고소송의 대상이 되는 처분에 해당한다고 할 수는 없다.

④ 행정처분에 부담인 부관을 붙인 경우 부관의 무효화에 의하여 본체인 행정처분 자체의 효력에도 영향이 있게 될 수 있으며, 그 처분을 받은 사람이 부담의 이행으로 사법상 매매 등의 법률행위를 한 경우 그 법률행위 자체는 당연무효이다.

> **TIP** ④ 행정처분에 부담인 부관을 붙인 경우 부관의 무효화에 의하여 본체인 행정처분 자체의 효력에도 영향이 있게 될 수는 있지만, 그 처분을 받은 사람이 부담의 이행으로 사법상 매매 등의 법률행위를 한 경우에는 그 부관은 특별한 사정이 없는 한 법률행위를 하게 된 동기 내지 연유로 작용하였을 뿐이므로 이는 법률행위의 취소사유가 될 수 있음은 별론으로 하고 그 법률행위 자체를 당연히 무효화하는 것은 아니다. 또한, 행정처분에 붙은 부담인 부관이 제소기간의 도과로 확정되어 이미 불가쟁력이 생겼다면 그 하자가 중대하고 명백하여 당연 무효로 보아야 할 경우 외에는 누구나 그 효력을 부인할 수 없을 것이지만, 부담의 이행으로서 하게 된 사법상 매매 등의 법률행위는 부담을 붙인 행정처분과는 어디까지나 별개의 법률행위이므로 그 부담의 불가쟁력의 문제와는 별도로 법률행위가 사회질서 위반이나 강행규정에 위반되는지 여부 등을 따져보아 그 법률행위의 유효 여부를 판단하여야 한다(대판 2009. 6. 25. 2006다18174).

Answer 31.④

32 행정행위에 대한 설명으로 옳지 않은 것은?

① 여객자동차운송사업의 한정면허는 특정인에게 권리나 이익을 부여하는 수익적 행정행위로서 재량행위에 해당한다.

② 난민 인정에 관한 신청을 받은 행정청은 원칙적으로 법령이 정한 난민 요건에 해당하는지를 심사하여 난민 인정 여부를 결정할 수 있을 뿐이고, 법령이 정한 난민 요건과 무관한 다른 사유만을 들어 난민 인정을 거부할 수는 없다.

③ 자동차관리사업자로 구성하는 사업자단체 설립인가는 인가권자가 가지는 지도·감독 권한의 범위 등과 아울러 설립인가에 관하여 구체적인 기준이 정하여져 있지 않은 점 등에 비추어 재량행위로 보아야 한다.

④ 공익법인의 기본재산 처분허가에 부관을 붙인 경우, 그 처분허가의 법적 성질은 명령적 행정행위인 허가에 해당하며 조건으로서 부관의 부과가 허용되지 아니한다.

> **TIP** ④ 공익법인의 기본재산의 처분에 관한 공익법인의 설립·운영에 관한 법률 제11조 제3항의 규정은 강행규정으로서 이에 위반하여 주무관청의 허가를 받지 않고 기본재산을 처분하는 것은 무효라 할 것인데, 위 처분허가에 부관을 붙인 경우 그 처분허가의 법률적 성질이 형성적 행정행위로서의 인가에 해당한다고 하여 조건으로서의 부관의 부과가 허용되지 아니한다고 볼 수는 없고, 다만 구체적인 경우에 그것이 조건, 기한, 부담, 철회권의 유보 중 어느 종류의 부관에 해당하는지는 당해 부관의 내용, 경위 기타 제반 사정을 종합하여 판단하여야 할 것이다(대판 2005. 9. 28. 2004다50044).

Answer 32.④

33 행정입법에 대한 설명으로 옳지 않은 것은?

① 정부는 권한 있는 기관에 의하여 위헌으로 결정되어 법령이 헌법에 위반되거나 법률에 위반되는 것이 명백한 경우 등 대통령령으로 정하는 경우에는 해당 법령을 개선하여야 한다.

② 헌법 제107조제2항은 구체적 규범통제를 규정하고 있기 때문에 당사자는 구체적 사건의 심판을 위한 선결문제로서 행정입법의 위법성을 주장하여 법원에 대하여 당해 사건에 대한 적용 여부의 판단을 구할 수 있다.

③ 일반적으로 법률의 위임에 따라 효력을 갖는 법규명령의 경우에 위임의 근거가 없어 무효였다면 나중에 법 개정으로 위임의 근거가 부여되었다고 하여 그때부터 유효한 법규명령이 되는 것은 아니다.

④ 법률의 시행령은 모법인 법률에 의하여 위임받은 사항이나 법률이 규정한 범위 내에서 법률을 현실적으로 집행하는 데 필요한 세부적인 사항만을 규정할 수 있을 뿐, 법률에 의한 위임이 없는 한 법률이 규정한 개인의 권리 · 의무에 관한 내용을 변경 · 보충하거나 법률에 규정되지 아니한 새로운 내용을 규정할 수는 없다.

> **TIP** ③ 일반적으로 법률의 위임에 따라 효력을 갖는 법규명령의 경우에 <u>위임의 근거가 없어 무효였더라도 나중에 법 개정으로 위임의 근거가 부여되면 그때부터는 유효한 법규명령으로 볼 수 있다.</u> 그러나 법규명령이 개정된 법률에 규정된 내용을 함부로 유추 · 확장하는 내용의 해석규정이어서 위임의 한계를 벗어난 것으로 인정될 경우에는 법규명령은 여전히 무효이다 (대판 2017. 4. 20. 2015두45700).

34 판례의 입장으로 옳지 않은 것은?

① 「여객자동차 운수사업법」에 따르면, 여객자동차 운수사업자가 거짓이나 부정한 방법으로 지급받은 보조금에 대한 국토교통부장관 또는 시 · 도지사의 환수처분은 기속행위에 해당한다.

② 재량권의 일탈 · 남용에 관하여는 행정행위의 효력을 다투는 사람이 주장 · 증명책임을 부담한다.

③ 사업주가 당연가입자가 되는 고용보험 및 산업재해보상보험에서 보험료 납부의무 부존재확인은 당사자소송으로 다투어야 한다.

④ 지방자치단체의 장이 「공유재산 및 물품관리법」에 근거하여 기부채납 및 사용 · 수익허가 방식으로 민간투자사업을 추진하는 과정에서 사업시행자를 지정하기 위한 전 단계에서 공모 제안을 받아 일정한 심사를 거쳐 우선협상대상자를 선정하는 행위는 항고소송의 대상이 되는 행정처분에 해당하지 않는다.

Answer 33.③ 34.④

 ④ 공유재산 및 물품관리법 제2조 제1호, 제7조 제1항, 제20조 제1항, 제2항 제2호의 내용과 체계에 관련 법리를 종합하면, 지방자치단체의 장이 공유재산법에 근거하여 기부채납 및 사용·수익허가 방식으로 민간투자사업을 추진하는 과정에서 사업시행자를 지정하기 위한 전 단계에서 공모제안을 받아 일정한 심사를 거쳐 우선협상대상자를 선정하는 행위와 이미 선정된 우선협상대상자를 그 지위에서 배제하는 행위는 민간투자사업의 세부내용에 관한 협상을 거쳐 공유재산법에 따른 공유재산의 사용·수익허가를 우선적으로 부여받을 수 있는 지위를 설정하거나 또는 이미 설정한 지위를 박탈하는 조치 이므로 모두 항고소송의 대상이 되는 행정처분으로 보아야 한다(대판 2020. 4. 29. 2017두31064).

① 마을버스 운수업자 甲이 유류사용량을 실제보다 부풀려 유가보조금을 과다 지급받은 데 대하여 관할 시장이 甲에게 부정수급기간 동안 지급된 유가보조금 전액을 회수하는 내용의 처분을 한 사안에서, 구 여객자동차 운수사업법 제51조 제3항에 따라 국토해양부장관 또는 시·도지사는 여객자동차 운수사업자가 '거짓이나 부정한 방법으로 지급받은 보조금'에 대하여 반환할 것을 명하여야 하고, 위 규정을 '정상적으로 지급받은 보조금'까지 반환하도록 명할 수 있는 것으로 해석하는 것은 문언의 범위를 넘어서는 것이며, 규정의 형식이나 체재 등에 비추어 보면, 위 환수처분은 국토해양부장관 또는 시·도지사가 지급받은 보조금을 반환할 것을 명하여야 하는 기속행위라고 본 원심판단을 정당하다(대판 2013. 12. 12. 2011두3388).

35 자동화된 행정결정에 대한 설명으로 옳지 않은 것은?

① 자동화된 행정결정의 예로는 컴퓨터를 통한 중·고등학생의 학교배정, 신호등에 의한 교통신호 등이 있다.

② 「행정기본법」상 자동적 처분은 항고소송의 대상이 된다.

③ 「행정기본법」상 자동적 처분을 할 수 있는 '완전히 자동화된 시스템'에는 '인공지능 기술을 적용한 시스템'이 포함되지 않는다.

④ 「행정기본법」은 재량행위에 대해서 자동적 처분을 허용하지 않고 있다.

TIP

> 행정기본법 제20조(자동적 처분)
> 행정청은 법률로 정하는 바에 따라 완전히 자동화된 시스템(인공지능 기술을 적용한 시스템을 포함한다)으로 처분을 할 수 있다. 다만, 처분에 재량이 있는 경우는 그러하지 아니하다.

Answer 35.③

36 행정지도에 대한 설명으로 옳지 않은 것은?

① 행정기관은 행정지도의 상대방이 행정지도에 따르지 아니하였다는 것을 이유로 불이익한 조치를 하여서는 아니 된다.

② 행정기관이 같은 행정목적을 실현하기 위하여 많은 상대방에게 행정지도를 하려는 경우에는 특별한 사정이 없으면 행정지도에 공통적인 내용이 되는 사항을 공표하여야 한다.

③ 위법한 행정지도에 따라 행한 사인의 행위는 위법성이 조각되어 범법행위가 되지 않는다.

④ 행정지도가 강제성을 띠지 않은 비권력적 작용으로서 행정지도의 한계를 일탈하지 아니하였다면, 그로 인하여 상대방에게 손해가 발생하였다 하더라도 행정기관은 손해배상책임이 없다.

> **TIP** ③ 행정지도를 따를지 여부에 대해서는 상대방에게 완전한 자유가 보장되므로, 위법한 행정지도에 따라 행한 행위라도 위법성이 조각되지는 않는다.
> ① 행정절차법 제48조 제2항
> ② 행정절차법 제51조
> ④ 대판 2008. 9. 25. 2006다18228

37 행정입법의 사법적 통제에 대한 설명으로 옳지 않은 것은?

① 중앙선거관리위원회규칙은 법규명령이므로 구체적 규범통제의 대상이 될 수 있다.

② 처분적 법규명령은 무효등확인소송 또는 취소소송의 대상이 된다.

③ 대법원 이외의 각급법원도 구체적 규범통제의 방법으로 법규명령 조항에 대한 위헌·위법 판단을 할 수 있다.

④ 행정입법부작위는 부작위위법확인소송의 대상이 된다.

> **TIP** ④ 행정소송은 구체적 사건에 대한 법률상 분쟁을 법에 의하여 해결함으로써 법적 안정을 기하자는 것이므로 부작위위법확인소송의 대상이 될 수 있는 것은 구체적 권리의무에 관한 분쟁이어야 하고 추상적인 법령에 관하여 제정의 여부 등은 그 자체로서 국민의 구체적인 권리의무에 직접적 변동을 초래하는 것이 아니어서 그 소송의 대상이 될 수 없다(대판 1992. 5. 8. 91누11261).
> ① 공직선거관리규칙은 중앙선거관리위원회가 헌법 제114조 제6항 소정의 규칙제정권에 의하여 공직선거및선거부정방지법에서 위임된 사항과 대통령·국회의원·지방의회의원 및 지방자치단체의 장의 선거의 관리에 필요한 세부사항을 규정함을 목적으로 하여 제정된 법규명령이라고 할 것이다(대판 1996. 7. 12. 96우16).

Answer　36.③　37.④

38 행정상 사실행위에 대한 설명으로 옳지 않은 것은?

① 행정상 사실행위의 예로는 폐기물 수거, 행정지도, 대집행의 실행, 행정상 즉시강제 등이 있다.

② 정청이 위법 건축물에 대한 단전 및 전화통화 단절조치를 요청한 것은 항고소송의 대상이 되는 행정처분이라고 볼 수 없다.

③ 교도소장이 영치품인 티셔츠 사용을 재소자에게 불허한 행위는 항고소송의 대상이 되는 행정처분에 해당한다.

④ 교도소 내 마약류 관련 수형자에 대한 교도소장의 소변강제채취는 권력적 사실행위이나 헌법소원의 대상은 아니다.

TIP ④ 교도소 수형자에게 소변을 받아 제출하게 한 것은, 형을 집행하는 우월적인 지위에서 외부와 격리된 채 형의 집행에 관한 지시, 명령을 복종하여야 할 관계에 있는 자에게 행해진 것으로서 그 목적 또한 교도소 내의 안전과 질서유지를 위하여 실시하였고, 일방적으로 강제하는 측면이 존재하며, 응하지 않을 경우 직접적인 징벌 등의 제재는 없다고 하여도 불리한 처우를 받을 수 있다는 심리적 압박이 존재하리라는 것을 충분이 예상할 수 있는 점에 비추어, 권력적 사실행위로서 헌법재판소법 제68조 제1항의 공권력의 행사에 해당한다(헌재결 2006. 7. 27. 2005헌마277).

① 행정상 사실행위에는 ⅰ)감염병 환자의 강제격리, 대집행의 실행, 행정상 즉시강제 등 권력적 사실행위와 ⅱ)폐기물 수거, 행정지도, 보고 등 비권력적 사실행위가 있다.

② 행정청이 위법 건축물에 대한 시정명령을 하고 나서 위반자가 이를 이행하지 아니하여 전기·전화의 공급자에게 그 위법 건축물에 대한 전기·전화공급을 하지 말아 줄 것을 요청한 행위는 권고적 성격의 행위에 불과한 것으로서 전기·전화공급자나 특정인의 법률상 지위에 직접적인 변동을 가져오는 것은 아니므로 이를 항고소송의 대상이 되는 행정처분이라고 볼 수 없다(대판 1996. 3. 22. 96누433).

③ 공권력의 행사 또는 불행사로 인하여 헌법상 보장된 기본권을 침해받은 자는 다른 법률에 구체절차가 있는 경우에는 그 절차를 모두 거친 후가 아니면 헌법소원심판을 청구할 수 없다(헌법재판소법 제68조 제1항 단서). 피청구인(교도소장)의 영치품 교부신청 불허행위는 행정소송의 대상이 되는 처분에 해당하므로 청구인(재소자)은 이에 대하여 법원에 취소소송을 제기하는 등 구제절차를 밟을 수 있는 바, 이러한 구제절차를 거치지 아니하고 청구된 이 사건 심판청구는 보충성 원칙에 위반된다(헌재결 2009. 11. 9. 2009헌마581).

Answer　　38.④

39 행정행위의 하자의 승계에 대한 설명으로 옳지 않은 것은?

① 2개 이상의 행정처분이 연속적 또는 단계적으로 이루어지는 경우 선행처분과 후행처분이 서로 합하여 1개의 법률효과를 완성하는 때에는 선행처분에 하자가 있으면 그 하자는 후행처분에 승계된다.

② 선행처분과 후행처분이 서로 독립하여 별개의 법률효과를 발생시키는 경우에는 선행처분에 불가쟁력이 생겨 그 효력을 다툴 수 없게 되면 수인한도를 넘는 가혹함을 가져오며 그 결과가 당사자에게 예측가능하지 않더라도 하자의 승계가 인정되지 않는다.

③ 과세관청의 선행처분인 소득금액변동통지에 하자가 존재하더라도 당연무효사유에 해당하지 않는 한 후행처분인 징수처분에 대한 항고소송에서 그 하자를 다툴 수 없다.

④ 수용보상금의 증액을 구하는 소송에서는 선행처분으로서 그 수용대상 토지 가격 산정의 기초가 된 비교표준지공시지가결정의 위법을 독립된 사유로 주장할 수 있다.

> **TIP** ② 두 개 이상의 행정처분을 연속적으로 하는 경우 선행처분과 후행처분이 서로 독립하여 별개의 법률효과를 목적으로 하는 때에는 선행처분에 불가쟁력이 생겨 그 효력을 다툴 수 없게 된 경우에는 선행처분의 하자가 중대하고 명백하여 당연무효인 경우를 제외하고는 선행처분의 하자를 이유로 후행처분의 효력을 다툴 수 없는 것이 원칙이다. 그러나 <u>선행처분과 후행처분이 서로 독립하여 별개의 효과를 목적으로 하는 경우에도 선행처분의 불가쟁력이나 구속력이 그로 인하여 불이익을 입게 되는 자에게 수인한도를 넘는 가혹함을 가져오며, 그 결과가 당사자에게 예측가능한 것이 아닌 경우에는 국민의 재판받을 권리를 보장하고 있는 헌법의 이념에 비추어 선행처분의 후행처분에 대한 구속력은 인정될 수 없다.</u>(대판 2013. 3. 14. 2012두6964).
>
> ① <u>2개 이상의 행정처분이 연속적 또는 단계적으로 이루어지는 경우 선행처분과 후행처분이 서로 합하여 1개의 법률효과를 완성하는 때에는 선행처분에 하자가 있으면 그 하자는 후행처분에 승계된다.</u> 이러한 경우에는 선행처분에 불가쟁력이 생겨 그 효력을 다툴 수 없게 되더라도 선행처분의 하자를 이유로 후행처분의 효력을 다툴 수 있다. 그러나 선행처분과 후행처분이 서로 독립하여 별개의 법률효과를 발생시키는 경우에는 선행처분에 불가쟁력이 생겨 그 효력을 다툴 수 없게 되면 선행처분의 하자가 당연무효인 경우를 제외하고는 특별한 사정이 없는 한 선행처분의 하자를 이유로 후행처분의 효력을 다툴 수 없는 것이 원칙이다(대판 2017. 7. 18. 2016두49938).
>
> ③ 과세관청의 소득처분과 그에 따른 소득금액변동통지가 있는 경우 원천징수의무자인 법인은 소득금액변동통지서를 받은 날에 그 통지서에 기재된 소득의 귀속자에게 당해 소득금액을 지급한 것으로 의제되어 그때 원천징수하는 소득세의 납세의무가 성립함과 동시에 확정되므로 소득금액변동통지는 원천징수의무자인 법인의 납세의무에 직접 영향을 미치는 과세관청의 행위로서 항고소송의 대상이 된다. 그리고 원천징수의무자인 법인이 원천징수하는 소득세의 납세의무를 이행하지 아니함에 따라 과세관청이 하는 납세고지는 확정된 세액의 납부를 명하는 징수처분에 해당하므로 선행처분인 소득금액변동통지에 하자가 존재하더라도 당연무효 사유에 해당하지 않는 한 후행처분인 징수처분에 그대로 승계되지 아니한다. 따라서 과세관청의 소득처분과 그에 따른 소득금액변동통지가 있는 경우 원천징수하는 소득세의 납세의무에 관하여는 이를 확정하는 소득금액변동통지에 대한 항고소송에서 다투어야 하고, <u>소득금액변동통지가 당연무효가 아닌 한 징수처분에 대한 항고소송에서 이를 다툴 수는 없다</u>(대판 2012. 1. 26. 2009두14439).
>
> ④ 표준지공시지가결정이 위법한 경우에는 그 자체를 행정소송의 대상이 되는 행정처분으로 보아 그 위법 여부를 다툴 수 있음은 물론, <u>수용보상금의 증액을 구하는 소송에서도 선행처분으로서 그 수용대상 토지 가격 산정의 기초가 된 비교표준지공시지가결정의 위법을 독립한 사유로 주장할 수 있다</u>(대판 2008. 8. 21. 2007두13845).

Answer　39.②

40 「공공기관의 정보공개에 관한 법률」상 정보공개에 대한 설명으로 옳은 것만을 모두 고르면?

> ㉠ 모든 국민은 정보의 공개를 청구할 권리를 가진다.
>
> ㉡ 법무부령인 「검찰보존사무규칙」은 행정기관 내부의 사무처리준칙인 행정규칙이지만, 「검찰보존사무규칙」상의 열람·등사의 제한은 「공공기관의 정보공개에 관한 법률」 제9조제1항제1호의 '다른 법률 또는 법률에 의한 명령에 의하여 비공개사항으로 규정된 경우'에 해당한다.
>
> ㉢ 해당 정보를 취득 또는 활용할 의사가 전혀 없이 정보공개 제도를 이용하여 사회통념상 용인될 수 없는 부당한 이득을 얻으려 하거나, 오로지 공공기관의 담당 공무원을 괴롭힐 목적으로 정보공개청구를 하는 경우 권리 남용에 해당함이 명백하므로 정보공개청구권의 행사가 허용되지 아니한다.
>
> ㉣ 청구인이 정보공개와 관련한 공공기관의 결정에 대하여 불복이 있거나 정보공개청구 후 10일이 경과하도록 정보공개 결정이 없는 때에는 「행정심판법」에서 정하는 바에 따라 행정심판을 청구할 수 있다.

① ㉠, ㉡   ② ㉠, ㉢

③ ㉡, ㉣   ④ ㉢, ㉣

TIP ㉠ (o)정보공개법 제5조 제1항

㉡ (x)검찰보존사무규칙이 검찰청법 제11조에 기하여 제정된 법무부령이기는 하지만, 그 중 불기소사건기록의 열람·등사의 제한을 정하고 있는 위 규칙 제22조는 법률상의 위임근거가 없는 행정기관 내부의 사무처리준칙으로서 행정규칙에 불과하므로, <u>위 규칙 제22조에 의한 열람·등사의 제한을 공공기관의 정보공개에 관한 법률 제4조 제1항의 '정보의 공개에 관하여 다른 법률에 특별한 규정이 있는 경우' 또는 같은 법 제9조 제1항 제1호의 '다른 법률 또는 법률이 위임한 명령(국회규칙·대법원규칙·헌법재판소규칙·중앙선거관리위원회규칙·대통령령 및 조례에 한한다)에 의하여 비밀 또는 비공개 사항으로 규정된 경우'에 해당한다고 볼 수 없다</u>(대판 2004. 5. 28. 2001두3358).

㉢ (o)국민의 정보공개청구는 정보공개법 제9조에 정한 비공개 대상 정보에 해당하지 아니하는 한 원칙적으로 폭넓게 허용되어야 하지만, 실제로는 해당 정보를 취득 또는 활용할 의사가 전혀 없이 <u>정보공개 제도를 이용하여 사회통념상 용인될 수 없는 부당한 이득을 얻으려 하거나, 오로지 공공기관의 담당공무원을 괴롭힐 목적으로 정보공개청구를 하는 경우처럼 권리의 남용에 해당하는 것이 명백한 경우에는 정보공개청구권의 행사를 허용하지 아니하는 것이 옳다</u>(대판 2014. 12. 24. 2014두9349).

㉣ (x)정보공개법 제19조 제1항

> **제19조(행정심판)**
>
> ① 청구인이 정보공개와 관련한 공공기관의 결정에 대하여 <u>불복이 있거나 정보공개 청구 후 20일이 경과하도록 정보공개 결정이 없는 때</u>에는 「행정심판법」에서 정하는 바에 따라 행정심판을 청구할 수 있다. 이 경우 국가기관 및 지방자치단체 외의 공공기관의 결정에 대한 감독행정기관은 관계 중앙행정기관의 장 또는 지방자치단체의 장으로 한다.

Answer 40.②

41 「행정절차법」에 대한 설명으로 옳지 않은 것은?

① 처분기준을 공표하는 것이 해당 처분의 성질상 현저히 곤란하거나 공공의 안전 또는 복리를 현저히 해치는 것으로 인정될 만한 상당한 이유가 있는 경우에는 처분기준을 공표하지 아니할 수 있다.

② 행정처분의 상대방에 대한 청문통지서가 반송되었거나 행정처분의 상대방이 청문일시에 불출석하였다는 이유만으로 행정청이 관계 법령상 그 실시가 요구되는 청문을 실시하지 아니하고 한 침해적 행정처분은 위법하다.

③ 「행정절차법」상 사전통지 및 의견제출에 대한 권리를 부여하고 있는 '당사자등'에는 불이익처분의 직접 상대방인 당사자와 행정청이 직권으로 또는 신청에 따라 행정절차에 참여하게 한 이해관계인, 그 밖에 제3자가 포함된다.

④ 행정청이 처분을 하면서 당사자가 그 근거를 알 수 있을 정도로 이유를 제시한 경우에는 처분의 근거와 이유를 구체적으로 명시하지 않았더라도 그로 말미암아 그 처분이 위법하다고 볼 수는 없다.

TIP ③ 행정절차법 제2조 4호

> **제2조(정의)**
> 이 법에서 사용하는 용어의 뜻은 다음과 같다.
> 4. "당사자등"이란 다음 각 목의 자를 말한다.
>   가. 행정청의 처분에 대하여 직접 그 상대가 되는 당사자
>   나. 행정청이 직권으로 또는 신청에 따라 행정절차에 참여하게 한 이해관계인

① 행정절차법 제20조 제3항

② 행정절차법 제21조 제4항 제3호는 침해적 행정처분을 할 경우 청문을 실시하지 않을 수 있는 사유로서 "당해 처분의 성질상 의견청취가 현저히 곤란하거나 명백히 불필요하다고 인정될 만한 상당한 이유가 있는 경우"를 규정하고 있으나, 여기에서 말하는 '의견청취가 현저히 곤란하거나 명백히 불필요하다고 인정될 만한 상당한 이유가 있는지 여부'는 당해 행정처분의 성질에 비추어 판단하여야 하는 것이지, 청문통지서의 반송 여부, 청문통지의 방법 등에 의하여 판단할 것은 아니며, 또한 행정처분의 상대방이 통지된 청문일시에 불출석하였다는 이유만으로 행정청이 관계 법령상 그 실시가 요구되는 청문을 실시하지 아니한 채 침해적 행정처분을 할 수는 없을 것이므로, 행정처분의 상대방에 대한 청문통지서가 반송되었다거나, 행정처분의 상대방이 청문일시에 불출석하였다는 이유로 청문을 실시하지 아니하고 한 침해적 행정처분은 위법하다(대판 2001. 4. 13. 2000두3337).

④ 행정청이 처분을 할 때에는 원칙적으로 당사자에게 그 근거와 이유를 제시하여야 한다(행정절차법 제23조 제1항). 이 경우 행정청은 처분의 원인이 되는 사실과 근거가 되는 법령 또는 자치법규의 내용을 구체적으로 명시하여야 한다(행정절차법 시행령 제14조의2). 다만 행정청의 자의적 결정을 배제하고 당사자로 하여금 행정구제절차에서 적절히 대처할 수 있도록 하는 처분의 근거 및 이유제시 제도의 취지에 비추어, 처분을 하면서 당사자가 그 근거를 알 수 있을 정도로 이유를 제시한 경우에는 처분의 근거와 이유를 구체적으로 명시하지 않았더라도 그로 말미암아 그 처분이 위법하다고 볼 수는 없다. 이때 '이유를 제시한 경우'는 처분서에 기재된 내용과 관계 법령 및 당해 처분에 이르기까지의 전체적인 과정 등을 종합적으로 고려하여, 처분 당시 당사자가 어떠한 근거와 이유로 처분이 이루어진 것인지를 충분히 알 수 있어서 그에 불복하여 행정구제절차로 나아가는 데 별다른 지장이 없었다고 인정되는 경우를 뜻한다(대판 2019. 1. 31. 2016두64975).

Answer 41.③

42 인가에 대한 설명으로 옳지 않은 것은?

① 「자동차관리법」상 자동차관리사업자로 구성하는 사업자단체인 조합 또는 협회의 설립인가처분은 자동차관리사업자들의 단체결성행위를 보충하여 효력을 완성시키는 처분에 해당한다.

② 구「도시 및 주거환경정비법」상 조합설립추진위원회 구성승인처분은 조합의 설립을 위한 주체인 추진위원회의 구성행위를 보충하여 그 효력을 부여하는 처분이다.

③ 주택재개발정비사업조합이 수립한 사업시행계획에 하자가 있음에도 불구하고 관할 행정청이 해당 사업시행계획에 대한 인가처분을 하였다면, 그 인가처분에는 고유한 하자가 없더라도 사업시행계획의 무효를 주장하면서 곧바로 그에 대한 인가처분의 무효확인이나 취소를 구하여야 한다.

④ 구「도시 및 주거환경정비법」상 토지소유자들이 조합을 설립하지 아니하고 직접 도시환경정비사업을 시행하고자 하는 경우에 내려진 사업시행인가처분은 설권적 처분의 성격을 가진다.

TIP ③ 기본행위인 사업시행계획에는 하자가 없는데 보충행위인 인가처분에 고유한 하자가 있다면 그 인가처분의 무효확인이나 취소를 구하여야 할 것이지만, 인가처분에는 고유한 하자가 없는데 사업시행계획에 하자가 있다면 사업시행계획의 무효확인이나 취소를 구하여야 할 것이지 사업시행계획의 무효를 주장하면서 곧바로 그에 대한 인가처분의 무효확인이나 취소를 구하여서는 아니 된다(대판 2021. 2. 10. 2020두48031).

① 자동차관리법상 자동차관리사업자로 구성하는 사업자단체인 조합 또는 협회의 설립인가처분은 국토해양부장관 또는 시·도지사가 자동차관리사업자들의 단체결성행위를 보충하여 효력을 완성시키는 처분에 해당한다(대판 2015. 5. 29. 2013두635).

② 추진위원회 구성을 승인하는 처분은 조합의 설립을 위한 주체에 해당하는 비법인 사단인 추진위원회를 구성하는 행위를 보충하여 그 효력을 부여하는 처분인 데 반하여, 조합설립인가처분은 법령상 요건을 갖출 경우 도시정비법상 주택재개발사업을 시행할 수 있는 권한을 갖는 행정주체(공법인)로서의 지위를 부여하는 일종의 설권적 처분이다(대판 2014. 2. 13. 2011두21652).

④ 토지 등 소유자들이 직접 시행하는 도시환경정비사업에서 토지 등 소유자에 대한 사업시행인가처분은 단순히 사업시행계획에 대한 보충행위로서의 성질을 가지는 것이 아니라 구 도시정비법상 정비사업을 시행할 수 있는 권한을 가지는 행정주체로서의 지위를 부여하는 일종의 설권적 처분의 성격을 가진다(대판 2013. 6. 13. 2011두19994).

Answer　42.③

43 행정행위의 취소와 철회에 대한 설명으로 옳지 않은 것은?

① 「행정기본법」은 직권취소나 철회의 일반적 근거규정을 두고 있고, 직권취소나 철회는 개별법률의 근거가 없어도 가능하다.

② 행정행위의 철회 사유는 행정행위가 성립되기 이전에 발생한 것으로서 행정행위의 효력을 존속시킬 수 없는 사유를 말한다.

③ 수익적 처분이 상대방의 허위 기타 부정한 방법으로 인하여 행하여졌다면 상대방은 그 처분이 그와 같은 사유로 인하여 취소될 것임을 예상할 수 있으므로, 이러한 경우까지 상대방의 신뢰를 보호하여야 하는 것은 아니다.

④ 수익적 행정처분을 직권취소할 때에는 이를 취소하여야 할 중대한 공익상 필요와 취소로 인하여 처분상대방이 입게 될 기득권과 법적 안정성에 대한 침해 정도 등 불이익을 비교·교량한 후 공익상 필요가 처분상대방이 입을 불이익을 정당화할 만큼 강한 경우에 한하여 취소할 수 있다.

TIP ② 철회는 사후적으로 발생한 사유로 인해 행정행위의 효력을 장래를 향하여 소멸시키는 의사표시를 말한다.
①④행정기본법 제15조, 제18조 제1항

> 제15조(처분의 효력)
> 처분은 권한이 있는 기관이 취소 또는 철회하거나 기간의 경과 등으로 소멸되기 전까지는 유효한 것으로 통용된다. 다만, 무효인 처분은 처음부터 그 효력이 발생하지 아니한다.
> 제18조(위법 또는 부당한 처분의 취소)
> ① 행정청은 위법 또는 부당한 처분의 전부나 일부를 소급하여 취소할 수 있다. 다만, 당사자의 신뢰를 보호할 가치가 있는 등 정당한 사유가 있는 경우에는 장래를 향하여 취소할 수 있다.

행정행위를 한 처분청은 그 행위에 하자가 있는 경우에는 별도의 법적 근거가 없더라도 스스로 이를 취소할 수 있고, 다만 수익적 행정처분을 취소할 때에는 이를 취소하여야 할 공익상의 필요와 그 취소로 인하여 당사자가 입게 될 기득권과 신뢰보호 및 법률생활 안정의 침해 등 불이익을 비교·교량한 후 공익상의 필요가 당사자가 입을 불이익을 정당화할 만큼 강한 경우에 한하여 취소할 수 있으며, 나아가 수익적 행정처분의 하자가 당사자의 사실은폐나 기타 사위의 방법에 의한 신청행위에 기인한 것이라면 당사자는 처분에 의한 이익이 위법하게 취득되었음을 알아 취소가능성도 예상하고 있었다 할 것이므로, 그 자신이 처분에 관한 신뢰이익을 원용할 수 없음은 물론 행정청이 이를 고려하지 아니하였다고 하여도 재량권의 남용이 되지 않는다(대판 2006. 5. 25. 2003두4669).

③ 수익적 처분이 있으면 상대방은 그것을 기초로 하여 새로운 법률관계 등을 형성하게 되는 것이므로, 이러한 상대방의 신뢰를 보호하기 위하여 수익적 처분의 취소에는 일정한 제한이 따르는 것이나, 수익적 처분이 상대방의 허위 기타 부정한 방법으로 인하여 행하여졌다면 상대방은 그 처분이 그와 같은 사유로 인하여 취소될 것임을 예상할 수 없었다고 할 수 없으므로, 이러한 경우에까지 상대방의 신뢰를 보호하여야 하는 것은 아니라고 할 것이다(대판 1995. 1. 20. 94누6529).

Answer 43.②

출제 예상 문제

1 **행정입법의 법적 성질에 관한 판례의 입장으로 옳지 않은 것은?**

① 「주택건설촉진법 시행령」 제10조의3 제1항 [별표 1]은 「주택건설촉진법」 제7조 제2항의 위임규정에 터잡은 규정형식상 대통령령이므로 대외적으로 국민이나 법원을 구속하는 힘이 있다.

② 구 「청소년보호법」 제49조 제1항·제2항에 따른 동법 시행령 제40조 [별표 6]의 위반행위의 종별에 따른 과징금 처분기준은 법규명령에 해당하고 과징금처분기준의 수액은 최고한도액이 아니라 정액이다.

③ 국세청장의 훈령형식으로 되어 있는 「재산제세사무처리규정」은 「소득세법 시행령」의 위임에 따라 「소득세법 시행령」의 내용을 보충하는 기능을 가지므로 「소득세법 시행령」과 결합하여 대외적 효력을 갖는다.

④ 「도로교통법 시행규칙」 제53조 제1항이 정한 [별표 16]의 운전면허행정처분기준은 부령의 형식으로 되어 있으나, 그 규정의 성질과 내용이 행정청 내부의 사무처리준칙을 규정한 것에 지나지 아니하므로 대외적으로 국민이나 법원을 기속하는 효력이 없다.

TIP ② 구 「청소년보호법」(1999.2.5. 법률 제5817호로 개정되기 전의 것) 제49조 제1항, 제2항에 따른 같은 법 시행령(1999.6.30. 대통령령 제16461호로 개정되기 전의 것) 제40조 [별표 6]의 위반행위의 종별에 따른 과징금 처분기준은 법규명령이기는 하나 모법의 위임규정의 내용과 취지 및 헌법상의 과잉금지의 원칙과 평등의 원칙 등에 비추어 같은 유형의 위반행위라 하더라도 그 규모나 기간·사회적 비난 정도·위반행위로 인하여 다른 법률에 의하여 처벌받은 다른 사정·행위자의 개인적 사정 및 위반행위로 얻은 불법이익의 규모 등 여러 요소를 종합적으로 고려하여 사안에 따라 적정한 과징금의 액수를 정하여야 할 것이므로 그 수액은 정액이 아니라 최고한도액이다(대판 2001. 3. 9. 99두5207).

Answer 1.②

2 위법한 행정행위의 취소에 대한 설명으로 옳지 않은 것은?(다툼이 있는 경우 판례에 의함)

① 처분청은 그 처분의 성립에 하자가 있는 경우 이를 취소할 별도의 법적 근거가 없다고 하더라도 직권으로 이를 취소할 수 있다.

② 무효인 처분에 대하여 취소소송이 제기된 경우 소송제기요건이 구비되었다면 법원은 당해 소를 각하하여서는 아니 되며, 무효를 선언하는 의미의 취소판결을 하여야 한다.

③ 위법한 처분에 대해 불가쟁력이 발생한 이후에도 불가변력이 발생하지 않은 이상, 당해 처분은 처분의 위법성을 이유로 직권취소될 수 있다.

④ 현역병 입영대상편입처분을 보충역편입처분으로 변경한 경우, 보충역편입처분에 불가쟁력이 발생한 이후 보충역편입처분이 하자를 이유로 직권취소 되었다면 종전의 현역병 입영대상 편입처분의 효력은 되살아난다.

TIP ④ 지방병무청장이 재신체검사 등을 거쳐 현역병입영대상편입처분을 보충역편입처분이나 제2국민역편입처분으로 변경하거나 보충역편입처분을 제2국민역편입처분으로 변경하는 경우 비록 새로운 병역처분의 성립에 하자가 있다고 하더라도 그것이 당연무효가 아닌 한 일단 유효하게 성립하고 제소기간의 경과 등 형식적 존속력이 생김과 동시에 종전의 병역처분의 효력은 취소 또는 철회되어 확정적으로 상실된다고 보아야 할 것이므로 그 후 새로운 병역처분의 성립에 하자가 있었음을 이유로 하여 이를 취소한다고 하더라도 종전의 병역처분의 효력이 되살아난다고 할 수 없다(대판 2002. 5. 28, 2001두9653).

Answer   2.④

3 행정행위의 부관에 관한 설명으로 옳지 않은 것은?(다툼이 있는 경우 판례에 의함)

① 행정행위의 부관은 부담의 경우를 제외하고는 독립하여 행정소송의 대상이 될 수 없다.

② 행정행위의 부관으로 철회권의 유보가 되어 있는 경우라 하더라도 그 철회권의 행사에 대해서는 행정행위의 철회의 제한에 관한 일반원리가 적용된다.

③ 행정청이 부담을 부가하기 전에 상대방과 협의하여 부담의 내용을 협약의 형식으로 미리 정하는 것은 부담 또한 단독행위로서 행정행위로서의 본질을 갖는다는 점에서 허용되지 않는다.

④ 행정처분이 발하여진 후 새로운 부담을 부가하거나 이미 부가되어 있는 부담의 범위 또는 내용 등을 변경하는 사후부담은, 법률에 명문의 규정이 있거나 그것이 미리 유보되어 있는 경우 또는 상대방의 동의가 있는 경우에 허용되는 것이 원칙이다.

TIP ③ 수익적 행정처분에 있어서는 법령에 특별한 근거규정이 없다고 하더라도 그 부관으로서 부담을 붙일 수 있고, 그와 같은 부담은 행정청이 행정처분을 하면서 일방적으로 부가할 수도 있지만 부담을 부가하기 이전에 상대방과 협의하여 부담의 내용을 협약의 형식으로 미리 정한 다음 행정처분을 하면서 이를 부가할 수도 있다. 행정청이 수익적 행정처분을 하면서 부가한 부담의 위법 여부는 처분 당시 법령을 기준으로 판단하여야 하고, 부담이 처분 당시 법령을 기준으로 적법하다면 처분 후 부담의 전제가 된 주된 행정처분의 근거 법령이 개정됨으로써 행정청이 더 이상 부관을 붙일 수 없게 되었다 하더라도 곧바로 위법하게 되거나 그 효력이 소멸하게 되는 것은 아니다. 따라서 행정처분의 상대방이 수익적 행정처분을 얻기 위하여 행정청과 사이에 행정처분에 부가할 부담에 관한 협약을 체결하고 행정청이 수익적 행정처분을 하면서 협약상의 의무를 부담으로 부가하였으나 부담의 전제가 된 주된 행정처분의 근거 법령이 개정됨으로써 행정청이 더 이상 부관을 붙일 수 없게 된 경우에도 곧바로 협약의 효력이 소멸하는 것은 아니다(대판 2009. 2. 12, 2005다65500).

Answer 3.③

4 같은 성질의 행정행위만으로 묶인 것은?

> ㉠ 정관승인　　　　　　　　　㉡ 광업허가
> ㉢ 귀화허가　　　　　　　　　㉣ 입산금지해제
> ㉤ 운전면허　　　　　　　　　㉥ 어업면허
> ㉦ 공유수면매립면허　　　　　㉧ 건축허가
> ㉨ 특허기업양도허가

① ㉠㉣㉨　　　　　　　　　　② ㉢㉧㉨
③ ㉣㉤㉧　　　　　　　　　　④ ㉤㉥㉦

TIP ㉠㉨ 인가　㉡㉢㉥㉦ 특허　㉣㉤㉧ 허가

5 행정행위의 하자의 승계에 관한 설명 중 옳지 않은 것은?

① 하자의 승계라 함은 둘 이상의 행정행위가 단계적인 일련의 절차로 연속하여 행하여지는 경우에 불가쟁력을 발생한 선행행위가 가지는 흠을 이유로 흠없는 후행행위의 효력을 다투는 것을 말한다.
② 선행행위가 무효인 때에는 흠없는 후행행위에 선행행위의 흠이 승계된다.
③ 취소사유를 지닌 선행행위가 후행행위와 결합하여 하나의 법률효과를 완성하는 경우에 흠의 승계가 인정된다.
④ 판례는 과세처분과 체납처분 사이에 하자의 승계를 인정하였다.

TIP ④ 과세처분과 체납처분은 일련의 절차로 연속하여 행해지지만 서로 독립하여 별개의 효과를 발생시키므로 하자의 승계를 부인하는 것이 판례(대판 1977. 7. 12, 76누51)이며, 통설이다.
① 통설이다.
② 취소의 경우에는 당연히 승계되지는 않는다.
③ 통설 · 판례의 입장이다.

Answer　4.③　5.④

6 행정지도에 대한 설명으로 옳지 않은 것은?(다툼이 있는 경우 판례에 의함)

① 교육인적자원부장관(현 교육부장관)의 대학총장들에 대한 학칙시정요구는 행정지도에 해당하므로 규제적, 구속적 성격을 강하게 가지고 있더라도 헌법소원의 대상이 되는 공권력의 행사라고 볼 수 없다.

② 「행정절차법」에 따르면, 행정기관은 행정지도의 상대방이 행정지도에 따르지 않았다는 것을 이유로 불이익한 조치를 하여서는 아니된다고 규정하고 있다.

③ 위법건축물에 대한 단전 및 전화통화단절조치 요청행위는 처분성이 부인된다.

④ 행정지도가 강제성을 띠지 않은 비권력적 작용으로서 행정지도의 한계를 일탈하지 아니하였다면 그로 인하여 상대방에게 어떤 손해가 발생하였다 하더라도 행정기관은 그에 대한 손해배상책임이 없다.

TIP ① 교육인적자원부장관의 대학총장들에 대한 이 사건 학칙시정요구는 「고등교육법」 제6조 제2항, 동법시행령 제4조 제3항에 따른 것으로서 그 법적 성격은 대학총장의 임의적인 협력을 통하여 사실상의 효과를 발생시키는 행정지도의 일종이지만, 그에 따르지 않을 경우 일정한 불이익조치를 예정하고 있어 사실상 상대방에게 그에 따를 의무를 부과하는 것과 다를 바 없으므로 단순한 행정지도로서의 한계를 넘어 규제적·구속적 성격을 상당히 강하게 갖는 것으로서 헌법소원의 대상이 되는 공권력의 행사라고 볼 수 있다(헌재 2003. 6. 26. 2002헌마337).

7 다음 중 행정상 확약에 대한 설명으로 가장 옳지 않은 것은?

① 확약이란 일정한 행정행위를 하거나 하지 않을 것을 약속하는 행정청의 구속력 있는 의사표시를 말한다.

② 판례는 확약의 처분성을 인정한다.

③ 확약의 불이행에 대하여는 의무이행심판·부작위위법확인소송을 통한 구제를 생각할 수 있다.

④ 확약은 원칙상 재량행위에 대해서만 가능하나 예외적으로 상대방에게 대비할 수 있는 기회를 주는 경우에는 기속행위에도 가능하다.

TIP ② 판례는 확약의 처분성을 부정한다(대판 1995. 1.20. 94누6529).

Answer   6.①   7.②

8 절차상 하자에 대한 설명으로 옳지 않은 것은?(다툼이 있는 경우 판례에 의함)

① 구 「학교보건법」상 학교환경위생정화구역에서의 금지행위 및 시설의 해제 여부에 관한 행정처분을 하면서 학교환경위생정화위원회의 심의를 누락한 흠은 행정처분을 위법하게 하는 취소사유가 된다.

② 다른 법령 등에서 청문절차를 거치도록 규정하고 있지 않은 경우에는 원칙적으로 청문을 거치지 않고 다른 의견청취절차만 거치더라도 위법하지 않다.

③ 대법원은 청문통지서가 반송되었거나, 행정처분의 상대방이 청문일시에 불출석했다는 이유로 청문을 실시하지 않을 경우에도 위법하지 않다고 보는 입장이다.

④ 대법원은 신청에 대한 거부처분은 「행정절차법」상의 사전통지의 대상이 되는 '당사자의 권익을 제한하는 처분'에 해당하지 않는다는 입장이다.

TIP ③ 「행정절차법」 제21조 제4항 제3호는 침해적 행정처분을 할 경우 청문을 실시하지 않을 수 있는 사유로서 "당해 처분의 성질상 의견청취가 현저히 곤란하거나 명백히 불필요하다고 인정될 만한 상당한 이유가 있는 경우"를 규정하고 있으나, 여기에서 말하는 '의견청취가 현저히 곤란하거나 명백히 불필요하다고 인정될 만한 상당한 이유가 있는지 여부'는 당해 행정처분의 성질에 비추어 판단하여야 하는 것이지, 청문통지서의 반송 여부, 청문통지의 방법 등에 의하여 판단할 것은 아니며, 또한 행정처분의 상대방이 통지된 청문일시에 불출석하였다는 이유만으로 행정청이 관계 법령상 그 실시가 요구되는 청문을 실시하지 아니한 채 침해적 행정처분을 할 수는 없을 것이므로, 행정처분의 상대방에 대한 청문통지서가 반송되었다거나, 행정처분의 상대방이 청문일시에 불출석하였다는 이유로 청문을 실시하지 아니하고 한 침해적 행정처분은 위법하다(대판 2001. 4. 13, 2000두3337).

9 「행정절차법」상의 처분절차에 관한 설명으로 옳지 않은 것은?(다툼이 있는 경우 판례에 의함)

① 행정청은 신청에 구비서류의 미비 등 흠이 있는 경우에는 보완에 필요한 상당한 기간을 정하여 지체없이 신청인에게 보완을 요구하여야 한다.

② 당사자 등은 공표된 처분기준이 명확하지 아니한 경우 해당 행정청에 그 해석 또는 설명을 요청할 수 있으며 이 경우 해당 행정청은 특별한 사정이 없으면 그 요청에 따라야 한다.

③ 퇴직연금의 환수결정과 같이 법령상 확정된 불이익처분의 경우에도 당사자에게 의견진술의 기회를 주지 않았다면 「행정절차법」 위반이 된다.

④ 행정처분의 상대방이 통지된 청문일시에 불출석하였다는 이유만으로는 관계법령상 요구되는 청문절차없이 침해적 행정처분을 할 수는 없다.

Answer   8.③   9.③

10 「공공기관의 정보공개에 관한 법률」상 정보공개에 대한 판례의 입장으로 옳지 않은 것은?

① 국가정보원이 그 직원에게 지급하는 현금급여 및 월초수당에 관한 정보는 비공개대상 정보에 해당한다.

② 법무부령으로 제정된 「검찰보존사무규칙」상의 기록의 열람·등사의 제한규정은 구 「공공기관의 정보공개에 관한 법률」 제9조 제1항 제1호의 '다른 법률 또는 법률에 의한 명령에 의하여 비공개사항으로 규정된 경우'에 해당한다.

③ '감사·감독·검사·시험·규제·입찰계약·기술개발·인사관리·의사결정과정 또는 내부검토과정에 있는 사항 등으로서 공개될 경우 업무의 공정한 수행에 현저한 지장을 초래한다고 인정할 만한 상당한 이유가 있는 정보'란 공개될 경우 업무의 공정한 수행이 객관적으로 현저하게 지장을 받을 것이라는 고도의 개연성이 존재하는 경우를 말한다.

④ 비공개대상인 '법인 등의 경영·영업상 비밀'은 「부정경쟁방지 및 영업비밀보호에 관한 법률」 제2조 제2호에 규정된 '영업비밀'에 한하지 않고, '타인에게 알려지지 아니함이 유리한 사업활동에 관한 일체의 정보' 또는 '사업활동에 관한 일체의 비밀사항'을 말한다.

Answer 10.②

03 행정의 실효성 확보수단

01 행정상 강제집행 ✅자주출제

❶ 의의

(1) 개념

① 의무자가 행정상의 의무를 이행하지 않을 경우 행정청이 그 의무자의 신체·재산에 실력을 행사하여 장래에 그 의무를 이행시키거나 또는 이행된 것과 같은 상태를 실현하는 작용을 의미한다.

② ㉠ 의무의 존재 없이도 행정목적을 위해 행해지는 행정상 즉시강제와 구별되고, ㉡ 과거의 의무불이행에 대한 제재로서 과해지는 행정벌과 구별되며, ㉢ 행정권 스스로 의무를 강제로 실현시킨다는 점에서 소송의 제기를 통해 집행권원을 구하여 집행해야 하는 민사상 강제집행과 구별된다.

③ <u>아무런 권원 없이 국유재산에 설치한 시설물에 대하여 행정청이 행정대집행을 할 수 있음에도 민사소송의 방법으로 그 시설물의 철거를 구하는 것은 허용되지 않는다.</u> 그러나, 아무런 권원 없이 국유재산에 설치한 시설물에 대하여 행정청이 행정대집행을 실시하지 않는 경우, 그 국유재산에 대한 사용청구권을 가지고 있는 자가 국가를 대위하여 민사소송으로 그 시설물의 철거를 구할 수 있다(대판 2009. 6.11. 2009다1122).

(2) 법적 근거

① 행정상 강제집행은 권력적 행정작용이므로 반드시 법령의 근거를 요한다.

② 실정법으로는 대집행의 일반법인 「행정대집행법」, 행정상 강제징수의 일반법인 「국세징수법」과 그 외 단행법들이 있다.

③ 행정기본법에는 행정상 강제에 관한 규정을 두고 있다. ✅자주출제

> **행정기본법 제30조(행정상 강제)**
> ① 행정청은 행정목적을 달성하기 위하여 필요한 경우에는 법률로 정하는 바에 따라 필요한 최소한의 범위에서 다음 각 호의 어느 하나에 해당하는 조치를 할 수 있다.
> 　1. 행정대집행 : 의무자가 행정상 의무(법령등에서 직접 부과하거나 행정청이 법령등에 따라 부과한 의무를 말한다. 이하 이 절에서 같다)로서 타인이 대신하여 행할 수 있는 의무를 이행하지 아니하는 경우 법률

로 정하는 다른 수단으로는 그 이행을 확보하기 곤란하고 그 불이행을 방치하면 공익을 크게 해칠 것으로 인정될 때에 행정청이 의무자가 하여야 할 행위를 스스로 하거나 제3자에게 하게 하고 그 비용을 의무자로부터 징수하는 것

2. 이행강제금의 부과 : 의무자가 행정상 의무를 이행하지 아니하는 경우 행정청이 적절한 이행기간을 부여하고, 그 기한까지 행정상 의무를 이행하지 아니하면 금전급부의무를 부과하는 것

3. 직접강제 : 의무자가 행정상 의무를 이행하지 아니하는 경우 행정청이 의무자의 신체나 재산에 실력을 행사하여 그 행정상 의무의 이행이 있었던 것과 같은 상태를 실현하는 것

4. 강제징수 : 의무자가 행정상 의무 중 금전급부의무를 이행하지 아니하는 경우 행정청이 의무자의 재산에 실력을 행사하여 그 행정상 의무가 실현된 것과 같은 상태를 실현하는 것

5. 즉시강제 : 현재의 급박한 행정상의 장해를 제거하기 위한 경우로서 다음 각 목의 어느 하나에 해당하는 경우에 행정청이 곧바로 국민의 신체 또는 재산에 실력을 행사하여 행정목적을 달성하는 것

  가. 행정청이 미리 행정상 의무 이행을 명할 시간적 여유가 없는 경우

  나. 그 성질상 행정상 의무의 이행을 명하는 것만으로는 행정목적 달성이 곤란한 경우

② 행정상 강제 조치에 관하여 이 법에서 정한 사항 외에 필요한 사항은 따로 법률로 정한다.

③ 형사(刑事), 행형(行刑) 및 보안처분 관계 법령에 따라 행하는 사항이나 외국인의 출입국ㆍ난민인정ㆍ귀화ㆍ국적회복에 관한 사항에 관하여는 이 절을 적용하지 아니한다.

제31조(이행강제금의 부과)

① 이행강제금 부과의 근거가 되는 법률에는 이행강제금에 관한 다음 각 호의 사항을 명확하게 규정하여야 한다. 다만, 제4호 또는 제5호를 규정할 경우 입법목적이나 입법취지를 훼손할 우려가 크다고 인정되는 경우로서 대통령령으로 정하는 경우는 제외한다.

1. 부과ㆍ징수 주체

2. 부과 요건

3. 부과 금액

4. 부과 금액 산정기준

5. 연간 부과 횟수나 횟수의 상한

② 행정청은 다음 각 호의 사항을 고려하여 이행강제금의 부과 금액을 가중하거나 감경할 수 있다.

1. 의무 불이행의 동기, 목적 및 결과

2. 의무 불이행의 정도 및 상습성

3. 그 밖에 행정목적을 달성하는 데 필요하다고 인정되는 사유

③ 행정청은 이행강제금을 부과하기 전에 미리 의무자에게 적절한 이행기간을 정하여 그 기한까지 행정상 의무를 이행하지 아니하면 이행강제금을 부과한다는 뜻을 문서로 계고(戒告)하여야 한다.

④ 행정청은 의무자가 제3항에 따른 계고에서 정한 기한까지 행정상 의무를 이행하지 아니한 경우 이행강제금의 부과 금액ㆍ사유ㆍ시기를 문서로 명확하게 적어 의무자에게 통지하여야 한다.

⑤ 행정청은 의무자가 행정상 의무를 이행할 때까지 이행강제금을 반복하여 부과할 수 있다. 다만, 의무자가 의무를 이행하면 새로운 이행강제금의 부과를 즉시 중지하되, 이미 부과한 이행강제금은 징수하여야 한다.

⑥ 행정청은 이행강제금을 부과받은 자가 납부기한까지 이행강제금을 내지 아니하면 국세강제징수의 예 또는 「지방행정제재ㆍ부과금의 징수 등에 관한 법률」에 따라 징수한다.

제32조(직접강제)

① 직접강제는 행정대집행이나 이행강제금 부과의 방법으로는 행정상 의무 이행을 확보할 수 없거나 그 실현이 불가능한 경우에 실시하여야 한다.
② 직접강제를 실시하기 위하여 현장에 파견되는 집행책임자는 그가 집행책임자임을 표시하는 증표를 보여 주어야 한다.
③ 직접강제의 계고 및 통지에 관하여는 제31조제3항 및 제4항을 준용한다.

제33조(즉시강제)
① 즉시강제는 다른 수단으로는 행정목적을 달성할 수 없는 경우에만 허용되며, 이 경우에도 최소한으로만 실시하여야 한다.
② 즉시강제를 실시하기 위하여 현장에 파견되는 집행책임자는 그가 집행책임자임을 표시하는 증표를 보여 주어야 하며, 즉시강제의 이유와 내용을 고지하여야 한다.
[시행일 : 2023. 3. 24.]

(3) 종류

대집행, 이행강제금(집행벌), 직접강제, 행정상 강제징수가 있다.

2 대집행 ✔자주출제

(1) 의의

① 의무자가 대체적 작위의무(위법건축물철거의무, 교통장해물제거의무 등)를 이행하지 않은 경우 당해 행정청이 스스로 그 의무를 행하거나 제3자로 하여금 이를 행하게 하고 그 비용을 의무자로부터 징수하는 행위를 의미한다.

② 비대체적 작위의무(의사의 진료의무, 토지·건물의 인도의무 등), 부작위의무(야간통행금지의무 등), 수인의무(신체검사를 받을 의무 등)는 대집행의 대상이 되지 않는다.

③ 직접강제는 대체적·비대체적, 작위·부작위를 불문하고 모든 의무 위반에 적용되고 별도의 절차 없이 실행된다(대집행은 대체적 작위의무에만 적용되고 계고 등 일정한 절차를 요함).

(2) 법적 근거

일반법으로서 「행정대집행법」, 개별법으로서 「공익사업을 위한 토지등의 취득 및 보상에 관한 법률」, 「건축법」등이 있다.

(3) 주체

① 대집행의 주체는 의무를 부과하는 처분을 한 당해 행정청이고, 다른 행정청이나 제3자(공공단체 또는 사인)에게 위탁할 수 있다.

② 한국토지공사는 구 한국토지공사법 제2조, 제4조에 의하여 정부가 자본금의 전액을 출자하여 설립한 법인이고, 같은 법 제9조 제4호에 규정된 한국토지공사의 사업에 관하여는 공익사업을 위한 토지 등의 취득 및 보상에 관한 법률 제89조 제1항, 위 한국토지공사법 제22조 제6호 및 같은 법 시행령 제40조의3 제1항의 규정에 의하여 본래 시·도지사나 시장·군수 또는 구청장의 업무에 속하는 대집행권한을 한국토지공사에게 위탁하도록 되어 있는바, <u>한국토지공사는 이러한 법령의 위탁에 의하여 대집행을 수권받은 자로서 공무인 대집행을 실시함에 따르는 권리·의무 및 책임이 귀속되는 행정주체의 지위에 있다고 볼 것이지 지방자치단체 등의 기관으로서 국가배상법 제2조 소정의 공무원에 해당한다고 볼 것은 아니다</u>(대판 2010. 1.28. 2007다82950,82967).

(4) 요건

① 대체적 작위의무의 불이행

   ㉠ 법령에 의하여 직접 부과된 의무와 법령에 기한 행정청의 처분에 의하여 부과된 의무 모두 포함된다. 그러나 사법상의 의무는 포함되지 않는다.

   ㉡ <u>행정대집행법상 대집행의 대상이 되는 대체적 작위의무는 공법상 의무이어야 할 것인데</u>, 구 공공용지의 취득 및 손실보상에 관한 특례법에 따른 토지 등의 <u>협의취득</u>은 공공사업에 필요한 토지 등을 그 소유자와의 협의에 의하여 취득하는 것으로서 <u>공공기관이 사경제주체로서 행하는 사법상 매매 내지 사법상 계약의 실질을 가지는 것이므로</u>, 그 협의취득시 건물소유자가 매매대상 건물에 대한 철거의무를 부담하겠다는 취지의 약정을 하였다고 하더라도 이러한 철거의무는 공법상의 의무가 될 수 없고, 이 경우에도 <u>행정대집행법을 준용하여 대집행을 허용하는 별도의 규정이 없는 한 위와 같은 철거의무는 행정대집행법에 의한 대집행의 대상이 되지 않는다</u>(대판 2006.10.13. 2006두7096).

   ㉢ 관계 법령상 행정대집행의 절차가 인정되어 <u>행정청이 행정대집행의 방법으로 건물의 철거 등 대체적 작위의무의 이행을 실현할 수 있는 경우에는 따로 민사소송의 방법으로 그 의무의 이행을 구할 수 없다</u>. 한편 건물의 점유자가 철거의무자일 때에는 건물철거의무에 퇴거의무도 포함되어 있는 것이어서 별도로 퇴거를 명하는 집행권원이 필요하지 않다(대판 2017. 4.28. 2016다213916).

   ㉣ 대체적 작위의무가 아닌 일신전속적 의무와 부작위의무는 대집행의 대상이 되지 않는다.

   ㉤ 부작위의무의 경우, 당해 부작위의무 위반의 시정을 명하여 작위의무로 전환한 다음 이를 이행하지 않는 경우 대집행을 할 수 있다.

   ㉥ 사람이 불법점유 또는 거주하고 있는 토지·건물의 경우, 대집행을 통해 강제로 퇴거시킬 수 없으므로 대집행의 대상이 되지 않는다.

② **다른 수단으로는 그 이행확보가 곤란할 것**(보충성의 원칙) : 의무이행확보에 침익성이 적은 다른 수단이 있으면 그에 의하여야 하고 다른 수단이 없을 때 비로소 대집행을 행하야 한다.

③ **불이행의 방치가 심히 공익을 해할 것**

　㉠ 심히 공익을 해하는 것인지는 구체적인 사안에 따라 개별적으로 판단해야 한다.

　㉡ 무허가로 불법 건축되어 철거할 의무가 있는 건축물을 도시미관, 주거환경, 교통소통에 지장이 없다는 등의 사유만을 들어 그대로 방치한다면 불법 건축물을 단속하는 당국의 권능을 무력화하여 건축행정의 원활한 수행을 위태롭게 하고 건축허가 및 준공검사시에 소방시설, 주차시설 기타 건축법 소정의 제한규정을 회피하는 것을 사전 예방한다는 더 큰 공익을 해칠 우려가 있다(대판 1989. 3. 28. 87누930).

　㉢ 개발제한구역 및 도시공원에 속하는 임야상에 신축된 위법건축물인 대형 교회건물의 합법화가 불가능한 경우, 교회건물의 건축으로 공원미관조성이나 공원관리 측면에서 유리하고 철거될 경우 막대한 금전적 손해를 입게 되며 신자들이 예배할 장소를 잃게 된다는 사정을 고려하더라도 위 교회건물의 철거의무의 불이행을 방치함은 심히 공익을 해한다고 보아야 한다(대판 2000. 6. 23. 98두3112).

④ **재량행위** : 행정대집행법 제2조는 '~할 수 있다.'라고 규정하여 대집행이 재량행위임을 밝히고 있다. 대집행 요건이 충족된 경우에 행정청이 대집행을 하지 않더라도 그 부작위를 이유로 제소할 수 없다.

(5) 대집행절차

① **계고**

　㉠ 상당한 이행기한을 정하여 그 기한까지 이행되지 아니할 때에는 대집행을 한다는 뜻을 미리 문서로써 계고하여야 한다. 단, 비상시 또는 위험이 절박한 경우에 있어서 당해 행위의 급속한 실시를 요하는 경우에는 계고 없이 대집행 할 수 있다.

　㉡ 계고는 준법률행위적 행정행위인 통지에 해당한다. 대집행 요건은 계고시에 충족되어 있어야 한다.

　㉢ 계고서라는 명칭의 1장의 문서로서 일정기간 내에 위법건축물의 자진철거를 명함과 동시에 그 소정기한 내에 자진철거를 하지 아니할 때에는 대집행할 뜻을 미리 계고한 경우라도 건축법에 의한 철거명령과 행정대집행법에 의한 계고처분은 독립하여 있는 것으로서 각 그 요건이 충족되었다고 볼 것이다(대판 1992. 6. 12. 91누13564).

② **대집행영장에 의한 통지**

　㉠ 의무자가 전항의 계고를 받고 지정기한까지 그 의무를 이행하지 아니할 때에는 당해 행정청은 대집행영장으로써 대집행을 할 시기, 대집행을 시키기 위하여 파견하는 집행책임자의 성명과 대집행에 요하는 비용의 개산에 의한 견적액을 의무자에게 통지하여야 한다. 단, 비상시 또는 위험이 절박한 경우에 있어서 당해 행위의 급속한 실시를 요하는 경우에는 통지 없이 대집행 할 수 있다.

　㉡ 준법률행위적 행정행위에 해당한다.

③ 대집행의 실행

　㉠ 물리적으로 의무가 이행된 상태를 실현하는 것을 말하며, 행정청 또는 제3자가 집행한다.

　㉡ 권력적 사실행위로서 행정소송법상 처분에 해당한다.

> **행정대집행법 제4조(대집행의 실행 등)**
> ① 행정청(제2조에 따라 대집행을 실행하는 제3자를 포함)은 <u>해가 뜨기 전이나 해가 진 후에는 대집행을 하여서는 아니 된다</u>. 다만, 다음 각 호의 어느 하나에 해당하는 경우에는 그러하지 아니하다.
> 　1. 의무자가 <u>동의한 경우</u>
> 　2. <u>해가 지기 전에 대집행을 착수한 경우</u>
> 　3. 해가 뜬 후부터 해가 지기 전까지 대집행을 하는 경우에는 <u>대집행의 목적 달성이 불가능한 경우</u>
> 　4. 그 밖에 <u>비상시 또는 위험이 절박한 경우</u>
> ② 행정청은 대집행을 할 때 대집행 과정에서의 안전 확보를 위하여 필요하다고 인정하는 경우 현장에 긴급 의료장비나 시설을 갖추는 등 필요한 조치를 하여야 한다.
> ③ 대집행을 하기 위하여 현장에 파견되는 집행책임자는 그가 집행책임자라는 것을 표시한 증표를 휴대하여 대집행시에 이해관계인에게 제시하여야 한다.

④ **비용징수**(비용납부명령)

　㉠ 대집행에 요한 비용의 징수에 있어서는 실제에 요한 비용액과 그 납기일을 정하여 의무자에게 문서로써 그 납부를 명하여야 한다. 대집행에 요한 비용은 국세징수법의 예에 의하여 징수할 수 있다.

　㉡ 급부하명으로서 행정소송법상 처분에 해당한다.

(6) 대집행에 대한 구제

① 계고와 대집행영장의 통지는 준법률행위적 행정행위, 대집행의 실행은 권력적 사실행위, 비용징수는 급부하명으로서 모두 행정소송법상 처분에 해당한다. 대집행의 실행이 완료되기 전이라면 각각을 대상으로 취소소송을 제기할 수 있고, 대집행의 실행 완료 후에는 손해배상청구나 원상회복 또는 결과제거청구 등만 가능하게 된다.

② 대집행 요건을 구비하였는지에 관한 주장 및 입증책임은 처분 행정청에 있다.

③ 건축법에 위반하여 건축한 것이어서 철거의무가 있는 건물이라 하더라도 그 철거의무를 대집행하기 위한 계고처분을 하려면 다른 방법으로는 이행의 확보가 어렵고 불이행을 방치함이 심히 공익을 해하는 것으로 인정될 때에 한하여 허용되고 이러한 요건의 주장·입증책임은 처분 행정청에 있다(대판 1996.10.11. 96누9098).

④ 철거명령과 계고처분 사이에는 하자가 승계되지 않지만, 대집행 절차 상호간에는 하자의 승계가 인정된다.

❸ 이행강제금(집행벌) ✔자주출제

(1) 의의

① 의무자가 행정상 의무를 이행하지 아니하는 경우 행정청이 적절한 이행기간을 부여하고, 그 기한까지 행정상 의무를 이행하지 아니하면 금전급부의무를 부과하는 것을 말한다.

② 대집행은 대체적 작위의무에 적용되나, 이행강제금은 비대체적 작위의무·부작위의무에 적용된다(헌법재판소 결정에 의하면 대체적 작위의무에도 이행강제금 부과 가능).

③ 전통적으로 행정대집행은 대체적 작위의무에 대한 강제집행수단으로, 이행강제금은 부작위의무나 비대체적 작위의무에 대한 강제집행수단으로 이해되어 왔으나, 이는 이행강제금제도의 본질에서 오는 제약은 아니며, <u>이행강제금은 대체적 작위의무의 위반에 대하여도 부과될 수 있다.</u> 현행 건축법상 위법건축물에 대한 이행강제수단으로 대집행과 이행강제금(제80조 제1항)이 인정되고 있는데, 양 제도는 각각의 장·단점이 있으므로 행정청은 개별사건에 있어서 위반내용, 위반자의 시정의지 등을 감안하여 대집행과 이행강제금을 선택적으로 활용할 수 있으며, 이처럼 그 합리적인 재량에 의해 선택하여 활용하는 이상 중첩적인 제재에 해당한다고 볼 수 없다(헌재 2004. 2.26. 2001헌바80).

(2) 특징

① 의무불이행 상태가 계속되는 한 법정한도 내에서 의무이행시까지 반복부과 할 수 있고, 이행을 한 후에는 이행강제금을 부과할 수 없다.

② 국토의 계획 및 이용에 관한 법률(이하 '국토계획법') 제124조의2 제5항이 이행명령을 받은 자가 그 명령을 이행하는 경우에 새로운 이행강제금의 부과를 즉시 중지하도록 규정한 것은 이행강제금의 본질상 이행강제금 부과로 이행을 확보하고자 한 목적이 이미 실현된 경우에는 그 이행강제금을 부과할 수 없다는 취지를 규정한 것으로서, 이에 의하여 부과가 중지되는 '새로운 이행강제금'에는 국토계획법 제124조의2 제3항의 규정에 의하여 반복 부과되는 이행강제금뿐만 아니라 이행명령 불이행에 따른 최초의 이행강제금도 포함된다. 따라서 이행명령을 받은 의무자가 그 명령을 이행한 경우에는 이행명령에서 정한 기간을 지나서 이행한 경우라도 최초의 이행강제금을 부과할 수 없다(대판 2014.12.11. 2013두15750).

(3) 법적 근거

① 이행강제금에 관한 일반법은 없고 개별법에서 이를 규정하고 있다.

② 「건축법」상 불법건축물에 대하여 시정명령을 받은 후 시정기간 내에 시정명령을 이행하지 아니한 건축주등에 대하여는 이행강제금을 부과할 수 있다. 이행강제금은 최초의 시정명령이 있었던 날을 기준으로 하여 1년에 2회 이내의 범위에서 해당 지방자치단체의 조례로 정하는 횟수만큼 그 시정명령이 이행될 때까지 반복하여 부과할 수 있다.

③ 「농지법」, 「장사 등에 관한 법률」에도 이행강제금을 규정하고 있다.

(4) 구제수단

개별법에서 불복절차를 규정한 경우에는 그에 따르고, 규정이 없는 경우에는 급부하명에 해당하는 이행강제금의 특성상 당연히 행정심판 또는 행정소송을 제기할 수 있다.

(5) 일신전속성

① 이행강제금은 일신전속성이 있어 상속되지 않는다.

② 구 건축법상의 이행강제금은 구 건축법의 위반행위에 대하여 시정명령을 받은 후 시정기간 내에 당해 시정명령을 이행하지 아니한 건축주 등에 대하여 부과되는 간접강제의 일종으로서 <u>그 이행강제금 납부의무는 상속인 기타의 사람에게 승계될 수 없는 일신전속적인 성질의 것이므로 이미 사망한 사람에게 이행강제금을 부과하는 내용의 처분이나 결정은 당연무효</u>이고, 이행강제금을 부과받은 사람의 이의에 의하여 비송사건절차법에 의한 재판절차가 개시된 후에 그 이의한 사람이 사망한 때에는 사건 자체가 목적을 잃고 절차가 종료한다(대결 2006.12. 8. 2006마470).

　cf> 현행 건축법에는 이행강제금에 비송사건절차법이 적용된다는 규정을 삭제함.

❹ 직접강제

(1) 의의

① 의무자가 행정상 의무를 이행하지 아니하는 경우 행정청이 의무자의 신체나 재산에 실력을 행사하여 그 행정상 의무의 이행이 있었던 것과 같은 상태를 실현하는 것을 말한다.

② 대체적 · 비대체적 작위의무, 부작위의무, 수인의무 등 모든 의무가 포함된다.

③ 의무 부과와 불이행을 전제한다는 점에서 의무 부과 없이 행할 수 있는 행정상 즉시강제와 구별된다.

④ 「출입국관리법」상 강제출국조치, 「공중위생관리법」, 「식품위생법」상 무허가 영업소 강제폐쇄조치 등이 그 예이다.

(2) 법적근거

① 직접강제는 실효적이지만 침해적 성격이 강하므로 반드시 법적 근거가 있어야 한다.

② 직접강제에 관한 일반법은 없고, 「출입국관리법」, 「공중위생관리법」, 「식품위생법」 등에서 예외적으로 규정하고 있다.

(3) 한계

① 기본권이 침해될 가능성이 있기 때문에 비례원칙의 준수하에 최후 수단으로 활용하여야 한다.

② 학원의설립·운영에관한법률 제2조 제1호와 제6조 및 제19조 등의 관련 규정에 의하면, 같은 법상의 학원을 설립·운영하고자 하는 자는 소정의 시설과 설비를 갖추어 등록을 하여야 하고, 그와 같은 <u>등록절차를 거치지 아니한 경우에는 관할 행정청이 직접 그 무등록 학원의 폐쇄를 위하여 출입제한 시설물의 설치와 같은 조치를 취할 수 있게 되어 있으나</u>, 달리 무등록 학원의 설립·운영자에 대하여 그 폐쇄를 명할 수 있는 것으로는 규정하고 있지 아니하고, 위와 같은 폐쇄조치에 관한 규정이 그와 같은 폐쇄명령의 근거 규정이 된다고 할 수도 없다(대판 2001. 2. 23. 99두6002).

(4) 구제수단

① 직접강제는 권력적 사실행위로서 처분성이 인정되므로 항고소송의 대상이 되지만, 성질상 소의 이익이 부정되는 경우가 많다.

② 위법한 직접강제로 손해를 입은 자는 국가배상법에 따라 손해의 배상을 청구할 수 있다.

❺ 행정상 강제징수

(1) 의의

① 의무자가 행정상 의무 중 금전급부의무를 이행하지 아니하는 경우 행정청이 의무자의 재산에 실력을 행사하여 그 행정상 의무가 실현된 것과 같은 상태를 실현하는 것을 말한다.

② 공법상 금전급부 불이행에 대해 국세징수법과 지방세기본법은 일반법적인 역할을 하고 있다(개별법이 준용규정을 두고 있음).

(2) 절차

① 독촉

　㉠ 의무자에게 금전급부의무의 이행을 최고하고 이를 이행하지 않을 경우 체납처분을 할 것임을 예고하는 통지행위를 말한다.

　㉡ 준법률행위적 행정행위인 통지에 해당한다.

> **국세징수법 제10조(독촉)**
> ① 관할 세무서장은 납세자가 국세를 지정납부기한까지 완납하지 아니한 경우 <u>지정납부기한이 지난 후 10일 이내에 체납된 국세에 대한 독촉장을 발급하여야</u> 한다. 다만, 제9조에 따라 국세를 납부기한 전에 징수하거나 체납된 국세가 일정한 금액 미만인 경우 등 대통령령으로 정하는 경우에는 독촉장을 발급하지 아니할 수 있다.

② 관할 세무서장은 제1항 본문에 따라 독촉장을 발급하는 경우 <u>독촉을 하는 날부터 20일 이내의 범위에서 기한을 정하여 발급한다.</u>

- **〈독촉절차를 결여한 체납처분의 효력〉** <u>조세의 부과처분과 압류 등의 체납처분은 별개의 행정처분으로서 독립성을 가지므로 부과처분에 하자가 있더라도 그 부과처분이 취소되지 아니하는 한 그 부과처분에 의한 체납처분은 위법이라고 할 수는 없지만, 체납처분은 부과처분의 집행을 위한 절차에 불과하므로 그 부과처분에 중대하고도 명백한 하자가 있어 무효인 경우에는 그 부과처분의 집행을 위한 체납처분도 무효라 할 것이다. 납세의무자가 세금을 납부기한까지 납부하지 아니하자 과세청이 그 징수를 위하여 압류처분에 이른 것이라면 비록 독촉절차없이 압류처분을 하였다 하더라도 이러한 사유만으로는 압류처분을 무효로 되게 하는 중대하고도 명백한 하자로는 되지 않는다</u>(대판 1987. 9.22. 87누383).

② **체납처분** : 재산의 압류, 압류재산의 매각, 청산의 3단계로 진행된다. 각 단계는 서로 결합하여 하나의 법률효과를 완성하므로 선행행위의 하자는 후행행위에 승계된다(과세처분의 하자는 체납처분에 승계x).

㉠ **재산압류**

- 체납자의 재산처분을 금지하여 체납액의 징수를 확보하는 강제행위이다.

국세징수법 제31조(압류의 요건 등)
① 관할 세무서장은 다음 각 호의 어느 하나에 해당하는 경우 납세자의 재산을 압류한다.
  1. 납세자가 제10조에 따른 <u>독촉을 받고 독촉장에서 정한 기한까지 국세를 완납하지 아니한 경우</u>
  2. 납세자가 제9조제2항에 따라 <u>납부고지를 받고 단축된 기한까지 국세를 완납하지 아니한 경우</u>
② 관할 세무서장은 납세자에게 제9조제1항 각 호의 어느 하나에 해당하는 사유가 있어 국세가 확정된 후 그 국세를 징수할 수 없다고 인정할 때에는 국세로 확정되리라고 추정되는 금액의 한도에서 납세자의 재산을 압류할 수 있다.
③ 관할 세무서장은 제2항에 따라 재산을 압류하려는 경우 미리 지방국세청장의 승인을 받아야 하고, 압류 후에는 납세자에게 문서로 그 압류 사실을 통지하여야 한다.

제32조(초과압류의 금지) 관할 세무서장은 국세를 징수하기 위하여 <u>필요한 재산 외의 재산을 압류할 수 없다.</u> 다만, 불가분물(不可分物) 등 부득이한 경우에는 압류할 수 있다.

제33조(압류재산 선택 시 제3자의 권리보호) 관할 세무서장은 압류재산을 선택하는 경우 강제징수에 지장이 없는 범위에서 전세권·질권·저당권 등 체납자의 재산과 관련하여 제3자가 가진 권리를 침해하지 아니하도록 하여야 한다.

제41조(압류금지 재산) 다음 각 호의 재산은 압류할 수 없다.
  1. 체납자 또는 그와 생계를 같이 하는 가족(사실상 혼인관계에 있는 사람을 포함한다. 이하 이 조에서 "동거가족"이라 한다)의 생활에 없어서는 아니 될 <u>의복, 침구, 가구, 주방기구, 그 밖의 생활필수품</u>

제42조(급여채권의 압류 제한)
① 급료, 연금, 임금, 봉급, 상여금, 세비, 퇴직연금, 그 밖에 이와 비슷한 성질을 가진 <u>급여채권에 대해서는 그 총액의 2분의 1에 해당하는 금액은 압류가 금지되는 금액으로 한다.</u>

- 구 택지소유상한에관한법률 전부에 대한 위헌결정 이전에 이미 부담금 부과처분과 압류처분 및 이에 기한 압류등기가 이루어지고 위 각 처분이 확정되었다고 하여도, 위헌결정 이후에는 별도의 행정처분인 매각처분, 분배처분 등 후속 체납처분 절차를 진행할 수 없는 것은 물론이고, 기존의 압류등기나 교부청구만으로는 다른 사람에 의하여 개시된 경매절차에서 배당을 받을 수도 없다(대판 2002. 7.12. 2002두3317).

- 과세관청이 조세의 징수를 위하여 납세의무자 소유의 부동산을 압류한 이후에 압류등기가 된 부동산을 양도받아 소유권이전등기를 마친 사람은 위 압류처분에 대하여 사실상 간접적 이해관계를 가질 뿐, 법률상 직접적이고 구체적인 이익을 가지는 것은 아니어서 그 압류처분의 무효확인을 구할 당사자 적격이 없다(대판 1990.10.16. 89누5706).

- 체납처분으로서 압류의 요건을 규정하는 국세징수법 제24조 각 항의 규정을 보면, 어느 경우에나 압류의 대상을 납세자의 재산에 국한하고 있으므로, 납세자가 아닌 제3자의 재산을 대상으로 한 압류처분은 그 처분의 내용이 법률상 실현될 수 없는 것이어서 당연무효이다(대판 2001. 2.23. 2000다68924).

ⓛ **압류재산의 매각** ✔자주출제

- 압류재산은 통화 외에는 매각하여 금전으로 환가한다.
- 매각은 공매에 의하는 것이 원칙이나 예외적으로 수의계약에 의하는 경우도 있다.
- 공매는 공권력 행사로서 행정처분에 해당한다.

- 한국자산공사가 당해 부동산을 인터넷을 통하여 재공매(입찰)하기로 한 결정 자체는 내부적인 의사결정에 불과하여 항고소송의 대상이 되는 행정처분이라고 볼 수 없고, 또한 한국자산공사가 공매통지는 공매의 요건이 아니라 공매사실 자체를 체납자에게 알려주는 데 불과한 것으로서, 통지의 상대방의 법적 지위나 권리·의무에 직접 영향을 주는 것이 아니라고 할 것이므로 이것 역시 <u>행정처분에 해당한다고 할 수 없다</u>(대판 2007. 7.27. 2006두8464).
- 구 국세징수법 제68조는 세무서장이 압류된 재산의 공매를 공고한 때에는 즉시 그 내용을 체납자 등에게 통지하도록 정하고 있다. 이러한 <u>체납자 등에 대한 공매통지는</u> 국가의 강제력에 의하여 진행되는 공매절차에서 체납자 등의 권리 내지 재산상 이익을 보호하기 위하여 법률로 규정한 <u>절차적 요건에 해당하지만, 그 통지를 하지 아니한 채 공매처분을 하였다 하여도 그 공매처분이 당연무효로 되는 것은 아니다</u>(대판 2012. 7.26. 2010다50625).

ⓒ **청산**
- 체납처분의 집행으로서 수령한 금전을 체납 국세·지방세·공과금 등에 배분하는 것을 말한다.

국세징수법 제3조(징수의 순위) 체납액의 징수 순위는 다음 각 호의 순서에 따른다.
1. 강제징수비
2. 국세(가산세는 제외한다)
3. 가산세

- 국세징수법상의 체납처분절차를 통하여 압류재산을 매각한 후 그 매각대금을 배분함에 있어서 <u>국세와 다른 채권 간의 우선 순위는 압류재산의 매각대금을 배분하기 위하여 국세징수법상의 배분계산서를 작성한 때에 비로소 확정되고</u>, 국세징수법에 의한 부동산 공매절차에서 압류에 관계되는 국세의 법정기일보다 앞서 근저당권설정등기를 경료한 자가 당해 부동산의 매수인이 된 경우에도 매수대금 납부기일에는 그 근저당권부 채권과 다른 채권 간의 우선 순위 및 배분액이 확정되지 아니하므로 <u>매수인은 그 근저당권부 채권에 기하여 배분받을 채권이 있음을 전제로 이를 자동채권으로 하여 납부하여야 할 매수대금과 대등액에서 상계할 수는 없다</u>(대판 1996. 4.23. 95누6052).

(3) 구제수단

① 국세기본법상의 심사청구 또는 심판청구를 하는 경우 행정심판법의 규정을 적용하지 아니한다(국세기본법 제56조 제1항).

② 국세기본법은 심사청구 또는 심판청구를 거치지 않으면 소송을 제기할 수 없다고 규정하여 필요적 행정심판 전치주의를 취하고 있다(국세기본법 제56조 제2항).

③ 행정소송은 행정소송법 제20조(제소기간)에도 불구하고 심사청구 또는 심판청구에 대한 결정의 통지를 받은 날부터 90일 이내에 제기하여야 한다(국세기본법 제56조 제3항).

02 행정상 즉시강제와 행정조사

❶ 행정상 즉시강제

(1) 의의

① 현재의 급박한 행정상의 장해를 제거하기 위한 경우로서 ㉠ 행정청이 미리 행정상 의무 이행을 명할 시간적 여유가 없는 경우, ㉡ 그 성질상 행정상 의무의 이행을 명하는 것만으로는 행정목적 달성이 곤란한 경우에 행정청이 곧바로 국민의 신체 또는 재산에 실력을 행사하여 행정목적을 달성하는 것을 말한다.

② 즉시강제는 의무의 불이행을 전제로 하지 않는다는 점에서 직접강제와 구별된다.

③ 일반적으로 즉시강제는 그 자체가 목적이지만, 행정조사는 다른 처분을 위한 준비적·보조적 수단에 불과하다는 점에서 구별된다.

④ 즉시강제는 권력적 사실행위이므로 행정쟁송의 대상인 처분에 해당한다.

(2) 법적 근거

① 엄격한 실정법적 근거를 요한다.

② 경찰관 직무집행과 관련된 즉시강제의 일반법으로서 「경찰관직무집행법」이 있고, 개별법으로는 「소방기본법」, 「마약류관리에관한 법률」, 「식품위생법」 등이 있다.

(3) 종류

① 대인적 강제

    ㉠ 사람의 신체에 실력을 가하여 행정상 필요한 상태를 실현시키는 것을 말한다.

    ㉡ 「경찰관직무집행법」상 불심검문, 보호조치, 위험발생방지조치 등, 「감염병예방 및 관리에 관한 법률」상 강제격리 등, 「소방기본법」상 원조강제, 「마약류관리에관한 법률」상 강제수용 등이 있다.

② 대물적 강제

    ㉠ 물건에 대해 실력을 가하여 행정상 필요한 상태를 실현시키는 것을 말한다.

    ㉡ 「경찰관직무집행법」상 무기 등 물건의 임시영치, 「청소년보호법」·「관세법」상 물건의 영치·몰수 등이 있다.

③ 대가택적 강제

    ㉠ 점유자·소유자의 의사와 무관하게 가택 등에 출입하여 행정상 필요한 상태를 실현하는 것을 말한다.

    ㉡ 「경찰관직무집행법」상 위험방지를 위한 가택출입, 임검(현장 검증) 등이 있다.

(4) 한계

① **일반적 한계**: 행정상 즉시강제는 행위의 성질상 급박성, 보충성, 소극성, 최소침해성, 비례성 등을 충족해야 한다.

② **절차적 한계**(즉시강제와 영장제도)

　㉠ 헌법 제12조에 규정된 영장주의가 행정상 즉시강제에도 적용되는가가 문제된다.

　㉡ 대법원은 행정상 즉시강제에도 원칙적으로 영장주의가 적용되지만, 불가피한 경우에는 영장주의의 예외를 인정할 수 있다고 판시하고 있다. 헌법재판소는 원칙적으로 영장주의가 적용되지 않는다고 보고 있다.

　㉢ 사전영장주의는 인신보호를 위한 헌법상의 기속원리이기 때문에 인신의 자유를 제한하는 모든 국가작용의 영역에서 존중되어야 하지만, 헌법 제12조 제3항 단서도 사전영장주의의 예외를 인정하고 있는 것처럼 사전영장주의를 고수하다가는 도저히 행정목적을 달성할 수 없는 지극히 예외적인 경우에는 형사절차에서와 같은 예외가 인정되므로, 구 사회안전법(1989. 6. 16. 법률 제4132호에 의해 '보안관찰법'이란 명칭으로 전문 개정되기 전의 것) 제11조 소정의 동행보호규정은 재범의 위험성이 현저한 자를 상대로 긴급히 보호할 필요가 있는 경우에 한하여 단기간의 동행보호를 허용한 것으로서 그 요건을 엄격히 해석하는 한, 동 규정 자체가 사전영장주의를 규정한 헌법규정에 반한다고 볼 수는 없다(대판 1997. 6. 13. 96다56115).

　㉣ 영장주의가 행정상 즉시강제에도 적용되는지에 관하여는 논란이 있으나, 행정상 즉시강제는 상대방의 임의이행을 기다릴 시간적 여유가 없을 때 하명 없이 바로 실력을 행사하는 것으로서, 그 본질상 급박성을 요건으로 하고 있어 법관의 영장을 기다려서는 그 목적을 달성할 수 없다고 할 것이므로, 원칙적으로 영장주의가 적용되지 않는다고 보아야 할 것이다. 이 사건 법률조항은 앞에서 본바와 같이 급박한 상황에 대처하기 위한 것으로서 그 불가피성과 정당성이 충분히 인정되는 경우이므로, 이 사건 법률조항이 영장 없는 수거를 인정한다고 하더라도 이를 두고 헌법상 영장주의에 위배되는 것으로는 볼 수 없고, 위 구 음반·비디오물및게임물에관한법률 제24조 제4항에서 관계공무원이 당해 게임물 등을 수거한 때에는 그 소유자 또는 점유자에게 수거증을 교부하도록 하고 있고, 동조 제6항에서 수거 등 처분을 하는 관계공무원이나 협회 또는 단체의 임·직원은 그 권한을 표시하는 증표를 지니고 관계인에게 이를 제시하도록 하는 등의 절차적 요건을 규정하고 있으므로, 이 사건 법률조항이 적법절차의 원칙에 위배되는 것으로 보기도 어렵다(헌재 2002. 10. 31. 2000헌가12).

(5) 구제방법

① 적법한 즉시강제로 특정인에게 손실이 발행한 경우에는 손실보상을 청구할 수 있다.

② 위법한 즉시강제에 대해서는 형법상 정당방위가 인정된다.

③ 행정상 즉시강제는 권력적 사실행위로서 처분에 해당하므로 위법한 즉시강제에 대해 행정쟁송을 제기할 수 있다. 그러나, 즉시강제는 단시간에 종료되므로 소의 이익이 부정되는 경우가 많다. 이러한 경우 위법한 즉시강제로 발생한 손해에 대해 국가배상을 청구하여 권리구제를 받을 수 있다.

❷ 행정조사 ✓자주출제

(1) 의의

행정기관이 정책을 결정하거나 직무를 수행하는 데 필요한 정보나 자료를 수집하기 위하여 현장조사 · 문서열람 · 시료채취 등을 하거나 조사대상자에게 보고요구 · 자료제출요구 및 출석 · 진술요구를 행하는 활동을 말한다.

(2) 종류

① 불심검문, 신체수색 등 대인적 조사

② 장부의 열람, 물품의 검사 등 대물적 조사

③ 가택수색, 창고 · 영업소 출입검사 등 대가택 조사

(3) 법적 근거

행정조사에 관한 일반법으로 「행정조사기본법」이 있으며, 개별법 규정으로는 「식품위생법」, 「약사법」 등이 있다.

(4) 「행정조사기본법」의 주요내용 ✓자주출제

① 행정조사의 기본원칙

> **행정조사기본법 제4조(행정조사의 기본원칙)**
> ① 행정조사는 <u>조사목적을 달성하는데 필요한 최소한의 범위 안에서 실시하여야</u> 하며, 다른 목적 등을 위하여 조사권을 남용하여서는 아니 된다.
> ② 행정기관은 조사목적에 적합하도록 조사대상자를 선정하여 행정조사를 실시하여야 한다.
> ③ 행정기관은 유사하거나 동일한 사안에 대하여는 공동조사 등을 실시함으로써 행정조사가 중복되지 아니하도록 하여야 한다.
> ④ 행정조사는 법령등의 위반에 대한 처벌보다는 법령등을 준수하도록 유도하는 데 중점을 두어야 한다.
> ⑤ 다른 법률에 따르지 아니하고는 행정조사의 대상자 또는 행정조사의 내용을 공표하거나 직무상 알게 된 비밀을 누설하여서는 아니된다.
> ⑥ 행정기관은 행정조사를 통하여 알게 된 정보를 다른 법률에 따라 내부에서 이용하거나 다른 기관에 제공하는 경우를 제외하고는 원래의 조사목적 이외의 용도로 이용하거나 타인에게 제공하여서는 아니 된다.

② **조사방법** : 출석 · 진술 요구, 보고요구, 자료제출의 요구, 현장조사, 시료채취, 자료 등의 영치 등이 있다.

③ 조사의 사전통지 및 조사결과의 통지

④ 정보통신수단을 통한 행정조사

(5) 구제방법

① 적법한 행정조사로 인하여 손실을 받은 경우 손실보상을 청구할 수 있다.

② 권력적 강제조사는 권력적 사실행위로서 처분에 해당하므로 행정쟁송의 대상이 된다. 단, 비권력적 행정조
사는 처분에 해당하지 않으므로 손해배상을 청구할 수 있을 뿐이다.

③ 납세자에 대한 부가가치세부과처분이, 종전의 부가가치세 경정조사와 같은 세목 및 같은 과세기간에 대하여
중복하여 실시된 위법한 세무조사에 기초하여 이루어진 것이어서 위법하다(대판 2006. 6. 2. 2004두12070).

④ 관세법 제246조 제1항, 제2항, 제257조, '국제우편물 수입통관 사무처리' 제1-2조 제2항, 제1-3조, 제3-6
조, 구 '수출입물품 등의 분석사무 처리에 관한 시행세칙' 등과 관세법이 관세의 부과·징수와 아울러 수출
입물품의 통관을 적정하게 함을 목적으로 한다는 점(관세법 제1조)에 비추어 보면, 우편물 통관검사절차에
서 이루어지는 우편물의 개봉, 시료채취, 성분분석 등의 검사는 수출입물품에 대한 적정한 통관 등을 목적
으로 한 행정조사의 성격을 가지는 것으로서 수사기관의 강제처분이라고 할 수 없으므로, 압수·수색영장
없이 우편물의 개봉, 시료채취, 성분분석 등 검사가 진행되었다 하더라도 특별한 사정이 없는 한 위법하다
고 볼 수 없다(대판 2013. 9.26. 2013도7718).

03 행정벌 ✓자주출제

❶ 행정벌

(1) 의의

① 행정법상의 의무위반행위에 대한 제재로서 행정형벌이나 행정질서벌로서 과태료를 과하는 것을 말한다.

② 행정벌은 일반행정법관계를 기초로 하므로, 특별행정법관계에서 내부질서를 유지하기 위해 행하는 징계벌과 다르다. 또한 행정벌은 과거의 의무 위반에 대한 제재이므로, 장래에 대해 의무의 이행을 확보하기 위해 행하는 이행강제금(집행벌)과 구별된다.

③ 행정벌은 실정법에 의해 비로소 의무가 발생하는 법정범을 처벌하기 위한 것이고, 형사벌은 실정법 제정 이전에도 반사회성이 명백한 자연범을 처벌하기 위한 것이라는 점에서 구별된다.

(2) 종류

① 행정벌은 행정형벌과 행정질서벌로 나뉜다. 행정형벌은 형법에서 규정한 형벌이 적용되는 제재로서 죄형법정주의가 적용된다. 행정질서벌은 질서위반행위에 대해 과태료를 부과하는 제재를 말한다.

② 행정법규위반 행위에 대해 행정형벌을 과할 것인지 행정질서벌인 과태료를 과할 것인지는 입법정책적인 문제로서 국회에 입법재량이 인정된다.

❷ 행정형벌

(1) 의의

① 행정형벌이란 위반행위시 형법에 규정된 죄명과 형벌을 부과하는 제재를 말한다.

② 형법과 형사소송법, 죄형법정주의가 적용된다.

(2) 성립요건

① 원칙적으로 고의가 있음을 요하고, 과실의 경우에는 특별히 규정하고 있는 경우에만 처벌한다. 고의의 성립에는 사실의 인식 외에도 위법성의 인식이 필요하다.

㉠ 공중위생법 제12조 제2항 제1호 (다)목은 "숙박업자는 손님에게 도박 기타 사행행위를 하게 하거나 이를 하도록 내버려 두어서는 아니된다"고 규정하고 있는바, 숙박업자가 알지도 못하고 있는 상태에서 손님이 도박을 한 경우에는 숙박업자가 위 규정에 위반한 것으로 볼 수 없는 것이다(대판 1994. 1.11. 93누22173).

② 법인은 형법상 범죄능력이 없는 것으로 보나, 행정법규에는 그 실효성을 확보하기 위해 위반행위자와 함께 사업주를 처벌하는 규정(양벌규정)을 두는 경우가 많다.

㉠ 양벌규정에 의한 영업주의 처벌은 금지위반행위자인 종업원의 처벌에 종속하는 것이 아니라 독립하여 그 자신의 종업원에 대한 선임감독상의 과실로 인하여 처벌되는 것이므로 종업원의 범죄성립이나 처벌이 영업주 처벌의 전제조건이 될 필요는 없다(대판 2006. 2.24. 2005도7673).

㉡ 국가가 본래 그의 사무의 일부를 지방자치단체의 장에게 위임하여 그 사무를 처리하게 하는 기관위임사무의 경우에는 지방자치단체는 국가기관의 일부로 볼 수 있는 것이지만, 지방자치단체가 그 고유의 자치사무를 처리하는 경우에는 지방자치단체는 국가기관의 일부가 아니라 국가기관과는 별도의 독립한 공법인이므로, 지방자치단체 소속 공무원이 지방자치단체 고유의 자치사무를 수행하던 중 도로법 제81조 내지 제85조의 규정에 의한 위반행위를 한 경우에는 지방자치단체는 도로법 제86조의 양벌규정에 따라 처벌대상이 되는 법인에 해당한다. 지방자치단체 소속 공무원이 압축트럭 청소차를 운전하여 고속도로를 운행하던 중 제한축중을 초과 적재 운행함으로써 도로관리청의 차량운행제한을 위반한 사안에서, 해당 지방자치단체가 도로법 제86조의 양벌규정에 따른 처벌대상이 된다(대판 2005.11.10. 2004도2657).

㉢ 법령상 지방자치단체의 장이 처리하도록 하고 있는 사무가 자치사무인지, 기관위임사무에 해당하는지 여부를 판단하는 때에는 그에 관한 법령의 규정 형식과 취지를 우선 고려하여야 하며, 그 외에도 그 사무의 성질이 전국적으로 통일적인 처리가 요구되는 사무인지 여부나 그에 관한 경비부담과 최종적인 책임귀속의 주체 등도 아울러 고려하여 판단하여야 한다. 지방자치단체 소속 공무원이 지정항만순찰 등의 업무를 위해 관할관청의 승인 없이 개조한 승합차를 운행함으로써 구 자동차관리법을 위반한 사안에서, 지방자치법, 구 항만법, 구 항만법 시행령 등에 비추어 위 항만순찰 등의 업무가 지방자치단체의 장이 국가로부터 위임받은 기관위임사무에 해당하여, 해당 지방자치단체가 구 자동차관리법 제83조의 양벌규정에 따른 처벌대상이 될 수 없다(대판 2009. 6.11. 2008도6530).

③ 형사범의 경우 14세 미만인 자의 행위는 벌하지 않고, 심신장애인의 행위는 벌하지 않거나 감경할 수 있으며, 청각 및 언어장애인에 대해서는 형을 감경한다. 그러나, 행정범의 경우에는 책임능력 · 종범 · 경합범 등에 관한 형법규정의 적용이 배제되는 경우가 존재한다(담배사업법 제31조 참고).

(3) 행정형벌의 과벌절차

① **일반절차** : 행정형벌도 형사소송법이 정하는 절차에 따르는 것이 원칙이다.

② **특별절차**

  ㉠ **통고처분**

- 주로 조세범·관세범·출입국사범·도로교통사범 등에 대해 행정청이 정식재판에 갈음하여 범칙금 납부를 명하고 이를 이행하면 처벌을 종료하는 과벌절차를 말한다.
- 국세청장, 세무서장, 관세청장, 출입국관리소장, 경찰서장 등이 통고처분권자에 해당한다.
- 통고처분을 받은 자가 이를 이행하지 않으면 통고처분은 당연히 효력을 상실하고, 경찰서장 등 행정기관의 고발에 의해 일반 형사소송절차로 이행된다.
- 도로교통법 제118조에서 규정하는 경찰서장의 통고처분은 행정소송의 대상이 되는 행정처분이 아니므로 그 처분의 취소를 구하는 소송은 부적법하고, 도로교통법상의 통고처분을 받은 자가 그 처분에 대하여 이의가 있는 경우에는 통고처분에 따른 범칙금의 납부를 이행하지 아니함으로써 경찰서장의 즉결심판청구에 의하여 법원의 심판을 받을 수 있게 될 뿐이다(대판 1995. 6.29. 95누4674).
- 범칙자가 통고처분을 불이행하였더라도 기소독점주의의 예외를 인정하여 경찰서장의 즉결심판 청구를 통하여 공판절차를 거치지 않고 사건을 간이하고 신속·적정하게 처리함으로써 소송경제를 도모하되, 즉결심판 선고 전까지 범칙금을 납부하면 형사처벌을 면할 수 있도록 함으로써 범칙자에 대하여 형사소추와 형사처벌을 면제받을 기회를 부여하고 있다. 따라서 경찰서장이 범칙행위에 대하여 통고처분을 한 이상, 범칙자의 위와 같은 절차적 지위를 보장하기 위하여 통고처분에서 정한 범칙금 납부기간까지는 원칙적으로 경찰서장은 즉결심판을 청구할 수 없고, 검사도 동일한 범칙행위에 대하여 공소를 제기할 수 없다고 보아야 한다(대판 2020. 4.29. 2017도13409).

  ㉡ **즉결심판** : 지방법원, 지원 또는 시·군법원의 판사는 즉결심판절차에 의하여 피고인에게 20만원 이하의 벌금, 구류 또는 과료에 처할 수 있다(즉결심판법 제2조). 즉결심판은 경찰서장이 관할법원에 이를 청구한다(동법 제3조 제1항). 즉결심판에 불복이 있어 정식재판을 청구하고자 하는 피고인은 즉결심판의 선고·고지를 받은 날부터 7일 이내에 정식재판청구서를 경찰서장에게 제출하여야 한다(동법 제14조 제1항). 형의 집행은 경찰서장이 하고 그 집행결과를 지체없이 검사에게 보고하여야 한다(동법 제18조 제1항).

❸ 행정질서벌

(1) 의의

법률 또는 조례상의 의무를 위반하여 과태료를 부과하는 행위를 말한다.

(2) 법적근거

① 「질서위반행위규제법」이 일반법으로서 적용되고 있다.

② 지방자치법은 지방자치단체가 조례를 위반한 행위에 대하여 조례로써 1천만원 이하의 과태료를 정할 수 있다고 규정하고 있다(지방자치법 제34조 제1항).

(3) 과태료

① 과태료는 질서위반행위에 대한 제재로서 부과·징수되는 금전을 말한다.

② 행정상의 질서에 장애를 줄 우려가 있는 단순한 의무위반에 대해서 과해지며, 형벌이 아니다.

③ 질서위반행위규제법상 과태료 부과처분은 행정소송의 대상인 처분이 아니다. 과태료 부과처분에 이의제기가 있는 경우에 과태료 부과처분은 그 효력을 상실하기 때문에(질서위반행위규제법 제20조 제2항) 항고소송의 대상적격인 처분성을 인정할 수 없다.

(4)「질서위반행위규제법」의 주요내용 ✔자주출제

① 총칙(목적, 용어의 정의 등)

> **질서위반행위규제법 제1조(목적)** 이 법은 법률상 의무의 효율적인 이행을 확보하고 국민의 권리와 이익을 보호하기 위하여 <u>질서위반행위의 성립요건과 과태료의 부과·징수 및 재판 등에 관한 사항을 규정하는 것을 목적으로</u> 한다.
>
> **제2조(정의)** 이 법에서 사용하는 용어의 뜻은 다음과 같다.
> 1. "질서위반행위"란 법률(지방자치단체의 조례를 포함)상의 의무를 위반하여 과태료를 부과하는 행위를 말한다. 다만, 다음 각 목의 어느 하나에 해당하는 행위를 제외한다.
>   가. 대통령령으로 정하는 사법(私法)상·소송법상 의무를 위반하여 과태료를 부과하는 행위
>   나. 대통령령으로 정하는 법률에 따른 징계사유에 해당하여 과태료를 부과하는 행위
> 2. "행정청"이란 행정에 관한 의사를 결정하여 표시하는 국가 또는 지방자치단체의 기관, 그 밖의 법령 또는 자치법규에 따라 행정권한을 가지고 있거나 위임 또는 위탁받은 공공단체나 그 기관 또는 사인(私人)을 말한다.
> 3. "당사자"란 질서위반행위를 한 자연인 또는 법인(법인이 아닌 사단 또는 재단으로서 대표자 또는 관리인이 있는 것을 포함한다. 이하 같다)을 말한다.
>
> **제3조(법 적용의 시간적 범위)**
> ① 질서위반행위의 성립과 과태료 처분은 행위 시의 법률에 따른다.
> ② 질서위반행위 후 법률이 변경되어 <u>그 행위가 질서위반행위에 해당하지 아니하게 되거나 과태료가 변경되기 전의 법률보다 가볍게 된</u> 때에는 법률에 특별한 규정이 없는 한 <u>변경된 법률을 적용</u>한다.
> ③ 행정청의 <u>과태료 처분이나 법원의 과태료 재판이 확정된 후 법률이 변경되어 그 행위가 질서위반행위에 해당하지 아니하게 된</u> 때에는 변경된 법률에 특별한 규정이 없는 한 <u>과태료의 징수 또는 집행을 면제</u>한다.
>
> **제4조(법 적용의 장소적 범위)**
> ① 이 법은 대한민국 영역 안에서 질서위반행위를 한 자에게 적용한다.
> ② 이 법은 대한민국 영역 밖에서 질서위반행위를 한 대한민국의 국민에게 적용한다.

③ 이 법은 대한민국 영역 밖에 있는 대한민국의 선박 또는 항공기 안에서 질서위반행위를 한 외국인에게 적용한다.

제5조(다른 법률과의 관계) 과태료의 부과·징수, 재판 및 집행 등의 절차에 관한 다른 법률의 규정 중 이 법의 규정에 저촉되는 것은 이 법으로 정하는 바에 따른다.

② 질서위반행위의 성립 등

제6조(질서위반행위 법정주의) 법률에 따르지 아니하고는 어떤 행위도 질서위반행위로 과태료를 부과하지 아니한다.

제7조(고의 또는 과실) 고의 또는 과실이 없는 질서위반행위는 과태료를 부과하지 아니한다.

제8조(위법성의 착오) 자신의 행위가 위법하지 아니한 것으로 오인하고 행한 질서위반행위는 그 오인에 정당한 이유가 있는 때에 한하여 과태료를 부과하지 아니한다.

제9조(책임연령) 14세가 되지 아니한 자의 질서위반행위는 과태료를 부과하지 아니한다. 다만, 다른 법률에 특별한 규정이 있는 경우에는 그러하지 아니하다.

제10조(심신장애)
① 심신(心神)장애로 인하여 행위의 옳고 그름을 판단할 능력이 없거나 그 판단에 따른 행위를 할 능력이 없는 자의 질서위반행위는 과태료를 부과하지 아니한다.
② 심신장애로 인하여 제1항에 따른 능력이 미약한 자의 질서위반행위는 과태료를 감경한다.
③ 스스로 심신장애 상태를 일으켜 질서위반행위를 한 자에 대하여는 제1항 및 제2항을 적용하지 아니한다.

제11조(법인의 처리 등)
① 법인의 대표자, 법인 또는 개인의 대리인·사용인 및 그 밖의 종업원이 업무에 관하여 법인 또는 그 개인에게 부과된 법률상의 의무를 위반한 때에는 법인 또는 그 개인에게 과태료를 부과한다.
② 제7조부터 제10조까지의 규정은 「도로교통법」 제56조제1항에 따른 고용주등을 같은 법 제160조제3항에 따라 과태료를 부과하는 경우에는 적용하지 아니한다.

제12조(다수인의 질서위반행위 가담)
① 2인 이상이 질서위반행위에 가담한 때에는 각자가 질서위반행위를 한 것으로 본다.
② 신분에 의하여 성립하는 질서위반행위에 신분이 없는 자가 가담한 때에는 신분이 없는 자에 대하여도 질서위반행위가 성립한다.
③ 신분에 의하여 과태료를 감경 또는 가중하거나 과태료를 부과하지 아니하는 때에는 그 신분의 효과는 신분이 없는 자에게는 미치지 아니한다.

제13조(수개의 질서위반행위의 처리)
① 하나의 행위가 2 이상의 질서위반행위에 해당하는 경우에는 각 질서위반행위에 대하여 정한 과태료 중 가장 중한 과태료를 부과한다.
② 제1항의 경우를 제외하고 2 이상의 질서위반행위가 경합하는 경우에는 각 질서위반행위에 대하여 정한 과태료를 각각 부과한다. 다만, 다른 법령(지방자치단체의 조례를 포함)에 특별한 규정이 있는 경우에는 그 법령으로 정하는 바에 따른다.

제14조(과태료의 산정) 행정청 및 법원은 과태료를 정함에 있어서 다음 각 호의 사항을 고려하여야 한다.
  1. 질서위반행위의 동기 · 목적 · 방법 · 결과
  2. 질서위반행위 이후의 당사자의 태도와 정황
  3. 질서위반행위자의 연령 · 재산상태 · 환경
  4. 그 밖에 과태료의 산정에 필요하다고 인정되는 사유

제15조(과태료의 시효)
① 과태료는 행정청의 과태료 부과처분이나 법원의 과태료 재판이 확정된 후 5년간 징수하지 아니하거나 집행하지 아니하면 시효로 인하여 소멸한다.
② 제1항에 따른 소멸시효의 중단 · 정지 등에 관하여는 「국세기본법」 제28조를 준용한다.

③ 행정청의 과태료 부과 및 징수

제16조(사전통지 및 의견 제출 등)
① 행정청이 질서위반행위에 대하여 과태료를 부과하고자 하는 때에는 미리 당사자(제11조제2항에 따른 고용주 등을 포함)에게 대통령령으로 정하는 사항을 통지하고, 10일 이상의 기간을 정하여 의견을 제출할 기회를 주어야 한다. 이 경우 지정된 기일까지 의견 제출이 없는 경우에는 의견이 없는 것으로 본다.
② 당사자는 의견 제출 기한 이내에 대통령령으로 정하는 방법에 따라 행정청에 의견을 진술하거나 필요한 자료를 제출할 수 있다.
③ 행정청은 제2항에 따라 당사자가 제출한 의견에 상당한 이유가 있는 경우에는 과태료를 부과하지 아니하거나 통지한 내용을 변경할 수 있다.

제17조(과태료의 부과)
① 행정청은 제16조의 의견 제출 절차를 마친 후에 서면(당사자가 동의하는 경우에는 전자문서를 포함)으로 과태료를 부과하여야 한다.
② 제1항에 따른 서면에는 질서위반행위, 과태료 금액, 그 밖에 대통령령으로 정하는 사항을 명시하여야 한다.

제17조의2(신용카드 등에 의한 과태료의 납부)
① 당사자는 과태료, 제24조에 따른 가산금, 중가산금 및 체납처분비를 대통령령으로 정하는 과태료 납부대행기관을 통하여 신용카드, 직불카드 등(이하 "신용카드등")으로 낼 수 있다.
② 제1항에 따라 신용카드등으로 내는 경우에는 과태료 납부대행기관의 승인일을 납부일로 본다.
③ 과태료 납부대행기관은 납부자로부터 신용카드등에 의한 과태료 납부대행 용역의 대가로 납부대행 수수료를 받을 수 있다.
④ 과태료 납부대행기관의 지정 및 운영, 납부대행 수수료에 관한 사항은 대통령령으로 정한다.

제18조(자진납부자에 대한 과태료 감경)
① 행정청은 당사자가 제16조에 따른 의견 제출 기한 이내에 과태료를 자진하여 납부하고자 하는 경우에는 대통령령으로 정하는 바에 따라 과태료를 감경할 수 있다.

② 당사자가 제1항에 따라 감경된 과태료를 납부한 경우에는 해당 질서위반행위에 대한 과태료 부과 및 징수절차는 종료한다.

제19조(과태료 부과의 제척기간)
① 행정청은 <u>질서위반행위가 종료된 날(다수인이 질서위반행위에 가담한 경우에는 최종행위가 종료된 날)부터 5년이 경과한 경우에는 해당 질서위반행위에 대하여 과태료를 부과할 수 없다.</u>
② 제1항에도 불구하고 행정청은 제36조 또는 제44조에 따른 법원의 결정이 있는 경우에는 그 결정이 확정된 날부터 1년이 경과하기 전까지는 과태료를 정정부과 하는 등 해당 결정에 따라 필요한 처분을 할 수 있다.

제20조(이의제기)
① <u>행정청의 과태료 부과에 불복하는 당사자는</u> 제17조제1항에 따른 <u>과태료 부과 통지를 받은 날부터 60일 이내에 해당 행정청에 서면으로 이의제기를 할 수 있다.</u>
② 제1항에 따른 <u>이의제기가 있는 경우에는 행정청의 과태료 부과처분은 그 효력을 상실한다.</u>
③ 당사자는 행정청으로부터 제21조제3항에 따른 통지를 받기 전까지는 행정청에 대하여 서면으로 이의제기를 철회할 수 있다.

제21조(법원에의 통보)
① <u>제20조제1항에 따른 이의제기를 받은 행정청은 이의제기를 받은 날부터 14일 이내에 이에 대한 의견 및 증빙서류를 첨부하여 관할 법원에 통보하여야 한다.</u> 다만, 다음 각 호의 어느 하나에 해당하는 경우에는 그러하지 아니하다.
　　1. 당사자가 이의제기를 철회한 경우
　　2. 당사자의 이의제기에 이유가 있어 과태료를 부과할 필요가 없는 것으로 인정되는 경우
② 행정청은 사실상 또는 법률상 같은 원인으로 말미암아 다수인에게 과태료를 부과할 필요가 있는 경우에는 다수인 가운데 1인에 대한 관할권이 있는 법원에 제1항에 따른 이의제기 사실을 통보할 수 있다.
③ 행정청이 제1항 및 제2항에 따라 관할 법원에 통보를 하거나 통보하지 아니하는 경우에는 그 사실을 즉시 당사자에게 통지하여야 한다.

④ 질서위반행위의 재판 및 집행

제25조(관할 법원) 과태료 사건은 다른 법령에 특별한 규정이 있는 경우를 제외하고는 <u>당사자의 주소지의 지방법원 또는 그 지원의 관할</u>로 한다.

제26조(관할의 표준이 되는 시기) 법원의 관할은 행정청이 제21조제1항 및 제2항에 따라 이의제기 사실을 통보한 때를 표준으로 정한다.

제31조(심문 등)
① <u>법원은 심문기일을 열어 당사자의 진술을 들어야 한다.</u>
② 법원은 검사의 의견을 구하여야 하고, 검사는 심문에 참여하여 의견을 진술하거나 서면으로 의견을 제출하여야 한다.
③ 법원은 당사자 및 검사에게 제1항에 따른 심문기일을 통지하여야 한다.

제32조(행정청에 대한 출석 요구 등)

① 법원은 행정청의 참여가 필요하다고 인정하는 때에는 행정청으로 하여금 심문기일에 출석하여 의견을 진술하게 할 수 있다.

② 행정청은 법원의 허가를 받아 소속 공무원으로 하여금 심문기일에 출석하여 의견을 진술하게 할 수 있다.

제36조(재판)

① 과태료 재판은 이유를 붙인 결정으로써 한다.

② 결정서의 원본에는 판사가 서명날인하여야 한다. 다만, 제20조제1항에 따른 이의제기서 또는 조서에 재판에 관한 사항을 기재하고 판사가 이에 서명날인함으로써 원본에 갈음할 수 있다.

③ 결정서의 정본과 등본에는 법원사무관등이 기명날인하고, 정본에는 법원인을 찍어야 한다.

④ 제2항의 서명날인은 기명날인으로 갈음할 수 있다.

제37조(결정의 고지)

① 결정은 당사자와 검사에게 고지함으로써 효력이 생긴다.

② 결정의 고지는 법원이 적당하다고 인정하는 방법으로 한다. 다만, 공시송달을 하는 경우에는 「민사소송법」에 따라야 한다.

③ 법원사무관등은 고지의 방법·장소와 연월일을 결정서의 원본에 부기하고 이에 날인하여야 한다.

제38조(항고)

① 당사자와 검사는 과태료 재판에 대하여 즉시항고를 할 수 있다. 이 경우 항고는 집행정지의 효력이 있다.

② 검사는 필요한 경우에는 제1항에 따른 즉시항고 여부에 대한 행정청의 의견을 청취할 수 있다.

제39조(항고법원의 재판) 항고법원의 과태료 재판에는 이유를 적어야 한다.

제42조(과태료 재판의 집행)

① 과태료 재판은 검사의 명령으로써 집행한다. 이 경우 그 명령은 집행력 있는 집행권원과 동일한 효력이 있다.

② 과태료 재판의 집행절차는 「민사집행법」에 따르거나 국세 또는 지방세 체납처분의 예에 따른다. 다만, 「민사집행법」에 따를 경우에는 집행을 하기 전에 과태료 재판의 송달은 하지 아니한다.

③ 과태료 재판의 집행에 대하여는 제24조 및 제24조의2를 준용한다. 이 경우 제24조의2제1항 및 제2항 중 "과태료 부과처분에 대하여 이의를 제기하지 아니한 채 제20조제1항에 따른 기한이 종료한 후"는 "과태료 재판이 확정된 후"로 본다.

④ 검사는 제1항부터 제3항까지의 규정에 따른 과태료 재판을 집행한 경우 그 결과를 해당 행정청에 통보하여야 한다.

제43조(과태료 재판 집행의 위탁)

① 검사는 과태료를 최초 부과한 행정청에 대하여 과태료 재판의 집행을 위탁할 수 있고, 위탁을 받은 행정청은 국세 또는 지방세 체납처분의 예에 따라 집행한다.

② 지방자치단체의 장이 제1항에 따라 집행을 위탁받은 경우에는 그 집행한 금원(金員)은 당해 지방자치단체의 수입으로 한다.

⑤ 보칙

제51조(자료제출 요구) 법무부장관은 과태료 징수 관련 통계 작성 등 이 법의 운용과 관련하여 필요한 경우에는 중앙행정기관의 장이나 그 밖의 관계 기관의 장에게 과태료 징수 현황 등에 관한 자료의 제출을 요구할 수 있다.

제52조(관허사업의 제한)
① 행정청은 허가·인가·면허·등록 및 갱신(이하 "허가등")을 요하는 사업을 경영하는 자로서 다음 각 호의 사유에 모두 해당하는 체납자에 대하여는 사업의 정지 또는 허가등의 취소를 할 수 있다.
　1. 해당 사업과 관련된 질서위반행위로 부과받은 <u>과태료를 3회 이상 체납하고 있고, 체납발생일부터 각 1년</u>이 경과하였으며, <u>체납금액의 합계가 500만원 이상인 체납자 중 대통령령으로 정하는 횟수와 금액 이상</u>을 체납한 자
　2. 천재지변이나 그 밖의 중대한 재난 등 대통령령으로 정하는 특별한 사유 없이 과태료를 체납한 자
② 허가등을 요하는 사업의 주무관청이 따로 있는 경우에는 행정청은 당해 주무관청에 대하여 사업의 정지 또는 허가등의 취소를 요구할 수 있다.
③ 행정청은 제1항 또는 제2항에 따라 사업의 정지 또는 허가등을 취소하거나 주무관청에 대하여 그 요구를 한 후 당해 과태료를 징수한 때에는 지체 없이 사업의 정지 또는 허가등의 취소나 그 요구를 철회하여야 한다.
④ 제2항에 따른 행정청의 요구가 있는 때에는 당해 주무관청은 정당한 사유가 없는 한 이에 응하여야 한다.

제53조(신용정보의 제공 등)
① 행정청은 과태료 징수 또는 공익목적을 위하여 필요한 경우 「국세징수법」 제110조를 준용하여 「신용정보의 이용 및 보호에 관한 법률」 제25조제2항제1호에 따른 종합신용정보집중기관의 요청에 따라 체납 또는 결손처분자료를 제공할 수 있다. 이 경우 「국세징수법」 제110조를 준용할 때 "체납자"는 "체납자 또는 결손처분자"로, "체납자료"는 "체납 또는 결손처분 자료"로 본다.
② 행정청은 당사자에게 과태료를 납부하지 아니할 경우에는 체납 또는 결손처분자료를 제1항의 신용정보집중기관에게 제공할 수 있음을 미리 알려야 한다.
③ 행정청은 제1항에 따라 체납 또는 결손처분자료를 제공한 경우에는 대통령령으로 정하는 바에 따라 해당 체납자에게 그 제공사실을 통보하여야 한다.

제54조(고액·상습체납자에 대한 제재)
① <u>법원은 검사의 청구에 따라 결정으로 30일의 범위 이내에서</u> 과태료의 납부가 있을 때까지 다음 각 호의 사유에 모두 해당하는 경우 <u>체납자(법인인 경우에는 대표자)를 감치(監置)에 처할 수 있다.</u>
　1. <u>과태료를 3회 이상 체납하고 있고, 체납발생일부터 각 1년이 경과하였으며, 체납금액의 합계가 1천만원</u>이상인 체납자 중 대통령령으로 정하는 횟수와 금액 이상을 체납한 경우
　2. 과태료 납부능력이 있음에도 불구하고 정당한 사유 없이 체납한 경우
② 행정청은 과태료 체납자가 제1항 각 호의 사유에 모두 해당하는 경우에는 관할 지방검찰청 또는 지청의 검사에게 체납자의 감치를 신청할 수 있다.
③ 제1항의 결정에 대하여는 즉시항고를 할 수 있다.
④ 제1항에 따라 감치에 처하여진 과태료 체납자는 동일한 체납사실로 인하여 재차 감치되지 아니한다.

제55조(자동차 관련 과태료 체납자에 대한 자동차 등록번호판의 영치)

① 행정청은 「자동차관리법」 제2조제1호에 따른 자동차의 운행·관리 등에 관한 질서위반행위 중 대통령령으로 정하는 질서위반행위로 부과받은 과태료(이하 "자동차 관련 과태료")를 납부하지 아니한 자에 대하여 체납된 자동차 관련 과태료와 관계된 그 소유의 자동차의 등록번호판을 영치할 수 있다.

② 자동차 등록업무를 담당하는 주무관청이 아닌 행정청이 제1항에 따라 등록번호판을 영치한 경우에는 지체 없이 주무관청에 등록번호판을 영치한 사실을 통지하여야 한다.

③ 자동차 관련 과태료를 납부하지 아니한 자가 체납된 자동차 관련 과태료를 납부한 경우 행정청은 영치한 자동차 등록번호판을 즉시 내주어야 한다.

제56조(자동차 관련 과태료 납부증명서의 제출) 자동차 관련 과태료와 관계된 자동차가 그 자동차 관련 과태료의 체납으로 인하여 압류등록된 경우 그 자동차에 대하여 소유권 이전등록을 하려는 자는 압류등록의 원인이 된 자동차 관련 과태료(제24조에 따른 가산금 및 중가산금을 포함)를 납부한 증명서를 제출하여야 한다. 다만, 「전자정부법」 제36조제1항에 따른 행정정보의 공동이용을 통하여 납부사실을 확인할 수 있는 경우에는 그러하지 아니하다.

제57조(과태료)

① 제22조제2항에 따른 검사를 거부·방해 또는 기피한 자에게는 500만원 이하의 과태료를 부과한다.

② 제1항에 따른 과태료는 제22조에 따른 행정청이 부과·징수한다.

- 헌법 제13조 제1항이 정한 "이중처벌금지의 원칙"은 동일한 범죄행위에 대하여 국가가 형벌권을 거듭 행사할 수 없도록 함으로써 국민의 기본권 특히 신체의 자유를 보장하기 위한 것이므로, 그 "처벌"은 원칙으로 범죄에 대한 국가의 형벌권 실행으로서의 과벌을 의미하는 것이고, 국가가 행하는 일체의 제재나 불이익처분을 모두 그에 포함된다고 할 수는 없다. 구 건축법 제54조 제1항에 의한 형사처벌의 대상이 되는 범죄의 구성요건은 당국의 허가 없이 건축행위 또는 건축물의 용도변경행위를 한 것이고, 동법 제56조의2 제1항에 의한 과태료는 건축법령에 위반되는 위법건축물에 대한 시정명령을 받고도 건축주 등이 이를 시정하지 아니할 때 과하는 것이므로, 양자는 처벌 내지 제재대상이 되는 기본적 사실관계로서의 행위를 달리하는 것이다. 구 건축법 제54조 제1항에 의한 무허가건축행위에 대한 형사처벌과 동법 제56조2 제1항에 의한 과태료의 부과는 헌법 제13조 제1항이 금지하는 이중처벌에 해당한다고 할 수 없다(헌재 1994. 6.30. 92헌바38).

04 새로운 의무이행확보수단

❶ 새로운 의무이행확보 수단의 의의

① 적극적인 행정의 형성적 활동이 강조되는 현대복지국가에서 의무 이행의 실효성을 높이고 전통적인 의무이행확보 수단이 가지는 한계를 보완하기 위해 등장한 수단을 말한다.

② 과징금, 공급거부, 명단공표, 관허사업의 제한 등이 그 예이다.

❷ 과징금 ✓자주출제

(1) 의의

과징금은 행정청이 법령등에 따른 의무를 위반한 자에 대하여 법률로 정하는 바에 따라 그 위반행위에 대한 제재로서 부과하는 금전적인 제재를 말한다.

> **행정기본법 제28조(과징금의 기준)**
> ① <u>행정청은 법령등에 따른 의무를 위반한 자에 대하여 법률로 정하는 바에 따라 그 위반행위에 대한 제재로서 과징금을 부과할 수 있다.</u>
> ② 과징금의 근거가 되는 법률에는 과징금에 관한 다음 각 호의 사항을 명확하게 규정하여야 한다.
>   1. 부과ㆍ징수 주체
>   2. 부과 사유
>   3. 상한액
>   4. 가산금을 징수하려는 경우 그 사항
>   5. 과징금 또는 가산금 체납 시 강제징수를 하려는 경우 그 사항
>
> **제29조(과징금의 납부기한 연기 및 분할 납부)** 과징금은 <u>한꺼번에 납부하는 것을 원칙으로 한다</u>. 다만, 행정청은 과징금을 부과받은 자가 다음 각 호의 어느 하나에 해당하는 사유로 과징금 전액을 한꺼번에 내기 어렵다고 인정될 때에는 <u>그 납부기한을 연기하거나 분할 납부하게 할 수 있으며, 이 경우 필요하다고 인정하면 담보를 제공하게 할 수 있다</u>.
>   1. 재해 등으로 재산에 현저한 손실을 입은 경우
>   2. 사업 여건의 악화로 사업이 중대한 위기에 처한 경우
>   3. 과징금을 한꺼번에 내면 자금 사정에 현저한 어려움이 예상되는 경우
>   4. 그 밖에 제1호부터 제3호까지에 준하는 경우로서 대통령령으로 정하는 사유가 있는 경우

(2) 종류

① **본래의 의미의 과징금** : 위반행위로 얻게 된 불법적인 이익을 박탈하기 위해 부과하는 과징금을 말하며, 「독점규제 및 공정거래에 관한 법률」상의 과징금이 이에 해당한다.

② **변형된 과징금** : 인·허가사업의 주체가 의무를 위반한 경우, 인·허가 사업의 취소·정지에 갈음하여 부과하는 과징금을 말하며, 「대기환경보전법」·「여객자동차운수사업법」상의 과징금이 이에 해당한다.

(3) 법적 성질

① **처분성** : 과징금 부과행위는 침익적 행정행위로서 행정쟁송의 대상이 되는 처분에 해당한다.

② **재량행위인지 여부**

   ㉠ 판례는 과징금 부과처분을 원칙적으로 재량행위로 보고 있으나, 「부동산실명법」상의 과징금 부과처분은 기속행위로 보고 있다.

   ㉡ 공정거래위원회는 법 위반행위에 대하여 과징금을 부과할 것인지 여부와 만일 과징금을 부과할 경우 법과 시행령이 정하고 있는 일정한 범위 안에서 과징금의 액수를 구체적으로 얼마로 정할 것인지에 관하여 재량을 가지고 있다고 할 것이므로, 공정거래위원회의 법 위반행위자에 대한 과징금 부과처분은 재량행위라 할 것이고, 다만 이러한 재량을 행사함에 있어 과징금 부과의 기초가 되는 사실을 오인하였거나, 비례·평등의 원칙에 위배하는 등의 사유가 있다면 이는 재량권의 일탈·남용으로서 위법하다(대판 2010. 3. 11. 2008두15176).

   ㉢ 부동산 실권리자명의 등기에 관한 법률 제3조 제1항, 제5조 제1항, 같은 법 시행령 제3조 제1항의 규정을 종합하면, 명의신탁자에 대하여 과징금을 부과할 것인지 여부는 기속행위에 해당하므로, 명의신탁이 조세를 포탈하거나 법령에 의한 제한을 회피할 목적이 아닌 경우에 한하여 그 과징금을 일정한 범위 내에서 감경할 수 있을 뿐이지 그에 대하여 과징금 부과처분을 하지 않거나 과징금을 전액 감면할 수 있는 것은 아니다(대판 2007. 7. 12. 2005두17287).

③ **법령에 규정되어 있는 과징금 수액의 의미**

   ㉠ 일반적으로는 그 수액은 특정금액이 아니라 최고한도액(상한)을 규정한 것으로 본다(대판 2001. 3. 9. 99두5207). 다만, 부동산과 관련된 이행강제금 부과기준 수액의 경우는 위반행위 유형별로 계산된 특정금액을 규정한 기속행위라고 본다(대판 2014. 11. 27. 2013두8653).

   ㉡ 관할 행정청이 사업정지처분을 갈음하는 과징금 부과처분을 하기로 선택하는 경우에도 사업정지처분의 경우와 마찬가지로 여러 가지 위반행위에 대하여 1회에 부과할 수 있는 과징금 총액의 최고한도액은 5,000만 원이라고 보는 것이 타당하다. 관할 행정청이 여객자동차운송사업자의 여러 가지 위반행위를 인지하였다면 전부에 대하여 일괄하여 5,000만 원의 최고한도 내에서 하나의 과징금 부과처분을 하는 것이 원칙이고, 인지한 여러 가지 위반행위 중 일부에 대해서만 우선 과징금 부과처분을 하고 나머지에 대해서는 차후에 별도의 과징금 부과처분을 하는 것은 다른 특별한 사정이 없는 한 허용되지 않는다(대판 2021. 2. 4. 2020두48390).

④ 과징금 부과처분이 법이 정한 한도액를 초과하여 위법한 경우 과징금 부과처분 전부를 취소해야 한다.

- 자동차운수사업면허조건 등을 위반한 사업자에 대하여 행정청이 행정제재수단으로 <u>사업 정지를 명할 것인지, 과징금을 부과할 것인지, 과징금을 부과키로 한다면 그 금액은 얼마로 할 것인지에 관하여 재량권이 부여되었다 할 것이므로 과징금부과처분이 법이 정한 한도액을 초과하여 위법할 경우 법원으로서는 그 전부를 취소할 수밖에 없고</u>, 그 한도액을 초과한 부분이나 법원이 적정하다고 인정되는 부분을 초과한 부분만을 취소할 수 없다(금 1,000,000원을 부과한 당해 처분 중 금 100,000원을 초과하는 부분은 재량권 일탈·남용으로 위법하다며 그 일부분만을 취소한 원심판결을 파기한 사례)(대판 1998. 4.10. 98두2270).

(4) 권리구제

① 과징금 부과행위는 행정처분에 해당하므로 그에 대해 행정쟁송을 제기할 수 있다.

② 위법한 과징금 부과행위로 인해 손해를 입은 자는 국가배상법에 의해 손해배상을 청구할 수 있다.

❸ 기타 금전상의 제재

(1) 가산세

① 의의
  - ㉠ 가산세는 국세기본법 및 세법에서 규정하는 의무의 성실한 이행을 확보하기 위하여 세법에 따라 산출한 세액에 가산하여 징수하는 금액을 말한다(국세기본법 제2조 제4호).
  - ㉡ 정부는 세법에서 규정한 의무를 위반한 자에게 국세기본법 또는 세법에서 정하는 바에 따라 가산세를 부과할 수 있다(국세기본법 제47조 제1항).

② 종류 : 무신고가산세, 과소신고·초과환급신고가산세, 납부지연가산세, 원천징수 등 납부지연가산세가 있다.

(2) 부과금

어떤 사업을 수행하는데 필요한 경비를 다수의 관계자로부터 징수하는 금전적 부담을 말한다(대기환경보전법상 배출부과금 등).

❹ 공급거부

① 의의

　　㉠ 행정상의 의무위반자에 대해 일정한 행정상의 역무·재화의 공급을 거부하는 행위를 말한다.

　　㉡ 의무위반자에게 침익적이므로 법률에 근거가 있어야 한다.

② 구제수단

　　㉠ 당해 급부가 공법적 형식인가 사법적 형식인가에 따라 행정소송 또는 민사소송에 의해 구제받을 수 있다.

　　㉡ 단수처분은 항고소송의 대상이 되는 행정처분에 해당한다(대판 1979.12.28. 79누218).

❺ 명단공표

① 의의

　　㉠ 행정법상의 의무 위반에 대해 행정청이 그 사실을 일반에 공표함으로써 의무위반자에게 심리적인 강제를 주고 이를 통해 간접적으로 의무이행을 강제하는 것을 말한다.

　　㉡ 고액조세체납자 명단공표, 공해배출업소 명단공개 등이 그 예이다.

　　㉢ 일반법적 근거는 없으나, 「공직자윤리법」, 「아동·청소년의 성보호에 관한 법률」, 「국세기본법」, 「식품위생법」 등 개별법에서 이를 규정하고 있다.

② 법적성격

　　㉠ 공표 그 자체는 비권력적 사실행위로 보는 것이 일반적인 견해이다. 따라서 이를 대상으로 취소소송을 제기할 수 없다.

　　㉡ 병무청장이 병역법 제81조의2 제1항에 따라 병역의무 기피자의 인적사항 등을 인터넷 홈페이지에 게시하는 등의 방법으로 공개한 경우 병무청장의 공개결정을 항고소송의 대상이 되는 행정처분으로 보아야 한다. 그 구체적인 이유는 다음과 같다. ① 병무청장이 하는 병역의무 기피자의 인적사항 등 공개는, 특정인을 병역의무 기피자로 판단하여 그 사실을 일반 대중에게 공표함으로써 그의 명예를 훼손하고 그에게 수치심을 느끼게 하여 병역의무 이행을 간접적으로 강제하려는 조치로서 병역법에 근거하여 이루어지는 공권력의 행사에 해당한다. ② 병무청장이 하는 병역의무 기피자의 인적사항 등 공개조치에는 특정인을 병역의무 기피자로 판단하여 그에게 불이익을 가한다는 행정결정이 전제되어 있고, 공개라는 사실행위는 행정결정의 집행행위라고 보아야 한다(대판 2019. 6.27. 2018두49130).

　　*인적사항 공개결정은 행정처분, 결정된 사항을 공개하는 행위는 집행행위(사실행위)로 구분해서 판시.

③ 구제수단

　　㉠ 행정쟁송법상의 처분이 아니므로 행정쟁송을 제기할 수 없다.

　　㉡ 행정법상 법률관계에 관해서는 당사자소송을 제기할 수 있고, 명단공표로 손해가 발생한 경우에는 손해배상을 청구하여 손해 전보를 받을 수 있다.

❻ 관허사업의 제한

① 의의
  ㉠ 행정법상의 의무위반자에 대해 각종의 인·허가 발급을 거부하여 간접적으로 의무이행을 확보하는 것을 말한다. 이는 부당결부금지의 원칙에 위배되는 것인지가 문제된다.
  ㉡ 「국세징수법」상 국세체납자에 대한 인·허가 제한(국세징수법 제112조)이 그 예이다.

② **구제수단** : 관허사업의 제한은 처분에 해당하므로 행정쟁송을 제기할 수 있고, 손해가 발생한 경우에는 행정상 손해배상을 청구하여 손해 전보를 받을 수 있다.

≡ 최근 기출문제 분석 ≡

2025 제1회 지방직 9급

1 판례의 입장으로 옳은 것은?

① 행정청이 구「토지구획정리사업법」상 토지구획정리사업의 환지예정지를 지정하고, 그 사업에 편입되는 건축물로서 지장물 소유자에게 지장물의 자진이전을 요구한 후 이에 응하지 않자 지장물의 이전에 대한 대집행을 계고하고 다시 대집행영장을 통지한 경우, 위 계고처분 등은 「행정대집행법」 제2조에 따라 명령된 지장물 이전의무가 없음에도 그러한 의무의 불이행을 사유로 행하여진 것이므로 위법하다.

② 선행처분인 철거명령을 다투지 못한 경우에도, 이에 후속하는 대집행계고처분 취소소송에서 불가쟁력이 발생한 철거명령의 위법을 다툴 수 있다.

③ 행정청이 행정대집행의 방법으로 건물철거의무의 이행을 실현할 수 있는 경우에는 건물철거 대집행과정에서 부수적으로 건물의 점유자들에 대한 퇴거조치를 할 수 없다.

④ 법령상 요구되는 청문절차가 의무적 절차인 경우, 그 청문절차를 거치지 않은 처분은 무효이다.

> **TIP** ① 대판 2010. 6. 24. 2010두1231
> ② 건물철거명령에 대한 소원이나 소송을 제기하여 그 위법함을 소구하는 절차를 거치지 아니하였다면 위 선행행위인 건물철거명령은 적법한 것으로 확정되었다고 할 것이니 후행 행위인 대집행계고처분에서는 동 건물이 무허가건물이 아닌 적법한 건축물이라는 주장이나 그러한 사실인정을 하지 못한다(대판 1982. 7. 27. 81누293).
> ③ 행정청이 행정대집행의 방법으로 건물철거의무의 이행을 실현할 수 있는 경우에는 건물철거 대집행 과정에서 부수적으로 건물의 점유자들에 대한 퇴거 조치를 할 수 있고, 점유자들이 적법한 행정대집행을 위력을 행사하여 방해하는 경우 형법상 공무집행방해죄가 성립하므로, 필요한 경우에는 '경찰관 직무집행법'에 근거한 위험발생 방지조치 또는 형법상 공무집행방해죄의 범행방지 내지 현행범체포의 차원에서 경찰의 도움을 받을 수도 있다(대판 2017. 4. 28. 2016다213916).
> ④ 청문절차에 관한 각 규정과 행정처분의 사유에 대하여 당해 영업자에게 변명과 유리한 자료를 제출할 기회를 부여함으로써 위법사유의 시정 가능성을 고려하고 처분의 신중과 적정을 기하려는 청문제도의 취지에 비추어 볼 때, 행정청이 침해적 행정처분을 함에 즈음하여 청문을 실시하지 않아도 되는 예외적인 경우에 해당하지 않는 한 반드시 청문을 실시하여야 하고, 그 절차를 결여한 처분은 위법한 처분으로서 취소 사유에 해당한다고 보아야 할 것이다(대판 1983. 6. 14. 83누14).

Answer 1.①

2 행정상 강제에 대한 설명으로 옳은 것은?

① 외국인의 출입국에 관한 사항에 대하여는 「행정기본법」상 행정상 강제에 대한 규정이 적용된다.

② 행정상 강제조치에 관하여 「행정기본법」에서 정한 사항 이외의 사항을 다른 법률에서 정할 수 없다.

③ 행정상 즉시강제는 현재의 급박한 행정상의 장해를 제거하기 위한 경우로서 의무를 명할 시간적 여유가 없는 상황에서 의무불이행을 전제로 하지 않고 행정청이 곧바로 국민의 신체 또는 재산에 실력을 행사하여 행정목적을 달성하는 것을 말한다.

④ 보안처분 관계 법령에 따라 행하는 사항에 관하여는 「행정기본법」상 행정상 강제에 대한 규정이 적용된다.

> **TIP** ①④ 형사(刑事), 행형(行刑) 및 <u>보안처분 관계 법령에 따라 행하는 사항이나 외국인의 출입국·난민인정·귀화·국적회복에</u> 관한 사항에 관하여는 이 절을 적용하지 아니한다(행정기본법 제30조 제3항).
> ② 행정청은 행정목적을 달성하기 위하여 필요한 경우에는 법률로 정하는 바에 따라 필요한 최소한의 범위에서 다음 각 호의 어느 하나에 해당하는 조치를 할 수 있다(행정기본법 제30조 제1항).

3 「공익사업을 위한 토지 등의 취득 및 보상에 관한 법률」의 내용으로 옳지 않은 것은?

① 사업시행자가 사업인정고시가 된 날부터 1년 이내에 재결신청을 하지 아니한 경우에는 사업인정고시가 된 날부터 1년이 되는 날의 다음 날에 사업인정은 그 효력을 상실한다.

② 재결에 계산상 또는 기재상의 잘못이 있는 것이 명백할 때에는 토지수용위원회는 직권으로 또는 당사자의 신청에 의하여 경정재결을 할 수 있다.

③ 보상액의 산정은 협의에 의한 경우에는 협의 성립 당시의 가격을, 재결에 의한 경우에는 수용 또는 사용의 재결 당시의 가격을 기준으로 한다.

④ 중앙토지수용위원회는 이의신청을 받은 경우 재결이 위법하다고 인정할 때에는 그 재결의 전부 또는 일부를 취소할 수 있고 보상액을 변경할 수는 없다.

> **TIP** ④ 중앙토지수용위원회는 제83조에 따른 이의신청을 받은 경우 제34조에 따른 재결이 위법하거나 부당하다고 인정할 때에는 <u>그 재결의 전부 또는 일부를 취소하거나 보상액을 변경할 수 있다</u>(토지보상법 제84조 제1항).
> 〈참고판례〉
> 어떤 보상항목이 공익사업을 위한 토지 등의 취득 및 보상에 관한 법령상 손실보상대상에 해당함에도 관할 토지수용위원회가 사실을 오인하거나 법리를 오해함으로써 손실보상대상에 해당하지 않는다고 잘못된 내용의 재결을 한 경우에는, <u>피보상자는 관할 토지수용위원회를 상대로 그 재결에 대한 취소소송을 제기할 것이 아니라, 사업시행자를 상대로 공익사업을 위한 토지 등의 취득 및 보상에 관한 법률 제85조 제2항에 따른 보상금증감소송을 제기하여야 한다</u>(대판 2019. 11. 28. 2018두227).

Answer 2.③ 3.④

4 행정의 실효성 확보수단에 대한 설명으로 옳지 않은 것은?

① 대집행에 요한 비용을 「국세징수법」의 예에 의하여 징수하였을 때에는 그 징수금은 사무비의 소속에 따라 국고 또는 지방자치단체의 수입으로 한다.

② 외국인의 출입국에 관한 사항에 관하여는 「행정기본법」상 행정상 강제 규정이 적용된다.

③ 「부동산 실권리자명의 등기에 관한 법률」상 장기미등기자가 같은 법에 규정된 기간이 지나서 등기신청의무를 이행하였다고 하더라도 이행강제금을 부과할 수 없다.

④ 지방자치단체 소속 공무원이 지방자치단체 고유의 자치사무를 수행하던 중 「도로법」의 규정에 의한 위반행위를 한 경우, 지방자치단체는 「도로법」의 양벌규정에 따라 처벌대상이 되는 법인에 해당한다.

TIP ② 형사(刑事), 행형(行刑) 및 보안처분 관계 법령에 따라 행하는 사항이나 <u>외국인의 출입국 · 난민인정 · 귀화 · 국적회복에 관한 사항에 관하여는 이 절(행정상 강제)을 적용하지 아니한다</u>(행정기본법 제30조 제3항).

① 행정대집행법 제6조 제3항

제6조(비용징수)
① 대집행에 요한 비용은 국세징수법의 예에 의하여 징수할 수 있다.
③ <u>대집행에 요한 비용을 징수하였을 때에는 그 징수금은 사무비의 소속에 따라 국고 또는 지방자치단체의 수입으로 한다.</u>

---

③ <u>장기미등기자가 이행강제금 부과 전에 등기신청의무를 이행하였다면 이행강제금의 부과로써 이행을 확보하고자 하는 목적은 이미 실현된 것이므로 부동산실명법 제6조 제2항에 규정된 기간이 지나서 등기신청의무를 이행한 경우라 하더라도 이행강제금을 부과할 수 없다</u>(대판 2016. 6. 23. 2015두36454).

Answer　4.②

5 행정조사에 대한 설명으로 옳지 않은 것은?

① 우편물 통관검사절차에서 이루어지는 우편물의 개봉, 시료채취, 성분분석 등의 검사는 수출입물품에 대한 적정한 통관 등을 목적으로 한 행정조사의 성격을 가지는 것으로서 압수·수색영장 없이도 이러한 검사를 진행할 수 있다.

② 세무조사결정은 납세자의 권리·의무에 직접 영향을 미치는 공권력의 행사에 따른 행정작용으로서 항고소송의 대상이 된다.

③ 「행정조사기본법」에 따르면 조사대상자의 자발적인 협조에 따라 실시하는 행정조사에 대하여 조사대상자가 조사에 응할 것인지에 대한 응답을 하지 아니하는 경우에는 법령등에 특별한 규정이 없는 한 그 조사를 거부한 것으로 본다.

④ 「행정조사기본법」상 행정조사를 실시하기 전에 관련 사항을 미리 통지하는 경우 증거인멸 등으로 행정조사의 목적을 달성할 수 없다고 판단되는 때에는, 행정기관의 장은 행정조사 종료 후 지체 없이 행정조사의 목적 등을 조사대상자에게 구두로 통지할 수 있다.

> **TIP** ④ 행정조사기본법 제17조 제1항 1호
>
> 제17조(조사의 사전통지)
> ① 행정조사를 실시하고자 하는 행정기관의 장은 제9조에 따른 출석요구서, 제10조에 따른 보고요구서·자료제출요구서 및 제11조에 따른 현장출입조사서(이하 "출석요구서등"이라 한다)를 조사개시 7일 전까지 조사대상자에게 서면으로 통지하여야 한다. 다만, 다음 각 호의 어느 하나에 해당하는 경우에는 행정조사의 개시와 동시에 출석요구서등을 조사대상자에게 제시하거나 행정조사의 목적 등을 조사대상자에게 구두로 통지할 수 있다.
> 1. 행정조사를 실시하기 전에 관련 사항을 미리 통지하는 때에는 증거인멸 등으로 행정조사의 목적을 달성할 수 없다고 판단되는 경우

6 행정의 실효성 확보수단에 대한 설명으로 옳지 않은 것은?

① 행정법상의 질서벌인 과태료의 부과처분과 형사처벌을 병과하는 것은 일사부재리의 원칙에 반하지 않는다는 것이 대법원의 입장이다.

② 계고서라는 명칭의 1장의 문서로서 일정기간 내에 위법건축물의 자진철거를 명함과 동시에 그 소정기한 내에 자진철거를 하지 아니할 때에는 대집행할 뜻을 미리 계고한 경우라면 「건축법」에 의한 철거명령과 「행정대집행법」에 의한 계고처분의 요건이 충족된 것은 아니다.

③ 직접강제는 행정대집행이나 이행강제금 부과의 방법으로는 행정상 의무 이행을 확보할 수 없거나 그 실현이 불가능한 경우에 실시하여야 한다.

Answer　5.④　6.②

④ 과세관청이 체납처분으로서 행하는 공매는 우월한 공권력의 행사로서 행정소송의 대상이 되는 공법상의 행정처분이며 공매에 의하여 재산을 매수한 자는 그 공매처분이 취소된 경우에 그 취소처분의 위법을 주장하여 행정소송을 제기할 법률상 이익이 있다.

> **TIP** ② <u>계고서라는 명칭의 1장의 문서로서 일정기간 내에 위법건축물의 자진철거를 명함과 동시에 그 소정기한 내에 자진철거를 하지 아니할 때에는 대집행할 뜻을 미리 계고한 경우라도 건축법에 의한 철거명령과 행정대집행법에 의한 계고처분은 독립하여 있는 것으로서 각 그 요건이 충족되었다고 볼 것</u>이다(대판 1992. 6. 12. 91누13564).

7 행정대집행에 대한 설명으로 옳지 않은 것은?

① 관계 법령상 행정대집행의 절차가 인정되어 행정청이 행정대집행의 방법으로 건물의 철거 등 대체적 작위의무의 이행을 실현할 수 있는 경우에는 따로 민사소송의 방법으로 그 의무의 이행을 구할 수 없다.

② 「공익사업을 위한 토지 등의 취득 및 보상에 관한 법률」에 따른 토지 등의 협의취득은 사법상 계약에 해당하므로, 협의취득시 부담한 의무는 행정대집행의 대상이 되지 않는다.

③ 「행정대집행법」에 따르면 대집행에 요한 비용을 징수하였을 때에는 그 징수금은 사무비의 소속에 따라 국고 또는 지방자치단체의 수입으로 한다.

④ 자기완결적 신고에 해당하는 대문설치신고가 형식적 하자가 없는 적법한 요건을 갖춘 신고임에도 불구하고 관할 행정청이 수리를 거부한 후 당해 대문의 철거명령을 하였더라도, 후행행위인 대문철거 대집행계고처분이 당연무효가 되는 것은 아니다.

> **TIP** ④ 주택건설촉진법 제38조 제2항 단서, 공동주택관리령 제6조 제1항 및 제2항, 공동주택관리규칙 제4조 및 제4조의2의 각 규정들에 의하면, 공동주택 및 부대시설·복리시설의 소유자·입주자·사용자 및 관리주체가 건설부령이 정하는 경미한 사항으로서 신고대상인 건축물의 건축행위를 하고자 할 경우에는 그 관계 법령에 정해진 적법한 요건을 갖춘 신고만을 하면 그와 같은 건축행위를 할 수 있고, 행정청의 수리처분 등 별단의 조처를 기다릴 필요가 없다고 할 것이며, 또한 이와 같은 신고를 받은 행정청으로서는 그 신고가 같은 법 및 그 시행령 등 관계 법령에 신고만으로 건축할 수 있는 경우에 해당하는 여부 및 그 구비서류 등이 갖추어져 있는지 여부 등을 심사하여 그것이 법규정에 부합하는 이상 이를 수리하여야 하고, 같은 법 규정에 정하지 아니한 사유를 심사하여 이를 이유로 신고수리를 거부할 수는 없다. <u>적법한 건축물에 대한 철거명령은 그 하자가 중대하고 명백하여 당연무효라고 할 것이고, 그 후행행위인 건축물철거 대집행계고처분 역시 당연무효라고 할 것</u>이다(대판 1999. 4. 27. 97누6780).

Answer 7.④

2024 제1회 지방직 9급

8 이행강제금에 대한 설명으로 옳지 않은 것은?

① 「건축법」상 이행강제금은 시정명령의 불이행이라는 과거의 위반행위에 대한 제재이다.

② 행정청은 이행강제금을 부과받은 자가 납부기한까지 이행강제금을 내지 아니하면 국세강제징수의 예 또는 「지방행정제재·부과금의 징수 등에 관한 법률」에 따라 징수한다.

③ 처분의 근거법령에 의하면 「비송사건절차법」에 따라 이행강제금 부과처분에 불복하도록 규정하고 있었지만, 관할청이 이행강제금 부과처분을 하면서 재결청에 행정심판을 청구하거나 관할 행정법원에 행정소송을 할 수 있다고 잘못 안내한 경우라도 이행강제금 부과처분에 대해 행정법원에 항고소송을 제기할 수 없다.

④ 「건축법」상 이행강제금을 부과받은 사람이 이행강제금사건의 제1심결정 후 항고심결정이 있기 전에 사망한 경우, 항고심결정은 당연무효이고, 이미 사망한 사람의 이름으로 제기된 재항고는 보정할 수 없는 흠결이 있는 것으로서 부적법하다.

> **TIP** ① 구 건축법상 이행강제금은 시정명령의 불이행이라는 과거의 위반행위에 대한 제재가 아니라, 시정명령을 이행하지 않고 있는 건축주·공사시공자·현장관리인·소유자·관리자 또는 점유자(이하 '건축주 등'이라 한다)에 대하여 다시 상당한 이행기한을 부여하고 기한 안에 시정명령을 이행하지 않으면 이행강제금이 부과된다는 사실을 고지함으로써 의무자에게 심리적 압박을 주어 시정명령에 따른 의무의 이행을 간접적으로 강제하는 행정상의 간접강제 수단에 해당한다(대판 2016. 7. 14. 2015두46598).

2024 인사혁신처 9급

9 행정벌에 대한 설명으로 옳지 않은 것은?

① 지방자치단체 소속 공무원이 지방자치단체 고유의 자치사무를 수행하던 중 「도로법」 규정에 의한 위반행위를 한 경우 지방자치단체는 「도로법」 소정의 양벌규정에 따라 처벌대상이 되는 법인에 해당하지 않는다.

② 「개인정보 보호법」에 따르면, 죄형법정주의의 원칙상 '법인격 없는 공공기관'을 「개인정보 보호법」 소정의 양벌규정에 의하여 처벌할 수 없고, 그 경우 행위자 역시 위 양벌규정으로 처벌할 수 없다.

③ 과태료의 부과·징수, 재판 및 집행 등의 절차에 관한 다른 법률의 규정 중 「질서위반행위규제법」의 규정에 저촉되는 것은 「질서위반행위규제법」으로 정하는 바에 따른다.

④ 「질서위반행위규제법」에 따르면, 당사자와 검사는 과태료 재판에 대하여 즉시항고를 할 수 있으며, 이 경우 항고는 집행정지의 효력이 있다.

Answer 8.① 9.①

2024 인사혁신처 9급

10 과징금에 대한 설명으로 옳지 않은 것은?

① 구「독점규제 및 공정거래에 관한 법률」 소정의 부당지원행위에 대한 과징금은 부당지원행위의 억지라는 행정목적을 실현하기 위한 행정상 제재금으로서의 성격에 부당이득환수적 요소도 부가되어 있으므로 국가형벌권 행사로서의 처벌에 해당하지 아니한다.

② 행정기본법령에 따르면, 과징금 납부 의무자가 과징금을 분할 납부하려는 경우에는 납부기한 7일 전까지 과징금의 분할 납부를 신청하는 문서에 해당 사유를 증명하는 서류를 첨부하여 행정청에 신청해야 한다.

③ 관할 행정청이 여객자동차운송사업자의 여러 가지 위반행위를 인지하였다면 전부에 대하여 일괄하여 최고한도 내에서 하나의 과징금 부과처분을 하는 것이 원칙이고, 인지한 위반행위 중 일부에 대해서만 우선 과징금 부과처분을 하고 나머지에 대해서는 차후에 별도의 과징금 부과처분을 하는 것은 다른 특별한 사정이 없는 한 허용되지 않는다.

④ 과징금의 근거가 되는 법률에는 과징금에 관한 부과·징수 주체, 부과 사유, 상한액, 가산금을 징수하려는 경우 그 사항, 과징금 또는 가산금 체납 시 강제징수를 하려는 경우 그 사항을 명확하게 규정하여야 한다.

TIP ② 과징금 납부 의무자는 법 제29조 각 호 외의 부분 단서에 따라 과징금 납부기한을 연기하거나 과징금을 분할 납부하려는 경우에는 납부기한 10일 전까지 과징금 납부기한의 연기나 과징금의 분할 납부를 신청하는 문서에 같은 조 각 호의 사유를 증명하는 서류를 첨부하여 행정청에 신청해야 한다(행정기본법 시행령 제7조 제1항).

> **행정기본법 제29조(과징금의 납부기한 연기 및 분할 납부)**
> 과징금은 한꺼번에 납부하는 것을 원칙으로 한다. 다만, 행정청은 과징금을 부과받은 자가 다음 각 호의 어느 하나에 해당하는 사유로 과징금 전액을 한꺼번에 내기 어렵다고 인정될 때에는 그 납부기한을 연기하거나 분할 납부하게 할 수 있으며, 이 경우 필요하다고 인정하면 담보를 제공하게 할 수 있다.
> 1. 재해 등으로 재산에 현저한 손실을 입은 경우
> 2. 사업 여건의 악화로 사업이 중대한 위기에 처한 경우
> 3. 과징금을 한꺼번에 내면 자금 사정에 현저한 어려움이 예상되는 경우
> 4. 그 밖에 제1호부터 제3호까지에 준하는 경우로서 대통령령으로 정하는 사유가 있는 경우

Answer　10.②

11 다음 사례에 대한 설명으로 옳은 것만을 모두 고르면?

A시는 관광지개발사업을 시행하기 위하여 「공익사업을 위한 토지 등의 취득 및 보상에 관한 법률」의 절차에 따라 甲 소유 토지 및 건물을 포함하고 있는 지역 일대의 토지 및 건물들을 수용하였다. A시 시장은 甲에게 적법하게 토지의 인도와 건물의 철거 및 퇴거를 명하였으나 甲이 건물을 점유한 채 그 의무를 이행하지 않고 있다.

㉠ A시 시장의 토지인도명령에 대해 甲이 이를 불이행하더라도 그 불이행에 대해서 A시 시장은 행정대집행을 할 수 없다.
㉡ 甲이 위 건물철거의무를 이행하지 않을 경우, A시 시장은 행정대집행의 방법으로 건물의 철거 등 대체적 작위의무의 이행을 실현할 수 있는 경우에는 따로 민사소송의 방법으로 그 의무의 이행을 구할 수 없다.
㉢ 甲이 토지 인도의무를 이행하지 않을 경우, 甲의 토지 인도의무는 공법상 의무에 해당하므로 그 권리에 끼칠 현저한 손해를 피하기 위한 경우라 하더라도 A시 시장이 그 권리를 피보전권리로 하는 민사상 명도단행가처분을 구할 수는 없다.
㉣ 甲이 위력을 행사하여 적법한 행정대집행을 방해하는 경우 대집행 행정청은 필요한 경우에는 「경찰관 직무집행법」에 근거한 위험발생 방지조치 또는 「형법」상 공무집행방해죄의 범행방지 내지 현행범체포의 차원에서 경찰의 도움을 받을 수 있다.

① ㉠, ㉢
② ㉡, ㉣
③ ㉠, ㉡, ㉣
④ ㉡, ㉢, ㉣

TIP 피수용자 등이 기업자에 대하여 부담하는 수용대상 토지의 인도의무에 관한 구 토지수용법 제63조, 제64조, 제77조 규정에서의 '인도'에는 명도도 포함되는 것으로 보아야 하고, 이러한 명도의무는 그것을 강제적으로 실현하면서 직접적인 실력행사가 필요한 것이지 대체적 작위의무라고 볼 수 없으므로 특별한 사정이 없는 한 행정대집행법에 의한 대집행의 대상이 될 수 있는 것이 아니다. 구 토지수용법 제63조의 규정에 따라 피수용자 등이 기업자에 대하여 부담하는 수용대상 토지의 인도 또는 그 지장물의 명도의무 등이 비록 공법상의 법률관계라고 하더라도, 그 권리를 피보전권리로 하는 명도단행가처분은 그 권리에 끼칠 현저한 손해를 피하거나 급박한 위험을 방지하기 위하여 또는 그 밖의 필요한 이유가 있을 경우에는 허용될 수 있다(대판 2005. 8. 19. 2004다2809).

Answer 11.③

12 행정의 실효성 확보 수단에 대한 설명으로 옳지 않은 것은?

① 구「국세징수법」상 가산금 또는 중가산금의 고지는 항고소송의 대상이 되는 처분이 아니다.

② 지방자치단체 소속 공무원이 지방자치단체 고유의 자치사무를 수행하던 중 구「도로법」에 위반하는 행위를 한 경우 지방자치단체는 구「도로법」상 양벌규정에 따라 처벌대상이 되는 법인에 해당한다.

③ 구「음반·비디오물 및 게임물에 관한 법률」상 불법게임물에 대한 수거 및 폐기조치는 행정상 즉시강제에 해당한다.

④ 공매처분을 하면서 체납자에게 공매통지를 하지 않았거나 공매통지를 하였지만 그것이 적법하지 아니하다 하더라도 공매처분 자체는 위법하지 않다.

> **TIP** ④ 체납자 등에 대한 공매통지는 국가의 강제력에 의하여 진행되는 공매에서 체납자 등의 권리 내지 재산상의 이익을 보호하기 위하여 법률로 규정한 절차적 요건이라고 보아야 하며, 공매처분을 하면서 체납자 등에게 공매통지를 하지 않았거나 공매통지를 하였더라도 그것이 적법하지 아니한 경우에는 절차상의 흠이 있어 그 공매처분은 위법하다. 다만, 공매통지의 목적이나 취지 등에 비추어 보면, 체납자 등은 자신에 대한 공매통지의 하자만을 공매처분의 위법사유로 주장할 수 있을 뿐 다른 권리자에 대한 공매통지의 하자를 들어 공매처분의 위법사유로 주장하는 것은 허용되지 않는다(대판 2008. 11. 20. 2007두18154(전합)).
>
> ① 국세징수법 제21조, 제22조가 규정하는 가산금 또는 중가산금은 국세를 납부기한까지 납부하지 아니하면 과세청의 확정절차 없이도 법률 규정에 의하여 당연히 발생하는 것이므로 가산금 또는 중가산금의 고지가 항고소송의 대상이 되는 처분이라고 볼 수 없다(대판 2005. 6. 10. 2005다15482).
>
> ② 국가가 본래 그의 사무의 일부를 지방자치단체의 장에게 위임하여 그 사무를 처리하게 하는 기관위임사무의 경우에는 지방자치단체는 국가기관의 일부로 볼 수 있는 것이지만, 지방자치단체가 그 고유의 자치사무를 처리하는 경우에는 지방자치단체는 국가기관의 일부가 아니라 국가기관과는 별도의 독립한 공법인이므로, 지방자치단체 소속 공무원이 지방자치단체 고유의 자치사무를 수행하던 중 도로법 제81조 내지 제85조의 규정에 의한 위반행위를 한 경우에는 지방자치단체는 도로법 제86조의 양벌규정에 따라 처벌대상이 되는 법인에 해당한다. 지방자치단체 소속 공무원이 압축트럭 청소차를 운전하여 고속도로를 운행하던 중 제한축중을 초과 적재 운행함으로써 도로관리청의 차량운행제한을 위반한 사안에서, 해당 지방자치단체가 도로법 제86조의 양벌규정에 따른 처벌대상이 된다(대판 2005. 11. 10. 2004도2657).
>
> ③ 이 사건 법률조항은 문화관광부장관, 시·도지사, 시장·군수·구청장이 법 제18조 제5항의 규정에 의한 등급분류를 받지 아니하거나 등급분류를 받은 게임물과 다른 내용의 게임물을 발견한 때에는 관계공무원으로 하여금 이를 수거하여 폐기하게 할 수 있도록 규정하고 있는바, 이는 어떤 하명도 거치지 않고 행정청이 직접 대상물에 실력을 가하는 경우로서, 위 조항은 행정상 즉시강제 그 중에서도 대물적(對物的) 강제를 규정하고 있다고 할 것이다(헌재결 2002. 10. 31 2000헌가12).

Answer   12.④

13 행정의 실효성 확보 수단에 대한 설명으로 옳지 않은 것은?

① 「농지법」상 이행강제금 부과처분에 대한 불복은 「비송사건절차법」에 따른 재판절차뿐만 아니라 「행정소송법」상 항고소송 절차에 따를 수 있다.

② 관계 법령상 행정대집행의 절차가 인정되어 행정청이 행정대집행의 방법으로 건물의 철거 등 대체적 작위의무의 이행을 실현할 수 있는 경우에는 따로 민사소송의 방법으로 그 의무의 이행을 구할 수 없다.

③ 「행정조사기본법」에 따르면 조사대상자의 자발적인 협조를 얻어 행정조사를 실시하고자 하는 경우 조사대상자는 문서ㆍ전화ㆍ구두 등의 방법으로 당해 행정조사를 거부할 수 있다.

④ 통고처분은 상대방의 임의의 승복을 그 발효요건으로 하기 때문에 그 자체만으로는 통고이행을 강제하거나 상대방에게 아무런 권리ㆍ의무를 형성하지 않으므로 행정심판이나 행정소송의 대상으로서의 처분성을 인정할 수 없다.

> **TIP** ① 농지법은 농지 처분명령에 대한 이행강제금 부과처분에 불복하는 자가 그 처분을 고지받은 날부터 30일 이내에 부과권자에게 이의를 제기할 수 있고, 이의를 받은 부과권자는 지체 없이 관할 법원에 그 사실을 통보하여야 하며, 그 통보를 받은 관할 법원은 비송사건절차법에 따른 과태료 재판에 준하여 재판을 하도록 정하고 있다(제62조 제1항, 제6항, 제7항). 따라서 농지법 제62조 제1항에 따른 이행강제금 부과처분에 불복하는 경우에는 비송사건절차법에 따른 재판절차가 적용되어야 하고, 행정소송법상 항고소송의 대상은 될 수 없다(대판 2019. 4. 11. 2018두42955).
> ② 관계 법령상 행정대집행의 절차가 인정되어 행정청이 행정대집행의 방법으로 건물의 철거 등 대체적 작위의무의 이행을 실현할 수 있는 경우에는 따로 민사소송의 방법으로 그 의무의 이행을 구할 수 없다. 한편 건물의 점유자가 철거의무자일 때에는 건물철거의무에 퇴거의무도 포함되어 있는 것이어서 별도로 퇴거를 명하는 집행권원이 필요하지 않다(대판 2017. 4. 28. 2016다213916).
> ③ 행정조사기본법 제20조 제1항
> ④ 도로교통법 제118조에서 규정하는 경찰서장의 통고처분은 행정소송의 대상이되는 행정처분이 아니므로 그 처분의 취소를 구하는 소송은 부적법하고, 도로교통법상의 통고처분을 받은 자가 그 처분에 대하여 이의가 있는 경우에는 통고처분에 따른 범칙금의 납부를 이행하지 아니함으로써 경찰서장의 즉결심판청구에 의하여 법원의 심판을 받을 수 있게 될 뿐이다(대판 1995. 6. 29. 95누4674).

Answer 13.①

출제 예상 문제

1 행정상 강제집행에 대한 판례의 입장으로 옳은 것은?

① 「건축법」상 무허가 건축행위에 대한 형사 처분과 시정명령 위반에 대한 이행강제금의 부과는 헌법 제13조 제1항이 금지하는 이중처벌에 해당한다.

② 이행강제금은 부작위의무나 비대체적 작위의무에 대한 강제집행 수단이므로, 대체적 작위의무의 위반의 경우에 이행강제금은 부과할 수 없다.

③ 구 「토지수용법」상 피수용자가 기업자에 대하여 부담하는 수용대상 토지의 인도의무에는 명도도 포함되고, 이러한 명도의무는 특별한 사정이 없는 한 「행정대집행법」상 대집행의 대상이 된다.

④ 「국제징수법」상 압류재산에 대한 공매에서 체납자에 대한 공매통지는 항고소송의 대상이 되지 아니한다.

TIP ① 「건축법」 제78조에 의한 무허가 건축행위에 대한 형사 처분과 「건축법」 제83조 제1항에 의한 시정명령 위반에 대한 이행강제금의 부과는 그 처벌 내지 제재대상이 되는 기본적 사실관계로서의 행위를 달리하며, 또한 그 보호법익과 목적에서도 차이가 있으므로 헌법 제13조 제1항이 금지하는 이중처벌에 해당한다고 할 수 없다(헌재결 2004. 2. 26. 2001헌바80).
② 대체적작위의무는 대집행이 가능하나 이행강제금 부과 역시 가능하다.
③ 인도나 명도는 대집행의 대상이 아니다.

2 이행강제금에 대한 다음의 설명 중 옳지 않은 것은?

① 이행강제금은 장래를 향한 이행강제가 그 직접적인 목적인 데 비하여, 행정벌은 과거의 의무 위반에 대한 제재적 성격을 갖는 것이다.

② 이행강제금에는 일사부재리 원칙이 적용되지 않기 때문에 동일한 의무불이행에 대하여 반복하여 부과할 수 있다.

③ 이행강제금과 행정벌을 병행하여 부과할 경우에도 이중처벌금지의 원칙에 반하지 않는다.

④ 이행강제금은 의무이행을 위해 설정한 기한을 경과한 후에 의무의 이행이 있는 경우에도 부과할 수 있다.

TIP ④ 이행강제금은 현재 존속하고 있는 의무불이행만을 대상으로 하며 의무이행이 있는 때에는 설령 이행시기가 의무이행을 위하여 설정한 기한을 경과한 뒤라도 부과할 수 없으며 또한 의무자가 의무를 이행하지 아니한 경우에도 의무의 내용이 다른 방법으로 사실상 실현되었을 때에는 부과할 수 없다.

Answer 1.④ 2.④

3 행정조사에 관한 설명으로 옳은 것을 모두 고르면?

> ㉠ 위법한 행정조사에 기초하여 내려진 행정처분은 위법한 처분이다.
> ㉡ 강제적 행정조사의 경우 처분성이 인정되지 않는다.
> ㉢ 현대국가에 있어서는 행정조사의 수요가 점차 증가하고 있다.
> ㉣ 행정조사를 거부, 방해하는 자에 대해서는 직접적인 실력행사 자체가 허용되는 것으로 보는 것이 일반적이다.
> ㉤ 형사상 소추할 목적으로 하는 행정조사에서는 영장제시가 불필요한 것으로 본다.

① ㉠㉢　　　　　　　　　　　② ㉠㉤

③ ㉡㉣　　　　　　　　　　　④ ㉢㉤

TIP ㉡ 강제적 행정조사의 경우에는 처분성이 인정된다.
　　　㉣ 행정조사를 거부, 방해하는 자에 대해서는 직접적인 실력행사는 허용되지 않고, 행정벌을 부과할 수 있을 뿐이라는 것이 다수설이다.
　　　㉤ 형사상 소추할 목적으로 하는 행정조사에는 영장이 필요하다.

4 과태료 부과 · 징수절차에 관한 설명으로 옳지 않은 것은?

① 행정청이 질서위반행위에 대하여 과태료를 부과하고자 하는 때에는 미리 당사자에게 대통령령으로 정하는 사항을 통지하고, 20일 이상의 기간을 정하여 의견을 제출할 기회를 주어야 한다.

② 당사자가 행정청의 지정된 기일까지 의견 제출이 없는 경우에는 의견이 없는 것으로 본다.

③ 당사자는 의견 제출 기한 이내에 대통령령으로 정하는 방법에 따라 행정청에 의견을 진술하거나 필요한 자료를 제출할 수 있다.

④ 행정청은 당사자가 제출한 의견에 상당한 이유가 있는 경우에는 과태료를 부과하지 아니하거나 통지한 내용을 변경할 수 있다.

TIP ① 행정청이 질서위반행위에 대하여 과태료를 부과하고자 하는 때에는 미리 당사자에게 대통령령으로 정하는 사항을 통지하고, 10일 이상의 기간을 정하여 의견을 제출할 기회를 주어야 한다〈질서위반행위규제법 제16조 제1항〉.

Answer　3.①　4.①

5 행정벌에 대한 설명으로 옳지 않은 것은?(다툼이 있는 경우 판례에 의함)

① 조세범처벌절차에 의하여 범칙자에 대한 세무관서의 통고 처분은 행정소송의 대상이 아니다.

② 구 「대기환경보전법」에 따라 배출허용기준을 초과하는 배출가스를 배출하는 자동차를 운행하는 행위를 처벌하는 규정은 과실범의 경우에 적용하지 아니한다.

③ 행정청은 질서위반행위가 종료된 날(다수인이 질서위반행위에 가담한 경우에는 최종행위가 종료된 날을 말한다)부터 5년이 경과한 경우에는 해당 질서위반행위에 대하여 과태료를 부과할 수 없다.

④ 임시운행허가기간을 벗어난 무등록차량을 운행한 자는 과태료와 별도로 형사 처분의 대상이 된다.

TIP ② 구 대기환경보전법(1992.12.8. 법률 제4535호로 개정되기 전의 것)의 입법목적이나 제반 관계규정의 취지 등을 고려하면, 법정의 배출허용기준을 초과하는 배출가스를 배출하면서 자동차를 운행하는 행위를 처벌하는 위 법 제57조 제6호의 규정은 자동차의 운행자가 그 자동차에서 배출되는 배출가스가 소정의 운행 자동차 배출허용기준을 초과한다는 점을 실제로 인식하면서 운행한 고의범의 경우는 물론 과실로 인하여 그러한 내용을 인식하지 못한 과실범의 경우도 함께 처벌하는 규정이다.(대법원 1993. 9. 10, 92도1136)
  ① 대판 1995. 6. 29, 95누4674
  ③ 질서위반행위규제법 제19조 제1항
  ④ 대판 1996. 4. 12, 96도158

6 다음 중 행정벌에 관한 설명으로 옳지 않은 것은?

① 행정질서벌의 부과에는 원칙적으로 행위자의 고의·과실을 요건으로 한다.

② 통고처분에 이의가 있는 자는 법정기간 내에 취소소송을 제기하여야 한다.

③ 행정벌은 자연인뿐만 아니라 법인에도 부과될 수 있다.

④ 과태료는 법률만이 아니라 조례에 의하여도 부과될 수 있다.

TIP ② 통고처분은 그 내용을 상대방이 이행하지 않으면 그 효력이 소멸되는 바, 항고소송의 대상이 되는 처분성이 인정되지 않는다.

Answer 5.② 6.②

7 질서위반행위에 관련한 설명으로 옳지 않은 것은?

① 심신장애로 인하여 행위의 옳고 그름을 판단할 능력이 없거나 그 판단에 따른 행위를 할 능력이 없는 자의 질서위반행위는 과태료를 부과하지 아니한다.

② 심신장애로 인하여 능력이 미약한 자의 질서위반행위는 과태료를 감면한다.

③ 법인의 대표자, 법인 또는 개인의 대리인·사용인 및 그 밖의 종업원이 업무에 관하여 법인 또는 그 개인에게 부과된 법률상의 의무를 위반한 때에는 법인 또는 그 개인에게 과태료를 부과한다.

④ 2인 이상이 질서위반행위에 가담한 때에는 각자가 질서위반행위를 한 것으로 본다.

TIP ② 심신장애로 인하여 능력이 미약한 자의 질서위반행위는 과태료를 감경한다〈질서위반행위규제법 제10조 제2항〉.

8 다음은 행정의 실효성 확보수단에 대해 설명한 것이다. 가장 적절하지 않은 것은?(다툼이 있으면 판례에 의함)

① 공급거부란 행정법상의 의무를 위반하거나 불이행한 자에 대해 일정한 재화나 서비스의 공급을 거부하는 행정작용을 말한다.

② 가산금은 세법상의 의무의 성실한 이행을 확보하기 위하여 세법에 의하여 산출된 세액에 가산하여 징수하는 금액을 말한다.

③ 이행강제금은 의무의 불이행시에 일정액수의 금전납부의무가 부과될 것임을 의무자에게 미리 계고함으로써 의무의 이행을 확보하는 수단을 말한다.

④ 명단의 공표란 행정법상의 의무 위반 또는 불이행이 있는 경우 그 위반자의 성명, 위반사실 등을 일반에게 공개하여 명예 또는 신용에 침해를 가함으로써 심리적인 압박을 가하여 행정법상 의무이행을 확보하는 수단을 말한다.

TIP ② 가산세에 대한 설명이다. 가산금은 국가 또는 지방자치단체에 대한 납세의무자가 그 납기까지 조세를 납부 또는 납입하지 아니한 경우에, 조세체납처분을 하기 위한 전제로서 납세의무의 이행을 최고(催告)하기 위하여 과세권자가 독촉을 하면서 징수하는 금액이다. 2020. 1. 1. 이후로 납부고지 전에 적용되는 「국세기본법」에 따른 납부불성실가산세와 납부고지 후에 적용되는 「국세징수법」의 가산금이 「국세기본법」에 따른 납부지연가산세로 일원화되어 시행된다.

Answer 7.② 8.②

9 행정의 실효성확보 수단 중 ⑦에 들어갈 말로 옳은 것은?

> 「대기환경보전법」제37조 ① 시·도지사는 다음 각 호의 어느 하나에 해당하는 배출시설을 설치·운영하는 사업자에 대하여 제36조에 따라 조업정지를 명하여야 하는 경우로서 그 조업정지가 주민의 생활, 대외적인 신용·고용·물가 등 국민경제, 그 밖에 공익에 현저한 지장을 줄 우려가 있다고 인정되는 경우 등 그 밖에 대통령령으로 정하는 경우에는 조업정지처분을 갈음하여 2억원 이하의 (⑦)을(를) 부과할 수 있다.
> 1. 「의료법」에 따른 의료기관의 배출시설
> 2. 사회복지시설 및 공동주택의 냉난방시설
> 3. 발전소의 발전 설비
> 4. 「집단에너지사업법」에 따른 집단에너지시설
> 5. 「초·중등교육법」 및 「고등교육법」에 따른 학교의 배출시설
> 6. 제조업의 배출시설
> 7. 그 밖에 대통령령으로 정하는 배출시설

① 과태료　　　　　　　　② 과징금

③ 가산금　　　　　　　　④ 이행강제금

TIP 「대기환경보전법」제37조(과징금 처분) 제1항 ··· 시·도지사는 다음 각 호의 어느 하나에 해당하는 배출시설을 설치·운영하는 사업자에 대하여 제36조(허가의 취소 등)에 따라 조업정지를 명하여야 하는 경우로서 그 조업정지가 주민의 생활, 대외적인 신용·고용·물가 등 국민경제, 그 밖에 공익에 현저한 지장을 줄 우려가 있다고 인정되는 경우 등 그 밖에 대통령령으로 정하는 경우에는 조업정지처분을 갈음하여 2억 원 이하의 과징금을 부과할 수 있다.
1. 「의료법」에 따른 의료기관의 배출시설
2. 사회복지시설 및 공동주택의 냉난방시설
3. 발전소의 발전 설비
4. 「집단에너지사업법」에 따른 집단에너지시설
5. 「초·중등교육법」 및 「고등교육법」에 따른 학교의 배출시설
6. 제조업의 배출시설
7. 그 밖에 대통령령으로 정하는 배출시설

Answer　9.②

10 다음 관허사업의 제한에 관한 내용 중 가장 옳은 것은?

① 관허사업의 제한을 하기 위해서는 의무 위반과 직접적인 관련이 있는 사업이어야 한다.

② 실정법은 행정법상의 의무 위반과 직접적인 관련이 없는 관허사업의 제한을 인정하는 것이 보통이다.

③ 관허사업의 제한은 행정형벌에 의한 처벌을 받은 자가 의무 위반을 한 경우에 그에 대한 제재로서 행하는 규제수단이다.

④ 관허사업의 제한과 부당결부금지원칙과는 관계가 없다.

> **TIP** ② 의무 위반과 직접적인 관련이 없는 관허사업의 제한을 인정하는 것이 보통이며, 이는 부당결부금지와 영업의 자유와 관련하여 문제가 있다. 의무 위반과 직접 관련이 있는 경우에는 행정행위의 철회의 문제라는 견해도 있다.

11 행정의 실효성 확보수단에 대한 설명으로 옳지 않은 것은?

① 고의 또는 과실이 없는 질서위반행위는 과태료를 부과하지 아니한다.

② 행정법상 의무위반자에 대한 명단의 공표는 법적인 근거가 없더라도 허용된다.

③ 법원의 과태료부과결정에 불복하는 자는 즉시항고 할 수 있다.

④ 과태료처분을 받고 이를 납부한 후에 형사처벌을 한다고 하여 일사부재리원칙에 반하지 않는다는 것이 대법원의 입장이다.

> **TIP** ② 공표는 비권력적 사실행위에 해당하지만 법적 근거를 요한다고 보는 것이 일반적인 견해이다.
> ① 질서위반행위규제법 제7조
> ③ 질서위반행위규제법 제38조 제1항
> ④ 대법원 1989. 6. 13. 88도1983

Answer 10.② 11.②

12 행정의 실효성 확보수단에 대한 설명으로 옳지 않은 것은?(다툼이 있는 경우 판례에 의함)

① 재량행위인 과징금부과처분이 해당 법령이 정한 한도액을 초과하여 부과된 경우 이러한 과징금부과처분은 법이 정한 한도액을 초과하여 위법하므로 법원으로서는 그 전부를 취소할 수밖에 없고, 그 한도액을 초과한 부분만 취소할 수는 없다.

② 세법상 가산세를 부과할 때 납세자에게 조세납부를 거부 또는 지연하는 데 고의 또는 과실이 있었는지는 원칙적으로 고려하지 않지만, 납세의무자의 의무해태를 탓할 수 없는 정당한 사유가 있는 경우에는 가산세를 부과할 수 없다.

③ 「건축법」상 이행강제금은 시정명령의 불이행이라는 과거의 위반행위에 대한 제재이므로, 건축주가 장기간 시정명령을 이행하지 않았다면 그 기간 중에 시정명령의 이행 기회가 제공되지 않았다가 뒤늦게 이행 기회가 제공된 경우라 하더라도 이행 기회가 제공되지 않은 과거의 기간에 대한 이행강제금까지 한꺼번에 부과할 수 있다.

④ 질서위반행위에 대하여 과태료를 부과하는 근거 법령이 개정되어 행위 시의 법률에 의하면 과태료 부과대상이었지만 재판 시의 법률에 의하면 부과대상이 아니게 된 때에는 개정 법률의 부칙 등에서 행위 시의 법률을 적용하도록 명시하는 등 특별한 사정이 없는 한 재판 시의 법률을 적용하여야 한다.

TIP ③ 건축주 등이 장기간 시정명령을 이행하지 아니하였다 하더라도, 그 기간 중에는 시정명령의 이행 기회가 제공되지 아니하였다가 뒤늦게 시정명령의 이행 기회가 제공된 경우라면, 그 시정명령의 이행 기회 제공을 전제로 한 1회분의 이행강제금만을 부과할 수 있고, 시정명령의 이행 기회가 제공되지 아니한 과거의 기간에 대한 이행강제금까지 한꺼번에 부과할 수는 없다고 보아야 한다(대법원 2016.7.14. 2015두46598).

Answer　12.③

04 행정구제법

01 행정구제제도

❶ 행정구제

(1) 의의

① 행정구제란 행정작용으로 인해 자기의 권리·이익이 침해되었다고 주장하는 자가 행정기관이나 법원에 손해전보·원상회복 또는 행정작용의 취소·변경을 청구하는 절차를 말한다.

② 청원제도, 옴부즈만제도, 민원처리제도, 행정절차법·행정규제기본법의 적용 등 사전구제제도와 손해전보제도(손해배상·손실보상·그 밖의 손해전보제도)와 행정쟁송제도(행정심판·행정소송) 등 사후구제제도가 있다.

❷ 사전구제제도

(1) 청원

① 의의

　㉠ 국민이 국가의 공권력 행사와 관련하여 여러 이해관계 또는 국정에 대한 자신의 의견·희망을 표시하거나 시정을 요구하는 것을 말한다.

　㉡ 헌법 제26조 제1항은 문서로 청원할 권리를 기본권으로 규정하고 있고, 이를 위한 일반법으로 「청원법」이 제정되어 있다.

② 청원법의 주요내용

　㉠ **청원인**: 모든 국민은 청원권을 가진다

　㉡ 청원기관 및 청원사항 등

> **제4조(청원기관)** 이 법에 따라 국민이 청원을 제출할 수 있는 기관(이하 "청원기관")은 다음 각 호와 같다.
> 　1. 국회·법원·헌법재판소·중앙선거관리위원회, 중앙행정기관(대통령 소속 기관과 국무총리 소속 기관을 포함)과 그 소속 기관

    2. 지방자치단체와 그 소속 기관

    3. 법령에 따라 행정권한을 가지고 있거나 행정권한을 위임 또는 위탁받은 법인·단체 또는 그 기관이나 개인

제5조(청원사항) 국민은 다음 각 호의 어느 하나에 해당하는 사항에 대하여 청원기관에 청원할 수 있다.

    1. 피해의 구제

    2. 공무원의 위법·부당한 행위에 대한 시정이나 징계의 요구

    3. 법률·명령·조례·규칙 등의 제정·개정 또는 폐지

    4. 공공의 제도 또는 시설의 운영

    5. 그 밖에 청원기관의 권한에 속하는 사항

제6조(청원 처리의 예외) 청원기관의 장은 청원이 다음 각 호의 어느 하나에 해당하는 경우에는 처리를 하지 아니할 수 있다. 이 경우 사유를 청원인(제11조제3항에 따른 공동청원의 경우에는 대표자를 말한다)에게 알려야 한다.

    1. 국가기밀 또는 공무상 비밀에 관한 사항

    2. 감사·수사·재판·행정심판·조정·중재 등 다른 법령에 의한 조사·불복 또는 구제절차가 진행 중인 사항

    3. 허위의 사실로 타인으로 하여금 형사처분 또는 징계처분을 받게 하는 사항

    4. 허위의 사실로 국가기관 등의 명예를 실추시키는 사항

    5. 사인간의 권리관계 또는 개인의 사생활에 관한 사항

    6. 청원인의 성명, 주소 등이 불분명하거나 청원내용이 불명확한 사항

  ⓒ **청원의 효과**
- 청원을 받은 기관은 청원을 성실·공정·신속하게 심사·처리하고 그 결과를 청원인에게 통지하여야 한다.
- 심사·처리결과의 통지는 행정쟁송법상 처분에 해당하지 않는다.
- 청원을 수리한 국가기관은 이를 성실, 공정, 신속히 심사, 처리하여 그 결과를 청원인에게 통지하는 이상의 법률상 의무를 지는 것은 아니라고 할 것이고, 따라서 국가기관이 그 수리한 청원을 받아들여 구체적인 조치를 취할 것인지 여부는 국가기관의 자유재량에 속한다고 할 것일 뿐만 아니라 이로써 청원자의 권리의무, 그밖의 법률관계에는 하등의 영향을 미치는 것이 아니므로 <u>청원에 대한 심사처리결과의 통지 유무는 행정소송의 대상이 되는 행정처분이라고 할 수 없다</u>(대판 1990. 5. 25. 90누1458).

(2) 옴부즈만제도

① 의회에 의해 선출된 옴부즈만이 행정기관, 법원 등 공공기관의 업무수행을 감시하여 부적정한 행정으로부터 국민의 권익을 실효적으로 보호하기 위한 제도를 말한다.

② 다른 구제수단보다 시민들의 접근이 용이하고 신속한 민원처리를 가능하게 한다. 반면에, 위법·부당한 행정작용을 발견하여도 직접 취소·변경할 수 없고, 시정권고나 여론형성 등에 의존하게 된다.

(3) 우리나라의 민원처리제도

① 의의

　　㉠ 「부패방지 및 국민권익위원회의 설치와 운영에 관한 법률(이하, 부패방지권익위법)」은 고충민원의 처리
　　　와 이에 관련된 불합리한 행정제도를 개선하고, 부패의 발생을 예방하며 부패행위를 효율적으로 규제함
　　　으로써 국민의 기본적 권익을 보호하고 행정의 적정성을 확보하며 청렴한 공직 및 사회풍토의 확립하기
　　　위해 국민권익위원회를 설치하고 있다.

　　㉡ 민원처리에 관한 일반법으로 「민원처리에 관한 법률(이하, 민원처리법)」, 행정규제에 대한 제한을 위해
　　　「행정규제기본법」이 시행되고 있다.

② 부패방지권익위법의 주요내용

　　㉠ 국민권익위원회

제11조(국민권익위원회의 설치)

① 고충민원의 처리와 이에 관련된 불합리한 행정제도를 개선하고, 부패의 발생을 예방하며 부패행위를 효율적
　으로 규제하도록 하기 위하여 <u>국무총리 소속으로 국민권익위원회(이하 "위원회")를 둔다.</u>

② <u>위원회는 「정부조직법」 제2조에 따른 중앙행정기관으로서</u> 그 권한에 속하는 사무를 독립적으로 수행한다.

제13조(위원회의 구성)

① 위원회는 <u>위원장 1명을 포함한 15명의 위원(부위원장 3명과 상임위원 3명을 포함한다)</u>으로 구성한다. 이 경
　우 부위원장은 각각 고충민원, 부패방지 업무 및 중앙행정심판위원회의 운영업무로 분장하여 위원장을 보좌
　한다. 다만, 중앙행정심판위원회의 구성에 관한 사항은 「행정심판법」에서 정하는 바에 따른다.

② 위원장, 부위원장과 위원은 고충민원과 부패방지에 관한 업무를 공정하고 독립적으로 수행할 수 있다고 인
　정되는 자로서 다음 각 호의 어느 하나에 해당하는 자 중에서 임명 또는 위촉한다.

　1. 대학이나 공인된 연구기관에서 부교수 이상 또는 이에 상당하는 직에 8년 이상 있거나 있었던 자

　2. 판사ㆍ검사 또는 변호사의 직에 10년 이상 있거나 있었던 자

　3. 3급 이상 공무원 또는 고위공무원단에 속하는 공무원의 직에 있거나 있었던 자

　4. 건축사ㆍ세무사ㆍ공인회계사ㆍ기술사ㆍ변리사의 자격을 소지하고 해당 직종에서 10년 이상 있거나 있었
　　던 자

　5. 제33조제1항에 따라 시민고충처리위원회 위원으로 위촉되어 그 직에 4년 이상 있었던 자

　6. 그 밖에 사회적 신망이 높고 행정에 관한 식견과 경험이 있는 자로서 시민사회단체로부터 추천을 받은 자

③ <u>위원장 및 부위원장은 국무총리의 제청으로 대통령이 임명하고,</u> <u>상임위원은 위원장의 제청으로 대통령이 임</u>
　<u>명하며,</u> <u>상임이 아닌 위원은 대통령이 임명 또는 위촉</u>한다. 이 경우 상임이 아닌 위원 중 3명은 국회가, 3
　명은 대법원장이 각각 추천하는 자를 임명 또는 위촉한다.

④ <u>위원장과 부위원장은 각각 정무직으로 보하고,</u> 상임위원은 고위공무원단에 속하는 일반직공무원으로서 「국
　가공무원법」 제26조의5에 따른 임기제공무원으로 보한다.

⑤ 위원이 궐위된 때에는 지체 없이 새로운 위원을 임명 또는 위촉하여야 한다. 이 경우 후임으로 임명 또는
　위촉된 위원의 임기는 새로이 개시된다.

제14조(위원장)

① 위원장은 위원회를 대표한다.

② 위원장이 부득이한 사유로 직무를 수행할 수 없는 때에는 <u>위원장이 지명한 부위원장이 그 직무를 대행한다.</u>

제16조(직무상 독립과 신분보장)

① 위원회는 그 권한에 속하는 업무를 독립적으로 수행한다.

② <u>위원장과 위원의 임기는 각각 3년으로 하되 1차에 한하여 연임할 수 있다.</u>

③ 위원은 다음 각 호의 어느 하나에 해당하는 경우를 제외하고는 그 의사에 반하여 면직 또는 해촉되지 아니한다.

    1. 제15조제1항 각 호의 어느 하나에 해당하는 때

    2. 심신상의 장애로 직무수행이 현저히 곤란하게 된 때

    3. 제17조에 따른 겸직금지의무에 위반한 경우

④ 제3항제2호의 경우에는 전체 위원 3분의 2 이상의 찬성에 의한 의결을 거쳐 위원장의 제청으로 대통령 또는 국무총리가 면직 또는 해촉한다.

제17조(위원의 겸직금지 등) 위원은 재직 중 다음 각 호의 직을 겸할 수 없다.

    1. 국회의원 또는 지방의회의원

    2. 행정기관등과 대통령령으로 정하는 특별한 이해관계가 있는 개인이나 법인 또는 단체의 임 · 직원

제19조(위원회의 의결)

① 위원회는 <u>재적위원 과반수의 출석으로 개의하고 출석위원 과반수의 찬성으로 의결</u>한다. 다만, 제20조제1항 제4호의 사항(종전 의결례 변경)은 재적위원 과반수의 찬성으로 의결한다.

② 제18조에 따라 심의 · 의결에 관여하지 못한 위원은 제19조제1항에 따른 재적위원수의 계산에 있어서 이를 제외한다.

③ 그 밖에 위원회의 업무 및 운영에 관하여 필요한 사항은 대통령령으로 정한다.

제27조(제도개선의 권고)

① 위원회는 필요하다고 인정하는 경우 공공기관의 장에게 부패방지를 위한 제도의 개선을 권고할 수 있다.

② 제1항에 따라 제도개선의 권고를 받은 공공기관의 장은 이를 제도개선에 반영하여 그 조치결과를 위원회에 통보하여야 하며, 위원회는 이에 대한 이행실태를 확인 · 점검할 수 있다.

ⓛ 시민고충처리위원회 등

제32조(시민고충처리위원회의 설치)

① 지방자치단체 및 그 소속 기관에 관한 고충민원의 처리와 행정제도의 개선 등을 위하여 <u>각 지방자치단체에 시민고충처리위원회를 둘 수 있다.</u>

제33조(시민고충처리위원회 위원의 자격요건 등)

① 시민고충처리위원회 위원은 고충민원 처리업무를 공정하고 독립적으로 수행할 수 있다고 인정되는 자로서 다음 각 호의 어느 하나에 해당하는 자 중에서 지방자치단체의 장이 지방의회의 동의를 거쳐 위촉한다.

    1. 대학이나 공인된 연구기관에서 부교수 이상 또는 이에 상당하는 직에 있거나 있었던 자

    2. 판사 · 검사 또는 변호사의 직에 있거나 있었던 자

    3. 4급 이상 공무원의 직에 있거나 있었던 자

    4. 건축사 · 세무사 · 공인회계사 · 기술사 · 변리사의 자격을 소지하고 해당 직종에서 5년 이상 있거나 있었던 자

5. 사회적 신망이 높고 행정에 관한 식견과 경험이 있는 자로서 시민사회단체로부터 추천을 받은 자
② 시민고충처리위원회 위원의 임기는 4년으로 하되, 연임할 수 없다.

제39조(고충민원의 신청 및 접수)

① 누구든지(국내에 거주하는 외국인을 포함한다) 위원회 또는 시민고충처리위원회(이하 이 장에서 "권익위원회")
에 고충민원을 신청할 수 있다. 이 경우 하나의 권익위원회에 대하여 고충민원을 제기한 신청인은 다른 권
익위원회에 대하여도 고충민원을 신청할 수 있다.

제49조(결정의 통지) 권익위원회는 고충민원의 결정내용을 지체 없이 신청인 및 관계 행정기관등의 장에게 통지
하여야 한다.

제51조(감사의 의뢰)

① 고충민원의 조사 · 처리과정에서 관계 행정기관등의 직원이 고의 또는 중대한 과실로 위법 · 부당하게 업무를
처리한 사실을 발견한 경우 위원회는 감사원 또는 관계 행정기관등의 감독기관(감독기관이 없는 경우에는
해당 행정기관등을 말한다. 이하 같다)에, 시민고충처리위원회는 해당 지방자치단체에 감사를 의뢰할 수 있
다. 〈개정 2022. 1. 4.〉
② 감사원, 관계 행정기관등의 감독기관 또는 지방자치단체는 제1항에 따라 감사를 의뢰받은 경우 그 처리결과
를 감사를 의뢰한 위원회 또는 시민고충처리위원회에 통보하여야 한다. 〈신설 2022. 1. 4.〉 [시행일:
2022. 7. 5.]

③ 민원처리법의 주요내용

　㉠ 목적 및 정의 등

제1조(목적) 이 법은 민원 처리에 관한 기본적인 사항을 규정하여 민원의 공정하고 적법한 처리와 민원행정제도
의 합리적 개선을 도모함으로써 국민의 권익을 보호함을 목적으로 한다.

제2조(정의) 이 법에서 사용하는 용어의 뜻은 다음과 같다.
　1. "민원"이란 민원인이 행정기관에 대하여 처분 등 특정한 행위를 요구하는 것을 말하며, 그 종류는 다음
　　각 목과 같다.
　　가. 일반민원
　　　1) 법정민원: 법령 · 훈령 · 예규 · 고시 · 자치법규 등(이하 "관계법령등")에서 정한 일정 요건에 따라
　　　　인가 · 허가 · 승인 · 특허 · 면허 등을 신청하거나 장부 · 대장 등에 등록 · 등재를 신청 또는 신고
　　　　하거나 특정한 사실 또는 법률관계에 관한 확인 또는 증명을 신청하는 민원
　　　2) 질의민원 : 법령 · 제도 · 절차 등 행정업무에 관하여 행정기관의 설명이나 해석을 요구하는 민원
　　　3) 건의민원 : 행정제도 및 운영의 개선을 요구하는 민원
　　　4) 기타민원 : 법정민원, 질의민원, 건의민원 및 고충민원 외에 행정기관에 단순한 행정절차 또는 형
　　　　식요건 등에 대한 상담 · 설명을 요구하거나 일상생활에서 발생하는 불편사항에 대하여 알리는 등
　　　　행정기관에 특정한 행위를 요구하는 민원
　　나. 고충민원: 「부패방지 및 국민권익위원회의 설치와 운영에 관한 법률」 제2조제5호에 따른 고충민원
　2. "민원인"이란 행정기관에 민원을 제기하는 개인 · 법인 또는 단체를 말한다. 다만, 행정기관(사경제의 주
　　체로서 제기하는 경우는 제외), 행정기관과 사법(私法)상 계약관계(민원과 직접 관련된 계약관계만 해당)

에 있는 자, 성명·주소 등이 불명확한 자 등 대통령령으로 정하는 자는 제외한다.

3. "행정기관"이란 다음 각 목의 자를 말한다.

    가. 국회·법원·헌법재판소·중앙선거관리위원회의 행정사무를 처리하는 기관, 중앙행정기관(대통령 소속 기관과 국무총리 소속 기관을 포함)과 그 소속 기관, 지방자치단체와 그 소속 기관

    나. 공공기관

        1) 「공공기관의 운영에 관한 법률」 제4조에 따른 법인·단체 또는 기관

        2) 「지방공기업법」에 따른 지방공사 및 지방공단

        3) 특별법에 따라 설립된 특수법인

        4) 「초·중등교육법」·「고등교육법」 및 그 밖의 다른 법률에 따라 설치된 각급 학교

        5) 그 밖에 대통령령으로 정하는 법인·단체 또는 기관

    다. 법령 또는 자치법규에 따라 행정권한이 있거나 행정권한을 위임 또는 위탁받은 법인·단체 또는 그 기관이나 개인

4. "처분"이란 「행정절차법」 제2조제2호의 처분을 말한다.

5. "복합민원"이란 하나의 민원 목적을 실현하기 위하여 관계법령등에 따라 여러 관계 기관(민원과 관련된 단체·협회 등을 포함) 또는 관계 부서의 인가·허가·승인·추천·협의 또는 확인 등을 거쳐 처리되는 법정민원을 말한다.

6. "다수인관련민원"이란 5세대(世帶) 이상의 공동이해와 관련되어 5명 이상이 연명으로 제출하는 민원을 말한다.

7. 삭제 〈2022. 1. 11.〉 [시행일: 2022. 7. 12.]

8. "무인민원발급창구"란 행정기관의 장이 행정기관 또는 공공장소 등에 설치하여 민원인이 직접 민원문서를 발급받을 수 있도록 하는 전자장비를 말한다.

제3조(적용 범위)

① 민원에 관하여 다른 법률에 특별한 규정이 있는 경우를 제외하고는 이 법에서 정하는 바에 따른다.

㉡ 민원 처리 담당자의 의무와 보호 등

제4조(민원 처리 담당자의 의무와 보호)

① 민원을 처리하는 담당자는 담당 민원을 신속·공정·친절·적법하게 처리하여야 한다. 〈개정 2022. 1. 11.〉

② 행정기관의 장은 민원인 등의 폭언·폭행, 목적이 정당하지 아니한 반복 민원 등으로부터 민원 처리 담당자를 보호하기 위하여 민원 처리 담당자의 신체적·정신적 피해의 예방 및 치료 등 대통령령으로 정하는 필요한 조치를 하여야 한다. 〈신설 2022. 1. 11.〉

③ 민원 처리 담당자는 행정기관의 장에게 제2항에 따른 조치를 요구할 수 있다. 〈신설 2022. 1. 11.〉

④ 행정기관의 장은 제3항에 따른 민원 처리 담당자의 요구를 이유로 해당 민원 처리 담당자에게 불이익을 주어서는 아니 된다. 〈신설 2022. 1. 11.〉

[제목개정 2022. 1. 11.] [시행일: 2022. 7. 12.]

제5조(민원인의 권리와 의무)

① 민원인은 행정기관에 민원을 신청하고 신속·공정·친절·적법한 응답을 받을 권리가 있다.

② 민원인은 민원을 처리하는 담당자의 적법한 민원처리를 위한 요청에 협조하여야 하고, 행정기관에 부당한 요구를 하거나 다른 민원인에 대한 민원 처리를 지연시키는 등 공무를 방해하는 행위를 하여서는 아니 된다.

제6조(민원 처리의 원칙)

① 행정기관의 장은 관계법령등에서 정한 처리기간이 남아 있다거나 그 민원과 관련 없는 공과금 등을 미납하였다는 이유로 민원 처리를 지연시켜서는 아니 된다. 다만, 다른 법령에 특별한 규정이 있는 경우에는 그에 따른다.

② 행정기관의 장은 법령의 규정 또는 위임이 있는 경우를 제외하고는 민원 처리의 절차 등을 강화하여서는 아니 된다.

제7조(정보 보호) 행정기관의 장은 민원 처리와 관련하여 알게 된 민원의 내용과 민원인 및 민원의 내용에 포함되어 있는 특정인의 개인정보 등이 누설되지 아니하도록 필요한 조치를 강구하여야 하며, 수집된 정보가 민원 처리의 목적 외의 용도로 사용되지 아니하도록 하여야 한다.

제7조의2(민원의 날)

① 민원에 대한 이해와 인식 및 민원 처리 담당자의 자긍심을 높이기 위하여 매년 11월 24일을 민원의 날로 정한다.

② 국가와 지방자치단체는 민원의 날의 취지에 적합한 기념행사를 할 수 있다.

[본조신설 2022. 1. 11.] [시행일: 2022. 7. 12.]

ⓒ 민원의 신청 및 접수

제8조(민원의 신청) 민원의 신청은 문서(「전자정부법」 제2조제7호에 따른 전자문서를 포함)로 하여야 한다. 다만, 기타민원은 구술(口述) 또는 전화로 할 수 있다.

제8조의2(증명서류 또는 구비서류의 전자적 제출)

① 민원인은 민원의 처리에 필요한 증명서류나 구비서류를 「전자정부법」 제2조제7호에 따른 전자문서(이하 "전자문서")나 같은 조 제8호에 따른 전자화문서(이하 "전자화문서")로 제출할 수 있다. 다만, 행정기관이 전자문서나 전자화문서로 증명서류나 구비서류를 받을 수 있는 정보시스템을 구축하지 아니한 경우 등 대통령령으로 정하는 사유가 있는 경우에는 그러하지 아니하다.

② 제1항에 따라 전자문서 또는 전자화문서로 제출된 증명서류나 구비서류의 진본성(眞本性) 확인 등을 위하여 필요한 사항은 국회규칙, 대법원규칙, 헌법재판소규칙, 중앙선거관리위원회규칙 및 대통령령으로 정한다.

[본조신설 2022. 1. 11.] [시행일: 2022. 7. 12.]

제9조(민원의 접수)

① 행정기관의 장은 민원의 신청을 받았을 때에는 다른 법령에 특별한 규정이 있는 경우를 제외하고는 그 접수를 보류하거나 거부할 수 없으며, 접수된 민원문서를 부당하게 되돌려 보내서는 아니 된다.

② 행정기관의 장은 민원을 접수하였을 때에는 해당 민원인에게 접수증을 내주어야 한다. 다만, 기타민원과 민원인이 직접 방문하지 아니하고 신청한 민원 및 처리기간이 '즉시'인 민원 등 대통령령으로 정하는 경우에는 접수증 교부를 생략할 수 있다.

③ 제1항 및 제2항에 따른 민원의 접수 등에 필요한 사항은 대통령령으로 정한다.

제10조(불필요한 서류 요구의 금지)

① 행정기관의 장은 민원을 접수·처리할 때에 민원인에게 관계법령등에서 정한 구비서류 외의 서류를 추가로 요구하여서는 아니 된다.

② 행정기관의 장은 동일한 민원서류 또는 구비서류를 복수로 받는 경우에는 특별한 사유가 없으면 원본과 함께 그 사본의 제출을 허용하여야 한다.

③ 행정기관의 장은 민원을 접수·처리할 때에 다음 각 호의 어느 하나에 해당하는 경우에는 민원인에게 관련 증명서류 또는 구비서류의 제출을 요구할 수 없으며, 그 민원을 처리하는 담당자가 직접 이를 확인·처리하여야 한다. 〈개정 2022. 1. 11.〉

1. 민원인이 소지한 주민등록증·여권·자동차운전면허증 등 행정기관이 발급한 증명서로 그 민원의 처리에 필요한 내용을 확인할 수 있는 경우

2. 해당 행정기관의 공부(公簿) 또는 행정정보로 그 민원의 처리에 필요한 내용을 확인할 수 있는 경우

3. 「전자정부법」 제36조제1항에 따른 행정정보의 공동이용을 통하여 그 민원의 처리에 필요한 내용을 확인할 수 있는 경우

4. 행정기관이 증명서류나 구비서류를 다른 행정기관으로부터 전자문서로 직접 발급받아 그 민원의 처리에 필요한 내용을 확인할 수 있는 경우로서 민원인이 행정기관에 미리 해당 증명서류 또는 구비서류에 대하여 관계법령등에서 정한 수수료 등을 납부한 경우

④ 행정기관의 장이 제3항에 따라 증명서류나 구비서류를 확인·처리한 경우에는 관계법령등에서 정한 절차에 따라 증명서류나 구비서류를 확인·처리한 것으로 본다.〈신설 2022. 1. 11.〉

⑤ 행정기관의 장은 제3항제3호에 따라 행정정보의 공동이용을 통하여 민원인의 증명서류 또는 구비서류 제출을 갈음하는 경우에는 증명서류나 구비서류의 발급기관의 장과 협의하여 해당 증명서류나 구비서류에 대한 수수료를 감면할 수 있다. 〈신설 2022. 1. 11.〉

⑥ 행정기관의 장은 제3항제3호에 따라 행정정보의 공동이용을 통하여 그 내용을 확인할 수 있는 민원의 종류·범위와 그 밖에 필요한 사항을 인터넷 홈페이지 등을 통하여 공표하여야 한다. 〈신설 2022. 1. 11.〉

⑦ 행정기관의 장은 원래의 민원의 내용 변경 또는 갱신 신청을 받았을 때에는 특별한 사유가 없으면 이미 제출되어 있는 관련 증명서류 또는 구비서류를 다시 요구하여서는 아니 된다. 〈개정 2022. 1. 11.〉

⑧ 제3항부터 제6항까지의 규정에 따른 민원 처리에 필요한 내용의 확인 절차와 그 밖에 필요한 사항은 국회규칙, 대법원규칙, 헌법재판소규칙, 중앙선거관리위원회규칙 및 대통령령으로 정한다. 〈신설 2022. 1. 11.〉
[시행일: 2022. 7. 12.]

ㄹ 편의제공

제11조(민원취약계층에 대한 편의제공)

① 행정기관의 장은 민원의 신청 및 접수·처리 과정에서 민원취약계층(장애인, 임산부, 노약자 및 「지능정보화기본법」 제2조제13호에 따른 정보격차로 인하여 민원의 신청 등에 제약을 받는 사람)에 대한 편의를 제공하기 위하여 노력하여야 한다. 〈개정 2022. 1. 11.〉

② 행정기관의 장은 민원취약계층에 대하여 민원 처리에 따른 수수료를 감면할 수 있다. 〈신설 2022. 1. 11.〉

③ 제1항 및 제2항에서 규정한 사항 외에 민원취약계층에 대한 편의제공 및 수수료 감면 등에 필요한 사항은 국회규칙, 대법원규칙, 헌법재판소규칙, 중앙선거관리위원회규칙, 대통령령 및 조례로 정한다. 〈신설 2022. 1. 11.〉
[제목개정 2022. 1. 11.] [시행일: 2022. 7. 12.]

ⓜ 처리결과의 통지 등

ⓑ 복합민원의 처리 · 민원 1회 방문 처리제

제31조(복합민원의 처리)
① 행정기관의 장은 복합민원을 처리할 주무부서를 지정하고 그 부서로 하여금 관계 기관 · 부서 간의 협조를 통하여 민원을 한꺼번에 처리하게 할 수 있다.
② 제1항에 따른 복합민원의 처리 방법 및 절차 등에 필요한 사항은 대통령령으로 정한다.

제32조(민원 1회방문 처리제의 시행)
① 행정기관의 장은 복합민원을 처리할 때에 그 행정기관의 내부에서 할 수 있는 자료의 확인, 관계 기관 · 부서와의 협조 등에 따른 모든 절차를 담당 직원이 직접 진행하도록 하는 민원 1회방문 처리제를 확립함으로써 불필요한 사유로 민원인이 행정기관을 다시 방문하지 아니하도록 하여야 한다.
② 행정기관의 장은 제1항에 따른 민원 1회방문 처리에 관한 안내와 상담의 편의를 제공하기 위하여 민원 1회방문 상담창구를 설치하여야 한다.
③ 제1항에 따른 민원 1회방문 처리제는 다음 각 호의 절차에 따라 시행한다.
  1. 제2항에 따른 민원 1회방문 상담창구의 설치 · 운영
  2. 제33조에 따른 민원후견인의 지정 · 운영
  3. 복합민원을 심의하기 위한 실무기구의 운영
  4. 제3호의 실무기구의 심의결과에 대한 제34조에 따른 민원조정위원회의 재심의(再審議)
  5. 행정기관의 장의 최종 결정

ⓢ 거부처분에 대한 이의신청

제35조(거부처분에 대한 이의신청)
① 법정민원에 대한 행정기관의 장의 거부처분에 불복하는 민원인은 그 거부처분을 받은 날부터 60일 이내에 그 행정기관의 장에게 문서로 이의신청을 할 수 있다.
② 행정기관의 장은 이의신청을 받은 날부터 10일 이내에 그 이의신청에 대하여 인용 여부를 결정하고 그 결과를 민원인에게 지체 없이 문서로 통지하여야 한다. 다만, 부득이한 사유로 정하여진 기간 이내에 인용 여부를 결정할 수 없을 때에는 그 기간의 만료일 다음 날부터 기산(起算)하여 10일 이내의 범위에서 연장할 수 있으며, 연장 사유를 민원인에게 통지하여야 한다.
③ 민원인은 제1항에 따른 이의신청 여부와 관계없이 「행정심판법」에 따른 행정심판 또는 「행정소송법」에 따른 행정소송을 제기할 수 있다.
④ 제1항에 따른 이의신청의 절차 및 방법 등에 필요한 사항은 대통령령으로 정한다.

ⓞ 민원제도의 개선 등

제36조(민원처리기준표의 고시 등)
① 행정안전부장관은 민원인의 편의를 위하여 관계법령등에 규정되어 있는 민원의 처리기관, 처리기간, 구비서류, 처리절차, 신청방법 등에 관한 사항을 종합한 민원처리기준표를 작성하여 관보에 고시하고 통합전자민원창구에 게시하여야 한다. 〈개정 2017. 7. 26., 2022. 1. 11.〉 [시행일: 2022. 7. 12.]

제38조(민원행정 및 제도개선 계획 등)

① 행정안전부장관은 매년 민원행정 및 제도개선에 관한 기본지침을 작성하여 행정기관의 장에게 통보하여야 한다.

② 행정기관의 장은 제1항에 따른 기본지침에 따라 그 기관의 특성에 맞는 민원행정 및 제도개선 계획을 수립ㆍ시행하여야 한다.

제39조(민원제도의 개선)

① 행정기관의 장은 민원제도에 대한 개선안을 발굴ㆍ개선하도록 노력하여야 한다.

② 행정기관의 장은 제1항에 따라 개선한 내용을 대통령령으로 정하는 바에 따라 행정안전부장관에게 통보하여야 한다.

③ 행정기관의 장과 민원을 처리하는 담당자는 민원제도에 대한 개선안을 행정안전부장관 또는 그 민원의 소관 행정기관의 장에게 제출할 수 있다.

④ 행정안전부장관은 제3항에 따라 제출받은 개선안을 검토하여 필요한 경우에는 그 소관 행정기관의 장에게 통보하여 검토하도록 하여야 한다.

⑤ 제3항 및 제4항에 따라 개선안을 제출ㆍ통보받은 소관 행정기관의 장은 그 수용 여부를 결정하여야 하며, 행정안전부장관은 행정기관의 장이 수용하지 아니하기로 한 사항 중 개선할 필요성이 있다고 인정되는 사항에 대하여는 소관 행정기관의 장에게 개선을 권고할 수 있다.

⑥ 행정기관의 장이 제5항에 따라 행정안전부장관으로부터 권고 받은 사항을 수용하지 아니하는 경우 행정안전부장관은 제40조에 따른 민원제도개선조정회의에 심의를 요청할 수 있다.

제41조(민원의 실태조사 및 간소화)

① 중앙행정기관의 장은 매년 그 기관이 관장하는 민원의 처리 및 운영 실태를 조사하여야 한다.

② 중앙행정기관의 장은 제1항에 따른 조사 결과에 따라 소관 민원의 구비서류, 처리절차 등의 간소화 방안을 마련하여야 한다.

제42조(확인ㆍ점검ㆍ평가 등)

① 행정안전부장관은 효과적인 민원행정 및 제도의 개선을 위하여 필요하다고 인정할 때에는 행정기관에 대하여 민원의 개선 상황과 운영 실태를 확인ㆍ점검ㆍ평가하고 그 결과를 해당 행정기관의 장에게 통보할 수 있다. 〈개정 2017. 7. 26., 2022. 1. 11.〉

② 행정기관의 장은 제1항에 따른 확인ㆍ점검ㆍ평가 결과를 통보받은 경우에는 이를 해당 행정기관의 인터넷 홈페이지에 공개하여야 한다. 〈신설 2022. 1. 11.〉

③ 행정안전부장관은 제1항에 따른 확인ㆍ점검ㆍ평가 결과 민원의 개선에 소극적이거나 이행 상태가 불량하다고 판단되는 경우 국무총리에게 이를 시정하기 위하여 필요한 조치를 건의할 수 있다. 〈개정 2017. 7. 26., 2022. 1. 11.〉

④ 제1항부터 제3항까지에서 규정한 사항 외에 확인ㆍ점검ㆍ평가 결과의 공개 등에 필요한 사항은 대통령령으로 정한다. 〈신설 2022. 1. 11.〉 [시행일: 2022. 7. 12.]

제43조(행정기관의 협조) 행정기관의 장은 이 법에 따라 행정안전부장관이 실시하는 민원 관련 자료수집과 민원제도 개선사업에 적극 협조하여야 한다.

제44조(민원행정에 관한 여론 수집)

① 행정안전부장관은 행정기관의 민원 처리에 관하여 필요한 경우 국민들의 여론을 수집하여 민원행정제도 및 그 운영의 개선에 반영할 수 있다.

② 제1항에 따른 여론 수집에 필요한 사항은 대통령령으로 정한다.

제45조(국민제안의 처리)

① 중앙행정기관의 장, 지방자치단체의 장 등 대통령령으로 정하는 행정기관의 장은 정부시책이나 행정제도 및 그 운영의 개선에 관한 국민제안을 접수·처리하여야 한다.

제46조(권한의 위탁) 이 법에 따른 행정안전부장관의 권한은 대통령령으로 정하는 바에 따라 그 일부를 국민권익위원회에 위탁할 수 있다.

[본조신설 2022. 1. 11.] [시행일: 2022. 7. 12.]

④ 행정규제기본법의 주요내용

　㉠ 의의 : 행정규제기본법은 행정규제에 관한 일반법이다.

　㉡ 목적 및 정의

제1조(목적) 이 법은 행정규제에 관한 기본적인 사항을 규정하여 <u>불필요한 행정규제를 폐지하고 비효율적인 행정규제의 신설을 억제함으로써</u> 사회·경제활동의 자율과 창의를 촉진하여 국민의 삶의 질을 높이고 국가경쟁력이 지속적으로 향상되도록 함을 목적으로 한다.

제2조(정의)

① 이 법에서 사용하는 용어의 뜻은 다음과 같다.

　1. "행정규제"(이하 "규제")란 국가나 지방자치단체가 특정한 행정 목적을 실현하기 위하여 국민(국내법을 적용받는 외국인을 포함)의 권리를 제한하거나 의무를 부과하는 것으로서 법령등이나 조례·규칙에 규정되는 사항을 말한다.

　2. "법령등"이란 법률·대통령령·총리령·부령과 그 위임을 받는 고시(告示) 등을 말한다.

　3. "기존규제"란 이 법 시행 당시 다른 법률에 근거하여 규정된 규제와 이 법 시행 후 이 법에서 정한 절차에 따라 규정된 규제를 말한다.

　4. "행정기관"이란 법령등 또는 조례·규칙에 따라 행정 권한을 가지는 기관과 그 권한을 위임받거나 위탁받은 법인·단체 또는 그 기관이나 개인을 말한다.

　5. "규제영향분석"이란 규제로 인하여 국민의 일상생활과 사회·경제·행정 등에 미치는 여러 가지 영향을 객관적이고 과학적인 방법을 사용하여 미리 예측·분석함으로써 규제의 타당성을 판단하는 기준을 제시하는 것을 말한다.

ⓒ 규제법정주의 및 기본원칙

제4조(규제 법정주의)
① 규제는 법률에 근거하여야 하며, 그 내용은 알기 쉬운 용어로 구체적이고 명확하게 규정되어야 한다.
② 규제는 법률에 직접 규정하되, 규제의 세부적인 내용은 법률 또는 상위법령(上位法令)에서 구체적으로 범위를 정하여 위임한 바에 따라 대통령령·총리령·부령 또는 조례·규칙으로 정할 수 있다. 다만, 법령에서 전문적·기술적 사항이나 경미한 사항으로서 업무의 성질상 위임이 불가피한 사항에 관하여 구체적으로 범위를 정하여 위임한 경우에는 고시 등으로 정할 수 있다.
③ 행정기관은 법률에 근거하지 아니한 규제로 국민의 권리를 제한하거나 의무를 부과할 수 없다.

제5조(규제의 원칙)
① 국가나 지방자치단체는 국민의 자유와 창의를 존중하여야 하며, 규제를 정하는 경우에도 그 본질적 내용을 침해하지 아니하도록 하여야 한다.
② 국가나 지방자치단체가 규제를 정할 때에는 국민의 생명·인권·보건 및 환경 등의 보호와 식품·의약품의 안전을 위한 실효성이 있는 규제가 되도록 하여야 한다.
③ 규제의 대상과 수단은 규제의 목적 실현에 필요한 최소한의 범위에서 가장 효과적인 방법으로 객관성·투명성 및 공정성이 확보되도록 설정되어야 한다.

제5조의2(우선허용·사후규제 원칙)
① 국가나 지방자치단체가 신기술을 활용한 새로운 서비스 또는 제품(이하 "신기술 서비스·제품")과 관련된 규제를 법령등이나 조례·규칙에 규정할 때에는 다음 각 호의 어느 하나의 규정 방식을 우선적으로 고려하여야 한다.
  1. 규제로 인하여 제한되는 권리나 부과되는 의무는 한정적으로 열거하고 그 밖의 사항은 원칙적으로 허용하는 규정 방식
  2. 서비스와 제품의 인정 요건·개념 등을 장래의 신기술 발전에 따른 새로운 서비스와 제품도 포섭될 수 있도록 하는 규정 방식
  3. 서비스와 제품에 관한 분류기준을 장래의 신기술 발전에 따른 서비스와 제품도 포섭될 수 있도록 유연하게 정하는 규정 방식
  4. 그 밖에 신기술 서비스·제품과 관련하여 출시 전에 권리를 제한하거나 의무를 부과하지 아니하고 필요에 따라 출시 후에 권리를 제한하거나 의무를 부과하는 규정 방식
② 국가와 지방자치단체는 신기술 서비스·제품과 관련된 규제를 점검하여 해당 규제를 제1항에 따른 규정 방식으로 개선하는 방안을 강구하여야 한다.

ⓔ 규제의 등록·공표

제6조(규제의 등록 및 공표)
① 중앙행정기관의 장은 소관 규제의 명칭·내용·근거·처리기관 등을 제23조에 따른 규제개혁위원회(이하 "위원회")에 등록하여야 한다.
② 위원회는 제1항에 따라 등록된 규제사무 목록을 작성하여 공표하고, 매년 6월 말일까지 국회에 제출하여야 한다.

③ 위원회는 직권으로 조사하여 등록되지 아니한 규제가 있는 경우에는 관계 중앙행정기관의 장에게 지체 없이 위원회에 등록하게 하거나 그 규제를 폐지하는 법령등의 정비계획을 제출하도록 요구하여야 하며, 관계 중앙행정기관의 장은 특별한 사유가 없으면 그 요구에 따라야 한다.

④ 제1항부터 제3항까지의 규정에 따른 규제의 등록·공표의 방법과 절차 등에 관하여 필요한 사항은 대통령령으로 정한다.

ⓜ 규제영향분석 등

제7조(규제영향분석 및 자체심사)

① 중앙행정기관의 장은 <u>규제를 신설하거나 강화(규제의 존속기한 연장을 포함)</u>하려면 다음 각 호의 사항을 종합적으로 고려하여 규제영향분석을 하고 규제영향분석서를 작성하여야 한다.

1. 규제의 신설 또는 강화의 필요성
2. 규제 목적의 실현 가능성
3. 규제 외의 대체 수단 존재 여부 및 기존규제와의 중복 여부
4. 규제의 시행에 따라 규제를 받는 집단과 국민이 부담하여야 할 비용과 편익의 비교 분석
5. 규제의 시행이 「중소기업기본법」 제2조에 따른 중소기업에 미치는 영향
6. 경쟁 제한적 요소의 포함 여부
7. 규제 내용의 객관성과 명료성
8. 규제의 신설 또는 강화에 따른 행정기구·인력 및 예산의 소요
9. 관련 민원사무의 구비서류 및 처리절차 등의 적정 여부

제8조(규제의 존속기한 및 재검토기한 명시)

① 중앙행정기관의 장은 규제를 신설하거나 강화하려는 경우에 존속시켜야 할 명백한 사유가 없는 규제는 <u>존속기한 또는 재검토기한(일정기간마다 그 규제의 시행상황에 관한 점검결과에 따라 폐지 또는 완화 등의 조치를 할 필요성이 인정되는 규제에 한정하여 적용되는 기한)</u>을 설정하여 그 법령등에 규정하여야 한다.

② 규제의 존속기한 또는 재검토기한은 규제의 목적을 달성하기 위하여 필요한 최소한의 기간 내에서 설정되어야 하며, 그 기간은 <u>원칙적으로 5년을 초과할 수 없다.</u>

③ 중앙행정기관의 장은 규제의 존속기한 또는 재검토기한을 연장할 필요가 있을 때에는 그 규제의 존속기한 또는 재검토기한의 6개월 전까지 제10조에 따라 위원회에 심사를 요청하여야 한다.

④ 위원회는 제12조와 제13조에 따른 심사 시 필요하다고 인정하면 관계 중앙행정기관의 장에게 그 규제의 존속기한 또는 재검토기한을 설정할 것을 권고할 수 있다.

⑤ 중앙행정기관의 장은 법률에 규정된 규제의 존속기한 또는 재검토기한을 연장할 필요가 있을 때에는 그 규제의 존속기한 또는 재검토기한의 3개월 전까지 규제의 존속기한 또는 재검토기한 연장을 내용으로 하는 개정안을 국회에 제출하여야 한다.

ⓑ 규제개혁위원회

> **제23조(설치)** 정부의 규제정책을 심의·조정하고 규제의 심사·정비 등에 관한 사항을 종합적으로 추진하기 위하여 대통령 소속으로 규제개혁위원회를 둔다.
>
> **제25조(구성 등)**
> ① 위원회는 위원장 2명을 포함한 20명 이상 25명 이하의 위원으로 구성한다.
> ② 위원장은 국무총리와 학식과 경험이 풍부한 사람 중에서 대통령이 위촉하는 사람이 된다.
> ③ 위원은 학식과 경험이 풍부한 사람 중에서 대통령이 위촉하는 사람과 대통령령으로 정하는 공무원이 된다. 이 경우 공무원이 아닌 위원이 전체위원의 과반수가 되어야 한다.
> ④ 위원회에 간사 1명을 두되, 공무원이 아닌 위원 중에서 국무총리가 아닌 위원장이 지명하는 사람이 된다.
> ⑤ 위원 중 공무원이 아닌 위원의 임기는 2년으로 하되, 한 차례만 연임할 수 있다.
> ⑥ 위원장 모두가 부득이한 사유로 직무를 수행할 수 없을 때에는 국무총리가 지명한 위원이 그 직무를 대행한다.
>
> **제26조(의결 정족수)** 위원회의 회의는 재적위원 과반수의 찬성으로 의결한다.

02 행정상 손해전보제도

❶ 행정상 손해전보제도

행정상 손해전보제도에는 ① 위법한 행정작용으로 인한 손해를 배상해 주는 손해배상제도, ② 적법한 행정작용으로 인한 손실을 보상해 주는 손실보상제도, ③ 전통적인 손해전보제도의 흠결을 보완하기 위한 그 밖의 제도가 있다.

(1) 행정상 손해배상 ✔자주출제

① 의의
　㉠ 손해배상제도는 국가 또는 공공단체의 위법한 행정작용으로 인하여 발생한 개인의 손해를 국가 등이 배상하여 주는 제도를 말한다.
　㉡ 헌법 제29조와 손해배상 제도의 일반법인 국가배상법에서 이를 규정하고 있다.

② 국가배상법
　㉠ 의의 : 국가 또는 지방자치단체의 불법행위로 인한 손해배상책임에 관한 일반법이다.
　㉡ 법적성격
　　• 공권설 : 공사법 이원체계, 생명·신체 침해로 인한 국가배상청구권은 양도·압류할 수 없다는 점 등을 이유로 국가배상법을 공법으로, 국가배상소송을 공법상 당사자소송으로 보는 견해이다(다수설).

- 사권설 : 국가배상법 제8조를 근거로 국가배상법을 민법의 특별법으로, 국가배상소송을 민사소송으로 보는 견해이다(판례).

ⓒ 배상책임자
- 배상의 주체는 국가 또는 지방자치단체이다. 헌법은 '국가 또는 공공단체'를 배상책임자로 규정하고 있으나, 국가배상법은 '국가 또는 지방자치단체'로 제한하고 있다.
- 지방자치단체가 아닌 공공단체의 불법행위로 인한 손해에 대해서는 민법상의 불법행위책임에 관한 규정이 적용된다.

ⓔ 배상청구권자
- 원칙 : 손해배상을 청구할 수 있는 자는 위법한 행정작용으로 인해 손해를 입은 국민이며, 자연인·법인 모두 포함된다. 외국인에게는 상호주의가 적용된다.
- 예외 : 군인·군무원·경찰공무원 또는 예비군대원이 전투·훈련 등 직무 집행과 관련하여 입은 손해에 대해서는 다른 법령에 따라 보상을 지급받은 때에는 이 법에 의한 손해배상을 청구할 수 없다(이중배상금지).
- 국가배상법 제2조 제1항 단서 소정의 "경찰공무원"이 "경찰공무원법상 경찰공무원"에 한정된다고 단정하기 어렵고, 오히려 경찰업무의 위험성을 고려하여 "경찰조직의 구성원을 이루는 공무원"을 특별취급하려는 것으로 보아야 할 것이므로 <u>전투경찰순경은 국가배상법 제2조 제1항 단서 소정의 "경찰공무원"에 해당한다고 보아야 한다</u>(대판 1995.3.24. 94다25414).
- <u>공익근무요원</u>이 국가배상법 제2조 제1항 단서의 규정에 의하여 국가배상법상 손해배상청구가 제한되는 <u>군인·군무원·경찰공무원 또는 향토예비군대원에 해당한다고 할 수 없다</u>(대판 1997. 3. 28. 97다4036).
- 현역병으로 입영하여 소정의 군사교육을 마치고 병역법 제25조의 규정에 의하여 전임되어 구 교정시설경비교도대설치법 제3조에 의하여 <u>경비교도로 임용된 자</u>는, 군인의 신분을 상실하고 군인과는 다른 경비교도로서의 신분을 취득하게 되었다고 할 것이어서 <u>국가배상법 제2조 제1항 단서가 정하는 군인 등에 해당하지 아니한다</u>(대판 1998. 2.10. 97다45914).
- 향토예비군의 직무는 그것이 비록 개별 향토예비군대원이 상시로 수행하여야 하는 것이 아니라 법령에 의하여 동원되거나 소집된 때에 한시적으로 수행하게 되는 것이라 하더라도 그 성질상 고도의 위험성을 내포하는 공공적 성격의 직무이므로, 국가배상법 제2조 제1항 단서가 그러한 직무에 종사하는 향토예비군대원에 대하여 다른 법령의 규정에 의한 사회보장적 보상제도를 전제로 이중보상으로 인한 일반인들과의 불균형을 제거하고 국가재정의 지출을 절감하기 위하여 임무수행 중 상해를 입거나 사망한 개별 <u>향토예비군대원의 국가배상청구권을 금지하고 있는 데에는 그 목적의 정당성, 수단의 상당성 및 침해의 최소성, 법익의 균형성이 인정되어 기본권제한규정으로서 헌법상 요청되는 과잉금지의 원칙에 반한다고 할 수 없고, 나아가 그 자체로서 평등의 원리에 반한다거나 향토예비군대원의 재산권의 본질적인 내용을 침해하는 위헌규정이라고 할 수 없다</u>(헌재 1996. 6.13. 94헌바20).

③ 공무원의 위법한 직무집행으로 인한 손해배상(국가배상법 제2조) ✔자주출제

㉠ 배상책임의 성질
- 국가의 배상책임은 공무원의 책임을 대신 지는 것이 아니라 국가가 자신의 책임으로 지는 배상이라는 자기책임설, 피해자에 대한 충분한 배상을 위해 국가가 공무원을 대신하여 배상책임을 진다는 대위책임설, 공무원의 고의·중과실에 대한 국가의 배상책임은 대위책임이나 경과실의 경우에는 자기책임의 성질을 가진다는 중간설의 견해 대립이 있다.
- 판례는 중간설과 같은 입장을 취하고 있다.
- 공무원이 직무를 수행함에 있어 경과실로 타인에게 손해를 입힌 경우에는 그 직무수행상 통상 예기할 수 있는 흠이 있는 것에 불과하므로, 이러한 공무원의 행위는 여전히 국가 등의 기관의 행위로 보아 그로 인하여 발생한 손해에 대한 배상책임도 전적으로 국가 등에만 귀속시키고 공무원 개인에게는 그로 인한 책임을 부담시키지 아니하여 공무원의 공무집행의 안정성을 확보하고, 반면에 공무원의 위법행위가 고의·중과실에 기한 경우에는 비록 그 행위가 그의 직무와 관련된 것이라고 하더라도 그와 같은 행위는 그 본질에 있어서 기관행위로서의 품격을 상실하여 국가 등에게 그 책임을 귀속시킬 수 없으므로 공무원 개인에게 불법행위로 인한 손해배상책임을 부담시키되, 다만 이러한 경우에도 그 행위의 외관을 객관적으로 관찰하여 공무원의 직무집행으로 보여질 때에는 피해자인 국민을 두텁게 보호하기 위하여 국가 등이 공무원 개인과 중첩적으로 배상책임을 부담하되 국가 등이 배상책임을 지는 경우에는 공무원 개인에게 구상할 수 있도록 함으로써 궁극적으로 그 책임이 공무원 개인에게 귀속되도록 하려는 것이라고 봄이 합당하다(대판 1996. 2.15. 95다38677(전합)).

㉡ 배상책임의 요건 : 국가배상법 제2조는 '공무원 또는 공무를 위탁받은 사인(이하, 공무원)이 직무를 집행하면서 고의 또는 과실로 법령을 위반하여 타인에게 손해를 입히거나, 「자동차손해배상 보장법」에 따라 손해배상의 책임이 있을 때'로 규정하고 있다.
  ⓐ 공무원
  - 「국가공무원법」, 「지방공무원법」상의 모든 공무원(입법·행정·사법 모두 포함) 뿐만 아니라 널리 공무를 위탁받아 종사하는 모든 자가 포함된다. 판례는 검사, 통장, 집행관, 소집중인 향토예비군, 미군부대의 카투사, 시청소차 운전사, 철도차장, 별정우체국장, 소방원, 지자체에서 공무를 위탁받은 교통할아버지, 국가·지자체에서 근무하는 청원경찰 등을 공무원의 범위에 포함시키고 있다. 그러나, 국가기관 그 자체, 의용소방대원은 공무원의 범위에 포함시키지 않고 있다.

- 한국토지공사는 구 한국토지공사법 제2조, 제4조에 의하여 정부가 자본금의 전액을 출자하여 설립한 법인이고, 같은 법 제9조 제4호에 규정된 한국토지공사의 사업에 관하여는 공익사업을 위한 토지 등의 취득 및 보상에 관한 법률 제89조 제1항, 위 한국토지공사법 제22조 제6호 및 같은 법 시행령 제40조의3 제1항의 규정에 의하여 본래 시·도지사나 시장·군수 또는 구청장의 업무에 속하는 대집행권한을 한국토지공사에게 위탁하도록 되어 있는바, 한국토지공사는 이러한 법령의 위탁에 의하여 대집행을 수권받은 자로서 공무인 대집행을 실시함에 따르는 권리·의무 및 책임이 귀속되는 행정주체의 지위에 있다고 볼 것이지 지방자치단체 등의 기관으로서 국가배상법 제2조 소정의 공무원에 해당한다고 볼 것은 아니다(대판 2010. 1.28. 2007다82950,82967).

ⓑ 직무행위

- 권력작용과 관리작용은 포함되나 국고작용은 포함되지 않는다는 것이 일반적인 견해이다.
- 입법·행정·사법작용이 모두 포함되며 행정행위와 권력적 사실행위 등의 행사·불행사가 모두 포함된다. 다만, 입법·사법작용에 대해 배상책임을 인정하기는 현실적인 어려움이 있다.
- 직무 자체는 물론이고 객관적으로 직무행위의 외형을 갖추고 있는 행위도 포함된다(외형설).
- 판례는 퇴근 중의 사고, 상관의 명에 의한 이삿짐 운반, 훈련 중인 군인의 휴식 중 꿩사격 등을 외형상 직무행위라고 하였다. 반면에, 부대이탈 후 민간인 사살, 불법휴대한 소총으로 꿩사냥, 군인의 휴식 중 비둘기사냥, 결혼식 참석을 위한 군용차 운행 등은 외형상 직무행위가 아니라고 판시하였다.
- 국가배상법이 정한 배상청구의 요건인 '공무원의 직무'에는 권력적 작용만이 아니라 행정지도와 같은 비권력적 작용도 포함되며 <u>단지 행정주체가 사경제주체로서 하는 활동만 제외된다</u>(대판 1998. 7.10. 96다38971).
- 국가배상법 제2조 제1항의 <u>'직무를 집행함에 당하여'라 함은 직접 공무원의 직무집행행위이거나 그와 밀접한 관련이 있는 행위를 포함하고</u>, 이를 판단함에 있어서는 행위 자체의 외관을 객관적으로 관찰하여 공무원의 직무행위로 보여질 때에는 비록 그것이 실질적으로 직무행위가 아니거나 또는 행위자로서는 주관적으로 공무집행의 의사가 없었다고 하더라도 그 행위는 공무원이 '직무를 집행함에 당하여' 한 것으로 보아야 한다(대판 2005. 1.14. 2004다26805).

> **판례**
>
> 공무원의 부작위로 인한 국가배상책임을 인정하기 위해서는 공무원의 작위로 인한 국가배상책임을 인정하는 경우와 마찬가지로 '공무원이 직무를 집행하면서 고의 또는 과실로 법령을 위반하여 타인에게 손해를 입힌 때'라고 하는 국가배상법 제2조 제1항의 요건이 충족되어야 한다. 여기서 <u>'법령을 위반하여'란 엄격하게 형식적 의미의 법령에 명시적으로 공무원의 작위의무가 정하여져 있음에도 이를 위반하는 경우만을 의미하는 것은 아니고, 인권존중·권력남용금지·신의성실과 같이 공무원으로서 마땅히 지켜야 할 준칙이나 규범을 지키지 아니하고 위반한 경우를 포함하여 널리 그 행위가 객관적인 정당성을 결여하고 있는 경우도 포함한다.</u> 따라서 국민의 생명·신체·재산 등에 대하여 절박하고 중대한 위험상태가 발생하였거나 발생할 상당한 우려가 있어서 국민의 생명 등을 보호하는 것을 본래적 사명으로 하는 국가가 초법규적·일차적으로 그 위험의 배제에 나서지 아니하면 국민의 생명 등을 보호할 수 없는 경우에는 형식적 의미의 법령에 근거가 없더라도 국가나 관련 공무원에 대하여 그러한 위험을 배제할 작위의무를 인정할 수 있다. 그러나 그와 같은 절박하고 중대한 위험상태가 발생하였거나 발생할 상당한 우려가 있는

경우가 아닌 한, 원칙적으로 공무원이 관련 법령에서 정하여진 대로 직무를 수행하였다면 그와 같은 공무원의 부작위를 가지고 '고의 또는 과실로 법령을 위반'하였다고 할 수는 없다. 따라서 <u>공무원의 부작위로 인한 국가배상책임을 인정할 것인지가 문제 되는 경우에 관련 공무원에 대하여 작위의무를 명하는 법령의 규정이 없는 때라면 공무원의 부작위로 인하여 침해되는 국민의 법익 또는 국민에게 발생하는 손해가 어느 정도 심각하고 절박한 것인지, 관련 공무원이 그와 같은 결과를 예견하여 그 결과를 회피하기 위한 조치를 취할 수 있는 가능성이 있는지 등을 종합적으로 고려하여 판단하여야 한다</u>(대판 2021. 7.21. 2021두33838).

ⓒ 위법성

- 성문의 법령 위반, 평등의 원칙 · 신의성실의 원칙 위반은 위법성이 인정된다. 그러나 부당에 그치는 행위는 위법성이 인정되지 않는다.
- 재량권 행사에 일탈 · 남용이 있는 경우, 재량이 영(0)으로 수축하는 경우에도 이를 이행하지 않으면 위법성이 인정된다. 위법성에 대한 입증책임은 피해자가 진다.
- <u>헌법재판소 재판관이</u> 청구기간 내에 제기된 헌법소원심판청구 사건에서 <u>청구기간을 오인하여 각하결정을 한 경우</u>, 이에 대한 불복절차 내지 시정절차가 없는 때에는 국가배상책임(위법성)을 인정할 수 있다(대판 2003. 7.11. 99다24218).
- 국가배상책임에 있어 공무원의 가해행위는 법령을 위반한 것이어야 하고, <u>법령을 위반하였다 함은 엄격한 의미의 법령 위반뿐 아니라 인권존중, 권력남용금지, 신의성실과 같이 공무원으로서 마땅히 지켜야 할 준칙이나 규범을 지키지 아니하고 위반한 경우를 포함하여 널리 그 행위가 객관적인 정당성을 결여하고 있음을 뜻하는 것</u>이므로, 경찰관이 범죄수사를 함에 있어 경찰관으로서 의당 지켜야 할 법규상 또는 조리상의 한계를 위반하였다면 이는 법령을 위반한 경우에 해당한다. 성폭력범죄의 처벌 및 피해자보호 등에 관한 법률 제21조는 성폭력범죄의 수사 또는 재판을 담당하거나 이에 관여하는 공무원에 대하여 피해자의 인적사항과 사생활의 비밀을 엄수할 직무상 의무를 부과하고 있고, 이는 주로 성폭력범죄 피해자의 명예와 사생활의 평온을 보호하기 위한 것이므로, <u>성폭력범죄의 수사를 담당하거나 수사에 관여하는 경찰관이 위와 같은 직무상 의무에 반하여 피해자의 인적사항 등을 공개 또는 누설하였다면 국가는 그로 인하여 피해자가 입은 손해를 배상하여야 한다</u>(대판 2008. 6.12. 2007다64365).
- 어린이가 '<u>미니컵 젤리</u>'를 먹다가 질식하여 사망한 사안에서, 식품의약품안전청장 및 관계 공무원이 위 사고 발생 시까지 구 식품위생법상의 규제 권한을 행사하여 <u>미니컵 젤리의 수입 · 유통 등을 금지하거나 그 기준과 규격, 표시 등을 강화하고 그에 필요한 검사 등을 실시하는 조치를 취하지 않은 것이 현저하게 합리성을 잃어 사회적 타당성이 없다거나 객관적 정당성을 상실하여 위법하다고 할 수 있을 정도에까지 이르렀다고 보기 어렵고, 그 권한 불행사에 과실이 있다고 할 수도 없다</u>(대판 2010. 9. 9. 2008다77795).

ⓓ 고의 · 과실

- 국가배상법은 과실책임주의에 입각하여 공무원의 고의 · 과실을 요하고 있다. 과실은 주의의무 위반을 의미하는데, 과실에 대한 판단은 객관적으로 그 직책과 지위상 요구되는 주의의무를 기준으로 한다.
- 공무원의 과실을 입증하기 위해 가해 공무원을 특정해야 하는 것은 아니다.

- 고의 · 과실의 입증책임은 피해자인 원고에게 있다. 그러나 피해자가 과실을 입증하는 것은 용이한 일이 아니므로 피해가 발생하면 일응 과실이 있는 것으로 추정하고 피고 측에서 무과실을 입증하도록 하는 것이 바람직하다.
- 공무원의 직무집행상의 과실이라 함은 공무원이 그 직무를 수행함에 있어 당해직무를 담당하는 평균인이 보통(통상) 갖추어야 할 주의의무를 게을리한 것을 말한다(대판 1987. 9.22. 87다카1164).
- 법령의 해석이 복잡 미묘하여 어렵고 학설, 판례가 통일되지 않을 때에 공무원이 신중을 기해 그 중 어느 한 설을 취하여 처리한 경우에는 그 해석이 결과적으로 위법한 것이었다 하더라도 국가배상법상 공무원의 과실을 인정할 수 없다(대판 1973.10.10. 72다2583).
- 법령에 대한 해석이 복잡, 미묘하여 워낙 어렵고, 이에 대한 학설, 판례조차 귀일되어 있지 않는 등의 특별한 사정이 없는 한 일반적으로 공무원이 관계 법규를 알지 못하거나 필요한 지식을 갖추지 못하고 법규의 해석을 그르쳐 행정처분을 하였다면 그가 법률전문가가 아닌 행정직 공무원이라고 하여 과실이 없다고는 할 수 없다(대판 2001. 2. 9. 98다52988).
- 어떠한 행정처분이 후에 항고소송에서 취소되었다고 할지라도 그 기판력에 의하여 당해 행정처분이 곧바로 공무원의 고의 또는 과실로 인한 것으로서 불법행위를 구성한다고 단정할 수는 없는 것이고, 그 행정처분의 담당공무원이 보통 일반의 공무원을 표준으로 하여 볼 때 객관적 주의의무를 결하여 그 행정처분이 객관적 정당성을 상실하였다고 인정될 정도에 이른 경우에 국가배상법 제2조 소정의 국가배상책임의 요건을 충족하였다고 봄이 상당할 것이다(대판 2000. 5.12. 99다70600).

ⓔ 타인에 대한 손해의 발생 ✔자주출제

- 타인이란 가해자인 공무원과 그 불법행위에 가담한 자를 제외한 모든 자를 말한다. 다만, 헌법과 국가배상법은 군인 · 군무원 · 경찰공무원 · 예비군대원에 대해 이중배상금지의 특례를 규정하고 있다.
- 재산적 손해는 물론 생명 · 신체 등 비재산적 손해를 모두 포함한다.
- 경찰공무원이 낙석사고 현장 주변 교통정리를 위하여 사고현장 부근으로 이동하던 중 대형 낙석이 순찰차를 덮쳐 사망하자, 도로를 관리하는 지방자치단체가 국가배상법 제2조 제1항 단서에 따른 면책을 주장한 사안에서, 경찰공무원 등이 '전투 · 훈련 등 직무집행과 관련하여' 순직 등을 한 경우 같은 법 및 민법에 의한 손해배상책임을 청구할 수 없다고 정한 국가배상법 제2조 제1항 단서의 면책조항은 구 국가배상법 제2조 제1항 단서의 면책조항과 마찬가지로 전투 · 훈련 또는 이에 준하는 직무집행뿐만 아니라 '일반 직무집행'에 관하여도 국가나 지방자치단체의 배상책임을 제한하는 것이라고 해석하여, 위 면책 주장을 받아들인 원심판단을 정당하다(대판 2011. 3.10. 2010다85942).
- 선행처분에 불가쟁력이 생겨 그 효력을 다툴 수 없게 되었더라도, 선행처분의 상대방이 입었다고 주장하는 피해가 선행처분 자체로 인하여 생긴 것이 아니라, 위 선행처분에 연속하여 나중에 이루어지는 별도의 후행처분에 의하여 장차 부과될 의무와 관련된 것이고, 사실심 변론종결 시점에 후행처분이 실제로 이루어질 가능성에 의문이 제기되는 등의 예외적인 상황이 존재하며, 실제로 행정관청에서 장기간 후행처분을 하지 않고 있을 뿐만 아니라 제반 사정에 비추어 볼 때 앞으로도 후행처분이 이루어지지 아니할 가능성을 배제할 수 없는 경우라면, 가까운 장래에 선행처분의 상대방에게 후행처분이 이루어질 개연성을 인정하기 부족하여 후행처분에 의하여 부과될 의무이행을 위한 비용 상당의 손해가 확정적으로 발생하였다고 보기는 어렵다. 그리고 불법행위로 인한 손해배상청구에서 위와 같은 손해의 발생 사실은 행정처분을 받은 당사자인 피해자가 이를 증명하여야 한다(대판 2020.10.15. 2017다278446).

ⓒ 손해배상책임

- 배상책임자는 가해 공무원이 소속된 국가 또는 지방자치단체이다. 공무원의 선임·감독자와 비용부담자가 서로 다른 경우에는 비용부담자도 손해배상 책임을 부담한다.
- 청구권자가 국가와 가해 공무원 중에서 선택하여 청구할 수 있는가에 대해 견해의 대립이 있다. 판례는 공무원의 고의·중과실이 있는 경우에는 선택적 청구를 인정하나 경과실일 뿐인 경우에는 선택적 청구를 인정하지 않는다(대판 2011. 9. 8. 2011다34521).
- 공무원에게 고의·중과실이 있는 때에는 국가 또는 지방자치단체는 그 공무원에게 구상할 수 있다. 경과실일 경우에는 구상권이 인정되지 않는다.
- 선임·감독자와 비용부담자가 다른 경우에는 양쪽 모두가 배상책임을 지며, 배상을 한 자는 내부관계에게 그 손해를 배상할 책임이 있는 자에게 구상할 수 있다.
- <u>공중보건의인 甲에게 치료를 받던 乙이 사망하자 乙의 유족들이 甲 등을 상대로 손해배상청구의 소를 제기하였고, 甲의 의료과실이 인정된다는 이유로 甲 등의 손해배상책임을 인정한 판결이 확정되어 甲이 乙의 유족들에게 판결금 채무를 지급한 사안에서</u>, 공무원이 직무수행 중 불법행위로 타인에게 손해를 입힌 경우에 국가 등이 국가배상책임을 부담하는 외에 공무원 개인도 고의 또는 중과실이 있는 경우에는 불법행위로 인한 손해배상책임을 지고, 공무원에게 경과실이 있을 뿐인 경우에는 공무원 개인은 손해배상책임을 부담하지 아니한다. 이처럼 경과실이 있는 공무원이 피해자에 대하여 손해배상책임을 부담하지 아니함에도 피해자에게 손해를 배상하였다면 그것은 채무자 아닌 사람이 타인의 채무를 변제한 경우에 해당하고, 이는 민법 제469조의 '제3자의 변제' 또는 민법 제744조의 '도의관념에 적합한 비채변제'에 해당하여 피해자는 공무원에 대하여 이를 반환할 의무가 없고, 그에 따라 피해자의 국가에 대한 손해배상청구권이 소멸하여 국가는 자신의 출연 없이 채무를 면하게 되므로, 피해자에게 손해를 직접 배상한 경과실이 있는 공무원은 특별한 사정이 없는 한 국가에 대하여 국가의 피해자에 대한 손해배상책임의 범위 내에서 공무원이 변제한 금액에 관하여 구상권을 취득한다고 봄이 타당하다(대판 2014. 8.20. 2012다54478).

ⓓ **손해배상액** : 가해행위와 상당인과관계 있는 모든 손해를 정당한 가격으로 환산한 금액이다. 피해자가 손해를 입은 동시에 이익을 얻은 경우에는 손해배상액에서 그 이익에 상당하는 금액을 공제해야 한다.

ⓔ **배상청구권의 양도·압류 금지** : 생명·신체의 침해로 인한 국가배상을 받을 권리는 양도하거나 압류하지 못한다(국가배상법 제4조).

④ 영조물의 설치·관리상의 하자로 인한 손해배상(국가배상법 제5조) ✅자주출제

> **국가배상법 제5조(공공시설 등의 하자로 인한 책임)**
> ① 도로·하천, 그 밖의 공공의 영조물의 설치나 관리에 하자가 있기 때문에 타인에게 손해를 발생하게 하였을 때에는 국가나 지방자치단체는 그 손해를 배상하여야 한다. 이 경우 제2조 제1항 단서, 제3조(배상기준) 및 제3조의2(공제액)를 준용한다.
> ② 제1항을 적용할 때 손해의 원인에 대하여 책임을 질 자가 따로 있으면 국가나 지방자치단체는 그 자에게 구상할 수 있다.

㉠ 의의 : 국가배상법 제5조는 '도로·하천, .그 밖의 공공의 영조물의 설치나 관리에 하자가 있기 때문에 타인에게 손해를 발생하게 하였을 때에는 국가나 지방자치단체는 그 손해를 배상하여야 한다.'고 규정하고 있다. 제5조의 책임은 제2조의 책임과 달리 공무원의 고의·과실을 요건으로 하지 않고 하자라는 객관적인 사실만 발생하면 인정되는 것이므로 무과실책임의 성질을 가진다.

㉡ 배상책임의 요건

ⓐ 공공의 영조물
- 공공의 영조물은 인적·물적 결합체인 본래적 의미의 영조물이 아니라 국가나 지방자치단체 등의 행정주체에 의하여 공공목적에 제공된 유체물 즉 공물을 말한다.
- 자연공물(하천, 호수 등)과 인공공물(도로, 제방, 청사 등)과 동물(경찰견 등) 등이 포함된다.
- <u>국가배상법 제5조 제1항 소정의 '공공의 영조물'이라 함은 국가 또는 지방자치단체에 의하여 특정 공공의 목적에 공여된 유체물 내지 물적 설비를 말하며, 국가 또는 지방자치단체가 소유권, 임차권 그 밖의 권한에 기하여 관리하고 있는 경우뿐만 아니라 사실상의 관리를 하고 있는 경우도 포함된다.</u> 국가배상법 제5조 제1항 소정의 '설치상의 하자'라 함은 공공의 목적에 공여된 영조물이 그 용도에 따라 통상 갖추어야 할 안전성을 갖추지 못한 상태에 있음을 말한다(대판 1998.10.23. 98다17381).

ⓑ 설치 또는 관리의 하자
- 영조물이 통상 갖추어야 할 안전성을 결여한 것을 말하며, 하자의 유무는 구조·환경·이용상황 등 모든 사정을 종합해서 판단하여야 한다.
- 관라자의 법령위반이나 과실의 유무와는 관계없이 객관적으로 하자가 발생하면 배상책임을 진다(객관설, 통설·판례).
- 하자의 입증책임은 피해자인 원고가 부담한다. 이 경우 피해가 발생하면 일응 과실이 있는 것으로 추정하고 피고측에서 무과실을 입증하도록 하는 법리가 적용된다.
- <u>영조물 설치의 「하자」라 함은 영조물의 축조에 불완전한 점이 있어 이 때문에 영조물 자체가 통상 갖추어야 할 완전성을 갖추지 못한 상태에 있음을 말한다고 할 것인바 그 「하자」 유무는 객관적 견지에서 본 안전성의 문제이고 그 설치자의 재정사정이나 영조물의 사용목적에 의한 사정은 안전성을</u> 요구하는데 대한 정도 문제로서 참작사유에는 해당할지언정 안전성을 결정지을 절대적 요건에는 해당하지 아니한다 할 것이다(대판 1967. 2.21. 66다1723).

〈주관적 사정도 함께 판단〉

- 국가배상법 제5조 제1항 소정의 영조물의 설치 또는 관리의 하자라 함은 영조물이 그 용도에 따라 통상 갖추어야 할 안전성을 갖추지 못한 상태에 있음을 말하는 것으로서, 영조물이 완전무결한 상태에 있지 아니하고 그 기능상 어떠한 결함이 있다는 것만으로 영조물의 설치 또는 관리에 하자가 있다고 할 수 없는 것이고, 위와 같은 안전성의 구비 여부를 판단함에 있어서는 당해 영조물의 용도, 그 설치장소의 현황 및 이용 상황 등 제반 사정을 종합적으로 고려하여 설치 관리자가 그 영조물의 위험성에 비례하여 사회통념상 일반적으로 요구되는 정도의 방호조치의무를 다하였는지 여부를 그 기준으로 삼아야 할 것이며, 객관적으로 보아 시간적·장소적으로 영조물의 기능상 결함으로 인한 손해발생의 예견가능성과 회피가능성이 없는 경우, 즉 그 영조물의 결함이 영조물의 설치관리자의 관리행위가 미칠 수 없는 상황 아래에 있는 경우에는 영조물의 설치·관리상의 하자를 인정할 수 없다(대판 2007. 9.21. 2005다65678).
- 강설에 대처하기 위하여 완벽한 방법으로 도로 자체에 융설 설비를 갖추는 것이 현대의 과학기술 수준이나 재정사정에 비추어 사실상 불가능하다고 하더라도, 최저 속도의 제한이 있는 고속도로의 경우에 있어서는 도로관리자가 도로의 구조, 기상예보 등을 고려하여 사전에 충분한 인적·물적 설비를 갖추어 강설시 신속한 제설작업을 하고 나아가 필요한 경우 제때에 교통통제 조치를 취함으로써 고속도로로서의 기본적인 기능을 유지하거나 신속히 회복할 수 있도록 하는 관리의무가 있다. 폭설로 차량 운전자 등이 고속도로에서 장시간 고립된 사안에서, 고속도로의 관리자가 고립구간의 교통정체를 충분히 예견할 수 있었음에도 교통제한 및 운행정지 등 필요한 조치를 충실히 이행하지 아니하였으므로 고속도로의 관리상 하자가 있다(대판 2008. 3.13. 2007다29287).

ⓒ 타인에 대한 손해의 발생

- 타인은 제2조의 경우와 같이 가해자를 제외한 모든 국민이고, 군인 등은 이중배상이 금지된다.
- 영조물의 설치·관리상의 하자로 인하여 손해가 발생하여야 하며, 하자와 손해 사이에는 상당인과관계가 있어야 한다.

ⓓ 면책사유

- 통상의 안전성이 구비되어 있으면 손해가 발생하여도 그것은 불가항력으로 인정되어 배상책임이 발생하지 않는다.
- 예산부족은 면책사유가 되지 않는다고 보고 있다.
- 가변차로에 설치된 신호등의 용도와 오작동시에 발생하는 사고의 위험성과 심각성을 감안할 때, 만일 가변차로에 설치된 두 개의 신호기에서 서로 모순되는 신호가 들어오는 고장을 예방할 방법이 없음에도 그와 같은 신호기를 설치하여 그와 같은 고장을 발생하게 한 것이라면, 그 고장이 자연재해 등 외부요인에 의한 불가항력에 기인한 것이 아닌 한 그 자체로 설치·관리자의 방호조치의무를 다하지 못한 것으로서 신호등이 그 용도에 따라 통상 갖추어야 할 안전성을 갖추지 못한 상태에 있었다고 할 것이고, 따라서 설령 적정전압보다 낮은 저전압이 원인이 되어 위와 같은 오작동이 발생하였고 그 고장은 현재의 기술수준상 부득이한 것이라고 가정하더라도 그와 같은 사정만으로 손해발생의 예견가능성이나 회피가능성이 없어 영조물의 하자를 인정할 수 없는 경우라고 단정할 수 없다(대판 2001. 7.27. 2000다56822).

- 100년 발생빈도의 강우량을 기준으로 책정된 계획홍수위를 초과하여 600년 또는 1,000년 발생빈도의 강우량에 의한 하천의 범람은 예측가능성 및 회피가능성이 없는 불가항력적인 재해로서 그 영조물의 관리청에게 책임을 물을 수 없다(대판 2003.10.23. 2001다48057).

> **비교판례**
>
> 집중호우로 제방도로가 유실되어 보행자가 사망한 사안에서 50년 빈도의 최대강우량에 해당한다는 사실만으로 불가항력에 기인한 것으로 볼 수 없다(대판 2000. 5.26. 99다53247).

ⓒ 배상책임자

- 요건이 충족된 경우 국가 또는 지방자치단체는 배상책임을 진다.
- 영조물의 설치·관리를 맡은 자와 그 비용을 부담하는 자가 다른 때에는 비용부담자도 손해를 배상할 책임이 있으므로, 피해자는 선택적으로 배상을 청구할 수 있다. 이 경우 손해를 배상한 자는 내부관계에서 그 책임이 있는 자에게 구상할 수 있다.
- 국가 또는 지방자치단체가 손해를 배상한 경우, 손해의 원인에 대하여 책임을 질 자(부실공사를 한 자 등)가 따로 있을 때에는 그 자에 대하여 구상할 수 있다.

ⓔ **배상액** : 배상액은 영조물의 설치·관리상의 하자와 상당 인과관계 있는 모든 손해액이다.

⑤ 손해배상절차

㉠ **임의적 결정전치주의** : 국가배상법 제9조는 '이 법에 따른 손해배상의 소송은 배상심의회에 배상신청을 하지 아니하고도 제기할 수 있다.'고 규정하고 있다.

㉡ **배상심의회**

국가배상법 제10조(배상심의회)
① 국가나 지방자치단체에 대한 배상신청사건을 심의하기 위하여 법무부에 본부심의회를 둔다. 다만, 군인이나 군무원이 타인에게 입힌 손해에 대한 배상신청사건을 심의하기 위하여 국방부에 특별심의회를 둔다.
② 본부심의회와 특별심의회는 대통령령으로 정하는 바에 따라 지구심의회를 둔다.

㉢ **배상결정절차**

국가배상법 제12조(배상신청)
① 이 법에 따라 배상금을 지급받으려는 자는 그 주소지·소재지 또는 배상원인 발생지를 관할하는 지구심의회에 배상신청을 하여야 한다.

제13조(심의와 결정)
① 지구심의회는 배상신청을 받으면 지체 없이 증인신문(證人訊問)·감정(鑑定)·검증(檢證) 등 증거조사를 한 후 그 심의를 거쳐 4주일 이내에 배상금 지급결정, 기각결정 또는 각하결정(이하 "배상결정")을 하여야 한다.

제14조(결정서의 송달)
① 심의회는 배상결정을 하면 그 결정을 한 날부터 1주일 이내에 그 결정정본(決定正本)을 신청인에게 송달하여야 한다.

제15조(신청인의 동의와 배상금 지급)

① 배상결정을 받은 신청인은 지체 없이 그 결정에 대한 동의서를 첨부하여 <u>국가나 지방자치단체에 배상금 지급을 청구하여야</u> 한다.

제15조의2(재심신청)

① 지구심의회에서 배상신청이 기각(일부기각된 경우를 포함) 또는 각하된 신청인은 <u>결정정본이 송달된 날부터 2주일 이내에 그 심의회를 거쳐 본부심의회나 특별심의회에 재심(再審)을 신청할 수 있다.</u>
② 재심신청을 받은 지구심의회는 1주일 이내에 배상신청기록 일체를 본부심의회나 특별심의회에 송부하여야 한다.
③ 본부심의회나 특별심의회는 제1항의 신청에 대하여 심의를 거쳐 4주일 이내에 다시 배상결정을 하여야 한다.

    ⓔ **사법절차** : 배상심의회의 결정에 불복하는 경우에는 국가배상청구소송(판례에 의하면 민사소송)을 제기할 수 있다.

(2) 행정상 손실보상 ✔자주출제

① 의의

    ㉠ 공공필요에 의한 적법한 공권력 행사로 인하여 개인의 재산에 가하여진 특별한 손해에 대하여 평등 부담의 견지에서 행하여지는 재산적 보상을 말한다.

    ㉡ 피해자에게 손해를 감수하여야 할 원인이 있거나 재산권의 내재적 한계 내의 제한인 경우에는 손실보상이 인정되지 않는다.

    ㉢ 학설은 일반적으로 손실보상청구권을 공권으로 보고 그에 관한 소송을 공법상 당사자소송으로 보는데 반하여, 판례는 이를 사권으로 보고 그에 관한 소송을 민사소송에 의한다고 판시하여 왔다. 다만, 공법상 당사자소송으로 보는 판례도 존재한다.

    ㉣ 구 수산업법에 의한 손실보상청구권이나 손실보상 관련 법령의 유추적용에 의한 손실보상청구권은 사업시행자를 상대로 한 민사소송의 방법에 의하여 행사하여야 하나, <u>구 공유수면매립법 제16조 제1항에 정한 권리를 가진 자가 위 규정에 의하여 취득한 손실보상청구권은 민사소송의 방법으로 행사할 수 없고 위 법 제16조 제2항, 제3항이 정한 바에 따라 협의가 성립되지 아니하거나 협의할 수 없을 경우에 토지수용위원회의 재정을 거쳐 토지수용위원회를 상대로 재정에 대한 행정소송을 제기하는 방법에 의하여 행사하여야 한다</u>(대판 2005. 9.29. 2002다73807).

    ㉤ 하천법 중 개정법률(이하 '개정 하천법')은 그 부칙 제2조 제1항에서 개정 하천법의 시행일인 1984. 12. 31. 전에 유수지에 해당되어 하천구역으로 된 토지 및 구 하천법의 시행으로 국유로 된 제외지 안의 토지에 대하여는 관리청이 그 손실을 보상하도록 규정하였고, '법률 제3782호 하천법 중 개정법률 부칙 제2조의 규정에 의한 보상청구권의 소멸시효가 만료된 하천구역 편입토지 보상에 관한 특별조치법' 제2조는 개정 하천법 부칙 제2조 제1항에 해당하는 토지로서 개정 하천법 부칙 제2조 제2항에서 규정하고 있는 소멸시효의 만료로 보상청구권이 소멸되어 보상을 받지 못한 토지에 대하여는 시·도지사가 그 손

실을 보상하도록 규정하고 있는바, <u>위 각 규정들에 의한 손실보상청구권은 모두 종전의 하천법 규정 자</u>
<u>체에 의하여 하천구역으로 편입되어 국유로 되었으나 그에 대한 보상규정이 없었거나 보상청구권이 시</u>
<u>효로 소멸되어 보상을 받지 못한 토지들에 대하여, 국가가 반성적 고려와 국민의 권리구제 차원에서 그</u>
<u>손실을 보상하기 위하여 규정한 것으로서,</u> 그 법적 성질은 하천법 본칙(本則)이 원래부터 규정하고 있던
하천구역에의 편입에 의한 손실보상청구권과 하등 다를 바가 없는 것이어서 <u>공법상의 권리임이 분명하</u>
<u>므로 그에 관한 쟁송도 행정소송절차에 의하여야 한다</u>(대판 2006. 5.18. 2004다6207(전합)).

② 행정상 손실보상의 근거

　㉠ 이론적 근거

- 학설은 일반적으로 공익을 위하여 개인에게 부과된 특별한 희생은 이를 전체의 부담으로 하여 보상하는 것이 정의·공평의 요구에 합치되는 것이라고 본다(희생보상설).
- 보상이 요구되는 특별한 희생인지에 관한 판단은 형식적 기준과 실질적 기준을 종합적으로 검토하여 구체적으로 이루어져야 한다(종합검토설).

　㉡ 법적 근거

- 헌법 제23조 제3항은 '공공필요에 의한 재산권의 수용·사용 또는 제한 및 그에 대한 보상은 법률로써 하되, 정당한 보상을 지급하여야 한다.'고 규정하고 있다.
- 손실보상에 관한 일반법은 없으며 개별법에서 이를 규정하고 있다. 토지의 수용과 보상에 관해서는 「공익사업을 위한 토지 등의 취득 및 보상에 관한 법률」(토지보상법)을 일반법으로 볼 수 있다.
- 개별법에서 공용침해를 규정하면서 보상규정을 두지 않은 경우 그 법률은 위헌이며 무효라고 본다(위헌무효설−다수설). 따라서 이러한 법률에 근거한 재산권 침해는 위법한 것이므로 피해자는 국가 등에 손해배상을 청구할 수 있다.

  > **cf▶** 손해배상이 인정되기 위해서는 공무원의 행위가 위법·유책이어야 하는데, 보상규정을 결한 공용침해 규정을 적용하는 것은 위법하지만 유책이 아니어서 손해배상을 받을 수 없게 되는 문제가 있어 이를 해결하려는 법리인 수용유사침해 등이 주장되고 있다.

- 도시계획법 제21조에 의한 재산권의 제한은 개발제한구역으로 지정된 토지를 원칙적으로 지정 당시의 지목과 토지현황에 의한 이용방법에 따라 사용할 수 있는 한, 재산권에 내재하는 사회적 제약을 비례의 원칙에 합치하게 합헌적으로 구체화한 것이라고 할 것이나, <u>종래의 지목과 토지현황에 의한 이용방법에</u> <u>따른 토지의 사용도 할 수 없거나 실질적으로 사용·수익을 전혀 할 수 없는 예외적인 경우에도 아무런</u> <u>보상없이 이를 감수하도록 하고 있는 한, 비례의 원칙에 위반되어 당해 토지소유자의 재산권을 과도하</u> <u>게 침해하는 것으로서 헌법에 위반된다</u>(헌재 1998.12.24. 89헌마214).
- 행정주체의 행정행위를 신뢰하여 그에 따라 재산출연이나 비용지출 등의 행위를 한 자가 그 후에 공공필요에 의하여 수립된 적법한 행정계획으로 인하여 재산권행사가 제한되고 이로 인한 공공사업의 시행 결과 공공사업시행지구 밖에서 발생한 간접손실에 관하여 <u>그 피해자와 사업시행자 사이에 협의가 이루</u> <u>어지지 아니하고, 그 보상에 관한 명문의 근거 법령이 없는 경우라고 하더라도,</u> 헌법 제23조 제3항 및 구 토지수용법 등의 개별 법률의 규정, 구 공공용지의취득및손실보상에관한특례법 제3조 제1항 및 같은 법시행규칙 제23조의2 내지 7 등의 규정 취지에 비추어 보면, <u>공공사업의 시행으로 인하여 그러한 손실</u>

이 발생하리라는 것을 쉽게 예견할 수 있고, 그 손실의 범위도 구체적으로 이를 특정할 수 있는 경우에 는 그 손실의 보상에 관하여 구 공공용지의취득및손실보상에관한특례법시행규칙의 관련 규정 등을 유추 적용할 수 있다(대판 2004. 9.23. 2004다25581).

③ 손실보상의 요건

　㉠ 공공의 필요

　　• '공공의 필요'란 공익 사업의 시행을 위해 재산권 제한이 불가피한 경우를 말한다. 이는 불확정개념으로 서 비례의 원칙에 따라 이익 형량을 통해 결정되어야 한다.

　　• 헌법 제23조 제3항은 정당한 보상을 전제로 하여 재산권의 수용 등에 관한 가능성을 규정하고 있지만, 재산권 수용의 주체를 한정하지 않고 있다. 위 헌법조항의 핵심은 당해 수용이 공공필요에 부합하는가, 정당한 보상이 지급되고 있는가 여부 등에 있는 것이지, 그 수용의 주체가 국가인지 민간기업인지 여부 에 달려 있다고 볼 수 없다. 또한 국가 등의 공적 기관이 직접 수용의 주체가 되는 것이든 그러한 공적 기관의 최종적인 허부판단과 승인결정하에 민간기업이 수용의 주체가 되는 것이든, 양자 사이에 공공필 요에 대한 판단과 수용의 범위에 있어서 본질적인 차이를 가져올 것으로 보이지 않는다. 따라서 위 수 용 등의 주체를 국가 등의 공적 기관에 한정하여 해석할 이유가 없다. 산업입지법상 규정들은 산업단지 개발사업의 시행자인 민간기업이 자신의 이윤추구에 치우친 나머지 애초 산업단지를 조성함으로써 달 성, 견지하고자 한 공익목적을 해태하지 않도록 규율하고 있다는 점도 함께 고려한다면, 이 사건 수용 조항은 헌법 제23조 제3항의 '공공필요성'을 갖추고 있다고 보인다(헌재 2009.9.24. 2007헌바114).

　㉡ 재산권에 대한 침해(수용 · 사용 · 제한)

　　• 법에 의해 보호되고 있는 모든 재산적 권리로 물권 · 채권 · 저작권 등 사권 뿐만 아니라 공법상 권리도 포함된다. 그러나, 기대이익, 문화적 · 학술적 가치는 대상이 되지 않는다.

　　• 헌법 제23조 제3항에서는 수용 · 사용 · 제한을 규정하고 있으나 이 외의 재산권이 침해되는 일체적 작용 을 포함한다.

　　• 토지수용법상의 사업인정 고시 이전에 건축되고 공공사업용지 내의 토지에 정착한 지장물인 건물은 통 상 적법한 건축허가를 받았는지 여부에 관계없이 손실보상의 대상이 되나, 주거용 건물이 아닌 위법 건 축물의 경우에는 관계 법령의 입법 취지와 그 법령에 위반된 행위에 대한 비난가능성과 위법성의 정도, 합법화될 가능성, 사회통념상 거래 객체가 되는지 여부 등을 종합하여 구체적 · 개별적으로 판단한 결과 그 위법의 정도가 관계 법령의 규정이나 사회통념상 용인할 수 없을 정도로 크고 객관적으로도 합법화 될 가능성이 거의 없어 거래의 객체도 되지 아니하는 경우에는 예외적으로 수용보상 대상이 되지 아니 한다(대판 2001. 4.13. 2000두6411).

　㉢ 침해의 적법성 및 보상규정 : 재산권 침해는 법률에 근거가 있어야 하며, 침해에 대해서 정당한 보상이 이루어져야 한다(불가분 조항). 헌법재판소는 보상규정을 두지 않고 개발제한구역을 지정한 구 도시계획 법 제21조가 헌법에 위반된다고 한 바 있다(헌재 1998.12.24. 89헌마214).

　㉣ 특별한 희생

　　• 특별한 희생이 있는 경우에는 보상이 이루어져야 한다. 언제 특별한 희생이 발생하였다고 볼 것인가에 대해서는 형식적 기준과 실질적 기준을 모두 고려하여 종합적으로 판단해야 한다.

- 일반 공중의 이용에 제공되는 공공용물에 대하여 특허 또는 허가를 받지 않고 하는 <u>일반사용</u>은 다른 개인의 자유이용과 국가 또는 지방자치단체 등의 공공목적을 위한 개발 또는 관리·보존행위를 방해하지 않는 범위 내에서만 허용된다 할 것이므로, <u>공공용물에 관하여 적법한 개발행위 등이 이루어짐으로 말미암아 이에 대한 일정범위의 사람들의 일반사용이 종전에 비하여 제한받게 되었다 하더라도 특별한 사정이 없는 한 그로 인한 불이익은 손실보상의 대상이 되는 특별한 손실에 해당한다고 할 수 없다</u>(대판 2002. 2.26. 99다35300).
- 개발제한구역의 지정으로 인한 개발가능성의 소멸과 그에 따른 지가의 하락이나 지가상승률의 상대적 감소는 토지소유자가 감수해야 하는 사회적 제약의 범주에 속하는 것으로 보아야 한다. <u>자신의 토지를 장래에 건축이나 개발목적으로 사용할 수 있으리라는 기대가능성이나 신뢰 및 이에 따른 지가상승의 기회는 원칙적으로 재산권의 보호범위에 속하지 않는다.</u> 구역지정 당시의 상태대로 토지를 사용·수익·처분할 수 있는 이상, 구역지정에 따른 단순한 토지이용의 제한은 원칙적으로 재산권에 내재하는 사회적 제약의 범주를 넘지 않는다. <u>도시계획법 제21조에 규정된 개발제한구역제도 그 자체는 원칙적으로 합헌적인 규정인데, 다만 개발제한구역의 지정으로 말미암아 일부 토지소유자에게 사회적 제약의 범위를 넘는 가혹한 부담이 발생하는 예외적인 경우에 대하여 보상규정을 두지 않은 것에 위헌성이 있는 것</u>이고, 보상의 구체적 기준과 방법은 헌법재판소가 결정할 성질의 것이 아니라 광범위한 입법형성권을 가진 입법자가 입법정책적으로 정할 사항이다(헌재 1998.12.24. 89헌마214).

④ 손실보상의 내용 ✅자주출제

　㉠ 손실보상의 기준
- 헌법 제23조 제3항은 '정당한 보상'을 지급하여야 한다고 규정하고 있는데, 정당한 보상의 내용에 대해서 판례는 "정당한 보상"이라 함은 원칙적으로 피수용재산의 객관적인 재산가치를 완전하게 보상하여야 한다는 <u>완전보상</u>을 뜻하는 것이라고 하고 있다(대판 1993. 7.13. 93누2131).
- 토지보상법의 손실보상은 부대손실의 보상도 포함하는 완전 보상을 내용으로 하고 있다.
  - **cf>** 헌법상 보상기준에 대한 연혁 : 제1·2공화국 헌법(상당한 보상), 제3공화국 헌법(정당한 보상), 제4공화국 헌법(보상기준과 방법을 법률로 정하도록 규정), 제5공화국 헌법(보상은 공익 및 관계자의 이익을 정당하게 형량하여 법률로 정하도록 규정), 현행 헌법(정당한 보상)

　㉡ 재산권의 보상
- 보상액의 산정은 협의에 의한 경우에는 협의 성립 당시의 가격을, 재결에 의한 경우에는 수용 또는 사용의 재결 당시의 가격을 기준으로 한다(토지보상법 제67조 제1항). 보상액을 산정할 경우에 해당 공익사업으로 인하여 토지등의 가격이 변동되었을 때에는 이를 고려하지 아니한다(토지보상법 제67조 제2항).
- <u>협의나 재결에 의하여 취득하는 토지에 대하여는</u> 「부동산 가격공시에 관한 법률」에 따른 공시지가를 기준으로 하여 보상하되, 그 공시기준일부터 가격시점까지의 관계 법령에 따른 그 토지의 이용계획, 해당 공익사업으로 인한 지가의 영향을 받지 아니하는 지역의 대통령령으로 정하는 지가변동률, 생산자물가상승률(「한국은행법」 제86조에 따라 한국은행이 조사·발표하는 생산자물가지수에 따라 산정된 비율)과 그 밖에 그 토지의 위치·형상·환경·이용상황 등을 고려하여 평가한 적정가격으로 보상하여야 한다(토지보상법 제70조 제1항).

- 협의 또는 재결에 의하여 사용하는 토지에 대하여는 그 토지와 인근 유사토지의 지료(地料), 임대료, 사용방법, 사용기간 및 그 토지의 가격 등을 고려하여 평가한 적정가격으로 보상하여야 한다(토지보상법 제71조 제1항).
- 건축물·입목·공작물과 그 밖에 토지에 정착한 물건에 대하여는 이전에 필요한 비용으로 보상하여야 한다(토지보상법 제75조 제1항).
- 광업권·어업권·양식업권 및 물(용수시설을 포함) 등의 사용에 관한 권리에 대하여는 투자비용, 예상수익 및 거래가격 등을 고려하여 평가한 적정가격으로 보상하여야 한다(토지보상법 제76조 제1항).
- 영업을 폐업하거나 휴업함에 따른 영업손실에 대하여는 영업이익과 시설의 이전비용 등을 고려하여 보상하여야 한다(토지보상법 제77조 제1항).

ⓒ 생활보상 · 사업손실보상 · 정신적보상

- 생활보상
  - 재산권 보상만이 아닌 생활 기초의 박탈에 대한 보상을 말한다. 댐 건설에 따른 다수 주민의 동시이주 등이 이에 해당한다. 「공익사업을 위한 토지 등의 취득 및 보상에 관한 법률 시행규칙」에 이주정착금, 주거이전비, 이농비, 소수잔존자보상 등을 규정하고 있다.
  - 공공용지의취득및손실보상에관한특례법상의 이주대책은 공공사업의 시행에 필요한 토지 등을 제공함으로 인하여 생활의 근거를 상실하게 되는 이주자들을 위하여 사업시행자가 기본적인 생활시설이 포함된 택지를 조성하거나 그 지상에 주택을 건설하여 이주자들에게 이를 그 투입비용 원가만의 부담하에 개별 공급하는 것으로서, 그 본래의 취지에 있어 이주자들에 대하여 종전의 생활상태를 원상으로 회복시키면서 동시에 인간다운 생활을 보장하여 주기 위한 이른바 생활보상의 일환으로 국가의 적극적이고 정책적인 배려에 의하여 마련된 제도이다(대판 1994. 5.24. 92다35783(전합)).
  - 뉴타운개발 사업시행자가 사업시행으로 생활근거 등을 상실하는 주민들을 위한 주거대책 및 생활대책을 공고함에 따라 화훼도매업을 하던 甲이 사업시행자에게 생활대책신청을 하였으나, 사업시행자가 甲은 위 주거대책 및 생활대책에서 정한 '이주대책 기준일 3개월 이전부터 사업자등록을 하고 영업을 계속한 화훼영업자'에 해당하지 않는다는 이유로 화훼용지 공급대상자에서 제외한 사안에서, 사업시행자의 거부행위가 행정처분에 해당한다고 본 원심판단을 정당하다(대판 2011.10.13. 2008두17905).
  - 공익사업을 위한 토지 등의 취득 및 보상에 관한 법률상의 공익사업시행자가 하는 이주대책대상자 확인·결정은 구체적인 이주대책상의 수분양권을 부여하는 요건이 되는 행정작용으로서의 처분이지 이를 단순히 절차상의 필요에 따른 사실행위에 불과한 것으로 평가할 수는 없다. 따라서 수분양권의 취득을 희망하는 이주자가 소정의 절차에 따라 이주대책대상자 선정신청을 한 데 대하여 사업시행자가 이주대책대상자가 아니라고 하여 위 확인·결정 등의 처분을 하지 않고 이를 제외시키거나 거부조치한 경우에는, 이주자로서는 사업시행자를 상대로 항고소송에 의하여 제외처분이나 거부처분의 취소를 구할 수 있다. 나아가 이주대책의 종류가 달라 각 그 보장하는 내용에 차등이 있는 경우 이주자의 희망에도 불구하고 사업시행자가 요건 미달 등을 이유로 그중 더 이익이 되는 내용의 이주대책대상자로 선정하지 않았다면 이 또한 이주자의 권리의무에 직접적 변동을 초래하는 행위로서 항고소송의 대상이 된다(대판 2014. 2.27. 2013두10885).

- 사업손실보상(간접손실보상)
- 사업손실이란 공공사업의 실시 또는 완성 후의 시설이 사업지 범위 밖에 미치는 손실을 말한다.
- 물리적 · 기술적 손실(공사중의 소음진동, 교통난, 시설물로 인한 일조감소, 전파장해 등), 경제적 · 사회적 손실(댐 건설로 인한 어업활동의 쇠퇴 등) 등을 포함한다.
- 토지보상법에는 잔여지의 손실과 공사비 보상(제73조), 잔여 건축물의 손실에 대한 보상 등(제75조의2), 그 밖의 토지에 관한 비용보상 등(제79조)에 관한 규정을 두고 있다.
- 국민의 재산권을 침해하는 행위 그 자체는 반드시 형식적 법률에 근거하여야 하며, 토지수용법 등의 개별 법률에서 공익사업에 필요한 재산권 침해의 근거와 아울러 그로 인한 손실보상 규정을 두고 있는 점, 공공용지의취득및손실보상에관한특례법 제3조 제1항은 "공공사업을 위한 토지 등의 취득 또는 사용으로 인하여 토지 등의 소유자가 입은 손실은 사업시행자가 이를 보상하여야 한다."고 규정하고, 같은법 시행규칙 제23조의2 내지 7에서 공공사업시행지구 밖에 위치한 영업과 공작물 등에 대한 <u>간접손실에 대하여도 일정한 조건하에서 이를 보상하도록 규정하고 있는 점에 비추어, 공공사업의 시행으로 인하여 그러한 손실이 발생하리라는 것을 쉽게 예견할 수 있고 그 손실의 범위도 구체적으로 이를 특정할 수 있는 경우라면 그 손실의 보상에 관하여 공공용지의취득및손실보상에관한특례법시행규칙의 관련 규정 등을 유추적용할 수 있다고 해석함이 상당하다</u>(대판 1999.10. 8. 99다27231).
- <u>사업시행자가 동일한 토지소유자에 속하는 일단의 토지 일부를 취득함으로 인하여 잔여지의 가격이 감소하거나 그 밖의 손실이 있을 때 등에는 잔여지를 종래의 목적으로 사용하는 것이 가능한 경우라도 잔여지 손실보상의 대상이 되며, 잔여지를 종래의 목적에 사용하는 것이 불가능하거나 현저히 곤란한 경우이어야만 잔여지 손실보상청구를 할 수 있는 것이 아니다.</u> 마찬가지로 잔여 영업시설 손실보상의 요건인 "공익사업에 영업시설의 일부가 편입됨으로 인하여 잔여시설에 그 시설을 새로이 설치하거나 잔여시설을 보수하지 아니하고는 그 영업을 계속할 수 없는 경우"란 잔여 영업시설에 시설을 새로이 설치하거나 잔여 영업시설을 보수하지 아니하고는 그 영업이 전부 불가능하거나 곤란하게 되는 경우만을 의미하는 것이 아니라, <u>공익사업에 영업시설 일부가 편입됨으로써 잔여 영업시설의 운영에 일정한 지장이 초래되고, 이에 따라 종전처럼 정상적인 영업을 계속하기 위해서는 잔여 영업시설에 시설을 새로 설치하거나 잔여 영업시설을 보수할 필요가 있는 경우도 포함된다고 해석함이 타당하다</u>(대판 2018. 7.20. 2015두4044).
- 정신적 보상 : 댐의 건설로 다수 주민이 이주하는 경우 촌락공동체의 파괴로 인한 정서상의 피해에 대한 보상을 말하며, 개별법에 이에 관한 보상규정은 없는 실정이다.

ⓔ **보상금 지급방법**
- 사업시행자 보상 : 공익사업에 필요한 토지등의 취득 또는 사용으로 인하여 토지소유자나 관계인이 입은 손실은 사업시행자가 보상하여야 한다(토지보상법 제61조).
- 사전보상 : 사업시행자는 해당 공익사업을 위한 공사에 착수하기 이전에 토지소유자와 관계인에게 보상액 전액(全額)을 지급하여야 한다(토지보상법 제62조).

- 현금보상 등 : 손실보상은 다른 법률에 특별한 규정이 있는 경우를 제외하고는 현금으로 지급하여야 한다. 다만, 토지소유자가 원하는 경우로서 사업시행자가 해당 공익사업의 합리적인 토지이용계획과 사업계획 등을 고려하여 토지로 보상이 가능한 경우에는 토지소유자가 받을 보상금 중 본문에 따른 현금 또는 채권으로 보상받는 금액을 제외한 부분에 대하여 그 공익사업의 시행으로 조성한 토지로 보상할 수 있다(토지보상법 제63조 제1항).

  > **cf** 채권보상 : 사업시행자가 국가, 지방자치단체, 그 밖에 대통령령으로 정하는 「공공기관의 운영에 관한 법률」에 따라 지정·고시된 공공기관 및 공공단체인 경우로서 a. 토지소유자나 관계인이 원하는 경우, b. 사업인정을 받은 사업의 경우에는 대통령령으로 정하는 부재부동산 소유자의 토지에 대한 보상금이 대통령령으로 정하는 일정 금액을 초과하는 경우로서 그 초과하는 금액에 대하여 보상하는 경우 중 어느 하나에 해당되는 경우에는 현금보상 규정에도 불구하고 해당 사업시행자가 발행하는 채권으로 지급할 수 있다(토지보상법 제63조 제7항).

- 개인별 보상·일괄 보상 : 손실보상은 토지소유자나 관계인에게 개인별로 하여야 한다. 다만, 개인별로 보상액을 산정할 수 없을 때에는 그러하지 아니하다(토지보상법 제64조). 사업시행자는 동일한 사업지역에 보상시기를 달리하는 동일인 소유의 토지등이 여러 개 있는 경우 토지소유자나 관계인이 요구할 때에는 한꺼번에 보상금을 지급하도록 하여야 한다(토지보상법 제65조).

ㅁ **손실보상액 결정절차**

- 당사자 협의 : 사업인정을 받은 사업시행자는 토지조서 및 물건조서의 작성, 보상계획의 공고·통지 및 열람, 보상액의 산정과 토지소유자 및 관계인과의 협의 절차를 거쳐야 한다(토지보상법 제26조 제1항).

- 토지수용위원회의 재결
- 협의가 성립되지 않거나 협의할 수 없는 경우에는 토지수용위원회에 재결에 의한다.
- 토지수용위원회는 a.수용하거나 사용할 토지의 구역 및 사용방법, b.손실보상, c.수용 또는 사용의 개시일과 기간, d. 그 밖에 이 법 및 다른 법률에서 규정한 사항에 대해 재결할 수 있다(토지보상법 제50조).

⑤ **손실보상에 대한 구제** ✔자주출제

ㄱ **재산권 수용 자체에 불복이 있는 경우**(수용재결 취소소송)

- 공권력에 의한 재산권 수용은 처분에 해당하므로 행정쟁송을 제기할 수 있다.
- 사업시행자, 토지소유자 또는 관계인은 제34조에 따른 재결에 불복할 때에는 재결서를 받은 날부터 90일 이내에, 이의신청을 거쳤을 때에는 이의신청에 대한 재결서를 받은 날부터 60일 이내에 각각 행정소송을 제기할 수 있다(토지보상법 제85조 제1항)

ㄴ **보상금 액수에만 불복이 있는 경우**(보상금 증감청구소송)

- 제기하려는 행정소송이 보상금의 증감(增減)에 관한 소송인 경우 그 소송을 제기하는 자가 토지소유자 또는 관계인일 때에는 사업시행자를, 사업시행자일 때에는 토지소유자 또는 관계인을 각각 피고로 한다(토지보상법 제85조 제2항).
- 보상금 증감청구소송은 형식적 당사자 소송에 해당한다.
- 공익사업을 위한 토지 등의 취득 및 보상에 관한 법률(이하 '토지보상법') 제72조의 문언, 연혁 및 취지 등에 비추어 보면, 위 규정이 정한 수용청구권은 토지보상법 제74조 제1항이 정한 잔여지 수용청구권과 같이 손실보상의 일환으로 토지소유자에게 부여되는 권리로서 그 청구에 의하여 수용효과가 생기는 형성권의 성질을 지니므로, <u>토지소유자의 토지수용청구를 받아들이지 아니한 토지수용위원회의 재결에 대</u>

하여 토지소유자가 불복하여 제기하는 소송은 토지보상법 제85조 제2항에 규정되어 있는 '보상금의 증감에 관한 소송'에 해당하고, 피고는 토지수용위원회가 아니라 사업시행자로 하여야 한다(대판 2015. 4. 9. 2014두46669).

- 공익사업으로 인하여 공익사업시행지구 밖에서 영업을 휴업하는 자가 사업시행자로부터 공익사업을 위한 토지 등의 취득 및 보상에 관한 법률 시행규칙 제47조 제1항에 따라 영업손실에 대한 보상을 받기 위해서는, 토지보상법 제34조, 제50조 등에 규정된 재결절차를 거친 다음 그 재결에 대하여 불복이 있는 때에 비로소 토지보상법 제83조 내지 제85조에 따라 권리구제를 받을 수 있을 뿐이다. 이러한 재결절차를 거치지 않은 채 곧바로 사업시행자를 상대로 손실보상을 청구하는 것은 허용되지 않는다. 어떤 보상항목이 공익사업을 위한 토지 등의 취득 및 보상에 관한 법령상 손실보상대상에 해당함에도 관할 토지수용위원회가 사실을 오인하거나 법리를 오해함으로써 손실보상대상에 해당하지 않는다고 잘못된 내용의 재결을 한 경우에는, 피보상자는 관할 토지수용위원회를 상대로 그 재결에 대한 취소소송을 제기할 것이 아니라, 사업시행자를 상대로 공익사업을 위한 토지 등의 취득 및 보상에 관한 법률 제85조 제2항에 따른 보상금증감소송을 제기하여야 한다(대판 2019.11.28. 2018두227).

❷ 손해전보를 위한 그 밖의 제도

(1) 일반론

① 전통적 손해전보제도의 흠결
  ㉠ 전통적으로 손해배상은 위법·과실(유책)을 요건으로 하고, 손실보상은 적법·무과실(무책)을 요건으로 한다. 따라서 위법·무과실(무책)의 경우에 대한 구제수단에 흠결이 있다.
  ㉡ 손해배상과 손실보상은 의도적인 행위로 인한 피해의 구제를 위한 제도이므로 비의도적인 행위로 인한 피해를 구제할 방법에 대해서는 흠결이 있다.

② 종류
  ㉠ **수용유사침해이론** : 위법·무과실의 행정작용에 대한 침해구제
  ㉡ **수용적 침해이론** : 비의도적인 행정작용으로 인한 침해구제
  ㉢ **기타** : 희생보상청구권, 결과제거청구권 등

(2) 수용유사 침해이론

① 의의
  ㉠ 위법한 행정작용이 개인의 재산권에 특별한 희생을 가하였으나 당해 법률에 보상규정이 없는 경우 그 손실을 보전해주기 위해 정립된 이론을 말한다.
  ㉡ 적법한 침해의 경우에는 수용보상과 수용적 침해보상을, 위법한 침해의 경우에는 수용유사침해보상을 한다.

② **성립요건** : ㉠ 공공필요에 의한 재산권의 침해가 있어야 하고, ㉡ 재산권자에게 특별한 희생이 발생하여야 하며, ㉢ 침해가 위법해야 하지만(침해에 대한 보상규정이 없어 위법), ㉣ 공무원에게 과실이 없어야 한다(위법·무과실).

③ 우리나라의 인정문제

   ㉠ 우리 법원은 아직 이 법리를 인정하지 않고 있다. 문화방송 주식사건에서 이 법리의 채택 여부를 결정하지 않았다.

     • 수용유사적 침해의 이론은 국가 기타 공권력의 주체가 위법하게 공권력을 행사하여 국민의 재산권을 침해하였고 그 효과가 실제에 있어서 수용과 다름없을 때에는 적법한 수용이 있는 것과 마찬가지로 국민이 그로 인한 손실의 보상을 청구할 수 있다는 것인데, 1980.6.말경의 비상계엄 당시 국군보안사령부 정보처장이 언론통폐합조치의 일환으로 사인 소유의 방송사 주식을 강압적으로 국가에 증여하게 한 것이 위 수용유사행위에 해당되지 않는다(대판 1993.10.26. 93다6409)

   ㉡ 구 도시계획법상 개발제한구역으로 지정되면 대지의 사용이 제한되므로 손실보상규정이 있어야 하나 이 법에서는 보상규정이 없었다. 판례는 손실보상 여부와 관련하여 수용유사침해의 채택여부에 대해 판단하지 않고 단지 위헌판결을 통해 효력을 상실시켰다.

     • 도시계획법 제21조에 의한 재산권의 제한은 개발제한구역으로 지정된 토지를 원칙적으로 지정 당시의 지목과 토지현황에 의한 이용방법에 따라 사용할 수 있는 한, 재산권에 내재하는 사회적 제약을 비례의 원칙에 합치하게 합헌적으로 구체화한 것이라고 할 것이나, 종래의 지목과 토지현황에 의한 이용방법에 따른 토지의 사용도 할 수 없거나 실질적으로 사용·수익을 전혀 할 수 없는 예외적인 경우에도 아무런 보상없이 이를 감수하도록 하고 있는 한, 비례의 원칙에 위반되어 당해 토지소유자의 재산권을 과도하게 침해하는 것으로서 헌법에 위반된다(헌재 1998.12.24. 89헌마214).

(3) 수용적 침해

① 의의

   ㉠ 적법한 공행정작용의 비정형적·비의도적인 부수적 효과로서 발생한 개인의 재산권에 대한 손해를 전보해 주기 위한 법리를 말한다.

   ㉡ 장기간에 걸친 지하철공사로 인한 인근상가의 고객 감소 등이 이에 해당한다.

② **성립요건** : ㉠ 적법한 행정작용에 의한 침해이어야 하고, ㉡ 그 침해는 재산권에 대한 비정형적·비의도적이고 부수적인 것이어야 하며, ㉢ 특별한 희생이 있어야 한다.

③ 우리나라에서의 인정여부

   ㉠ 헌법 제23조 제3항을 유추적용하여 이 법리를 인정하려는 견해와 법률에 규정이 없으면 손실보상은 불가능하므로 인정될 수 없다는 견해가 대립하고 있다.

     cf▷ 〈경계이론과 분리이론〉 경계이론은 재산권의 수용·사용·제한이 재산권에 내재하는 사회적 제약을 넘어 특별한 희생을 발생시킨 경우 보상을 요하는 공용침해에 해당한다는 이론이다. 반면에 분리이론은 입법자에 의해 처음부터 보상할 필요가 없는 내용한계형성 규정과 보상을 해야 하는 공용침해규정이 분리되어 있으므로, 내용한계형성 규정이 공용침해 규정으로 전환되는 것은 아니라는 이론이다. 헌법재판소는 분리이론의 입장에서 판시하고 있다.

ⓛ 개발제한구역을 지정하여 그 안에서는 건축물의 건축 등을 할 수 없도록 하고 있는 도시계획법 제21조는 헌법 제23조 제1항, 제2항에 따라 토지재산권에 관한 권리와 의무를 일반·추상적으로 확정하는 규정으로서 재산권을 형성하는 규정인 동시에 공익적 요청에 따른 재산권의 사회적 제약을 구체화하는 규정인바, 토지재산권은 강한 사회성, 공공성을 지니고 있어 이에 대하여는 다른 재산권에 비하여 보다 강한 제한과 의무를 부과할 수 있으나, 그렇다고 하더라도 다른 기본권을 제한하는 입법과 마찬가지로 비례성원칙을 준수하여야 하고, 재산권의 본질적 내용인 사용·수익권과 처분권을 부인하여서는 아니된다. 개발제한구역 지정으로 인하여 토지를 종래의 목적으로도 사용할 수 없거나 또는 더 이상 법적으로 허용된 토지이용의 방법이 없기 때문에 실질적으로 토지의 사용·수익의 길이 없는 경우에는 토지소유자가 수인해야 하는 사회적 제약의 한계를 넘는 것으로 보아야 한다(헌재 1998.12.24. 89헌마214).

ⓒ 도시정비법 제65조 제2항은 정비기반시설의 설치와 관련된 비용의 적정한 분담과 그 시설의 원활한 확보 및 효율적인 유지·관리의 관점에서 정비기반시설과 그 부지의 소유·관리·유지 관계를 정한 규정인데, 같은 항 전단에 따른 정비기반시설의 소유권 귀속은 헌법 제23조 제3항의 수용에 해당하지 않고, 이 사건 법률조항이 그에 대한 보상의 의미를 가지는 것도 아니므로, 이 사건 법률조항에 관하여 정당한 보상의 원칙이 적용될 여지가 없다(헌재 2013.10.24. 2011헌바355).

(4) 희생보상청구권

① 희생보상이란 생명·건강·명예·자유 등 비재산적 법익의 침해에 대한 보상을 말한다.

② ㉠ 공공필요에 의한 적법한 행정작용에 의한 침해이어야 하고, ㉡ 생명·건강 등 비재산적 법익에 대한 침해이어야 하며, ㉢ 특별한 희생이 있어야 한다.

③ 실정법상 일반적으로 희생보상청구권을 인정하지는 않고, 개별법(소방기본법 등)에서 인정하는 경우가 있다.

(5) 결과제거청구권

① 행정작용으로 인해 법률상의 이익을 침해받고 있는 자가 그 위법한 상태를 제거하여 침해 이전의 상황을 회복하여 줄 것을 청구하는 권리를 말한다.

② 헌법 제10조, 제23조, 제37조 등 기본권 조항에서 근거를 찾는 견해도 있고, 민법 제214조 등 방해배제청구권조항에서 찾는 견해도 있다.

③ ㉠ 행정작용으로 인하여 개인의 법률상의 이익이 침해되고 있어야 하며, ㉡ 위법한 상태가 지속되고 있어야 하고, ㉢ 원상회복이 가능하고 법적으로 허용되며 행정청의 수인한계 내의 것인 때에만 인정된다.

④ 결과제거청구에 관한 소송은 실무상 민사소송으로 본다.

03 행정쟁송

❶ 일반론

(1) 의의

① 행정쟁송이란 행정상 법률관계에 있어서 위법·부당한 행정작용으로 인하여 권리·이익을 침해받은 자가 직접 그 효력을 다툴 수 있게 하고 일정한 판정기관이 이를 심리·판정하는 절차를 말한다.

② 현행법상 행정쟁송에는 행정심판과 행정소송이 있다.

(2) 종류

① **시심적 쟁송과 복심적 쟁송**(단계에 의한 분류) : 시심적 쟁송은 행정법 관계의 형성 또는 존부를 결정하는 쟁송을 말하고(당사자심판, 당사자소송), 복심적 쟁송은 행정작용의 위법·부당성을 심판하는 절차를 말한다(항고심판, 항고소송).

② **항고쟁송과 당사자쟁송**(성질에 의한 분류)
　㉠ 항고쟁송은 행정청의 처분의 위법·부당을 이유로 그 취소·변경을 구하는 쟁송을 말한다. 취소심판, 무효등확인심판, 의무이행심판, 취소소송, 무효등확인소송, 부작위위법확인소송 등이 여기에 해당한다.
　㉡ 당사자쟁송은 행정법상 대등한 당사자 사이에서의 법률관계의 형성·존부에 관한 다툼에 대하여 판단을 구하는 절차를 말한다. 당사자심판, 당사자소송 등이 여기에 해당한다.

③ **주관적쟁송과 객관적쟁송**(목적에 의한 분류)
　㉠ 주관적쟁송은 개인의 권리·이익이 침해된 경우에 그 구제를 구하는 쟁송을 말한다. 항고쟁송과 당사자쟁송 등이 여기에 해당한다.
　㉡ 객관적쟁송은 공익의 보호 또는 법규적용의 객관적인 적정을 직접 목적으로 하는 쟁송을 말한다. 민중소송과 기관소송 등이 여기에 해당한다.

④ **행정심판과 행정소송**(심판기관에 의한 분류)
　㉠ 행정심판은 행정기관이 행정법상의 분쟁에 대해 심리·판정하는 절차를 말한다.
　㉡ 행정소송은 법원이 분쟁에 대하여 심리·판정하는 절차를 말한다. 행정소송법상 행정심판은 원칙적으로 임의절차이지만, 예외적으로 국가공무원법 제16조 제1항, 도로교통법 제142조, 국세기본법 제56조 제2항에서는 필요적 행정심판 전치주의를 규정하고 있다.

❷ 행정심판

(1) 의의

① 행정심판은 행정법상의 다툼에 대한 심리·판정이 행정기관에 의해 이루어지는 행정쟁송절차를 말한다. 실정법상 이의신청, 심사청구, 심판청구 등의 용어로 사용되고 있다.

② 행정심판은 행정기관이 스스로 심리·판정함으로써 ㉠ 자율적 행정통제, ㉡ 행정기능의 보완, ㉢ 소송 비용·시간의 경감, ㉣ 법원의 부담 경감 등의 특징을 가진다.

(2) 구별개념

① 이의신청 ✔자주출제

㉠ 처분청의 상급행정청에 제기하는 행정심판과는 달리, 이의신청은 처분청에 재심사를 구하는 절차를 말한다. 단, 토지보상법상의 이의신청은 행정심판의 성질을 가진다.

㉡ 행정심판은 일반법으로서 행정심판법이 있지만, 이의신청은 개별법의 규정에 따른다.

> **판례**
>
> 국가유공자법 제74조의18 제1항이 정한 이의신청을 받아들이지 아니하는 결정은 이의신청인의 권리·의무에 새로운 변동을 가져오는 공권력의 행사나 이에 준하는 행정작용이라고 할 수 없으므로 원결정과 별개로 항고소송의 대상이 되지는 않는다. 국가유공자 비해당결정 등 원결정에 대한 이의신청이 받아들여지지 아니한 경우에도 이의신청인으로서는 원결정을 대상으로 항고소송을 제기하여야 하고, 국가유공자 등 예우 및 지원에 관한 법률 제74조의18 제4항이 이의신청을 하여 그 결과를 통보받은 날부터 90일 이내에 행정심판법에 따른 행정심판의 청구를 허용하고 있고, 행정소송법 제18조 제1항 본문이 "취소소송은 법령의 규정에 의하여 당해 처분에 대한 행정심판을 제기할 수 있는 경우에도 이를 거치지 아니하고 제기할 수 있다."라고 규정하고 있는 점 등을 종합하면, 이의신청을 받아들이지 아니하는 결과를 통보받은 자는 통보받은 날부터 90일 이내에 행정심판법에 따른 행정심판 또는 행정소송법에 따른 취소소송을 제기할 수 있다(대판 2016. 7. 27. 2015두45953).

*이의신청에 대해서는 새롭게 제정된 행정기본법에서 규정하고 있지만, 그 시행일은 2023년 3월24일로 하고 있다.

행정기본법 제36조(처분에 대한 이의신청)
① 행정청의 처분(「행정심판법」 제3조에 따라 같은 법에 따른 행정심판의 대상이 되는 처분을 말한다.)에 이의가 있는 당사자는 처분을 받은 날부터 30일 이내에 해당 행정청에 이의신청을 할 수 있다.
② 행정청은 제1항에 따른 이의신청을 받으면 그 신청을 받은 날부터 14일 이내에 그 이의신청에 대한 결과를 신청인에게 통지하여야 한다. 다만, 부득이한 사유로 14일 이내에 통지할 수 없는 경우에는 그 기간을 만료일 다음 날부터 기산하여 10일의 범위에서 한 차례 연장할 수 있으며, 연장 사유를 신청인에게 통지하여야 한다.
③ 제1항에 따라 이의신청을 한 경우에도 그 이의신청과 관계없이 「행정심판법」에 따른 행정심판 또는 「행정소송법」에 따른 행정소송을 제기할 수 있다.

④ 이의신청에 대한 결과를 통지받은 후 행정심판 또는 행정소송을 제기하려는 자는 그 결과를 <u>통지받은 날</u>(제2항에 따른 통지기간 내에 결과를 통지받지 못한 경우에는 같은 항에 따른 통지기간이 만료되는 날의 다음 날을 말한다)<u>부터 90일 이내에 행정심판 또는 행정소송을 제기할 수 있다.</u>

⑤ 다른 법률에서 이의신청과 이에 준하는 절차에 대하여 정하고 있는 경우에도 그 법률에서 규정하지 아니한 사항에 관하여는 이 조에서 정하는 바에 따른다.

⑥ 제1항부터 제5항까지에서 규정한 사항 외에 이의신청의 방법 및 절차 등에 관한 사항은 대통령령으로 정한다.

⑦ 다음 각 호의 어느 하나에 해당하는 사항에 관하여는 이 조를 적용하지 아니한다.

  1. 공무원 인사 관계 법령에 따른 징계 등 처분에 관한 사항

  2. 「국가인권위원회법」 제30조에 따른 진정에 대한 국가인권위원회의 결정

  3. 「노동위원회법」 제2조의2에 따라 노동위원회의 의결을 거쳐 행하는 사항

  4. 형사, 행형 및 보안처분 관계 법령에 따라 행하는 사항

  5. 외국인의 출입국 · 난민인정 · 귀화 · 국적회복에 관한 사항

  6. 과태료 부과 및 징수에 관한 사항

[시행일: 2023. 3. 24.]

② **청원** : 행정심판은 권리구제를 위한 쟁송이고, 청원은 국정에 대한 국민의 의사표시를 보장하는 제도이다. 행정심판은 불가쟁력 등 일정한 효력이 발생하지만, 청원은 그러한 효력이 발생하지 않는다.

③ **직권취소**

  ㉠ 행정심판과 직권취소는 행정의 자율적 통제수단이라는 공통점이 있다.

  ㉡ 행정심판은 권익을 침해당한 자의 심판제기로 개시되나, 직권취소는 행정청 스스로가 행한다.

④ **진정** : 진정은 권리 행사가 아닌 단순한 희망을 진술하는 행위라는 점에서 행정심판과 차이가 있다. 행정청이 진정을 받아들인 경우에도 이러한 행위는 직권에 의한 행위일 뿐이다.

> **판례**
>
> 처분청으로부터 공작물 설치 허가를 받은 자가 그 허가대로 공작물을 설치하게 되면 저수가 되어 진정인 경영의 광산이 물에 잠겨 채광을 할 수 없게 되니 이 문제를 잘 처리하여 달라는 내용의 <u>진정서는 장차 발생될 손해보상 등의 조치를 강구하여 달라는 취지로 볼 것이 아니라 그 처분의 취소 또는 변경을 구하는 취지라고 보아야 할 것이다</u>(대판 1987. 5. 12. 85누762).

(3) 행정심판의 종류

① **취소심판**

  ㉠ 취소심판은 행정청의 위법 · 부당한 처분을 취소하거나 변경하는 행정심판을 말한다. 위법 · 부당한 처분을 취소 · 변경함으로써 법률관계를 소멸 · 변경시키는 형성적 쟁송의 성질을 가진다.

  ㉡ 단기제소기간, 서면심리주의, 비공개원칙, 집행부정지의 원칙, 사정재결 등이 적용된다.

  ㉢ 위원회는 원처분을 직접 취소 · 변경(취소재결, 변경재결)하거나, 다른 처분으로 변경할 것을 명(변경명령재결)할 수 있다.

② 무효등 확인심판

   ⊙ 무효등확인심판은 행정청의 처분의 효력 유무 또는 존재 여부를 확인하는 행정심판을 말한다. 여기에는 유효 · 무효 · 실효 · 존재 · 부존재 확인심판이 있다. 확인적 쟁송의 성질을 가진다.

   ⓒ 취소심판과는 달리 청구기간의 제한과 사정재결은 적용되지 않는다.

   ⓒ 청구가 이유있는 경우에 위원회는 처분의 유효 · 무효 · 실효 · 존재 · 부존재 확인재결을 한다.

③ 의무이행심판

   ⊙ 의무이행심판은 당사자의 신청에 대한 행정청의 위법 또는 부당한 거부처분이나 부작위에 대하여 일정한 처분을 하도록 하는 행정심판을 말한다. 이행적 쟁송의 성질을 가진다.

   ⓒ 거부처분에 대한 의무이행심판은 청구기간의 제한을 받지만, 부작위에 대한 의무이행심판은 청구기간의 제한을 받지 않는다. 집행부정지의 원칙도 적용되지 않는다.

   ⓒ 위원회는 청구가 이유있다고 인정되면 지체없이 신청에 따른 처분을 하거나 이를 행할 것을 처분청에 명할 수 있다.

> **판례** 〈행정심판법 제4조 제1항의 특별행정심판〉
>
> 공무원연금급여 재심위원회에 대한 심사청구 제도의 입법 취지와 심사청구기간, 행정심판법에 따른 일반행정심판의 적용 배제, 구 공무원연금법 제80조 제3항의 위임에 따라 구 공무원연금법 시행령 제84조 내지 제95조의2에서 정한 공무원연금급여 재심위원회의 조직, 운영, 심사절차에 관한 사항 등을 종합하면, 구 공무원연금법상 공무원연금급여 재심위원회에 대한 심사청구 제도는 사안의 전문성과 특수성을 살리기 위하여 특히 필요하여 행정심판법에 따른 일반행정심판을 갈음하는 특별한 행정불복절차(행정심판법 제4조 제1항), 즉 특별행정심판에 해당한다(대판 2019. 8. 9. 2019두38656).

(4) 행정심판의 대상

심판대상에 대하여 개괄주의를 채택하여 행정청의 위법 · 부당한 처분 또는 부작위에 대하여 일반적으로 행정심판을 제기할 수 있다. 다만, 대통령의 처분 또는 부작위에 대하여는 다른 법률에서 행정심판을 청구할 수 있도록 정한 경우 외에는 행정심판을 청구할 수 없다.

① **행정청** : 행정청이란 행정에 관한 의사를 결정하여 표시하는 국가 또는 지방자치단체의 기관, 그 밖에 법령 또는 자치법규에 따라 행정권한을 가지고 있거나 위탁을 받은 공공단체나 그 기관 또는 사인을 말한다(행정심판법 제2조 제4호).

② **처분**

   ⊙ 처분이란 행정청이 행하는 구체적 사실에 관한 법집행으로서의 공권력의 행사 또는 그 거부, 그 밖에 이에 준하는 행정작용을 말한다(행정심판법 제2조 제1호).

   ⓒ 공권력의 행사에는 강학상의 행정행위 뿐만 아니라 권력적 사실행위도 포함된다.

   ⓒ 거부처분은 현재의 법률상태를 변동시키지 않으려는 의사 표현으로서 소극적 공권력 행사에 해당한다. 거부처분에 대해서는 취소심판을 제기할 수도 있고, 의무이행심판을 제기할 수도 있다. 법령에 일정한 기간 내에 처분이 없으면 이를 거부한 것으로 본다는 규정이 있는 경우 거부처분으로 의제된다(간주거부).

ⓔ 그 밖에 이에 준하는 행정작용은 행정심판의 대상을 넓히기 위한 일종의 포괄적 개념이다.

③ **부작위** : 부작위는 행정청이 당사자의 신청에 대하여 상당기간 내에 일정한 처분을 하여야 할 법률상 의무가 있음에도 이를 하지 않는 것을 말한다.

(5) 행정심판기관

① 행정심판기관의 설치

행정심판법 제6조(행정심판위원회의 설치)

① 다음 각 호의 행정청 또는 그 소속 행정청(행정기관의 계층구조와 관계없이 그 감독을 받거나 위탁을 받은 모든 행정청을 말하되, 위탁을 받은 행정청은 그 위탁받은 사무에 관하여는 위탁한 행정청의 소속 행정청으로 본다.)의 처분 또는 부작위에 대한 행정심판의 청구(이하 "심판청구")에 대하여는 다음 각 호의 행정청에 두는 행정심판위원회에서 심리·재결한다.

1. 감사원, 국가정보원장, 그 밖에 대통령령으로 정하는 대통령 소속기관의 장
2. 국회사무총장·법원행정처장·헌법재판소사무처장 및 중앙선거관리위원회사무총장
3. 국가인권위원회, 그 밖에 지위·성격의 독립성과 특수성 등이 인정되어 대통령령으로 정하는 행정청

② 다음 각 호의 행정청의 처분 또는 부작위에 대한 심판청구에 대하여는 「부패방지 및 국민권익위원회의 설치와 운영에 관한 법률」에 따른 국민권익위원회(이하 "국민권익위원회")에 두는 중앙행정심판위원회에서 심리·재결한다. 〈개정 2012. 2. 17.〉

1. 제1항에 따른 행정청 외의 국가행정기관의 장 또는 그 소속 행정청
2. 특별시장·광역시장·특별자치시장·도지사·특별자치도지사(특별시·광역시·특별자치시·도 또는 특별자치도의 교육감을 포함한다. 이하 "시·도지사"라 한다) 또는 특별시·광역시·특별자치시·도·특별자치도(이하 "시·도"라 한다)의 의회(의장, 위원회의 위원장, 사무처장 등 의회 소속 모든 행정청을 포함한다)
3. 「지방자치법」에 따른 지방자치단체조합 등 관계 법률에 따라 국가·지방자치단체·공공법인 등이 공동으로 설립한 행정청. 다만, 제3항제3호에 해당하는 행정청은 제외한다.

③ 다음 각 호의 행정청의 처분 또는 부작위에 대한 심판청구에 대하여는 시·도지사 소속으로 두는 행정심판위원회에서 심리·재결한다.

1. 시·도 소속 행정청
2. 시·도의 관할구역에 있는 시·군·자치구의 장, 소속 행정청 또는 시·군·자치구의 의회(의장, 위원회의 위원장, 사무국장, 사무과장 등 의회 소속 모든 행정청을 포함한다)
3. 시·도의 관할구역에 있는 둘 이상의 지방자치단체(시·군·자치구를 말한다)·공공법인 등이 공동으로 설립한 행정청

④ 제2항 제1호에도 불구하고 대통령령으로 정하는 국가행정기관 소속 특별지방행정기관의 장의 처분 또는 부작위에 대한 심판청구에 대하여는 해당 행정청의 직근 상급행정기관에 두는 행정심판위원회에서 심리·재결한다.

- 국가공무원법 · 지방공무원법에 따른 소청심사위원회, 국세기본법에 따른 조세심판원, 토지보상법에 따른 중앙토지수용위원회 등과 같이 개별법에서 제3의 기관을 통해 심리 · 재결하게 하는 경우도 있다.

> **판례**
>
> 교원소청심사위원회의 결정은 학교법인 등에 대하여 기속력을 가지고 이는 그 결정의 주문에 포함된 사항뿐 아니라 그 전제가 된 요건사실의 인정과 판단, 즉 불리한 처분 등의 구체적 위법사유에 관한 판단에까지 미친다. 따라서 교원소청심사위원회가 사립학교 교원의 소청심사청구를 인용하여 불리한 처분 등을 취소한 데 대하여 행정소송이 제기되지 아니하거나 그에 대하여 학교법인 등이 제기한 행정소송에서 법원이 교원소청심사위원회 결정의 취소를 구하는 청구를 기각하여 그 결정이 그대로 확정되면, 결정의 주문과 그 전제가 되는 이유에 관한 판단만이 학교법인 등을 기속하게 되고, 설령 판결 이유에서 교원소청심사위원회의 결정과 달리 판단된 부분이 있더라도 이는 기속력을 가질 수 없다. 그러므로 사립학교 교원이 어떠한 불리한 처분을 받아 교원소청심사위원회에 소청심사청구를 하였고, 이에 대하여 교원소청심사위원회가 그 사유 자체가 인정되지 않는다는 이유로 양정의 당부에 대해서는 나아가 판단하지 않은 채 처분을 취소하는 결정을 한 경우, 그에 대하여 학교법인 등이 제기한 행정소송 절차에서 심리한 결과 처분사유 중 일부 사유는 인정된다고 판단되면 법원으로서는 교원소청심사위원회의 결정을 취소하여야 한다(대판 2018. 7.12. 2017두65821).

② 행정심판위원회의 구성

행정심판법 제7조(행정심판위원회의 구성)
① 행정심판위원회(중앙행정심판위원회는 제외)는 <u>위원장 1명을 포함하여 50명 이내의 위원으로 구성한다.</u>
② <u>행정심판위원회의 위원장은 그 행정심판위원회가 소속된 행정청이 되며,</u> 위원장이 없거나 부득이한 사유로 직무를 수행할 수 없거나 위원장이 필요하다고 인정하는 경우에는 다음 각 호의 순서에 따라 위원이 위원장의 직무를 대행한다.
   1. 위원장이 사전에 지명한 위원
   2. 제4항에 따라 지명된 공무원인 위원(2명 이상인 경우에는 직급 또는 고위공무원단에 속하는 공무원의 직무등급이 높은 위원 순서로, 직급 또는 직무등급도 같은 경우에는 위원 재직기간이 긴 위원 순서로, 재직기간도 같은 경우에는 연장자 순서로 한다)
③ 제2항에도 불구하고 제6조제3항에 따라 <u>시 · 도지사 소속으로 두는 행정심판위원회의 경우에는 해당 지방자치단체의 조례로 정하는 바에 따라 공무원이 아닌 위원을 위원장으로 정할 수 있다.</u> 이 경우 <u>위원장은 비상임으로 한다.</u>
④ 행정심판위원회의 위원은 해당 행정심판위원회가 소속된 행정청이 다음 각 호의 어느 하나에 해당하는 사람 중에서 성별을 고려하여 위촉하거나 그 소속 공무원 중에서 지명한다.
   1. 변호사 자격을 취득한 후 5년 이상의 실무 경험이 있는 사람
   2. 「고등교육법」 제2조제1호부터 제6호까지의 규정에 따른 학교에서 조교수 이상으로 재직하거나 재직하였던 사람
   3. 행정기관의 4급 이상 공무원이었거나 고위공무원단에 속하는 공무원이었던 사람
   4. 박사학위를 취득한 후 해당 분야에서 5년 이상 근무한 경험이 있는 사람
   5. 그 밖에 행정심판과 관련된 분야의 지식과 경험이 풍부한 사람

⑤ 행정심판위원회의 회의는 위원장과 위원장이 회의마다 지정하는 8명의 위원(그중 제4항에 따른 위촉위원은 6명 이상으로 하되, 제3항에 따라 위원장이 공무원이 아닌 경우에는 5명 이상으로 한다)으로 구성한다. 다만, 국회규칙, 대법원규칙, 헌법재판소규칙, 중앙선거관리위원회규칙 또는 대통령령(제6조제3항에 따라 시·도지사 소속으로 두는 행정심판위원회의 경우에는 해당 지방자치단체의 조례)으로 정하는 바에 따라 위원장과 위원장이 회의마다 지정하는 6명의 위원(그중 제4항에 따른 위촉위원은 5명 이상으로 하되, 제3항에 따라 공무원이 아닌 위원이 위원장인 경우에는 4명 이상으로 한다)으로 구성할 수 있다.
⑥ 행정심판위원회는 제5항에 따른 구성원 과반수의 출석과 출석위원 과반수의 찬성으로 의결한다.
⑦ 행정심판위원회의 조직과 운영, 그 밖에 필요한 사항은 국회규칙, 대법원규칙, 헌법재판소규칙, 중앙선거관리위원회규칙 또는 대통령령으로 정한다.

③ 중앙행정심판위원회의 구성

행정심판법 제8조(중앙행정심판위원회의 구성)
① 중앙행정심판위원회는 위원장 1명을 포함하여 70명 이내의 위원으로 구성하되, 위원 중 상임위원은 4명 이내로 한다.
② 중앙행정심판위원회의 위원장은 국민권익위원회의 부위원장 중 1명이 되며, 위원장이 없거나 부득이한 사유로 직무를 수행할 수 없거나 위원장이 필요하다고 인정하는 경우에는 상임위원(상임으로 재직한 기간이 긴 위원 순서로, 재직기간이 같은 경우에는 연장자 순서로 한다)이 위원장의 직무를 대행한다.
③ 중앙행정심판위원회의 상임위원은 일반직공무원으로서 「국가공무원법」 제26조의5에 따른 임기제공무원으로 임명하되, 3급 이상 공무원 또는 고위공무원단에 속하는 일반직공무원으로 3년 이상 근무한 사람이나 그 밖에 행정심판에 관한 지식과 경험이 풍부한 사람 중에서 중앙행정심판위원회 위원장의 제청으로 국무총리를 거쳐 대통령이 임명한다.
④ 중앙행정심판위원회의 비상임위원은 제7조제4항 각 호의 어느 하나에 해당하는 사람 중에서 중앙행정심판위원회 위원장의 제청으로 국무총리가 성별을 고려하여 위촉한다.
⑤ 중앙행정심판위원회의 회의(제6항에 따른 소위원회 회의는 제외한다)는 위원장, 상임위원 및 위원장이 회의마다 지정하는 비상임위원을 포함하여 총 9명으로 구성한다.
⑥ 중앙행정심판위원회는 심판청구사건(이하 "사건") 중 「도로교통법」에 따른 자동차운전면허 행정처분에 관한 사건(소위원회가 중앙행정심판위원회에서 심리·의결하도록 결정한 사건은 제외)을 심리·의결하게 하기 위하여 4명의 위원으로 구성하는 소위원회를 둘 수 있다.
⑦ 중앙행정심판위원회 및 소위원회는 각각 제5항 및 제6항에 따른 구성원 과반수의 출석과 출석위원 과반수의 찬성으로 의결한다.
⑧ 중앙행정심판위원회는 위원장이 지정하는 사건을 미리 검토하도록 필요한 경우에는 전문위원회를 둘 수 있다.
⑨ 중앙행정심판위원회, 소위원회 및 전문위원회의 조직과 운영 등에 필요한 사항은 대통령령으로 정한다.

④ 위원의 임기 및 신분보장

행정심판법 제9조(위원의 임기 및 신분보장 등)
① 제7조 제4항에 따라 지명된 위원은 그 직에 재직하는 동안 재임한다.
② 제8조 제3항에 따라 임명된 중앙행정심판위원회 상임위원의 임기는 3년으로 하며, 1차에 한하여 연임할 수 있다.
③ 제7조 제4항 및 제8조 제4항에 따라 위촉된 위원의 임기는 2년으로 하되, 2차에 한하여 연임할 수 있다. 다만, 제6조 제1항 제2호에 규정된 기관에 두는 행정심판위원회의 위촉위원의 경우에는 각각 국회규칙, 대법원규칙, 헌법재판소규칙 또는 중앙선거관리위원회규칙으로 정하는 바에 따른다.
④ 다음 각 호의 어느 하나에 해당하는 사람은 제6조에 따른 행정심판위원회(이하 "위원회")의 위원이 될 수 없으며, 위원이 이에 해당하게 된 때에는 당연히 퇴직한다.
  1. 대한민국 국민이 아닌 사람
  2.「국가공무원법」제33조 각 호의 어느 하나에 해당하는 사람
⑤ 제7조 제4항 및 제8조 제4항에 따라 위촉된 위원은 금고(禁錮) 이상의 형을 선고받거나 부득이한 사유로 장기간 직무를 수행할 수 없게 되는 경우 외에는 임기 중 그의 의사와 다르게 해촉(解囑)되지 아니한다.

(6) 당사자와 관계인

① **당사자** : 행정심판의 당사자에는 청구인과 피청구인이 있다.
  ㉠ **청구인** : 행정청의 처분 또는 부작위에 불복하여 그 취소·변경을 위해 행정심판을 제기하는 자를 말한다.

행정심판법 제13조(청구인 적격)
① 취소심판은 처분의 취소 또는 변경을 구할 법률상 이익이 있는 자가 청구할 수 있다. 처분의 효과가 기간의 경과, 처분의 집행, 그 밖의 사유로 소멸된 뒤에도 그 처분의 취소로 회복되는 법률상 이익이 있는 자의 경우에도 또한 같다.
② 무효등확인심판은 처분의 효력 유무 또는 존재 여부의 확인을 구할 법률상 이익이 있는 자가 청구할 수 있다.
③ 의무이행심판은 처분을 신청한 자로서 행정청의 거부처분 또는 부작위에 대하여 일정한 처분을 구할 법률상 이익이 있는 자가 청구할 수 있다.

제14조(법인이 아닌 사단 또는 재단의 청구인 능력) 법인이 아닌 사단 또는 재단으로서 대표자나 관리인이 정하여져 있는 경우에는 그 사단이나 재단의 이름으로 심판청구를 할 수 있다.

  ㉡ **피청구인** : 심판대상인 처분 또는 부작위를 행한 행정청이 된다.

행정심판법 제17조(피청구인의 적격 및 경정)
① 행정심판은 처분을 한 행정청(의무이행심판의 경우에는 청구인의 신청을 받은 행정청)을 피청구인으로 하여 청구하여야 한다. 다만, 심판청구의 대상과 관계되는 권한이 다른 행정청에 승계된 경우에는 권한을 승계한 행정청을 피청구인으로 하여야 한다.

② 청구인이 피청구인을 잘못 지정한 경우에는 <u>위원회는 직권으로 또는 당사자의 신청에 의하여 결정으로써 피청구인을 경정(更正)할 수 있다.</u>

③ 위원회는 제2항에 따라 피청구인을 경정하는 결정을 하면 결정서 정본을 당사자(종전의 피청구인과 새로운 피청구인을 포함한다. 이하 제6항에서 같다)에게 송달하여야 한다.

④ 제2항에 따른 결정이 있으면 <u>종전의 피청구인에 대한 심판청구는 취하되고 종전의 피청구인에 대한 행정심판이 청구된 때에 새로운 피청구인에 대한 행정심판이 청구된 것으로 본다.</u>

⑤ <u>위원회는 행정심판이 청구된 후에 제1항 단서의 사유가 발생하면 직권으로 또는 당사자의 신청에 의하여 결정으로써 피청구인을 경정한다.</u> 이 경우에는 제3항과 제4항을 준용한다.

⑥ 당사자는 제2항 또는 제5항에 따른 위원회의 결정에 대하여 <u>결정서 정본을 받은 날부터 7일 이내에 위원회에 이의신청을 할 수 있다.</u>

② 관계인

　㉠ **참가인** : 행정심판의 결과에 대해 이해관계가 있는 제3자나 행정청으로서 당해 행정심판에 참가하는 자를 말한다.

행정심판법 제20조(심판참가)

① <u>행정심판의 결과에 이해관계가 있는 제3자나 행정청은 해당 심판청구에 대한 제7조제6항 또는 제8조제7항에 따른 위원회나 소위원회의 의결이 있기 전까지 그 사건에 대하여 심판참가를 할 수 있다.</u>

② 제1항에 따른 심판참가를 하려는 자는 참가의 취지와 이유를 적은 참가신청서를 위원회에 제출하여야 한다. 이 경우 당사자의 수만큼 참가신청서 부본을 함께 제출하여야 한다.

③ 위원회는 제2항에 따라 참가신청서를 받으면 참가신청서 부본을 당사자에게 송달하여야 한다.

④ 제3항의 경우 위원회는 기간을 정하여 당사자와 다른 참가인에게 제3자의 참가신청에 대한 의견을 제출하도록 할 수 있으며, 당사자와 다른 참가인이 그 기간에 의견을 제출하지 아니하면 의견이 없는 것으로 본다.

⑤ 위원회는 제2항에 따라 참가신청을 받으면 허가 여부를 결정하고, 지체 없이 신청인에게는 결정서 정본을, 당사자와 다른 참가인에게는 결정서 등본을 송달하여야 한다.

⑥ 신청인은 제5항에 따라 송달을 받은 날부터 7일 이내에 위원회에 이의신청을 할 수 있다.

제21조(심판참가의 요구)

① <u>위원회는 필요하다고 인정하면 그 행정심판 결과에 이해관계가 있는 제3자나 행정청에 그 사건 심판에 참가할 것을 요구할 수 있다.</u>

② 제1항의 요구를 받은 제3자나 행정청은 지체 없이 그 사건 심판에 참가할 것인지 여부를 위원회에 통지하여야 한다.

제22조(참가인의 지위)

① 참가인은 행정심판 절차에서 당사자가 할 수 있는 심판절차상의 행위를 할 수 있다.

② 이 법에 따라 당사자가 위원회에 서류를 제출할 때에는 참가인의 수만큼 부본을 제출하여야 하고, 위원회가 당사자에게 통지를 하거나 서류를 송달할 때에는 참가인에게도 통지하거나 송달하여야 한다.

③ 참가인의 대리인 선임과 대표자 자격 및 서류 제출에 관하여는 제18조, 제19조 및 이 조 제2항을 준용한다.

ⓛ 대리인 : 행정심판의 청구인과 피청구인은 각각 대리인을 선임하여 당해 심판청구에 관한 행위를 하게 할 수 있다.

(7) 행정심판청구의 제기

① 심판청구기간 ✔자주출제

행정심판법 제27조(심판청구의 기간)
① 행정심판은 <u>처분이 있음을 알게 된 날부터 90일 이내에 청구하여야</u> 한다.
② 청구인이 천재지변, 전쟁, 사변(事變), 그 밖의 불가항력으로 인하여 제1항에서 정한 기간에 심판청구를 할 수 없었을 때에는 <u>그 사유가 소멸한 날부터 14일 이내에 행정심판을 청구할 수 있다.</u> 다만, 국외에서 행정심판을 청구하는 경우에는 그 기간을 30일로 한다.
③ 행정심판은 <u>처분이 있었던 날부터 180일이 지나면 청구하지 못한다.</u> 다만, 정당한 사유가 있는 경우에는 그러하지 아니하다.
④ 제1항과 제2항의 기간은 <u>불변기간(不變期間)</u>으로 한다.
⑤ 행정청이 심판청구 기간을 제1항에 규정된 기간보다 긴 기간으로 잘못 알린 경우 그 잘못 알린 기간에 심판청구가 있으면 그 행정심판은 제1항에 규정된 기간에 청구된 것으로 본다.
⑥ 행정청이 심판청구 기간을 알리지 아니한 경우에는 제3항에 규정된 기간에 심판청구를 할 수 있다.
⑦ 제1항부터 제6항까지의 규정은 <u>무효등확인심판청구와 부작위에 대한 의무이행심판청구에는 적용하지 아니한다.</u>

> **판례**
> 국세기본법의 적용을 받는 처분과 달리 행정심판법의 적용을 받는 처분인 과징금부과처분에 대한 심판청구기간의 기산점인 <u>행정심판법 제18조 제1항 소정의 '처분이 있음을 안 날'이라 함은 당사자가 통지·공고 기타의 방법에 의하여 당해 처분이 있었다는 사실을 현실적으로 안 날을 의미하고, 추상적으로 알 수 있었던 날을 의미하는 것은 아니라 할 것이며, 다만 처분을 기재한 서류가 당사자의 주소에 송달되는 등으로 사회통념상 처분이 있음을 당사자가 알 수 있는 상태에 놓여진 때에는 반증이 없는 한 그 처분이 있음을 알았다고 추정할 수는 있다.</u> 아파트 경비원이 관례에 따라 부재중인 납부의무자에게 배달되는 과징금부과처분의 납부고지서를 수령한 경우, 납부의무자가 아파트 경비원에게 우편물 등의 수령권한을 위임한 것으로 볼 수는 있을지언정, 과징금부과처분의 대상으로 된 사항에 관하여 납부의무자를 대신하여 처리할 권한까지 위임한 것으로 볼 수는 없고, 설사 위 경비원이 위 납부고지서를 수령한 때에 위 부과처분이 있음을 알았다고 하더라도 이로써 납부의무자 자신이 그 부과처분이 있음을 안 것과 동일하게 볼 수는 없다(대판 2002. 8. 27. 2002두3850).

② 행정심판청구서 제출

행정심판법 제23조(심판청구서의 제출)
① 행정심판을 청구하려는 자는 제28조에 따라 심판청구서를 작성하여 <u>피청구인이나 위원회에 제출하여야</u> 한다. 이 경우 피청구인의 수만큼 심판청구서 부본을 함께 제출하여야 한다.
② 행정청이 제58조에 따른 고지를 하지 아니하거나 잘못 고지하여 청구인이 심판청구서를 다른 행정기관에 제출한 경우에는 <u>그 행정기관은 그 심판청구서를 지체 없이 정당한 권한이 있는 피청구인에게 보내야 한다.</u>

③ 제2항에 따라 심판청구서를 보낸 행정기관은 지체 없이 그 사실을 청구인에게 알려야 한다.

④ 제27조에 따른 심판청구 기간을 계산할 때에는 제1항에 따른 피청구인이나 위원회 또는 제2항에 따른 행정기관에 심판청구서가 제출되었을 때에 행정심판이 청구된 것으로 본다.

③ 심판청구의 방식 및 변경

제28조(심판청구의 방식)

① 심판청구는 <u>서면으로</u> 하여야 한다.

② 처분에 대한 심판청구의 경우에는 심판청구서에 다음 각 호의 사항이 포함되어야 한다.

    1. 청구인의 이름과 주소 또는 사무소(주소 또는 사무소 외의 장소에서 송달받기를 원하면 송달장소를 추가로 적어야 한다)

    2. 피청구인과 위원회

    3. 심판청구의 대상이 되는 처분의 내용

    4. 처분이 있음을 알게 된 날

    5. 심판청구의 취지와 이유

    6. 피청구인의 행정심판 고지 유무와 그 내용

③ 부작위에 대한 심판청구의 경우에는 제2항제1호 · 제2호 · 제5호의 사항과 그 부작위의 전제가 되는 신청의 내용과 날짜를 적어야 한다.

④ 청구인이 법인이거나 제14조에 따른 청구인 능력이 있는 법인이 아닌 사단 또는 재단이거나 행정심판이 선정대표자나 대리인에 의하여 청구되는 것일 때에는 제2항 또는 제3항의 사항과 함께 그 대표자 · 관리인 · 선정대표자 또는 대리인의 이름과 주소를 적어야 한다.

⑤ 심판청구서에는 청구인 · 대표자 · 관리인 · 선정대표자 또는 대리인이 서명하거나 날인하여야 한다.

제29조(청구의 변경)

① 청구인은 <u>청구의 기초에 변경이 없는 범위에서 청구의 취지나 이유를 변경할 수 있다.</u>

② 행정심판이 청구된 후에 피청구인이 새로운 처분을 하거나 심판청구의 대상인 처분을 변경한 경우에는 청구인은 새로운 처분이나 변경된 처분에 맞추어 청구의 취지나 이유를 변경할 수 있다.

③ 제1항 또는 제2항에 따른 청구의 변경은 <u>서면으로 신청하여야</u> 한다. 이 경우 피청구인과 참가인의 수만큼 청구변경신청서 부본을 함께 제출하여야 한다.

④ 위원회는 제3항에 따른 청구변경신청서 부본을 피청구인과 참가인에게 송달하여야 한다.

⑤ 제4항의 경우 위원회는 기간을 정하여 피청구인과 참가인에게 청구변경 신청에 대한 의견을 제출하도록 할 수 있으며, 피청구인과 참가인이 그 기간에 의견을 제출하지 아니하면 의견이 없는 것으로 본다.

⑥ 위원회는 제1항 또는 제2항의 청구변경 신청에 대하여 허가할 것인지 여부를 결정하고, 지체 없이 신청인에게는 결정서 정본을, 당사자 및 참가인에게는 결정서 등본을 송달하여야 한다.

⑦ 신청인은 제6항에 따라 <u>송달을 받은 날부터 7일 이내에 위원회에 이의신청</u>을 할 수 있다.

⑧ <u>청구의 변경결정이 있으면 처음 행정심판이 청구되었을 때부터 변경된 청구의 취지나 이유로 행정심판이 청구된 것으로 본다.</u>

④ 행정심판제기의 효과

　　㉠ 행정심판이 제기되면 행정심판위원회가 지체없이 심리 · 의결하여야 한다.

　　㉡ 행정심판이 제기되어도 이는 원칙적으로 처분의 효력이나 집행 또는 절차의 속행에 영향을 주지 않는다 (집행부정지의 원칙).

　　㉢ **집행정지**(행정심판법 제30조) : 위원회는 ⓐ 집행정지의 대상인 처분이 존재하고, ⓑ 심판청구가 행정심판위원회에 계속되고 있고, ⓒ 처분이나 그 집행 또는 절차의 속행 때문에 중대한 손해가 생기는 것을 예방할 긴급한 필요가 존재하고, ⓓ 공공복리에 중대한 영향을 미칠 우려가 없으며, ⓔ 본안의 이유 없음이 명백하지 않은 경우, 당사자의 신청이나 직권에 의해 처분의 효력이나 그 집행 또는 절차의 속행의 전부 또는 일부의 정지를 결정할 수 있다. 다만, 처분의 효력정지는 처분의 집행 또는 절차의 속행을 정지함으로써 그 목적을 달성할 수 있을 때에는 허용되지 아니한다.

행정심판법 제30조(집행정지)

① 심판청구는 처분의 효력이나 그 집행 또는 절차의 속행(續行)에 영향을 주지 아니한다.

② 위원회는 처분, 처분의 집행 또는 절차의 속행 때문에 중대한 손해가 생기는 것을 예방할 필요성이 긴급하다고 인정할 때에는 직권으로 또는 당사자의 신청에 의하여 처분의 효력, 처분의 집행 또는 절차의 속행의 전부 또는 일부의 정지(이하 "집행정지")를 결정할 수 있다. 다만, 처분의 효력정지는 처분의 집행 또는 절차의 속행을 정지함으로써 그 목적을 달성할 수 있을 때에는 허용되지 아니한다.

③ 집행정지는 공공복리에 중대한 영향을 미칠 우려가 있을 때에는 허용되지 아니한다.

④ 위원회는 집행정지를 결정한 후에 집행정지가 공공복리에 중대한 영향을 미치거나 그 정지사유가 없어진 경우에는 직권으로 또는 당사자의 신청에 의하여 집행정지 결정을 취소할 수 있다.

⑤ 집행정지 신청은 심판청구와 동시에 또는 심판청구에 대한 제7조 제6항 또는 제8조 제7항에 따른 위원회나 소위원회의 의결이 있기 전까지, 집행정지 결정의 취소신청은 심판청구에 대한 제7조 제6항 또는 제8조 제7항에 따른 위원회나 소위원회의 의결이 있기 전까지 신청의 취지와 원인을 적은 서면을 위원회에 제출하여야 한다. 다만, 심판청구서를 피청구인에게 제출한 경우로서 심판청구와 동시에 집행정지 신청을 할 때에는 심판청구서 사본과 접수증명서를 함께 제출하여야 한다.

⑥ 제2항과 제4항에도 불구하고 위원회의 심리 · 결정을 기다릴 경우 중대한 손해가 생길 우려가 있다고 인정되면 위원장은 직권으로 위원회의 심리 · 결정을 갈음하는 결정을 할 수 있다. 이 경우 위원장은 지체 없이 위원회에 그 사실을 보고하고 추인(追認)을 받아야 하며, 위원회의 추인을 받지 못하면 위원장은 집행정지 또는 집행정지 취소에 관한 결정을 취소하여야 한다.

⑦ 위원회는 집행정지 또는 집행정지의 취소에 관하여 심리 · 결정하면 지체 없이 당사자에게 결정서 정본을 송달하여야 한다.

　　㉣ **임시처분**(행정심판법 제31조) : 위원회는 ⓐ 처분 또는 부작위가 위법 · 부당하다고 상당히 의심되고, ⓑ 행정심판청구가 계속되고 있으며, ⓒ 처분 또는 부작위 때문에 당사자가 받을 우려가 있는 중대한 불이익이나 당사자에게 생길 급박한 위험이 존재하고, ⓓ 이를 막기 위해 임시의 지위를 정하여야 할 필요가 존재하며, ⓔ 공공복리에 중대한 영향을 미칠 우려가 없는 경우, 당사자의 신청이나 직권에 의해 임시처분을 결정할 수 있다. 다만, 임시처분은 집행정지로 목적을 달성할 수 있는 경우에는 허용되지 않는다.

(8) 행정심판의 심리

① **의의** : 재결의 기초가 될 사실관계와 법률관계를 명확히 하기 위해 당사자와 관계인의 증언을 듣고 증거자료를 수집·조사하는 과정이다.

② **요건심리와 본안심리**

　㉠ **요건심리** : 당해 심판청구가 적법한 심판청구요건을 충족하였는지를 형식적으로 심리하는 것을 말한다. 요건심리를 갖추지 못한 심판청구는 각하된다. 다만, 경미한 사항은 직권으로 보정할 수 있다.

　㉡ **본안심리** : 형식적 요건을 구비한 심판청구의 내용에 관하여 실질적으로 심사하는 것을 말한다. 본안심리 결과에 따라 심판청구는 인용 또는 기각된다.

③ **심리의 범위**

　㉠ **불고불리의 원칙** : 당사자가 주장하거나 원용하는 사항과 내용에 대해서만 심리하며 주장하지 않은 사항에 대해서는 심리하지 않는다는 원칙을 말한다.

　㉡ **불이익변경금지의 원칙** : 재결청은 원처분보다 당사자에게 불리한 내용의 재결을 하지 못한다.

④ **심리절차** : 대심주의, 직권심리주의, 서면심리주의, 비공개주의 등이 적용된다.

• 중앙행정심판위원회의 시정조치 요청

⑤ **관련청구의 병합과 분리** : 위원회는 필요하면 관련되는 심판청구를 병합하여 심리하거나 병합된 관련 청구를 분리하여 심리할 수 있다(행정심판법 제37조).

(9) 행정심판의 재결 ✔자주출제

① **의의** : 재결이란 행정심판의 청구에 대하여 행정심판위원회가 행하는 판단을 말한다(행정심판법 제2조 제3호). 재결도 행정소송의 대상인 행정행위에 해당한다.

② **재결기간 및 재결의 방식**
　㉠ 재결은 피청구인 또는 위원회가 심판청구서를 받은 날부터 60일 이내에 하여야 한다. 다만, 부득이한 사정이 있는 경우에는 위원장이 직권으로 30일을 연장할 수 있다(행정심판법 제45조 제1항).
　㉡ 재결은 서면으로 한다(행정심판법 제46조 제1항).

③ **재결의 범위**(행정심판법 제47조)
　㉠ **불고불리의 원칙** : 위원회는 심판청구의 대상이 되는 처분 또는 부작위 외의 사항에 대하여는 재결하지 못한다.
　㉡ **불이익변경금지의 원칙** : 위원회는 심판청구의 대상이 되는 처분보다 청구인에게 불리한 재결을 하지 못한다.

④ **재결의 종류**
　㉠ **각하재결** : 요건심리 결과 요건에 흠이 있어 본안심리를 거부하는 재결을 말한다.
　㉡ **기각재결** : 본안심리결과 심판청구가 이유 없다고 하여 청구를 배척하는 재결을 말한다.
　㉢ **인용재결** : 본안심리결과 심판청구가 이유 있다고 인정하여 청구의 취지를 받아들이는 재결을 말한다.
　　cf▶ 취소심판의 인용재결 : 취소재결, 변경재결, 변경명령재결
　　　　의무이행심판의 인용재결 : 처분재결, 처분명령재결

ㄹ 사정재결

행정심판법 제44조(사정재결)
① <u>위원회는 심판청구가 이유가 있다고 인정하는 경우에도 이를 인용(認容)하는 것이 공공복리에 크게 위배된다고 인정하면 그 심판청구를 기각하는 재결을 할 수 있다. 이 경우 위원회는 재결의 주문(主文)에서 그 처분 또는 부작위가 위법하거나 부당하다는 것을 구체적으로 밝혀야 한다.</u>
② <u>위원회는 제1항에 따른 재결을 할 때에는 청구인에 대하여 상당한 구제방법을 취하거나 상당한 구제방법을 취할 것을 피청구인에게 명할 수 있다.</u>
③ 제1항과 제2항은 <u>무효등확인심판에는 적용하지 아니한다.</u>

⑤ **재결의 효력** : 재결도 행정행위이므로 그것이 당연무효인 경우를 제외하고 다른 행정행위와 마찬가지로 공정력, 기속력, 불가쟁력 등을 가진다. 또한 원처분에는 없는 재결자체에 고유한 위법이 있는 경우에는 재결을 대상으로 소송을 제기할 수 있다.

행정심판법 제49조(재결의 기속력 등)
① 심판청구를 인용하는 재결은 <u>피청구인과 그 밖의 관계 행정청을 기속(羈束)한다.</u>
② 재결에 의하여 취소되거나 무효 또는 부존재로 확인되는 처분이 당사자의 신청을 거부하는 것을 내용으로 하는 경우에는 <u>그 처분을 한 행정청은 재결의 취지에 따라 다시 이전의 신청에 대한 처분을 하여야 한다.</u>
③ <u>당사자의 신청을 거부하거나 부작위로 방치한 처분의 이행을 명하는 재결이 있으면 행정청은 지체 없이 이전의 신청에 대하여 재결의 취지에 따라 처분을 하여야 한다.</u>
④ 신청에 따른 처분이 절차의 위법 또는 부당을 이유로 재결로써 취소된 경우에는 제2항을 준용한다.
⑤ 법령의 규정에 따라 공고하거나 고시한 처분이 재결로써 취소되거나 변경되면 처분을 한 행정청은 지체 없이 그 처분이 취소 또는 변경되었다는 것을 공고하거나 고시하여야 한다.
⑥ 법령의 규정에 따라 처분의 상대방 외의 이해관계인에게 통지된 처분이 재결로써 취소되거나 변경되면 처분을 한 행정청은 지체 없이 그 이해관계인에게 그 처분이 취소 또는 변경되었다는 것을 알려야 한다.

판례

행정심판의 재결은 피청구인인 행정청을 기속하는 효력을 가지므로 재결청이 취소심판의 청구가 이유 있다고 인정하여 처분청에게 처분을 취소할 것을 명하면 처분청으로서는 그 재결의 취지에 따라 당해 처분을 취소하여야 하는 것이지만, 나아가 <u>그 재결에 판결에서와 같은 기판력이 인정되는 것은 아니어서 재결이 확정된 경우에도 그 처분의 기초가 된 사실관계나 법률적 판단이 확정되고 당사자들이나 법원이 이에 기속되어 모순되는 주장이나 판단을 할 수 없게 되는 것은 아니다. 재결의 기속력은 재결의 주문 및 그 전제가 된 요건사실의 인정과 판단, 즉 처분 등의 구체적 위법사유에 관한 판단에 대하여만 미치고,</u> 종전 처분이 재결에 의하여 취소되었더라도 종전 처분 시와는 다른 사유를 들어 처분을 하는 것은 기속력에 저촉되지 아니한다. 여기서 <u>동일한 사유인지 다른 사유인지는 종전 처분에 관하여 위법한 것으로 재결에서 판단된 사유와 기본적 사실관계에 있어 동일성이 인정되는 사유인지에 따라 판단하여야 한다. 그리고 기본적 사실관계의 동일성 유무는 처분사유를 법률적으로 평가하기 이전의 구체적인 사실에 착안하여 그 기초인 사회적 사실관계가 기본적인 점에서 동일한지에 따라 결정되고,</u> 추가 또는 변경된 사유가 종전 처분 당시에 그 사유를 명기하지 아니하였을 뿐 이미 존재하고 있었고 당사자도 그 사실을 알고 있었다고 하여 당초의 처분사유와 동일성이 있는 것이라고 할 수 없다(대판 2015.11.27. 2013다6759).

⑥ **직접처분과 간접강제** : 처분명령재결의 경우 직접처분과 간접강제 모두 가능하고, 거부처부취소재결 또는 거부처분무효확인재결의 경우에는 간접강제만 가능하다.

　㉠ **직접처분**(행정심판법 제50조) : 위원회는 ⓐ 처분명령재결에도 불구하고 피청구인이 처분을 하지 아니하고, ⓑ 청구인의 신청에 따라 기간을 정하여 시정을 명하였으나 피청구인이 그 기간 내에 시정명령을 이행하지 않았고, ⓒ 처분의 성질이나 그 밖의 불가피한 사유로 위원회가 직접 처분을 할 수 없는 경우에 해당하지 않는 경우 직접 처분을 할 수 있다.

　㉡ **간접강제**(행정심판법 제50조의2) : 위원회는 ⓐ 거부처분취소재결(또는 거부처분무효확인재결)이나 처분명령재결에도 불구하고 피청구인이 처분을 하지 아니하고, ⓑ 청구인의 신청에 따라 위원회가 결정으로 상당한 기간을 정하고 피청구인이 그 기간 내에 이행하지 아니한 경우 그 지연기간에 따라 일정한 배상을 하도록 명하거나 즉시 배상할 것을 명할 수 있다. 청구인은 위원회의 간접강제 결정에 불복하는 경우 행정소송을 제기할 수 있다.

⑦ **재결에 대한 불복** : 행정소송은 원처분주의를 취하고 있으므로, 재결 자체에 고유한 위법이 있는 경우 외에는 원래의 처분을 대상으로 소송을 제기하여야 한다.

⑽ 행정심판청구의 고지제도

① 의의

　㉠ 행정청이 처분을 할 때 그 상대방 또는 이해관계인에게 당해 처분에 대한 불복가능성의 여부 및 필요한 사항 등을 알려주는 제도를 말한다.

　㉡ 비권력적 사실행위이다.

행정심판법 제58조(행정심판의 고지)

① 행정청이 처분을 할 때에는 처분의 상대방에게 다음 각 호의 사항을 알려야 한다.
　1. 해당 처분에 대하여 행정심판을 청구할 수 있는지
　2. 행정심판을 청구하는 경우의 심판청구 절차 및 심판청구 기간

② 행정청은 이해관계인이 요구하면 다음 각 호의 사항을 지체 없이 알려 주어야 한다. 이 경우 서면으로 알려 줄 것을 요구받으면 서면으로 알려 주어야 한다.
　1. 해당 처분이 행정심판의 대상이 되는 처분인지
　2. 행정심판의 대상이 되는 경우 소관 위원회 및 심판청구 기간

② 오고지와 불고지

행정심판법 제27조(심판청구의 기간)

① 행정심판은 처분이 있음을 알게 된 날부터 90일 이내에 청구하여야 한다.
③ 행정심판은 처분이 있었던 날부터 180일이 지나면 청구하지 못한다. 다만, 정당한 사유가 있는 경우에는 그러하지 아니하다.
④ 제1항과 제2항의 기간은 불변기간(不變期間)으로 한다.

③ 고지의무 위반의 효과

> **판례**
> 처분청이 위 규정에 따른 고지의무를 이행하지 아니하였다고 하더라도 경우에 따라서는 행정심판의 제기기간이 연장될 수 있는 것에 그치고 이로 인하여 심판의 대상이 되는 행정처분에 어떤 하자가 수반된다고 할 수 없다(대판 1987.11.24. 87누529).

③ 행정소송 ✔자주출제

(1) 일반론

① 의의
  ㉠ 행정소송이란 법원이 행정법상 법률관계에 관한 분쟁에 대하여 당사자의 소제기에 의해 이를 심리·판단하는 정식재판절차를 말한다.
  ㉡ 행정소송은 임의적 행정심판전치주의, 피고적격, 제소기간의 제한, 직권심리제도, 행정청의 소송참가, 사정판결, 취소판결의 대세적 효력 등에서 일반소송과 다른 특수성이 있다.

② **행정심판과의 비교** : 행정심판은 위법·부당한 처분 모두를 그 대상으로 하지만, 행정소송은 위법한 처분만을 대상으로 한다. 그리고 행정심판법은 항고심판만 규정하고 있으나, 행정소송법은 항고소송, 당사자소송, 민중소송, 기관소송 등을 규정하고 있다.

③ 한계
  ㉠ **헌법에 의한 한계** : 헌법상 국회의원의 징계·자격심사에 관한 사항, 헌법재판소의 권한에 관한 사항, 군사법원의 권한에 관한 사항 등은 행정소송의 대상에서 제외된다.
  ㉡ **사법권 본질에 의한 한계**
  • 구체적 사건성이 결여된 경우(법률문제가 아닌 사실문제 등) 행정소송의 대상이 되지 않는다.
  • 개인의 권리보호를 목적으로 하는 주관적 소송이 원칙적이며, 객관적 소송·단체소송은 법률에 규정이 있는 경우 예외적으로 인정된다.
  ㉢ **권력분립의 원칙에 의한 한계**
  • 원칙적으로 통치행위나 재량행위는 사법심사의 대상에서 제외된다. 다만, 통지행위가 국민의 기본권을 침해해는 경우, 재량행위가 재량권을 일탈·남용한 경우에는 사법심사의 대상이 된다.

- 취소소송에 의해 처분을 변경하는 경우 소극적 변경(일부취소)은 가능하나 적극적 변경(새로운 처분으로 변경)은 인정되지 않는다.
- 부작위위법확인소송이 인정될 뿐 의무이행소송은 인정되지 않는다.

④ 행정소송의 종류

　㉠ 항고소송

- 법정항고소송
- 취소소송은 행정청의 위법한 처분등을 취소 또는 변경하는 소송이다. 처분의 위법성이 소송대상이 된다.
- 무효등확인소송은 행정청의 처분등의 효력 유무 또는 존재여부를 확인하는 소송이다. 유효·무효·실효·존재·부존재확인소송이 있다. 취소소송의 규정 중에서 임의적 행정심판전치주의·제소기간의 제한·사정판결·간접강제는 준용되지 않는다.
- 부작위위법확인소송은 행정청의 부작위가 위법함을 확인하는 소송이다. 취소소송의 규정 중에서 제소기간의 제한(행정심판을 거치지 않은 경우)·처분변경으로 인한 소의 변경·집행부정지의 원칙·사정판결은 준용되지 않는다.

> **판례**
>
> 부작위위법확인의 소는 부작위상태가 계속되는 한 그 위법의 확인을 구할 이익이 있다고 보아야 하므로 원칙적으로 제소기간의 제한을 받지 않는다. 그러나 행정소송법 제38조 제2항이 제소기간을 규정한 같은 법 제20조를 부작위위법확인소송에 준용하고 있는 점에 비추어 보면, 행정심판 등 전심절차를 거친 경우에는 행정소송법 제20조가 정한 제소기간 내에 부작위위법확인의 소를 제기하여야 한다(대판 2009. 7.23. 2008두10560).

- 무명항고소송(비법정항고소송)
- 행정소송법상의 항고소송의 종류에 관한 규정(제4조)이 열거규정인가 예시규정인가에 따라 무명항고소송의 인정여부가 결정된다. 구체적으로 의무이행소송, 작위의무확인소송, 예방적 부작위소송 등을 상정해 볼 수 있으나 대법원은 이를 모두 인정하지 않고 있다.

> **판례**
>
> 현행 행정소송법상 행정청으로 하여금 일정한 행정처분을 하도록 명하는 <u>이행판결을 구하는 소송이나</u> 법원으로 하여금 행정청이 일정한 행정처분을 행한 것과 같은 효과가 있는 행정처분을 직접 행하도록 하는 <u>형성판결을 구하는 소송은 허용되지 아니한다</u>(대판1997. 9.30. 97누3200).
> 건축건물의 준공처분을 하여서는 아니된다는 내용의 <u>부작위를 구하는 청구는 행정소송에서 허용되지 아니하는 것이므로 부적법하다</u>(대판 1987. 3.24. 86누182).
> 행정심판법 제4조 제3호가 의무이행심판청구를 인정하고 있고 항고소송의 제1심 관할법원이 행정청의 소재지를 관할하는 고등법원으로 되어 있다고 하더라도, 행정소송법상 <u>행정청의 부작위에 대하여는 부작위위법확인소송만 인정되고 작위의무의 이행이나 확인을 구하는 행정소송은 허용될 수 없다</u>(대판 1992.11.10. 92누1629).

ⓛ **당사자소송** : 당사자소송은 행정청의 처분등을 원인으로 하는 법률관계에 관한 소송 그 밖에 공법상의 법률관계에 관한 소송으로서 그 법률관계의 한쪽 당사자를 피고로 하는 소송이다. ✔자주출제

- **실질적 당사자소송** : 공법상의 법률관계에 관한 소송으로서 그 법률관계의 한쪽 당사자를 피고로 하는 소송을 말한다. 공법상의 신분 또는 지위의 확인을 구하는 소송, 공법상 계약에 관한 소송 등이 이에 해당한다.
- **형식적 당사자소송** : 실질은 행정청의 처분등을 다투지만, 형식적으로는 처분등으로 형성된 법률관계를 다투는 소송을 말한다. 토지보상법상 토지수용에 따른 보상금액 증감에 관한 토지소유자와 사업시행자 간의 소송이 여기에 해당한다.

ⓒ **민중소송** : 국가 또는 공공단체의 기관이 법률에 위반되는 행위를 한 때에 직접 자기의 법률상 이익과 관계없이 그 시정을 구하기 위하여 제기하는 소송을 말한다. 선거소송이 여기에 해당한다.

ⓔ **기관소송** : 국가 또는 공공단체의 기관상호간에 있어서의 권한의 존부 또는 그 행사에 관한 다툼이 있을 때에 이에 대하여 제기하는 소송이다. 다만, 헌법재판소법 제2조의 규정에 의하여 헌법재판소의 관장사항으로 되는 소송은 제외한다.

(2) 항고소송 ✔자주출제

① 취소소송

ⓐ **의의** : 행정청의 위법한 처분등에 대하여 그 취소·변경을 구할 법률상 이익이 있는 자가 처분 등을 행한 행정청을 피고로 하여 제기하는 소송을 말한다. 항고소송 중 가장 중심이 되는 소송이다.

ⓑ **취소소송의 재판관할**

   ⓐ 원칙 : 취소소송의 제1심 관할법원은 피고의 소재지를 관할하는 행정법원으로 한다. 그러나 중앙행정기관, 중앙행정기관의 부속기관과 합의제행정기관 또는 그 장, 국가의 사무를 위임 또는 위탁받은 공공단체 또는 그 장에 해당하는 피고에 대하여 취소소송을 제기하는 경우에는 대법원소재지를 관할하는 행정법원에 제기할 수 있다. 토지의 수용 기타 부동산 또는 특정의 장소에 관계되는 처분등에 대한 취소소송은 그 부동산 또는 장소의 소재지를 관할하는 행정법원에 이를 제기할 수 있다.

   ⓑ 관할법원에의 이송 : 법원은 소송의 전부 또는 일부가 그 관할에 속하지 아니함을 인정할 때에는 결정으로 관할 법원에 이송한다.

   ⓒ 관련청구소송의 이송·병합 : 소송경제를 도모하고, 판결의 모순·저촉을 방지하기 위하여 관련되는 청구를 하나의 소송절차에서 통일적으로 심판하는 것을 말한다.

- 관련청구소송의 이송을 위해서는 취소소송과 관련청구소송이 각각 다른 법원에 계속 중이고, 이송하는데 상당성이 인정되어야 하며, 당사자의 신청 또는 직권에 의하여야 한다.
- 관련청구소송의 병합을 위해서는 본체인 취소소송이 적법해야 하고 사실심 변론종결 이전이어야 하며, 취소소송이 계속된 법원에 병합하여야 한다.

행정소송법 제10조(관련청구소송의 이송 및 병합)
① 취소소송과 다음 각호의 1에 해당하는 소송(이하 "관련청구소송")이 각각 다른 법원에 계속되고 있는 경우에 관련청구소송이 계속된 법원이 상당하다고 인정하는 때에는 <u>당사자의 신청 또는 직권</u>에 의하여 <u>이를 취소소</u>

> **판례**
>
> 행정소송법 제10조 제1항 제1호는 행정소송에 병합될 수 있는 관련청구에 관하여 '당해 처분 등과 관련되는 손해배상·부당이득반환·원상회복 등의 청구'라고 규정함으로써 그 병합요건으로 본래의 행정소송과의 관련성을 요구하고 있는바, 이는 행정소송에서 계쟁 처분의 효력을 장기간 불확정한 상태에 두는 것은 바람직하지 않다는 관점에서 병합될 수 있는 청구의 범위를 한정함으로써 사건의 심리범위가 확대·복잡화되는 것을 방지하여 그 심판의 신속을 도모하려는 취지라 할 것이므로, 손해배상청구 등의 민사소송이 행정소송에 관련청구로 병합되기 위해서는 그 청구의 내용 또는 발생원인이 행정소송의 대상인 처분 등과 법률상 또는 사실상 공통되거나, 그 처분의 효력이나 존부 유무가 선결문제로 되는 등의 관계에 있어야 함이 원칙이다(대판 2000.10.27. 99두561).
>
> 행정소송법 제38조, 제10조에 의한 관련청구소송의 병합은 본래의 항고소송이 적법할 것을 요건으로 하는 것이어서 본래의 항고소송이 부적법하여 각하되면 그에 병합된 관련청구도 소송요건을 흠결한 부적합한 것으로 각하되어야 한다(대판 2001.11.27. 2000두698).
>
> 행정소송법 제10조는 처분의 취소를 구하는 취소소송에 당해 처분과 관련되는 부당이득반환소송을 관련 청구로 병합할 수 있다고 규정하고 있는바, 취소소송에 병합할 수 있는 당해 처분과 관련되는 부당이득반환소송에는 당해 처분의 취소를 선결문제로 하는 부당이득반환청구가 포함되고, 이러한 부당이득반환청구가 인용되기 위해서는 그 소송절차에서 판결에 의해 당해 처분이 취소되면 충분하고 그 처분의 취소가 확정되어야 하는 것은 아니라고 보아야 한다(대판 2009. 4. 9. 2008두23153).

ⓓ 소의 변경

- 의의 및 종류 : 소송 계속 중 원고가 소송대상인 청구를 변경하는 것을 말한다. 소의 변경에는 소 종류의 변경(행정소송법 제21조), 처분변경으로 인한 소의 변경(행정소송법 제22조), 민사소송과 행정소송 사이의 소의 변경이 있다.

- 소 종류의 변경

－취소소송을 당사자소송 또는 취소소송 외의 항고소송으로의 변경(행정소송법 제21조 제1항)

－무효등 확인소송이나 부작위위법확인소송을 취소소송 또는 당사자소송으로 변경(행정소송법 제37조)

－당사자소송을 항고소송으로 변경(행정소송법 제42조)

－무효등 확인소송과 부작위위법확인소송 사이의 소의 변경은 규정은 없지만, 학설은 긍정

－법원은 소를 변경하는 것이 상당하다고 인정할 때에는 청구의 기초에 변경이 없는 한 사실심의 변론종결시까지 원고의 신청에 의하여 결정으로써 소의 변경을 허가할 수 있다. 소의 변경을 허가 하는 경우 피고를 달리하게 될 때에는 법원은 새로이 피고로 될 자의 의견을 들어야 하며, 허가결정에 대하여는 즉시항고할 수 있다. 법원은 결정의 정본을 새로운 피고에게 송달하여야 하고, 새로운 피고

에 대한 소송은 처음에 소를 제기한 때에 제기된 것으로 보며, 종전의 피고에 대한 소송은 취하된 것으로 본다.

- 처분변경으로 인한 소의 변경
- 법원은 행정청이 소송의 대상인 처분을 소가 제기된 후 변경한 때에는 원고의 신청에 의하여 결정으로써 청구의 취지 또는 원인의 변경을 허가할 수 있다.
- 원고의 신청은 처분의 변경이 있음을 안 날로부터 60일 이내에 하여야 하며, 변경되는 청구는 필요적 행정심판전치에 해당하는 경우에도 그 요건을 갖춘 것으로 본다.
- 민사소송과 행정소송 사이의 소의 변경
- 현행법상 이에 관한 명문 규정은 없지만, 판례는 이를 긍정하고 있다.

> **판례**
>
> 원고가 고의 또는 중대한 과실 없이 행정소송으로 제기하여야 할 사건을 민사소송으로 잘못 제기한 경우, 수소법원으로서는 만약 행정소송에 대한 관할도 동시에 가지고 있다면 이를 행정소송으로 심리·판단하여야 하고, 행정소송에 대한 관할을 가지고 있지 아니하다면 당해 소송이 이미 행정소송으로서의 전심절차 및 제소기간을 도과하였거나 행정소송의 대상이 되는 처분 등이 존재하지도 아니한 상태에 있는 등 행정소송으로서의 소송요건을 결하고 있음이 명백하여 행정소송으로 제기되었더라도 어차피 부적법하게 되는 경우가 아닌 이상 이를 부적법한 소라고 하여 각하할 것이 아니라 관할법원에 이송하여야 한다(대판 2017.11. 9. 2015다215526).
>
> 행정소송법상 취소소송은 처분 등이 있음을 안 날부터 90일 이내에 제기하여야 하고, 처분 등이 있은 날부터 1년을 경과하면 제기하지 못한다(행정소송법 제20조 제1항, 제2항). 그리고 청구취지를 변경하여 구 소가 취하되고 새로운 소가 제기된 것으로 변경되었을 때에 새로운 소에 대한 제소기간의 준수 등은 원칙적으로 소의 변경이 있은 때를 기준으로 하여야 한다. 그러나 선행 처분에 대하여 제소기간 내에 취소소송이 적법하게 제기되어 계속 중에 행정청이 선행 처분서 문언에 일부 오기가 있어 이를 정정할 수 있음에도 선행 처분을 직권으로 취소하고 실질적으로 동일한 내용의 후행 처분을 함으로써 선행 처분과 후행 처분 사이에 밀접한 관련성이 있고 선행 처분에 존재한다고 주장되는 위법사유가 후행 처분에도 마찬가지로 존재할 수 있는 관계인 경우에는 후행 처분의 취소를 구하는 소변경의 제소기간 준수 여부는 따로 따질 필요가 없다(대판 2019. 7. 4. 2018두58431).

ⓒ 취소소송의 당사자 등
   ⓐ 당사자적격 : 소송에서 당사자란 원고·피고·참가인을 말한다. 당사자가 될 수 있는 당사자능력은 자연인과 법인이 가지나 법인격 없는 사단과 재단도 대표자 또는 관리인이 있으면 단체의 이름으로 당사자가 될 수 있다.
   ⓑ 취소소송의 원고적격 : 행정소송법은 취소소송은 처분의 취소를 구할 법률상 이익이 있는자가 제기할 수 있다고 규정하고 있다(행정소송법 제12조). 단순한 반사적 이익은 제외된다(법률상 보호되는 이익 구제설, 통설·판례).

행정처분의 직접 상대방이 아닌 제3자라 하더라도 당해 행정처분으로 법률상 보호되는 이익을 침해당한 경우에는 취소소송을 제기하여 당부의 판단을 받을 자격이 있다. 여기에서 말하는 <u>법률상 보호되는 이익은 당해 처분의 근거 법규 및 관련 법규에 의하여 보호되는 개별적 · 직접적 · 구체적 이익이 있는 경우</u>를 말하고, 공익보호의 결과로 국민 일반이 공통적으로 가지는 일반적 · 간접적 · 추상적 이익과 같이 사실적 · 경제적 이해관계를 갖는 데 불과한 경우는 여기에 포함되지 아니한다(대판 2015. 7.23. 2012두19496).

행정처분의 직접 상대방이 아닌 제3자라 하더라도 당해 행정처분으로 인하여 법률상 보호되는 이익을 침해당한 경우에는 그 처분의 무효확인을 구하는 행정소송을 제기하여 그 당부의 판단을 받을 자격이 있다 할 것이며, <u>환경영향평가 대상지역 안의 주민들이 공유수면매립면허처분 등과 관련하여 갖고 있는 위와 같은 환경상의 이익은 주민 개개인에 대하여 개별적으로 보호되는 직접적 · 구체적 이익으로서 그들에 대하여는 특단의 사정이 없는 한 환경상의 이익에 대한 침해 또는 침해우려가 있는 것으로 사실상 추정되어 공유수면매립면허처분 등의 무효확인을 구할 원고적격이 인정된다.</u> 한편, <u>환경영향평가 대상지역 밖의 주민이라 할지라도 공유수면매립면허처분 등으로 인하여 그 처분 전과 비교하여 수인한도를 넘는 환경피해를 받거나 받을 우려가 있는 경우에는, 공유수면매립면허처분 등으로 인하여 환경상 이익에 대한 침해 또는 침해우려가 있다는 것을 입증함으로써 그 처분 등의 무효확인을 구할 원고적격을 인정받을 수 있다</u>(대판 2006. 3.16. 2006두330(전합)).

〈원고적격을 넓게 인정하는 판례의 경향성〉 ✔자주출제

1) 원고적격에 관한 판례

- 지방법무사회가 법무사의 사무원 채용승인 신청을 거부하거나 채용승인을 얻어 채용 중인 사람에 대한 채용승인을 취소하면, 상대방인 법무사로서도 그 사람을 사무원으로 채용할 수 없게 되는 불이익을 입게 될 뿐만 아니라, 그 사람도 법무사 사무원으로 채용되어 근무할 수 없게 되는 불이익을 입게 된다. 법무사규칙 제37조 제4항이 이의신청 절차를 규정한 것은 채용승인을 신청한 법무사뿐만 아니라 사무원이 되려는 사람의 이익도 보호하려는 취지로 볼 수 있다. 따라서 <u>지방법무사회의 사무원 채용승인 거부처분 또는 채용승인 취소처분에 대해서는 처분 상대방인 법무사뿐만 아니라 그 때문에 사무원이 될 수 없게 된 사람도 이를 다툴 원고적격이 인정되어야 한다</u>(대판 2020. 4. 9. 2015다34444).
- 건설교통부장관은 지방자치단체의 장이 기관위임사무인 국토이용계획 사무를 처리함에 있어 자신과 의견이 다를 경우 법원에 의한 판결을 받지 않고서도 행정권한의 위임 및 위탁에 관한 규정이나 구 지방자치법에서 정하고 있는 지도 · 감독을 통하여 직접 지방자치단체의 장의 사무처리에 대하여 시정명령을 발하고 그 사무처리를 취소 또는 정지할 수 있으며, 지방자치단체의 장에게 기간을 정하여 직무이행명령을 하고 지방자치단체의 장이 이를 이행하지 아니할 때에는 직접 필요한 조치를 할 수도 있으므로, <u>국가가 국토이용계획과 관련한 지방자치단체의 장의 기관위임사무의 처리에 관하여 지방자치단체의 장을 상대로 취소소송을 제기하는 것은 허용되지 않는다</u>(대판 2007. 9.20. 2005두6935).
- 甲이 국민권익위원회에 부패방지 및 국민권익위원회의 설치와 운영에 관한 법률에 따른 신고와 신분보장조치를 요구하였고, 국민권익위원회가 甲의 소속기관 장인 乙 시 · 도선거관리위원회 위원장에게 '甲에 대한 중징계요구를 취소하고 향후 신고로 인한 신분상 불이익처분 및 근무조건상의 차별을 하지 말 것을 요구'하는 내용의 <u>조치요구</u>를 한 사안에서, 국가기관 일방의 조치요구에 불응한 상대방 국가기관에 국민권익위원회법상의

제재규정과 같은 중대한 불이익을 직접적으로 규정한 다른 법령의 사례를 찾아보기 어려운 점, 그럼에도 乙이 국민권익위원회의 조치요구를 다툴 별다른 방법이 없는 점 등에 비추어 보면, 처분성이 인정되는 위 조치요구에 불복하고자 하는 乙로서는 조치요구의 취소를 구하는 항고소송을 제기하는 것이 유효·적절한 수단이므로 비록 乙이 국가기관이더라도 당사자능력 및 원고적격을 가진다고 보는 것이 타당하고, 乙이 위 조치요구 후 甲을 파면하였다고 하더라도 조치요구가 곧바로 실효된다고 할 수 없고 乙은 여전히 조치요구를 따라야 할 의무를 부담하므로 乙에게는 위 조치요구의 취소를 구할 법률상 이익도 있다(대판 2013. 7.25. 2011두1214).

- 재단법인 甲 수녀원이, 매립목적을 택지조성에서 조선시설용지로 변경하는 내용의 공유수면매립목적 변경 승인처분으로 인하여 법률상 보호되는 환경상 이익을 침해받았다면서 행정청을 상대로 처분의 무효 확인을 구하는 소송을 제기한 사안에서, 공유수면매립목적 변경 승인처분으로 甲 수녀원에 소속된 수녀 등이 쾌적한 환경에서 생활할 수 있는 환경상 이익을 침해받는다고 하더라도 이를 가리켜 곧바로 甲 수녀원의 법률상 이익이 침해된다고 볼 수 없고, 자연인이 아닌 甲 수녀원은 쾌적한 환경에서 생활할 수 있는 이익을 향수할 수 있는 주체가 아니므로 위 처분으로 위와 같은 생활상의 이익이 직접적으로 침해되는 관계에 있다고 볼 수도 없으며, 위 처분으로 환경에 영향을 주어 甲 수녀원이 운영하는 쩸 공장에 직접적이고 구체적인 재산적 피해가 발생한다거나 甲 수녀원이 폐쇄되고 이전해야 하는 등의 피해를 받거나 받을 우려가 있다는 점 등에 관한 증명도 부족하다는 이유로, 甲 수녀원에 처분의 무효 확인을 구할 원고적격이 없다(대판 2012. 6.28. 2010두2005).
- 사증발급의 법적 성질, 출입국관리법의 입법 목적, 사증발급 신청인의 대한민국과의 실질적 관련성, 상호주의 원칙 등을 고려하면, 우리 출입국관리법의 해석상 외국인에게는 사증발급 거부처분의 취소를 구할 법률상 이익이 인정되지 않는다(대판 2018. 5.15. 2014두42506).
- 행정처분에 있어서 불이익처분의 상대방은 직접 개인적 이익의 침해를 받은 자로서 원고적격이 인정되지만 수익처분의 상대방은 그의 권리나 법률상 보호되는 이익이 침해되었다고 볼 수 없으므로 달리 특별한 사정이 없는 한 취소를 구할 이익이 없다(대판 1995. 8.22. 94누8129).

2) 수익적 처분의 제3자의 원고적격

① 경업자 : 기존업자에게 특허가 있는 경우는 원고적격 긍정되고, 허가가 있는 경우에는 법이 기존업자의 이익도 보호하는 것으로 해석되는 경우가 아닌한 원고적격이 부정.

〈담배사업법령에 담배일반소매인간 거리제한 규정에 대해서는 기존 일반소매인의 원고적격을 긍정하지만(2007두23811), 담배일반소매인과 구내소매인의 거리제한 규정에서 기존 일반소매인의 원고적격을 부정(2008두402)하였다.〉

[판례] 일반적으로 면허나 인·허가 등의 수익적 행정처분의 근거가 되는 법률이 해당 업자들 사이의 과당경쟁으로 인한 경영의 불합리를 방지하는 것도 그 목적으로 하고 있는 경우, 다른 업자에 대한 면허나 인·허가 등의 수익적 행정처분에 대하여 미리 같은 종류의 면허나 인·허가 등의 수익적 행정처분을 받아 영업을 하고 있는 기존의 업자는 경업자에 대하여 이루어진 면허나 인·허가 등 행정처분의 상대방이 아니라 하더라도 당해 행정처분의 취소를 구할 당사자적격이 있다. 시외버스운송사업계획변경인가처분으로 인하여 기존의 시내버스운송사업자의 노선 및 운행계통과 시외버스운송사업자들의 그것들이 일부 중복되게 되고 기존업자의 수익 감소가 예상된다면, 기존의 시내버스운송사업자와 시외버스운송사업자들은 경업관계에 있는 것으로 봄이 상당하다 할 것이어서 기존의 시내버스운송사업자에게 시외버스운송사업계획변경인가처분의 취소를 구할 법률상의 이익이 있다(대판 2002.10.25. 2001두4450).

② 경원자 : 일방에 대한 인 · 허가 등이 타방에 대한 불허가로 귀결되므로 원고적격이 긍정.

[판례] 인가 · 허가 등 수익적 행정처분을 신청한 여러 사람이 <u>서로 경원관계에 있어서 한 사람에 대한 허가 등 처분이 다른 사람에 대한 불허가 등으로 귀결될 수밖에 없을 때 허가 등 처분을 받지 못한 사람은 신청에 대한 거부처분의 직접 상대방으로서 원칙적으로 자신에 대한 거부처분의 취소를 구할 원고적격이 있고</u>, 취소판결이 확정되는 경우 판결의 직접적인 효과로 경원자에 대한 허가 등 처분이 취소되거나 효력이 소멸되는 것은 아니더라도 행정청은 취소판결의 기속력에 따라 판결에서 확인된 위법사유를 배제한 상태에서 취소판결의 원고와 경원자의 각 신청에 관하여 처분요건의 구비 여부와 우열을 다시 심사하여야 할 의무가 있으며, 재심사 결과 경원자에 대한 수익적 처분이 직권취소되고 취소판결의 원고에게 수익적 처분이 이루어질 가능성을 완전히 배제할 수는 없으므로, 특별한 사정이 없는 한 경원관계에서 허가 등 처분을 받지 못한 사람은 자신에 대한 거부처분의 취소를 구할 소의 이익이 있다(대판 2015.10.29. 2013두27517).

③ 인인(이웃)소송 : 처분의 근거 · 관련법규가 공익과 함께 인근 주민의 개별적 이익도 보호하고 있다고 해석되면 원고적격 긍정.

〈연탄공장(73누96), 납골당(2009두6766), 원자로(97누19588), 공장설립승인(2007두16127), 공설화장장(94누14544)사건에서 원고적격을 긍정하였고 / 상수원보호구역(94누14544), 생태 · 자연도(2011두29052)사건에서는 원고적격 부정〉

[판례] 납골묘, 납골탑, 가족 또는 종중 · 문중 납골당 등 사설납골시설의 설치장소에 제한을 둔 것은, 이러한 사설납골시설을 인가가 밀집한 지역 인근에 설치하지 못하게 함으로써 주민들의 쾌적한 주거, 경관, 보건위생 등 생활환경상의 개별적 이익을 직접적 · 구체적으로 보호하려는 데 취지가 있으므로, 이러한 <u>납골시설 설치장소에서 500m 내에 20호 이상의 인가가 밀집한 지역에 거주하는 주민들은 납골당 설치에 대하여 환경상 이익 침해를 받거나 받을 우려가 있는 것으로 사실상 추정된다.</u> 다만 사설납골시설 중 종교단체 및 재단법인이 설치하는 납골당에 대하여는 그와 같은 설치 장소를 제한하는 규정을 명시적으로 두고 있지 않지만, 종교단체나 재단법인이 설치한 납골당이라 하여 납골당으로서 성질이 가족 또는 종중, 문중 납골당과 다르다고 할 수 없고, 인근 주민들이 납골당에 대하여 가지는 쾌적한 주거, 경관, 보건위생 등 생활환경상의 이익에 차이가 난다고 볼 수 없다. 따라서 <u>납골당 설치장소에서 500m 내에 20호 이상의 인가가 밀집한 지역에 거주하는 주민들에게는 납골당이 누구에 의하여 설치되는지를 따질 필요 없이 납골당 설치에 대하여 환경 이익 침해 또는 침해 우려가 있는 것으로 사실상 추정되어 원고적격이 인정된다고 보는 것이 타당하다</u>(대판 2011. 9. 8. 2009두6766).

• 환경부장관이 생태 · 자연도 1등급으로 지정되었던 지역을 2등급 또는 3등급으로 변경하는 내용의 생태 · 자연도 수정 · 보완을 고시하자, 인근 주민 甲이 생태 · 자연도 등급변경처분의 무효 확인을 청구한 사안에서, 생태 · 자연도의 작성 및 등급변경의 근거가 되는 구 자연환경보전법(2011. 7. 28. 법률 제10977호로 개정되기 전의 것) 제34조 제1항 및 그 시행령 제27조 제1항, 제2항에 의하면, <u>생태 · 자연도는 토지이용 및 개발계획의 수립이나 시행에 활용하여 자연환경을 체계적으로 보전 · 관리하기 위한 것일 뿐, 1등급 권역의 인근 주민들이 가지는 생활상 이익을 직접적이고 구체적으로 보호하기 위한 것이 아님이 명백하고, 1등급 권역의 인근 주민들이 가지는 이익은 환경보호라는 공공의 이익이 달성됨에 따라 반사적으로 얻게 되는 이익에 불과하므로, 인근 주민에 불과한 甲은 생태 · 자연도 등급권역을 1등급에서 일부는 2등급으로, 일부는 3등급으로 변경한 결정의 무효 확인을 구할 원고적격이 없다</u>(대판 2014. 2.21. 2011두29052).

ⓒ 취소소송의 피고적격 : 취소소송의 피고는 행정청(처분청, 재결청)이 된다. 소송의 피고는 권리·의무의 주체가 되는 것이 원칙이나 행정소송법은 소송수행의 편의를 위해 처분청을 피고로 하고 있다.

〈피고적격(행정소송법 제13조)〉

① 원칙적으로 처분 등을 행한 행정청(처분청)이 피고가 된다.

다만, ㉠공무원 등에 대한 불이익처분의 처분청이 대통령인 경우 소속장관이 피고가 되고, ㉡대법원장이 행한 처분의 경우 법원행정처장/헌법재판소장이 행한 처분의 경우 헌법재판소사무처장/국회의장이 행한 처분의 경우 국회사무총장이 피고가 된다. ㉢처분 등이 있은 뒤에 그 권한이 다른 행정청에 승계된 때에는 이를 승계한 행정청이 피고가 되고, ㉣처분 등이 있은 뒤에 행정청이 없어진 경우에는 그 처분에 관한 사무가 귀속되는 국가 또는 공공단체가 피고가 된다.

② 합의제 행정청의 경우에는 원칙적으로 합의제 행정청이 피고. 다만, 중앙노동위원회의 경우 중앙노동위원회 위원장이 피고

③ 처분적 조례가 국민의 기본권을 침해하는 경우에는 지방자치단체 장이 피고

(교육·학예에 관한 조례 : 시·도교육감)

④ 지방의회 의결의 경우에는 소속의원에 대한 징계의결(93누7341), 의장에 대한 불신임의결(94두23), 의장선거(94누2602)는 지방의회 이름으로 행해지는 처분이므로 지방의회가 피고

⑤ 권한의 위임·위탁의 경우에는 자신의 명의로 처분을 하는 수임청·수탁청이 피고

[판례] 항고소송은 원칙적으로 소송의 대상인 행정처분 등을 외부적으로 그의 명의로 행한 행정청을 피고로 하여야 하는 것으로서, 그 행정처분을 하게 된 연유가 상급행정청이나 타행정청의 지시나 통보에 의한 것이라 하여 다르지 않고, 권한의 위임이나 위탁을 받아 수임행정청이 자신의 명의로 한 처분에 관하여도 마찬가지이다. 그리고 위와 같은 지시나 통보, 권한의 위임이나 위탁은 행정기관 내부의 문제일 뿐 국민의 권리의무에 직접 영향을 미치는 것이 아니어서 항고소송의 대상이 되는 행정처분에 해당하지 않는다. 근로복지공단이 甲 지방자치단체에 고용보험료 부과처분을 하자, 甲 지방자치단체가 구 고용보험 및 산업재해보상보험의 보험료 징수 등에 관한 법률 제4조 등에 따라 국민건강보험공단을 상대로 위 처분의 무효확인 및 취소를 구한 사안에서, 근로복지공단이 甲 지방자치단체에 대하여 고용보험료를 부과·고지하는 처분을 한 후, 국민건강보험공단이 위 법 제4조에 따라 종전 근로복지공단이 수행하던 보험료의 고지 및 수납 등의 업무를 수행하게 되었고, 위 법 부칙 제5조가 '위 법 시행 전에 종전의 규정에 따른 근로복지공단의 행위는 국민건강보험공단의 행위로 본다'고 규정하고 있어, 甲 지방자치단체에 대한 근로복지공단의 고용보험료 부과처분에 관계되는 권한 중 적어도 보험료의 고지에 관한 업무는 국민건강보험공단이 그 명의로 고용노동부장관의 위탁을 받아서 한 것으로 보아야 하므로, 위 처분의 무효확인 및 취소 소송의 피고는 국민건강보험공단이 되어야 함에도, 이와 달리 위 처분의 주체는 여전히 근로복지공단이라고 본 원심판결에 고용보험료 부과고지권자와 항고소송의 피고적격에 관한 법리를 오해한 위법이 있다(대판 2013. 2.28. 2012두22904).

⑥ 내부위임과 대리의 경우에는 권한이 이전되지 않으므로 위임청과 피대리청이 피고. 다만, 내부위임을 받은 기관이 자신의 이름으로 권한을 행사한 경우에도 국민의 인식가능성을 기준으로 실제로 처분을 한 행정청이 피고가 됨.

[판례] 행정처분을 행할 적법한 권한 있는 상급행정청으로부터 내부위임을 받은 데 불과한 하급행정청이 권한 없이 행정처분을 한 경우에도 실제로 그 처분을 행한 하급행정청을 피고로 하여야 할 것이지 그 처분을 행할 적법한 권한 있는 상급행정청을 피고로 할 것은 아니다(대판 1994. 8.12. 94누2763).

• 대리권을 수여받은 데 불과하여 그 자신의 명의로는 행정처분을 할 권한이 없는 행정청의 경우 대리관계를 밝힘이 없이 그 자신의 명의로 행정처분을 하였다면 그에 대하여는 처분명의자인 당해 행정청이 항고소송의 피

고가 되어야 하는 것이 원칙이지만, 비록 대리관계를 명시적으로 밝히지는 아니하였다 하더라도 처분명의자가 피대리 행정청 산하의 행정기관으로서 실제로 피대리 행정청으로부터 대리권한을 수여받아 피대리 행정청을 대리한다는 의사로 행정처분을 하였고 처분명의자는 물론 그 상대방도 그 행정처분이 피대리 행정청을 대리하여 한 것임을 알고서 이를 받아들인 예외적인 경우에는 피대리 행정청이 피고가 되어야 한다. 근로복지공단의 이사장으로부터 보험료의 부과 등에 관한 대리권을 수여받은 지역본부장이 대리의 취지를 명시적으로 표시하지 않고서 산재보험료 부과처분을 한 경우, 그 부과처분에 대한 항고소송의 피고적격이 근로복지공단에 있다 (대판 2006. 2.23. 2005부4).

⑦ 처분청과 처분을 통지한 자가 다른 경우에는 처분청이 피고 ✔자주출제

[판례] 국무회의에서 건국훈장 독립장이 수여된 망인에 대한 서훈취소를 의결하고 대통령이 결재함으로써 서훈취소가 결정된 후 국가보훈처장이 망인의 유족 甲에게 '독립유공자 서훈취소결정 통보'를 하자 甲이 국가보훈처장을 상대로 서훈취소결정의 무효 확인 등의 소를 제기한 사안에서, 甲이 서훈취소 처분을 행한 행정청(대통령)이 아니라 국가보훈처장을 상대로 제기한 위 소는 피고를 잘못 지정한 경우에 해당하므로, 법원으로서는 석명권을 행사하여 정당한 피고로 경정하게 하여 소송을 진행해야 함에도 국가보훈처장이 서훈취소 처분을 한 것을 전제로 처분의 적법 여부를 판단한 원심판결에 법리오해 등의 잘못이 있다(대판 2014. 9.26. 2013두2518).

〈피고경정(행정소송법 제14조)〉
피고경정은 소송의 계속 중에 ① 원고가 피고를 잘못 지정한 경우(법 제14조 제1항), ② 행정청의 권한이 승계되거나 행정청이 없게 된 경우(법 제14조 제6항), ③소의 종류를 변경하는 경우(법 제21조, 제42조)에 피고를 변경하거나 추가하는 것을 의미한다. 행정소송의 피고 경정은 민사소송과는 달리 사실심변론종결시까지 가능하고, 피고의 동의를 요하지 않으며, 구두신청도 가능하다.

ⓓ 협의의 소익 ✔자주출제

- 협의의 소익은 원고의 소제기가 법원의 판단을 받을 실익이나 필요성이 있는가를 의미한다. 소송요건의 하나이며 법원의 직권조사사항이고 상고심에서도 존속해야 한다.
- 처분이 기간의 경과, 직권취소 등으로 소멸된 경우에는 협의의 소익이 없는 것이 원칙이다. 다만, 판례는 그 처분이 외형상 잔존함으로 인해 법률상 이익이 침해되고 있다고 인정되는 특별한 사정(가중적 제재처분이 존재하는 경우, 반복되는 위험을 방지하기 위한 경우)이 있는 경우에는 그 처분의 취소를 구할 협의의 소익이 있다고 판시하고 있다.

> **판례**
> - 국민의 재판청구권을 보장한 헌법 제27조 제1항의 취지와 행정처분으로 인한 권익침해를 효과적으로 구제하려는 행정소송법의 목적 등에 비추어 행정처분의 존재로 인하여 국민의 권익이 실제로 침해되고 있는 경우는 물론이고 권익침해의 구체적·현실적 위험이 있는 경우에도 이를 구제하는 소송이 허용되어야 한다는 요청을 고려하면, 규칙이 정한 바에 따라 선행처분을 가중사유 또는 전제요건으로 하는 후행처분을 받을 우려가 현실적으로 존재하는 경우에는, 선행처분을 받은 상대방은 비록 그 처분에서 정한 제재기간이 경과하였다 하더라도 그 처분의 취소소송을 통하여 그러한 불이익을 제거할 권리보호의 필요성이 충분히 인정된다고 할 것이므로, 선행처분의 취소를 구할 법률상 이익이 있다고 보아야 한다(대판 2006. 6.22. 2003두1684(전합)).

- 임시이사 선임처분에 대하여 취소를 구하는 소송의 계속중 임기만료 등의 사유로 새로운 임시이사들로 교체된 경우, 선행 임시이사 선임처분의 효과가 소멸하였다는 이유로 그 취소를 구할 법률상 이익이 없다고 보게 되면, 원래의 정식이사들로서는 계속중인 소를 취하하고 후행 임시이사 선임처분을 별개의 소로 다툴 수밖에 없게 되며, 그 별소 진행 도중 다시 임시이사가 교체되면 또 새로운 별소를 제기하여야 하는 등 무익한 처분과 소송이 반복될 가능성이 있으므로, <u>취임승인이 취소된 학교법인의 정식이사들로서는 그 취임승인취소처분 및 임시이사 선임처분에 대한 각 취소를 구할 법률상 이익이 있고, 나아가 선행 임시이사 선임처분의 취소를 구하는 소송 도중에 선행 임시이사가 후행 임시이사로 교체되었다고 하더라도 여전히 선행 임시이사 선임처분의 취소를 구할 법률상 이익이 있다</u>(대판 2007. 7. 19. 2006두19297(전합)).
- 행정처분의 무효 확인 또는 취소를 구하는 소가 제소 당시에는 소의 이익이 있어 적법하였는데, 소송 계속 중 해당 행정처분이 기간의 경과 등으로 그 효과가 소멸한 때에 처분이 취소되어도 원상회복이 불가능하다고 보이는 경우라도, <u>무효 확인 또는 취소로써 회복할 수 있는 다른 권리나 이익이 남아 있거나 또는 그 행정처분과 동일한 사유로 위법한 처분이 반복될 위험성이 있어 행정처분의 위법성 확인 내지 불분명한 법률문제에 대한 해명이 필요한 경우에는 행정의 적법성 확보와 그에 대한 사법통제, 국민의 권리구제 확대 등의 측면에서 예외적으로 그 처분의 취소를 구할 소의 이익을 인정할 수 있다.</u> 여기에서 '그 행정처분과 동일한 사유로 위법한 처분이 반복될 위험성이 있는 경우'란 불분명한 법률문제에 대한 해명이 필요한 상황에 대한 대표적인 예시일 뿐이며, <u>반드시 '해당 사건의 동일한 소송 당사자 사이에서' 반복될 위험이 있는 경우만을 의미하는 것은 아니다</u>(대판 2020. 12. 24. 2020두30450).

- 처분이 취소되어도 원상회복이 불가능하다면 협의의 소익은 없는 것이 원칙이지만, 이 경우에도 부수적 이익의 회복이 가능하다면 예외적으로 협의의 소익이 인정된다.

- 위법한 행정처분의 취소를 구하는 소는 위법한 처분에 의하여 발생한 위법상태를 배제하여 원상으로 회복시키고 그 처분으로 침해되거나 방해받은 권리와 이익을 보호 구제하고자 하는 소송이므로 비록 <u>그 위법한 처분을 취소한다 하더라도 원상회복이 불가능한 경우에는 그 취소를 구할 이익이 없다.</u> 건축허가가 건축법 소정의 이격거리를 두지 아니하고 건축물을 건축하도록 되어 있어 위법하다 하더라도 <u>건축허가에 기하여 건축공사가 완료되었다면</u> 그 건축허가를 받은 대지와 접한 대지의 소유자인 원고가 위 건축허가처분의 취소를 받아 이격거리를 확보할 단계는 지났으며 민사소송으로 위 건축물 등의 철거를 구하는 데 있어서도 위 처분의 취소가 필요한 것이 아니므로 <u>원고로서는 위 처분의 취소를 구할 법률상의 이익이 없다</u>(대판1992. 4. 24. 91누11131).
- 지방의회 의원에 대한 제명의결 취소소송 계속중 의원의 임기가 만료된 사안에서, 제명의결의 취소로 의원의 지위를 회복할 수는 없다 하더라도 <u>제명의결시부터 임기만료일까지의 기간에 대한 월정수당의 지급을 구할 수 있는 등 여전히 그 제명의결의 취소를 구할 법률상 이익이 있다</u>(대판2009. 1. 30. 2007두13487).

- 부당해고 구제명령제도에 관한 근로기준법의 규정 내용과 목적 및 취지, 임금 상당액 구제명령의 의의 및 법적 효과 등을 종합적으로 고려하면, 근로자가 부당해고 구제신청을 하여 해고의 효력을 다투던 중 정년에 이르거나 근로계약기간이 만료하는 등의 사유로 원직에 복직하는 것이 불가능하게 된 경우에도 해고기간 중의 임금 상당액을 지급받을 필요가 있다면 임금 상당액 지급의 구제명령을 받을 이익이 유지되므로 구제신청을 기각한 중앙노동위원회의 재심판정을 다툴 소의 이익이 있다고 보아야 한다. 해고기간 중의 임금 상당액을 지급받기 위하여 민사소송을 제기할 수 있다는 사정이 소의 이익을 부정할 이유가 되지는 않는다. 위와 같은 법리는 근로자가 근로기준법 제30조 제3항에 따라 금품지급명령을 신청한 경우에도 마찬가지로 적용된다(대판 2020. 2.20. 2019두52386(전합)).
- 행정처분의 무효확인 또는 취소를 구하는 소에서, 비록 행정처분의 위법을 이유로 무효확인 또는 취소판결을 받더라도 그 처분으로 발생한 위법상태를 원상으로 회복시킬 수 없는 경우에는 원칙적으로 무효확인 또는 취소를 구할 법률상 이익이 없다. 다만 원상회복이 불가능하더라도 무효확인 또는 취소로써 회복할 수 있는 다른 권리나 이익이 남아 있거나, 동일한 소송 당사자 사이에서 동일한 사유로 위법한 처분이 반복될 위험이 있어 행정처분의 위법성 확인 또는 불분명한 법률문제에 대한 해명이 필요하다고 판단되는 경우 등에는 행정의 적법성 확보와 그에 대한 사법통제, 국민의 권리구제 확대 등의 측면에서 예외적으로 처분의 취소를 구할 소의 이익을 인정할 수 있다. 세무사 자격 보유 변호사 甲이 관할 지방국세청장에게 조정반 지정 신청을 하였으나 지방국세청장이 '甲의 경우 세무사등록부에 등록되지 않았기 때문에 2015년도 조정반 구성원으로 지정할 수 없다'는 이유로 거부처분을 하자, 甲이 거부처분의 취소를 구하는 소를 제기한 사안에서, 2015년도 조정반 지정의 효력기간이 지났으므로 거부처분을 취소하더라도 甲이 2015년도 조정반으로 지정되고자 하는 목적을 달성할 수 없고 장래의 조정반 지정 신청에 대하여 동일한 사유로 위법한 처분이 반복될 위험성이 있다거나 행정처분의 위법성 확인 또는 불분명한 법률문제에 대한 해명이 필요한 경우도 아니어서 소의 이익을 예외적으로 인정할 필요도 없으므로, 위 소는 부적법함에도 본안판단으로 나아가 청구를 인용한 원심판단에 법리를 오해한 잘못이 있다(대판 2020. 2.27. 2018두67152).
- 행정처분을 다툴 소의 이익은 개별·구체적 사정을 고려하여 판단하여야 한다. 행정처분의 무효확인 또는 취소를 구하는 소가 제소 당시에는 소의 이익이 있어 적법하였더라도, 소송 계속 중 처분청이 다툼의 대상이 되는 행정처분을 직권으로 취소하면 그 처분은 효력을 상실하여 더 이상 존재하지 않는 것이므로, 존재하지 않는 처분을 대상으로 한 항고소송은 원칙적으로 소의 이익이 소멸하여 부적법하다고 보아야 한다. 다만 처분청의 직권취소에도 완전한 원상회복이 이루어지지 않아 무효확인 또는 취소로써 회복할 수 있는 다른 권리나 이익이 남아 있거나 또는 동일한 소송 당사자 사이에서 그 행정처분과 동일한 사유로 위법한 처분이 반복될 위험성이 있어 행정처분의 위법성 확인 내지 불분명한 법률문제에 대한 해명이 필요한 경우 행정의 적법성 확보와 그에 대한 사법통제, 국민의 권리구제의 확대 등의 측면에서 예외적으로 그 처분의 취소를 구할 소의 이익을 인정할 수 있다. 일반적으로 면허나 인허가 등의 수익적 행정처분의 근거가 되는 법률이 해당 업자들 사이의 과당경쟁으로 인한 경영의 불합리를 방지하는 것도 목적으로 하고 있는 경우, 다른 업자에 대한 면허나 인허가 등의 수익적 행정처분에 대하여 미리 같은 종류의 면허나 인허가 등의 수익적 행정처분을 받아 영업을 하고 있는 기존의 업자는 경업자에 대하여 이루어진 면허나 인허가 등 행정처분의 상대방이 아니라고 하더라도 당해 행정처분의 무효확인 또는 취소를 구할 이익이 있다. 그러나 경업자에 대한 행정처분이 경업자에게 불리한 내용이라면 그와 경쟁관계에 있는 기존의 업자에게는 특별한 사정이 없는 한 유리할 것이므로 기존의 업자가 그 행정처분의 무효확인 또는 취소를 구할 이익은 없다고 보아야 한다(대판 2020. 4. 9. 2019두49953).

- 명예회복의 필요성이 있는 경우에도 협의의 소익이 인정된다.

고등학교졸업이 대학입학자격이나 학력인정으로서의 의미밖에 없다고 할 수 없으므로 <u>고등학교졸업학력 검정고시에 합격하였다 하여 고등학교 학생으로서의 신분과 명예가 회복될 수 없는 것이니 퇴학처분을 받은 자로서는 퇴학처분의 위법을 주장하여 그 취소를 구할 소송상의 이익이 있다</u>(대판 1992. 7.14. 91누4737).

- 처분 이후 사정변경이 있어도 권리 침해상태가 해소되지 않은 경우에는 협의의 소익이 있다.

- 사법시험 제1차 시험에 합격하였다고 할지라도 그것은 합격자가 사법시험령 제6조, 제8조 제1항의 각 규정에 의하여 당회의 제2차 시험과 차회의 제2차 시험에 응시할 자격을 부여받을 수 있는 전제요건이 되는 데 불과한 것이고, 그 자체만으로 합격한 자의 법률상의 지위가 달라지게 되는 것이 아니므로, <u>제1차 시험 불합격 처분 이후에 새로이 실시된 사법시험 제1차 시험에 합격하였을 경우에는 더 이상 위 불합격 처분의 취소를 구할 법률상 이익이 없다</u>(대판 1996. 2.23. 95누2685).
- 현역병입영대상자로 병역처분을 받은 자가 그 취소소송중 모병에 응하여 현역병으로 자진 입대한 경우, 그 처분의 위법을 다툴 실제적 효용 내지 이익이 없다는 이유로 소의 이익이 없다(대판 1998. 9. 8. 98두9165).
- 현역입영대상자로서는 <u>현실적으로 입영</u>을 하였다고 하더라도, 입영 이후의 법률관계에 영향을 미치고 있는 현역병입영통지처분 등을 한 관할지방병무청장을 상대로 위법을 주장하여 그 취소를 구할 소송상의 이익이 있다(대판 2003.12.26. 2003두1875).

병무청장이 병역법에 따라 병역의무 기피자의 인적사항 등을 인터넷 홈페이지에 게시하는 등의 방법으로 공개한 경우 <u>병무청장의 공개결정을 항고소송의 대상이 되는 행정처분으로 보아야 한다.</u> 관할 지방병무청장이 1차로 공개 대상자 결정을 하고, 그에 따라 병무청장이 같은 내용으로 최종적 공개결정을 하였다면, 공개 대상자는 병무청장의 최종적 공개결정만을 다투는 것으로 충분하고, 관할 지방병무청장의 공개 대상자 결정을 별도로 다툴 소의 이익은 없어진다(대판 2019. 6.27. 2018두49130).

ⓔ 소송참가 : 이해관계인의 이익보호 및 충분한 소송자료의 확보를 위해 계속 중인 소송에 제3자가 참가하는 것을 말한다. 제3자의 소송참가와 행정청의 소송참가가 있다.

행정소송법 제16조(제3자의 소송참가)
① 법원은 <u>소송의 결과에 따라 권리 또는 이익의 침해를 받을 제3자가 있는 경우에는 당사자 또는 제3자의 신청 또는 직권</u>에 의하여 결정으로써 그 제3자를 소송에 참가시킬 수 있다.
② 법원이 제1항의 규정에 의한 결정을 하고자 할 때에는 미리 당사자 및 제3자의 의견을 들어야 한다.
③ 제1항의 규정에 의한 신청을 한 제3자는 그 신청을 각하한 결정에 대하여 즉시항고할 수 있다.
④ 제1항의 규정에 의하여 소송에 참가한 제3자에 대하여는 민사소송법 제67조의 규정을 준용한다.

ㄹ 취소소송의 대상

ⓐ 처분등 : "처분등"이라 함은 행정청이 행하는 구체적 사실에 관한 법집행으로서의 공권력의 행사 또는 그 거부와 그 밖에 이에 준하는 행정작용 및 행정심판에 대한 재결을 말한다.

- 교도소장이 수형자 甲을 '접견내용 녹음·녹화 및 접견 시 교도관 참여대상자'로 지정한 사안에서, 위 지정행위는 수형자의 구체적 권리의무에 직접적 변동을 가져오는 행정청의 공법상 행위로서 항고소송의 대상이 되는 '처분'에 해당한다(대판 2014. 2.15. 2013두20899).

- 상표원부에 상표권자인 법인에 대한 청산종결등기가 되었음을 이유로 상표권의 말소등록이 이루어졌다고 해도 이는 상표권이 소멸하였음을 확인하는 사실적·확인적 행위에 지나지 않고, 말소등록으로 비로소 상표권 소멸의 효력이 발생하는 것이 아니어서, 상표권의 말소등록은 국민의 권리의무에 직접적으로 영향을 미치는 행위라고 할 수 없다. 한편 상표법 제39조 제3항의 위임에 따른 특허권 등의 등록령(이하 '등록령'이라 한다) 제27조는 "말소한 등록의 회복을 신청하는 경우에 등록에 대한 이해관계가 있는 제3자가 있을 때에는 신청서에 그 승낙서나 그에 대항할 수 있는 재판의 등본을 첨부하여야 한다."고 규정하고 있는데, 상표권 설정등록이 말소된 경우에도 등록령 제27조에 따른 회복등록의 신청이 가능하고, 회복신청이 거부된 경우에는 거부처분에 대한 항고소송이 가능하다. 이러한 점들을 종합하면, 상표권자인 법인에 대한 청산종결등기가 되었음을 이유로 한 상표권의 말소등록행위는 항고소송의 대상이 될 수 없다(대판 2015.10.29. 2014두2362).

- 조달청장이 '중소기업제품 구매촉진 및 판로지원에 관한 법률 제8조의2 제1항에 해당하는 자는 입찰참여를 제한하고, 계약체결 후 해당 기업으로 확인될 경우 계약해지 및 기 배정한 물량을 회수한다'는 내용의 레미콘 연간 단가계약을 위한 입찰공고를 하고 입찰에 참가하여 낙찰받은 甲 주식회사 등과 레미콘 연간 단가계약을 각 체결하였는데, 甲 회사 등으로부터 중소기업청장이 발행한 참여제한 문구가 기재된 중소기업 확인서를 제출받고 甲 회사 등에 '중소기업자 간 경쟁입찰 참여제한 대상기업에 해당하는 경우 물량 배정을 중지하겠다'는 내용의 통보를 한 사안에서, 위 통보가 중소기업청장의 확인처분과 구 판로지원법 제8조의2 제1항 등에 근거한 후속 집행행위로서 상대방인 甲 회사 등의 권리·의무에도 직접 영향을 미치므로, 행정청인 조달청장이 행하는 구체적 사실에 관한 법 집행으로서의 공권력의 행사이고 따라서 항고소송의 대상이 된다(대판 2019. 5.10. 2015두46987).

- 병무청장이 병역법 제81조의2 제1항에 따라 병역의무 기피자의 인적사항 등을 인터넷 홈페이지에 게시하는 등의 방법으로 공개한 경우 병무청장의 공개결정을 항고소송의 대상이 되는 행정처분으로 보아야 한다. 관할 지방병무청장이 1차로 공개 대상자 결정을 하고, 그에 따라 병무청장이 같은 내용으로 최종적 공개결정을 하였다면, 공개 대상자는 병무청장의 최종적 공개결정만을 다투는 것으로

충분하고, 관할 지방병무청장의 공개 대상자 결정을 별도로 다툴 소의 이익은 없어진다. 행정처분의 무효확인 또는 취소를 구하는 소가 제소 당시에는 소의 이익이 있어 적법하였더라도, 소송 계속 중 처분청이 다툼의 대상이 되는 행정처분을 직권으로 취소하면 그 처분은 효력을 상실하여 더 이상 존재하지 않는 것이므로, 존재하지 않는 그 처분을 대상으로 한 항고소송은 원칙적으로 소의 이익이 소멸하여 부적법하다. 다만 처분청의 직권취소에도 불구하고 완전한 원상회복이 이루어지지 않아 무효확인 또는 취소로써 회복할 수 있는 다른 권리나 이익이 남아 있거나 또는 동일한 소송 당사자 사이에서 그 행정처분과 동일한 사유로 위법한 처분이 반복될 위험성이 있어 행정처분의 위법성 확인 내지 불분명한 법률문제에 대한 해명이 필요한 경우 행정의 적법성 확보와 그에 대한 사법통제, 국민의 권리구제의 확대 등의 측면에서 예외적으로 그 처분의 취소를 구할 소의 이익을 인정할 수 있을 뿐이다(대판 2019. 6.27. 2018두49130).

- 신문을 발행하려는 자는 신문의 명칭('제호'라는 용어를 사용하기도 한다) 등을 주사무소 소재지를 관할하는 시·도지사(이하 '등록관청'이라 한다)에게 등록하여야 하고, 등록을 하지 않고 신문을 발행한 자에게는 2천만 원 이하의 과태료가 부과된다(신문 등의 진흥에 관한 법률 제9조 제1항, 제39조 제1항 제1호). 따라서 등록관청이 하는 신문의 등록은 신문을 적법하게 발행할 수 있도록 하는 행정처분에 해당한다. 甲 주식회사로부터 '제주일보' 명칭 사용을 허락받아 신문 등의 진흥에 관한 법률(이하 '신문법')에 따라 등록관청인 도지사에게 신문의 명칭 등을 등록하고 제주일보를 발행하고 있던 乙 주식회사가, 丙 주식회사가 甲 회사의 사업을 양수하였음을 원인으로 하여 사업자 지위승계신고 및 그에 따른 발행인·편집인 등의 등록사항 변경을 신청한 데 대하여 도지사가 이를 수리하고 변경등록을 하자, 사업자 지위승계신고 수리와 신문사업변경등록에 대한 무효확인 또는 취소를 구하는 소를 제기한 사안에서, 신문사업자의 지위는 신문법상 등록에 따라 보호되는 직접적·구체적인 이익으로 사법상 '특정 명칭의 사용권'과 구별되고, 甲 회사와 乙 회사 사이에 신문의 명칭 사용 허락과 관련하여 민사상 분쟁이 있더라도 법원의 판단이 있기 전까지 乙 회사의 신문법상 지위는 존재하기 때문에, 위 처분은 乙 회사가 '제주일보' 명칭으로 신문을 발행할 수 있는 신문법상 지위를 불안정하게 만드는 것이므로, 乙 회사에는 무효확인 또는 취소를 구할 법률상 이익이 인정된다는 이유로, 이와 달리 사법상 권리를 상실하면 신문법상 지위도 당연히 소멸한다는 전제에서 乙 회사의 원고적격을 부정한 원심판단에 법리를 오해한 잘못이 있다(대판 2019. 8.30. 2018두47189).

ⓑ 원처분주의 : 행정소송법은 취소소송의 대상을 원칙적으로 원처분으로 하고 재결에 대해서는 재결 자체에 고유한 위법이 있는 경우에 한하여 소제기를 허용하는데 이를 원처분주의라 한다.

> **판례**
>
> 항고소송의 대상이 되는 행정청의 처분이라 함은 원칙적으로 행정청의 공법상의 행위로서 특정사항에 대하여 법규에 의한 권리의 설정 또는 의무의 부담을 명하거나 기타 법률상의 효과를 직접 발생하게 하는 등 국민의 권리의무에 직접 관계가 있는 행위를 말하므로, 행정청의 내부적인 의사결정 등과 같이 상대방 또는 관계자들의 법률상 지위에 직접적인 법률적 변동을 일으키지 아니하는 행위는 그에 해당하지 아니한다(대판 1999. 8.20.97누6889).

<처분의 범위>
① 처분은 행정행위를 중심으로 하지만, 권력적 사실행위도 포함한다(다수설).
② 예비결정, 부분허가 등도 독립적 행정행위이므로 처분에 해당한다.
③ 거부처분, 행정행위부관 중 부담도 독립하여 취소소송의 대상인 처분에 해당한다.
④ 일반·구체적 규율인 일반처분도 처분에 해당한다.
⑤ 일반·추상적 규율인 행정입법은 취소소송의 대상이 아니지만, 행정입법에 의해 직접 국민의 권리가 침해되는 경우에는 처분성이 인정된다(두밀분교폐지조례 사건).
⑥ 재결은 재결 자체에 고유한 위법이 있는 경우에는 예외적으로 취소소송의 대상이 된다.
⑦ 통치행위, 단순한 법령의 해석, 비권력적 사실행위, 행정지도, 공법상의 계약, 행정청의 내부적 행위, 행정기관 상호간의 행위 등은 처분이 아니므로 취소소송의 대상이 아니다.

[처분에 관한 구체적 판례]

처분성 인정한 판례	처분성 부정한 판례
• 지방의회의 의장선거	• 공정거래위원회의 고발조치 및 고발의결
• 지방의회의장에 대한 불신임의결	• 검사의 불기소처분
• 소속장관의 변상명령	• 검찰총장의 재항고기각결정
• 대집행의 계고	• 교통법규위반에 대한 벌점부과행위
• 도시계획결정, 공시지가결정	• 경찰서장의 통고처분
• 입찰참가자격제한조치, 등록취소 및 일정기간의 거래제한조치	• 내신성적산정기준에 관한 시행지침
• 국유재산사용료부과처분	• 행정청간 국유재산이관협정
• 행정재산사용·수익의 허가와 취소	• 고충심사결정
• 국립교육대학 학생에 대한 퇴학처분	• 토지대상·가옥대장에의 등재
• 환지등기의 등기촉탁신청거부행위	• 자동차운전면허대장에의 등재
• 행정규칙에 근거한 처분	• 당연퇴직의 통보
• 지목변경신청반려처분	• 상수원보호구역 지정통보
• 소멸등록된 실용신안권 회복신청의 거부	• 의료보호진료비 심사결과통지
• 국유재산의 무단점유자에 대한 변상금부과처분	• 도지사의 어업권등록행위
• 유족연금수급권 이전 청구서 제출에 대한 국방부 장관의 결정	• 환지계획
• 근로복지공단의 사업주에 대한 개별 사업장의 사업종류 변경결정	• 재결결과의 통보
• 지방자치단체장의 우선협상대상자 선정행위와 그 지위 배제행위	
• 검사에 대한 경고조치	

ⓜ **취소소송의 제기**

ⓐ 임의적 행정심판전치주의

- 행정소송법은 임의적 행정심판전치주의를 채택하여 당해 처분에 대한 행정심판을 제기할 수 있는 경우에도 이를 거치지 않고 행정소송을 제기할 수 있도록 하고 있다(행정소송법 제18조).
- 다만, 다른 법률에 반드시 행정심판을 거치도록 규정되어 있으면 이를 이행한 후 행정소송을 제기해야 한다. 공무원관계법률(국가공무원법, 지방공무원법, 교육공무원법), 국세기본법, 관세법, 도로교통법 등이 여기에 해당한다.
- 행정심판전치주의는 취소소송과 부작위위법확인소송에만 적용되고, 무효등확인소송과 당사자소송에는 적용되지 않는다.

> **행정소송법 제18조(행정심판과의 관계)**
> ① 취소소송은 법령의 규정에 의하여 당해 처분에 대한 행정심판을 제기할 수 있는 경우에도 <u>이를 거치지 아니하고 제기할 수 있다.</u> 다만, 다른 법률에 당해 처분에 대한 행정심판의 재결을 거치지 아니하면 취소소송을 제기할 수 없다는 규정이 있는 때에는 그러하지 아니하다.

ⓑ 제소기간 ✔**자주출제**

> **행정소송법 제20조(제소기간)**
> ① 취소소송은 <u>처분등이 있음을 안 날부터 90일 이내</u>에 제기하여야 한다. 다만, 제18조제1항 단서에 규정한 경우와 그 밖에 행정심판청구를 할 수 있는 경우 또는 행정청이 행정심판청구를 할 수 있다고 잘못 알린 경우에 행정심판청구가 있은 때의 <u>기간은 재결서의 정본을 송달받은 날부터 기산한다.</u>
> ② 취소소송은 <u>처분등이 있은 날부터 1년</u>(제1항 단서의 경우는 재결이 있은 날부터 1년)을 경과하면 이를 제기하지 못한다. 다만, 정당한 사유가 있는 때에는 그러하지 아니하다.
> ③ 제1항의 규정에 의한 기간은 불변기간으로 한다.

- '처분이 있음을 안 날'이라 함은 당사자가 통지·공고 기타의 방법에 의하여 <u>당해 처분이 있었다는 사실을 현실적으로 안 날</u>을 의미하고, 추상적으로 알 수 있었던 날을 의미하는 것은 아니지만, 처분에 관한 서류가 당사자의 주소지에 송달되는 등 사회통념상 처분이 있음을 당사자가 알 수 있는 상태에 놓여진 때에는 반증이 없는 한 그 처분이 있음을 알았다고 추정할 수 있다. <u>아르바이트 직원이 납부고지서를 수령한 경우, 납부의무자는 그 때 부과처분이 있음을 알았다고 추정할 수 있다</u>(대판 1999.12.28. 99두9742).
- 아파트 경비원이 관례에 따라 부재중인 납부의무자에게 배달되는 과징금부과처분의 납부고지서를 수령한 경우, 납부의무자가 아파트 경비원에게 우편물 등의 수령권한을 위임한 것으로 볼 수는 있을지언정, 과징금부과처분의 대상으로 된 사항에 관하여 납부의무자를 대신하여 처리할 권한까지 위임한 것으로 볼 수는 없고, 설사 위 경비원이 위 납부고지서를 수령한 때에 위 부과처분이 있음을 알았다고 하더라도 이로써 납부의무자 자신이 그 부과처분이 있음을 안 것과 동일하게 볼 수는 없다(대판 2002. 8.27. 2002두3850).

- 통상 고시 또는 공고에 의하여 행정처분을 하는 경우에는 그 처분의 상대방이 불특정 다수인이고 그 처분의 효력이 불특정 다수인에게 일률적으로 적용되는 것이므로, 그 행정처분에 이해관계를 갖는 자가 고시 또는 공고가 있었다는 사실을 현실적으로 알았는지 여부에 관계없이 고시가 효력을 발생하는 날 행정처분이 있음을 알았다고 보아야 한다(대판 2007. 6.14. 2004두619).
- 행정소송법 제20조 제1항 소정의 제소기간 기산점인 '처분이 있음을 안 날이라 함은 당사자가 통지, 공고 기타의 방법에 의하여 당해 처분이 있었다는 사실을 현실적으로 안 날을 의미하는바, 특정인에 대한 행정처분을 주소불명 등의 이유로 송달할 수 없어 관보·공보·게시판·일간신문 등에 공고한 경우에는, 공고가 효력을 발생하는 날에 상대방이 그 행정처분이 있음을 알았다고 볼 수는 없고, 상대방이 당해 처분이 있었다는 사실을 현실적으로 안 날에 그 처분이 있음을 알았다고 보아야 한다(대판 2006. 4.28. 2005두14851).

ⓒ 취소소송제기의 효과

- 소가 제기되면 사건은 법원에 계속되어 이를 심리·판결할 구속을 받고, 당사자는 동일 사건에 대해 다시 소를 제기하지 못한다.
- 소가 제기되어도 처분의 효력에는 영향을 미치지 않는다(집행부정지의 원칙).

ⓓ 집행부정지의 원칙

- 행정소송법은 집행부정지를 원칙으로 한다(행정소송법 제23조 제1항). 소송이 제기되어도 당해 처분의 효력은 계속 유지된다. 이는 입법정책적 고려에서 인정되는 원칙이라는 견해가 다수설이다.
- 다만, 처분등이나 그 집행 또는 절차의 속행으로 인하여 생길 회복하기 어려운 손해를 예방하기 위하여 긴급한 필요가 있다고 인정할 때에는 본안이 계속되고 있는 법원은 당사자의 신청 또는 직권에 의하여 처분등의 효력이나 그 집행 또는 절차의 속행의 전부 또는 일부의 정지(집행정지)를 결정할 수 있다. 처분의 효력정지는 처분등의 집행 또는 절차의 속행을 정지함으로써 목적을 달성할 수 있는 경우에는 허용되지 아니하며, 집행정지는 공공복리에 중대한 영향을 미칠 우려가 있을 때에는 허용되지 아니한다.

ⓔ 가처분의 인정문제

- 가처분이란 금전 이외의 특정한 급부를 목적으로 하는 청구권의 집행보전을 도모하거나 쟁의 있는 권리관계에 관하여 임시의 지위를 정함을 목적으로 하는 가구제 제도를 말한다.
- 민사집행법 제300조는 다툼의 대상에 관한 가처분과 다툼이 있는 권리관계에 관하여 임시의 지위를 정하기 위한 가처분을 규정하고 있다. 문제는 행정소송법 제8조 제2항에 따라 민사집행법상 가처분 규정을 항고소송에 준용할 수 있는가에 있다. 판례는 이를 부정하고 있다.

구 도시 및 주거환경정비법에 따른 주택재건축정비사업조합은 관할 행정청의 감독 아래 위 법상 주택재
건축사업을 시행하는 공법인으로서, 그 목적 범위 내에서 법령이 정하는 바에 따라 일정한 행정작용을
행하는 행정주체의 지위를 가진다 할 것인데, 재건축정비사업조합이 이러한 행정주체의 지위에서 위 법
에 기초하여 수립한 사업시행계획은 인가·고시를 통해 확정되면 이해관계인에 대한 구속적 행정계획으
로서 독립된 행정처분에 해당하고, 이와 같은 사업시행계획안에 대한 조합 총회결의는 그 행정처분에
이르는 절차적 요건 중 하나에 불과한 것으로서, 그 계획이 확정된 후에는 항고소송의 방법으로 계획의
취소 또는 무효확인을 구할 수 있을 뿐, 절차적 요건에 불과한 총회결의 부분만을 대상으로 그 효력 유
무를 다투는 확인의 소를 제기하는 것은 허용되지 아니하고, 한편 이러한 항고소송의 대상이 되는 행정
처분의 효력이나 집행 혹은 절차속행 등의 정지를 구하는 신청은 행정소송법상 집행정지신청의 방법으
로서만 가능할 뿐 민사소송법상 가처분의 방법으로는 허용될 수 없다(대판 2009.11. 2. 2009마596).

ⓗ **취소소송의 심리** ✔자주출제

ⓐ 요건심리와 본안심리

- 요건심리의 대상은 제소기간, 전심절차, 관할권, 피고의 지정 등 주로 소송요건에 관한 것으로서 법
  원의 직권조사사항에 해당한다. 요건을 갖추지 못한 소송은 각하된다.

행정소송에서 쟁송의 대상이 되는 행정처분의 존부는 소송요건으로서 직권조사사항이고, 자백의 대상이
될 수 없는 것이므로, 설사 그 존재를 당사자들이 다투지 아니한다 하더라도 그 존부에 관하여 의심이
있는 경우에는 이를 직권으로 밝혀 보아야 할 것이고, 사실심에서 변론종결시까지 당사자가 주장하지
않던 직권조사사항에 해당하는 사항을 상고심에서 비로소 주장하는 경우 그 직권조사사항에 해당하는
사항은 상고심의 심판범위에 해당한다(대판 2004.12.24. 2003두15195).

- 본안심리는 요건심리 결과 적법하다고 인정된 소에 대해 구체적 내용을 심리하여 원고의 청구가 이
  유있는지를 판단하는 것을 말한다. 이유가 있을 때 인용판결을, 이유가 없을 때는 기각판결을 한다.

ⓑ 심리의 범위

- 불고불리의 원칙이 적용되어 법원은 소송제기 없으면 재판할 수 없고, 당사자의 청구 범위를 넘어
  심리·판단할 수 없다. 예외적으로 법원이 필요하다고 인정할 때에는 당사자가 주장하지 않은 사항
  에 대해서도 판단할 수 있다.

행정소송에 있어서도 행정소송법 제14조에 의하여 민사소송법 제188조가 준용되어 법원은 당사자가 신
청하지 아니한 사항에 대하여는 판결할 수 없는 것이고, 행정소송법 제26조에서 직권심리주의를 채용하
고 있으나 이는 행정소송에 있어서 원고의 청구범위를 초월하여 그 이상의 청구를 인용할 수 있다는 의
미가 아니라 원고의 청구범위를 유지하면서 그 범위내에서 필요에 따라 주장외의 사실에 관하여도 판단
할 수 있다는 뜻이다(대판 1987.11.10. 86누491).

ⓒ 심리의 원칙

• 민사소송과 마찬가지로 당사자주의, 처분권주의, 변론주의, 구술심리주의, 공개심리주의 등이 적용된다.

> **cf>** a)당사자주의–당사자인 원·피고에 의해 소송이 제기되고 진행되는 것, b)처분권주의–절차의 개시·심판의 대상·절차의 종결을 당사자의 의사에 일임하는 것, c)변론주의–소송자료의 수집·제출책임을 당사자에게 부담시키는 것.

ⓓ 행정소송의 특수한 절차

• 직권증거조사주의(직권탐지주의) : 재판의 기초가 되는 소송자료의 수집·제출책임을 법원이 지는 것을 말한다. 행정소송에서는 변론주의를 원칙으로 하고 예외적으로 직권증거조사가 인정된다.

> **판례**
>
> 행정소송법 제26조가 법원은 필요하다고 인정할 때에는 직권으로 증거조사를 할 수 있고, 당사자가 주장하지 아니한 사실에 대하여도 판단할 수 있다고 규정하고 있지만, 이는 행정소송의 특수성에 연유하는 당사자주의, 변론주의에 대한 일부 예외 규정일 뿐 <u>법원이 아무런 제한 없이 당사자가 주장하지 아니한 사실을 판단할 수 있는 것은 아니고, 일건 기록에 현출되어 있는 사항에 관하여서만 직권으로 증거조사를 하고 이를 기초로 하여 판단할 수 있을 따름이고, 그것도 법원이 필요하다고 인정할 때에 한하여 청구의 범위내에서 증거조사를 하고 판단할 수 있을 뿐이다</u>(대판 1994.10.11. 94누4820).

• 행정심판기록제출명령 : 법원은 당사자의 신청이 있는 때에는 결정으로써 재결을 행한 행정청에 대하여 행정심판기록제출을 명할 수 있다(행정소송법 제25조).

ⓔ 주장책임과 입증책임

• 변론주의 원칙상 당사자가 필요한 사실을 주장하여야 하는 책임을 주장책임이라고 한다. 원칙적으로 입증책임의 분배의 문제와 내용을 같이한다.

• 입증책임의 분배에 관해서는 행정소송법에는 규정이 없으므로, 민사소송법상의 분배원칙인 법률요건분류설(입증책임분배설–법률규정의 형식에 따라 각자 자기에게 유리한 요건사실 입증)이 다수설과 판례이다.

ⓕ 위법판단의 기준시 : 행정처분의 위법성 판단은 처분시의 법령 및 사실을 기준으로 판단하여야 한다. 단, 처분이 존재하지 않는 부작위위법확인소송의 경우에는 판결시를 기준으로 한다.

• 행정소송에서 <u>행정처분의 위법 여부는 행정처분이 행하여졌을 때의 법령과 사실상태를 기준으로 하여 판단하여야 하고</u>, 처분 후 법령의 개폐나 사실상태의 변동에 의하여 영향을 받지는 않는다(대판 2007. 5.11. 2007두1811).

• 행정처분의 위법 여부는 행정처분이 있을 때의 법령과 사실 상태를 기준으로 판단하여야 하며, <u>법원은 행정처분 당시 행정청이 알고 있었던 자료뿐만 아니라 사실심 변론종결 당시까지 제출된 모든 자료를 종합하여 처분 당시 존재하였던 객관적 사실을 확정하고 그 사실에 기초하여 처분의 위법 여부를 판단할 수 있다.</u> 행정청으로부터 행정처분을 받았으나 나중에 그 행정처분이 행정쟁송절차에서 취소되었다면, 그 행정처분은 처분 시에 소급하여 효력을 잃게 된다(대판 2019. 7.25. 2017두55077).

ⓖ 처분사유의 추가·변경 ✔자주출제
  • 의의 : 처분당시에 존재했지만 처분시에 처분사유로 제시되지 않았던 사실상·법률상 근거를 행정청 (처분청)이 소송 중에 새롭게 추가하거나 변경하여 위법상 판단에 고려하는 것을 의미한다.
  • 인정여부 : 처분사유의 추가·변경의 인정여부에 대해 긍정설(일회적인 분쟁해결), 부정설(처분 상대 방의 예기치 못한 불이익 발생의 방지), 제한적 긍정설(당초의 처분사유와 기본적 사실관계의 동일성 이 인정되는 범위 내에서만 인정)이 대립하고 있다. 판례는 제한적 긍정설을 취하고 있다.

> **판례**
>
> 행정처분의 취소를 구하는 소송에 있어서는 실질적 법치주의와 행정처분의 상대방인 국민에 대한 신뢰 보호라는 견지에서, 처분청은 당초의 처분사유와 기본적 사실관계에 있어서 동일성이 인정되는 한도 내 에서만 새로운 처분사유를 추가하거나 변경할 수 있을 뿐, 기본적 사실관계와 동일성이 없는 별개의 사 실을 들어 처분사유로서 주장함은 허용되지 아니하고, 법원으로서도 당초 처분사유와 기본적 사실관계 의 동일성이 없는 사실은 이를 처분사유로 인정할 수 없다고 할 것이며, 여기서 기본적 사실관계의 동 일성 유무는 처분사유를 법률적으로 평가하기 이전의 구체적인 사실에 착안하여 그 기초가 되는 사회적 사실관계가 기본적인 점에서 동일한지 여부에 따라 결정된다. 의료보험요양기관 지정취소처분의 당초의 처분사유인 구 의료보험법 제33조 제1항이 정하는 본인부담금 수납대장을 비치하지 아니한 사실과 항고 소송에서 새로 주장한 처분사유인 같은 법 제33조 제2항이 정하는 보건복지부장관의 관계서류 제출명령 에 위반하였다는 사실은 기본적 사실관계의 동일성이 없다(대판 2001. 3.23. 99두6392).

  • 인정 범위 : 처분 사유의 추가·변경은 ⅰ)사실심 변론종결시까지만 가능하고, ⅱ)취소소송의 소송물 의 범위 내에서만 가능하며(소송물이 변경되면 소의 변경으로), ⅲ)위법판단의 기준시를 처분시(통 설·판례)로 본다면 처분시에 존재하였던 사유만이 추가·변경의 대상이 된다(처분시 이후에 발생한 사유는 추가·변경할 수 없음).

⒜ 취소소송의 판결 ✔자주출제
  ⓐ 각하판결 : 소송요건을 결한 경우에 행하는 판결이다.
  ⓑ 기각판결 : 원고의 청구가 이유없다고 배척하는 판결이다. 부당에 그친 경우에도 기각된다.
  ⓒ 인용판결 : 원고의 청구가 이유있는 경우에 그 전부 또는 일부를 받아들이는 판결이다. 행정소송법 제 4조 1호는 취소소송을 행정청의 위법한 처분등을 취소 또는 변경하는 소송으로 규정하고 있는데, 판 례는 변경을 일부취소로 보고 있다. 따라서 인용판결이 있더라도 위법한 처분의 전부 또는 일부취소 만 인정될 뿐 적극적인 변경은 인정되지 않는다.
  • 법원이 행정청의 정보공개거부처분의 위법 여부를 심리한 결과 공개를 거부한 정보에 비공개대상정 보에 해당하는 부분과 공개가 가능한 부분이 혼합되어 있고 공개청구의 취지에 어긋나지 아니하는 범위 안에서 두 부분을 분리할 수 있음을 인정할 수 있을 때에는, 위 정보 중 공개가 가능한 부분을 특정하고 판결의 주문에 행정청의 위 거부처분 중 공개가 가능한 정보에 관한 부분만을 취소한다고 표시하여야 한다(대판 2003. 3.11. 2001두6425).

- 자동차운수사업면허조건 등을 위반한 사업자에 대하여 행정청이 행정제재수단으로 사업 정지를 명할 것인지, 과징금을 부과할 것인지, 과징금을 부과키로 한다면 그 금액은 얼마로 할 것인지에 관하여 재량권이 부여되었다 할 것이므로 과징금부과처분이 법이 정한 한도액을 초과하여 위법할 경우 법원으로서는 그 전부를 취소할 수밖에 없고, 그 한도액을 초과한 부분이나 법원이 적정하다고 인정되는 부분을 초과한 부분만을 취소할 수 없다(금 1,000,000원을 부과한 당해 처분 중 금 100,000원을 초과하는 부분은 재량권 일탈·남용으로 위법하다며 그 일부분만을 취소한 원심판결을 파기한 사례)(대판 1998. 4.10. 98두2270).

ⓓ 사정판결(행정소송법 제28조) ✓자주출제

- 의의 : 원고의 청구가 이유있다고 인정하는 경우에도 처분등을 취소하는 것이 현저히 공공복리에 적합하지 아니하다고 인정하는 때에는 법원이 원고의 청구를 기각하는 판결을 말한다.
- 주문에 명시 : 사정판결을 하는 경우에 법원은 판결의 주문에서 그 처분 등이 위법함을 명시하여야 한다.
- 효과 : 사정판결은 위법성에도 불구하고 처분의 효력을 존속시키는 것이므로 원고의 권리구제를 위해 손해배상 등 적절한 구제방법을 보장해야 한다. 원고는 피고인 행정청이 속하는 국가 또는 공공단체를 상대로 손해배상, 제해시설의 설치 그 밖에 적당한 구제방법의 청구를 당해 취소소송등이 계속된 법원에 병합하여 제기할 수 있다.
- 소송비용 : 처분 등이 위법함을 인정하는 판결이므로 소송비용은 피고가 부담한다.
- 적용범위 : 취소소송에만 적용되고 무효등확인소송과 부작위위법확인소송, 당사자소송에는 적용되지 않는다.

판례

- 행정처분이 위법한 때에는 이를 취소함이 원칙이고 그 위법한 처분을 취소·변경함이 도리어 현저히 공공의 복리에 적합하지 않은 경우에 극히 예외적으로 위법한 행정처분의 취소를 허용하지 않는다는 사정판결을 할 수 있으므로 사정판결의 적용은 극히 엄격한 요건 아래 제한적으로 하여야 하고, 그 요건인 현저히 공공복리에 적합하지 아니한가의 여부를 판단함에 있어서는 위법·부당한 행정처분을 취소·변경하여야 할 필요와 그 취소·변경으로 인하여 발생할 수 있는 공공복리에 반하는 사태 등을 비교·교량하여 그 적용 여부를 판단하여야 한다(전남대에 대한 이 사건 인가처분을 취소하고 다시 심의하는 것은 무익한 절차의 반복에 그칠 것으로 보이는 점 등을 종합하여, 전남대에 대한 이 사건 인가처분이 법 제13조에 위배되었음을 이유로 취소하는 것은 현저히 공공복리에 적합하지 아니하다고 판단)(대판 2009. 1. 30. 2008두19550).
- 관리처분계획의 수정을 위한 조합원총회의 재결의를 위하여 시간과 비용이 많이 cjtq소요된다는 등의 사정만으로는 재결의를 거치지 않음으로써 위법한 관리처분계획을 취소하는 것이 현저히 공공복리에 적합하지 아니하다고 볼 수 없다는 이유로 사정판결의 필요성을 부정하였다(대판 2001.10.12. 2000두4279).

ⓔ 취소판결의 효력

　판결의 일반적 효력으로서 기판력과 불가쟁력 이외에 취소판결의 고유한 효력으로서 형성력, 기속력, 집행력 등이 인정된다.

- 기판력(실질적 확정력) : 종국판결 이후에는 동일사항이 문제되는 경우에 당사자가 판결에 반하는 주장을 하여 다툴 수 없게 되는 힘을 말한다(일사부재리효). 기판력은 당사자와 피고인 행정청이 속하는 모든 국가 · 공공단체에 미치지만, 제3자에게는 미치지 않는다. 사실심 변론종결시를 기준으로 하여 발생한다.

> **판례**
> - 과세처분 취소소송의 피고는 처분청이므로 행정청을 피고로 하는 취소소송에 있어서의 <u>기판력은 당해 처분이 귀속하는 국가 또는 공공단체에 미친다</u>(대판 1998. 7.24. 98다10854).
> - 확정판결의 기판력은 그 판결의 주문에 포함된 것, 즉 <u>소송물로 주장된 법률관계의 존부에 관한 판단의 결론 그 자체에만 미치는 것</u>이고 판결이유에서 설시된 그 전제가 되는 법률관계의 존부에까지 미치는 것은 아니다(대판 2000. 2.25. 99다55472).

- 형성력 : 확정판결이 판결의 취지에 따라 법률관계의 발생 · 변경 · 소멸을 가져오는 효력을 말한다. 취소판결이 확정되면 처분청의 별도의 행위를 기다릴 것 없이 처분의 효력이 소급적으로 소멸한다. 형성력은 당해 소송의 당사자에게만 미치는 것이 아니라 제3자에게도 미친다(제3자효).
- 기속력(구속력) : 당사자인 행정청과 관계행정청이 판결의 취지에 따라 행동해야 하는 의무를 발생시키는 효력을 말한다. 취소판결 확정후에는 동일한 사안 · 동일한 당사자에 대하여 동일한 내용으로 처분해서는 안된다.

〈판결의 기속력〉 ✔자주출제

1. 기속력의 내용

(1) 반복금지의무

[판례] 과세처분시 납세고지서에 과세표준, 세율, 세액의 산출근거 등이 누락되어 있어 이러한 <u>절차 내지 형식의 위법을 이유로 과세처분을 취소하는 판결이 확정된 경우에 그 확정판결의 기판력은 확정판결에 적시된 절차 내지 형식의 위법사유에 한하여 미친다고 할 것</u>이므로 과세처분권자가 그 확정판결에 적시된 위법사유를 보완하여 행한 새로운 과세처분은 확정판결에 의하여 취소된 종전의 과세처분과는 별개의 처분으로서 확정판결의 기판력에 저촉되는 것은 아니다(대판 1986.11.11. 85누231).

(2) 재처분의무

[판례] 행정소송법 제30조 제2항에 의하면, 행정청의 거부처분을 취소하는 판결이 확정된 경우에는 처분을 행한 행정청이 판결의 취지에 따라 이전 신청에 대하여 재처분을 할 의무가 있다. 행정처분의 적법 여부는 행정처분이 행하여진 때의 법령과 사실을 기준으로 판단하는 것이므로 확정판결의 당사자인 처분 행정청은 종전 처분 후에 발생한 새로운 사유를 내세워 다시 거부처분을 할 수 있고, 그러한 처분도 위 조항에 규정된 재처분에 해당한다. 여기에서 '<u>새로운 사유</u>'인지는 종전 처분에 관하여 <u>위법한 것으로 판결에서 판단된 사유와 기본적 사실관계의 동일성이 인정되는 사유인지에 따라 판단되어야</u> 하고, <u>기본적 사실관계의 동일성 유무는 처분</u>

사유를 법률적으로 평가하기 이전의 구체적인 사실에 착안하여 그 기초인 사회적 사실관계가 기본적인 점에서 동일한지에 따라 결정되며, 추가 또는 변경된 사유가 처분 당시에 그 사유를 명기하지 않았을 뿐 이미 존재하고 있었고 당사자도 그 사실을 알고 있었다고 하여 당초 처분사유와 동일성이 있는 것이라고 할 수는 없다(대판 2011.10.27. 2011두14401).

(3) 결과제거의무(원상회복의무)

행정청의 위법한 처분으로 인해 발생된 상태를 제거해야 할 의무를 말하며, 행정소송법 제30조 제1항을 근거로 일반적으로 인정된다.

2. 기판력과 기속력에 관한 판례

[판례] 행정소송법 제30조 제1항은 "처분 등을 취소하는 확정판결은 그 사건에 관하여 당사자인 행정청과 그 밖의 관계행정청을 기속한다."라고 규정하고 있다. 이러한 취소 확정판결의 '기속력'은 취소 청구가 인용된 판결에서 인정되는 것으로서 당사자인 행정청과 그 밖의 관계행정청에게 확정판결의 취지에 따라 행동하여야 할 의무를 지우는 작용을 한다. 이에 비하여 행정소송법 제8조 제2항에 의하여 행정소송에 준용되는 민사소송법 제216조, 제218조가 규정하고 있는 '기판력'이란 기판력 있는 전소 판결의 소송물과 동일한 후소를 허용하지 않음과 동시에, 후소의 소송물이 전소의 소송물과 동일하지는 않더라도 전소의 소송물에 관한 판단이 후소의 선결문제가 되거나 모순관계에 있을 때에는 후소에서 전소 판결의 판단과 다른 주장을 하는 것을 허용하지 않는 작용을 한다. 취소 확정판결의 기속력은 판결의 주문 및 전제가 되는 처분 등의 구체적 위법사유에 관한 판단에도 미치나, 종전 처분이 판결에 의하여 취소되었더라도 종전 처분과 다른 사유를 들어서 새로이 처분을 하는 것은 기속력에 저촉되지 않는다(대판 2016. 3.24. 2015두48235).

- 불가쟁력(형식적 확정력) : 상고기간의 도과 등 판결의 효력을 더 이상 소로써 다툴 수 없게 되는 힘을 말한다.
- 집행력 : 거부처분에 대한 취소판결 등이 인용되었음에도 행정청이 재처분의무를 이행하지 않는 경우에도 법원은 권력분립의 원칙상 직접 판결의 취지에 따르는 처분을 할 수는 없다. 다만, 행정청에 상당한 기간을 정하여 처분의무를 부과하고 그 불이행시에는 일정한 손해배상을 할 것을 명할 수 있을 뿐이다(간접강제).

> **판례**
>
> 거부처분에 대한 취소의 확정판결이 있음에도 행정청이 아무런 재처분을 하지 아니하거나, 재처분을 하였다 하더라도 그것이 종전 거부처분에 대한 취소의 확정판결의 기속력에 반하는 등으로 당연무효라면 이는 아무런 재처분을 하지 아니한 때와 마찬가지라 할 것이므로 이러한 경우에는 행정소송법 제30조 제2항, 제34조 제1항 등에 의한 간접강제신청에 필요한 요건을 갖춘 것으로 보아야 한다(대판 2002.12.11. 2002무22).

〈간접강제〉

(1) 간접강제는 ① 거부처분취소판결·부작위위법확인판결이 확정되었음에도 불구하고 ② 행정청이 판결의 기속력에 따른 처분을 하지 아니하는 때에는 ③ 제1심수소법원은 당사자의 신청에 의하여 결정으로써 상당한 기간을 정하고 행정청이 그 기간내에 이행하지 아니하는 때에는 그 지연기간에 따라 일정한 배상을 할 것을 명하거나 즉시 손해배상을 할 것을 명하는 것을 말한다(행정소송법 제34조 제1항, 제38조 제2항).

(2) 간접강제에 관한 결정이 확정된 때에는 피고 또는 참가인이었던 행정청이 소속하는 국가 또는 공공단체에 그 효력을 미친다. 또한 간접강제 결정은 변론 없이 할 수 있지만 결정하기 전에 행정청을 심문하여야 한다 (행정소송법 34조 제2항).

(3) 행정소송법 제38조 제1항에 의하면 무효등 확인소송의 경우 재처분의무에 대해서는 준용규정이 있지만, 간접강제에 대해서는 준용규정을 두고 있지 않아 무효등 확인판결에도 간접강제가 허용되는지 문제된다. 판례는 이 경우 간접강제를 부정하고 있다.

[판례] 행정소송법 제34조는 취소판결의 간접강제에 관하여 규정하면서 제1항에서 행정청이 같은 법 제30조 제2항의 규정에 의한 처분을 하지 아니한 때에 간접강제를 할 수 있도록 규정하고 있고, 같은 법 제30조 제2항은 "판결에 의하여 취소되는 처분이 당사자의 신청을 거부하는 것을 내용으로 하는 경우에는 그 처분을 행한 행정청은 판결의 취지에 따라 다시 이전의 신청에 대한 처분을 하여야 한다."라고 규정함으로써 취소판결에 따라 취소된 행정처분이 거부처분인 경우에 행정청에 다시 처분을 할 의무가 있음을 명시하고 있으므로, 결국 같은 법상 간접강제가 허용되는 것은 취소판결에 의하여 취소된 행정처분이 거부처분인 경우라야 할 것이다. 행정소송법 제38조 제1항이 무효확인 판결에 관하여 취소판결에 관한 규정을 준용함에 있어서 같은 법 제30조 제2항을 준용한다고 규정하면서도 같은 법 제34조는 이를 준용한다는 규정을 두지 않고 있으므로, 행정처분에 대하여 무효확인 판결이 내려진 경우에는 그 행정처분이 거부처분인 경우에도 행정청에 판결의 취지에 따른 재처분 의무가 인정될 뿐 그에 대하여 간접강제까지 허용되는 것은 아니라고 할 것이다(대판 1998.12.24. 98무37).

◎ 제3자의 소송참가 및 재심청구

행정소송법 제31조(제3자에 의한 재심청구)
① 처분등을 취소하는 판결에 의하여 권리 또는 이익의 침해를 받은 제3자는 자기에게 책임없는 사유로 소송에 참가하지 못함으로써 판결의 결과에 영향을 미칠 공격 또는 방어방법을 제출하지 못한 때에는 이를 이유로 확정된 종국판결에 대하여 재심의 청구를 할 수 있다.
② 제1항의 규정에 의한 청구는 확정판결이 있음을 안 날로부터 30일 이내, 판결이 확정된 날로부터 1년 이내에 제기하여야 한다.
③ 제2항의 규정에 의한 기간은 불변기간으로 한다.

② 무효등확인소송 ✔자주출제

　㉠ 의의 : 행정청의 처분등의 효력 유무 또는 존재여부를 확인하는 소송을 말한다. 여기에는 무효확인소송, 유효확인소송, 실효확인소송, 존재확인소송, 부존재확인소송이 있다. 행정소송법은 무효등확인소송을 취소소송과 함께 항고소송의 일종으로 규정하고 취소소송에 관한 대분분의 규정을 준용하고 있다. 다만, 행정심판전치주의, 제소기간, 사정판결, 간접강제에 관한 규정은 준용되지 않는다.

　㉡ 재판관할, 당사자(원고적격의 경우 별도규정 있음), 심리와 판결, 제3자의 소송참가 및 재심청구 규정 등은 취소소송의 규정이 그대로 준용된다.

　㉢ 무효등확인소송의 원고적격(행정소송법 제35조), 소의 변경(행정소송법 제37조)은 독립적으로 규정을 두고 있다.

- **무효확인소송과 취소소송의 관계**

  행정처분에 대한 무효확인과 취소청구는 서로 양립할 수 없는 청구로서 주위적·예비적 청구로서만 병합이 가능하고 선택적 청구로서의 병합이나 단순 병합은 허용되지 아니한다(대판 1999. 8.20. 97누6889).

- **무효사유인데 무효확인소송이 아니라 취소소송을 제기**

  행정처분의 당연무효를 선언하는 의미에서 그 취소를 청구하는 행정소송을 제기하는 경우에도 소원의 전치와 제소기간의 준수등 취소소송의 제소요건을 갖추어야 한다(대판1984.5.29. 84누175).

- **취소사유인데 취소소송이 아니라 무효확인소송을 제기(취소소송의 소송요건은 갖춘 경우)**

  일반적으로 행정처분의 무효확인을 구하는 소에는 원고가 그 처분의 취소를 구하지 아니한다고 밝히지 아니한 이상 그 처분이 만약 당연무효가 아니라면 그 취소를 구하는 취지도 포함되어 있는 것으로 보아야 한다(대판 1994.12.23. 94누477).

- **무효확인소송의 보충성**

  행정소송법 제4조에서는 무효확인소송을 항고소송의 일종으로 규정하고 있고, 행정소송법 제38조 제1항에서는 처분 등을 취소하는 확정판결의 기속력 및 행정청의 재처분 의무에 관한 행정소송법 제30조를 무효확인소송에도 준용하고 있으므로 무효확인판결 자체만으로도 실효성을 확보할 수 있다. 그리고 무효확인소송의 보충성을 규정하고 있는 외국의 일부 입법례와는 달리 우리나라 행정소송법에는 명문의 규정이 없어 이로 인한 명시적 제한이 존재하지 않는다. 이와 같은 사정을 비롯하여 행정에 대한 사법통제, 권익구제의 확대와 같은 행정소송의 기능 등을 종합하여 보면, 행정처분의 근거 법률에 의하여 보호되는 직접적이고 구체적인 이익이 있는 경우에는 행정소송법 제35조에 규정된 '무효확인을 구할 법률상 이익'이 있다고 보아야 하고, 이와 별도로 무효확인소송의 보충성이 요구되는 것은 아니므로 행정처분의 무효를 전제로 한 이행소송 등과 같은 직접적인 구제수단이 있는지 여부를 따질 필요가 없다고 해석함이 상당하다(대판 2008.3.20. 2007두6342(전합)).

③ **부작위위법확인소송**

ㄱ **의의**

- 행정청이 상대방의 신청에 대하여 상당한 기간 내에 일정한 처분을 하여야 할 법률상 의무가 있음에도 이를 하지 아니하는 경우에 법원이 이러한 행정청의 부작위가 위법한 것임을 확인하는 소송을 말한다.

- 행정심판에는 의무이행심판이 인정되지만, 행정소송에는 의무이행소송을 인정하지 않고 부작위위법확인소송만 인정되고 있다.

ㄴ **적용법규** : 원칙적으로 취소소송에 관한 규정이 준용된다. 그러나 제소기간의 제한(행정심판을 거치지 않은 경우), 처분변경으로 인한 소의 변경, 집행부정지원칙, 사정판결 규정은 준용되지 않는다.

ㄷ 재판관할, 당사자(원고적격의 경우 별도규정 있음), 심리에 관해서는 취소소송의 규정이 준용된다. 부작위위법확인소송의 원고적격(행정소송법 제37조), 소의 변경(행정소송법 제38조)에 대해서는 독립적으로 규정을 두고 있다.

ㄹ **제소기간** : 행정심판을 거친 경우에는 재결서 정본을 송달받은 날로부터 90일 이내에 제기하여야 한다. 이 기간은 불변기간이다. 그러나, 행정심판을 거치지 않은 경우에는 제소기간에 대한 명문 규정이 없으므로 제소기간의 제한을 받지 않는다고 보아야 한다.

> **판례**
>
> 부작위위법확인의 소는 부작위상태가 계속되는 한 그 위법의 확인을 구할 이익이 있다고 보아야 하므로 원칙적으로 제소기간의 제한을 받지 않는다. 그러나 행정소송법 제38조 제2항이 제소기간을 규정한 같은 법 제20조를 부작위위법확인소송에 준용하고 있는 점에 비추어 보면, <u>행정심판 등 전심절차를 거친 경우에는 행정소송법 제20조가 정한 제소기간 내에 부작위위법확인의 소를 제기하여야 한다</u>(대판 2009. 7.23. 2008두10560).

　㉤ **심리의 범위**

- 부작위위법확인소송에서 법원은 행정청의 부작위의 위법성 여부만을 심리해야 하는지, 신청한 처분의 실체적 내용까지도 심리할 수 있는지에 대해 ⅰ)행정소송법 제4조 제3호가 부작위위법확인소송을 행정청의 부작위가 위법하다는 것을 확인하는 소송으로 정의하고 있으므로 위법성 여부만을 심리해야 한다는 절차적 심리설(소극설)과 ⅱ)무용한 소송의 반복을 피하여 당사자의 권리구제의 실효성을 확보할 수 있다는 것을 근거로 하는 실체적 심리설(적극설)의 견해대립이 있다.
- 판례는 절차적 심리설을 취하고 있다.

> **판례**
>
> 행정소송법 제4조 제3호에 규정된 부작위위법확인의 소는 행정청이 당사자의 신청에 대하여 상당한 기간 내에 일정한 처분을 하여야 할 법률상 의무가 있음에도 불구하고 이를 하지 아니하는 경우에 <u>그 부작위가 위법하다는 것을 확인함으로써 행정청의 응답을 신속하게 하여 부작위 내지 무응답이라고 하는 소극적인 위법상태를 제거하는 것을 목적으로 하는 것인 만큼, 당사자의 신청에 대한 행정청의 처분이 존재하지 아니하는 경우에 허용되는 것이고,</u> 행정청이 당사자의 신청에 대하여 거부처분을 한 것으로 보여질 때에는 그 거부처분에 대하여 취소소송을 제기하여야 하는 것이지 행정처분의 부존재를 전제로 한 부작위위법확인의 소는 제기할 수 없다(대판 1992. 9.14. 91누8807).

　㉥ **판결**：취소소송의 판결의 효력에 관한 규정이 준용되나 사정판결 규정은 준용되지 않는다. 부작위위법확인소송에서는 엄격한 의미에서의 처분은 존재하지 않으므로 위법판단의 기준시는 판결시로 한다.

(3) 당사자소송

① **의의**

　㉠ 행정청의 처분등을 원인으로 하는 법률관계에 관한 소송 그 밖에 공법상의 법률관계에 관한 소송으로서 그 법률관계의 한쪽 당사자를 피고로 하는 소송을 말한다.

　㉡ 항고소송은 처분을 직접 소송물로 하고 행정청을 피고로 한다는 점에서, 민사소송은 사법상의 법률관계를 소송물로 한다는 점에서 당사자소송과 구별된다.

　㉢ 형식적 당사자 소송과 실질적 당사자 소송으로 나뉜다.

② 형식적 당사자소송

　㉠ 행정청의 처분이나 재결에 의하여 형성된 법률관계에 관하여 다툼이 있는 경우에 직접 그 처분·재결에 의하여 형성된 법률관계에 대하여 일방당사자를 피고로 하여 제기하는 소송을 말한다.

　㉡ 처분·재결에 불복하는 항고소송의 실질을 가지고 있으나 법령의 규정에 의해 권리주체 간의 당사자소송의 형식에 의하고 있다.

　㉢ 토지보상법상 보상금의 증감에 관한 소송(토지보상법 제85조)이 그 예이다.

　㉣ 원고적격은 민사소송에 관한 규정이 준용된다. 피고적격은 국가·공공단체 그 밖의 권리주체를 피고로 한다.

　㉤ 재판관할은 피고의 소재지를 관할하는 행정법원이다. 다만, 국가 또는 공공단체가 피고인 경우에는 관계행정청의 소재지를 피고의 소재지로 본다.

　㉥ 항고소송 규정의 적용

　　ⓐ 항고소송 규정이 적용되는 경우 : 관련청구의 이송·병합, 피고경정, 공동소송, 제3자·행정청의 소송참가, 소의변경, 처분변경으로 인한 소의변경, 행정심판기록제출명령, 직권심리, 기속력, 소송비용의 부담, 소송비용에 관한 재판의 효력

　　ⓑ 항고소송 규정이 적용되지 않는 경우 : 원고적격, 피고적격(행정소송법 제39조에 독자적으로 규정), 행정심판전치주의, 대상적격, 제소기간(행정소송법 제41조에 독자적으로 규정), 집행부정지원칙, 사정판결, 확정판결의 제3자효, 제3자에 의한 재심청구, 간접강제

③ 실질적 당사자소송

　㉠ **의의** : 공법상의 법률관계에 관한 소송으로서 그 일방 당사자를 피고로 하는 소송을 말한다.

　㉡ **종류**

　　ⓐ 처분 등을 원인으로 하는 법률관계에 관한 소송 : 처분 등의 직접적 결과로서 성립된 법률관계는 모두 공법상의 관계로 보아 이에 관한 소송은 당사자소송이 된다. 공법상 부당이득반환청구소송이 이에 해당한다.

　　ⓑ 공법상의 신분·지위 등 확인소송 : 공무원, 지방의회 의원, 국·공립학교학생 등의 신분이나 지위의 확인을 구하는 소송 등이 이에 속한다.

> **판례**
>
> • 현행 실정법이 지방전문직공무원 채용계약 해지의 의사표시를 일반공무원에 대한 징계처분과는 달리 항고소송의 대상이 되는 처분 등의 성격을 가진 것으로 인정하지 아니하고, 지방전문직공무원규정 제7조 각호의 1에 해당하는 사유가 있을 때 지방자치단체가 채용계약관계의 한쪽 당사자로서 대등한 지위에서 행하는 의사표시로 취급하고 있는 것으로 이해되므로, 지방전문직공무원 채용계약 해지의 의사표시에 대하여는 대등한 당사자간의 소송형식인 공법상 당사자소송으로 그 의사표시의 무효확인을 청구할 수 있다(대판 1993. 9. 14. 92누4611).

- 재개발조합은 조합원에 대한 법률관계에서 적어도 <u>특수한 존립목적을 부여받은 특수한 행정주체</u>로서 국가의 감독하에 그 존립 목적인 특정한 공공사무를 행하고 있다고 볼 수 있는 범위 내에서는 공법상의 권리의무 관계에 서 있다. 따라서 조합을 상대로 한 쟁송에 있어서 강제가입제를 특색으로 한 조합원의 자격 인정 여부에 관하여 다툼이 있는 경우에는 그 단계에서는 아직 조합의 어떠한 처분 등이 개입될 여지는 없으므로 <u>공법상의 당사자소송에 의하여 그 조합원 자격의 확인을 구할 수 있고</u>, 한편 분양신청 후에 정하여진 관리처분계획의 내용에 관하여 다툼이 있는 경우에는 그 관리처분계획은 토지 등의 소유자에게 구체적이고 결정적인 영향을 미치는 것으로서 조합이 행한 처분에 해당하므로 <u>항고소송에 의하여 관리처분계획 또는 그 내용인 분양거부처분 등의 취소를 구할 수 있다</u>(대판 1996. 2.15.94다31235(전합)).

ⓒ 공법상 금전지급청구소송 : 공무원보수, 연금의 지급청구, 손실보상청구, 공법상 사무관리비용청구 등이 있다.

판례

- 부가가치세법령의 내용, 형식 및 입법 취지 등에 비추어 보면, 납세의무자에 대한 <u>국가의 부가가치세 환급세액 지급의무</u>는 그 납세의무자로부터 어느 과세기간에 과다하게 거래징수된 세액 상당을 국가가 실제로 납부받았는지와 관계없이 부가가치세법령의 규정에 의하여 직접 발생하는 것으로서, 그 법적 성질은 정의와 공평의 관념에서 수익자와 손실자 사이의 재산상태 조정을 위해 인정되는 부당이득 반환의무가 아니라 <u>부가가치세법령에 의하여 그 존부나 범위가 구체적으로 확정되고 조세 정책적 관점에서 특별히 인정되는 공법상 의무</u>라고 봄이 타당하다. 그렇다면 납세의무자에 대한 국가의 부가가치세 환급세액 지급의무에 대응하는 <u>국가에 대한 납세의무자의 부가가치세 환급세액 지급청구는 민사소송이 아니라 행정소송법 제3조 제2호에 규정된 당사자소송의 절차에 따라야 한다</u>(대판 2013. 3.21. 2011다95564(전합)).
- 광주민주화운동관련자보상등에관한법률 제15조 본문의 규정에서 말하는 광주민주화운동관련자보상심의위원회의 결정을 거치는 것은 보상금 지급에 관한 소송을 제기하기 위한 전치요건에 불과하다고 할 것이므로 위 <u>보상심의위원회의 결정은 취소소송의 대상이 되는 행정처분이라고 할 수 없다</u>. 같은 법에 의거하여 관련자 및 유족들이 갖게 되는 보상 등에 관한 권리는 헌법 제23조 제3항에 따른 재산권침해에 대한 손실보상청구나 국가배상법에 따른 손해배상청구와는 그 성질을 달리하는 것으로서 <u>법률이 특별히 인정하고 있는 공법상의 권리라고 하여야 할 것이므로 그에 관한 소송은 행정소송법 제3조 제2호 소정의 당사자소송에 의하여야 할 것이며</u> 보상금 등의 지급에 관한 법률관계의 주체는 대한민국이다(대판 1992.12.24. 92누3335).

비교판례

'민주화운동관련자 명예회복 및 보상 심의위원회'에서 심의 · 결정을 받아야만 비로소 보상금 등의 지급대상자로 확정될 수 있다. 따라서 그와 같은 <u>심의위원회의 결정은 국민의 권리의무에 직접 영향을 미치는 행정처분에 해당하므로</u>, 관련자 등으로서 보상금 등을 지급받고자 하는 신청에 대하여 심의위원회가 관련자 해당 요건의 전부 또는 일부를 인정하지 아니하여 <u>보상금 등의 지급을 기각하는 결정을 한 경우에는 신청인은 심의위원회를 상대로 그 결정의 취소를 구하는 소송을 제기하여 보상금 등의 지급대상자가 될 수 있다</u>(대판 2008. 4.17. 2005두16185(전합)).

> **판례**
>
> 국방부장관 등이 하는 급여지급결정은 단순히 급여수급 대상자를 확인·결정하는 것에 그치는 것이 아니라 구체적인 급여수급액을 확인·결정하는 것까지 포함한다. 구 군인연금법령상 급여를 받으려고 하는 사람은 우선 관계 법령에 따라 국방부장관 등에게 급여지급을 청구하여 국방부장관 등이 이를 거부하거나 일부 금액만 인정하는 급여지급결정을 하는 경우 그 결정을 대상으로 항고소송을 제기하는 등으로 구체적 권리를 인정받은 다음 비로소 당사자소송으로 그 급여의 지급을 구해야 한다. 이러한 구체적인 권리가 발생하지 않은 상태에서 곧바로 국가를 상대로 한 당사자소송으로 급여의 지급을 소구하는 것은 허용되지 않는다(대판 2021.12.16. 2019두45944).

ⓓ 공법상 계약에 관한 소송 : 국가·지방자치단체 등 행정주체 상호간 또는 행정주체와 사인사이에 체결되는 공법상 계약에 관한 분쟁이 이에 해당한다.

ⓔ 조합총회결의에 관한 소송 : 도시 및 주거환경정비법상 행정주체인 주택재건축정비사업조합을 상대로 관리처분계획안에 대한 조합 총회결의의 효력 등을 다투는 소송은 행정처분에 이르는 절차적 요건의 존부나 효력 유무에 관한 소송으로서 그 소송결과에 따라 행정처분의 위법 여부에 직접 영향을 미치는 공법상 법률관계에 관한 것이므로, 이는 행정소송법상의 당사자소송에 해당한다(대판2009.9.17.2007다2428(전합)).

ⓒ 당사자적격, 재판관할 등 적용법규는 형식적 당사자 소송의 내용과 동일하다.

④ **판결의 기판력과 기속력** : 판결의 기판력은 당사자소송에서는 원칙적으로 소송의 당사자 및 승계인에게만 미친다. 따라서 취소소송에서의 판결의 제3자효는 당사자소송에는 인정되지 않는다. 그러나 판결의 기속력은 인정된다.

⑤ **가집행선고** : 국가를 상대로 하는 당사자소송의 경우에는 가집행선고(확정되지 않은 판결에 미리 집행력을 부여하는 것)를 할 수 없다(행정소송법 제43조). 그러나 같은 내용의 규정을 둔 소송촉진 등에 관한 특례법 제6조 제1항 단서가 위헌결정(헌재결 1989. 1.25. 88헌가7)으로 삭제된 후 행정소송법 규정의 효력에 관해 견해가 대립하고 있다.

> **판례**
>
> 행정소송법 제8조 제2항에 의하면 행정소송에도 민사소송법의 규정이 일반적으로 준용되므로 법원으로서는 공법상 당사자소송에서 재산권의 청구를 인용하는 판결을 하는 경우 가집행선고를 할 수 있다(대판 2000.11.28. 99두3416).

(4) 객관적 소송

① 의의 : 개인의 주관적 권리보호를 목적으로 하는 것이 아니라 행정작용의 적법성을 보장하기 위하여 법률이 허용하고 있는 소송을 말한다. 민중소송과 기관소송이 있다.

② 민중소송

　　㉠ 국가 또는 공공단체의 기관이 법률에 위반되는 행위를 한 때에 직접 자기의 법률상 이익과 관계없이 그 시정을 구하기 위하여 제기하는 소송을 말한다. 법률에 명시적 규정이 있는 때에만 인정된다.

　　㉡ 선거무효소송, 국민투표무효소송 등이 그 예이다.

　　㉢ 선거소송의 경우 선거인·투표인이 원고가 되고, 대통령선거는 중앙선거관리위원장이 피고가 되고, 국회의원 선거는 관할 선거구 선거관리위원회 위원장이 피고가 된다..

　　㉣ 대통령선거, 국회의원, 비례대표 시·도의원선거, 시·도지사 선거의 경우 대법원이 관할하고, 지역구 시·도의원 선거 및 시·군·자치구의 장 선거는 고등법원이 관할한다.

③ 기관소송

　　㉠ 국가 또는 공공단체의 기관상호간에 있어서의 권한의 존부 또는 그 행사에 관한 다툼이 있을 때에 이에 대하여 제기하는 소송을 말한다. 다만, 헌법재판소법 제2조의 규정에 의하여 헌법재판소의 관장사항으로 되는 소송은 제외한다.

　　㉡ 지방의회나 교육위원회의 의결무효소송, 주무부장관이나 상급지방자치단체장의 감독처분에 대한 이의소송 등이 그 예이다.

　　㉢ 당사자적격은 민중소송과 같이 법률의 규정에 따라 결정되며, 의결무효소송과 이의소송은 대법원이 관할한다.

행정소송법 제45조(소의 제기) 민중소송 및 기관소송은 법률이 정한 경우에 법률에 정한 자에 한하여 제기할 수 있다.

제46조(준용규정)
① 민중소송 또는 기관소송으로써 처분등의 취소를 구하는 소송에는 그 성질에 반하지 아니하는 한 취소소송에 관한 규정을 준용한다.
② 민중소송 또는 기관소송으로써 처분등의 효력 유무 또는 존재 여부나 부작위의 위법의 확인을 구하는 소송에는 그 성질에 반하지 아니하는 한 각각 무효등 확인소송 또는 부작위위법확인소송에 관한 규정을 준용한다.
③ 민중소송 또는 기관소송으로서 제1항 및 제2항에 규정된 소송외의 소송에는 그 성질에 반하지 아니하는 한 당사자소송에 관한 규정을 준용한다.

최근 기출문제 분석

2025 제1회 지방직 9급

1 행정쟁송에 있어서 가구제에 대한 설명으로 옳지 않은 것은?

① 「행정소송법」상 집행정지의 결정 또는 기각의 결정에 대하여는 즉시항고할 수 있다.

② 행정처분의 효력이나 집행 혹은 절차속행 등의 정지를 구하는 신청은 「행정소송법」상 집행정지 신청의 방법으로서만 가능할 뿐 「민사소송법」상 가처분의 방법으로는 허용될 수 없다.

③ 「행정심판법」상 임시처분은 집행정지로 목적을 달성할 수 없는 경우 관할 행정심판위원회가 직권으로 또는 당사자의 신청에 의하여 결정할 수 있다.

④ 집행정지결정 후 본안소송이 취하되어 소송이 계속되지 아니하더라도 집행정지결정의 효력이 당연히 소멸되는 것은 아니고 별도의 취소조치를 필요로 한다.

> **TIP** ④ 행정처분의 집행정지는 행정처분집행 부정지의 원칙에 대한 예외로서 인정되는 일시적인 응급처분이라 할 것이므로 집행정지결정을 하려면 이에 대한 본안소송이 법원에 제기되어 계속 중임을 요한다. 따라서 집행정지신청 기각결정 후 본안소송이 취하되었다면 위 기각결정에 대한 재항고는 그 실익이 없어 각하될 수밖에 없다(대결 1980. 4. 30. 79두10).
> ① 행정소송법 제23조 제5항
> ② 대결 2009. 11. 2. 2009마596
> ③ 행정심판법 제31조 제3항

Answer 1.④

2 행정소송상 재판관할에 대한 설명으로 옳지 않은 것은?

① 토지의 수용 기타 부동산에 관계되는 처분등에 대한 취소소송은 그 부동산의 소재지를 관할하는 행정법원에 이를 제기할 수 있다.

② 수소법원의 재판관할권 유무는 법원의 직권조사사항이며, 소송당사자에게도 관할위반을 이유로 하는 이송신청권이 인정된다.

③ 원고가 고의 또는 중대한 과실 없이 행정소송으로 제기하여야 할 사건을 민사소송으로 잘못 제기한 경우, 수소법원으로서는 만약 그 행정소송에 대한 관할도 동시에 가지고 있다면 이를 행정소송으로 심리·판단하여야 한다.

④ 처분과 관련되는 손해배상청구소송이 계속된 법원에 당해 처분에 대한 취소소송을 병합할 수는 없다.

> **TIP** ② 수소법원의 재판관할권 유무는 법원의 직권조사사항으로서 법원이 그 관할에 속하지 아니함을 인정한 때에는 민사소송법 제34조 제1항에 의하여 직권으로 이송결정을 하는 것이고, 소송당사자에게 관할위반을 이유로 하는 이송신청권이 있는 것은 아니다. 따라서 당사자가 관할위반을 이유로 한 이송신청을 한 경우에도 이는 단지 법원의 직권발동을 촉구하는 의미밖에 없다. 한편 법원이 당사자의 신청에 따른 직권발동으로 이송결정을 한 경우에는 즉시항고가 허용되지만(민사소송법 제39조), 위와 같이 당사자에게 이송신청권이 인정되지 않는 이상 항고심에서 당초의 이송결정이 취소되었다 하더라도 이에 대한 신청인의 재항고는 허용되지 않는다(대결 2018. 1. 19. 2017마1332).

3 거부처분의 취소소송에 대한 설명으로 옳지 않은 것은?

① 도시계획구역 내 토지 등을 소유하고 있는 주민으로서는 도시시설계획의 입안권자 내지 결정권자에게 도시시설계획의 입안 내지 변경을 요구할 수 있는 법규상 또는 조리상 신청권이 있다.

② 주민등록번호가 피해자의 의사와 무관하게 유출된 경우 조리상 주민등록번호의 변경을 요구할 신청권이 인정된다.

③ 신청권은 그 신청에 따른 단순한 응답을 받을 권리를 넘어서 신청의 인용이라는 만족적 결과를 얻을 권리를 의미한다.

④ 「민원사무 처리에 관한 법률」에서 민원사항의 신청에 대한 행정기관의 절차적인 접수의무를 규정하고 있다고 하더라도, 그로써 바로 민원인에게 그 민원에서 요구하는 행정기관의 행위에 대한 실체적인 신청권까지 인정되는 것이라고 볼 수 없다.

Answer 2.② 3.③

2025 제1회 지방직 9급

4 행정상 손실보상제도에 대한 설명으로 옳지 않은 것은?

① 「공익사업을 위한 토지 등의 취득 및 보상에 관한 법률」상 토지소유자가 행정소송으로 손실보상금의 증액을 구하는 경우에는 관할 토지수용위원회를 피고로 하여 보상금 증액 청구의 소를 제기하여야 한다.

② 손실보상은 공공필요에 의한 행정작용에 의하여 사인에게 발생한 특별한 희생에 대한 전보라는 점에서 그 사인에게 특별한 희생이 발생하여야 하는 것은 당연히 요구되는 것이고, 공유수면 매립면허의 고시가 있다고 하여 반드시 간척사업이 시행되고 그로 인하여 손실이 발생한다고 할 수 없다.

③ 「산업입지 및 개발에 관한 법률」상 민간기업에게 산업단지개발사업에 필요한 토지 등을 수용할 수 있도록 규정한 조항은 헌법 제23조제3항의 '공공필요'에 위반되지 않는다.

④ 「공익사업을 위한 토지 등의 취득 및 보상에 관한 법률」상 적법하게 시행된 공익사업으로 인하여 이주하게 된 주거용 건축물 세입자의 주거이전비 보상청구권은 공법상의 권리이고, 주거이전비 보상청구소송은 공법상의 법률관계를 대상으로 하는 행정소송에 의하여야 한다.

TIP ① 토지보상법 제85조 제2항

> **제85조(행정소송의 제기)**
> ① 사업시행자, 토지소유자 또는 관계인은 제34조에 따른 재결에 불복할 때에는 재결서를 받은 날부터 90일 이내에, 이의신청을 거쳤을 때에는 이의신청에 대한 재결서를 받은 날부터 60일 이내에 각각 행정소송을 제기할 수 있다. 이 경우 사업시행자는 행정소송을 제기하기 전에 제84조에 따라 늘어난 보상금을 공탁하여야 하며, 보상금을 받을 자는 공탁된 보상금을 소송이 종결될 때까지 수령할 수 없다.
> ② <u>제1항에 따라 제기하려는 행정소송이 보상금의 증감(增減)에 관한 소송인 경우 그 소송을 제기하는 자가 토지소유자 또는 관계인일 때에는 사업시행자를, 사업시행자일 때에는 토지소유자 또는 관계인을 각각 피고로 한다.</u>

Answer   4.①

5 「행정소송법」상 취소판결의 기속력에 대한 설명으로 옳은 것은?

① 취소소송에서 청구를 기각하는 판결이 확정된 경우에도 기속력이 인정된다.

② 취소판결의 기속력은 판결의 주문에 대해서만 인정된다.

③ 행정청의 거부처분을 취소하는 판결이 확정된 경우, 취소사유가 행정처분의 절차의 위법으로 인한 것이라면 그 처분 행정청은 확정판결의 취지에 따라 그 위법사유를 보완하여 다시 종전의 신청에 대한 거부처분을 할 수 있다.

④ 취소판결의 기속력에 반하는 처분은 그 하자가 중대하지만 명백하다고 볼 수는 없다.

TIP ① 처분등을 취소하는 확정판결은 그 사건에 관하여 당사자인 행정청과 그 밖의 관계행정청을 기속한다(행정소송법 제30조 제1항).

② 취소 확정판결의 기속력은 판결의 주문 및 전제가 되는 처분 등의 구체적 위법사유에 관한 판단에도 미치나, 종전 처분이 판결에 의하여 취소되었더라도 종전 처분과 다른 사유를 들어서 새로이 처분을 하는 것은 기속력에 저촉되지 않는다. 여기에서 동일 사유인지 다른 사유인지는 확정판결에서 위법한 것으로 판단된 종전 처분사유와 기본적 사실관계에서 동일성이 인정되는지 여부에 따라 판단되어야 하고, 기본적 사실관계의 동일성 유무는 처분사유를 법률적으로 평가하기 이전의 구체적인 사실에 착안하여 그 기초인 사회적 사실관계가 기본적인 점에서 동일한지에 따라 결정된다. 또한 행정처분의 위법 여부는 행정처분이 행하여진 때의 법령과 사실을 기준으로 판단하므로, 확정판결의 당사자인 처분 행정청은 종전 처분 후에 발생한 새로운 사유를 내세워 다시 처분을 할 수 있고, 새로운 처분의 처분사유가 종전 처분의 처분사유와 기본적 사실관계에서 동일하지 않은 다른 사유에 해당하는 이상, 처분사유가 종전 처분 당시 이미 존재하고 있었고 당사자가 이를 알고 있었더라도 이를 내세워 새로이 처분을 하는 것은 확정판결의 기속력에 저촉되지 않는다(대판 2016. 3. 24. 2015두48235).

④ 확정판결의 당사자인 처분행정청이 그 행정소송의 사실심 변론종결 이전의 사유를 내세워 다시 확정판결과 저촉되는 행정처분을 하는 것은 허용되지 않는 것으로서 이러한 행정처분은 그 하자가 중대하고도 명백한 것이어서 당연무효라 할 것이다(대판 1990. 12. 11. 90누3560).

Answer 5.③

6 소의 이익에 대한 설명으로 옳지 않은 것은?

① 지방의회 의원에 대한 제명의결 취소소송 계속 중 의원의 임기가 만료된 경우라도 그 제명의결의 취소를 구할 법률상 이익이 인정된다.

② 특별한 사정이 없는 한 경원관계에서 허가 등 수익적 처분을 받지 못한 사람은 자신에 대한 거부처분의 취소를 구할 소의 이익이 있다.

③ 항고소송의 일종인 무효확인소송에서는 행정처분의 근거 법률에 의해 보호되는 직접적이고 구체적인 이익이 있는 경우에 '무효확인을 구할 법률상 이익'이 있고, 별도로 무효확인소송의 보충성이 요구되지 않는다.

④ 고등학교에서 퇴학처분을 당한 후 고등학교졸업학력검정고시에 합격하였다면 퇴학처분을 받은 자는 퇴학처분의 위법을 주장하여 그 취소를 구할 소송상의 이익이 없다.

> **TIP** ④ 고등학교졸업이 대학입학자격이나 학력인정으로서의 의미밖에 없다고 할 수 없으므로 고등학교졸업학력검정고시에 합격하였다 하여 고등학교 학생으로서의 신분과 명예가 회복될 수 없는 것이니 퇴학처분을 받은 자로서는 퇴학처분의 위법을 주장하여 그 취소를 구할 소송상의 이익이 있다. 학칙시행상 필요한 세칙은 학교장이 정한다고 규정한 학칙의 부칙에 따라 학교장이 학생징계에 관하여 규정한 선도규정이, 무기정학 이상의 중징계에 관하여 그 절차와 사유를 특히 엄격하게 정함으로써 신중과 공정을 기하고 학생의 신분을 보장할 목적으로 마련된 것이고 학생이나 교직원들은 위 절차에 의하여 징계가 이루어질 것으로 신뢰하고 있다 할 것이므로 징계권자인 학교장도 이 절차에 기속되어 이를 어기고 한 징계처분은 위법하다(대판 1992. 7. 14. 91누4737).

7 취소소송 확정판결의 기판력에 대한 설명으로 옳지 않은 것은?

① 「행정소송법」은 기판력에 관한 명문의 규정을 두지 않아, 「행정소송법」 제8조제2항에 따라 「민사소송법」상 기판력 규정이 준용된다.

② 취소판결의 기판력은 소송물로 된 행정처분의 위법성 존부에 관한 판단에 미치는 것이므로 전소와 후소가 그 소송물을 달리하는 경우에는 전소 확정판결의 기판력이 후소에 미치지 아니한다.

③ 과세처분의 취소소송에서 청구가 기각된 확정판결의 기판력은 그 과세처분의 무효확인을 구하는 소송에는 미치지 않는다.

④ 과세처분 취소소송의 피고는 처분청이지만 행정청을 피고로 하는 취소소송에 있어서의 기판력은 당해 처분이 귀속하는 국가 또는 공공단체에 미친다.

> **TIP** ③ 과세처분의 취소소송은 과세처분의 실체적, 절차적 위법을 그 취소원인으로 하는 것으로서 그 심리의 대상은 과세관청의 과세처분에 의하여 인정된 조세채무인 과세표준 및 세액의 객관적 존부, 즉 당해 과세처분의 적부가 심리의 대상이 되는 것이며, 과세처분 취소청구를 기각하는 판결이 확정되면 그 처분이 적법하다는 점에 관하여 기판력이 생기고 그 후 원고가 이를 무효라 하여 무효확인을 소구할 수 없는 것이어서 과세처분의 취소소송에서 청구가 기각된 확정판결의 기판력은 그 과세처분의 무효확인을 구하는 소송에도 미친다(대판 1998. 7. 24. 98다10854).

Answer 6.④ 7.③

8 처분사유의 추가·변경에 대한 설명으로 옳지 않은 것은?

① 항고소송에서 처분청은 당초 처분의 근거로 삼은 사유와 기본적 사실관계가 동일성이 있다고 인정되는 한도 내에서만 다른 사유를 추가·변경할 수 있다.

② 당초 처분의 근거로 삼은 사유와 사회적 사실관계의 기본적 동일성이 인정된다면 그에 대한 규범적 평가와 처분의 근거 법령 변경으로 당초 처분의 내용을 변경할 필요성이 제기되는 경우라도, 처분청은 당초 처분의 내용을 그대로 유지한 채 근거 법령만 추가·변경할 수 있다.

③ 처분청이 처분 당시에 적시한 구체적 사실을 변경하지 아니하는 범위 내에서 단지 그 처분의 근거 법령만을 추가·변경하는 것에 불과한 경우에는 새로운 처분사유의 추가라고 볼 수 없다.

④ 어떤 처분 내용의 적법성을 뒷받침하기 위하여 당초 처분사유와 기본적 사실관계의 동일성이 인정되는 다른 사유가 처분 당시에 이미 존재하고 있다면 처분청은 그 처분에 대한 취소소송의 사실심 변론종결 시까지 그 사유를 적극적으로 주장·증명하여 법원으로부터 그 처분이 적법하다는 판단을 받아야 한다.

> **TIP** ② 행정처분의 적법성과 효력을 다투는 항고소송에서는 처분청이 당초 처분의 근거로 삼은 사유와 기본적 사실관계의 동일성이 인정되지 않는 별개의 사유를 주장하는 것은 원칙적으로 허용되지 않는다(이를 '처분사유 추가·변경 제한 법리'라고 한다). 여기서 기본적 사실관계의 동일성 유무는 처분사유를 법률적으로 평가하기 이전의 구체적인 사실에 착안하여 그 기초가 되는 사회적 사실관계가 기본적인 점에서 동일한지에 따라 판단하는 것이 원칙이고, 행정청이 처분 당시에 제시한 구체적 사실을 변경하지 않는 범위 내에서 단지 처분의 근거 법령만을 추가·변경하거나 당초의 처분사유를 구체적으로 표시하는 것에 불과한 경우에는 새로운 처분사유를 추가하거나 변경하는 것이라고 볼 수 없다. 그러나 사회적 사실관계의 기본적 동일성이 인정되는 경우라고 하더라도 그에 대한 규범적 평가와 처분의 근거 법령의 변경으로, 예를 들어 기속행위가 재량행위로 변경되는 경우와 같이, 당초 처분의 내용을 변경할 필요성이 제기되는 경우에는 해당 처분을 취소한 후 처분청으로 하여금 다시 처분절차를 거쳐 새로운 처분을 하도록 하여야 할 것이지 당초 처분의 내용을 그대로 유지한 채 근거 법령만 추가·변경하는 것은 허용될 수 없다(대판 2024. 11. 28. 2023두61349).

Answer 8.②

9 다음 사례에 대한 설명으로 옳은 것만을 모두 고르면?

> 1976. 12. 15. 대한민국에서 출생한 甲은 2002. 1. 18. 미국 시민권을 취득하여 대한민국 국적을 상실한 재외동포이다. 법무부장관은 '甲이 공연을 위하여 병무청장의 국외여행허가를 받고 출국한 후 미국 시민권을 취득하여 사실상 병역의무를 면탈하였으므로 甲의 입국 자체를 금지해 달라'는 병무청장의 요청에 응하여 「출입국관리법」에 따라 2002. 2. 1. 甲의 입국을 금지하는 결정을 하였다. 법무부장관은 그 정보를 내부전산망인 '출입국관리정보시스템'에 입력하였으나, 甲에게 통보하지는 않았다(이하 '이 사건 입국금지결정'). 이후 2015. 8. 27. 甲은 자신의 거주 지역을 관할하는 재외공관장 乙에게 재외동포(F-4) 체류자격의 사증발급을 신청하였다. 乙은 甲의 아버지에게 전화로 '이 사건 입국금지결정으로 사증발급이 불허되었다.'고 통보하면서 처분이유를 기재한 사증발급 거부처분서를 작성해 주지는 않았다(이하 '이 사건 사증발급 거부처분').

> ㉠ 이 사건 입국금지결정은 항고소송의 대상인 처분에 해당한다.
> ㉡ 이 사건 사증발급 거부처분은 문서로 처분을 하도록 한 「행정절차법」 제24조제1항을 위반한 하자가 있다.
> ㉢ 乙은 이 사건 입국금지결정의 공정력과 불가쟁력으로 인해 甲에게 사증을 발급할 수 없다.
> ㉣ 재외동포에 대한 사증발급은 행정청의 재량행위에 속하는 것으로서, 재외동포가 사증발급을 신청한 경우 재외동포체류자격의 요건을 갖추었다고 해서 무조건 사증을 발급해야 하는 것은 아니다.

① ㉠, ㉢

② ㉠, ㉣

③ ㉡, ㉢

④ ㉡, ㉣

TIP ㉠, ㉢.(×)

병무청장이 법무부장관에게 '가수 甲이 공연을 위하여 국외여행허가를 받고 출국한 후 미국 시민권을 취득함으로써 사실상 병역의무를 면탈하였으므로 재외동포 자격으로 재입국하고자 하는 경우 국내에서 취업, 가수활동 등 영리활동을 할 수 없도록 하고, 불가능할 경우 입국 자체를 금지해 달라'고 요청함에 따라 법무부장관이 甲의 입국을 금지하는 결정을 하고, 그 정보를 내부전산망인 '출입국관리정보시스템'에 입력하였으나, 甲에게는 통보하지 않은 사안에서, <u>행정청이 행정의사를 외부에 표시하여 행정청이 자유롭게 취소·철회할 수 없는 구속을 받기 전에는 '처분'이 성립하지 않으므로 법무부장관이 출입국관리법 제11조 제1항 제3호 또는 제4호, 출입국관리법 시행령 제14조 제1항, 제2항에 따라 위 입국금지결정을 했다고 해서 '처분'이 성립한다고 볼 수는 없고</u>, 위 입국금지결정은 법무부장관의 의사가 공식적인 방법으로 외부에 표시된 것이 아니라 단지 그 정보를 내부전산망인 '출입국관리정보시스템'에 입력하여 관리한 것에 지나지 않으므로, <u>위 입국금지결정은 항고소송의 대상이 될 수 있는 '처분'에 해당하지 않는데도, 위 입국금지결정이 처분에 해당하여 공정력과 불가쟁력이 있다고 본 원심 판단에 법리를 오해한 잘못이 있다</u>(대판 2019. 7. 11. 2017두38874).

Answer 9.④

10 「행정기본법」상 처분의 재심사에 대한 설명으로 옳지 않은 것은?

① 처분에 관한 법원의 확정판결이 있는 경우, 그러한 처분은 재심사의 대상에서 제외된다.

② 처분으로 법률상 이익이 침해된 제3자는 해당 처분에 대해 재심사를 청구할 수 있다.

③ 공무원 인사 관계 법령에 따른 징계 등 처분에 관한 사항은 재심사의 대상에서 제외된다.

④ 처분의 재심사 결과 중 처분을 유지하는 결과에 대해서는 행정소송을 통하여 불복할 수 없다.

TIP ②행정기본법 제37조 제1항

> 행정기본법 제37조(처분의 재심사)
> ① 당사자는 처분(제재처분 및 행정상 강제는 제외한다. 이하 이 조에서 같다)이 행정심판, 행정소송 및 그 밖의 쟁송을 통하여 다툴 수 없게 된 경우(법원의 확정판결이 있는 경우는 제외한다)라도 다음 각 호의 어느 하나에 해당하는 경우에는 해당 처분을 한 행정청에 처분을 취소·철회하거나 변경하여 줄 것을 신청할 수 있다.
>   1. 처분의 근거가 된 사실관계 또는 법률관계가 추후에 당사자에게 유리하게 바뀐 경우
>   2. 당사자에게 유리한 결정을 가져다주었을 새로운 증거가 있는 경우
>   3. 「민사소송법」 제451조에 따른 재심사유에 준하는 사유가 발생한 경우 등 대통령령으로 정하는 경우
> ⑤ 제4항에 따른 처분의 재심사 결과 중 처분을 유지하는 결과에 대해서는 행정심판, 행정소송 및 그 밖의 쟁송수단을 통하여 불복할 수 없다.
> ⑥ 행정청의 제18조에 따른 취소와 제19조에 따른 철회는 처분의 재심사에 의하여 영향을 받지 아니한다.
> ⑦ 제1항부터 제6항까지에서 규정한 사항 외에 처분의 재심사의 방법 및 절차 등에 관한 사항은 대통령령으로 정한다.
> ⑧ 다음 각 호의 어느 하나에 해당하는 사항에 관하여는 이 조를 적용하지 아니한다.
>   1. 공무원 인사 관계 법령에 따른 징계 등 처분에 관한 사항

11 행정소송의 제소기간과 행정심판의 청구기간에 대한 설명으로 옳지 않은 것은?

① 부작위위법확인의 소는 부작위상태가 계속되는 한 제소기간의 제한을 받지 않으므로, 행정심판 등 전심절차를 거친 경우에도 「행정소송법」상 제소기간이 적용되지 않는다.

② 당사자소송에 관하여 법령에 제소기간이 정하여져 있는 때에는 그 기간은 불변기간으로 한다.

③ 행정청이 법정 심판청구기간보다 긴 기간으로 잘못 알린 경우에 그 잘못 알린 기간 내에 심판청구가 있으면 그 심판청구는 법정 심판청구기간 내에 제기된 것으로 본다는 취지의 「행정심판법」의 규정은 행정소송 제기에도 당연히 적용되는 규정이라고 할 수는 없다.

④ 처분이 있음을 안 날부터 90일을 넘겨 청구한 부적법한 행정심판청구에 대한 재결이 있은 후 재결서를 송달받은 날부터 90일 이내에 원래의 처분에 대하여 취소소송을 제기하였다고 하여 취소소송이 다시 제소기간을 준수한 것으로 되는 것은 아니다.

TIP ① 부작위위법확인의 소는 부작위상태가 계속되는 한 그 위법의 확인을 구할 이익이 있다고 보아야 하므로 원칙적으로 제소기간의 제한을 받지 않는다. 그러나 행정소송법 제38조 제2항이 제소기간을 규정한 같은 법 제20조를 부작위위법확인소송에 준용하고 있는 점에 비추어 보면, 행정심판 등 전심절차를 거친 경우에는 행정소송법 제20조가 정한 제소기간 내에 부작위위법확인의 소를 제기하여야 한다(대판 2009. 7. 23. 2008두10560).

Answer 10.② 11.①

12 항고소송의 피고적격에 대한 설명으로 옳은 것은?

① 조례에 대한 무효확인소송에서 피고적격이 있는 행정청은 지방의회이다.

② 합의제 행정기관의 처분에 대해서는 그 기관 자체가 피고가 되므로, 중앙노동위원회의 처분에 대한 소는 중앙노동위원회가 피고가 된다.

③ 국가공무원에 대한 징계처분의 처분청이 대통령인 경우에는 대통령이 피고가 된다.

④ 대리기관이 대리관계를 표시하고 피대리 행정청을 대리하여 행정처분을 한 때에는 피대리 행정청이 피고가 된다.

TIP ① 조례가 집행행위의 개입 없이도 그 자체로서 직접 국민의 구체적인 권리의무나 법적 이익에 영향을 미치는 등의 법률상 효과를 발생하는 경우 그 조례는 항고소송의 대상이 되는 행정처분에 해당하고, 이러한 조례에 대한 무효확인소송을 제기함에 있어서 행정소송법 제38조 제1항, 제13조에 의하여 <u>피고적격이 있는 처분 등을 행한 행정청은</u>, 행정주체인 지방자치단체 또는 지방자치단체의 내부적 의결기관으로서 지방자치단체의 의사를 외부에 표시한 권한이 없는 지방의회가 아니라, 구 지방자치법 제19조 제2항, 제92조에 의하여 <u>지방자치단체의 집행기관으로서 조례로서의 효력을 발생시키는 공포권이 있는 지방자치단체의 장</u>이다. 시 · 도의 교육 · 학예에 관한 사무의 집행기관은 시 · 도 교육감이고 시 · 도 교육감에게 지방교육에 관한 조례안의 공포권이 있다고 규정되어 있으므로, <u>교육에 관한 조례의 무효확인소송을 제기함에 있어서는 그 집행기관인 시 · 도 교육감을 피고로</u> 하여야 한다(대판 1996. 9. 20. 95누8003).

② 노동위원회법 제19조의2 제1항의 규정은 행정처분의 성질을 가지는 지방노동위원회의 처분에 대하여 중앙노동위원장을 상대로 행정소송을 제기할 경우의 전치요건에 관한 규정이라 할 것이므로 <u>당사자가 지방노동위원회의 처분에 대하여 불복하기 위하여는 처분 송달일로부터 10일 이내에 중앙노동위원회에 재심을 신청하고 중앙노동위원회의 재심판정서 송달일로부터 15일 이내에 중앙노동위원장을 피고로 하여 재심판정취소의 소를 제기하여야</u> 할 것이다(대판 1995. 9. 15. 95누6724).

③ <u>행정소송을 제기할 때에는 대통령의 처분 또는 부작위의 경우에는 소속 장관(대통령령으로 정하는 기관의 장을 포함)을</u>, 중앙선거관리위원회위원장의 처분 또는 부작위의 경우에는 중앙선거관리위원회사무총장을 각각 피고로 한다(국가공무원법 제16조 제2항).

Answer 12.④

2025 국가직 9급

13 「국가배상법」상 영조물의 설치 · 관리의 하자로 인한 손해배상책임에 대한 설명으로 옳지 않은 것은?

① 「국가배상법」상의 영조물의 설치 · 관리상의 하자로 인한 책임은 무과실책임이고 나아가 「민법」상의 공작물의 점유자의 책임과는 달리 면책사유도 규정되어 있지 않다.

② '공공의 영조물'이라 함은 국가 또는 지방자치단체에 의하여 특정 공공의 목적에 공여된 유체물 내지 물적 설비를 말하며, 국가 또는 지방자치단체가 소유권, 임차권 그 밖의 권한에 기하여 관리하고 있는 경우뿐만 아니라 사실상의 관리를 하고 있는 경우도 포함된다.

③ '영조물의 설치 또는 관리의 하자'에는 영조물이 공공의 목적에 이용됨에 있어 그 이용상태 및 정도가 일정한 한도를 초과하여 제3자에게 사회통념상 수인할 것이 기대되는 한도를 넘는 피해를 입히는 경우까지 포함된다.

④ 공유나 사유임을 불문하고 사실상 도로로 사용되고 있었다면, 도로의 노선인정 기타 공용개시가 없었다고 하여도 해당 도로는 「국가배상법」상 영조물이라고 할 수 있다.

> **TIP** ④ 국가배상법 제5조 소정의 공공의 영조물이란 공유나 사유임을 불문하고 행정주체에 의하여 특정공공의 목적에 공여된 유체물 또는 물적 설비를 의미하므로 사실상 군민의 통행에 제공되고 있던 도로 옆의 암벽으로부터 떨어진 낙석에 맞아 소외인이 사망하는 사고가 발생하였다고 하여도 동 사고지점 <u>도로가 피고 군에 의하여 노선인정 기타 공용개시가 없었으면 이를 영조물이라 할 수 없다</u>(대판 1981. 7. 7. 80다2478).

2024 제1회 지방직 9급

14 무효등 확인소송에 대한 설명으로 옳은 것은?

① 무효확인판결에는 취소판결의 기속력에 관한 규정이 준용되지 않는다.

② 무효등 확인소송의 제기 당시에 원고적격을 갖추었다면 상고심 계속중에 원고적격을 상실하더라도 그 소는 적법하다.

③ 행정처분의 무효란 행정처분이 처음부터 아무런 효력도 발생하지 아니한다는 의미이므로 무효등 확인소송에 대해서는 집행정지가 인정되지 아니한다.

④ 행정처분의 당연무효를 주장하여 그 무효확인을 구하는 행정소송에 있어서는 원고에게 그 행정처분이 무효인 사유를 주장 · 입증할 책임이 있다.

> **TIP** ①③제9조(재판관할), 제10조(관련청구소송의 이송,병합), 제13조 내지 제17조(피고적격, 피고경정, 공동소송, 제3자의 소송참가, 행정청의 소송참가), 제19조(취소소송의 대상), 제22조 내지 제26조(처분변경으로 인한 소의 변경, <u>집행정지</u>, 집행정지의 취소, 행정심판기록의 제출명령, 직권심리), 제29조 내지 제31조(취소판결의 효력, <u>취소판결등의 기속력</u>, 제3자에 의한 재심청구) 및 제33조(소송비용에 관한 재판의 효력)의 규정은 <u>무효등 확인소송의 경우에 준용한다</u>(행정소송법 제38조 제1항).
> ② 원고적격은 소송요건에 해당하고 법원의 직권조사사항이며 상고심에서도 존속해야 한다.

Answer 13.④ 14.④

15 행정소송의 피고에 대한 설명으로 옳지 않은 것은?

① 취소소송은 다른 법률에 특별한 규정이 없는 한 그 처분등을 행한 행정청을 피고로 하지만, 처분등이 있은 뒤에 그 처분등에 관계되는 권한이 다른 행정청에 승계된 때에는 이를 승계한 행정청을 피고로 한다.

② 조례가 집행행위의 개입 없이도 그 자체로서 직접 국민의 구체적인 권리·의무나 법적 이익에 영향을 미치는 등의 법률상 효과를 발생하는 경우 무효확인소송의 피고는 당해 조례를 통과시킨 지방의회가 된다.

③「행정소송법」상 원고가 피고를 잘못 지정한 때에는 법원은 원고의 신청에 의하여 결정으로써 피고의 경정을 허가할 수 있다.

④ 행정처분을 행할 적법한 권한 있는 상급행정청으로부터 내부위임을 받은 데 불과한 하급행정청이 권한 없이 행정처분을 한 경우 실제로 그 처분을 행한 하급행정청을 피고로 하여야 할 것이지 그 처분을 행할 적법한 권한 있는 상급행정청을 피고로 할 것은 아니다.

> **TIP** ② 조례가 집행행위의 개입 없이도 그 자체로서 직접 국민의 구체적인 권리의무나 법적 이익에 영향을 미치는 등의 법률상 효과를 발생하는 경우 그 조례는 항고소송의 대상이 되는 행정처분에 해당하고, 이러한 조례에 대한 무효확인소송을 제기함에 있어서 행정소송법 제38조 제1항, 제13조에 의하여 피고적격이 있는 처분 등을 행한 행정청은, 행정주체인 지방자치단체 또는 지방자치단체의 내부적 의결기관으로서 지방자치단체의 의사를 외부에 표시한 권한이 없는 지방의회가 아니라, 구 지방자치법 제19조 제2항, 제92조에 의하여 지방자치단체의 집행기관으로서 조례로서의 효력을 발생시키는 공포권이 있는 지방자치단체의 장이다(대판 1996. 9. 20. 95누8003).

16 위법한 직무집행행위로 인한 손해배상책임에 대한 설명으로 옳지 않은 것은?

①「국가배상법」상 '공무원'이라 함은 널리 공무를 위탁받아 실질적으로 공무에 종사하고 있는 일체의 자를 가리키는 것으로서, 단지 공무의 위탁이 일시적인 사항에 관한 활동을 위한 것은 포함되지 않는다.

②「국가배상법」이 정한 배상청구의 요건인 '공무원의 직무'에는 권력적 작용만이 아니라 행정지도와 같은 비권력적 공행정작용도 포함된다.

③ 어떠한 행정처분이 후에 항고소송에서 위법한 것으로서 취소되었다고 하더라도 그로써 곧 당해 행정처분이 공무원의 고의 또는 과실에 의한 불법행위를 구성한다고 단정할 수는 없다.

④ 헌법상 과잉금지의 원칙 내지 비례의 원칙을 위반하여 국민의 기본권을 침해한 국가작용은 국가배상책임에 있어 법령을 위반한 가해행위가 된다.

> **TIP** 「국가배상법」상 '공무원'에는 「국가공무원법」, 「지방공무원법」상의 모든 공무원 뿐만 아니라 널리 공무을 위탁받아 종사하는 모든 자가 포함된다.

Answer 15.② 16.①

2024 제1회 지방직 9급

17 **국가배상에 대한 설명으로 옳은 것은?**

① 「국가배상법」에 따른 손해배상의 소송은 배상심의회에 배상신청을 하지 아니하면 제기할 수 없다.

② 국가배상소송을 제기하는 경우 민사소송이 아니라 공법상 당사자소송으로 제기하여야 한다.

③ 군 복무 중 사망한 사람의 유족이 국가배상을 받은 경우, 관할 행정청 등은 「군인연금법」상 사망보상금에서 소극적 손해배상금 상당액을 공제할 수 있을 뿐, 이를 넘어 정신적 손해배상금까지 공제할 수는 없다.

④ 공공시설물의 하자로 손해를 입은 외국인에게는 해당 국가와 상호 보증이 없더라도 「국가배상법」이 적용된다.

> **TIP** ① 이 법에 따른 손해배상의 소송은 배상심의회에 배상신청을 하지 아니하고도 제기할 수 있다(국가배상법 제9조).
> ② 학설은 국가배상소송을 공법상 당사자 소송으로 보는 것이 다수설이지만, 판례는 국가배상법 제8조를 근거로 국가배상소송을 민사소송으로 본다.
> ④ 이 법은 외국인이 피해자인 경우에는 해당 <u>국가와 상호 보증이 있을 때에만 적용</u>한다(국가배상법 제7조).

2024 제1회 지방직 9급

18 **행정소송에 대한 설명으로 옳지 않은 것은?**

① 해당 처분을 다툴 법률상 이익이 있는지 여부는 직권조사사항으로 이에 관한 당사자의 주장은 직권발동을 촉구하는 의미밖에 없으므로, 원심법원이 이에 관하여 판단하지 않았다고 하여 판단유탈의 상고이유로 삼을 수 없다.

② 행정청은 「민사소송법」상의 보조참가를 할 수 있을 뿐만 아니라 「행정소송법」에 의한 소송참가를 할 수 있고 공법상 당사자소송의 원고가 된다.

③ 부작위위법확인의 소에 있어 당사자가 행정청에 대하여 어떠한 행정행위를 하여 줄 것을 요구할 수 있는 법규상 또는 조리상 권리를 갖고 있지 아니한 경우에는 원고적격이 없거나 항고소송의 대상인 위법한 부작위가 있다고 볼 수 없어 그 부작위위법확인의 소는 부적법하다.

④ 국가가 국토이용계획과 관련한 지방자치단체의 장의 기관위임사무의 처리에 관하여 지방자치단체의 장을 상대로 취소소송을 제기하는 것은 허용되지 않는다.

> **TIP** ② 당사자소송은 행정청의 처분등을 원인으로 하는 법률관계에 관한 소송 그 밖에 공법상의 법률관계에 관한 소송으로서 그 법률관계의 한쪽 당사자를 피고로 하는 소송을 말하며 행정청은 원고가 될 수 없다.

Answer 17.③ 18.②

19 손실보상에 대한 설명으로 옳은 것만을 모두 고르면?

> ㉠ 공공필요에 의한 재산권의 수용·사용 또는 제한 및 그에 대한 보상은 법률로써 하되, 정당한 보상을 지급하여야 한다.
>
> ㉡ 「하천법」 부칙과 이에 따른 특별조치법이 하천구역으로 편입된 토지에 대하여 손실보상청구권을 규정하였다고 하더라도 당해 법률규정이 아니라 관리청의 보상금지급결정에 의하여 비로소 손실보상청구권이 발생한다.
>
> ㉢ 「공익사업을 위한 토지 등의 취득 및 보상에 관한 법률」상 보상금의 증감에 관한 소송인 경우 그 소송을 제기하는 자가 토지소유자 또는 관계인일 때에는 지방토지수용위원회 또는 중앙토지수용위원회를 피고로 한다.
>
> ㉣ 수용재결에 불복하여 취소소송을 제기하는 때에는 이의신청을 거친 경우에도 수용재결을 한 중앙토지수용위원회 또는 지방토지수용위원회를 피고로 하여 수용재결의 취소를 구하여야 하지만, 이의신청에 대한 재결 자체에 고유한 위법이 있는 경우에는 그 이의재결을 한 중앙토지수용위원회를 피고로 하여 이의재결의 취소를 구할 수 있다.

① ㉠, ㉡

② ㉠, ㉣

③ ㉡, ㉢

④ ㉡, ㉢, ㉣

> **TIP** ㉡ (x) 하천법 부칙 제2조와 '법률 제3782호 하천법 중 개정법률 부칙 제2조의 규정에 의한 보상청구권의 소멸시효가 만료된 하천구역 편입토지 보상에 관한 특별조치법' 제2조, 제6조의 각 규정들을 종합하면, 위 규정들에 의한 <u>손실보상청구권은 1984. 12. 31. 전에 토지가 하천구역으로 된 경우에는 당연히 발생되는 것이지, 관리청의 보상금지급결정에 의하여 비로소 발생하는 것은 아니므로</u>, 위 규정들에 의한 손실보상금의 지급을 구하거나 손실보상청구권의 확인을 구하는 소송은 행정소송법 제3조 제2호 소정의 당사자소송에 의하여야 한다(대판 2006. 5. 18. 2004다6207).
>
> ㉣ (x) 공익사업을 위한 토지 등의 취득 및 보상에 관한 법률 제85조
>
> > 제85조(행정소송의 제기)
> > ① 사업시행자, 토지소유자 또는 관계인은 제34조에 따른 재결에 불복할 때에는 재결서를 받은 날부터 90일 이내에, 이의신청을 거쳤을 때에는 이의신청에 대한 재결서를 받은 날부터 60일 이내에 각각 행정소송을 제기할 수 있다. 이 경우 사업시행자는 행정소송을 제기하기 전에 제84조에 따라 늘어난 보상금을 공탁하여야 하며, 보상금을 받을 자는 공탁된 보상금을 소송이 종결될 때까지 수령할 수 없다.
> > ② <u>제1항에 따라 제기하려는 행정소송이 보상금의 증감(增減)에 관한 소송인 경우 그 소송을 제기하는 자가 토지소유자 또는 관계인일 때에는 사업시행자를, 사업시행자일 때에는 토지소유자 또는 관계인을 각각 피고로 한다.</u>

Answer 19.②

20 판례의 입장으로 옳지 않은 것은?

① 교원소청심사위원회의 결정은 학교법인에 대하여 기속력을 가지지만 기속력은 그 결정의 주문에 포함된 사항에 미치는 것이지 그 전제가 된 요건사실의 인정과 불리한 처분 등의 구체적 위법사유에 관한 판단에까지 미치는 것은 아니다.

② 어업권면허에 선행하는 우선순위결정은 행정청이 우선권자로 결정된 자의 신청이 있으면 어업권면허처분을 하겠다는 것을 약속하는 행위로서 행정처분이 아니다.

③ 행정지도가 강제성을 띠지 않은 비권력적 작용으로서 행정지도의 한계를 일탈하지 않았다면, 그로 인하여 상대방에게 어떤 손해가 발생하였다 하더라도 행정기관은 그에 대한 손해배상책임이 없다.

④ 「공익사업을 위한 토지 등의 취득 및 보상에 관한 법률」상 적법하게 시행된 공익사업으로 인하여 이주하게 된 주거용 건축물 세입자의 주거이전비 보상청구권은 공법상의 권리이고, 따라서 그 보상을 둘러싼 쟁송은 민사소송이 아니라 공법상의 법률관계를 대상으로 하는 행정소송에 의하여야 한다.

> **TIP** ① 교원소청심사위원회의 결정은 처분청에 대하여 기속력을 가지고 이는 그 결정의 주문에 포함된 사항뿐 아니라 그 전제가 된 요건사실의 인정과 판단, 즉 처분 등의 구체적 위법사유에 관한 판단에까지 미친다. 따라서 위원회가 사립학교 교원의 소청심사청구를 인용하여 징계처분을 취소한 데 대하여 행정소송이 제기되지 아니하거나 그에 대하여 학교법인 등이 제기한 행정소송에서 법원이 위원회 결정의 취소를 구하는 청구를 기각하여 위원회 결정이 그대로 확정되면, 위원회 결정의 주문과 그 전제가 되는 이유에 관한 판단만이 학교법인 등 처분청을 기속하게 되고, 설령 판결 이유에서 위원회의 결정과 달리 판단된 부분이 있더라도 이는 기속력을 가질 수 없다(대판 2013. 7. 25. 2012두12297).

21 국가배상에 대한 설명으로 옳은 것은?

① 국가배상청구의 요건인 '공무원의 직무'에는 행정주체가 사경제주체로서 하는 작용도 포함된다.

② 청구기간 내에 헌법소원이 적법하게 제기되었음에도 헌법재판소 재판관이 청구기간을 오인하여 각하결정을 한 경우, 이에 대한 불복절차 내지 시정절차가 없는 때에는 국가배상책임을 인정할 수 있다.

③ 군 복무 중 사망한 군인 등의 유족인 원고가 「국가배상법」에 따른 손해배상금을 지급받은 경우, 국가는 「군인연금법」 소정의 사망보상금을 지급함에 있어 원고가 받은 손해배상금 상당 금액을 공제할 수 없다.

④ 외국인이 피해자인 경우 해당 국가와 상호보증이 없더라도 「국가배상법」이 적용된다.

Answer 20.① 21.②

2024 인사혁신처 9급

22 행정처분에 대한 설명으로 옳지 않은 것은?

① 과징금부과처분이 법이 정한 한도액을 초과하여 위법할 경우 법원으로서는 그 한도액을 초과한 부분이나 법원이 적정하다고 인정되는 부분을 초과한 부분만을 취소할 수 있다.

② 건축물대장의 용도는 건축물의 소유권을 제대로 행사하기 위한 전제요건으로서 건축물 소유자의 실체적 권리관계에 밀접하게 관련되어 있으므로, 건축물대장 소관청의 용도변경신청 거부행위는 국민의 권리관계에 영향을 미치는 것으로서 항고소송의 대상이 되는 행정처분에 해당한다.

③ 한국철도시설공단(현 국가철도공단)이 공사낙찰적격심사 감점처분의 근거로 내세운 규정은 공사낙찰적격심사세부기준이고, 이러한 규정은 공공기관이 사인과의 계약관계를 공정하고 합리적 · 효율적으로 처리할 수 있도록 관계 공무원이 지켜야 할 계약사무처리에 관한 필요한 사항을 규정한 것으로서 공공기관의 내부규정에 불과하여 대외적 구속력이 없다.

④ 「식품위생법」에 따른 식품접객업(일반음식점영업)의 영업신고의 요건을 갖춘 자라고 하더라도, 그 영업신고를 한 당해 건축물이 「건축법」 소정의 허가를 받지 아니한 무허가 건물이라면 적법한 신고를 할 수 없다.

Answer 22.①

23 「공익사업을 위한 토지 등의 취득 및 보상에 관한 법률」상 손실보상에 대한 설명으로 옳지 않은 것은?

① 영업을 하기 위해 투자한 비용이나 그 영업을 통해 얻을 것으로 기대되는 이익에 대한 손실은 영업손실보상의 대상이 된다고 할 수 없다.

② 토지소유자가 손실보상금의 액수를 다투고자 하는 경우 토지수용위원회가 아니라 사업시행자를 상대로 보상금의 증액을 구하는 소송을 제기해야 한다.

③ 토지수용위원회의 재결에 대한 토지소유자의 행정소송 제기는 사업의 진행 및 토지의 수용 또는 사용을 정지시키지 아니한다.

④ 어떤 보상항목이 손실보상대상에 해당함에도 관할 토지수용위원회가 사실을 오인하거나 법리를 오해함으로써 손실보상대상에 해당하지 않는다고 잘못된 내용의 재결을 한 경우에는, 피보상자는 관할 토지수용위원회를 상대로 재결취소소송을 제기하여야 한다.

> **TIP** ④ 어떤 보상항목이 공익사업을 위한 토지 등의 취득 및 보상에 관한 법령상 손실보상대상에 해당함에도 관할 토지수용위원회가 사실을 오인하거나 법리를 오해함으로써 손실보상대상에 해당하지 않는다고 잘못된 내용의 재결을 한 경우에는, <u>피보상자는 관할 토지수용위원회를 상대로 그 재결에 대한 취소소송을 제기할 것이 아니라, 사업시행자를 상대로 공익사업을 위한 토지 등의 취득 및 보상에 관한 법률 제85조 제2항에 따른 보상금증감소송을 제기하여야</u> 한다(대판 2019. 11. 28. 2018두227).

24 행정심판 재결의 효력에 대한 설명으로 옳지 않은 것은?

① 행정심판 재결의 내용이 처분청의 처분을 스스로 취소하는 것일 때에는 그 재결의 형성력이 발생하여 당해 행정처분은 별도의 행정처분을 기다릴 것 없이 당연히 취소되어 소멸된다.

② 행정처분이나 행정심판 재결이 불복기간의 경과로 확정될 경우 그 확정력은 처분으로 법률상 이익을 침해받은 자가 당해 처분이나 재결의 효력을 더 이상 다툴 수 없다는 의미일 뿐 판결과 같은 기판력이 인정되는 것은 아니다.

③ 당사자의 신청을 받아들이지 않은 거부처분이 재결에서 취소된 경우에 행정청은 종전 거부처분 또는 재결 후에 발생한 새로운 사유를 내세워 다시 거부처분을 할 수 없다.

④ 교원소청심사위원회의 결정은 처분청에 대하여 기속력을 가지고 이는 그 결정의 주문에 포함된 사항뿐 아니라 처분 등의 구체적 위법사유에 관한 판단에까지 미친다.

> **TIP** ③ 행정청이 한 처분 등의 취소를 구하는 소송은 처분에 의하여 발생한 위법 상태를 배제하여 원래 상태로 회복시키고 처분으로 침해된 권리나 이익을 구제하고자 하는 것이다. 따라서 해당 처분 등의 취소를 구하는 것보다 실효적이고 직접적인 구제수단이 있음에도 처분 등의 취소를 구하는 것은 특별한 사정이 없는 한 분쟁해결의 유효적절한 수단이라고 할 수 없어 법률상 이익이 있다고 할 수 없다. 그런데 <u>당사자의 신청을 받아들이지 않은 거부처분이 재결에서 취소된 경우에 행정청</u>

Answer   23.④   24.③

은 종전 거부처분 또는 재결 후에 발생한 새로운 사유를 내세워 다시 거부처분을 할 수 있다. 그 재결의 취지에 따라 이전의 신청에 대하여 다시 어떠한 처분을 하여야 할지는 처분을 할 때의 법령과 사실을 기준으로 판단하여야 하기 때문이다. 또한 행정청이 재결에 따라 이전의 신청을 받아들이는 후속처분을 하였더라도 후속처분이 위법한 경우에는 재결에 대한 취소소송을 제기하지 않고도 곧바로 후속처분에 대한 항고소송을 제기하여 다툴 수 있다. 나아가 거부처분을 취소하는 재결이 있더라도 그에 따른 후속처분이 있기까지는 제3자의 권리나 이익에 변동이 있다고 볼 수 없고 후속처분 시에 비로소 제3자의 권리나 이익에 변동이 발생하며, 재결에 대한 항고소송을 제기하여 재결을 취소하는 판결이 확정되더라도 그와 별도로 후속처분이 취소되지 않는 이상 후속처분으로 인한 제3자의 권리나 이익에 대한 침해 상태는 여전히 유지된다. 이러한 점들을 종합하면, 거부처분이 재결에서 취소된 경우 재결에 따른 후속처분이 아니라 그 재결의 취소를 구하는 것은 실효적이고 직접적인 권리구제수단이 될 수 없어 분쟁해결의 유효적절한 수단이라고 할 수 없으므로 법률상 이익이 없다(대판 2017. 10. 31. 2015두45045).

25 판례의 입장으로 옳지 않은 것만을 모두 고르면?

> ㉠ 정보의 부분 공개가 허용되는 경우란 당해 정보에서 비공개대상정보에 관련된 기술 등을 제외 혹은 삭제하고 나머지 정보만 공개하는 것이 가능하고 나머지 부분의 정보만으로도 공개의 가치가 있는 경우를 의미한다.
>
> ㉡ 음주운전으로 적발된 주취운전자가 도로 밖으로 차량을 이동하겠다며 단속경찰관으로부터 보관중이던 차량열쇠를 반환받아 몰래 차량을 운전하여 가던 중 사고를 일으킨 경우, 국가배상책임이 인정되지 않는다.
>
> ㉢ 원고적격의 요건으로서 법률상 이익에는 당해 처분의 근거 법률에 의하여 보호되는 직접적이고 구체적인 이익뿐만 아니라 간접적이거나 사실적·경제적 이해관계를 가지는 경우도 여기에 포함된다.
>
> ㉣ 영어 과목의 2종 교과용 도서에 대하여 검정신청을 하였다가 불합격결정처분을 받은 자는 자신들이 검정신청한 교과서의 과목과 전혀 관계가 없는 수학 과목의 교과용 도서에 대한 합격결정처분에 대하여 그 취소를 구할 법률상 이익이 없다.

① ㉠, ㉡   ② ㉠, ㉣

③ ㉡, ㉢   ④ ㉢, ㉣

TIP ㉡ (x) 경찰관의 주취운전자에 대한 권한 행사가 관계 법률의 규정 형식상 경찰관의 재량에 맡겨져 있다고 하더라도, 그러한 권한을 행사하지 아니한 것이 구체적인 상황하에서 현저하게 합리성을 잃어 사회적 타당성이 없는 경우에는 경찰관의 직무상 의무를 위배한 것으로서 위법하게 된다. 음주운전으로 적발된 주취운전자가 도로 밖으로 차량을 이동하겠다며 단속경찰관으로부터 보관중이던 차량열쇠를 반환받아 몰래 차량을 운전하여 가던 중 사고를 일으킨 경우, 국가배상책임이 인정된다(대판 1998. 5. 8. 97다54482).

㉢ (x) 행정소송법 제12조에서 말하는 법률상 이익이란 당해 행정처분의 근거 법률에 의하여 보호되는 직접적이고 구체적인 이익을 말하고 당해 행정처분과 관련하여 간접적이거나 사실적·경제적 이해관계를 가지는 데 불과한 경우는 여기에 포함되지 아니한다 할 것이나, 행정처분의 직접 상대방이 아닌 제3자라 하더라도 당해 행정처분으로 인하여 법률상 보호되는 이익을 침해당한 경우에는 취소소송을 제기하여 그 당부의 판단을 받을 자격이 있다(대판 2004. 5. 14. 2002두12465).

Answer   25.③

26 다음 사례에 대한 설명으로 옳지 않은 것만을 모두 고르면?

> 세무서장 A가 甲에게 과세처분을 하였는데, 그 후 과세처분의 근거가 되었던 법률규정은 헌법재판소에 의해 위헌으로 선언되었다. 그러나 그 과세처분에 대한 제소기간은 이미 경과하여 확정되었고, A는 甲 명의의 예금에 대한 압류처분을 하였다. 한편, 과세처분의 집행을 위한 위 압류처분의 근거규정 자체는 따로 위헌결정이 내려진 바 없다.

> ㉠ 甲에 대한 과세처분과 압류처분은 별개의 행정처분이므로 선행처분인 과세처분이 당연무효가 아닌 이상 압류처분을 다툴 수 있는 방법은 존재하지 않는다.
> ㉡ 압류처분은 과세처분 근거규정이 직접 적용되지 않고 압류처분 관련 규정이 적용될 뿐이므로, 과세처분 근거규정에 대한 위헌결정의 기속력은 압류처분과는 무관하다.
> ㉢ 과세처분 이후 조세부과의 근거가 되었던 법률규정에 대하여 위헌결정이 내려진 경우, 과세처분이 당연무효가 아니더라도 위헌결정 이후에 과세처분의 집행을 위한 압류처분을 하는 것은 더 이상 허용되지 않는다.

① ㉠
② ㉠, ㉡
③ ㉠, ㉢
④ ㉡, ㉢

TIP ㉠ (x), ㉡ (x) 위헌결정의 기속력과 헌법을 최고규범으로 하는 법질서의 체계적 요청에 비추어 국가기관 및 지방자치단체는 위헌으로 선언된 법률규정에 근거하여 새로운 행정처분을 할 수 없음은 물론이고, 위헌결정 전에 이미 형성된 법률관계에 기한 후속처분이라도 그것이 새로운 위헌적 법률관계를 생성·확대하는 경우라면 이를 허용할 수 없다. 따라서 조세 부과의 근거가 되었던 법률규정이 위헌으로 선언된 경우, 비록 그에 기한 과세처분이 위헌결정 전에 이루어졌고, 과세처분에 대한 제소기간이 이미 경과하여 조세채권이 확정되었으며, 조세채권의 집행을 위한 체납처분의 근거규정 자체에 대하여는 따로 위헌결정이 내려진 바 없다고 하더라도, 위와 같은 위헌결정 이후에 조세채권의 집행을 위한 새로운 체납처분에 착수하거나 이를 속행하는 것은 더 이상 허용되지 않고, 나아가 이러한 위헌결정의 효력에 위배하여 이루어진 체납처분은 그 사유만으로 하자가 중대하고 객관적으로 명백하여 당연무효라고 보아야 한다(대판 2012. 2. 16. 2010두10907).

Answer 26.②

27 행정소송의 판결에 대한 설명으로 옳지 <u>않은</u> 것은?

① 처분등을 취소하는 확정판결은 제3자에 대하여도 효력이 있다.

② 취소 확정판결의 기속력은 판결의 주문 및 전제가 되는 처분등의 구체적 위법사유에 관한 판단에도 미치므로, 종전 처분이 판결에 의하여 취소되었다면 종전 처분의 처분사유와 기본적 사실관계에서 동일하지 않은 다른 사유를 들어서 새로이 동일한 내용을 처분하는 것 또한 확정판결의 기속력에 저촉된다.

③ 법원은 원고의 청구가 이유있다고 인정하는 경우에도 처분등을 취소하는 것이 현저히 공공복리에 적합하지 아니하다고 인정하는 때에는 원고의 청구를 기각할 수 있다.

④ 과세의 절차 내지 형식에 위법이 있어 과세처분을 취소하는 판결이 확정되었을 경우 과세관청은 그 위법사유를 보완하여 다시 새로운 과세처분을 할 수 있고, 그 새로운 과세처분은 확정판결에 의하여 취소된 종전의 과세처분과는 별개의 처분이다.

TIP ② 취소 확정판결의 기속력은 판결의 주문 및 전제가 되는 처분 등의 구체적 위법사유에 관한 판단에도 미치나, 종전 처분이 판결에 의하여 취소되었더라도 종전 처분과 다른 사유를 들어서 새로이 처분을 하는 것은 기속력에 저촉되지 않는다. 여기에서 동일 사유인지 다른 사유인지는 확정판결에서 위법한 것으로 판단된 종전 처분사유와 기본적 사실관계에서 동일성이 인정되는지 여부에 따라 판단되어야 하고, 기본적 사실관계의 동일성 유무는 처분사유를 법률적으로 평가하기 이전의 구체적인 사실에 착안하여 그 기초인 사회적 사실관계가 기본적인 점에서 동일한지에 따라 결정된다. 또한 행정처분의 위법 여부는 행정처분이 행하여진 때의 법령과 사실을 기준으로 판단하므로, <u>확정판결의 당사자인 처분행정청은 종전 처분 후에 발생한 새로운 사유를 내세워 다시 처분을 할 수 있고, 새로운 처분의 처분사유가 종전 처분의 처분사유와 기본적 사실관계에서 동일하지 않은 다른 사유에 해당하는 이상, 처분사유가 종전 처분 당시 이미 존재하고 있었고 당사자가 이를 알고 있었더라도 이를 내세워 새로이 처분을 하는 것은 확정판결의 기속력에 저촉되지 않는다</u>(대판 2016. 3. 24. 2015두48235).

① 행정소송법 제29조 제1항

③ 행정소송법 제28조 제1항

④ 과세대상 소득이 부동산임대소득이 아니라 이자소득이라는 이유로 종합소득세 등 부과처분이 확정판결에 의하여 전부 취소된 후 과세관청이 그 소득을 이자소득으로 보고 종전처분의 부과세액을 한도로 하여 다시 종합소득세 등 부과처분을 한 경우, <u>그 처분은 종전처분에 대한 확정판결에서 나온 위법사유를 보완하여 한 새로운 과세처분으로서 종전처분과 그 과세원인을 달리하여 확정판결의 기속력 내지 기판력에 어긋나지 아니한다</u>(대판 2002. 7. 23. 2000두6237).

Answer 27.②

28 다음 각 사례에 대한 설명으로 옳은 것만을 모두 고르면?

> • 행정청 甲은 국유 일반재산인 건물 1층을 5년간 대부하는 계약을 乙과 체결하면서 대부료는 1년에 1억으로 정하였고 6회에 걸쳐 분납하기로 하였다. 甲은 乙이 1년간 대부료를 납부하지 않자, 체납한 대부료를 납부할 것을 통지하였다. 「국유재산법」에 따르면 국유재산의 대부료 등이 납부기한까지 납부되지 아니한 경우에는 「국세징수법」상의 강제징수에 관한 규정을 준용하고 있다.
> • 행정청 甲은 국가 소유의 땅을 무단점유하여 사용하고 있는 丙에게 변상금 100만 원 부과처분을 하였다.

> ㉠ 甲이 乙에게 대부하는 행위는 공권력의 주체로서 상대방의 의사 여하에 불구하고 일방적으로 행하는 행정처분이 아니다.
> ㉡ 甲은 대부료를 납부하지 않은 乙을 상대로 민사소송을 제기하여 대부료 지급을 구해야 한다.
> ㉢ 변상금 부과처분은 순전히 사경제 주체로서 행하는 사법상의 법률행위이므로, 丙은 그 처분에 대해 민사소송을 제기하여 다툴 수 있다.

① ㉠

② ㉡

③ ㉠, ㉢

④ ㉠, ㉡, ㉢

TIP ㉠ (o)국유재산의 관리청이 국유잡종재산을 대부하거나 무상양여하는 것은 사경제주체로서 행하는 사법상의 법률행위에 해당하고 공권력을 가진 우월적 지위에서 하는 행정행위가 아니므로 행정소송의 대상이 되지 아니한다(대판 1983. 8. 23. 83누239).

㉡ (x)국유 일반재산의 관리·처분에 관한 사무를 위탁받은 자는 국유 일반재산의 대부료 등이 납부기한까지 납부되지 아니한 경우에는 국세징수법 제23조와 같은 법의 체납처분에 관한 규정을 준용하여 대부료 등을 징수할 수 있다. 이와 같이 국유 일반재산의 대부료 등의 징수에 관하여는 국세징수법 규정을 준용한 간이하고 경제적인 특별구제절차가 마련되어 있으므로, 특별한 사정이 없는 한 민사소송의 방법으로 대부료 등의 지급을 구하는 것은 허용되지 아니한다(대판 2014. 9. 4. 2014다203588).

㉢ (x)국유재산의 무단점유자에 대한 변상금 부과는 공권력을 가진 우월적 지위에서 행하는 행정처분이고, 그 부과처분에 의한 변상금 징수권은 공법상의 권리인 반면, 민사상 부당이득반환청구권은 국유재산의 소유자로서 가지는 사법상의 채권이다. 또한 변상금은 부당이득 산정의 기초가 되는 대부료나 사용료의 120%에 상당하는 금액으로서 부당이득금과 액수가 다르고, 이와 같이 할증된 금액의 변상금을 부과·징수하는 목적은 국유재산의 사용·수익으로 인한 이익의 환수를 넘어 국유재산의 효율적인 보존·관리라는 공익을 실현하는 데 있다. 그리고 대부 또는 사용·수익허가 없이 국유재산을 점유하거나 사용·수익하였지만 변상금 부과처분은 할 수 없는 때에도 민사상 부당이득반환청구권은 성립하는 경우가 있으므로, 변상금 부과·징수의 요건과 민사상 부당이득반환청구권의 성립 요건이 일치하는 것도 아니다. 이처럼 구 국유재산법 제51조 제1항, 제4항, 제5항에 의한 변상금 부과·징수권은 민사상 부당이득반환청구권과 법적 성질을 달리하므로, 국가는 무단점유자를 상대로 변상금 부과·징수권의 행사와 별도로 국유재산의 소유자로서 민사상 부당이득반환청구의 소를 제기할 수 있다(대판 2014. 7. 16. 2011다76402(전합)).

Answer 28.①

29 「행정소송법」상 당사자소송에 대한 설명으로 옳지 않은 것은?

① 당사자소송이란 행정청의 처분등을 원인으로 하는 법률관계에 관한 소송, 그 밖에 공법상의 법률관계에 관한 소송으로서 그 법률관계의 한쪽 당사자를 피고로 하는 소송을 의미한다.

② 공법상 계약의 한쪽 당사자가 다른 당사자를 상대로 효력을 다투거나 이행을 청구하는 소송은 공법상의 법률관계에 관한 분쟁이므로 분쟁의 실질이 공법상 권리·의무의 존부·범위에 관한 다툼이 아니라 손해배상액의 구체적인 산정방법·금액에 국한되는 등의 특별한 사정이 없는 한 당사자소송으로 제기하여야 한다.

③ 명예퇴직한 법관이 미지급 명예퇴직수당액에 대하여 가지는 권리는 명예퇴직수당 지급대상자 결정 절차를 거쳐 명예퇴직수당규칙에 의하여 확정된 공법상 법률관계에 관한 권리로서, 그 지급을 구하는 소송은 당사자소송에 해당하며, 그 법률관계의 당사자인 국가를 상대로 제기하여야 한다.

④ 당사자소송은 공법상 법률관계에 관한 소송이므로 이를 본안으로 하는 가처분에 대하여는 「민사집행법」상 가처분에 관한 규정이 준용되지 않는다.

> **TIP** ④ 도시 및 주거환경정비법상 행정주체인 주택재건축정비사업조합을 상대로 관리처분계획안에 대한 조합 총회결의의 효력을 다투는 소송은 행정처분에 이르는 절차적 요건의 존부나 효력 유무에 관한 소송으로서 소송결과에 따라 행정처분의 위법 여부에 직접 영향을 미치는 공법상 법률관계에 관한 것이므로, 이는 행정소송법상 당사자소송에 해당한다. 그리고 이러한 당사자소송에 대하여는 행정소송법 제23조 제2항의 집행정지에 관한 규정이 준용되지 아니하므로(행정소송법 제44조 제1항), 이를 본안으로 하는 가처분에 대하여는 행정소송법 제8조 제2항에 따라 민사집행법상 가처분에 관한 규정이 준용되어야 한다(대판 2015. 8. 21. 2015무26).
>
> ①② 공법상 당사자소송이란 행정청의 처분 등을 원인으로 하는 법률관계에 관한 소송 그 밖에 공법상의 법률관계에 관한 소송으로서 그 법률관계의 한쪽 당사자를 피고로 하는 소송을 말한다(행정소송법 제3조 제2호). 공법상 계약이란 공법적 효과의 발생을 목적으로 하여 대등한 당사자 사이의 의사표시의 합치로 성립하는 공법행위를 말한다. 공법상 계약의 한쪽 당사자가 다른 당사자를 상대로 효력을 다투거나 이행을 청구하는 소송은 공법상의 법률관계에 관한 분쟁이므로 분쟁의 실질이 공법상 권리·의무의 존부·범위에 관한 다툼이 아니라 손해배상액의 구체적인 산정방법·금액에 국한되는 등의 특별한 사정이 없는 한 공법상 당사자소송으로 제기하여야 한다(대판 2021. 2. 4. 2019다277133).
>
> ③ 명예퇴직한 법관이 미지급 명예퇴직수당액에 대하여 가지는 권리는 명예퇴직수당 지급대상자 결정 절차를 거쳐 명예퇴직수당규칙에 의하여 확정된 공법상 법률관계에 관한 권리로서, 그 지급을 구하는 소송은 행정소송법의 당사자소송에 해당하며, 그 법률관계의 당사자인 국가를 상대로 제기하여야 한다(대판 22016. 5. 24. 2013두14863).

Answer　29.④

30 국가배상에 대한 설명으로 옳지 <u>않은</u> 것은?

① 시·도경찰청장 또는 경찰서장이 지방자치단체의 장으로부터 권한을 위탁받아 설치·관리하는 신호기의 하자로 인해 손해가 발생한 경우 「국가배상법」 제5조 소정의 배상책임의 귀속 주체는 국가뿐이다.

② 헌법재판소 재판관이 청구기간 내에 제기된 헌법소원심판청구 사건에서 청구기간을 오인하여 각하결정을 한 경우, 이에 대한 불복절차 내지 시정절차가 없는 때에는 배상책임의 요건이 충족되는 한 국가배상책임을 인정할 수 있다.

③ 영조물의 설치·관리자와 비용부담자가 다른 경우 피해자에게 손해를 배상한 자는 내부관계에서 그 손해를 배상할 책임이 있는 자에게 구상할 수 있다.

④ 군 복무 중 사망한 군인 등의 유족이 「국가배상법」에 따른 손해배상금을 지급받은 경우 그 손해배상금 상당 금액에 대해서는 「군인연금법」에서 정한 사망보상금을 지급받을 수 없다.

> **TIP** ①③국가배상법 제6조 제1항, 제2항
>
> ---
> **제5조(공공시설 등의 하자로 인한 책임)**
> ① 도로·하천, 그 밖의 공공의 영조물의 설치나 관리에 하자가 있기 때문에 타인에게 손해를 발생하게 하였을 때에는 국가나 지방자치단체는 그 손해를 배상하여야 한다. 이 경우 제2조제1항 단서, 제3조 및 제3조의2를 준용한다.
> ② 제1항을 적용할 때 손해의 원인에 대하여 책임을 질 자가 따로 있으면 국가나 지방자치단체는 그 자에게 구상할 수 있다.
> **제6조(비용부담자 등의 책임)**
> ① 제2조·제3조 및 제5조에 따라 <u>국가나 지방자치단체가 손해를 배상할 책임이 있는 경우에 공무원의 선임·감독 또는 영조물의 설치·관리를 맡은 자와 공무원의 봉급·급여, 그 밖의 비용 또는 영조물의 설치·관리 비용을 부담하는 자가 동일하지 아니하면 그 비용을 부담하는 자도 손해를 배상하여야</u> 한다.
> ② 제1항의 경우에 <u>손해를 배상한 자는 내부관계에서 그 손해를 배상할 책임이 있는 자에게 구상할 수 있다.</u>
> ---

② 대판 2003. 7. 11. 99다24218

④ 다른 법령에 따라 지급받은 급여와의 조정에 관한 조항을 두고 있지 아니한 보훈보상대상자 지원에 관한 법률과 달리, <u>군인연금법 제41조 제1항</u>은 "다른 법령에 따라 국가나 지방자치단체의 부담으로 이 법에 따른 급여와 같은 종류의 급여를 받은 사람에게는 그 급여금에 상당하는 금액에 대하여는 이 법에 따른 급여를 지급하지 아니한다."라고 명시적으로 규정하고 있다. 나아가 군인연금법이 정하고 있는 급여 중 사망보상금(군인연금법 제31조)은 일실손해의 보전을 위한 것으로 불법행위로 인한 소극적 손해배상과 같은 종류의 급여라고 봄이 타당하다(대판 1998. 11. 19. 97다36873(전합)).

Answer 30.④

31 행정소송의 심리에 대한 설명으로 옳지 않은 것은?

① 「행정소송법」에 따르면 법원은 필요하다고 인정할 때에는 직권으로 증거조사를 할 수 있으나, 당사자가 주장하지 아니한 사실에 대하여는 판단할 수 없다.

② 법원은 행정처분 당시 행정청이 알고 있었던 자료뿐만 아니라 사실심 변론종결 당시까지 제출된 모든 자료를 종합하여 처분 당시 존재하였던 객관적 사실을 확정하고 그 사실에 기초하여 처분의 위법 여부를 판단할 수 있다.

③ 「행정소송법」에 따르면 법원은 당사자의 신청이 있는 때에는 결정으로써 재결을 행한 행정청에 대하여 행정심판에 관한 기록의 제출을 명할 수 있고, 제출명령을 받은 행정청은 지체없이 당해 행정심판에 관한 기록을 법원에 제출하여야 한다.

④ 결혼이민[F-6 (다)목] 체류자격을 신청한 외국인에 대하여 행정청이 그 요건을 충족하지 못하였다는 이유로 거부처분을 하는 경우 '그 요건을 갖추지 못하였다는 판단', 즉 '혼인파탄의 주된 귀책사유가 국민인 배우자에게 있지 않다는 판단' 자체가 처분사유가 되는바, 결혼이민[F-6 (다)목] 체류자격 거부처분 취소소송에서 그 처분사유에 관한 증명책임은 피고 행정청에 있다.

TIP ① 법원은 필요하다고 인정할 때에는 직권으로 증거조사를 할 수 있고, <u>당사자가 주장하지 아니한 사실에 대하여도 판단할 수 있다</u>(행정소송법 제26조).
② 행정처분의 위법 여부는 행정처분이 있을 때의 법령과 사실 상태를 기준으로 판단하여야 하며, <u>법원은 행정처분 당시 행정청이 알고 있었던 자료뿐만 아니라 사실심 변론종결 당시까지 제출된 모든 자료를 종합하여 처분 당시 존재하였던 객관적 사실을 확정하고 그 사실에 기초하여 처분의 위법 여부를 판단할 수 있다</u>(대판 2019. 7. 25. 2017두55077).
③ 행정소송법 제25조

> **제25조(행정심판기록의 제출명령)**
> ① <u>법원은 당사자의 신청이 있는 때에는 결정으로써 재결을 행한 행정청에 대하여 행정심판에 관한 기록의 제출을 명할 수 있다.</u>
> ② 제1항의 규정에 의한 제출명령을 받은 <u>행정청은 지체없이 당해 행정심판에 관한 기록을 법원에 제출하여야</u> 한다.

④ 대판 2019. 7. 4. 2018두66869

Answer 31.①

32 「공익사업을 위한 토지 등의 취득 및 보상에 관한 법률」에 대한 설명으로 옳지 않은 것은?

① 구「하천법」에 의한 하천수 사용권은 「공익사업을 위한 토지 등의 취득 및 보상에 관한 법률」이 손실보상의 대상으로 규정하고 있는 '물의 사용에 관한 권리'에 해당한다.

② 토지수용위원회의 재결에 대한 토지소유자의 행정소송 제기는 사업의 진행 및 토지의 수용 또는 사용을 정지시키지 아니한다.

③ 사업인정은 공익사업의 시행자에게 그 후 일정한 절차를 거칠 것을 조건으로 일정한 내용의 수용권을 설정하여 주는 형성행위이다.

④ 어떤 보상항목이 공익사업을 위한 토지 등의 취득 및 보상에 관한 법령상 손실보상대상에 해당함에도 관할 토지수용위원회가 사실을 오인하거나 법리를 오해함으로써 손실보상대상에 해당하지 않는다고 잘못된 내용의 재결을 한 경우에는, 피보상자는 관할 토지수용위원회를 상대로 재결취소소송을 제기하여야 한다.

> **TIP** ④ 어떤 보상항목이 토지보상법령상 손실보상대상에 해당하는데도 관할 토지수용위원회가 사실을 오인하거나 법리를 오해함으로써 손실보상대상에 해당하지 않는다고 잘못된 내용의 재결을 한 경우에는, <u>피보상자는 관할 토지수용위원회를 상대로 그 재결에 대한 취소소송을 제기할 것이 아니라 사업시행자를 상대로 토지보상법 제85조 제2항에 따른 보상금 증감의 소를 제기하여야 한다</u>(대판 2010. 8. 19. 2008두822).
>
> ① 하천법 제50조에 의한 하천수 사용권은 하천법 제33조에 의한 하천의 점용허가에 따라 해당 하천을 점용할 수 있는 권리와 마찬가지로 특허에 의한 공물사용권의 일종으로서, 양도가 가능하고 이에 대한 민사집행법상의 집행 역시 가능한 독립된 재산적 가치가 있는 구체적인 권리라고 보아야 한다. 따라서 <u>하천법 제50조에 의한 하천수 사용권은 공익사업을 위한 토지 등의 취득 및 보상에 관한 법률 제76조 제1항이 손실보상의 대상으로 규정하고 있는 '물의 사용에 관한 권리'에 해당한다</u>(대판 2018. 12. 27. 2014두11601).
>
> ② 제83조에 따른 이의의 신청이나 제85조에 따른 <u>행정소송의 제기는 사업의 진행 및 토지의 수용 또는 사용을 정지시키지 아니한다</u>(토지보상법 제88조).
>
> ③ <u>사업인정이란 공익사업을 토지 등을 수용 또는 사용할 사업으로 결정하는 것으로서 공익사업의 시행자에게 그 후 일정한 절차를 거칠 것을 조건으로 일정한 내용의 수용권을 설정하여 주는 형성행위이다</u>. 그러므로 해당 사업이 외형상 토지 등을 수용 또는 사용할 수 있는 사업에 해당하더라도 사업인정기관으로서는 그 사업이 공용수용을 할 만한 공익성이 있는지 여부와 공익성이 있는 경우에도 그 사업의 내용과 방법에 관하여 사업인정에 관련된 자들의 이익을 공익과 사익 사이에서는 물론, 공익 상호 간 및 사익 상호 간에도 정당하게 비교·교량하여야 하고, 비교·교량은 비례의 원칙에 적합하도록 하여야 한다(대판 2019. 2. 28. 2017두71031).

Answer　32.④

33 다음 사례에 대한 설명으로 옳은 것은?

> 식품접객업을 하는 甲은 청소년의 연령을 확인하지 않고 주류를 판매한 사실이 적발되어 관할 행정청 乙로부터 「식품위생법」 위반을 이유로 영업정지 2개월을 부과받자 관할 행정심판위원회 丙에 행정심판을 청구하였다.

① 丙은 영업정지 2개월에 갈음하여 「식품위생법」 소정의 과징금으로 변경할 수 없다.

② 甲이 丙의 기각재결을 받은 후 재결 자체에 고유한 하자가 있음을 주장하며 그 기각재결에 대하여 취소소송을 제기한 경우, 수소법원은 심리 결과 재결 자체에 고유한 위법이 없다면 각하판결을 하여야 한다.

③ 丙이 영업정지처분을 취소하는 재결을 할 경우, 乙은 이 인용재결의 취소를 구하는 행정소송을 제기할 수 없다.

④ 丙은 행정심판의 심리과정에서 甲의 「식품위생법」상의 또 다른 위반 사실을 인지한 경우, 乙의 2개월 영업정지와는 별도로 1개월 영업정지를 추가하여 부과하는 재결을 할 수 있다.

TIP ③ 심판청구를 인용하는 재결은 피청구인과 그 밖의 관계 행정청을 기속한다(행정심판법 제49조 제1항). 재결의 기속력으로 인해 乙 행정청은 인용재결의 취소를 구하는 행정소송을 제기할 수 없다.

① 위원회는 취소심판의 청구가 이유가 있다고 인정하면 <u>처분을 취소 또는 다른 처분으로 변경하거나 처분을 다른 처분으로 변경할 것을 피청구인에게 명한다</u>(행정심판법 제43조 제3항).

② 수소법원이 재결자체의 고유한 위법이 있는지 여부를 판단하기 위해서는 본안 판단을 거쳐야 하므로 심리결과 고유한 위법이 없다면 <u>기각판결</u>을 하여야 한다.

④ 위원회는 심판청구의 대상이 되는 처분 또는 부작위 외의 사항에 대하여는 재결하지 못한다(행정심판법 제47조 제1항).

Answer 33.③

34 항고소송에서 수소법원의 판결에 대한 설명으로 옳지 않은 것은?(다툼이 있는 경우 판례에 의함)

① 행정처분의 취소를 구하는 소에서, 비록 행정처분의 위법을 이유로 취소판결을 받더라도 처분에 의하여 발생한 위법상태를 원상회복시키는 것이 불가능한 경우에는 원칙적으로 취소를 구할 법률상 이익이 없으므로, 수소법원은 소를 각하하여야 한다.

② 해임처분 취소소송 계속 중 임기가 만료되어 해임처분의 취소로 지위를 회복할 수는 없다고 할지라도, 그 취소로 해임처분일부터 임기만료일까지 기간에 대한 보수 지급을 구할 수 있는 경우에는 해임처분의 취소를 구할 법률상 이익이 있으므로, 수소법원은 본안에 대하여 판단하여야 한다.

③ 관할청이 「농지법」상의 이행강제금 부과처분을 하면서 재결청에 행정심판을 청구하거나 관할 행정법원에 행정소송을 할 수 있다고 잘못 안내한 경우 행정법원의 항고소송 재판관할이 생긴다.

④ 「행정소송법」 제19조에서 말하는 '재결 자체에 고유한 위법'이란 원처분에는 없고 재결에만 있는 재결청의 권한 또는 구성의 위법, 재결의 절차나 형식의 위법, 내용의 위법 등을 뜻한다.

> **TIP**　③ 관할청이 이행강제금 부과처분을 하면서 재결청에 행정심판을 청구하거나 관할 행정법원에 행정소송을 할 수 있다고 잘못 안내하거나 관할 행정심판위원회가 각하재결이 아닌 기각재결을 하면서 관할 법원에 행정소송을 할 수 있다고 잘못 안내하였다고 하더라도, 그러한 잘못된 안내로 행정법원의 항고소송 재판관할이 생긴다고 볼 수도 없다(대판 2019. 4.11. 2018두42955).
>
> ① 행정처분의 무효확인 또는 취소를 구하는 소에서, 비록 행정처분의 위법을 이유로 무효확인 또는 취소 판결을 받더라도 처분에 의하여 발생한 위법상태를 원상으로 회복시키는 것이 불가능한 경우에는 원칙적으로 무효확인 또는 취소를 구할 법률상 이익이 없고, 다만 원상회복이 불가능하더라도 무효확인 또는 취소로써 회복할 수 있는 다른 권리나 이익이 남아 있는 경우 예외적으로 법률상 이익이 인정될 수 있을 뿐이다(대판 2016. 6.10. 2013두1638).
>
> ② 해임처분 무효확인 또는 취소소송 계속 중 임기가 만료되어 해임처분의 무효확인 또는 취소로 지위를 회복할 수는 없다고 할지라도, 그 무효확인 또는 취소로 해임처분일부터 임기만료일까지 기간에 대한 보수 지급을 구할 수 있는 경우에는 해임처분의 무효확인 또는 취소를 구할 법률상 이익이 있다. 해임권자와 보수지급의무자가 다른 경우에도 마찬가지이다(대판 2012. 2. 23. 2011두5001).
>
> ④ 행정소송법 제19조에서 말하는 '재결 자체에 고유한 위법'이란 원처분에는 없고 재결에만 있는 재결청의 권한 또는 구성의 위법, 재결의 절차나 형식의 위법, 내용의 위법 등을 뜻하고, 그 중 내용의 위법에는 위법·부당하게 인용재결을 한 경우가 해당한다(대판 1997. 9.12. 96누14661).

Answer　34.③

35 행정상 손해배상에 대한 설명으로 옳지 않은 것은?(다툼이 있는 경우 판례에 의함)

① 국가배상청구권의 소멸시효 기간은 지났으나 국가가 소멸시효 완성을 주장하는 것이 신의성실의 원칙에 반하는 권리남용으로 허용될 수 없어 배상책임을 이행한 경우, 국가는 원칙적으로 해당 공무원에 대해 구상권을 행사할 수 있다.

② 공무원이 관계 법령의 해석이 확립되기 전에 어느 한 설을 취하여 업무를 처리한 것이 결과적으로 위법하더라도 처분 당시 그 이상의 업무처리를 성실한 평균적 공무원에게 기대하기 어려웠던 경우라면 원칙적으로 공무원의 과실을 인정할 수 없다.

③ 공무원이 직무를 수행하면서 그 근거가 되는 법령의 규정에 따라 구체적으로 의무를 부여받았어도 그것이 국민의 이익과 관계없이 순전히 행정기관 내부의 질서를 유지하기 위한 것이라면 그 의무에 위반하여 국민에게 손해를 가하여도 국가 등은 배상책임을 부담하지 않는다.

④ 행정처분이 후에 항고소송에서 취소되었다고 할지라도 그 기판력에 의하여 당해 행정처분이 곧바로 공무원의 고의 또는 과실로 인한 것으로서 불법행위를 구성한다고 단정할 수는 없다.

> **TIP** ① 공무원의 불법행위로 손해를 입은 피해자의 국가배상청구권의 소멸시효 기간이 지났으나 국가가 소멸시효 완성을 주장하는 것이 신의성실의 원칙에 반하는 권리남용으로 허용될 수 없어 배상책임을 이행한 경우에는, <u>소멸시효 완성 주장이 권리남용에 해당하게 된 원인행위와 관련하여 공무원이 원인이 되는 행위를 적극적으로 주도하였다는 등의 특별한 사정이 없는 한, 국가가 공무원에게 구상권을 행사하는 것은 신의칙상 허용되지 않는다</u>(대판 2016. 6.10. 2015다217843).
>
> ② 행정청이 관계 법령의 해석이 확립되기 전에 어느 한 설을 취하여 업무를 처리한 것이 결과적으로 위법하게 되어 그 법령의 부당집행이라는 결과를 빚었다고 하더라도 <u>처분 당시 그와 같은 처리 방법 이상의 것을 성실한 평균적 공무원에게 기대하기 어려웠던 경우라면 특별한 사정이 없는 한 이를 두고 공무원의 과실로 인한 것이라고는 할 수 없기 때문에, 그 행정처분이 후에 항고소송에서 취소되었다고 할지라도 당해 행정처분이 곧바로 공무원의 고의 또는 과실로 인한 불법행위를 구성한다고 단정할 수는 없다</u>(자동차정비업에 대한 허가신청을 받은 행정관청이 주민들의 민원이 해소되지 않았다는 이유로 내린 허가거부처분이 후에 항고소송으로 취소된 경우, 그 거부처분을 행한 경위에 비추어 담당 공무원에게 직무상 과실이 없다고 한 사례)(대판 1997. 7.11. 97다7608).
>
> ③ 공무원이 직무를 수행하면서 근거되는 법령의 규정에 따라 구체적으로 의무를 부여받았어도 <u>그것이 국민의 이익과는 관계없이 순전히 행정기관 내부의 질서를 유지하기 위한 것이거나, 또는 국민의 이익과 관련된 것이라도 직접 국민 개개인의 이익을 위한 것이 아니라 전체적으로 공공 일반의 이익을 도모하기 위한 것이라면 그 의무를 위반하여 국민에게 손해를 가하여도 국가 또는 지방자치단체는 배상책임을 부담하지 아니한다</u>. 이때 공무원이 준수하여야 할 직무상 의무가 오로지 공공 일반의 전체적인 이익을 도모하기 위한 것에 불과한지 혹은 국민 개개인의 안전과 이익을 보호하기 위하여 설정된 것인지는 결국 근거 법령 전체의 기본적인 취지·목적과 그 의무를 부과하고 있는 개별 규정의 구체적 목적·내용 및 직무의 성질, 가해행위의 태양 및 피해의 정도 등의 제반 사정을 개별적·구체적으로 고려하여 판단하여야 한다(대판 2015. 5.28. 2013다41431).
>
> ④ <u>어떠한 행정처분이 후에 항고소송에서 취소되었다고 할지라도 그 기판력에 의하여 당해 행정처분이 곧바로 공무원의 고의 또는 과실로 인한 것으로서 불법행위를 구성한다고 단정할 수는 없는 것이고</u>, 그 행정처분의 담당공무원이 보통 일반의 공무원을 표준으로 하여 볼 때 객관적 주의의무를 결하여 그 행정처분이 객관적 정당성을 상실하였다고 인정될 정도에 이른 경우에 국가배상법 제2조가 정한 국가배상책임의 요건을 충족하였다고 봄이 상당할 것이다(대판 2012. 5.24. 2012다11297).

Answer 35.①

36 다음 중 「행정심판법」에 따른 행정심판을 제기할 수 없는 경우만을 모두 고르면?(다툼이 있는 경우 판례에 의함)

> ㉠ 「공공기관의 정보공개에 관한 법률」상 정보공개와 관련한 공공기관의 비공개결정에 대하여 이의신청을 한 경우
> ㉡ 「공익사업을 위한 토지 등의 취득 및 보상에 관한 법률」상 토지수용위원회의 수용재결에 이의가 있어 중앙토지수용위원회에 이의를 신청한 경우
> ㉢ 「난민법」상 난민불인정결정에 대해 법무부장관에게 이의신청을 한 경우
> ㉣ 「민원 처리에 관한 법률」상 법정민원에 대한 행정기관의 장의 거부처분에 대해 그 행정기관의 장에게 이의신청을 한 경우

① ㉠, ㉡
② ㉠, ㉣
③ ㉡, ㉢
④ ㉢, ㉣

TIP ㉡ 토지보상법 제85조

> **토지보상법 제85조(행정소송의 제기)**
> ① 사업시행자, 토지소유자 또는 관계인은 제34조에 따른 재결에 불복할 때에는 재결서를 받은 날부터 90일 이내에, 이의신청을 거쳤을 때에는 이의신청에 대한 재결서를 받은 날부터 60일 이내에 각각 행정소송을 제기할 수 있다. 이 경우 사업시행자는 행정소송을 제기하기 전에 제84조에 따라 늘어난 보상금을 공탁하여야 하며, 보상금을 받을 자는 공탁된 보상금을 소송이 종결될 때까지 수령할 수 없다.
> ② 제1항에 따라 제기하려는 행정소송이 보상금의 증감(增減)에 관한 소송인 경우 그 소송을 제기하는 자가 토지소유자 또는 관계인일 때에는 사업시행자를, 사업시행자일 때에는 토지소유자 또는 관계인을 각각 피고로 한다.

㉢ 난민법 제21조 제2항

> **난민법 제21조(이의신청)**
> ① 제18조제2항 또는 제19조에 따라 난민불인정결정을 받은 사람 또는 제22조에 따라 난민인정이 취소 또는 철회된 사람은 그 통지를 받은 날부터 30일 이내에 법무부장관에게 이의신청을 할 수 있다. 이 경우 이의신청서에 이의의 사유를 소명하는 자료를 첨부하여 지방출입국·외국인관서의 장에게 제출하여야 한다.
> ② 제1항에 따른 이의신청을 한 경우에는 「행정심판법」에 따른 행정심판을 청구할 수 없다.

㉠ 정보공개법 제19조

> **정보공개법 제19조(행정심판)**
> ① 청구인이 정보공개와 관련한 공공기관의 결정에 대하여 불복이 있거나 정보공개 청구 후 20일이 경과하도록 정보공개 결정이 없는 때에는 「행정심판법」에서 정하는 바에 따라 행정심판을 청구할 수 있다. 이 경우 국가기관 및 지방자치단체 외의 공공기관의 결정에 대한 감독행정기관은 관계 중앙행정기관의 장 또는 지방자치단체의 장으로 한다.
> ② 청구인은 제18조에 따른 이의신청 절차를 거치지 아니하고 행정심판을 청구할 수 있다.

Answer 36.③

ⓔ 민원처리법 제35조 제3항

> **민원처리법 제35조(거부처분에 대한 이의신청)**
> ① 법정민원에 대한 행정기관의 장의 거부처분에 불복하는 민원인은 그 거부처분을 받은 날부터 60일 이내에 그 행정기관의 장에게 문서로 이의신청을 할 수 있다.
> ② 행정기관의 장은 이의신청을 받은 날부터 10일 이내에 그 이의신청에 대하여 인용 여부를 결정하고 그 결과를 민원인에게 지체 없이 문서로 통지하여야 한다. 다만, 부득이한 사유로 정하여진 기간 이내에 인용 여부를 결정할 수 없을 때에는 그 기간의 만료일 다음 날부터 기산(起算)하여 10일 이내의 범위에서 연장할 수 있으며, 연장 사유를 민원인에게 통지하여야 한다.
> ③ 민원인은 제1항에 따른 이의신청 여부와 관계없이 「행정심판법」에 따른 행정심판 또는 「행정소송법」에 따른 행정소송을 제기할 수 있다.

37 「행정소송법」상 취소소송에 대한 설명으로 옳지 않은 것은?(다툼이 있는 경우 판례에 의함)

① 대한민국에서 출생하여 오랜 기간 대한민국 국적을 보유하면서 거주한 재외동포는 사증발급 거부처분의 취소를 구할 법률상 이익이 있다.

② 국민권익위원회가 소방청장에게 일정한 의무를 부과하는 내용의 조치요구를 한 경우 소방청장은 조치요구의 취소를 구할 당사자능력 및 원고적격이 인정되지 않는다.

③ 임용지원자가 특별채용 대상자로서 자격을 갖추고 있고 유사한 지위에 있는 자에 대하여 정규교사로 특별채용한 전례가 있다 하더라도, 교사로의 특별채용을 요구할 법규상 또는 조리상의 권리가 있다고 할 수 없다.

④ 피해자의 의사와 무관하게 주민등록번호가 유출된 경우, 조리상 주민등록번호의 변경을 요구할 신청권을 인정함이 타당하다.

> **TIP** ② 부패방지 및 국민권익위원회의 설치와 운영에 관한 법률은 소방청장에게 국민권익위원회의 조치요구에 따라야 할 의무를 부담시키는 외에 별도로 그 의무를 이행하지 않을 경우 과태료나 형사처벌까지 정하고 있으므로 위와 같은 조치요구에 불복하고자 하는 '소속기관 등의 장에게는 조치요구를 다툴 수 있는 소송상의 지위를 인정할 필요가 있는 점에 비추어, 처분성이 인정되는 국민권익위원회의 조치요구에 불복하고자 하는 소방청장으로서는 조치요구의 취소를 구하는 항고소송을 제기하는 것이 유효·적절한 수단으로 볼 수 있으므로 소방청장은 예외적으로 당사자능력과 원고적격을 가진다(대판 2018. 8. 1. 2014두35379).
> ① 대한민국에서 출생하여 오랜 기간 대한민국 국적을 보유하면서 거주한 사람이므로 이미 대한민국과 실질적 관련성이 있거나 대한민국에서 법적으로 보호가치 있는 이해관계를 형성하였다고 볼 수 있다. 또한 재외동포의 대한민국 출입국과 대한민국 안에서의 법적 지위를 보장함을 목적으로 「재외동포의 출입국과 법적 지위에 관한 법률」(이하 '재외동포법')이 특별히 제정되어 시행 중이다. 따라서 원고는 이 사건 사증발급 거부처분의 취소를 구할 법률상 이익이 인정된다(대판 2019. 7.11. 2017두38874).
> ③ 교사에 대한 임용권자가 교육공무원법 제12조에 따라 임용지원자를 특별채용하는 경우, 임용지원자가 임용권자에게 자신의 임용을 요구할 법규상 또는 조리상 권리가 없다(대판 2005. 4. 15. 2004두11626).
> ④ 피해자의 의사와 무관하게 주민등록번호가 유출된 경우에는 조리상 주민등록번호의 변경을 요구할 신청권을 인정함이 타당하고, 구청장의 주민등록번호 변경신청 거부행위는 항고소송의 대상이 되는 행정처분에 해당한다(대판 2017. 6.15. 2013두2945).

Answer 37.②

38 다음 사례에 대한 설명으로 옳지 않은 것을 고르면?(다툼이 있는 경우 판례에 의함)

> A시 시장은 「학교용지 확보 등에 관한 특례법」 관계 조항에 따라 공동주택을 분양받은 甲, 乙, 丙, 丁 등에게 각각 다른 시기에 학교용지 부담금을 부과하였다. 이후 해당 조항에 대하여 법원의 위헌법률심판제청에 따라 헌법재판소가 위헌결정을 하였다. (단, 甲, 乙, 丙, 丁은 모두 위헌법률심판제청신청을 하지 않은 것으로 가정함)

① 甲이 부담금을 납부하였고 부담금부과처분에 불가쟁력이 발생한 상태라면, 해당 조항이 위헌으로 결정되더라도 이미 납부한 부담금을 반환받을 수 없다.

② 乙은 부담금을 납부한 후 부담금부과처분에 대해 행정소송을 제기하였고 현재 소가 계속 중인 경우에도, 乙이 위헌법률심판제청신청을 하지 않았으므로 乙에게 위헌결정의 소급효는 미치지 않는다.

③ 丙이 부담금부과처분에 대한 행정심판청구를 하여 기각재결서를 송달받았으나, 재결서 송달일로부터 90일 이내에 취소소송을 제기하였다면 丙의 청구는 인용될 수 있다.

④ 부담금부과처분에 대한 제소기간이 경과하여 丁의 부담금 납부의무가 확정되었고 위헌결정 전에 丁의 재산에 대한 압류가 이루어진 상태라도, 丁에 대해 부담금 징수를 위한 체납처분을 속행할 수는 없다.

TIP

② 헌법재판소의 위헌결정의 효력은, 위헌제청을 한 당해 사건, 위헌결정이 있기 전에 이와 동종의 위헌여부에 관하여 헌법재판소에 위헌여부심판제청을 하였거나 법원에 위헌여부심판제청신청을 한 경우의 당해 사건과 따로 위헌제청신청은 아니하였지만 당해 법률 또는 법률의 조항이 재판의 전제가 되어 법원에 계속중인 사건뿐만 아니라 위헌결정 이후에 위와 같은 이유로 제소된 일반사건에도 미친다(대판 1994.10.25. 93다42740).

① 위헌결정의 소급효가 인정된다고 해서 위헌인 법률에 근거한 행정처분이 당연무효가 된다고는 할 수 없고, 이미 취소소송의 제기기간을 경과하여 불가쟁력이 발생한 행정처분에는 위헌결정의 소급효가 미치지 않는다(대판 1994.10.28. 93다41860).

③ 행정소송법 제20조 제1항

> **행정소송법 제20조(제소기간)**
> ① 취소소송은 <u>처분등이 있음을 안 날부터 90일 이내</u>에 제기하여야 한다. 다만, 제18조제1항 단서에 규정한 경우와 그 밖에 행정심판청구를 할 수 있는 경우 또는 행정청이 <u>행정심판청구를 할 수 있다고 잘못 알린 경우에 행정심판청구가 있은 때의 기간은 재결서의 정본을 송달받은 날부터 기산한다.</u>
> ② 소소송은 처분등이 있은 날부터 1년(제1항 단서의 경우는 재결이 있은 날부터 1년)을 경과하면 이를 제기하지 못한다. 다만, 정당한 사유가 있는 때에는 그러하지 아니하다.
> ③ 1항의 규정에 의한 기간은 불변기간으로 한다.

④ 조세 부과의 근거가 되었던 법률규정이 위헌으로 선언된 경우, 비록 그에 기한 과세처분이 위헌결정 전에 이루어졌고, 과세처분에 대한 제소기간이 이미 경과하여 조세채권이 확정되었으며, 조세채권의 집행을 위한 체납처분의 근거규정 자체에 대하여는 따로 위헌결정이 내려진 바 없다고 하더라도, 위와 같은 <u>위헌결정 이후에 조세채권의 집행을 위한 새로운 체납처분에 착수하거나 이를 속행하는 것은 더 이상 허용되지 않고</u>, 나아가 이러한 위헌결정의 효력에 위배하여 이루어진 체납처분은 그 사유만으로 하자가 중대하고 객관적으로 명백하여 당연무효라고 보아야 한다(대판 2012. 2.16. 2010두10907).

Answer　38.②

┃39~40┃ 다음 사례에 대한 설명으로 옳은 것을 고르시오(다툼이 있는 경우 판례에 의함).

39

> 건설회사 A는 택지개발사업을 위해 관련 법령에 따른 절차를 거쳐 甲 소유의 토지 등을 취득하고자 甲과 보상에 관한 협의를 하였으나 협의가 성립되지 않았다. 이에 관할 지방토지수용위원회에 재결을 신청하여 토지의 수용 및 보상금에 대한 수용재결을 받았다.

① 甲이 수용재결에 대하여 이의신청을 제기하면 사업의 진행 및 토지의 수용 또는 사용을 정지시키는 효력이 있다.

② 甲이 수용 자체를 다투는 경우 관할 지방토지수용위원회를 상대로 수용재결에 대하여 취소소송을 제기할 수 있다.

③ 甲은 보상금 증액을 위해 A를 상대로 손실보상을 구하는 민사소송을 제기할 수 있다.

④ 甲이 계속 거주하고 있는 건물과 토지의 인도를 거부할 경우 행정대집행의 대상이 될 수 있다.

TIP ②①토지보상법 제85조, 제88조

> **토지보상법 제85조(행정소송의 제기)**
> ① 사업시행자, 토지소유자 또는 관계인은 제34조에 따른 재결에 불복할 때에는 재결서를 받은 날부터 90일 이내에, 이의신청을 거쳤을 때에는 이의신청에 대한 재결서를 받은 날부터 60일 이내에 각각 행정소송을 제기할 수 있다. 이 경우 사업시행자는 행정소송을 제기하기 전에 제84조에 따라 늘어난 보상금을 공탁하여야 하며, 보상금을 받을 자는 공탁된 보상금을 소송이 종결될 때까지 수령할 수 없다.
> ② 제1항에 따라 제기하려는 행정소송이 보상금의 증감(增減)에 관한 소송인 경우 그 소송을 제기하는 자가 토지소유자 또는 관계인일 때에는 사업시행자를, 사업시행자일 때에는 토지소유자 또는 관계인을 각각 피고로 한다.
> **제88조(처분효력의 부정지)**
> 제83조에 따른 이의의 신청이나 제85조에 따른 행정소송의 제기는 사업의 진행 및 토지의 수용 또는 사용을 정지시키지 아니한다.

Answer 39.②

40

> A시 시장은 식품접객업주 甲에게 청소년고용금지업소에 청소년을 고용하였다는 사유로 식품위생법령에 근거하여 영업정지 2개월 처분에 갈음하는 과징금부과처분을 하였고, 甲은 부과된 과징금을 납부하였다. 그러나 甲은 이후 과징금부과처분에 하자가 있음을 알게 되었다.

① 甲은 납부한 과징금을 돌려받기 위해 관할 행정법원에 과징금반환을 구하는 당사자소송을 제기할 수 있다.

② A시 시장이 과징금부과처분을 함에 있어 과징금부과통지서의 일부 기재가 누락되어 이를 이유로 甲이 관할 행정법원에 과징금부과처분의 취소를 구하는 소를 제기한 경우, A시 시장은 취소소송 절차가 종결되기 전까지 보정된 과징금부과처분 통지서를 송달하면 일부 기재 누락의 하자는 치유된다.

③ 「식품위생법」이 청소년을 고용한 행위에 대하여 영업허가를 취소하거나 6개월 이내의 기간을 정하여 그 영업의 전부 또는 일부를 정지하거나 영업소 폐쇄를 명할 수 있다고 하면서 행정처분의 세부기준은 총리령으로 위임한다고 정하고 있는 경우에, 총리령에서 정하고 있는 행정처분의 기준은 재판규범이 되지 못한다.

④ 甲이 자신은 청소년을 고용한 적이 없다고 주장하면서 제기한 과징금부과처분의 취소소송 계속 중에 A시 시장은 甲이 유통기한이 경과한 식품을 판매한 사실을 처분사유로 추가·변경할 수 있다.

TIP ③ 총리령·부령형식(시행규칙)의 행정처분기준은 행정기관 내부의 사무처리준칙인 행정규칙에 해당하여 국민이나 법원을 구속하지 못한다.
cf. 식품위생법 제58조에 따른 행정처분의 기준을 정하였다고 하더라도 이는 형식만 부령으로 되어 있을 뿐, 그 성질은 행정기관 내부의 사무처리준칙을 정한 것으로서 행정명령(행정규칙)의 성질을 가지는 것이고, 대외적으로 국민이나 법원을 기속하는 힘이 있는 것은 아니므로 같은 법 제58조 제1항에 의한 처분의 적법 여부는 같은법시행규칙에 적합한 것인가의 여부에 따라 판단할 것이 아니라 같은 법의 규정 및 그 취지에 적합한 것인가의 여부에 따라 판단하여야 한다(대판 1995. 3.28. 94누6925).
① 과징금 반환을 받기 위해서는 과징금부과처분에 대한 취소소송을 제기하여 공정력을 제거한 후, 이 판결을 기초로 민법상 부당이득 반환을 구해야 한다.
cf. 행정상대방이 행정청에 이미 납부한 돈이 민법상 부당이득에 해당한다고 주장하면서 그 반환을 청구하는 것은 민사소송절차를 따라야 한다(대판 1995. 4.28. 94다55019).
② 행정행위 하자의 치유는 행정쟁송 제기 이전에만 가능하다.
cf. 세액산출근거가 기재되지 아니한 납세고지서에 의한 부과처분은 강행법규에 위반하여 취소대상이 된다 할 것이므로 이와 같은 하자는 납세의무자가 전심절차에서 이를 주장하지 아니하였거나, 그 후 부과된 세금을 자진납부하였다거나, 또는 조세채권의 소멸시효기간이 만료되었다 하여 치유되는 것이라고는 할 수 없다(대판 1985. 4. 9. 84누431).
④ 행정처분의 취소를 구하는 소송에 있어서는 실질적 법치주의와 행정처분의 상대방인 국민에 대한 신뢰보호라는 견지에서, 처분청은 당초의 처분사유와 기본적 사실관계에 있어서 동일성이 인정되는 한도 내에서만 새로운 처분사유를 추가하거나 변경할 수 있을 뿐, 기본적 사실관계와 동일성이 없는 별개의 사실을 들어 처분사유로서 주장함은 허용되지 아니하고, 법원으로서도 당초 처분사유와 기본적 사실관계의 동일성이 없는 사실은 이를 처분사유로 인정할 수 없다고 할 것이며, 여기서 기본적 사실관계의 동일성 유무는 처분사유를 법률적으로 평가하기 이전의 구체적인 사실에 착안하여 그 기초가 되는 사회적 사실관계가 기본적인 점에서 동일한지 여부에 따라 결정된다(대판 2001. 3.23. 99두6392).
*판례에 의할 때 청소년을 고용한 적이 없다는 주장과 유통기한이 경과한 식품을 판매한 사실은 기본적 사실관계의 동일성이 인정되지 않아 처분사유 추가·변경할 수 없다.

Answer 40.③

출제 예상 문제

1 행정상 손해배상과 손실보상의 비교 설명 중 바르지 못한 것은?

① 행정상 손해배상은 개인적 과실책임주의를 이념으로 한다고 할 수 있다.

② 우리 「헌법」상 행정상 손해배상에 관한 근거규정은 있으나 손실보상에 관한 근거규정은 없다.

③ 행정상 손실보상은 사회적 공평부담주의를 기초이념으로 한다.

④ 행정상 손해배상은 위법한 행정작용으로 인하여 국민의 권리·이익이 침해된 경우에 인정된다.

TIP ①③④ 손해배상은 위법한 공권력의 행사로 국민의 권리·이익이 침해된 경우를 위한 구제제도이며 손실보상은 특별히 희생당한 국민의 손실을 공평부담의 견지에서 국민 전체가 부담하는 제도이다.

② 손해배상은 헌법 제29조 제1항에, 손실보상은 헌법 제23조 제3항에 근거를 두고 있다.

※ 손해배상제도와 손실보상제도
  ㉠ 손해배상은 위법한 공권력의 행사, 손실보상은 적법한 공권력의 행사에 적용된다.
  ㉡ 손해배상제도는 일반법으로서 국가배상법이 있으나, 손실보상제도는 각 단행법에서 개별적으로 규정하고 있다.
  ㉢ 손해배상은 재산상의 피해는 물론 생명·신체·정신적 피해까지 그 대상으로 하나, 손실보상은 재산적 손실에 대해서만 보상한다.

2 공무원의 직무상 불법행위로 인한 국가배상책임에 관한 설명으로 옳지 않은 것은?

① 도로·하천, 그 밖의 공공의 영조물의 설치나 관리에 하자가 있기 때문에 타인에게 손해를 발생하게 하였을 때에는 국가나 지방자치단체는 그 손해를 배상하여야 한다.

② 국가나 지방자치단체가 손해를 배상할 책임이 있는 경우에 공무원의 선임·감독 또는 영조물의 설치·관리를 맡은 자와 공무원의 봉급·급여, 그 밖의 비용 또는 영조물의 설치·관리 비용을 부담하는 자가 동일하지 아니하면 그 비용을 부담하는 자도 손해를 배상하여야 한다.

③ 외국인이 피해자인 경우에도 당연히 「국가배상법」이 적용된다.

④ 군인·군무원·경찰공무원 또는 예비군대원이 전투·훈련 등 직무 집행과 관련하여 전사·순직하거나 공상을 입은 경우에 본인이나 그 유족이 다른 법령에 따라 재해보상금·유족연금·상이연금 등의 보상을 지급받을 수 있을 때에는 손해배상을 청구할 수 없다.

TIP ③ 외국인이 피해자인 경우에는 해당 국가와 상호 보증이 있을 때에만 적용한다〈국가배상법 제7조〉.

Answer 1.② 2.③

3 다음 중 우리나라 판례의 내용으로 옳지 않은 것은?

① 공무원이 직무수행 중 불법행위로 타인에게 손해를 입힌 경우에 국가 등이 국가배상책임을 부담하는 외에 공무원 개인도 고의 또는 중과실이 있는 경우에는 불법행위로 인한 손해배상책임을 진다고 할 것이지만, 공무원에게 경과실뿐인 경우에는 공무원 개인은 손해배상책임을 부담하지 아니한다.

② 공무원이 통상적으로 근무하는 근무지로 출근하기 위하여 자기 소유의 자동차를 운행하다가 자신의 과실로 교통사고를 일으킨 경우에는 특별한 사정이 없는 한 직무행위에 해당하지 아니한다.

③ 군병원에 입원중이던 사병들이 탈영하여 강도살인 행위를 한 경우에 있어 위 병원의 일직사령과 당직 군의관이 위 사병들의 탈영을 방지하지 못한 당직의무를 해태한 과실이 있을지라도 이는 위 탈영병들의 강도살인 행위와 '상당인과 관계가 있다고'까지는 볼 수 없으므로 위 일직사령 등의 과실을 원인으로 하여 국가에게 배상책임을 인정하기 위하여는 위 사병들이 강도의 모의를 하고 탈영하여 강도 또는 강도살인 행위를 할 것이라는 특별한 사정을 알았거나 알 수 있었다는 사실이 인정되어야 한다.

④ 탈영병의 총기난사 행위로 인한 피해는 지휘관의 병력관리 소홀과 지휘관 및 위병소 근무자들의 군무집행을 함에 있어서 법령에 규정된 의무를 다하지 아니한 과실로 인한 것으로 인정할 수 없다.

TIP ④ 탈영병의 총기난사 행위로 인한 피해는 지휘관의 병력관리 소홀과 지휘관 및 위병소 근무자들의 군무집행을 함에 있어서 법령에 규정된 의무를 다하지 아니한 과실로 인한 것으로 인정할 수 있다(대판 1985. 7. 9, 84다카1115).

4 손실보상에 대한 다음 설명 중 옳지 않은 것은?(다툼이 있을 경우 판례에 의함)

① 「헌법」 제23조 제3항이 헌법적 근거가 된다.

② 손실보상청구권을 발생시키는 침해는 재산권에 대한 것이면 족하며 재산권의 종류는 불문한다.

③ 피수용재산의 객관적인 재산가치를 완전하게 보상한다는 것은 불가능하므로 보상은 상당한 보상이면 족하다는 것이 대법원의 입장이다.

④ 최근에는 재산권보상뿐만 아니라 생활보상의 개념도 등장하였다.

TIP ③ 헌법재판소와 대법원은 헌법의 정당한 보상은 피침해재산의 객관적인 재산가치를 완전하게 보상하여야 한다는 완전보상을 뜻한다고 하고 있다.

Answer 3.④ 4.③

5 행정상 손해배상에 대한 설명으로 옳지 않은 것은 몇 개인가?(다툼이 있는 경우 판례에 의함)

> ㉠ 법령해석에 여러 견해가 있어 관계 공무원이 신중한 태도로 어느 일설을 취하여 처분한 경우, 위법한 것으로 판명되었다고 하더라도 그것만으로 배상책임을 인정할 수 없다.
>
> ㉡ 법령에 명시적으로 공무원의 작위의무가 규정되어 있지 않은 경우라 할지라도 공무원의 부작위로 인한 국가배상 책임을 인정할 수 있다.
>
> ㉢ 실질적으로 직무행위가 아니거나 또는 직무행위를 수행한다는 행위자의 주관적 의사가 없는 공무원의 행위는 국가배상법 상 공무원의 직무행위가 될 수 없다.
>
> ㉣ 국가배상법 상 과실을 판단할 경우 보통 일반의 공무원을 그 표준으로 하고 반드시 누구의 행위인지 가해공무원을 특정하여야 한다.
>
> ㉤ 재판행위로 인한 국가배상에 있어서 위법은 판결 자체의 위법이 아니라 법관의 공정한 재판을 위한 직무수행상의무의 위반으로서의 위법이다.
>
> ㉥ 서울특별시 강서구 교통할아버지사건과 같은 경우 공무를 위탁받아 수행하는 일반 사인(私人)은 국가배상법 제2조 제1항에 따른 공무원이 될 수 없다.

① 2개   ② 3개

③ 4개   ④ 5개

TIP ㉢ '직무를 집행함에 당하여(현행법상 직무를 집행하면서)'라 함은 행위 자체의 외관을 객관적으로 관찰하여 공무원의 직무행위로 보여질 때에는 비록 그것이 실질적으로 직무행위가 아니거나 또는 행위자로서는 주관적으로 공무집행의 의사가 없었다고 하더라도 그 행위는 공무원이 '직무를 집행함에 당하여' 한 것으로 보아야 한다(대판 2005. 1. 14. 2004다26805).

㉣ 국가배상법상 과실은 행정처분의 담당공무원이 보통 일반의 공무원을 표준으로 하여 볼 때 객관적 주의의무를 결하여 그 행정처분이 객관적 정당성을 상실하였다고 인정될 정도에 이른 경우를 말한다(대판 2003. 11. 27. 2001다33789 · 33796 · 33802 · 33819). 그러나 가해공무원이 반드시 개별적으로 특정될 필요는 없다(대판 1995. 11. 10. 95다23897).

㉥ 지방자치단체가 '교통할아버지 봉사활동 계획'을 수립한 후 관할 동장으로 하여금 '교통할아버지'를 선정하게 하여 어린이 보호, 교통안내, 거리질서 확립 등의 공무를 위탁하여 이를 집행하게 하였다면 '교통할아버지' 활동을 하는 범위 내에서는 국가배상법 제2조에 규정된 지방자치단체의 '공무원'에 해당한다(=지방자치단체의 손해배상책임 인정). (대판 2001. 1. 5. 98다39060)

Answer   5.②

6 「공익사업을 위한 토지 등의 취득 및 보상에 관한 법률」상 손실보상의 원칙에 대한 설명으로 옳지 않은 것은?

① 공익사업에 필요한 토지 등의 취득 또는 사용으로 인하여 토지소유자나 관계인이 입은 손실은 사업시행자가 보상하여야 한다.

② 사업시행자는 동일한 사업지역에 보상시기를 달리하는 동일인 소유의 토지 등이 여러 개 있는 경우 토지소유자나 관계인이 요구할 때에는 한꺼번에 보상금을 지급하도록 하여야 한다.

③ 재결에 의한 수용 또는 사용의 경우 보상액의 산정은 재결 당시의 가격을 기준으로 하고, 해당 공익사업으로 인하여 토지 등의 가격이 변동되었을 때에는 이를 고려하여야 한다.

④ 사업시행자는 동일한 소유자에게 속하는 일단의 토지의 일부를 취득하거나 사용하는 경우 해당 공익사업의 시행으로 인하여 잔여지의 가격이 증가하거나 그 밖의 이익이 발생한 경우에도 그 이익을 그 취득 또는 사용으로 인한 손실과 상계할 수 없다.

TIP 보상액의 가격시점 등〈공익사업을 위한 토지 등의 취득 및 보상에 관한 법률 제67조〉
　① 보상액의 산정은 협의에 의한 경우에는 협의 성립 당시의 가격을, 재결에 의한 경우에는 수용 또는 사용의 재결 당시의 가격을 기준으로 한다.
　② 보상액을 산정할 경우에 해당 공익사업으로 인하여 토지 등의 가격이 변동되었을 때에는 이를 고려하지 아니한다.

7 다음 중 행정상 손실보상의 방법 및 절차에 관한 설명으로 옳지 않은 것은?

① 손실보상은 사업시행자에 의한 현물보상을 원칙으로 한다.

② 손실보상은 토지소유자 또는 관계인에게 개인별로 행하여야 한다.

③ 사업시행자는 동일한 사업지역 안에 보상시기를 달리하는 동일인 소유의 토지 등이 수개 있는 경우 토지소유자 또는 관계인의 요구가 있는 때에는 일괄하여 보상금을 지급하도록 하여야 한다.

④ 사업시행자는 동일한 토지소유자에 속하는 일단의 토지의 일부를 취득 또는 사용하는 경우 당해 공익사업의 시행으로 인하여 잔여지의 가격이 증가하거나 그 밖의 이익이 발생한 때에도 그 이익을 그 취득 또는 사용으로 인한 손실과 상계할 수 없다.

TIP ① 손실보상은 사업시행자에 의한 금전보상을 원칙으로 한다〈공익사업을 위한 토지 등의 취득 및 보상에 관한 법률 제63조 제1항〉.

Answer 6.③ 7.①

8 손실보상의 지급방법에 대한 설명으로 옳은 것은?

① 손실보상의 원칙적인 방법은 금전보상이다. 금전의 지급방법은 후불, 일괄불, 분할불을 원칙으로 한다.

② 현물보상이란 수용할 물건에 대신하여 일정한 시설물이나 다른 토지를 제공하는 보상방법이다.

③ 채권보상이란 물건에 대한 이용제한으로 종래의 이용목적에 따라 물건을 사용하기 곤란해진 경우 상대방에게 그 물건의 매수청구권을 인정하고 물건을 매수함으로써 실질적으로 보상을 행하는 방법이다.

④ 사업인정을 받은 사업의 경우 대통령령으로 정하는 부재부동산 소유자의 토지에 대한 보상금이 대통령령으로 정하는 일정 금액을 초과할 경우 그 금액에 대해서는 채권보상을 할 수 없다.

TIP ① 손실보상의 원칙적인 방법은 금전보상이다. 금전의 지급방법은 선불, 개별불, 전액일시불을 원칙으로 한다.
③ 매수보상에 대한 설명이다.
④ 채권보상은 사업시행자가 국가, 지방자치단체, 그 밖의 대통령령으로 정하는 「공공기관의 운영에 관한 법률」에 따라 지정·고시된 공공기관 및 공공단체인 경우에 토지소유자나 관계인이 원하는 경우 또는 사업인정을 받은 사업의 경우 대통령령으로 정하는 부재부동산 소유자의 토지에 대한 보상금이 대통령령으로 정하는 일정 금액을 초과하는 경우로서 그 초과금액에 대해 보상하는 경우에 해당 사업시행자가 발행하는 채권으로 지급할 수 있다〈공익사업을 위한 토지 등의 취득 및 보상에 관한 법률 제63조 제7항〉.

9 다음 중 수용유사침해에 대한 설명으로 옳은 것은?

① 수용유사침해란 타인의 재산권에 대한 위법·무책한 공용침해를 말한다.

② 독일의 자갈채취사건에서 수용유사침해법리를 적용하여 손실보상의 청구가 가능하다고 판결하고 있다.

③ 우리나라 대법원은 문화방송주식사건에서 이 법리를 명시적으로 인정하였다.

④ 전통적인 손해전보제도의 흠결을 보완해주지 못한다.

TIP ① 수용유사침해란 법률에 재산권의 수용·사용·제한 등을 규정하고 있으면서도 보상규정은 두고 있지 않아, 당해 법률은 위헌이 되고 그에 기한 재산권의 침해행위는 위법이 되지만 집행한 공무원에게 고의·과실이 있다고 보기 어려우므로 유책이라 할 수 없는 경우에 적용되는 이론이다.
② 독일 연방 헌법재판소는 자갈채취사건에서 수용유사침해법리에 따른 보상청구를 제한하는 판결을 하고 있다.
③ 문화방송주식사건에서 고등법원은 수용유사침해이론을 인정하였으나 대법원은 이 이론의 인정을 유보하였다.
④ 위법·유책인 경우에 적용되는 손해배상제도와 적법·무책인 경우에 적용되는 손실보상제도 사이의 괴리를 메우는 기능을 한다.

Answer　8.② 9.①

10 다음 중 수용적 침해이론에 관한 설명으로 옳지 않은 것은?

① 예측할 수 없는 피해 등 보상규정을 두기 어려운 경우에 적용된다.

② 적법한 행정작용으로 인한 비정형적 손실이 발생한 경우에 관한 이론이다.

③ 우리나라 대법원도 이를 인정하고 있다.

④ 행정기관이 의도하지 않은 손실이 발생하는 경우에 대상이 된다.

> **TIP** 독일 연방사법재판소에 의하여 정립된 이론으로서 적법한 공행정작용의 비전형적이고 비의도적인 부수적 효과로서 발생한 개인의 재산권에 대한 피해를 전보하려는 것을 그 내용으로 한다. 이러한 손해에 대해 보상규정이 없는 경우 그 침해의 위법성을 불문하고 이를 전보하고자 구성한 법리이다.
> ③ 우리나라 대법원은 아직 이를 명시적으로 언급한 판결이 없다.

11 다음 중 희생보상청구권의 요건에 해당하지 않는 것은?

① 행정상 공권력 행사

② 적법한 행위

③ 재산권 침해

④ 특별한 희생

> **TIP** ③ 희생보상청구권은 생명·건강·명예·자유 등과 같은 비재산적 법익의 침해에 대한 보상을 말하므로 재산권 침해는 그 요건이 될 수 없다.
> ※ 희생보상청구권의 요건
>   ⊙ 행정상 적법한 공권력 행사에 의한 침해이어야 한다.
>   ⓒ 공공필요에 의한 침해이어야 한다.
>   ⓒ 생명·건강·명예·자유 등 비재산권에 대한 침해이어야 한다.
>   ⓔ 특별한 희생이 있어야 한다.

Answer 10.③ 11.③

12 행정상 결과제거청구권의 내용에 관한 설명으로 옳지 않은 것은?

① 당해 행정작용으로 인한 부수적인 불이익의 제거도 행정상 결과제거청구권의 대상이 될 수 있다.

② 행정상 결과제거청구권은 원칙적으로 제3자에게 일정한 행위를 하도록 요구할 수 있는 것은 아니다.

③ 행정상 결과제거청구권은 결과제거로 인하여 원래의 상태나 이와 같은 가치를 갖는 상태의 회복이 사실상 가능하고 법률상 허용되어야 한다.

④ 행정상 결과제거청구권은 위법적인 상태가 그 사이에 적법하게 된 경우에는 더 이상 주장되지 못한다.

TIP ① 행정상 결과제거청구권은 행정작용으로 발생한 직접적인 위법적 결과만을 대상으로 한다. 당해 행정작용으로 인한 부수적인 불이익의 제거는 다른 청구권의 대상이 될 뿐이다.

※ 행정상 결과제거청구권의 성립요건
- ㉠ 행정작용(권력작용, 사실행위 등 모두 포함)으로 인한 침해가 있어야 한다.
- ㉡ 위법한 상태가 지속되고 있어야 한다.
- ㉢ 개인의 법률상의 이익이 침해되고 있어야 한다.
- ㉣ 원상회복이 가능하고 법적으로 허용되며 행정청의 수인한계 내의 것인 때에만 인정된다. 원상회복조치에 과다한 비용이 소요되는 경우에는 이 권리는 인정되지 않고 그로 인한 손해배상만이 인정된다.

13 다음 중 중앙행정심판위원회에 대한 설명으로 옳지 않은 것은?

① 중앙행정심판위원회는 위원장 1인을 포함한 70인 이내의 위원으로 구성하되, 위원 중 상임위원은 4인 이내로 한다.

② 중앙행정심판위원회의 위원장은 국민권익위원회의 부위원장 중 1명이 되며, 필요한 경우에는 상임위원으로 하여금 그 직무를 대행하게 한다.

③ 국무총리 및 중앙행정기관의 장이 재결청이 되는 심판청구를 심리·의결하기 위하여 대통령 소속하에 중앙행정심판위원회를 둔다.

④ 중앙행정심판위원회의 상임위원은 중앙행정심판위원회 위원장의 제청으로 국무총리를 거쳐 대통령이 임명하고, 그 임기는 3년으로 하며, 1차에 한하여 연임할 수 있다.

TIP ③ 국민권익위원회에서 행정심판 관련 사무를 수행하는 내용으로 부패방지 및 국민권익위원회의 설치와 운영에 관한 법률이 제정됨에 따라 국민권익위원회에 중앙행정심판위원회를 둔다.

Answer 12.① 13.③

14 다음 중 사정재결에 관한 설명으로 옳지 않은 것은?

① 사정재결은 취소심판과 의무이행심판에 적용되고 무효등확인심판에는 적용되지 않는다.

② 사정재결을 할 때에는 재결의 이유에서 그 처분 또는 부작위가 위법 또는 부당함을 명시하여야 한다.

③ 사정재결을 할 때에는 재결청이 청구인에 대하여 상당한 구제방법을 취해야 한다.

④ 사정재결제도는 법치주의를 훼손할 우려가 있다.

TIP ② 사정재결은 재결의 이유가 아니라 주문에서 위법 또는 부당함을 명시하여야 한다.

15 「행정소송법」상 취소소송에 관한 규정 중 부작위위법확인소송에 준용되는 것을 모두 옳게 고른 것은?

㉠ 행정심판과의 관계	㉡ 제소기간
㉢ 집행정지	㉣ 사정판결
㉤ 거부처분취소판결의 간접강제	

① ㉠, ㉣

② ㉠, ㉡, ㉤

③ ㉠, ㉡, ㉢, ㉣

④ ㉠, ㉡, ㉢, ㉤

TIP ② 부작위위법확인소송은 법집행을 대상으로 하는 소송이 아니므로 집행정지신청은 준용하지 아니하며, 사정판결도 인정되지 않는다.

시사용어사전 | 경제용어사전 | 부동산용어사전

시사용어사전 1228

매일 접하는 각종 기사와 정보! 공기업/언론사/기업체/공무원 채용을 준비하는 수험생과
현대인이 꼭 알아야 할 최신 시사상식을 쏙쏙 뽑아 이해하기 쉽도록 영역별로 정리

경제용어사전 1050

주요 경제용어는 거의 다 실었다! 금융권/공기업/언론사/기업체/공무원 채용을 준비하기 전에,
경제 공부를 시작하기 전에 읽어보면 경제가 쉬워지도록 사전식으로 구성

부동산용어사전 1310

부동산에 대한 이해를 높이고 부동산의 개발과 활용, 투자 및 부동산 용어 학습에도
적극적으로 이용할 수 있는 교재, 공인중개사 출제용어도 수록

자격증

한번에 따기 위한 서원각 교재

한 권에 준비하기 시리즈 / 기출문제 정복하기 시리즈를 통해 자격증 준비하자!